KB059249

수사실무총서 등대지기 VI

# 형 사 판 례
# 실무사례집

박 태 곤 편저

# 법문북스

## ● 책을 펴내며

정약용의 『목민심서』 '형전육조(刑典六條)'에 "송사 판결의 근본은 오로지 문서에 달려 있으니 그 속에 감추어진 간사한 것을 들추고 숨겨져 있는 사특한 것을 밝혀내야 하는데 그것은 오직 현명한 사람만이 할 수 있다."라는 내용이 있다.

다양한 형사 사례의 이해와 해결을 위해서는 관련 법 입법취지에 대한 이해와 해설 등이 중요시된다. 또한, 이를 뒷받침하기 위해서는 무엇보다 법원 판례가 매우 중요하고 법원 판례 중에서도 최종심인 대법원판례가 중심이 되어 해석하여야 할 것이다.

필자도 법 현장에서 업무 추진할 때 사안이 생기면 우선적으로 관련 법을 찾아보고 그 법의 입법취지와 관련 판례를 검색하곤 하였다. 그때 유사사례를 한꺼번에 모아 비교·분석하여 판단할 수 있는 사례집이 있었으면 하는 아쉬움이 항상 남아 있었다. 그러나 현장에 이에 부합하는 형사판례 실무사례집이 흔치 않았다.

따라서 이를 해결하기 위해 형사법의 기본인 형법과 형사소송법, 그리고 주요 형사특별법 중 최근 이슈화된 주요 대법원판례를 중심으로 그동안 수집된 자료를 중심으로 법원 판례를 분석하고 유사사례를 접목하여 일선에 필요한 형사판례 실무사례집을 집필하게 되었다.

『**형사판례 실무사례집**』의 특징은 다음과 같다.

첫째, 제1편 형법, 제2편 형사소송법, 제3편 주요 형사특별법으로 구분하여 본 사례를 먼저 게재한 다음에 주요논점, 관련 법조문, 원심판례 및 대법원판례, 결론 순으로 정리한 후 유사한 사례가 있으면 유사판례를 부기하여 비교분석을 하고, 또, 내용 중 주요사안은 밑줄로 표시하여 한눈에 볼 수 있도록 하였다.

둘째, 형법에서는 형법각론을 중심으로 법조문 체계순서와 판례 빈도 등에 따라 정리하였고, 형사소송법은 변호인, 강제처분, 증거, 고소와 고발, 공소시효 등 주요 판례를 중심으로 하였으며, 주요 형사특별법은 분야 별로 구분하여 정리하였다.

셋째, 특히, 원심과 대법원판례 결과를 달리하였을 때 그 사유를 분석하여 왜 판결이 변경되었는지를 비교하였으며, 대법원전원합의체의 판례 변경의 경우 변경된 판례도 표기하였다. 특히, 강제처분과 관련 적법절차를 준수하지 않은 경우의 증거능력에 미치는 영향과 전자정보 압수수색에 대한 방법 등 주요사례를 중점 분석하였다.

「형사판례 실무사례집」이 앞으로 수험생은 물론 일선에서 활약하는 모든 분에게 좋은 참고서가 되고 올바른 지침서가 되도록 노력하겠습니다. 많은 관심과 격려를 부탁드립니다.

끝으로 「형사판례 실무사례집」이 출판되도록 도와주신 법문북스 김현호 대표님을 비롯한 임직원들에게 감사의 말씀을 전합니다.

2023년 6월
저자 朴 泰 坤

# **IIII Contents /III**

# 제1편 형 법

# 제2편 형사소송법

# 제3편 형사특별법

# 형 법

형 법

1편

# 국교/공안/폭발물

## 제1절 외국에 이미 알려진 사항의 외교상기밀 여부

### Ⅰ. 사례요지

외국 언론에 이미 보도된 바 있는 우리나라의 외교정책이나 활동에 관련된 사항들에 관하여 정부가 이른바 보도지침의 형식으로 국내언론기관의 보도 여부 등을 통제하고 있는 기밀을 공개하였다.

### Ⅱ. 논 점

1. 형법 제113조 제1항 소정의 '외교상의 기밀'의 개념
2. 외국에 이미 널리 알려진 사항이 '외교상의 기밀'에 해당하는지 여부

### Ⅲ. 법규연구 (형법)

제113조 (외교상기밀의 누설) ① 외교상의 기밀을 누설한 자는 5년 이하의 징역 또는 1천만원 이하의 벌금에 처한다.
② 누설할 목적으로 외교상의 기밀을 탐지 또는 수집한 자도 전항의 형과 같다.

### Ⅳ. 관련 판례

#### 1. 원심 (서울형사지방법원 1994. 7. 5. 선고 88노781 판결)

피고인들이 "말"지 특집호에 공개한 사항 중 외교상의 기밀에 해당한다고 기소된 사항들은 모두 위 공개 전에 이미 외국 언론에 보도된 내용들이거나 외신을 통하여 국내 언론사에 배포된 것으로 추단된다는 것인바, 사정이 그러하다면 오늘날 각종 언론매체의 성장과 정보산업의 급속한 발전 및 그에 따른 정보교환의 원활성 등을 감안해 볼 때 이러한 사항들은 보도된 나라 이외의 다른 외국도 그 내용을 쉽게 지득할 수 있었다고 봄이 상당하고, 이와 같은 경위로 외국에 이미 널리 알려져 있는 사항은 특단의 사정이 없는 한 이를 비밀로 하거나 확인되지 아니함이 외교정책상의 이익이 된다고 할 수 없는 것이어서 외교상의 기밀에 해당하지 아니한다 할 것이다.

## 2. 대법원 (대법원 1995. 12. 5. 선고, 94도2379, 판결)

가. 형법 제113조 제1항 소정의 외교상의 기밀이란, 외국과의 관계에서 국가가 보지해야 할 기밀로서, 외교정책상 외국에 대하여 비밀로 하거나 확인되지 아니함이 대한민국의 이익이 되는 모든 정보자료를 말한다.

나. 외국에 널리 알려진 사항이라고 하더라도 대한민국 정부가 외교정책상 그 사항의 존재 또는 진위 여부 등을 외국에 대하여 공식적으로 알리지 아니하거나 확인하지 아니함이 외교정책상의 이익으로 되는 예외적인 경우가 있을 수 있음은 소론이 지적하는 바와 같으나, 피고인들이 공개한 사항들 중 어느 사항이 어떠한 이유로 위와 같은 경우에 해당한다는 점에 관하여 검사의 주장·입증이 전혀 없을 뿐만 아니라, 가사 피고인들이 공개한 사항 중 일부가 이에 해당한다고 하더라도, 외국에 널리 알려진 사항 그 자체가 외교상의 기밀이 되는 것은 아니고 다만 그러한 사항의 존재나 진위 여부에 대한 대한민국 정부의 공식적인 입장이나 견해가 외교상의 기밀이 될 수 있을 뿐이라고 할 것인데, 기록에 의하면 피고인들은 외교상의 기밀에 해당된다고 기소된 사항 등에 대하여 정부가 국내 언론사에 이른바 "보도지침"을 보내 보도의 자제나 금지를 요청하는 형식으로 언론을 통제하고 있다는 사실을 공개한 것으로 인정될 뿐이고, 나아가 피고인들이 공개한 내용만으로는 위와 같이 보도의 자제나 금지가 요청된 사항에 대한 대한민국 정부의 공식적인 입장이나 견해는 물론 그 사항 자체의 존부나 진위조차 이를 알거나 확인할 수 없으므로, 피고인들의 위 행위가 외교상의 기밀을 알리거나 확인함으로써 이를 누설한 경우에 해당한다고 볼 수도 없다.

## V. 결 론

외국 언론에 이미 보도된 바 있는 우리나라의 외교정책이나 활동에 관련된 사항들에 관하여 정부가 이른바 보도지침의 형식으로 국내언론기관의 보도 여부 등을 통제하고 있다는 사실을 알리는 것이 <u>외교상의 기밀을 누설한 경우에 해당하지 않는다.</u>

# 제2절 무등록 중고차 매매상사를 조직적으로 운영한 경우 범죄집단 여부

## I. 사례요지

무등록 중고차 매매상사(외부 사무실)를 운영하면서 피해자들을 기망하여 이른바 '뜯플' 또는 '쌩플'의 수법으로 중고차량을 시세보다 비싸게 판매해 금원을 편취할 목적으로 외부 사무실 등에서 범죄집단을 조직·활동하고, 피고인은 범죄집단에 가입·활동하였다.

## II. 논 점

1. 형법 제114조에서 정한 '범죄를 목적으로 하는 단체'의 의미
2. 형법 제114조에서 정한 '범죄를 목적으로 하는 집단'의 의미와 요건

## III. 법규연구 (형법)

제114조(범죄단체 등의 조직) 사형, 무기 또는 장기 4년 이상의 징역에 해당하는 범죄를 목적으로 하는 단체 또는 집단을 조직하거나 이에 가입 또는 그 구성원으로 활동한 사람은 그 목적한 죄에 정한 형으로 처벌한다. 다만, 형을 감경할 수 있다.

## IV. 관련 판례

### 1. 원심 (인천지법 2020. 5. 29. 선고 2019노4317 판결)

범죄단체 가입과 범죄단체 활동 부분에 대하여 범죄의 증명이 없다고 보아 무죄로 판단하였다.

### 2. 대법원 (대법원 2020. 9. 7., 선고, 2020도7915, 판결)

가. 형법 제114조에서 정한 '범죄를 목적으로 하는 집단'이란 특정 다수인이 사형, 무기 또는 장기 4년 이상의 범죄를 수행한다는 공동목적으로 구성원들이 정해진 역할분담에 따라 행동함으로써 범죄를 반복적으로 실행할 수 있는 조직체계를 갖춘 계속적인 결합체를 뜻한다. '범죄단체'에서 요구되는 '최소한의 통솔체계'를 갖출 필요는 없지만, 범죄의 계획과 실행을 용이하게 할 정도의 조직적 구조를 갖추어야 한다(대법원 2020. 8. 20. 선고 2019도11731 판결 참조).

나. ① 이 사건 외부 사무실에는 직원이 평균 20~30명 정도 있었고, 평균 5~6개의 팀이 있었다. 이 사건 외부 사무실은 회사 조직과 유사하게 대표, 팀장, 팀원(출동조,

전화상담원)으로 직책이나 역할이 분담되어 있었다. 상담원은 인터넷 허위 광고를 보고 전화를 건 손님들에게 거짓말로 이 사건 외부 사무실에 방문할 것을 유인하는 역할을, 출동조는 이 사건 외부 사무실을 방문한 손님들에게 허위 중고차량을 보여주면서 이른바 '뜯플' 또는 '쌩플'의 수법으로 중고차량 매매계약을 유도하는 역할을, 팀장은 소속 직원을 채용하고, 손님 방문 시 출동조를 배정하며, 출동조로부터 계약 진행 상황을 보고받고, 출동조가 매매계약 유도를 성공하면 손님들과 정식 계약을 체결하는 역할을, 대표는 사무실과 집기, 중고자동차 매매계약에 필요한 자료와 할부금융, 광고 등을 준비해 이 사건 외부 사무실을 운영하면서 팀장을 채용한 뒤 팀장으로 하여금 팀을 꾸려 이 사건 사기 범행을 실행하도록 하고, 할부금융사로부터 할부중개수수료를 받으면 이를 팀별로 배분하는 역할을 수행하였다. 대표 또는 팀장은 팀장, 출동조, 전화상담원에게 고객을 유인하고 대응하는 법이나 기망하는 방법 등에 대해 교육하였다.

② 대표들은 팀장들이 이용할 할부사와 광고 사이트를 정해 팀장들에게 알려주고, 팀장들로부터 상사입금비와 광고비를 받았다. 또한, 대표들은 손님들이 중고차량을 할부로 계약한 경우 할부금융사로부터 받는 할부중개수수료 중 일부를 팀장들에게 나누어 주었다. 팀장들은 대표들로부터 지급받은 위 할부중개수수료와 중고차량 매매에 따른 차익 중 출동조에게 20~30%를, 상담원에게 5~10%를 나눠주고, 그 나머지를 가져갔다.

③ 대표들, 팀장들, 피고인을 비롯한 팀원들은 이 사건 외부 사무실 업무와 관련하여 '텔레그램'을 이용한 대화방을 개설하여 정보를 공유하거나 각종 보고 등을 하였다. 또한, 대표들과 팀장들은 비정기적이긴 하나 회의를 하였고, 팀장들은 공유된 정보를 소속 출동조와 상담원에게 전파하였다.

④ 이 사건 외부 사무실 직원들은 전체 회식이나 야유회를 가졌는데, 그에 들어가는 비용은 대표들이 모두 부담하였다. 대표인 공소외 1, 공소외 2, 공소외 3은 단속될 경우를 대비하여 이 사건 외부 사무실을 옮겼는데, 이 경우 이 사건 외부 사무실 직원 모두가 위 대표들이 마련한 새로운 사무실로 이전한 뒤 종전과 동일하게 근무하였다.

⑤ 이 사건 외부 사무실에서 이루어진 중고자동차 매매계약은 모두 이른바 '뜯플', '쌩플' 등의 사기 수법이 동원된 것이고, 정상적인 판매행위는 이루어지지 않았다.

## V. 결 론

이 사건 외부 사무실은 특정 다수인이 사기 범행을 수행한다는 공동목적으로 구성원들의 대표, 팀장, 출동조, 전화상담원 등 정해진 역할분담에 따라 행동함으로써 사기 범행을 반복적으로 실행하는 체계를 갖춘 결합체, 즉 범죄를 목적으로 하는 집단에 해당한다.

# 제3절 보이스피싱 사기 조직을 범죄단체로 볼 수 있는지

## I. 사례요지

> 피고인들이 불특정 다수의 피해자에게 전화하여 금융기관 등을 사칭하면서 신용등급을 올려 낮은 이자로 대출을 해주겠다고 속여 신용관리비용 명목의 돈을 송금받아 편취할 목적으로 보이스피싱 사기 조직을 구성하고 이에 가담하여 조직원으로 활동함으로써 범죄단체를 조직하거나 이에 가입·활동하였다.

## II. 논 점

1. 보이스피싱 조직은 형법상의 범죄단체에 해당하고, 사기범죄 행위가 범죄단체 활동에 해당하는지
2. 피해자들로부터 자신 또는 공범들의 계좌와 전혀 무관한 제3자 명의의 계좌로 송금받는 행위는 범죄수익 취득을 가장하는 행위에 해당하는지
3. 범죄단체활동죄에 의한 범죄수익은 추징의 대상이 되는지
4. 범죄단체 가입행위 또는 범죄단체 구성원으로서 활동하는 행위와 사기죄와의 관계

## III. 법규연구

### 1. 형 법

> 제114조(범죄단체 등의 조직) 사형, 무기 또는 장기 4년 이상의 징역에 해당하는 범죄를 목적으로 하는 단체 또는 집단을 조직하거나 이에 가입 또는 그 구성원으로 활동한 사람은 그 목적한 죄에 정한 형으로 처벌한다. 다만, 형을 감경할 수 있다.
>
> 제347조(사기) ① 사람을 기망하여 재물의 교부를 받거나 재산상의 이익을 취득한 자는 10년 이하의 징역 또는 2천만원 이하의 벌금에 처한다.
>
> 제40조(상상적 경합) 1개의 행위가 수개의 죄에 해당하는 경우에는 가장 중한 죄에 정한 형으로 처벌한다.

### 2. 범죄수익은닉의 규제 및 처벌 등에 관한 법률

> 제2조(정의) 이 법에서 사용하는 용어의 뜻은 다음과 같다.
> 1. "특정범죄"란 재산상의 부정한 이익을 취득할 목적으로 범한 죄로서 다음 각 목의 어느 하나에 해당하는 것을 말한다.
>    가. 사형, 무기 또는 장기 3년 이상의 징역이나 금고에 해당하는 죄(제2호나목에 규정된 죄는 제외한다)

나. 별표에 규정된 죄

다. 제2호나목에 규정된 죄

라. 가목과 나목에 규정된 죄(이하 "중대범죄"라 한다) 및 제2호나목에 규정된 죄와 다른 죄가 「형법」 제40조에 따른 상상적 경합(想像的 競合) 관계에 있는 경우에는 그 다른 죄

마. 외국인이 대한민국 영역 밖에서 한 행위가 대한민국 영역 안에서 행하여졌다면 중대범죄 또는 제2호나목에 규정된 죄에 해당하고 행위지(行爲地)의 법령에 따라 죄에 해당하는 경우 그 죄

제3조(범죄수익등의 은닉 및 가장) ① 다음 각 호의 어느 하나에 해당하는 자는 5년 이하의 징역 또는 3천만원 이하의 벌금에 처한다.

1. 범죄수익등의 취득 또는 처분에 관한 사실을 가장한 자

## IV. 관련 판례

### 1. 원심 (서울고법 2017. 5. 19. 선고 2017노209 판결)

이 사건 보이스피싱 조직이 보이스피싱이라는 사기범죄를 목적으로 구성된 다수인의 계속적인 결합체로서 총책인 피고인 1을 중심으로 간부급 조직원들과 상담원들, 현금인출책 등으로 구성되어 내부의 위계질서가 유지되고 조직원의 역할분담이 이루어지는 최소한의 통솔체계를 갖춘 형법상의 범죄단체에 해당하고, 피고인 3등 이 사건 보이스피싱 조직의 업무를 수행한 피고인들에게 해당 범죄단체 가입 및 활동에 대한 고의가 인정되며, 위 피고인들의 이 사건 보이스피싱 조직에 의한 사기범죄 행위가 범죄단체 활동에 해당한다는 제1심의 판단이 정당하다는 취지로 판단하여, 범죄단체의 조직·가입 및 활동에 관한 위 피고인들의 해당 범죄사실 부분을 유죄로 인정한 제1심의 판단을 유지하였다.

### 2. 대법원 (대법원 2017. 10. 26., 선고, 2017도8600, 판결)

가. 피고인들이 불특정 다수의 피해자에게 전화하여 금융기관 등을 사칭하면서 신용등급을 올려 낮은 이자로 대출을 해주겠다고 속여 신용관리비용 명목의 돈을 송금받아 편취할 목적으로 보이스피싱 사기 조직을 구성하고 이에 가담하여 조직원으로 활동함으로써 범죄단체를 조직하거나 이에 가입·활동하였다는 내용으로 기소된 사안에서, 위 보이스피싱 조직은 보이스피싱이라는 사기범죄를 목적으로 구성된 다수인의 계속적인 결합체로서 총책을 중심으로 간부급 조직원들과 상담원들, 현금인출책 등으로 구성되어 내부의 위계질서가 유지되고 조직원의 역할분담이 이루어지는 최소한의 통솔체계를 갖춘 형법상의 범죄단체에 해당하고, 보이스피싱 조직의 업무를 수행한 피고인들에

게 범죄단체 가입 및 활동에 대한 고의가 인정되며, 피고인들의 보이스피싱 조직에 의한 사기범죄 행위가 범죄단체 활동에 해당한다.

나. 피고인들이 보이스피싱 사기 범죄단체의 구성원으로 활동하면서 사기범죄의 피해자들로부터 제3자 명의의 계좌로 돈을 송금받는 방법으로 범죄수익 등의 취득에 관한 사실을 가장하였다고 하여 범죄수익은닉의 규제 및 처벌 등에 관한 법률 위반으로 기소된 사안에서, 피고인들이 피해자들로부터 자신 또는 공범들의 계좌와 전혀 무관한 제3자 명의의 계좌로 송금받는 행위는 범죄수익 취득을 가장하는 행위에 해당하고, 이와 같은 <u>범죄수익 은닉행위에 대한 고의도 있다.</u>

다. 피고인들이 보이스피싱 사기 범죄단체의 구성원으로 활동하면서 사기범죄의 피해자들로부터 취득한 범죄수익에 대하여 범죄수익은닉의 규제 및 처벌 등에 관한 법률에 따라 추징이 선고된 사안에서, 범죄수익은닉규제법 제8조 제3항, 제10조 제2항이 범죄수익 등의 재산이 범죄피해재산인 경우 이를 몰수 또는 추징할 수 없다고 규정하고 있으나 이는 재산에 관한 죄 외에 독자적 법익을 함께 침해한 경우까지 적용되는 것은 아니라고 보아, 위 범죄단체활동죄에 의한 범죄수익은 범죄수익은닉규제법 제2조 제1호, [별표] 제1의 (가)목, 제2호 (가)목, 제8조 제1항, 제10조 제1항에 의하여 각 추징의 대상이 되고, 그 범죄수익이 사기죄의 피해자로부터 취득한 재산에 해당하여도 마찬가지다.

## V. 결 론

범죄단체 가입행위 또는 범죄단체 구성원으로서 활동하는 행위와 사기행위는 각각 별개의 범죄구성요건을 충족하는 독립된 행위이고 서로 보호법익도 달라 법조경합 관계로 목적된 범죄인 사기죄만 성립하는 것은 아니다.

## VI 유사판례

### 1. 형법 제114조 제1항 소정의 범죄를 목적으로 하는 단체의 의미

형법 제114조 제1항 소정의 범죄를 목적으로 하는 단체란 특정 다수인이 일정한 범죄를 수행한다는 공동목적 아래 이루어진 계속적인 결합체로서 그 <u>단체를 주도하는 최소한의 통솔체제를 갖추고 있음을 요한다.</u> (대법원 1985. 10. 8., 선고, 85도1515, 판결)

# 제4절 폭발물사용죄에서 폭발물의 의미

## Ⅰ. 사례요지

피고인이 자신이 제작한 폭발물을 배낭에 담아 고속버스터미널 등의 물품보관함 안에 넣어 두고 폭발하게 함으로써 공안을 문란하게 하였다.

## Ⅱ. 논 점

1. 형법 제119조 폭발물사용죄에서 '폭발물' 의 의미
2. 어떠한 물건이 폭발물에 해당하는지 판단하는 기준

## Ⅲ. 법규연구 (형법)

제119조(폭발물사용) ① 폭발물을 사용하여 사람의 생명, 신체 또는 재산을 해하거나 기타 공안을 문란한 자는 사형, 무기 또는 7년 이상의 징역에 처한다.

제172조(폭발성물건파열) ① 보일러, 고압가스 기타 폭발성있는 물건을 파열시켜 사람의 생명, 신체 또는 재산에 대하여 위험을 발생시킨 자는 1년 이상의 유기징역에 처한다.

② 제1항의 죄를 범하여 사람을 상해에 이르게 한 때에는 무기 또는 3년 이상의 징역에 처한다. 사망에 이르게 한 때에는 무기 또는 5년 이상의 징역에 처한다.

## Ⅳ. 관련 판례

### 1. 원심 (서울고법 2011. 11. 24. 선고 2011노2480 판결)

제1심은 그 채택 증거 등에 의하여 판시와 같은 사실을 인정한 다음, 피고인 1이 제작한 물건 2개(이하 '이 사건 제작물' )는 폭파를 목적으로 제작된 것으로 그 폭발작용 자체에 의하여 사람의 생명, 신체 또는 재산을 해하거나 기타 공안을 문란하게 하기에 족한 파괴력을 가진 것으로 볼 수 있어 형법 제119조 제1항에 규정된 폭발물에 해당한다는 이유를 들어 <u>피고인 1에 대한 공소사실을 유죄로 판단하였다.</u>

### 2. 대법원 (대법원 2012. 4. 26., 선고, 2011도17254, 판결)

가. 형법 제119조 제1항이 규정한 폭발물사용죄는 폭발물을 사용하여 공안을 문란하게 함으로써 성립하는 공공위험범죄로서 개인의 생명, 신체 등과 아울러 공공의 안전과 평온을 그 보호법익으로 하는 것이고, 법정형이 사형, 무기 또는 7년 이상의 징역

으로 그 범죄의 행위 태양에 해당하는 생명, 신체 또는 재산을 해하는 경우에 성립하는 살인죄, 상해죄, 재물손괴죄 등의 범죄를 비롯한 유사한 다른 범죄에 비하여 매우 무겁게 설정되어 있을 뿐 아니라, 형법은 제172조에서 '폭발성 있는 물건을 파열시켜 사람의 생명, 신체 또는 재산에 대하여 위험을 발생시킨 자'를 처벌하는 폭발성물건 파열죄를 별도로 규정하고 있는데 그 법정형은 1년 이상의 유기징역으로 되어있다. 이와 같은 여러 사정을 종합해 보면, 위 <u>폭발물사용죄에서 말하는 폭발물이란 그 폭발작용의 위력이나 파편의 비산 등으로 사람의 생명, 신체, 재산 및 공공의 안전이나 평온에 직접적이고 구체적인 위험을 초래할 수 있는 정도의 강한 파괴력을 가지는 물건을 의미한다</u>고 할 것이다. 따라서 어떠한 물건이 형법 제119조에 규정된 폭발물에 해당하는지 여부는 그 폭발작용 자체의 위력이 공안을 문란하게 할 수 있는 정도로 고도의 폭발성능을 가지고 있는지 여부에 따라 엄격하게 판단하여야 할 것이다.

나. 그러나 원심의 위와 같은 판단은 다음과 같은 이유에서 이를 수긍하기 어렵다.

① 이 사건 제작물은 유리꽃병 내부에 휴대용 부탄가스통을 넣고 유리꽃병과 부탄가스 용기 사이의 두께 약 1㎝의 공간에 폭죽에서 분리한 화약을 채운 후, 발열체인 니크롬선이 연결된 전선을 유리꽃병 안의 화약에 꽂은 다음 전선을 유리꽃병 밖으로 연결하여 타이머와 배터리를 연결하고, 유리꽃병의 입구를 청테이프로 막은 상태에서, 타이머에 설정된 시각에 배터리의 전원이 연결되면 발열체의 발열에 의해 화약이 점화되는 구조로 만들어진 사실, ② 피고인 1은 이 사건 제작물을 만들어 20ℓ 크기의 배낭 2개에 나누어 넣은 다음, 공소외인을 시켜 서울역과 강남고속버스터미널의 물품보관함에 1개씩 넣고 문을 잠가 놓은 사실, ③ 이 사건 제작물은 배낭 속에 들어 있는 채로 물품보관함 안에 들어 있었으므로 유리꽃병이 화약의 연소로 깨지더라도 그 파편이 외부로 비산할 가능성은 없었고, 이 사건 제작물에 들어 있는 부탄가스 용기는 내압이 상승할 경우 용기의 상부 및 바닥의 만곡부분이 팽창하면서 측면이 찢어지도록 설계되어 있어 부탄가스통 자체의 폭발은 발생하지 않고, 설사 외부 유리병이 파쇄되더라도 그 파편의 비산거리가 길지는 않은 구조인 사실, ④ 실제로 이 사건 제작물 중 강남고속터미널 물품보관함에 들어 있던 것은 연소될 당시 '펑' 하는 소리가 나면서 물품보관함의 열쇠구멍으로 잠시 불꽃과 연기가 나왔으나, 물품보관함 자체는 내부에 그을음이 생겼을 뿐 찌그러지거나 손상되지 않았고 그 내부에 압력이 가해진 흔적도 식별할 수 없으며, 서울역 물품보관함에 들어 있던 것은 연소될 당시 '치치치' 하는 소리가 나면서 열쇠구멍에서 약 5초간 불꽃이 나온 후 많은 연기가 나왔으나 폭발음은

들리지 않은 사실 등을 알 수 있고, 그 밖에 이 사건 제작물의 폭발작용 그 자체에 의하여 사람의 생명, 신체 또는 재산에 해를 입게 하였다거나, 공안을 문란하게 하였다고 볼 만한 자료는 없다.

## V. 결 론

이 사건 제작물은 그 폭발작용 자체에 의하여 공공의 안전을 문란하게 하거나 사람의 생명, 신체 또는 재산을 해할 정도의 성능이 없거나, 사람의 신체 또는 재산을 경미하게 손상시킬 수 있는 정도에 그쳐 사회의 안전과 평온에 직접적이고 구체적인 위험을 초래하여 공공의 안전을 문란하게 하기에는 현저히 부족한 파괴력과 위험성의 정도만을 가진 물건이라 할 것이다. 따라서 이 사건 제작물은 형법 제172조 제1항에 규정된 '폭발성 있는 물건'에는 해당될 여지가 있으나 이를 형법 제119조 제1항에 규정된 '폭발물'에 해당한다고 볼 수는 없다.

# 제2장

# 공무원의 직무에 관한 죄

## 제1절 기간제 공무원의 무단이탈로 인한 직무유기죄 성립여부

### I. 사 례

피고인은 20○○. ○. ○. ○○에 있는 ○○중학교에 기간제 교원으로 채용되어 같은 해 11. 17.경까지 교원으로 근무하면서 사회 과목 수업을 담당하는 등의 업무에 종사하였다.

피고인은 20○○. 11. 14. ○○중학교에서 3학년 학생들의 2학기 사회 과목 시험 답안지를 받았으므로 20○○. 11. 17.까지 채점과 점수 확인을 완료하고, 근무기간 종료 시 학생들의 답안지와 채점결과를 학교에 인계하여 20○○. 11. 29.경까지 고등학교 입학전형을 위한 중학교 석차연명부를 작성할 수 있게 할 직무상 의무가 있었다.

피고인은 20○○. 11. 15.경 ○○중학교에서 무단이탈한 후 출근을 하지 않고 연락도 받지 않으면서 학생들의 답안지와 채점결과를 인계하지 않아 학생들의 사회 과목 성적이 산출되지 않게 하여 고등학교 입학전형을 위한 석차연명부 작성을 불가능하게 하였다.

### II. 논 점

1. 공무원이 태만이나 착각 등으로 직무를 성실히 수행하지 않은 경우 또는 직무를 소홀하게 수행하였기 때문에 성실한 직무수행을 못한 데 지나지 않는 경우, 직무유기죄가 성립하는지 여부
2. 근무기간을 정하여 임용된 공무원의 무단이탈로 인한 직무유기죄 성립 여부를 판단할 때 고려할 사항

### III. 법규연구 (형법)

제122조(직무유기) 공무원이 정당한 이유없이 그 직무수행을 거부하거나 그 직무를 유기한 때에는 1년 이하의 징역이나 금고 또는 3년 이하의 자격정지에 처한다.

## IV. 관련 판례

### 1. 원심 (대전지법 2021. 6. 9. 선고 2020노475 판결)

피고인이 ○○중학교와 체결한 기간제 교원 채용계약은 유효하므로 피고인은 교육공무원의 지위에 있었다. 피고인에게는 채점을 완료할 의무뿐만 아니라 답안지와 채점결과를 학교에 인계하여 석차연명부가 작성되도록 할 의무가 있다. 답안지와 채점결과가 인계되지 않는다면 후속 절차가 진행되지 않기 때문이다.

그럼에도 피고인이 이를 이행하지 않아 학생들의 사회 과목 성적이 산출되지 않았으므로 정당한 이유 없이 직무를 유기한 것으로 볼 수 있다.

### 2. 대법원 (대법원 2022. 6. 30., 선고, 2021도8361, 판결)

가. 형법 제122조는 직무유기죄에 관하여 "공무원이 정당한 이유 없이 그 직무수행을 거부하거나 그 직무를 유기한 때에는 1년 이하의 징역이나 금고 또는 3년 이하의 자격정지에 처한다."라고 정한다. 직무유기죄는 구체적으로 직무를 수행해야 할 작위의무가 있는데도 이러한 직무를 저버린다고 인식하고 작위의무를 이행하지 않음으로써 성립한다. 이때 직무를 유기한다는 것은 공무원이 법령, 내규 등에 따른 추상적 성실의무를 게을리하는 일체의 경우를 말하는 것이 아니라 직장의 무단이탈, 직무의 의식적인 포기 등과 같이 국가의 기능을 저해하고 국민에게 피해를 야기할 구체적인 가능성이 있는 경우만을 가리킨다(대법원 1983. 3. 22. 선고 82도3065 판결, 대법원 1997. 4. 22. 선고 95도748 판결 참조). 따라서 공무원이 태만이나 착각 등으로 인하여 직무를 성실히 수행하지 않은 경우 또는 직무를 소홀하게 수행하였기 때문에 성실한 직무수행을 못한 데 지나지 않는 경우에는 직무유기죄가 성립하지 않는다(대법원 1994. 2. 8. 선고 93도3568 판결 등 참조).

무단이탈로 인한 직무유기죄 성립 여부는 결근 사유와 기간, 담당하는 직무의 내용과 적시 수행 필요성, 결근으로 직무수행이 불가능한지, 결근 기간에 국가기능의 저해에 대한 구체적인 위험이 발생하였는지 등을 종합적으로 고려하여 신중하게 판단해야 한다. 특히 근무기간을 정하여 임용된 공무원의 경우에는 근무기간 안에 특정 직무를 마쳐야 하는 특별한 사정이 있는지 등을 고려할 필요가 있다.

나. 원심판결 이유와 적법하게 채택된 증거에 따르면 다음 사실을 알 수 있다.
피고인은 인천 강화군에 있는 ○○중학교에서 20○○. 10. 18.부터 20○○. 11. 17.까지 사회 과목을 담당하는 기간제 교원으로 임용되었다.

○○중학교는 20○○년도 3학년 2학기 2회고사 실시 계획을 세우면서 교과 담임이 20○○. 11. 16.까지 주관식 채점을 마치고, 교과 담임과 교무부 성적계가 20○○. 11. 17.까지 학생 점수 확인과 채점, 20○○. 11. 20.부터 같은 달 22일까지 성적과 이의 신청 처리, 20○○. 11. 24.까지 성적표 확인과 결재를 마치기로 하였다.

피고인은 20○○. 11. 14. 사회 과목 시험 답안지를 받았다. 피고인은 20○○. 11. 15. 연가를 신청하였으나 승인되지 않자 10:00경 무단 조퇴하고 20○○. 11. 16.에도 출근하지 않았다. 피고인은 사전에 근무 마지막 날인 20○○. 11. 17.에 대한 병가신청을 하여 승인을 받았다.

피고인은 기간제 임기가 종료된 후에도 답안지와 채점결과를 학교에 인계하지 않았고, ○○중학교는 학생과 학부모의 동의를 받고 학교운영위원회의 결정을 거쳐 3학년 2학기 1회고사 시험결과를 2회고사에 대체하는 방식으로 석차연명부를 작성하였다.

## V. 결 론

이러한 사실을 위에서 본 법리에 비추어 살펴보면, 피고인이 자신의 직무를 성실히 수행하지 못한 것이라고 할 수 있을지언정 직무유기죄에 해당한다고 단정할 수 없다. 그 이유는 다음과 같다.

피고인이 채점할 답안지를 받은 날은 20○○. 11. 14.이고, 임기 종료일은 그로부터 3일 뒤인 20○○. 11. 17.까지였다. 학사일정상 성적 처리에 관한 업무를 최종적으로 마치기로 예정한 날은 20○○. 11. 24.까지였다. 이러한 학사일정에 비추어 보면, 반드시 피고인이 근무기간 안에 채점을 마쳐야만 최종적인 성적 산출 업무 처리가 가능했다고 단정하기 어렵다.

피고인이 무단으로 결근한 날짜는 임기 종료 직전 2일인데, 결근하게 된 사유는 기간제 임기가 종료됨에 따라 다른 기간제 교원 관련 면접을 보려고 했으나 연가가 승인되지 않았기 때문으로 보인다. 또한 근무 마지막 날에 대한 병가신청이 승인되어 이후로는 더 이상 출근이나 업무 수행을 할 의무가 없었다. 이러한 사정에 비추어 보면, 피고인이 자신의 업무를 의식적으로 방임하거나 포기하려는 것이었다고 단정하기 어렵다.

피고인이 임기 종료 이후 성적 처리에 관한 최종 업무 종료일인 20○○. 11. 24. 이후까지 답안지와 채점결과를 학교 측에 인계하지 않았으나, 이는 피고인의 임기가 종료되어 공무원으로서의 지위를 상실한 이후의 사정으로서 직무유기죄를 구성하는 행위로 평가할 수 없다.

## VI 유사판례

### 1. 공무원이 태만 착각 등으로 직무를 성실히 수행하지 아니하거나 못한 경우

공무원이 태만 착각 등으로 인하여 직무를 성실히 수행하지 아니한 경우나 형식적으로 또는 소홀히 직무를 수행하였기 때문에 성실한 직무수행을 못한 것에 불과한 경우에는 직무유기죄는 성립하지 아니한다. (대법원 1994. 2. 8., 선고, 93도3568, 판결)

### 2. 병가 중인 자가 직무유기죄의 주체가 될 수 있는지

직무유기죄는 구체적으로 그 직무를 수행하여야 할 작위의무가 있는데도 불구하고 이러한 직무를 버린다는 인식하에 그 작위의무를 수행하지 아니함으로써 성립하는 것이고, 또 그 직무를 유기한 때라 함은 공무원이 법령, 내규 등에 의한 추상적인 충근의무를 태만히 하는 일체의 경우를 이르는 것이 아니고, 직장의 무단이탈, 직무의 의식적인 포기 등과 같이 그것이 국가의 기능을 저해하며 국민에게 피해를 야기시킬 가능성이 있는 경우를 말하는 것이므로, 병가중인 자의 경우 구체적인 작위의무 내지 국가기능의 저해에 대한 구체적인 위험성이 있다고 할 수 없어 직무유기죄의 주체로 될 수는 없다.

노동조합의 승인 없이 또는 지시에 반하여 일부 조합원의 집단에 의하여 이루어진 쟁의행위가 그 경위와 목적, 태양 등에 비추어 정당행위에 해당하지 아니하고, 그 쟁의행위에 참가한 일부 조합원이 병가 중이어서 직무유기죄의 주체로 될 수는 없다 하더라도 직무유기죄의 주체가 되는 다른 조합원들과의 공범관계가 인정된다는 이유로, 그 쟁의행위에 참가한 조합원들 모두 직무유기죄로 처단되어야 한다고 본 사례(이 사건은 병가중인 철도공무원들이 그렇지 아니한 철도공무원들과 함께 전국철도노동조합의 일부 조합원들로 구성된 임의단체인 전국기관차협의회가 주도한 파업에 참가한 사례임).(대법원 1997. 4. 22., 선고, 95도748, 판결)

# 제2절 경찰관이 수배자를 검거치 않고 도피시킨 경우

## I. 사례요지

경찰공무원인 피고인 1은 공소외인이 지명수배되어 도피 중임을 잘 알면서 2010. 7. 25. 공소외인을 만나게 되었음에도 공소외인을 체포하지 아니함으로써 정당한 이유 없이 그 직무를 유기하였으며, 피고인 2, 원심 공동피고인 3과 공모하여 2010. 3.부터 2010. 10.경까지 지명수배 중인 공소외인을 도피하게 하였다.

## II. 논 점

1. 경찰공무원이 지명수배 중인 범인을 발견하고도 직무상 의무에 따른 적절한 조치를 취하지 아니하고 오히려 범인을 도피하게 하는 행위를 한 경우, 범인도피죄 외에 직무유기죄가 따로 성립하는지 여부(소극)
2. 범인도피죄의 기수시기와 종료시기

## III. 법규연구 (형법)

제122조(직무유기) 공무원이 정당한 이유없이 그 직무수행을 거부하거나 그 직무를 유기한 때에는 1년 이하의 징역이나 금고 또는 3년 이하의 자격정지에 처한다.

제151조(범인은닉과 친족간의 특례) ① 벌금 이상의 형에 해당하는 죄를 범한 자를 은닉 또는 도피하게 한 자는 3년 이하의 징역 또는 500만원 이하의 벌금에 처한다.
② 친족 또는 동거의 가족이 본인을 위하여 전항의 죄를 범한 때에는 처벌하지 아니한다.

## IV. 관련 판례

1. 원심 (서울고법 2015. 1. 9. 선고 2014노2351 판결)

공소사실 중 범인도피의 점과 2010. 7. 25.자 직무유기의 점에 관하여 범인도피죄와 직무유기죄가 모두 성립하고 양 죄는 실체적 경합관계에 있다고 유죄로 판단하였다.

2. 대법원 (대법원 2017. 3. 15., 선고, 2015도1456, 판결)

가. 범인도피의 점에 관하여

원심판결 이유를 적법하게 채택한 증거들에 비추어 살펴보면, 원심이 그 판시와 같은 이유로 이 사건 공소사실 중 범인도피의 점이 유죄로 인정된다고 판단한 것은 정당하다. 거기에 상고이유 주장과 같이 논리와 경험의 법칙에 위반하여 자유심증주의의 한계를 벗어나거나 범인도피죄에 관한 법리를 오해한 잘못이 없다.

나. 2010. 7. 25.자 직무유기의 점에 관하여

① 경찰공무원이 지명수배 중인 범인을 발견하고도 직무상 의무에 따른 적절한 조치를 취하지 아니하고 오히려 범인을 도피하게 하는 행위를 하였다면, 그 직무위배의 위법상태는 범인도피행위 속에 포함되어 있다고 보아야 할 것이므로, 이와 같은 경우에는 작위범인 범인도피죄만이 성립하고 부작위범인 직무유기죄는 따로 성립하지 아니한다(대법원 1996. 5. 10. 선고 96도51 판결, 대법원 2006. 10. 19. 선고 2005도3909 전원합의체 판결 등 참조).

한편, 범인도피죄는 범인을 도피하게 함으로써 기수에 이르지만, 범인도피행위가 계속되는 동안에는 범죄행위도 계속되고 행위가 끝날 때 비로소 범죄행위가 종료된다(대법원 1995. 9. 5. 선고 95도577 판결, 대법원 2012. 8. 30. 선고 2012도6027 판결 등 참조).

② 이 사건 공소사실 중 2010. 7. 25.자 직무유기의 점의 요지는 '경찰공무원인 피고인 1은 공소외인이 지명수배되어 도피 중임을 잘 알면서 2010. 7. 25. 공소외인을 만나게 되었음에도 공소외인을 체포하지 아니함으로써 정당한 이유 없이 그 직무를 유기하였다'는 것이고, 이 사건 공소사실 중 범인도피의 점은 '경찰공무원인 피고인 1이 피고인 2, 원심공동피고인 3과 공모하여 2010. 3.부터 2010. 10.경까지 지명수배 중인 공소외인을 도피하게 하였다'는 취지이다. 제1심은 위 범죄사실을 인정하여 범인도피의 점을 유죄로 인정하였고, 원심은 제1심판결을 그대로 유지하였다.

③ 이와 같은 2010. 7. 25.자 직무유기의 공소사실과 제1심과 원심이 유죄로 인정한 범인도피의 범죄사실에 의하면, 경찰공무원으로서 지명수배자 체포에 관한 직무상 의무를 부담하는 피고인 1은 피고인 2, 원심공동피고인 3과 공모하여 2010. 3.부터 2010. 10.까지 지명수배자인 공소외인을 도피하게 하는 행위를 계속하였고, 그러한 범인도피행위가 계속되는 도중인 2010. 7. 25. 공소외인을 만나고서도 그를 체포하지 않았다는 것이다.

피고인 1의 위 범인도피범행과 직무유기행위를 앞서 본 법리에 비추어 살펴보면, 피고인 1의 2010. 7. 25.자 직무유기로 인한 직무위배의 위법상태는 2010. 3.경부터 계속된 범인도피범행에 포함되어 있다고 볼 것이다. 이러한 경우 작위범인 범인도피죄만이 성립하고 부작위범인 직무유기죄는 따로 성립하지 아니한다.

## V. 결 론

  원심판결 중 2010. 7. 25.자 직무유기 부분은 앞서 본 이유로 파기되어야 하고, 이와 같이 파기되는 부분과 원심이 유죄로 인정한 나머지 범죄사실은 형법 제37조 전단의 경합범 관계에 있다고 하여 하나의 형이 선고되었으므로, 원심판결 중 피고인 1에 대한 유죄 부분은 전부 파기되어야 한다.

  따라서 작위범인 범인도피죄만이 성립하고 부작위범인 직무유기죄는 따로 성립하지 아니한다.

## VI. 유사판례

### 1. 검사로부터 범인검거 지시받은 경찰관이 범인을 도피케 한 경우, 범인도피죄 외에 직무유기죄 성립 여부

> 피고인이 검사로부터 범인을 검거하라는 지시를 받고서도 그 직무상의 의무에 따른 적절한 조치를 취하지 아니하고 오히려 범인에게 전화로 도피하라고 권유하여 그를 도피케 하였다는 범죄사실만으로는 직무위배의 위법상태가 범인도피행위 속에 포함되어 있는 것으로 보아야 할 것이므로, 이와 같은 경우에는 작위범인 범인도피죄만이 성립하고 부작위범인 직무유기죄는 따로 성립하지 아니한다. (대법원 1996. 5. 10., 선고, 96도51, 판결)

# 제3절 경찰관이 현행범인체포서 대신 임의동행동의서 작성 후 석방한 경우

## I. 사례요지

지구대 소속 경찰관들이 도박현장에서 도박혐의자 22명 전원을 현행범으로 체포하여 지구대로 연행하였고, 그 과정에서 도박자금을 압수하였다. 지구대에 도착한 강력1팀장 공소외 1은 사건을 인수하여 처리하게 되었다. 그사이 도박을 주도한 공소외 2가 공소외 3을 통해 도박전과가 없는 사람 4명이 범행을 자백하면 벌금을 대신 내주겠다고 제안하였고, 공소외 4가 자신이 총대를 메겠다고 하여, 자백하는 도박혐의자만 일부 추려내고 조사를 종결하기로 사건처리 방향을 정하였다. 도박혐의를 인정한 이들 4명에 대한 현행범인체포서 및 확인서를 작성하고, 나머지 18명 중 공소외 2를 제외한 17명에 대한 임의동행동의서를 작성받았다.
압수한 도박자금 중 일부는 각 반환하였는데(이때 검사의 지휘는 받지 아니하였다), 압수한 일부 도박자금에 관하여는 압수조서 및 목록조차 작성하지 않았다. 현행범으로 체포한 일부 도박혐의자들의 석방사실을 검사에게 보고도 하지 않았고, 석방일시·사유를 기재한 서면을 작성하여 기록에 편철하지도 않았다. 그 후 강력1팀 소속 경찰관 등은 범행을 시인한 도박혐의자 4명, 신원미확인자 4명, 수사에 협조할 것으로 보이는 1명 등 총 9명을 경찰서로 연행하였는바, 그곳에서 강력1팀 공소외 7은 신원미확인자 중 공소외 14가 도박전과가 다수 있고 벌금 미납자이며, 공소외 15 명의를 도용하여 진술서를 작성한 사실을 밝혀내고도 추가수사 등의 조처함이 없이 나머지 신원미확인자와 함께 석방하였다. 강력1팀은 경찰서 인치 시각이 08:00 이후라는 이유로 추가조사를 하지 않은 채 현행범체포자 4명과 관련 수사서류를 강력2팀에 인계하면서 그동안의 경위 등에 관하여는 전혀 설명하지 않았다.

## II. 논 점

1. 현행범인체포서 대신에 임의동행동의서를 작성하게 하거나 압수한 일부 도박자금에 관하여 검사의 지휘도 받지 않고 반환하는 등 제대로 조사하지 않은 채 이들을 석방한 경우 직무유기죄의 성립여부

2. 사법경찰관리가 현행범인을 체포하는 경우 및 긴급체포의 경우 반드시 미란다 원칙을 고지하여야 하는지 여부(적극) 및 고지의 시기

3. 현행범으로 체포하거나 현행범인체포서를 작성할 때 체포사유 및 변호인선임권을 고지하였다는 허위의 현행범인체포서와 확인서를 작성한 사안에서, 허위공문서작성에 대한 범의가 있었다고 보아야 하는지

# III. 법규연구

## 1. 형 법

제122조 (직무유기) 공무원이 정당한 이유없이 그 직무수행을 거부하거나 그 직무를 유기한 때에는 1년 이하의 징역이나 금고 또는 3년 이하의 자격정지에 처한다.

제227조 (허위공문서작성등) 공무원이 행사할 목적으로 그 직무에 관하여 문서 또는 도화를 허위로 작성하거나 변개한 때에는 7년 이하의 징역 또는 2천만원 이하의 벌금에 처한다.

## 2. 형사소송법

제72조(구속과 이유의 고지) 피고인에 대하여 범죄사실의 요지, 구속의 이유와 변호인을 선임할 수 있음을 말하고 변명할 기회를 준 후가 아니면 구속할 수 없다. 다만, 피고인이 도망한 경우에는 그러하지 아니하다.

제200조의5(체포와 피의사실 등의 고지) 검사 또는 사법경찰관은 피의자를 체포하는 경우에는 피의사실의 요지, 체포의 이유와 변호인을 선임할 수 있음을 말하고 변명할 기회를 주어야 한다.

제213조의2(준용규정) 제87조, 제89조, 제90조, 제200조의2제5항 및 제200조의5의 규정은 검사 또는 사법경찰관리가 현행범인을 체포하거나 현행범인을 인도받은 경우에 이를 준용한다.

# IV. 관련 판례

## 1. 원심 (창원지법 2008. 11. 13. 선고 2008노406 판결)

### 가. 직무유기의 점

강력1팀 소속 경찰관이 같은 경찰서 근무규칙에 따라 현행범으로 체포된 4명의 신병과 도박혐의자 22명의 진술서, 압수조서, 현장사진 등의 증거서류를 빠짐없이 강력2팀에 인계하였고, 강력2팀에서 이를 기초로 도박혐의자 18명에 대하여 다시 소환, 조사할 수 있었던 사정에 비추어, 피고인들과 지구대 및 강력1팀 소속 경찰관들이 의식적으로 18명에 대한 수사업무를 방임 내지 포기한 것으로 볼 수 없다는 이유로, 이 부분에 대하여 <u>유죄를 선고한 제1심판결을 파기하고 무죄를 선고하였다.</u>

### 나. 허위공문서작성 및 동행사의 점

피고인들과 지구대 및 강력1팀 소속 경찰관 중 어느 누구도 현행범으로 체포된 공소외 8 등 4명에게 체포사유 및 변호인선임권을 고지하였다고 진술하고 있지 아니하고, 위 체포된 4명도 경찰관 어느 누구로부터도 체포사유 및 변호인선임권을 고지받았다고 진술하고 있지 아니하므로, 피고인들과 지구대 및 강력1팀 소속 경찰관들이 위 4명을 현행범으로 체포하거나 현행범인체포서를 작성하면서 체포사유 및 변호인선임권을 고지하지 아니한 것으로 보인다고 판단하면서도, 현행범인체포서와 확인서를 작성한 경찰관은 다른 경찰관이 당연히 고지하였을 것으로 생각하여 허위공문서를 작성한다는 의사가 없었을 개연성이 크고, 설사 그렇지 않더라도 피고인 1, 3이 공모하였다는 점에 관해 아무런 증거가 없다는 이유로, <u>허위로 현행범인체포서 및 확인서를 작성하였다는 공소사실에 대하여 유죄를 선고한 제1심판결을 파기하고 무죄를 선고하였다.</u>

## 2. 대법원 (대법원 2010. 6. 24., 선고, 2008도11226, 판결)

### 가. 직무유기의 점

직무유기죄는 구체적으로 특정 직무를 수행하여야 할 작위의무가 있는 사람이 그 직무를 버린다는 인식하에 의무를 수행하지 아니함으로써 성립한다(대법원 1999. 11. 26. 선고 99도1904 판결, 대법원 2008. 2. 14. 선고 2005도4202 판결 등 참조).

피고인들과 강력1팀 및 순찰3팀 경찰관들은 현행범으로 체포한 도박혐의자 17명에 대해 현행범인체포서 대신에 임의동행동의서를 작성하게 하고, 그나마 제대로 조사도 하지 않은 채 석방하였으며, 현행범인 석방사실을 검사에게 보고도 하지 않았고, 석방 일시·사유를 기재한 서면을 작성하여 기록에 편철하지도 않았으며, 압수한 일부 도박 자금에 관하여 압수조서 및 목록도 작성하지 않은 채 검사의 지휘도 받지 않고 반환하였고, 강력1팀 공소외 7이 공소외 14의 명의도용 사실과 도박 관련 범죄로 수회 처벌받은 전력을 확인하고서도 아무런 추가조사 없이 석방한 것은 <u>단순히 업무를 소홀히 수행한 것이 아니라 정당한 사유 없이 의도적으로 수사업무를 방임 내지 포기한 것이라고 봄이 상당하다</u>고 할 것이다.

그럼에도 피고인들이 의식적으로 18명에 대한 수사업무를 방임 내지 포기한 것이 아니라는 취지로 직무유기죄의 성립을 부정한 원심의 판단에는, <u>직무유기죄의 법리를 오해하였거나 채증법칙을 위반하여 사실을 오인함으로써 판결 결과에 영향을 미친 잘못이 있다</u>고 할 것이다.

### 나. 허위공문서작성 및 동행사의 점

#### ① 현행범인체포서 및 확인서

피고인들과 지구대 및 강력1팀 소속 경찰관 중 어느 누구도 현행범인을 체포하여 지구대로 연행하고 다시 몇 시간이 경과한 후 현행범인체포서 및 확인서를 작성할 때까지 체포사유 및 변호인선임권을 고지하지 않은 사실, ② 도박혐의를 시인한 공소외 8 등 4명에 대하여 현행범인체포서 및 확인서를 작성하도록 결정하고 지시한 사람은 피고인 1과 강력1팀의 공소외 6 등인 사실, ③ 이에 피고인 3이 현행범인체포서의 체포 사유를 작성하고 공소외 9가 내용을 검토하여 자신의 도장을 날인한 후 피고인 1의 확인을 받았는데, 그 과정에서도 공소외 8 등 4명에게 체포사유 및 변호인선임권을 고지한 적이 없는 사실, ④ 피고인 1, 3은 도박현장에 직접 출동하여 현행범인 체포에 참여하는 등 이 사건의 진행경과를 누구보다 잘 알고 있었던 사실, ⑤ 그럼에도 '체포의 사유 및 변호인 선임권 등을 고지 후 현행범인 체포한 것임'이라는 내용의 허위의 현행범인체포서 4장과 '현행범인으로 체포하면서 범죄사실의 요지, 구속의 이유와 변호인을 선임할 수 있음을 고지하고 변명의 기회를 주었다'는 내용의 허위의 확인서 4장을 각 작성한 사실 등을 알 수 있다.

그렇다면, 앞서 본 바와 같은 법리 및 위와 같은 사정들에 비추어 볼 때, 피고인 1, 3이 공소외 9 등과 공모하여 <u>허위로 현행범인체포서 및 확인서를 작성하였고, 당시 허위공문서작성에 대한 범의도 있었다고 봄이 상당하다</u>고 할 것이다.

② 임의동행동의서

가) 경찰관 직무집행법 제3조 제2항은 '그 장소에서 제1항의 질문을 하는 것이 당해인에게 불리하거나 교통의 방해가 된다고 인정되는 때에는 질문하기 위하여 부근의 경찰서·지구대·파출소 또는 출장소에 동행할 것을 요구할 수 있다. 이 경우 당해인은 경찰관의 동행요구를 거절할 수 있다'라고 규정하고, 제4항은 '제1항 또는 제2항의 규정에 의하여 질문하거나 동행을 요구할 경우 경찰관은 당해인에게 자신의 신분을 표시하는 증표를 제시하면서 소속과 성명을 밝히고 그 목적과 이유를 설명하여야 하며, 동행의 경우에는 동행장소를 밝혀야 한다'고 규정하고 있다.

한편 공문서는 공무소 또는 공무원이 그 명의로 직무상 작성한 문서를 말한다.

나) ① ○○경찰서 지구대에서 사용하던 임의동행동의서의 하단에는 임의동행에 동의한 사람이 서명 또는 날인하도록 되어 있으나, 상단에는 임의동행을 요구한 경찰관이 동행일시, 동행장소, 동행목적, 동행대상, 담당경찰관의 소속, 계급, 성명을 기재하도록 되어 있는 사실, ② 이 사건 각 임의동행동의서에는 동행일시 2007. 4. 27. 06:00경, 동행장소 ○○경찰서 강력수사팀, 동행목적 도박 피의사건 수사, 동행대상 도박혐의를 시인한 4명의 성명과 나이, 담당경찰관 지구대 소속 순경 공소외 10이라고 각 기재되어 있는 사실, ③ 피고인 3과 공소외 10, 11은 피고인 1 및 강력1팀 공소외 6 등의 지시에 따라 현행범인으로 체포한 도박혐의자 중 17명에 대해서 임의동행동의서를 작성받은 사실 등을 알 수 있다.

앞서 본 규정과 법리 및 위와 같은 사정들에 비추어 보면, 이 사건 각 임의동행동의서는 사인 명의로 된 사문서 부분과 임의동행을 요구한 경찰관이 직무와 관련된 사항인 동행일시·목적 등과 자신의 소속·계급·성명을 기재한 공문서 부분이 병존하는 문서라고 봄이 상당하다.

그럼에도 불구하고 이 사건 임의동행동의서가 사문서라고 본 원심의 판단에는 허위공문서작성에 대한 법리를 오해하였거나 채증법칙을 위반하여 사실을 오인함으로써 판결 결과에 영향을 미친 잘못이 있다고 할 것이다.

### 다. 직무유기죄와의 관계

공무원이 어떠한 위법사실을 발견하고도 직무상 의무에 따른 적절한 조치를 취하지 아니하고 위법사실을 적극적으로 은폐할 목적으로 허위공문서를 작성·행사한 경우에는 직무위배의 위법상태는 허위공문서작성 당시부터 그 속에 포함되는 것으로 작위범인 허위공문서작성 및 그 행사죄만이 성립하고 부작위범인 직무유기죄는 따로 성립하지 않는다고 할 것이다. (대법원 2004. 3. 26. 선고 2002도5004 판결 등 참조)

## V. 결 론

직무유기와 관련 단순히 업무를 소홀히 수행한 것이 아니라 정당한 사유 없이 의도적으로 수사업무를 방임 내지 포기한 것이라고 봄이 상당하다.

그리고 허위의 현행범인체포서 4장과 '현행범인으로 체포하면서 범죄사실의 요지, 구속의 이유와 변호인을 선임할 수 있음을 고지하고 변명의 기회를 주었다' 라는 내용의 허위 확인서 4장을 각 작성한 사안은 허위로 현행범인체포서 및 확인서를 작성한 사실 인정된다.

또, 현행범인으로 체포한 도박혐의자 중 17명에 대해서 임의동행동의서를 작성받은 사실은 임의동행동의서는 사인 명의로 된 사문서 부분과 임의동행을 요구한 경찰관이 직무와 관련된 사항인 동행일시·목적 등과 자신의 소속·계급·성명을 기재한 공문서 부분이 병존하는 문서라고 봄이 상당하다. 따라서 허위공문서작성죄가 성립한다.

그러나 작위범인 현행범인체포서, 확인서, 임의동행동의서에 대한 허위공문서작성 및 그 행사죄만이 성립하고 부작위범인 직무유기죄는 따로 성립하지 않는다고 할 것이다.

# 제4절 경찰관이 압수물을 피압수자에게 돌려줘 증거인멸 경우 별도 직무유기죄 성립여부

## I. 사례요지

경찰서 ○○과장이 부하직원으로부터 음반·비디오물 및 게임물에 관한 법률 위반 혐의로 오락실을 단속하여 증거물로 오락기의 변조 기판을 압수하여 사무실에 보관 중임을 보고받아 알고 있었음에도 그 직무상의 의무에 따라 위 압수물을 수사지원팀에 인계하고 검찰에 송치하여 범죄 혐의의 입증에 사용하도록 하는 등의 적절한 조치를 취하지 않고, 오히려 부하직원에게 위와 같이 압수한 변조 기판을 돌려주라고 지시하여 오락실 업주에게 이를 돌려준 경우

## II. 논 점

경찰관이 압수물을 범죄 혐의의 입증에 사용하도록 하는 등의 적절한 조치를 취하지 아니하고 피압수자에게 돌려주어 증거인멸죄를 범한 경우에 별도로 부작위범인 직무유기죄가 성립하는지 여부

## III. 법규연구 (형법)

제122조 (직무유기) 공무원이 정당한 이유없이 그 직무수행을 거부하거나 그 직무를 유기한 때에는 1년 이하의 징역이나 금고 또는 3년 이하의 자격정지에 처한다.

제155조 (증거인멸등과 친족간의 특례) ① 타인의 형사사건 또는 징계사건에 관한 증거를 인멸, 은닉, 위조 또는 변조하거나 위조 또는 변조한 증거를 사용한 자는 5년 이하의 징역 또는 700만원 이하의 벌금에 처한다.

## IV. 관련 판례

### 1. 원심 (대전지법 2005. 5. 20. 선고 2005노219 판결)

피고인이 공소외 1과 공모하여 2003. 5. 10. (상호 생략)오락실 운영자 공소외 2에게 압수된 변조 기판을 돌려주어 정당한 이유 없이 직무를 유기함과 동시에 타인의 형사사건에 관한 증거를 인멸하였다는 공소사실에 대하여 그 증명이 없음을 이유로 <u>무죄를 선고하였다.</u>

### 2. 대법원 (대법원 2006. 10. 19., 선고, 2005도3909, 전원합의체 판결)

대전동부경찰서 방범과장이던 피고인이 부하직원으로부터 삼성오락실을 음반 · 비디

오물 및 게임물에 관한 법률 위반 혐의로 단속하여 범죄행위에 제공된 증거물로 오락기의 변조 기판을 압수하여 위 방범과 사무실에 보관중임을 보고받아 알고 있었음에도 그 직무상의 의무에 따라 위 압수물을 같은 경찰서 수사계에 인계하고 검찰에 송치하여 범죄혐의의 입증에 사용하도록 하는 등의 적절한 조치를 취하지 않고, 오히려 부하 직원에게 위와 같이 압수한 변조 기판을 돌려주라고 지시하여 삼성오락실 업주에게 이를 돌려주었다면, <u>직무위배의 위법상태가 증거인멸행위 속에 포함되어 있는 것으로 보아야 할 것이므로, 이와 같은 경우에는 작위범인 증거인멸죄만이 성립하고 부작위범인 직무유기(거부)죄는 따로 성립하지 아니한다고 봄이 상당하다고 할 것이다</u> (대법원 1971. 8. 31. 선고 71도1176 판결, 1996. 5. 10. 선고 96도51 판결, 1997. 2. 28. 선고 96도2825 판결 등 참조).

이와 달리, 사법경찰관인 피고인이 피의자 등에게 관련자를 은폐하기 위하여 허위진술을 하도록 교사하였다면 타인을 교사하여 증거인멸죄를 범하게 한 것인 동시에 그것이 또한, 정당한 직무집행을 거부한 것이 된다고 판시한 **대법원 1967. 7. 4. 선고 66도840 판결은 이를 변경하기로 한다.**

---

※ 대법원 1967. 7. 4. 선고 66도840 판결 (변경)

피고인이 밀수품 보관 피의자 '갑'을 조사하면서 동인의 처남인 공소외 '을'이 사건 밀수품을 갖고 와서 보관케 되었다고 사실대로 진술하였음에도 불구하고 '갑'을 사주하여 '병'이라는 가공인물을 내세워서 그로부터 동 물품을 받았다고 허위 진술하게 하여 그와 같은 취지로 피의자 신문조서에 기재하고 또 '갑'의 처인 '정'에게 대하여 누가 물으면 남편 친구 부탁으로 받아 놓았다고 말하라고 하였다면 비록 사법경찰관으로서 범죄수사의 방법으로 한 것이라 하여도 타인을 교사하여 증거인멸죄를 범하게 한 것인 동시에 그것이 또한 정당한 직무집행을 거부한 것이 된다 할 것이다. ⇒ 직무유기죄 불성립으로 변경

---

## V. 결 론

직무위배의 위법상태가 증거인멸행위 속에 포함된 것으로 보아 작위범인 <u>증거인멸죄만이 성립하고 부작위범인 직무유기죄는 따로 성립하지 아니한다</u>.

# 제5절 교육기관장이 징계위원회로부터 징계의결서 통보받고도 집행하지 않은 경우

## I. 사례요지

학교장인 甲은 ○○교사들이 시국선언에 참여한 것과 관련하여 징계위원회로부터 해당 교사들에 대해 20○○.○.○.까지 징계하도록 징계의결서를 통보를 받았다. 그럼에도 불구하고 형사재판의 진행 경과 및 시국선언 참여행위의 정당성 여부에 관한 찬반양론이 대립한다는 등의 이유로 통보받은 날로부터 법정 시한이 지나도록 집행을 유보하는 행위를 하였다. 학교장의 이러한 행위가 직무유기죄를 구성하는지?

## II. 논 점

1. 교육기관 등의 장이 징계위원회로부터 교육공무원에 대한 징계의결서를 통보받은 경우, 법정 시한 내에 이를 집행할 의무가 있는지(원칙적 적극)
2. 직무유기죄에서 '직무를 유기한 때'의 의미
3. 교육기관 등의 장이 교육공무원에 대한 징계의결을 집행하지 못할 법률상·사실상의 장애가 없는데도 징계의결서를 통보받은 날로부터 법정 시한이 지나도록 집행을 유보하는 행위가 직무유기죄를 구성하는지 여부(한정 적극)

## III. 법규연구

### 가. 형법

제122조(직무유기) 공무원이 정당한 이유 없이 그 직무수행을 거부하거나 그 직무를 유기한 때에는 1년 이하의 징역이나 금고 또는 3년 이하의 자격정지에 처한다.

### 나. 국가공무원법

제82조(징계 등 절차) ② 징계의결등을 요구한 기관의 장은 징계위원회의 의결이 가볍다고 인정하면 그 처분을 하기 전에 직근 상급기관에 설치된 징계위원회(국무총리 소속으로 설치된 징계위원회의 의결에 대하여는 그 징계위원회)에 심사나 재심사를 청구할 수 있다. 이 경우 소속 공무원을 대리인으로 지정할 수 있다.

### 다. 교육공무원법

제51조(징계의결의 요구) ① 교육기관·교육행정기관·지방자치단체 또는 교육연구기관의 장은 그 소속 교육공무원이 「국가공무원법」 제78조제1항 각호의 1 및 「지방공무원법」 제69조제1항 각호의 1의 징계사유에 해당한다고 인정하는 때에는 지체없이 당해 징계사건을

관할하는 징계위원회에 그 징계의결을 요구하여야 한다. 그러나 당해 징계사건을 관할하는 징계위원회가 상급기관에 설치되어 있는 경우에는 그 상급기관의 장에게 징계의결의 요구를 신청하여야 한다.

## 라. 교육공무원징계령

제16조(의결통고) 징계위원회가 징계의결을 한 때에는 지체없이 징계의결서의 정본을 첨부하여 징계의결요구자에게 통고하여야 한다. 다만, 대통령이 임용권자인 교육공무원에 대한 파면 또는 해임의결을 한 경우를 제외하고는 징계의결요구자와 징계처분권자가 다른 때에는 징계처분권자에게도 이를 통보하여야 한다.

제17조(징계의 집행) ① 징계처분권자는 징계의결서를 받은 날로부터 15일이내에 이를 집행하여야 한다.

## IV. 관련 판례

### 1. 원심 (광주고법 2012. 12. 11. 선고 (전주)2012노237 판결)

시국선언에 참여한 교사들에 대한 형사재판의 진행 경과 및 시국선언 참여행위의 정당성 여부에 관한 찬반양론이 대립하였던 점, 전임 전라북도 교육감 공소외인이 재직 당시 위 교사들에 대한 이 사건 징계의결의 집행 유보를 선언하였던 점, 이후 피고인이 이 사건 징계의결의 집행을 유보하게 된 경위와 위 교사들에 대한 형사사건의 대법원판결이 있던 당일 징계의결을 집행한 점, 이 사건 징계의결의 집행 유보로 학생들의 학습권이 침해되었다고 볼 만한 자료가 없는 점 등의 사정을 들어, 피고인이 이 사건 징계의결의 집행을 유보한 행위를 직무의 의식적인 방임이나 포기로 볼 수 없다고 판단하여 피고인에 대하여 무죄를 선고한 제1심판결을 그대로 유지하였다.

### 2. 대법원 (대법원 2014. 4. 10. 선고, 2013도229, 판결)

가. 구 교육공무원법(2011. 9. 30. 법률 제11066호로 개정되기 전의 것, 이하 '교육공무원법'이라고 한다) 제51조 제1항 전문은 교육기관·교육행정기관·지방자치단체 또는 교육연구기관의 장(이하 '교육기관 등의 장'이라고 한다)은 그 소속 교육공무원이 국가공무원법 제78조 제1항 각호의 1 및 지방공무원법 제69조 제1항 각호의 1의 징계사유에 해당한다고 인정하는 때에는 지체없이 당해 징계사건을 관할하는 징계위원회에 그 징계의결을 요구하여야 한다고 규정하고 있다. 그리고 교육공무원 징계령은 제16조 본문에서 징계위원회가 징계의결을 한 때에는 지체없이 징계의결서의 정본을 첨부하여 징계의결요구자에게 통고하여야 한다고 규정하고 있고, 제17조 제1항에서

징계처분권자는 징계의결서를 받은 날로부터 15일 이내에 이를 집행하여야 한다고 규정하고 있다. 한편 국가공무원법 제82조 제2항 전문은 징계의결 등을 요구한 기관의 장은 징계위원회의 의결이 가볍다고 인정하면 그 처분을 하기 전에 직근 상급기관에 설치된 징계위원회에 심사나 재심사를 청구할 수 있다고 규정하고 있다.

위와 같이 교육공무원 징계령 제17조 제1항이 징계처분권자가 징계위원회로부터 징계의결서를 받은 경우에는 그 받은 날로부터 15일 이내에 집행하여야 한다고 규정하고 있는 점, 교육공무원의 징계에 관한 사항을 징계위원회의 의결사항으로 규정한 것은 임용권자의 자의적인 징계운영을 견제하여 교육공무원의 권익을 보호함과 아울러 징계의 공정성을 담보할 수 있도록 절차의 합리성과 공정한 징계운영을 도모하기 위한 데에 입법 취지가 있는 점(대법원 2013. 6. 27. 선고 2011도797 판결 참조), 징계의결서를 통보받은 징계처분권자는 국가공무원법 제82조 제2항에 의하여 해당 징계의결이 가볍다고 인정하는 경우에 한하여서만 심사 또는 재심사를 청구할 수 있는 점 등 교육공무원의 징계에 관한 관련 규정을 종합하여 보면, 교육기관 등의 장이 징계위원회로부터 징계의결서를 통보받은 경우에는 해당 징계의결을 집행할 수 없는 법률상·사실상의 장애가 있는 등 특별한 사정이 없는 이상 법정 시한 내에 이를 집행할 의무가 있다고 할 것이다.

나. 한편 형법 제122조에서 정하는 직무유기죄에서 **'직무를 유기한 때'** 란 공무원이 법령, 내규 등에 의한 추상적 성실의무를 태만히 하는 일체의 경우에 성립하는 것이 아니라 직장의 무단이탈, 직무의 의식적인 포기 등과 같이 국가의 기능을 저해하고 국민에게 피해를 야기시킬 가능성이 있는 경우를 가리킨다. 그리하여 일단 직무집행의 의사로 자신의 직무를 수행한 경우에는 그 직무집행의 내용이 위법한 것으로 평가된다는 점만으로 직무유기죄의 성립을 인정할 것은 아니고, 공무원이 태만·분망 또는 착각 등으로 인하여 직무를 성실히 수행하지 아니한 경우나 형식적으로 또는 소홀히 직무를 수행한 탓으로 적절한 직무수행에 이르지 못한 것에 불과한 경우에도 직무유기죄는 성립하지 아니한다(대법원 2013. 4. 26. 선고 2012도15257 판결 등 참조).

## V. 결 론

따라서 교육기관 등의 장이 징계의결을 집행하지 못할 법률상·사실상의 장애가 없는데도 징계의결서를 통보받은 날로부터 법정 시한이 지나도록 그 집행을 유보하는 모든 경우에 직무유기죄가 성립하는 것은 아니고, 그러한 유보가 직무에 관한 의식적인 방임이나 포기에 해당한다고 볼 수 있는 경우에 한하여 직무유기죄가 성립한다고 보아야 한다.

원심판결 이유를 앞서 본 법리와 기록에 비추어 살펴보면, 원심의 판단은 정당하고, 거기에 상고이유 주장과 같이 징계의결의 집행과 직무유기죄의 성립에 관한 법리를 오해하는 등의 위법이 없다.

## VI. 유사판례

### 1. 수사기관으로부터 교육공무원 징계사유를 통보받고도 징계하지 않은 경우

지방자치법은 지방자치단체의 장이 법령의 규정에 따라 그 의무에 속하는 국가위임사무 등의 관리와 집행을 명백히 게을리하고 있다고 인정되면 주무부장관이 그 직무의 이행을 명령할 수 있고, 지방자치단체의 장은 그 이행명령에 이의가 있으면 15일 이내에 대법원에 소를 제기할 수 있다고 규정하고 있는데(제170조 제1항, 제3항), 이 규정은 '지방교육자치에 관한 법률' 제3조에 의하여 지방자치단체의 교육과 학예에 관한 사무에도 준용된다.

따라서 지방자치단체의 교육기관 등의 장이 국가위임사무인 교육공무원에 대한 징계사무를 처리함에 있어 주무부장관의 직무이행명령을 받은 경우에도 이의가 있으면 대법원에 소를 제기할 수 있다 할 것이므로, 수사기관 등으로부터 징계사유를 통보받고도 징계요구를 하지 아니하여 주무부장관으로부터 징계요구를 하라는 직무이행명령을 받았다 하더라도 그에 대한 이의의 소를 제기한 경우에는, 수사기관 등으로부터 통보받은 자료 등으로 보아 징계사유에 해당함이 객관적으로 명백한 경우 등 특별한 사정이 없는 한 징계사유를 통보받은 날로부터 1개월 내에 징계요구를 하지 않았다는 것만으로 곧바로 직무를 유기한 것에 해당한다고 볼 수는 없다. (대법원 2013. 6. 27., 선고, 2011도797, 판결)

# 제6절 경찰관이 불법체류자를 출입국사무소에 인계치 않고 인적사항 기재없이 훈방

## Ⅰ. 사례요지

불법체류자가 있으니 출동하라는 무전지령을 받고 출동한 파출소 경찰관들이 현장에서 불법체류자들인 공소외 3 등 5명을 파출소로 연행한 후 이들이 불법체류자임을 알면서도 신병을 출입국관리사무소에 인계하지 않고 본서 외사계에 조차도 보고하지 않았을 뿐만 아니라, 더 나아가 근무일지에 단지 '○○복개천 꼬치구이집 밀항한 여자 2명과 남자 2명이 있다는 신고 접한 후, 손님 3명, 여자 2명을 조사한 바 꼬치구이 종업원으로 혐의점 없어 귀가시킴'이라고 허위의 사실을 기재하였다.

## Ⅱ. 논 점

1. 불법체류자의 신병을 출입국관리사무소에 인계하지 않고 훈방하면서 이들의 인적사항조차 기재해 두지 아니한 경우 직무유기죄 성립여부
2. 하나의 행위가 부작위범인 직무유기죄와 작위범인 허위공문서작성·행사죄의 구성요건을 동시에 충족하는 경우, 그중 하나의 죄로만 공소를 제기할 수 있는지

## Ⅲ. 법규연구 (형법)

제122조(직무유기) 공무원이 정당한 이유 없이 그 직무수행을 거부하거나 그 직무를 유기한 때에는 1년 이하의 징역이나 금고 또는 3년 이하의 자격정지에 처한다.

제227조 (허위공문서작성등) 공무원이 행사할 목적으로 그 직무에 관하여 문서 또는 도화를 허위로 작성하거나 변개한 때에는 7년 이하의 징역 또는 2천만원 이하의 벌금에 처한다.

## Ⅳ. 관련 판례

### 1. 원심 (서울고법 2005. 5. 27. 선고 2005노305 판결)

출입국관리법령의 규정, 불법체류자 단속업무에 관한 경찰 내부의 업무지시, 경찰공무원의 일반적인 직무상 의무, 위 피고인 자신이 경찰에서 진술하였던 내용 등을 인정한 다음, 파출소 부소장으로 근무하던 위 피고인이 112 순찰을 하고 있던 공소외 1 경장과 공소외 2 순경에게 "지동시장 내 동북호프에 불법체류자가 있으니 출동하라"는 무전지령을 하여 동인들로 하여금 그곳에 있던 불법체류자들인 공소외 3 등 5명을 파출소로 연행해 오도록 한 다음, 위 공소외 3 등이 불법체류자임을 알면서도 이들의 신

병을 출입국관리사무소에 인계하지 않고 본서인 경찰서 외사계에조차도 보고하지 않았을 뿐만 아니라, 더 나아가 근무일지에 단지 '지동 복개천 꼬치구이집 밀항한 여자 2명과 남자 2명이 있다는 신고 접한 후, 손님 3명, 여자 2명을 조사한 바 꼬치구이 종업원으로 혐의점 없어 귀가시킴' 이라고 허위의 사실을 기재하고, 이들이 불법체류자라는 사실은 기재하지도 않은 채 자신이 혼자 소내 근무 중임을 이용하여 이들을 훈방하였으며, 훈방을 함에 있어서도 통상의 절차와 달리 이들의 인적사항조차 기재해 두지 아니한 행위는 <u>직무유기죄에 해당한다.</u>

## 2. 대법원 (대법원 2008. 2. 14., 선고, 2005도4202, 판결)

가. 직무유기죄는 구체적으로 그 직무를 수행하여야 할 작위의무가 있는데도 불구하고 이러한 직무를 버린다는 인식하에 그 작위의무를 수행하지 아니하면 성립하는 것이다(대법원 1997. 4. 22. 선고 95도748 판결, 대법원 1999. 11. 26. 선고 99도1904 판결 등 참조).

나. 출입국관리법령의 규정, 불법체류자 단속업무에 관한 경찰 내부의 업무지시, 경찰공무원의 일반적인 직무상 의무, 위 피고인 자신이 경찰에서 진술하였던 내용 등을 인정한 다음, ○○경찰서 지구대장으로 근무하던 위 피고인이 112 순찰을 하고 있던 공소외 1 경장과 공소외 2 순경에게 "○○시장 내 동북호프에 불법체류자가 있으니 출동하라" 는 무전지령을 하여 동인들로 하여금 그곳에 있던 불법체류자들인 공소외 3 등 5명을 지구대로 연행해 오도록 한 다음, 위 공소외 3 등이 불법체류자임을 알면서도 이들의 신병을 출입국관리사무소에 인계하지 않고 본서인 ○○경찰서 외사계에 조차도 보고하지 않았을 뿐만 아니라(달리 자진신고 하도록 유도한 것도 아니다), 더 나아가 근무일지에 단지 '○○복개천 꼬치구이집 밀항한 여자 2명과 남자 2명이 있다는 신고 접한 후, 손님 3명, 여자 2명을 조사한 바 꼬치구이 종업원으로 혐의점 없어 귀가시킴' 이라고 허위의 사실을 기재하고, 이들이 <u>불법체류자라는 사실은 기재하지도 않은 채 자신이 혼자 소내 근무 중임을 이용하여 이들을 훈방하였으며, 훈방을 함에 있어서도 통상의 절차와 달리 이들의 인적사항조차 기재해 두지 아니한 행위는 직무유기죄에 해당한다</u>고 판단한 것은 정당하다.

## V. 결 론

하나의 행위가 부작위범인 직무유기죄와 작위범인 허위공문서작성·행사죄의 구성요건을 동시에 충족하는 경우 <u>공소제기권자는 재량에 의하여 작위범인 허위공문서작성·행사죄로 공소를 제기하지 않고 부작위범인 직무유기죄로만 공소를 제기할 수도 있는 것</u>이므로(대법원 1999. 11. 26. 선고 99도1904 판결 참조),

검사가 피고인의 행위를 허위공문서작성·행사죄로 기소하지 않고 직무유기죄로만 공소를 제기한 이 사건에서 원심이 그 공소범위 내에서 위 피고인을 직무유기죄로 인정하여 처벌한 조치 역시 정당하다.

# 제7절 공무원이 허위공문서 작성한 경우 별도 직무유기죄 성립여부

## I. 사례요지

피고인은 ○○ 주식회사의 폐수배출시설 폐쇄명령 불이행 사실을 은폐하는 데 행사할 목적으로 그 출장복명서의 폐쇄명령 이행사항 확인란을 허위로 작성하였다.

## II. 논 점

공무원이 위법사실을 적극적으로 은폐할 목적으로 허위공문서를 작성·행사한 경우, 허위공문서작성·동행사죄 이외에 직무유기죄가 별도로 성립하는지 여부

## III. 법규연구 (형법)

제122조 (직무유기) 공무원이 정당한 이유없이 그 직무수행을 거부하거나 그 직무를 유기한 때에는 1년이하의 징역이나 금고 또는 3년이하의 자격정지에 처한다.

제227조 (허위공문서작성등) 공무원이 행사할 목적으로 그 직무에 관하여 문서 또는 도화를 허위로 작성하거나 변개한 때에는 7년 이하의 징역 또는 2천만원 이하의 벌금에 처한다.

제229조 (위조등 공문서의 행사) 제225조 내지 제228조의 죄에 의하여 만들어진 문서, 도화, 전자기록등 특수매체기록, 공정증서원본, 면허증, 허가증, 등록증 또는 여권을 행사한 자는 그 각 죄에 정한 형에 처한다.

## IV. 관련 판례

### 1. 원심 (대구지법 1999. 5. 13. 선고 98노1204 판결)

가. 허위공문서작성, 동행사죄

경찰관들인 피고인들이 공모하여 공소외인 등의 도박범행을 은폐하는데 행사할 목적으로 공문서인 근무일지를 허위로 작성하고 이를 비치하였다고 보아 허위공문서작성 및 동행사의 범죄사실을 유죄로 인정한 조치는 정당하다.

나. 직무유기죄

수사업무에 종사하는 피고인들이 판시 일시, 장소에서 공소외인 등 18명의 도박범행 사실을 적발하고 그들의 인적사항을 확인하였음에도 이를 상사인 파출소장에게 즉시 보고하여 그 도금(賭金) 등을 압수하고 공소외인 등을 도박죄로 형사입건하는 등 범죄 수사에 필요한 조치를 다하지 아니하고 공소외인 등으로부터 이를 묵인하여 달라는 부

탁을 받고 그 도박사실을 발견하지 못한 것처럼 판시 근무일지를 허위로 작성하고 소속 파출소장에게 이를 허위로 보고한 것은 판시 허위공문서작성 및 동행사죄와는 별도의 직무유기죄가 성립한다고 보아 이를 판시 <u>허위공문서작성 및 동행사죄와 실체적 경합범의 관계에 있는 것으로 처리하였다.</u>

## 2. 대법원 (대법원 1999. 12. 24., 선고, 99도2240, 판결)

공무원이 어떠한 위법사실을 발견하고도 직무상 의무에 따른 적절한 조치를 취하지 아니하고 위법사실을 적극적으로 은폐할 목적으로 허위공문서를 작성, 행사한 경우에는 직무위배의 위법상태는 허위공문서작성 당시부터 그 속에 포함되는 것으로 작위범인 허위공문서작성, 동행사죄만이 성립하고 부작위범인 직무유기죄는 따로 성립하지 아니한다 할 것인바(대법원 1993. 12. 24. 선고 92도3334 판결 참조),

원심이 유죄로 인정한 판시 허위공문서작성, 동행사죄의 범죄사실에 의하더라도, 피고인들은 판시 일시장소에서 적발한 공소외인 등의 도박범행을 은폐하는데 행사할 목적으로 공문서인 판시 근무일지를 허위로 작성, 행사하였다는 것이므로 수사업무에 종사하는 피고인들의 직무위배의 위법상태는 그 근무일지를 허위로 작성할 당시부터 그 속에 포함된다.

## V. 결 론

따라서 <u>허위공문서작성, 동행사죄만이 성립하고 직무유기죄는 따로 성립하지 아니한다 할 것이다.</u>

## VI 유사판례

### 1. 예비군 중대장이 허위공문서작성 후 원사실을 그대로 상사에게 보고하지 않을 때 별도 직무유기죄 구성 여부

예비군 중대장이 그 소속 예비군대원의 훈련불참사실을 알았다면 이를 소속 대대장에게 보고하는 등의 조치를 취할 직무상의 의무가 있음은 물론이나, 그 소속 예비군대원의 훈련불참사실을 고의로 은폐할 목적으로 당해 예비군대원이 훈련에 참석한 양 허위내용의 학급편성명부를 작성, 행사하였다면, 직무위배의 위법상태는 허위공문서작성 당시부터 그 속에 포함되어 있는 것이고 그 후 소속대대장에게 보고하지 아니하였다 하더라도 당초에 있었던 직무위배의 위법상태가 그대로 계속된 것에 불과하다고 보아야 하고, 별도의 직무유기죄가 성립하여 <u>양죄가 실체적 경합범이 된다고 할 수 없다. 즉, 허위공문서작성죄만 성립한다.</u> (대법원 1982. 12. 28., 선고, 82도2210, 판결)

# 제8절 자치단체장이 승진대상자 결정에 적극 관여한 경우

## I. 사례요지

○○군수인 피고인 1이 ○○군청 △△과 △△계 소속 6급 공무원으로서 인사실무 담당자인 피고인 2에게 5급 승진후보자명부에 포함된 후보자 49명 중 승진대상자로 17명을 특정하여 주면서 인사위원회에 이들을 추천하도록 지시하였고, 그에 따라 피고인 2는 인사위원회에서 위 17명이 승진대상자로 의결되도록 하기 위하여 인사위원회 간사가 위 17명을 승진추천자로 호명하고 그대로 인사위원회가 의결하여 인사위원장이 의결 결과를 발표하는 내용의 시나리 오를 작성한 뒤 이를 인사위원회 위원장인 공소외 1과 간사인 공소외 2에게 건네주었다. 인사 위원회 회의에서 간사 공소외 2는 시나리오대로 승진후보자명부에 포함된 후보자 49명 중에 서 피고인 1이 특정한 17명을 5급 승진대상자로 추천한다며 호명하였고, 위원장 공소외 1은 '과장직위는 군정 운영에 있어 핵심적인 보직이므로 임용권자와 보조를 맞추는 것이 무엇보다 중요하다. 위 17명이 ○○군수인 피고인 1의 의사이므로 그대로 의결되어야 한다.'는 취지로 말함으로써 인사위원회의 의결을 유도하였다. 그에 따라 인사위원회는 승진후보자명부의 순 위와 달리 승진대상자를 선정할 구체적인 근거가 없음에도 호명된 17명을 그대로 5급 승진대 상자로 의결하였다.

## II. 논 점

직권남용권리행사방해죄의 구성요건인 '직권의 남용' 및 '의무 없는 일을 하게 한 경 우'에 해당하는지 여부(소극)

## III. 법규연구

### 1. 형 법

제123조(직권남용) 공무원이 직권을 남용하여 사람으로 하여금 의무없는 일을 하게 하거나 사람의 권리행사를 방해한 때에는 5년 이하의 징역, 10년 이하의 자격정지 또는 1천만원 이하의 벌금에 처한다.

### 2. 지방공무원법

제6조(임용권자) ① 지방자치단체의 장(특별시·광역시·도 또는 특별자치도의 교육감을 포 함한다. 이하 같다)은 이 법에서 정하는 바에 따라 그 소속 공무원의 임명·휴직·면직과 징계를 하는 권한(이하 "임용권"이라 한다)을 가진다.

제39조(승진임용의 방법) ① 1급 공무원으로의 승진은 바로 하급 공무원 중에서, 2급 및 3급 공무원으로의 승진은 같은 직군 내의 바로 하급 공무원 중에서 각각 임용한다.

② 승진시험에 따른 승진은 승진시험 합격자 중에서 대통령령으로 정하는 승진임용 순위에 따라 임용한다. 다만, 다음 각 호의 어느 하나에 해당하는 시험에 합격하여 승진후보자 명부에 등재된 사람의 임용방법에 관하여는 제37조제1항부터 제4항까지의 규정을 준용한다.

1. 공개경쟁승진시험

2. 시·도 단위 또는 제6항에 따른 권역별로 실시한 기술직렬 5급 이하 공무원 및 제4조제2항에 따른 연구 또는 특수기술직렬의 공무원 중 5급 이하 공무원에 상당하는 공무원으로의 일반승진시험

③ 제1항 및 제2항 외의 승진은 같은 직렬의 바로 하급 공무원 중에서 임용하되, 임용하려는 결원에 대하여 승진후보자 명부의 높은 순위에 있는 사람부터 차례로 대통령령으로 정하는 범위에서 임용하여야 한다.

④ 제1항 및 제3항에 따라 승진임용할 때에는 해당 인사위원회의 사전심의를 거쳐야 한다. 이 경우 시·군·구의 부시장·부군수·부구청장으로 승진임용하기 위한 인사위원회의 사전심의를 할 때에는 제9조제1항에도 불구하고 인사위원회위원장의 직무는 위촉위원 중에서 호선하는 사람이 수행한다.

⑤ 임용권자는 대통령령으로 정하는 바에 따라 근무성적평정, 경력평정, 그 밖의 능력의 실증에 의한 순위에 따라 직급별로 승진후보자 명부를 작성한다. 다만, 우수 인력의 확보와 승진 기회의 균형 유지를 위하여 시·도지사는 시장·군수·구청장과 협의하여 해당 시·도 및 시·군·구 소속 기술직렬 6급 이하 공무원 및 제4조제2항에 따른 연구 또는 특수기술직렬의 공무원 중 6급 이하 공무원에 상당하는 공무원에 대하여 시장·군수·구청장이 작성한 승진후보자 명부를 기초로 대통령령으로 정하는 바에 따라 시·도 단위별로 승진후보자 명부를 통합하여 작성할 수 있다.

## IV. 관련 판례

### 1. 원심 (부산지법 2019. 11. 21. 선고 2019노876 판결)

직권남용권리행사방해 부분을 유죄로 판단한 제1심판결을 그대로 유지하였다.

### 2. 대법원 (대법원 2020. 12. 10., 선고, 2019도17879, 판결)

#### 가. 지방공무원 승진임용에 관한 법령의 규정 내용과 법리

① 지방공무원법에 의하면, 지방공무원의 승진임용은 1급 공무원으로의 승진 및 승진시험에 의한 승진을 제외하고는 같은 직렬의 바로 하급 공무원 중에서 임용하되, 임용하려는 결원에 대하여 승진후보자명부의 높은 순위에 있는 사람부터 차례로 대통령령으로 정하는 범위에서 임용하여야 한다(제39조 제3항). 지방자치단체의 장이 그 소속 공무원의 임용권을 가지며(제6조 제1항), 임용권자는 대통령령으로 정하는 바에 따라 근무성적평정, 경력평정, 그 밖의 능력의 실증에 의한 순위에 따라 직급별로 승진

후보자명부를 작성한다(제39조 제5항 본문). 임용권자는 승진임용을 할 때에는 해당 인사위원회의 사전심의를 거쳐야 한다(제39조 제4항). 인사위원회는 '임용권자의 요구에 따른 보전관리 기준 및 승진·전보임용 기준의 사전의결', '승진임용의 사전심의' 등의 사무를 관장한다(제8조 제1항 제2호, 제3호). 인사위원회 위원은 임용권자가 해당 지방자치단체의 공무원 중에서 임명하는 이른바 '내부위원'과 일정한 자격을 갖추고 인사행정에 관한 학식과 경험이 풍부한 사람 중에서 위촉하는 이른바 '외부위원'으로 구분되며, 인사위원회는 외부위원이 전체 위원의 1/2 이상이 되도록 구성하여야 하고(제7조) 인사위원회 회의에도 외부위원이 1/2 이상 참여하여야 한다(제10조 제2항). 외부위원은 임기가 3년이고 당연퇴직 사유가 발생하거나 장기의 심신쇠약으로 직무를 수행할 수 없게 된 경우 외에는 본인의 의사에 반하여 그 직에서 면직될 수 없도록 하여 신분을 보장하고 있다(제7조 제7항, 제9조의2).

그 위임에 따라 「지방공무원 임용령」(대통령령)은 임용권자는 승진임용에 필요한 요건을 갖춘 5급 이하 공무원에 대해서는 근무성적평정점을 70%로 하고, 경력평정점을 30%로 한 비율로 하고 일정한 가점·감점 조정을 하여 승진후보자명부를 승진 예정 직급별로 작성하고(제32조 제1항), 승진 예정 인원은 해당 지방자치단체의 5급 이상 공무원의 연간 퇴직률, 증원 예상 인원 등을 고려하여 산정하도록 규정하고 있다(제38조 제3항, 제35조 제2항).

「지방공무원 임용령」제31조의2 제7항의 위임에 따른 「지방공무원 평정규칙」(행정안전부령)은 근무성적평정은 임용권자가 정하는 평정단위별로 평정자 및 확인자가 실시하되, 평정자는 평정대상 공무원의 바로 위 상급·상위 감독자 또는 차상급·차상위 감독자 중에서, 확인자는 평정자의 바로 위 상급·상위 감독자 또는 차상급·차상위 감독자 중에서 임용권자가 지정하며(제5조 제1항, 제2항 본문), 평정자 및 확인자는 평정 결과를 종합하여 평정단위별 서열 명부를 작성하여 근무성적평정위원회에 제출하고(제9조 제1항), 근무성적평정위원회는 평정단위별 서열 명부를 기초로 하여 근무성적평정표에 일정한 분포비율에 맞게 평정대상 공무원의 순위와 평정점을 심사·결정하여(제9조 제3항) 근무성적평정서 및 근무성적평가표를 승진후보자명부 작성권자인 임용권자에게 제출하도록 규정하고 있다(제10조 제1항).

② 이러한 지방공무원법령 규정에 따르면, 지방공무원의 임용권자는 일정한 기준에 따라 승진 예정 인원을 산정하고 근무성적평정 결과 등을 집계하여 승진후보자명부를 작성한 다음 인사위원회의 사전심의를 거친 후 승진후보자명부의 높은 순위에 있는 후보자부터 차례로 승진임용 여부를 심사하여 결정하여야 하지만, 승진후보자명부의 높

은 순위에 있는 후보자를 반드시 승진임용하여야 하는 것은 아니다. 지방공무원 승진임용에 관해서는 임용권자에게 일반 국민에 대한 행정처분이나 공무원에 대한 징계처분에서와는 비교할 수 없을 정도의 매우 광범위한 재량이 부여되어 있으므로 승진임용자의 자격을 정한 관련 법령 규정에 위배되지 아니하고 사회통념상 합리성을 갖춘 사유에 따른 것이라는 일응의 주장·증명이 있다면 쉽사리 위법하다고 판단하여서는 안 된다(대법원 2018. 3. 27. 선고 2015두47492 판결 등 참조). 특히 승진후보자명부에 있는 후보자들 중에서 어느 후보자가 승진임용에 더욱 적합한지는 임용권자의 정성적 평가가 필요한 사항이다. 행정청의 전문적인 정성적 평가 결과는 그 판단의 기초가 된 사실인정에 중대한 오류가 있거나 그 판단이 사회통념상 현저하게 타당성을 잃어 객관적으로 불합리하다는 등의 특별한 사정이 없는 한 법원이 그 당부를 심사하기에는 적절하지 않으므로 가급적 존중되어야 한다(대법원 2018. 6. 15. 선고 2016두57564 판결 등 참조).

## 나. 이 사건에 관한 구체적인 판단

지방자치단체의 장이 승진후보자명부 방식에 의한 5급 공무원 승진임용 절차에서 인사위원회의 사전심의·의결 결과를 참고하여 승진후보자명부상 후보자들에 대하여 승진임용 여부를 심사하고서 최종적으로 승진대상자를 결정하는 것이 아니라, 미리 승진후보자명부상 후보자들 중에서 승진대상자를 실질적으로 결정한 다음 그 내용을 인사위원회 간사, 서기 등을 통해 인사위원회 위원들에게 '승진대상자 추천'이라는 명목으로 제시하여 인사위원회로 하여금 자신이 특정한 후보자들을 승진대상자로 의결하도록 유도하는 행위는 인사위원회 사전심의 제도의 취지에 부합하지 않다는 점에서 바람직하지 않다고 볼 수 있지만, 그것만으로는 직권남용권리행사방해죄의 구성요건인 '직권의 남용' 및 의무 없는 일을 하게 한 경우'로 볼 수 없다. 구체적인 이유는 다음과 같다.

① 지방공무원 승진임용에서 승진 예정 인원은 임용권자가 연간 퇴직률, 증원 예상 인원 등을 고려하여 장래의 승진임용 예정일자를 기준으로 결원을 예측·추산한 결과이므로, 그 결과가 실제 승진임용일자에 발생한 결원과 다소 차이가 있다는 이유만으로 승진 예정 인원의 산정이 위법하다고 단정할 수 없다. 장래에 발생할 불확실한 상황에 대한 예측이 필요한 요건에 관한 행정청의 재량적 판단은 내용이 현저히 불합리하지 않은 이상 폭넓게 존중되어야 하기 때문이다(대법원 2017. 3. 15. 선고 2016두55490 판결 등 참조).

② 지방공무원법은 인사위원회의 심의사항과 의결사항을 분명하게 구분하여 규율하고 있고(제8조 제1항), 징계에 관해서는 인사위원회의 징계의결 결과에 따라 징계처분을 하여야 한다고 분명하게 규정하고 있는 반면(제69조 제1항), 승진임용에 관해서는 인사위원회의 사전심의를 거치도록 규정하였을 뿐(제39조 제4항) 그 심의·의결 결과에 따라야 한다고 규정하지 않았으므로, 임용권자는 인사위원회의 심의·의결 결과와는 다른 내용으로 승진대상자를 결정하여 승진임용을 할 수도 있다. 비록 「지방공무원 임용령」 제38조의5가 '임용권자는 특별한 사유가 없으면 소속 공무원의 승진임용을 위한 인사위원회의 사전심의 또는 승진의결 결과에 따라야 한다.'라고 규정하였으나, 모법의 구체적인 위임 없이 만들어진 규정이므로 이로써 임용권자의 인사재량을 배제한다고 볼 수 없을 뿐만 아니라, 그 문언 자체로도 특별한 사유가 있으면 임용권자가 인사위원회의 심의·의결 결과를 따르지 않을 수 있음을 전제로 하고 있으므로, 임용권자로 하여금 가급적 인사위원회의 심의·의결 결과를 존중하라는 취지로 이해하여야 한다.

③ 임용권자가 승진후보자명부에 포함된 후보자들 중 특정인을 승진대상자로 제시한 경우에도, 인사위원회 회의에서 위원들은 자신의 독자적인 심의권한을 행사하여 여러 후보자들 중에서 누가 승진임용에 더욱 적합한지에 관한 의견을 개진하고 구성원 2/3 이상의 출석과 출석위원 과반수의 찬성으로 의결하는 방식으로 인사위원회 차원에서 승진대상자를 선정하여 임용권자에게 제시할 권한과 의무가 있다.

특히 신분이 보장되는 외부위원이 1/2 이상 참여하는 회의에서 인사위원회가 심도 있는 심의를 하지 않은 채 임용권자가 제시한 특정 후보자들을 그대로 승진대상자로 의결하였다면, 이는 인사위원회 위원들 스스로가 자신들의 권한을 소극적으로 행사한 것일 뿐 '의무 없는 일을 한 것'이라고 볼 수는 없다.

## V. 결 론

따라서 승진후보자명부에 포함된 후보자들 중에서 승진대상자를 결정할 최종적인 권한은 임용권자에게 있다. 임용권자가 인사위원회의 심의·의결 결과와는 다른 내용으로 승진대상자를 결정하여 승진임용을 하는 것이 허용되는 이상, 임용권자가 미리 의견을 조율하는 차원에서 승진대상자 선정에 관한 자신의 의견을 인사위원회에 제시하는 것이 위법하다고 볼 수는 없다.

# 제9절 공무원 자신 직무권한 사항을 실무담당자에게 직무집행을 보조하게 한 행위

## Ⅰ. 사례요지

공무원이 자신의 직무권한에 속하는 사항에 관하여 실무담당자에게 직무집행을 보조하게 하여 직권을 남용 '의무 없는 일을 하게 하였다.

## Ⅱ. 논 점

1. 직권남용권리행사방해에서 말하는 '직권남용'의 의미
2. 어떠한 직무가 공무원의 일반적 직무권한에 속하는 사항이라고 인정하기 위한 요건
3. 공무원이 자신의 직무권한에 속하는 사항에 관하여 실무담당자로 하여금 직무집행을 보조하게 한 행위가 직권남용권리행사방해죄에서 말하는 '의무 없는 일을 하게 한때'에 해당하는지 판단하는 기준

## Ⅲ. 법규연구 (형법)

제123조(직권남용) 공무원이 직권을 남용하여 사람으로 하여금 의무없는 일을 하게 하거나 사람의 권리행사를 방해한 때에는 5년 이하의 징역, 10년 이하의 자격정지 또는 1천만원 이하의 벌금에 처한다.

## Ⅳ. 관련 판례

### 1. 원심 (서울고법 2020. 2. 19. 선고 2018노2844 판결)

이 부분 공소사실을 모두 <u>무죄로 판단하였다</u>.

### 2. 대법원 (대법원 2020. 10. 29., 선고, 2020도3972, 판결)

직권남용이란 공무원이 일반적 직무권한에 속하는 사항에 관하여 그 권한을 위법·부당하게 행사하는 것을 뜻하고, 공무원이 일반적 직무권한에 속하지 않는 행위를 하는 경우인 지위를 이용한 불법행위와는 구별된다. 어떠한 직무가 공무원의 일반적 직무권한에 속하는 사항이라고 하기 위해서는 그에 관한 법령상 근거가 필요하다. 법령상 근거는 반드시 명문의 규정만을 요구하는 것이 아니라 명문의 규정이 없더라도 법령과 제도를 종합적, 실질적으로 살펴보아 그것이 해당 공무원의 직무권한에 속한다고

해석되고, 이것이 남용된 경우 상대방으로 하여금 사실상 의무 없는 일을 하게 하거나 권리를 방해하기에 충분한 것이라고 인정되는 경우에는 직권남용죄에서 말하는 일반적 직무권한에 포함된다(대법원 2019. 8. 29. 선고 2018도14303 전원합의체 판결 참조).

한편 공무원이 자신의 직무권한에 속하는 사항에 관하여 실무담당자로 하여금 그 직무집행을 보조하는 사실행위를 하도록 하더라도 이는 공무원 자신의 직무집행으로 귀결될 뿐이므로 원칙적으로 직권남용권리행사방해죄에서 말하는 '의무 없는 일을 하게 한때'에 해당한다고 할 수 없으나, 직무집행의 기준과 절차가 법령에 구체적으로 명시되어 있고 실무담당자에게도 직무집행의 기준을 적용하고 절차에 관여할 고유한 권한과 역할이 부여되어 있다면 실무담당자로 하여금 그러한 기준과 절차에 위반하여 직무집행을 보조하게 한 경우에는 '의무 없는 일을 하게 한때'에 해당한다(대법원 2011. 2. 10. 선고 2010도13766 판결 참조).

## V. 결 론

그러나 재산 상속 관련 지시는 사적 업무에 대한 지시에 불과하고, 피고인이 국정현안 관리 업무에 대한 일반적 직무권한을 행사하는 모습을 보였다는 정황도 없는 등 판시와 같은 여러 사정에 비추어 이러한 지시는 대통령의 일반적 직무권한에 속하지 않고, 나아가 피고인이 공소외 2 등에게 의무 없는 일을 하게 하였다고 인정하기도 어렵다.

## VI 유사판례

### 1. 직권남용 행위의 상대방이 일반 사인인 경우, 상대방에게 어떠한 행위를 하게 하였다면 '의무 없는 일을 하게 한때'에 해당할 수 있는지

공무원이 한 행위가 직권남용에 해당한다고 하여 그러한 이유만으로 상대방이 한 일이 '의무 없는 일'에 해당한다고 인정할 수는 없다. '의무 없는 일'에 해당하는지는 직권을 남용하였는지와 별도로 상대방이 그러한 일을 할 법령상 의무가 있는지를 살펴 개별적으로 판단하여야 하나. 직권남용 행위의 상대방이 일반 사인인 경우 특별한 사정이 없는 한 직권에 대응하여 따라야 할 의무가 없으므로 그에게 어떠한 행위를 하게 하였다면 '의무 없는 일을 하게 한 때'에 해당할 수 있다. (대법원 2020. 2. 13., 선고, 2019도5186, 판결)

# 제10절 상급 경찰관이 부하 경찰관 수사를 다른 경찰관서로 이첩하게 한 경우

## Ⅰ. 사례요지

피고인이 공소외 1과 공모하여 관내 범죄수사를 지휘할 권한을 남용하여 ○○경찰서의 수사를 중단시켜 공소외 2 등의 범죄수사에 관한 권리행사를 방해하고, 범죄수사를 지도하고 광역수사대를 운영할 권한을 남용하여 광역수사대의 수사를 중단시키고 ○○경찰서에 이첩시킴으로써 범죄수사에 관한 권리행사를 방해하였다.

## Ⅱ. 논 점

'권리행사를 방해함으로 인한 직권남용권리행사방해죄'와 '의무 없는 일을 하게 함으로 인한 직권남용권리행사방해죄'가 별개로 성립하는지 여부(소극)

## Ⅲ. 법규연구 (형법)

제123조(직권남용) 공무원이 직권을 남용하여 사람으로 하여금 의무없는 일을 하게 하거나 사람의 권리행사를 방해한 때에는 5년 이하의 징역, 10년 이하의 자격정지 또는 1천만원 이하의 벌금에 처한다.

## IV. 관련 판례

### 1. 원심 (서울중앙지법 2008. 7. 24. 선고 2008노546 판결)

피고인이 공소외 1과 공모하여 관내 범죄수사를 지휘할 권한을 남용하여 ○○경찰서의 수사를 중단시켜 공소외 2 등의 범죄수사에 관한 권리행사를 방해한 사실 및 피고인이 공소외 3, 공소외 4, 공소외 5와 공모하여, 범죄수사를 지도하고 광역수사대를 운영할 권한을 남용하여 광역수사대의 수사를 중단시키고 ○○경찰서에 이첩시킴으로써 공소외 6 등의 범죄수사에 관한 권리행사를 방해한 사실이 인정된다고 판단하였다.

### 2. 대법원 (대법원 2010. 1. 28., 선고, 2008도7312, 판결)

가. 직권남용권리행사방해죄에 있어 '권리'의 의미

형법 제123조는 "공무원이 그 직권을 남용하여 사람으로 하여금 의무없는 일을 하게 하거나 사람의 권리행사를 방해한 때에는 5년 이하의 징역, 10년 이하의 자격정지 또는 1천만 원 이하의 벌금에 처한다"라고 규정하고 있는바, 여기서 말하는 '권리'

는 법률에 명기된 권리에 한하지 않고 법령상 보호되어야 할 이익이면 족한 것으로서, 공법상의 권리인지 사법상의 권리인지를 묻지 않는다고 봄이 상당하다.

원심이 경찰관 직무집행법의 관련 규정을 근거로 경찰관은 범죄를 수사할 권한을 가지고 있다고 인정한 다음, 이러한 범죄수사권은 직권남용권리행사방해죄에서 말하는 '권리'에 해당한다고 인정한 것은 위와 같은 법리에 따른 것으로서 정당하고 거기에 상고이유로 주장하는 바와 같은 법리오해의 잘못이 없다.

### 나. 검사의 상고에 대하여

이 사건과 같이 상급 경찰관이 직권을 남용하여 부하 경찰관들의 수사를 중단시키거나 사건을 다른 경찰관서로 이첩하게 한 경우, 일단 '부하 경찰관들의 수사권 행사를 방해한 것'에 해당함과 아울러 '부하 경찰관들로 하여금 수사를 중단하거나 사건을 다른 경찰관서로 이첩할 의무가 없음에도 불구하고 수사를 중단하게 하거나 사건을 이첩하게 한 것'에도 해당된다고 볼 여지가 있다. 그러나 이는 어디까지나 하나의 사실을 각기 다른 측면에서 해석한 것에 불과한 것으로서, 권리행사를 방해함으로 인한 직권남용권리행사방해죄와 의무 없는 일을 하게 함으로 인한 직권남용권리행사방해죄가 별개로 성립하는 것이라고 할 수는 없다.

## V. 결 론

따라서 위 두 가지 행위 태양에 모두 해당하는 것으로 기소된 경우, 권리행사를 방해함으로 인한 직권남용권리행사방해죄만 성립하고 의무 없는 일을 하게 함으로 인한 직권남용권리행사방해죄는 따로 성립하지 아니하는 것으로 봄이 상당하다(다만 공소제기권자인 검사는 위와 같은 사안에 있어 재량에 따라 의무 없는 일을 하게 함으로 인한 직권남용권리행사방해죄로 공소를 제기할 수도 있는 것이므로, 그 경우 법원이 그 공소범위 내에서 직권남용권리행사방해죄로 인정하여 처벌하는 것은 가능하다. 대법원 2008. 2. 14. 선고 2005도4202 판결 참조).

# 제11절 수사기관의 피의사실 공표행위 허용요건 및 그 위법성 조각 판단기준

## I. 사례요지

수사기관은 수사 결과 발표로서 언론기관에 '인산염에 불린 무허가 오징어 제조, 유통업체 검거'라는 제목으로 '무허가 식품제조가공업체를 운영하면서 중량을 부풀릴 목적으로 인산염을 희석시킨 물에 오징어를 담가 오징어채를 제조·판매하고 있고, 생산한 오징어채에 허용치보다 28배가 높은 인산이온이 함량된 것으로 확인되는데, 인산염을 다량으로 섭취할 경우 치명적인 인체 손상을 초래할 수 있다.'는 내용의 보도 자료를 배포하였다. 이를 통해 신문과 방송 등에 같은 내용의 기사가 일제히 보도되었다.

식품위생법 등 관련 법령 역시 인산염의 사용을 금지하거나 사용량에 대한 기준을 두어 이를 어길 경우 처벌하는 규정 등을 두고 있지 않다. 앞서 본 감정서의 참고사항 부분에서 국립과학수사연구원이 기준으로 삼았던 인산이온의 함량 수치(50㎖/L 이하) 역시 그간 감정하였던 경험치를 제시한 것에 불과하다. 그리고 실제 수사기관이 원고가 오징어채를 제조하면서 인산염을 사용하였는지, 얼마만큼 사용하였는지에 대해 피의사실로서 어떠한 혐의를 두고 있었다고 볼 자료도 찾아볼 수 없다. 이후 제1심과 항소심에서 모두 유죄판결이 선고되었다가 상고심에서 무죄판결이 선고되자 이 사건 공표행위가 불법행위에 해당한다고 주장하면서 손해배상청구의 소를 제기하였다.

## II. 논 점

1. 수사기관의 피의사실 공표행위가 허용되기 위한 요건 및 그 위법성 조각 여부의 판단기준

2. 수사기관이 발표한 피의사실에 '범죄를 구성하지 않는 사실관계' 까지 포함되어 있고, 발표 내용에 비추어 피의사실은 부수적인 것에 불과하고 '범죄를 구성하지 않는 사실관계' 가 주된 것인 경우, 피의사실 공표행위가 위법하다고 보아야 하는지 (적극)

## III. 법규연구

### 1. 형 법

제126조(피의사실공표) 검찰, 경찰 그 밖에 범죄수사에 관한 직무를 수행하는 자 또는 이를 감독하거나 보조하는 자가 그 직무를 수행하면서 알게 된 피의사실을 공소제기 전에 공표(公表)한 경우에는 3년 이하의 징역 또는 5년 이하의 자격정지에 처한다.

## 2. 민 법

> 제750조(불법행위의 내용) 고의 또는 과실로 인한 위법행위로 타인에게 손해를 가한 자는 그 손해를 배상할 책임이 있다.
>
> 제751조(재산 이외의 손해의 배상) ① 타인의 신체, 자유 또는 명예를 해하거나 기타 정신상고통을 가한 자는 재산 이외의 손해에 대하여도 배상할 책임이 있다.
>
> ② 법원은 전항의 손해배상을 정기금채무로 지급할 것을 명할 수 있고 그 이행을 확보하기 위하여 상당한 담보의 제공을 명할 수 있다.

## IV. 관련 판례

### 1. 원심 (서울중앙지법 2019. 10. 10. 선고 2019나26099 판결)

이 사건 공표행위는 오징어채 등 먹거리에 대하여 <u>일반 국민에게 경각심을 일으키고 주의를 환기시키기 위한 것</u>으로 대체로 진실에 부합하는 공익적인 보도에 해당하고, 원고의 인적사항이 특정되지 않았다는 등의 이유를 들어 원고에 대한 <u>불법행위를 구성하지 않는다</u>고 판단하였다.

### 2. 대법원 (대법원 2022. 1. 14., 선고, 2019다282197, 판결)

수사기관의 피의사실 공표행위는 공권력에 의한 수사 결과를 바탕으로 한 것으로 국민에게 그 내용이 진실이라는 강한 신뢰를 부여함은 물론 그로 인하여 피의자나 피해자 나아가 그 주변 인물들에 대하여 큰 피해를 가할 수도 있다는 점을 고려할 때, 수사기관의 발표는 원칙적으로 일반 국민의 정당한 관심의 대상이 되는 사항에 관하여 객관적이고도 충분한 증거나 자료를 바탕으로 한 사실 발표에 한정되어야 하고, 이를 발표함에 있어서도 정당한 목적하에 수사 결과를 발표할 수 있는 권한을 가진 자에 의하여 공식의 절차에 따라 행하여져야 하며, 무죄추정의 원칙에 반하여 유죄를 속단하게 할 우려가 있는 표현이나 추측 또는 예단을 불러일으킬 우려가 있는 표현을 피하는 등 그 내용이나 표현방법에 대하여도 유념하여야 할 것이므로, 수사기관의 피의사실 공표행위가 위법성을 조각하는지를 판단함에서는 공표 목적의 공익성과 공표 내용의 공공성, 공표의 필요성, 공표된 피의사실의 객관성 및 정확성, 공표의 절차와 형식, 그 표현방법, 피의사실의 공표로 침해되는 이익의 성질, 내용 등을 종합적으로 참작하여야 한다(대법원 2002. 9. 24. 선고 2001다49692 판결 등 참조).

한편 수사기관의 피의사실 공표행위의 대상은 어디까지나 피의사실, 즉 수사기관이 혐의를 두고 있는 범죄사실에 한정되는 것이므로, 피의사실과 불가분의 관계라는 등의 특별한 사정이 없는 한 수사기관이 '범죄를 구성하지 않는 사실관계' 까지 피의사실에 포함시켜 수사 결과로서 발표하는 것은 원칙적으로 허용될 수 없다. 따라서 수사기관이 발표한 피의사실에 '범죄를 구성하지 않는 사실관계' 까지 포함되어 있고, 그 발표 내용에 비추어 볼 때 피의사실은 부수적인 것에 불과하고 오히려 '범죄를 구성하지 않는 사실관계' 가 주된 것인 경우에는 그러한 피의사실 공표행위는 위법하다고 보아야 한다.

가. 피의사실에 대한 공표행위 부분

앞서 본 사실관계를 위와 같은 법리에 비추어 살펴보면, 원고에 대한 피의사실은 '원고가 식품위생법상의 영업신고를 하지 않고 냉동오징어의 제조·가공업을 하였다.' 라는 것으로, 이 사건 공표행위 중 그와 같은 피의사실에 대한 부분은 발표의 대상, 목적, 절차, 표현 및 위 피의사실에 대한 형사재판에서 항소심까지 유죄판결이 선고되었다가 식품위생법과 구 수산물품질관리법의 해석을 이유로 한 대법원의 파기환송판결 후 무죄판결이 선고된 것인 점 등 여러 사정을 종합하여 볼 때 이후 무죄판결이 선고·확정되었더라도 위법성이 조각된다고 볼 여지가 있다.

나. 피의사실이 아닌 부분에 대한 공표행위 부분

① 원고에 대한 피의사실은 어디까지나 미신고 영업에 관한 것일 뿐, 이 사건 공표행위의 대상에 포함된 '원고가 냉동오징어를 가공하는 과정에서 인산염을 사용하였다.' 라는 등의 내용은 수사기관이 혐의를 두고 있는 범죄를 구성하는 사실에 해당하지 않는다. 수사기관은 2013. 2.경 원고에 대한 수사에 착수하자마자 오징어채를 압수하였고, 2013. 3. 15. 자 국립과학수사연구원의 감정 결과 압수된 오징어채에서 유해중금속이 검출되지 않은 사실이 밝혀졌으며, 이는 원고의 당시 변소 내용에 부합하는 것이었다. 오히려 수사기관은 처음부터 미신고 영업의 혐의사실에 대해서만 수사를 진행했고, 원고 역시 이에 대해 앞서 본 무죄판결의 취지처럼 적법한 영업행위라고 볼 수 있는 측면이 있다는 사정을 다투어 왔다. 따라서 원고의 인산염 사용은 미신고 영업의 혐의사실과 불가분의 관계에 있다고 볼 수 없는 별개의 사실이다.

그런데 보도 자료의 내용을 살펴보면 피의사실 자체에 대한 내용은 간략하게 기재되어 있는 반면, 원고가 인산염을 사용하였다는 내용은 크게 부각되어 마치 원고가 인체에 유해한 첨가물을 사용하여 사람의 건강에 큰 문제를 일으킬 수 있는 식품을 제조·가공하였고, 수사기관이 이를 밝혀낸 것처럼 표현하고 있다.

결국, 수사기관은 피의사실은 부수적인 것에 불과하고 범죄를 구성하지 않는 사실관계를 주된 것으로 하여 공표행위를 한 것이고, 범죄를 구성하지 않는 사실관계에 관한 공표행위의 내용 역시 실제 확인되지 않은 사실을 마치 사실인 것처럼 단정·왜곡한 것으로 볼 수 있다. 한편 이를 통하여 원고의 주변 사람들과 관련 업종에 종사하는 사람들은 그 당사자가 원고라는 사실을 알 수 있다고 보이므로, 결국 이 사건 공표행위 중 피의사실을 제외한 나머지 부분의 공표행위는 원고에 대한 불법행위를 구성한다고 봄이 상당하다.

② 법령은 수산물 및 수산가공품에 대한 안전성조사와 관련 조치, 유해물질 유무에 대한 검사와 관련 조치 등의 업무를 해양수산부장관, 식품의약품안전처장 등 행정관청의 업무로 규정하고 있고, 수사기관은 행정관청의 명령을 위반한 행위에 대하여 형사처벌 규정이 있는 경우에 수사할 수는 있으나 행정관청의 위와 같은 업무를 대신할 지위에 있다거나 권한을 가지고 있는 것은 아니다.

결국, 수사기관은 행정관청의 위와 같은 업무나 권한에 따른 검사나 조치 등에 대해 고려하지 아니한 채 성급하게 이 사건 공표행위를 함으로써 먹거리에 대한 경각심과 주의 환기라는 명목을 내세워 국민으로 하여금 원고의 인산염 사용이 범죄행위인 것과 같은 혼란을 준 것이므로, 거기에 공익적인 목적이나 필요성이 있다고 보기는 어렵다.

## V. 결 론

수사기관의 피의사실 공표행위가 위법성을 조각하는지의 여부를 판단함에 있어서는 공표 목적의 공익성과 공표 내용의 공공성, 공표의 필요성, 공표된 피의사실의 객관성 및 정확성, 공표의 절차와 형식, 그 표현 방법, 피의사실의 공표로 침해되는 이익의 성질, 내용 등을 종합적으로 참작하여야 한다

범죄를 구성하지 않는 사실관계까지 피의사실에 포함시켜 수사 결과로서 발표하는 것은 원칙적으로 허용될 수 없다. 따라서 수사기관이 발표한 피의사실에 '범죄를 구성하지 않는 사실관계' 까지 포함되어 있고, 그 발표 내용에 비추어 볼 때 피의사실은 부수적인 것에 불과하고 오히려 '범죄를 구성하지 않는 사실관계' 가 주된 것인 경우에는 그러한 피의사실 공표행위는 위법하다고 보아야 한다.

다만, 피의사실에 대한 공표행위 부분은 무죄판결이 선고·확정되었더라도 위법성이 조각된다

# VI 유사판례

## 1. 피의사실 공표죄에서 '피의사실'의 의미 및 피의사실을 공표한 것인지 단순한 의견 표명인지 판단기준

피의사실 공표죄란 검찰, 경찰 기타 범죄수사에 관한 직무를 행하는 자 또는 이를 감독하거나 보조하는 자가 그 직무를 행함에 있어서 알게 된 피의사실을 공판청구 전에 공표함으로써 성립하는 범죄인데, 여기서 '피의사실'이란 수사기관이 혐의를 두고 있는 범죄사실로서 그 내용이 공소사실에 이를 정도로 구체적으로 특정될 필요는 없지만, 그것이 단순한 의견의 표명에 이르는 정도로는 피의사실을 공표한 것이라고 할 수 없다. 이때 그 발언이 피의사실인가 또는 의견인가를 구별함에 있어서는 언어의 통상적 의미와 용법, 문제 된 발언이 사용된 장소와 문맥, 그 발언이 행하여진 사회적 상황과 배경 등 전체적 정황을 종합적으로 고려하여 판단하여야 한다.

원심은, 이미 원고들에 대하여 국가보안법상 간첩 혐의 등으로 수사가 진행 중이라는 사실이 여러 언론에 보도된 상태에서 조선일보 기자가 피고 1을 찾아가게 된 동기와 계기, 당시 국가정보원장직에서 사퇴의사를 밝힌 피고 1이 위 기자와의 인터뷰를 수차 거절하다가 이에 응하기로 하면서 밝힌 입장과 태도, 인터뷰의 전체적 내용과 그 진행 과정에서 이 사건에서 문제 된 발언을 하게 된 경위와 과정 및 그 맥락, 이후 조선일보에 게재된 관련 기사의 전체적인 취지와 내용 및 이 사건 발언 내용의 비중 등 그 판시와 같은 사정들을 종합하여 피고 1의 이 사건 발언이 피의사실의 공표에 해당한다고 볼 수 없다고 판단하였다. (대법원 2013. 11. 28., 선고, 2009다51271, 판결)

# 제12절 직무상 알게 된 비밀을 직무집행 관련 있는 다른 공무원에게 누설한 경우

## Ⅰ. 사례요지

공무원이 직무상 알게 된 비밀을 그 직무와의 관련성 있는 사항을 같은 사무실에 근무하고 있는 동료에게 알려 직무상 알게 된 비밀을 누설하였다.

## Ⅱ. 논 점

1. 공무상비밀누설죄에서 '법령에 의한 직무상 비밀' 및 '누설'의 의미
2. 공무상비밀누설죄의 보호법익
3. 공무원이 직무상 알게 된 비밀을 그 직무와의 관련성 혹은 필요성에 기하여 해당 직무의 집행과 관련 있는 다른 공무원에게 직무집행의 일환으로 전달한 행위가 비밀의 누설에 해당하는지 여부(원칙적 소극)

## Ⅲ. 법규연구 (형법)

제127조(공무상 비밀의 누설) 공무원 또는 공무원이었던 자가 법령에 의한 직무상 비밀을 누설한 때에는 2년 이하의 징역이나 금고 또는 5년 이하의 자격정지에 처한다.

## Ⅳ. 관련 판례

### 1. 원심 (서울고법 2021. 8. 19. 선고 2020노1756 판결)

이 사건 각 보고서의 내용 중 일부는 외부에 알려질 경우 집행관사무원 비리 사건에 관한 수사기관의 기능에 장애를 초래할 위험이 있다고 인정되는 비밀에 해당하나, 나머지 부분은 이러한 비밀에 해당하지 않는다.

피고인이 공소외 1과 공모하여 법원행정처 차장 공소외 2에게 이 사건 각 보고서를 송부한 행위는 공소외 1이 서울서부지방법원 법원장인 피고인의 사법행정사무를 보좌하는 기획법관 지위에서 직무와 관련하여 알게 된 직무상 비밀을 이를 취득할 지위 내지 자격이 있는 사람에게 전달한 것이므로, 공무상비밀누설죄의 처벌대상이 되는 공무상 비밀의 누설에 해당하지 않는다.

## 2. 대법원 (대법원 2021. 12. 30., 선고, 2021도11924, 판결)

형법 제127조는 공무원 또는 공무원이었던 자가 법령에 의한 직무상 비밀을 누설하는 것을 구성요건으로 하고 있다. 여기서 '법령에 의한 직무상 비밀' 이란 반드시 법령에 의하여 비밀로 규정되었거나 비밀로 분류 명시된 사항에 한하지 않고, 정치·군사·외교·경제·사회적 필요에 따라 비밀로 된 사항은 물론 정부나 공무소 또는 국민이 객관적·일반적인 입장에서 외부에 알려지지 않는 것에 상당한 이익이 있는 사항도 포함하나, 실질적으로 그것을 비밀로써 보호할 가치가 있다고 인정할 수 있어야 한다 (대법원 2007. 6. 14. 선고 2004도5561 판결, 대법원 2018. 2. 13. 선고 2014도11441 판결 등 참조).

그리고 '누설' 이란 비밀을 아직 모르는 다른 사람에게 임의로 알려주는 행위를 의미한다. 한편 공무상비밀누설죄는 공무상 비밀 그 자체를 보호하는 것이 아니라 공무원의 비밀엄수 의무의 침해에 의하여 위험하게 되는 이익, 즉 비밀누설에 의하여 위협받는 국가의 기능을 보호하기 위한 것이다(위 대법원 2014도11441 판결 등 참조).

## V. 결론

따라서 공무원이 직무상 알게 된 비밀을 그 직무와의 관련성 혹은 필요성에 기하여 해당 직무의 집행과 관련 있는 다른 공무원에게 직무집행의 일환으로 전달한 경우에는, 관련 각 공무원의 지위 및 관계, 직무집행의 목적과 경위, 비밀의 내용과 전달 경위 등 여러 사정에 비추어 비밀을 전달받은 공무원이 이를 그 직무집행과 무관하게 제3자에게 누설할 것으로 예상되는 등 국가기능에 위험이 발생하리라고 볼 만한 특별한 사정이 인정되지 않는 한, 위와 같은 행위가 비밀의 누설에 해당한다고 볼 수 없다(대법원 2021. 11. 25. 선고 2021도2486 판결 참조).

## VI 유사판례

### 1. 검사 수사지휘서의 기재내용과 수사상황이 수사기관 내부의 비밀 해당여부

수사기관이 특정 사건에 대하여 내사 또는 수사를 진행하고 있는 상태에서 수사지휘서의 내용이 외부에 알려질 경우 피내사자나 피의자 등이 증거자료를 인멸하거나 수사기관에서 파악하고 있는 내용에 맞추어 증거를 준비하는 등 수사기관의 증거 수집 등 범죄수사 기능에 장애가 생길 위험이 있다. 또한, 수사지휘서의 내용이 누설된 경로에 따라서는 사건관계인과의 유착 의혹 등으로 수사의 공정성과 신뢰성이 훼손됨으로써 수사의 궁극적인 목적인 적정한 형벌권 실현에 지장이 생길 우려도 있다.

그러므로 수사지휘서의 기재내용과 이에 관계된 수사상황은 해당 사건에 대한 종국적인 결정을 하기 전까지는 외부에 누설되어서는 안 될 수사기관 내부의 비밀에 해당한다. (대법원 2018. 2. 13., 선고, 2014도11441, 판결)

## 2. 공무원이 수의계약에 부칠 사항에 관하여 결정한 '예정가격'이 '공무상 비밀' 해당 여부

구 지방재정법(2005. 8. 4. 법률 제7663호로 전문 개정되기 전의 것) 제63조에 의하여 준용되는 국가를 당사자로 하는 계약에 관한 법률 제7조는, 국가가 당사자로서 계약을 체결하는 경우 계약의 목적·성질·규모 등을 고려하여 필요하다고 인정될 때에는 대통령령이 정하는 바에 의하여 수의계약에 의할 수 있도록 정하고, 같은 법 시행령 제7조의2 제1항은 "각 중앙관서의 장 또는 계약담당공무원은 경쟁입찰 또는 수의계약 등에 부칠 사항에 대하여 당해 규격서 및 설계서 등에 의하여 예정가격을 결정하고, 이를 밀봉하여 미리 개찰장소 또는 가격협상장소 등에 두어야 하며, 예정가격이 누설되지 아니하도록 하여야 한다"고 규정하고 있으며, 제30조 제1항 본문은 "각 중앙관서의 장 또는 계약담당공무원은 수의계약을 체결하고자 할 때에는 2인 이상으로부터 견적서를 받아야 한다"고 규정하고 있다. 위 규정들을 종합하면 지방자치단체의 장 또는 계약담당공무원이 수의계약에 부칠 사항에 관하여 당해 규격서 및 설계서 등에 의하여 결정한 '예정가격'은 형법 제127조의 '공무상 비밀'에 해당한다. (대법원 2008. 3. 14., 선고, 2006도7171, 판결)

# 제13절 택배를 이용하여 뇌물수수자 명의로 선물 발송 행위

## I. 사례요지

○○도청 △△△△국 □□과장 피고인 2는 피고인 1로부터 "선물을 할 사람이 있으면 새우젓을 보내 주겠다."라는 말을 듣고 이를 승낙한 뒤 새우젓을 보내고자 하는 사람들의 명단을 피고인 1에게 보내 주고 피고인 1로 하여금 위 사람들에게 피고인 2의 이름을 적어 마치 피고인 2가 선물을 하는 것처럼 새우젓을 보내도록 하였다.

피고인 2는 위와 같은 방법으로 새우젓을 선물하고자 하는 사람들에게 총 ○○만원 상당의 새우젓을 피고인 1로 하여금 보내게 하고 그 대금을 지급하지 않는 방법으로 공무원의 직무에 관하여 뇌물을 받았고, 피고인 1은 공무원의 직무에 관하여 피고인 2에게 뇌물을 공여하였다.

## II. 논 점

1. 뇌물죄에서 뇌물공여자의 특정 방법
2. 금품이나 재산상 이익 등이 반드시 공여자와 수뢰자 사이에 직접 수수되어야 하는지 여부(소극)

## III. 법규연구 (형법)

제129조(수뢰, 사전수뢰) ① 공무원 또는 중재인이 그 직무에 관하여 뇌물을 수수, 요구 또는 약속한 때에는 5년 이하의 징역 또는 10년 이하의 자격정지에 처한다.

제133조(뇌물공여등) ① 제129조 내지 제132조에 기재한 뇌물을 약속, 공여 또는 공여의 의사를 표시한 자는 5년 이하의 징역 또는 2천만원 이하의 벌금에 처한다.

## IV. 관련 판례

### 1. 원심 (인천지법 2017. 7. 14. 선고 2017노153 판결)

사회통념상 위 329명이 새우젓을 받은 것을 피고인 2가 직접 받은 것과 같이 평가할 수 있는 관계라고 인정하기에 부족하다고 보아, 위 공소사실을 유죄로 판단한 제1심판결을 파기하고 무죄를 선고하였다.

### 2. 대법원 (대법원 2020. 9. 24., 선고, 2017도12389, 판결)

가. 뇌물죄는 공여자의 출연에 의한 수뢰자의 영득의사의 실현으로서, 공여자의 특정은 직무행위와 관련이 있는 이익의 부담 주체라는 관점에서 파악하여야 할 것이므

로, 금품이나 재산상 이익 등이 반드시 공여자와 수뢰자 사이에 직접 수수될 필요는 없다(대법원 2008. 6. 12. 선고 2006도8568 판결 참조).

나. 원심판결 이유와 적법하게 채택된 증거에 의하면, 다음과 같은 사실을 알 수 있다.
① 피고인 1은 ◇◇◇◇◇ 계장이고, 피고인 2는 2012. 1.경 ○○도청 △△△△국 ㅁㅁ과 과장으로 재직하면서 어민들의 어업지도, 보조금 관련 사업과 어로행위 관련 단속 업무 등을 총괄하고 있었다.
② 피고인 1은 공소사실 기재 기간(2013. 11. 12.경부터 2014. 11. 12.경) 이전인 2012. 11.경 피고인 2에게 전화로 '선물을 할 사람이 있으면 새우젓을 보내 주겠다'라고 말하였고, 이후 피고인 2가 재직 중이던 ○○도청 ㅁㅁ과에 새우젓을 보낼 사람들의 명단을 요청하여 ㅁㅁ과 직원으로부터 명단을 받아 피고인 2의 이름으로 새우젓을 택배로 발송하였다. 당시 피고인 2는 위 새우젓을 받은 ☆☆☆☆ 과장으로부터 감사 전화를 받고 자신의 이름으로 새우젓이 발송된 사실을 알고서도 피고인 1이나 ◇◇◇◇에 이를 문제 삼지 않았다.
③ 피고인 1은 이후 공소사실 기재 기간에 같은 방식으로 ○○도청 ㅁㅁ과에 명단을 요청하였고, ㅁㅁ과에서 작성하여 준 명단에 기재된 사람들에게 피고인 2의 이름으로 새우젓을 발송하였다.
④ 피고인 2는 2013. 11.경 ㅁㅁ과 직원에게 새우젓 발송 명단의 선정기준(퇴직한 ○○도청 ㅁㅁ과 공무원, ○○도의회 의원, ☆☆☆☆ 공무원 등)을 지정하였고 위 직원으로부터 위 기준에 따라 작성된 명단을 보고받았다. 위 명단은 피고인 2의 승인을 받은 후 피고인 1에게 전달되었다. 피고인 2는 2014년에는 피고인 1에게 보내는 명단에 직접 자신의 지인들을 따로 추가하기도 하였다.

## V. 결 론

피고인 1은 피고인 2가 지정한 사람들에게 피고인 2의 이름을 발송인으로 기재하여 배송업체를 통하여 배송업무를 대신하여 주었을 뿐이고, 위 새우젓을 받은 사람들은 새우젓을 보낸 사람을 피고인 1이 아닌 피고인 2로 인식하였으며, 한편 피고인 1과 피고인 2 사이에 새우젓 제공에 관한 의사의 합치가 존재하고 위와 같은 제공방법에 관하여 피고인 2가 양해하였다고 보이므로, 피고인 1의 새우젓 출연에 의한 피고인 2의 영득의사가 실현되어 형법 제129조 제1항의 뇌물공여죄 및 뇌물수수죄가 성립한다고 보아야 한다.

# Ⅵ 유사판례

1. 甲이 乙을 대신하여 자신의 자금으로 수뢰자에게 금품을 지급한 다음 乙로부터 그 금액을 상환받은 경우, 뇌물공여자의 특정 방법

> 뇌물죄는 공여자의 출연에 의한 수뢰자의 영득의사의 실현으로서, 공여자의 특정은 직무 행위와 관련이 있는 이익의 부담 주체라는 관점에서 파악하여야 하므로, 금품이나 재산상 이익 등이 반드시 공여자와 수뢰자 사이에 직접 수수될 필요는 없고, 그 사이에서 제3자가 먼저 공여자를 대신하여 자신의 자금으로 수뢰자에게 지급한 다음 공여자로부터 그 금액을 상환받는 방식으로 수수되었다 할지라도, 공여자와 수뢰자 사이에 금품제공에 관한 의사의 합치가 존재하고 또한 그러한 지급방법에 관하여 수뢰자가 양해하였다고 인정되는 한, 공여자와 수뢰자 사이에 직접 금품이 수수되지 아니하였다는 사정만으로는 뇌물수수죄의 죄책을 면할 수 없다. (대법원 2008. 6. 12., 선고, 2006도8568, 판결)

# 제14절 금품수수를 부인하고 이를 뒷받침할 객관적 물증이 없는 경우

## Ⅰ. 사례요지

금품수수자로 지목된 피고인이 수수사실을 부인하고 있고 이를 뒷받침할 금융자료 등 객관적 물증은 없다. 그러나 금품을 제공하였다는 사람의 진술은 확실하다.

## Ⅱ. 논 점

1. 형사재판에서 유죄를 인정하기 위한 증거의 증명력 정도 및 엄격한 증명의 대상
2. 금품수수 사실을 부인하고 있고 이를 뒷받침할 객관적 물증이 없는 경우, 금품공여자의 진술만으로 유죄를 인정하기 위한 요건

## Ⅲ. 법규연구

### 1. 형 법

제129조(수뢰, 사전수뢰) ① 공무원 또는 중재인이 그 직무에 관하여 뇌물을 수수, 요구 또는 약속한 때에는 5년 이하의 징역 또는 10년 이하의 자격정지에 처한다.

제132조(알선수뢰) 공무원이 그 지위를 이용하여 다른 공무원의 직무에 속한 사항의 알선에 관하여 뇌물을 수수, 요구 또는 약속한 때에는 3년 이하의 징역 또는 7년 이하의 자격정지에 처한다.

제133조(뇌물공여등) ① 제129조 내지 제132조에 기재한 뇌물을 약속, 공여 또는 공여의 의사를 표시한 자는 5년 이하의 징역 또는 2천만원 이하의 벌금에 처한다.

### 2. 형사소송법

제307조(증거재판주의) ① 사실의 인정은 증거에 의하여야 한다.
② 범죄사실의 인정은 합리적인 의심이 없는 정도의 증명에 이르러야 한다.
제308조(자유심증주의) 증거의 증명력은 법관의 자유판단에 의한다.

## Ⅳ. 관련 판례

### 1. 원심 (전주지법 2013. 7. 26. 선고 2013노171 판결)

금품공여자인 피고인 3, 피고인 4의 자백진술 등이 일관성이 없거나 진술 내용이 서로 일치되지 아니하고 객관적인 사정과 맞지 않는 부분이 있는 점, 이들이 다른 사건으로 수사를 받고 있었기 때문에 자신들이 저지른 범죄에 관하여 수사기관으로부터 선

처를 받기 위해 허위 또는 과장된 진술을 하였을 가능성도 배제할 수 없는 점 등 판시와 같은 사정들을 들어 피고인들에 대한 이 사건 각 공소사실이 합리적 의심의 여지없이 증명되었다고 보기 어렵다고 판단하여, 피고인들에게 각 무죄를 선고하였다.

## 2. 대법원 (대법원 2017. 3. 30., 선고, 2013도10100, 판결)

가. 형사재판에서 범죄사실의 인정은 법관으로 하여금 합리적인 의심을 할 여지가 없을 정도의 확신을 가지게 하는 증명력을 가진 엄격한 증거에 의하여야 하므로, 검사의 입증이 위와 같은 확신을 가지게 하는 정도에 충분히 이르지 못한 경우에는 비록 피고인의 주장이나 변명이 모순되거나 석연치 않은 면이 있는 등 유죄의 의심이 간다고 하더라도 피고인의 이익으로 판단하여야 한다. 그리고 위와 같은 엄격한 증명의 대상에는 검사가 공소장에 기재한 구체적 범죄사실이 모두 포함되고, 특히 공소사실에 특정된 범죄의 일시는 피고인의 방어권 행사의 주된 대상이 되므로 엄격한 증명을 통해 그 특정한 대로 범죄사실이 인정되어야 하며, 그러한 증명이 부족한데도 다른 시기에 범행을 하였을 개연성이 있다는 이유로 범죄사실에 대한 증명이 있다고 인정하여서는 아니 된다(대법원 2011. 4. 28. 선고 2010도14487 판결 등 참조).

한편 <u>금품수수 여부가 쟁점이 된 사건에서 금품수수자로 지목된 피고인이 수수사실을 부인하고 있고 이를 뒷받침할 금융자료 등 객관적 물증이 없는 경우 금품을 제공하였다는 사람의 진술만으로 유죄를 인정하기 위해서는 그 사람의 진술이 증거능력이 있어야 함은 물론 합리적인 의심을 배제할 만한 신빙성이 있어야 하고, 신빙성이 있는지 여부를 판단할 때에는 그 진술 내용 자체의 합리성, 객관적 상당성, 전후의 일관성뿐만 아니라 그의 인간됨, 그 진술로 얻게 되는 이해관계 유무, 특히 그에게 어떤 범죄의 혐의가 있고 그 혐의에 대하여 수사가 개시될 가능성이 있거나 수사가 진행 중인 경우에는 이를 이용한 협박이나 회유 등의 의심이 있어 그 진술의 증거능력이 부정되는 정도에까지 이르지 않는 경우에도 그로 인한 궁박한 처지에서 벗어나려는 노력이 진술에 영향을 미칠 수 있는지 여부 등도 아울러 살펴보아야 한다</u>(대법원 2002. 6. 11. 선고 2000도5701 판결, 대법원 2009. 1. 15. 선고 2008도8137 판결, 대법원 2011. 4. 28. 선고 2010도14487 판결 등 참조).

나. 원심판결 이유에 의하면, 원심은 금품공여자인 피고인 3, 피고인 4의 <u>자백진술 등이 일관성이 없거나 진술 내용이 서로 일치되지 아니하고 객관적인 사정과 맞지 않는 부분이 있는 점,</u> 이들이 다른 사건으로 수사를 받고 있었기 때문에 자신들이 저지

른 범죄에 관하여 <u>수사기관으로부터 선처를 받기 위해 허위 또는 과장된 진술을 하였</u><u>을 가능성도 배제할 수 없는 점</u> 등 판시와 같은 사정들을 들어 피고인들에 대한 이 사건 각 공소사실이 합리적 의심의 여지없이 증명되었다고 보기 어렵다고 판단하여, 피고인들에게 각 무죄를 선고하였다. 원심판결은 정당하다.

## V. 결 론

공여자 진술이외 다른 객관적인 증거가 없는 경우 <u>진술 내용 자체의 합리성, 객관적</u><u>상당성, 전후의 일관성뿐만 아니라 그의 인간됨, 그 진술로 얻게 되는 이해관계 유무,</u><u>특히 그에게 어떤 범죄의 혐의가 있고 그 혐의에 대하여 수사가 개시될 가능성이 있거</u><u>나 수사가 진행 중인 경우에는 이를 이용한 협박이나 회유 등의 의심이 있어 그 진술</u><u>의 증거능력이 부정되는 정도에까지 이르지 않는 경우에도 그로 인한 궁박한 처지에서</u><u>벗어나려는 노력이 진술에 영향을 미칠 수 있는지 여부</u> 등을 확인해야 한다.

## VI 유사판례

### 1. 객관적 물증 없이 금품공여자들의 진술만을 믿고 유죄로 인정한 원심판결 부정

현직 시장(市長)인 피고인이 자신의 집무실에서 3회에 걸쳐 외화로 뇌물을 수수하였다는 내용으로 기소된 사안에서, 공소사실을 뒷받침하는 객관적 물증이 없는 상태에서 <u>금품공</u><u>여의 시기와 방법, 외화의 출처, 환전과정에 관한 금품공여자들의 진술이 전후 일관되지</u><u>않거나 서로 모순, 상반되고 객관적 상황과도 일치하지 않는 부분이 있어 금품공여자의</u><u>진술을 전적으로 신빙하기 어렵고,</u> 따라서 공소사실에 기재된 금품제공의 일시, 방법, 금액 등 전부에 관한 합리적 의심이 모두 배제되었다고 보기 어려운데도, 금품공여자들의 진술 중 공소사실에 부합하는 부분만 선택적으로 믿고 이에 배치되는 피고인의 주장을 모두 배척함으로써 위 공소사실을 모두 유죄로 인정한 원심판결에 증명의 정도에 관한 법리오해 또는 논리와 경험법칙을 위반하여 합리적인 자유심증의 범위와 한계를 넘어서 사실을 인정한 위법이 있다. (대법원 2011. 4. 28., 선고, 2010도14487, 판결)

# 제15절 뇌물수수할 때 공여자를 기망한 경우 뇌물죄와 사기죄 성립 여부

## Ⅰ. 사례요지

공무원인 갑은 업무과 관련 알게 된 을에게 ○○만원을 빌려주면 2개월 후에 갚겠다고 을을 속여 ○○만원을 교부받았다.

## Ⅱ. 논 점

1. 뇌물을 수수할 때 공여자를 기망한 경우, 뇌물수수죄와 뇌물공여죄가 성립하는지
2. 이때 뇌물을 수수한 공무원의 죄책(=뇌물죄와 사기죄의 상상적 경합범)

## Ⅲ. 법규연구 (형법)

제129조(수뢰, 사전수뢰) ① 공무원 또는 중재인이 그 직무에 관하여 뇌물을 수수, 요구 또는 약속한 때에는 5년 이하의 징역 또는 10년 이하의 자격정지에 처한다.

제133조(뇌물공여등) ① 제129조 내지 제132조에 기재한 뇌물을 약속, 공여 또는 공여의 의사를 표시한 자는 5년 이하의 징역 또는 2천만원 이하의 벌금에 처한다.

제347조(사기) ① 사람을 기망하여 재물의 교부를 받거나 재산상의 이익을 취득한 자는 10년 이하의 징역 또는 2천만원 이하의 벌금에 처한다.

## Ⅳ. 관련 판례

### 1. 원심 (대전고법 2015. 7. 24. 선고 2015노46 판결)

뇌물수수죄와 사기죄를 실체적 경합 관계에 있다고 보아 경합범 가중을 하였다.

### 2. 대법원 (대법원 2015. 10. 29., 선고, 2015도12838, 판결)

가. 뇌물요구죄의 뇌물액에 관한 주장에 관하여

피고인은 원심에서 항소이유로 뇌물수수죄에 대하여 피고인이 교부받은 돈 전부가 뇌물이라고 인정한 것이 사실오인 내지 법리오해에 해당한다고 주장하였을 뿐이고, 뇌물요구죄에 있어서 피고인이 차용을 요구한 돈 전부가 아니라 차용금에 대한 금융이익 상당액이 뇌물액이라고 하는 주장은 상고심에 이르러 비로소 한 것으로 적법한 상고이유가 될 수 없다.

나아가 살펴보더라도 원심판결 이유에 의하면, 원심은 제1심이 그 판시와 같은 이유로 피고인이 2014. 6. 23. 공소외 1에게 요구한 500만 원과 2014. 2. 8. 공소외 2에

게 요구한 2,300만 원이 모두 뇌물요구죄에 있어서의 뇌물에 해당한다고 인정한 것이 정당하다고 보아 이를 그대로 유지하였다.

관련 법리와 원심 및 제1심이 적법하게 채택한 증거들에 비추어 살펴보면, 원심의 위와 같은 조치는 정당하고 거기에 상고이유 주장과 같이 논리와 경험의 법칙을 위반하여 자유심증주의의 한계를 벗어나 사실을 잘못 인정하거나, 뇌물요구죄의 법리를 오해하는 등의 잘못이 없다.

나. 뇌물수수죄와 사기죄의 죄수관계에 관한 법리오해 주장에 관하여

① 뇌물을 수수하면서 공여자를 기망한 점이 있다 하여도 뇌물수수죄, 뇌물공여죄의 성립에는 영향이 없고(대법원 1985. 2. 8. 선고 84도2625 판결 참조), 이 경우 뇌물을 수수한 공무원에 대하여는 한 개의 행위가 뇌물죄와 사기죄의 각 구성요건에 해당하므로 형법 제40조에 의하여 상상적 경합으로 처단하여야 할 것이다(대법원 1977. 6. 7. 선고 77도1069 판결).

② 하지만 피고인이 그 판시 기재와 같이 공소외 1, 공소외 3, 공소외 4, 공소외 5, 공소외 6, 공소외 7, 공소외 8을 각 기망하여 재산상 이익을 취득하고, 동시에 뇌물을 수수한 것은 사회 관념상 하나의 행위가 수개의 죄에 해당하는 경우에 해당하므로 상상적 경합의 관계에 있다고 보아야 함에도 이를 간과하여 위 각 뇌물수수죄와 사기죄가 실체적 경합의 관계에 있다고 보아 경합범 가중을 한 것은 뇌물죄와 사기죄 간의 죄수에 관한 법리를 오해한 것이다.

다만 원심도 피고인에 대하여 경합범 가중하면서 형법 제37조 전단, 제38조 제1항 제2호, 제3호, 제50조를 적용하여 각 그 형이 가장 무거운, 징역형에 대하여는 수뢰후 부정처사죄에 정한 형에, 벌금형에 대하여는 공소외 2와 관련된 뇌물요구죄에 정한 형에 각 경합범 가중을 한 징역형과 벌금형을 병과하였고, 이는 위 각 뇌물수수죄와 사기죄를 상상적 경합의 관계에 있다고 보고 나머지 죄와 경합범 가중을 하더라도 결과적으로 처단형의 범위에 아무런 차이가 없으므로 원심의 이러한 잘못이 판결에 영향을 미쳤다고 볼 수 없다(대법원 2013. 10. 31. 선고 2011도8649 판결 등 참조).

## V. 결 론

뇌물을 수수하면서 공여자를 기망한 점이 있다 하여도 뇌물수수죄, 뇌물공여죄의 성립에는 영향이 없고, 이 경우 뇌물을 수수한 공무원에 대하여는 <u>한 개의 행위가 뇌물죄와 사기죄의 각 구성요건에 해당하므로 형법 제40조에 의하여 상상적 경합으로 처단하여야 할 것이다</u>

## VI 유사판례

### 1. 공여자를 기망하여 뇌물을 수수한 경우 뇌물수수 및 뇌물공여죄의 각 성부

피고인 1이 국고보관금 수표 1매 액면금 ○○원을 사취한 사기의 범죄사실과 피고인들이 서로 피고인 1의 직무에 관하여 합계금 ○○만원의 뇌물을 수수 공여한 뇌물수수, 뇌물공여의 범죄사실들이 모두 적법히 인정되고, 그 거친 채증의 과정에 소론과 같은 채증법칙 위배로 인한 사실오인의 위법이 있다 할 수 없다.

그리고 피고인 1이 위 사취한 금원을 뒤에 반환할 의사가 있었다 하여 불법영득의 의사가 없다고는 할 수 없으며, 또한 가사, 피고인이 그 뇌물을 수수하면서 상피고인을 기망한 점이 있다하여도 피고인들에 대한 뇌물수수, 뇌물공여죄의 성립에는 아무런 소장이 없다. (대법원 1985. 2. 8., 선고, 84도2625, 판결)

# 제16절 성적 욕구의 충족이 뇌물의 내용인 이익에 포함되는지

## Ⅰ. 사례요지

甲은 사업 관계로 공무원인 乙을 만나 식당에서 음식을 대접하고 술 한잔 더하자면서 유흥주점에서 양주 등 약 ○○ 상당을 마신 후 속칭 2차 (성 접대)까지 하였다. 甲이 乙에게 제공한 성 접대 행위가 뇌물에 해당하는지?

## Ⅱ. 논 점

1. 뇌물의 내용인 '이익' 의 의미
2. '성적 욕구의 충족' 이 뇌물의 내용인 이익에 포함되는지

## Ⅲ. 법규연구 (형법)

제129조(수뢰, 사전수뢰) ① 공무원 또는 중재인이 그 직무에 관하여 뇌물을 수수, 요구 또는 약속한 때에는 5년 이하의 징역 또는 10년 이하의 자격정지에 처한다.

## Ⅳ. 관련 판례

### 1. 원심 (서울고법 2013. 11. 1. 선고 2013노1418 판결)

유사성교행위 및 성교행위가 '뇌물' 에 해당한다고 보고 또한 그 직무관련성이 인정된다.

### 2. 대법원 (대법원 2014. 1. 29., 선고, 2013도13937, 판결)

뇌물죄에서 뇌물의 내용인 이익이란 금전, 물품 기타의 재산적 이익뿐만 아니라 사람의 수요·욕망을 충족시키기에 족한 일체의 유형·무형의 이익을 포함하며(대법원 2002. 11. 26. 선고 2002도3539 판결 등 참조), 제공된 것이 성적 욕구의 충족이라고 하여 달리 볼 것이 아니다.

또한, 뇌물죄는 공무원의 직무집행 공성과 이에 대한 사회의 신뢰 및 직무행위의 불가매수성을 그 보호법익으로 하고 있고, 직무에 관한 청탁이나 부정한 행위를 필요로 하는 것은 아니어서 수수된 금품의 뇌물성을 인정하는 데 특별한 청탁이 있어야만 하는 것은 아니다.

또한, 금품이 직무에 관하여 수수된 것으로 족하고 개개의 직무행위와 대가적 관계에 있을 필요는 없고, 공무원이 그 직무의 대상이 되는 사람으로부터 금품 기타 이익을 받은 때에는 사회상규에 비추어 볼 때 의례상의 대가에 불과한 것이라고 여겨지거

나 개인적인 친분관계가 있어서 교분상의 필요에 의한 것이라고 명백하게 인정할 수 있는 경우 등 특별한 사정이 없는 한 직무와의 관련성이 없는 것으로 볼 수 없으며, 공무원이 직무와 관련하여 금품을 수수하였다면 비록 사교적 의례의 형식을 빌어 금품을 주고 받았다 하더라도 그 수수한 금품은 뇌물이 된다(대법원 2001. 10. 12. 선고 2001도3579 판결 등 참조).

한편 공무원이 얻는 어떤 이익이 직무와 대가관계가 있는 부당한 이익으로서 '뇌물'에 해당하는지 여부는 당해 공무원의 직무 내용, 직무와 이익제공자의 관계, 쌍방 간에 특수한 사적인 친분관계가 존재하는지 여부, 이익의 다과, 이익을 수수한 경위와 시기 등의 제반 사정을 참작하여 결정하여야 하고, 뇌물죄가 직무집행의 공정과 이에 대한 사회의 신뢰 및 직무행위의 불가매수성을 보호법익으로 하는 점에 비추어 볼 때, 공무원이 이익을 수수하는 것으로 인하여 사회 일반으로부터 직무집행의 공정성을 의심받게 되는지 여부도 뇌물죄의 성립 여부를 판단할 때에 기준이 된다(대법원 2011. 3. 24. 선고 2010도17797 판결 등 참조).

## V. 결 론

뇌물죄에서 뇌물의 내용인 이익이란 금전, 물품 기타의 재산적 이익뿐만 아니라 사람의 수요·욕망을 충족시키기에 족한 일체의 유형·무형의 이익을 포함하며, 제공된 것이 성적 욕구의 충족이라도 성립한다.

## VI 유사판례

### 1. 투기적 사업에 참여할 기회를 얻는 것이 '이익'에 해당하는지 여부

뇌물죄에서 뇌물의 내용인 이익은 금전, 물품 기타의 재산적 이익뿐만 아니라 사람의 수요, 욕망을 충족시키기에 족한 일체의 유형, 무형의 이익을 포함한다고 해석되고, 투기적 사업에 참여할 기회를 얻는 것도 이에 해당한다(대법원 2002. 11. 26. 선고 2002도3539 판결, 대법원 2008. 3. 27. 선고 2007도620 판결 참조).

피고인 2가 이 사건 을왕동 토지 중 (지번 생략) 토지를 매수할 당시 위 토지의 객관적인 시가를 합리적인 의심이 없는 정도로 산정하기가 어려워 피고인 2의 구체적인 이득액을 특정할 수는 없다 하더라도, 적어도 피고인 2가 공소외 1로부터 위 토지를 평당 134만 원에 매수하여 소유권이전등기를 마침으로써 위 토지의 매수 및 개발을 통한 건축 등 투자기회를 제공받은 것 자체는 뇌물의 내용인 이익에 해당한다. (대법원 2012. 8. 23., 선고, 2010도6504, 판결)

## 2. 공무원이 뇌물로 투기적 사업에 참여할 기회를 제공받은 경우, 뇌물수수죄의 기수 시기

공무원이 뇌물로 투기적 사업에 참여할 기회를 제공받은 경우, 뇌물수수죄의 기수 시기는 투기적 사업에 참여하는 행위가 종료된 때로 보아야 하며, 그 행위가 종료된 후 경제 사정의 변동 등으로 인하여 당초의 예상과는 달리 그 사업 참여로 아무런 이득을 얻지 못한 경우라도 뇌물수수죄의 성립에는 영향이 없다. (대법원 2002. 11. 26., 선고, 2002도3539, 판결)

## 3. 공무원이 직무에 관하여 금전을 무이자로 차용한 경우, 뇌물수수죄의 공소시효 기산점

공소시효는 범죄행위를 종료한 때로부터 진행하는데(형사소송법 제252조 제1항), 공무원이 직무에 관하여 금전을 무이자로 차용한 경우에는 차용 당시에 금융이익 상당의 뇌물을 수수한 것으로 보아야 하므로, 공소시효는 금전을 무이자로 차용한 때로부터 기산한다. (대법원 2012. 2. 23., 선고, 2011도7282, 판결)

## 4. 공무원이 얻은 이익이 '뇌물'에 해당하는지 여부의 판단기준

공무원이 얻는 어떤 이익이 직무와 대가관계가 있는 부당한 이익으로서 '뇌물'에 해당하는지 여부는 당해 공무원의 직무 내용, 직무와 이익제공자의 관계, 쌍방 간에 특수한 사적인 친분관계가 존재하는지 여부, 이익의 다과, 이익을 수수한 경위와 시기 등의 제반 사정을 참작하여 결정하여야 하고, 뇌물죄가 직무집행의 공정과 이에 대한 사회의 신뢰 및 직무행위의 불가매수성을 보호법익으로 하고 있는 점에 비추어 볼 때, 공무원이 이익을 수수하는 것으로 인하여 사회일반으로부터 직무집행의 공정성을 의심받게 되는지 여부도 뇌물죄의 성립 여부를 판단할 때에 기준이 된다. (대법원 2011. 3. 24., 선고, 2010도17797, 판결)

## 5. 조합아파트 가입권에 붙은 소위 프리미엄이 뇌물에 해당하는지

뇌물수수죄나 뇌물공여죄에서 뇌물이란 금전, 물품 기타의 재산적 이익 등 사람의 수요, 욕망을 충속시키기에 족한 유형, 무형의 일체의 이익이 포함되므로, 조합아파트 가입권에 붙은 소위 프리미엄도 뇌물에 해당한다. (대법원 1992. 12. 22., 선고, 92도1762, 판결)

# 제17절 자신 자금으로 수뢰자에게 대신 금품 지급 후 상환받은 경우 뇌물공여자 특정 방법

## I. 사례요지

공소외 2와 공소외 1 사이에 공소외 2가 피고인에게 후원금을 내기로 약속하였고 이와 같은 공소외 2의 후원의사를 공소외 1이 피고인에게 직접 전달하고, 공소외 1은 2004년 2월 하순경 공소외 2를 대신하여 자신이 마련한 현금 5,000만 원을 우선 피고인측에게 전달한 사실, 그 후 공소외 1은 공소외 2로부터 주식회사 전홍 명의의 수표 3장 액면금 합계 5,000만 원을 돌려받았다.

## II. 논 점

1. 甲이 乙을 대신하여 자신의 자금으로 수뢰자에게 금품을 지급한 다음 乙로부터 그 금액을 상환받은 경우, 뇌물공여자의 특정 방법

2. 정치자금 명목으로 관련 법률에 정한 절차에 따라 수수된 금품의 경우에 뇌물성을 인정할 수 있는지(적극)

3. 제3자뇌물공여죄에서 '대가관계에 대한 양해'가 존재하지 않는 경우에 청탁이나 직무집행 후에 제3자에게 금품을 지급한 사실만으로 소급하여 '청탁의 부정성'을 인정할 수 있는지(소극)

## III. 법규연구 (형법)

제129조 (수뢰, 사전수뢰) ① 공무원 또는 중재인이 그 직무에 관하여 뇌물을 수수, 요구 또는 약속한 때에는 5년 이하의 징역 또는 10년 이하의 자격정지에 처한다.

제130조 (제삼자뇌물제공) 공무원 또는 중재인이 그 직무에 관하여 부정한 청탁을 받고 제3자에게 뇌물을 공여하게 하거나 공여를 요구 또는 약속한 때에는 5년 이하의 징역 또는 10년 이하의 자격정지에 처한다.

## IV. 관련 판례

### 1. 원심 (대구고법 2006. 11. 23. 선고 2006노92 판결)

공소외 2와 공소외 1 사이에 공소외 2가 피고인에게 후원금을 내기로 약속하였고 이와 같은 공소외 2의 후원의사를 공소외 1이 피고인에게 직접 전달한 사실, 공소외 1은 2004년 2월 하순경 공소외 2를 대신하여 자신이 마련한 현금 5,000만 원을 우선 피고

인측에게 전달한 사실, 그 후 공소외 1은 공소외 2로부터 주식회사 전흥 명의의 수표 3장 액면금 합계 5,000만 원을 받음으로써 상환받은 후 자신도 피고인의 후원회 부회장으로서 피고인에게 별도의 정치후원금을 기부하기로 마음먹고, 그 중 2장 액면금 합계 3,000만 원을 피고인의 비서관인 공소외 3을 통하여 보좌관인 공소외 4에게 전달한 사실, 공소외 4는 합계 5,000만 원의 정치자금영수증 3장을 발행하여 공소외 1을 통하여 공소외 2에게 교부하여 주었고 각 영수증의 발급일자는 위 각 수표의 발행일자와 일치하지만, 피고인측은 마치 세 곳의 법인으로부터 합계 5,000만 원을 기부받은 것처럼 후원회 금품기부내역보고서에 기재하여 관할 선거관리위원회에 보고한 반면, 영수증 날짜에 발행일자를 맞추기까지 한 자기앞수표 2장 액면금 합계 3,000만 원은 자금세탁과정까지 거쳐 현금화하여 사용하고서는 관할 선거관리위원회에 정식 후원금으로 신고조차 하지 아니한 사실 등을 인정한 다음, 뇌물인 위 5,000만 원의 공여자는 공소외 2이고, 정치자금인 위 3,000만 원의 기부자는 위 공소외 1로 판단하였다.

## 2. 대법원 (대법원 2008. 6. 12., 선고, 2006도8568, 판결)

가. 뇌물죄는 공여자의 출연에 의한 수뢰자의 영득의사의 실현으로서, 공여자의 특정은 직무행위와 관련이 있는 이익의 부담 주체라는 관점에서 파악하여야 할 것이므로, 금품이나 재산상 이익 등이 반드시 공여자와 수뢰자 사이에 직접 수수될 필요는 없고, 그 사이에서 제3자가 먼저 공여자를 대신하여 자신의 자금으로 수뢰자에게 지급한 다음 공여자로부터 그 금액을 상환받는 방식으로 수수되었다 할지라도, 공여자와 수뢰자 사이에 금품제공에 관한 의사의 합치가 존재하고 또한 그러한 지급방법에 관하여 수뢰자가 양해하였다고 인정되는 한, 공여자와 수뢰자 사이에 직접 금품이 수수되지 아니하였다는 사정만으로는 뇌물수수죄의 죄책을 면할 수 없다.

나. 피고인과 공소외 2 사이에 금품수수에 관한 의사의 합치가 있었다고 할 것이고, 공소외 1이 두 사람 사이에서 체당지급하는 방식으로 금품이 지급이 이루어졌으며(원심이 적법하게 채택하여 조사한 증거들에 의하면, 원심이 지적하는 바와 같이, 공소외 2의 명시적인 위임이 있었는지에 관하여는 관련자들의 진술들이 엇갈리지만, 공소외 1이 이미 기부 의사를 밝힌 공소외 2로부터 나중에 상환받을 생각으로 현금을 마련하여 우선 피고인측에 전달하였다는 점에 관한 한 공소외 1의 진술은 일관되어 있다), 그에 관한 피고인의 양해도 있었던 것으로 볼 것인바, 그렇다면 5,000만 원의 현금을 현실적으로 피고인측에 교부한 자는 공소외 1이라 할지라도, 5,000만 원의 그 공여자는 공소외 2로 봄이 상당하다.

## V. 결 론

공무원이 직접 뇌물을 받지 아니하고 증뢰자로 하여금 다른 사람에게 뇌물을 공여하도록 한 경우, 그 다른 사람이 공무원의 사자(使者) 또는 대리인으로서 뇌물을 받은 경우나 그 밖에 예컨대, 평소 공무원이 그 다른 사람의 생활비 등을 부담하고 있었다거나 혹은 그 다른 사람에 대하여 채무를 부담하고 있었다는 등의 사정이 있어서 그 다른 사람이 뇌물을 받음으로써 공무원은 그만큼 지출을 면하게 되는 경우 등 사회통념상 그 다른 사람이 뇌물을 받은 것을 공무원이 직접 받은 것과 같이 평가할 수 있는 관계가 있는 경우에 한하여 형법 제129조 제1항의 뇌물수수죄가 성립한다(대법원 1998. 9. 22. 선고 98도1234 판결, 대법원 2002. 4. 9. 선고 2001도7056 판결, 대법원 2004. 3. 26. 선고 2003도8077 판결 등 참조).

형법 제130조의 제3자뇌물공여죄에 있어서 '청탁'이란 공무원에 대하여 일정한 직무집행을 할 것을 의뢰하는 행위를 말하고, '부정한' 청탁이란, 의뢰한 직무집행 자체가 위법하거나 부당한 경우는 물론, 의뢰한 직무집행 그 자체는 위법하거나 부당하지 아니하지만 당해 직무집행을 어떤 대가관계와 연결시켜 그 직무집행에 관한 대가의 교부를 내용으로 하는 청탁이라면 의연 '부정한 청탁'에 해당한다고 보아야 한다(대법원 2006. 6. 15. 선고 2004도3424 판결, 대법원 2007. 1. 26. 선고 2004도1632 판결 등 참조).

## VI 유사판례

### 1. 정치자금과 뇌물의 관계 및 뇌물의 직무관련성

정치자금·선거자금 등의 명목으로 이루어진 금품의 수수라 하더라도 그것이 정치인인 공무원의 직무행위에 대한 대가로서의 실체를 가지는 한 뇌물로서의 성격을 잃지 아니하며, 뇌물죄는 직무집행의 공정과 이에 대한 사회의 신뢰에 기하여 직무수행의 불가매수성을 그 직접의 보호법익으로 하고 있으므로, 공무원의 직무와 금원의 수수가 전체적으로 대가관계에 있으면 뇌물수수죄가 성립하고, 특별히 청탁의 유무, 개개의 직무행위의 대가적 관계를 고려할 필요가 없으며, 그 직무행위가 특정된 것일 필요도 없다 할 것이다. (대법원 2007. 8. 23., 선고, 2007도4956, 판결)

# 제18절 수의계약 체결한 공무원이 공사업자와 계약금액을 부풀려 차액을 돌려받은 경우

## I. 사례요지

수의계약을 체결하는 공무원이 해당 공사업자와 적정한 금액 이상으로 계약금액을 부풀려서 계약하고 부풀린 금액을 자신이 되돌려 받기로 사전에 약정한 다음 2002. 10. 10. 500만 원, 2003. 7. 2. 500만 원, 2003. 7. 7. 1,000만 원을 각 공사업자 등으로부터 받아 뇌물을 수수하였다.

## II. 논 점

1. 수의계약을 체결하면서 공사업자로부터 수수한 돈의 뇌물성 유무 판단기준
2. 되돌려 받기로 사전에 약정한 돈이 뇌물인지 아니면 횡령금인지

## III. 법규연구

### 1. 형 법

제129조 (수뢰, 사전수뢰) ① 공무원 또는 중재인이 그 직무에 관하여 뇌물을 수수, 요구 또는 약속한 때에는 5년 이하의 징역 또는 10년 이하의 자격정지에 처한다.

제355조 (횡령, 배임) ① 타인의 재물을 보관하는 자가 그 재물을 횡령하거나 그 반환을 거부한 때에는 5년 이하의 징역 또는 1천500만원 이하의 벌금에 처한다

### 2. 특정범죄 가중처벌 등에 관한 법률

제5조 (국고등 손실) 「회계관계직원 등의 책임에 관한 법률」 제2조제1호·제2호 또는 제4호(제1호 또는 제2호에 규정된 사람의 보조자로서 그 회계사무의 일부를 처리하는 사람만 해당한다)에 규정된 사람이 국고(國庫) 또는 지방자치단체에 손실을 입힐 것을 알면서 그 직무에 관하여 「형법」 제355조의 죄를 범한 경우에는 다음 각 호의 구분에 따라 가중처벌한다.
1. 국고 또는 지방자치단체의 손실이 5억원 이상인 경우에는 무기 또는 5년 이상의 징역에 처한다.
2. 국고 또는 지방자치단체의 손실이 1억원 이상 5억원 미만인 경우에는 3년 이상의 유기징역에 처한다.

## IV. 관련 판례

### 1. 원심 (서울고법 2005. 9. 2. 선고 2005노970 판결)

이는 성격상 뇌물이 아니고 횡령금에 해당한다고 하였다.

### 2. 대법원 (대법원 2007. 10. 12., 선고, 2005도7112, 판결)

공무원이 관공서에 필요한 공사의 시행이나 물품의 구입을 위하여 수의계약을 체결하면서 해당 공사업자 등으로부터 돈을 수수한 경우, 그 돈의 성격을 공무원의 직무와 관련하여 수수된 뇌물로 볼 것인지, 아니면 적정한 금액보다 과다하게 부풀린 금액으로 계약을 체결하기로 공사업자 등과 사전 약정하여 이를 횡령(국고손실)한 것으로 볼 것인지 아닌지는 돈을 공여하고 수수한 당사자들의 의사, 해당 계약 자체의 내용 및 성격, 계약금액과 수수된 금액 사이의 비율, 수수된 돈 자체의 액수, 그 계약이행을 통해 공사업자 등이 취득할 수 있는 적정한 이익, 공사업자 등이 공무원으로부터 공사대금 등을 지급받은 시기와 돈을 공무원에게 교부한 시간적 간격, 공사업자 등이 공무원에게 교부한 돈이 공무원으로부터 지급받은 바로 그 돈인지 여부, 수수한 장소 및 방법 등을 종합적으로 고려하여 객관적으로 평가하여 판단해야 할 것이다.

## V. 결 론

수의계약을 체결하는 공무원이 해당 공사업자와 적정한 금액 이상으로 계약금액을 부풀려서 계약하고 부풀린 금액을 자신이 되돌려 받기로 사전에 약정한 다음 그에 따라 수수한 돈은 성격상 뇌물이 아니고 횡령금에 해당한다.

## VI 유사판례

### 1. 후일 반환할 의사로 금품을 받은 경우 뇌물수수죄의 성부

뇌물을 수수한다는 것은 영득의 의사로 받는 것을 말하고 후일 기회를 보아서 반환할 의사로서 일단 받아둔 데 불과하다면 뇌물의 수수라고 할 수 없다. (대법원 1989. 7. 25., 선고, 89도126, 판결)

# 제19절 수령한 뇌물액수가 예상보다 너무 많아 후에 이를 반환한 경우

## Ⅰ. 사례요지

피고인이 세무공무원으로서 공소외 1을 세무조사하면서 공소외 1로부터 다른 금융거래내역에 대한 추가조사 없이 세무조사를 종결해 달라는 등의 청탁과 함께 현금 1억 원이 든 가방을 교부받아 그 직무에 관하여 뇌물을 수수하였다.

## Ⅱ. 논 점

영득의 의사로 수령한 뇌물의 액수가 예상한 것보다 너무 많아 후에 이를 반환한 경우 뇌물죄의 성립 범위(=수령한 액수 전부)

## Ⅲ. 법규연구 (형법)

제129조 (수뢰, 사전수뢰) ① 공무원 또는 중재인이 그 직무에 관하여 뇌물을 수수, 요구 또는 약속한 때에는 5년 이하의 징역 또는 10년 이하의 자격정지에 처한다.

## Ⅳ. 관련 판례

### 1. 원심 (부산고법 2006. 11. 30. 선고 2006노418 판결)

영득의 의사로 뇌물을 수수하였지만, 그 액수가 너무 많아서 나중에 반환할 의사로 보관한 때도 뇌물죄의 성립에는 영향이 없다고 할 것이나, 수뢰자가 당초 수수하기로 표시한 뇌물의 액수가 정해져 있었음에도 증뢰자가 착오 등으로 그 액수를 훨씬 초과하는 뇌물을 수뢰자에게 교부하고 수뢰자가 그와 같은 사정을 뒤늦게 안 후 그 뇌물을 반환한 경우에는, 수뢰자가 수수하기로 표시한 뇌물액수와 증뢰자가 실제로 교부한 뇌물액수, 수뢰자가 뇌물을 수수할 당시 실제 뇌물액수를 알거나 알 수 있었는지 여부, 수뢰자가 실제 뇌물액수를 확인한 후 취한 조치 내용 등 제반 사정을 종합적으로 고려하여 수뢰자의 영득의사 유무 및 그 범위를 판단하여야 할 것이라고 전제한 다음, ① 피고인이 1,000만 원의 의미로 손가락 한 개를 들어 보였기 때문에 가방에 1,000만 원과 선물이 있을 것이라고 생각하였을 것으로 보이는 점, ② 만약 피고인이 1억 원이라는 거액을 받을 의도였다면 돈을 받는 자리에 상급자인 공소외 2와 동행할 리가 없는 점, ③ 탈루 이자소득에 대한 확인서까지 작성한 이상 종합소득세액을 감경해 주려하지는 않았을 것이고 실제 최초 예상고지세액대로 부과되었으며 추가세무조사를 하지 않는다는 명목으로만 1억 원이나 되는 거액을 요구하였다고 보이지 않는 점, ④ 공소외 1은 처음부터 종합소득세의 감경을 요청하였기에 1억 원을 주면 추가세무조사도 피하고 종합소득세의 감경도 가능하다고 생각하여 1억 원을 주었던 점, ⑤ 실제로 피고인은 액수를 확인하고 반환을 마음먹고 다음날 공소외 2에게 알린 후 다음날부터 6월 초순까지 수회에 걸쳐 공소외 1에게 반환의사를 밝히고 반환을 시도하였으나 공소외 1이 이에 불응한 점, ⑥ 공소외 1은 1억 원을 반환받지 않으면 종합소득세의 감경이 가능하다고 기대하다가 2005. 6. 8. 세무조사 결과를 고지받자 반환에 응한 것으로 보이므로 그 반환이 지체된 것을 두고 피고인에게 1억 원 전체의 영득의사가 있었다고 보기는 어려운 점 등을 종합하여 보면,

피고인은 공소외 1로부터 돈이 든 가방을 건네받을 당시 1,000만 원에 대한 영득의사만을 가지고 있었을 뿐 1억 원 전체에 대한 영득의사를 가지고 있지 않았다고 봄이 상당하고, 달리 1억 원 전체에 대한 영득의사가 있었음을 인정할 만한 증거가 없다는 이유로, 피고인이 1,000만 원을 수수한 부분에 대하여만 유죄로 인정하고, 이 사건 공소사실 중 위 1,000만 원을 초과하는 부분은 범죄의 증명이 없는 경우에 해당한다고 판단하였다.

## 2. 대법원 (대법원 2007. 3. 29., 선고, 2006도9182, 판결)

가. 뇌물을 수수한다는 것은 영득의 의사로 금품을 수수하는 것을 말하므로, 뇌물인지 모르고 이를 수수하였다가 뇌물임을 알고 즉시 반환하거나, 증뢰자가 일방적으로 뇌물을 두고 가므로 후일 기회를 보아 반환할 의사로 어쩔 수 없이 일시 보관하다가 반환하는 등 그 영득의 의사가 없었다고 인정되는 경우라면 뇌물을 수수하였다고 할 수 없겠지만, 피고인이 먼저 뇌물을 요구하여 증뢰자가 제공하는 돈을 받았다면 피고인에게는 받은 돈 전부에 대한 영득의 의사가 인정된다고 하지 않을 수 없고, 이처럼 영득의 의사로 뇌물을 수령한 이상 그 액수가 피고인이 예상한 것보다 너무 많은 액수여서 후에 이를 반환하였다고 하더라도 뇌물죄의 성립에는 영향이 없다고 할 것이다 (대법원 1985. 5. 14. 선고 83도2050 판결 참조).

나. 공소외 1이 추가세무조사 대상자로 지정하지 않으면 섭섭하지 않도록 해 주겠으니 얼마면 되겠느냐고 부탁하자 피고인이 손가락 한 개를 들어 보임으로써 뇌물을 요구하였고, 공소외 1이 이에 응하여 현금 1억 원이 든 가방을 제공하자 이를 수령하였

다는 것이므로, 이처럼 피고인이 스스로 대가를 요구하여 돈을 받은 이상 피고인은 그 받은 돈 전부를 영득의 의사로 수령한 것이라고 보아야 할 것이다.

더욱이 원심은 피고인이 받은 돈이 1억 원임을 알고는 이틀 후인 2005. 5. 26.부터 수회에 걸쳐 공소외 1에게 반환의사를 밝히고 반환을 시도하였다고 인정하면서 이를 영득의 의사를 부인하는 근거로 삼고 있지만, 피고인의 진술 외에 위 돈을 반환하려고 하였다는 객관적인 자료를 찾아볼 수 없고, 오히려 공소외 1도 돈을 준 후 약 4-5일 뒤 피고인으로부터 전화가 왔으나 별 얘기는 없었고 2005. 6. 5.경 전화를 하여서야 일이 잘 풀리지 않는다면서 돌려줘야겠다는 식으로 얼핏 말하였을 뿐 2005. 6. 8. 돈을 돌려받기 전에 돈을 반환한다는 이야기가 오간 것은 기억나지 않는다고 진술하고 있는 점, 피고인은 2005. 5. 25. 오전 공소외 2 계장으로부터 받은 돈을 돌려주라는 지시를 받았음에도 바쁘다는 이유로 공소외 1에게 연락을 하지 않은 채 그날 오후에 위 공소외 2에게 돈을 돌려주었다고 보고를 한 점, 2005. 6. 8. 공소외 1이 항의하자 그날 바로 공소외 1의 집을 찾아가 돈을 돌려준 데서 나타나듯이 마음만 먹으면 얼마든지 돈을 돌려줄 수 있었음에도 항의를 받기까지 반환을 위한 별다른 조치를 취하지 아니하였다.

## V. 결 론

피고인에게 위 돈을 반환할 확정적인 의사가 있었다고 보기도 어렵다고 하겠으며, 피고인에게 1억 원 전부에 대한 영득의 의사를 인정하는 데 장애가 된다고 보이지는 아니한다. 설령 피고인이 내심으로는 1,000만 원 정도로 생각하고 이를 수령하였다고 하여 1,000만 원에 대하여만 영득의 의사가 인정되고 이를 초과하는 액수에 대하여는 영득의 의사가 부정될 수는 없다고 하겠다.

## VI 유사판례

### 1. 공개 장소에서 금품을 수수하거나 수수한 금품을 사익을 위하여 사용하지 않은 경우

뇌물죄에 있어서 금품을 수수한 장소가 공개된 공사현장이었고 금품을 수수한 공무원이 이를 공사현장 인부들의 식대 또는 동 공사의 홍보비 등으로 소비하였을 뿐 자신의 사리를 취한 바 없다 하더라도 그 뇌물성이 부인되지 않는다. (대법원 1985. 5. 14., 선고, 83도2050, 판결)

# 제20절 자동차를 뇌물로 수수한 경우 소유권을 취득해야 하는지

## Ⅰ. 사례요지

피고인이 공소외 1에게 BMW 735 승용차 1대 시가 1억 2,600만 원 상당을 뇌물로 공여하였다.

## Ⅱ. 논 점

자동차를 뇌물로 수수하였다고 하기 위해서는 그 수수자가 자동차에 대한 법률상 소유권을 취득하여야 하는지 여부(소극)

## Ⅲ. 법규연구 (형법)

제129조 (수뢰, 사전수뢰) ① 공무원 또는 중재인이 그 직무에 관하여 뇌물을 수수, 요구 또는 약속한 때에는 5년 이하의 징역 또는 10년 이하의 자격정지에 처한다.

제133조 (뇌물공여등) ① 제129조 내지 제132조에 기재한 뇌물을 약속, 공여 또는 공여의 의사를 표시한 자는 5년 이하의 징역 또는 2천만원 이하의 벌금에 처한다.

## Ⅳ. 관련 판례

### 1. 원심 (서울고법 2006. 2. 10. 선고 2005노2425 판결)

피고인과 공소외 1이 위 승용차를 실질적으로 공소외 1의 소유로 하고자 하였다고 하여도, 자동차등록원부에 대우캐피탈 주식회사와 제이디에스 주식회사 명의로 등록되었을 뿐 공소외 1 명의로 등록된 사실이 없으므로, 위 승용차는 대우캐피탈 내지 제이디에스의 소유이지 공소외 1의 소유는 아니라는 이유로, <u>피고인이 공소외 1에게 공여한 뇌물은 시가 1억 2,600만 원 상당의 위 승용차 자체가 아니라, 리스보증금 및 리스료 지급 등과 같은 형태의 금전적인 부담이 전혀 없는 상태에서 위 승용차를 공소외 1의 의사대로 사용·수익할 수 있는 무형의 이익이라고 보고 이를 유죄로 인정하고, 이와 일죄의 관계에 있는 이 부분 공소사실에 대해서는 이유에서 무죄로 판단하였다.</u>

### 2. 대법원 (대법원 2006. 5. 26., 선고, 2006도1716, 판결)

자동차를 뇌물로 공여한 경우 자동차등록원부에 뇌물수수자가 그 소유자로 등록되지 않았다고 하더라도 자동차의 사실상 소유자로서 자동차에 대한 실질적인 사용 및 처분권한이 있다면 자동차 자체를 뇌물로 취득한 것으로 보아야 할 것이므로(대법원 2006.

4. 27. 선고 2006도735 판결 참조), 원심이 자동차 자체를 뇌물로 공여하였다고 하려면 그 수수자가 자동차에 대한 법률상 소유권을 취득하여야 한다는 것을 전제로 본 것은 적절하지 않다고 할 것이다.

피고인이 공소외 1에게 제공한 위 BMW 735 승용차는 그 제공 당시 제이디에스 명의로 대우캐피탈과 사이에 리스계약이 체결되어 있을 뿐만 아니라 대우캐피탈 명의로 소유권등록이 되어 있었던 점, 위 자동차에 대한 위 리스계약이 기간만료 또는 리스료 연체로 종료되어 리스회사인 대우캐피탈에서 위 승용차의 반환을 구하는 경우 공소외 1이 이에 응할 수밖에 없는 것으로 보이는 점, 달리 위 자동차에 대한 대우캐피탈 명의의 소유권등록에도 불구하고, 공소외 1이 이를 자유로이 처분할 수 있다고 볼 수 있는 대우캐피탈의 처분승낙서나 권리확인서 등을 공소외 1이 소지하고 있다고 볼 만한 자료가 없는 점 등에 비추어 본다면, 공소외 1에게 위 승용차에 대한 실질적인 처분권한이 있다고 인정할 만한 자료가 없다.

## V. 결 론

원심이 피고인의 공소외 1에 대한 2003. 5. 23.경 뇌물공여의 점에 관한 공소사실에 대하여 유죄라고 인정한 "금전적인 부담이 전혀 없는 상태에서 BMW 735 승용차를 공소외 1의 의사대로 사용·수익할 수 있는 무형의 이익을 뇌물로 공여한 것"이라는 사실 부분은 "BMW 735 승용차 1대 시가 1억 2,600만 원 상당의 뇌물을 공여한 것"이라는 취지의 위 공소사실과 기본적 사실의 동일성이 인정되고 그 공소제기된 범죄사실에 포함되어 있으며, 피고인을 그 죄로 처벌하더라도 피고인의 방어권 행사에 실질적 불이익이 초래되었다고도 할 수 없다.

# 제21절 직무와 관련하여 사교적 의례의 형식을 빌려 금품수수

## I. 사례요지

피고인들이 품절 의약품을 다른 약품으로 대체하는 것을 용인하거나 납품과정에서 다소의 하자를 선처하는 등의 편의를 보아주고, 또 의약품 입찰과 관련하여 의약품 리스트나 다른 업체의 투찰가를 알려주는 한편, 입찰과 관련된 필요 정보를 제공하는 등의 편의를 봐 달라는 취지의 청탁과 함께 각 금원을 수수하였다.

## II. 논 점

1. 뇌물죄에 있어서 직무관련성

2. 공무원이 얻는 이익이 직무와 대가관계가 있는 부당한 이익으로서 뇌물에 해당하는 지의 판단기준

3. 공무원의 직무와 관련하여 사교적 의례의 형식을 빌려 금품을 수수한 경우, 뇌물성 여부(적극)

4. 수뢰죄에 있어서 단일하고 계속된 범의하에 동종의 범행을 반복하여 행하고 그 피 해법익도 동일한 경우, 포괄일죄의 성립 여부(적극)

## III. 법규연구 (형법)

제129조 (수뢰, 사전수뢰) ① 공무원 또는 중재인이 그 직무에 관하여 뇌물을 수수, 요구 또는 약속한 때에는 5년이하의 징역 또는 10년이하의 자격정지에 처한다.

## IV. 관련 판례

### 1. 원심 (서울고법 1999. 10. 22. 선고 99노192 판결)

피고인들이 품절 의약품을 다른 약품으로 대체하는 것을 용인하거나 납품과정에서 다소의 하자를 선처하는 등의 편의를 보아주고, 또 의약품 입찰과 관련하여 의약품 리스트나 타 업체의 투찰가를 알려주는 한편, 입찰과 관련된 필요 정보를 제공하는 등의 편의를 봐 달라는 취지의 청탁과 함께 판시 각 금원을 수수하였음을 넉넉히 인정할 수 있을 뿐만 아니라, 수수한 금원 중 상당 부분이 회식비 등의 명목으로 지급되거나 실제로 그렇게 사용되는 등 사교적 의례의 형식을 취하고 있다 하더라도, 위에서 본 바와 같은 금원의 수수경위에 비추어 보면 이는 <u>직무행위의 대가로서의 의미를 가지는</u>

것으로서 뇌물이라고 판단하였다.

## 2. 대법원 (대법원 2000. 1. 21., 선고, 99도4940, 판결)

가. 뇌물죄는 직무집행의 공정과 이에 대한 사회의 신뢰 및 직무행위의 불가매수성을 그 보호법익으로 하고 있고, 직무에 관한 청탁이나 부정한 행위를 필요로 하는 것은 아니므로 수수된 금품의 뇌물성을 인정하는 데 특별한 청탁이 있어야만 하는 것은 아니고, 또한 금품이 직무에 관하여 수수된 것으로 족하고 개개의 직무행위와 대가적 관계에 있을 필요는 없으며, 그 직무행위가 특정된 것일 필요도 없다(대법원 1997. 12. 26. 선고 97도2609 판결, 1996. 1. 23. 선고 94도3022 판결, 1995. 9. 5. 선고 95도1269 판결, 1995. 6. 30. 선고 94도1017 판결 등 참조).

나. 그리고 공무원이 얻는 어떤 이익이 직무와 대가관계가 있는 부당한 이익으로서 뇌물에 해당하는지는 당해 공무원의 직무의 내용, 직무와 이익제공자와의 관계, 쌍방 간에 특수한 사적인 친분관계가 존재하는지의 여부, 이익의 다과, 이익을 수수한 경위와 시기 등의 제반 사정을 참작하여 결정하여야 할 것이고, 뇌물죄가 직무집행의 공정과 이에 대한 사회의 신뢰 및 직무행위의 불가매수성을 그 보호법익으로 하고 있으므로 볼 때, 공무원이 그 이익을 수수하는 것으로 인하여 사회일반으로부터 직무집행의 공정성을 의심받게 되는지 아닌지도 뇌물죄의 성부를 판단함에서 판단기준이 된다 할 것이다. (대법원 1998. 3. 10. 선고 97도3113 판결 등 참조),

## V. 결론

공무원이 그 직무의 대상이 되는 사람으로부터 금품 기타 이익을 받은 때에는 그것이 그 사람이 종전에 공무원으로부터 접대 또는 수수받은 것을 갚는 것으로서 사회상규에 비추어 볼 때 의례상의 대가에 불과한 것이라고 여겨지거나, 개인적인 친분관계가 있어서 교분상의 필요에 의한 것이라고 명백하게 인정할 수 있는 경우 등 특별한 사정이 없으면 직무와의 관련성이 없는 것으로 볼 수 없고, 공무원의 직무와 관련하여 금품을 수수하였다면 비록 사교적 의례의 형식을 빌려 금품을 주고받았다 하더라도 그 수수한 금품은 뇌물이 되는 것이다(대법원 1999. 7. 23. 선고 99도390 판결, 1999. 1. 29. 선고 98도3584 판결, 1998. 2. 10. 선고 97도2836 판결 등 참조).

# VI 유사판례

## 1. 뇌물죄에 있어서 직무관련성 및 공무원이 얻은 이익이 뇌물에 해당하는지 판단기준

뇌물죄는 직무집행의 공정과 이에 대한 사회의 신뢰 및 직무행위의 불가매수성을 그 보호법익으로 하고 있고, 직무에 관한 청탁이나 부정한 행위를 필요로 하는 것은 아니기 때문에 수수된 금품의 뇌물성을 인정하는 데 특별한 청탁이 있어야만 하는 것은 아니고, 또한 금품이 직무에 관하여 수수된 것으로 족하고 개개의 직무행위와 대가적 관계에 있을 필요는 없으며, 그 직무행위가 특정된 것일 필요도 없다. 또한 공무원이 얻는 어떤 이익이 직무와 대가관계가 있는 부당한 이익으로서 뇌물에 해당하는지 여부는 당해 공무원의 직무의 내용, 직무와 이익제공자와의 관계, 쌍방간에 특수한 사적인 친분관계가 존재하는지의 여부, 이익의 다과, 이익을 수수한 경위와 시기 등의 제반 사정을 참작하여 결정하여야 할 것이고, 뇌물죄가 직무집행의 공정과 이에 대한 사회의 신뢰 및 직무행위의 불가매수성을 그 보호법익으로 하고 있음에 비추어 볼 때, 공무원이 그 이익을 수수하는 것으로 인하여 사회일반으로부터 직무집행의 공정성을 의심받게 되는지 여부도 뇌물죄의 성부를 판단함에 있어서의 판단기준이 된다. (대법원 2007. 4. 27., 선고, 2005도4204, 판결)

# 제22절 직접 뇌물을 받지 아니하고 제3자에게 공여토록 하고 그 제3자가 받은 경우

## Ⅰ. 사례요지

피고인 1은 구청장으로 재직하며 구청 소속 직원들의 업무에 대한 지휘·감독권과 직원들에 대한 인사권 등을 가지고 구청 업무 전반을 총괄적으로 관장하는 사람인데 구청 재무과 계약계장인 피고인 2로부터 그의 업무에 대한 감독, 인사 등과 관련하여 잘 보아달라는 취지로 현금 10,000,000원, 등 합계 금 66,000,000원의 뇌물을 수수하였다. 피고인 2는 구청 재무과 계약계장으로서 구청이 발주하는 공사의 입찰, 계약 등의 업무를 담당하는 사람인데 피고인 1의 직무에 관하여 위와 같이 합계 금 66,000,000원의 뇌물을 공여하였다.

## Ⅱ. 논 점

1. 직접 뇌물을 받지 아니하고 제3자에게 뇌물을 공여하도록 하고 그 제3자가 뇌물을 받은 경우
2. 형법 제129조 제1항의 단순수뢰죄의 성립 여부(한정 적극)

## Ⅲ. 법규연구 (형법)

제129조 (수뢰, 사전수뢰) ① 공무원 또는 중재인이 그 직무에 관하여 뇌물을 수수, 요구 또는 약속한 때에는 5년이하의 징역 또는 10년이하의 자격정지에 처한다.

제130조 (제삼자뇌물제공) 공무원 또는 중재인이 그 직무에 관하여 부정한 청탁을 받고 제삼자에게 뇌물을 공여하게 하거나 공여를 요구 또는 약속한 때에는 5년이하의 징역 또는 10년이하의 자격정지에 처한다.

## Ⅳ. 관련 판례

### 1. 원심 (서울고법 1998. 4. 21. 선고 97노2289 판결)

단순뇌물수수죄와 뇌물공여죄로 인정하였다.

### 2. 대법원 (대법원 1998. 9. 22., 선고, 98도1234, 판결)

형법 제130조의 제3자뇌물제공죄를 형법 제129조 제1항의 단순수뢰죄와 비교하여 보면 공무원이 직접 뇌물을 받지 아니하고, 증뢰자로 하여금 제3자에게 뇌물을 공여하도록 하고 그 제3자로 하여금 뇌물을 받도록 한 경우에는 부정한 청탁을 받고 그와 같

은 행위를 한 경우에 한하여 단순수뢰죄와 같은 형으로 처벌하고, 공무원이 직접 뇌물을 받지 아니하고, 증뢰자로 하여금 제3자에게 뇌물을 공여하도록 하고 그 제3자로 하여금 뇌물을 받도록 하였다 하더라도 부정한 청탁을 받은 일이 없다면 이를 처벌하지 아니한다는 취지로 해석하여야 할 것이나,

다만 공무원이 직접 뇌물을 받지 아니하고, 증뢰자로 하여금 다른 사람에게 뇌물을 공여하도록 하고 그 다른 사람으로 하여금 뇌물을 받도록 한 경우라 할지라도 그 다른 사람이 공무원의 사자 또는 대리인으로서 뇌물을 받은 경우나 그 밖에 예컨대 평소 공무원이 그 다른 사람의 생활비 등을 부담하고 있었다거나 혹은 그 다른 사람에 대하여 채무를 부담하고 있었다는 등의 사정이 있어서 그 다른 사람이 뇌물을 받음으로써 공무원은 그만큼 지출을 면하게 되는 경우 등 사회통념상 그 다른 사람이 뇌물을 받은 것을 공무원이 직접 받은 것과 같이 평가할 수 있는 관계가 있는 경우에는 형법 제129조 제1항의 단순수뢰죄가 성립한다.

## V. 결 론

사회통념상 그 다른 사람이 뇌물을 받은 것을 공무원이 직접 받은 것과 같이 평가할 수 있는 관계가 있는 경우에는 형법 제129조 제1항의 단순수뢰죄가 성립한다.

# 제3장

# 공무방해에 관한 죄

## 제1절 공무집행방해죄의 적법한 공무집행 판단기준

### I. 사례요지

시청 청사 내 주민생활복지과 사무실에 술에 취한 상태로 찾아가 소란을 피우던 피고인을 소속 공무원 甲과 乙이 제지하며 밖으로 데리고 나가려 하자, 피고인이 甲과 乙의 멱살을 잡고 수회 흔든 다음 휴대전화를 휘둘러 甲의 뺨을 때림으로써 시청 공무원들의 주민생활복지에 대한 통합조사 및 민원업무에 관한 정당한 직무집행을 방해하였다

### II. 논 점

1. 공무집행방해죄에서 '직무를 집행하는' 의 의미
2. 공무집행방해죄의 전제인 '공무원의 적법한 공무집행' 인지 판단하는 기준

### III. 법규연구 (형법)

제136조(공무집행방해) ① 직무를 집행하는 공무원에 대하여 폭행 또는 협박한 자는 5년 이하의 징역 또는 1천만원 이하의 벌금에 처한다.

### IV. 관련 판례

#### 1. 원심 (창원지법 2021. 9. 30. 선고 2020노3201 판결

주위적 공소사실인 공무집행방해죄 부분은 범죄사실의 증명이 없다고 판단하였다. 다만 원심에서 추가된 예비적 공소사실인 폭행죄에 대하여 유죄를 선고하므로 주위적 공소사실에 대하여 주문에서 따로 무죄를 선고하지 아니하였다.

피고인을 제지하고 손목을 잡아끌어 퇴거시킨 시청 공무원들의 행위가 주민생활복지에 대한 통합조사 및 민원 업무에 관한 직무라는 추상적 권한에 포함되거나 구체적 직무집행에 관한 법률상 요건과 방식을 갖춘 적법한 직무집행에 해당한다고 볼 증거가 없다. 나아가 피고인을 퇴거시킨 행위가 사회통념상 허용되는 행위에 해당한다고 하더

라도, 그 행위를 사인으로서 정당한 행위에 해당한다고 볼 수는 있으나 민원 안내 업무를 담당하는 공무원의 구체적 직무집행에 해당한다고 보기는 어렵다. 시청 공무원들은 사무실 내에서 소란을 피우는 피고인을 사무실 밖으로 퇴거시킬 의사가 있었을 뿐, 피고인을 현행범으로 체포하려는 의사는 없었던 것으로 보이므로, 현행범 체포와 관련한 공무를 수행하고 있었다고 보기도 어렵다. 공소외 1, 공소외 2는 ○○시청 주민생활복지과 통합조사팀 소속으로 사회보장 급여 신청 관련 소득재산 조사 업무를 담당하고 있는 사실은 인정되나, 그 외에 ○○시청의 청사방호 및 안전 관리 등의 업무를 담당한다고 볼 만한 증거가 없다.

## 2. 대법원 (대법원 2022. 3. 17., 선고, 2021도13883, 판결)

가. 형법 제136조 제1항에 규정된 공무집행방해죄에서 '직무를 집행하는'이라 함은 공무원이 직무수행에 직접 필요한 행위를 현실적으로 행하고 있는 때만을 가리키는 것이 아니라 공무원이 직무수행을 위하여 근무 중인 상태에 있는 때를 포괄하고, 직무의 성질에 따라서는 그 직무수행의 과정을 개별적으로 분리하여 부분적으로 각각의 개시와 종료를 논하는 것이 부적절하고 여러 종류의 행위를 포괄하여 일련의 직무수행으로 파악함이 상당한 경우가 있다(대법원 1999. 9. 21. 선고 99도383 판결, 대법원 2002. 4. 12. 선고 2000도3485 판결 등 참조).

공무집행방해죄는 공무원의 적법한 공무집행이 전제되어야 하고, 공무집행이 적법하기 위해서는 그 행위가 공무원의 추상적 직무 권한에 속할 뿐만 아니라 구체적으로 그 권한 내에 있어야 하며, 직무행위로서 중요한 방식을 갖추어야 한다. 추상적인 권한은 반드시 법령에 명시되어 있을 필요는 없다. 추상적인 권한에 속하는 공무원의 어떠한 공무집행이 적법한지는 행위 당시의 구체적 상황에 기초를 두고 객관적·합리적으로 판단해야 하고, 사후적으로 순수한 객관적 기준에서 판단할 것은 아니다(대법원 1991. 5. 10. 선고 91도453 판결, 대법원 2003. 11. 28. 선고 2003도5234 판결 등 참조).

나. 원심판결 이유를 적법하게 채택된 증거와 위 법리에 비추어 살펴본다.

① 공소외 1, 공소외 2는 ○○시청 주민생활복지과 소속으로 주민생활복지에 대한 통합조사 및 민원 업무에 관한 직무를 담당하는 공무원이다.

② 공소외 1은 피고인이 ○○시청 1청사 내 주민생활복지과 사무실에 술에 취한 상태로 찾아와 휴대전화 볼륨을 높여서 음악을 재생하는 것을 보고 피고인에게 민원 내용이 무엇인지 질문을 하면서 음악 소리를 줄여줄 것을 요청하였다. 피고인이 공소외

1에게 욕설을 하면서 소란을 피우자 공소외 1은 피고인에게 욕설을 하지 말고 밖으로 나가서 이야기를 하자고 하였으나 피고인은 이에 응하지 않고 계속해서 소란을 피웠다. 이에 공소외 2가 피고인에게 다가가 피고인을 제지하며 피고인의 팔을 잡고 사무실 밖으로 데리고 나가려고 하였는데, 그 과정에서 피고인이 손으로 공소외 2의 상의를 잡아 찢었고, 양손으로 공소외 1과 공소외 2의 멱살을 잡고 수회 흔든 다음 휴대전화를 휘둘러 공소외 1의 뺨을 1회 때리는 등 시청 공무원들을 폭행하였다.

③ 지방공무원법 제51조는 공무원은 주민 전체의 봉사자로서 친절하고 공정하게 직무를 수행하여야 한다고 규정하고 있고, 제75조의2는 공공의 이익을 위해 업무를 적극적으로 처리하는 적극행정을 장려하고 있으며, ○○시 지방공무원 복무조례 제3조는 공무원은 직무를 민주적이고 능률적으로 수행하기 위해 창의와 성실로서 맡은바 책임을 완수해야 한다고 규정하고 있다. 「민원 처리에 관한 법률」 제5조 제2항은 민원인은 민원을 처리하는 담당자의 적법한 민원 처리를 위한 요청에 협조하여야 하고, 행정기관에 부당한 요구를 하거나 다른 민원인에 대한 민원 처리를 지연시키는 등 공무를 방해하는 행위를 하여서는 아니 된다고 규정하고 있다.

④ ○○시청 주민생활복지과 소속 공무원이 주민생활복지과 사무실에 방문한 피고인에게 민원 내용을 물어보며 민원 상담을 시도한 행위, 피고인의 욕설과 소란으로 인해 정상적인 민원 상담이 이루어지지 아니하고 다른 민원 업무 처리에 장애가 발생하는 상황이 지속되자 피고인을 사무실 밖으로 데리고 나간 행위는 민원 안내 업무와 관련된 일련의 직무수행으로 포괄하여 파악함이 상당하다. 이와 달리 민원 상담을 시도한 순간부터 민원 상담 시도를 종료한 순간까지만 주민생활복지과 소속 공무원의 직무 범위인 민원 업무에 해당하는 것으로 보고, 민원 상담 시도 종료 이후 소란을 피우고 있는 피고인을 사무실에서 퇴거시키는 등의 후속 조치는 주민생활복지과 소속 공무원의 직무 범위에 포함되지 않는다고 파악하는 것은 부당하다.

⑤ 또한 당시의 상황을 보면 피고인의 욕설과 소란행위로 민원 업무의 방해 상태가 지속되고 다른 민원인들의 안전이나 평온을 해할 우려가 발생한 상태였다. 따라서 행위 당시의 구체적 상황에 기초를 두고 객관적·합리적으로 판단해 보면, 담당 공무원이 피고인을 사무실 밖으로 데리고 나가는 과정에서 피고인의 팔을 잡는 등 다소의 물리력을 행사하였다고 하더라도, 이는 피고인의 불법행위를 사회적 상당성이 있는 방법으로 저지한 것에 불과하므로 위법하다고 볼 수 없다.

⑥ 오늘날 관공서에서 주취 소란행위 등으로 담당 공무원의 정당한 공무집행을 방해하고 이를 제지하는 담당 공무원에게 부당한 폭력을 행사하는 경우가 적지 아니한 실

정까지 감안하면, 소란을 피우는 민원인을 제지하거나 사무실 밖으로 데리고 나가는 행위도 민원 담당 공무원의 직무에 수반되는 행위로 파악함이 상당하고 그 직무권한의 범위를 벗어난 행위라고 볼 것은 아니다.

## V. 결 론

위와 같은 이유로 피고인의 공소사실 기재 행위는 ○○시청 소속 공무원들의 적법한 직무집행을 방해한 행위에 해당하므로 공무집행방해죄를 구성한다.

## VI. 유사판례

### 1. 불법주차 차량에 불법주차 스티커를 붙였다가 이를 다시 떼어 낸 직후에 있는 주차단속 공무원 폭행

피해자는 서울 노원구청 교통지도과 주차관리계 소속의 단속담당 공무원으로 정차, 주차위반 차량의 운전사나 관리책임자에 대하여 일정한 조치를 명할 수 있고, 또한 고지서를 교부하고 운전면허증의 제출을 요구하여 이를 보관할 수도 있는 등의 직무권한이 있음을 알 수 있으므로, 피해자가 불법주차 스티커를 피고인 차량에 붙인 행위나 과태료 부과고지서를 떼어 낸 행위만을 따로 분리하여 그러한 시점에 직무수행이 종료되고 피해자가 피고인에 대하여 별개의 조치를 취하거나 다른 차량에 대한 단속에 착수할 때에 직무수행이 재개된다고 보는 것은 부적절하고 피해자의 위와 같은 여러 종류의 행위를 포괄하여 일련의 직무수행으로 파악함이 상당하다 할 것이며, 따라서 원심 확정의 사실관계 아래에서 피고인의 피해자에 대한 폭행 당시 피해자는 일련의 직무수행을 위하여 근무중인 상태에 있었다고 봄이 상당하다 할 것이다. (대법원 1999. 9. 21., 선고, 99도383, 판결)

### 2. 노사분규 동향을 파악하거나 파악하기 위해 현장에서 대기 중이던 근로감독관 폭행

피해자는 그 회사 노동조합으로부터 단체교섭 권한을 위임받았음을 이유로 그 결의대회에 참가하려는 피고인 등 금속연맹 관계자들과 사용자측 사이의 다툼을 수습할 목적으로 한 것일 뿐만 아니라, 피해자가 피고인으로부터 폭행을 당할 당시에는 피고인 등이 그러한 피해자의 요구에 따르지 않자 경비실 밖으로 나와 그 회사의 노사분규 동향을 파악하거나 파악하기 위해 대기 또는 준비하던 중이었던 것으로 보이므로, 피해자는 그러한 여러 종류의 행위를 포괄하여 근로감독관으로서 일련의 직무를 수행하던 중이었다고 보아야 할 것이다. (대법원 2002. 4. 12., 선고, 2000도3485, 판결)

# 제2절 경직법에 따른 경찰관의 제지 조치가 적법한 직무집행으로 평가되기 위한 요건

## Ⅰ. 사례요지

피고인은 평소 집에서 심한 고성과 욕설, 시끄러운 음악 소리 등으로 이웃 주민들로부터 수회에 걸쳐 112신고가 있어 왔던 사람이다. 피고인은 ○○빌라△△△호에서 이웃 주민으로부터 '△△△호에서 난리가 났다.'라는 112신고를 받고 출동한 경찰관들이 인터폰으로 소란스럽다는 신고를 받고 왔으니 문을 열어달라고 하였으나, "야, 씨발놈아, 개새끼야, 꺼져라."라고 욕설을 하고 경찰관들이 피고인을 만나기 위해 전기차단기를 내리자 화가 나 위험한 물건인 식칼을 들고나와 경찰관들에게 "야이, 씨발새끼야, 빨리 불 안키나, 이 씹새끼들이 죽어 볼래? 불 안키면 다 죽여버린다."라고 하면서 식칼로 경찰관들을 향해 찌를 듯이 협박하였다.

이로써 피고인은 경찰관의 112신고 업무 처리에 관한 정당한 직무집행을 방해하였다.

## Ⅱ. 논 점

1. 경찰관 직무집행법 제6조에 따른 경찰관의 제지 조치가 적법한 직무집행으로 평가되기 위한 요건 및 경찰관의 제지 조치가 적법한지 판단하는 기준

2. 주거지에서 음악 소리를 크게 내거나 큰 소리로 떠들어 이웃을 시끄럽게 하는 행위가 경범죄처벌법상 경범죄에 해당하는지 여부(적극)

3. 경찰관이 경찰관 직무집행법에 따라 경범죄에 해당하는 행위를 예방·진압·수사하고, 필요한 경우 제지할 수 있는지(적극)

## Ⅲ. 법규연구

### 1. 경찰관 직무집행법

제2조(직무의 범위) 경찰관은 다음 각 호의 직무를 수행한다.
  1. 국민의 생명·신체 및 재산의 보호
  2. 범죄의 예방·진압 및 수사
  2의2. 범죄피해자 보호
  7. 그 밖에 공공의 안녕과 질서 유지
제6조(범죄의 예방과 제지) 경찰관은 범죄행위가 목전(目前)에 행하여지려고 하고 있다고 인정될 때에는 이를 예방하기 위하여 관계인에게 필요한 경고를 하고, 그 행위로 인하여 사람의 생명·신체에 위해를 끼치거나 재산에 중대한 손해를 끼칠 우려가 있는 긴급한 경우에는 그 행위를 제지할 수 있다.

## 2. 경범죄 처벌법

제3조(경범죄의 종류) ① 다음 각 호의 어느 하나에 해당하는 사람은 10만원 이하의 벌금, 구류 또는 과료(科料)의 형으로 처벌한다.

21. (인근소란 등) 악기·라디오·텔레비전·전축·종·확성기·전동기(電動機) 등의 소리를 지나치게 크게 내거나 큰소리로 떠들거나 노래를 불러 이웃을 시끄럽게 한 사람

## 3. 형법

제136조(공무집행방해) ① 직무를 집행하는 공무원에 대하여 폭행 또는 협박한 자는 5년 이하의 징역 또는 1천만원 이하의 벌금에 처한다.

제144조(특수공무방해) ① 단체 또는 다중의 위력을 보이거나 위험한 물건을 휴대하여 제136조, 제138조와 제140조 내지 전조의 죄를 범한 때에는 각조에 정한 형의 2분의 1까지 가중한다.

# IV. 관련 판례

## 1. 원심 (부산지법 2016. 11. 11. 선고 2016노3442 판결)

다음과 같은 이유로 이 사건 공소사실이 합리적 의심의 여지 없이 증명되었다고 보기 어렵다면서 제1심판결을 파기하고 피고인에게 무죄를 선고하였다.

공소사실과 달리 경찰관들은 피고인의 집에 가기 전에 사전 고지 없이 전기를 차단한 것으로 보인다. 검사는 경찰관들의 직무집행에 관한 근거법령으로 경찰관 직무집행법 제4조 제1항, 제6조 등을 들고 있으나, 피고인은 법 제4조 제1항에서 정한 구호대상자가 아니고, 피고인의 행위는 소음을 발생시킨 것에 불과한 점 등에 비추어 당시 상황이 경찰관 직무집행법 제6조에서 정한 '사람의 생명 또는 신체에 위해를 끼칠 우려가 있는 긴급한 경우'에 해당한다고 보이지 않는다. 경찰관들의 단전 조치는 범죄행위의 예방을 위한 경고라고 볼 수도 없고, 구체적 직무집행에 관한 법률상 요건과 방식을 갖추지 못한 것으로서 적법한 직무집행으로 볼 수 없다.

피고인이 식칼을 들고 출입문 밖으로 나오게 된 것은 경찰관들의 단전 조치에 항의하러 나오면서 우연히 들고 있었던 것으로 보이고, 공소외 1의 진술만으로 피고인이 경찰관들을 협박하기 위해 식칼을 휘둘렀다고 단정하기 어렵다.

## 2. 대법원 (대법원 2018. 12. 13., 선고, 2016도19417, 판결)

가. 경찰관 직무집행법 제6조는 "경찰관은 범죄행위가 목전에 행하여지려고 하고 있다고 인정될 때에는 이를 예방하기 위하여 관계인에게 필요한 경고를 하고, 그 행위로

인하여 사람의 생명·신체에 위해를 끼치거나 재산에 중대한 손해를 끼칠 우려가 있어 긴급한 경우에는 그 행위를 제지할 수 있다.”라고 정하고 있다. 위 조항 중 경찰관의 제지에 관한 부분은 범죄 예방을 위한 경찰 행정상 즉시강제, 즉 눈앞의 급박한 경찰상 장해를 제거할 필요가 있고 의무를 명할 시간적 여유가 없거나 의무를 명하는 방법으로는 그 목적을 달성하기 어려운 상황에서 의무불이행을 전제로 하지 않고 경찰이 직접 실력을 행사하여 경찰상 필요한 상태를 실현하는 권력적 사실행위에 관한 근거조항이다.

경찰관 직무집행법 제6조에 따른 경찰관의 제지 조치가 적법한 직무집행으로 평가되기 위해서는, 형사처벌의 대상이 되는 행위가 눈앞에서 막 이루어지려고 하는 것이 객관적으로 인정될 수 있는 상황이고, 그 행위를 당장 제지하지 않으면 곧 인명·신체에 위해를 미치거나 재산에 중대한 손해를 끼칠 우려가 있는 상황이어서, 직접 제지하는 방법 외에는 위와 같은 결과를 막을 수 없는 절박한 사태이어야 한다. 다만 경찰관의 제지 조치가 적법한지는 제지 조치 당시의 구체적 상황을 기초로 판단하여야 하고 사후적으로 순수한 객관적 기준에서 판단할 것은 아니다(대법원 2013. 6. 13. 선고 2012도9937 판결 등 참조).

주거지에서 음악 소리를 크게 내거나 큰 소리로 떠들어 이웃을 시끄럽게 하는 행위는 경범죄 처벌법 제3조 제1항 제21호에서 경범죄로 정한 ‘인근소란 등’에 해당한다. <u>경찰관은 경찰관 직무집행법에 따라 경범죄에 해당하는 행위를 예방·진압·수사하고, 필요한 경우 제지할 수 있다.</u>

나. 원심판결 이유와 기록에 따르면 다음의 사실을 알 수 있다.

① 현장에 출동하니 시끄러운 음악 소리와 함께 알 수 없는 고함소리가 나서 진위를 파악하기 위해 출입문을 열어달라고 하자 욕설을 하며 문을 열어주지 않아 1층에 있는 차단기를 내려 전기를 차단하였다. 이때 피고인이 갑자기 문을 열고 나와 식칼을 들고 찌를 듯이 휘두르며 욕설을 하였다. 공소외 2가 피고인에게 “진정하세요. 칼 내려놓으시면 차단기 올려 드리겠습니다. 칼 내려놓으세요.”라고 해도 계속해서 “씨발새끼들 빨리 불켜라, 불 안키면 다 죽여버린다.”라고 하면서 칼을 휘두르며 10분간 대치하다 집에 들어갔다. 10분쯤 뒤에 피고인이 다시 칼을 들고나와 욕설을 하자 순경 공소외 3이 “칼 내려놓으세요. 내려놓지 않으면 쏩니다.”라고 경고하였다. 그 순간 피고인이 칼을 들고 달려들었고, 경찰관이 테이저건을 쏘아 칼을 바닥에 떨어뜨리고 쓰러뜨린 다음 피고인을 현행범인으로 체포하고 칼을 압수한 것이다.

② 제1심에서 피고인의 변호인은 의견서에서 사건의 경과에 관하여 다음과 같이 주

장하였고, 검사가 제출한 증거에 모두 동의하였다. 원심에서 피고인의 변호인이 제출한 항소이유서 내용도 동일하다.

경찰관들은 초인종을 수차례 누르고 현관문을 두드리며 나오라고 끈질기게 요구하였고 피고인이 나가지 않자 급기야 전기를 차단하였다. 피고인은 수개월간 경찰관들이 자신을 괴롭혀 극심한 스트레스를 받아오던 중 또 단전되자 요리하면서 들고 있던 칼을 그대로 든 채 집 밖으로 나가 경찰관들에게 항의한 것이다.

다. 위에서 본 사실관계와 법리에 비추어 보면 다음과 같이 판단할 수 있다.

① 피고인에 대한 현행범인체포서, 압수조서 등을 비롯하여 피고인의 검찰 진술과 변호인의 의견서 등에서 모두 일치하여 공소외 1과 공소외 2가 피고인에게 문을 열라고 하였으나 거부하자 전기를 차단하였다는 것이고, 이에 대해 피고인이 화가 나 밖으로 나왔다는 것인데, 이것이 자연스러운 사건의 경과라고 할 수 있다.

② 피고인이 자정에 가까운 한밤중에 음악을 크게 켜놓거나 소리를 지른 것은 경범죄 처벌법 제3조 제1항 제21호에서 금지하는 인근 소란행위에 해당하고, 그로 인하여 인근 주민들이 잠을 이루지 못하게 될 수 있다. 공소외 1과 공소외 2는 112신고를 받고 출동하여 눈앞에서 벌어지고 있는 범죄행위를 막고 주민들의 피해를 예방하기 위해 피고인을 만나려 하였으나 피고인은 문조차 열어주지 않고 소란행위를 멈추지 않았다. 이러한 상황이라면 피고인의 행위를 제지하고 수사하는 것은 경찰관의 직무상 권한이자 의무라고 볼 수 있다.

## V. 결 론

경찰관들이 피고인의 집으로 통하는 전기를 일시적으로 차단한 것은 피고인을 집 밖으로 나오도록 유도한 것으로서, 피고인의 범죄행위를 진압·예방하고 수사하기 위해 필요하고도 적절한 조치로 보이고, 경찰관 직무집행법 제1조의 목적에 맞게 제2조의 직무 범위 내에서 제6조에서 정한 즉시강제의 요건을 충족한 적법한 직무집행으로 볼 여지가 있다.

# 제3절 경찰관이 적법절차를 준수하지 않은 채 피의자를 체포하려 한 경우

## I. 사례요지

경찰관들이 체포영장을 소지하고 메트암페타민(일명 필로폰) 투약 등 혐의로 피고인을 체포하려고 하자, 피고인이 이에 거세게 저항하는 과정에서 경찰관들에게 상해를 가하였다. 그러나 경찰관들이 체포를 위한 실력행사에 나아가기 전에 체포영장을 제시하고 미란다 원칙을 고지할 여유가 있었음에도 애초부터 미란다 원칙을 체포 후에 고지할 생각으로 먼저 체포행위에 나섰다.

## II. 논 점

1. 사법경찰관이 체포영장을 소지하고 피의자를 체포하는 경우, 체포영장의 제시나 고지 등을 하여야 하는 시기
2. 공무집행방해죄에서 '적법한 공무집행'의 의미
3. 경찰관이 적법절차를 준수하지 않은 채 실력으로 피의자를 체포하려고 한 행위가 적법한 공무집행인지 여부(소극)
4. 피의자가 경찰관의 불법한 체포를 면하려고 반항하는 과정에서 경찰관에게 상해를 가한 행위가 정당방위에 해당하는지 여부(적극)

## III. 법규연구

### 1. 형 법

제136조(공무집행방해) ①직무를 집행하는 공무원에 대하여 폭행 또는 협박한 자는 5년 이하의 징역 또는 1천만원 이하의 벌금에 처한다.

제257조(상해, 존속상해) ①사람의 신체를 상해한 자는 7년 이하의 징역, 10년 이하의 자격정지 또는 1천만원 이하의 벌금에 처한다.

제21조(정당방위) ①자기 또는 타인의 법익에 대한 현재의 부당한 침해를 방위하기 위한 행위는 상당한 이유가 있는 때에는 벌하지 아니한다.

### 2. 형사소송법

제200조의5(체포와 피의사실 등의 고지) 검사 또는 사법경찰관은 피의자를 체포하는 경우에는 피의사실의 요지, 체포의 이유와 변호인을 선임할 수 있음을 말하고 변명할 기회를 주어야 한다.

제85조(구속영장집행의 절차) ①구속영장을 집행함에는 피고인에게 반드시 이를 제시하여야 하며 신속히 지정된 법원 기타 장소에 인치하여야 한다.

제200조의6(준용규정) 제75조, 제81조제1항 본문 및 제3항, 제82조, 제83조, 제85조제1항·제3항 및 제4항, 제86조, 제87조, 제89조부터 제91조까지, 제93조, 제101조제4항 및 제102조제2항 단서의 규정은 검사 또는 사법경찰관이 피의자를 체포하는 경우에 이를 준용한다. 이 경우 "구속"은 이를 "체포"로, "구속영장"은 이를 "체포영장"으로 본다.

## IV. 관련 판례

### 1. 원심 (대구지법 2017. 6. 21. 선고 2017노133 판결)

피고인이 경찰관들과 마주하자마자 도망가려는 태도를 보이거나 먼저 폭력을 행사하며 대항한 바 없는 등 경찰관들이 체포를 위한 실력행사에 나아가기 전에 체포영장을 제시하고 미란다 원칙을 고지할 여유가 있었음에도 애초부터 미란다 원칙을 체포 후에 고지할 생각으로 먼저 체포행위에 나선 경찰관들의 행위가 적법한 공무집행이라고 보기 어렵다는 등의 이유로 이 사건 공소사실 중 공무집행방해, 상해의 점을 유죄로 인정한 제1심의 판단을 뒤집고 이 부분 공소사실에 대하여 <u>무죄를 선고하였다</u>.

### 2. 대법원 (대법원 2017. 9. 21., 선고, 2017도10866, 판결)

가. 사법경찰관 등이 체포영장을 소지하고 피의자를 체포하기 위해서는 체포영장을 피의자에게 제시하고(형사소송법 제200조의6, 제85조 제1항), 피의사실의 요지, 체포의 이유와 변호인을 선임할 수 있음을 말하고 변명할 기회를 주어야 한다(형사소송법 제200조의5). 이와 같은 체포영장의 제시나 고지 등은 체포를 위한 실력행사에 들어가기 이전에 미리 하여야 하는 것이 원칙이다. 그러나 달아나는 피의자를 쫓아가 붙들거나 폭력으로 대항하는 피의자를 실력으로 제압하는 경우에는 붙들거나 제압하는 과정에서 하거나, 그것이 여의치 않은 경우에는 일단 붙들거나 제압한 후에 지체 없이 하여야 한다(대법원 2008. 2. 14. 선고 2007도10006 판결 등 참조).

형법 제136조가 규정하는 공무집행방해죄는 공무원의 직무집행이 적법한 경우에 한하여 성립한다. 이때 적법한 공무집행은 그 행위가 공무원의 추상적 권한에 속할 뿐아니라 구체적 직무집행에 관한 법률상 요건과 방식을 갖춘 경우를 가리킨다.

나. <u>경찰관이 적법절차를 준수하지 않은 채 실력으로 피의자를 체포하려고 하였다면 적법한 공무집행이라고 할 수 없다</u>. 그리고 경찰관의 체포행위가 적법한 공무집행을 벗

어나 불법하게 체포한 것으로 볼 수밖에 없다면, 피의자가 그 체포를 면하려고 반항하는 과정에서 경찰관에게 상해를 가한 것은 불법체포로 인한 신체에 대한 현재의 부당한 침해에서 벗어나기 위한 행위로서 정당방위에 해당하여 위법성이 조각된다(대법원 2000. 7. 4. 선고 99도4341 판결, 대법원 2011. 5. 26. 선고 2011도3682 판결 등 참조).

경찰관들이 체포영장을 소지하고 메트암페타민(일명 필로폰) 투약 등 혐의로 피고인을 체포하려고 하자, 피고인이 이에 거세게 저항하는 과정에서 경찰관들에게 상해를 가하였다고 하여 공무집행방해 및 상해의 공소사실로 기소된 사안에서, 피고인이 경찰관들과 마주하자마자 도망가려는 태도를 보이거나 먼저 폭력을 행사하며 대항한 바 없는 등 경찰관들이 체포를 위한 실력행사에 나아가기 전에 체포영장을 제시하고 미란다 원칙을 고지할 여유가 있었음에도 애초부터 미란다 원칙을 체포 후에 고지할 생각으로 먼저 체포행위에 나선 행위는 적법한 공무집행이라고 보기 어렵다는 등의 이유로 공소사실에 대하여 무죄를 선고한 원심판단이 정당하다.

## VI. 유사판례

### 1. 체포영장을 소지하고 피의자를 체포하는 경우, 미란다원칙 고지 시기

사법경찰관 등이 체포영장을 소지하고 피의자를 체포하기 위하여는 체포 당시에 피의자에게 체포영장을 제시하고 피의자에 대한 범죄사실의 요지, 구속의 이유와 변호인을 선임할 수 있음을 말하고 변명할 기회를 주어야 하는데 형사소송법(2007. 6. 1. 법률 제8496호로 개정되기 전의 것) 제200조의5, 제72조, 제85조 제1항, 이와 같은 체포영장의 제시나 고지 등은 체포를 위한 실력행사에 들어가기 이전에 미리 하여야 하는 것이 원칙이나, 달아나는 피의자를 쫓아가 붙들거나 폭력으로 대항하는 피의자를 실력으로 제압하는 경우에는 붙들거나 제압하는 과정에서 하거나, 그것이 여의치 않은 경우에라도 일단 붙들거나 제압한 후에 지체없이 행하여야 한다. (대법원 2008. 2. 14., 선고, 2007도10006, 판결)

# 제4절 정복경찰관이 신분증을 제시하지 않고 불심검문한 경우 위법한 공무집행 여부

## I. 사례요지

피고인은 '○○' 카페에서, 술값 문제로 시비가 있다는 경비업체의 지원요청 신고를 받고 출동한 피해자인 파출소 소속 경찰공무원 순경 공소외 1과 경사 공소외 2가 그곳 여종업원과 여사장으로부터 피고인이 술값을 내지 않고 가려다 여종업원과 실랑이가 있었다는 경위를 듣고, 순경 공소외 1이 음식점 밖으로 나가려는 피고인의 앞을 막으며 "상황을 설명해 주십시오"라고 말하자 "야이 씨발년들아. 너희 업주랑 한편이지? 너희 내가 거꾸로 매달아 버릴 거야. 내가 누군지 알아?"라고 소리를 지르며 공소외 1의 멱살을 잡아 흔들고, 경사 공소외 2가 피고인을 제지하기 위해 뒤쪽에서 피고인의 어깨를 잡자 "넌 뭐야"라고 말하고 머리와 몸을 돌리면서 오른쪽 팔꿈치로 공소외 2의 턱을 1회 때렸다.

피고인은 위와 같은 방법으로 피해자들의 112 신고출동, 질서유지와 범죄수사 및 범죄의 예방·진압에 관한 정당한 공무집행을 방해함과 동시에 공소외 1, 2, 3에게 약 3주간의 치료를 요하는 경추의 염좌 및 긴장 등의 상해를 가하였다.

## II. 논 점

1. 경찰관이 신분증을 제시하지 않고 불심검문을 하였으나, 검문하는 사람이 경찰관이고 검문하는 이유가 범죄행위에 관한 것임을 피고인이 알고 있었던 경우
2. 그 불심검문이 위법한 공무집행인지 여부(소극)

## III. 법규연구

### 1. 형 법

제136조(공무집행방해) ①직무를 집행하는 공무원에 대하여 폭행 또는 협박한 자는 5년 이하의 징역 또는 1천만원 이하의 벌금에 처한다.

### 2. 경찰관 직무집행법

제3조(불심검문) ① 경찰관은 다음 각 호의 어느 하나에 해당하는 사람을 정지시켜 질문할 수 있다.
1. 수상한 행동이나 그 밖의 주위 사정을 합리적으로 판단하여 볼 때 어떠한 죄를 범하였거나 범하려 하고 있다고 의심할 만한 상당한 이유가 있는 사람
2. 이미 행하여진 범죄나 행하여지려고 하는 범죄행위에 관한 사실을 안다고 인정되는 사람

③ 경찰관은 제1항 각 호의 어느 하나에 해당하는 사람에게 질문을 할 때에 그 사람이 흉기를 가지고 있는지를 조사할 수 있다.

④ 경찰관은 제1항이나 제2항에 따라 질문을 하거나 동행을 요구할 경우 자신의 신분을 표시하는 증표를 제시하면서 소속과 성명을 밝히고 질문이나 동행의 목적과 이유를 설명하여야 하며, 동행을 요구하는 경우에는 동행 장소를 밝혀야 한다.

※ 시행령

제5조(신분을 표시하는 증표) 법 제3조 제4항 및 법 제7조 제4항의 신분을 표시하는 증표는 국가경찰공무원의 공무원증으로 한다.

## IV. 관련 판례

### 1. 원심 (수원지법 2014. 5. 29. 선고 2014노97 판결)

불심검문이 <u>위법한 공무집행이라고 할 수 없다</u>.

### 2. 대법원 (대법원 2014. 12. 11., 선고, 2014도7976, 판결)

가. 경찰관 직무집행법의 목적, 규정 내용 및 체계 등을 종합하면, 경찰관이 법 제3조 제1항에 규정된 대상자 해당 여부를 판단하면서 불심검문 당시의 구체적 상황은 물론 사전에 얻은 정보나 전문적 지식 등에 기초하여 불심검문 대상자인지 여부를 객관적·합리적인 기준에 따라 판단하여야 할 것이나, 반드시 불심검문 대상자에게 형사소송법상 체포나 구속에 이를 정도의 혐의가 있을 것을 요한다고 할 수는 없고, 경찰관은 불심검문 대상자에게 질문하기 위하여 범행의 경중, 범행과의 관련성, 상황의 긴박성, 혐의의 정도, 질문의 필요성 등에 비추어 그 목적 달성에 필요한 최소한의 범위에서 사회통념상 용인될 수 있는 상당한 방법으로 그 대상자를 정지시킬 수 있다고 할 것이다(대법원 2012. 9. 13. 선고 2010도6203 판결, 대법원 2014. 2. 27. 선고 2011도13999 판결 등 참조).

한편, 법 제3조 제4항은 경찰관이 불심검문을 하고자 할 때는 자신의 신분을 표시하는 증표를 제시하여야 한다고 규정하고, 법 시행령 제5조는 위 법 소정의 신분을 표시하는 증표는 경찰관의 공무원증이라고 규정하고 있는바, <u>불심검문을 하게 된 경위, 불심검문 당시의 현장상황과 검문을 하는 경찰관들의 복장, 피고인이 공무원증 제시나 신분 확인을 요구하였는지 여부 등을 종합적으로 고려하여, 검문하는 사람이 경찰관이고 검문하는 이유가 범죄행위에 관한 것임을 피고인이 충분히 알고 있었다고 보일 때는 신분증을 제시하지 않았다고 하여 그 불심검문이 위법한 공무집행이라고 할 수 없다</u>(대법원 2004. 10. 14. 선고 2004도4029 판결 참조).

나. ① 112신고를 받고 현장에 출동한 순경 공소외 1, 경사 공소외 2는 그곳 여종업원과 여사장으로부터 피고인이 술값을 내지 않고 가려다 여종업원과 실랑이가 있었다고 들었고 여종업원이 피묻은 휴지를 얼굴에 대고 있는 것을 보게 되자, 공소외 1이 피고인에게 확인하려고 질문을 시도하였으나, 피고인은 질문에 응하지 않고 계산대 쪽으로 피했다가 재차 질문을 받자 출입문 쪽으로 나가려 한 사실, ② 공소외 1이 피고인의 앞을 막아선 다음 다시 상황을 설명해 달라고 하자 피고인이 욕설하며 공소외 1의 멱살을 잡은 사실, ③ 그때 공소외 2가 피고인을 제지하기 위해 뒤쪽에서 피고인의 어깨를 잡자 피고인이 '넌 뭐야' 라고 말하고 머리와 몸을 돌리면서 오른쪽 팔꿈치로 공소외 2의 턱을 1회 때렸고, 이에 위 경찰관들은 피고인에게 피의사실의 요지 및 현행범인 체포의 이유와 변호인을 선임할 수 있음을 고지하고 변명의 기회를 제공한 다음 피고인을 공무집행방해죄 현행범으로 체포한 사실을 인정할 수 있다.

이러한 사실관계를 위 법리에 비추어 보면, 위 경찰관들로서는 참고인들에 대한 확인절차를 거쳐 피고인이 범인이라고 의심할 만한 상당한 이유가 있었으므로 위 경찰관들의 검문에 불응하고 막무가내로 밖으로 나가려고 하는 피고인을 막아선 정도로 유형력을 행사한 것은 그 목적 달성에 필요한 최소한의 범위에서 사회통념상 용인될 수 있는 방법으로 이루어진 것으로 봄이 상당하다.

## V. 결 론

당시 출동한 공소외 1, 2는 경찰 정복차림이었고, 피고인이 위 경찰관들에게 신분증 제시 등을 요구한 적도 없으며, 욕설을 하며 바깥으로 나가려고 하다가 제지하는 위 경찰관들을 폭행한 사실을 알 수 있는바, 이러한 사정을 앞서 본 법리에 비추어 보면, 당시 피고인은 위 공소외 1 등이 경찰관이고 검문하는 이유가 자신에 관한 범죄행위 때문임을 모두 알고 있었다고 보이므로, 이러한 상황에서 위 경찰관들이 피고인에게 신분증을 제시하거나 그 소속 등을 밝히지 않았다고 하여 그 불심검문이 위법한 공무집행이라고 볼 수 없다.

## Ⅵ 유사판례

### 1. 경찰관이 불심검문 대상자 해당 여부를 판단하는 기준 및 불심검문의 적법 요건과 내용

경찰관직무집행법의 목적, 법 제1조 제1항, 제2항, 제3조 제1항, 제2항, 제3항, 제7항의 내용 및 체계 등을 종합하면, 경찰관이 법 제3조 제1항에 규정된 대상자(이하 '불심검문 대상자'라 한다) 해당 여부를 판단할 때에는 불심검문 당시의 구체적 상황은 물론 사전에 얻은 정보나 전문적 지식 등에 기초하여 불심검문 대상자인지를 객관적·합리적인 기준에 따라 판단하여야 하나, 반드시 불심검문 대상자에게 형사소송법상 체포나 구속에 이를 정도의 혐의가 있을 것을 요한다고 할 수는 없다. 그리고 경찰관은 불심검문 대상자에게 질문을 하기 위하여 범행의 경중, 범행과의 관련성, 상황의 긴박성, 혐의의 정도, 질문의 필요성 등에 비추어 목적 달성에 필요한 최소한의 범위에서 사회통념상 용인될 수 있는 상당한 방법으로 대상자를 정지시킬 수 있고 질문에 수반하여 흉기의 소지 여부도 조사할 수 있다. (대법원 2014. 2. 27., 선고, 2011도13999, 판결)

### 2. 경직법 제6조에 따른 경찰관의 제지 조치가 적법한 직무집행으로 평가될 수 있기 위한 요건 및 그 제지 조치가 적법한지 판단기준

경찰관직무집행법 제6조(범죄의 예방과 제지)에 따른 경찰관의 제지 조치가 적법한 직무집행으로 평가될 수 있으려면, 형사처벌의 대상이 되는 행위가 눈앞에서 막 이루어지려고 하는 것이 객관적으로 인정될 수 있는 상황이고, 그 행위를 당장 제지하지 않으면 곧 인명·신체에 위해를 미치거나 재산에 중대한 손해를 끼칠 우려가 있는 상황이어서, 직접 제지하는 방법 외에는 위와 같은 결과를 막을 수 없는 절박한 사태이어야 한다. 다만, 경찰관의 제지 조치가 적법한지 여부는 제지 조치 당시의 구체적 상황을 기초로 판단하여야 하고 사후적으로 순수한 객관적 기준에서 판단할 것은 아니다. (대법원 2013. 6. 13., 선고, 2012도9937, 판결)

# 제5절 현행범인체포요건을 갖추지 못하여 위법한 체포에 해당하는지 판단기준

## I. 사례요지

피고인은 빌라 주차장에서 술에 취한 상태에서 전화를 걸다가 인근 지역을 순찰하던 경찰관인 공소외 1, 2로부터 불심검문을 받게 되자 공소외 2에게 자신의 운전면허증을 교부한 후, 공소외 2가 피고인의 신분 조회를 위하여 순찰차로 걸어간 사이에, 피고인은 위 불심검문에 항의하면서 공소외 1에게 큰소리로 욕설을 하고, 이에 공소외 1은 피고인에게 모욕죄의 현행범으로 체포하겠다고 고지한 후 피고인의 오른쪽 어깨를 붙잡았고, 피고인은 이에 강하게 반항하면서 공소외 1에게 상해를 가하였다.

## II. 논 점

1. 현행범인을 체포하기 위하여 '체포의 필요성'이 있어야 하는지 여부(적극)
2. 현행범인 체포요건을 갖추지 못하여 위법한 체포에 해당하는지의 판단기준
3. 공무집행방해죄에서 '적법한 공무집행'의 의미
4. 현행범인이 경찰관의 불법한 체포를 면하려고 반항하는 과정에서 경찰관에게 상해를 가한 경우 '정당방위'의 성립 여부(적극)

## III. 법규연구 (형법)

제136조(공무집행방해) ① 직무를 집행하는 공무원에 대하여 폭행 또는 협박한 자는 5년 이하의 징역 또는 1천만원 이하의 벌금에 처한다.

제257조(상해, 존속상해) ① 사람의 신체를 상해한 자는 7년 이하의 징역, 10년 이하의 자격정지 또는 1천만원 이하의 벌금에 처한다.

제21조(정당방위) ① 자기 또는 타인의 법익에 대한 현재의 부당한 침해를 방위하기 위한 행위는 상당한 이유가 있는 때에는 벌하지 아니한다.

## IV. 관련 판례

### 1. 원심 (서울서부지법 2011. 2. 17. 선고 2010노739 판결)

공소사실 중 상해 및 공무집행방해의 점에 대하여 <u>무죄를 선고한 제1심판결을 유지하였다.</u>

## 2. 대법원 (대법원 2011. 5. 26., 선고, 2011도3682, 판결)

가. 현행범인은 누구든지 영장 없이 체포할 수 있다(형사소송법 제212조). 현행범인으로 체포하기 위하여는 행위의 가벌성, 범죄의 현행성·시간적 접착성, 범인·범죄의 명백성 이외에 체포의 필요성 즉, 도망 또는 증거인멸의 염려가 있어야 하고, 이러한 요건을 갖추지 못한 현행범인 체포는 법적 근거에 의하지 아니한 영장 없는 체포로서 위법한 체포에 해당한다(대법원 1999. 1. 26. 선고 98도3029 판결 등 참조). 여기서 현행범인 체포의 요건을 갖추었는지 여부는 체포 당시의 상황을 기초로 판단하여야 하고, 이에 관한 검사나 사법경찰관 등 수사주체의 판단에는 상당한 재량의 여지가 있다고 할 것이나, 체포 당시의 상황으로 보아서도 그 요건의 충족 여부에 관한 검사나 사법경찰관 등의 판단이 경험칙에 비추어 현저히 합리성을 잃은 경우에는 그 체포는 위법하다고 보아야 한다(대법원 2002. 6. 11. 선고 2000도5701 판결, 대법원 2002. 12. 10. 선고 2002도4227 판결 등 참조).

한편 형법 제136조가 규정하는 공무집행방해죄는 공무원의 직무집행이 적법한 경우에 한하여 성립하고, 여기서 적법한 공무집행은 그 행위가 공무원의 추상적 권한에 속할 뿐 아니라 구체적 직무집행에 관한 법률상 요건과 방식을 갖춘 경우를 가리킨다. 경찰관이 현행범인 체포의 요건을 갖추지 못하였음에도 실력으로 현행범인을 체포하려고 하였다면 적법한 공무집행이라고 할 수 없고, 현행범인 체포행위가 적법한 공무집행을 벗어나 불법하게 체포한 것으로 볼 수밖에 없다면, 현행범이 그 체포를 면하려고 반항하는 과정에서 경찰관에게 상해를 가한 것은 불법체포로 인한 신체에 대한 현재의 부당한 침해에서 벗어나기 위한 행위로서 정당방위에 해당하여 위법성이 조각된다(대법원 2006. 9. 8. 선고 2006도148 판결, 대법원 2006. 11. 23. 선고 2006도2732 판결 등 참조).

나. 공소외 1이 피고인을 현행범인으로 체포할 당시 피고인이 이 사건 모욕 범행을 실행 중이거나 실행행위를 종료한 직후에 있었다고 하더라도, 피고인은 공소외 1, 2의 불심검문에 응하여 이미 운전면허증을 교부한 상태이고, 공소외 1뿐 아니라 인근 주민도 피고인의 욕설을 직접 들었으므로, 피고인이 도망하거나 증거를 인멸할 염려가 있다고 보기는 어려울 것이다.

또한, 피고인의 이 사건 모욕 범행은 불심검문에 항의하는 과정에서 저지른 일시적, 우발적인 행위로서 사안 자체가 경미할 뿐 아니라, 고소를 통하여 검사 등 수사 주체의 객관적 판단을 받지도 아니한 채 피해자인 경찰관이 범행현장에서 즉시 범인을 체포할 급박한 사정이 있다고 보기도 어렵다.

## V. 결 론

따라서 공소외 1이 피고인을 체포한 행위는 현행범인 체포의 요건을 갖추지 못하여 적법한 공무집행이라고 볼 수 없으므로 공무집행방해죄의 구성요건을 충족하지 아니하고, 피고인이 그 체포를 면하려고 반항하는 과정에서 공소외 1에게 상해를 가한 것은 불법체포로 인한 신체에 대한 현재의 부당한 침해에서 벗어나기 위한 행위로서 정당방위에 해당하여 위법성이 조각된다.

## VI. 유사판례

### 1. 긴급체포가 요건을 갖추지 못하여 위법한 체포에 해당하는 경우

긴급체포는 영장주의 원칙에 대한 예외인 만큼 형사소송법 제200조의3 제1항의 요건을 모두 갖춘 경우에 한하여 예외적으로 허용되어야 하고, 요건을 갖추지 못한 긴급체포는 법적 근거에 의하지 아니한 영장 없는 체포로서 위법한 체포에 해당하는 것이고, 여기서 긴급체포의 요건을 갖추었는지 여부는 사후에 밝혀진 사정을 기초로 판단하는 것이 아니라 체포 당시의 상황을 기초로 판단하여야 하고, 이에 관한 검사나 사법경찰관 등 수사주체의 판단에는 상당한 재량의 여지가 있다고 할 것이나, 긴급체포 당시의 상황으로 보아서도 그 요건의 충족 여부에 관한 검사나 사법경찰관의 판단이 경험칙에 비추어 현저히 합리성을 잃은 경우에는 그 체포는 위법한 체포라 할 것이다. (대법원 2006. 9. 8., 선고, 2006도148, 판결)

### 2. 현행범인 체포행위가 적정한 한계를 벗어나는 행위인지 여부의 판단기준

적정한 한계를 벗어나는 현행범인 체포행위는 그 부분에 관한 한 법령에 의한 행위로 될 수 없다고 할 것이나, 적정한 한계를 벗어나는 행위인가 여부는 결국 정당행위의 일반적 요건을 갖추었는지 여부에 따라 결정되어야 할 것이지 그 행위가 소극적인 방어행위인가 적극적인 공격행위인가에 따라 결정되어야 하는 것은 아니다. (대법원 1999. 1. 26., 선고, 98도3029, 판결)

# 제6절 공무원의 직무상 수행하는 공무 방해행위를 업무방해죄로 의율할 수 있는지

## Ⅰ. 사례요지

경찰청 민원실에서 말똥을 책상 및 민원실 바닥에 뿌리고 소리를 지르는 등 난동을 부려 경찰관의 민원접수 업무를 방해하였다.

## Ⅱ. 논 점

공무원이 직무상 수행하는 '공무'를 방해하는 행위를 업무방해죄로 의율할 수 있는지

## Ⅲ. 법규연구 (형법)

제136조 (공무집행방해) ① 직무를 집행하는 공무원에 대하여 폭행 또는 협박한 자는 5년 이하의 징역 또는 1천만원 이하의 벌금에 처한다.

제137조 (위계에 의한 공무집행방해) 위계로써 공무원의 직무집행을 방해한 자는 5년 이하의 징역 또는 1천만원 이하의 벌금에 처한다.

제314조 (업무방해) ① 제313조의 방법 또는 위력으로써 사람의 업무를 방해한 자는 5년 이하의 징역 또는 1천500만원 이하의 벌금에 처한다

## Ⅳ. 관련 판례

### 1. 원심 (서울서부지법 2008. 9. 25. 선고 2008노423 판결)

피고인이 제1심 공동피고인 2와 함께 경찰청 민원실에서 말똥을 책상 및 민원실 바닥에 뿌리고 소리를 지르는 등 난동을 부린 행위가 위력으로 경찰관의 민원접수 업무를 방해한 것이라는 이유로 판시 업무방해의 공소사실을 유죄로 인정한 제1심판결을 그대로 유지하였으나, 앞에서 본 법리에 비추어 볼 때 원심의 판단은 업무방해죄의 성립범위에 관한 법리를 오해한 것이고, 이는 판결 결과에 영향을 미쳤음이 분명하다.

### 2. 대법원 (대법원 2010. 2. 25., 선고, 2008도9049, 판결)

가. 형법 제314조 제1항의 업무방해죄는 허위의 사실을 유포하거나 기타 위계 또는 위력으로써 사람의 업무를 방해한 때에 성립하는 범죄이고, 그 보호법익은 업무를 통한 사람의 사회적·경제적 활동을 보호하려는 데에 있다. 그런데 형법은 업무방해죄와는 별도로 '공무방해에 관한 죄'의 하나로서 폭행, 협박 또는 위계로써 공무원의 직

무집행을 방해하는 행위를 공무집행방해죄로 규정하고 있고(제136조 제1항, 제137조), 그 보호법익은 공무원에 의하여 구체적으로 행하여지는 국가 또는 공공기관의 기능을 보호하려는 데에 있다.

나. 이와 같이 업무방해죄와 공무집행방해죄는 그 보호법익과 보호대상이 상이할 뿐만 아니라 업무방해죄의 행위 유형에 비하여 공무집행방해죄의 행위 유형은 보다 제한된 점 등에 비추어 보면, 형법이 업무방해죄와는 별도로 공무집행방해죄를 규정하고 있는 것은 사적 업무와 공무를 구별하여 공무에 관해서는 공무원에 대한 폭행, 협박 또는 위계의 방법으로 그 집행을 방해하는 경우에 한하여 처벌하겠다는 취지라고 보아야 할 것이고, 따라서 공무원이 직무상 수행하는 공무를 방해하는 행위에 대해서는 업무방해죄로 의율할 수는 없다고 해석함이 상당하다(대법원 2009. 11. 19. 선고 2009도4166 전원합의체 판결 참조).

## V. 결 론

본 판례는 검사가 업무방해죄로 공소를 제기하여 법원에서 공무원이 직무상 수행하는 공무를 방해하는 행위에 대해서는 업무방해죄로 의율할 수는 없다는 것이다.

따라서 사안의 경우는 공무집행방해죄가 성립할 수 있으며, 공무집행방해죄가 성립할 경우 업무방해죄는 별도로 성립하지 않는다는 것이다.

# 제7절 신고서에 허위사실이나 소명자료를 행정청에 제출한 경우 위계공무집행방해 여부

## I. 사례요지

신고인이 등기신청을 하면서 신고서에 허위사실과 허위의 소명자료를 법원(등기소)에 제출하였다.

## II. 논 점

1. 신고인이 신고서에 허위사실을 기재하거나 허위의 소명자료를 행정청에 제출한 행위만으로 위계에 의한 공무집행방해죄를 구성하는지 여부(원칙적 소극)
2. 출원자나 신청인이 제출한 허위의 소명자료 등을 담당 공무원이 충분히 심사하였으나 발견하지 못하여 인허가처분을 하거나 신청을 수리한 경우, 위계공무집행방해 여부
3. 등기신청인이 제출한 허위의 소명자료 등을 등기관이 충분히 심사하였음에도 발견하지 못하여 등기가 마쳐진 경우, 위계에 의한 공무집행방해죄가 성립여부(적극)
4. 등기관에게 등기신청이 실체법상 권리관계와 일치하는지 심사할 실질적인 심사권한이 없더라도 마찬가지인지 여부(적극)

## III. 법규연구 (형법)

제137조(위계에 의한 공무집행방해) 위계로써 공무원의 직무집행을 방해한 자는 5년 이하의 징역 또는 1천만원 이하의 벌금에 처한다.

## IV. 관련 판례

### 1. 원심 (전주지법 2015. 10. 14. 선고 2015노671 판결)

등기의무자인 공소외인이 등기필증을 멸실하였기 때문에 공소외인 소유의 부동산에 관하여 피고인 1 앞으로 소유권이전등기신청을 하기 위해서는 공소외인이 등기소에 출석하거나 변호사 또는 법무사가 등기의무자인 공소외인으로부터 위임을 받아 이를 확인하는 서면을 등기신청서에 첨부하여야 하는데, 피고인 1과 법무사인 피고인 2가 공모하여 등기신청에 필요한 확인서면에 등기의무자인 공소외인의 무인 대신 피고인 1의 무인을 찍어 이를 등기관에게 제출하였고, 이에 따라 등기가 마쳐지게 된 이상 위계에 의한 공무집행방해죄가 성립한다' 라는 등의 이유로, 피고인들에 대한 이 사건 공소사

실이 모두 유죄로 인정된다고 판단하였다.

## 2. 대법원 (대법원 2016. 1. 28., 선고, 2015도17297, 판결)

가. 위계에 의한 공무집행방해죄는 상대방의 오인, 착각, 부지를 일으키고 이를 이용하는 위계에 의하여 상대방으로 하여금 그릇된 행위나 처분을 하게 함으로써 공무원의 구체적이고 현실적인 직무집행을 방해하는 경우에 성립한다. 따라서 행정청에 대한 일방적 통고로 그 효과가 완성되는 '신고'의 경우에는 신고인이 신고서에 허위사실을 기재하거나 허위의 소명자료를 제출하였다고 하더라도, 그것만으로는 담당 공무원의 구체적이고 현실적인 직무집행이 방해받았다고 볼 수 없어 특별한 사정이 없는 한 그러한 허위 신고가 위계에 의한 공무집행방해죄를 구성한다고 볼 수 없다(대법원 2011. 9. 8. 선고 2010도7034 판결 등 참조).

나. 그러나 행정관청이 출원에 의한 인허가처분 여부를 심사하거나 신청을 받아 일정한 자격요건 등을 갖춘 때에 한하여 그에 대한 수용 여부를 결정하는 등의 업무를 하는 경우에는 위 '신고'의 경우와 달리, 그 출원자나 신청인이 제출한 허위의 소명자료 등에 대하여 담당 공무원이 나름대로 충분히 심사를 하였으나 이를 발견하지 못하여 인·허가처분을 하게 되거나 신청을 수리하게 되었다면, 이는 출원자나 신청인의 위계행위가 원인이 되어 행정관청이 그릇된 행위나 처분에 이르게 된 것이어서 위계에 의한 공무집행방해죄가 성립한다(대법원 2002. 9. 4. 선고 2002도2064 판결, 대법원 2009. 2. 26. 선고 2008도11862 판결 등 참조).

## V. 결 론

그런데 등기신청은 위와 같은 단순한 '신고'가 아니라 그 신청에 따른 등기관의 심사 및 처분을 예정하고 있는 것이므로, 등기신청인이 제출한 허위의 소명자료 등에 대하여 등기관이 나름대로 충분히 심사를 하였음에도 이를 발견하지 못하여 그 등기가 마쳐지게 되었다면 위계에 의한 공무집행방해죄가 성립할 수 있다.

등기관이 등기신청에 대하여 부동산등기법상 그 등기신청에 필요한 서면이 제출되었는지 여부 및 제출된 서면이 형식적으로 진정한 것인지 여부를 심사할 권한은 갖고 있으나 그 등기신청이 실체법상의 권리관계와 일치하는지 여부를 심사할 실질적인 심사권한은 없다고 하여 달리 보아야 하는 것은 아니다.

# 제8절 과속단속을 피하고자 파워매직세이퍼을 차량 번호판에 뿌린 상태로 운행한 행위

## I. 사례요지

과속으로 인하여 과속단속카메라에 촬영되더라도 불빛을 반사시켜 차량 번호판이 식별되지 않도록 하는 기능이 있는 이 사건 '파워매직세이퍼'를 차량 번호판에 뿌린 상태로 차량을 운행하였다.

## II. 논 점

1. 어떠한 행위가 공무원이 관계 법령에 따라 금지규정 위반행위의 유무를 충분히 감시하여 확인·단속하더라도 이를 발견하지 못할 정도에 이른 경우, 위계에 의한 공무집행방해죄의 성립 여부(적극)

2. 과속단속카메라에 촬영되더라도 불빛을 반사시켜 차량 번호판이 식별되지 않도록 하는 기능이 있는 제품('파워매직세이퍼')을 차량 번호판에 뿌린 상태로 차량을 운행한 행위가 교통단속 경찰공무원이 충실히 직무를 수행하더라도 통상적인 업무 처리 과정 하에서 사실상 적발이 어려운 위계를 사용하여 그 업무집행을 하지 못하게 한 것인지 여부

## III. 법규연구

### 1. 형 법

제137조 (위계에 의한 공무집행방해) 위계로써 공무원의 직무집행을 방해한 자는 5년 이하의 징역 또는 1천만원 이하의 벌금에 처한다.

### 2. 자동차관리법

제10조 (자동차등록번호판) ⑤ 누구든지 등록번호판을 가리거나 알아보기 곤란하게 하여서는 아니되며 그러한 자동차를 운행하여서는 아니된다.

제81조(벌칙) 다음 각 호의 어느 하나에 해당하는 자는 1년 이하의 징역 또는 1천만원 이하의 벌금에 처한다.

　1의2. 제10조제5항(제10조제7항 및 제52조에서 준용하는 경우를 포함한다)을 위반하여 고의로 등록번호판을 가리거나 알아보기 곤란하게 한 자

## IV. 관련 판례

### 1. 원심 (인천지법 2007. 9. 7. 선고 2007노1199 판결)

위 '파워매직세이퍼'를 차량 번호판에 뿌린 상태로 차량을 운행한 공소외인 등의 행위가 위계에 의한 공무집행방해죄를 구성하지 않는 이상 위 제품을 제조하여 공소외인 등에게 판매한 피고인들의 행위 역시 위계에 의한 공무집행방해 방조죄를 구성하지 않는다.

### 2. 대법원 (대법원 2010. 4. 15., 선고, 2007도8024, 판결)

법령에서 어떤 행위의 금지를 명하면서 이를 위반하는 행위에 대한 벌칙을 두는 한편, 공무원으로 하여금 그 금지규정의 위반 여부를 감시·단속하게 하는 경우 그 공무원에게는 금지규정 위반행위의 유무를 감시하여 확인하고 단속할 권한과 의무가 있다할 것인데, 만약 어떠한 행위가 공무원이 관계 법령이 정한 바에 따라 금지규정 위반행위의 유무를 충분히 감시하여 확인하고 단속하더라도 이를 발견하지 못할 정도에 이른 것이라면 이는 위계에 의하여 공무원의 감시·단속업무를 적극적으로 방해한 것으로서 위계에 의한 공무집행방해죄가 성립된다고 할 것이지만, 그와 같은 행위가 이에 이르지 않고 단순히 공무원의 감시·단속을 피하여 금지규정에 위반하는 행위를 한 것에 불과하다면 이는 공무원의 불충분한 감시·단속에 기인한 것이지, 행위자 등의 위계에 의하여 공무원의 감시·단속에 관한 직무가 방해되었다고 할 수 없을 것이어서 위계에 의한 공무집행방해죄가 성립된다고 할 수 없다(대법원 2005. 8. 25. 선고 2005도1731 판결, 대법원 2010. 1. 14. 선고 2009도10659 판결 등 참조).

## V. 결 론

과속으로 인하여 과속단속카메라에 촬영되더라도 불빛을 반사시켜 차량 번호판이 식별되지 않도록 하는 기능이 있는 이 사건 '파워매직세이퍼'를 차량 번호판에 뿌린 상태로 차량을 운행한 행위만으로는 경찰청의 교통단속업무를 구체적이고 현실적으로 수행하는 경찰공무원에 대하여 그가 충실히 직무를 수행한다고 하더라도 통상적인 업무처리 과정 하에서는 사실상 적발이 어려운 위계를 사용하여 그 업무집행을 하지 못하게 한 것이라고 보기 어렵다.

# 제9절 타인 소변을 자신 소변인 것처럼 수사기관에 건네주어 음성반응이 나오게 한 경우

## I. 사례요지

마약사범 용의자로 경찰에 임의동행되어 조사를 받던 중 경찰관으로부터 소변채취에 동의하면서 소변을 받아오라고 하자 자신은 마약을 복용하여 범행이 탄로 날 것을 염려하여 화장실에서 소변을 받는 과정에서 방금 소변을 보고 나간 성명 불상자의 소변을 채취하여 자신의 소변인 척 경찰관에게 제출하여 음성판정을 받았다.

## II. 논 점

허위의 증거를 조작하여 수사기관에 제출하는 행위가 위계에 의한 공무집행방해죄를 구성하는지 여부

## III. 법규연구 (형법)

제137조 (위계에 의한 공무집행방해) 위계로써 공무원의 직무집행을 방해한 자는 5년 이하의 징역 또는 1천만원 이하의 벌금에 처한다.

## IV. 관련 판례

### 1. 원심 (부산지법 2007. 7. 5. 선고 2007노1300 판결)

위계에 의한 공무집행방해죄를 인정하였다.

### 2. 대법원 (대법원 2007. 10. 11., 선고, 2007도6101, 판결)

수사기관이 범죄사건을 수사함에서는 피의자 등의 진술 여하에 불구하고 피의자를 확정하고 그 피의사실을 인정할 만한 객관적인 모든 증거를 수집·조사하여야 할 권리와 의무가 있고, 한편 피의자는 진술거부권과 자기에게 유리한 진술을 할 권리와 유리한 증거를 제출할 권리가 있지만, 수사기관에 대하여 진실만을 진술하여야 할 의무가 있는 것은 아니다. 따라서 피의자 등이 수사기관에 대하여 허위사실을 진술하거나 허위의 증거를 제출하였다 하더라도, 수사기관이 충분한 수사를 하지 아니한 채 이와 같은 허위의 진술과 증거만으로 잘못된 결론을 내렸다면, 이는 수사기관의 불충분한 수사에 의한 결과여서 피의자 등의 위계에 의하여 수사가 방해되었다고 볼 수 없어 위계에 의한 공무집행방해죄가 성립된다고 할 수 없을 것이다. 그러나 피의자나 참고인이

적극적으로 허위의 증거를 조작하여 제출하였고 그 증거 조작의 결과 수사기관이 그 진위에 관하여 나름대로 충실한 수사를 하더라도 제출된 증거가 허위임을 발견하지 못하여 잘못된 결론을 내리게 될 정도에 이르렀다면, 이는 위계에 의하여 수사기관의 수사행위를 적극적으로 방해한 것으로서 위계에 의한 공무집행방해죄가 성립된다. 그리고 헌법에 의하여 누구든지 형사상 자기에게 불리한 진술을 강요당하지 아니할 특권이 부여되어 있으나, 그렇다고 하여 자기의 형사처벌을 면하기 위하여 위법한 방법으로 허위의 증거를 조작하는 것까지 허용되는 것은 아니다.

## V. 결 론

피고인이 타인의 소변을 마치 자신의 소변인 것처럼 건네주어 필로폰 음성반응이 나오게 한 행위는, 단순히 <u>피의자가 수사기관에 대하여 허위사실을 진술하거나 자신에게 불리한 증거를 은닉하는 데 그친 것이 아니라 수사기관의 착오를 이용하여 적극적으로 피의사실에 관한 증거를 조작한 것이므로 위계에 의한 공무집행방해죄가 성립한다.</u>

## VI 유사판례

### 1. 수사기관에 피의자가 허위자백을 하거나 참고인이 허위진술을 한 경우

형사피의자는 진술거부권, 묵비권이 있고, 또 진실을 진술하여야 할 법률상의 의무가 없으며, 허위로 그 피의사실을 자백하였다 하더라도 수사기관은 그 자백 유무에 불구하고 진실을 발견할 수 있는 증거를 조사 수집하여야 할 권리의무가 있을 뿐 아니라 자백이 그 진실에 부합되는 자백이라 하더라도 그 자백이 객관적으로 진실에 부합되는 것임을 인정할 수 있는 보강증거가 없는 이상, 그 범죄사실을 인정할 유일한 증거가 되지 못하며, 그 자백이 자유의사에 의한 것인지 혹은 다른 특별한 사정에 의하여 부득이 허위자백을 하게 된 것인지 아닌지를 구별하기 어렵고, 수사기관과 그 피의자와는 서로 공격 방어를 하는 위치에서 서로 대립적 위치에 있는 당사자라 할 수 있음에도 불구하고, 그 당사자 중의 <u>일방인 피의자가 그 상대방의 질문에 대하여 가사 허위로 그 피의사실을 자백하였다고 하여서 곧 그 상대방의 공무집행을 방해한 것이라고는 해석할 수 없다.</u> (대법원 1971. 3. 9., 선고, 71도186, 판결)

### 2. 운전면허시험에 대리 응시한 경우

피고인이 마치 그의 형인 양 시험감독자를 속이고 원동기장치 자전거운전면허시험에 대리로 응시하였다면 피고인의 소위는 <u>위계에 의한 공무집행방해죄가 성립한다.</u> (대법원 1986. 9. 9., 선고, 86도1245, 판결)

## 3. 음주운전 후 타인 혈액을 자신 혈액인 것처럼 제출 감정토록 한 경우

음주운전을 하다가 교통사고를 야기한 후 그 형사처벌을 면하기 위하여 타인의 혈액을 자신의 혈액인 것처럼 교통사고 조사 경찰관에게 제출하여 감정하도록 한 행위는, 단순히 피의자가 수사기관에 대하여 허위사실을 진술하거나 자신에게 불리한 증거를 은닉하는 데 그친 것이 아니라 수사기관의 착오를 이용하여 적극적으로 피의사실에 관한 증거를 조작한 것으로서 위계에 의한 공무집행방해죄가 성립한다. (대법원 2003. 7. 25., 선고, 2003도1609, 판결)

## 4. 민사소송제기 시 피고 주소를 허위기재하여 소송서류를 허위주소로 송달케 한 경우

민사소송을 제기함에 있어 피고의 주소를 허위로 기재하여 법원공무원으로 하여금 변론기일 소환장 등을 허위주소로 송달케 하였다는 사실만으로는 이로 인하여 법원공무원의 구체적이고 현실적인 어떤 직무집행이 방해되었다고 할 수는 없으므로, 이로써 바로 위계에 의한 공무집행방해죄가 성립한다고 볼 수는 없다. (대법원 1996. 10. 11., 선고, 96도312, 판결)

## 5. 허위 출원사유나 소명자료를 제출하여 행정관청의 인허가처분을 얻은 경우

행정관청이 출원에 의한 인허가처분을 함에서는 그 출원사유가 사실과 부합하지 않는 경우가 있음을 전제로 하여 인허가 여부를 심사, 결정하는 것이므로 행정관청이 사실을 충분히 확인하지 아니한 채 출원자가 제출한 허위의 출원사유나 소명자료만을 경신하고 인가 또는 허가를 하였다면 이는 행정관청의 불충분한 심사에 기인한 것으로서 출원자의 위계에 의한 것이라고 할 수 없어 위계에 의한 공무집행방해죄를 구성하지 않는다. (대법원 1989. 3. 28., 선고, 88도898, 판결)

## 6. 입학원서 추천서란를 허위로 기재한 경우

고등학교 입학원서 추천서란을 사실과 다르게 조작 허위로 기재하여 그 추천서 성적이 고등학교입학 전형의 자료가 되었다면 위계에 의하여 고등학교입학 전형업무를 방해한 것이다. (대법원 1983. 9. 27., 선고, 83도1864, 판결)

## 7. 가처분신청 시 당사자가 허위의 증거를 제출한 경우, 위계에 의한 공무집행방해죄 여부

법원은 당사자의 허위 주장 및 증거 제출에도 불구하고 진실을 밝혀야 하는 것이 그 직무이므로, 가처분신청 시 당사자가 허위의 주장을 하거나 허위의 증거를 제출하였다 하더라도 그것만으로 법원의 구체적이고 현실적인 어떤 직무집행이 방해되었다고 볼 수 없으므로 이로써 바로 위계에 의한 공무집행방해죄가 성립한다고 볼 수 없다. (대법원 2012. 4. 26., 선고, 2011도17125, 판결)

# 제10절 변호사가 접견 중 수용자에게 휴대전화 이용하게 한 행위

## Ⅰ. 사례요지

변호인과의 접견에는 교도관이 참여하거나 그 내용을 청취 또는 녹취하지 못하고 다만 보이는 거리에서 감시할 수 있다고만 규정하고 있어, 이에 따라 변호인 접견의 경우 교도관이 특별히 휴대전화 등의 휴대를 제재하는 경우는 없고 자발적으로 휴대전화 등을 소지하지 못하도록 하는 것을 악용하여 변호사가 접견을 핑계로 수용자를 위하여 휴대전화와 증권거래용 단말기를 구치소 내로 몰래 반입하여 이용하게 하였다.

## Ⅱ. 논 점

수용자 또는 수용자 아닌 자가 교도관의 감시·단속을 피하여 규율위반행위를 하는 경우, 위계에 의한 공무집행방해죄의 성립 여부

## Ⅲ. 법규연구

### 1. 형 법

제137조 (위계에 의한 공무집행방해) 위계로써 공무원의 직무집행을 방해한 자는 5년 이하의 징역 또는 1천만원 이하의 벌금에 처한다.

### 2. 형의 집행 및 수용자의 처우에 관한 법률 (형집행법)

제105조(규율 등) ① 수용자는 교정시설의 안전과 질서유지를 위하여 법무부장관이 정하는 규율을 지켜야 한다.

② 수용자는 소장이 정하는 일과시간표를 지켜야 한다.

③ 수용자는 교도관의 직무상 지시에 따라야 한다.

제107조(징벌) 소장은 수용자가 다음 각 호의 어느 하나에 해당하는 행위를 하면 제111조의 징벌위원회의 의결에 따라 징벌을 부과할 수 있다

1. 형법·폭력행위등처벌에관한법률, 그 밖의 형사 법률에 저촉되는 행위

2. 수용생활의 편의 등 자신의 요구를 관철할 목적으로 자해하는 행위

3. 정당한 사유 없이 작업·교육·교화프로그램 등을 거부하거나 태만히 하는 행위

4. 제92조의 금지물품을 지니거나 반입·제작·사용·수수·교환·은닉하는 행위

5. 다른 사람을 처벌받게 하거나 교도관의 직무집행을 방해할 목적으로 거짓 사실을 신고하는 행위

6. 그 밖에 시설의 안전과 질서유지를 위하여 법무부령으로 정하는 규율을 위반하는 행위

제84조(변호인과의 접견 및 편지수수) ① 제41조제4항에도 불구하고 미결수용자와 변호인과의 접견에는 교도관이 참여하지 못하며 그 내용을 청취 또는 녹취하지 못한다. 다만, 보이는 거리에서 미결수용자를 관찰할 수 있다.

## IV. 관련 판례

### 1. 원심 (서울중앙지법 2005. 2. 17. 선고 2004노1270 판결)

헌법 제12조 제4항이 규정하고 있는 변호인의 조력을 받을 권리를 보장하기 위하여 형사소송법 제34조가 변호인의 접견·교통권을 규정하고 있고, 이러한 접견·교통권의 실질적인 보장을 위하여 행형법 제66조 제1항이 미결수용자와 변호인과의 접견에는 교도관이 참여하거나 그 내용을 청취 또는 녹취하지 못하고 다만 보이는 거리에서 감시할 수 있다고만 규정하고 있어, 이에 따라 변호인 접견의 경우 교도관이 특별히 휴대전화 등의 휴대를 제재하는 경우는 없고 자발적으로 휴대전화 등을 소지하지 못하도록 하고 있으며, 또 접견하는 인원에 비해 감시하는 교도관의 수가 턱없이 부족한 구치소 사정으로 인하여 접견실에서 수용자들이 변호사를 통하여 허가 없이 물품을 수수하거나 외부와 전화 통화하는 것을 적발하기가 매우 어려운 실정에서, 피고인은 이러한 사정을 적극적으로 이용하여 휴대전화와 증권거래용 단말기를 구치소 내로 몰래 반입하고, 교도관에게 적발되지 않기 위해 휴대전화의 핸즈프리를 상의 호주머니 속에 숨긴 다음 수용자인 공소외인 등과 머리를 맞대고 변호인과 수용자가 상담하는 것처럼 보이게 하거나 가방을 세워 두어 통화모습을 가리는 등의 방법으로 마치 형사사건에 관하여 상담하고 있는 것처럼 가장하였는바, 피고인의 이러한 행위는 변호인으로 선임된 것도 아니고 변호인이 될 의사 없이 단지 수용자들의 편의를 위한 잔심부름과 외부인들과의 연락통로 역할을 하기 위하여 대가를 받고 빈번하게 공소외인 등을 접촉하면서 변호사 자격을 가진 변호인에게는 아무런 제한 없이 시설 수용자들에 대한 접견이 허용됨을 악용한 점, 일반적으로 변호사는 접견시 준수사항을 잘 지키고 스스로 불법을 저지르지는 않을 것이라는 고도의 신뢰에 반하여 수용자로 하여금 외부와 통화하게 하고 물품을 수수하게 한 점, 이 과정에서 구치소 실정을 악용하여 전화통화시나 물품 수수시 그 적발을 교묘하게 회피하였고, 특히 교도관에 의하여 피고인의 전화사용사실이 적발되자 다른 사람 명의의 휴대전화를 개설한 다음 공소외인 등 수용자를 접견하면서 접견사무실에는 피고인의 휴대전화를 보관시키고 접견실에서는 다른 사람 명의로 개설한 휴대전화를 몰래 가지고 들어가는 방법을 사용하기까지 한 점 등에 비추어, 구체적이고 현실적으로 접견호실통제 업무를 담당하는 교도관들에 대하여 그들의 통상적인 업무처리과정하에서는 사실상 적발이 어려운 위계를 사용하여 그 직무집행에 지장을 주거나 곤란하게 하는 행위임이 명백하다는 이유로, 이 사건 공소사실을 모두 유죄로 인정한 제1심판결을 유지하였다.

## 2. 대법원 (대법원 2005. 8. 25., 선고, 2005도1731, 판결)

구 행형법 제45조, 제46조 제1항, 구 수용자규율 및 징벌에 관한 규칙(2004. 6. 29. 법무부령 제555호로 개정되기 전의 것) 제3조, 제7조 제1항, 교도관직무규칙 제47조, 제54조의 각 규정을 종합해 보면, 수용자에게는 허가 없는 물품을 사용·수수하거나 허가 없이 전화 등의 방법으로 다른 사람과 연락하는 등의 규율위반행위를 하여서는 아니될 금지의무가 부과되어 있고, 교도관은 수용자의 규율위반행위를 감시·단속·적발하여 상관에게 보고하고 징벌에 회부되도록 하여야 할 일반적인 직무상 권한과 의무가 있다고 할 것이므로, 수용자가 교도관의 감시·단속을 피하여 규율위반행위를 하는 것만으로는 단순히 금지규정에 위반되는 행위를 한 것에 지나지 아니할 뿐 위계에 의한 공무집행방해죄가 성립한다고 할 수 없고, 또 수용자가 아닌 자가 교도관의 검사 또는 감시를 피하여 금지물품을 반입하거나 허가 없이 전화 등의 방법으로 다른 사람과 연락하도록 하였더라도 교도관에게 교도소 등의 출입자와 반출·입 물품을 단속·검사할 권한과 의무가 있는 이상, 수용자 아닌 자의 그러한 행위는 특별한 사정이 없는 한 위계에 의한 공무집행방해죄에 해당하는 것으로는 볼 수 없다 할 것이나, 구체적이고 현실적으로 감시·단속업무를 수행하는 교도관에 대하여 그가 충실히 직무를 수행한다고 하더라도 통상적인 업무처리 과정하에서는 사실상 적발이 어려운 위계를 적극적으로 사용하여 그 업무집행을 하지 못하게 하였다면 이에 대하여 위계에 의한 공무집행방해죄가 성립한다고 할 것이다(대법원 2003. 11. 13. 선고 2001도7045 판결 참조).

## V. 결 론

수용자 또는 수용자 아닌 자가 교도관의 감시·단속을 피하여 규율위반행위를 하는 경우 교도관에게 교도소 등의 출입자와 반출·입 물품을 단속·검사할 권한과 의무가 있기 때문에 위계에 의한 공무집행방해죄가 성립하지 않는다.

그러나 변호사의 경우는 교도관의 통상적인 업무처리 과정 하에서는 사실상 적발이 어려운 위계를 적극적으로 사용하여 그 업무집행을 하지 못하게 하였다면 이에 대하여 위계에 의한 공무집행방해죄가 성립한다.

## VI 유사판례

### 1. 교도관과 재소자가 상호 공모하여 교도관으로부터 담배를 교부받아 이를 흡연한 행위 및 휴대폰을 교부받아 외부와 통화한 행위

법령에서 교도소 수용자에게는 흡연하거나 담배를 소지·수수·교환하거나 허가 없이 전화 등의 방법으로 다른 사람과 연락하는 등의 규율위반행위를 하여서는 아니 될 금지의무가 부과되어 있고, 교도관은 수용자의 규율위반행위를 감시, 단속, 적발하여 상관에게 보고하고 징벌에 회부되도록 하여야 할 일반적인 직무상 권한과 의무가 있다고 할 것인바, 구체적이고 현실적으로 감시, 단속업무를 수행하는 교도관에 대하여 위계를 사용하여 그 업무집행을 못 하게 한다면 이에 대하여 위계에 의한 공무집행방해죄가 성립한다고 할 것이지만, 수용자가 교도관의 감시, 단속을 피하여 규율위반행위를 하는 것만으로는 단순히 금지규정에 위반되는 행위를 한 것에 지나지 아니할 뿐 이로써 위계에 의한 공무집행방해죄가 성립한다고는 할 수 없고, 수용자가 아닌 자가 교도관의 검사 또는 감시를 피하여 금지물품을 교도소 내로 반입되도록 하였다고 하더라도 교도관에게 교도소 등의 출입자와 반출·입 물품을 단속, 검사하거나 수용자의 거실 또는 신체 등을 검사하여 금지물품 등을 회수하여야 할 권한과 의무가 있는 이상, 그러한 수용자 아닌 자의 행위를 위계에 의한 공무집행방해죄에 해당하는 것으로는 볼 수 없으며, 교도관이 수용자의 규율위반행위를 알면서도 이를 방치하거나 도와주었더라도, 이를 다른 교도관 등에 대한 관계에서 위계에 의한 공무집행방해죄가 성립하는 것으로 볼 수는 없다. (대법원 2003. 11. 13., 선고, 2001도7045, 판결)

### 2. 수용자 아닌 자가 교도관의 검사 또는 감시를 피하여 금지 물품을 교도소 내로 반입되도록 한 경우

법령에서 어떤 행위의 금지를 명하면서 이를 위반하는 행위에 대한 벌칙을 두는 한편, 공무원으로 하여금 그 금지규정의 위반 여부를 감시, 단속하게 하는 경우 그 공무원에게는 금지규정 위반행위의 유무를 감시하여 확인하고 단속할 권한과 의무가 있으므로 단순히 공무원의 감시, 단속을 피하여 금지규정에 위반하는 행위를 한 것에 불과하다면 그에 대하여 벌칙을 적용하는 것은 별론으로 하고 그 행위가 위계에 의한 공무집행방해죄에 해당하는 것이라고는 할 수 없다. (대법원 2004. 4. 9., 선고, 2004도272, 판결)

# 제11절 채무자가 가압류된 유체동산을 제3자에게 양도하고 그 점유를 이전한 경우

## I. 사례요지

피고인은 공소외인에게 가압류결정의 집행에 따라 압류표시가 부착된 유체동산들을 포함한 이 사건 점포 내 시설물 일체를 양도하고, 공소외인에게 위 점포의 출입문 열쇠를 넘겨주었다.

## II. 논 점

1. 공무상표시무효죄 중 '공무원이 그 직무에 관하여 실시한 압류 기타 강제처분의 표시를 기타 방법으로 그 효용을 해하는 것'의 의미

2. 집행관이 유체동산을 가압류하면서 이를 채무자에게 보관하도록 하였는데 채무자가 가압류된 유체동산을 제3자에게 양도하고 그 점유를 이전한 경우, 공무상표시무효죄가 성립하는지 여부(원칙적 적극)

3. 채무자와 양수인이 가압류된 유체동산을 원래 있던 장소에 그대로 두었더라도 마찬가지인지 여부(적극)

## III. 법규연구 (형법)

제140조(공무상비밀표시무효) ① 공무원이 그 직무에 관하여 실시한 봉인 또는 압류 기타 강제처분의 표시를 손상 또는 은닉하거나 기타 방법으로 그 효용을 해한 자는 5년 이하의 징역 또는 700만원 이하의 벌금에 처한다.

## IV. 관련 판례

### 1. 원심 (인천지법 2015. 4. 1. 선고 2014노4211 판결)

피고인이 가압류표시가 부착된 유체동산을 매도하여 가압류표시의 효용을 해하였다."라는 이 사건 공소사실에 대하여, 다음과 같은 이유로 <u>유죄를 인정한 제1심판결을 파기하고 무죄를 선고하였다.</u>

① 피고인은 공소외인에게 이 사건 점포 내 시설물을 양도할 당시 일부 유체동산들이 가압류되어 있다는 사정을 고지하였고, 그 유체동산들은 법적인 문제가 해결될 때까지 위 점포 내에 계속 보관될 예정이었다.

② 가압류의 집행은 그 목적물에 대하여 채무자의 매매, 증여 그 밖의 일체의 처분

을 금지하는 효력을 생기게 하지만, 이는 채무자의 처분행위를 절대적으로 무효로 하는 것이 아니라 가압류채권자와 처분행위 전에 집행에 참가한 자에 대한 관계에서만 상대적으로 무효가 될 뿐이므로, 위와 같은 조건하에 피고인이 공소외인에게 가압류목적물을 매도하였다고 하여 강제처분의 효용을 해하였다고 볼 수 없다.

## 2. 대법원 (대법원 2018. 7. 11., 선고, 2015도5403, 판결)

가. 공무상표시무효죄 중 '공무원이 그 직무에 관하여 실시한 압류 기타 강제처분의 표시를 기타 방법으로 그 효용을 해하는 것'이라 함은 손상 또는 은닉 이외의 방법으로 그 표시 자체의 효력을 사실상으로 감쇄 또는 멸각시키는 것을 의미하는 것이지, 그 표시의 근거인 처분의 법률상 효력까지 상실케 한다는 의미는 아니다(대법원 2004. 10. 28. 선고 2003도8238 판결 참조).

나. 한편 집행관이 유체동산을 가압류하면서 이를 채무자에게 보관하도록 한 경우 그 가압류의 효력은 압류된 물건의 처분행위를 금지하는 효력이 있으므로(대법원 2008. 12. 24. 선고 2008도7407 판결 참조), 채무자가 가압류된 유체동산을 제3자에게 양도하고 그 점유를 이전한 경우, 이는 가압류집행이 금지하는 처분행위로서, 특별한 사정이 없는 한 가압류표시 자체의 효력을 사실상으로 감쇄 또는 멸각시키는 행위에 해당한다. 이는 채무자와 양수인이 가압류된 유체동산을 원래 있던 장소에 그대로 두었다고 하더라도 마찬가지이다.

## V. 결 론

피고인이 가압류집행으로 압류표시가 부착된 유체동산들을 양도하고 공소외인에게 점포의 열쇠를 넘겨주어 그 점유를 이전한 것은 가압류집행이 금지한 처분행위로서, 압류표시 자체의 효력을 사실상으로 감쇄 또는 멸각시키는 행위에 해당한다. 이는 가사 위 유체동산들이 이 사건 점포 내에 계속 보관될 예정이었다고 하더라도 마찬가지이다.

# VI. 유사판례

## 1. 건물 점유이전금지가처분 채무자가 가처분 집행 취지가 기재된 고시문이 부착된 이후 제3자가 일부에서 영업할 수 있도록 한 경우

점유이전금지가처분 채무자인 피고인은 집행관이 이 사건 건물에 관하여 가처분을 집행하면서 '채무자는 점유를 타에 이전하거나 점유명의를 변경하여서는 아니된다.'는 등의 집행 취지가 기재되어 있는 고시문을 이 사건 건물에 부착한 이후에 제3자로 하여금 이 사건 건물 중 3층에서 카페 영업을 할 수 있도록 이를 무상으로 사용케 하였다는 것인바, 이러한 피고인의 행위는 위 고시문의 효력을 사실상 멸각시키는 행위라 할 것이고, 가족, 고용인 기타 동거자 등 가처분 채무자에게 부수하는 사람을 거주시키는 것과 같이 가처분 채무자가 그 목적물을 사용하는 하나의 태양에 지나지 아니하는 행위라고 보기는 어려우므로 공무상표시무효죄에 해당한다 할 것이고, 비록 점유이전금지가처분 채권자가 가처분이 가지는 당사자항정효로 인하여 가처분 채무자로부터 점유를 이전받은 제3자를 상대로 본안판결에 대한 승계집행문을 부여받아 가처분의 피보전권리를 실현할 수 있다 하더라도 달리 볼 것은 아니다. (대법원 2004. 10. 28., 선고, 2003도8238, 판결)

# 제12절 집행관이 부작위를 명하는 가처분 발령을 고시하는 데 그치고 구체적인 집행행위를 하지 않은 경우

## I. 사례요지

집행관이 부작위를 명하는 가처분이 발령되었음을 고시하는 데 그치고 구체적인 집행행위를 하지 아니한 경우, 피신청인이 가처분의 부작위명령을 위반한 것만으로 공무상 표시의 효용을 해하는 행위에 해당하는지

## II. 논 점

1. 형법 제140조 제1항의 공무상표시무효죄의 성립요건
2. 집행관이 부작위를 명하는 가처분이 발령되었음을 고시하는 데 그치고 구체적인 집행행위를 하지 아니한 경우, 피신청인이 가처분의 부작위명령을 위반한 것만으로 공무상 표시의 효용을 해하는 행위에 해당하는지 여부(소극)

## III. 법규연구 (형법)

제140조(공무상비밀표시무효) ① 공무원이 그 직무에 관하여 실시한 봉인 또는 압류 기타 강제처분의 표시를 손상 또는 은닉하거나 기타 방법으로 그 효용을 해한 자는 5년 이하의 징역 또는 700만원 이하의 벌금에 처한다.

## IV. 관련 판례

### 1. 원심 (서울서부지법 2015. 12. 3. 선고 2015노1242 판결)

집행관이 이 사건 부동산에 관한 점유이전금지가처분을 집행하면서 '채무자는 점유를 타에 이전하거나 또는 점유명의를 변경하여서는 아니 된다'는 등의 집행취지가 기재되어 있는 고시문을 이 사건 부동산에 부착한 사실, 그럼에도 피고인은 이 사건 부동산을 사업장 소재지로 하는 '○○마트의 사업자등록명의를 피고인 단독 명의에서 피고인과 공소외인의 공동명의로 변경한 사실을 인정한 다음, 이 사건 마트의 사업자등록명의는 이 사건 마트의 점유명의에 해당하고 피고인이 고시문의 기재에 반하여 <u>사업자등록명의를 변경한 것은 부동산점유이전금지가처분의 효용을 침해하는 행위에 해당한다고 보아, 이 사건 공소사실을 유죄로 인정한 제1심판결을 그대로 유지하였다.</u>

## 2. 대법원 (대법원 2016. 5. 12., 선고, 2015도20322, 판결)

가. 공무상표시무효죄는 공무원이 그 직무에 관하여 봉인, 동산의 압류, 부동산의 점유 등과 같은 구체적인 강제처분을 실시하였다는 표시를 손상 또는 은닉하거나 기타 방법으로 그 효용을 해함으로써 성립하는 범죄이다. 따라서 집행관이 법원으로부터 피신청인에 대하여 부작위를 명하는 가처분이 발령되었음을 고시하는 데 그치고 나아가 봉인 또는 물건을 자기의 점유로 옮기는 등의 구체적인 집행행위를 하지 아니하였다면, 단순히 피신청인이 가처분의 부작위명령을 위반하였다는 것만으로는 공무상 표시의 효용을 해하는 행위에 해당하지 아니한다(대법원 2010. 9. 30. 선고 2010도3364 판결 등 참조).

나. 이 사건 가처분결정의 주문은 '① 채무자의 이 사건 부동산에 대한 점유를 풀고 채권자가 위임하는 집행관에게 인도하여야 한다. ② 집행관은 현상을 변경하지 아니할 것을 조건으로 하여 채무자에게 사용을 허가하여야 한다. ③ 채무자는 그 점유를 타에 이전하거나 점유명의를 변경하여서는 아니 된다. ④ 집행관은 그 취지를 적당한 방법으로 공시하여야 한다.' 는 것이다. 이러한 가처분결정의 주문 중 ①항, ②항은 집행관의 집행에 관한 부분에, ③항은 가처분결정의 부작위명령 부분에 해당한다.

집행관은 이 사건 가처분결정의 취지가 기재되어 있는 고시문을 이 사건 부동산에 부착함으로써 피고인으로부터 이 사건 부동산의 점유를 인도받고 현상을 변경하지 아니할 것을 조건으로 하여 피고인에게 그 사용을 허가하였다고 할 것이고, 따라서 이 사건 부동산의 '점유' 에 대하여는 구체적인 집행행위가 이루어졌다고 볼 수 있다. 반면 원심이 '점유명의' 에 해당한다고 본 이 사건 마트의 '사업자등록명의' 에 대하여는 집행관의 어떠한 집행행위가 있었다고 볼 증거가 없다.

## V. 결 론

그렇다면 설령 이 사건 마트의 사업자등록명의가 점유명의에 해당하더라도, 앞서 본 법리에 비추어 살펴보면 피고인이 이 사건 마트의 사업자등록명의를 변경한 것은 구체적인 집행행위가 없는 가처분의 부작위명령을 위반한 것에 불과하여 공무상 표시의 효용을 해하는 행위에 해당한다고 볼 수 없다.

# 제13절 출입금지가처분 건조물에 가처분 채권자 승낙 얻어 출입행위

## I. 사례요지

출입금지가처분의 대상이 된 건조물 등에 가처분 채권자의 승낙을 얻어 출입하였다.

## II. 논 점

채권자의 승낙을 얻어 출입하는 경우 출입금지가처분 표시의 효용을 해한 것인지

## III. 법규연구 (형법)

제140조 (공무상비밀표시무효) ① 공무원이 그 직무에 관하여 실시한 봉인 또는 압류 기타 강제처분의 표시를 손상 또는 은닉하거나 기타 방법으로 그 효용을 해한 자는 5년 이하의 징역 또는 700만원 이하의 벌금에 처한다.

## IV. 관련 판례

### 1. 원심 (울산지법 2006. 6. 30. 선고 2006노346 판결)

피고인들과 가처분 채무자인 공소외인이 가처분 채권자인 회사의 허락을 받아 회사 안으로 들어갔다는 이유로 이 사건 공소사실 중 공무상표시무효의 점에 대하여 무죄를 선고하였다.

### 2. 대법원 (대법원 2006. 10. 13., 선고, 2006도4740, 판결)

출입금지가처분은 그 성질상 가처분 채권자의 의사에 반하여 건조물 등에 출입하는 것을 금지하는 것이므로 비록 가처분결정이나 그 결정의 집행으로서 집행관이 실시한 고시에 그러한 취지가 명시되어 있지 않다고 하더라도 가처분 채권자의 승낙을 얻어 그 건조물 등에 출입하는 경우에는 출입금지가처분 표시의 효용을 해한 것이라고 할 수 없다.

## V. 결 론

따라서 공무상비밀무효죄에 해당하지 않는다.

# Ⅵ 유사판례

## 1. 집행관 승인 없이 채무자가 채권자 승낙 얻어 압류물을 이동시킨 경우

집행관이 그 점유를 옮기고 압류표시를 한 다음 채무자에게 보관을 명한 유체동산에 관하여 채무자가 이를 다른 장소로 이동시켜야 할 특별한 사정이 있고, 그 이동에 앞서 채권자에게 이동사실 및 이동장소를 고지하여 승낙을 얻은 때에는 비록 집행관의 승인을 얻지 못한 채 압류물을 이동시켰다 하더라도 형법 제140조 제1항소정의 '기타의 방법으로 그 효용을 해한' 경우에 해당한다고 할 수 없다고 할 것이다. (대법원 2004. 7. 9., 선고, 2004도3029, 판결)

## 2. 남편을 채무자로 한 출입금지가처분을 무시하고 그 처가 출입한 경우

남편을 채무자로 한 출입금지가처분 명령의 효력은 그 처에게는 미치지 아니하므로 그 처가 이를 무시하고 출입금지된 밭에 들어가 작업을 한 경우에 공무원이 직무에 관하여 실시한 강제처분표시의 효용을 해한 것이라고는 할 수 없다. (대법원 1979. 2. 13., 선고, 77도1455, 판결)

## 제4장　도주와 범인은닉의 죄

제4장

### 제1절 공범을 도피하게 하는 경우 범인도피죄 성립여부

## I. 사례요지

피고인 2는 운영하던 콜라텍을 공소외인에게 양도한 다음 인근에서 다른 콜라텍을 개업·운영하던 중 공소외인의 항의를 받고 콜라텍의 사업자등록 명의를 피고인 3 앞으로 변경하였다. 이후 공소외인이 피고인 2를 상대로 콜라텍 영업금지와 처분금지 등을 구하는 소를 제기하였고, 피고인 2는 위 소송에 따른 판결의 강제집행을 피하기 위하여 피고인 1에게 사정을 얘기하고 동의를 받아 콜라텍의 사업자등록 명의를 피고인 1 앞으로 변경하였다. 피고인 2, 피고인 3은 공소외인으로부터 강제집행면탈죄로 고소당하자 피고인 1에게 실제로 콜라텍을 매수하여 운영하고 있다고 진술해달라고 부탁하였다. 피고인 1은 피고인 2, 피고인 3에 대한 고소사건에서 경찰관에게 자신이 실제로 콜라텍을 매수하여 운영하고 있다고 진술하고 허위의 계좌거래내역을 제출하였다. 이로써 피고인 2, 피고인 3은 피고인 1로 하여금 범인을 도피하도록 교사하였고, 그에 따라 피고인 1은 범인을 도피하게 하였다.

## II. 논 점

1. 범인도피죄에서 '도피하게 하는 행위'의 의미
2. 공범을 도피하게 하는 경우에 범인도피죄가 성립할 수 있는지(적극)
3. 범인 스스로 도피하는 행위도 처벌되는지 여부(소극)
4. 공범 중 1인이 그 범행에 관한 수사절차에서 참고인 또는 피의자로 조사받으면서 자기의 범행을 구성하는 사실관계에 관하여 허위로 진술하고 허위 자료를 제출하는 경우, 범인도피죄로 처벌할 수 있는지(소극)
5. 이때 공범이 이러한 행위를 교사한 경우, 범인도피교사죄가 성립하는지 여부(소극)

## III. 법규연구 (형법)

제151조(범인은닉과 친족간의 특례) ① 벌금 이상의 형에 해당하는 죄를 범한 자를 은닉 또는 도피하게 한 자는 3년 이하의 징역 또는 500만원 이하의 벌금에 처한다.

제31조(교사범) ① 타인을 교사하여 죄를 범하게 한 자는 죄를 실행한 자와 동일한 형으로 처벌한다.

제30조(공동정범) 2인 이상이 공동하여 죄를 범한 때에는 각자를 그 죄의 정범으로 처벌한다.

## Ⅳ. 관련 판례

### 1. 원심 (부산지법 2015. 12. 11. 선고 2015노2508 판결)

공범자 중 1인이 다른 공범을 도피하게 하는 것이 자신의 범행 은닉과 밀접불가분 관계를 가졌다면 자기도피와 마찬가지로 적법행위에 대한 기대가능성이 없다. 피고인들이 강제집행면탈죄의 공동정범으로서 한 범인도피교사 행위와 범인도피 행위는 자신들의 범행 은닉과 밀접불가분 관계에 있어 자기도피와 마찬가지로 적법행위에 대한 기대가능성이 없고, 방어권 남용으로 보기 어렵다. 따라서 무죄이다.

### 2. 대법원 (대법원 2018. 8. 1., 선고, 2015도20396, 판결)

가. 형법 제151조가 정한 범인도피죄에서 '도피하게 하는 행위' 란 은닉 이외의 방법으로 범인에 대한 수사, 재판, 형의 집행 등 형사사법의 작용을 곤란하게 하거나 불가능하게 하는 일체의 행위를 말한다(대법원 2008. 12. 24. 선고 2007도11137 판결 등 참조). 범인도피죄는 타인을 도피하게 하는 경우에 성립할 수 있는데, 여기에서 타인에는 공범도 포함되나 범인 스스로 도피하는 행위는 처벌되지 않는다.

또한, 공범 중 1인이 그 범행에 관한 수사절차에서 참고인 또는 피의자로 조사받으면서 자기의 범행을 구성하는 사실관계에 관하여 허위로 진술하고 허위 자료를 제출하는 것은 자신의 범행에 대한 방어권 행사의 범위를 벗어난 것으로 볼 수 없다. 이러한 행위가 다른 공범을 도피하게 하는 결과가 된다고 하더라도 범인도피죄로 처벌할 수 없다. 이때 공범이 이러한 행위를 교사하였더라도 범죄가 될 수 없는 행위를 교사한 것에 불과하여 범인도피교사죄가 성립하지 않는다.

나. 이 사건에서 범인도피의 대상이 되는 피고인 2, 피고인 3의 범행은 강제집행을 피하기 위하여 피고인 1에게 콜라텍을 허위로 양도하여 채권자 공소외인을 불리하게 하였다는 것이고, 피고인 1은 허위양수인으로서 행위의 모습이나 관여 정도에 비추어 강제집행면탈죄의 공동정범이라 할 수 있다. 피고인 2, 피고인 3에 대한 고소사건에서 피고인 1에 대한 조사는 콜라텍을 허위로 양수하였는지에 관한 것이었는데, 이는 피고인 1을 포함한 공범자 모두의 범행을 구성하는 사실관계로서 그중 피고인 2, 피고인 3의 범행에 관한 것만을 분리할 수 없다.

## V. 결 론

피고인 1이 콜라텍을 실제 양수하여 운영하고 있다고 허위로 진술하고 그에 관한 허위 자료를 제출하였고 그것이 피고인 2, 피고인 3을 도피하게 하는 결과가 되더라도 <u>범인도피죄가 성립할 수 없다</u>. 이는 피고인 1에 대한 고소사건에서도 마찬가지이다. 피고인 2, 피고인 3이 이러한 행위를 교사하였다고 해도 이는 범죄가 될 수 없는 행위를 교사한 것에 불과하여 <u>범인도피교사죄도 성립하지 않는다.</u>

# 제2절 범인이 도피를 위하여 타인에게 도움을 요청한 경우

## Ⅰ. 사례요지

죄를 범하여 도망 중 자금이 떨어지자 친구에게 자동차를 이용하여 원하는 목적지로 이동시켜 달라고 요구하고, 대포폰을 구해 달라고 부탁하여 친구 도움으로 도피 생활을 계속할 수 있었다. 이 경우 친구에게 도움을 요청한 행위가 범인도피교사죄로 처벌받을 수 있는지

## Ⅱ. 논 점

범인이 도피를 위하여 타인에게 도움을 요청하는 행위가 범인도피교사죄를 구성하는 경우와 그 경우 방어권 남용 여부의 판단기준

## Ⅲ. 법규연구 (형법)

제151조(범인은닉과 친족간의 특례) ① 벌금 이상의 형에 해당하는 죄를 범한 자를 은닉 또는 도피하게 한 자는 3년 이하의 징역 또는 500만원 이하의 벌금에 처한다.

제31조(교사범) ① 타인을 교사하여 죄를 범하게 한 자는 죄를 실행한 자와 동일한 형으로 처벌한다.

## Ⅳ. 관련 판례

### 1. 원심 (청주지법 2013. 9. 12. 선고 2013노162, 367, 670 판결)

벌금 이상의 형에 해당하는 죄를 범하고 도피 중이던 피고인이 공소외인에게 자동차를 이용하여 원하는 목적지로 이동시켜 달라고 요구하거나 속칭 '대포폰'을 구해 달라고 부탁함으로써 공소외인으로 하여금 피고인의 요청에 응하도록 하였다는 내용인 범인도피교사의 점을 유죄로 인정하였다.

### 2. 대법원 (대법원 2014. 4. 10., 선고, 2013도12079, 판결)

형법 제151조가 정한 범인도피죄에서 '도피하게 하는 행위'란 은닉 이외의 방법으로 범인에 대한 수사, 재판 및 형의 집행 등 형사사법의 작용을 곤란하게 하거나 불가능하게 하는 일체의 행위를 말한다(대법원 2008. 12. 24. 선고 2007도11137 판결 등 참조).

한편 범인 스스로 도피하는 행위는 처벌되지 아니하는 것이므로, 범인이 도피를 위하여 타인에게 도움을 요청하는 행위 역시 도피행위의 범주에 속하는 한 처벌되지 아

니하는 것이며, 범인의 요청에 응하여 범인을 도운 타인의 행위가 범인도피죄에 해당한다고 하더라도 마찬가지이다. 다만 <u>범인이 타인으로 하여금 허위의 자백을 하게 하는 등으로 범인도피죄를 범하게 하는 경우와 같이 그것이 방어권의 남용으로 볼 수 있을 때는 범인도피교사죄에 해당할 수 있다</u>(대법원 2000. 3. 24. 선고 2000도20 판결 등 참조).

이 경우 방어권의 남용이라고 볼 수 있는지는, 범인을 도피하게 하는 것이라고 지목된 행위의 태양과 내용, 범인과 행위자의 관계, 행위 당시의 구체적인 상황, 형사사법의 작용에 영향을 미칠 수 있는 위험성의 정도 등을 종합하여 판단하여야 할 것이다.

## V. 결 론

범인 스스로 도피하는 행위는 처벌되지 아니하는 것이므로, 범인이 도피를 위하여 타인에게 도움을 요청하는 행위 역시 도피행위의 범주에 속하는 한 <u>처벌되지 아니한다</u>. 그러나 <u>친구의 경우는 범인도피죄</u>에 해당한다.

## VI 유사판례

### 1. 범인이 자신을 위하여 타인으로 하여금 허위의 자백을 하게 한 경우

범인이 자신을 위하여 타인으로 하여금 허위의 자백을 하게 하여 범인도피죄를 범하게 하는 행위는 방어권의 남용으로 <u>범인도피교사죄에 해당한다</u>. (대법원 2000. 3. 24., 선고, 2000도20, 판결)

# 제3절 변호인이 변론 명목으로 허위진술을 적극 유도한 경우

## I. 사례요지

甲이 수사기관 및 법원에 출석하여 乙 등의 사기 범행을 자신이 저질렀다는 취지로 허위자백 하였는데, 그 후 甲의 사기 피고사건 변호인으로 선임된 피고인이 甲과 공모하여 진범 乙 등을 은폐하는 허위자백을 유지하게 함으로써 범인을 도피하게 하였다.

## II. 논 점

형사변호인이 의뢰인의 요청에 따른 변론행위라는 명목으로 수사기관이나 법원에 대하여 적극적으로 허위진술을 하거나 피고인 또는 피의자로 하여금 허위진술을 하도록 하는 것이 허용되는지 여부

## III. 법규연구

### 가. 형 법

제151조(범인은닉과 친족간의 특례) ① 벌금 이상의 형에 해당하는 죄를 범한 자를 은닉 또는 도피하게 한 자는 3년 이하의 징역 또는 500만원 이하의 벌금에 처한다.

② 친족 또는 동거의 가족이 본인을 위하여 전항의 죄를 범한 때에는 처벌하지 아니한다.

제32조(종범) ① 타인의 범죄를 방조한 자는 종범으로 처벌한다.

② 종범의 형은 정범의 형보다 감경한다

### 나. 변호사법

제2조(변호사의 지위) 변호사는 공공성을 지닌 법률 전문직으로서 독립하여 자유롭게 그 직무를 수행한다.

제24조(품위유지의무 등) ① 변호사는 그 품위를 손상하는 행위를 하여서는 아니 된다.

② 변호사는 그 직무를 수행할 때에 진실을 은폐하거나 거짓 진술을 하여서는 아니 된다.

## IV. 관련 판례

### 1. 원심 (서울중앙지법 2012. 5. 4. 선고 2012노504 판결)

피고인 2는 변호인으로서 단순히 원심 공동피고인 2의 이익을 위한 적절한 변론과 그에 필요한 활동을 하는 데 그치지 아니하고, 원심 공동피고인 2와 피고인 1 사이에 부정한 거래가 진행 중이며, 원심 공동피고인 2 사건의 수임과 변론이 그 거래의 향배와 불가결한 관련이 있을 것임을 분명히 인식하고도 피고인 1로부터 원심 공동피고인

2 사건을 수임하고, 그들 사이의 합의가 성사되도록 도왔으며, 스스로 합의금의 일부를 예치하는 방안까지 용인하고 합의서를 작성하는 등으로 피고인 1과 원심 공동피고인 2 사이의 <u>거래관계에 깊숙이 관여하였으므로, 이러한 행위를 정당한 변론권의 범위 내에 속한다고 평가할 수는 없다</u>고 판단하였다.

## 2. 대법원 (대법원 2012. 8. 30., 선고, 2012도6027, 판결)

변호사는 공공성을 지닌 법률 전문직으로서 독립하여 자유롭게 그 직무를 수행하여야 하고(변호사법 제2조), 그 직무를 수행함에 있어 진실을 은폐하거나 거짓 진술을 하여서는 아니 된다(같은 법 제24조 제2항). 따라서 형사변호인의 기본적인 임무가 피고인 또는 피의자를 보호하고 그의 이익을 대변하는 것이라고 하더라도, 그러한 이익은 법적으로 보호받을 가치가 있는 정당한 이익으로 제한되고, 변호인이 의뢰인의 요청에 따른 변론행위라는 명목으로 수사기관이나 법원에 대하여 적극적으로 허위의 진술을 하거나 피고인 또는 피의자로 하여금 허위진술을 하도록 하는 것은 허용되지 않는다.

그리고 나아가 <u>변호인의 비밀유지의무는 변호인이 업무상 알게 된 비밀을 다른 곳에 누설하지 않을 소극적 의무를 말하는 것일 뿐</u>, 이 사건과 같이 <u>진범을 은폐하는 허위 자백을 적극적으로 유지하게 한 행위가 변호인의 비밀유지의무에 의하여 정당화될 수는 없다</u>고 판단하였다.

## V. 결 론

피고인이 변호인으로서 단순히 甲의 이익을 위한 적절한 변론과 그에 필요한 활동을 하는 데 그치지 아니하고, 甲과 乙 사이에 부정한 거래가 진행 중이며 甲 피고사건의 수임과 변론이 거래의 향배와 불가결한 관련이 있을 것임을 분명히 인식하고도 乙에게서 甲 피고사건을 수임하고, 그들의 합의가 성사되도록 도왔으며, 스스로 합의금의 일부를 예치하는 방안까지 용인하고 합의서를 작성하는 등으로 甲과 乙의 거래관계에 깊숙이 관여한 행위를 정당한 변론권의 범위 내에 속한다고 평가할 수 없고, 나아가 변호인의 비밀유지의무는 변호인이 업무상 알게 된 비밀을 다른 곳에 누설하지 않을 소극적 의무를 말하는 것일 뿐 진범을 은폐하는 허위자백을 적극적으로 유지하게 한 행위가 변호인의 비밀유지의무에 의하여 정당화될 수 없다고 하면서, 한편으로 <u>피고인의 행위는 정범인 甲에게 결의를 강화하게 한 방조행위로 평가될 수 있다.</u>

# 제4절 게임장 종업원이 자신이 실제 업주라고 허위 진술한 경우 범인도피죄 성립여부

## I. 사례요지

게임산업 진흥에 관한 법률 위반의 혐의로 수사기관에서 조사받는 피의자가 사실은 게임장·오락실·피씨방 등의 실제 업주가 아니라 그 종업원임에도 불구하고 자신이 실제 업주라고 허위로 진술하였다.

## II. 논 점

수사기관에서 조사받는 피의자가 사실은 게임장 · 오락실 · 피시방 등의 종업원임에도 불구하고 자신이 실제 업주라고 허위로 진술하는 행위가 범인도피죄를 구성하는지

## III. 법규연구 (형법)

제151조(범인은닉과 친족간의 특례) ① 벌금 이상의 형에 해당하는 죄를 범한 자를 은닉 또는 도피하게 한 자는 3년 이하의 징역 또는 500만원 이하의 벌금에 처한다.
② 친족 또는 동거의 가족이 본인을 위하여 전항의 죄를 범한 때에는 처벌하지 아니한다.

## IV. 관련 판례

### 1. 원심 (부산지법 2010. 9. 29. 선고 2010노1504 판결)

피고인이 공소외 3, 4로 하여금 명의상 업주에 불과한 공소외 3이 실제 업주라고 허위진술하도록 지시하여 타인의 형사사건에 관하여 범인도피를 교사하였다는 공소사실에 대하여 그 범죄의 증명이 없다고 판단하는 한편, 공소외 3이 공소외 5와 공소외 4로부터 이미 범인도피교사를 받아 허위로 진술할 결의를 하였던 이상 피고인에게 교사범이 성립할 여지도 없다고 판단하여 위 공소사실을 무죄로 선고하였다.

### 2. 대법원 (대법원 2012. 8. 30., 선고, 2010도13694, 판결)

게임산업 진흥에 관한 법률 위반의 혐의로 수사기관에서 조사받는 피의자가 사실은 게임장 · 오락실 · 피씨방 등의 실제 업주가 아니라 그 종업원임에도 불구하고 <u>자신이 실제 업주라고 허위로 진술하였다고 하더라도 그 자체만으로 범인도피죄를 구성하는 것은 아니다.</u>

다만 그 피의자가 실제 업주로부터 금전적 이익 등을 제공받기로 하고 단속이 되면 실제 업주를 숨기고 자신이 대신하여 처벌받기로 하는 역할(이른바 '바지사장')을 맡기로 하는 등 수사기관을 착오에 빠뜨리기로 하고, 단순히 실제 업주라고 진술하는 것에서 나아가 게임장 등의 운영 경위, 자금 출처, 게임기 등의 구입 경위, 점포의 임대차계약 체결 경위 등에 관하여서까지 <u>적극적으로 허위로 진술하거나 허위 자료를 제시하여 그 결과 수사기관이 실제 업주를 발견 또는 체포하는 것이 곤란 내지 불가능하게 될 정도에까지 이른 것으로 평가되는 경우 등에는 범인도피죄를 구성할 수 있다</u>(대법원 2010. 1. 28. 선고 2009도10709 판결 등 참조).

## V. 결 론

<u>자신이 실제 업주라고 허위로 진술하였다고 하더라도 그 자체만으로 범인도피죄를 구성하는 것은 아니다.</u>

게임장 등의 운영 경위, 자금 출처, 게임기 등의 구입 경위, 점포의 임대차계약 체결 경위 등에 관하여서까지 <u>적극적으로 허위로 진술하거나 허위 자료를 제시하여 그 결과 수사기관이 실제 업주를 발견 또는 체포하는 것이 곤란 내지 불가능하게 될 정도에까지 이른 것으로 평가되는 경우 등에는 범인도피죄를 구성한다.</u>

※ 수사과정에서 착안해야 할 점은 게임장 등의 운영 경위, 자금 출처, 게임기 등의 구입 경위, 점포의 임대차계약 체결 경위 등 적극적 개입여부에 착안점을 두고 조사하여야 할 것이다.

## VI. 유사판례

### 1. 바지사장을 맡기로 하는 등 수사기관을 착오에 빠뜨리게 한 경우

피의자가 실제 업주로부터 금전적 이익 등을 제공받기로 하고 단속이 되면 실제 업주를 숨기고 자신이 대신하여 처벌받기로 하는 역할(이른바 '바지사장')을 맡기로 하는 등 수사기관을 착오에 빠뜨리기로 하고, 단순히 실제 업주라고 진술하는 것에서 나아가 게임장 등의 운영 경위, 자금 출처, 게임기 등의 구입 경위, 점포의 임대차계약 체결 경위 등에 관해서까지 적극적으로 허위로 진술하거나 허위 자료를 제시하여 그 결과 수사기관이 실제 업주를 발견 또는 체포하는 것이 곤란 내지 불가능하게 될 정도에까지 이른 것으로 평가되는 경우 등에는 <u>범인도피죄를 구성할 수 있다.</u> (대법원 2010. 1. 28., 선고, 2009도10709, 판결)

# 제5절 참고인이 수사기관에서 조사받으면서 허위 진술한 경우

## I. 사례요지

게임장의 실제 업주가 아니라 종업원임에도 불구하고 참고인으로 수사기관에 출석하여 자신이 실제 업주라고 허위로 진술하였다.

## II. 논 점

참고인이 수사기관에서 조사받으면서 알고 있는 사실을 묵비하거나 허위로 진술한 행위가 범인도피죄를 구성하는지 여부

## III. 법규연구 (형법)

제151조(범인은닉과 친족간의 특례) ① 벌금 이상의 형에 해당하는 죄를 범한 자를 은닉 또는 도피하게 한 자는 3년 이하의 징역 또는 500만원 이하의 벌금에 처한다.
② 친족 또는 동거의 가족이 본인을 위하여 전항의 죄를 범한 때에는 처벌하지 아니한다.

## IV. 관련 판례

### 1. 원심 (대전지법 2012. 10. 24. 선고 2012노822 판결)

공소사실을 유죄로 판단하였다.

### 2. 대법원 (대법원 2013. 1. 10., 선고, 2012도13999, 판결)

형법 제151조가 정한 범인도피죄의 '도피하게 하는 행위'는 은닉 이외의 방법으로 범인에 대한 수사, 재판 및 형의 집행 등 형사사법의 작용을 곤란 또는 불가능하게 하는 일체의 행위로서 그 수단과 방법에는 아무런 제한이 없고, 또 범인도피죄는 위험범으로서 현실적으로 형사사법의 작용을 방해하는 결과를 초래할 필요는 없으나, 적어도 함께 규정되어 있는 은닉행위에 비견될 정도로 수사기관으로 하여금 범인의 발견·체포를 곤란하게 하는 행위, 즉 직접 범인을 도피시키는 행위 또는 도피를 직접적으로 용이하게 하는 행위에 한정된다고 해석함이 상당하다.

그리고 원래 수사기관은 범죄사건을 수사하면서 피의자나 참고인의 진술 여하에 불구하고 피의자를 확정하고 그 피의사실을 인정할 만한 객관적인 제반 증거를 수집·조사하여야 할 권한과 의무가 있는 것이므로, 참고인이 수사기관에서 범인에 관하여 조

사를 받으면서 그가 알고 있는 사실을 묵비하거나 허위로 진술하였다고 하더라도, 그 것이 적극적으로 수사기관을 기만하여 착오에 빠지게 함으로써 범인의 발견 또는 체포를 곤란 내지 불가능하게 할 정도의 것이 아니라면 범인도피죄를 구성하지 않는다고 보아야 한다(대법원 2003. 2. 14. 선고 2002도5374 판결 등 참조).

## V. 결 론

참고인이 수사기관에서 허위진술을 하였다고 하여 그 자체를 처벌하거나 이를 수사방해 행위로 처벌하는 규정이 없는 이상 범인도피죄의 인정 범위를 함부로 확장해서는 안 될 것이기 때문이다. 따라서 범인도피죄가 성립하지 않는다.

## VI 유사판례

### 1. 범인이 타인 성명을 모용한다는 정을 알면서 신원보증서에 자신 인적사항을 허위 기재한 경우

수사절차에서 작성되는 신원보증서는 체포된 피의자 석방의 필수적인 요건이거나 어떠한 법적 효력이 있는 것은 아니고, 다만 피의사건이 비교적 경미한 경우 피의자와 일정한 관계에 있는 신원보증인이 수사기관에 대하여 피의자의 신분, 직업, 주거 등을 보증하고 향후 수사기관이나 법원의 출석요구에 사실상 협조하겠다는 의사를 표시하는 것으로서 피의자나 신원보증인에게 심리적인 부담을 줌으로써 수사기관이나 재판정에의 출석 또는 형 집행 등 형사사법 절차상의 편의를 도모하는 것에 불과하여 보증인에게 법적으로 진실한 서류를 작성·제출할 의무가 부과된 것은 아니므로, 신원보증서를 작성하여 수사기관에 제출하는 보증인이 피의자의 인적사항을 허위로 기재하였다고 하더라도, 그로써 적극적으로 수사기관을 기만한 결과 피의자를 석방하게 하였다는 등 특별한 사정이 없는 한, 그 행위만으로 범인도피죄가 성립되지 않는다. (대법원 2003. 2. 14., 선고, 2002도5374, 판결)

### 2. 오락실을 단독 운영하였다고 허위진술하여 오락실 공동운영자인 공범의 존재를 숨긴 경우

피고인 1이 주로 운영하였으나 피고인 2도 등록명의만을 빌려준 것이 아니라 피고인 1과 공동으로 이를 운영하였다고 봄이 상당한 점 등에 비추어 볼 때, 피고인 2가 수사기관에서 '이 사건 오락실의 실제 업주로서 이를 단독으로 운영하였다'라는 취지로 허위진술하여 공범인 피고인 1의 존재를 숨겼다 하더라도, 그러한 허위진술이 적극적으로 수사기관을 기만하여 착오에 빠지게 함으로써 범인의 발견 또는 체포를 곤란 내지 불가능하게 한 경우에 해당한다고 볼 수 없다는 취지의 이유로, 피고인 2에 대한 범인도피 및 피고인 1에 대한 범인도피교사의 각 공소사실을 모두 무죄로 인정하였다. (대법원 2008. 12. 24., 선고, 2007도11137, 판결)

## 3. 공범의 이름을 단순히 묵비한 경우 범인도피죄의 성부

피고인이 절도사건과 관련하여 사법경찰리로부터 조사받는 과정에서 공범인 상피고인들 (갑,을)의 이름을 단순히 묵비하였다 하여 절도범인을 <u>도피하게 하였다고는 볼 수 없다.</u> (대법원 1984. 4. 10., 선고, 83도3288, 판결)

## 4. 참고인이 출동한 경찰관에게 범인의 이름 대신 허무인의 이름을 대면서 구체적인 인적사항에 대한 언급을 피한 경우

피고인이 피해자 공소외 1을 폭행한 공소외 2의 인적사항을 묻는 경찰관의 질문에 답하면서, 단순히 '이언중'이라고 허무인의 이름을 진술하고 구체적인 인적사항에 대하여는 모른다고 진술하는데 그쳤을 뿐이라면 이를 가리켜 <u>적극적으로 수사기관을 기만하여 착오에 빠지게 함으로써 범인의 발견 또는 체포를 곤란 내지 불가능하게 할 정도의 것이라고 할 수 없어 범인도피죄를 구성하지 않는다.</u> (대법원 2008. 6. 26., 선고, 2008도1059, 판결)

## 5. 범인이 아닌 자가 수사기관에서 범인임을 자처한 경우

범인 아닌 자가 수사기관에서 범인임을 자처하고 허위사실을 진술하여 <u>진범의 체포와 발견에 지장을 초래하게 한 행위는 범인은닉죄에 해당한다.</u> (대법원 1996. 6. 14., 선고, 96도1016, 판결)

# 제6절 범인이 자신을 위해 타인의 허위자백을 방조한 경우

## I. 사례요지

피고인이 자신의 처에게 피고인을 위한 범인 도피범행을 돕기 위하여 처에게 사고발생 경위, 도주 경위 등에 관하여 상세한 정보를 제공하여 주는 등의 방법으로 처에게 심리적으로 안정할 수 있도록 함으로써 범인 도피범행을 방조하였다.

## II. 논 점

범인이 자신을 위해 타인이 허위의 자백을 하는 것을 방조한 경우, 범인도피방조죄의 성립 여부

## III. 법규연구 (형법)

제151조(범인은닉과 친족간의 특례) ① 벌금 이상의 형에 해당하는 죄를 범한 자를 은닉 또는 도피하게 한 자는 3년 이하의 징역 또는 500만원 이하의 벌금에 처한다.
② 친족 또는 동거의 가족이 본인을 위하여 전항의 죄를 범한 때에는 처벌하지 아니한다.
제32조(종범) ① 타인의 범죄를 방조한 자는 종범으로 처벌한다.
② 종범의 형은 정범의 형보다 감경한다.

## IV. 관련 판례

### 1. 원심 (수원지법 2008. 8. 7. 선고 2008노2019 판결)

피고인이 처인 공소외인의 피고인을 위한 범인 도피범행을 돕기 위하여 공소외인에게 사고발생 경위, 도주 경위 등에 관하여 상세한 정보를 제공하여 주는 등의 방법으로 공소외인으로 하여금 심리적으로 안정할 수 있도록 함으로써 범인 도피범행을 방조하였다고 인정하였다.

### 2. 대법원 (대법원 2008. 11. 13., 선고, 2008도7647, 판결)

범인이 자신을 위하여 타인으로 하여금 허위의 자백을 하게 하여 범인도피죄를 범하게 하는 행위는 방어권의 남용으로 범인도피교사죄에 해당하는바(대법원 2000. 3. 24. 선고 2000도20 판결 참조), 이 경우 그 타인이 형법 제151조 제2항에 의하여 처벌을 받지 아니하는 친족, 호주 또는 동거 가족에 해당한다 하여 달리 볼 것은 아니다(대법원 2006. 12. 7. 선고 2005도3707 판결 참조).

## V. 결 론

따라서 <u>범인을 위해 타인이 범하는 범인도피죄를 범인 스스로 방조하는 경우 범인도</u><u>피방조죄가 성립한다.</u>

## VI 유사판례

### 1. 범인이 자신을 위하여 타인이 허위의 자백을 하게 하여 범인도피죄를 범하게 하는 경우

<u>방어권의 남용으로</u> <u>범인도피교사죄에 해당</u>한다. (대법원 2000. 3. 24., 선고, 2000도20, 판결)

### 2. 사실혼관계에 있는 자가 형법 제151조 제2항 및 제155조 제4항 소정의 '친족'에 해당하는지

형법 제151조 제2항 및 제155조 제4항은 친족, 호주 또는 동거의 가족이 본인을 위하여 범인도피죄, 증거인멸죄 등을 범한 때에는 처벌하지 아니한다고 규정하고 있는바, <u>사실혼 관계에 있는 자는 민법 소정의 친족이라 할 수 없어 위 조항에서 말하는 친족에 해당하지 않는다.</u> (대법원 2003. 12. 12., 선고, 2003도4533, 판결)

# 제7절 기소중지자임을 알고도 범인 부탁으로 타인 명의로 대신 임대차계약을 체결해 준 행위

## I. 사례요지

공소외 2가 마약류관리법위반죄로 기소중지된 사실을 잘 알고 있음에도 불구하고, 공소외 2가 오피스텔 303호실을 임차하는데 임차인을 자신의 처인 공소외 3으로 하게 하여 위 공소외 2로 하여금 거주하게 하는 방법으로 범인의 도피생활을 용이하게 함으로써 범인을 도피하게 하였다.

## II. 논 점

1. 범인도피죄의 의의
2. 범인도피죄에서 어떤 행위가 도피하게 하는 행위에 해당하는지의 판단 방법
3. 범인이 기소중지자임을 알고도 범인의 부탁으로 다른 사람의 명의로 대신 임대차계약을 체결해 준 행위가 범인도피죄에 해당하는지

## III. 법규연구 (형법)

제151조 (범인은닉과 친족간의 특례) ① 벌금 이상의 형에 해당하는 죄를 범한 자를 은닉 또는 도피하게 한 자는 3년 이하의 징역 또는 500만원 이하의 벌금에 처한다.

## IV. 관련 판례

### 1. 원심 (수원지법 2003. 12. 9. 선고 2003노2702 판결)

피고인이 자신의 처를 통하여 기소중지된 공소외 2가 거주할 수 있도록 오피스텔과 가구류 등의 임대차계약의 임차인 명의를 빌려주었다 하더라도, 임대차계약서가 주민등록과 같이 객관적으로 수사기관이 알 수 있도록 공시되는 것이 아닌 이상, 임차인 명의를 공소외 2로 하든 다른 사람의 명의를 빌려 다른 사람의 명의로 하든 수사기관의 범인 체포 가능성에는 아무런 차이도 없다 할 것이어서, 결국 위와 같은 사실만으로는 피고인이 수사기관의 공소외 2에 대한 수사, 재판 및 형의 집행 등 형사사법의 작용을 곤란 또는 불가능하게 하였다거나, 공소외 2의 도피행위를 직접적으로 용이하게 하였다고 보기는 어려우며, 피고인에게 이와 같은 의사가 있었다고 볼 수도 없으므로, 피고인의 위 행위가 <u>범인도피죄에 해당한다고 보기는 어렵다.</u>

## 2. 대법원 (대법원 2004. 3. 26., 선고, 2003도8226, 판결)

가. 범인도피죄는 범인은닉 이외의 방법으로 범인에 대한 수사, 재판 및 형의 집행 등 형사사법의 작용을 곤란 또는 불가능하게 하는 행위를 말하는 것으로서, 그 방법에는 어떠한 제한이 없고, 위험범으로서 현실적으로 형사사법의 작용을 방해하는 결과가 초래될 것이 요구되지 아니한다(대법원 2003. 5. 30. 선고 2003도111 판결 참조).

한편 범인도피죄는 직접 범인을 도피시키는 행위 또는 도피를 직접적으로 용이하게 하는 행위에 한정되는 것인바(대법원 2003. 2. 14. 선고 2002도5374 판결 참조), 어떤 행위가 직접 범인을 도피시키는 행위 또는 도피를 직접적으로 용이하게 하는 행위에 해당하는가를 판단하기 위하여는, 범인도피죄의 구성요건적 행위가 정형화되어 있지 아니한 점을 고려한다면, <u>피고인이 범인의 처지나 의도에 대하여 인식하고 있었는지, 그에게 범인을 은닉 내지 도피시키려는 의사가 있었는지를 함께 고려하여 살펴보아야 할 것이고, 단순히 피고인이 한 행위의 밖으로 드러난 태양만 살펴보는 것만으로는 부족하다고 할 것이다.</u>

나. 수사기관은 범인을 발견하고 체포하기 위하여 부동산 중개업소나 오피스텔과 같은 대단위 거주시설의 관리인 등에 대하여 탐문수사를 하거나 때로는 중개업자나 위 관리인 등의 신고를 통하여 범인의 발견이나 체포를 할 수도 있는데, 범인이 다른 사람을 내세워 그 이름으로 임대차계약을 체결하는 경우에는, 그 계약체결과정에서 어떤 신원의, 어떤 인상착의를 가진 사람이 임차목적물에서 거주할 것인지가 그 계약체결 상대방이나 중개인에게 드러나는 것을 피할 수 있을 뿐만 아니라, 계약체결 이후에라도 중개인의 중개장부 혹은 오피스텔의 관리자가 소지하고 있는 입주자 명단 등을 통하여 특정한 인적 사항을 지닌 사람이 그곳에 살고 있는지를 파악하기 어렵게 된다.

## V. 결 론

결국, 피고인이 위 처를 내세워 그녀의 이름으로 대신 임대차계약을 체결해 준 행위는 비록 임대차계약서가 공시되는 것은 아니라 하더라도 <u>수사기관이 위와 같은 탐문수사나 신고를 받아 범인을 발견하고 체포하는 것을 곤란하게 하여 범인을 도피하게 한 행위에 해당한다고 보아야 할 것이다.</u>

## Ⅵ 유사판례

### 1. 범인에게 통상적인 안부인사를 한 행위

범인도피죄에서 '도피'란 은닉 이외의 방법으로 수사기관의 발견, 체포를 곤란 내지 불가능하게 하는 일체의 행위를 뜻하는 것으로, 단순히 안부를 묻거나 통상적인 인사말 등만으로는 범인을 도피하게 한 것이라고 할 수 없을 것인바, 주점 개업식 날 찾아 온 범인에게 '도망다니면서 이렇게 와 주니 고맙다. 항상 몸조심하고 주의하여 다녀라. 열심히 살면서 건강에 조심하라.'고 말한 것은 단순히 안부인사에 불과한 것으로 범인을 도피하게 한 것으로 볼 수 없다. (대법원 1992. 6. 12., 선고, 92도736, 판결)

### 2. 피의자 간에 연락하여 만나게 해 주고 도피를 용이하게 한 행위

형법 제151조에서 규정하는 범인을 도피하게 한 경우란 은닉 이외의 방법으로 관헌의 체포, 발견을 곤란 또는 불가능하게 하는 일체의 행위를 의미하는 것이므로 피고인이 살인미수의 피의자를 상피고인에게 연락하여 만나게 해주고 동인으로 하여금 도피를 용이하게 한 경우 범인도피죄에 해당한다. (대법원 1990. 12. 26., 선고, 90도2439, 판결)

# 제5장 위증과 증거인멸의 죄

## 제1절 증인이 증언거부권을 고지받지 않은 상태에서 허위 진술한 경우

### I. 사례요지

범행하지 아니한 자가 범인으로 공소제기되어 피고인의 지위에서 범행사실을 허위자백하고, 나아가 공범에 대한 증인의 자격에서 증언하면서 공범과 함께 범행하였다고 허위의 진술을 한 경우

### II. 논 점

1. 증인이 증언거부권을 고지받지 않은 상태에서 허위진술을 한 경우, 위증죄가 성립하는지 판단하는 기준
2. 범행을 하지 아니한 자가 범인으로 공소제기되어 피고인의 지위에서 범행사실을 허위자백하고, 나아가 공범에 대한 증인의 자격에서 증언하면서 공범과 함께 범행하였다고 허위의 진술을 한 경우, 증언거부권의 대상이 되는지 여부(적극)
3. 공범인 공동피고인이 소송절차의 분리로 피고인 지위에서 벗어난 경우, 다른 공동피고인에 대한 공소사실에 관하여 증인적격이 있는지(적극)

### III. 법규연구

#### 1. 형 법

제152조(위증, 모해위증) ① 법률에 의하여 선서한 증인이 허위의 진술을 한 때에는 5년 이하의 징역 또는 1천만원 이하의 벌금에 처한다.

## 2. 형사소송법

> 제146조(증인의자격) 법원은 법률에 다른 규정이 없으면 누구든지 증인으로 신문할 수 있다.
>
> 제148조(근친자의 형사책임과 증언거부) 누구든지 자기나 다음 각호의 1에 해당한 관계있는 자가 형사소추 또는 공소제기를 당하거나 유죄판결을 받을 사실이 발로될 염려있는 증언을 거부할 수 있다.
>
> 1. 친족 또는 친족관계가 있었던 자
> 2. 법정대리인, 후견감독인
>
> 제160조(증언거부권의 고지) 증인이 제148조, 제149조에 해당하는 경우에는 재판장은 신문전에 증언을 거부할 수 있음을 설명하여야 한다.

## IV. 관련 판례

### 1. 원심 (의정부지법 2010. 7. 16. 선고 2010노301 판결)

피고인이 증언하였던 살인 사건의 제4회 공판조서에 재판장이 피고인에 대한 살인 사건을 분리하여 심리한다는 결정을 고지한 이후에 피고인을 증인신문하였다고 기재되어 있으므로 피고인은 위 증언 당시 증인적격이 있었다고 하여, 피고인에 대하여 무죄를 선고한 제1심과 달리 이 사건 위증죄의 성립이 인정된다고 판단하였다.

### 2. 대법원 (대법원 2012. 12. 13., 선고, 2010도10028, 판결)

가. 모든 국민은 형사상 자기에게 불리한 진술을 강요당하지 아니하므로(헌법 제12조 제2항), 자기가 공소제기를 당하거나 유죄판결을 받을 사실이 발로될 염려 있는 증언은 거부할 수 있고(형사소송법 제148조), 재판장은 그러한 증언은 거부할 수 있음을 증인신문 전에 미리 설명하여 증언거부권을 고지하여야 한다(형사소송법 제160조). 그럼에도 증언거부권을 고지하지 아니하고 증언하게 하였다면, 그 진술은 형법 제152조 제1항이 위증죄의 구성요건으로 규정한 '법률에 의하여 선서한 증인'의 진술이 아니므로 설사 그 진술 내용이 허위라 하더라도 위증죄로 처벌할 수 없는 것이 원칙이다.

다만 증언거부권 제도는 증인에게 증언의무의 이행을 거절할 수 있는 권리를 부여한 것이고, 형사소송법상 증언거부권의 고지 제도는 증인에게 그러한 권리의 존재를 확인시켜 침묵할 것인지 아니면 진술할 것인지에 관하여 심사숙고할 기회를 부여함으로써 침묵할 수 있는 권리를 보장하기 위한 것임을 감안할 때, 재판장이 신문 전에 증인에게 증언거부권을 고지하지 않은 경우에도 당해 사건에서 증언 당시 증인이 처한 구체적인 상황, 증언거부사유의 내용, 증인이 증언거부사유 또는 증언거부권의 존재를 이미 알고 있었는지 여부, 증언거부권을 고지받았더라도 허위진술을 하였을 것이라고 볼 만한 정황이 있는지 등을 전체적 · 종합적으로 고려하여 증인이 침묵하지 아니하고 진술한 것이 자신의 진정한 의사에 의한 것인지 여부를 기준으로 위증죄의 성립 여부를 판단하여야 한다(대법원 2010. 1. 21. 선고 2008도942 전원합의체 판결 등 참조).

한편 형사소송법에서 위와 같이 증언거부권의 대상으로 규정한 '공소제기를 당하거나 유죄판결을 받을 사실이 발로될 염려 있는 증언'에는 자신이 범행을 한 사실뿐 아니라 범행을 한 것으로 오인되어 유죄판결을 받을 우려가 있는 사실 등도 포함된다고 할 것이다. 따라서 범행을 하지 아니한 자가 범인으로 공소제기가 되어 피고인의 지위에서 범행사실을 허위자백하고, 나아가 공범에 대한 증인의 자격에서 증언을 하면서 그 공범과 함께 범행하였다고 허위의 진술을 한 경우에도 그 증언은 자신에 대한 유죄판결의 우려를 증대시키는 것이므로 증언거부권의 대상은 된다고 볼 것이다. 다만 그 경우는 자신이 하지 아니한 범행을 오히려 했다고 진술하는 것으로서 자기부죄거부의 특권이 인정되는 본래 모습과는 상당한 차이가 있으므로, 이는 증언거부권을 고지받았으면 증언을 거부하였을지 여부, 즉 증언거부권의 행사에 사실상 장애가 초래되었다고 볼 수 있는지를 판단함에 있어 중요한 요소로 고려함이 마땅하다.

나. 다른 한편 공범인 공동피고인은 당해 소송절차에서는 피고인의 지위에 있어 다른 공동피고인에 대한 공소사실에 관하여 증인이 될 수 없으나, 소송절차가 분리되어 피고인의 지위에서 벗어나게 되면 다른 공동피고인에 대한 공소사실에 관하여 증인이 될 수 있다(대법원 2008. 6. 26. 선고 2008도3300 판결 등 참조).

## V. 유사판례

### 1. 증언거부 사유가 있음에도 증언거부권을 고지받지 못함으로 인하여 그 증언거부권을 행사하는 데 사실상 장애가 초래되었다고 볼 수 있는 경우

증언거부권 제도는 증인에게 증언의무의 이행을 거절할 수 있는 권리를 부여한 것이고, 형사소송법상 증언거부권의 고지 제도는 증인에게 그러한 권리의 존재를 확인시켜 침묵할 것인지 아니면 진술할 것인지에 관하여 심사숙고할 기회를 충분히 부여함으로써 침묵할 수 있는 권리를 보장하기 위한 것임을 감안할 때, 재판장이 신문 전에 증인에게 증언거부권을 고지하지 않은 경우에도 당해 사건에서 증언 당시 증인이 처한 구체적인 상황, 증언거부 사유의 내용, 증인이 증언거부 사유 또는 증언거부권의 존재를 이미 알고 있었는지 여부, 증언거부권을 고지받았더라도 허위진술을 하였을 것이라고 볼 만한 정황이 있는지 등을 전체적·종합적으로 고려하여 증인이 침묵하지 아니하고 진술한 것이 자신의 진정한 의사에 의한 것인지 아닌지를 기준으로 위증죄의 성립 여부를 판단하여야 한다. 그러므로 헌법 제12조 제2항에 정한 불이익 진술의 강요금지 원칙을 구체화한 자기부죄거부특권에 관한 것이거나 기타 증언거부 사유가 있음에도 증인이 증언거부권을 고지받지 못함으로 인하여 그 증언거부권을 행사하는 데 사실상 장애가 초래되었다고 볼 수 있는 경우에는 위증죄의 성립을 부정하여야 할 것이다. (대법원 2010. 1. 21., 선고, 2008도942, 전원합의체 판결)

## 2. 신문 전에 증언거부권을 고지하지 않은 경우 위증죄 성립 여부 판단기준

재판장이 신문 전에 증인에게 증언거부권을 고지하지 않은 경우에도 당해 사건에서 증언 당시 증인이 처한 구체적인 상황, 증언거부 사유의 내용, 증인이 증언거부 사유 또는 증언거부권의 존재를 이미 알고 있었는지 여부, 증언거부권을 고지받았더라도 허위진술을 하였을 것이라고 볼 만한 정황이 있는지 등을 전체적·종합적으로 고려하여 증인이 침묵하지 아니하고 진술한 것이 자신의 진정한 의사에 의한 것인지 아닌지를 기준으로 위증죄의 성립 여부를 판단하여야 한다. (대법원 2010. 2. 25., 선고, 2007도6273, 판결)

# 제2절 민사소송절차에서 적법하게 선서한 증인이 증언거부권을 고지받지 아니한 상태에서 허위 진술한 경우

## Ⅰ. 사례요지

민사소송절차에 증인으로 출석한 피고인이 재판장으로부터 증언거부권을 고지받지 않은 상태에서 허위의 증언을 하였다.

## Ⅱ. 논 점

1. 민사소송법상 재판장에게 증언거부권 고지의무가 인정되는지 여부(소극)
2. 민사소송절차에서 적법하게 선서한 증인이 증언거부권을 고지받지 아니한 상태에서 허위진술을 한 경우, 위증죄가 성립하는지 여부(원칙적 적극)

## Ⅲ. 법규연구

### 1. 형 법

제152조(위증, 모해위증) ① 법률에 의하여 선서한 증인이 허위의 진술을 한 때에는 5년 이하의 징역 또는 1천만원 이하의 벌금에 처한다.

### 2. 형사소송법

제148조(근친자의 형사책임과 증언 거부) 누구든지 자기나 다음 각 호의 어느 하나에 해당하는 자가 형사소추(刑事訴追) 또는 공소제기를 당하거나 유죄판결을 받을 사실이 드러날 염려가 있는 증언을 거부할 수 있다.
  1. 친족이거나 친족이었던 사람
  2. 법정대리인, 후견감독인

제160조(증언거부권의 고지) 증인이 제148조, 제149조에 해당하는 경우에는 재판장은 신문전에 증언을 거부할 수 있음을 설명하여야 한다.

### 3. 민사소송법

제314조(증언거부권) 증인은 그 증언이 자기나 다음 각호 가운데 어느 하나에 해당하는 사람이 공소제기되거나 유죄판결을 받을 염려가 있는 사항 또는 자기나 그들에게 치욕이 될 사항에 관한 것인 때에는 이를 거부할 수 있다.
  1. 증인의 친족 또는 이러한 관계에 있었던 사람
  2. 증인의 후견인 또는 증인의 후견을 받는 사람

제315조(증언거부권) ①증인은 다음 각호 가운데 어느 하나에 해당하면 증언을 거부할 수 있다.

1. 변호사·변리사·공증인·공인회계사·세무사·의료인·약사, 그 밖에 법령에 따라 비밀을 지킬 의무가 있는 직책 또는 종교의 직책에 있거나 이러한 직책에 있었던 사람이 직무상 비밀에 속하는 사항에 대하여 신문을 받을 때

2. 기술 또는 직업의 비밀에 속하는 사항에 대하여 신문을 받을 때

② 증인이 비밀을 지킬 의무가 면제된 경우에는 제1항의 규정을 적용하지 아니한다.

제316조(거부이유의 소명) 증언을 거부하는 이유는 소명하여야 한다.

제323조(선서의 면제) 제314조에 해당하는 증인으로서 증언을 거부하지 아니한 사람을 신문할 때에는 선서를 시키지 아니할 수 있다.

제324조(선서거부권) 증인이 자기 또는 제314조 각호에 규정된 어느 한 사람과 현저한 이해관계가 있는 사항에 관하여 신문을 받을 때에는 선서를 거부할 수 있다.

## IV. 관련 판례

### 1. 원심 (춘천지법 2009. 12. 11. 선고 2009노430 판결)

이 사건 민사소송절차에서의 증인인 피고인의 증언은 피고인 자신이 공소제기 되거나 유죄판결을 받을 염려가 있는 사항에 관한 것이므로 피고인에게는 민사소송법 제314조에 따라 증언거부권이 있고, 비록 민사소송법상 증언거부권 고지에 관한 별도의 명문 규정이 없더라도 이는 입법의 불비에 불과하여, 재판장이 증언거부권을 고지하지 않은 것은 위법하고, 따라서 <u>증언거부권을 고지받지 아니한 채 진행된 위법한 증인신문절차에서 증언한 피고인을 위증죄로 처벌할 수 없다는 이유로 무죄로 판단하였다.</u>

### 2. 대법원 (대법원 2011. 7. 28., 선고, 2009도14928, 판결)

형법 제152조 제1항은 "법률에 의하여 선서한 증인이 허위의 진술을 한때"에 위증죄로 처벌하고 있고, 여기서 <u>"법률에 의하여 선서한 증인"</u> 이라고 함은 법률에 근거하여 법률이 정한 절차에 따라 유효한 선서를 한 증인이라는 의미로서, 그 증인신문은 법률이 정한 절차 조항을 준수하여 적법하게 이루어진 경우여야 하므로, 증인신문절차에서 법률에 규정된 증인 보호를 위한 규정이 지켜진 것으로 인정되지 않으면 증인이 허위의 진술을 하였다고 하더라도 위증죄의 구성요건인 "법률에 의하여 선서한 증인"에 해당하지 아니하여 위증죄로 처벌할 수 없는 것이 원칙이다(대법원 2010. 1. 21. 선고 2008도942 전원합의체 판결 참조).

그런데 「형사소송법」 은 증언거부권에 관한 규정(제148조, 제149조)과 함께 재판장의 증언거부권 고지의무에 관하여도 규정하고 있는 반면(제160조), 「민사소송법」 은

증언거부권 제도를 두면서도(제314조 내지 제316조) 증언거부권 고지에 관한 규정을 따로 두고 있지 않다. 우리 입법자는 1954. 9. 23. 제정 당시부터 증언거부권 및 그 고지 규정을 둔「형사소송법」과는 달리 그 후인 1960. 4. 4.「민사소송법」을 제정함에 있어 증언거부권 제도를 두면서도 그 고지 규정을 두지 아니하였고, 2002. 1. 26.「민사소송법」을 전부 개정하면서도 같은 입장을 유지하였다. 이러한 입법의 경위 및 규정 내용에 비추어 볼 때, 이는 양 절차에 존재하는 그 목적·적용원리 등의 차이를 염두에 둔 입법적 선택으로 보인다. 더구나「민사소송법」은「형사소송법」과 달리, '선서거부권 제도'(제324조), '선서면제 제도'(제323조) 등 증인으로 하여금 위증죄의 위험으로부터 벗어날 수 있도록 하는 이중의 장치를 마련하고 있어 증언거부권 고지 규정을 두지 아니한 것이 입법의 불비라거나 증언거부권 있는 증인의 침묵할 수 있는 권리를 부당하게 침해하는 입법이라고 볼 수도 없다.

## V. 결 론

그렇다면 민사소송절차에서 재판장이 증인에게 증언거부권을 고지하지 아니하였다 하여 절차위반의 위법이 있다고 할 수 없고, 따라서 적법한 선서절차를 마쳤음에도 허위진술을 한 증인에 대해서는 달리 특별한 사정이 없으면 위증죄가 성립한다고 보아야 할 것이다.

## VI 유사판례

### 1. 심문절차로 진행되는 가처분신청사건에서 증인선서하고 허위 공술한 경우

가처분사건이 변론절차에 의하여 진행될 때에는 제3자를 증인으로 선서하게 하고 증언을 하게 할 수 있으나 심문절차에 의할 경우에는 법률상 명문의 규정도 없고, 또 민사소송법의 증인신문에 관한 규정이 준용되지도 아니하므로 선서를 하게 하고 증언을 시킬 수 없다고 할 것이고, 따라서 제3자가 심문절차로 진행되는 가처분 신청사건에서 증인으로 출석하여 선서하고 진술하면서 허위의 공술을 하였다고 하더라도 그 선서는 법률상 근거가 없어 무효라고 할 것이므로 위증죄는 성립하지 않는다. (대법원 2003. 7. 25., 선고, 2003도180, 판결)

### 2. 민사소송의 당사자인 법인의 대표자가 선서하고 증언한 경우

민사소송의 당사자는 증인능력이 없으므로 증인으로 선서하고 증언하였다고 하더라도 위증죄의 주체가 될 수 없고, 이러한 법리는 민사소송에서의 당사자인 법인 대표자의 경우에도 마찬가지로 적용된다. (대법원 2012. 12. 13., 선고, 2010도14360, 판결)

# 제3절 내용에 다소의 오류나 모순이 있는 경우 위증죄 성립여부

## I. 사례요지

피고인은 증인으로 출석하여 선서한 후 증언하면서, 사실은 병원의 피부관리사로 공소외 2를 채용한 이후 공소외 2와 근무시간 외에 하루 1회 내지 10회 이상 매일 전화통화를 하면서 길게는 17분 20초 동안 통화를 하고, 또한 수회 자정이 넘은 시간에 서로 만나는 등 다른 직원들과 달리 서로 긴밀한 관계를 유지해왔고, 이로 인해 피고인과 공소외 2의 관계를 의심한 피고인의 처인 공소외 1이 공소외 2에게 다시는 피고인을 만나지 않겠다는 내용의 각서를 작성하도록 강요한 사실로 재판을 받고 있음에도 불구하고, 재판장의 '증인은 공소외 2와 무슨 관계에 있나요. 아파트를 얻어 준 것을 보면 일반인으로는 생각하기 어려운 정도로 과도하게 잘해 준 것이 아닌가요'라는 신문에 대해 '단순히 원장과 직원과의 관계입니다. 모든 직원한테 했듯이 똑같이 대하였습니다'라는 취지로 증언하였다.

## II. 논 점

1. 증인의 진술이 법률적·주관적 평가나 의견인 경우 위증죄의 요건인 '허위의 진술'에 해당하는지 여부(소극)

2. 그 내용에 다소의 오류나 모순이 있는 경우 위증죄가 성립하는지 여부(소극)

## III. 법규연구 (형법)

제152조 (위증, 모해위증) ① 법률에 의하여 선서한 증인이 허위의 진술을 한 때에는 5년 이하의 징역 또는 1천만원 이하의 벌금에 처한다.

## IV. 관련 판례

### 1. 원심 (전주지법 2008. 11. 12. 선고 2008노1027 판결)

특히 '모든 직원들한테 했듯이 똑같이 대했다' 라는 부분은, 피고인이 직접 경험한 사실에 관한 것으로서 허위이므로 위 증언은 <u>위증에 해당한다고 판단하였다.</u>

### 2. 대법원 (대법원 2009. 3. 12., 선고, 2008도11007, 판결)

위증죄는 법률에 의하여 선서한 증인이 사실에 관하여 기억에 반하는 진술을 한때에 성립하고, 증인의 진술이 경험한 사실에 대한 법률적 평가이거나 단순한 의견에 지나지 아니하는 경우에는 위증죄에서 말하는 허위의 공술이라고 할 수 없으며(대법원

2007. 9. 20. 선고 2005도9590 판결 등 참조), <u>경험한 객관적 사실에 대한 증인 나름의 법률적ㆍ주관적 평가나 의견을 부연한 부분에 다소의 오류나 모순이 있더라도 위증죄가 성립하는 것은 아니라고 할 것이다</u>(대법원 2001. 3. 23. 선고 2001도213 판결 참조).

## V. 결 론

피고인이 공소외 2와의 사이를 원장과 직원 관계라고 한 것이나 다른 직원과 똑같이 대했다고 한 것은 사실 그대로이거나 주관적 평가 내지 의견을 말한 것에 지나지 않는다고 봄이 상당하고, 이를 위증죄의 대상이 되는 과거에 경험한 사실을 허위로 진술한 경우에 해당한다고 보기는 어렵다고 할 것이다.

## VI 유사판례

### 1. 증인의 의견이나 판단의 진술이 위증죄의 허위의 공술에 해당하는지

증인의 진술이 경험한 사실에 대한 법률적 평가이거나 단순한 의견에 지나지 아니하는 경우에는 <u>위증죄에서 말하는 허위의 공술이라고 할 수 없다.</u> (대법원 1996. 2. 9., 선고, 95도1797, 판결)

### 2. 허위 진술한 증인이 신문이 끝나기 전에 이를 철회ㆍ시정한 경우

증인의 증언은 그 전부를 일체로 관찰ㆍ판단하는 것이므로 선서한 증인이 일단 기억에 반하는 허위의 진술을 하였더라도 그 신문이 끝나기 전에 그 <u>진술을 철회ㆍ시정한 경우 위증이 되지 아니한다.</u> (대법원 2008. 4. 24., 선고, 2008도1053, 판결)

### 3. 재판결과에 영향이 없는 사실만이 허위인 경우

수통의 고소, 고발장에 의하여 수개의 혐의사실을 들어 무고로 고소, 고발한 경우 그중 일부 사실은 진실이나 다른 사실은 허위인 때에는 그 허위사실 부분만이 독립하여 무고죄를 구성하는 것이고, 위증죄는 진술내용이 당해 사건의 요증사항이 아니거나 <u>재판의 결과에 영향을 미친 바 없더라도 선서한 증인이 그 기억에 반하여 허위의 진술을 한 경우에는 성립되어 그 죄책을 면할 수 없으므로,</u> 위증으로 고소, 고발한 사실 중 위증한 당해사건의 요증사항이 아니고 재판결과에 영향을 미친 바 없는 사실만이 허위라고 인정되더라도 무고죄의 성립에는 영향이 없다. (대법원 1989. 9. 26., 선고, 88도1533, 판결)

## 4. 증언 중 극히 사소한 부분이 기억과 불일치하는 경우

증언의 전체적 취지가 객관적 사실에 일치하고 그것이 기억에 반하는 진술이 아니라면 극히 사소한 부분에 관하여 기억과 불일치하는 점이 있다 하더라도 그것이 신문취지의 몰이해나 착오로 인한 진술이라고 인정되면 위증죄는 성립될 수 없다. (대법원 1993. 9. 28., 선고, 93도425, 판결)

## 5. 수사기록에 기재된 진술내용이 상위없다는 증언이 있을 경우 위증죄 성립될 수 있는 범위

판사가 증인이 경찰과 검사에게 진술한 내용이 사실이냐고 묻고 수사기록을 제시하고 그 요지를 고지한 즉 증인이 사실대로 진술하였으며 그 내용도 상위없다고 답변하였을 뿐이라면 증인이 수사기록에 있는 그의 진술조서에 기재된 내용을 기억하여 반복 진술한 것이라고 할 수는 없으므로 설사 그 진술조서에 기재된 내용 중 증인의 기억에 반하는 부분이 있다고 하여도 그 기재내용을 상위없다고 하는 진술자체가 위증이 될 수 있음은 별론으로 하고 그 진술기재내용을 위증한 것이라고 할 수는 없다. (대법원 1989. 9. 12., 선고, 88도1147, 판결)

# 제4절 자기 형사피고 사건에 관하여 타인을 교사하여 위증하게 한 경우

## Ⅰ. 사례요지

무고죄로 재판을 받고 있으면서 유죄판결을 받을 것이 염려되어 증인으로 채택된 친구에게 법원에 출석하여 증언하게 되면 자신에게 유리하도록 허위증언을 부탁하였다.

## Ⅱ. 논 점

위증교사죄의 성립 여부(적극)

## Ⅲ. 법규연구 (형법)

제152조 (위증, 모해위증) ① 법률에 의하여 선서한 증인이 허위의 진술을 한 때에는 5년 이하의 징역 또는 1천만원 이하의 벌금에 처한다.

## Ⅳ. 관련 판례

### 1. 원심 (서울지법 2003. 8. 13. 선고 2002노9353 판결)

제1심 공동피고인 1이 허위의 진술을 하였다는 점에 부합하는 증거들을 그 판시와 같은 이유로 배척하고, 제1심 공동피고인 1이 이 사건 각 증언을 함에 있어 주관적인 기억에 반하는 허위의 진술을 하였다고 볼 증거가 없다는 이유로 위 제1심 공동피고인 1에 대하여 위증을 교사하였다는 피고인에 대한 이 부분 공소사실에 대하여 유죄를 인정한 제1심판결을 파기하고 무죄를 선고하였다.

### 2. 대법원 (대법원 2004. 1. 27., 선고, 2003도5114, 판결)

피고인이 자기의 형사사건에 관하여 허위의 진술을 하는 행위는 피고인의 형사소송에 있어서의 방어권을 인정하는 취지에서 처벌의 대상이 되지 않으나, 법률에 의하여 선서한 증인이 타인의 형사사건에 관하여 위증을 하면 위증죄가 성립되므로 자기의 형사사건에 관하여 타인을 교사하여 위증죄를 범하게 하는 것은 이러한 방어권을 남용하는 것이라고 할 것이어서 교사범의 죄책을 부담케 함이 상당할 것이다.

## Ⅴ. 결 론

위증교사죄로 처벌하여야 한다.

# 제5절 범인이 증거은닉을 위하여 타인에게 도움을 요청하는 행위

## Ⅰ. 사례요지

피고인 1이 ○○당 홈페이지와 투표시스템 서버에 대한 경찰의 압수수색이 진행 중이라는 사실을 알고 피고인 2에게 당원 정보 관련 장비를 반출하라고 지시하고, 피고인 2는 공소외 2 등 교사, 공무원의 정당법 위반 사건 증거인 하드디스크 2개를 가지고 가서 ○○당 당사에 보관함으로써, 피고인 2와 공모하여 타인의 형사사건에 관한 증거를 은닉하였다. 피고인 3이 공소외 1을 피고인 2에게 안내하고 피고인 2가 공소외 1에게 이 사건 하드디스크 반출에 관하여 문의할 때 함께 있었다.

## Ⅱ. 논 점

1. 증거은닉죄의 성립요건
2. 범인이 증거은닉을 위하여 타인에게 도움을 요청하는 행위가 증거은닉죄로 처벌되는지 여부(원칙적 소극)
3. 피고인 자신이 직접 자기의 이익을 위하여 증거가 될 자료를 은닉한 경우, 증거은닉죄에 해당하는지 여부(소극)
4. 제3자와 공동하여 그러한 행위를 하였더라도 마찬가지인지 여부(적극)

## Ⅲ. 법규연구 (형법)

제155조(증거인멸 등과 친족간의 특례) ① 타인의 형사사건 또는 징계사건에 관한 증거를 인멸, 은닉, 위조 또는 변조하거나 위조 또는 변조한 증거를 사용한 자는 5년 이하의 징역 또는 700만원 이하의 벌금에 처한다.
제30조(공동정범) 2인 이상이 공동하여 죄를 범한 때에는 각자를 그 죄의 정범으로 처벌한다.

## Ⅳ. 관련 판례

### 1. 원심 (서울고법 2015. 1. 8. 선고 2014노1512 판결)

자신의 형사사건에 관한 증거라고 하더라도 이를 타인과 공동하여 은닉하면 증거은닉의 공동정범이 성립한다는 이유로 피고인 1에 대한 주위적 공소사실인 증거은닉의 점을 유죄로 판단하였다.

피고인 3이 공소외 1을 피고인 2에게 안내하고 피고인 2가 공소외 1에게 이 사건 하드디스크 반출에 관하여 문의할 때 함께 있었던 사실만으로 피고인 3이 피고인 2와 공모하여 이 사건 하드디스크를 은닉하는 범행에 기능적 <u>행위지배를 하였다고 보기 어</u><u>렵다는 이유로, 피고인 3에 대한 이 부분 공소사실을 무죄로 판단하였다.</u>

## 2. 대법원 (대법원 2018. 10. 25., 선고, 2015도1000, 판결)

증거은닉을 위하여 타인에게 도움을 요청하는 행위 역시 원칙적으로 처벌되지 아니한다. 따라서 피고인 자신이 직접 형사처분을 받게 될 것을 두려워한 나머지 자기의 이익을 위하여 그 증거가 될 자료를 은닉하였다면 증거은닉죄에 해당하지 않고, 제3자와 공동하여 그러한 행위를 하였다고 하더라도 마찬가지이다(대법원 2013. 11. 28. 선고 2011도5329 판결, 대법원 2014. 4. 10. 선고 2013도12079 판결 등 참조).

## V. 결 론

<u>자기의 이익을 위하여 그 증거가 될 자료를 은닉하였다면 증거은닉죄에 해당하지 않는다.</u>

## VI 유사판례

### 1. 자신을 위한 증거인멸 행위가 동시에 다른 공범자 증거를 인멸한 결과가 된 경우

증거인멸죄는 타인의 형사사건 또는 징계사건에 관한 증거를 인멸하는 경우에 성립하는 것으로서, 피고인 자신이 직접 형사처분이나 징계처분을 받게 될 것을 두려워한 나머지 자기의 이익을 위하여 그 증거가 될 자료를 인멸하였다면, 그 행위가 동시에 다른 공범자의 형사사건이나 징계사건에 관한 증거를 인멸한 결과가 된다고 하더라도 이를 <u>증거인멸</u><u>죄로 다스릴 수 없다.</u> (대법원 2013. 11. 28., 선고, 2011도5329, 판결)

# 제6절 참고인이 수사기관에서 허위 진술한 경우 증거위조죄 여부

## Ⅰ. 사례요지

수사기관에서 명예훼손에 대한 수사가 시작되자, 피고인은 위 사건에 관하여 아는 바가 없음에도 불구하고 공소외 1의 부탁을 받아 경찰서에서 참고인으로 조사를 받으면서 그 부탁에 따라 공소외 2가 공소외 1의 명예를 훼손하는 말을 들었다는 요지의 진술을 함으로써 타인의 형사사건에 관한 증거를 위조하였다.

## Ⅱ. 논 점

1. 증거위조죄에서 '증거' 및 '위조' 의 의미
2. 증거위조죄에서 '타인의 형사사건 등에 관한 증거를 위조한다' 라는 것의 의미
3. 참고인이 수사기관에서 허위의 진술을 하는 것이 여기에 포함되는지 여부(소극)
4. 참고인이 타인의 형사사건 등에서 직접 진술 또는 증언하는 것을 대신하거나 그 진술 등에 앞서서 허위의 사실확인서나 진술서를 작성하여 수사기관 등에 제출하거나 제3자에게 교부하여 제3자가 이를 제출한 것이 증거위조죄를 구성하는지 여부(소극)

## Ⅲ. 법규연구 (형법)

제155조(증거인멸 등과 친족간의 특례) ① 타인의 형사사건 또는 징계사건에 관한 증거를 인멸, 은닉, 위조 또는 변조하거나 위조 또는 변조한 증거를 사용한 자는 5년 이하의 징역 또는 700만원 이하의 벌금에 처한다.

## Ⅳ. 관련 판례

### 1. 원심 (서울북부지법 2017. 6. 16. 선고 2016노2211 판결)

① 피고인은 2016. 1. 중순경 공소외 1 주식회사 소속 공소외 2가 피고인에 대하여 허위사실을 유포하여 명예를 훼손하는 것을 들었다는 내용의 공소외 3 등 명의의 각 확인서를 명의자들의 동의 없이 임의로 작성하고, 이를 공소외 2, 공소외 4에 대한 명예훼손 사건과 관련하여 경찰서에 제출하였다.

② 피고인이 임의로 작성한 공소외 3 등 명의의 각 확인서는 참고인이 타인의 형사사건에서 그 진술 등에 앞서 수사기관에 제출한 허위의 사실확인서라고 할 것이다.

③ 따라서 피고인이 위 각 확인서를 위조하여 수사기관에 제출하였다고 하더라도,

이는 존재하지 않는 문서를 이전부터 존재하고 있는 것처럼 작출하는 등의 방법으로 새로운 증거를 창조한 것이 아닐뿐더러 확인서 제출은 참고인으로서 이들이 수사기관에서 허위진술을 하는 것과 차이가 없어, <u>증거위조죄를 구성한다고 할 수 없다.</u>

## 2. 대법원 (대법원 2017. 10. 26., 선고, 2017도9827, 판결)

가. 타인의 형사사건 또는 징계사건에 관한 증거를 위조한 경우에 성립하는 형법 제155조 제1항의 증거위조죄에서 '**증거**' 라 함은 타인의 형사사건 또는 징계사건에 관하여 수사기관이나 법원 또는 징계기관이 국가의 형벌권 또는 징계권의 유무를 확인하는 데 관계있다고 인정되는 일체의 자료를 의미하고, 타인에게 유리한 것이건 불리한 것이건 가리지 아니하며 또 증거가치의 유무 및 정도를 불문한다. 또 여기서의 '위조'란 문서에 관한 죄에 있어서의 위조 개념과는 달리 새로운 증거의 창조를 의미하는 것이다(대법원 2007. 6. 28. 선고 2002도3600 판결 등 참조). 그리고 타인의 형사사건 등에 관한 증거를 위조한다 함은 증거 자체를 위조함을 말하는 것이고, 참고인이 수사기관에서 허위의 진술을 하는 것은 여기에 포함되지 않는다.

한편, 참고인이 타인의 형사사건 등에서 직접 진술 또는 증언하는 것을 대신하거나 그 진술 등에 앞서서 허위의 사실확인서나 진술서를 작성하여 수사기관 등에 제출하거나 제3자에게 교부하여 제3자가 이를 제출한 것은 존재하지 않는 문서를 이전부터 존재하고 있는 것처럼 작출하는 등의 방법으로 새로운 증거를 창조한 것이 아닐뿐더러, 참고인이 수사기관에서 허위의 진술을 하는 것과 차이가 없으므로, 증거위조죄를 구성하지 않는다고 할 것이다(대법원 2015. 10. 29. 선고 2015도9010 판결 참조).

나. 그러나 원심의 위와 같은 판단은 그대로 수긍하기 어렵다.

① 피고인이 임의로 작성한 공소외 3 등 명의의 각 확인서에는 "공소외 3 등이, 공소외 2가 피고인에 대하여 허위사실을 유포하여 명예를 훼손하는 것을 들었음을 확인한다." 라는 내용이 기재되어 있다. 이는 공소외 2에 대한 명예훼손 사건에 관하여 수사기관 등이 국가의 형벌권 유무를 확인하는 데 관계있다고 인정되는 자료로서 형법 제155조 제1항에서 정한 '증거'에 해당한다.

② 공소외 3 등이 공소외 2에 대한 명예훼손 사건에 관하여 허위의 사실확인서를 작성한 후 피고인에게 교부하여 피고인이 이를 수사기관에 제출하거나, 피고인에게 허위의 사실확인서를 작성할 것을 위임하여 피고인이 이를 작성, 제출하였다면, 공소외 3 등이 수사기관에서 허위의 진술을 하는 것과 차이가 없으므로, 증거위조죄를 구성하

지 않는다고 할 것이다.

③ 그러나 피고인이 공소외 3 등의 동의를 받지 아니하고 임의로 이들 명의의 확인서를 작성하는 것은, 공소외 3 등의 의사에 따른 진술이 존재하지 않았으므로 이를 공소외 3 등이 진술하는 것과 동일하게 평가할 수 없다.

## V. 결 론

따라서 피고인이 공소외 3 등 명의의 각 <u>확인서를 위조한 것은</u>, 피고인이 공소외 2를 <u>모해할 목적으로</u> 그의 형사사건에 관한 허위의 증거를 새로이 작출하는 행위로서 형법 제155조 제1항에서 정한 <u>증거의 '위조'</u> 에 해당한다.

## VI 유사판례

### 1. 증거변조죄가 적용되는 '징계사건'에 사인(私人) 간의 징계사건이 포함되는지

형법 제155조 제1항은 '타인의 형사사건 또는 징계사건에 관한 증거를 인멸, 은닉, 위조 또는 변조하거나 위조 또는 변조한 증거를 사용한 자'를 처벌한다고 규정하고 있는바, 증거인멸 등 죄는 위증죄와 마찬가지로 국가의 형사사법작용 내지 징계작용을 그 보호법익으로 하므로, 위 법조문에서 말하는 '징계사건'이란 국가의 징계사건에 한정되고 사인(私人) 간의 징계사건은 포함되지 않는다. (대법원 2007. 11. 30., 선고, 2007도4191, 판결)

# 제7절 자신의 형사사건에 관한 증거은닉을 위하여 타인에게 도움을 요청하는 행위

## I. 사례요지

피고인 1이 피고인 2로부터 받은 안마의자를 공소외 1에게 보관하여 달라고 부탁하고 공소외 2에게 그 운반을 지시함으로써, 공소외 1, 공소외 2로 하여금 피고인 1의 요청에 응하도록 하였다. 피고인 1도 안마의자가 정치활동과 무관하여 아무런 문제가 없다고 생각하고 다른 금품은 피고인 2에게 반환하면서도 안마의자는 자신의 주거지에 그대로 두었다가, 이 사건 당일에 이르러 혹시라도 문제가 될까 염려하여 공소외 2에게 안마의자를 운반해 달라고 요청하였고 공소외 1에게는 이를 받아 달라고 부탁하였다.

## II. 논 점

1. 증거은닉죄의 성립요건
2. 자신의 형사사건에 관한 증거은닉을 위하여 타인에게 도움을 요청하는 행위가 증거은닉교사죄에 해당하는 경우 및 판단기준

## III. 법규연구 (형법)

제155조(증거인멸 등과 친족간의 특례) ① 타인의 형사사건 또는 징계사건에 관한 증거를 인멸, 은닉, 위조 또는 변조하거나 위조 또는 변조한 증거를 사용한 자는 5년 이하의 징역 또는 700만원 이하의 벌금에 처한다.

제31조(교사범) ① 타인을 교사하여 죄를 범하게 한 자는 죄를 실행한 자와 동일한 형으로 처벌한다.

## IV. 관련 판례

### 1. 원심 (서울고법 2016. 4. 15. 선고 2016노189 판결)

피고인 1에 대한 이 사건 공소사실 중 피고인 1이 피고인 2로부터 받은 안마의자를 공소외 1에게 보관하여 달라고 부탁하고 공소외 2에게 그 운반을 지시함으로써, 공소외 1, 공소외 2로 하여금 피고인 1의 요청에 응하도록 하였다는 내용의 주위적 공소사실인 증거은닉교사의 점을 유죄로 판단하였다.

## 2. 대법원 (대법원 2016. 7. 29., 선고, 2016도5596, 판결)

가. 증거은닉죄는 타인의 형사사건이나 징계사건에 관한 증거를 은닉할 때 성립하고 자신의 형사사건에 관한 증거은닉 행위는 형사소송에 있어서 피고인의 방어권을 인정하는 취지와 상충하여 처벌의 대상이 되지 아니하므로 자신의 형사사건에 관한 증거은닉을 위하여 타인에게 도움을 요청하는 행위 역시 원칙적으로 처벌되지 아니하나, 다만 그것이 방어권의 남용이라고 볼 수 있을 때는 증거은닉교사죄로 처벌할 수 있다. 방어권 남용이라고 볼 수 있는지는, 증거를 은닉하게 하는 것이라고 지목된 행위의 태양과 내용, 범인과 행위자의 관계, 행위 당시의 구체적인 상황, 형사사법작용에 영향을 미칠 수 있는 위험성의 정도 등을 종합하여 판단하여야 한다(대법원 2014. 4. 10. 선고 2013도12079 판결 참조).

나. 아래와 같은 사정을 종합하면 원심의 이러한 판단은 수긍하기 어렵다.

① 범인과 행위자의 관계

공소외 1은 피고인 1과 오랜 기간 친분을 유지해왔고, 공소외 2는 피고인 1의 보좌관이다. 이들은 피고인 1의 최측근으로서 피고인 2가 비자금을 조성하여 정치인들에게 로비하였다는 등의 혐의를 받게 되자 피고인 1과 그에 대한 대비책을 협의하였다.

② 행위 당시의 구체적인 상황 및 행위의 태양과 내용

이 사건 안마의자는 아래에서 보는 바와 같이 정치활동을 위하여 제공된 것이 아니어서 정치자금법에 의하여 수수가 금지되는 정치자금에 해당하지 않고, 피고인 1도 안마의자가 정치활동과 무관하여 아무런 문제가 없다고 생각하고 다른 금품은 피고인 2에게 반환하면서도 안마의자는 자신의 주거지에 그대로 두었다가, 이 사건 당일에 이르러 혹시라도 문제가 될까 염려하여 공소외 2에게 안마의자를 운반해 달라고 요청하였고 공소외 1에게는 이를 받아 달라고 부탁하였다.

③ 형사사법작용에 영향을 미칠 수 있는 위험성의 정도

피고인 2에 대하여 위와 같이 수사가 진행되던 상황이었고, 안마의자가 피고인 1에게 배송된 자료도 있으며, 통화내역과 CCTV 영상 확인 등을 통하여 피고인 1의 주거지에 있던 안마의자가 공소외 1의 주거지로 운반된 사정도 조기에 어렵지 않게 드러난 점에 비추어 보면, 피고인 1이 위와 같이 안마의자를 운반, 보관하게 함으로써 수사에 중대한 장애를 초래하였다고 단정할 수 없다. 또한, 피고인 1이 공소외 1, 공소외 2와 안마의자의 출처나 귀속관계 등을 거짓으로 진술하기로 사전에 공모한 사정도 보이지 않는다.

## V. 결 론

이러한 피고인 1과 행위자의 관계, 행위 당시의 구체적인 상황, 증거를 은닉하게 하는 것이라고 지목된 행위의 태양과 내용 등을 고려하면, 피고인 1의 위와 같은 행위로 형사사법작용에 중대한 장애를 초래하였다거나 그러한 위험성이 있었다고 보기 어렵고 자기 자신이 한 증거은닉 행위의 범주에 속한다고 볼 여지가 충분하여 방어권을 남용한 정도에 이르렀다고 단정하기 어렵다.

그런데도 원심은 피고인 1에 대한 주위적 공소사실인 증거은닉교사의 점을 유죄로 판단하였으니, 이 부분에 대한 원심판결에는 증거은닉교사죄의 성립요건에 관한 법리를 오해하여 판결에 영향을 미친 잘못이 있다.

# 제8절 참고인이 타인 형사사건에 관해 제3자와 허위 대화 후 녹음 내용을 수사기관에 제출

## I. 사례요지

참고인이 타인의 형사사건 등에 관하여 제3자와 대화를 하면서 허위로 진술하고 그 진술이 담긴 대화 내용을 녹음한 녹음파일 또는 이를 녹취한 녹취록을 만들어 수사기관 등에 제출하여 증거위조를 하였다.

## II. 논 점

참고인이 타인의 형사사건 등에 관하여 제3자와 대화를 하면서 허위 진술한 내용을 제출한 행위가 증거위조죄를 구성하는지 여부(적극)

## III. 법규연구 (형법)

제155조(증거인멸 등과 친족간의 특례) ① 타인의 형사사건 또는 징계사건에 관한 증거를 인멸, 은닉, 위조 또는 변조하거나 위조 또는 변조한 증거를 사용한 자는 5년 이하의 징역 또는 700만원 이하의 벌금에 처한다.

## IV. 관련 판례

### 1. 원심 (광주고법 2013. 6. 18. 선고 (전주)2013노96, 2013전노15 판결)

피고인이 친딸인 피해자 공소외 1을 강간하였다는 등의 범죄사실로 재판을 받던 중 누나인 공소외 2로 하여금 위 공소외 1이 공소외 2의 딸인 공소외 3과 대화를 하면서 '아빠가 때려서 그것 때문에 화나서 아빠가 몸에다 손댔다고 거짓말하였다' 라는 취지로 허위진술하는 것을 공소외 2의 휴대폰에 녹음하게 한 다음 위와 같은 허위진술이 담긴 대화 내용을 녹취한 이 사건 녹취록을 만들어 담당재판부에 증거로 제출하게 하였다는 이 부분 공소사실이 <u>증거위조교사죄에 해당한다고 보아 이를 유죄로 인정한 제1심판결을 그대로 유지하였다.</u>

### 2. 대법원 (대법원 2013. 12. 26., 선고, 2013도8085, 2013전도165, 판결)

가. 타인의 형사사건 또는 징계사건에 관한 증거를 위조한 경우에 성립하는 형법 제155조 제1항의 증거위조죄에서 '<u>증거</u>' 라 함은 타인의 형사사건 또는 징계사건에 관하

여 수사기관이나 법원 또는 징계기관이 국가의 형벌권 또는 징계권의 유무를 확인하는데 관계있다고 인정되는 일체의 자료를 의미하고, 타인에게 유리한 것이건 불리한 것이건 가리지 아니하며 또 증거가치의 유무 및 정도를 불문한다. 또 여기서의 '위조'란 문서에 관한 죄에서 위조 개념과는 달리 새로운 증거의 창조를 의미하는 것이다(대법원 2007. 6. 28. 선고 2002도3600 판결 등 참조).

나. 참고인이 타인의 형사사건 등에 관하여 제3자와 대화를 하면서 허위로 진술하고 위와 같은 허위진술이 담긴 대화 내용을 녹음한 녹음파일 또는 이를 녹취한 녹취록은 참고인의 허위진술 자체 또는 참고인 작성의 허위 사실확인서 등과는 달리 그 진술내용만이 증거자료로 되는 것이 아니고 녹음 당시의 현장음향 및 제3자의 진술 등이 포함되어 있어 그 일체가 증거자료가 된다고 할 것이므로, 이는 증거위조죄에서 말하는 '증거'에 해당한다.

또한, 위와 같이 참고인의 허위진술이 담긴 대화 내용을 녹음한 녹음파일 또는 이를 녹취한 녹취록을 만들어 내는 행위는 무엇보다도 그 녹음의 자연스러움을 뒷받침하는 현장성이 강하여 단순한 허위진술 또는 허위의 사실확인서 등에 비하여 수사기관 등을 그 증거가치를 판단하면서 오도할 위험성을 현저히 증대시킨다고 할 것이므로, 이러한 행위는 허위의 증거를 새로이 작출하는 행위로서 증거위조죄에서 말하는 '위조'에도 해당한다고 봄이 상당하다.

## V. 결 론

따라서 참고인이 타인의 형사사건 등에 관하여 제3자와 대화를 하면서 허위로 진술하고 위와 같은 허위진술이 담긴 대화 내용을 녹음한 녹음파일 또는 이를 녹취한 녹취록을 만들어 수사기관 등에 제출하는 것은, 참고인이 타인의 형사사건 등에 관하여 수사기관에 허위의 진술을 하거나 이와 다른 바 없는 것으로서 허위의 사실확인서나 진술서를 작성하여 수사기관 등에 제출하는 것과는 달리, 증거위조죄를 구성한다고 할 것이다.

# 무고의 죄

## 제1절 허위사실이 친고죄로서 고소기간이 지났을 때 무고죄 여부

### Ⅰ. 사례요지

甲은 '乙이 2012. 10. 1. 5천만 원을 빌리고 아직 갚지 않으니 사기로 처벌해 달라'는 취지의 허위고소장을 작성하여 2015. 12. 3. ○○경찰서에 접수하게 함으로써 乙을 무고하였다. 甲은 위 고소에 따라 경찰서에서 진행된 고소인 진술 시에 '동생인 乙이 다방을 여는 데 필요한 돈을 빌려주면 2012. 10.경까지 갚겠다고 하여, 2012. 3.경 3,000만 원, 2012. 9.경 2,000만 원 합계 5,000만 원을 빌려주었는데, 다방도 열지 않고 10월이 되어도 갚지 않아, 2012. 10. 1. 차용증을 작성해 달라고 하였다고 진술하고 있다. 피고인들은 별도로 거주하고 있는 친 남매간이다.

### Ⅱ. 논 점

1. 공무소에 신고한 허위의 사실이 친고죄로서 그에 대한 고소기간이 경과하였음이 신고내용 자체에 의하여 분명한 경우, 무고죄가 성립하는지 여부(소극)
2. 친고죄의 고소기간을 규정한 형사소송법 제230조 제1항에서 '범인을 알게 된 날' 의 의미

### Ⅲ. 법규연구

#### 1. 형 법

제156조(무고) 타인으로 하여금 형사처분 또는 징계처분을 받게 할 목적으로 공무소 또는 공무원에 대하여 허위의 사실을 신고한 자는 10년 이하의 징역 또는 1천500만원 이하의 벌금에 처한다.

#### 2. 형사소송법

제230조(고소기간) ① 친고죄에 대하여는 범인을 알게 된 날로부터 6월을 경과하면 고소하지 못한다. 단, 고소할 수 없는 불가항력의 사유가 있는 때에는 그 사유가 없어진 날로부터 기산한다

## IV. 관련 판례

### 1. 원심 (춘천지법 2018. 1. 10. 선고 2016노844 판결)

고소기간 도과 여부에 관하여 별다른 심리도 하지 아니한 채 <u>무고의 공소사실을 모두 유죄로 인정하였다.</u>

### 2. 대법원 (대법원 2018. 7. 11., 선고, 2018도1818, 판결)

가. 타인으로 하여금 형사처분을 받게 할 목적으로 공무소에 대하여 허위의 사실을 신고하였다고 하더라도, 그 사실이 친고죄로서 그에 대한 고소기간이 경과하여 공소를 제기할 수 없음이 그 신고내용 자체에 의하여 분명한 때에는 당해 국가기관의 직무를 그르치게 할 위험이 없으므로 이러한 경우에는 무고죄가 성립하지 아니한다(대법원 1998. 4. 14. 선고 98도150 판결 등 참조).

한편 형법 제354조, 제328조의 규정에 의하면, 직계혈족, 배우자, 동거친족, 동거가족 또는 그 배우자 간의 사기죄는 그 형을 면제하여야 하고, 그 이외의 친족 간에는 고소가 있어야 공소를 제기할 수 있다. 그리고 고소기간은 형사소송법 제230조 제1항에 의하여 범인을 알게 된 날로부터 6개월로 정하여져 있다.

여기서 **범인을 알게 된다는 것은** 통상인의 입장에서 보아 고소권자가 고소할 수 있을 정도로 범죄사실과 범인을 아는 것을 의미하고, 범죄사실을 안다는 것은 고소권자가 친고죄에 해당하는 범죄의 피해가 있었다는 사실관계에 관하여 확정적인 인식이 있음을 말한다(대법원 2001. 10. 9. 선고 2001도3106 판결 등 참조).

나. 甲의 고소장 기재내용 및 경찰에서의 진술 내용을 앞서 본 법리에 비추어 살펴보면, 그 신고내용 자체로 <u>甲이 2012. 10. 1. 乙로부터 차용증을 받을 당시에 乙이 애초에 돈을 빌릴 당시 용도인 다방 개업에 위 돈을 사용하지도 않았고 변제자력이 없다는 것을 알았던 것으로 보인다.</u>

따라서 <u>2012. 10. 1.경에는 甲에게 乙을 고소할 수 있을 정도로 사기 범죄 피해를 입었다는 점에 대한 확정적 인식이 있어, 그 무렵부터 고소기간이 진행하고, 고소장이 접수된 2015. 12. 3.에는 이미 그 고소기간이 도과하였다고 볼 여지가 많다.</u> 위와 같이 볼 경우 甲의 허위의 사기 고소사실은 그 고소기간이 경과하여 공소를 제기할 수 없음이 그 신고내용 자체에 의하여 분명한 때에 해당하여 무고죄가 성립하지 아니한다.

## V. 결 론

甲은 乙에게 돈을 빌려주고 받지 못하자 2012. 10. 1. 乙로부터 차용증을 받았다. 그렇다면 그때 이미 乙이 돈을 갚을 의사나 능력이 없었다는 것을 알았다고 볼 수 있어 그때부터 고소기간이 진행한다고 볼 수 있다. 그런데 고소장을 2015.12.3. 제출하였기 때문에 고소기간인 6개월이 이미 경과하였다.

따라서 甲의 허위의 사기 고소사실은 그 고소기간이 경과하여 공소를 제기할 수 없음이 그 신고내용 자체에 의하여 분명한 때에 해당하여 <u>무고죄가 성립하지 아니한다.</u>

## VI. 유사판례

### 1. 객관적으로 공소시효가 완성된 사실에 대하여 공소시효가 완성되지 않은 것처럼 고소한 경우

객관적으로 고소사실에 대한 공소시효가 완성되었더라도 고소를 제기하면서 마치 공소시효가 완성되지 아니한 것처럼 고소한 경우에는 국가기관의 직무를 그르칠 염려가 있으므로 <u>무고죄를 구성한다.</u> (대법원 1995. 12. 5., 선고, 95도1908, 판결)

### 2. 공소시효가 완성된 범죄사실의 허위신고와 무고죄의 성부

허위사실을 신고한 경우라도 그 사실에 관한 공소시효가 완성되어 공소권이 소멸된 것이 그 신고내용 자체에 의하여 분명한 때에는 당해 국가기관의 직무를 그르치게 할 위험이 없으므로 이러한 경우에는 <u>무고죄는 성립하지 않는다.</u> (대법원 1982. 3. 23., 선고, 81도2617, 판결)

### 3. 무고행위 당시 형사처분 대상이었으나 판례변경으로 형사범죄가 아닌 경우

타인에게 형사처분을 받게 할 목적으로 '허위의 사실'을 신고한 행위가 무고죄를 구성하기 위해서는 신고된 사실 자체가 형사처분의 대상이 될 수 있어야 하므로, 가령 허위의 사실을 신고하였더라도 신고 당시 그 사실 자체가 형사범죄를 구성하지 않으면 무고죄는 성립하지 않는다. 그러나 허위로 신고한 사실이 무고행위 당시 형사처분의 대상이 될 수 있었던 경우에는 국가의 형사사법권의 적정한 행사를 그르치게 할 위험과 부당하게 처벌받지 않을 개인의 법적 안정성이 침해될 위험이 이미 발생하였으므로 무고죄는 기수에 이르고, 이후 그러한 사실이 형사범죄가 되지 않는 것으로 판례가 변경되었더라도 <u>특별한 사정이 없는 한 이미 성립한 무고죄에는 영향을 미치지 않는다.</u> (대법원 2017. 5. 30., 선고, 2015도15398, 판결)

## 4. 신고한 허위사실 자체가 형사범죄를 구성하지 않는 경우

타인에게 형사처분을 받게 할 목적으로 허위의 사실을 신고한 행위가 무고죄를 구성하기 위하여는 신고된 사실 자체가 형사처분의 원인이 될 수 있어야 할 것이어서, 가령 허위의 사실을 신고하였다 하더라도 그 사실 자체가 형사범죄로 구성되지 아니한다면 무고죄는 성립하지 아니한다. (대법원 2013. 9. 26., 선고, 2013도6862, 판결)

## 5. 진실이라는 확신없이 고소하는 경우와 무고죄의 성부

종중의 사고수습대책회의가 종묘관리인의 채무를 면제하여 주는 결의를 할 적법한 권한은 없다 하더라도 피고소인은 위 회의의 결의에 따라 종묘관리인의 채무를 면제하여 준 것인데 피고인이 이를 알고 있었음에도 불구하고 진실이라는 확신 없이 위 피고소인이 공소외인으로부터 금원을 받고 임의로 결손처분하였다고 고소하였다면 금전수수의 대가로 채무면제를 하여 주었다는 점에 대하여 수사기관으로 하여금 수사권을 발동하도록 함에 충분하므로 피고인의 위와 같은 소위는 무고죄를 구성한다. (대법원 1986. 12. 9., 선고, 85도2482, 판결)

# 제2절 자신을 무고하기로 제3자와 공모하고 무고행위에 가담한 경우

## I. 사례요지

피고인은 공소외 1, 공소외 2와 공모하여, 공소외 1이 피고인을 사문서위조 등으로 허위 고소하기로 하고, 피고인, 공소외 1, 공소외 2가 수사기관의 예상 질문에 대한 대답을 준비하는 방식으로 피고인을 무고하기로 하고, 공소외 1이 그 공모에 따라 피고인을 처벌하여 달라는 허위내용의 고소장을 작성하여 제출함으로써 피고인을 무고하였다.

## II. 논 점

자기 자신을 무고하기로 제3자와 공모하고 무고 행위에 가담한 경우, 무고죄의 공동정범으로 처벌할 수 있는지(소극)

## III. 법규연구 (형법)

제156조(무고) 타인으로 하여금 형사처분 또는 징계처분을 받게 할 목적으로 공무소 또는 공무원에 대하여 허위의 사실을 신고한 자는 10년 이하의 징역 또는 1천500만원 이하의 벌금에 처한다.
제30조(공동정범) 2인 이상이 공동하여 죄를 범한 때에는 각자를 그 죄의 정범으로 처벌한다.

## IV. 관련 판례

### 1. 원심 (청주지법 2013. 9. 26. 선고 2013노517 판결)

스스로 자기 자신을 무고하는 자기무고(自己誣告)가 무고죄를 구성하지 않으므로, 자기 자신을 무고한 사람을 제3자와 함께 <u>무고죄의 공동정범으로도 처벌할 수 없다</u>고 판단하였다.

### 2. 대법원 (대법원 2017. 4. 26., 선고, 2013도12592, 판결)

가. 형법 제30조에서 정한 공동정범은 공동으로 범죄를 저지르려는 의사에 따라 공범자들이 협력하여 범행을 분담함으로써 범죄의 구성요건을 실현한 경우에 각자가 범죄 전체에 대하여 정범으로서의 책임을 지는 것이다. 이러한 공동정범이 성립하기 위해서는 주관적 요건으로서 공동가공의 의사와 객관적 요건으로서 공동의사에 의한 기능적 행위지배를 통한 범죄의 실행사실이 필요하고, 이때 공동가공의 의사는 공동의

의사로 특정한 범죄행위를 하기 위하여 일체가 되어 서로 다른 사람의 행위를 이용하여 자기의 의사를 실행에 옮기는 것을 내용으로 하는 것이어야 한다(대법원 1996. 1. 26. 선고 95도2461 판결, 대법원 2000. 4. 7. 선고 2000도576 판결 등 참조).

나. 따라서 범죄의 실행에 가담한 사람이라고 할지라도 그가 공동의 의사에 따라 다른 공범자를 이용하여 실현하려는 행위가 자신에게는 범죄를 구성하지 않는다면, 특별한 사정이 없는 한 공동정범의 죄책을 진다고 할 수 없다. 형법 제156조에서 정한 무고죄는 타인으로 하여금 형사처분 또는 징계처분을 받게 할 목적으로 허위의 사실을 신고하는 것을 구성요건으로 하는 범죄이다.

자기 자신으로 하여금 형사처분 또는 징계처분을 받게 할 목적으로 허위의 사실을 신고하는 행위, 즉 자기 자신을 무고하는 행위는 무고죄의 구성요건에 해당하지 않아 무고죄가 성립하지 않는다(대법원 2008. 10. 23. 선고 2008도4852 판결 참조).

## V. 결 론

따라서 자기 자신을 무고하기로 제3자와 공모하고 이에 따라 무고 행위에 가담하였다고 하더라도 이는 자기 자신에게는 무고죄의 구성요건에 해당하지 않아 범죄가 성립할 수 없는 행위를 실현하고자 한 것에 지나지 않아 무고죄의 공동정범으로 처벌할 수 없다.

## VI 유사판례

### 1. 제3자를 교사·방조하여 자신에 대한 허위의 사실을 신고하게 한 경우

형법 제156조의 무고죄는 국가의 형사사법권 또는 징계권의 적정한 행사를 주된 보호법익으로 하는 죄이나, 스스로 본인을 무고하는 자기 무고는 무고죄의 구성요건에 해당하지 아니하여 무고죄를 구성하지 않는다. 그러나 피무고자의 교사·방조 하에 제3자가 피무고자에 대한 허위의 사실을 신고한 경우에는 제3자의 행위는 무고죄의 구성요건에 해당하여 무고죄를 구성하므로, 제3자를 교사·방조한 피무고자도 교사·방조범으로서의 죄책을 부담한다. (대법원 2008. 10. 23., 선고, 2008도4852, 판결)

# 제3절 사립학교 교원에 대한 징계처분이 무고죄의 징계처분에 포함되는지

## I. 사례요지

피고인이 사립대학교 교수인 피해자들로 하여금 징계처분을 받게 할 목적으로 허위의 사실을 범정부 국민포털인 국민신문고에 민원을 제기하였다.

## II. 논 점

1. 형법 제156조에서 정한 '징계처분' 의 의미
2. 학교법인 등의 사립학교 교원에 대한 인사권의 행사로서 징계 등 불리한 처분의 성격(=사법적 법률행위)
3. 사립학교 교원에 대한 학교법인 등의 징계처분이 형법 제156조의 '징계처분' 에 포함되는지 여부(소극)

## III. 법규연구

### 1. 형 법

제156조(무고) 타인으로 하여금 형사처분 또는 징계처분을 받게 할 목적으로 공무소 또는 공무원에 대하여 허위의 사실을 신고한 자는 10년 이하의 징역 또는 1천500만원 이하의 벌금에 처한다.

### 2. 사립학교법

제53조(학교의 장의 임면) ① 각급 학교의 장은 해당 학교를 설치·경영하는 학교법인 또는 사립학교경영자가 임용한다.

② 제1항에 따라 학교법인이 대학교육기관의 장을 임기 중에 해임하려는 경우에는 이사 정수의 3분의 2 이상의 찬성에 의한 이사회의 의결을 거쳐야 한다.

③ 각급 학교의 장의 임기는 학교법인 및 법인인 사립학교경영자의 경우에는 정관으로 정하고, 사인인 사립학교경영자의 경우에는 규칙으로 정하되, 4년을 초과할 수 없으며, 중임할 수 있다. 다만, 초·중등학교 및 특수학교의 장은 한 차례만 중임할 수 있다.

제53조의2(학교의 장이 아닌 교원의 임용) ① 각급 학교의 교원은 해당 학교법인 또는 사립학교경영자가 임용하되, 다음 각 호의 구분에 따른 방법으로 하여야 한다.

1. 학교법인 및 법인인 사립학교경영자가 설치·경영하는 사립학교의 교원: 해당 학교의 장의 제청으로 이사회의 의결을 거쳐 임용

2. 사인인 사립학교경영자가 설치·경영하는 사립학교의 교원: 해당 학교의 장의 제청으로 임용

② 대학교육기관의 교원 임용권과 고등학교 이하 각급학교 교원의 휴직 및 복직에 관한 사항은 해당 학교법인의 정관으로 정하는 바에 따라 학교의 장에게 위임할 수 있다.

제54조(임용에 관한 보고 및 해임 등의 요구)  ① 각급 학교의 교원 임용권자는 교원을 임용(각급 학교의 장으로서 임기 만료로 해임된 경우는 제외한다)하였을 때에는 임용한 날부터 7일 이내에 관할청에 보고하여야 한다.

## IV. 관련 판례

### 1. 원심 (수원지법 2014. 5. 1. 선고 2013노5215 판결)

무죄를 인정하였다.

### 2. 대법원 (대법원 2014. 7. 24., 선고, 2014도6377, 판결)

가. 형법 제156조는 타인으로 하여금 형사처분 또는 징계처분을 받게 할 목적으로 공무소 또는 공무원에 대하여 허위의 사실을 신고한 자를 처벌하도록 정하고 있다. 여기서 '징계처분'이란 공법상의 감독관계에서 질서유지를 위하여 과하는 신분적 제재를 말한다(대법원 2010. 11. 25. 선고 2010도10202 판결 참조).

나. 그런데 사립학교 교원은 학교법인 또는 사립학교경영자가 임면하고(사립학교법 제53조, 제53조의2), 그 임면은 사법상 고용계약에 의하며, 사립학교 교원은 학생을 교육하는 대가로 학교법인 등으로부터 임금을 지급받으므로 학교법인 등과 사립학교 교원의 관계는 원칙적으로 사법상 법률관계에 해당한다(대법원 1996. 7. 30. 선고 95다11689 판결 참조). 비록 임면자가 사립학교 교원의 임면에 대하여 관할청에 보고하여야 하고, 관할청은 일정한 경우 임면권자에게 그 해직 또는 징계를 요구할 수 있는 등(사립학교법 제54조) 학교법인 등에 대하여 국가 등의 지도·감독과 지원 및 규제가 행해지고, 사립학교 교원의 자격, 복무 및 신분을 공무원인 국·공립학교 교원에 준하여 보장하고 있지만, 이 역시 이들 사이의 법률관계가 사법상 법률관계임을 전제로 그 신분 등을 교육공무원의 그것과 동일하게 보장한다는 취지에 다름아니다. 따라서 학교법인 등의 사립학교 교원에 대한 인사권의 행사로서 징계 등 불리한 처분은 사법적 법률행위의 성격을 가진다(대법원 1995. 11. 24. 선고 95누12934 판결, 헌법재판소 2006. 2. 23. 선고 2005헌가7·2005헌마1163 전원재판부 결정 참조).

## V. 결 론

위와 같은 법리를 종합하여 보면, 사립학교 교원에 대한 학교법인 등의 징계처분은 형법 제156조의 '징계처분'에 포함되지 않는다고 해석함이 옳다.

공소외 1은 ○○대학교, 공소외 2는 △△대학교의 각 교수로서 사립학교 교원이므로, 피고인이 그들로 하여금 징계처분을 받게 할 목적으로 국민권익위원회에서 운영하는 범정부 국민포털인 국민신문고에 민원을 제기하였더라도, 이러한 행위는 무고죄에 해당하지 않는다.

## VI 유사판례

### 1. 변호사에 대한 징계처분이 무고죄의 '징계처분'에 포함되는지

구 변호사법(2008. 3. 28. 법률 제8991호로 개정되기 전의 것, 이하 '구 변호사법'이라 한다) 제92조, 제95조, 제96조, 제100조 등 관련 규정에 의하면 변호사에 대한 징계가 대한변호사협회 변호사징계위원회를 거쳐 최종적으로 법무부의 변호사징계위원회에서 결정되고 이에 불복하는 경우에는 행정소송을 할 수 있는 점, 구 변호사법 제93조, 제94조, 제101조의2 등은 판사 2명과 검사 2명이 위원으로 참여하여 대한변호사협회 변호사징계위원회나 법무부의 변호사징계위원회를 구성하고, 서류의 송달, 기일의 지정이나 변경 및 증인·감정인의 선서와 급여에 관한 사항에 대하여 '형사소송법'과 '형사소송비용 등에 관한 법률'의 규정을 준용하도록 정하고 있는 점, 위와 같은 절차를 마련한 것은 변호사의 공익적 지위에 기인하여 공법상의 특별권력관계에 준하여 징계에 관하여도 공법상의 통제를 하려는 의도로 보여지는 점 등을 고려하여 보면, 변호사에 대한 징계처분은 형법 제156조에서 정하는 '징계처분'에 포함된다고 봄이 상당하고, 구 변호사법 제97조의2 등 관련 규정에 의하여 그 징계 개시의 신청권이 있는 지방변호사회의 장은 형법 제156조에서 정한 '공무소 또는 공무원'에 포함된다. (대법원 2010. 11. 25., 선고, 2010도10202, 판결)

# 제4절 신고내용에 일부 허위사실이 포함된 경우 무고죄 여부

## I. 사례요지

피고인은 2009. 7. 19.경 甲에게 공소외 2 주식회사로부터 장모 乙명의로 리스한 차량을 담보로 제공하고 700만 원을 차용하면서, 10일 이내에 차용금을 갚지 못하면 甲이 위 승용차를 처분하더라도 아무런 이의를 제기하지 않기로 약정하였고, 피고인이 약정 기간 내에 차용금을 갚지 못하게 되자 甲이 피고인과의 약정에 따라 2009. 9. 중순경 위 승용차를 900만 원에 처분하였는데도, 피고인은 2009. 12. 17. "2009. 8. 중순경 차량을 담보로 제공하고 丙과 甲으로부터 700만 원을 차용하였는데, 차량을 찾으려고 연락하여 보았으나 연락이 끊어졌으니 처벌해 달라."라는 취지의 고소장을 제출하고, 같은 날 고소인 보충조사를 받으면서 "2009. 8. 중순경 승용차를 담보로 제공하고 열흘 뒤에 찾으러 간다고 한 후 甲, 丙으로부터 700만 원을 빌렸는데 甲, 丙이 피해자를 위하여 보관하고 있던 위 승용차를 마음대로 처분하여 횡령하였으니 처벌해 달라."라는 취지로 허위내용을 진술하여 甲, 丙을 무고하였다.

## II. 논 점

신고내용에 일부 허위사실이 포함된 경우, 무고죄가 성립하는지 판단하는 기준

## III. 법규연구 (형법)

제156조(무고) 타인으로 하여금 형사처분 또는 징계처분을 받게 할 목적으로 공무소 또는 공무원에 대하여 허위의 사실을 신고한 자는 10년 이하의 징역 또는 1천500만원 이하의 벌금에 처한다.

## IV. 관련 판례

### 1. 원심 (대구지법 2011. 8. 12. 선고 2011노168 판결)

甲이 위 승용차를 처분한 것은 비록 변제기 이후에 이루어진 것이라고 하더라도 자신의 권한을 넘는 것으로서 피고인에 대한 관계에서는 물론 원소유자인 공소외 2 주식회사에 대한 관계에 있어서도 역시 위법한 처분행위라는 평가를 피할 수 없어서 甲에 대하여 횡령죄 또는 다른 범죄가 성립할 수 있다고 할 것이므로, 피고인의 고소 내용에 일부 사실과 다른 진술이 포함되었다거나 법적인 구성에 일부 잘못이 있다고 하여 피고인의 고소 내용이 무고죄의 성립요건으로서 허위의 사실을 고소한 것으로는 볼 수 없다는 이유로 무죄를 선고한 제1심의 판단이 정당하다고 하여 이를 그대로 유지하였다.

## 2. 대법원 (대법원 2012. 5. 24., 선고, 2011도11500, 판결)

무고죄는 타인으로 하여금 형사처분 또는 징계처분을 받게 할 목적으로 공무소 또는 공무원에 대하여 허위의 사실을 신고하는 때에 성립하는 것으로, 여기에서 허위사실의 신고라 함은 신고사실이 객관적 사실에 반한다는 것을 확정적이거나 미필적으로 인식하고 신고하는 것을 말하는 것이므로, 신고사실의 일부에 허위의 사실이 포함되어 있다고 하더라도 그 허위 부분이 범죄의 성부에 영향을 미치는 중요한 부분이 아니고, 단지 신고한 사실을 과장한 것에 불과한 경우에는 무고죄에 해당하지 아니하지만(대법원 1996. 5. 31. 선고 96도771 판결, 대법원 2003. 1. 24. 선고 2002도5939 판결 등 참조), 그 일부 허위인 사실이 국가의 심판작용을 그르치거나 부당하게 처벌을 받지 아니할 개인의 법적 안정성을 침해할 우려가 있을 정도로 고소사실 전체의 성질을 변경시키는 때에는 무고죄가 성립될 수 있다(대법원 2004. 1. 16. 선고 2003도7178 판결, 대법원 2009. 1. 30. 선고 2008도8573 판결, 대법원 2010. 4. 29. 선고 2010도2745 판결 등 참조).

## V. 결 론

피고인이 甲으로부터 700만 원을 차용하면서 변제기까지 차용금을 갚지 못하면 담보로 제공한 차량을 처분하더라도 아무런 이의를 제기하지 않겠다고 하였다면, 丙과 甲이 피고인의 허락 없이 마음대로 차량을 처분하였다는 취지의 고소 내용은 허위사실의 기재로서 그 자체로 독립하여 무고죄가 성립한다고 할 것이고, 丙과 甲이 피고인으로부터 공소외 2 주식회사의 리스 차량을 담보로 받는 행위에 대하여 장물취득죄 등 다른 범죄가 성립한다고 하더라도 달리 볼 것은 아니다.

## VI. 유사판례

### 1. 고소 내용이 사실에 기초하여 그 정황을 다소 과장한 경우

> 무고죄는 타인으로 하여금 형사처분 또는 징계처분을 받게 할 목적으로 공무소 또는 공무원에 대하여 허위의 사실을 신고하는 때에 성립하는 것인데, 여기에서 허위사실의 신고라 함은 신고사실이 객관적 사실에 반한다는 것을 확정적이거나 미필적으로 인식하고 신고하는 것을 말하는 것으로서, 설령 고소사실이 객관적 사실에 반하는 허위의 것이라 할지라도 그 허위성에 대한 인식이 없을 때에는 무고에 대한 고의가 없다 할 것이고, 고소 내용이 터무니없는 허위사실이 아니고 사실에 기초하여 그 정황을 다소 과장한 데 지나지 아니한 경우에는 무고죄가 성립하지 아니한다. (대법원 2003. 1. 24., 선고, 2002도5939, 판결)

## 2. 일부 허위사실을 포함한 신고가 무고죄에 해당하는 경우

무고죄는 타인으로 하여금 형사처분 또는 징계처분을 받게 할 목적으로 공무소 또는 공무원에 대하여 허위의 사실을 신고하는 때에 성립하는 것으로, 여기에서 허위사실의 신고란 신고 사실이 객관적 사실에 반한다는 것을 확정적이거나 미필적으로 인식하고 신고하는 것을 말하는 것이므로, 신고사실의 일부에 허위의 사실이 포함되어 있다고 하더라도 그 허위 부분이 범죄의 성부에 영향을 미치는 중요한 부분이 아니고, 단지 신고한 사실을 과장한 것에 불과한 경우에는 무고죄에 해당하지 아니하지만, 그 일부 허위인 사실이 국가의 심판작용을 그르치거나 부당하게 처벌을 받지 아니할 개인의 법적 안정성을 침해할 우려가 있을 정도로 고소사실 전체의 성질을 변경시키는 때에는 무고죄가 성립될 수 있다.
(대법원 2004. 1. 16., 선고, 2003도7178, 판결)

## 3. 강간죄를 강간치상죄로 고소한 것이 상해에 대한 무고죄가 되는지

강간을 당하여 상해를 입었다는 고소내용은 하나의 강간행위에 대한 고소사실이고, 이를 분리하여 강간에 관한 고소사실과 상해에 관한 고소사실의 두 가지 고소내용이라고 볼 수는 없으므로, 피고인이 공소외(갑)으로 부터 강간을 당한 것이 사실인 이상 이를 고소함에 있어서 강간으로 입은 것이 아닌 상해사실을 포함시켰다 하더라도 이는 고소내용의 정황을 과장한 것에 지나지 아니하여 따로이 무고죄를 구성하지 아니한다. (대법원 1983. 1. 18., 선고, 82도2170, 판결)

# 제5절 타인 명의 고소장을 대리작성 제출한 경우 무고죄 주체

## I. 사례요지

A는 甲을 교회에 대한 횡령 및 배임죄로 고소하려고 하였으나 위 교회의 신도가 고소하여야 한다는 등의 말을 듣고 甲을 고소할 만한 위 교회 신도를 찾던 중, 乙에게 이러한 사정을 이야기하고 사람을 물색해 달라고 부탁하였으며, 고소장은 A가 작성하였고, 乙에게 팩스를 보내어 그 내용을 확인하게 하였지만, A가 직접 우편으로 이 사건 고소장을 경찰서에 발송하여 접수한 후 경찰서에 출석하여 乙이 고소보충진술을 하였으나, 고소한 내용을 잘 모르고 수사관의 질문에도 동석한 A의 도움을 받아가면서 겨우 진술을 하였다.

## II. 논점

타인 명의의 고소장을 대리하여 작성하고 제출하는 형식으로 고소가 이루어진 경우, 무고죄의 주체

## III. 법규연구 (형법)

제156조(무고) 타인으로 하여금 형사처분 또는 징계처분을 받게 할 목적으로 공무소 또는 공무원에 대하여 허위의 사실을 신고한 자는 10년 이하의 징역 또는 1천500만원 이하의 벌금에 처한다.

## IV. 관련 판례

### 1. 원심 (인천지법 2006. 8. 18. 선고 2005노2279 판결)

검찰에서 임의로 삽입하였다고 피고인이 주장하는 문구는 신고사실의 취지를 왜곡한 것이 아니고, 나머지 부분만을 놓고 보아도 수사권 또는 징계권의 발동을 촉구하는 정도의 것임이 분명하고, 이 사건 고소장에 기재된 사실 중 이 사건 공소사실에서 적시한 부분은 모두 허위사실의 신고이며, 이 사건 고소에 있어서 피고인에게 신고사실의 허위성에 대한 확정적 내지 미필적 인식이 있었으므로 피고인을 이 사건 무고죄의 주체로 판단하여 무고죄의 범의가 인정된다고 판단하였다.

### 2. 대법원 (대법원 2007. 3. 30., 선고, 2006도6017, 판결)

비록 외관상으로는 타인 명의의 고소장을 대리하여 작성하고 제출하는 형식으로 고소가 이루어진 경우라 하더라도 그 명의자는 고소의 의사가 없이 이름만 빌려준 것에

불과하고 명의자를 대리한 자가 실제 고소의 의사를 가지고 고소행위를 주도한 경우라면 그 명의자를 대리한 자를 신고자로 보아 무고죄의 주체로 인정하여야 할 것이다(대법원 2006. 7. 13. 선고 2005도7588 판결 등 참조).

원심이 적법하게 인정한 다음과 같은 사정, 즉 ① A는 甲을 교회에 대한 횡령 및 배임죄로 고소하려고 하였으나 위 교회의 신도가 고소하여야 한다는 등의 말을 듣고 공소외 1을 고소할 만한 위 교회 신도를 찾던 중, 친구인 공소외 2에게도 이러한 사정을 이야기하고 사람을 물색해 달라고 부탁하였던 점, ② 이에 공소외 2는 회사 동료인 乙에게 甲을 고소하여야 하니 교회에 나가 달라고 부탁하였고, 乙은 이를 승낙한 후 위 교회에 3번 정도 출석하고 신도로 등록을 하였던 점, ③ 이 사건 고소장은 A가 작성하였고, 乙에게 팩스를 보내어 그 내용을 확인하게 하였지만, A가 직접 우편으로 이 사건 고소장을 발송하여 접수하게 하였던 점, ④ 乙은 2005. 1. 12. 경찰서에 출석하여 고소보충진술을 하였으나, 고소한 내용을 잘 모르고 수사관의 질문에도 동석한 피고인의 도움을 받아가면서 겨우 진술을 하였다가, 2005. 2. 3. 이 사건에 대해 잘 알지 못하면서 A의 부탁으로 이름만 빌려준 것이었다고 진술하면서 甲에 대한 고소를 취소한 점 등 제반 사정에 비추어 보면, 비록 이 사건 고소가 외관상으로는 乙 명의의 고소장을 A가 대리하여 작성하고 제출하는 형식으로 고소가 이루어진 경우라 하더라도 乙은 고소의 의사가 없이 이름만 빌려준 것에 불과하고 명의자를 대리한 A가 실제 고소의 의사를 가지고 고소행위를 주도한 것이라고 봄이 상당하므로, A를 신고자로 보아 무고죄의 주체로 인정하여야 할 것이다.

## V. 결 론

타인 명의의 고소장 제출에 의해 고소가 하여졌더라도 피고인이 고소장을 작성하여 수사기관에 제출하고 수사기관에 대하여 고소인 진술을 하는 등 피고인의 의사로 고소행위를 주도하였다면 그 고소인이 무고죄의 주체가 된다. 사례의 경우 A가 무고죄의 주체가 된다.

# 제6절 고발사건 참고인이 수사기관 추문에 허위진술 한 경우 무고죄 여부

## I. 사례요지

피고인은 자신이 발행한 수표를 피해자 공소외 1이 위조한 적이 없음에도 위 피해자로 하여금 형사처분을 받게 할 목적으로, 은행 ○○○지점에 사고신고를 하면서 위 피해자가 수표를 위조하여 사용한 것 같다는 취지의 말을 하여 고발조치하여 달라고 요구하여, 그 정을 모르는 위 은행 직원 공소외 2로 하여금 경찰서에 피고발자를 성명불상자로 하여 피고인 발행의 수표 6장이 위조되었다는 내용의 고발을 하게 하고, 위 경찰서에 고발사건의 참고인으로 출석하여 조사를 받으면서 위 피해자를 수표위조 혐의자로 특정하는 방법으로 위 피해자를 무고하였다.

## II. 논 점

1. 고발사건의 참고인이 수사기관의 추문에 대하여 허위진술을 하는 것이 무고죄를 구성하는지 여부(소극)
2. 참고인의 진술이 수사기관 등의 추문에 의한 것인지 아닌지의 판단 방법

## III. 법규연구 (형법)

제156조 (무고) 타인으로 하여금 형사처분 또는 징계처분을 받게 할 목적으로 공무소 또는 공무원에 대하여 허위의 사실을 신고한 자는 10년 이하의 징역 또는 1천500만원 이하의 벌금에 처한다.

## IV. 관련 판례

### 1. 원심 (서울북부지법 2005. 4. 28. 선고 2004노908 판결)

피고인이 피해자가 이 사건 수표를 위조하였다고 신고하였음에도 불구하고, 공소외 2는 2003. 6. 27. 피고발자를 피고인으로 하여 이 사건 수표 중 일부가 위조되었다는 내용의 고발장을 작성하여 경찰서에 제출하였다가, 경찰서에서 참고인으로 조사를 받으면서 고발장에 피고발자를 피고인으로 기재한 것은 착오이고, 이 사건 수표는 액면금 및 발행일 각 백지인 상태에서 위 피해자에 의하여 견질용으로 보관되던 중 성명불상자에 의하여 위 백지부분이 위조되었으므로 피고발자를 성명불상자로 정정한다고 진술하였고, 2003. 6. 30. 피고발자를 성명불상자로 하여 이 사건 수표 중 일부가 위조되었다는 내용의 고발장을 작성하여 2003. 7. 10. 경찰서에 제출한 사실, 피고인은

2003. 7. 4. 경찰서에서 위 고발사건의 참고인으로 조사를 받으면서 위 고발사건에 대하여 의심이 가는 사람이 있느냐는 수사기관의 추문에 대하여 위 피해자가 의심이 간다는 취지의 진술을 한 사실 등 판시와 같은 사실을 인정한 다음, 그 인정 사실에 의하면, 피고인이 위 피해자로 하여금 형사처분을 받게 할 목적으로 그 정을 알지 못하는 공소외 2를 도구로 이용하려 하였다고 하더라도, 공소외 2는 피고인의 허위신고에도 불구하고, 스스로의 의사에 따라 피고발자를 성명불상자로 하여 수사기관에 고발을 하였으므로, 공소외 2가 피고인의 도구로 이용되었다고 볼 수 없어 피고인이 무고죄의 간접정범에 해당한다고 할 수 없고, 가사 공소외 2가 피고인의 도구로 이용되었다고 하더라도, 위 피해자를 무고하려던 피고인의 시도는 공소외 2가 피고발자를 성명불상자로 하여 수사기관에 고발을 함으로써 미수에 그쳤다고 할 것인데,

형법은 무고죄의 미수범을 처벌하는 규정을 두고 있지 아니하므로 피고인을 무고죄의 미수범으로 처벌할 수도 없으며, 또한 무고죄는 수사기관의 추문을 받음이 없이 자진하여 타인으로 하여금 형사처분 또는 징계처분을 받게 할 목적으로 공무소 또는 공무원에 대하여 허위사실을 신고함으로써 성립하는 것이므로, 비록 피고인이 2003. 7. 4. 경찰서에서 위 고발사건의 참고인으로 조사를 받으면서 위 고발사건에 대하여 의심이 가는 사람이 있느냐는 수사기관의 추문에 대하여 위 피해자가 의심이 간다는 취지의 진술을 하였다고 하더라도, 위와 같은 진술이 무고죄에 해당한다고 할 수는 없다고 판단하였다.

## 2. 대법원 (대법원 2005. 12. 22., 선고, 2005도3203, 판결)

가. 무고죄에서 신고는 자발적인 것이어야 하고 수사기관 등의 추문에 대하여 허위의 진술을 하는 것은 무고죄를 구성하지 않는 것이지만(대법원 2002. 2. 8. 선고 2001도6293 판결 등 참조), 참고인의 진술이 수사기관 등의 추문에 의한 것인지 아닌지는 수사가 개시된 경위, 수사의 혐의사실과 참고인의 진술 관련성 등을 종합하여 판단하여야 할 것이다.

나. 피고인은 은행에 대하여 이 사건 수표가 피해자 공소외 1에 의하여 위조되었다는 허위의 신고를 하였고, 은행은 비록 피고발자를 성명불상자로 기재하기는 하였으나 경찰에 이 사건 수표의 위조에 대한 고발을 하여 이 사건 수사가 개시되었으며, 곧이어 피고인은 경찰에 참고인으로 출석하여 이 사건 수표의 위조자로 위 피해자를 지목하는 진술을 하였다는 것이고, 한편 부정수표단속법 제7조는 금융기관에 종사하는 자가 직

무상 위조된 수표를 발견한 때에는 48시간 이내에 이를 고발하여야 하고 고발을 하지 아니한 때에는 형사처벌을 받도록 규정하고 있는바, 위와 같이 피고인이 은행에 대하여 위 피해자가 이 사건 수표를 위조하였다는 내용의 허위의 신고를 하여 은행원이 부정수표단속법 제7조의 고발의무에 따라 수사기관에 고발을 함으로써 수사가 개시되고, 곧이어 피고인이 경찰에 출석하여 위조자로 위 피해자를 지목하는 진술을 하였다.

이러한 일련의 행위 및 과정을 전체적·종합적으로 살펴볼 때, 이는 <u>피고인이 위조수표에 대한 고발의무가 있는 은행원을 도구로 이용하여 수사기관에 고발하게 하고 이어 수사기관에 대하여 위 피해자를 위조자로 지목함으로써 자발적으로 수사기관에 대하여 허위의 사실을 신고한 것이라고 평가하여야 할 것이고, 은행원이 고발할 당시 피고발자를 성명불상자로 기재하였다거나 피고인이 위 피해자를 위조자로 지목하는 진술을 한 것이 사법경찰관리의 질문에 대한 답변으로 한 것이라고 하여 달리 볼 것이 아니다.</u>

## V. 결 론

<u>따라서 무고죄가 성립한다.</u>

## VI 유사판례

### 1. 고소장을 기재하지 않은 사실을 고소보충 조서작성 시 자진하여 진술한 경우

> 무고죄에서 신고는 자발적인 것이어야 하고 수사기관 등의 추문에 대하여 허위의 진술을 하는 것은 무고죄를 구성하지 않는 것이지만 <u>당초 고소장에 기재하지 않은 사실을 수사기관에서 고소보충조서를 받을 때 자진하여 진술하였다면 이 진술부분까지 신고한 것으로 보아야 한다.</u> (대법원 1984. 12. 11., 선고, 84도1953, 판결)

### 2. 수사기관의 추문(推問) 과정에서 허위진술이 무고죄를 구성하는지

> 무고죄에 있어서의 신고는 자발적인 것이어야 하고 수사기관 등의 추문(推問), 즉 <u>수사기관 등이 추궁하여 캐어묻거나 진술을 끌어내는 과정에서 허위의 진술을 하는 것은 무고죄를 구성하지 않는 것이지만,</u> 당초 고소장에 기재하지 않은 사실을 수사기관에서 고소보충조서를 받을 때 자진하여 진술하였다면 이 진술 부분까지 신고한 것으로 보아야 할 것이다(대법원 1996. 2. 9. 선고 95도2652 판결 등 참조). 그리고 참고인의 진술이 수사기관 등의 추문에 의한 것인지 아닌지는 수사가 개시된 경위, 수사기관의 질문 및 그에 대한 답변의 형식과 내용, 수사의 혐의사실과 참고인의 진술 관련성 등을 종합하여 판단하여야 한다. (대법원 2014. 2. 21., 선고, 2013도4429, 판결)

## 3. 객관적 사실관계는 진실하나 죄명을 잘못 기재한 경우

고소인이 피고소인들이 저지른 불법행위에 관하여 고소를 제기함에 있어 법의 무지로 비록 죄명을 잘못 적었다고 하더라도 그 고소내용이 객관적인 사실관계를 거짓없이 신고한 것인 이상 무고죄가 된다고 할 수 없다. (대법원 1984. 5. 29., 선고, 83도3125, 판결)

## 4. 고소장 작성시 변호사의 자문을 받은 사실과 무고죄의 성부

무고죄는 타인으로 하여금 형사처분을 받게 할 목적으로 허위의 사실을 공무소에 신고하면 성립되는 것이고 허위의 사실을 기재한 고소장을 작성하여 수사기관에 제출한 이상 고소장을 작성할 때 변호사 등 법조인의 자문을 받았다 하더라도 무고죄의 성립에는 소장이 없다. (대법원 1986. 10. 14., 선고, 86도1606, 판결)

# 제7절 피무고자의 승낙이 있는 경우 무고죄 성립 여부

## I. 사례요지

> 피고인들은 공모하여, 경찰서 민원실에서 사실은 피고인들이 각 공소외인에게 돈을 빌려준 적이 없음에도 불구하고 공소외인으로 하여금 형사처분을 받게 할 목적으로 '고소인들이 2002. 4. 22. 공소외인에게 각 5,000만 원을 빌려주고 공소외인이 2002. 5. 19.까지 1주일 단위로 원리금을 균등상환하기로 하였는데 2002. 5. 22.까지 원리금을 전혀 변제하지 않아서 고소장을 제출하니 자세히 살펴보고 엄벌에 처해 달라.'는 취지의 허위사실을 기재한 고소장을 피고인들 각자의 명의로 작성하여 경찰서장 앞으로 제출, 접수케 하여 공소외인을 무고하였다.

## II. 논 점

1. 피무고자의 승낙이 있는 경우 무고죄의 성립 여부(적극)
2. 무고죄에 있어서 '형사처분 또는 징계처분을 받게 할 목적'의 의미

## III. 법규연구 (형법)

> 제156조 (무고) 타인으로 하여금 형사처분 또는 징계처분을 받게 할 목적으로 공무소 또는 공무원에 대하여 허위의 사실을 신고한 자는 10년 이하의 징역 또는 1천500만원 이하의 벌금에 처한다.

## IV. 관련 판례

### 1. 원심 (서울고법 2005. 4. 15. 선고 2004노2656, 3230 판결)

피고인들은 공소외인과 그로부터 피해를 당한 사람들 사이의 합의를 주선하기 위하여 자신들도 피해자인 것처럼 행세하기 위한 방편으로 공소외인을 고소하기로 하고 이러한 취지를 공소외인에게도 미리 알린 후 공소외인으로부터 차용금 피해를 당한 것처럼 허위사실을 기재하여 공소외인을 고소한 사실, 피고인들의 공소외인에 대한 고소사실은 피고인들이 각자 공소외인에게 2002. 4. 22. 금 5,000만 원을 변제기 2002. 5. 19., 이자 월 5부로 정하여 매주 원리금을 균등 상환받기로 하는 약정하에 대여하였는데 공소외인이 위 변제기를 경과한 2002. 5. 22.까지 원리금을 전혀 변제하지 않고 있으니 엄벌하여 달라는 것이고 고소장에 그와 같은 내용의 허위의 차용증을 작성하여 첨부한 사실, 피고인들은 바로 공소외인에게 합의서를 작성하여 교부해 주는 한편 수사기관의 고소인 출석요구에 응하지 않았고, 결국 피고인들의 고소사건은 고소장

각하로 종결된 사실을 각 인정할 수 있는바, 위 인정 사실에 나타난 피고인들의 고소 경위, 고소 내용, 고소 전후의 대응방법에 관한 사전 계획 등에 비추어 보면, 피고인들은 당초부터 고소인 진술을 회피할 의사를 가졌고, 고소 내용도 단순히 공소외인이 돈을 빌리고도 약정에 반하여 변제하지 않는다는 것에 불과하여, 그 정도 내용의 고소에 대하여 고소인이 전혀 출석을 하지 않으면 피고소인으로서는 형사상의 불이익한 처분을 받을 가능성이 전혀 없다고 나름대로 판단하였거나, 혹은 그러한 가능성을 전적으로 배제하지는 못한다고 하더라도 최소한 그러한 가능성을 감수, 용인하면서 고소한 것으로는 보기 어렵다는 이유로 피고인들에 대한 이 사건 공소사실에 대하여 무죄를 선고한 제1심의 조치를 유지하였다.

## 2. 대법원 (대법원 2005. 9. 30., 선고, 2005도2712, 판결)

무고죄는 국가의 형사사법권 또는 징계권의 적정한 행사를 주된 보호법익으로 하고 다만, 개인의 부당하게 처벌 또는 징계받지 아니할 이익을 부수적으로 보호하는 죄이므로, 설사 무고에 있어서 피무고자의 승낙이 있었다고 하더라도 무고죄의 성립에는 영향을 미치지 못한다 할 것이다. 그리고 무고죄에 있어서 형사처분 또는 징계처분을 받게 할 목적은 허위신고를 함에 있어서 다른 사람이 그로 인하여 형사 또는 징계처분을 받게 될 것이라는 인식이 있으면 족한 것이고 그 결과발생을 희망하는 것까지를 요하는 것은 아니므로, 고소인이 고소장을 수사기관에 제출한 이상 그러한 인식은 있었다고 보아야 할 것이다(대법원 1991. 5. 10. 선고 90도2601 판결 참조).

## V. 결 론

피고인들은 공소외인과 그로부터 피해를 당한 사람들과의 합의를 주선하기 위하여 자신들도 피해자인 것처럼 행세하기 위하여 공소외인의 승낙을 받고 공소외인으로부터 차용금 피해를 당한 것처럼 허위사실을 기재한 이 사건 고소장을 제출하였다는 것이므로, 공소외인에 대한 형사처분이라는 결과발생을 의욕한 것은 아니라 하더라도 적어도 그러한 결과발생에 대한 미필적인 인식은 있었던 것으로 보아야 할 것이다.

# 제7장 신앙/방화/수리에 관한 죄

## 제1절 교인이었던 사람이 교인들 총유인 나무십자가 등을 떼어 내고 출입문 자물쇠를 교체하여 교인 출입을 막은 행위

### Ⅰ. 사례요지

피고인이 2005. 6. 2. 이 사건 예배당 건물에 침입한 후 출입문 자물쇠를 교체하여 교인들의 출입을 막음으로써 그때부터 2006. 1. 12.까지 무려 7개월 이상 공소외인 등 교인들의 예배를 방해하였다.

### Ⅱ. 논 점

형법 제158조 예배방해죄의 성립요건

### Ⅲ. 법규연구 (형법)

제158조 (장례식등의 방해) 장례식, 제사, 예배 또는 설교를 방해한 자는 3년 이하의 징역 또는 500만원 이하의 벌금에 처한다.

### Ⅳ. 관련 판례

**1. 원심 (대구지법 2007. 6. 15. 선고 2007노985 판결)**

피고인이 장기간 예배당 건물의 출입을 통제한 사실만으로 이 부분 공소사실을 그대로 유죄로 인정하였다.

**2. 대법원 (대법원 2008. 2. 1., 선고, 2007도5296, 판결)**

형법 제158조에 규정된 예배방해죄는 공중의 종교생활의 평온과 종교감정을 그 보호법익으로 하는 것이므로, 예배중이거나 예배와 시간적으로 밀접불가분의 관계에 있는 준비단계에서 이를 방해하는 경우에만 성립한다 할 것이다(대법원 1982. 2. 23. 선고 81도2691 판결, 대법원 2004. 5. 14. 선고 2003도5798 판결 등 참조).

## V. 결 론

피고인이 장기간 예배당 건물의 출입을 통제한 사실만으로 예배방해죄가 성립한다고 볼 수는 없고, 기록상 달리 피고인이 위 기간 공소외인 등 교인들의 예배 내지 그와 밀접불가분의 관계에 있는 준비단계를 계속하여 방해하였다고 볼 증거도 보이지 않는다.

## VI 유사판례

### 1. 제전방해죄의 성립요건

형법 제158조에 규정된 제전방해죄는 제전의 평온을 그 보호법익으로 하는 것이므로 제전이 집행 중이거나 제전의 집행과 시간적으로 밀접 불가분의 관계에 있는 준비단계에서 이를 방해하는 경우에만 성립한다 할 것인바, 이 사건에서 원심이 적법하게 확정한 사실과 같이 피고인이 피해자의 집에 가서 시비 중에 마침 제사상에 사용할 음식을 마련하여 임시로 작은 상 위에 올려놓은 것을 발로 찼다는 정도의 행위는 제전방해죄에 해당되지 않는다고 할 것이다. (대법원 1982. 2. 23., 선고, 81도2691, 판결)

# 제2절 분묘발굴죄의 객체인 분묘의 의미

## I. 사례요지

고소인은 6대 조모의 분묘로 알고 수호, 봉사하다가 미국으로 이민 가면서 동서인 공소외 박성권에게 그 관리를 부탁하여 동인이 이를 관리해 오던 중 위 분묘의 봉분을 6미터가량 떨어진 산 밑으로 옮겼다.

## II. 논 점

분묘발굴죄의 객체인 분묘의 의미

## III. 법규연구 (형법)

제160조 (분묘의 발굴) 분묘를 발굴한 자는 5년 이하의 징역에 처한다.

## IV. 관련 판례

### 1. 원심 (전주지방법원 1989.9.20. 선고 88노82 판결)

유죄를 인정하였다.

### 2. 대법원 (대법원 1990. 2. 13., 선고, 89도2061, 판결)

가. 형법 제160조 소정의 분묘발굴죄는 분묘에 대한 사람의 인륜도덕 내지 종교적 감정을 보호하는 것을 목적으로 하는 것으로서 분묘의 복토의 전부 또는 일부를 제거하거나 이를 파괴, 해체하여 분묘를 손괴하는 행위를 그 대상으로 하는 것이다.

그리고 분묘발굴죄의 객체인 분묘는 사람의 사체, 유골, 유발 등을 매장하여 제사나 예배 또는 기념의 대상으로 하는 장소를 말하는 것이고, 사체나 유골이 토괴화 하였을 때도 분묘이며 그 사자가 누구인지 불명하다고 할지라도 현재 제사 숭경하고 종교적 예의의 대상으로 되어 있고 이를 수호 봉사하는 자가 있으면 여기에 해당한다고 할 것이다.

나. 이 사건에서 문제가 된 분묘는 고소인 문순엽이 자신의 6대 조모의 분묘로 알고 수호, 봉사하다가 1975년경 미국으로 이민 가면서 그의 동서인 공소외 박성권에게 그

관리를 부탁하여 동인이 이를 관리해 온 것이고 피고인은 위 분묘의 봉분을 6미터가량 떨어진 산 밑으로 옮겼으며(원심증인 박성권의 증언에 의하면 위 봉분과 비를 옮겼다는 것이다) 이 묘가 허묘나 치표가 아니라는 제1심이나 원심의 사실인정을 수긍할 수 있고 거기에 심리미진이나 채증법칙을 어긴 위법이 있다고 할 수 없다.

## V. 결 론

기록에 의하면 제1심에서는 1987.11.16. 변호인의 신청에 의하여 전주지방법원 군산지원 87가합297 분묘소유권 확인사건에 대한 소장, 답변서를 검증한 것으로 되어 있고, 원심에서 피고인이나 변호인이 검증을 신청한 흔적은 보이지 아니하며 설사 원심이 이 사건에서 소론의 민사사건에 대한 검증을 하지 아니하였거나 묵살하였다고 하여 심리를 미진한 것이라거나 채증법칙 또는 형사소송법상의 재판절차를 위배하였다고 할 수는 없을 것이고, 사실이 위와 같다면 이 사건에서 문제가 된 묘는 형법 제160조에서 말하는 분묘에 해당하는 것이고 <u>피고인이 그 봉분을 옮긴 소위는 위 분묘를 발굴한 것에 해당한다고 보아야 할 것이다.</u>

# 제3절 인적이 드문 장소에서 피해자를 살해하고 방치 후 도주한 경우

## I. 사례요지

산 중턱에서 피해자의 목 뒷부분을 몽둥이로 3회 강타하여 쓰러뜨린 다음 발견을 불가능 또는 심히 곤란하게 하려고 산소로 올라가는 산길을 피해 숲속으로 피해자를 끌고 들어가 칡넝쿨로 피해자의 목을 감아 조이는 등 하여 살해한 뒤 그 시체를 방치한 채 그대로 하산하여 사체를 은닉하였다.

## II. 논 점

인적이 드문 장소에서 피해자를 살해하고 사체를 방치한 채 도주한 경우, 사체은닉죄의 성부

## III. 법규연구 (형법)

제161조 (사체등의 영득) ① 사체, 유골, 유발 또는 관내에 장치한 물건을 손괴, 유기, 은닉 또는 영득한 자는 7년 이하의 징역에 처한다.

## IV. 관련 판례

### 1. 원심 (서울고등법원 1986.3.28 선고 84노241 판결)

사체은닉의 범죄사실을 유죄로 판단하였다.

### 2. 대법원 (대법원 1986. 6. 24., 선고, 86도891, 판결)

형법 제161조의 사체은닉이란 사체의 발견을 불가능 또는 심히 곤란하게 하는 것을 구성요건으로 하고 있는바, 살인, 강도살인 등의 목적으로 사람을 살해한 자가 그 살해의 목적을 수행하면서 사후 사체의 발견이 불가능 또는 심히 곤란하게 하려는 의사로 인적이 드문 장소로 피해자를 유인하거나 실신한 피해자를 끌고 가서 그곳에서 살해하고 사체를 그대로 둔 채 도주한 경우에는 비록 결과적으로 사체의 발견이 현저하게 곤란을 받게 되는 사정이 있다 하더라도 별도로 사체은닉죄가 성립되지 아니한다.

## V. 결 론

피고인이 실신한 피해자를 숲속으로 끌고 들어가 살해하고 그 장소에 방치한 채 그 대로 하산하였을 뿐이고 그밖에 사체의 발견을 불가능 또는 현저하게 곤란하게 하는 어떤 행위를 한 바도 없는 이 사건에 있어 <u>강도살인죄 이외에 별도로 사체은닉죄가 성 립한다고 볼 수 없다</u> 할 것이다.

# 제4절 노상에서 전봇대 주변에 놓인 쓰레기 태웠을 때 공공의 위험 여부

## I. 사례요지

노상에서 전봇대 주변에 놓인 재활용품과 쓰레기 등을 발견하고 소지하고 있던 라이터를 이용하여 불을 붙인 다음 불상의 가연물을 집어넣어 화염을 키움으로써 공공의 위험을 발생하게 하였다.

## II. 논 점

1. 불을 놓아 '무주물'을 소훼하여 공공의 위험을 발생하게 한 경우
2. 형법 제167조 제2항을 적용하여 처벌할 수 있는지(적극)

## III. 법규연구

### 1. 형 법

제167조 (일반물건에의 방화) ① 불을 놓아 전3조에 기재한 이외의 물건을 소훼하여 공공의 위험을 발생하게 한 자는 1년 이상 10년 이하의 징역에 처한다.
② 제1항의 물건이 자기의 소유에 속한 때에는 3년 이하의 징역 또는 700만원 이하의 벌금에 처한다.

### 2. 민 법

제252조 (무주물의 귀속) ① 무주의 동산을 소유의 의사로 점유한 자는 그 소유권을 취득한다.
② 무주의 부동산은 국유로 한다.

## IV. 관련 판례

### 1. 원심 (서울고법 2009. 7. 16. 선고 2009노912, 1310(병합) 판결)

재활용품과 쓰레기 등은 무주물로서 형법 제167조 제2항에 정한 자기 소유의 물건에 준하는 것으로 보아야 한다고 전제한 다음, 그 판시와 같은 기상 조건, 주변 상황과 화염의 높이 등에 비추어 보면 피고인이 불을 붙인 다음 불상의 가연물을 집어넣어 그 화염을 키움으로써 전선을 비롯한 주변의 가연물에 손상을 입히거나 바람에 의하여 다른 곳으로 불이 옮아붙을 수 있는 공공의 위험을 발생하게 하였다고 판단하여 형법

제167조 제2항에 정한 일반물건방화죄의 성립을 인정하였다.

## 2. 대법원 (대법원 2009. 10. 15., 선고, 2009도7421, 판결)

형법 제167조 제2항은 방화의 객체인 물건이 자기의 소유에 속한 때에는 같은 조 제1항보다 감경하여 처벌하는 것으로 규정하고 있는바, 방화죄는 공공의 안전을 제1차 적인 보호법익으로 하지만 제2차적으로는 개인의 재산권을 보호하는 것이라고 볼 수 있는 점, 현재 소유자가 없는 물건인 무주물에 방화하는 경우에 타인의 재산권을 침해 하지 않는 점은 자기의 소유에 속한 물건을 방화하는 경우와 마찬가지인 점, 무주의 동산을 소유의 의사로 점유하는 경우에 소유권을 취득하는 것에 비추어(민법 제252조) 무주물에 방화하는 행위는 그 무주물을 소유의 의사로 점유하는 것이라고 볼 여지가 있는 점 등을 종합하여 보면, 불을 놓아 무주물을 소훼하여 공공의 위험을 발생하게 한 경우에는 '무주물'을 '자기 소유의 물건'에 준하는 것으로 보아 형법 제167조 제 2항을 적용하여 처벌하여야 한다.

## V. 결 론

노상에서 전봇대 주변에 놓인 재활용품과 쓰레기 등에 불을 놓아 공공의 위험을 발 생하게 한 경우, 일반물건방화죄가 성립한다.

## VI 유사판례

### 1. 방화죄에 있어서 공공의 위험

형법 제167조 제1항의 공공의 위험이란 일반물건을 소훼하고 이로 인하여 불특정 다수인 의 생명, 신체, 재산에 위해를 가할 우려 있다고 볼 수 있는 상태를 말하는바 이사건 현장 은 김해평야에 속하는 곳으로 주위에 아무런 농작물이 없는 논으로서 서쪽에 약 50m 폭 의 논 1필지를 건너 다른 사람의 비닐하우스 2채가 있을 뿐 가장 가까운 인가는 300여 미터나 떨어져 있음을 인정할 수 있어 피고인의 이사건 범행으로 사람의 생명이나 신체 또는 재산에 구체적으로 위험을 줄 수 있는 상태가 아니며 또 연소되어 나갈만한 자료가 전혀 없으므로 공공의 위험이 발생하였다고는 할 수 없다. (대구고법 1979. 1. 24., 선고, 78노941, 형사부판결 : 확정)

## 2. 자기의 옷에 불을 놓아 타인의 양말 등에 연소한 경우

자기의 옷에 불을 놓아 소훼하고 타인의 양말에도 점화되게 하였다는 사실을 인정한 이상 형법 제167조 제2항 제1항을 적용하였음은 법률적용이 그릇된 것이고 이 경우에는 동법 제168조 제2항, 제167조 제2항을 적용함이 옳다. (서울고법 1969. 4. 14., 67노237, 형사부판결 : 확정)

## 3. 인화력이 강한 파일원단 더미에 담뱃불을 던진 경우 방화죄의 고의 유무

피고인이 종사하던 파일수지공업사를 떠나 다른 직장으로 옮겨가려던 의도가 위 공업사 직원의 방해로 좌절됨에 불만을 품고 피우던 담배를 파일원단 더미에 집어던져 화재를 발생케 한 경우, 불에 잘 타고 화력이 강한 파일원단에 담배불이 떨어지면 쉽사리 착화되어 화재가 발생하고 공공의 위험이 따를 것이라는 점은 경험상 쉽게 예견할 수 있으므로 피고인에게 화재의 결과에 대한 고의와 공공의 위험에 대한 인식이 확정적으로는 없었다 하더라도 미필적 인식은 있었다고 볼 수 있다. (서울고법 1983. 5. 16., 선고, 83노456, 제3형사부판결 : 확정)

# 제5절 농촌주택 생활하수 배수관을 막아 하수가 내려가지 못하게 한 경우

## Ⅰ. 사례요지

농촌주택에서 배출되는 생활하수의 배수관(소형 PVC관)을 토사로 막아 하수가 내려가지 못하게 하였다.

## Ⅱ. 논 점

1. 형법 제184조 수리방해죄에 있어 '수리(水利)'와 '수리를 방해'의 의미
2. 수리방해죄의 성립요건
3. 원천 내지 자원으로서의 물의 이용이 아니라, 하수나 폐수 등 이용이 끝난 물을 배수로를 통하여 내려보내는 것을 방해하는 경우, 수리방해죄의 성립 여부(한정 소극)
4. 농촌주택에서 배출되는 생활하수의 배수관(소형 PVC관)을 토사로 막아 하수가 내려가지 못하게 한 경우, 수리방해죄에 해당여부

## Ⅲ. 법규연구 (형법)

제184조 (수리방해) 제방을 결궤하거나 수문을 파괴하거나 기타 방법으로 수리를 방해한 자는 5년이하의 징역 또는 700만원이하의 벌금에 처한다.

제185조 (일반교통방해) 육로, 수로 또는 교량을 손괴 또는 불통하게 하거나 기타 방법으로 교통을 방해한 자는 10년이하의 징역 또는 1천500만원이하의 벌금에 처한다.

제195조 (수도불통) 공중의 음용수를 공급하는 수도 기타 시설을 손괴 기타 방법으로 불통하게 한 자는 1년이상 10년이하의 징역에 처한다.

## IV. 관련 판례

### 1. 원심 (전주지법 200 1. 1. 11. 선고 2000노828 판결)

피고인이 피해자들의 집(농촌주택)에서 배출되는 생활하수의 배수관(소형 PVC관)을 토사로 막아 하수가 내려가지 못하게 하였다는 이 사건 공소사실을 <u>수리방해죄로 다스려 유죄를 선고하였다.</u>

## 2. 대법원 (대법원 2001. 6. 26., 선고, 2001도404, 판결)

형법 제184조는 '제방을 결궤(決潰, 무너뜨림)하거나 수문을 파괴하거나 기타 방법으로 수리를 방해'하는 것을 구성요건으로 하여 수리방해죄를 규정하고 있다. 여기서 <u>수리(水利)란</u>, 관개용·목축용·발전이나 수차 등의 동력용·상수도의 원천용 등 널리 <u>물이라는 천연자원을 사람의 생활에 유익하게 사용하는 것을 가리키고</u>(다만, 형법 제185조의 교통방해죄 또는 형법 제195조의 수도불통죄의 경우 등 다른 규정에 의하여 보호되는 형태의 물의 이용은 제외될 것이다.), **수리를 방해한다** 함은 제방을 무너뜨리거나 수문을 파괴하는 등 위 조문에 예시된 것을 포함하여 저수시설, 유수로(流水路)나 송·인수시설 또는 이들에 부설된 여러 수리용 장치를 손괴·변경하거나 효용을 해침으로써 수리에 지장을 일으키는 행위를 가리키며, 나아가 수리방해죄는 타인의 수리권을 보호법익으로 하므로 <u>수리방해죄가 성립하기 위하여는 법령, 계약 또는 관습 등에 의하여 타인의 권리에 속한다고 인정될 수 있는 물의 이용을 방해하는 것이어야 한다.</u>

## V. 결 론

그러므로 <u>원천 내지 자원으로서의 물의 이용이 아니라, 하수나 폐수 등 이용이 끝난 물을 배수로를 통하여 내려보내는 것은 여기서의 수리에 해당한다고 할 수 없고,</u> 그러한 배수 또는 하수처리를 방해하는 행위는, 특히 그 배수가 수리용의 인수(引水)와 밀접하게 연결되어 있어서 그 배수의 방해가 직접 인수에까지 지장을 초래한다는 등의 특수한 경우가 아닌 한, <u>수리방해죄의 대상이 될 수 없다고 할 것이다.</u>

다만, 피고인의 행위가 <u>하수도법이나 경범죄처벌법 등 다른 법률규정에 해당할지 여부는 별도의 문제이다.</u>

# 제8장

# 교통방해의 죄

## 제1절 적법한 신고를 마친 집회 또는 시위라도 일반교통방해죄가 성립하는 경우

### Ⅰ. 사례요지

적법하게 집회신고를 마치고 집회 참가자들이 집회 측 주관하에 ○○에서 ○○광장까지 행진하는 시위를 함에 있어, 집회 공동대표와 성명불상의 근로자들이 무단으로 도로를 행진하였다.

### Ⅱ. 논 점

1. 집회 및 시위에 관한 법률에 따라 적법한 신고를 마친 집회 또는 시위라도 일반교통방해죄가 성립하는 경우
2. 이때 참가자에게 일반교통방해죄가 성립하기 위한 요건

### Ⅲ. 법규연구

#### 1. 형 법

제185조(일반교통방해) 육로, 수로 또는 교량을 손괴 또는 불통하게 하거나 기타 방법으로 교통을 방해한 자는 10년 이하의 징역 또는 1천500만원 이하의 벌금에 처한다
제30조(공동정범) 2인 이상이 공동하여 죄를 범한 때에는 각자를 그 죄의 정범으로 처벌한다.

#### 2. 집회 및 시위에 관한 법률

제6조(옥외집회 및 시위의 신고 등) ① 옥외집회나 시위를 주최하려는 자는 그에 관한 다음 각 호의 사항 모두를 적은 신고서를 옥외집회나 시위를 시작하기 720시간 전부터 48시간 전에 관할 경찰서장에게 제출하여야 한다. 다만, 옥외집회 또는 시위 장소가 두 곳 이상의 경찰서의 관할에 속하는 경우에는 관할 시·도경찰청장에게 제출하여야 하고, 두 곳 이상의 시·도경찰청 관할에 속하는 경우에는 주최지를 관할하는 시·도경찰청장에게 제출하여야 한다.

제12조(교통 소통을 위한 제한) ① 관할경찰관서장은 대통령령으로 정하는 주요 도시의 주요 도로에서의 집회 또는 시위에 대하여 교통 소통을 위하여 필요하다고 인정하면 이를 금지하거나 교통질서 유지를 위한 조건을 붙여 제한할 수 있다.

② 집회 또는 시위의 주최자가 질서유지인을 두고 도로를 행진하는 경우에는 제1항에 따른 금지를 할 수 없다. 다만, 해당 도로와 주변 도로의 교통 소통에 장애를 발생시켜 심각한 교통 불편을 줄 우려가 있으면 제1항에 따른 금지를 할 수 있다.

## IV. 관련 판례

### 1. 원심 (서울중앙지법 2017. 10. 26. 선고 2017노1433 판결)

원심은 판시와 같은 이유로 이 부분 공소사실에 대하여 범죄의 증명이 없다고 보아 무죄로 판단하였다.

### 2. 대법원 (대법원 2019. 12. 13., 선고, 2017도19737, 판결)

집회 및 시위에 관한 법률에 따라 적법한 신고를 마친 집회 또는 시위라고 하더라도 당초 신고된 범위를 현저히 일탈하거나 집시법 제12조에 따른 조건을 중대하게 위반하여 도로 교통을 방해함으로써 통행을 불가능하게 하거나 현저하게 곤란하게 하는 경우에는 형법 제185조의 일반교통방해죄가 성립한다(대법원 2008. 11. 13. 선고 2006도755 판결 등 참조).

그러나 이때에도 참가자 모두에게 당연히 일반교통방해죄가 성립하는 것은 아니고, 실제로 참가자가 위와 같이 신고 범위를 현저하게 벗어나거나 조건을 중대하게 위반하는 데 가담하여 교통방해를 유발하는 직접적인 행위를 하였거나, 참가자의 참가 경위나 관여 정도 등에 비추어 그 참가자에게 공모공동정범의 죄책을 물을 수 있는 경우라야 일반교통방해죄가 성립한다(대법원 2016. 11. 10. 선고 2016도4921 판결, 대법원 2018. 2. 28. 선고 2017도16846 판결 등 참조).

## V. 결 론

집회 또는 시위가 신고된 범위 내에서 행해졌거나 신고된 내용과 다소 다르게 행해졌어도 신고된 범위를 현저히 일탈하지 않는 경우에는, 그로 인하여 도로의 교통이 방해를 받았다고 하더라도 특별한 사정이 없으면 일반교통방해죄가 성립한다고 볼 수 없다. 그러나 그 집회 또는 시위가 당초 신고된 범위를 현저히 일탈하거나 집시법에 의한 조건을 중대하게 위반하여 도로 교통을 방해함으로써 통행을 불가능하게 하거나 현저하게 곤란하게 하는 경우에는 일반교통방해죄가 성립한다.

## VI 유사판례

### 1. 도로에서의 집회나 시위가 교통방해 행위를 수반할 경우

집회와 시위의 자유는 헌법상 보장된 국민의 기본권이므로 형법상의 일반교통방해죄를 집회와 시위의 참석자에게 적용할 경우에는 집회와 시위의 자유를 부당하게 제한하는 결과가 발생할 우려가 있다. 그러나 일반교통방해죄에서 교통을 방해하는 방법을 위와 같이 포괄적으로 정하고 있는 데다가 도로에서 집회와 시위를 하는 경우 일반공중의 교통안전을 직접적으로 침해할 위험이 있는 점을 고려하면, 집회나 시위로 교통방해 행위를 수반할 때 특별한 사정이 없으면 일반교통방해죄가 성립할 수 있다. 집회 및 시위에 관한 법률에 따라 적법한 신고를 마친 집회 또는 시위라고 하더라도 당초에 신고한 범위를 현저히 벗어나거나 집시법 제12조에 따른 조건을 중대하게 위반하여 도로 교통을 방해함으로써 통행을 불가능하게 하거나 현저하게 곤란하게 하는 경우에는 형법 제185조의 일반교통방해죄가 성립한다. (대법원 2018. 2. 28., 선고, 2017도16846, 판결)

# 제2절 공항 여객터미널의 공항버스 이외 주차금지구역에 불법주차행위의 일반교통방해 여부

## Ⅰ. 사례요지

> 피고인이 인천국제공항여객터미널 1층 5A번 버스정류장 앞 노상에서, 공항리무진 버스 외의 다른 차의 주차가 금지된 구역에 카니발 밴 차량을 40분가량 세워두고 호객 영업을 하는 방법으로 그곳을 통행하는 버스의 교통을 곤란하게 함으로써 육로의 교통을 방해하였다

## Ⅱ. 논 점

다른 차들의 통행을 불가능하거나 현저히 곤란하게 한 것으로 볼 수 있는지

## Ⅲ. 법규연구 (형법)

> 제185조(일반교통방해) 육로, 수로 또는 교량을 손괴 또는 불통하게 하거나 기타 방법으로 교통을 방해한 자는 10년 이하의 징역 또는 1천500만원 이하의 벌금에 처한다.

## Ⅳ. 관련 판례

### 1. 원심 (인천지법 2009. 5. 1. 선고 2009노743 판결)

형법 제185조의 일반교통방해죄로 제기된 공소사실에 대하여, 제1심이 채택한 여러 증거에 의하면 공소사실을 충분히 유죄로 인정할 수 있다고 판단하였다.

### 2. 대법원 (대법원 2009. 7. 9., 선고, 2009도4266, 판결)

형법 제185조의 일반교통방해죄는 일반공중의 교통안전을 그 보호법익으로 하는 범죄로서 육로 등을 손괴 또는 불통케 하거나 기타의 방법으로 교통을 방해하여 통행을 불가능하게 하거나 현저하게 곤란하게 하는 일체의 행위를 처벌하는 것을 그 목적으로 한다(대법원 1995. 9. 15. 선고 95도1475 판결, 대법원 2003. 10. 10. 선고 2003도4485 판결 등 참조).

피고인이 카니발 밴 차량을 40분가량 주차한 장소는 위 여객터미널 도로 중에서 공항리무진 버스들이 승객들을 승·하차시키는 장소로서 일반 차들의 주차가 금지된 구역이기는 하지만 위와 같이 주차한 장소의 옆 차로를 통하여 다른 차들이 충분히 통행할 수 있었을 것으로 보이고, 피고인의 위와 같은 주차행위로 인하여 공항리무진 버스

가 출발할 때 후진을 하여 차로를 바꾸어 진출해야 하는 불편을 겪기는 하였지만, 통행이 불가능하거나 현저하게 곤란하지는 않았던 것으로 보인다.

그럼에도 불구하고 피고인의 불법주차행위가 육로의 교통을 방해하여 일반교통방해죄를 구성한다고 속단한 원심의 조치에는 일반교통방해죄에 관한 법리를 오해하여 판결 결과에 영향을 미친 위법이 있고, 이를 지적하는 상고이유의 주장은 이유 있다.

## V. 결 론

차로를 바꾸어 진출해야 하는 등 불편이 있었을 뿐 통행이 불가능하거나 현저하게 곤란하지는 않았던 것으로 보아 일반교통방해죄는 성립하지 않는다.

# 제3절 인근 상가의 통행로로 이용되고 있는 토지의 사실상 지배권자가 이용하지 못하게 한 경우

## Ⅰ. 사례요지

사실상의 지배권을 가지고 그 소유자를 대신하여 이 사건 토지를 실질적으로 관리하고 있던 피고인이 토지에 철주를 세우고 철망을 설치하고 포장된 아스팔트를 걷어내는 등의 방법으로, 인근 상가건물의 통행로로 이용하지 못하게 하는 등 상가임대업무 및 임차인 등의 상가영업 업무를 방해함과 동시에 육로를 막아 일반 교통을 방해하였다.

## Ⅱ. 논점

1. 형법 제185조 일반교통방해죄에서 말하는 '육로'의 의미
2. 형법상 자구행위의 의미

## Ⅲ. 법규연구 (형법)

제185조(일반교통방해) 육로, 수로 또는 교량을 손괴 또는 불통하게 하거나 기타 방법으로 교통을 방해한 자는 10년 이하의 징역 또는 1천500만원 이하의 벌금에 처한다.

제23조(자구행위) ① 법정절차에 의하여 청구권을 보전하기 불능한 경우에 그 청구권의 실행불능 또는 현저한 실행곤란을 피하기 위한 행위는 상당한 이유가 있는 때에는 벌하지 아니한다.
② 전항의 행위가 그 정도를 초과한 때에는 정황에 의하여 형을 감경 또는 면제할 수 있다.

## Ⅳ. 관련 판례

### 1. 원심 (광주지법 2007. 8. 30. 선고 2007노1097 판결)

상가영업업무를 방해함과 동시에 육로를 막아 <u>일반 교통을 방해하였다</u>고 판단하였다.

### 2. 대법원 (대법원 2007. 12. 28., 선고, 2007도7717, 판결)

가. 형법 제185조의 일반교통방해죄는 일반공중의 교통의 안전을 그 보호법익으로 하는 범죄로서 육로 등을 손괴 또는 불통케 하거나 기타의 방법으로 교통을 방해하여 통행을 불가능하게 하거나 현저히 곤란하게 하는 일체의 행위를 처벌하는 것을 그 목적으로 하고 있으며, 여기서 '육로'라 함은 사실상 일반공중의 왕래에 공용되는 육상의 통로를 널리 일컫는 것으로서 그 부지의 소유 관계나 통행권리 관계 또는 통행인의 많고 적음 등을 가리지 않는다(대법원 2002. 4. 26. 선고 2001도6903 판결, 대법원 2007. 3. 15. 선고 2006도9418 판결 등 참조).

위와 같은 원심의 증거의 취사선택과 사실인정 및 판단은 정당하여 수긍할 수 있고, 공모공동정범과 일반교통방해죄 및 업무방해죄에 관한 법리오해 등으로 판결 결과에 영향을 미친 위법이 있다고 할 수 없다.

　나. 형법상 자구행위란 법정절차에 의하여 청구권을 보전하기 불능한 경우에 그 청구권의 실행불능 또는 현저한 실행곤란을 피하기 위한 상당한 행위를 말하는 것이다 (대법원 2007. 3. 15. 선고 2006도9418 판결, 대법원 2007. 5. 11. 선고 2006도4328 판결 등 참조). 설사 피고인의 주장대로 이 사건 토지에 인접하여 있는 공소외 2 소유의 건물에 건축법상 위법요소가 존재하고 공소외 2가 그와 같은 위법요소를 방치 내지 조장하고 있다거나, 위 건물의 건축허가 또는 이 사건 토지상의 가설건축물 허가 여부에 관한 관할관청의 행정행위에 하자가 존재한다고 가정하더라도, 그러한 사정만으로 이 사건에 있어서 피고인이 이 사건 토지의 소유자를 대위 또는 대리하여 법정절차에 의하여 이 사건 토지의 소유권을 방해하는 사람들에 대한 방해배제 등 청구권을 보전하는 것이 불가능하였거나 현저하게 곤란하였다고 볼 수 없을 뿐만 아니라, 피고인의 이 사건 행위가 그 청구권의 실행불능 또는 현저한 실행곤란을 피하기 위한 상당한 행위라고 볼 수도 없음을 알 수 있다.

## V. 결 론

　따라서 일반교통방해죄와 업무방해죄를 구성하고 자구행위에 해당하지 않는다.

## VI 유사판례

### 1. 불특정 다수인의 통행로로 이용된 도로의 토지 일부 소유자가 그 도로의 차량 통행을 막은 행위

불특정 다수인의 통행로로 이용되어 오던 도로의 토지 일부의 소유자라 하더라도 그 도로의 중간에 바위를 놓아두거나 이를 파헤침으로써 차량의 통행을 못 하게 한 행위는 일반교통방해죄 및 업무방해죄에 해당한다. (대법원 2002. 4. 26., 선고, 2001도6903, 판결)

### 2. 골목길을 자신의 소유라는 이유로 약간의 공간만 남겨두고 담장 설치

주민들에 의하여 공로로 통하는 유일한 통행로로 오랫동안 이용되어 온 폭 2m의 골목길을 자신의 소유라는 이유로 폭 50에서 75cm가량만 남겨두고 담장을 설치하여 주민들의 통행을 현저히 곤란하게 하였다면 일반교통방해죄를 구성한다. (대법원 1994. 11. 4., 선고, 94도2112, 판결)

## 3. 목장용지 내 임도의 일반교통방해죄의 육로 여부

목장 소유자가 목장운영을 위해 목장용지 내에 임도를 개설하고 차량 출입을 통제하면서 인근 주민들의 일부 통행을 부수적으로 묵인한 경우, 위 임도는 공공성을 지닌 장소가 아니어서 일반교통방해죄의 '육로'에 해당하지 않는다. (대법원 2007. 10. 11., 선고, 2005도7573, 판결)

## 4. 주민들이 공터를 도로에 이르는 지름길로 일시 이용한 경우

토지의 소유자가 자신의 토지의 한쪽 부분을 일시 공터로 두었을 때 인근 주민들이 위 토지의 동서쪽에 있는 도로에 이르는 지름길로 일시 이용한 적이 있다 하여도 이를 일반공중의 내왕에 공용되는 도로하고 할 수 없으므로 형법 제185조 소정의 육로로 볼 수 없다. (대법원 1984. 11. 13., 선고, 84도2192, 판결)

# 제4절 왕복 4차로 도로 중 편도 3개 차로에 포장마차 영업행위

## I. 사례요지

왕복 4차로의 도로 중 편도 3개 차로 쪽에 차량 2, 3대와 간이테이블 수십 개를 이용하여 길가 쪽 2개 차로를 차지하는 포장마차를 설치하고 영업행위를 하였다.

## II. 논 점

1. 형법 제185조 일반교통방해죄의 처벌 대상 및 기수 시기
2. 형법상의 일반교통방해죄와 도로교통법 위반죄의 관계(=상상적 경합)

## III. 법규연구

### 1. 형 법

제185조 (일반교통방해) 육로, 수로 또는 교량을 손괴 또는 불통하게 하거나 기타 방법으로 교통을 방해한 자는 10년 이하의 징역 또는 1천500만원 이하의 벌금에 처한다.

제40조 (상상적 경합) 1개의 행위가 수개의 죄에 해당하는 경우에는 가장 중한 죄에 정한 형으로 처벌한다.

### 2. 도로교통법

제68조 (도로에서의 금지행위 등) ② 누구든지 교통에 방해가 될 만한 물건을 도로에 함부로 내버려두어서는 아니된다.

제152조(벌칙) 다음 각 호의 어느 하나에 해당하는 사람은 1년 이하의 징역이나 300만원 이하의 벌금에 처한다.

　4. 제68조제2항을 위반하여 교통에 방해가 될 만한 물건을 함부로 도로에 내버려둔 사람

## IV. 관련 판례

### 1. 원심 (서울중앙지법 2006. 6. 21. 선고 2006노437 판결)

피고인들이 포장마차를 이 사건 도로 중 조선호텔 방면 편도 3개 차로 중 길가쪽 2개 차로에 걸쳐 설치한 것은 이 사건 도로의 차량통행에 다소의 불편을 주긴 하였으나, 그 포장마차를 설치한 시간대나 이 사건 도로의 차량이용 상황 등에 비추어 볼 때, 그 옆 왕복 2개 차로를 이용하여 차들이 충분히 통행할 수 있었다고 할 것이므로, 피고인들이 포장마차를 설치한 행위가 육로를 손괴 또는 불통하게 하는 행위에 준하는 행위

로써 일반의 교통을 불가능하게 하거나 현저하게 곤란하게 하는 행위에 해당한다고 보기 어렵다고 하여, 피고인들에 대한 공소사실 중 일반교통방해의 점을 무죄로 판단하였다.

## 2. 대법원 (대법원 2007. 12. 14., 선고, 2006도4662, 판결)

가. 형법 제185조의 일반교통방해죄는 일반공중의 교통안전을 그 보호법익으로 하는 범죄로서 육로 등을 손괴 또는 불통케 하거나 기타의 방법으로 교통을 방해하여 통행을 불가능하게 하거나 현저하게 곤란하게 하는 일체의 행위를 처벌하는 것을 그 목적으로 하고 있고 (대법원 1995. 9. 15. 선고 95도1475 판결 등 참조), 또한 일반교통방해죄는 이른바 추상적 위험범으로서 교통이 불가능하거나 현저히 곤란한 상태가 발생하면 바로 기수가 되고 교통방해의 결과가 현실적으로 발생하여야 하는 것은 아니다 (대법원 2005. 10. 28. 선고 2004도7545 판결 참조).

나. 이 사건 도로는 편도 3개 차로, 그 반대방향으로 편도 1개 차로가 설치된 왕복 4차로의 도로인데, ○○호텔 방향으로 진행하는 차량은 인접한 소공로로 진입하게 되는 등 그 기능을 단순히 주변의 백화점이나 호텔의 주차장에 출입하는 차량이 이용하는 것에 한한다고 볼 수 없을 뿐만 아니라 평소 다수의 차량이 이 사건 도로를 통행하고 있음을 알 수 있는바, 원심이 인정한 바와 같이 피고인 1이 2004. 9. 4. 및 2004. 9. 25., 피고인들이 2005. 3. 2.부터 같은 해 7. 29.까지 137회에 걸쳐 2, 3대의 차량과 간이테이블 수십 개를 이용하여 이 사건 도로 중 호텔 방면 편도 3개 차로 중 길가 쪽 2개 차로를 차지하는 포장마차를 설치하고 영업을 하였다면, 비록 그와 같은 행위가 주로 주간에 비하여 차량통행이 적은 야간에 이루어진 것이라고 하더라도(경우에 따라서는 주간에도 범행이 이루어졌다) 그로 인하여 이 사건 도로의 교통을 방해하여 차량통행이 현저히 곤란한 상태가 발생하였다고 하지 않을 수 없다.

## V. 결 론

이 사건 도로를 통행하는 차량이 나머지 1개 차로와 반대편 차로를 이용할 수 있었다고 하여 피고인들의 행위가 일반교통방해죄에 해당하지 않는다고 볼 수도 없다. 따라서 형법상의 일반교통방해죄와 도로교통법위반의 상상적 경합으로 처벌하여야 할 것이다.

# VI. 유사판례

## 1. 사실상 2가구 외에는 달리 이용하는 사람들이 없는 통행로 방해

이 사건 통행로는 사실상 일반공중의 왕래에 공용되는 것으로 일반교통방해죄에서 정하고 있는 육로에 해당한다고 할 것이고, 이는 사실상 위 통행로를 공소외 1과 공소외 2 2가구 외에는 달리 이용하는 사람들이 없다 하더라도 달리 볼 것은 아니라고 할 것이다. (대법원 2007. 2. 22., 선고, 2006도8750, 판결)

## 2. 구도로 옆으로 신도로가 개설되었을 때 구도로의 육로 여부

피고인이 자신의 소유라 하여 높이 1.5m, 길이 약 70m의 담장을 둘러친 구리시 토평동 소재 토지는 1968.경부터 골재운반용 트럭들이 지나다님으로써 사실상 도로화되었고, 1980년대에 아스팔트 포장까지 되어 인도와 차도의 구분이 없는 왕복 2차로의 일부로 된 사실, 구리시는 1995. 9. 21. 이 사건 토지를 포함한 위 구도로 옆으로 폭 20m의 신도로를 개통함으로써 이 사건 토지는 신도로 가에 있는 남아 있는 토지의 형태로 된 사실, 그러나 신도로가 개통된 후에도, 위 구도로는 종전에 구도로를 건축선으로 하여 건축된 건물들과 신도로 사이에 위치하여 여전히 편도 2차로의 아스팔트 포장도로의 형태를 유지하고 있고, 신도로와는 높이가 달라 종전에 이 사건 토지 부분을 통행하던 차들은 여전히 이 사건 토지를 거쳐서 신도로와 구도로의 높이가 동일한 곳에 설치된 신도로와 구도로의 연결 부분을 통하여 신도로로 진입할 수 있게 되어 있으므로 이 사건 토지는 여전히 사실상 도로로서의 필요성이 있으며 신도로에 의하여 대체될 수 없는 상태로 되어 있어 여전히 일반인 및 차량이 통행하고 있는 사실을 알 수 있는바, 이와 같은 점에 비추어 보면 이 사건 토지는 신도로가 개통되었다고 하여 더 공공성을 가진 도로가 아니게 되었다고 보기는 어렵다. (대법원 1999. 7. 27., 선고, 99도1651, 판결)

제9장 **통화/유가증권/문서에 관한 죄**

## 제1절 위조된 외국 화폐가 외국에서 강제통용력이 없고 국내에서 거래 대가의 지급수단이 되지 않는 경우

### Ⅰ. 사례요지

위조된 외국의 화폐, 지폐 또는 은행권이 외국에서 강제통용력이 없고 국내에서 사실상 거래 대가의 지급수단이 되지 않고 있다.

### Ⅱ. 논점

1. 그 화폐 등을 행사한 행위가 위조통화행사죄를 구성하는지 여부(소극)
2. 이 경우 위조사문서행사죄 또는 위조사도화행사죄로 의율할 수 있는지

### Ⅲ. 법규연구 (형법)

제207조(통화의 위조 등) ② 행사할 목적으로 내국에서 유통하는 외국의 화폐, 지폐 또는 은행권을 위조 또는 변조한 자는 1년 이상의 유기징역에 처한다.

③ 행사할 목적으로 외국에서 통용하는 외국의 화폐, 지폐 또는 은행권을 위조 또는 변조한 자는 10년 이하의 징역에 처한다.

④ 위조 또는 변조한 전 3항 기재의 통화를 행사하거나 행사할 목적으로 수입 또는 수출한 자는 그 위조 또는 변조의 각 죄에 정한 형에 처한다.

제234조(위조사문서등의 행사) 제231조 내지 제233조의 죄에 의하여 만들어진 문서, 도화 또는 전자기록등 특수매체기록을 행사한 자는 그 각 죄에 정한 형에 처한다.

### Ⅳ. 관련 판례

### 1. 원심 (서울서부지법 2012. 2. 2. 선고 2011노1167 판결)

이 사건 10만 파운드화는 영국 중앙은행(BANK OF ENGLAND)에서 1971년에 발행한 5파운드화 권종을 스캐너 등을 사용하여 10만 파운드화로 위조한 것으로, 일반 모조지 위에 5파운드화 특유의 도안(앞면: 여왕의 초상화, 두 마리 말이 끄는 전차와 천

사 등, 뒷면: 웰링턴 공작의 상반신, 전쟁 중에 싸우는 군인들)이 표시되어 있고 그 전면에 "BANK OF ENGLAND, I PROMISE TO PAY THE BEARER ON DEMAND THE SUM OF ONE HUNDRED THOUSAND POUNDS, LONDON FOR THE GOV AND COMP OF THE BANK OF ENGLAND" 등의 기재와 "BU68 953130", "£100000" 등의 표시가 되어 있는 것으로서, 그 도안과 문자내용이 결합되어 통상 화폐가 갖추어야 할 외관상의 객관적 요소들을 갖추어 소지인에 대하여 영국 중앙은행이 100만 파운드(10만 파운드의 오기로 보인다)를 지급할 것을 약속하는 지불수단이라는 외관을 가지게 되었는바, 여기서 도안 부분만이 따로 도화로서 혹은 문자내용 부분만이 따로 문서로서 어떤 사람의 의사 또는 관념을 표현한 것으로 그 내용이 법률상 또는 사회생활상 의미 있는 사항에 관한 증거가 될 수 있다고 볼 수는 없으므로, <u>이 사건 10만 파운드화에 대한 처벌은 통화에 관한 죄로 의율하여야 하고 문서에 관한 죄로 의율하여서는 안 된다</u>는 이유로 이 사건 공소사실 중 위조사도화행사의 점은 죄가 되지 않는 경우에 해당한다고 판단하였다.

## 2. 대법원 (대법원 2013. 12. 12., 선고, 2012도2249, 판결)

가. 형법상 문서에 관한 죄의 객체인 '문서 또는 도화'는 문자나 이에 준하는 부호를 사용하여 물체 위에 어떤 사람의 의사 또는 관념을 표현한 것으로서, 그 내용이 법률상 또는 사회생활상 의미 있는 사항에 관한 증거가 될 수 있는 것을 말한다.

한편 형법상 통화에 관한 죄는 문서에 관한 죄에 대하여 특별관계에 있으므로 <u>통화에 관한 죄가 성립하는 때에는 문서에 관한 죄는 별도로 성립하지 않는다</u>. 그러나 <u>위조된 외국의 화폐, 지폐 또는 은행권이 강제통용력을 가지지 않는 경우에는</u> 형법 제207조 제3항에서 정한 '외국에서 통용하는 외국의 화폐 등'에 해당하지 않고(대법원 2004. 5. 14. 선고 2003도3487 판결 참조), 나아가 그 화폐 등이 국내에서 사실상 거래 대가의 지급수단이 되고 있지 않는 경우에는 형법 제207조 제2항에서 정한 '내국에서 유통하는 외국의 화폐 등'에도 해당하지 않으므로(대법원 2003. 1. 10. 선고 2002도3340 판결 등 참조), 그 화폐 등을 행사하더라도 형법 제207조 제4항에서 정한 위조통화행사죄를 구성하지 않는다고 할 것이고, 따라서 이러한 경우에는 <u>형법 제234조에서 정한 위조사문서행사죄 또는 위조사도화행사죄로 의율할 수 있다</u>고 보아야 한다.

나. 이 사건 10만 파운드화는 위와 같이 앞면과 뒷면에 영국의 5파운드화 특유의 도안이 표시된 한편, 앞면에 위와 같이 영국 중앙은행이 그 소지자에게 10만 파운드를

지급할 것을 약속하는 내용과 함께 위 은행 "CHIEF CASHIER" 의 서명이 인쇄된 사실, 영국 중앙은행은 10만 파운드화 권종을 발행하거나 유통시킨 사실이 전혀 없고, 위 10만 파운드화는 1971년에 발행된 5파운드화 권종을 스캐너 등을 이용하여 위조한 것으로 영국에서 강제통용력이 없음은 물론 국내에서 유통되지도 않는 사실 등을 알 수 있다.

## V. 결 론

위 10만 파운드화는 형법 제207조 제3항에서 정한 외국에서 통용하는 외국의 화폐 등이나 형법 제207조 제2항에서 정한 국내에서 유통하는 외국의 화폐 등에 해당하지 않으므로, 피고인이 이를 행사하였다고 하더라도 형법 제207조 제4항에서 정한 <u>위조통화행사죄를 구성하지 않는다</u>고 할 것이고,

한편 비록 위 10만 파운드화가 영국 지폐의 외관을 갖고 있다고 하더라도, 영국 중앙은행 "CHIEF CASHIER" 의 의사의 표현으로서 그 내용이 법률상 또는 사회생활상 의미 있는 사항에 관한 증거가 될 수 있는 것이므로, <u>형법상 문서에 관한 죄의 객체인 '문서 또는 도화'</u> 에 해당한다고 할 것이다.

따라서 피고인이 이 부분 공소사실 기재와 같이 위 10만 파운드화를 행사한 행위는 <u>위조사문서행사죄 또는 위조사도화행사죄로 의율할 수 있다고</u> 보아야 한다.

## VI 유사판례

### 1. 일반인의 관점에서 통용할 것이라고 오인할 가능성이 있는 외국의 지폐

형법 제207조 제3항은 "행사할 목적으로 외국에서 통용하는 외국의 화폐, 지폐 또는 은행권을 위조 또는 변조한 자는 10년 이하의 징역에 처한다."라고 규정하고 있는바, 여기에서 외국에서 통용한다고 함은 그 외국에서 강제통용력을 가지는 것을 의미하는 것이므로 외국에서 통용하지 아니하는 즉, <u>강제통용력을 가지지 아니하는 지폐는 그것이 비록 일반인의 관점에서 통용할 것이라고 오인할 가능성이 있다고 하더라도 위 형법 제207조 제3항에서 정한 외국에서 통용하는 외국의 지폐에 해당한다고 할 수 없고,</u> 만일 그와 달리 위 형법 제207조 제3항의 외국에서 통용하는 지폐에 일반인의 관점에서 통용할 것이라고 오인할 가능성이 있는 지폐까지 포함하면 이는 위 처벌조항을 문언상의 가능한 의미의 범위를 넘어서까지 유추해석 내지 확장해석하여 적용하는 것이 되어 죄형법정주의의 원칙에 어긋나는 것으로 허용되지 않는다. (대법원 2004. 5. 14., 선고, 2003도3487, 판결)

## 2. 일본국 500¥짜리 주화처럼 사용하기 위하여 한국은행발행 500원짜리 주화 일부를 깎아내어 손상한 경우

피고인들이 한국은행발행 500원짜리 주화의 표면 일부를 깎아내어 손상을 가하였지만, 그 크기와 모양 및 대부분 문양이 그대로 남아 있어, 이로써 기존의 500원짜리 주화의 명목 가치나 실질가치가 변경되었다거나, 객관적으로 보아 일반인으로 하여금 일본국의 500¥짜리 주화로 오신케 할 정도의 새로운 화폐를 만들어 낸 것이라고 볼 수 없고, <u>일본국의 자동판매기 등이 위와 같이 가공된 주화를 일본국의 500¥짜리 주화로 오인한다는 사정만을 들어 그 명목가치가 일본국의 500¥으로 변경되었다거나 일반인으로 하여금 일본국의 500¥짜리 주화로 오신케 할 정도에 이르렀다고 볼 수도 없다.</u> (대법원 2002. 1. 11., 선고, 2000도3950, 판결)

## 3. 통화의 앞 뒷면을 전자복사기로 복사하여 같은 크기로 자른 행위

통화위조죄와 위조통화행사죄의 객체인 위조통화는 그 통화과정에서 일반인이 진정한 통화로 오인할 정도의 외관을 갖추어야 할 것이므로, 한국은행발행 일만원권 지폐의 앞.뒷면을 전자복사기로 복사하여 비슷한 크기로 자른 정도의 것은 객관적으로 진정한 통화로 오인할 정도에 이르지 못하여 <u>통화위조죄 및 위조통화행사죄의 객체가 될 수 없다.</u> (대법원 1986. 3. 25., 선고, 86도255, 판결)

# 제2절 유가증권 내용 중 이미 변조된 부분을 권한 없이 다시 변경한 경우

## Ⅰ. 사례요지

피고인이 이미 권한 없이 약속어음의 지급기일을 변조한 다음, 그 후 위와 같이 변조된 부분을 피고인이 재차 및 삼차 변경하였다.

## Ⅱ. 논 점

1. 유가증권의 내용 중 이미 변조된 부분을 다시 권한 없이 변경한 경우
2. 유가증권변조죄가 성립하는지 여부(소극)

## Ⅲ. 법규연구 (형법)

제214조(유가증권의 위조 등) ① 행사할 목적으로 대한민국 또는 외국의 공채증서 기타 유가증권을 위조 또는 변조한 자는 10년 이하의 징역에 처한다.

## Ⅳ. 관련 판례

### 1. 원심 (인천지법 2010. 10. 22. 선고 2008노126, 2009노2924 판결)

피고인이 이미 권한 없이 약속어음의 지급기일을 변조한 다음, 그 후 위와 같이 변조된 부분을 피고인이 재차 및 삼차 변경하였다고 하더라도 <u>유가증권변조죄가 성립하지 않는다.</u>

### 2. 대법원 (대법원 2012. 9. 27., 선고, 2010도15206, 판결)

유가증권변조죄에 있어서 '변조'는 진정하게 성립된 유가증권의 내용에 권한 없는 자가 그 유가증권의 동일성을 해하지 않는 한도에서 변경을 가하는 것을 의미하고(대법원 2006. 1. 26. 선고 2005도4764 판결 등 참조), 이와 같이 권한 없는 자에 의해 변조된 부분은 진정하게 성립된 부분이라 할 수 없다.

## Ⅴ. 결 론

따라서 유가증권의 내용 중 권한 없는 자에 의하여 이미 변조된 부분을 다시 권한

없이 변경하였다고 하더라도 <u>유가증권변조죄는 성립하지 않는다고 할 것이다.</u>

## VI 유사판례

### 1. 타인의 신용카드를 자신의 카드인 양 제시하여 상점 점원에게 금액란을 정정. 기재케 한 경우

유가증권변조죄에 있어서 변조란 진정으로 성립된 유가증권의 내용에 권한 없는 자가 그 유가증권의 동일성을 해하지 않는 한도에서 변경을 가하는 것을 말하고, 설사, 진실에 합치하도록 변경한 것이라 하더라도 권한없이 변경한 경우에는 변조로 되는 것이고 정을 모르는 제3자를 통하여 간접정범의 형태로도 범할 수 있는 것인바, 신용카드를 제시받은 상점점원이 그 카드의 금액란을 정정 기재하였다 하더라도 그것이 카드소지인이 위 점원에게 자신이 위 금액을 정정기재 할 수 있는 권리가 있는 양 기망하여 이루어졌다면 <u>이는 간접정범에 의한 유가증권변조로 봄이 상당하다.</u> (대법원 1984. 11. 27., 선고, 84도1862, 판결)

### 2. 어음발행인이 약속어음을 회수한 후 지급일자를 임의로 변경한 행위

형법 제214조 제2항에 규정된 '유가증권의 권리의무에 관한 기재를 변조한다'는 것은 진정하게 성립된 타인 명의의 부수적 증권행위에 관한 유가증권의 기재내용에 작성권한이 없는 자가 변경을 가하는 것을 말하고(대법원 1989. 12. 8. 선고 88도753 판결 참조), 어음발행인이라 하더라도 어음상에 권리의무를 가진 자가 있는 경우에는 이러한 자의 동의를 받지 아니하고 어음의 기재내용에 변경을 가하였다면 이는 <u>유가증권의 권리의무에 관한 기재를 변조한 것에 해당한다.</u> (대법원 2003. 1. 10., 선고, 2001도6553, 판결)

# 제3절 사자(死者)·허무인 명의 유가증권을 위조한 경우

## I. 사례요지

사자 명의로 된 약속어음을 작성하면서 사망자의 처로부터 사망자의 인장을 교부받아 생존 당시 작성한 것처럼 약속어음의 발행일자를 그 명의자의 생존 중의 일자로 소급하여 작성하였다.

## II. 논 점

사자(死者)·허무인 명의 유가증권을 위조한 경우, 유가증권위조죄 성립 여부

## III. 법규연구 (형법)

제214조(유가증권의 위조 등) ① 행사할 목적으로 대한민국 또는 외국의 공채증서 기타 유가증권을 위조 또는 변조한 자는 10년 이하의 징역에 처한다.

제215조 (자격모용에 의한 유가증권의 작성) 행사할 목적으로 타인의 자격을 모용하여 유가증권을 작성하거나 유가증권의 권리 또는 의무에 관한 사항을 기재한 자는 10년 이하의 징역에 처한다.

## IV. 관련 판례

### 1. 원심 (수원지법 2009. 12. 22. 선고 2009노958 판결)

피고인이 위 망인의 명의로 발행일자를 위 망인의 사망 일자 이전의 일자로 한 이 사건 각 약속어음을 작성한 사실을 인정한 후, 위 망인의 상속인인 처 공소외 1이 이를 승낙 또는 동의하였다는 이유로 이 사건 각 유가증권위조 및 동행사의 점에 대하여 무죄를 선고하였다.

### 2. 대법원 (대법원 2011. 7. 14., 선고, 2010도1025, 판결)

약속어음과 같이 유통성을 가진 유가증권의 위조는 일반거래의 신용을 해하게 될 위험성이 매우 크다는 점에서 적어도 행사할 목적으로 외형상 일반인으로 하여금 진정하게 작성된 유가증권이라고 오신케 할 수 있을 정도로 작성된 것이라면 그 발행 명의인이 가령 실재하지 않은 사자 또는 허무인이라 하더라도 그 위조죄가 성립된다고 해석함이 상당하다(대법원 1971. 7. 27. 선고 71도905 판결 참조).

그리고 사자 명의로 된 약속어음을 작성함에 있어 사망자의 처로부터 사망자의 인장을 교부받아 생존 당시 작성한 것처럼 약속어음의 발행일자를 그 명의자의 생존 중의 일자로 소급하여 작성한 때에는 발행 명의인의 승낙이 있었다고 볼 수 없다(대법원

1983. 10. 25. 선고 83도1520 판결, 대법원 2009. 10. 29. 선고 2009도4658 판결 등 참조). 그러나 앞서 본 법리에 비추어 이 사건 각 약속어음의 작성명의인이 위 망인이고 그 작성일자가 위 망인의 사망 일자 이전인 이상, 위 망인의 상속인에 불과한 공소외 1이 승낙 내지 동의하였다고 하여 위 망인의 승낙 내지 동의가 있었던 것으로 볼 수는 없다고 할 것이다.

## V. 결 론

따라서 생존 당시 작성한 것처럼 약속어음의 발행일자를 그 명의자의 생존 중의 일자로 소급하여 작성한 때에는 발행 명의인의 승낙이 있었다고 볼 수 없어 <u>유가증권위조죄가 성립한다.</u>

## VI 유사판례

### 1. 허무인 명의의 유가증권

허무인명의의 유가증권이라 할지라도 적어도 그것이 행사할 목적으로 작성되었고 외형상 일반인으로 하여금 진정하게 작성된 유가증권이라고 오신케 할 수 있을 정도라면 그 <u>위조죄가 성립된다</u>고 해석함이 상당하다. (대법원 1971. 7. 27., 선고, 71도905, 판결)

### 2. 생존 시를 작성일자로 한 사자 명의로 된 문서의 작성과 사문서위조

사자 명의로 된 문서를 작성함에 있어 사망자의 처로부터 사망자의 인장을 교부받아 생존 당시 작성한 것처럼 문서의 작성일자를 그 명의자의 생존 중의 일자로 소급하여 작성한 때에는 작성명의인의 승낙이 있다고 볼 수 없다 할 것이니 <u>사문서위조죄에 해당한다.</u> (대법원 1983. 10. 25., 선고, 83도1520, 판결)

### 3. 사망한 남편 명의를 거래상 자기를 표시하는 명칭으로 사용한 경우

어음에 기재되어야 할 어음행위자의 명칭은 반드시 어음행위자의 본명에 한하는 것은 아니고 상호, 별명 그 밖의 거래상 본인을 가리키는 것으로 인식되는 칭호라면 어느 것이나 다 가능하다고 볼 것이므로 비록 그 칭호가 타인의 명칭이라도 통상 그 명칭은 자기를 표시하는 것으로 거래상 사용하여 그것이 그 행위자를 지칭하는 것으로 인식되어 온 경우에는 그것을 어음상으로도 자기를 표시하는 칭호로 사용할 수 있다 할 것이므로 피고인이 그 망부의 사망 후 그의 명의를 거래상 자기를 표시하는 명칭으로 사용하여 온 경우에는 피고인에 의한 망부 명의의 어음발행은 피고인 자신의 어음행위라고 볼 것이고 이를 가리켜 타인의 명의를 모용하여 어음을 위조한 것이라고 할 수 없다. (대법원 1982. 9. 28., 선고, 82도296, 판결)

# 제4절 인터넷을 통하여 출력한 등기사항전부증명서 하단의 열람일시 부분을 수정 테이프로 지우고 복사한 행위

## I. 사례요지

피고인이 인터넷을 통하여 열람·출력한 등기사항전부증명서 하단의 열람 일시 부분을 수정 테이프로 지우고 복사하여 문서를 변조하고 이를 타인에게 교부하여 행사하였다.

## II. 논 점

1. 공문서변조죄의 성립요건
2. 공문서변조죄 성립에 필요한 문서의 작성 정도 및 이에 해당하는지 판단하는 기준
3. 등기사항전부증명서의 열람일시를 삭제하여 복사한 행위가 공공적 신용을 해할 위험성이 있는지

## III. 법규연구 (형법)

제225조(공문서등의 위조·변조) 행사할 목적으로 공무원 또는 공무소의 문서 또는 도화를 위조 또는 변조한 자는 10년 이하의 징역에 처한다.

제229조(위조등 공문서의 행사) 제225조 내지 제228조의 죄에 의하여 만들어진 문서, 도화, 전자기록등 특수매체기록, 공정증서원본, 면허증, 허가증, 등록증 또는 여권을 행사한 자는 그 각 죄에 정한 형에 처한다.

## IV. 관련 판례

### 1. 원심 (대전지법 2018. 11. 9. 선고 2018노1367 판결)

피고인이 인터넷을 통하여 출력한 등기사항전부증명서 하단의 열람 일시 부분을 수정 테이프로 지우고 복사한 행위는 공공적 신용을 해할 위험이 있는 정도의 새로운 증명력을 작출한 것으로 단정할 수 없다고 판단하여, 피고인에 대한 공문서변조, 동행사의 점에 관하여 유죄를 선고한 제1심판결을 파기하고 무죄를 선고하였다.

### 2. 대법원 (대법원 2021. 2. 25., 선고, 2018도19043, 판결)

가. 공문서변조죄는 권한 없는 자가 공무소 또는 공무원이 이미 작성한 문서 내용에 대하여 동일성을 해하지 않을 정도로 변경을 가하여 새로운 증명력을 작출케 함으로써

공공적 신용을 해할 위험성이 있을 때 성립한다(대법원 2003. 12. 26. 선고 2002도 7339 판결 등 참조). 이때 일반인으로 하여금 공무원 또는 공무소의 권한 내에서 작성된 문서라고 믿을 수 있는 형식과 외관을 구비한 문서를 작성하면 공문서변조죄가 성립하는 것이고, 일반인으로 하여금 공무원 또는 공무소의 권한 내에서 작성된 문서라고 믿게 할 수 있는지는 그 문서의 형식과 외관은 물론 그 문서의 작성경위, 종류, 내용 및 일반거래에 있어서 그 문서가 가지는 기능 등 여러 가지 사정을 종합적으로 고려하여 판단하여야 한다(공문서위조죄에 관한 대법원 1992. 11. 27. 선고 92도2226 판결 및 사문서위조죄에 관한 대법원 2009. 7. 23. 선고 2008도10195 판결 등 참조).

나. 원심판결 이유와 적법하게 채택하여 조사한 증거에 의하면 다음의 사실을 알 수 있다.

① 이 사건 부동산에 관하여 2013. 1. 14. 피고인의 어머니 공소외 1 명의로 상속을 원인으로 한 소유권이전등기가 마쳐졌다. 피고인은 공소외 2로부터 돈을 빌리면서 이 사건 부동산에 관하여 2013. 1. 23. 접수 근저당권설정등기를, 2013. 2. 6. 접수 소유권이전담보가등기를 각각 마쳐 주었다.

② 피고인은 위 근저당권설정등기와 소유권이전담보가등기가 되기 전인 2013. 1. 무렵 인터넷을 통하여 열람한 이 사건 부동산에 관한 등기사항전부증명서를 출력하였다(이하 '변경 전 등기사항전부증명서'라 한다). 피고인은 2015. 8.말 무렵 다시 돈을 빌리면서 담보로 제시하기 위하여 변경 전 등기사항전부증명서 하단의 열람 일시를 수정 테이프로 지우고 복사해 두었다.

③ 피고인은 2016. 8. 10. 공소외 3으로부터 돈을 빌리면서 위와 같이 열람 일시를 지우고 복사해 두었던 등기사항전부증명서를 교부하였다.

다. 위 인정 사실을 앞서 본 법리에 따라 살펴보면, 피고인이 등기사항전부증명서의 열람일시를 삭제하여 복사한 행위는 변경 전 등기사항전부증명서가 나타내는 권리·사실관계와 다른 새로운 증명력을 가진 문서를 만든 것에 해당하고 그로 인하여 공공적 신용을 해할 위험성도 발생하였다고 판단된다. 그 구체적 이유는 다음과 같다.

① 등기사항전부증명서의 열람일시는 등기부상 권리관계의 기준 일시를 나타내는 역할을 하는 것으로서 권리관계나 사실관계의 증명에서 중요한 부분에 해당한다. 열람 일시의 기재가 있어 그 일시를 기준으로 한 부동산의 권리관계를 증명하는 등기사항전부증명서와 열람 일시의 기재가 없어 부동산의 권리관계를 증명하는 기준 시점이 표시

되지 않은 등기사항전부증명서 사이에는 증명하는 사실이나 증명력에 분명한 차이가 있다.

② 이 사건 변경 후 등기사항전부증명서는 권리관계의 기준 시점이 표시되지 않은 것으로서, 타인에게 제시·교부되어 그 일시 무렵 이 사건 부동산에 관하여 근저당권설정등기 및 소유권이전담보가등기가 존재하지 않는다는 내용의 허위사실을 증명하는 데 이용되었다.

## V. 결 론

법률가나 관련 분야의 전문가가 아닌 평균인 수준의 사리분별력을 갖는 일반인의 관점에서 보면, 이 사건 변경 후 등기사항전부증명서가 조금만 주의를 기울여 살펴보기만 해도 그 열람일시가 삭제된 것임을 쉽게 알아볼 수 있을 정도로 공문서로서의 형식과 외관을 갖추지 못했다고 보기도 어렵다.

피고인이 등기사항전부증명서의 열람일시를 삭제하여 복사한 행위는 등기사항전부증명서가 나타내는 권리·사실관계와 다른 새로운 증명력을 가진 문서를 만든 것에 해당하고 그로 인하여 공공적 신용을 해할 위험성도 발생하였다.

따라서 공문서변조 및 변조공문서행사죄가 성립한다.

## VI 유사판례

### 1. 사진을 복사한 문서사본이 행사죄의 객체인 문서에 해당하는지 여부

문서의 사본 중에서 사진기나 복사기 등을 사용하여 기계적인 방법에 의하여 원본을 복사한 이른바 복사문서는 필기의 방법 등에 의한 단순한 사본과는 달리 복사자의 의식이 개재할 여지가 없고, 내용에서 부터 모양, 형태에 이르기까지 원본을 실제 그대로 재현하여 보여주므로 그와 동일한 원본이 존재하는 것으로 믿게 할 뿐만 아니라 오늘날 일상거래에서 원본에 대신하는 증명수단의 기능이 증대되고 있는 실정에 비추어 이에 대한 사회적 신용을 보호할 필요가 있어서 사진 복사한 문서의 사본은 행사죄의 객체인 문서에 해당한다. (대법원 1992. 11. 27., 선고, 92도2226, 판결)

# 제5절 위조문서를 공범자에게 행사한 경우 위조문서행사죄 성립여부

## Ⅰ. 사례요지

> 피고인이 ○○디자인의 전문건설업등록증, 전문건설업등록 수첩, 공장등록증명(신청)서의 이미지 파일을 위조하여 공소외 1의 이메일로 송부하여, 공소외 1로 하여금 송부받은 각 이미지 파일을 출력하게 하여 위조된 전문건설업등록증, 전문건설업등록 수첩, 공장등록증명(신청)서를 공소외 1에게 행사하였다.

## Ⅱ. 논점

1. 위조문서를 공범자 등에게 행사한 경우 위조문서행사죄가 성립하는지 여부(소극)
2. 간접정범을 통한 위조문서행사 범행에서 도구로 이용된 자에게 행사한 경우 위조문서행사죄가 성립하는지 여부(적극)
3. 피고인이 위조·변조한 공문서의 이미지 파일을 甲 등에 이메일로 송부하여 프린터로 출력한 것이 '행사' 인지 여부

## Ⅲ. 법규연구 (형법)

> 제225조(공문서등의 위조·변조) 행사할 목적으로 공무원 또는 공무소의 문서 또는 도화를 위조 또는 변조한 자는 10년 이하의 징역에 처한다.
>
> 제229조(위조등 공문서의 행사) 제225조 내지 제228조의 죄에 의하여 만들어진 문서, 도화, 전자기록등 특수매체기록, 공정증서원본, 면허증, 허가증, 등록증 또는 여권을 행사한 자는 그 각 죄에 정한 형에 처한다.
>
> 제234조(위조사문서등의 행사) 제231조 내지 제233조의 죄에 의하여 만들어진 문서, 도화 또는 전자기록등 특수매체기록을 행사한 자는 그 각 죄에 정한 형에 처한다.
>
> 제34조(간접정범, 특수한 교사, 방조에 대한 형의 가중) ① 어느 행위로 인하여 처벌되지 아니하는 자 또는 과실범으로 처벌되는 자를 교사 또는 방조하여 범죄행위의 결과를 발생하게 한 자는 교사 또는 방조의 예에 의하여 처벌한다.

## Ⅳ. 관련 판례

### 1. 원심 (서울북부지법 2011. 10. 13. 선고 2011노987 판결)

피고인은 위조·변조문서를 행사하는 행위도 파일을 출력한 공소외 1, 2를 통하여 하였다고 볼 수밖에 없는데, 간접정범을 통한 범행에서 피이용자는 간접정범의 의사를

실현하는 수단으로서의 지위를 갖는 점을 고려할 때, 위조문서행사 범행의 피이용자가 위조문서를 인식할 수 있게 되었다고 하더라도 이는 피고인과 동일시할 수 있는 자에게 문서를 보인 것과 마찬가지여서 그것만으로는 아직 위조문서가 피고인의 영역을 벗어났다고 볼 수 없다는 이유로, 이를 유죄로 인정한 제1심판결을 파기하고 <u>무죄를 선고하였다.</u>

## 2. 대법원 (대법원 2012. 2. 23., 선고, 2011도14441, 판결)

위조문서행사죄에 있어서 행사는 위조된 문서를 진정한 것으로 사용함으로써 문서에 대한 공공의 신용을 해칠 우려가 있는 행위를 말하므로 그 행사의 상대방에는 아무런 제한이 없고, 다만 <u>문서가 위조된 것임을 이미 알고 있는 공범자 등에게 행사하는 경우에는 위조문서행사죄가 성립할 수 없으나</u>(대법원 2005. 1. 28. 선고 2004도4663 판결 참조), <u>간접정범을 통한 위조문서행사 범행에 있어 도구로 이용된 자라고 하더라고 문서가 위조된 것임을 알지 못하는 자에게 행사한 경우에는 위조문서행사죄가 성립한다.</u>

## V. 결 론

피고인은 위조한 전문건설업등록증 등의 컴퓨터 이미지 파일을 공사 수주에 사용하기 위하여 발주자인 공소외 1 또는 ▽▽기술서비스의 담당직원 공소외 2에게 이메일로 송부한 사실, 공소외 1 또는 공소외 2는 피고인으로부터 이메일로 송부받은 컴퓨터 이미지 파일을 프린터로 출력할 당시 그 이미지 파일이 위조된 것임을 알지 못하였던 사실을 알 수 있으므로, 피고인의 위와 같은 행위는 형법 <u>제229조의 위조·변조공문서행사죄를 구성한다</u>고 보아야 할 것이다.

## VI 유사판례

### 1. 위조문서를 공범자에게 제시한 경우와 위조문서행사죄의 성부

위조, 변조, 허위작성된 문서의 행사죄는 이와 같은 문서를 진정한 것 또는 그 내용이 진실한 것으로 각 사용하는 것을 말하는 것이므로, 그 문서가 위조, 변조, 허위작성되었다는 정을 아는 공범자 등에게 제시, 교부하는 경우 등에 있어서는 <u>행사죄가 성립할 여지가 없다.</u> (대법원 1986. 2. 25., 선고, 85도2798, 판결)

# 제6절 권한 없는 자가 임의로 인감증명서의 사용용도란 기재를 고친 경우

## I. 사례요지

피고인들이 공모하여 甲의 승낙 없이, ○○동장이 정일철에게 발행한 이 사건 인감증명서 2통의 사용용도란에 기재된 토지사용승인용(70㎡)의 '70'을 지운 후 '135'로 기재하여 공문서인 위 각 인감증명서를 변조하고, 이를 ○○구청 공무원에게 제출하여 행사하였다.

## II. 논 점

공문서변조죄 및 변조공문서행사죄의 성립 여부

## III. 법규연구

### 1. 형 법

제225조 (공문서등의 위조·변조) 행사할 목적으로 공무원 또는 공무소의 문서 또는 도화를 위조 또는 변조한 자는 10년 이하의 징역에 처한다.

제229조 (위조등 공문서의 행사) 제225조 내지 제228조의 죄에 의하여 만들어진 문서, 도화, 전자기록등 특수매체기록, 공정증서원본, 면허증, 허가증, 등록증 또는 여권을 행사한 자는 그 각 죄에 정한 형에 처한다.

### 2. 인감증명법

제12조 (인감증명의 발급) ① 인감증명서를 발급받으려면 본인 또는 그 대리인이 대통령령으로 정하는 바에 따라 특별자치시장·특별자치도지사·시장·군수 또는 구청장(자치구가 아닌 구의 구청장을 포함한다)이나 읍장·면장·동장 또는 출장소장(이하 "인감증명서발급기관"이라 한다)에게 신청하여야 한다. 다만, 미성년자는 법정대리인의 동의를 받아 신청하여야 하고, 피한정후견인은 인감증명서의 용도가 한정후견인의 동의가 필요한 사항인 경우에는 한정후견인의 동의를 받아 신청하여야 하며, 피성년후견인은 성년후견인이 신청하여야 한다.

※ 인감증명법시행령

제13조 (인감증명의 발급) ① 법 제12조제1항에 따라 인감증명서를 발급받고자 하는 때에는 본인 또는 그 대리인(17세 이상인 사람에 한한다)이 인감증명서발급기관에 신청하여야 한다. 이 경우 대리인이 인감증명서의 발급을 신청할 때에는 별지 제13호서식, 별지 제13호의2서식 또는 별지 제13호의3서식의 인감증명서 발급 위임장(위임자가 재외국민인 경우로서 해외에 체류 중인 경우에는 위임사실에 대하여 재외공관의 확인을 받은 것을 말한다)과 함

께 위임자 본인[해외거주(체류)자인 본인이 재외공관의 확인을 받아 위임장을 제출하는 경우와 수감자인 본인이 수감기관의 확인을 받아 위임장을 제출하는 경우는 제외한다] 및 대리인의 주민등록증등을 제출하여야 한다.

③ 부동산 또는 자동차(「자동차관리법」 제5조에 따라 등록된 자동차를 말한다. 이하 이 항에서 같다) 매도용으로 인감증명서를 발급받으려는 자는 별지 제14호서식의 인감증명서 중 부동산 매수자 또는 자동차 매수자란에 기재하려는 부동산 또는 자동차 매수자의 성명·주소 및 주민등록번호(법인인 경우에는 법인명, 주된 사무소의 소재지 및 법인등록번호를 말한다)를 관계공무원에게 구술이나 서면으로 제공하고, 그 기재사항을 확인한 후 발급신청자 서명란에 서명한다. 다만, 재외국민이 부동산 매도용으로 인감증명서를 발급받는 경우에는 별지 제13호서식의 세무서장 확인란에 이전할 부동산의 종류와 소재지를 기재하고, 소관증명청의 소재지 또는 부동산소재지를 관할하는 세무서장의 확인을 받아야 한다.

## Ⅳ. 관련 판례

### 1. 원심 (수원지법 2004. 4. 20. 선고 2003노3382 판결)

공문서변조, 변조공문서행사의 공소사실은 <u>죄가 되지 않는 경우에 해당한다.</u>

### 2. 대법원 (대법원 2004. 8. 20., 선고, 2004도2767, 판결)

인감증명법 제12조 제1항, 동법시행령(2002. 12. 31. 대통령령 제17867호로 개정되기 전의 것) 제13조 등 인감증명의 신청과 인감증명서의 발급에 관한 법령의 규정에 의하면, 인감의 증명을 신청함에 있어서 그 용도가 부동산매도용일 경우에는 부동산매수자란에 매수자의 성명(법인인 경우에는 법인명), 주소 및 주민등록번호를 기재하여 신청하여야 하지만 그 이외의 경우에는 신청 당시 사용용도란을 기재하여야 하는 것은 아니고, 필요한 경우에 신청인이 직접 기재하여 사용하도록 되어 있으며, 사용용도에 따른 인감증명서의 유효기간에 관한 종전의 규정도 삭제되어 유효기간의 차이도 없으므로 <u>인감증명서의 사용용도란의 기재는 증명청인 동장이 작성한 증명문구에 의하여 증명되는 부분과는 아무런 관계가 없다고</u> 할 것이다.

상고이유에서 들고 있는 대법원 1985. 9. 24. 선고 85도1490 판결은, 인감증명을 받으려는 자는 용도를 기재한 원서를 증명청에 제출하여야 하고, 그 기재한 용도에 따른 인감증명서가 발급되면, 그 용도기재의 여하에 따라 인감증명서의 유효기간이 달라지도록 규정하고 있던 구 인감증명법시행령(1985. 6. 29. 대통령령 제11715호로 개정되기 전의 것)이 시행될 때의 사안에 관한 것으로, 이 사건에서 원용하기에는 적절치 아니하므로, 원심판결에 판례위반의 위법이 있다고도 할 수 없다.

## V. 결 론

따라서 <u>권한 없는 자가 임의로 인감증명서의 사용용도란의 기재를 고쳐 썼다고 하더라도 공무원 또는 공무소의 문서 내용에 대하여 변경을 가하여 새로운 증명력을 작출한 경우라고 볼 수 없으므로 공문서변조죄나 이를 전제로 하는 변조공문서행사죄가 성립되지는 않는다고 볼 것이다.</u>

## VI 유사판례

### 1. 대리인 신청에 의한 인감증명을 본인 신청에 의한 것으로 기재한 경우

인감증명서 발급업무를 담당하는 공무원이 발급을 신청한 본인이 직접 출두한 바 없음에도 불구하고 본인이 직접 신청하여 발급받은 것처럼 인감증명서에 기재하였다면, 이는 <u>공문서위조죄가 아닌 허위공문서작성죄를 구성한다.</u> (대법원 1997. 7. 11., 선고, 97도1082, 판결)

### 2. 인감증명서의 사용용도난기재 변경이 공문서변조죄에 해당되는지 여부

공무원이 작성한 문서와 개인이 작성한 문서가 1개 문서중에 포함되어 있는 경우에도 <u>공무원이 작성한 증명문구에 의하여 증명되는 개인작성부분을 변조한 경우에는 공문서변조죄가 성립하는</u> 바, 인감증명서의 사용용도는 인감신청인이 기재하는 것이나 그 기재한 용도에 따른 인감증명서가 발급되면 그 용도기재의 여하에 따라 인감증명서의 유효기간이 달라지는 것이므로 그 기재된 용도에 대하여도 증명의 효력이 미친다고 볼 것이어서 권한 없이 그 용도기재를 고쳐 썼다면 이는 공문서변조죄에 해당한다. (대법원 1985. 9. 24., 선고, 85도1490, 판결)

### 3. 공문서 기안담당자가 결재된 원문서에 누락사실을 추가기재한 경우

최종 결재권자를 보조하는 기안담당자가 토지가격 감정의뢰서에 첨부된 재산명세서상에 일부 기재가 누락된 토지가 있었으나 그 감정의뢰에 따른 감정을 하는 과정에서 그 누락사실이 발견되어 감정평가사가 그 토지까지 감정하여 작성한 감정평가서를 송부하여 오자, 사후에 이를 일치시킨다는 생각에서 위 재산명세서상에 그 누락된 토지들을 추가 기재하였더라도 그 과정에서 <u>적법한 절차를 거침이 없이 임의로 결재된 원문서에 없는 사항을 추가기재한 이상 그러한 행위에 대하여는 공문서변조의 범의를 인정하기에 충분하고,</u> 감정의뢰서에 누락된 토지에 대한 감정까지 하여 작성한 감정평가서에 대하여 위 감정의뢰서 작성명의자인 최종 결재권자의 결재가 있었다고 하여 이로써 위 감정의뢰서 추가기재 행위에 대하여 작성명의자의 승낙이 있었다고 볼 수 없다. (대법원 1995. 3. 24., 선고, 94도1112, 판결)

## 4. 공문서의 기안자가 작성권한 있는 상사에게 허위의 문서 초안을 제출하여 서명날인을 받은 경우

작성권한 있는 공무원의 직무를 보좌하여 공문서를 기안 또는 초안하는 직권이 있는 자가 그 직위를 이용하여 행사할 목적으로 직무상 기안하는 문서에 허위의 내용을 기재하고 허위인 정을 모르는 상사로 하여금 그 초안내용이 진실한 것으로 오신케 하여 서명날인케 함으로써 허위내용의 공문서를 작성토록 하였다면 소위 허위공문서작성죄의 간접정범의 죄책을 면할 수 없다. (대법원 1990. 2. 27., 선고, 89도1816, 판결)

## 5. 공무원이 원본과 대조하지 않고 '원본대조필' 확인인을 날인한 경우

공무원인 피고인이 그 직무에 관하여 이 건 문제로 된 사문서 사본에 "원본대조필 토목기사 피고인"이라 기재하고 도장을 날인하였다면 그 기재 자체가 공문서로 되고, 이 경우 피고인이 실제로 원본과 대조함이 없이 "원본대조필"이라고 기재한 이상 그것만으로 곧 허위공문서작성죄가 성립하는 것이고, 피고인이 위 문서작성자에게 전화로 원본과 상이 없다는 사실을 확인하였다거나 객관적으로 그 사본이 원본과 다른 점이 없다고 하더라도 위 죄가 성립한다. (대법원 1981. 9. 22., 선고, 80도3180, 판결)

## 6. 공문서 작성을 보조하는 공무원이 임의로 허위내용의 공문서를 작성한 경우

허위공문서작성죄의 주체는 그 문서를 작성할 권한이 있는 명의인인 공무원에 한하고, 그 공무원의 문서작성을 보조하는 직무에 종사하는 공무원은 위 죄의 주체가 되지 못하므로 보조 공무원이 허위공문서를 기안하여 그 정을 모르는 작성권자의 결재를 받아 공문서를 완성한 때에는 허위공문서작성죄의 간접정범이 되고, 이러한 결재를 거치지 않고 임의로 허위내용의 공문서를 완성한 때에는 공문서위조죄가 성립한다. (대법원 1981. 7. 28., 선고, 81도898, 판결)

## 7. 공무원 아닌 자가 공무원과 공모하여 허위의 문서초안을 상사에게 제출한 경우

공문서의 작성권한이 있는 공무원의 직무를 보좌하는 자가 그 직위를 이용하여 행사할 목적으로 허위의 내용이 기재된 문서 초안을 그 정을 모르는 상사에게 제출하여 결재하도록 하는 등의 방법으로 작성권한이 있는 공무원으로 하여금 허위의 공문서를 작성하게 한 경우에는 간접정범이 성립되고 이와 공모한 자 역시 그 간접정범의 공범으로서의 죄책을 면할 수 없고, 여기서 말하는 공범은 반드시 공무원의 신분이 있는 자로 한정되는 것은 아니라고 할 것이다. (대법원 1992. 1. 17., 선고, 91도2837, 판결)

# 제7절 타인 주민등록증사본의 사진란에 자신 사진을 붙여 복사 행사한 행위

## I. 사례요지

행사할 목적으로 친구의 주민등록증을 받아 주민등록증 사진란에 자신의 사진을 붙여 복사한 후 그 사본으로 휴대전화 가입하는 데 사용하였다.

## II. 논 점

공문서위조죄 및 동행사죄에 해당하는지

## III. 법규연구 (형법)

제225조 (공문서등의 위조·변조) 행사할 목적으로 공무원 또는 공무소의 문서 또는 도화를 위조 또는 변조한 자는 10년이하의 징역에 처한다.

제229조 (위조등 공문서의 행사) 제225조 내지 제228조의 죄에 의하여 만들어진 문서, 도화, 전자 기록등 특수매체기록, 공정증서원본, 면허증, 허가증, 등록증 또는 여권을 행사한 자는 그 각 죄에 정한 형에 처한다.

제237조의2 (복사문서등) 이 장의 죄에 있어서 전자복사기, 모사전송기 기타 이와 유사한 기기를 사용하여 복사한 문서 또는 도화의 사본도 문서 또는 도화로 본다.

## IV. 관련 판례

### 1. 원심 (서울지법 2000. 6. 14. 선고 2000노3857 판결)

피고인에 대한 공문서위조죄 및 동행사죄를 유죄로 인정하였다.

### 2. 대법원 (대법원 2000. 9. 5., 선고, 2000도2855, 판결)

형법 제237조의2에 따라 전자복사기, 모사전송기 기타 이와 유사한 기기를 사용하여 복사한 문서의 사본도 문서원본과 동일한 의미를 가지는 문서로서 이를 다시 복사한 문서의 재사본도 문서위조죄 및 동 행사죄의 객체인 문서에 해당한다 할 것이고, 진정한 문서의 사본을 전자복사기를 이용하여 복사하면서 일부 조작을 가하여 그 사본 내용과 전혀 다르게 만드는 행위는 공공의 신용을 해할 우려가 있는 별개의 문서사본을 창출하는 행위로서 문서위조행위에 해당한다(대법원 1989. 9. 12. 선고 87도506 전원합의체 판결, 1996. 5. 14. 선고 96도785 판결 등 참조).

피고인이 공소외인의 주민등록증사본의 사진란에 피고인의 사진을 붙여 이를 복사하여 전혀 별개의 주민등록증사본을 창출시킨 사실을 인정할 수 있으므로, 원심이 위 법리에 따라 피고인에 대한 공문서위조죄 및 동행사죄를 유죄로 인정한 조치는 정당하다.

## V. 결 론

기존 공문서의 본질적 또는 중요 부분에 변경을 가하여 새로운 증명력을 가지는 별개의 공문서를 작성한 경우에 해당하므로 공문서위조죄를 구성한다.

## VI 유사판례

### 1. 주민등록증 비닐커버 위에 주민등록번호를 덧기재하고 투명 테이프 붙여 주민등록번호를 고친 행위

자신의 주민등록증 비닐커버 위에 검은색 볼펜을 사용하여 주민등록번호 전부를 덧기재하고 투명 테이프를 붙이는 방법으로 주민등록번호 중 출생연도를 나타내는 "71"을 "70"으로 고친 사안에서, 변조행위가 공문서 자체에 변경을 가한 것이 아니며 그 변조방법이 조잡하여 공문서에 대한 공공의 위험을 초래할 정도에 이르지 못하였다는 이유로 공문서변조가 성립하지 않는다. (대법원 1997. 3. 28., 선고, 97도30, 판결)

### 3. 타인의 주민등록증을 복사기와 컴퓨터를 이용하여 전혀 별개의 주민등록증사본을 창출시킨 경우

피고인이 타인의 주민등록증을 이용하여 주민등록증상 이름과 사진을 하얀 종이로 가린 후 복사기로 복사를 하고, 다시 컴퓨터를 이용하여 위조하고자 하는 당사자의 인적사항과 주소, 발급일자를 기재한 후 덮어쓰기를 하여 이를 다시 복사하는 방식으로 전혀 별개의 주민등록증사본을 창출시킨 사실을 인정한 다음, 그 사본 또한 공문서위조 및 행사죄의 객체가 되는 공문서에 해당한다. (대법원 2004. 10. 28., 선고, 2004도5183, 판결)

### 4. 타인의 주민등록증에 붙어있는 사진을 떼어내고 자신 사진을 붙인 행위

피고인이 행사할 목적으로 타인의 주민등록증에 붙어있는 사진을 떼어내고 그 자리에 피고인의 사진을 붙였다면 이는 기존 공문서의 본질적 또는 중요 부분에 변경을 가하여 새로운 증명력을 가지는 별개의 공문서를 작성한 경우에 해당하므로 공문서위조죄를 구성한다. (대법원 1991. 9. 10., 선고, 91도1610, 판결)

## 5. 운전면허증에 사진을 바꾸어 붙인 행위

타인의 운전면허증에 붙은 사진을 떼어내고 그 자리에 자기의 사진을 붙인 행위는 공문서변조죄에 해당하고 공문서위조죄에 해당하지는 않는다. (대구고법 1973. 2. 1., 72노1192, 형사부판결 : 확정)

## 6. 위조된 문서원본을 단순히 전자복사기로 복사하여 그 사본을 만드는 행위

전자복사기로 복사한 문서의 사본도 문서위조죄 및 동 행사죄의 객체인 문서에 해당하고, 위조된 문서원본을 단순히 전자복사기로 복사하여 그 사본을 만드는 행위도 공공의 신용을 해할 우려가 있는 별개의 문서사본을 창출하는 행위로서 문서위조행위에 해당한다. (대법원 1996. 5. 14., 선고, 96도785, 판결)

# 제8절 인낙조서에 첨부된 도면 및 그 사본에 임의로 점선을 그은 행위

## I. 사례요지

민사소송법상 피고가 소송상 원고의 청구의 권리, 주장을 긍정하는 진술을 적은 조서인 인낙조서에 첨부된 도면에, 의미나 내용에 대한 아무런 설명이나 언급 없이 누구라도 쉽게 알 수 있도록 점선을 그어 추가하였다.

## II. 논 점

1. 공도화변조죄에 있어서 변조의 의미
2. 인낙조서에 첨부된 도면 및 그 사본에 임의로 점선을 그은 행위가 공도화변조에 해당하는지

## III. 법규연구 (형법)

제225조 (공문서등의 위조·변조) 행사할 목적으로 공무원 또는 공무소의 문서 또는 도화를 위조 또는 변조한 자는 10년이하의 징역에 처한다.

## IV. 관련 판례

### 1. 원심 (수원지법 2000. 6. 14. 선고 99노4451 판결)

인낙조서에 첨부된 이 사건 도면 및 그 사본에 피고인이 임의로 그은 점선은 인낙조서의 본문이나 이 사건 도면 자체에서 그 의미나 내용에 대한 아무런 설명이나 언급이 없을 뿐만 아니라, 그 기재의 위치, 방법, 조잡성 등에 비추어 볼 때 누구라도 쉽게 이 사건 도면이 작성된 후에 점선이 추가되었다는 사실을 알 수 있으므로, 공도화로서의 공공적 신용을 해할 위험이 있다고 보기 어렵고, 또 피고인이 이 사건 도면 및 그 사본을 진정한 인낙조서의 첨부도면으로 행사할 목적이 있었다고 보기도 어렵다는 이유로, 이 사건 도면이나 그 사본에 공소사실 기재 점선을 그은 것만으로는 공도화변조에 해당한다고 볼 수 없다고 하여 피고인에 대한 이 사건 <u>공도화변조 및 변조공도화행사의 공소사실에 대하여 무죄를 선고하였다.</u>

## 2. 대법원 (대법원 2000. 11. 10., 선고, 2000도3033, 판결)

공도화변조죄에서 변조란 공무소 또는 공무원의 도화 내용에 동일성을 해하지 않을 정도로 변경을 가하여 새로운 증명력을 작출케 함으로써 공도화에 대한 공공적 신용을 해할 위험성이 있는 행위를 말하는 것이다.

피고인이 임의로 이 사건 도면 및 그 사본에 그은 점선은 인낙조서 본문이나 도면에서 그에 대한 설명이 없는 이상 특정한 의미 내용을 갖지 아니한 단순한 도형에 불과하여, 그 자체로서 새로운 증명력이 작출케 된다고 할 수 없다.

## V. 결 론

따라서 그와 같은 점선을 그은 행위가 문서의 손괴에 해당할 수 있음은 별론으로 하고, 공도화로서의 공공적 신용을 해할 위험이 있는 공도화변조죄에 해당한다고 할 수 없다.

# 제9절 외부 전문기관이 작성하고 자치단체장이 승인한 '검사조서' 의 공문서 여부

## Ⅰ. 사례요지

자생식물원 조성공사의 감리업체인 공소외 1 주식회사의 책임감리원인 피고인이, 이 사건 공사를 감독하는 농업기술센터의 담당 공무원 공소외 2와 공모하여, 이 사건 공사의 1차분 공사가 완료되지 않았는데도 마치 완료된 것처럼 허위 내용의 준공검사조서를 작성한 다음 이를 공소외 1 주식회사 명의의 준공검사결과보고 기안문서에 첨부하여 공소외 2에게 제출하고, 공소외 2는 이를 접수하여 서명한 후 농업기술센터의 담당과장 및 소장의 결재를 받아 사무실에 비치함으로써, 감리대행업무와 관련하여 공무상 작성되는 공문서인 이 사건 준공검사조서를 허위로 작성하고 이를 행사하였다.

## Ⅱ. 논 점

외부 전문기관이 작성 · 보고하고 지방자치단체의 장 또는 계약담당자가 결재 · 승인한 '검사조서' 가 공문서에 해당하는지 여부(적극)

## Ⅲ. 법규연구

### 1. 형 법

제227조 (허위공문서작성등) 공무원이 행사할 목적으로 그 직무에 관하여 문서 또는 도화를 허위로 작성하거나 변개한 때에는 7년 이하의 징역 또는 2천만원 이하의 벌금에 처한다.

제229조 (위조등 공문서의 행사) 제225조 내지 제228조의 죄에 의하여 만들어진 문서, 도화, 전자기록등 특수매체기록, 공정증서원본, 면허증, 허가증, 등록증 또는 여권을 행사한 자는 그 각 죄에 정한 형에 처한다.

제33조 (공범과 신분) 신분관계로 인하여 성립될 범죄에 가공한 행위는 신분관계가 없는 자에게도 전3조의 규정을 적용한다. 단, 신분관계로 인하여 형의 경중이 있는 경우에는 중한 형으로 벌하지 아니한다.

제34조 (간접정범, 특수한 교사, 방조에 대한 형의 가중) ① 어느 행위로 인하여 처벌되지 아니하는 자 또는 과실범으로 처벌되는 자를 교사 또는 방조하여 범죄행위의 결과를 발생하게한 자는 교사 또는 방조의 예에 의하여 처벌한다.

### 2. 지방자치단체를 당사자로 하는 계약에 관한 법률 (지방계약법)

제17조(검사) ① 지방자치단체의 장 또는 계약담당자는 계약상대자가 계약의 전부 또는 일부의 이행을 끝내면 이를 확인하기 위하여 계약서 · 설계서 및 그 밖의 관계 서류에 따라 이를

검사하거나 소속 공무원 등에게 위임하여 검사하게 하여야 한다. 다만, 다음 각 호의 어느 하나에 해당하는 계약의 경우에는 전문기관을 따로 지정하여 검사하게 할 수 있다.

1. 「건설기술 진흥법」 제39조제2항에 따라 건설사업관리를 하게 하는 공사

2. 재질·성능 또는 규격 등의 검사를 위하여 전문적인 지식이나 기술이 필요하다고 인정되는 계약

② 지방자치단체의 장 또는 계약담당자는 제1항에도 불구하고 다른 법령에 따른 품질인증을 받은 물품 또는 품질관리능력을 인증받은 자가 제조한 물품 등 대통령령으로 정하는 물품에 대해서는 제1항에 따른 검사를 하지 아니할 수 있다.

※ 시행규칙

제67조(감독 및 검사를 위탁한 경우의 확인) 지방자치단체의 장 또는 계약담당자는 법 제16조제1항 단서 및 법 제17조제1항 단서에 따라 감독 또는 검사를 전문기관에 수행하게 하는 경우에는 그 결과를 문서로 통보받아 확인하여야 한다.

## IV. 관련 판례

### 1. 원심 (수원지법 2009. 12. 24. 선고 2009노4573 판결)

제1심은, 이 사건 준공검사조서에는 공무원 신분이 없는 공소외 1 주식회사 소속 감리원들만이 작성자로 되어 있을 뿐 공무원인 공소외 2의 이름은 없으며 이 사건 준공검사조서가 첨부된 이 사건 검사결과보고서에 공소외 2가 공람·결재의 서명을 하였지만 그러한 사정만으로 공소외 2를 이 사건 준공검사조서의 작성자라고 평가하기는 어려우므로 이 사건 준공검사조서는 사문서에 불과하다고 보아 피고인에게 무죄를 선고하였고, 원심은 기록에 비추어 제1심의 조치가 수긍된다는 이유로 이를 그대로 유지하였다.

### 2. 대법원 (대법원 2010. 4. 29., 선고, 2010도875, 판결)

가. 지방자치단체를 당사자로 하는 계약의 이행완료에 관한 검사는 지방자치단체의 장 또는 계약담당자의 직무권한에 속하는 사항으로서 이를 전문기관에 위임하여 수행하게 한다고 하여 그 직무 소관이 달라지는 것은 아니고 다만 이때에는 전문기관으로부터 검사결과를 문서로 통보받아 확인하는 방법으로 그 직무를 집행하게 되는 것이므로, 지방자치단체의 장 또는 계약담당자가 그 검사를 위임받아 수행한 전문기관으로부터 검사결과를 검사조서로 작성·보고받고 이를 확인하여 승인하는 의미로 검사조서에 결재하였다면 그와 같이 결재된 검사조서는 공무원이 그 직무권한 내에서 작성한 문서로서 허위공문서작성죄의 객체인 공문서에 해당한다.

나. 자생식물원 조성사업과 관련하여 그 산하 농업기술센터가 발주처로서 지방조달청을 통하여 ○○종합건설 등과 이 사건 공사의 도급계약을, 공소외 1 주식회사와 그 전면책임감리에 관한 기술용역계약을 체결한 다음 위 각 계약의 이행에 관한 사무를 관장한 사실, 농업기술센터는 이 사건 공사 중 1차분 공사에 대한 준공검사원이 ○○종합건설로부터 접수되자 이 사건 감리계약에 따라 공소외 1 주식회사에게 그 준공검사를 위임하여 수행하게 한 사실, 그런데 공소외 1 주식회사의 책임감리원으로 그 준공검사 업무를 담당한 피고인과 농업기술센터 소속 담당 공무원으로 그 준공검사에 입회한 공소외 2는 1차분 공사가 아직 완료되지 않은 사실을 확인하였음에도 이를 준공된 것으로 처리하기로 하였고, 이에 따라 피고인이 그 공사가 완료된 것처럼 허위 내용의 이 사건 준공검사조서를 작성한 다음 이를 공소외 1 주식회사 명의로 작성한 이 사건 검사결과보고서에 첨부하여 농업기술센터에 제출한 사실, 이를 접수한 농업기술센터에서는 이 사건 검사결과보고서에 공람·결재란과 전결란을 만든 다음 담당 계장 공소외 2와 담당과장 공소외 3이 공람·결재란에 차례로 서명하고 이어 그 허위의 정을 모르는 소장 공소외 4가 전결란에 최종 서명함으로써 그 준공검사결과를 승인한 사실, 한편 그 준공검사결과의 내용은 이 사건 검사결과보고서에는 전혀 기재되지 않고 그 첨부문서인 이 사건 준공검사조서에만 포함되어 있었던 사실을 알 수 있다.

## V. 결 론

농업기술센터는 위 법률이 적용되는 이 사건 도급계약의 계약담당자로서 그 적절한 이행을 확보하기 위하여 전문기관인 공소외 1 주식회사와 이 사건 감리계약을 체결한 다음 이에 기하여 그 소관 직무인 1차 준공검사를 공소외 1 주식회사에게 위임하여 수행하게 하고 이에 따라 공소외 1 주식회사가 이 사건 준공검사조서로 작성·보고한 준공검사결과를 그 전결권자인 소장의 결재를 통하여 승인하였던 것이므로(위 결재는 형식상 이 사건 검사결과보고서에 이루어졌지만 실질적으로는 그 첨부문서로서 준공검사결과를 담고 있는 이 사건 준공검사조서에 대한 것이라고 보아야 한다), 결국 위와 같이 결재된 이 사건 <u>준공검사조서는 농업기술센터의 소장이 그 직무권한 내에서 작성한 문서로서 공문서에 해당한다.</u>

그리고, 위와 같은 결재로써 공문서가 되는 이 사건 준공검사조서의 경우 직무상 그 작성권한이 있는 농업기술센터 소장만이 허위공문서작성죄의 주체가 되고 그 직무를 보조하는 지위에 있는 공무원 공소외 2는 허위공문서작성죄의 주체가 되지 못하나, 공소외 2는 피고인과 공모하여 그로 하여금 이 사건 준공검사조서를 허위로 작성·제출하게 하고 그에 관하여 준공검사에 입회한 담당자로서 그 진정성을 확인한다는 의미로 결재한 다음 담당과장을 통해 그 허위의 정을 모르는 소장에게 이를 제출하여 결재하게 함으로써 이 사건 준공검사조서를 허위의 공문서로 완성하였던 것이므로 허위공문서작성죄의 간접정범으로서 죄책을 지게 되고, 그와 공모한 피고인도 공무원의 신분을 가지는지 여부와 관계없이 그 간접정범의 공범으로서 죄책을 면할 수 없다.

## Ⅵ 유사판례

### 1. 준공검사관이 매몰 부분 공사의 미완성을 알면서도 공사감독관의 감독조서를 근거로 준공검사조서 작성

준공검사관이 준공검사를 함에 있어 수중, 지하 또는 구조물의 내부 등 시공 후 매몰된 부분의 검사는 공사감독관의 감독조서를 근거로 하여 검사를 하면 되고, 이를 실제로 검사하지 아니한 채 준공조서를 작성하였다 하더라도 허위준공검사조서작성죄의 죄책을 지지 아니하나, 매몰된 부분의 공사가 완성되지 아니하였다는 것을 알면서도 준공검사조서를 작성한 경우에는 위 죄책을 면하지 못한다. (대법원 1995. 6. 13., 선고, 95도491, 판결)

# 제10절 봉함 기타 비밀장치가 되어있지 아니한 전자기록 등 특수매체기록을 기술적 수단을 동원하여 내용을 알아낸 경우

## I. 사례요지

피고인이 피해자가 사용하는 노트북 컴퓨터에 해킹프로그램을 몰래 설치한 후 이를 작동시켜 피해자의 네이트온, 카카오톡, 구글 계정의 각 아이디 및 비밀번호(이하 '이 사건 아이디 등'이라고 한다)를 알아냄으로써 비밀장치를 한 피해자의 전자기록 등 특수매체기록을 기술적 수단을 이용하여 그 내용을 알아내었다.

## II. 논 점

1. 전자기록등내용탐지죄 등의 범죄에 행위 객체로 규정된 '전자기록 등 특수매체기록'의 의미

2. 그 자체로서 객관적·고정적 의미를 가지면서 독립적으로 쓰이는 것이 아니라 개인 또는 법인이 전자적 방식에 의한 정보의 생성·처리·저장·출력을 목적으로 구축하여 설치·운영하는 시스템에서 쓰임으로써 예정된 증명적 기능을 수행하는 것이 '전자기록'에 포함되는지 여부

3. 인터넷 계정의 아이디 및 비밀번호가 전자기록등내용탐지죄의 행위 객체인 '전자기록 등 특수매체기록'에 해당하는지 여부(적극)

4. 봉함 기타 비밀장치가 되어있지 아니한 전자기록 등 특수매체기록을 기술적 수단을 동원하여 그 내용을 알아낸 경우, 전자기록등내용탐지죄가 성립하는지 여부

## III. 법규연구

### 1. 형 법

제227조의2(공전자기록위작·변작) 사무처리를 그르치게 할 목적으로 공무원 또는 공무소의 전자기록등 특수매체기록을 위작 또는 변작한 자는 10년 이하의 징역에 처한다.

제229조(위조등 공문서의 행사) 제225조 내지 제228조의 죄에 의하여 만들어진 문서, 도화, 전자기록등 특수매체기록, 공정증서원본, 면허증, 허가증, 등록증 또는 여권을 행사한 자는 그 각 죄에 정한 형에 처한다.

제232조의2(사전자기록위작·변작) 사무처리를 그르치게 할 목적으로 권리·의무 또는 사실증명에 관한 타인의 전자기록등 특수매체기록을 위작 또는 변작한 자는 5년 이하의 징역 또는 1천만원 이하의 벌금에 처한다.

제234조(위조사문서등의 행사) 제231조 내지 제233조의 죄에 의하여 만들어진 문서, 도화 또는 전자기록등 특수매체기록을 행사한 자는 그 각 죄에 정한 형에 처한다

제314조(업무방해) ① 제313조의 방법 또는 위력으로써 사람의 업무를 방해한 자는 5년 이하의 징역 또는 1천500만원 이하의 벌금에 처한다.

제316조(비밀침해) ② 봉함 기타 비밀장치한 사람의 편지, 문서, 도화 또는 전자기록등 특수매체 기록을 기술적 수단을 이용하여 그 내용을 알아낸 자도 제1항의 형과 같다.

제366조(재물손괴등) 타인의 재물, 문서 또는 전자기록등 특수매체기록을 손괴 또는 은닉 기타 방법으로 기 효용을 해한 자는 3년이하의 징역 또는 700만원 이하의 벌금에 처한다.

## 2. 정보통신망 이용촉진 및 정보보호 등에 관한 법률 (약칭 : 정보통신망법 )

제48조(정보통신망 침해행위 등의 금지) ① 누구든지 정당한 접근권한 없이 또는 허용된 접근권한을 넘어 정보통신망에 침입하여서는 아니 된다.

② 누구든지 정당한 사유 없이 정보통신시스템, 데이터 또는 프로그램 등을 훼손·멸실·변경·위조하거나 그 운용을 방해할 수 있는 프로그램(이하 "악성프로그램"이라 한다)을 전달 또는 유포하여서는 아니 된다.

③ 누구든지 정보통신망의 안정적 운영을 방해할 목적으로 대량의 신호 또는 데이터를 보내거나 부정한 명령을 처리하도록 하는 등의 방법으로 정보통신망에 장애가 발생하게 하여서는 아니 된다.

제49조(비밀 등의 보호) 누구든지 정보통신망에 의하여 처리·보관 또는 전송되는 타인의 정보를 훼손하거나 타인의 비밀을 침해·도용 또는 누설하여서는 아니 된다.

## IV. 관련 판례

### 1. 원심 (서울북부지법 2021. 6. 18. 선고 2021노205 판결)

형법 제316조 제2항 소정의 전자기록등내용탐지죄의 객체인 '전자기록 등 특수매체기록'이 되기 위해서는 특정인의 의사가 표시되어야 한다고 전제한 후 이 사건 아이디 등 자체는 특정인의 의사를 표시한 것으로 보기 어려워 기술적 수단을 이용하여 그 내용을 알아냈더라도 <u>전자기록등내용탐지죄가 성립하지 않는다</u>.

### 2. 대법원 (대법원 2022. 3. 31. 선고, 2021도8900, 판결)

가. 1995.12.29. 법률 제5057호로 개정된 형법은 산업화·정보화의 추세에 따른 컴퓨터범죄 등 신종범죄에 효율적으로 대처하기 위해 제316조 제2항을 신설하여 '봉함 기타 비밀장치한 사람의 편지, 문서, 도화 또는 전자기록 등 특수매체기록을 기술적 수단을 이용하여 그 내용을 알아낸 자'를 처벌하는 규정을 두었고, 그 외 전자기록 등 특수매체기록을 행위의 객체로 하는 업무방해(제314조 제2항), 공·사(公·私)전자기록의 위작·변작(제227조의2, 제232조의2) 및 동 행사(제229조, 제234조) 등 컴퓨

터관련범죄를 신설하고, 재물손괴죄 등(제366조)에 전자기록 등 특수매체기록을 행위의 객체로 추가하였다.

여기서 전자기록 등 특수매체기록이란 일정한 저장매체에 전자방식이나 자기방식 또는 광기술 등 이에 준하는 방식에 의하여 저장된 기록을 의미한다. 특히 전자기록은, 그 자체로는 물적 실체를 가진 것이 아니어서 별도의 표시·출력장치를 통하지 아니하고는 보거나 읽을 수 없고, 그 생성 과정에 여러 사람의 의사나 행위가 개재됨은 물론 추가 입력한 정보가 프로그램에 의하여 자동으로 기존의 정보와 결합하여 새로운 전자기록을 작출하는 경우도 적지 않으며, 그 이용 과정을 보아도 그 자체로서 객관적·고정적 의미를 가지면서 독립적으로 쓰이는 것이 아니라 개인 또는 법인이 전자적 방식에 의한 정보의 생성·처리·저장·출력을 목적으로 구축하여 설치·운영하는 시스템에서 쓰임으로써 예정된 증명적 기능을 수행한다(형법 제227조의2에 규정된 공전자기록등위작죄에 관한 대법원 2005. 6. 9. 선고 2004도6132 판결, 형법 제232조의2에 규정된 사전자기록등위작죄에 관한 대법원 2020. 8. 27. 선고 2019도11294 전원합의체 판결 등 참조). 따라서 <u>그 자체로서 객관적·고정적 의미를 가지면서 독립적으로 쓰이는 것이 아니라 개인 또는 법인이 전자적 방식에 의한 정보의 생성·처리·저장·출력을 목적으로 구축하여 설치·운영하는 시스템에서 쓰임으로써 예정된 증명적 기능을 수행하는 것은 전자기록에 포함된다</u>(형법 제232조의2에 규정된 사전자기록등위작죄에서의 전자기록에 관한 대법원 2008. 6. 12. 선고 2008도938 판결 참조).

이처럼 개정 형법이 전자기록 등 특수매체기록을 위 각 범죄의 행위 객체로 신설·추가한 입법 취지, 전자기록등내용탐지죄의 보호법익과 그 침해행위의 태양 및 가벌성 등에 비추어 볼 때, 이 사건 <u>아이디 등은 전자방식에 의하여 피해자의 노트북 컴퓨터에 저장된 기록으로서 형법 제316조 제2항의 '전자기록 등 특수매체기록'에 해당한다.</u> 따라서 특정인의 의사가 표시되지 않았다는 점만을 들어 이 사건 아이디 등을 전자기록 등에서 제외한 원심의 판단은 잘못이다.

한편 형법 제316조 제2항 소정의 전자기록등내용탐지죄는 봉함 기타 비밀장치한 전자기록 등 특수매체기록을 기술적 수단을 이용하여 그 내용을 알아낸 자를 처벌하는 규정인바, <u>전자기록 등 특수매체기록에 해당하더라도 봉함 기타 비밀장치가 되어 있지 아니한 것은 이를 기술적 수단을 동원해서 알아냈더라도 전자기록등내용탐지죄가 성립하지 않는다.</u>

나. 원심판결 이유와 기록에 의하면, 피고인이 사무실에서 직장 동료인 피해자의 노트

북 컴퓨터에 'spytector'라는 프로그램을 몰래 설치한 사실, 위 프로그램은 그것이 설치된 컴퓨터의 사용자가 키보드로 입력하는 내용이나 방문한 웹사이트 등을 탐지해 이를 텍스트 파일 형식으로 저장한 후 이메일 등의 방법으로 프로그램 설치자에게 전송해 주는 속칭 '키로그' 프로그램인 사실, 피고인은 위 프로그램을 사용함으로써 피해자가 네이트온, 카카오톡, 구글 계정에 접속하는 과정에서 컴퓨터 키보드에 입력한 이 사건 아이디 등을 알아낸 사실을 알 수 있는바, 위 사실만으로는 이 사건 아이디 등 혹은 그 내용이 기록된 텍스트 파일에 봉함 기타 비밀장치가 되어있는 것으로 볼 수 없고 달리 이를 인정할 증거가 없으며, 오히려 피해자의 노트북 컴퓨터 그 자체에는 비밀번호나 화면보호기 등 별도의 보안장치가 설정되어 있지 않았던 것으로 보일 뿐이다.

## V. 결 론

결국 이 사건 아이디 등이 형법 제316조 제2항에 규정된 전자기록 등 특수매체기록에는 해당하더라도 이에 대하여 별도의 보안장치가 설정되어 있지 않은 등 비밀장치가 된 것으로 볼 수 없는 이상, 이 사건 아이디 등을 위 프로그램을 이용하여 알아냈더라도 전자기록등내용탐지죄가 성립하지 않는다.

그러나 이 사건 아이디 등을 이용해 피해자의 네이트온 계정 등에 접속한 행위 및 이를 통해 피해자와 다른 사람들 사이의 대화내용 등을 다운로드 받은 행위에 대해서는 원심에서 「정보통신망 이용촉진 및 정보보호 등에 관한 법률」 위반(정보통신망침해 등)죄, 전자기록등내용탐지죄가 인정된다고 볼 수 있는데 부분에 대해서는 피고인과 검사 모두 상고하지 아니하였다.

## VI 유사판례

### 1. 경찰관이 고소사건을 처리하지 아니하였음에도 KICS에 그 사건을 검찰에 송치한 것으로 허위입력한 행위

원심은 피고인이 당해 사건의 담당 경찰관으로서 경찰범죄정보시스템에 접근하여 당해 사건의 처리정보를 입력할 수 있는 권한이 있었다는 이유만으로 이 사건 공소사실에 기재된 피고인의 행위, 즉 위 권한을 일탈·남용하여 경찰 범죄정보시스템에 허위의 정보를 입력함으로써 위 시스템 설치운영주체의 의사에 반하는 전자기록을 작출한 행위가 형법 제227조의2에서 말하는 위작에 해당하지 아니한다고 판단하였으니, 이러한 원심의 판단에는 공전자기록위작죄에 있어서 위작에 관한 법리를 오해하여 판결 결과에 영향을 미친 위법이 있다. 따라서 공전자기록위작죄가 성립한다. (대법원 2005. 6. 9., 선고, 2004도6132, 판결)

# 제11절 공무원인 의사가 공무소의 명의로 허위진단서 작성

## I. 사례요지

공무원인 국립대학병원 의사가 환자를 치료 후 진단서 발급을 의뢰받고 환자의 부탁에 따라 사실과 다른 내용의 진단서를 발급하였다.

## II. 논 점

공무원인 의사가 발행한 진단서의 공문서 여부

## III. 법규연구 (형법)

제227조 (허위공문서작성등) 공무원이 행사할 목적으로 그 직무에 관하여 문서 또는 도화를 허위로 작성하거나 변개한 때에는 7년 이하의 징역 또는 2천만원 이하의 벌금에 처한다.

제233조 (허위진단서등의 작성) 의사, 한의사, 치과의사 또는 조산사가 진단서, 검안서 또는 생사에 관한 증명서를 허위로 작성한 때에는 3년 이하의 징역이나 금고, 7년 이하의 자격정지 또는 3천만원 이하의 벌금에 처한다.

## IV. 관련 판례

### 1. 원심 (서울고법 2003. 11. 21. 선고 2003노1942 판결)

공무원이자 의사인 피고인이 허위의 진단서를 작성한 행위에 대하여 형법 제227조 소정의 허위공문서작성죄와 형법 제233조 소정의 허위진단서작성죄가 각 성립하되 두 죄는 상상적 경합의 관계에 있다고 판단하였다.

### 2. 대법원 (대법원 2004. 4. 9., 선고, 2003도7762, 판결)

형법이 제225조 내지 제230조에서 공문서에 관한 범죄를 규정하고, 이어 제231조 내지 제236조에서 사문서에 관한 범죄를 규정하고 있는 점 등에 비추어 볼 때 형법 제233조 소정의 허위진단서작성죄의 대상은 공무원이 아닌 의사가 사문서로서 진단서를 작성한 경우에 한정된다.

## V. 결 론

따라서 공무원인 의사가 공무소의 명의로 허위진단서를 작성한 경우에는 허위공문서작성죄만이 성립하고 허위진단서작성죄는 별도로 성립하지 않는다고 할 것이다.

# 제12절 공전자기록 등 부실기재죄의 '부실의 사실기재' 는 당사자 허위신고에 의하여 이루어져야 하는지

## I. 사례요지

피고인은 공소외 1로부터 돈을 빌린 적이 없고 공소외 2가 그 채무를 연대보증한 사실도 없는데, 공소외 1과 공모하여 허위 내용이 적힌 차용증을 작성하고 공소외 2 소유 토지에 관하여 가압류신청을 하여 등기소 직원으로 하여금 공소외 1을 채권자, 공소외 2를 채무자로 한 가압류등기를 마치게 함으로써 공정증서원본과 동일한 전자기록인 토지등기부에 부실의 사실을 기록하게 하고 이를 행사하였다.

## II. 논 점

1. 공전자기록 등 부실기재죄의 구성요건인 '부실의 사실기재' 는 당사자의 허위신고에 의하여 이루어져야 하는지 여부(적극)
2. 법원의 촉탁에 의하여 등기를 마친 경우에도 그 전제절차에 허위적 요소가 있으면 위 죄가 성립하는지 여부(소극)

## III. 법규연구

### 1. 형 법

제228조(공정증서원본 등의 부실기재) ① 공무원에 대하여 허위신고를 하여 공정증서원본 또는 이와 동일한 전자기록등 특수매체기록에 부실의 사실을 기재 또는 기록하게 한 자는 5년 이하의 징역 또는 1천만원 이하의 벌금에 처한다.

### 2. 민사집행법

제293조(부동산가압류집행) ① 부동산에 대한 가압류의 집행은 가압류재판에 관한 사항을 등기부에 기입하여야 한다.

②1항의 집행법원은 가압류재판을 한 법원으로 한다.

③ 가압류등기는 법원사무관 등이 촉탁한다.

## IV. 관련 판례

### 1. 원심 (의정부지법 2021. 8. 10. 선고 2020노2521 판결)

이 사건 공소사실을 모두 <u>유죄로 판단한 제1심판결을 그대로 유지</u>하였다.

## 2. 대법원 (대법원 2022. 1. 13., 선고, 2021도11257, 판결)

공전자기록 등 부실기재죄(형법 제228조 제1항)의 구성요건인 '부실의 사실기재'는 당사자의 허위신고에 의하여 이루어져야 하므로, 법원의 촉탁에 의하여 등기를 마친 경우에는 그 전제절차에 허위적 요소가 있더라도 위 죄가 성립하지 않는다(대법원 1983. 12. 27. 선고 83도2442 판결 참조). 부동산가압류는 가압류재판에 관한 사항을 등기부에 기재하는 방법으로 법원이 집행하고 법원사무관 등이 등기를 촉탁한다(민사집행법 제293조).

## V. 결 론

피고인과 공모한 공소외 1이 허위 소명자료를 첨부하여 가압류신청을 함에 따라 공소외 2 소유 토지에 가압류결정이 내려졌더라도, 그에 따른 가압류등기는 법원이 하는 집행절차의 일환일 뿐 허위신고에 의하여 이루어진 것이 아니므로 토지등기부에 부실의 사실이 기재되었다고 볼 수 없다.

## VI. 유사판례

### 1. 법원의 촉탁에 의한 부실등기와 공정증서원본부실기재죄의 성부

공정증서원본부실기재죄에 있어서의 부실의 기재는 당사자의 허위신고에 의하여 이루어져야 하므로 법원의 촉탁에 의하여 이루어진 경우에는 가령 그 전제절차에 허위적 요소가 있다 하더라도 그것은 법원의 촉탁에 의하여 이루어진 것이지 당사자의 허위신고에 의하여 이루어진 것이 아니므로 공정증서원본부실기재죄를 구성하지 않는다. (대법원 1983. 12. 27., 선고, 83도2442, 판결)

### 2. 부실기재 공정증서의 정본을 그 정을 모르는 법원 직원에게 교부한 행위

형법 제229조, 제228조 제1항의 규정과 형벌법규는 문언에 따라 엄격하게 해석하여야 하고 피고인에게 불리한 방향으로 지나치게 확장해석하거나 유추해석하여서는 아니되는 원칙에 비추어 볼 때, 위 각 조항에서 규정한 '공정증서원본'에는 공정증서의 정본이 포함된다고 볼 수 없으므로 불실의 사실이 기재된 공정증서의 정본을 그 정을 모르는 법원 직원에게 교부한 행위는 형법 제229조의 불실기재공정증서원본행사죄에 해당하지 아니한다. (대법원 2002. 3. 26., 선고, 2001도6503, 판결)

# 제13절 공정증서원본에 기재된 사항이 부존재하거나 외관상 존재하더라도 무효에 해당하는 하자가 있는 경우

## I. 사례요지

피고인이 임시주주총회 개최과정에서 이사회 결의를 거치지 아니하였고, 주주명부상 30%의 주식지분을 보유하고 있는 공소외 2에게 정관에 따른 임시주주총회의 소집통지를 하지도 아니하였으며, 정관에 규정된 주주총회 소집 장소가 아닌 곳에서 피고인에 의하여 의결이 있었던 것으로 임시주주총회 의사록을 작성하였다.

## II. 논 점

1. 공정증서원본에 기재된 사항이 부존재하거나 외관상 존재하더라도 무효에 해당하는 하자가 있는 경우, 공정증서원본부실기재죄가 성립하는지 여부(적극)
2. 공정증서원본에 기재된 사항이나 그 원인된 법률행위가 객관적으로 존재하고 거기에 취소사유인 하자가 있는 경우, 공정증서원본부실기재죄가 성립하는지 여부(소극)
3. 대다수를 소유한 지배주주 1인이 실제의 소집절차와 결의절차를 거치지 아니한 채 주주총회의 결의가 있었던 것처럼 의사록을 허위로 작성한 경우, 그 주주총회의 결의가 존재한다고 볼 수 있는지(소극)

## III. 법규연구

### 1. 형 법

제228조(공정증서원본 등의 부실기재) ① 공무원에 대하여 허위신고를 하여 공정증서원본 또는 이와 동일한 전자기록등 특수매체기록에 부실의 사실을 기재 또는 기록하게 한 자는 5년 이하의 징역 또는 1천만원 이하의 벌금에 처한다.

### 2. 상 법

제363조(소집의 통지) ① 주주총회를 소집할 때에는 주주총회일의 2주 전에 각 주주에게 서면으로 통지를 발송하거나 각 주주의 동의를 받아 전자문서로 통지를 발송하여야 한다. 다만, 그 통지가 주주명부상 주주의 주소에 계속 3년간 도달하지 아니한 경우에는 회사는 해당 주주에게 총회의 소집을 통지하지 아니할 수 있다.

제368조(총회의 결의방법과 의결권의 행사) ① 총회의 결의는 이 법 또는 정관에 다른 정함이 있는 경우를 제외하고는 출석한 주주의 의결권의 과반수와 발행주식총수의 4분의 1 이상의 수로써 하여야 한다.

② 주주는 대리인으로 하여금 그 의결권을 행사하게 할 수 있다. 이 경우에는 그 대리인은 대리권을 증명하는 서면을 총회에 제출하여야 한다.

제373조(총회의 의사록) ① 총회의 의사에는 의사록을 작성하여야 한다.

② 의사록에는 의사의 경과요령과 그 결과를 기재하고 의장과 출석한 이사가 기명날인 또는 서명하여야 한다.

제380조(결의무효 및 부존재확인의 소) 제186조 내지 제188조, 제190조 본문, 제191조, 제377조와 제378조의 규정은 총회의 결의의 내용이 법령에 위반한 것을 이유로 하여 결의무효의 확인을 청구하는 소와 총회의 소집절차 또는 결의방법에 총회결의가 존재한다고 볼 수 없을 정도의 중대한 하자가 있는 것을 이유로 하여 결의부존재의 확인을 청구하는 소에 이를 준용한다

## IV. 관련 판례

### 1. 원심 (서울서부지법 2017. 12. 7. 선고 2017노1182 판결)

임시주주총회 결의의 하자가 결의의 취소사유에 불과하다고 단정하고, 공소외 1 회사의 법인등기부에 기재되기 전에 위 임시주주총회 결의가 취소의 소에 의하여 취소되었다고 볼 자료가 없다고 하여, 이 사건 공소사실을 <u>무죄로 판단하였다.</u>

### 2. 대법원 (대법원 2018. 6. 19., 선고, 2017도21783, 판결)

가. 공정증서원본부실기재죄는 공무원에 대하여 허위신고를 함으로써 공정증서원본에 부실의 사실을 기재하게 하는 경우에 성립한다. <u>공정증서원본에 기재된 사항이 부존재하거나 외관상 존재한다고 하더라도 무효에 해당되는 하자가 있다면, 그 기재는 부실기재에 해당한다. 그러나 기재된 사항이나 그 원인된 법률행위가 객관적으로 존재하고, 다만 거기에 취소사유인 하자가 있을 뿐인 경우, 취소되기 전에 공정증서원본에 기재된 이상, 그 기재는 공정증서원본의 부실기재에 해당하지는 않는다</u>(대법원 2004. 9. 24. 선고 2004도4012 판결 참조).

나. 한편 총 주식을 한 사람이 소유한 이른바 1인 회사와 달리, 주식의 소유가 실질적으로 분산된 주식회사의 경우, 실제의 소집절차와 결의절차를 거치지 아니한 채 주주총회의 결의가 있었던 것처럼 주주총회 의사록을 허위로 작성한 것이라면, 설사 1인이 총 주식의 대다수를 가지고 있고 그 지배주주에 의하여 의결이 있었던 것으로 주주총회 의사록이 작성되어 있다 하더라도, 도저히 그 결의가 존재한다고 볼 수 없을 정도로 중대한 하자가 있는 때에 해당하여, 그 주주총회의 결의는 부존재하다고 보아야

한다(대법원 2007. 2. 22. 선고 2005다73020 판결 등 참조).

## V. 결 론

피고인이 공소외 1 회사의 주식을 실질적으로 모두 소유한 경우가 아닌 이상, 이 사건에서 공소외 1 회사의 법인등기부 변경신청의 원인이 된 임시주주총회 결의에는 도저히 그 결의가 존재한다고 볼 수 없을 정도로 중대한 하자가 있는 경우에 해당한다. 따라서 위 변경신청은 허위의 사실을 신고한 때에 해당하고, 그에 따라 이루어진 변경등기도 원인무효의 등기로서 부실의 사실이 기재된 것으로 볼 여지가 있다.

## VI 유사판례

### 1. 기망에 의하여 체결된 증여계약에 기하여 소유권이전등기를 경료한 경우

상속권자들의 지분 286분의 182에 관한 피고인 명의의 소유권이전등기의 원인행위인 증여계약은 객관적으로 존재하는 것이므로, 설사 거기에 취소사유에 해당되는 위와 같은 기망이라는 하자가 있다고 하더라도 이를 이유로 그 증여계약이 취소되지 아니한 이상 피고인이 등기공무원에게 허위의 사실을 신고하여 등기부에 부실의 사실을 기재하게 한 것이라고 할 수 없다. (대법원 2004. 9. 24., 선고, 2004도4012, 판결)

### 2. 1인 회사에서 1인 주주가 임원 의사에 기하지 아니하고 사임서를 작성하거나 이에 기한 등기부 기재

이른바 1인회사에 있어서 1인주주의 의사는 바로 주주총회나 이사회의 의사와 같은 것이어서 가사 주주총회나 이사회의 결의나 그에 의한 임원변경등기가 불법하게 되었다 하더라도 그것이 1인주주의 의사에 합치되는 이상 이를 가리켜 의사록을 위조하거나 부실의 등기를 한 것이라고는 볼 수 없다 하겠으나 한편 임원의 사임서나 이에 따른 이사 사임등기는 위와 같은 주주총회나 이사회의 결의 또는 1인주주의 의사와는 무관하고 오로지 당해 임원의 의사에 따라야 하는 것이므로 당해 임원의 의사에 기하지 아니한 사임서의 작성이나 이에 기한 등기부의 기재를 하였다면 이는 사문서위조 및 공정증서원본부실기재의 죄책을 면할 수 없다. (대법원 1992. 9. 14., 선고, 92도1564, 판결)

# 제14절 공증인에게 허위의 금전채권에 대하여 공정증서원본을 작성 · 비치하게 한 경우

## Ⅰ. 사례요지

피고인이 공소외 1 주식회사의 대표이사로서 공소외 1 주식회사로 하여금 공소외 4 주식회사 및 공소외 5 주식회사에 대하여 허위의 약속어음금 채무를 부담하게 하고 이를 공증하게 한 후 이를 비치하였다.

## Ⅱ. 논 점

1. 공증인에게 허위의 금전채권에 대하여 공정증서원본을 작성 · 비치하게 한 경우
2. 공정증서원본부실기재죄 및 행사죄의 죄책을 인정할 수 있는지(적극)

## Ⅲ. 법규연구 (형법)

제228조 (공정증서원본등의 부실기재) ① 공무원에 대하여 허위신고를 하여 공정증서원본 또는 이와 동일한 전자기록등 특수매체기록에 부실의 사실을 기재 또는 기록하게 한 자는 5년 이하의 징역 또는 1천만원 이하의 벌금에 처한다.

제229조 (위조등 공문서의 행사) 제225조 내지 제228조의 죄에 의하여 만들어진 문서, 도화, 전자기록등 특수매체기록, 공정증서원본, 면허증, 허가증, 등록증 또는 여권을 행사한 자는 그 각 죄에 정한 형에 처한다.

## Ⅳ. 관련 판례

### 1. 원심 (청주지법 2008. 8. 20. 선고 2007노944 판결)

공정증서원본부실기재 및 부실기재공정증서원본행사의 점에 관한 공소사실에 대하여 각 <u>유죄를 인정하였다.</u>

### 2. 대법원 (대법원 2008. 12. 24., 선고, 2008도7836, 판결)

형법 제228조 제1항이 규정하는 공정증서원본부실기재죄는 특별한 신빙성이 인정되는 공문서에 대한 공공의 신용을 보장함을 보호법익으로 하는 범죄로서 공무원에 대하여 진실에 반하는 허위신고를 하여 공정증서원본 또는 이와 동일한 전자기록 등 특수매체기록에 실체관계에 부합하지 아니하는 부실의 사실을 기재 또는 등록하게 함으로써 성립하는 것이다.

## V. 결 론

실제로는 채권·채무관계가 존재하지 아니함에도 공증인에게 허위신고를 하여 가장된 금전채권에 대하여 집행력이 있는 공정증서원본을 작성하고 이를 비치하게 한 것이라면 공정증서원본부실기재죄 및 부실기재공정증서원본행사죄의 죄책을 면할 수 없다고 할 것이다(대법원 2003. 7. 25. 선고 2002도638 판결 등 참조).

# 제15절 금원을 차용하여 주금납입하고 설립등기 후 바로 인출하여 차용금변제에 사용한 경우

## I. 사례요지

사채업자인 공소외 1, 주식회사 레이디의 대표이사이던 공소외 2와 공모하여, 명동지점에서 위 은행 유가증권 청약증거금계좌에 공소외 1로부터 차용한 250억 원을 포함하여 레이디의 유상증자금 300억 7,000만 원을 일괄 납입하여 예치하고, 위 은행으로부터 주식납입금보관증명서를 발급받은 다음, 위 회사 우선주 유상증자등기를 마친 후, 다음날 우선주 증자대금으로 납입한 300억 7,000만 원을 전액 인출해 가는 방법으로 위 회사의 증자대금의 납입을 가장하고, 같은 날 위와 같이 위 회사에 대한 주금을 가장하여 납입하였음에도, 등기소에서 법무사로 하여금 그 정을 모르는 등기공무원 성명불상자에게 주금납입금보관증명서 등 유상증자등기에 필요한 관계 서류를 제출하게 함으로써, 같은 날 위 등기공무원으로 하여금 위 회사의 발행주식 총수 및 자본의 총액에 대한 허위사실의 등기를 경료하게 하여 공정증서원본인 상업등기부에 부실의 사실을 기재하게 하고, 같은 일시·장소에서 위 등기공무원으로 하여금 위와 같이 부실의 사실이 기재된 상업등기부를 비치하게 하여 행사하였다.

## II. 논 점

1. 타인으로부터 금원을 차용하여 주금을 납입하고 설립등기나 증자등기 후 바로 인출하여 차용금변제에 사용하는 경우
2. 상법상 납입가장죄의 성립 외에 공정증서원본부실기재·동행사죄의 성립 여부(적극) 및 업무상횡령죄의 성립 여부(소극)

## III. 법규연구

## 1. 형 법

제228조 (공정증서원본등의 부실기재) ① 공무원에 대하여 허위신고를 하여 공정증서원본 또는 이와 동일한 전자기록등 특수매체기록에 부실의 사실을 기재 또는 기록하게 한 자는 5년 이하의 징역 또는 1천만원 이하의 벌금에 처한다.

제229조 (위조등 공문서의 행사) 제225조 내지 제228조의 죄에 의하여 만들어진 문서, 도화, 전자기록등 특수매체기록, 공정증서원본, 면허증, 허가증, 등록증 또는 여권을 행사한 자는 그 각 죄에 정한 형에 처한다.

제356조 (업무상의 횡령과 배임) 업무상의 임무에 위배하여 제355조의 죄를 범한 자는 10년 이하의 징역 또는 3천만원 이하의 벌금에 처한다.

## 2. 상 법

제628조(납입가장죄등) ① 제622조제1항에 게기한 자가 납입 또는 현물출자의 이행을 가장하는 행위를 한 때에는 5년이하의 징역 또는 1천500만원 이하의 벌금에 처한다.

## IV. 관련 판례

### 1. 원심 (대법원 2003. 6. 24. 선고 2003도1456 판결)

공정증서원본부실기재 및 동행사죄와 함께 인출한 주금액인 300억 7000만 원 전액에 대하여 <u>납입가장죄 및 업무상횡령죄가 성립한다고</u> 판단하였다.

### 2. 대법원 (대법원 2004. 6. 17., 선고, 2003도7645, <u>전원합의체 판결</u>)

가. 상법 제628조 제1항 소정의 납입가장죄는 회사의 자본충실을 기하려는 법의 취지를 유린하는 행위를 단속하려는 데 그 목적이 있는 것이므로, 당초부터 진실한 주금납입으로 회사의 자금을 확보할 의사 없이 형식상 또는 일시적으로 주금을 납입하고 이 돈을 은행에 예치하여 납입의 외형을 갖추고 주금납입증명서를 교부받아 설립등기나 증자등기의 절차를 마친 다음 바로 그 납입한 돈을 인출한 경우에는, 이를 회사를 위하여 사용하였다는 특별한 사정이 없는 한 실질적으로 회사의 자본이 늘어난 것이 아니어서 납입가장죄 및 공정증서원본부실기재죄와 부실기재공정증서원본행사죄가 성립하고, 다만 납입한 돈을 곧바로 인출하였다고 하더라도 그 인출한 돈을 회사를 위하여 사용한 것이라면 자본충실을 해친다고 할 수 없으므로 주금납입의 의사 없이 납입한 것으로 볼 수는 없다(대법원 1997. 2. 14. 선고 96도2904 판결 등 참조).

나. 한편 주식회사의 설립업무 또는 증자업무를 담당한 자와 주식인수인이 사전 공모하여 주금납입취급은행 이외의 제3자로부터 납입금에 해당하는 금액을 차입하여 주금을 납입하고 납입취급은행으로부터 납입금보관증명서를 교부받아 회사의 설립등기절차 또는 증자등기절차를 마친 직후 이를 인출하여 위 차용금채무의 변제에 사용하는 경우, 위와 같은 행위는 <u>실질적으로 회사의 자본을 증가시키는 것이 아니고 등기를 위하여 납입을 가장하는 편법에 불과하여 주금의 납입 및 인출의 전과정에서 회사의 자본금에는 실제 아무런 변동이 없다고 보아야 할 것이므로, 그들에게 회사의 돈을 임의로 유용한다는 불법영득의 의사가 있다고 보기 어렵다 할 것이고, 이러한 관점에서 상법상 납입가장죄의 성립을 인정하는 이상 회사 자본이 실질적으로 증가됨을 전제로 한 업무상횡령죄가 성립한다고 할 수는 없다.</u>

## V. 결 론

지금까지의 대법원판례가 가장납입을 한 후 그에 따른 등기를 한 경우에 공정증서원본부실기재죄와 동행사죄가 따로 성립한다고 한 것도 위에서 본 바와 같이 실제 자본금이 증가되지 않았는데 이를 숨기고 마치 실질적인 납입이 완료된 것처럼 등기공무원에 대하여 허위의 신고를 한 것으로 본 때문이다.

위와 같은 방식으로 납입을 가장한 경우에도 상법상 주금납입으로서의 효력을 인정하는 것은(대법원 1997. 5. 23. 선고 95다5790 판결, 1998. 12. 23. 선고 97다20649 판결 등 참조), 단체법 질서의 안정을 위하여, 주금의 가장납입을 회사의 설립 내지 증자의 효력을 다투는 사유로 삼을 수 없게 하고, 그로 인하여 발행된 주식의 효력이나 그 주권을 소지한 주주의 지위에 영향이 미치지 않게 하려는 배려에서 나온 것이므로 가장 납입의 경우에 상법상 주금납입으로서의 효력이 인정된다 하여 이를 들어 업무상횡령죄와 같은 개인의 형사책임을 인정하는 근거로 삼을 수는 없다.

이와 달리 타인으로부터 금원을 차용하여 주금을 가장납입한 직후 이를 인출하여 차용금변제에 사용한 경우 상법상의 납입가장죄와 별도로 회사재산의 불법영득행위로서 업무상횡령죄가 성립할 수 있다는 취지로 판시한 대법원 1982. 4. 13. 선고 80도537 판결, 2003. 8. 22. 선고 2003도2807 판결 등은 이 판결의 견해에 배치되는 범위 내에서 이를 변경하기로 한다.

## VI. 유사판례

### 1. 주금가장납입에 의한 등기신청과 공정증서원본부실기재죄의 성부

주금가장납입의 경우 현실적으로 주금액에 상당한 금원의 납입이라는 사실이 존재하기는 하나, 그 납입은 오로지 증자에 즈음하여 등기를 하기 위한 편법에 지나지 아니하고 실질적으로는 주금의 납입이 없는 가장납입으로서 이를 숨기고 마치 주식인수인에 의한 납입이 완료된 것처럼 등기공무원에 대하여 허위신고를 하여 증자를 한 취지의 등기신청을 함으로써 상업등기부원본에 그 기재를 하게 하였다면 이는 공정증서원본부실기재 및 동행사죄가 성립한다. (대법원 1987. 11. 10., 선고, 87도2072, 판결)

# 제16절 허위의 채권을 양도한다는 취지의 공정증서를 작성하게 한 행위

## I. 사례요지

피고인은 그 채권자인 공소외 2로부터 채무변제를 독촉받자, 사실은 피고인이 공소외 1에게 피고인 소유의 임야를 매도하면서 공소외 1이 그 대금지급에 갈음하여 피고인이 위 임야를 담보로 다른 채권자로부터 차용한 원리금 채무를 인수하기로 약정하여 공소외 1로부터 매매대금을 더 받을 채권이 없음에도 불구하고, 공소외 1에게 임야 매매대금 잔금채무가 있다는 내용의 허위의 현금지불각서를 작성하여 주면 공소외 2에게 보여만 주겠다고 부탁하여 그와 같은 허위의 이 사건 각서를 작성받은 후 이 사건 각서를 소지하고 있음을 기화로 공증인가합동법률사무소에서 이 사건 각서의 허위의 채권을 공소외 2에게 양도한다는 내용의 공정증서를 작성하였는데, 그 공정증서에는 공증인이 당사자들의 촉탁에 따라 공소외 1에 대한 채권을 양도하는 법률행위에 관한 진술의 취지를 청취하여 이 사건 공정증서를 작성하였고(제1조), 양도인은 채무자의 자력 등을 담보하며(제2조), 양수인이 채무자로부터 변제받지 못할 시에는 양도인이 양수인에게 즉시 변제하되 변제를 지체할 시에는 강제집행을 승낙한다(제4, 5조)는 취지였다.

## II. 논 점

허위의 채권을 양도한다는 취지의 공정증서를 작성하게 한 행위가 공정증서원본부실기재에 해당하는지 여부(소극)

## III. 법규연구

### 1. 형 법

제228조 (공정증서원본등의 부실기재) ① 공무원에 대하여 허위신고를 하여 공정증서원본 또는 이와 동일한 전자기록등 특수매체기록에 부실의 사실을 기재 또는 기록하게 한 자는 5년 이하의 징역 또는 1천만원 이하의 벌금에 처한다.

### 2. 공증인법

제2조(공증인의 직무) 공증인은 당사자나 그 밖의 관계인의 촉탁(囑託)에 따라 다음 각 호의 사무를 처리하는 것을 직무로 한다. 공증인은 위 직무에 관하여 공무원의 지위를 가지는 것으로 본다.
  1. 법률행위나 그 밖에 사권(私權)에 관한 사실에 대한 공정증서(公正證書)의 작성
  2. 사서증서(私署證書) 또는 전자문서등(공무원이 직무상 작성한 것은 제외한다)에 대한 인증
  3. 이 법과 그 밖의 법령에서 공증인이 취급하도록 정한 사무

제34조(증서의 내용) 공증인은 증서를 작성할 때 그가 들은 진술, 목격한 사실, 그 밖에 실제로 경험한 사실과 그 경험한 방법을 적어야 한다

## IV. 관련 판례

### 1. 원심 (창원지법 2001. 9. 4. 선고 2001노264 판결)

이 사건 공정증서가 증명하는 것은 채권양도 사실뿐이고 피고인의 공소외 1에 대한 채권 자체의 존부까지 증명하는 것은 아니어서 피고인이 공소외 2에게 양도한 채권이 허위라고 하더라도 이 사건 공정증서에 부실의 사실을 기재하게 한때에 해당하지 아니하고, 또한 이 사건 공정증서의 양도인의 담보책임에 관한 부수적인 약정들도 양도된 채권의 자체의 존부까지 증명하는 것은 아니라고 하여, 피고인에 대한 이 사건 공소사실 중 <u>공정증서원본부실기재 및 동행사의 점에 대하여 무죄를 선고한 제1심판결을 그대로 유지하였다.</u>

### 2. 대법원 (대법원 2004. 1. 27., 선고, 2001도5414, 판결)

형법 제228조 제1항이 규정하는 공정증서원본부실기재죄는 특별한 신빙성이 인정되는 권리의무에 관한 공문서에 대한 공공의 신용을 보장함을 보호법익으로 하는 범죄로서 공무원에 대하여 진실에 반하는 허위신고를 하여 공정증서원본에 그 증명하는 사항에 관하여 실체관계에 부합하지 아니하는 부실의 사실을 기재하게 함으로써 성립하는 것이고 (대법원 2003. 7. 25. 선고 2002도638 판결 참조), 한편 공증인법에 따르면 공증인은 당사자 기타 관계인의 촉탁에 의하여 법률행위 기타 사권에 관한 사실에 대한 공정증서의 작성 등을 처리함을 그 직무로 하고( 제2조), 공증인이 증서를 작성함에는 그 청취한 진술, 그 목도한 사실 기타 실험한 사실을 기록하고 또한 그 실험의 방법을 기재하여야 하는바(제34조), 공증인이 채권양도·양수인의 촉탁에 따라 그들의 진술을 청취하여 채권의 양도·양수가 진정으로 이루어짐을 확인하고 채권양도의 법률행위에 관한 공정증서를 작성한 경우 그 공정증서가 증명하는 사항은 채권양도의 법률행위가 진정으로 이루어졌다는 것일 뿐 그 공정증서가 나아가 양도되는 채권이 진정하게 존재한다는 사실까지 증명하는 것으로 볼 수는 없으므로, <u>양도인이 허위의 채권에 관하여 그 정을 모르는 양수인과 실제로 채권양도의 법률행위를 한 이상, 공증인에게 그러한 채권양도의 법률행위에 관한 공정증서를 작성하게 하였다고 하더라도 그 공정증서가 증명하는 사항에 관하여는 부실의 사실을 기재하게 하였다고 볼 것은 아니고,</u>

따라서 공정증서원본부실기재죄가 성립한다고 볼 수 없다.

## V. 결 론

이 사건 공정증서가 증명하는 사항은 공증인이 당사자들의 진술을 청취한 부분 즉 피고인이 공소외 2에게 공소외 1에 대한 채권을 양도하였다는 부분이고 피고인의 공소외 1에 대한 채권이 실제 존재하는지 여부는 여기에 포함된다고 볼 수 없으며, 피고인이 실제 공소외 2에게 공소외 1에 대한 채권을 양도하는 법률행위가 이루어진 이상 이 사건 공정증서가 증명하는 사항에 관하여는 부실의 사실 기재가 있었다고 볼 수 없으므로, 피고인이 허위의 채권을 양도하는 내용의 이 사건 공정증서를 작성하게 하였다고 하더라도 공정증서원본부실기재죄가 성립한다고 볼 수 없다 할 것이다.

## VI. 유사판례

### 1. 상대방을 기망하여 협의상 이혼의 확인을 받아 이를 신고한 경우

협의상 이혼의 의사표시가 기망에 의하여 이루어진 것일지라도 그것이 취소되기까지는 유효하게 존재하는 것이므로, 협의상 이혼의사의 합치에 따라 이혼신고를 하여 호적에 그 협의상 이혼사실이 기재되었다면, 이는 공정증서원본부실기재죄에 정한 부실의 사실에 해당하지 않는다. (대법원 1997. 1. 24., 선고, 95도448, 판결)

# 제17절 실효된 장애인사용자동차표지를 자동차에 비치한 경우 공문서부정행사죄 여부

## I. 사례요지

甲은 아파트 지하주차장에 승용차를 주차하면서 사실은 위 승용차는 장애인사용자동차가 아닌데도 공문서인 ○○구청장 명의의 '장애인사용자동차표지(보호자용)'를 위 승용차의 전면에 비치하였다. 甲의 행위가 공문서부정행사죄에 해당하는지?

## II. 논 점

단순히 이를 자동차에 비치하였더라도 공문서부정행사죄가 성립하는지 여부

## III. 법규연구

### 1. 형 법

제230조(공문서 등의 부정행사) 공무원 또는 공무소의 문서 또는 도화를 부정행사한 자는 2년 이하의 징역이나 금고 또는 500만원 이하의 벌금에 처한다.

### 2. 장애인복지법

제39조(장애인이 사용하는 자동차 등에 대한 지원 등) ① 국가와 지방자치단체, 그 밖의 공공단체는 장애인이 이동수단인 자동차 등을 편리하게 사용할 수 있도록 하고 경제적 부담을 줄여 주기 위하여 조세감면 등 필요한 지원정책을 강구하여야 한다.

② 시장·군수·구청장은 장애인이 이용하는 자동차 등을 지원하는 데에 편리하도록 장애인이 사용하는 자동차 등임을 알아 볼 수 있는 표지(이하 "장애인사용자동차등표지"라 한다)를 발급하여야 한다.

※ 시행규칙

제26조(장애인 사용 자동차 등 표지의 발급대상) 법 제39조에 따라 장애인이 사용하는 자동차 등임을 알아 볼 수 있는 표지(이하 "장애인사용자동차등표지"라 한다)의 발급 대상은 「자동차관리법」에 따른 자동차로서 다음 각 호의 어느 하나에 해당하는 것으로 한다.

### 3. 장애인·노인·임산부 등의 편의증진 보장에 관한 법률

제17조(장애인전용주차구역 등) ② 국가보훈처장과 특별자치시장·특별자치도지사, 시장·군수·구청장은 보행에 장애가 있는 사람이 신청하는 경우 장애인전용주차구역에 주차할 수 있음을 표시하는 장애인전용주차구역 주차표지를 발급하여야 한다.

## IV. 관련 판례

### 가. 원심 (창원지방법원 2021.10.14. 선고 2021노765 판결)

장애인사용자동차표지는 장애인이 사용하는 자동차를 지원하는 데에 편리하도록 장애인이 사용하는 자동차임을 알아볼 수 있게 하는 표지이고, 장애인전용주차구역 주차는 장애인사용자동차표지의 용도 중 하나에 불과하다. 따라서 피고인이 장애인전용주차구역에 승용차를 주차하지 않았다고 하더라도 사용권한이 없는 장애인사용자동차표지를 승용차에 비치하여 마치 장애인이 사용하는 자동차인 것처럼 외부적으로 표시하였으므로 <u>장애인사용자동차표지를 부정행사한 경우에 해당한다.</u>

### 나. 대법원 (대법원 2022.9.29. 선고 2021도14514 판결)

형법 제203조의 공문서부정행사죄는 공문서의 사용에 대한 공공의 신용을 보호법익으로 하는 범죄로서 추상적 위험범이다. 형법 제230조는 본죄의 구성요건으로 단지 '공무원 또는 공무소의 문서 또는 도화를 부정행사한 자' 라고만 규정하고 있어, 자칫 처벌범위가 지나치게 확대될 염려가 있으므로 본죄에 관한 범행의 주체, 객체 및 태양을 되도록 엄격하게 해석하여 처벌범위를 합리적인 범위 내로 제한하여야 한다(대법원 2001. 4. 19. 선고 2000도1985 전원합의체 판결 참조). 사용권한자와 용도가 특정되어 있는 공문서를 사용권한 없는 자가 사용한 경우에도 그 공문서 본래의 용도에 따른 사용이 아닌 경우에는 공문서부정행사죄가 성립되지 아니한다(대법원 2003. 2. 26. 선고 2002도4935 판결 등 참조).

장애인복지법은 '국가와 지방자치단체는 장애인의 자립을 지원하고, 보호가 필요한 장애인을 보호하여 장애인의 복지를 향상시킬 책임을 지고(제9조 제1항), 국가와 지방자치단체, 그 밖의 공공단체는 장애인이 이동수단인 자동차 등을 편리하게 사용할 수 있도록 하고 경제적 부담을 줄여주기 위하여 조세감면 등 필요한 지원정책을 강구하여야 하며(제39조 제1항), 시장·군수·구청장은 장애인이 이용하는 자동차 등을 지원하는 데에 편리하도록 장애인이 사용하는 자동차 등임을 알아볼 수 있는 표지(이하 '장애인사용자동차표지'라 한다)를 발급하여야 한다(같은 조 제2항)'고 규정한다. 장애인복지법 시행규칙은 장애인사용자동차표지의 발급대상으로 '장애인복지법 제32조에 따라 등록한 장애인 또는 그 장애인과 주민등록표상의 주소를 같이 하면서 함께 거주하는 장애인의 배우자, 직계존·비속, 직계비속의 배우자, 형제·자매, 형제·자매의 배우자 및 자녀의 명의로 등록하여 장애인이 사용하는 자동차'를 규정한다(제26조 제2호 가, 나목).

장애인·노인·임산부 등의 편의증진 보장에 관한 법률(이하 '장애인등편의법')은

'국가보훈처장과 특별자치시장·특별자치도지사, 시장·군수·구청장은 보행에 장애가 있는 사람이 신청하는 경우 장애인전용주차구역에 주차할 수 있음을 표시하는 장애인전용주차구역 주차표지를 발급하여야 한다'고 규정한다(제17조 제2항). 장애인등편의법 시행령은 장애인전용주차구역 주차표지의 발급대상으로 '장애인복지법 제32조에 따라 등록한 장애인으로서 보건복지부장관이 정하는 보행상 장애가 있는 사람의 명의로 등록하여 사용하는 자동차 한 대'로 규정한다(제7조의3 제1항 제1호 가목).

이러한 장애인복지법과 장애인등편의법의 규정과 관련 법리에 따르면, 장애인사용자동차표지는 장애인이 이용하는 자동차에 대한 조세감면 등 필요한 지원의 편의를 위하여 장애인이 사용하는 자동차를 대상으로 발급되는 것이고, 장애인전용주차구역 주차표지가 있는 장애인사용자동차표지는 보행상 장애가 있는 사람이 이용하는 자동차에 대한 지원의 편의를 위하여 발급되는 것이다.

## V. 결 론

따라서 장애인사용자동차표지를 사용할 권한이 없는 사람이 장애인전용주차구역에 주차하는 등 장애인사용 자동차에 대한 지원을 받을 것으로 합리적으로 기대되는 상황이 아니라면 단순히 이를 자동차에 비치하였더라도 장애인사용자동차표지를 본래의 용도에 따라 사용했다고 볼 수 없어 공문서부정행사죄가 성립하지 않는다.

# 제18절 경찰관으로부터 신분증명서 제시요구를 받고 다른 사람 운전면허증 제시

## Ⅰ. 사례요지

피고인이 폭력행위등처벌에관한법률위반죄의 피의자로서 그 신분을 확인하려는 경찰공무원에게 자신의 인적사항을 속이기 위하여 다른 사람의 운전면허증을 제시하였다.

## Ⅱ. 논 점

제3자로부터 신분확인을 위하여 신분증명서의 제시를 요구받고 다른 사람의 운전면허증을 제시한 경우, 공문서부정행사죄에 해당하는지 여부

## Ⅲ. 법규연구

### 1. 형 법

제230조(공문서 등의 부정행사) 공무원 또는 공무소의 문서 또는 도화를 부정행사한 자는 2년 이하의 징역이나 금고 또는 500만원 이하의 벌금에 처한다.

### 2. 도로교통법

제77조 (면허증휴대 및 제시의무) ① 자동차등을 운전하는 때에는 운전면허증(제80조의 규정에 의한 국제운전면허증 및 건설기계관리법에 의한 건설기계조종사면허증을 포함한다. 이하 "운전면허증등"이라 한다)이나 운전면허증등에 갈음하는 증명서(제76조의 규정에 의한 임시운전증명서, 제99조의 규정에 의한 출석지시서 및 범칙금납부통고서, 제102조의2제2항의 규정에 의한 고지서를 말한다. 이하 같다)를 지니고 있어야 한다.

② 제1항의 운전자는 운전중에 경찰공무원으로부터 운전면허증등이나 이에 갈음하는 증명서의 제시요구를 받은 때에는 이를 내보여야 한다

### 3. 주민등록법

제17조의9 (주민등록증에 의한 확인) ①국가기관·지방자치단체·공공단체·사회단체·기업체등에서 그 업무를 수행함에 있어 다음 각호의 1에 해당하는 경우에 17세 이상의 자에 대하여 성명·사진·주민등록번호 또는 주소의 확인을 필요로 하는 때에는 증빙서류를 첨부하지 아니하고 주민등록증에 의하여 이를 확인하여야 한다.

## IV. 관련 판례

### 1. 원심 (서울지법 2000. 4. 7. 선고 2000노1677 판결)

운전면허증은 운전면허를 받은 사람이 운전면허시험에 합격하여 자동차의 운전이 허락된 사람임을 증명하는 공문서로서, 그 본래의 사용목적은 자동차를 운전하는 때에 이를 지니고 있어야 하고 운전중 경찰공무원으로부터 그 제시요구를 받은 때에 이를 내보여야 하는 데 있을 뿐 그 소지자의 신분의 동일성을 증명하는 데 있지 아니하므로, 경찰공무원에게 자신의 인적사항을 속이기 위하여 다른 사람의 운전면허증을 제시한 것은 운전면허증의 사용목적에 따른 행사가 아니어서 공문서부정행사죄에 해당하지 아니하고, 따라서 피고인이 폭력행위등처벌에관한법률위반죄의 피의자로서 그 신분을 확인하려는 경찰공무원에게 자신의 인적사항을 속이기 위하여 다른 사람의 운전면허증을 제시한 행위는 <u>공문서부정행사죄에 해당하지 않는다.</u>

### 2. 대법원 (대법원 2001. 4. 19., 선고, 2000도1985, <u>전원합의체 판결</u>)

가. 형법 제230조는 공문서부정행사죄의 구성요건으로 단지 '공무원 또는 공무소의 문서 또는 도화를 부정행사한 자'라고만 규정하고 있어, 자칫 그 처벌범위가 지나치게 확대될 염려가 있으므로, 이 법원은 위 죄에 관한 범행의 주체, 객체 및 태양을 되도록 엄격하게 해석하여 그 처벌범위를 합리적인 범위 내로 제한하여 왔고, 이러한 태도는 앞으로도 지켜져야 함이 원칙이다.

나. 그러나 다음과 같은 이유로 운전면허증의 제시행위와 공문서부정행사죄의 성립에 관한 지금까지의 입장을 바꾸는 것이 보다 올바른 법률의 해석 · 적용이라고 판단한다.

먼저, 운전면허증은 운전면허를 받은 사람이 운전면허시험에 합격하여 자동차의 운전이 허락된 사람임을 증명하는 공문서로서, 운전면허증에 표시된 사람이 운전면허시험에 합격한 사람이라는 '자격증명'과 이를 지니고 있으면서 내보이는 사람이 바로 그 사람이라는 '동일인증명'의 기능을 동시에 가지고 있다. 운전면허증의 앞면에는 운전면허를 받은 사람의 성명 · 주민등록번호 · 주소가 기재되고 사진이 첨부되며 뒷면에는 기재사항의 변경내용이 기재될 뿐만 아니라, 정기적으로 반드시 갱신 교부되도록 하고 있어, 운전면허증은 운전면허를 받은 사람의 동일성 및 신분을 증명하기에 충분하고 그 기재 내용의 진실성도 담보되어 있다. 그럼에도 불구하고 운전면허증을 제시한 행위에 있어 동일인증명의 측면은 도외시하고, 그 사용목적이 자격증명으로만 한정되어 있다고 해석하는 것은 합리성이 없다. 인감증명법상 인감신고인 본인 확인, 공직선거법상 선거인 본인 확인, 부동산등기법상 등기의무자 본인 확인 등 여러 법령에 의한 신분 확인절차에서도 운전면허증은 신분증명서의 하나로 인정되고 있다.

또한, 주민등록법 자체도 주민등록증이 원칙적인 신분증명서이지만, 주민등록증을 제시하지 아니한 사람에 대하여 신원을 증명하는 증표나 기타 방법에 의하여 신분을 확인하도록 규정하는 등으로 다른 문서의 신분증명서의 기능을 예상하고 있다.

한편, 우리 사회에서 운전면허증을 발급받을 수 있는 연령의 사람 중 절반 이상이 운전면허증을 가지고 있고, 특히 경제활동에 종사하는 사람들의 경우에는 그 비율이 훨씬 더 이를 앞지르고 있으며, 금융기관과의 거래에 있어서도 운전면허증에 의한 실명확인이 인정되고 있는 등 현실적으로 운전면허증은 주민등록증과 대등한 신분 증명서로 널리 사용되고 있다.

## V. 결 론

위와 같이 살펴본 바에 따르면, 제3자로부터 신분확인을 위하여 신분증명서의 제시를 요구받고 다른 사람의 운전면허증을 제시한 행위는 그 사용목적에 따른 행사로서 공문서부정행사죄에 해당한다고 보는 것이 옳다.

## VI 유사판례

### 1. 명의자 의사에 반한 인감증명서의 행사가 공문서등 부정행사죄에 해당되는지

공문서등 부정행사죄는 그 사용권한자와 용도가 특정되어 작성된 공문서 또는 공도화를 사용권한 없는 자가 그 사용권한 있는 것처럼 가장하여 부정한 목적으로 행사하거나 또는 그 권한 있는 자라도 그 정당한 용법에 반하여 부정하게 행사하는 경우에만 성립하므로, 인감증명서와 같이 사용권한자가 특정되어 있지도 않고 그 용도도 다양한 공문서는 그 명의자 아닌 자가 그 명의자의 의사에 반하여 함부로 행사하더라도 문서 본래의 취지에 따른 용도에 합치된다면 공문서등 부정행사죄는 성립되지 않는다. (대법원 1983. 6. 28., 선고, 82도1985, 판결)

# 제19절 운전자가 경찰관에게 타인 운전면허증 이미지파일을 휴대전화 화면을 통해 보여준 행위

## Ⅰ. 사례요지

> 피고인은 ○○스포츠센터 앞 도로에서 승용차를 운전하던 중 음주 및 무면허운전으로 적발되어 경찰관으로부터 운전면허증의 제시를 요구받고, 피고인의 휴대전화에 저장된 甲의 운전면허증을 촬영한 이미지파일을 마치 피고인의 운전면허증인 것처럼 제시하였다.

## Ⅱ. 논 점

자동차 등의 운전자가 경찰공무원에게 다른 사람의 운전면허증 자체가 아니라 이를 촬영한 이미지파일을 휴대전화 화면 등을 통하여 보여주는 행위가 공문서부정행사죄를 구성하는지 여부

## Ⅲ. 법규연구

### 1. 형 법

> 제230조(공문서 등의 부정행사) 공무원 또는 공무소의 문서 또는 도화를 부정행사한 자는 2년 이하의 징역이나 금고 또는 500만원 이하의 벌금에 처한다

### 2. 도로교통법

> 제80조(운전면허) ① 자동차등을 운전하려는 사람은 지방경찰청장으로부터 운전면허를 받아야 한다. 다만, 제2조제19호나목의 원동기를 단 차 중 「교통약자의 이동편의 증진법」 제2조 제1호에 따른 교통약자가 최고속도 시속 20킬로미터 이하로만 운행될 수 있는 차를 운전하는 경우에는 그러하지 아니하다.
>
> ※ 시행령
>
> 제77조(운전면허증의 발급 등) ② 법 제85조제2항에서 "행정안전부령으로 정하는 운전면허증"이란 별지 제55호서식의 운전면허증을 말한다. 다만, 제78조의 신청에 따라 영문운전면허증을 발급하는 경우에는 별지 제55호의2서식에 따른다

## Ⅳ. 관련 판례

### 1. 원심 (서울남부지법 2018. 1. 18. 선고 2017노2053 판결)

공문서부정행사 부분을 유죄로 판단하였다.

## 2. 대법원 (대법원 2019. 12. 12., 선고, 2018도2560, 판결)

가. 공문서부정행사죄는 사용권한자와 용도가 특정되어 작성된 공문서 또는 공도화를 사용권한 없는 자가 사용권한이 있는 것처럼 가장하여 부정한 목적으로 행사하거나 또는 권한 있는 자라도 정당한 용법에 반하여 부정하게 행사하는 경우에 성립한다(대법원 1998. 8. 21. 선고 98도1701 판결, 대법원 1999. 5. 14. 선고 99도206 판결 등 참조).

공문서부정행사죄는 공문서에 대한 공공의 신용 등을 보호하기 위한 데 입법 취지가 있는 것으로, 공문서에 대한 공공의 신용 등을 해할 위험이 있으면 범죄가 성립하지만, 그러한 위험조차 없는 경우에는 범죄가 성립하지 아니한다.

나. 도로교통법은 자동차 등을 운전하려는 사람은 지방경찰청장으로부터 운전면허를 받아야 하고(제80조 제1항), 운전면허의 효력은 본인 또는 대리인이 운전면허증을 발급받은 때부터 발생한다고 규정하고 있으며(제85조 제5항), 이러한 운전면허증의 서식, 재질, 규격 등은 법정되어 있다(도로교통법 제85조 제2항, 도로교통법 시행규칙 제77조 제2항 [별지 제55호 서식]).

도로교통법에 따르면, 운전면허증을 발급받은 사람은 자동차 등을 운전할 때 운전면허증 등을 지니고 있어야 하고(제92조 제1항), 운전자는 운전 중에 교통안전이나 교통질서 유지를 위하여 경찰공무원이 운전면허증 등을 제시할 것을 요구할 때에는 이에 응하여야 한다(제92조 제2항). 도로교통법이 자동차 등의 운전자에 대하여 위와 같은 의무를 부과하는 취지는 경찰공무원으로 하여금 교통안전 등을 위하여 현장에서 운전자의 신원과 면허조건 등을 법령에 따라 발급된 운전면허증의 외관만으로 신속하게 확인할 수 있도록 하고자 하는 데 있다(대법원 1990. 8. 14. 선고 89도1396 판결 참조). 만일 경찰공무원이 자동차 등의 운전자로부터 운전면허증의 이미지파일 형태를 제시받는 경우에는 그 입수 경위 등을 추가로 조사·확인하지 않는 한 이러한 목적을 달성할 수 없을 뿐만 아니라, 그 이미지파일을 신용하여 적법한 운전면허증의 제시가 있었던 것으로 취급할 수도 없다.

따라서 도로교통법 제92조 제2항에서 제시의 객체로 규정한 운전면허증은 적법한 운전면허의 존재를 추단 내지 증명할 수 있는 운전면허증 그 자체를 가리키는 것이지, 그 이미지파일 형태는 여기에 해당하지 않는다.

## V. 결 론

이와 같은 공문서부정행사죄의 구성요건과 그 입법 취지, 도로교통법 제92조의 규정

내용과 그 입법 취지 등에 비추어 보면, 자동차 등의 운전자가 운전 중에 도로교통법 제92조 제2항에 따라 <u>경찰공무원으로부터 운전면허증의 제시를 요구받은 경우 운전면허증의 특정된 용법에 따른 행사는 도로교통법 관계 법령에 따라 발급된 운전면허증 자체를 제시하는 것이라고 보아야 한다.</u> 이 경우 자동차 등의 운전자가 경찰공무원에게 다른 사람의 운전면허증 자체가 아니라 이를 <u>촬영한 이미지파일을 휴대전화 화면 등을 통하여 보여주는 행위는 운전면허증의 특정된 용법에 따른 행사라고 볼 수 없어</u>서 그로 인하여 경찰공무원이 그릇된 신용을 형성할 위험이 있다고 할 수 없으므로, 이러한 행위는 결국 <u>공문서부정행사죄를 구성하지 아니한다.</u>

## VI 유사판례

### 1. 자동차를 임차하면서 타인 운전면허증을 자신의 것인 양 자동차 대여업체 직원에게 제시

자동차운전면허증은 운전면허시험에 합격하여 자동차의 운전이 허락된 자임을 증명하는 공문서로서 운전중에 휴대하도록 되어 있고, 자동차대여약관상 대여회사는 운전면허증 미소지자에게는 자동차 대여를 거절할 수 있도록 되어 있으므로, 자동차를 임차하려는 피고인들이 자동차 대여업체의 담당 직원들로부터 임차할 자동차의 운전에 필요한 운전면허가 있고 또 운전면허증을 소지하고 있는지를 확인하기 위한 운전면허증의 제시요구를 받자 타인의 운전면허증을 소지하고 있음을 기화로 자신이 타인의 자동차운전면허를 받은 사람들인 것처럼 행세하면서 자동차 대여업체의 직원들에게 이를 제시한 것이라면, 피고인들의 위와 같은 행위는 단순히 신분확인을 위한 것이라고는 할 수 없고, 이는 운전면허증을 사용권한이 없는 자가 사용권한이 있는 것처럼 가장하여 부정한 목적으로 사용한 것이기는 하나 운전면허증의 본래의 용도에 따른 사용행위라고 할 것이므로 <u>공문서부정행사죄에 해당한다.</u> (대법원 1998. 8. 21., 선고, 98도1701, 판결)

### 2. 타인의 주민등록등본을 마치 자신의 것인 양 행사한 경우

주민등록표등본은 시장·군수 또는 구청장이 주민의 성명, 주소, 성별, 생년월일, 세대주와의 관계 등 주민등록법 소정의 주민등록사항이 기재된 개인별·세대별 주민등록표의 기재 내용 그대로를 인증하여 사본·교부하는 문서로서 그 사용권한자가 특정되어 있다고 할 수 없고, 또 용도도 다양하며, 반드시 본인이나 세대원만이 사용할 수 있는 것이 아니므로, 타인의 주민등록표등본을 그와 아무런 관련 없는 사람이 마치 자신의 것인 것처럼 행사하였다고 하더라도 <u>공문서부정행사죄가 성립되지 아니한다.</u> (대법원 1999. 5. 14., 선고, 99도206, 판결)

# 제20절 이미 변조된 사문서 부분을 다시 권한 없이 변경한 경우

## I. 사례요지

피고인은 2002. 6.경 공소외 1 주식회사가 주식회사 공소외 2에 발행한 2002. 4. 10.자 세금계산서의 '공급받는 자'란에 기재된 "상호 ㈜ 공소외 2, 성명 공소외 3" 부분 중 "공소외 3" 부분을 지우고 그 자리에 "공소외 4"(피고인의 개명 전 이름)을 기재한 다음 이를 사본하는 방법으로 공소외 1 주식회사 명의의 세금계산서 1장을 변조하였다.
그 후 피고인은 2017. 8. 28.경 제1심 공동피고인 공소외 5와 공모하여 위와 같이 변조한 세금계산서의 '공급받는 자'란에 기재된 "공소외 4" 부분을 지우고 이를 사본하는 방법으로 공소외 1 주식회사 명의의 세금계산서 1장을 변조한 다음, 그 무렵 공소외 5가 공소외 6을 상대로 제기한 민사소송의 담당판사에게 제출함으로써 변조된 사문서를 행사하였다.

## II. 논 점

1. 사문서변조죄에서 '변조'의 의미
2. 문서의 내용 중 권한 없는 자에 의하여 이미 변조된 부분을 다시 권한 없이 변경한 경우, 사문서변조죄가 성립하는지 여부(소극)

## III. 법규연구 (형법)

제231조(사문서등의 위조·변조) 행사할 목적으로 권리·의무 또는 사실증명에 관한 타인의 문서 또는 도화를 위조 또는 변조한 자는 5년 이하의 징역 또는 1천만원 이하의 벌금에 처한다.

## IV. 관련 판례

### 1. 원심 (서울중앙지법 2020. 2. 14. 선고 2019노3600 판결)

변조된 사문서에서 이미 변조된 부분을 다시 변경하는 행위가 사문서변조죄를 구성한다고 보아 이 부분 공소사실을 유죄로 인정하였다.

### 2. 대법원 (대법원 2020. 6. 4., 선고, 2020도3809, 판결)

사문서변조죄에서 '변조'는 진정하게 성립된 문서의 내용에 권한 없는 자가 문서의 동일성을 해하지 않는 한도에서 변경을 가하여 새로운 증명력을 작출하는 것을 의미하고, 이와 같이 권한 없는 자에 의해 변조된 부분은 진정하게 성립된 부분이라 할 수 없다. 따라서 문서의 내용 중 권한 없는 자에 의하여 이미 변조된 부분을 다시 권한 없이 변경하였다고 하더라도 사문서변조죄는 성립하지 않는다(대법원 2012. 9. 27. 선고 2010도15206 판결 등 참조).

## V. 결 론

피고인이 2002. 6.경 권한 없이 공소외 1 주식회사 명의의 세금계산서 중 "공소외 3" 부분을 지우고 "공소외 4"를 기재하는 방법으로 이를 변조하였으므로, 위와 같이 변조된 "공소외 4" 부분은 진정하게 성립된 문서로 볼 수 없다. 따라서 피고인이 위 공소사실 기재와 같이 "공소외 4" 부분을 임의로 삭제하였다고 하더라도 사문서변조죄는 성립하지 않는다.

## VI 유사판례

### 1. 유가증권의 내용 중 이미 변조된 부분을 다시 권한 없이 변경한 경우

유가증권변조죄에서 '변조'는 진정하게 성립된 유가증권의 내용에 권한 없는 자가 유가증권의 동일성을 해하지 않는 한도에서 변경을 가하는 것을 의미하고, 이와 같이 권한 없는 자에 의해 변조된 부분은 진정하게 성립된 부분이라 할 수 없다. 따라서 유가증권의 내용 중 권한 없는 자에 의하여 이미 변조된 부분을 다시 권한 없이 변경하였다고 하더라도 유가증권변조죄는 성립하지 않는다. (대법원 2012. 9. 27., 선고, 2010도15206, 판결)

# 제21절 명의자의 명시적 · 묵시적 승낙이 있거나 승낙이 추정된 경우 사문서변조죄 여부

## I. 사례요지

피고인은 행사할 목적으로 권한 없이 세무회계사무소에서, 이 사건 토지의 매매계약서 사본의 매수인 공소외 1의 서명 앞부분에 마치 공소외 1이 개인 명의로 계약한 것이 아니라 종중을 대리하여 계약을 체결한 것처럼 '○○파 대표'라는 문구를 부기하여 권리 의무에 관한 사문서인 매매계약서 사본을 변조하고, 같은 날 위와 같이 변조한 매매계약서 사본을 '과세전적부심사청구서'에 첨부하여 ○○지방국세청 납세자보호담당관실의 직원에게 제출함으로써 이를 행사하였다.

## II. 논 점

명의자의 명시적 · 묵시적 승낙이 있거나 승낙이 추정되는 경우, 사문서변조죄가 성립하는지 여부(소극)

## III. 법규연구 (형법)

제231조(사문서등의 위조 · 변조) 행사할 목적으로 권리·의무 또는 사실증명에 관한 타인의 문서 또는 도화를 위조 또는 변조한 자는 5년 이하의 징역 또는 1천만원 이하의 벌금에 처한다.

제24조(피해자의 승낙) 처분할 수 있는 자의 승낙에 의하여 그 법익을 훼손한 행위는 법률에 특별한 규정이 없는 한 벌하지 아니한다.

## IV. 관련 판례

### 1. 원심 (의정부지법 2013. 12. 20. 선고 2013노1627 판결)

가. 부동산등기 특별조치법 제3조 제1항은 계약을 원인으로 소유권이전등기를 신청할 때에는 당사자, 목적부동산, 계약연월일, 대금 및 그 지급일자, 부동산중개업자 등이 기재된 계약서에 검인신청인을 표시하여 계약 대상인 부동산소재지를 관할하는 시장 등으로부터 검인을 받아 관할 등기소에 제출하도록 규정하고 있다. 이 사건 매매계약서는 매도인과 매수인의 서명 · 날인뿐만 아니라 파주시장의 검인이 날인된 부동산등기 특별조치법상의 '검인계약서' 인데, 이처럼 파주시장의 검인이 날인된 이상 이 사건 매매계약서는 '그 기재와 같은 내용의 매매계약이 체결되었다는 사실' 뿐만 아니라, '그 기재와 같은 내용으로 계약 당사자들이 파주시장에게 검인의 날인을 신청하였고, 그 이후 역시 같은 내용으로 등기신청이 이루어졌다' 는 사실 또한 증명하고 있다. 따라서 피고

인이 이 사건 매매계약서 사본에 이 사건 문구를 임의로 기입한 행위가 작성명의인의 승낙이 있는 경우에 해당하여 사문서변조죄가 성립하지 않는다고 하기 위해서는 매도인과 매수인뿐만 아니라 검인을 날인한 파주시장의 명시적·묵시적 승낙이 있거나 또는 적어도 여러 정황에 비추어 볼 때 추정적 승낙이 기대되는 경우이어야 한다.

나. 그러나 기록에 의하면, 피고인이 이 사건 매매계약서 사본에 이 사건 문구를 기입할 당시 파주시장의 승낙이 있었다는 점을 인정할 만한 아무런 자료가 없을 뿐만 아니라, 이 사건 매매계약의 대상 토지에 대한 상속세 부과와 관련하여 과세전적부심사를 청구한 상황에서, 파주시장으로부터 이 사건 문구를 기입하는 행위에 대하여 승낙을 받을 수 있었을 것이라고 추정하기도 어렵다. 따라서 <u>피고인이 이 사건 매매계약서 사본에 이 사건 문구를 기입하여 제출한 행위는 사문서변조죄와 변조사문서행사죄에 해당한다.</u>

## 2. 대법원 (대법원 2015. 11. 26., 선고, 2014도781, 판결)

가. 사문서변조죄는 권한 없는 자가 이미 진정하게 성립된 타인 명의의 사문서 내용을 동일성을 해하지 않을 정도로 변경하여 새로운 증명력을 만드는 경우에 성립한다. 그러므로 사문서를 수정할 때 <u>명의자가 명시적이거나 묵시적으로 승낙을 하였다면 사문서변조죄가 성립하지 않고, 행위 당시 명의자가 현실적으로 승낙하지는 않았지만 명의자가 그 사실을 알았다면 당연히 승낙했을 것이라고 추정되는 경우에도 사문서변조죄가 성립하지 않는다</u>(대법원 2011. 9. 29. 선고 2010도14587 판결 등 참조).

나. 기록에 의하여 알 수 있는 다음과 같은 사정들, 즉 ① 본래 이 사건 토지는 이 사건 종중이 매수하려고 하였으나 농지법 제6조에 따라 종중 명의로 소유권이전등기를 할 수 없어서 종중의 대표이던 공소외 1에게 명의신탁하여 매수인을 공소외 1로 표시한 매매계약서를 작성하고 이를 바탕으로 소유권이전등기를 마친 점, ② 이 사건 종중은 이 사건 토지 위에 종중 제각을 신축함으로써 토지의 지목이 변경되자 공소외 1로부터 이 사건 토지와 종중 제각을 증여받아 그 명의로 소유권이전등기를 마친 점, ③ 공소외 1이 사망하자 파주세무서는 이 사건 토지와 종중 제각이 이 사건 종중에 증여된 것을 '사전증여재산가액신고누락'으로 파악하고 망 공소외 1의 처 공소외 2에게 상속세 48,387,610원을 과세할 예정임을 고지한 점, ④ 이에 공소외 2와 이 사건 종중은 피고인을 세무대리인으로 선임하고 중부지방국세청에 과세전적부심사청구를 하였는데, 그 과정에서 피고인은 이 사건 매매계약서 사본의 매수인란 말미에 이 사건 문구를 기입한 점, ⑤ 이 사건 매매계약상의 매도인 공소외 3은 원심법원에 '피고인이 이 사건 매매계

약서에 이 사건 문구를 기입하는 것에 대하여 당시 자신이 그 사정을 알았다면 당연히 승낙하였을 것이다' 라는 취지의 사실확인서를 제출한 점 등을 종합하여 보면, 이 사건 매매계약의 실제 매수인은 이 사건 종중이므로 이 사건 매매계약서의 작성명의인인 망 공소외 1의 상속인들과 공소외 3으로서는 피고인이 이 사건 매매계약서에 이 사건 문구를 기입한다는 것을 그 당시 알았더라면 이를 승낙하였을 것으로 판단된다.

## V. 결 론

피고인이 이 사건 매매계약서 사본에 이 사건 문구를 기입하여 제출한 행위는 적어도 사문서변조죄와 변조사문서행사죄에 해당하지 않는다고 판단할 여지가 많다.

## VI. 유사판례

### 1. 문서 작성권한을 위임받아 문서를 작성한 경우

문서의 위조라고 하는 것은 작성권한 없는 자가 타인 명의를 모용하여 문서를 작성하는 것을 말하는 것이므로 사문서를 작성함에 있어 그 명의자의 명시적이거나 묵시적인 승낙 내지 위임이 있었다면 이는 사문서위조에 해당한다고 할 수 없을 것이지만, 문서 작성권한의 위임이 있는 경우라고 하더라도 그 위임을 받은 자가 그 위임받은 권한을 초월하여 문서를 작성한 경우는 사문서위조죄가 성립하고, 단지 위임받은 권한의 범위 내에서 이를 남용하여 문서를 작성한 것에 불과하다면 사문서위조죄가 성립하지 아니한다고 할 것이다. (대법원 2012. 6. 28., 선고, 2010도690, 판결)

### 2. 작성명의자의 인장이 찍히지 아니한 경우

사문서의 작성명의자의 인장이 찍히지 아니하였더라도 그 사람의 상호와 성명이 기재되어 그 명의자의 문서로 믿을 만한 형식과 외관을 갖춘 경우에는 사문서위조죄에 있어서의 사문서에 해당한다고 볼 수 있다. (대법원 2000. 2. 11., 선고, 99도4819, 판결)

### 3. 문서 등에 작성명의인의 날인 등이 없더라도 문서위조죄 여부

형법상 문서에 관한 죄로써 보호하고자 하는 것은 구체적인 문서 그 자체가 아니라, 문서에 화체된 사람의 의사표현에 관한 안전성과 신용이다. 그리고 그 객체인 '문서 또는 도화'라고 함은 문자나 이에 준하는 가독적 부호 또는 상형적 부호로써 어느 정도 계속적으로 물체 위에 고착된 어떤 사람의 의사 또는 관념의 표현으로서, 그 내용이 법률상 또는 사회생활상 의미 있는 사항에 관한 증거가 될 수 있는 것을 말한다. 또한, 그 문서 등에 작성명의인의 날인 등이 없다고 하여도 그 명의자의 문서 등이라고 믿을 만한 형식과 외관을 갖춘 경우에는 그 죄의 객체가 될 수 있다. (대법원 2010. 7. 29., 선고, 2010도2705, 판결)

# 제22절 휴대전화 신규 가입신청서를 위조 후 스캔한 이미지 파일을 제3자에게 전송

## I. 사례요지

피고인은 피씨방에서 인터넷 쇼핑사이트인 'G-마켓'에 들어가 휴대전화기 구입신청을 하면서, 인터넷상에 게시된 신규 가입신청서 양식에 컴퓨터를 이용하여 공소외 1의 인적사항 및 그 계좌번호, 청구지 주소 등을 각 입력하고 이를 출력한 다음, 그 신청서 용지 하단 고객명란과 서명란에 '공소외 1'이라고 각 기재함으로써, 행사할 목적으로 권한 없이 권리의무에 관한 사문서인 공소외 1 명의로 된 휴대전화 신규 가입신청서 1장을 위조하고, 위와 같은 일시, 장소에서 위와 같이 위조한 휴대전화 가입신청서를 사본, 이미지화한 다음, 이메일로 그 위조사실을 모르는 공소외 2에게 마치 진정하게 성립된 것처럼 그 신청서를 전송하여 위조한 사문서를 행사하였다.

## II. 논 점

1. 위조문서행사죄에서 말하는 '행사'의 방법
2. 휴대전화 신규 가입신청서를 위조한 후 이를 스캔한 이미지 파일을 제3자에게 이메일로 전송한 것이 위조사문서의 '행사'에 해당하는지

## III. 법규연구 (형법)

제231조(사문서등의 위조·변조) 행사할 목적으로 권리·의무 또는 사실증명에 관한 타인의 문서 또는 도화를 위조 또는 변조한 자는 5년 이하의 징역 또는 1천만원 이하의 벌금에 처한다.

제234조 (위조사문서등의 행사) 제231조 내지 제233조의 죄에 의하여 만들어진 문서, 도화 또는 전자기록등 특수매체기록을 행사한 자는 그 각 죄에 정한 형에 처한다.

## IV. 관련 판례

### 1. 원심 (춘천지법 2008. 5. 30. 선고 2008노72 판결)

위조한 휴대전화 가입신청서를 스캔하여 만든 이미지는 전자기록인 이미지 파일을 보기 위한 프로그램을 실행할 경우에 그때마다 순간적으로 화면이 전자적 반응을 일으켜 영상을 만들어 내는 것에 지나지 않아 이를 문자 등이 계속적으로 화면에 고정된 것이라고 할 수 없으므로 위 화면상의 이미지를 문서라고 할 수 없고, 그와 같은 이미지를 전송하여 타인으로 하여금 컴퓨터 모니터로 보게 하였다 하여 이를 위조된 문서의 행사라고 할 수도 없으며, 또한 행사는 위조된 문서 자체 내지는 기계적 방법에 의

하여 복사된 사본에 대한 것임을 요하는바, 이 사건의 경우 공소외 2에게 전송되어 제시된 것은 위 이미지일 뿐 위조된 휴대전화 가입신청서 자체는 아니므로 이 부분 공소사실을 두고 이미 존재하고 있는 위조사문서를 행사하는 하나의 방법이라고 볼 수 없다는 이유로, 위 위조사문서행사의 점에 대하여 무죄를 선고한 제1심판결을 그대로 유지하였다.

## 2. 대법원 (대법원 2008. 10. 23., 선고, 2008도5200, 판결)

위조문서행사죄에 있어서 행사라 함은 위조된 문서를 진정한 문서인 것처럼 그 문서의 효용방법에 따라 이를 사용하는 것을 말하고(대법원 1975. 3. 25. 선고 75도422 판결, 대법원 1988. 1. 19. 선고 87도1217 판결 등 참조), 위조된 문서를 제시 또는 교부하거나 비치하여 열람할 수 있게 두거나 우편물로 발송하여 도달하게 하는 등 위조된 문서를 진정한 문서인 것처럼 사용하는 한 그 행사의 방법에 제한이 없으며, 또 위조된 문서 그 자체를 직접 상대방에게 제시하거나 이를 기계적인 방법으로 복사하여 그 복사본을 제시하는 경우는 물론, 이를 모사전송의 방법으로 제시하거나 컴퓨터에 연결된 스캐너(scanner)로 읽어 들여 이미지화한 다음 이를 전송하여 컴퓨터 화면상에서 보게 하는 경우도 행사에 해당하여 위조문서행사죄가 성립한다고 할 것이다.

그런데 원심이 인정한 사실관계 및 기록에 의하면, 피고인은 인터넷 쇼핑사이트인 'G-마켓'에 들어가 휴대전화기 구입신청을 하면서 인터넷상에 게시된 KTF 신규 가입신청서 양식에 컴퓨터를 이용하여 공소외 1의 인적사항 및 그 계좌번호, 청구지 주소 등을 각 입력하고 이를 출력한 다음, 그 신청서 용지 하단 고객명란과 서명란에 '공소외 1'이라고 각 기재함으로써 행사할 목적으로 권한 없이 권리의무에 관한 사문서인 공소외 1 명의로 된 휴대전화 신규 가입신청서 1장을 위조한 후, 이와 같이 위조한 휴대전화 신규 가입신청서를 컴퓨터에 연결된 스캐너로 읽어 들여 이미지화한 다음, 그 이미지 파일을 이메일로 그 위조사실을 모르는 공소외 2에게 마치 진정하게 성립된 것처럼 전송하여 컴퓨터 화면상에서 보게 한 사실을 알 수 있는바, 그렇다면 피고인은 이미 자신이 위조한 휴대전화 신규 가입신청서를 스캐너로 읽어 들여 이미지화한 다음 그 이미지 파일을 그대로 공소외 2에게 이메일로 전송하여 컴퓨터 화면상에서 보게 한 것이므로, 위와 같이 스캐너로 읽어 들여 이미지화한 것이 문서에 관한 죄에 있어서의 '문서'에 해당하지 않는다고 하더라도, 자신이 이미 위조한 휴대전화 신규 가입신청서를 행사한 것에 해당하여 위조문서행사죄가 성립한다고 할 것이다.

## V. 결 론

스캐너로 읽어 들여 이미지화한 것이 문서에 관한 죄에 있어서의 '문서'에 해당하지 않는다고 하더라도, 자신이 이미 위조한 휴대전화 신규 가입신청서를 행사한 것에 해당하여 위조문서행사죄가 성립한다고 할 것이다.

## VI 유사판례

### 1. 위조문서를 모사전송의 방법으로 타인에게 제시하는 행위

사진기나 복사기 등을 사용하여 기계적인 방법으로 원본을 복사한 복사문서는 사본이라고 하더라도 문서위조죄 및 위조문서행사죄의 객체인 문서에 해당하는 것인바, 위조한 문서를 모사전송(facsimile)의 방법으로 타인에게 제시하는 행위도 위조문서행사죄를 구성한다. (대법원 1994. 3. 22., 선고, 94도4, 판결)

### 2. 복사문서가 문서위조 및 동행사죄의 객체인 문서에 해당하는지

사진기나 복사기 등을 사용하여 기계적인 방법에 의하여 원본을 복사한 문서, 이른바 복사문서는 사본이더라도 필기의 방법 등에 의한 단순한 사본과는 달리 복사자의 의식이 개재할 여지가 없고, 그 내용에서부터 규모, 형태에 이르기까지 원본을 실제 그대로 재현하여 보여주므로 관계자로 하여금 그와 동일한 원본이 존재하는 것으로 믿게 할 뿐만 아니라 그 내용에 있어서도 원본 그 자체를 대하는 것과 같은 감각적 인식을 가지게 하고, 나아가 오늘날 일상거래에서 복사문서가 원본에 대신하는 증명수단으로서의 기능이 증대되고 있는 실정에 비추어 볼 때 이에 대한 사회적 신용을 보호할 필요가 있으므로 복사한 문서의 사본은 문서위조 및 동행사죄의 객체인 문서에 해당한다.(대법원 1989. 9. 12., 선고, 87도506, 전원합의체판결)

# 제23절 컴퓨터 모니터 화면에 나타나는 이미지가 문서에 해당하는지

## I. 사례요지

행사할 목적으로 공문서인 □□동장 명의의 인감증명서 1매를 위조하고, 이를 피고인의 휴대전화 카메라 기능을 이용하여 촬영한 다음 사진 파일을 위 운영위원회에 가입한 수분양자들이 참여하는 위챗 메신저 단체대화방에 게재함으로써 행사하였다.

## II. 논 점

1. 형법상 문서에 관한 죄에서 말하는 '문서'의 의미

2. 컴퓨터 모니터 화면에 나타나는 이미지가 문서에 해당하는지 여부(소극)

3. 위조된 문서를 스캐너 등을 통해 이미지화한 다음 이를 전송하여 컴퓨터 화면상에서 보게 하는 경우가 행사에 해당하는지 여부(적극)

## III. 법규연구 (형법)

제225조(공문서등의 위조·변조) 행사할 목적으로 공무원 또는 공무소의 문서 또는 도화를 위조 또는 변조한 자는 10년 이하의 징역에 처한다.

제229조(위조등 공문서의 행사) 제225조 내지 제228조의 죄에 의하여 만들어진 문서, 도화, 전자기록등 특수매체기록, 공정증서원본, 면허증, 허가증, 등록증 또는 여권을 행사한 자는 그 각 죄에 정한 형에 처한다.

## IV. 관련 판례

### 1. 원심 (제주지법 2019. 5. 23. 선고 2018노245 판결)

피고인이 만든 문서의 외관이 다소 조악한 측면이 있는 것은 사실이지만, 다음과 같은 사정에 비추어 보면, 공문서로서의 외관을 갖추었다고 봄이 상당하다고 판단하여 위 공소사실을 유죄로 인정한 제1심판결을 그대로 유지하였다.

### 2. 대법원 (대법원 2020. 12. 24., 선고, 2019도8443, 판결)

형법상 문서에 관한 죄에 있어서 문서란 문자 또는 이에 대신할 수 있는 가독적 부호로 계속적으로 물체상에 기재된 의사 또는 관념의 표시인 원본 또는 이와 사회적 기능, 신용성 등을 동일시할 수 있는 기계적 방법에 의한 복사본으로서 그 내용이 법률

상, 사회생활상 주요사항에 관한 증거로 될 수 있는 것을 말하고(대법원 2006. 1. 26. 선고 2004도788 판결 등 참조), 컴퓨터 모니터 화면에 나타나는 이미지는 이미지 파일을 보기 위한 프로그램을 실행할 경우에 그때마다 전자적 반응을 일으켜 화면에 나타나는 것에 지나지 않아서 계속적으로 화면에 고정된 것으로는 볼 수 없으므로, 형법상 문서에 관한 죄에 있어서의 '문서'에는 해당되지 않는다(대법원 2008. 4. 10. 선고 2008도1013 판결 참조).

그리고 위조문서행사죄에 있어서 행사란 위조된 문서를 진정한 문서인 것처럼 그 문서의 효용 방법에 따라 이를 사용하는 것을 말하고, 위조된 문서를 진정한 문서인 것처럼 사용하는 한 그 행사의 방법에 제한이 없으므로 위조된 문서를 스캐너 등을 통해 이미지화한 다음 이를 전송하여 컴퓨터 화면상에서 보게 하는 경우도 행사에 해당하지만(대법원 2008. 10. 23. 선고 2008도5200 판결 참조), 이는 문서의 형태로 위조가 완성된 것을 전제로 하는 것이므로, 공문서로서의 형식과 외관을 갖춘 문서에 해당하지 않아 공문서위조죄가 성립하지 않는 경우에는 위조공문서행사죄도 성립할 수 없다.

## V. 결 론

컴퓨터 모니터 화면에 나타나는 이미지는 이미지 파일을 보기 위한 프로그램을 실행할 경우에 그때마다 전자적 반응을 일으켜 화면에 나타나는 것에 지나지 않아서 계속적으로 화면에 고정된 것으로는 볼 수 없으므로, 형법상 문서에 관한 죄에서의 '문서'에는 해당되지 않는다.

## VI 유사판례

### 1. 컴퓨터 스캔 작업을 통하여 만들어 낸 공인중개사 자격증의 이미지 파일

컴퓨터 모니터 화면에 나타나는 이미지는 이미지 파일을 보기 위한 프로그램을 실행할 경우에 그때마다 전자적 반응을 일으켜 화면에 나타나는 것에 지나지 않아서 계속적으로 화면에 고정된 것으로는 볼 수 없으므로, 형법상 문서에 관한 죄에 있어서의 '문서'에는 해당되지 않는다고 할 것이다 (대법원 2007. 11. 29. 선고 2007도7480 판결 참조).

이 사건에서 피고인이 컴퓨터 스캔 작업을 통하여 만들어 낸 공인중개사 자격증의 이미지 파일은 전자기록으로서 전자기록 장치에 전자적 형태로서 고정되어 계속성이 있다고 볼 수는 있으나, 그러한 형태는 그 자체로서 시각적 방법에 의해 이해할 수 있는 것이 아니어서 이를 형법상 문서에 관한 죄에 있어서의 '문서'로 보기 어렵다. (대법원 2008. 4. 10., 선고, 2008도1013, 판결)

## 2. 공문서의 일부만을 복사한 경우 공문서변조죄 여부

복사된 내사결과보고서가 외견상 다른 문서의 일부분을 복사한 것일 가능성이 충분히 예상되고, 원본인 내사결과보고서의 표지와 '7.건의'부분의 내용이 복사된 내사결과보고서의 내용과 상충하여 원본 전체의 내용을 오인하게 할 가능성이 있는 경우에 해당한다고 보기 어려우므로 피고인이 이 사건 내사결과보고서를 복사하면서 표지를 제외하고 '건의' 부분을 가린 채 복사하였다고 하여도 이를 기존 공문서에 새로운 증명력을 작출하는 행위로 볼 수 없다고 판단하여 피고인에 대한 공문서변조, 동행사의 점에 대하여 무죄를 선고하였다. (대법원 2003. 12. 26., 선고, 2002도7339, 판결)

# 제24절 허무인·사망자 명의의 사문서를 위조한 경우

## Ⅰ. 사례요지

피고인이 중국 중의사와 침구사 시험에 응시할 사람을 모집한 후 그들을 중국에 데려가 응시원서의 제출을 대행하면서 응시생의 임상경력증명서가 필요하게 되자, 임상경력증명서 양식에 응시생의 이름과 생년월일 및 학습기간 등을 기재한 다음 의원직인란에 ○○한의원이라고 기재하고 그 옆에 임의로 새긴 ○○한의원의 직인을 날인하여 ○○한의원 명의의 임상경력증명서를 위조한 것을 비롯하여, 동일한의원과 일심한의원 명의의 임상경력증명서를 같은 방법으로 각 위조하여 행사하였다.

## Ⅱ. 논 점

허무인·사망자 명의의 사문서를 위조한 경우, 사문서위조죄의 성립 여부(적극)

## Ⅲ. 법규연구 (형법)

제231조 (사문서등의 위조·변조) 행사할 목적으로 권리·의무 또는 사실증명에 관한 타인의 문서 또는 도화를 위조 또는 변조한 자는 5년 이하의 징역 또는 1천만원 이하의 벌금에 처한다.

제234조 (위조사문서등의 행사) 제231조 내지 제233조의 죄에 의하여 만들어진 문서, 도화 또는 전자기록등 특수매체기록을 행사한 자는 그 각 죄에 정한 형에 처한다.

## Ⅳ. 관련 판례

### 1. 원심 (서울지법 2001. 12. 12. 선고 2001노9963 판결)

각 <u>위조하여 행사한 사실을 인정하였다.</u>

### 2. 대법원 (대법원 2005. 2. 24., 선고, 2002도18, <u>전원합의체 판결</u>)

가. 문서위조죄는 문서의 진정에 대한 공공의 신용을 그 보호법익으로 하는 것이므로 행사할 목적으로 작성된 문서가 일반인으로 하여금 당해 명의인의 권한 내에서 작성된 문서라고 믿게 할 수 있는 정도의 형식과 외관을 갖추고 있으면 문서위조죄가 성립하는 것이고(대법원 1968. 9. 17. 선고 68도981 판결, 1971. 7. 27. 선고 71도905 판결, 2003. 9. 26. 선고 2003도3729 판결 등 참조), 위와 같은 요건을 구비한 이상 그 명의인이 실재하지 않는 허무인이거나 또는 문서의 작성일자 전에 이미 사망하였다고 하더라도 그러한 문서 역시 공공의 신용을 해할 위험성이 있으므로 문서위조죄가

성립한다고 봄이 상당하며, 이는 공문서뿐만 아니라 사문서의 경우에도 마찬가지라고 보아야 할 것이다.

　나. 타인 명의의 문서를 위조하여 행사하였다고 하더라도 그 명의인이 실재하지 않는 허무인이거나 또는 문서의 작성일자 전에 이미 사망한 경우에는 사문서위조죄 및 동행사죄가 성립하지 않는다고 판시한 <u>대법원 1997. 7. 25. 선고 97도605 판결, 1994. 9. 30. 선고 94도1787 판결, 1991. 1. 29. 선고 90도2542 판결, 1980. 3. 25. 선고 79도799 판결, 1977. 2. 22. 선고 72도2265 판결, 1970. 11. 30. 선고 70도2231 판결, 1969. 10. 14. 선고 69도1480 판결, 1966. 11. 22. 선고 66도1341 판결, 1960. 8. 10. 선고 4292형상658 판결, 1959. 3. 20. 선고 4291형상591 판결, 1957. 8. 30. 선고 4290형상214 판결</u> 등은 이를 모두 변경하기로 한다.

## V. 결 론

　피고인이 중국 현지에서 교부받은 임상경력증명서의 양식에 응시생의 이름과 생년월일 및 학습기간 등을 기재한 다음 의원 상급자(원장) 및 한의원 이름을 생각나는 대로 임의로 기재하고 당해 한의원 명의의 직인을 임의로 새겨 날인함으로써 원심 판시 각 임상경력증명서를 위조하여 행사한 이 사건에 있어서, 위 각 임상경력증명서의 명의인인 한의원이 실재하지 않는다고 하더라도, 위 각 임상경력증명서들은 일반인으로 하여금 당해 명의인의 권한 내에서 작성된 문서라고 믿게 할 수 있는 정도의 형식과 외관을 갖추고 있다고 보기에 충분하므로, <u>사문서위조죄 및 동행사죄가 성립한다.</u>

# 제25절 다른 서류에 찍혀 있던 직인을 칼로 오려내어 붙인 후 복사하는 방법으로 문서위조

## I. 사례요지

피고인이 사회복지사협회에서 주관하고 공소외 1 사단법인에서 시상하는 △△복지사상 후보자 추천과 관련하여 공소외 1에 대한 수상후보자 추천서와 경력증명서를 작성하고, 추천서의 추천기관장란에 위 '○○○' 원장인 공소외 2의 성명을 기재하고 경력증명서의 하단에 "사회복지법인 대표이사 공소외 2"라고 기재한 다음, 다른 서류에 찍혀 있던 직인을 칼로 오려내어 풀로 붙인 후 이를 복사함으로써 ○○○ 원장 공소외 2 명의의 수상후보자 추천서와 경력증명서 각 1통을 위조하고, 이들을 마치 진정하게 성립한 문서인 것처럼 사회복지사협회에 발송하여 행사하였다.

## II. 논 점

1. 사문서위조죄의 객체인 '문서' 의 판단기준
2 피고인이 다른 서류에 찍혀 있던 甲의 직인을 칼로 오려내어 풀로 붙인 후 이를 복사하는 방법으로 甲 명의의 추천서와 경력증명서를 위조하고 이를 행사한 경우

## III. 법규연구 (형법)

제231조(사문서등의 위조·변조) 행사할 목적으로 권리·의무 또는 사실 증명에 관한 타인의 문서 또는 도화를 위조 또는 변조한 자는 5년 이하의 징역 또는 1천만원 이하의 벌금에 처한다.

## IV. 관련 판례

### 1. 원심 (창원지법 2010. 6. 11. 선고 2010노165 판결)

수상후보자 추천서와 경력증명서의 직인 부분과 바탕 종이 부분의 색깔이 확연히 다르고, 직인 부분을 오려 붙인 흔적이 남아 있으며, 피고인은 이 사건 각 문서의 작성경위에 대하여 수상후보자로 공소외 1을 추천하기 위해 자원봉사자 확인서에 찍혀 있는 직인 부분을 칼로 오려서 풀로 붙인 후 복사하여 이 사건 각 문서를 만들었다고 진술하고 있는 점, 문서 작성명의자의 인영은 문서의 진정성립 여부를 판단하기 위한 중요한 부분에 해당하는데, 직인 부분이 이상하다는 이유로 이 사건 각 문서가 사회복지사협회에서 반려된 점 등에 비추어 보면 이 사건 각 문서가 그 명의자인 공소외 2가 진정으로 작성한 문서로 볼 수 있을 정도의 형식과 외관을 갖추어 일반인이 명의자의

진정한 사문서로 오신하기에 충분한 정도에 이르렀다고 보기에 부족하다는 이유로 무죄를 선고하였다.

## 2. 대법원 (대법원 2011. 2. 10., 선고, 2010도8361, 판결)

사문서위조죄는 그 명의자가 진정으로 작성한 문서로 볼 수 있을 정도의 형식과 외관을 갖추어 일반인이 명의자의 진정한 사문서로 오신하기에 충분한 정도이면 성립하고, 반드시 그 작성명의자의 서명이나 날인이 있어야 하는 것은 아니나, 일반인이 명의자의 진정한 사문서로 오신하기에 충분한 정도인지 여부는 문서의 형식과 외관은 물론 문서의 작성 경위, 종류, 내용 및 거래에 있어서 그 문서가 가지는 기능 등 여러 가지 사정을 종합하여 판단하여야 함은 원심이 지적한 바와 같다(대법원 1997. 12. 26. 선고 95도2221 판결 참조).

## V. 결 론

이 사건 각 문서는 피고인이 직인을 오려붙인 흔적을 감추기 위하여 복사한 것으로서 일반적으로 문서가 갖추어야 할 형식을 다 구비하고 있고, 주의 깊게 관찰하지 아니하면 그 외관에 비정상적인 부분이 있음을 알아차리기가 어려울 정도이므로, 일반인이 그 명의자의 진정한 사문서로 오신하기에 충분한 정도의 형식과 외관을 갖추었다고 판단된다. 따라서 사문서위조죄와 위조사문서행사죄가 성립한다.

# 제26절 본명 대신 가명이나 위명을 사용하여 사문서를 작성한 경우

## I. 사례요지

피고인이 다방 업주로부터 선불금을 받고 그 반환을 약속하는 내용의 현금보관증을 작성하면서 가명과 허위의 출생연도를 기재한 후 이를 교부하였다.

## II. 논 점

가명이나 위명 사용이 사문서위조죄가 성립하는지 여부

## III. 법규연구 (형법)

제231조(사문서등의 위조·변조) 행사할 목적으로 권리·의무 또는 사실 증명에 관한 타인의 문서 또는 도화를 위조 또는 변조한 자는 5년 이하의 징역 또는 1천만원 이하의 벌금에 처한다.

제234조(위조사문서등의 행사) 제231조 내지 제233조의 죄에 의하여 만들어진 문서, 도화 또는 전자기록등 특수매체기록을 행사한 자는 그 각 죄에 정한 형에 처한다.

## IV. 관련 판례

### 1. 원심 (제주지법 2010. 1. 14. 선고 2009노495 판결)

이 사건 현금보관증의 명의인과 이를 작성한 피고인 사이에 인격의 동일성이 유지된 것으로 보아 공소사실을 무죄로 판단하였다.

### 2. 대법원 (대법원 2010. 11. 11., 선고, 2010도1835, 판결)

가. 실제의 본명 대신 가명이나 위명을 사용하여 사문서를 작성한 경우에 그 문서의 작성명의인과 실제 작성자 사이에 인격의 동일성이 그대로 유지되는 때에는 위조가 되지 않으나, 명의인과 작성자의 인격이 상이할 때에는 위조죄가 성립할 수 있다(대법원 1979. 6. 26. 선고 79도908 판결 참조).

나. 피고인은 '○○○'이라는 가명을 사용하여 공소외인이 운영하는 다방에 종업원으로 취업하면서 선불금으로 100만 원을 받고 이에 대한 반환을 약속하는 내용의 이 사건 현금보관증을 작성, 교부하게 된 사실, 피고인은 위 다방에 취업하기 위하여

피고인의 실제 나이보다 4살 어린 1954년생으로 가장하였고, 위 현금보관증에도 본인의 실명과 실제 주민등록번호 대신에 '○○○'이라는 가명과 출생연도 부분이 허위인 주민등록번호를 기재하여 교부한 사실, 공소외인은 '○○○'이 피고인의 가명이라는 것과 위 주민등록번호가 실재하지 않는 번호라는 것을 모르고 있었던 사실 등을 알 수 있다. 현금보관증이라는 문서의 성질과 기능, 위와 같은 작성 경위에 비추어 보면 이 사건 현금보관증에 표시된 명칭과 주민등록번호 등으로부터 인식되는 인격은 '1954년에 출생한 52세가량의 여성인 ○○○'이고, 1950년생인 피고인과는 다른 인격인 것이 분명하므로, 이 사건 문서의 명의인과 작성자 사이에 인격의 동일성이 인정되지 않는다고 보아야 한다.

## V. 결 론

비록 피고인이 위 '○○○'이라는 가명을 다방에 근무하는 동안 계속 사용해 왔고, 주소는 실제 피고인의 주소와 동일하게 기재되어 있으며, 피고인이 위 문서로부터 발생할 책임을 면하려는 의사나 편취의 목적을 가지지는 않았다고 하더라도, 위 문서를 작성하면서 자신이 위 문서에 표시된 명의인인 '1954년생 ○○○'인체 가장한 것만은 분명하므로, 명의인과 작성자의 인격의 동일성을 오인케 한 피고인의 이러한 행위는 사문서위조, 동행사죄에 해당한다고 보아야 한다.

# 제27절 문서기안자가 작성 권한자의 결재 없이 문서를 작성한 경우

## I. 사례요지

○○당 사무총장 명의의 문서를 작성할 권한을 위임받지 아니한 甲이 문서 작성권한을 가진 사람의 결재를 받은 바 없이 권한을 초과하여 이 사건 각 문서를 작성하였다.

## II. 논 점

문서기안자가 작성 권한자의 결재 없이 문서를 작성한 경우, 사문서위조죄의 성부

## III. 법규연구 (형법)

제231조 (사문서의 위조, 변조) 행사할 목적으로 권리의무 또는 사실증명에 관한 타인의 문서 또는 도화를 위조 또는 변조한 자는 5년 이하의 징역에 처한다.

제234조 (위조등의 사문서의 행사) 위조, 변조 또는 작성한 전3조 기재의 문서 또는 도화를 행사한 자는 위조, 변조 또는 작성의 각죄에 정한 형에 처한다.

## IV. 관련 판례

### 1. 원심 (서울고법 1996. 8. 1. 선고 94노3855 판결)

사문서위조죄를 인정하였다.

### 2. 대법원 (대법원 1997. 2. 14., 선고, 96도2234, 판결)

이 사건 각 문서에 관한 범행 당시 사무총장 명의의 이 사건 각 문서를 작성할 권한을 위임받지 아니한 하민수가 문서 작성권한을 가진 사람의 결재를 받은 바 없이 권한을 초과하여 이 사건 각 문서를 작성하였다면 이는 사문서위조죄가 된다고 할 것이다.

## V. 결 론

문서를 작성할 권한을 위임받지 아니한 문서기안자가 문서 작성권한을 가진 사람의 결재를 받은 바 없이 권한을 초과하여 문서를 작성하였다면 이는 사문서위조죄가 된다.

## VI 유사판례

### 1. 위탁 권한을 초월한 문서작성과 문서위조죄의 성부

위탁된 권한을 초월하여 위탁자 명의의 문서로 작성한 경우에는 문서위조죄가 성립한다. (대법원 1983. 10. 25., 선고, 83도2257, 판결)

### 2. 권한을 남용하여서 한 문서작성과 문서위조죄의 성부

타인의 대표자 또는 대리자가 그 대표명의, 대리명의 또는 직접 본인의 명의를 사용하여 문서를 작성할 권한을 가지는 경우에 그 권한을 남용하여 단순히 자기 또는 제3자의 이익을 도모할 목적으로 마음대로 그 대표자, 대리명의 또는 직접 본인명의로 문서를 작성한 때에는 문서위조죄는 성립하지 아니한다. (대법원 1983. 10. 25., 선고, 83도2257, 판결)

### 3. 수임인의 위임취지에 반한 문서작성과 사문서위조죄의 성부

피고인(갑)이 공소외(을)과의 동업계약에 따라 (갑)의 명의로 변경하기 위하여 (을)의 인장이 날인된 백지의 건축주명의변경신청서를 받아 보관하던 중 그 위임의 취지에 반하여 피고인(병) 앞으로 건축주명의를 변경하는 건축주명의변경신청서를 작성하여 구청에 제출하였다면 사문서위조 및 그 행사죄가 성립한다. (대법원 1984. 6. 12., 선고, 83도2408, 판결)

# 제28절 부동산매매계약서에 작성인으로 기재된 부동산표시가 자격모용에 의한 사문서작성죄 여부

## I. 사례요지

피고인은 ○○부동산 사무실의 대표는 자신이 아니라 공소외 1임에도 2003. 12. 5.경 대구 북구 매천동 (지번 1 생략) 소재 ○○부동산 사무실에서, 행사할 목적으로 권한 없이, 그곳에 비치된 부동산매매계약서 용지의 부동산표시란에 '대구시 북구 매천동 (지번 2 생략) 대지 364㎡(110평) 및 판넬구조 사무실 53㎡(16평)', 매매대금란에 '사억구천만원', 매도인란에 '대구시 북구 관음동 (지번 생략), 공소외 2', 공인중개사란에 '○○부동산 대표 △△△(피고인의 이름임)' 등으로 기재한 다음 위 ○○부동산 대표 △△△의 이름 옆에 자신의 도장을 날인하는 방법으로, ○○부동산 대표 공소외 1의 자격을 모용하여 위 부동산매매계약서 1통을 작성하고, 그 자리에서 위와 같이 자격을 모용하여 작성한 계약서를 그 정을 모르는 공소외 3에게 마치 진정하게 성립한 것처럼 교부하여 이를 행사하였다.

## II. 논 점

1. 자격모용에 의한 사문서작성죄의 성립요건
2. 부동산매매계약서에 작성인으로 기재된 ○○부동산이라는 표시가 자격모용에 의한 사문서작성죄의 명의인에 해당하는지

## III. 법규연구 (형법)

제232조 (자격모용에 의한 사문서의 작성) 행사할 목적으로 타인의 자격을 모용하여 권리·의무 또는 사실증명에 관한 문서 또는 도화를 작성한 자는 5년 이하의 징역 또는 1천만원 이하의 벌금에 처한다.

## IV. 관련 판례

### 1. 원심 (대구지법 2007. 11. 1. 선고 2007노2173 판결)

대표권을 가장하여 자격모용사문서작성죄가 성립하기 위해서는 적어도 피모용자가 대표권을 가지는 법인 혹은 단체를 전제로 하고, 또한 대리권을 가장하여 위 죄가 성립하기 위해서는 피모용자인 자연인과의 대리관계를 현명하여야 한다고 봄이 상당한바, 이 사건의 경우 피모용자인 '○○부동산'은 민법상의 법인, 권리능력 없는 사단 혹은 재단으로서의 성격을 가진다기보다는 단순히 부동산중개사무소의 상호일 뿐이고, 피고인이 '○○부동산 대표 △△△'이라고 표시한 것은 피고인이 위 부동산 사무실을 직접

운영한다는 것을 나타낼 뿐 피고인이 위 부동산 사무실에 관하여 어떠한 대표권이 있음을 나타내는 것은 아니어서 자격모용사문서작성 및 동행사죄가 성립되지 않는다는 이유로, 이 부분 공소사실에 대하여 무죄를 선고한 제1심판결을 그대로 유지하였다.

## 2. 대법원 (대법원 2008. 2. 14., 선고, 2007도9606, 판결)

가. 자격모용에 의한 사문서작성죄는 문서위조죄와 마찬가지로 문서의 진정에 대한 공공의 신용을 그 보호법익으로 하는 것으로서 행사할 목적으로 타인의 자격을 모용하여 작성된 문서가 일반인으로 하여금 당해 명의인의 권한 내에서 작성된 문서라고 믿게 할 수 있는 정도의 형식과 외관을 갖추고 있으면 본죄는 성립하는 것이고, 위와 같은 요건이 구비되었다면 본죄에서의 '타인'에는 자연인뿐만 아니라 법인, 법인격 없는 단체를 비롯하여 거래관계에서 독립한 사회적 지위를 갖고 활동하고 있는 존재로 취급될 수 있으면 여기에 해당한다고 보아야 한다.

나. ○○부동산은 공소외 1이 부동산중개업을 영위하기 위하여 부동산중개업법에 따라 개설등록한 부동산중개사무소로서, 그 무렵부터 사무소 운영에 필요한 물적 설비가 갖춰진 상태에서 피고인이 공소외 1이 등록한 ○○부동산의 등록명의를 빌려 부동산중개행위를 하기로 하였는데, 이 사건 매매계약의 중개과정에서는 피고인이 위 사무소에서 자신을 ○○부동산의 대표자라고 자칭하면서 위 부동산매매계약서의 공인중개사 란에 ○○부동산의 상호와 등록번호 및 전화번호, 그리고 그 자신을 대표자로 기재하였으며, 이에 따라 공소외 3은 피고인이 ○○부동산의 대표자 자격으로 이 사건 매매계약을 중개하는 것으로 알고서 피고인에게 이 사건 부동산중개 및 부동산매매계약서 작성을 의뢰하였던 사실을 알 수 있다.

## V. 결 론

일반인으로서는 이 사건 부동산매매계약서에서 작성명의인으로 된 ○○부동산이라는 표시가 법인이나 단체, 그 밖에 다른 개인사업체 등의 어느 명칭에 해당하는지 알 수 없는 이상, ○○부동산을 작성명의인으로 하여 그의 권한 내에서 작성된 문서라고 믿게 할 수 있는 정도의 형식과 외관을 갖추고 있다고 보기에 충분하다 할 것인데, 위에서 본 바와 같이 ○○부동산은 공소외 1이 부동산중개업을 영위하기 위하여 등록한 부동산중개사무소로서, 부동산중개행위 등 부동산중개업을 영위하는 과정에서 ○○부동산의 명의로 이루어진 모든 행위는 그 법률효과가 그 명칭의 부동산중개사무소 등록자에게 귀속될 수 있는 관계에 있다 할 것이므로, 위 부동산매매계약서의 공인중개사 란에 작성명의인으로 기재된 ○○부동산은 단순히 상호를 가리키는 것이 아니라 독립한 사회적 지위를 갖고 활동하고 있는 존재로 취급될 수 있다 할 것이고, 따라서 <u>피고인의 위 각 행위는 자격모용사문서작성 및 동행사죄에 해당된다고 할 것이다.</u>

## VI 유사판례

### 1. 대표 또는 대리명의로 문서를 작성할 권한을 가진 자가 이를 남용하여 문서를 작성한 경우

자격모용 사문서작성죄를 구성하는지는 그 문서를 작성하면서 타인의 자격을 모용하였는지 아닌지의 형식에 의하여 결정하여야 하고, 그 문서의 내용이 진실한지 아닌지는 이에 아무런 영향을 미칠 수 없으므로, 타인의 대표자 또는 대리자가 그 대표 또는 대리명의로 문서를 작성할 권한을 가질 때 <u>그 지위를 남용하여 단순히 자기 또는 제3자의 이익을 도모할 목적으로 문서를 작성하였다 하더라도 자격모용 사문서작성죄는 성립하지 아니한다.</u> (대법원 2007. 10. 11., 선고, 2007도5838, 판결)

### 2. 사문서의 작성명의인이 사망한 자인 경우 자격모용사문서작성죄와 행사죄의 성부

사문서의 작성명의인이 이미 사망한 자인 경우에는 그 문서의 작성일자가 명의인의 <u>생존 중의 일자로 된 경우가 아니면 사문서위조죄나 그 행사죄를 구성하지 않는 것이며, 이는 자격모용사문서작성죄나 그 행사죄에 있어서도 마찬가지이다.</u> (대법원 1992. 12. 24., 선고, 92도2322, 판결)

# 제29절 절취한 후불식 전화카드를 사용하여 공중전화를 건 행위

## I. 사례요지

피고인은 절취한 피해자의 전화카드를 자신의 전화카드인 것처럼 공중전화기에 넣고 사용하여 권리의무에 관한 사문서인 전화카드를 부정 행사하였다.

## II. 논 점

사문서부정행사죄에 해당하는지 여부(적극)

## III. 법규연구 (형법)

제232조의2 (사전자기록위작·변작) 사무처리를 그르치게 할 목적으로 권리·의무 또는 사실증명에 관한 타인의 전자기록등 특수매체기록을 위작 또는 변작한 자는 5년 이하의 징역 또는 1천만원 이하의 벌금에 처한다.

제236조 (사문서의 부정행사) 권리·의무 또는 사실증명에 관한 타인의 문서 또는 도화를 부정행사한 자는 1년이하의 징역이나 금고 또는 300만원이하의 벌금에 처한다.

제348조의2 (편의시설부정이용) 부정한 방법으로 대가를 지급하지 아니하고 자동판매기, 공중전화 기타 유료자동설비를 이용하여 재물 또는 재산상의 이익을 취득한 자는 3년 이하의 징역, 500만원 이하의 벌금, 구류 또는 과료에 처한다.

## IV. 관련 판례

### 1. 환송판결 (대법원 2001. 9. 25. 선고 2001도3625 판결)

전화카드는 한국전기통신공사가 발행한 후불식 통신카드로서 이 카드를 이용하여 전화를 사용하면 그 요금이 미리 지정된 전화번호 요금이나 신용카드 대금에 합산되어 청구되고, 전화카드를 신용카드 겸용 공중전화기에 넣으면 전화기가 기계적 방식으로 전화카드의 자기띠 부분에 기록된 사용자 정보와 비밀번호 등을 판독하여 작동되는 사실을 인정하고, 전화카드 자체는 그 카드번호를 부여받은 사람이 한국전기통신공사의 전화카드 회원이라는 사실을 증명하는 사문서에 해당하지만, 피고인이 전화카드를 공중전화기에 넣어 사용한 것은 그 사문서 부분을 행사한 것이 아니고 단지 카드의 뒷면에 부착된 자기띠 부분을 사용한 것일 뿐인데, 형법 제232조의2가 사문서위조 또는 변조죄와 별도로 전자기록 등 특수매체기록의 위작 또는 변작죄에 대한 처벌규정을 두고 있는 점에 비추어 볼 때, <u>전화카드의 자기띠 부분은 형법 제236조의 사문서에 해</u>

당하지 아니하므로, 이 사건 공소사실은 사문서부정행사죄를 구성하지 아니한다고 판단하였다.

## 2. 대법원 (대법원 2002. 6. 25., 선고, 2002도461, 판결)

사용자에 관한 각종 정보가 전자기록되어 있는 자기띠가 카드번호와 카드발행자 등이 문자로 인쇄된 플라스틱 카드에 부착된 전화카드의 경우 그 자기띠 부분은 카드의 나머지 부분과 불가분적으로 결합되어 전체가 하나의 문서를 구성하므로, 전화카드를 공중전화기에 넣어 사용하는 경우 비록 전화기가 전화카드로부터 판독할 수 있는 부분은 자기띠 부분에 수록된 전자기록에 한정된다고 할지라도, 전화카드 전체가 하나의 문서로써 사용된 것으로 보아야 하고 그 자기띠 부분만 사용된 것으로 볼 수는 없다.

## V. 결 론

따라서 피고인이 절취한 전화카드를 공중전화기에 넣어 사용한 것은 권리의무에 관한 타인의 사문서를 부정행사한 경우에 해당한다.

# 제30절 소견서가 허위진단서작성죄 객체인 진단서에 해당하는지

## Ⅰ. 사례요지

정형외과 전문의사로서 트럭이 충돌한 사고로 부상입은 환자들에 대한 임상소견, 환자의 상태, 상처의 정도, 병명, 투약상환 등을 토대로 치료기일을 명백히 특정하는 소견서를 발행하였다.

## Ⅱ. 논 점

1. 의사가 진찰결과 알게 된 건강상태를 증명하기 위하여 작성한 소견서가 허위진단서 작성죄의 객체인 진단서에 해당하는지 여부(적극)
2. 허위진단서작성죄의 성립요건

## Ⅲ. 법규연구 (형법)

제233조 (허위진단서등의 작성) 의사, 한의사, 치과의사 또는 조산사가 진단서, 검안서 또는 생사에 관한 증명서를 허위로 작성한 때에는 3년 이하의 징역이나 금고, 7년 이하의 자격정지 또는 3천만원 이하의 벌금에 처한다.

## Ⅳ. 관련 판례

### 1. 원심 (청주지방법원 1989.9.7. 선고 88노647 판결)

피고인에게 위 허위진단서작성죄가 성립됨을 전제로 하여 이 사건 공소사실을 모두 유죄로 인정한 제1심판결을 그대로 유지하였다.

### 2. 대법원 (대법원 1990. 3. 27., 선고, 89도2083, 판결)

형법 제233조의 허위진단서작성죄에 있어서 진단서란 의사가 진찰의 결과에 관한 판단을 표시하여 사람의 건강상태를 증명하기 위하여 작성하는 문서를 말하는 것이므로, 비록 그 문서의 명칭이 소견서로 되어 있다 하더라도 그 내용이 의사가 진찰한 결과 알게 된 병명이나 상처의 부위정도 또는 치료기간 등의 건강상태를 증명하기 위하여 작성된 것이라면 역시 위의 진단서에 해당하는 것이고, 한편 허위의 기재는 사실에 관한 것이건 판단에 관한 것이건 불문하는 것이나 (대법원 1978.12.13. 선고 78도2343 판결; 1976.2.10. 선고 75도1888 판결), 본죄는 원래 허위의 증명을 금지하려는 것이므로 의사가 주관적으로 그 내용이 허위라는 인식이 필요함은 물론, 그 허위의 기재는 실질상 진실에 반하는 기재일 것이 또한 필요한 것이다.

## V. 결 론

형법 제233조의 허위진단서작성죄에 있어서 진단서란 의사가 진찰의 결과에 관한 판단을 표시하여 사람의 건강상태를 증명하기 위하여 작성하는 문서를 말하는 것이므로, 비록 그 문서의 명칭이 소견서로 되어 있더라도 그 내용이 의사가 진찰한 결과 알게 된 병명이나 상처의 부위, 정도 또는 치료기간 등의 건강상태를 증명하기 위하여 작성된 것이라면 위 진단서에 해당되는 것이다.

## VI 유사판례

### 1. 착오를 일으켜 오진한 결과로 객관적으로 진실에 반한 진단서 작성

허위진단서작성죄는 의사가 사실에 관한 인식이나 판단의 결과를 표현하면서 자기의 인식 판단이 진단서에 기재된 내용과 불일치하는 것임을 인식하고서도 일부러 내용이 진실 아닌 기재를 하는 것을 말하는 것이므로 의사가 주관적으로 진찰을 소홀히 한다던가 착오를 일으켜 오진한 결과로 객관적으로 진실에 반한 진단서를 작성하였다면 허위진단서작성에 대한 인식이 있다고 할 수 없으니 동 죄가 성립되지 아니한다. (대법원 1976. 2. 10., 선고, 75도1888, 판결)

# 제31절 실질적인 채권채무 관계없이 당사자간 합의로 작성한 차용증 이용 대여금청구소송 제기

## I. 사례요지

피고인은 파산선고사건과 관련하여 재산목록을 작성하여 제출할 상황이 되자 '편의상 채권채무가 있는 것처럼 해 두자'는 취지로 제의하여 '금 5천만 원' 차용인 ' 공소외 1' 연대보증인 ' 공소외 2'로 된 '차용증 및 이행각서'를 작성하여 이를 소지하고 있음을 기화로, 지방법원 종합민원실에 제출하여 부정 사용하였다.

## II. 논 점

1. 사문서부정행사죄의 성립요건
2. 실질적인 채권채무관계 없이 당사자 간의 합의로 작성한 차용증 및 이행각서를 법원에 제출한 경우, 사문서부정행사죄 여부

## III. 법규연구 (형법)

제236조 (사문서의 부정행사) 권리·의무 또는 사실증명에 관한 타인의 문서 또는 도화를 부정행사한 자는 1년 이하의 징역이나 금고 또는 300만원 이하의 벌금에 처한다.

## IV. 관련 판례

### 1. 원심 (서울중앙지법 2007. 1. 10. 선고 2006노2491 판결)

사문서부정행사 부분을 유죄로 판단하였다.

### 2. 대법원 (대법원 2007. 3. 30., 선고, 2007도629, 판결)

형법 제236조 소정의 사문서부정행사죄는 사용권한자와 용도가 특정되어 작성된 권리의무 또는 사실증명에 관한 타인의 사문서 또는 사도화를 사용권한 없는 자가 사용권한이 있는 것처럼 가장하여 부정한 목적으로 행사하거나 권한 있는 자라도 정당한 용법에 반하여 부정하게 행사하는 경우에 성립된다(대법원 1978. 2. 14. 선고 77도2645 판결, 1985. 5. 28. 선고 84도2999 판결, 1993. 5. 11. 선고 93도127 판결, 1999. 5. 14. 선고 99도206 판결 등 참조).

## V. 결 론

차용증 및 이행각서는 그 작성명의인들이 자유의사로 작성한 문서로 그 사용권한자가 특정되어 있다고 할 수 없고 또 그 용도도 다양하므로, 설령 피고인이 그 작성명의인들의 의사에 의하지 아니하고 이 사건 차용증 및 이행각서 상의 채권이 실제로 존재하는 것처럼 그 지급을 구하는 민사소송을 제기하면서 소지하고 있던 이 사건 차용증 및 이행각서를 법원에 제출하였다고 하더라도 그것이 <u>사문서부정행사죄에 해당한다고 할 수 없다.</u>

## VI 유사판례

### 1. 실효된 동업약정서를 증거로 제출하는 것이 사문서부정행사죄 여부

사문서부정행사죄에 있어서 부정행사란 사용할 권한없는 자가 문서명의자로 가장 행세하여 이를 사용하거나 사용할 권한이 있더라도 그 문서를 본래의 작성목적 이외의 다른 사실을 직접 증명하는 용도에 이를 사용하는 것을 말하므로 <u>실효된 문서를 증거로 제출하는 행위는 부정행사에 해당하지 아니한다.</u> (대법원 1978. 2. 14., 선고, 77도2645, 판결)

### 2. 신원증명서를 피증명인의 의사에 의하지 아니하고 사용한 행위

신원증명서는 금치산 또는 한정치산의 선고를 받고 취소되지 않은 사실의 해당 여부를 증명하는 문서로써 사용권한자가 특정되어 있다고 할 수 없고 또 용도도 다양하며 반드시 피증명인만이 사용할 수 있는 것이 아니므로 문서상의 <u>피증명인의 의사에 의하지 아니하고 사용하였다 하더라도 그것이 문서 본래의 취지에 따른 용도에 합치되는 이상 공문서부정행사죄는 성립되지 아니한다.</u> (대법원 1993. 5. 11., 선고, 93도127, 판결)

### 3. 증거로서 사문서를 법원에 제출하는 행위가 사문서부정행사 해당 여부

사문서부정행사죄에서 부정사용이란 사문서를 사용할 권원없는 자가 그 문서명의자로 가장 행세하여 이를 사용하거나 또는 사용할 권원이 있다 하더라도 문서를 본래의 작성목적 이외의 다른 사실을 직접 증명하는 용도에 이를 사용하는 것을 말하는 것이므로 <u>현금보관증이 자기 수중에 있다는 사실 자체를 증명키 위하여 증거로서 법원에 제출하는 행위는 사문서의 부정행사에 해당되지 아니한다.</u> (대법원 1985. 5. 28., 선고, 84도2999, 판결)

# 제32절 행사할 목적으로 자동차등록번호판을 위조한 경우

## I. 사례요지

피고인은 화물차량의 등록번호판을 분실하였으나 분실한 등록번호판을 찾지 못하고, 공업사 내에 보관 중이던 다른 차량의 등록번호판을 떼어내 그 위에 흰색 페인트를 칠한 다음 검은색 페인트로 '(차량번호)'이라고 기재한 것으로 정교한 수준에 이르지 못하였더라도 실제 자동차 등록번호판과 모양, 크기, 글자의 배열 등이 유사하여 일반인으로 하여금 진정한 번호판으로 오신하게 할 정도였다.

## II. 논 점

1. 공기호위조죄가 성립하는지 여부
2. 이때 '행사할 목적'의 의미

## III. 법규연구

### 1. 형 법

제238조(공인 등의 위조, 부정사용) ① 행사할 목적으로 공무원 또는 공무소의 인장, 서명, 기명 또는 기호를 위조 또는 부정사용한 자는 5년 이하의 징역에 처한다.

### 2. 자동차관리법

제71조(부정사용 금지 등) ① 누구든지 이 법에 따른 자동차등록증, 폐차사실 증명서류, 등록번호 판, 임시운행허가증, 임시운행허가번호판, 자동차자기인증표시, 부품자기인증표시, 내압용 기검사 각인 또는 표시, 내압용기재검사 각인 또는 표시, 신규검사증명서, 이륜자동차번호 판, 차대표기 및 원동기형식 표기를 위조·변조 또는 부정사용하거나 위조 또는 변조한 것을 매매, 매매 알선, 수수(收受) 또는 사용하여서는 아니 된다.

제78조(벌칙) 다음 각 호의 어느 하나에 해당하는 자는 10년 이하의 징역 또는 1억원 이하의 벌금에 처한다.

    2. 제71조제1항을 위반하여 자동차등록증 등을 위조·변조한 자 또는 부정사용한 자와 위 조·변조 된 것을 매매, 매매 알선, 수수(收受) 또는 사용한 자

## IV. 관련 판례

### 1. 원심 (대전지법 2015. 1. 8. 선고 2014노2156 판결)

공기호인 자동차등록번호판의 행사란 그것이 부착된 자동차를 운행하는 것을 의미하고, '운행'은 그 사전적 의미가 정하여진 길을 따라 차량 따위로 운전하여 다니는 것

을 일컫는 점, 이 사건 화물차량은 파손되어 운행이 불가능한 상태에 있었고, 공소외인이 이 사건 화물차량을 지게차 대용으로 고정해 놓고 쓰려고 하였다고 하나 이를 자동차의 용법대로 사용하는 것이라고 보기 어려운 점, 피고인이 제작한 등록번호판의 외형이 일반인으로 하여금 진정한 등록번호판으로 오신하게 할 정도에 이르렀다고 보기도 어려운 점 등 그 판시와 같은 이유로 피고인이 행사할 목적으로 이 사건 등록번호판을 위조하였다고 보기 어렵다는 이유로 이 사건 공소사실을 <u>무죄로 판단한 제1심 판결을 그대로 유지하였다</u>

## 2. 대법원 (대법원 2016. 4. 29., 선고, 2015도1413, 판결)

형법 제238조 제1항에 의하면 행사할 목적으로 공기호인 자동차등록번호판을 위조한 경우에 공기호위조죄가 성립하고, 여기서 '행사할 목적'이란 위조한 자동차등록번호판을 마치 진정한 것처럼 그 용법에 따라 사용할 목적을 말한다. 또한 '<u>위조한 자동차등록번호판을 그 용법에 따라 사용할 목적</u>'이란 위조한 자동차등록번호판을 자동차<u>에 부착하여 운행함으로써 일반인으로 하여금 자동차의 동일성에 관한 오인을 불러일으킬 수 있도록 하는 것을 말한다</u>(대법원 1997. 7. 8. 선고 96도3319 판결 등 참조).

## V. 결 론

피고인은 위조한 자동차등록번호판을 이 사건 화물차량에 부착하여 이 사건 화물차량을 피고인이 운영하는 작업장에서 다른 장소로 이동시키거나 이 사건 화물차량의 실제 소유자인 공소외인이 이를 인수하여 그 용법에 따라 사용하는 것을 전제로 자동차등록번호판을 부착하지 않아 발생할지 모르는 문제를 예방하기 위하여 이 사건 공소사실과 같이 자동차등록번호판을 위조한 것으로서 <u>행사할 목적으로 공기호인 자동차등록번호판을 위조하였다</u>고 볼 여지가 충분하다.

## VI 유사판례

### 1. 절취한 자동차번호판을 다른 차량에 부착하고 운행한 것이 부정사용공기호행사죄 해당 여부

형법 제238조 제1항에서 규정하고 있는 공기호인 자동차등록번호판의 부정사용이란 진정하게 만들어진 자동차등록번호판을 권한 없는 자가 사용하든가, 권한 있는 자라도 권한을 남용하여 부당하게 사용하는 행위를 말하는 것이고, 같은 조 제2항에서 규정하고 있는 그 행사죄는 부정사용한 공기호인 자동차등록번호판을 마치 진정한 것처럼 그 용법에 따라 사용하는 행위를 말하는 것으로 그 행위개념을 달리하고 있다.

자동차등록번호판의 용법에 따른 사용행위인 행사란 이를 자동차에 부착하여 운행함으로써 일반인으로 하여금 자동차의 동일성에 관한 오인을 불러일으킬 수 있는 상태 즉 그것이 부착된 자동차를 운행함을 의미한다고 할 것이고 그 운행과는 별도로 부정사용한 자동차등록번호판을 타인에게 제시하는 등 행위가 있어야 그 행사죄가 성립한다고 볼 수 없다. 따라서 피고인이 절취한 자동차등록번호판을 부착한 위 승용차를 운행하였다면 이는 부정사용된 공기호행사죄에 해당한다. (대법원 1997. 7. 8., 선고, 96도3319, 판결)

## 2. 자동차관리법(부정사용 금지 등)과 형법의 공기호부정사용죄의 특별법 관계인지

형법 제238조 제1항은 인장에 관한 죄의 한 태양으로서 인장·서명·기명·기호 등의 진정에 대한 공공의 신용, 즉 거래상의 신용과 안정을 그 보호법익으로 하고 있는 반면, 자동차관리법의 입법취지는 자동차를 효율적으로 관리하고 자동차의 성능과 안정을 확보함으로써 공공의 복리를 증진함을 그 목적으로 하고 있어(특히 같은 법 제78조, 제71조는 이러한 자동차의 효율적인 관리를 저해하는 행위를 규제하기 위한 것으로 보인다) 그 보호법익을 달리 하고 있을 뿐 아니라 그 주관적 구성요건으로서 형법상의 위 공기호부정사용죄는 고의와 더불어 '행사할 목적'이 있음을 요하는 반면 위 자동차관리법은 '행사할 목적'을 그 주관적 구성요건으로 하지 아니하고 있는 점에 비추어 보면, 자동차관리법 제78조, 제71조가 형법 제238조 제1항 소정의 공기호부정사용죄의 특별법 관계에 있다고는 보이지 아니한다. (대법원 1997. 6. 27. 선고, 97도1085, 판결)

# 제33절 음주운전으로 조사받으면서 휴대용정보 단말기에 동생 명의로 전자 서명한 경우

## Ⅰ. 사례요지

피고인이 음주운전으로 단속되자 동생 甲의 이름을 대며 조사를 받다가 경찰관으로부터 음주운전 단속내용이 입력된 휴대용정보 단말기(PDA)에 전자 서명할 것을 요구받자, 甲이라는 성명 옆에 서명하고 이를 경찰 전산망에 전송하게 하였다.

## Ⅱ. 논 점

1. 사서명(私署名) 등 위조죄가 성립하려면 서명 등이 일반인으로 하여금 특정인의 진정한 서명 등으로 오신하게 할 정도에 이르러야 하는지 여부(적극)
2. 일반인이 특정인의 진정한 서명 등으로 오신하기에 충분한 정도인지 판단하는 기준
3. 휴대용정보단말기(PDA)에 표시된 음주운전단속결과통보 중 운전자 甲의 서명란에 甲의 이름 대신 의미를 알 수 없는 부호를 기재한 행위가 甲의 서명을 위조한 것에 해당하는지

## Ⅲ. 법규연구 (형법)

제239조(사인등의 위조, 부정사용) ① 행사할 목적으로 타인의 인장, 서명, 기명 또는 기호를 위조 또는 부정사용한 자는 3년 이하의 징역에 처한다.
② 위조 또는 부정사용한 타인의 인장, 서명, 기명 또는 기호를 행사한 때에도 전항의 형과 같다.

## Ⅳ. 관련 판례

### 1. 원심 (울산지법 2020. 9. 17. 선고 2020노359 판결)

이 사건 공소사실 중 사서명위조와 위조사서명행사 부분에 대하여, 피고인이 음주운전으로 단속되자 동생 공소외인의 이름을 대며 조사를 받다가 휴대용정보단말기(PDA)에 표시된 음주운전단속결과통보 중 운전자 공소외인의 서명란에 공소외인의 이름 대신 의미를 알 수 없는 부호()를 기재한 행위는 공소외인의 서명을 위조한 것에 해당한다고 판단하여, 이를 <u>유죄로 판단한 제1심판결을 그대로 유지하였다.</u>

## 2. 대법원 (대법원 2020. 12. 30., 선고, 2020도14045, 판결)

사서명(私署名) 등 위조죄가 성립하려면 서명 등이 일반인으로 하여금 특정인의 진정한 서명 등으로 오신하게 할 정도에 이르러야 하고, 일반인이 특정인의 진정한 서명 등으로 오신하기에 충분한 정도인지 여부는 서명 등의 형식과 외관, 작성 경위뿐만 아니라 서명 등이 기재된 문서에 서명 등을 할 필요성, 문서의 작성 경위, 종류, 내용 그리고 일반거래에서 문서가 가지는 기능 등도 함께 고려하여 판단하여야 한다(대법원 2005. 12. 23. 선고 2005도4478 판결 참조).

## V. 결 론

피고인이 휴대용정보단말기(PDA)에 표시된 음주운전단속결과통보 중 운전자 甲의 서명란에 甲의 이름 대신 의미를 알 수 없는 부호를 기재한 행위가 <u>甲의 서명을 위조한 것에 해당한다.</u>

## VI. 유사판례

### 1. 타인 행세를 하며 조사받은 다음 피의자신문조서 말미에 타인 서명한 경우

수사기관이 수사대상자의 진술을 기재한 후 진술자로 하여금 그의 면전에서 조서의 말미에 서명 등을 하도록 한 후 그 자리에서 바로 회수하는 수사서류의 경우에는 그 진술자가 그 문서에 서명 등을 하는 순간 바로 수사기관이 열람할 수 있는 상태에 놓이게 되는 것이므로, 그 진술자가 마치 타인인 양 행세하며 타인의 서명 등을 기재한 경우 그 서명 등을 수사기관이 열람하기 전에 즉시 파기하였다는 등의 특별한 사정이 없는 이상 그 서명 등 기재와 동시에 위조사서명 등 행사죄가 성립하는 것이며, 그와 같이 위조사서명 등 행사죄가 성립된 직후에 수사기관이 위 서명 등이 위조된 것임을 알게 되었다고 하더라도 이미 성립한 위조사서명 등 행사죄를 부정할 수 없다. (대법원 2011. 3. 10., 선고, 2011도503, 판결)

# 제10장

# 성풍속/도박에 관한 죄

## 제1절 남성용 자위기구인 모조 여성성 기가 음란한 물건인지

### I. 사례요지

피고인이 그가 경영하는 성인용품점에서 남성용 자위기구인 일명 '체이시'라는 음란한 물건을 전시하였다.

### II. 논 점

1. 형법 제243조 소정의 '음란한 물건'의 의미 및 그 판단기준
2. 남성용 자위기구인 모조 여성성 기가 음란한 물건에 해당하는지

### III. 법규연구 (형법)

제243조 (음화반포등) 음란한 문서, 도화, 필름 기타 물건을 반포, 판매 또는 임대하거나 공연히 전시 또는 상영한 자는 1년 이하의 징역 또는 500만원 이하의 벌금에 처한다.

### IV. 관련 판례

#### 1. 원심 (서울지법 2003. 1. 28. 선고 2002노9871 판결)

남성용 자위기구의 형태가 여성의 성기와 유사하다 하더라도 이 사건과 같이 길거리나 밖에서 보이는 쇼윈도에 진열되는 것이 아니라 성인들을 대상으로 하는 성인용품점의 내부진열대 위에 진열되어 판매되는 경우라면 그 형태만을 들어 이를 일반인의 정상적인 성적 수치심을 해치고 선량한 성적 도의관념에 반하는 음란한 물건이라 할 수 없다고 하여, 피고인에게 무죄를 선고한 제1심을 유지하였다.

#### 2. 대법원 (대법원 2003. 5. 16., 선고, 2003도988, 판결)

음란한 물건이란 성욕을 자극하거나 흥분 또는 만족케 하는 물건들로서 일반인의 정상적인 성적 수치심을 해치고 선량한 성적 도의관념에 반하는 것을 의미하며(대법원

2001. 6. 12. 선고 2001도1144 판결 등 참조), <u>어떤 물건이 음란한 물건에 해당하는지는 행위자의 주관적 의도나 반포, 전시 등이 행하여진 상황에 관계없이 그 물건 자체에 관하여 객관적으로 판단하여야 한다.</u>

기록에 의하여 살펴보면, 이 사건 기구와 같은 남성용 자위기구가 그 시대적 수요가 있고 어느 정도의 순기능을 하고 있으며 은밀히 판매되고 사용되는 속성을 가진 것은 사실이나, 이 사건 기구는 사람의 피부에 가까운 느낌을 주는 실리콘을 재질로 사용하여 여성의 음부, 항문, 음모, 허벅지 부위를 실제와 거의 동일한 모습으로 재현하는 한편, 음부 부위는 붉은색으로, 음모 부위는 검은색으로 채색하는 등 그 형상 및 색상 등에 있어서 여성의 외음부를 그대로 옮겨놓은 것이나 진배없는 것으로서, 여성 성기를 지나치게 노골적으로 표현함으로써 사회통념상 그것을 보는 것 자체만으로도 성욕을 자극하거나 흥분시킬 수 있고 일반인의 정상적인 성적 수치심을 해치고 선량한 성적 도의관념에 반한다고 하지 않을 수 없다.

## V. 결 론

따라서 남성용 자위기구인 모조 여성성기는 <u>음란한 물건에 해당한다.</u>

## VI 유사판례

### 1. 음란한 물건의 의미 및 여성용 자위기구나 돌출콘돔이 음란한 물건 여부

음란한 물건이란 성욕을 자극하거나 흥분 또는 만족케 하는 물품으로서 일반인의 정상적인 성적 수치심을 해치고 선량한 성적 도의관념에 반하는 것을 가리킨다고 할 것인바, 여성용 자위기구나 돌출콘돔의 경우 그 자체로 남성의 성기를 연상케 하는 면이 있다 하여도 그 정도만으로 그 기구 자체가 성욕을 자극, 흥분 또는 만족시키게 하는 물건으로 볼 수 없을 뿐만 아니라 일반인의 정상적인 성적 수치심을 해치고 선량한 성적 도의관념에 반한다고도 볼 수 없으므로 <u>음란한 물건에 해당한다고 볼 수 없다.</u> (대법원 2000. 10. 13., 선고, 2000도3346, 판결)

### 2. 성기확대기가 음란물건인지 여부

남성 성기확대기구인 해면체비대기는 그 기구자체가 성욕을 자극, 흥분 혹은 만족시키게 하는 <u>음란물건이라고 할 수 없다.</u> (대법원 1978. 11. 14., 선고, 78도2327, 판결)

# 제2절 사진첩이 과다노출 사진으로 구성된 경우 음란도화 여부

## I. 사례요지

여러 장소에서 전라 또는 반라의 상태로 다양한 자세를 취하고 있는 우리나라 여자 모델들을 촬영한 사진들을 수록한 사진첩으로써, 그 수록된 사진 중에는 비키니 수영복 차림으로 서서 한쪽 손을 팬티 속에 넣어 국부를 만지는 모습의 사진, 음모의 일부가 보이는 전라의 상태로 침대 위에 눈을 감고 누워있는 모습의 사진 등으로 구성되어 있다.

## II. 논 점

1. 형법 제243조 소정의 '음란한 도화'의 의미 및 그 판단기준
2. 사진첩에 남자 모델이 전혀 등장하지 아니하고 남녀 간의 정교 장면에 관한 사진이나 여자의 국부가 완전히 노출된 사진이 수록되어 있지 않다고 하더라도, 그 사진들이 음란한 도화에 해당하는지

## III. 법규연구 (형법)

제243조 (음화반포등) 음란한 문서, 도화, 필름 기타 물건을 반포, 판매 또는 임대하거나 공연히 전시 또는 상영한 자는 1년 이하의 징역 또는 500만원 이하의 벌금에 처한다.

## IV. 관련 판례

### 1. 원심 (서울지법 1997. 3. 26. 선고 95노8390, 96노7021 판결)

이 사건 사진첩들을 음란한 도화라고 판단하였다.

### 2. 대법원 (대법원 1997. 8. 22., 선고, 97도937, 판결)

가. 형법 제243조에 규정된 '음란한 도화'라 함은 일반 보통인의 성욕을 자극하여 성적 흥분을 유발하고 정상적인 성적 수치심을 해하여 성적 도의관념에 반하는 것을 가리킨다고 할 것이고, 이는 당해 도화의 성에 관한 노골적이고 상세한 표현의 정도와 그 수법, 당해 도화의 구성 또는 예술성, 사상성 등에 의한 성적 자극의 완화 정도, 이들의 관점으로부터 당해 도화를 전체로서 보았을 때 주로 독자의 호색적 흥미를 돋우는 것으로 인정되느냐의 여부 등을 검토, 종합하여 그 시대의 건전한 사회통념에 비추어 판단하여야 할 것이다 (대법원 1995. 6. 16. 선고 94도1758 판결 등 참조).

나. 이 사건 오렌지걸(Orange Girl), 오렌지걸 2(Orange Girl 2), 오렌지걸 4(Orange Girl vol. 4), 헬로우미스터(Hello Mr.)는 여러 장소에서 전라 또는 반라의 상태로 다양한 자세를 취하고 있는 우리나라 여자 모델들을 촬영한 사진들을 수록한 사진첩으로써, 그 수록된 사진 중에는 비키니 수영복 차림으로 서서 한쪽 손을 팬티 속에 넣어 국부를 만지는 모습의 사진, 음모의 일부가 보이는 전라의 상태로 침대 위에 눈을 감고 누워있는 모습의 사진(이상 오렌지걸), 수영복 차림 또는 속이 비치는 잠옷과 끈 형태의 팬티 차림으로 침대 또는 방바닥에서 무릎을 꿇고 엎드려 있는 모습을 뒤쪽에서 촬영하여 엉덩이와 국부 부위를 유난히 강조한 사진(오렌지걸, 헬로우미스터), 전라로 엎드린 자세에서 다리를 벌리고 엉덩이를 치켜 세워 얇은 천으로 국부 주변을 가리고 있는 모습을 뒤쪽에서 촬영하여 역시 천으로 가려져 있는 국부 부위를 강조한 사진(오렌지걸 2), 여자가 사무실에서 성적 감정에 도취된 표정으로 자신의 유방이나 국부를 만지면서 옷을 하나씩 벗어 나가다가 전라로 되어 책상 위에 누워 국부 위에 종이를 대고 눈을 감고서 손으로 국부를 만지는 모습의 일련의 사진들(오렌지걸 4)이 있다.

## V. 결 론

이들 사진은 모델의 의상 상태, 자세, 촬영 배경, 촬영 기법이나 예술성 등에 의하여 성적 자극을 완화하는 요소는 발견할 수 없고, 오히려 사진 전체로 보아 선정적 측면을 강조하여 주로 독자의 호색적 흥미를 돋우는 것으로서 일반 보통인의 성욕을 자극하여 성적 흥분을 유발하고 정상적인 성적 수치심을 해하는 것으로서 성적 도의관념에 반하는 것이라고 아니할 수 없고, 성에 관한 표현이 종전과 비교하여 점차 자유로워지고 있는 작금의 세태를 감안하더라도 오늘날 우리의 사회통념에 비추어 볼 때 피고인의 주장과 같이, 이 사건 사진첩에 남자 모델이 전혀 등장하지 아니하고 남녀 간의 정교 장면에 관한 사진이나 여자의 국부가 완전히 노출된 사진이 수록되어 있지 않다는 것만으로 달리 볼 수는 없다 할 것이다.

따라서 사진첩에 남자 모델이 전혀 등장하지 아니하고 남녀 간의 정교 장면에 관한 사진이나 여자의 국부가 완전히 노출된 사진이 수록되어 있지 않다 하더라도, 그 사진들이 음란한 도화에 해당한다.

## VI 유사판례

### 1. 영상물등급위원회의 심의를 마친 영화의 장면으로 제작한 포스터 광고물도 음화 해당 여부

영상물등급위원회의 심의를 마친 영화작품이라 하더라도 이것을 영화관에서 상영하는 것이 아니고 관람객을 유치하기 위하여 영화장면 일부를 포스터나 스틸사진 등으로 제작하였고, 제작된 포스터 등 도화가 그 영화의 예술적 측면이 아닌 선정적 측면을 특히 강조하여 그 표현이 과도하게 성감을 자극하고 일반인의 정상적인 성적 정서를 해치는 것이어서 건전한 성 풍속이나 성도덕 관념에 반하는 것이라면 그 포스터 등 광고물은 음화에 해당한다. (대법원 1990. 10. 16., 선고, 90도1485, 판결)

# 제3절 성기·엉덩이 등 신체의 주요한 부위를 노출한 행위

## I. 사례요지

피고인은 참전비 앞길에서 바지와 팬티를 내리고 성기와 엉덩이를 노출한 채 위 참전비를 바라보고 서 있었고 참전비의 한쪽 끝 방향으로 걸어가다가 돌아서서 걷기도 하는 등 위와 같이 노출한 상태에서 참전비 앞에 서 있거나 그 주위를 서성거렸다. 위 참전비에는 알몸이거나 유방을 노출한 채로 앉은 자세, 서 있는 자세 등 다양한 자세의 여인들이, 역시 알몸이거나 성기 부위만 가린 남성들과 함께 있는 모습을 부조한 조각상이 있는데, 정면에서 바라볼 때 가로 길이가 꽤 긴 직사각형 형태의 조각상이어서 조각된 여인들과 남성들이 20명 안팎의 다수이고 그 여인들의 유방, 허벅지, 엉덩이 부위 등이 상당히 입체감 있고 도드라지게 표현되어 있다. 마침 그곳을 지나가던 중 피고인이 위와 같이 성기와 엉덩이를 노출한 모습을 목격한 후 이를 분명하게 확인하였고, 다른 여성 4인과 아이들이 그곳을 지나가는 것을 보게 되자, 피고인을 경찰에 신고하였다.

## II. 논 점

1. 공연음란죄에서 '음란한 행위'의 의미
2. 그 행위가 반드시 성행위를 묘사하거나 성적인 의도를 표출할 것을 요하는지 여부
3. 신체 주요 부위 노출 행위가 경범죄 처벌법(과다노출)에 해당하는지 또는 형법 제245조의 '음란한 행위'에 해당하는지 판단하는 기준
4. '음란' 개념의 상대성·유동성·추상성 및 행위의 '음란성'을 판단하는 기준

## III. 법규연구

### 1. 형 법

제245조(공연음란) 공연히 음란한 행위를 한 자는 1년 이하의 징역, 500만원 이하의 벌금, 구류 또는 과료에 처한다.

### 2. 경범죄처벌법

제3조(경범죄의 종류) ① 다음 각 호의 어느 하나에 해당하는 사람은 10만원 이하의 벌금, 구류 또는 과료(科料)의 형으로 처벌한다.

　33. (과다노출) 공개된 장소에서 공공연하게 성기·엉덩이 등 신체의 주요한 부위를 노출하여 다른 사람에게 부끄러운 느낌이나 불쾌감을 준 사람

## IV. 관련 판례

### 1. 원심 (의정부지법 2019. 9. 5. 선고 2018노2872 판결)

공연음란죄에서의 '음란한 행위'는 성행위만을 의미한다거나 피고인의 행위가 일반인의 성욕을 자극하여 성적 흥분을 유발함으로써 정상인의 성적 부끄러움을 가하는 정도가 아니라고 인정하여, 이 사건 공소사실을 무죄로 판단하였다.

### 2. 대법원 (대법원 2020. 1. 16., 선고, 2019도14056, 판결)

가. 형법 제245조 공연음란죄에서의 '음란한 행위'라 함은 일반 보통인의 성욕을 자극하여 성적 흥분을 유발하고 정상적인 성적 수치심을 해하여 성적 도의관념에 반하는 행위를 가리키는 것이고, 그 행위가 반드시 성행위를 묘사하거나 성적인 의도를 표출할 것을 요하는 것은 아니다(대법원 2006. 1. 13. 선고 2005도1264 판결 등 참조).

그리고 경범죄 처벌법 제3조 제1항 제33호가 '공개된 장소에서 공공연하게 성기 · 엉덩이 등 신체의 주요한 부위를 노출하여 다른 사람에게 부끄러운 느낌이나 불쾌감을 준 사람'을 처벌하도록 규정하고 있는 점 등에 비추어 볼 때, 성기 · 엉덩이 등 신체의 주요한 부위를 노출한 행위가 있었을 경우 그 일시와 장소, 노출 부위, 노출 방법 · 정도, 노출 동기 · 경위 등 구체적 사정에 비추어, 그것이 단순히 다른 사람에게 부끄러운 느낌이나 불쾌감을 주는 정도에 불과하다면 경범죄 처벌법 제3조 제1항 제33호에 해당할 뿐이지만, 그와 같은 정도가 아니라 일반 보통인의 성욕을 자극하여 성적 흥분을 유발하고 정상적인 성적 수치심을 해하는 것이라면 형법 제245조의 '음란한 행위'에 해당한다고 할 수 있다(대법원 2004. 3. 12. 선고 2003도6514 판결 참조).

한편 '음란'이라는 개념 자체는 사회와 시대적 변화에 따라 변동하는 상대적이고도 유동적인 것이고, 그 시대에 있어서 사회의 풍속, 윤리, 종교 등과도 밀접한 관계를 가지는 추상적인 것이므로, 결국 음란성을 구체적으로 판단함에서는 행위자의 주관적 의도가 아니라 사회 평균인의 입장에서 그 전체적인 내용을 관찰하여 건전한 사회통념에 따라 객관적이고 규범적으로 평가하여야 한다(대법원 1995. 2. 10. 선고 94도2266 판결, 대법원 2012. 10. 25. 선고 2011도16580 판결 등 참조).

나. 피고인이 이 사건 공소사실과 같이 성기와 엉덩이를 노출한 행위는 그 일시와 장소, 노출 부위, 노출 방법 · 정도 · 시간, 노출 경위 등 구체적 사정을 종합해 볼 때, 비록 성행위를 묘사하거나 성적인 의도를 표출한 것은 아니라고 하더라도 공연히 음란

한 행위를 한 것에 해당한다고 볼 수 있다. 구체적 이유는 다음과 같다.

① 여성들과 아이들을 포함하여 다수의 사람이 이 사건 당시 피고인 근처에서 통행하고 있었고 그 주위가 어둡지 않았기 때문에 통행인들은 피고인의 행위와 옷차림, 모습 등을 쉽게 알아차릴 수 있었다. 피고인도 자신의 주변에 다수의 사람이 통행하고 있다는 것을 충분히 인식할 수 있었다.

② 그럼에도 피고인은 당시 바지와 팬티를 내리고 성기와 엉덩이를 노골적으로 노출하였으며, 그 노출 상태에서 성기와 엉덩이를 가리려는 노력을 전혀 하지 아니하였고, 상당한 시간 동안 그 노출 행위를 지속하였다.

③ 피고인이 그 노출 상태로 바라보거나 주위를 서성거렸던 참전비에는 알몸 등을 묘사한 여인들의 여러 모습이 부조되어 있었다.

④ 그때 그곳을 통행하던 다른 여성 4인과 아이들을 포함한 다수의 통행인은, 피고인이 성기와 엉덩이를 드러내놓은 채 나신의 여인 조각상이 있는 참전비를 바라보거나 그 주위를 서성거리는 등의 모습을 충분히 볼 수 있었다. 피고인이 위 여인 조각상을 배경으로 그와 같이 성기와 엉덩이를 적나라하게 지속적으로 노출한 행위는 충분히 선정적이고 일반 보통인의 성적 상상 내지 수치심을 불러일으킬 수 있다.

## V. 결 론

결국, 피고인의 위와 같은 행위를 사회 평균인의 입장에서 전체적인 내용을 관찰하여 건전한 사회통념에 따라 객관적이고 규범적으로 평가해 보면, 이는 단순히 다른 사람에게 부끄러운 느낌이나 불쾌감을 주는 정도가 아니라 일반 보통인의 성욕을 자극하여 성적 흥분을 유발하고 정상적인 성적 수치심을 해하여 성적 도의관념에 반하는 행위에 해당한다고 볼 수 있다. 따라서 형법 제245조의 공연음란죄에 해당한다.

## VI 유사판례

### 1. 신체 노출이 단순히 부끄러운 느낌이나 불쾌감을 주는 정도인 경우

신체의 노출행위가 있었다고 하더라도 그 일시와 장소, 노출 부위, 노출 방법·정도, 노출 동기·경위 등 구체적 사정에 비추어, 그것이 일반 보통인의 성욕을 자극하여 성적 흥분을 유발하고 정상적인 성적 수치심을 해하는 것이 아니라 단순히 다른 사람에게 부끄러운 느낌이나 불쾌감을 주는 정도에 불과하다고 인정되는 경우 그와 같은 행위는 경범죄처벌법에 해당할지언정, 형법 제245조의 음란행위에 해당하지 않는다. (대법원 2004. 3. 12., 선고, 2003도6514, 판결)

# 제4절 고속도로에서 행패 부리던 자가 제지하는 경찰관에 대항하여 알몸으로 성기 노출

## I. 사례요지

피고인이 승용차를 운전하여 가던 중 앞서가던 승용차가 진로를 비켜주지 않는다는 이유로 그 차를 추월하여 정차하게 한 다음, 승용차를 손괴하고 행패를 부리다가 신고를 받고 출동한 경찰관이 이를 제지하려고 하자, 시위조로 주위에 운전자 등 사람이 많이 있는 가운데 옷을 모두 벗어 알몸의 상태로 바닥에 드러눕는 등 알몸을 노출시킨 행위를 하였다.

## II. 논 점

공연음란죄의 음란한 행위의 의미 및 그 주관적 요건

## III. 법규연구 (형법)

제245조 (공연음란) 공연히 음란한 행위를 한 자는 1년이하의 징역, 500만원이하의 벌금, 구류 또는 과료에 처한다.

## IV. 관련 판례

### 1. 원심 (수원지법 2000. 9. 6. 선고 2000노2245 판결)

피고인이 공중 앞에서 <u>단순히 알몸을 노출시킨 행위가 음란한 행위에 해당한다고 보기는 어렵다.</u>

### 2. 대법원 (대법원 2000. 12. 22., 선고, 2000도4372, 판결)

형법 제245조 소정의 '<u>음란한 행위</u>'라 함은 일반 보통인의 성욕을 자극하여 성적 흥분을 유발하고 정상적인 성적 수치심을 해하여 성적 도의관념에 반하는 것을 가리킨다고 할 것이고, 위 죄는 주관적으로 성욕의 흥분 또는 만족 등의 성적인 목적이 있어야 성립하는 것은 아니지만 그 행위의 음란성에 대한 의미의 인식이 있으면 족하다고 할 것인바, 원심이 인정한 바와 같이 피고인이 불특정 또는 다수인이 알 수 있는 상태에서 옷을 모두 벗고 알몸이 되어 성기를 노출하였다면, 그 행위는 일반적으로 보통인의 정상적인 성적 수치심을 해하여 성적 도의관념에 반하는 음란한 행위라고 할 것이고, 또 피고인이 승용차를 손괴하거나 타인에게 상해를 가하는 등의 행패를 부리던 중 경찰관이 이를 제지하려고 하자 이에 대항하여 위와 같은 행위를 한 데에는 피고인이 알몸이 되어 성기를 드러내어 보이는 것이 타인의 정상적인 성적 수치심을 해하는 음란한 행위라는 인식도 있었다고 보아야 할 것이다.

## V. 결 론

알몸이 되어 성기를 드러내어 보이는 것이 타인의 정상적인 성적 수치심을 해하는 음란한 행위라는 인식도 있었다고 보아야 할 것으로 <u>공연음란죄가 성립한다</u>.

# 제5절 사기도박의 사기죄 외에 도박죄가 별도로 성립여부와 사기도박 실행 착수시기

## I. 사례요지

피고인은 공동피고인 1, 2, 3과 사기도박의 방법으로 금원을 편취하기로 공모한 후 모텔 906호실에서 천장에 있는 화재감지기에 카메라를 몰래 설치하고, 위 모텔 맞은편에 있는 아리아모텔 7호실에 모니터를 설치하여 공동피고인 1은 피해자 공소외 1, 2에게 연락하여 도박하자고 유인하여 위 홀인원모텔 906호실로 오게 하고, 또 위와 같은 사실을 알지 못하는 공소외 2는 피해자 공소외 3에게 도박을 하자고 권유하여 위 모텔로 오게 하였다. 피고인들은 수신기와 리시버를 착용하고 형광물질로 특수표시를 한 화투를 소지한 채 위 홀인원모텔 6호실로 가서 피해자들과 함께 속칭 '섯다'라는 도박을 하였다.

## II. 논 점

1. 이른바 '사기도박'의 경우 사기죄 외에 도박죄가 별도로 성립하는지 여부(소극)
2. 사기도박에서 실행의 착수시기(=사기도박을 위한 기망행위를 개시한 때)
3. 피해자들에 대한 사기죄 외 도박죄도 따로 성립하는지
4. 피해자들에 대한 각 사기죄는 상상적 경합의 관계에 있는지

## III. 법규연구 (형법)

제246조(도박, 상습도박) ① 도박을 한 사람은 1천만원 이하의 벌금에 처한다. 다만, 일시오락 정도에 불과한 경우에는 예외로 한다.

제347조(사기) ① 사람을 기망하여 재물의 교부를 받거나 재산상의 이익을 취득한 자는 10년 이하의 징역 또는 2천만원 이하의 벌금에 처한다.

제37조(경합범) 판결이 확정되지 아니한 수개의 죄 또는 금고 이상의 형에 처한 판결이 확정된 죄와 그 판결 확정 전에 범한 죄를 경합범으로 한다.

제40조(상상적 경합) 1개의 행위가 수개의 죄에 해당하는 경우에는 가장 중한 죄에 정한 형으로 처벌한다.

## IV. 관련 판례

### 1. 원심 (대전지법 2010. 6. 24. 선고 2010노1160 판결)

피해자들에 대한 사기죄 외에 도박죄가 별도로 성립하는 것으로 판단하고 이를 유죄로 인정하였다.

## 2. 대법원 (대법원 2011. 1. 13., 선고, 2010도9330, 판결)

도박이란 2인 이상의 자가 상호 간에 재물을 도(賭)하여 우연한 승패에 의하여 그 재물의 득실을 결정하는 것이므로, 이른바 사기도박에 있어서와 같이 도박당사자의 일방이 사기의 수단으로써 승패의 수를 지배하는 경우에는 도박에서 우연성이 결여되어 사기죄만 성립하고 도박죄는 성립하지 아니한다(대법원 1960. 11. 16. 선고 4293형상743 판결 참조). 한편, 사기죄는 편취의 의사로 기망행위를 개시한 때에 실행에 착수한 것으로 보아야 하므로, 사기도박에서도 사기적인 방법으로 도금을 편취하려고 하는 자가 상대방에게 도박에 참가할 것을 권유하는 등 기망행위를 개시한 때에 실행의 착수가 있는 것으로 보아야 한다.

## V. 결 론

피고인 등은 사기도박에 필요한 준비를 갖추고 그러한 의도로 피해자들에게 도박에 참가하도록 권유한 때 또는 늦어도 그 정을 알지 못하는 피해자들이 도박에 참가한 때에는 이미 사기죄의 실행에 착수하였다고 할 것이므로, 피고인 등이 그 후에 사기도박을 숨기기 위하여 얼마간 정상적인 도박을 하였다고 하더라도 이는 사기죄의 실행행위에 포함되는 것이라고 할 것이어서 피고인에 대하여는 피해자들에 대한 사기죄만이 성립하고 도박죄는 따로 성립하지 아니한다고 할 것이다.

피고인 등이 피해자들을 유인하여 사기도박을 하여 도금을 편취한 행위는 사회관념상 1개의 행위로 평가함이 상당하므로, 피해자들에 대한 각 사기죄는 상상적 경합의 관계에 있다고 보아야 할 것이다.

# 제6절 홀마다 별도의 돈을 걸고 내기 골프를 한 행위

## I. 사례요지

피의자 甲, 피의자 乙, 피의자 丙, 피의자 丁은, 미리 골프장에서 각자 핸디캡을 정하고, 전·후반 18홀 동안 1타당 일정 금액을 승금으로 거는 속칭 스트로크 방식과 전·후반 최소타로 홀인하는 사람에게 상금을 주는 속칭 계 방식의 내기 골프를 하기로 결의하였다. 피의자들은 ○○골프장 등에서, 피의자 甲은 93타, 乙은 91타, 丙은 85타, 丁은 85타로 각 핸디캡을 정하고, 전반 9홀 게임 중 1타당 50만원, 동점이면 배판으로 1타당 100만원, 후반 9홀 게임 중 1타당 100만원, 동점이면 배판으로 1타당 200만원을 승금으로 승자에게 주고, 전반 9홀 게임 최소타 우승자에게 상금으로 500만원, 후반 9홀 게임 최소타 우승자에게 상금으로 1,000만 원을 주기로 정한 후 위와 같이 속칭 스트로크 방식 및 계 방식에 의한 내기 골프를 하였다.

## II. 논 점

1. 형법 제246조의 도박행위의 요건인 '우연성'의 의미
2. 각자 핸디캡을 정하고 홀마다 또는 9홀마다 별도의 돈을 걸고 내기 골프를 한 행위가 도박에 해당하는지

## III. 법규연구 (형법)

제246조 (도박, 상습도박) ① 재물로써 도박한 자는 500만원 이하의 벌금 또는 과료에 처한다. 단, 일시오락정도에 불과한 때에는 예외로 한다.
② 상습으로 제1항의 죄를 범한 사람은 3년 이하의 징역 또는 2천만원 이하의 벌금에 처한다.

## IV. 관련 판례

### 1. 원심 (서울고법 2006. 1. 11. 선고 2005노2065 판결)

골프는 당사자의 기량에 대한 의존도가 높은 경기의 일종이지만, 경기자의 기량이 일정한 경지에 올라 있다고 하여도 매 홀 내지 매 경기의 결과를 확실히 예견하는 것은 전혀 가능하지 않은 점, 골프가 진행되는 경기장은 자연상태에 가까워서 선수가 친 공이 날아가는 방향이나 거리가 다소간 달라짐에 따라 공이 멈춘 자리의 상황이 상당히 달라지기 쉽고 이는 경기의 결과에 지대한 영향을 미치게 되는데, 대단히 우수한 선수라고 하더라도 자신이 치는 공의 방향이나 거리를 자신이 원하는 최적의 조건으로 또는 경기결과에 영향이 없을 정도로 통제할 수는 없는 점, 도박죄에서 요구하는 우연은 선수들의 기량, 투지, 노력 등에 대비되어 다소 부정적인 의미가 내포된 '우연'

이 아니라 '당사자 사이에 있어서 결과를 확실히 예견하거나 자유로이 지배할 수 없는' 성질을 가리키는 것으로서 가치평가와 무관한 개념이어서 선수들의 기량 등을 모두 고려하더라도 경기의 결과를 확실히 예견할 수 없고 어느 일방이 그 결과를 자유로이 지배할 수 없을 때에도 이를 도박죄에서 말하는 우연의 성질이 있는 것으로 볼 수 있는 점, 골프를 비롯한 운동경기와 화투, 카드, 카지노 등 사이에 승패의 결정에 경기자의 기능과 기량이라는 요인과 이와 무관한 우연이라는 요인이 영향을 미치는 정도는 매우 상대적인 점, 설사 기량차이가 있는 경기자 사이의 운동경기라고 하더라도 핸디캡의 조정과 같은 방식으로 경기자 간에 승패의 가능성을 대등하게 하거나 승리의 확률이 낮은 쪽에 높은 승금을 지급하고 승리의 확률이 높은 쪽에 낮은 승금을 지급하는 방식을 채택함으로써 재물을 거는 당사자 간에 균형을 잃지 않게 하여 실제로 우연이라는 요소가 중요하게 작용할 수 있는 도박의 조건을 얼마든지 만들 수 있는 점, 내기 골프에 있어 승금은 정당한 근로에 의한 재물의 취득이라고 볼 수 없고 내기 골프를 방임할 경우 경제에 관한 도덕적 기초가 허물어질 위험이 충분하므로, 이를 화투 등에 의한 도박과 달리 취급하여야 할 아무런 이유가 없는 점 등과 같은 원심 판시 사정에 비추어 내기 골프도 도박죄의 구성요건이 요구하는 행위의 정형성을 갖추고 있고 그 정도가 일시 오락에 불과하지 않는 한 도박죄의 보호법익을 침해하는 행위로 도박에 해당한다고 보아야 한다고 전제한 다음, 그 적법하게 채용한 증거들에 의하여 피고인들이 상습으로 매 홀마다 또는 매 9홀마다 별도의 도금(賭金)을 걸고 공소사실 기재와 같은 내기 골프를 하여 도박한 사실을 충분히 인정할 수 있다는 이유로, 이 사건 공소사실에 대하여 <u>무죄를 선고한 제1심판결을 파기하고 피고인들에 대하여 유죄를 선고하였다.</u>

## 2. 대법원 (대법원 2008. 10. 23., 선고, 2006도736, 판결)

형법 제246조에서 도박죄를 처벌하는 이유는 정당한 근로에 의하지 아니한 재물의 취득을 처벌함으로써 경제에 관한 건전한 도덕법칙을 보호하는 데에 있고, 도박의 의미는 '재물을 걸고 우연에 의하여 재물의 득실을 결정하는 것'을 말하는바 (대법원 1983. 3. 22. 선고 82도2151 판결, 대법원 2002. 4. 12. 선고 2001도5802 판결 참조), 여기서 '우연'이라 함은 주관적으로 '당사자에 있어서 확실히 예견 또는 자유로이 지배할 수 없는 사실에 관하여 승패를 결정하는 것'을 말하고, 객관적으로 불확실할 것을 요구하지 아니하며, 당사자의 능력이 승패의 결과에 영향을 미친다고 하더라도 다소라도 우연성의 사정에 의하여 영향을 받게 되는 때에는 도박죄가 성립할 수 있다.

## Ⅴ. 결 론

내기 골프가 도박죄의 구성요건이 요구하는 행위의 정형성을 갖추고 있고 그 정도가 일시오락에 불과하지 않는 한 도박죄의 보호법익을 침해하는 행위로서 도박에 해당한다고 전제한 다음, <u>피고인들은 도박을 상습으로 하였다는 사실 인정된다.</u>

# 제7절 여관에서 일시오락 도박한 경우 풍속영업법 여부

## Ⅰ. 사례요지

피고인은 그가 운영하는 여관 카운터에서 같은 동네에 거주하는 친구들과 함께 저녁을 시켜 먹은 후 그 저녁값을 마련하기 위하여 속칭 '훌라'라는 도박을 하였다. 그러나 도박행위에 대해서는 일시오락으로 판단되어 도박죄로 처벌받지는 않았다.

## Ⅱ. 논 점

1. 풍속영업자가 풍속영업소에서 일시오락 정도에 불과한 도박을 하게 한 경우, 풍속영업의규제에관한법률 제3조 제3호 위반죄로 처벌할 수 있는지(소극)
2. 일시오락 정도에 불과한 도박행위를 처벌하지 아니하는 이유
3. 풍속영업자가 자신이 운영하는 여관에서 친구들과 일시오락 정도에 불과한 도박을 한 경우, 형법상 도박죄가 성립하지 않을 때 풍속영업규제법 위반여부

## Ⅲ. 법규연구

### 1. 형 법

제246조 (도박, 상습도박) ① 재물로써 도박한 자는 500만원 이하의 벌금 또는 과료에 처한다. 단, 일시오락정도에 불과한 때에는 예외로 한다.

### 2. 풍속영업의 규제에 관한 법률 (풍속영업규제법)

제3조 (준수사항) 풍속영업을 하는 자(허가나 인가를 받지 아니하거나 등록이나 신고를 하지 아니하고 풍속영업을 하는 자를 포함한다. 이하 "풍속영업자"라 한다) 및 대통령령으로 정하는 종사자는 풍속영업을 하는 장소(이하 "풍속영업소"라 한다)에서 다음 각 호의 행위를 하여서는 아니 된다.
  4. 도박이나 그 밖의 사행(射倖)행위를 하게 하는 행위
제10조(벌칙) ② 제3조제2호부터 제4호까지의 규정을 위반하여 음란행위를 하게 하는 등 풍속영업소에서 준수할 사항을 지키지 아니한 자는 3년 이하의 징역 또는 2천만원 이하의 벌금에 처한다.

## Ⅳ. 관련 판례

### 1. 원심 (대전지법 2003. 9. 26. 선고 2003노1540 판결)

풍속영업자가 풍속영업소에서 하게 하여서는 아니 되는 도박에는 일시오락 정도에

불과하여 형법상 도박죄로 처벌할 수 없는 도박도 포함된다는 이유만으로 제1심판결을 파기하고 이 사건 공소사실에 대하여 유죄를 선고하였다.

## 2. 대법원 (대법원 2004. 4. 9., 선고, 2003도6351, 판결)

풍속법은 풍속영업을 영위하는 장소에서의 선량한 풍속을 해하거나 청소년의 건전한 육성을 저해하는 행위 등을 규제하여 미풍양속의 보존과 청소년의 보호에 이바지함을 목적으로 하고 있고, 이를 위하여 풍속법 제3조 제3호에서 풍속영업자의 준수사항으로 "풍속영업소에서 도박 기타 사행행위를 하게 하여서는 아니된다."는 사항을 부과하고 있는바, 위와 같은 풍속법의 입법목적에 비추어 보면, 풍속영업자가 풍속영업소에서 도박하게 한때에는 그것이 일시오락 정도에 불과하여 형법상 도박죄로 처벌할 수 없는 경우에도 풍속영업자의 준수사항 위반을 처벌하는 풍속법 제3조 제4호의 구성요건 해당성이 있다고 할 것이다. 그러나 어떤 행위가 법규정의 문언상 일단 범죄 구성요건에 해당된다고 보이는 경우에도, 그것이 정상적인 생활형태의 하나로서 역사적으로 생성된 사회생활 질서의 범위 안에 있는 것이라고 생각되는 경우에는 사회상규에 위배되지 아니하는 행위로서 그 위법성이 조각되어 처벌할 수 없게 되는 것이다.

## V. 결 론

위와 같은 피고인의 행위 동기나 목적, 그 수단이나 방법, 보호법익과 침해법익과의 권형성 그리고 일시오락 정도에 불과한 도박은 그 재물의 경제적 가치가 근소하여 건전한 근로의식을 침해하지 않을 정도이므로 건전한 풍속을 해할 염려가 없는 정도의 단순한 오락에 그치는 경미한 행위에 불과하고, 일반 서민대중이 여가를 이용하여 평소의 심신 긴장을 해소하는 오락은 이를 인정함이 국가정책적 입장에서 보더라도 허용되는 것(대법원 1983. 3. 22. 선고 82도2151 판결 참조)이라는 점을 아울러 고려하면 피고인의 이 사건 풍속법위반 행위는 사회통념에 비추어 용인될 수 있는 행위로서 사회상규에 위배되지 아니하는 행위에 해당하여 위법성이 조각된다고 봄이 상당하다고 할 것이다.

따라서 일시오락 정도에 불과하여 형법상 도박죄로 처벌할 수 없을 경우에는 풍속영업법상 준수사항위반으로 처벌할 수 없다.

# 제8절 도박과 일시오락의 구분

## Ⅰ. 사례요지

> 피고인이 평소에 친하게 사귀어 오던 친구 3인과 함께 무허가 주점에서 만나 술을 마시게 된 자리에서 매판 1인당 100원씩을 걸고 속칭 민화투를 쳐서 매회 도금 합계 300원 중 100원은 술값으로 적립하고 나머지 200원은 승자가 취득하는 방법으로 2시간에 걸쳐 20여 회 도박하였다.

## Ⅱ. 논 점

1. 일시오락정도에 불과한 도박행위를 처벌하지 아니하는 이유
2. 일시오락정도에 불과한 오락행위의 기준

## Ⅲ. 법규연구 (형법)

> 제246조 (도박, 상습도박) ① 도박을 한 사람은 1천만원 이하의 벌금에 처한다. 다만, 일시오락 정도에 불과한 경우에는 예외로 한다.

## Ⅳ. 관련 판례

### 1. 원심 (대구지방법원 1982.7.16 선고 82노347 판결)

공소사실에 대하여 피고인을 포함한 위 자들의 사회적 지위와 재산정도, 그들 사이의 친분관계, 민화투를 하게 된 경위, 내기에 건 금액의 액수등 여러 사정에 비추어 피고인의 위 내기 화투는 일시오락의 정도에 불과하여 범죄로 되지 않는 것으로서 무죄를 선고한 제1심판결을 유지하고 있다.

### 2. 대법원 (대법원 1983. 3. 22. 선고 82도2151 판결)

형법 제246조 도박죄를 처벌하는 이유는 정당한 근로에 의하지 아니한 재물의 취득을 처벌함으로써 경제에 관한 건전한 도덕법칙을 보호하기 위한 것인바, 그 처벌은 헌법이 보장하는 국민의 행복추구권이나 사생활의 자유를 침해할 수 없고, 동조의 입법취지가 건전한 근로의식을 배양 보호함에 있다면 일반 서민 대중이 여가를 이용하여 평소의 심신 긴장을 해소하는 오락은 이를 인정함이 국가정책적 입장에서 보더라도 허용된다 할 것인바, 형법 제246조 단서가 일시오락의 정도에 불과한 도박행위를 처벌하지 아니하는 소이도 여기에 있다고 해석하여야 할 것이다.

## V. 결 론

그렇다면 설사 본건에서처럼 속칭 민화투놀이에 도한 재물이 바로 그 즉시 예정된 방법에 따라 소비되지 아니하고 어느 일방이 승패에 따라 그 재물을 차지하였다 하더라도 그 재물의 득실이 승패결정의 흥미를 북돋우기 위한 것이고 그 <u>재물의 경제적 가치가 근소하여 건전한 근로의식을 침해하지 않을 정도라면</u> 일시오락의 정도에 불과하다.

# 제9절 영리 목적으로 인터넷 도박게임 사이트를 개설 운영한 경우

## I. 사례요지

> 피고인들은 피고인 4를 대표이사로 하는 주식회사 ○○썬의 이름으로 속칭 포커, 바둑이, 고스톱 등 도박을 할 수 있는 인터넷 도박게임 사이트를 개설하고, 공소외인 운영의 ○○썬 피시방 등 위 도박게임 사이트의 가맹점 피시방 12개를 모집하여, 위 가맹점으로부터 피시 및 랜선 설치 대금 등의 명목으로 돈을 받고, 위 가맹점 업소에 위 인터넷 도박게임을 할 수 있도록 하였다.

## II. 논 점

1. 영리의 목적으로 인터넷 도박게임 사이트를 개설하여 운영하는 경우, 형법 제247조 도박개장죄의 기수 시기
2. 가맹점을 모집하여 인터넷 도박게임이 가능하도록 시설 등을 설치하고 도박게임 프로그램을 가동하던 중 문제가 발생하여 더 이상의 영업으로 나아가지 못한 경우 도박개장죄 성립여부

## III. 법규연구 (형법)

> 제247조 (도박개장) 영리의 목적으로 도박을 개장한 자는 3년 이하의 징역 또는 2천만원 이하의 벌금에 처한다.

## IV. 관련 판례

### 1. 원심 (서울북부지법 2008. 5. 26. 선고 2007노1626 판결)

피고인들이 여러 곳에 피시방 등을 피고인들이 개설하려던 도박게임 사이트의 가맹점으로 모집한 사실은 인정되나, 피고인들이 실제로 도박게임 사이트를 개설하여, 피고인들이 모집한 피시방의 업주들이 그곳을 찾은 이용자들에게 피고인들이 개설한 도박게임 사이트에 접속하여 도박하게 한 사실을 인정할 증거가 없는바, 그렇다면 단순히 가맹점만을 모집한 상태에서 도박게임 프로그램을 시험가동하였을 뿐 도박게임 사이트를 개설하지 못한 이상 피고인들이 도박의 장소를 개설하였다고 볼 수 없으므로, 결국 이 부분 공소사실은 범죄의 증명이 없는 경우에 해당한다고 하여 무죄를 선고하였다.

## 2. 대법원 (대법원 2009. 12. 10., 선고, 2008도5282, 판결)

가. 형법 제247조의 도박개장죄는 영리의 목적으로 도박을 개장하면 기수에 이르고, 현실로 도박이 행하여졌음은 묻지 않는바, 영리의 목적으로 속칭 포커나 바둑이, 고스톱 등의 인터넷 도박게임 사이트를 개설하여 운영하는 경우, 현실적으로 게임이용자들로부터 돈을 받고 게임머니를 제공하고 게임이용자들이 위 도박게임 사이트에 접속하여 도박하여, 위 게임으로 획득한 게임머니를 현금으로 환전해 주는 방법 등으로 게임이용자들과 게임회사 사이에 있어서 재물이 오고갈 수 있는 상태에 있으면 게임이용자가 위 도박게임 사이트에 접속하여 실제 게임을 하였는지 여부와 관계없이 도박개장죄의 기수에 이른다고 할 것이다.

나. 피고인들은 가맹점으로부터 피시 및 랜선 설치 대금 등의 명목으로 돈을 받고, 위 가맹점 업소에 위 인터넷 도박게임을 할 수 있도록 피시 및 랜선 등을 설치한 사실, 이후 피고인들은 사무실에서 가맹점주 20여 명이 참석하여 피고인 3의 사회로 피고인 1, 피고인 4 등을 소개하는 모임을 한 다음 같은 날 오후 6시경 위 도박게임을 서버에 올려 가동하던 중 2시간 정도 지나 서버에 문제가 발생함으로써 더 이상의 영업을 하지 못하게 된 사실, 이에 가맹점 업주들이 강력히 항의하고 투자원금 회수를 요구하여 피고인 1 등이 가맹점 업주들로부터 ○○썬 법인 명의의 계좌로 입금받은 돈을 반환한 사실을 알 수 있다.

## V. 결 론

피고인들이 단순히 가맹점만을 모집한 상태에서 도박게임 프로그램을 시험가동한 정도에 그친 것이 아니라 가맹점을 모집하여 인터넷 도박게임이 가능할 수 있도록 시설 등을 설치하고 도박게임 프로그램을 가동하던 중 문제가 발생하여 더 이상의 영업으로 나아가지 못한 것으로 볼 여지가 없지 아니하고, 사정이 이러하다면 이로써 이미 도박개장죄는 기수에 이르렀다고 볼 수 있으며, 더 나아가 피고인들이 모집한 피시방의 업주들이 그곳을 찾은 이용자들에게 피고인들이 개설한 도박게임 사이트에 접속하여 도박하게 한 사실이 없다고 하여 도박개장죄의 성립이 부정된다고 할 수는 없다.

# 제10절 유료낚시터에서 입장료를 받고 시상번호에 따라 경품 지급행위

## I. 사례요지

피고인은 실내낚시터를 운영하면서, 물고기 1,700여 마리를 구입하여 그중 600마리의 등지느러미에 1번부터 600번까지의 번호표를 달고 나머지는 번호표를 달지 않은 채 대형 수조에 넣고, 손님들로부터 시간당 3만 원 또는 5만 원의 요금을 받고 낚시를 하게 한 후, 손님들이 낚은 물고기에 부착된 번호가 시간별로 우연으로 변동되는 프로그램상의 시상번호와 일치하는 경우 손님들에게 5천 원 또는 3백만 원 상당의 문화상품권이나 주유 상품권을 지급하였다.

## II. 논 점

1. 형법 제247조에 정한 도박개장죄의 성립요건
2. 유료낚시터를 운영하는 사람이 입장료 명목으로 요금을 받은 후 낚인 물고기에 부착된 시상번호에 따라 경품을 지급한 경우 도박개장죄 여부

## III. 법규연구 (형법)

제247조 (도박개장) 영리의 목적으로 도박을 개장한 자는 3년 이하의 징역 또는 2천만원 이하의 벌금에 처한다.

## IV. 관련 판례

### 1. 원심 (청주지법 2008. 10. 30. 선고 2008노747 판결)

피고인의 위와 같은 행위가 도박개장죄에 해당한다고 하여 이 부분 공소사실을 <u>유죄로 인정한 제1심판결을 유지하였다.</u>

### 2. 대법원 (대법원 2009. 2. 26., 선고, 2008도10582, 판결)

형법 제247조의 도박개장죄는 영리의 목적으로 스스로 주재자가 되어 그 지배하에 도박장소를 개설함으로써 성립하는 것으로서, 도박죄와는 별개의 독립된 범죄이다. 이때 도박이란 참여한 당사자가 재물을 걸고 우연한 승부에 의하여 재물의 득실을 다투는 것을 의미하고, '영리의 목적' 이란 도박개장의 대가로 불법한 재산상의 이익을 얻으려는 의사를 의미한다(대법원 2008. 10. 23. 선고 2008도3970 판결 등 참조).

## V. 결 론

입장료의 액수, 경품의 종류 및 가액, 경품이 제공되는 방법 등의 여러 사정에 비추어 볼 때, 손님들이 내는 입장료는 이 사건 낚시터에 입장하기 위한 대가로서의 성격과 경품을 타기 위해 미리 거는 금품으로서의 성격을 아울러 지니고 있다고 볼 수 있고, 피고인이 손님들에게 경품을 제공하기로 한 것은 '재물을 거는 행위'로 볼 수 있으므로, 피고인은 영리의 목적으로 도박장소인 이 사건 낚시터를 개설하였다고 봄이 상당하다.

# 제11장

# 살인/유기/체포/감금/협박/약취

## 제1절 입양자가 존속을 살해한 경우

### I. 사례요지

피고인은 甲 부부의 공동으로 입양절차를 받아 입양하여 계속적으로 양육하였다. 그런데 피고인이 양부를 살해하였다.

### II. 논 점

입양의 의사로 친생자 출생신고를 하고 자신을 계속 양육하여 온 사람을 살해한 경우 존속살해죄 여부

### III. 법규연구

#### 1. 형 법

제250조 (살인, 존속살해) ② 자기 또는 배우자의 직계존속을 살해한 자는 사형, 무기 또는 7년 이상의 징역에 처한다.

#### 2. 민 법

제874조 (부부의 공동입양) ① 배우자있는 자가 양자를 할 때에는 배우자와 공동으로 하여야 한다.
제878조 (입양의 효력발생) ① 입양은 호적법에 정한 바에 의하여 신고함으로써 그 효력이 생긴다.
② 전항의 신고는 당사자쌍방과 성년자인 증인 2인의 연서한 서면으로 하여야 한다.

### IV. 관련 판례

#### 1. 원심 (광주고법 2007. 9. 21. 선고 (전주)2007노118, 2007감노4 판결)

존속살해죄를 유죄로 판단하였다.

## 2. 대법원 (대법원 2007. 11. 29., 선고, 2007도8333, 판결)

가. 민법(1977. 12. 31. 법률 제3051호로 개정되기 전의 것) 제874조 제1항에 의하면 처가 있는 자는 공동으로 함이 아니면 양자를 할 수 없다. 그리고 <u>당사자가 입양의 의사로 친생자 출생신고를 하고 거기에 입양의 실질적 요건이 구비되어 있다면 그 형식에 다소 잘못이 있더라도 입양의 효력이 발생하고, 이 경우의 허위의 친생자 출생신고는 법률상의 친자관계인 양친자 관계를 공시하는 입양신고의 기능을 하게 되는 것이다</u>(대법원 2000. 6. 9. 선고 99므1633, 1640 판결, 대법원 2004. 11. 11. 선고 2004므1484 판결 등 참조).

나. 피해자는 그의 남편인 공소외인과 공동으로 피고인을 입양할 의사로 친생자로 출생신고를 하고 피고인을 양육하여 오다가 위 공소외인이 사망한 후에도 계속하여 피고인을 양육하여 온 사실을 알 수 있다.

## V. 결 론

그렇다면 위 법률규정과 법리에 비추어 피고인을 친생자로 한 출생신고는 피해자와 피고인 사이에서도 입양신고로서 효력이 있으므로 피고인은 피해자의 양자라고 할 것이고, <u>피고인이 피해자를 살해한 경우 존속살해죄가 성립한다</u>.

# 제2절 인터넷 자살사이트에 자살용 유독물 판매광고 글의 자살방조죄 여부

## I. 사례요지

판매대금 편취의 목적으로 인터넷 자살사이트에 청산염 등 자살용 유독물 판매광고의 글을 게시하였다.

## II. 논 점

1. 자살방조죄의 성립요건 및 방조의 방법
2. 판매대금 편취의 목적으로 인터넷 자살사이트에 청산염 등 자살용 유독물 판매광고의 글을 게시한 행위가 자살방조에 해당하는지

## III. 법규연구 (형법)

제252조 (촉탁, 승낙에 의한 살인등) ① 사람의 촉탁 또는 승낙을 받어 그를 살해한 자는 1년 이상 10년 이하의 징역에 처한다.
② 사람을 교사 또는 방조하여 자살하게 한 자도 전항의 형과 같다.

## IV. 관련 판례

### 1. 원심 (부산고법 2005. 2. 2. 선고 2004노754 판결)

이 부분 공소사실에 대하여 무죄를 선고하였다.

### 2. 대법원 (대법원 2005. 6. 10., 선고, 2005도1373, 판결)

가. 형법 제252조 제2항의 자살방조죄는 자살하려는 사람의 자살행위를 도와주어 용이하게 실행하도록 함으로써 성립되는 것으로서, 그 방법에는 자살도구인 총, 칼 등을 빌려주거나 독약을 만들어 주거나 조언 또는 격려를 한다거나 기타 적극적, 소극적, 물질적, 정신적 방법이 모두 포함된다 할 것이나(대법원 1992. 7. 24. 선고 92도 1148 판결 참조), 이러한 자살방조죄가 성립하기 위해서는 그 방조 상대방의 구체적인 자살의 실행을 원조하여 이를 용이하게 하는 행위의 존재 및 그 점에 대한 행위자의 인식이 요구된다고 보아야 할 것이다.

나. 피고인들의 이 사건 판매광고 등의 행위는 단지 금원 편취 목적의 사기행각의 일환으로 이루어진 것일 뿐 그 후 다른 경로로 입수한 청산염을 이용한 위 변사자들의 자살행위에 어떠한 물질적 혹은 유형적 기여도 하지 못한 점, 위 변사자들이 위 자살 관련 카페에서의 상호 교감을 통해 이미 자살을 결의하고 구체적 실행방법만을 물색하고 있던 상황인 데다가 피고인들의 위 판매광고가 사기행각임이 발각되기까지 하였음에 비추어 피고인들이 위 변사자들의 자살 실행에 정신적 혹은 무형적으로 기여하였다고 보기도 어려운 점, 기록에 의하면 위 변사자들의 자살에 사용된 청산염의 효능에 대하여는 이미 위 자살 관련 카페의 회원들 사이에서는 주지의 사실이었던 것으로 보이는 점 등의 사정에 비추어 피고인들의 위 행위가 위 변사자들이 실행한 자살행위를 원조하여 이를 용이하게 한 방조행위에 해당한다고 보기 어렵다 할 것이고, 나아가 위와 같은 사정하에서라면 단지 가짜 청산염 판매광고의 수법으로 금원을 편취하고자 한 피고인들에게 위 변사자들의 구체적 자살행위에 관한 방조의 범의가 있다고 보기도 어렵다 할 것이다.

## V. 결 론

피고인이 인터넷 사이트 내 자살 관련 카페 게시판에 청산염 등 자살용 유독물의 판매광고를 한 행위가 단지 금원 편취 목적의 사기행각의 일환으로 이루어졌고, 변사자들이 다른 경로로 입수한 청산염을 이용하여 자살한 사정 등에 비추어, 피고인의 행위는 자살방조에 해당하지 않는다.

# 제3절 유기죄의 '법률상 보호의무'에 부부간 부양의무 포함 여부

## Ⅰ. 사례요지

유기죄에 관한 형법 제271조 제1항에서 말하는 '법률상 보호의무'에 부부간의 부양의무가 포함되는지.

## Ⅱ. 논 점

1. 유기치사죄의 성립요건
2. 유기죄에 관한 형법 제271조 제1항에서 말하는 '법률상 보호의무'에 부부간의 부양의무가 포함되는지 여부(적극)

## Ⅲ. 법규연구

### 1. 형 법

제271조 (유기, 존속유기) ① 나이가 많거나 어림, 질병 그 밖의 사정으로 도움이 필요한 사람을 법률상 또는 계약상 보호할 의무가 있는 자가 유기한 경우에는 3년 이하의 징역 또는 500만원 이하의 벌금에 처한다.

제275조(유기등 치사상) ① 제271조 내지 제273조의 죄를 범하여 사람을 상해에 이르게 한 때에는 7년 이하의 징역에 처한다. 사망에 이르게 한 때에는 3년 이상의 유기징역에 처한다.

### 2. 민 법

제826조 (부부간의 의무) ①부부는 동거하며 서로 부양하고 협조하여야 한다. 그러나 정당한 이유로 일시적으로 동거하지 아니하는 경우에는 서로 인용하여야 한다.

## Ⅳ. 관련 판례

### 1. 원심 (서울고법 2018. 2. 12. 선고 2017노1950 판결)

피고인에게 혼인신고 당시부터 혼인 의사가 없었다고 보기 어려워 <u>법률상 배우자인 피해자에 대한 법률상 보호의무가 인정된</u>다고 보아 유기치사를 유죄로 판단한 제1심판결을 그대로 유지하였다.

## 2. 대법원 (대법원 2018. 5. 11., 선고, 2018도4018, 판결)

유기죄를 범하여 사람을 사망에 이르게 하는 유기치사죄가 성립하기 위해서는 먼저 유기죄가 성립하여야 하므로, 행위자가 유기죄에 관한 형법 제271조 제1항이 정하고 있는 것처럼 "노유, 질병 기타 사정으로 인하여 부조를 요하는 자를 보호할 법률상 또는 계약상 의무 있는 자"에 해당하여야 한다.

민법 제812조 제1항은 "혼인은 가족관계의 등록 등에 관한 법률에 정한 바에 의하여 신고함으로써 그 효력이 생긴다."라고 정하고 있고, 민법 제826조 제1항 전문은 "부부는 동거하며 서로 부양하고 협조하여야 한다."라고 정하고 있다. 민법 제815조 제1호는 "당사자 간에 혼인의 합의가 없는 때"에는 그 혼인은 무효로 한다고 정하고 있는데, 위 혼인무효 사유는 당사자 사이에 사회관념상 부부라고 인정되는 정신적·육체적 결합을 생기게 할 의사가 없는 경우를 가리킨다.

## V. 결 론

여기에서 말하는 법률상 보호의무에는 민법 제826조 제1항에 근거한 부부간의 부양의무도 포함된다.

# 제4절 사실혼도 유기죄의 '법률상 보호의무' 의 존재가 인정되는지

## I. 사례요지

> 4년 동안 내연관계를 유지하면서 결혼을 조건으로 동거하고 있지만, 경제적 사정으로 결혼식을 올리지 못하여 혼인신고를 못 하던 중 남편이 교통사고를 당하여 가족의 도움 없이는 사실상 생활이 어려운 실정이다, 이때 사실혼 관계에 있는 부인에게 법률상 보호의무가 존재하는지

## II. 논 점

1. 유기죄의 성립요건
2. 사실혼도 유기죄의 성립에 필요한 '법률상 보호의무' 의 존재가 인정되는지

## III. 법규연구

### 1. 형 법

> 제271조 (유기, 존속유기) ① 나이가 많거나 어림, 질병 그 밖의 사정으로 도움이 필요한 사람을 법률상 또는 계약상 보호할 의무가 있는 자가 유기한 경우에는 3년 이하의 징역 또는 500만 원 이하의 벌금에 처한다.

### 2. 민 법

> 제826조 (부부간의 의무) ①부부는 동거하며 서로 부양하고 협조하여야 한다. 그러나 정당한 이 유로 일시적으로 동거하지 아니하는 경우에는 서로 인용하여야 한다.

## IV. 관련 판례

### 1. 원심 (서울고법 2007. 5. 9. 선고 2007노337 판결)

피고인과 망 공소외인이 4년여 동안 동거하기도 하면서 내연관계를 맺어왔다는 사정만으로는 두 사람의 관계를 사실혼 관계라고 보거나 두 사람의 사이에 부부간의 상호 부양의무에 준하는 보호의무를 인정할 수 없을 뿐만 아니라, 판시 사실들과 기록에 따라 인정되는 판시와 같은 사정들에 비추어 피고인이 공소외인이 치사량의 필로폰을 복용하여 부조를 요하는 상태에 있다고 인식하였다는 점에 관하여 합리적인 의심이 생기지 않을 정도로 확신하기에는 부족하다고 판단되므로, 이 사건 유기치사의 공소사실은 범죄의 증명이 없는 경우에 해당한다는 이유로 위 공소사실에 대하여 <u>무죄를 선고하였다.</u>

## 2. 대법원 (대법원 2008. 2. 14., 선고, 2007도3952, 판결)

가. 단순유기죄를 범하여 사람을 사망에 이르게 하는 유기치사죄가 성립하기 위하여는 먼저 단순유기죄가 성립하여야 하므로, 행위자가 단순유기죄에 관한 형법 제271조 제1항이 정한 바에 따라 "노유, 질병 기타 사정으로 인하여 부조를 요하는 자를 보호할 법률상 또는 계약상 의무 있는 자"에 해당하여야 할 뿐만 아니라, 요부조자에 대한 보호책임의 발생원인이 된 사실이 존재한다는 것을 인식하고 이에 기한 부조의무를 해태한다는 의식이 있음을 요한다(대법원 1988. 8. 9. 선고 86도225 판결 참조).

나. 위 조항에서 말하는 법률상 보호의무 가운데는 민법 제826조 제1항에 근거한 부부간의 부양의무도 포함되며, 나아가 법률상 부부는 아니지만 사실혼 관계에 있는 경우에도 위 민법 규정의 취지 및 유기죄의 보호법익에 비추어 위와 같은 법률상 보호의무의 존재를 긍정하여야 하지만, 이러한 **사실혼에 해당되어 법률혼에 준하는 보호를 받기 위하여는** 단순한 동거 또는 간헐적인 정교관계를 맺고 있다는 사정만으로는 부족하고, 그 당사자 사이에 주관적으로 혼인의 의사가 있고 객관적으로도 사회관념상 가족질서적인 면에서 부부공동생활을 인정할 만한 혼인생활의 실체가 존재하여야 한다(대법원 2001. 1. 30. 선고 2000도4942 판결, 대법원 2001. 4. 13. 선고 2000다 52943 판결 참조).

## V. 결 론

사실혼에 해당하여 법률혼에 준하는 보호를 받기 위해서는 단순한 동거 또는 간헐적인 정교관계를 맺고 있다는 사정만으로는 부족하고, 그 당사자 사이에 주관적으로 혼인의 의사가 있고 객관적으로도 사회관념상 가족질서적인 면에서 부부공동생활을 인정할 만한 혼인생활의 실체가 존재하여야 한다.

# 제5절 일정한 장소적 제약하에서 제한된 행동의 자유를 허용한 경우 감금죄 성립 여부

## I. 사례요지

> 피고인은 피해자(당시 만 10세)의 집에서 피해자에게 부모에게 말하지 말고 아파트 앞으로 나오도록 유인한 다음 피고인이 운전하는 화물차에 태우고 데리고 다니면서 피해자에게 "네가 집에 돌아가면 경찰이 붙잡아 소년원에 보낸다."라고 위협하여 피해자를 집에 가지 못하도록 하는 등 피고인의 셋방 등지에서 피해자를 감금하였다.

## II. 논 점

1. 감금죄의 수단과 방법 및 일정한 장소적 제약하에서 제한된 행동의 자유를 허용한 경우, 감금죄의 성립 여부(적극)
2. 미성년자를 유인한 자가 미성년자를 감금한 경우, 미성년자유인죄 외에 별도로 감금죄가 성립하는지 여부(적극)

## III. 법규연구 (형법)

> 제276조 (체포, 감금, 존속체포, 존속감금) ① 사람을 체포 또는 감금한 자는 5년이하의 징역 또는 700만원 이하의 벌금에 처한다.

## IV. 관련 판례

### 1. 원심 (서울고법 1998. 3. 27. 선고 97노2719 판결)

제1심판결과 같이 감금죄를 인정하였다.

### 2. 대법원 (대법원 1998. 5. 26., 선고, 98도1036, 판결)

가. 감금죄는 사람의 행동 자유를 그 보호법익으로 하여 사람이 특정한 구역에서 벗어나는 것을 불가능하게 하거나 매우 곤란하게 하는 죄로서 그 본질은 사람의 행동 자유를 구속하는 데에 있다. 이와 같이 행동의 자유를 구속하는 수단과 방법에는 아무런 제한이 없고, 사람이 특정한 구역에서 벗어나는 것을 불가능하게 하거나 매우 곤란하게 하는 장애는 물리적·유형적 장애뿐만 아니라 심리적·무형적 장애에 의하여서도 가능하므로 감금죄의 수단과 방법은 유형적인 것이거나 무형적인 것이거나를 가리지 아니한다. 또한, 감금죄가 성립하기 위하여 반드시 사람의 행동 자유를 전면적으로 박

탈할 필요는 없고, 감금된 특정한 구역 범위 안에서 일정한 생활의 자유가 허용되어 있었다고 하더라도 유형적이거나 무형적인 수단과 방법에 따라 사람이 특정한 구역에서 벗어나는 것을 불가능하게 하거나 매우 곤란하게 한 이상 감금죄의 성립에는 아무런 지장이 없다(대법원 1994. 3. 16.자 94모2 결정, 1991. 12. 30.자 91모5 결정, 1984. 5. 15. 선고 84도655 판결 등 참조).

나. 피고인이 피해자를 유인한 후 혼자서는 생활할 능력이 없는 어린이인 피해자에게 위와 같은 말을 함으로써 피해자가 겁을 먹은 나머지 부모에게 돌아갈 생각을 하지 못하고 어쩔 수 없이 위 기간 전국특송화물차 운전기사인 피고인이 화물차를 운전하여 강원도, 대구, 부산 등지로 운행할 때에는 피고인을 따라 화물차에 타고 다니고, 피고인의 셋방에 돌아와 있을 때는 피고인과 함께 그곳에 기거하였음을 알 수 있다.

## V. 결 론

증거에 의하면 피고인은 피해자를 감시하기도 하였다는 것인바, 사실관계가 이러하다면 피고인은 피해자를 위 화물차와 피고인의 셋방에 감금한 것이라고 할 수 있다. 그리고 미성년자를 유인한 자가 계속하여 미성년자를 불법하게 감금하였을 때에는 미성년자유인죄 이외에 감금죄가 별도로 성립한다(대법원 1961. 9. 21. 선고 61도455 판결 참조).

## VI 유사판례

### 1. 경찰서 내에서의 심리적, 무형적 장애에 의한 감금행위의 성부

감금죄에서 감금행위는 사람으로 하여금 일정한 장소 밖으로 나가지 못하도록 하여 신체의 자유를 제한하는 행위를 가리키는 것이고, 그 방법은 반드시 물리적, 유형적 장애를 사용하는 경우뿐만 아니라 심리적, 무형적 장애에 의하는 경우도 포함되는 것이므로, 설사 그 장소가 경찰서 내 대기실로서 일반인과 면회인 및 경찰관이 수시로 출입하는 곳이고 여닫이문만 열면 나갈 수 있게 된 구조라 하여도 경찰서 밖으로 나가지 못하도록 그 신체의 자유를 제한하는 유형, 무형의 억압이 있었다면 이는 감금에 해당한다. (대법원 1997. 6. 13., 선고, 97도877, 판결)

### 2. 경찰서 안에서 식사하고 사무실 안팎을 내왕해도 경찰서 밖으로 나가지 못한 경우

피해자가 경찰서 안에서 직장동료인 피의자들과 같이 식사도 하고 사무실 안팎을 내왕하였다 하여도 피해자를 경찰서 밖으로 나가지 못하도록 그 신체의 자유를 제한하는 유형, 무형의 억압이 있었다면 이는 감금행위에 해당한다. (대법원 1991. 12. 30. 91모5, 결정)

# 제6절 권리행사 일환으로 해악을 고지한 경우 협박죄 성부 판단기준

## I. 사례요지

> 피고인들을 비롯한 직원들의 임금이 체불되고 사무실 임대료를 내지 못할 정도로 재정 상태가 좋지 않자 피고인들이 동료 직원들과 함께 피해자를 만나 경영위기에 놓인 회사의 직원 중 일부가 동료 직원 및 주요 투자자와 협의를 거쳐 회사 갱생을 위한 자구책으로 마련을 위해 '사임제안서'를 대표이사인 피해자에게 전달하였고, 피해자도 약 5분 동안 이를 읽은 후 바로 그 자리를 떠났다.

## II. 논 점

1. 협박죄의 '협박'의 의미
2. 권리행사의 일환으로 해악을 고지한 경우 협박죄의 성부에 관한 판단기준

## III. 법규연구 (형법)

> 제283조(협박, 존속협박) ① 사람을 협박한 자는 3년 이하의 징역, 500만원 이하의 벌금, 구류 또는 과료에 처한다.
> ② 자기 또는 배우자의 직계존속에 대하여 제1항의 죄를 범한 때에는 5년 이하의 징역 또는 700만원 이하의 벌금에 처한다.
> ③ 제1항 및 제2항의 죄는 피해자의 명시한 의사에 반하여 공소를 제기할 수 없다.

## IV. 관련 판례

### 1. 원심 (서울중앙지방법원 2022. 7. 7. 선고 2020노3067 판결)

사례와 같은 사정만을 이유로 피고인들의 행위가 <u>협박죄에 해당한다</u>고 보았다.

### 2. 대법원 (대법원 2022. 12. 15. 선고 2022도9187 판결)

가. 협박죄에서 '협박'은 일반적으로 보아 사람으로 하여금 공포심을 일으킬 수 있는 정도의 해악을 고지하는 것을 의미하고, 주관적 구성요건으로서의 고의는 행위자가 그러한 정도의 해악을 고지한다는 것을 인식·용인하는 것을 내용으로 하는바, 협박죄가 성립되려면 고지된 해악의 내용이 행위자와 상대방의 성향, 고지 당시의 주변 상황, 행위자와 상대방 사이의 친숙 정도 및 지위 등의 상호관계 등 행위 전후의 여러

사정을 종합하여 볼 때 일반적으로 사람으로 하여금 공포심을 일으키기에 충분한 것이어야 한다(대법원 2007. 9. 28. 선고 2007도606 전원합의체 판결 등 참조).

권리행사의 일환으로 상대방에게 일정한 해악을 고지한 경우에도, 그러한 해악의 고지가 사회의 관습이나 윤리관념 등에 비추어 사회통념상 용인할 수 있는 정도이거나 정당한 목적을 위한 상당한 수단에 해당하는 등 사회상규에 반하지 아니하는 때에는 협박죄가 성립하지 아니한다(대법원 1998. 3. 10. 선고 98도70 판결, 대법원 2011. 7. 14. 선고 2011도639 판결 등 참조). 따라서 민사적 법률관계 하에서 이해관계가 상충되는 당사자 사이에 권리의 실현·행사 과정에서 이루어진 상대방에 대한 불이익이나 해악의 고지가 일반적으로 보아 공포심을 일으킬 수 있는 정도로서 협박죄의 '협박'에 해당하는지 여부와 그것이 사회상규에 비추어 용인할 수 있는 정도를 넘어선 것인지 여부를 판단할 때에는, 행위자와 상대방의 관계 및 사회경제적 위상의 차이, 고지된 불이익이나 해악의 내용이 당시 상황에 비추어 이해관계가 대립되는 당사자의 권리 실현·행사의 내용으로 통상적으로 예견·수용할 수 있는 범위를 현저히 벗어난 정도에 이르렀는지, 해악의 고지 방법과 그로써 추구하는 목적 사이에 합리적 관련성이 존재하는지 등 여러 사정을 세심히 살펴보아야 한다.

나. 대표이사 겸 최대주주로서 이 사건 회사의 정상화를 위한 주도권을 보유한 피해자는 '사임제안서'의 수용이나 거부는 물론 수정 제안 등 추가적인 협의를 시도할 수 있는 폭넓은 재량이나 권한을 가지고 있었고, 위와 같이 지속적으로 경영상황이 악화되는 가운데 직원들과 주요 투자자들이 합심하여 스스로의 민사상 권리를 보호하는 입장에서 자신을 압박하는 취지의 제안·조치를 취하리라는 것은 충분히 예상할 수 있었으므로, '사임제안서'의 전달 행위가 당시 상황에 비추어 피해자와 이해관계가 대립되는 피고인들 및 주요 투자자들의 권리 실현·행사의 내용으로 피해자가 통상적으로 수용할 수 있는 범위를 현저히 벗어난 정도에 이르렀다고 보기도 어렵다.

## V. 결 론

경영위기에 놓인 회사의 직원 중 일부가 동료 직원 및 주요 투자자와 협의를 거쳐 회사 갱생을 위한 자구책으로 마련한 '사임제안서'를 대표이사에게 전달한 행위는 '협박'으로 볼 수 없고, 이에 해당하더라도 사회통념상 용인할 수 있는 정도이거나 회사의 경영 정상화라는 정당한 목적을 위한 상당한 수단에 해당하여 사회상규에 반하지 아니한다고 보아, 유죄 판결을 한 원심을 협박죄의 성립에 관한 법리오해를 이유로 파기하였다.

# 제7절 협박죄의 상대방이 현실적으로 공포심을 일으킬 것을 요하는지

## Ⅰ. 사례요지

피고인은 피해자와 횟집에서 술을 마시던 중 피해자가 모래 채취에 관하여 항의하는 데에 화가 나서, 횟집 주방에 있던 회칼 2자루를 들고나와 죽어버리겠다며 자해하려고 하였다.

## Ⅱ. 논 점

1. 상대방이 현실적으로 공포심을 일으킬 것을 요하는지 여부(소극)
2. 협박죄에서 해악을 고지하는 방법

## Ⅲ. 법규연구 (형법)

제283조(협박, 존속협박) ① 사람을 협박한 자는 3년 이하의 징역, 500만원 이하의 벌금, 구류 또는 과료에 처한다.
② 자기 또는 배우자의 직계존속에 대하여 제1항의 죄를 범한 때에는 5년 이하의 징역 또는 700만원 이하의 벌금에 처한다.
③ 제1항 및 제2항의 죄는 피해자의 명시한 의사에 반하여 공소를 제기할 수 없다.
제286조(미수범) 전 3조의 미수범은 처벌한다.

## Ⅳ. 관련 판례

### 1. 원심 (대구지법 2010. 10. 6. 선고 2010노2149 판결)

피고인은 수사기관에서부터 일관하여 횟칼로 피해자를 협박한 것이 아니라 자해를 하려고 했던 것이라고 주장하고 있는 점, 이 사건 목격자인 I도 수사기관에서 "피고인이 분에 못 이겨 자해하려고 했다"고 진술하고 있고), B도 이와 같은 취지의 진술을 한 점 등에 비추어 보면, 원심이 이 부분 공소사실에 부합하는 피해자의 수사기관에서의 진술은 이를 믿기 어렵고 달리 이를 인정할 증거가 없으므로 이 부분 공소사실은 범죄사실의 증명이 없는 때에 해당한다고 하여 이 부분 공소사실을 <u>무죄라고 판단하였음은 정당한 것으로 수긍이 된다.</u>

### 2. 대법원 (대법원 2011. 1. 27., 선고, 2010도14316, 판결)

협박죄가 성립하려면 고지된 해악의 내용이 행위자와 상대방의 성향, 고지 당시의 주변 상황, 행위자와 상대방 사이의 친숙 정도 및 지위 등의 상호관계 등 행위 전후의 여러 사정을 종합하여 볼 때에 일반적으로 사람으로 하여금 공포심을 일으키게 하기에 충분한 것이어야 하지만, 상대방이 그에 의하여 현실적으로 공포심을 일으킬 것까지 요구되는 것은 아니며, 그와 같은 정도의 해악을 고지함으로써 상대방이 그 의미를 인식한 이상, 상대방이 현실적으로 공포심을 일으켰는지 여부와 관계없이 그로써 구성요건은 충족되어 협박죄의 기수에 이르는 것으로 해석하여야 한다(대법원 2007. 9. 28. 선고 2007도606 전원합의체 판결 참조). 그리고 협박죄에서 해악을 고지하는 행위는 통상 언어에 의하는 것이나 경우에 따라서는 거동으로 해악을 고지할 수도 있다(대법원 1975. 10. 7. 선고 74도2727 판결, 대법원 2009. 9. 10. 선고 2009도5146 판결 참조).

## V. 결 론

피고인은 피해자와 횟집에서 술을 마시던 중 피해자가 모래 채취에 관하여 항의하는 데에 화가 나서, 횟집 주방에 있던 회칼 2자루를 들고나와 죽어버리겠다며 자해하려고 하였다는 것이다. 이를 앞서 본 법리에 비추어 보면, 피고인의 행위는 단순한 자해행위 시늉에 불과한 것이 아니라 피고인의 요구에 응하지 않으면 피해자에게 어떠한 해악을 가할 듯한 위세를 보인 행위로서 협박에 해당한다고도 볼 수 있다.

## VI 유사판례

### 1. 협박죄에 있어서의 해악을 가할 것을 고지하는 방법

협박죄에 있어서의 해악을 가할 것을 고지하는 행위는 통상 언어에 의하는 것이나 경우에 따라서는 한마디 말도 없이 거동에 의하여서도 고지할 수 있는 것이다. (대법원 1975. 10. 7., 선고, 74도2727, 판결)

### 2. 제3자로 하여금 해악을 가하도록 하겠다는 방식으로 해악을 고지하는 경우

협박의 경우 행위자가 직접 해악을 가하겠다고 고지하는 것은 물론, 제3자로 하여금 해악을 가하도록 하겠다는 방식으로도 해악의 고지는 얼마든지 가능하지만, 이 경우 고지자가 제3자의 행위를 사실상 지배하거나 제3자에게 영향을 미칠 수 있는 지위에 있는 것으로 믿게 하는 명시적·묵시적 언동을 하였거나 제3자의 행위가 고지자의 의사에 의하여 좌우될 수 있는 것으로 상대방이 인식한 경우에 한하여 비로소 고지자가 직접 해악을 가하겠다고 고지한 것과 마찬가지의 행위로 평가할 수 있고, 만약 고지자가 위와 같은 명시적·묵시적 언동을 하거나 상대방이 위와 같이 인식을 한 적이 없다면 비록 상대방이 현실적으로 외포심을 느꼈다고 하더라도 이러한 고지자의 행위가 협박죄를 구성한다고 볼 수는 없다. (대법원 2006. 12. 8., 선고, 2006도6155, 판결)

# 제8절 법인이 협박죄의 객체가 될 수 있는지

## I. 사례요지

> 채권추심 회사의 지사장이 회사로부터 자신의 횡령행위에 대한 민·형사상 책임을 추궁당할 지경에 이르자 이를 모면하기 위하여 회사 본사에 '회사의 내부비리 등을 금융감독원 등 관계기관에 고발하겠다'는 취지의 서면을 보내 회사를 협박하였다.다.

## II. 논 점

1. '제3자'의 법익을 침해하겠다는 내용의 해악 고지가 피해자 본인에 대한 협박죄를 구성하는지 여부의 판단기준 및 제3자에 법인'이 포함되는지 여부(적극)
2. '법인'이 협박죄의 객체가 될 수 있는지 여부(소극)

## III. 법규연구 (형법)

> 제283조(협박, 존속협박) ① 사람을 협박한 자는 3년 이하의 징역, 500만원 이하의 벌금, 구류 또는 과료에 처한다.
> ② 자기 또는 배우자의 직계존속에 대하여 제1항의 죄를 범한 때에는 5년 이하의 징역 또는 700만원 이하의 벌금에 처한다.
> ③ 제1항 및 제2항의 죄는 피해자의 명시한 의사에 반하여 공소를 제기할 수 없다.

## IV. 관련 판례

### 1. 원심 (인천지법 2009. 12. 29. 선고 2009노552 판결)

법인은 <u>협박죄의 객체가 될 수 없다</u>고 판단하였다.

### 2. 대법원 (대법원 2010. 7. 15., 선고, 2010도1017, 판결)

가. 협박죄에 있어 협박이라 함은 일반적으로 보아 사람으로 하여금 공포심을 일으킬 정도의 해악을 고지하는 것을 의미하며(대법원 2007. 9. 28. 선고 2007도606 전원합의체 판결 등 참조), 그 고지되는 해악의 내용, 즉 침해하겠다는 법익의 종류나 법익의 향유 주체 등에는 아무런 제한이 없다. 따라서 피해자 본인이나 그 친족뿐만 아니라 그 밖의 '제3자'에 대한 법익침해를 내용으로 하는 해악을 고지하는 것이라고 하더라도 피해자 본인과 제3자가 밀접한 관계에 있어 그 해악의 내용이 피해자 본인에게 공포심을 일으킬 만한 정도의 것이라면 협박죄가 성립할 수 있다. 이때 '제3자'에

는 자연인뿐만 아니라 법인도 포함된다 할 것인데, 피해자 본인에게 법인에 대한 법익을 침해하겠다는 내용의 해악을 고지한 것이 피해자 본인에 대하여 공포심을 일으킬 만한 정도가 되는지 여부는 고지된 해악의 구체적 내용 및 그 표현방법, 피해자와 법인의 관계, 법인 내에서의 피해자의 지위와 역할, 해악의 고지에 이르게 된 경위, 당시 법인의 활동 및 경제적 상황 등 여러 사정을 종합하여 판단하여야 한다.

나. 위와 같은 법리에 비추어 원심이 적법하게 채택한 증거들을 기록과 함께 검토하여 보면, 채권추심업체인 공소외 주식회사의 수원·서경 지사장으로 근무하던 피고인이 위 회사로부터 피고인의 횡령행위에 대한 민·형사상 책임을 추궁당할 지경에 이르자 이를 모면하기 위하여 회사 본사에 '회사의 내부비리 등을 금융감독원 등 관계 기관에 고발하겠다'는 취지의 서면을 보내는 한편, 당시 위 회사 대표이사의 처남으로서 경영지원 본부장이자 상무이사였던 피해자에게 전화를 걸어 자신의 횡령행위를 문제삼지 말라고 요구하면서 위 서면의 내용과 같은 취지로 발언한 행위에 대하여, 원심이 피해자와 회사의 관계, 당시 회사의 상황, 피고인이 위와 같은 행위에 이르게 된 경위 및 동기, 피해자에게 고지한 내용 및 그 표현방법 등을 종합하여, 피해자에 대한 협박죄가 성립한다고 인정한 것은 그 결론에 있어 정당한 판단으로 수긍이 간다.

## V. 결 론

즉, 협박죄는 사람의 의사결정의 자유를 보호법익으로 하는 범죄로서 형법규정의 체계상 개인적 법익, 특히 사람의 자유에 대한 죄 중 하나로 구성되어 있는바, 위와 같은 협박죄의 보호법익, 형법규정상 체계, 앞서 본 협박의 행위개념 등에 비추어 볼 때, 협박죄는 자연인만을 그 대상으로 예정하고 있을 뿐 법인은 협박죄의 객체가 될 수 없다.

그런데 '법인이 협박죄의 객체가 될 수 있는지 여부'는 '피고인의 행위를 협박죄로 인정할 것인지 여부'와는 엄격히 말하자면 논리적으로 그 차원을 달리하는 문제로서, 특히 이 사건에서는 검사가 피해자를 법인으로 본 것이 아니라 피고인으로부터 직접 해악을 고지받은 자연인을 피해자로 보고 공소를 제기한 이상, 피고인의 행위가 협박죄에 해당하는지 여부를 판단함에 있어서는 위에서 본 바와 같이 피해자에게 고지한 해악의 내용, 피해자와 실제 가해의 대상이 된 법인의 관계를 어떻게 법률적으로 평가할 것인지의 문제로 다루면 충분하다.

# 제9절 미성년 자녀의 부모 일방에 대하여 자녀에 대한 약취죄가 성립하기 위한 요건

## I. 사례요지

피고인은 피해아동을 면접교섭하기 위하여 피해아동을 보호·양육하던 공소외인으로부터 피해아동을 인계받아 국내로 입국한 후 공소외인과 피해아동의 의사에 반하여 돌려보내지 아니한 채 피고인의 주거지에 계속 거주하게 하여 피해아동을 약취하였다.

## II. 논 점

1. 미성년자약취죄, 국외이송약취죄 등의 구성요건 중 '약취'의 의미와 그 판단기준

2. 미성년자를 보호·감독하는 사람이 해당 미성년자에 대한 약취죄의 주체가 될 수 있는지(한정 적극)

3. 미성년 자녀의 부모 일방에 대하여 자녀에 대한 약취죄가 성립하기 위한 요건

## III. 법규연구 (형법)

제287조(미성년자의 약취, 유인) 미성년자를 약취 또는 유인한 사람은 10년 이하의 징역에 처한다.

## IV. 관련 판례

### 1. 원심 (대전고법 2010. 10. 8. 선고 2010노363 판결)

베트남 국적 여성인 피고인이 남편 공소외 1의 의사에 반하여 아들인 피해자 공소외 2를 국외에 이송할 목적으로 주거지에서 데리고 나와 약취하고 이어서 베트남에 함께 입국함으로써 피해자를 국외에 이송하였다는 공소사실에 대하여, ① 피고인이 남편인 공소외 1과 헤어져 베트남으로 돌아갈 것을 결심한 때는 피해자가 태어난 지 만 13개월이 채 안 되었으므로 피해자에게는 아버지보다 어머니의 손길이 더 필요했던 시기인 점, ② 당시 피해자의 아버지인 공소외 1은 직장을 다니고 있었으므로 피고인이 없는 상황에서 공소외 1 혼자 피해자를 양육한다는 것은 사실상 어려웠던 점, ③ 피고인이 아들인 어린 피해자를 집에 혼자 두고 나가는 것이 오히려 친권자의 보호·양육의무를 방기하는 행위로서 더 비난받을 행위로 평가될 수 있는 점, ④ 피해자가 비록 한국이 아닌 베트남에서 양육되고 있기는 하나 그곳은 피해자의 외가이므로 피해자가 한국에서 어머니인 피고인 없이 양육되는 것보다 불리한 상황에 처하였다고 단정하기 어려운

점 등의 사정을 종합하면, 피고인의 행위는 공소외 1의 보호·양육권을 침해한 것이라고 볼 수는 있으나 피해자 본인의 이익을 침해한 것이라고 볼 수는 없어 미성년자에 대한 약취에 해당하지 아니한다는 이유로, 무죄를 선고한 제1심을 그대로 유지하였다.

## 2. 대법원 (대법원 2013. 6. 20., 선고, 2010도14328, 전원합의체 판결)

가. 형법 제287조의 미성년자약취죄, 제288조 제3항 전단[구 형법(2013. 4. 5. 법률 제11731호로 개정되기 전의 것을 말한다. 이하 같다) 제289조 제1항에 해당한다]의 국외이송약취죄 등의 구성요건요소로서 약취란 폭행, 협박 또는 불법적인 사실상의 힘을 수단으로 사용하여 피해자를 그 의사에 반하여 자유로운 생활관계 또는 보호관계로부터 이탈시켜 자기 또는 제3자의 사실상 지배하에 옮기는 행위를 의미하고, 구체적 사건에서 어떤 행위가 약취에 해당하는지 여부는 행위의 목적과 의도, 행위 당시의 정황, 행위의 태양과 종류, 수단과 방법, 피해자의 상태 등 관련 사정을 종합하여 판단하여야 한다(대법원 2009. 7. 9. 선고 2009도3816 판결 등 참조).

한편 미성년자를 보호·감독하는 사람이라고 하더라도 다른 보호감독자의 보호·양육권을 침해하거나 자신의 보호·양육권을 남용하여 미성년자 본인의 이익을 침해하는 때에는 미성년자에 대한 약취죄의 주체가 될 수 있는데(대법원 2008. 1. 31. 선고 2007도8011 판결 등 참조), 그 경우에도 해당 보호감독자에 대하여 약취죄의 성립을 인정할 수 있으려면 그 행위가 위와 같은 의미의 약취에 해당하여야 한다. 그렇지 아니하고 폭행, 협박 또는 불법적인 사실상의 힘을 사용하여 그 미성년자를 평온하던 종전의 보호·양육 상태로부터 이탈시켰다고 볼 수 없는 행위에 대하여까지 다른 보호감독자의 보호·양육권을 침해하였다는 이유로 미성년자에 대한 약취죄의 성립을 긍정하는 것은 형벌법규의 문언 범위를 벗어나는 해석으로서 죄형법정주의의 원칙에 비추어 허용될 수 없다고 할 것이다.

따라서 부모가 이혼하였거나 별거하는 상황에서 미성년의 자녀를 부모의 일방이 평온하게 보호·양육하고 있는데, 상대방 부모가 폭행, 협박 또는 불법적인 사실상의 힘을 행사하여 그 보호·양육 상태를 깨뜨리고 자녀를 탈취하여 자기 또는 제3자의 사실상 지배하에 옮긴 경우, 그와 같은 행위는 특별한 사정이 없는 한 미성년자에 대한 약취죄를 구성한다고 볼 수 있다.

나. 그러나 이와 달리 미성년의 자녀를 부모가 함께 동거하면서 보호·양육하여 오던 중 부모의 일방이 상대방 부모나 그 자녀에게 어떠한 폭행, 협박이나 불법적인 사

실상의 힘을 행사함이 없이 그 자녀를 데리고 종전의 거소를 벗어나 다른 곳으로 옮겨 자녀에 대한 보호·양육을 계속하였다면, 그 행위가 보호·양육권의 남용에 해당한다는 등 특별한 사정이 없는 한 설령 이에 관하여 법원의 결정이나 상대방 부모의 동의를 얻지 아니하였다고 하더라도 그러한 행위에 대하여 곧바로 형법상 미성년자에 대한 약취죄의 성립을 인정할 수는 없다고 할 것이다.

## V. 결 론

피고인이 공소외 2를 데리고 베트남으로 떠난 행위는 어떠한 실력을 행사하여 공소외 2를 평온하던 종전의 보호·양육 상태로부터 이탈시킨 것이라기보다 친권자인 모(母)로서 출생 이후 줄곧 맡아왔던 공소외 2에 대한 보호·양육을 계속 유지한 행위라고 할 것이고, 이를 폭행, 협박 또는 불법적인 사실상의 힘을 사용하여 공소외 2를 자기 또는 제3자의 지배하에 옮긴 약취행위로 볼 수는 없다고 할 것이다.

## VI 유사판례

### 1. 형법상 미성년자약취죄의 약취행위에서 장소적 이전이 갖는 의미

형법 제287조에 규정된 약취행위는 폭행 또는 협박을 수단으로 하여 미성년자를 그 의사에 반하여 자유로운 생활관계 또는 보호관계로부터 이탈시켜 범인이나 제3자의 사실상 지배하에 옮기는 행위를 말하는 것이다. 물론, 여기에는 미성년자를 장소적으로 이전시키는 경우뿐만 아니라 장소적 이전 없이 기존의 자유로운 생활관계 또는 부모와의 보호관계로부터 이탈시켜 범인이나 제3자의 사실상 지배하에 두는 경우도 포함된다고 보아야 한다. 다만, 미성년자와 보호자의 일상생활 장소적 중심인 주거에서 장소적 이전을 전제로 하지 아니한 채 폭행 또는 협박이 이루어지면, 그로 인하여 미성년자와 부모의 보호관계가 제한 혹은 박탈되는 모든 경우에 형법 제287조의 미성년자약취죄가 성립하는 것으로 볼 수는 없고, 무엇보다 미성년자를 기존의 생활관계 및 보호관계로부터 이탈시킬 의도가 없는 경우에는 실행의 착수조차 인정하기 어려우며, 범행의 목적과 수단, 시간적 간격 등을 고려할 때 사회통념상 실제로 기존의 생활관계 및 보호관계로부터 이탈시킨 것으로 인정되어야만 기수가 성립한다. (대법원 2008. 1. 17., 선고, 2007도8485, 판결)

# 강간과 추행의 죄

## 제1절 강간 사건에서 피해자 진술의 신빙성 판단기준

### I. 사례요지

자신의 주거지에서, 여자 친구인 피해자(여, 가명, 27세)이 헤어지자고 하면서 짐을 싸 나가려고 하자 양손으로 피해자의 어깨를 밀어 그곳 침대에 넘어뜨린 후 피해자의 몸 위에 올라타 피해자의 양팔을 잡아 움직이지 못하게 한 후 피해자의 상의를 올려 가슴을 빨고 피해자의 바지 안으로 손을 넣어 음부를 만지다가 피해자의 바지와 속옷을 벗기고 피해자의 음부에 피고인의 성기를 삽입하여 피해자를 강간하였다.

### II. 논 점

1. 성폭력 사건에서 피해자 진술의 신빙성 판단기준이 되는 경험칙의 의미와 내용
2. 피해자 진술의 신빙성을 뒷받침하거나 공소사실을 뒷받침하는 간접전황이 되는 피고인 진술의 신빙성 판단

### III. 법규연구 (형법)

제297조(강간) 폭행 또는 협박으로 사람을 강간한 자는 3년 이상의 유기징역에 처한다.

### IV. 관련 판례

#### 1. 원심 (서울고등법원 2021. 10. 14. 선고 2021노415 판결)

가. 피고인은 제1심에서 피고인과 피해자 사이의 성관계는 강압에 의한 것이 아니라 서로간의 자연스러운 묵시적 합의에 따라 이루어진 것이라고 주장하였다. 피고인의 구체적인 변소 내용은, 피고인과 피해자가 다툰 후 서로 침대 위에서 껴안고 있다가 피해자가 성관계를 수긍하는 태도를 보여 자연스러운 분위기에서 성관계를 하게 되었다는 것이다.

제1심은, 피해자의 진술은 피해 경위에 관한 진술이 주요 부분에서 일관되고 사건

당시 피고인의 말이나 행동, 성적 접촉행위 부위나 방법, 순서 등에 관하여 구체적으로 묘사를 하는 등 직접 경험하지 않고서는 진술하기 어려운 세부적이고 구체적인 내용을 포함하고 있는 점, 피해자가 피해 직후 사건 현장에서 피고인과의 대화 내용을 녹음한 녹음파일 녹취록의 내용, 이 사건 이후 피고인과 피해자가 주고받은 휴대전화 문자메시지 대화 내용 역시 피해자의 진술에 부합하는 점 등의 사정들을 들어 피해자 진술의 신빙성이 인정된다는 이유로 이 사건 <u>공소사실을 유죄로 인정하였다.</u>

피고인은 제1심에서 이 사건 공소사실에 대하여 유죄가 선고되자 원심에서는 피고인이 설령 성관계를 원치 않는 피해자와 관계를 가졌다고 하더라도, 폭행이나 협박에 의해 피해자의 항거를 현저히 곤란하게 하여 강간을 하지는 않았다는 취지로 주장하였다.

나. 원심은, 피해자의 진술은 피해자의 항거를 현저히 곤란하게 할 정도의 폭행 내지 협박행위에 대한 구체적인 언급이나 묘사 등이 결여되어 있다는 점, 피고인은 연인 사이에서 종전과 유사하게 성관계를 다툼과 화해의 일환으로 생각하였을 가능성이 있다는 점, 피고인과 피해자의 평소 관계나 이 사건 발생 당시 전후 상황에 비추어 보면 피고인이 피해자에게 항거를 곤란하게 할 정도의 유형력을 행사하였다는 정황은 보이지 않는다는 점 등을 근거로 들면서 피해자의 진술은 그대로 믿기 어렵다는 이유로 이 사건 공소사실을 유죄로 판단한 제1심판결을 파기하고 <u>무죄를 선고하였다.</u>

## 2. 대법원 (대법원 2022. 12. 15. 선고 2021도14234 판결)

가. 성폭행 피해자의 대처 양상은 피해자의 성정이나 가해자와의 관계 및 구체적인 상황에 따라 다르게 나타날 수밖에 없다. 따라서 개별적, 구체적인 사건에서 성폭행 등의 피해자가 처하여 있는 특별한 사정을 충분히 고려하지 않은 채 피해자 진술의 증명력을 가볍게 배척하는 것은 정의와 형평의 이념에 입각하여 논리와 경험의 법칙에 따른 증거판단이라고 볼 수 없다(대법원 2018. 10. 25. 선고 2018도7709 판결 참조). 범행 후 피해자의 태도 중 '마땅히 그러한 반응을 보여야만 하는 피해자' 로 보이지 않는 사정이 존재한다는 이유만으로 피해자 진술의 신빙성을 함부로 배척할 수 없다(대법원 2020. 10. 29. 선고 2019도4047 판결 등 참조).

그리고 공소사실을 인정할 증거로 사실상 피해자의 진술이 유일한 경우에 피고인의 진술이 경험칙상 합리성이 없고 그 자체로 모순되어 믿을 수 없다고 하여 그것이 공소사실을 인정하는 직접증거가 되는 것은 아니지만, 이러한 사정은 법관의 자유판단에 따라 피해자 진술의 신빙성을 뒷받침하거나 직접증거인 피해자 진술과 결합하여 공소사실을 뒷받침하는 간접정황이 될 수 있다(위 2018도7709 판결 참조).

나. 이 사건 범행 전의 상황에 관하여

피고인과 피해자가 연인관계였다거나, 이전에 다툼과 화해의 일환으로 성관계를 가진 적이 있다는 사정을 들어 피해자가 이 사건 성관계를 용인하였거나 폭행·협박이 없었으리라는 막연한 추측 하에 피해자 진술 전체의 신빙성을 평가하여서는 아니 된다. 원심이 인정한 사실관계에 의하더라도 이 사건 성관계는 피고인과 피해자가 동거하는 기간에 벌어진 일이 아니라 사건 발생 전날 절도신고 등으로 서로 심하게 다툰 직후였고 피해자가 피고인의 집에 임시로 놓아둔 짐을 가져가는 상황에서 발생한 것이다. 더욱이 피해자는 이 사건 범행 당시 명시적으로 피고인에게 성관계를 거부하는 의사를 표시하였고, 피고인도 이 사건 범행 당시의 성관계가 피해자의 의사에 반한다는 사실을 인지하고 있었다.

다. 이 사건 범행 당시의 상황에 대하여

원심은, 피해자는 이 사건 범행 당시 성관계 과정을 설명하면서 육체적인 고통을 강하게 느꼈다는 진술은 하지 않았고, 피해자의 몸에 강압적인 성관계에서 생길 만한 멍이나 경미한 상처 등 반항의 흔적도 보이지 않으며, 성관계 도중의 자세나 상황에 비추어 피고인이 피해자를 억압하여 일방적으로 성관계를 하였는지도 의문이 든다는 점을 피해자 진술의 신빙성을 배척하는 사정으로 들었다.

그러나 피고인은 184cm, 70kg이고, 피해자는 165cm, 43kg로서 피해자는, 피고인이 신체조건의 차이를 이용하여 피해자를 밀어 침대 위로 넘어뜨린 후 몸부림치는 피해자의 양팔을 붙잡아 옷을 벗기고 피해자의 몸 위에서 누르는 방법으로 제압하였다고 일관된 진술을 하였다. 위 행위는 피해자의 반항을 현저히 곤란하게 하는 폭행·협박에 해당한다고 보아야 하고, 나아가 피해자가 성관계 후 육체적인 고통을 호소하지 않았다거나 성관계 도중의 자세에 비추어 빠져나올 수 있는 상황이 있었다는 사정만으로 강간죄에서의 폭행·협박에 해당하지 않는다고 단정할 수도 없다.

마. 이 사건 범행 이후의 상황에 대하여

피해자는 체격 차이로 인한 힘에 제압당하는 형태로 폭행을 당하였다는 점에 비추어 보면, 피해자의 의사에 반하는 성관계를 하였다는 피해자의 진술에는 위와 같은 이 사건 폭행에 관한 진술도 포함되어 있다고 보는 것이 합리적이다. 더욱이 사건 발생

직후 서로의 행위에 대해 잘 알고 있는 당사자 사이에서만 이루어진 대화에서 피해자가 피고인의 구체적인 유형력의 행사 내용을 자세하게 언급하지 않았다고 하여 이를 진술의 신빙성을 배척할 만한 사유로 삼기는 어렵다. 나아가 피고인과 다툼의 주요한 원인은 절도신고 사건이었고 헤어지려는 마음에 짐을 가지고 나오려는 상황이었으므로 성관계 직후 대화 내용 상당 부분이 성관계가 아닌 위 대화 내용이라는 사실이 이례적이거나 부자연스러운 것이라고도 보이지 않는다.

바. 고소 경위에 관하여

원심은, 피해자는 피고인과의 교제와 이별 과정에서 피고인에 대한 부정적 감정을 많이 가지게 되었고, 이 사건 범행이 발생한 무렵에는 피고인의 피해자에 대한 절도신고까지 더하여져 자신이 거부 의사를 표현했는데도 피고인이 이를 무시하고 일방적으로 성관계를 한 것이 강간이라 생각하여 이 사건 고소에 이른 것으로 보인다는 점 또한 피해자 진술의 신빙성을 배척하는 사정으로 들었다.

그러나 원심의 인정사실에 의하면 이 사건 범행 직후의 대화 및 같은 날 몇 시간 후 주고받은 문자메시지에서 '하지 말라고 했잖아', '넣지 말라고 했잖아', '억지로 했어' 라는 말이 반복되었다. 또한 원심이 인정한 다음 날 두 사람의 통화 내용에 의하더라도, 피고인이 성관계에 대하여 변명하면서 지속적으로 대화를 요청하자 피해자가 반성하지 않는 피고인의 태도를 지적하며 화를 내는 상황이 확인되고, 이에 피해자는 이 사건 범행 발생일로부터 이틀 후에 곧바로 피고인을 강간 혐의로 고소하였다. 피해자의 위와 같은 행동과 고소 경위는 지극히 자연스럽고, 강간 사실 자체가 아닌 다른 부수적 사유에 의하여 고소에 이르렀을 가능성이 있다는 의심은 합리적이지 않다.

사. 소결론

위와 같은 사정들을 앞서 본 법리에 비추어 살펴보면 피해자의 진술은 충분히 신빙성이 있다고 판단된다. 그런데도 원심은 피해자 진술의 신빙성을 배척하기에 부족하거나 양립 가능한 사정, 혹은 공소사실과 직접 관련이 없는 부수적 사정만을 근거로 피해자 진술의 신빙성을 의심하여 그 증명력을 배척하고 이 부분 공소사실을 무죄로 판단하였다.

## V. 결 론

① 피고인은 제1심에서는 합의에 따라 성관계가 이뤄진 것이라고 진술하다가 유죄가 선고되자, 원심에서는 설령 성관계를 원치 않는 피해자와 성관계를 가졌다고 하더라도, 폭행이나 협박에 의해 강간을 하지 않았다는 취지로 진술하고 있는 점,

② 피해자가 명시적으로 성관계를 거부하는 의사를 표시하였고 피고인도 성관계가 피해자의 의사에 반한다는 사실을 인지하고 있었던 상황에서, 연인관계 사이로 이전에 다툼과 화해의 일환으로 성관계를 가진 적이 있다는 사정을 들어 피해자가 당시 성관계를 용인하였거나 폭행·협박이 없었으리라는 막연한 추측 하에 피해자 진술 전체의 신빙성을 평가하여서는 아니 되는 점,

③ 성관계 당시 체격 차이로 인한 힘에 제압당하는 형태로 폭행을 당한 피해자가 성관계 후 육체적인 고통을 호소하지 않았다거나 성관계 도중의 자세에 비추어 빠져나올 수 있는 상황이 있었다는 사정만으로 강간죄에서의 폭행·협박에 해당하지 않는다고 단정할 수 없는 점,

④ 당시 피해자가 처한 구체적인 상황에 비추어 성관계 직후 피고인과 나눈 대화 내용이 이례적이거나 부자연스러운 것이라고 보이지 않는 점,

⑤ 피해자가 반성하지 않는 피고인의 태도를 지적하며 이 사건 범행 발생일로부터 이틀 후에 곧바로 피고인을 강간 혐의로 고소한 경위는 지극히 자연스럽고, 강간 사실 자체가 아닌 다른 부수적 사유에 의하여 고소에 이르렀을 가능성이 있다는 의심은 합리적이지 않은 점 등을 종합하면,

피해자 진술의 신빙성을 인정할 수 있다는 이유로, 이와 달리 판단한 원심판결에는 진술의 신빙성 판단의 기준이 되는 경험칙과 증거법칙을 위반하여 자유심증주의의 한계를 벗어남으로써 판결에 영향을 미친 잘못이 있다고 하여 파기환송 한 사례이다.

# 제2절 노래방에서 회식 중 옆자리에 앉힌 후 갑자기 볼에 입을 맞춘 경우

## I. 사례요지

피고인은 미용업체를 운영하는 사람이고, 피해자(여, 27세)는 위 회사의 가맹점에서 근무한 사람이다. 피고인은 노래방에서 피해자를 비롯한 직원들과 회식을 하던 중 피해자를 강제추행할 마음을 먹고, 피해자를 자신의 옆자리에 앉힌 후 피해자에게 귓속말로 '일하는 것 어렵지 않냐. 힘든 것 있으면 말하라'라고 하면서 갑자기 피해자의 볼에 입을 맞추고, 이에 놀란 피해자가 '하지 마세요'라고 하였음에도, 계속하여 '괜찮다. 힘든 것 있으면 말해라. 무슨 일이든 해결해 줄 수 있다'라고 하면서 오른손으로 피해자의 오른쪽 허벅지를 쓰다듬었다.

## II. 논 점

1. 강제추행죄에 포함되는 이른바 '기습추행' 의 경우, 추행행위와 동시에 저질러지는 폭행행위의 정도
2. '추행' 의 의미 및 이에 해당하는지 판단하는 기준

## III. 법규연구 (형법)

제298조(강제추행) 폭행 또는 협박으로 사람에 대하여 추행을 한 자는 10년 이하의 징역 또는 1천500만원 이하의 벌금에 처한다.

## IV. 관련 판례

### 1. 원심 (창원지법 2019. 10. 17. 선고 2019노309 판결)

피고인이 갑자기 피해자의 볼에 입을 맞추었다는 부분에 관한 피해자의 진술은 신빙성이 부족하여 그대로 믿기 어렵고 달리 이를 인정할 증거가 없다고 판단하는 한편, 피고인이 오른손으로 피해자의 오른쪽 허벅지를 쓰다듬었다는 부분에 대하여는 피고인이 이러한 행위를 한 사실 자체는 인정되지만, 다음의 이유로 이 역시 강제추행죄에 해당한다고 볼 수 없다고 판단하면서, 이 사건 공소사실을 유죄로 판단한 제1심판결을 파기하고 피고인에 대하여 무죄를 선고하였다.

### 2. 대법원 (대법원 2020. 3. 26., 선고, 2019도15994, 판결)

가. 우리 형사법의 체계에 비추어 볼 때, 폭행행위 자체가 추행행위라고 인정되는

경우인 이른바 '기습추행' 의 경우에도 강제추행죄가 성립할 수 있지만, 이 경우에도 폭행행위라고 평가될 수 있을 정도의 유형력 행사가 있어야만 한다. 그런데 피해자는 추행을 당한 경위와 관련하여 "피고인이 자신의 오른손으로 제 오른쪽 허벅지를 쓰다듬으면서 '괜찮다. 힘든 것 있으면 말해라. 무슨 일이든 해결해줄 수 있다.' 라고 말했다." 라고 진술하고 있고, 증인 공소외 3은 제1심 법정에서 '피고인은 피해자의 다리를 옷 위로 쓰다듬고 피해자 옆에 기대거나 피해자를 뒤에서 안는 등의 행위를 했으나 피해자는 가만히 있었다' , '단순히 친하다고만 생각했던 두 사람인데 피고인이 그런 모습을 보여서 놀랐다. 거기에 대해서 피해자는 아무렇지 않게 가만히 있었다' 라고 진술하였고, 증인 공소외 4도 제1심 법정에서 '피고인이 피해자의 허벅지를 쓰다듬는 것을 보았는데 직후 피해자는 그냥 가만히 있었다' 라는 취지로 진술하였다.

이와 같은 증인들의 진술 내용이나 당시 이루어진 회식의 지속 시간, 진행 과정 및 분위기, 피고인의 부적절한 행동의 유형 및 반복성, 피해자의 반응, 다른 회식 참석자들의 상황 인식 등에 비추어 보더라도, 피고인이 위와 같이 피해자의 신체 일부를 만진 행위를 들어 폭행행위라고 평가할 수 있을 정도의 유형력 행사가 있었다고 볼 수 없다.

나. 그러나 이 사건 공소사실 중 피고인이 피해자의 허벅지를 쓰다듬은 행위로 인한 강제추행 부분에 관한 원심의 판단은 다음과 같은 이유로 수긍하기 어렵다.

강제추행죄는 상대방에 대하여 폭행 또는 협박을 가하여 항거를 곤란하게 한 뒤에 추행행위를 하는 경우뿐만 아니라 <u>폭행행위 자체가 추행행위라고 인정되는 이른바 기습추행의 경우도 포함된다. 특히 **기습추행**의 경우 추행행위와 동시에 저질러지는 폭행행위는 반드시 상대방의 의사를 억압할 정도의 것임을 요하지 않고 상대방의 의사에 반하는 유형력의 행사가 있기만 하면 그 힘의 대소강약을 불문한다는 것이 일관된 판례의 입장이다.</u> 이에 따라 대법원은, 피해자의 옷 위로 엉덩이나 가슴을 쓰다듬는 행위(대법원 2002. 8. 23. 선고 2002도2860 판결), 피해자의 의사에 반하여 그 어깨를 주무르는 행위(대법원 2004. 4. 16. 선고 2004도52 판결), 교사가 여중생의 얼굴에 자신의 얼굴을 들이밀면서 비비는 행위나 여중생의 귀를 쓸어 만지는 행위(대법원 2015. 11. 12. 선고 2012도8767 판결) 등에 대하여 피해자의 의사에 반하는 유형력의 행사가 이루어져 기습추행에 해당한다고 판단한 바 있다.

나아가 추행은 객관적으로 일반인에게 성적 수치심이나 혐오감을 일으키게 하고 선량한 성적 도덕관념에 반하는 행위로서 피해자의 성적 자유를 침해하는 것으로, 이에 해당하는지는 피해자의 의사, 성별, 연령, 행위자와 피해자의 이전부터의 관계, 그 행위에 이르게 된 경위, 구체적 행위태양, 주위의 객관적 상황과 그 시대의 성적 도덕관념 등을 종합적으로 고려하여 신중히 결정되어야 한다(대법원 2002. 4. 26. 선고 2001도2417 판결 등 참조).

피해자는 이 사건 당시 피해자 본인의 의사에 반하여 피고인이 피해자의 허벅지를 쓰다듬었다는 취지로 수사기관에서부터 제1심 법정에 이르기까지 일관되게 진술하고 있다. 당시 사건 현장에 있었던 제1심 증인 공소외 3, 공소외 4의 각 진술 역시 피고인이 피해자의 허벅지를 쓰다듬는 장면을 목격하였다는 취지로서 피해자의 위와 같은 진술에 부합한다. 특히 제1심 증인 공소외 3은 피고인과 피해자가 평소 친하기는 하였어도 그와 같이 신체접촉을 하는 것을 본 적이 없었기에 그 장면을 보고서 놀랐다는 취지로 진술하기도 하였다.

이처럼 피고인이 여성인 피해자가 성적 수치심이나 혐오감을 느낄 수 있는 부위인 허벅지를 쓰다듬은 행위는, 피해자의 의사에 반하여 이루어진 것인 한 앞서 본 법리에 비추어 피해자의 성적 자유를 침해하는 유형력의 행사에 해당할 뿐 아니라 일반인에게도 성적 수치심이나 혐오감을 일으키게 하는 추행행위라고 보아야 한다.


다. 원심은 무죄의 근거로서 피고인이 피해자의 허벅지를 쓰다듬던 당시 피해자가 즉시 피고인에게 항의하거나 반발하는 등의 거부의사를 밝히는 대신 그 자리에 가만히 있었다는 점을 중시하였던 것으로 보인다.

그러나 성범죄 피해자의 대처 양상은 피해자의 성정이나 가해자와의 관계 및 구체적인 상황에 따라 다르게 나타날 수밖에 없다는 점(대법원 2018. 10. 25. 선고 2018도7709 판결, 대법원 2019. 7. 11. 선고 2018도2614 판결 등 참조)에서 원심이 들고 있는 위 사정만으로는 강제추행죄의 성립이 부정된다고 보기 어렵다. 피해자가 피고인에게 즉시 거부의사를 밝히지 않았다고 하지만, 반대로 피해자가 피고인의 행위에 대하여 명시적으로 동의한 바도 없었음이 분명하고, 피고인의 신체접촉에 대해 피해자가 묵시적으로 동의하였다거나 그 의사에 반하지 않았다고 볼 만한 근거 역시 찾아볼 수 없기 때문이다. 나아가 이 사건 당시 피고인의 행위에 대하여 적극적으로 항의하지 아니한 이유에 관하여, 피해자는 경찰 조사 시 '수치스러웠다. 이런 적이 한 번도 없어서 어떻게 해야 할지 몰랐다'라고, 검찰 조사 시 '짜증이 나고 성적으로 수치심이 들었다. 피고인은 회사 대표이고 피해자는 그 밑에서 일하는 직원이라서 적극적으로 항의하지 못했다'라고 각 진술하였다. 이처럼 당시는 다른 직원들도 함께 회식하고 나서 노래방에서 여흥을 즐기던 분위기였기에 피해자가 즉시 거부의사를 밝히지 않았다고 하여, 피고인의 행위에 동의하였다거나 피해자의 의사에 반하지 아니하였다고 쉽게 단정하여서는 아니 된다. 원심도 이에 관하여 다른 판단을 하고 있지는 않다.

## V. 결 론

이상에서 살펴본 것처럼 원심이 들고 있는 사정은 기습추행으로 인한 강제추행죄의 성립을 부정적으로 볼 만한 것이 아닐 뿐 아니라, 피고인이 저지른 행위가 자신의 의사에 반하였다는 피해자 진술의 신빙성에 대하여 합리적인 의심을 가질 만한 사정도 없다고 판단된다.

이처럼 피고인이 여성인 피해자가 성적 수치심이나 혐오감을 느낄 수 있는 부위인 허벅지를 쓰다듬은 행위는, 피해자의 의사에 반하여 이루어진 것인 한 앞서 본 법리에 비추어 피해자의 성적 자유를 침해하는 유형력의 행사에 해당할 뿐 아니라 일반인에게도 성적 수치심이나 혐오감을 일으키게 하는 추행행위라고 보아야 한다.

# 제3절 직장 상사가 등 뒤에서 피해자 의사에 반해 어깨를 주무른 경우

## I. 사례요지

피고인은 영업부 대리로 근무하던 자로서, 부하 여직원인 피해자 (여, 22세)에게 자신의 어깨를 주무르게 한 후 이를 거절하면 큰소리로 화를 내 피해자가 이를 거절할 수 없도록 하였고, 피고인이 위 회사 회장 공소외 2와 대표이사 공소외 3의 조카인 관계로 위 회사 관계자들이 피고인을 제지하지 않아 계속하여 피해자에게 피고인의 어깨를 주무르게 하여 오던 중, 사무실에서 자신의 어깨를 주무르라는 요구를 피해자가 거절하자 피해자의 등뒤로가 '이렇게 하는 거야.'라고 말하면서 양손으로 피해자의 어깨를 주물러 피해자를 추행하였다.

## II. 논 점

1. 강제추행죄에 있어서 추행의 의미 및 판단기준
2. 여성에 대한 추행에 있어 신체 부위에 따라 본질적인 차이가 있다고 볼 수 있는지

## III. 법규연구

### 1. 형 법

제298조 (강제추행) 폭행 또는 협박으로 사람에 대하여 추행을 한 자는 10년 이하의 징역 또는 1천500만원 이하의 벌금에 처한다.

### 2. 성폭력범죄의 처벌 등에 관한 특례법 (성폭력처벌법 )

제10조(업무상 위력 등에 의한 추행) ① 업무, 고용이나 그 밖의 관계로 인하여 자기의 보호, 감독을 받는 사람에 대하여 위계 또는 위력으로 추행한 사람은 3년 이하의 징역 또는 1천500만원 이하의 벌금에 처한다.

## IV. 관련 판례

### 1. 원심 (서울지법 2003. 12. 11. 선고 2003노8108 판결)

피고인이 이 사건 이전에도 피해자나 그 동료 여직원인 공소외 4에게 어깨를 주물러 달라고 한 적이 있고 그에 따라 피해자나 공소외 4가 피고인의 어깨를 주물러 준 적도 있는 점, 위 행위 시에도 피고인이 피해자에게 어깨를 주물러 달라고 하였다가 피해자가 거절하자 피고인이 피해자의 어깨를 주물렀으며 이러한 행위가 비록 피해자

의 의사에는 반할 수 있으나 그 당시에는 적극적으로 반항을 하지는 않았고 나중에 피고인이 피해자에게 상해를 가한 행위 때문에 이러한 행위도 비로소 문제 삼게 된 경위, 어깨를 주무른 장소가 공개된 사무실인 점 등의 사정과 이 시대의 성적 도덕관념 및 피고인의 위 행위가 통상 일반인에게 성적 수치와 혐오의 감정을 일으킬 정도인지 여부 등을 종합적으로 고려할 때, 피고인의 위 행위는 도덕적으로 비난받을 여지가 있음은 별론으로 하고 적어도 성폭력법상 '추행'에 해당한다고 보기 어렵다는 이유로 이 부분 공소사실에 대하여 <u>유죄를 선고한 제1심판결을 파기하고 무죄를 선고하였다.</u>

## 2. 대법원 (대법원 2004. 4. 16., 선고, 2004도52, 판결)

<u>'추행'이라 함은 객관적으로 일반인에게 성적 수치심이나 혐오감을 일으키게 하고 선량한 성적 도덕관념에 반하는 행위로서 피해자의 성적 자유를 침해하는 것이라고 할 것이고, 이에 해당하는지는 피해자의 의사, 성별, 연령, 행위자와 피해자의 이전부터의 관계, 그 행위에 이르게 된 경위, 구체적 행위태양, 주위의 객관적 상황과 그 시대의 성적 도덕관념 등을 종합적으로 고려하여 신중히 결정되어야 할 것이다</u>(대법원 2002. 4. 26. 2001도2417 판결, 2002. 8. 23. 선고 2002도2860 판결 등 참조)

그런데 기록에 의하면, 피고인은 30대 초반의 가정을 가진 남성인 데 반해 피해자는 20대 초반의 미혼 여성인 사실, 피고인과 피해자가 함께 근무하는 공소외 1 주식회사의 서울지사는 같은 계열 회사인 공소외 5 주식회사의 서울지사와 40평가량 되는 사무실을 공동으로 사용하고 있었는데, 두 회사 직원은 전부 합하여 10여 명 정도로서 피해자와 공소외 4는 각각 공소외 1 주식회사와 공소외 5 주식회사 서울지사의 유일한 여직원인 사실, 피고인의 직장 상사들도 피고인이 공소외 1 주식회사의 회장 및 대표이사의 조카라는 점 때문에 그가 동료나 부하직원들에게 함부로 대하거나 피해자로 하여금 피고인의 어깨를 주무르게 하는 것을 제지하지 못하였고, 피해자도 이러한 사정 때문에 어깨를 주물러 달라는 직장 상사인 피고인의 요구를 거절하지 못한 채 어쩔 수 없이 여러 차례 이에 응하여 준 사실, 피고인은 2002. 4. 중순경 평소와 마찬가지로 피해자에게 어깨를 주물러 달라고 요구하였으나 거절당하자 곧바로 등 뒤로 가 양손으로 피해자의 어깨를 서너 번 주무르다가 피해자의 반발로 이를 그만둔 사실, <u>피해자는 수사기관에서 피고인의 어깨를 주무르는 것에 대하여 평소 수치스럽게 생각했었는데 피고인이 등 뒤에서 자신의 어깨를 주물렀을 때는 온몸에 소름이 돋고 피고인에 대하여 혐오감마저 느꼈다고 진술한 사실</u>, 피고인은 그 뒤인 2002. 4.경 및 같은 해 5. 11. 두 차례에 걸쳐 공소외 1 주식회사의 서울지사 사무실에서 피해자를 갑자기 껴

안았고(원심은 이 부분 공소사실에 대하여는 성폭력법 제11조 제1항의 업무상 위력에 의한 추행으로 유죄를 인정하였고 이에 대하여 피고인이 상고하지 아니하여 그대로 확정되었다), 이러한 일들이 겹치자 피해자는 공소외 1 주식회사에 사직서를 제출한 사실 등을 알 수 있다.

## V. 결 론

여성에 대한 추행에 있어 신체 부위에 따라 본질적인 차이가 있다고 볼 수는 없다 할 것인데, 위에서 본 사실관계에 의하면 피고인의 어깨를 주무르는 것에 대하여 평소 수치스럽게 생각하여 오던 피해자에 대하여 그 의사에 명백히 반하여 그의 어깨를 주무르고 이로 인하여 피해자로 하여금 소름이 끼치도록 혐오감을 느끼게 하였고, 이어 나중에는 피해자를 껴안기까지 한 일련의 행위에서 드러난 피고인의 추행 성행을 앞서 본 추행에 관한 법리에 비추어 볼 때 이는 20대 초반의 미혼 여성인 피해자의 성적 자유를 침해할 뿐만 아니라 일반인으로서도 도덕적 비난을 넘어 추행행위라고 평가할 만한 것이라 할 것이고, 나아가 추행행위의 행태와 당시의 경위 등에 비추어 볼 때 피고인의 범의나 업무상 위력이 행사된 점 또한 넉넉히 인정할 수 있다.

# 제4절 피해자와 춤을 추면서 순간적으로 피해자 유방을 만진 행위

## I. 사례요지

피고인은 피고인의 처가 경영하는 식당의 지하실에서 종업원들인 피해자(35세의 유부녀이다.) 및 공소외인과 노래를 부르며 놀던 중 공소외인이 노래를 부르는 동안 피해자를 뒤에서 껴안고 블루스를 추면서 피해자의 유방을 만졌다.

## II. 논 점

1. 강제추행죄에 있어서 폭행의 형태와 정도
2. 강제추행죄에 있어서 추행의 의미 및 판단기준
3. 순간적으로 피해자의 유방을 만진 행위가 강제추행에 해당하는지

## III. 법규연구 (형법)

제298조 (강제추행) 폭행 또는 협박으로 사람에 대하여 추행을 한 자는 10년이하의 징역 또는 1천500만원이하의 벌금에 처한다.

## IV. 관련 판례

### 1. 원심 (대전지법 2001. 4. 27. 선고 2000노1469 판결)

피고인의 위 행위에 대하여 강제추행죄 소정의 피해자의 의사에 반하여 유형력을 행사하였다고 보기에는 부족하고 피고인에게 강제추행의 범의가 있었다고 보기도 어렵다는 이유로 <u>피고인에게 무죄를 선고하였다.</u>

### 2. 대법원 (대법원 2002. 4. 26., 선고, 2001도2417, 판결)

강제추행죄는 상대방에 대하여 폭행 또는 협박을 가하여 항거를 곤란하게 한 뒤에 추행행위를 하는 경우뿐만 아니라 폭행행위 자체가 추행행위라고 인정되는 경우도 포함되는 것이며, 이 경우에 있어서의 폭행은 반드시 상대방의 의사를 억압할 정도의 것임을 요하지 않고 상대방의 의사에 반하는 유형력의 행사가 있는 이상 그 힘의 대소강약을 불문한다고 할 것이고(대법원 1992. 2. 28. 선고 91도3182 판결, 1994. 8. 23. 선고 94도630 판결 등 참조), 추행이란 객관적으로 일반인에게 성적 수치심이나 혐오

감을 일으키게 하고 선량한 성적 도덕관념에 반하는 행위로서 피해자의 성적 자유를 침해하는 것이라고 할 것인데, 이에 해당하는지는 피해자의 의사, 성별, 연령, 행위자와 피해자의 이전부터의 관계, 그 행위에 이르게 된 경위, 구체적 행위태양, 주위의 객관적 상황과 그 시대의 성적 도덕관념 등을 종합적으로 고려하여 신중히 결정되어야 할 것이다(대법원 1998. 1. 23. 선고 97도2506 판결 참조).

## V. 결 론

피고인과 피해자의 관계, 위 행위에 이르게 된 경위와 당시의 상황 등을 고려하여 보면, 피고인의 위 행위가 순간적인 행위에 불과하더라도 피해자의 의사에 반하여 행하여진 유형력의 행사에 해당하고 피해자의 성적 자유를 침해할 뿐만 아니라 일반인의 입장에서도 추행행위라고 평가될 수 있는 것으로서, 앞서 설시한 법리에 따르면 폭행 행위 자체가 추행행위라고 인정되어 강제추행죄가 성립될 수 있는 경우이며, 나아가 추행행위의 행태와 당시의 정황 등에 비추어 볼 때 피고인의 범의도 넉넉히 인정할 수 있다.

# 제5절 피해자를 도구 삼아 피해자 신체를 이용하여 추행한 경우

## I. 사례요지

피고인은 스마트폰 채팅 애플리케이션을 통하여 알게 된 피해자들로부터 은밀한 신체 부위가 드러난 사진을 전송받은 사실이 있고, 피해자들의 개인정보나 피해자들의 지인에 대한 인적사항을 알게 된 것을 기화로 피해자들에게 시키는 대로 하지 않으면 기존에 전송받았던 신체사진과 개인정보 등을 유포하겠다고 하는 방법으로 피해자들을 협박하였다. 피고인의 협박으로 겁을 먹은 피해자로 하여금 스스로 가슴 사진, 성기 사진, 가슴을 만지는 동영상, 나체사진, 속옷을 입고 다리를 벌린 모습의 사진, 가슴을 만지거나 성기에 볼펜을 삽입하여 자위하는 동영상 등을 촬영하도록 하여 이를 전송받았다.

## II. 논 점

1. 강제추행죄에서 '추행' 의 의미 및 추행에 해당하는지 판단하는 기준
2. 강제추행죄가 '자수범' 에 해당하는지 여부(소극)
3. 피해자를 도구로 삼아 피해자의 신체를 이용하여 추행행위를 한 경우, 강제추행죄의 간접정범에 해당하는지 여부(적극)

## III. 법규연구

### 1. 형 법

제298조(강제추행) 폭행 또는 협박으로 사람에 대하여 추행을 한 자는 10년 이하의 징역 또는 1천500만원 이하의 벌금에 처한다.

제34조(간접정범, 특수한 교사, 방조에 대한 형의 가중) ① 어느 행위로 인하여 처벌되지 아니하는 자 또는 과실범으로 처벌되는 자를 교사 또는 방조하여 범죄행위의 결과를 발생하게 한 자는 교사 또는 방조의 예에 의하여 처벌한다.

### 2. 아동·청소년의 성보호에 관한 법률

제7조(아동·청소년에 대한 강간·강제추행 등) ③ 아동·청소년에 대하여 「형법」 제298조의 죄를 범한 자는 2년 이상의 유기징역 또는 1천만원 이상 3천만원 이하의 벌금에 처한다.

## IV. 관련 판례

### 1. 원심 (서울고법 2016. 10. 19. 선고 (춘천)2016노83 판결)

피고인이 피해자들을 이용하여 강제추행의 범죄를 실현한 것으로 볼 수 있는지 가려보지 아니한 채 피고인의 행위가 피해자의 신체에 대한 접촉이 있는 경우와 동등한 정

도로 성적 수치심 내지 혐오감을 주거나 성적 자기결정권을 침해하는 것이라고 보기 어렵다는 이유만을 들어 <u>아동·청소년의 성보호에 관한 법률 위반(강제추행) 및 강제 추행에 관한 주위적 공소사실 전부를 무죄로 판단하였다.</u>

## 2. 대법원 (대법원 2018. 2. 8., 선고, 2016도17733, 판결)

강제추행죄에서 추행은 객관적으로 일반인에게 성적 수치심이나 혐오감을 일으키게 하고 선량한 성적 도덕관념에 반하는 행위로서 피해자의 성적 자유를 침해하는 것을 의미한다. 여기에 해당하는지는 피해자의 의사, 성별, 나이, 행위자와 피해자의 이전 부터의 관계, 그 행위에 이르게 된 경위, 구체적 행위태양, 주위의 객관적 상황과 그 시대의 성적 도덕관념 등을 종합적으로 고려하여 신중히 결정되어야 한다(대법원 2002. 4. 26. 선고 2001도2417 판결 등 참조).

강제추행죄는 사람의 성적 자유 내지 성적 자기결정의 자유를 보호하기 위한 죄로서 <u>정범 자신이 직접 범죄를 실행하여야 성립하는 자수범이라고 볼 수 없으므로, 처벌되지 아니하는 타인을 도구로 삼아 피해자를 강제로 추행하는 간접정범의 형태로도 범할 수 있다.</u> 여기서 강제추행에 관한 간접정범의 의사를 실현하는 도구로서의 타인에는 피해자도 포함될 수 있다고 봄이 타당하므로, <u>피해자를 도구로 삼아 피해자의 신체를 이용하여 추행행위를 한 경우에도 강제추행죄의 간접정범에 해당할 수 있다.</u>

피고인이 피해자들을 협박하여 겁을 먹은 피해자들로 하여금 어쩔 수 없이 나체나 속옷만 입은 상태가 되게 하여 스스로를 촬영하게 하거나, 성기에 이물질을 삽입하거나 자위를 하는 등의 행위를 하게 하였다면, 이러한 행위는 피해자들을 도구로 삼아 피해자들의 신체를 이용하여 그 성적 자유를 침해한 행위로써, 그 행위의 내용과 경위에 비추어 일반적이고도 평균적인 사람으로 하여금 성적 수치심이나 혐오감을 일으키게 하고 선량한 성적 도덕관념에 반하는 행위라고 볼 여지가 충분하다.

## V. 결론

따라서 피고인의 행위 중 위와 같은 행위들은 피해자들을 이용하여 강제추행의 범죄를 실현한 것으로 평가할 수 있고, 피고인이 직접 위와 같은 행위들을 하지 않았다거나 피해자들의 신체에 대한 직접적인 접촉이 없었다고 하더라도 달리 볼 것은 아니다.

# 제6절 폭행당한 보복으로 여성의 입술을 입으로 깨무는 행위

## I. 사례요지

> 알고 지내던 여성인 피해자 甲이 자신의 머리채를 잡아 폭행을 가하자 보복의 의미에서 甲의 입술, 귀, 유두, 가슴 등을 입으로 깨무는 등의 행위를 하였다.

## II. 논 점

1. '추행' 의 의미와 판단기준
2. 강제추행죄의 주관적 구성요건으로 '성욕을 자극·흥분·만족시키려는 주관적 동기나 목적' 이 있어야 하는지 여부(소극)
3. 여성의 입술, 귀 등을 입으로 깨무는 행위가 강제추행죄의 '추행' 에 해당하는지

## III. 법규연구 (형법)

> 제298조(강제추행) 폭행 또는 협박으로 사람에 대하여 추행을 한 자는 10년 이하의 징역 또는 1천500만원 이하의 벌금에 처한다.

## IV. 관련 판례

### 1. 원심 (대전고법 2013. 5. 2. 선고 (청주)2013노37 판결)

피고인의 행위가 추행에 이르렀다고 보기 어렵고 또한 당시 피고인에게 피해자를 추행한다는 의사가 있었다고 보기 어렵다는 이유로 이 부분 공소사실에 대하여 <u>무죄를 선고하였다.</u>

### 2. 대법원 (대법원 2013. 9. 26., 선고, 2013도5856, 판결)

가. 추행이란 객관적으로 일반인에게 성적 수치심이나 혐오감을 일으키게 하고 선량한 성적 도덕관념에 반하는 행위로서 피해자의 성적 자유를 침해하는 것이라고 할 것이고, 이에 해당하는지는 피해자의 의사, 성별, 연령, 행위자와 피해자의 이전부터의 관계, 그 행위에 이르게 된 경위, 구체적 행위태양, 주위의 객관적 상황과 그 시대의 성적 도덕관념 등을 종합적으로 고려하여 신중히 결정되어야 한다(대법원 2002. 4. 26. 선고 2001도2417 판결 등 참조). 그리고 강제추행죄의 성립에 필요한 주관적 구성요건으로 성욕을 자극·흥분·만족시키려는 주관적 동기나 목적이 있어야 하는 것은

아니다(대법원 2006. 1. 13. 선고 2005도6791 판결 등 참조).

  나. 피고인은 경찰 이래 원심에 이르기까지 피해자의 입술, 귀, 유두, 가슴, 어깨 부위를 깨물었음을 인정하는 점, 피해자가 엎어져서 피고인의 머리를 잡아당기는 상황에서 피고인은 감정이 폭발하여 이성적으로 지배할 수 없는 상태에 이르러 그와 같은 행위에 이르렀다고 진술하고 있는 점, 피해자의 진술에 일부 과장이 있기는 하지만 일관되게 피고인이 자신에게 키스하려다가 입술을 깨물고, 가슴을 물었다는 내용의 진술을 하고 있고, 피해자는 이와 같은 피고인의 행위가 자신의 성적 자유를 침해하였다고 생각하여 피고인을 고소하였다고 볼 수 있는 점 등의 사정을 알 수 있다.

## V. 결 론

  피고인의 행위는, 비록 피해자가 피고인의 머리채를 잡아 폭행을 가하자 이에 대한 보복의 의미에서 한 행위로서 성욕을 자극·흥분·만족시키려는 주관적 동기나 목적이 없었다고 하더라도, 객관적으로 여성인 피해자의 입술, 귀, 유두, 가슴을 입으로 깨무는 등의 행위는 일반적이고도 평균적인 사람으로 하여금 성적 수치심이나 혐오감을 일으키게 하고 선량한 성적 도덕관념에 반하는 행위에 해당하고, 그로 인하여 피해자의 성적 자유를 침해하였다고 봄이 타당하다 할 것이므로, 위 법률 조항에서 말하는 '추행'에 해당한다고 평가할 수 있다. 나아가 추행행위의 행태와 당시의 정황 등에 비추어 볼 때 피고인의 범의도 인정할 수 있다.

# 제7절 초등 교사가 건강검진을 받으러 온 학생의 옷 속으로 신체 부위를 만진 행위

## I. 사례요지

피고인은 자신이 기간제 교사로 근무하는 초등학교 연구실에서 건강검진을 받겠다며 찾아온 피해자들에게 손목의 맥을 짚어 본 다음 책상 위에 눕게 하여 상의 속으로 손을 넣어 주로 가슴 부위를 누르거나 문지르고, 배를 짚어보면서 유방과 유두를 만졌다.

## II. 논 점

1. 13세 미만 미성년자에 대한 추행죄의 주관적 구성요건으로 '성욕을 자극·흥분·만족시키려는 주관적 동기나 목적'이 필요한지 여부(소극) 및 '추행' 해당 여부의 판단 방법
2. 옷 속으로 손을 넣어 배와 가슴 등의 신체 부위를 만진 행위가 '추행'에 해당하는지

## III. 법규연구 (성폭력범죄의 처벌 등에 관한 특례법)

제7조(13세 미만의 미성년자에 대한 강간, 강제추행 등) ① 13세 미만의 사람에 대하여 「형법」 제297조(강간)의 죄를 범한 사람은 무기징역 또는 10년 이상의 징역에 처한다.

② 13세 미만의 사람에 대하여 폭행이나 협박으로 다음 각 호의 어느 하나에 해당하는 행위를 한 사람은 7년 이상의 유기징역에 처한다.

  1. 구강·항문 등 신체(성기는 제외한다)의 내부에 성기를 넣는 행위

  2. 성기·항문에 손가락 등 신체(성기는 제외한다)의 일부나 도구를 넣는 행위

③ 13세 미만의 사람에 대하여 「형법」 제298조(강제추행)의 죄를 범한 사람은 5년 이상의 유기징역에 처한다.

④ 13세 미만의 사람에 대하여 「형법」 제299조(준강간, 준강제추행)의 죄를 범한 사람은 제1항부터 제3항까지의 예에 따라 처벌한다.

⑤ 위계 또는 위력으로써 13세 미만의 사람을 간음하거나 추행한 사람은 제1항부터 제3항까지의 예에 따라 처벌한다.

## IV. 관련 판례

### 1. 원심 (서울고법 2009. 3. 11. 선고 2008노969 판결)

피고인의 행위가 추행에 이르렀다고 보기 어렵고 또한 당시 피고인에게 피해자 공소외 1을 추행한다는 의사가 있었다고 보기 어렵다는 이유로 이 부분 공소사실에 대하여 무죄라고 판단하였다.

## 2. 대법원 (대법원 2009. 9. 24., 선고, 2009도2576, 판결)

성폭력처벌법에서 규정한 13세 미만의 미성년자에 대한 추행죄는 '13세 미만의 아동이 외부로부터의 부적절한 성적 자극이나 물리력의 행사가 없는 상태에서 심리적 장애 없이 성적 정체성 및 가치관을 형성할 권익' 을 보호법익으로 하는 것으로서, 그 성립에 필요한 주관적 구성요건으로 성욕을 자극·흥분·만족시키려는 주관적 동기나 목적이 있어야 하는 것은 아니다 (대법원 2006. 1. 13. 선고 2005도6791 판결 참조). 그리고 위 죄에 있어서 '추행' 이라 함은 객관적으로 상대방과 같은 처지에 있는 일반적이고도 평균적인 사람으로 하여금 성적 수치심이나 혐오감을 일으키게 하고 선량한 성적 도덕관념에 반하는 행위로서 피해자의 성적 자유를 침해하는 것이라고 할 것인데, 이에 해당하는지는 피해자의 의사, 성별, 연령, 행위자와 피해자의 이전부터의 관계, 그 행위에 이르게 된 경위, 구체적 행위태양, 주위의 객관적 상황과 그 시대의 성적 도덕관념 등을 종합적으로 고려하여 신중히 결정되어야 할 것이다(대법원 2002. 4. 26. 선고 2001도2417 판결 참조).

## V. 결 론

피고인의 행위는, 비록 피해자 공소외 1이 호기심에서 피고인을 먼저 찾아갔고 함께 간 학생들이 지켜보는 가운데서 한 행위여서 성욕을 자극·흥분·만족시키려는 주관적 동기나 목적이 없었다고 하더라도, 객관적으로 피해자 공소외 1과 같은 처지에 있는 일반적이고도 평균적인 사람으로 하여금 성적 수치심이나 혐오감을 일으키게 하고 선량한 성적 도덕관념에 반하는 행위에 해당하고, 그로 인하여 <u>정신적·육체적으로 미숙한 피해자 공소외 1의 심리적 성장 및 성적 정체성의 형성에 부정적 영향을 미쳤다고 할 것이므로, 위 법률 조항에서 말하는 '추행' 에 해당한다고 평가할 수 있다.</u> 나아가 추행행위의 행태와 당시의 정황 등에 비추어 볼 때 피고인의 범의도 인정할 수 있다.

## VI 유사판례

### 1. 초등학교 4학년 담임교사(남자)가 교실에서 남학생 성기를 만진 행위

초등학교 4학년 담임교사(남자)인 피고인이 교실에서 자신이 담당하는 반의 남학생인 피해자의 성기를 4회에 걸쳐 만진 사실을 인정한 다음, 그와 같은 피고인의 각 행위는 비록 교육적인 의도에서 비롯된 것이라 하여도 교육방법으로서는 적정성을 갖추고 있다고 볼 수 없고, 그로 인하여 정신적·육체적으로 미숙한 피해자의 심리적 성장 및 성적 정체성의 형성에 부정적 영향을 미쳤으며, 현재의 사회환경과 성적 가치기준·도덕관념에 부합되지 아니하므로, '추행'에 해당한다. (대법원 2006. 1. 13., 선고, 2005도6791, 판결)

# 제8절 피해자(여)에게 욕설하면서 바지를 벗어 성기 노출 행위

## I. 사례요지

피해자는 48세의 여자로 식당을 운영하는 공소외인과 분쟁이 있었다. 피고인은 그 식당에서 술을 마시면서 평소 알고 지내던 공소외인으로부터 피해자와의 분쟁에 관한 이야기를 들었고, 마침 피해자가 내려오자 피해자에게 말을 걸었다. 피해자는 피고인의 말을 무시하고 위 식당 앞 도로에 주차하여 둔 자신의 차량으로 걸어갔고 이에 피고인은 피해자의 뒤를 쫓아가면서 욕을 하고 바지를 벗어 성기를 피해자에게 보였다. 그곳은 사람과 차량의 왕래가 빈번한 도로였다.

## II. 논 점

1. 강제추행죄 구성요건 중 '추행'의 의미와 그 판단기준
2. 강제추행죄 구성요건 중 '폭행·협박'의 정도와 그 판단기준
3. 바지를 벗어 자신의 성기를 보여 준 것이 폭행 또는 협박으로 '추행'에 해당하는지

## III. 법규연구

### 1. 형 법

제245조(공연음란) 공연히 음란한 행위를 한 자는 1년 이하의 징역, 500만원 이하의 벌금, 구류 또는 과료에 처한다.

제298조(강제추행) 폭행 또는 협박으로 사람에 대하여 추행을 한 자는 10년 이하의 징역 또는 1천500만원 이하의 벌금에 처한다.

### 2. 경범죄 처벌법

제1조 (경범죄의 종류) ① 다음 각 호의 어느 하나에 해당하는 사람은 10만원 이하의 벌금, 구류 또는 과료(科料)의 형으로 처벌한다.

33. (과다노출) 공개된 장소에서 공공연하게 성기·엉덩이 등 신체의 주요한 부위를 노출하여 다른 사람에게 부끄러운 느낌이나 불쾌감을 준 사람

## IV. 관련 판례

### 1. 원심 (부산지법 2011. 6. 24. 선고 2011노758 판결)

피고인과 피해자는 처음 본 사이이었고, 범행장소가 사람들이 왕래하는 골목길이기는 하나 주차된 차량들 사이이며, 범행시간이 저녁 8시경이었던 점 등에 비추어 보면,

피고인이 자신의 성기를 피해자에게 보여 준 행위는 일반인에게 성적 수치심과 혐오감을 일으키는 한편 선량한 성적 도덕관념에 반하는 행위로서 피해자의 성적 자유를 침해하는 추행에 해당되므로 피고인의 위와 같은 행위는 <u>강제추행죄를 구성한다</u>고 판단하였다.

## 2. 대법원 (대법원 2012. 7. 26., 선고, 2011도8805, 판결)

형법 제298조는 "폭행 또는 협박으로 사람에 대하여 추행을 한 자"를 강제추행죄로 벌할 것을 정한다. 그런데 강제추행죄는 개인의 성적 자유라는 개인적 법익을 침해하는 죄로써, 위 법 규정에서의 '추행'이란 일반인에게 성적 수치심이나 혐오감을 일으키고 선량한 성적 도덕관념에 반하는 행위인 것만으로는 부족하고 그 행위의 상대방인 피해자의 성적 자기결정의 자유를 침해하는 것이어야 한다.

따라서 건전한 성풍속이라는 일반적인 사회적 법익을 보호하려는 목적을 가진 형법 제245조의 공연음란죄에서 정하는 '음란한 행위'(또는 이른바 과다노출에 관한 경범죄처벌법에서 정하는 행위)가 특정한 사람을 상대로 행하여졌다고 해서 반드시 그 사람에 대하여 '추행'이 된다고 말할 수 없고, 무엇보다도 문제의 행위가 피해자의 성적 자유를 침해하는 것으로 평가될 수 있어야 한다. 그리고 이에 해당하는지는 <u>피해자의 의사·성별·연령, 행위자와 피해자의 관계, 그 행위에 이르게 된 경위, 구체적 행위태양, 주위의 객관적 상황 등을 종합적으로 고려하여</u> 정하여진다(대법원 2010. 2. 25. 선고 2009도13716 판결 등 참조).

또한, 강제추행죄는 폭행 또는 협박을 가하여 사람을 추행함으로써 성립하는 것으로서 그 폭행 또는 협박이 항거를 곤란하게 할 정도일 것을 요한다. 그리고 그 폭행 등이 피해자의 항거를 곤란하게 할 정도의 것이었는지 여부는 그 폭행 등의 내용과 정도는 물론, 유형력을 행사하게 된 경위, 피해자와의 관계, 추행 당시와 그 후의 정황 등 모든 사정을 종합하여 판단하여야 한다(대법원 2007. 1. 25. 선고 2006도5979 판결 등 참조).

## V. 결 론

피해자의 성별·연령, 이 사건 행위에 이르게 된 경위 및 피고인은 자신의 성기를 꺼내어 일정한 거리를 두고 피해자에게 보였을 뿐 피해자에게 어떠한 신체적 접촉도 하지 아니한 점, 위 행위장소는 피해자가 차량을 주차하여 둔 사무실 근처의 도로로써 사람 및 차량의 왕래가 빈번한 공중에게 공개된 곳이었고, 피해자로서는 곧바로 피고인으로부터 시선을 돌림으로써 그의 행위를 쉽사리 외면할 수 있었으며 필요하다면 주위의 도움을 청하는 것도 충분히 가능하였던 점, 피고인은 피해자를 위 행위장소로 이끈 것이 아니라 피해자의 차량으로 가는 피해자를 따라가면서 위와 같은 행위에 이르게 된 점, 피고인이 피해자에 대하여 행하여서 협박죄를 구성하는 욕설은 성적인 성질을 가지지 아니하는 것으로서 '추행'과 관련이 없는 점, 그 외에 피해자가 자신의 성적 결정의 자유를 침해당하였다고 볼 만한 사정은 이를 찾을 수 없는 점 기타 제반 사정을 고려하여 보면,

단순히 피고인이 바지를 벗어 자신의 성기를 피해자에게 보여 준 것만으로는 그것이 비록 객관적으로 일반인에게 성적 수치심이나 혐오감을 일으키게 하는 행위라고 할 수 있을지 몰라도 피고인이 폭행 또는 협박으로 '추행'을 하였다고 볼 수 없다.

따라서 공연음란죄나 경범죄 처벌법의 과다노출에 해당한다고 볼 수 있다.

# VI 유사판례

## 1. 골프장 여종업원 의사에 반해 신분상의 불이익을 가할 것처럼 협박하여 러브샷 강요

거절당하였음에도 불구하고, 위 컨트리클럽의 회장인 위 공소외인과의 친분을 내세워 피해자들에게 어떠한 신분상의 불이익을 가할 것처럼 협박하여 피해자들로 하여금 목 뒤로 팔을 감아 돌림으로써 얼굴이나 상체가 밀착되어 서로 포옹하는 것과 같은 신체접촉이 있게 되는 이른바 러브샷의 방법으로 술을 마시게 한 사실을 인정한 다음, 피고인과 피해자들의 관계, 성별, 연령 및 위 러브샷에 이르게 된 경위나 그 과정에서 나타난 피해자들의 의사 등에 비추어 볼 때 강제추행죄의 구성요건인 '강제추행'에 해당하고, 이때 피해자들의 유효한 승낙이 있었다고 볼 수 없다. (대법원 2008. 3. 13., 선고, 2007도10050, 판결)

## 2. 엘리베이터에서 피해자를 칼로 위협 자신의 실력적인 지배 둔 다음 자위행위 보여 준 행위

피고인이 엘리베이터라는 폐쇄된 공간에서 피해자들을 칼로 위협하는 등으로 꼼짝하지 못하도록 자신의 실력적인 지배하에 둔 다음 피해자들에게 성적 수치심과 혐오감을 일으키는 자신의 자위행위 모습을 보여 주고 피해자들로 하여금 이를 외면하거나 피할 수 없게 한 행위는 강제추행죄의 추행에 해당한다. (대법원 2010. 2. 25., 선고, 2009도13716, 판결)

# 제9절 부녀 음모를 1회용 면도기로 깎은 것이 강제추행치상죄 해당 여부

## I. 사례요지

피고인이 피해자가 밥을 먹지 않는다는 이유로 피해자를 강제로 눕혀 옷을 벗긴 뒤 1회용 면도기로 피해자의 음모를 반 정도 깎아 강제추행하고 이로 인하여 피해자로 하여금 치료일수 불상의 음모절단상을 입게 하였다.

## II. 논 점

1. 강제추행치상죄에 있어서의 상해의 의미
2. 부녀의 음모를 1회용 면도기로 일부 깎은 것이 강제추행치상죄에 있어서의 상해에 해당하는지 여부(소극)

## III. 법규연구 (형법)

제298조 (강제추행) 폭행 또는 협박으로 사람에 대하여 추행을 한 자는 10년이하의 징역 또는 1천500만원이하의 벌금에 처한다.

제301조 (강간등 상해·치상) 제297조 내지 제300조의 죄를 범한 자가 사람을 상해하거나 상해에 이르게 한 때에는 무기 또는 5년 이상의 징역에 처한다.

## IV. 관련 판례

### 1. 원심 (대전고법 1999. 6. 25. 선고 99노153 판결)

피고인이 피해자를 강제로 눕혀 옷을 벗긴 뒤 1회용 면도기로 피해자의 음모를 위에서 아래로 가로 약 5cm, 세로 약 3cm 정도 깎은 사실은 인정되나, 위와 같은 정도의 음모의 절단은 이로 인하여 신체의 완전성이 손상되고 생활기능에 장애가 왔다거나 건강상태가 불량하게 변경되었다고 보기 어려우므로 이를 강제추행치상죄의 상해에 해당한다고 할 수 없고, 따라서 피고인의 행위는 <u>강제추행죄만이 성립하고 강제추행치상죄로는 처벌할 수 없다.</u>

### 2. 대법원 (대법원 2000. 3. 23., 선고, 99도3099, 판결)

강제추행치상죄에 있어서의 상해는 피해자의 신체의 건강상태가 불량하게 변경되고 생활기능에 장애가 초래되는 것을 말하는 것으로서(대법원 1996. 11. 22. 선고 96도

1395 판결, 1997. 9. 5. 선고 97도1725 판결 참조), 신체의 외모에 변화가 생겼다고 하더라도 신체의 생리적 기능에 장애를 초래하지 아니하는 이상 상해에 해당한다고 할 수 없다.

## V. 결 론

음모는 성적 성숙함을 나타내거나 치부를 가려주는 등의 시각적 · 감각적인 기능 이외에 특별한 생리적 기능이 없는 것이므로, 원심이 확정한 바와 같이 피해자의 음모의 모근(毛根) 부분을 남기고 모간(毛幹) 부분만을 일부 잘라냄으로써 음모의 전체적인 외관에 변형만이 생겼다면, 이로 인하여 피해자에게 수치심을 야기하기는 하겠지만, 병리적으로 보아 피해자의 신체의 건강상태가 불량하게 변경되거나 생활기능에 장애가 초래되었다고 할 수는 없을 것이므로, 그것이 폭행에 해당할 수 있음은 별론으로 하고 강제추행치상죄의 상해에 해당한다고 할 수는 없다. 따라서 강제추행죄만 성립한다.

# 제10절 준강간죄에서 말하는 심신상실, 항거불능 상태의 의미

## I. 사례요지

피고인은 모텔에서 술에 취하여 심신상실 상태에 있는 피해자(여, 18세)을 침대에 눕힌 후, 피해자의 상의와 브래지어, 팬티를 벗기고 피해자에게 키스하고 손으로 피해자의 가슴을 만져 피해자의 심신상실의 상태를 이용하여 추행을 하였다.

## II. 논 점

1. 형법 제299조에서 규정한 준강제추행죄의 보호법익(=소극적인 성적 자기결정권)
2. 준강간죄 및 준강제추행죄에서 말하는 '심신상실', '항거불능' 상태의 의미
3. 피해자가 깊은 잠에 빠져 있거나 술·약물 등에 의해 일시적으로 의식을 잃은 상태 또는 완전히 의식을 잃지는 않았더라도 그와 같은 사유로 정상적인 판단능력과 대응·조절능력을 행사할 수 없는 상태에 있는 경우, 준강간죄 및 준강제추행죄에서의 심신상실 또는 항거불능 상태에 해당하는지 여부(적극)

## III. 법규연구 (형법)

제299조(준강간, 준강제추행) 사람의 심신상실 또는 항거불능의 상태를 이용하여 간음 또는 추행을 한 자는 제297조, 제297조의2 및 제298조의 예에 의한다

## IV. 관련 판례

### 1. 원심 (수원지법 2018. 5. 29. 선고 2018노906 판결)

피해자가 이 사건 당시 심신상실의 상태에 있었다고 단정하기 어렵고, 피고인이 피해자가 심신상실 상태에 있음을 인식하고서 이를 이용하여 즉 준강제추행의 고의를 가지고 피해자를 추행하였다는 사실이 합리적 의심을 할 여지가 없을 정도로 증명이 되었다고 볼 수 없다는 이유로 이 사건 공소사실에 대해 <u>유죄로 판단한 제1심판결을 파기하고 무죄를 선고하였다.</u>

### 2. 대법원 (대법원 2021. 2. 4., 선고, 2018도9781, 판결)

가. ① 범행장소인 모텔 내외부에 설치된 CCTV의 사진과 영상에 의하면, 피해자가 피고인과 함께 1층 계단 출입구로 걸어가는 모습, 엘리베이터를 이용하지 않고 계단으로 카운터가 있는 3층 출입구로 들어오는 모습, 피고인이 카운터로 다가가 계산을 하

는 동안 피해자 혼자 3층 출입구 부근에 서 있다가 피고인과 함께 걸어서 객실로 이동하는 모습이 확인된다. 위 영상에서는 피해자가 몸을 가누지 못할 정도로 비틀거리거나 피고인이 피해자를 부축하는 모습은 확인되지 않고, 오히려 피해자가 모텔 1층에서 카운터가 있는 3층까지 계단으로 이동하였다는 사실을 알 수 있는바, 피해자가 정신을 잃었다거나 심신상실 상태에 이르렀다고 단정할 만한 장면은 없다.

② 피고인은 피해자를 빌딩 1층에서 만난 후 피해자의 외투나 소지품을 찾기 위하여 위 빌딩 2층부터 5층까지 사이에 있는 술집들을 함께 둘러보았다고 주장하고 있고, 위 빌딩에 있는 주점의 종업원이 피고인과 피해자가 가게에 왔던 것을 목격하였다는 취지의 진술서를 제출하였다. '내사보고(피해자를 목격한 가게 직원의 진술)' 역시 피해자가 가게에 들어와 주위를 서성거리며 일행을 찾기에 피해자에게 "여기에 아무도 없어요. 옆집에서 술 마신 것 같은데 옆 가게로 가보세요."라고 말을 했고, 당시 피해자가 술에 많이 취해 보이지는 않았다는 것으로, 피고인의 주장에 부합한다.

③ 피해자는 친구와 함께 술을 마시고 노래방으로 이동한 것은 기억하지만, 그 이후의 일은 노래방에서 나와서 피고인을 만난 상황조차도 전혀 기억나지 않는다고 진술하고 있다. 그런데 피해자가 술에 취하여 심신상실 상태에 있었다면 피고인이 그러한 상태의 피해자를 데리고 여러 층에 있는 술집들을 돌아다니거나, 모텔 1층에서 3층까지 계단으로 이동하는 것은 용이해 보이지 않는다.

나. 형법 제299조는 '사람의 심신상실 또는 항거불능의 상태를 이용하여 추행을 한 자'를 처벌하도록 규정한다. 이러한 준강제추행죄는 정신적·신체적 사정으로 인하여 성적인 자기방어를 할 수 없는 사람의 성적 자기결정권을 보호해 주는 것을 보호법익으로 하며, 그 성적 자기결정권은 원치 않는 성적 관계를 거부할 권리라는 소극적 측면을 말한다(대법원 2020. 8. 27 선고 2015도9436 전원합의체 판결 참조).

준강간죄에서 '심신상실'이란 정신기능의 장애로 인하여 성적 행위에 대한 정상적인 판단능력이 없는 상태를 의미하고, '항거불능'의 상태란 심신상실 이외의 원인으로 심리적 또는 물리적으로 반항이 절대적으로 불가능하거나 현저히 곤란한 경우를 의미한다(대법원 2006. 2. 23. 선고 2005도9422 판결, 대법원 2012. 6. 28. 선고 2012도2631 판결 등 참조). 이는 준강제추행죄도 마찬가지이다. 피해자가 깊은 잠에 빠져 있거나 술·약물 등에 의해 일시적으로 의식을 잃은 상태 또는 완전히 의식을 잃지는 않았더라도 그와 같은 사유로 정상적인 판단능력과 대응·조절능력을 행사할 수 없는 상태에 있었다면 준강간죄 또는 준강제추행죄에서의 심신상실 또는 항거불능 상태에 해당한다. 피해자가 의식이 있는 상태에서 스스로 행동한 부분도 기억하지 못할 가능성이 있다(소위 '블랙아웃').

---

※ 알코올 블랙아웃의 관계에 관한 법리

1) 의학적 개념으로서의 '알코올 블랙아웃(black out)'은 중증도 이상의 알코올 혈중농도, 특히 단기간 폭음으로 알코올 혈중농도가 급격히 올라간 경우 그 알코올 성분이 외부 자극에 대하여 기록하고 해석하는 인코딩 과정(기억형성에 관여하는 뇌의 특정 기능)에 영향을 미침으로써 행위자가 일정한 시점에 진행되었던 사실에 대한 기억을 상실하는 것을 말한다. 알코올 블랙아웃은 인코딩 손상의 정도에 따라 단편적인 블랙아웃과 전면적인 블랙아웃이 모두 포함한다. 그러나 알코올의 심각한 독성화와 전형적으로 결부된 형태로서의 의식상실의 상태, 즉 알코올의 최면진정작용으로 인하여 수면에 빠지는 의식상실(passing out)과 구별되는 개념이다.

2) 따라서 음주 후 준강간 또는 준강제추행을 당하였음을 호소한 피해자의 경우, 범행 당시 알코올이 위의 기억형성의 실패만을 야기한 알코올 블랙아웃 상태였다면 피해자는 기억장애 외에 인지기능이나 의식 상태의 장애에 이르렀다고 인정하기 어렵지만, 이에 비하여 피해자가 술에 취해 수면상태에 빠지는 등 의식을 상실한 패싱아웃 상태였다면 심신상실의 상태에 있었음을 인정할 수 있다.

   또한, 앞서 본 '준강간죄 또는 준강제추행죄에서의 심신상실·항거불능'의 개념에 비추어, 피해자가 의식상실 상태에 빠져 있지는 않지만, 알코올의 영향으로 의사를 형성할 능력이나 성적 자기결정권 침해행위에 맞서려는 저항력이 현저하게 저하된 상태였다면 '항거불능'에 해당하여, 이러한 피해자에 대한 성적 행위 역시 준강간죄 또는 준강제추행죄를 구성할 수 있다.

3) 그런데 법의학 분야에서는 알코올 블랙아웃이 '술을 마시는 동안에 일어난 중요한 사건에 대한 기억상실'로 정의되기도 하며, 일반인으로서는 '음주 후 발생한 광범위한 인지기능 장애 또는 의식상실'까지 통칭하기도 한다.

4) 따라서 음주로 심신상실 상태에 있는 피해자에 대하여 준강간 또는 준강제추행을 하였음을 이유로 기소된 피고인이 '피해자가 범행 당시 의식상실 상태가 아니었고 그 후 기억하지 못할 뿐이다.'라는 취지에서 알코올 블랙아웃을 주장하는 경우, 법원은 피해자의 범행 당시 음주량과 음주 속도, 경과한 시간, 피해자의 평소 주량, 피해자가 평소 음주 후 기억장애를 경험하였는지 여부 등 피해자의 신체 및 의식 상태가 범행 당시 알코올 블랙아웃인지 아니면 패싱아웃 또는 행위통제능력이 현저히 저하된 상태였는지를 구분할 수 있는 사정들과 더불어 CCTV나 목격자를 통하여 확인되는 당시 피해자의 상태, 언동, 피고인과의 평소 관계, 만나게 된 경위, 성적 접촉이 이루어진 장소와 방식, 그 계기와 정황, 피해자의 연령·경험 등 특성, 성에 대한 인식 정도, 심리적·정서적

상태, 피해자와 성적 관계를 맺게 된 경위에 대한 피고인의 진술 내용의 합리성, 사건 이후 피고인과 피해자의 반응을 비롯한 제반 사정을 면밀하게 살펴 범행 당시 피해자가 심신상실 또는 항거불능 상태에 있었는지 아닌지를 판단해야 한다.

또한, 피해사실 전후의 객관적 정황상 피해자가 심신상실 등이 의심될 정도로 비정상적인 상태에 있었음이 밝혀진 경우 혹은 피해자와 피고인의 관계 등에 비추어 피해자가 정상적인 상태하에서라면 피고인과 성적 관계를 맺거나 이에 수동적으로나마 동의하리라고 도저히 기대하기 어려운 사정이 인정되는데도, 피해자의 단편적인 모습만으로 피해자가 단순히 '알코올 블랙아웃'에 해당하여 심신상실 상태에 있지 않았다고 단정하여서는 안 된다.

## V. 결 론

모텔 객실 내에서 성적 관계가 이루어진 경위에 대한 피고인의 진술은 합리성이 없다. 모텔에 들어가자마자 피고인과 자발적으로 키스를 하던 피해자가 피고인이 양치하는 짧은 순간에 스스로 옷을 벗고 잠이 들어버렸다는 것은 선뜻 믿기 어렵다. 피해자가 상의와 팬티, 속바지까지 벗으면서 굳이 치마를 입고 잠이 들었다는 것은 경험칙상 납득하기 어렵고 피해자의 평소 습관과도 배치된다(피해자의 속옷이 피고인의 주머니에서 발견된 사정에 관한 피고인의 주장 역시 석연치 않다). 피고인은 피해자가 성적 관계를 맺는 것에 동의하였다고 생각하고 모텔에 갔다는 취지로 주장하면서도, 피해자가 잠이 들어 성관계가 불가능해진 위와 같은 상황에 당황하는 등 통상적으로 예상되는 반응을 보이지 않았다. 오히려 인터폰을 받고서는 경찰 또는 피해자의 가족이 왔다고 생각하였다. 이와 같은 사정을 종합하여 보면 <u>피고인이 피해자의 심신상실 상태를 인식하고 이를 이용하여 피해자를 추행하였던 것으로 볼 여지도 충분하다.</u>

# 제13장 | 명예에 관한 죄

## 제1절 명예훼손죄와 모욕죄의 구성요건인 공연성의 증명 정도

### Ⅰ. 사례요지

피고인들은 ○○빌라의 소유자를 대리하여 이 사건 빌라를 관리하고 있다. 피고인들은 이 사건 빌라의 누수 문제로 그 아랫집에 거주하는 공소외 1로부터 공사 요청을 받게 되자, 공사가 신속히 진행되지 못하는 이유를 이 사건 빌라를 임차하여 거주하는 가족인 피해자들의 탓으로 돌려 책임추궁을 피하려고 하였다. 피고인 2는 공소외 1과 전화통화를 하면서, 누수 공사 협조의 대가로 과도하고 부당한 요구를 하거나 막말과 욕설을 하였다는 취지로 공연히 사실 또는 허위사실을 적시하여 피해자들의 명예를 훼손하였다.

피고인 1은 공소외 1과 전화통화를 하면서, 피해자 공소외 3에 대하여 '무식한 것들', '이중인격자' 등으로 말하여 공연히 모욕하였고, 피해자 공소외 2에 대하여 누수 공사 협조의 대가로 과도하고 부당한 금전 요구를 한다는 취지로 공연히 사실을 적시하여 명예를 훼손하였다.

### Ⅱ. 논 점

1. 명예훼손죄와 모욕죄의 구성요건인 '공연성'의 증명 정도

2. 명예훼손죄와 모욕죄에서 전파가능성을 이유로 공연성을 인정하는 경우, 주관적 구성요건요소로서의 고의의 내용

3. 발언자의 전파가능성에 대한 인식과 위험을 용인하는 내심의 의사를 인정할 때 고려할 사항

4. 공연성의 존부를 판단하는 방법

### Ⅲ. 법규연구

제307조(명예훼손) ① 공연히 사실을 적시하여 사람의 명예를 훼손한 자는 2년 이하의 징역이나 금고 또는 500만원 이하의 벌금에 처한다.

② 공연히 허위의 사실을 적시하여 사람의 명예를 훼손한 자는 5년 이하의 징역, 10년 이하의 자격정지 또는 1천만원 이하의 벌금에 처한다

제311조(모욕) 공연히 사람을 모욕한 자는 1년 이하의 징역이나 금고 또는 200만원 이하의 벌금에 처한다.

## IV. 관련 판례

### 1. 원심 (수원지법 2020. 6. 11. 선고 2019노7122 판결)

피고인들의 이 사건 각 발언이 공소외 1을 통해 불특정인 또는 다수인에게 전파될 가능성이 있으므로 명예훼손죄와 모욕죄의 구성요건으로서 공연성이 인정된다는 이유로 이 사건 공소사실을 <u>유죄로 판단한 제1심판결을 그대로 유지하였다.</u>

### 2. 대법원 (대법원 2022. 7. 28., 선고, 2020도8336, 판결)

가. 공연성은 명예훼손죄와 모욕죄의 구성요건으로서, 명예훼손이나 모욕에 해당하는 표현을 특정 소수에게 한 경우 공연성이 부정되는 유력한 사정이 될 수 있으므로, 전파될 가능성에 관해서는 검사의 엄격한 증명이 필요하다.

명예훼손죄와 모욕죄에서 전파가능성을 이유로 <u>공연성을 인정하는 경우에는 적어도 범죄구성요건의 주관적 요소로서 미필적 고의가 필요하므로, 전파가능성에 대한 인식이 있음은 물론 나아가 위험을 용인하는 내심의 의사가 있어야 한다.</u> 친밀하고 사적인 관계뿐만 아니라 공적인 관계에서도 조직 등의 업무와 관련하여 사실의 확인 또는 규명 과정에서 발언하게 된 것이거나, 상대방의 가해에 대하여 대응하는 과정에서 발언하게 된 경우와 수사·소송 등 공적인 절차에서 당사자 사이에 공방하던 중 발언하게 된 경우 등이라면 발언자의 전파가능성에 대한 인식과 위험을 용인하는 내심의 의사를 인정하는 것은 신중하여야 한다. **공연성의 존부는** 발언자와 상대방 또는 피해자 사이<u>의 관계나 지위, 대화를 하게 된 경위와 상황, 사실적시의 내용, 적시의 방법과 장소 등 행위 당시의 객관적 사정에 관하여 심리한 다음, 그로부터 상대방이 불특정 또는 다수인에게 전파할 가능성이 있는지를 검토하여 종합적으로 판단해야 한다</u>(대법원 2020. 11. 19. 선고 2020도5813 전원합의체 판결 참조).

나. ① 피고인들은 이 사건 빌라 소유자의 딸과 사위로서 소유자를 대리하여 이 사건 빌라를 관리하였고, 피해자들은 이 사건 빌라를 임차하여 거주하는 가족이다. 공소외 1은 이 사건 빌라 아랫집에 거주하는 사람으로서 피고인들이나 피해자들과 별다른 친분관계가 없다.

② 피고인들은 공소외 1로부터 이 사건 빌라의 누수 공사를 신속히 진행해 달라는 요청을 받은 상황에서, 임차인인 피해자들의 협조를 받지 못하여 공사를 진행하지 못하고 있음을 설명하면서 이 사건 각 발언을 하였다. 이 사건 각 발언은 피고인들이 각자 공소외 1과 전화통화를 하면서 이루어졌으므로, 이 사건 각 발언을 들은 사람은 공

소외 1이 유일하다.

③ 이 사건 각 발언을 한 경위에 관하여, 피고인 1은 수사기관에서 '자신이 공소외 1에게 한 말이 피해자들에게 전달될 줄은 몰랐고, 서로 감정이 격해진 상황에서 나온 말이었다.'고 진술하였다. 피고인 2는 수사기관에서 '공소외 1에게 피해자들의 금전 요구로 인해 공사를 진행하지 못한다는 것을 납득시켜 민사소송을 하지 않도록 설득하고, 자신이 피해자들과 직접 접촉하면 큰 싸움이 날 것 같아 공소외 1이 나서서 해결이 되길 원했기 때문'이라고 진술하였다.

④ 공소외 1은 수사기관에서 이 사건 각 발언을 다른 사람에게 알려준 사실이 있는지에 관하여 '그게 뭐 좋은 거라고 다른 사람에게 말을 하겠나. 집이 형의 명의이기 때문에 민사소송을 진행하기 위해 형과 변호사에게만 말을 해주었다.'고 진술하였다.

다. 이러한 사실관계를 위에서 본 법리에 비추어 살펴보면, 피고인들이 공소외 1에게 한 이 사건 각 발언이 불특정인 또는 다수인에게 전파될 가능성이 있었고 피고인들에게 이에 대한 인식과 위험을 용인하는 내심의 의사가 있었다고 본 원심판단은 다음과 같은 이유로 받아들이기 어렵다.

① 이 사건 각 발언은 피고인들이 각자 공소외 1 한 사람에게만 한 것이다. 이 사건 각 발언은 신속한 누수 공사 진행을 요청하는 공소외 1에게 임차인인 피해자들의 협조 문제로 공사가 지연되는 상황을 설명하는 과정에서 나온 것으로서, 이에 관한 피고인들의 진술내용을 종합해 보더라도 피고인들이 전파가능성에 대한 인식과 위험을 용인하는 내심의 의사에 기하여 이 사건 각 발언을 하였다고 단정하기 어렵다.

② 공소외 1이 자신의 형과 변호사에게 이 사건 각 발언의 녹음 사실을 알려주었다. 그러나 이는 이 사건 빌라의 누수에 관하여 피고인들을 상대로 한 민사소송에서 이 사건 각 발언이 자료로 제출되도록 하기 위한 것일 뿐이므로, 이를 들어 이 사건 각 발언이 불특정인 또는 다수인에게 전파되었다고 볼 수 없다. 이 사건 각 발언이 불특정인 또는 다수인에게 전파되지 않은 것은 비록 위 각 발언 이후의 사정이기는 하지만 공연성 여부를 판단할 때 소극적 사정으로 고려될 수 있다.

③ 원심은 공소외 1이 이 사건 각 발언을 근거로 피해자들에게 항의할 것이 충분히 예상되고 실제로 공소외 1이 피해자들에게 이 사건 각 발언을 전달하였다는 사정을 들어 전파가능성을 인정하고 있다. 그러나 이처럼 피해자 본인에게 전달될 가능성이 높다거나 실제 전달되었다는 사정만으로는 불특정인 또는 다수인에게 전파될 가능성이 있었다고 볼 수 없다.

## V. 결 론

개별적인 소수에 대한 발언을 불특정인 또는 다수인에게 전파될 가능성을 이유로 공
연성을 인정하기 위해서는 막연히 전파될 가능성이 있다는 것만으로 부족하고, 이에
대해 검사의 엄격한 증명이 있어야 한다. 그런데 검사가 제출한 증거만으로는 합리적
의심의 여지 없이 이를 인정하기에 부족하고, 오히려 이 사건 각 발언의 내용과 경위,
피고인들, 피해자들과 공소외 1의 관계를 종합해 보면, 공소외 1이 당시 누수 문제로
협의 중인 당사자들 이외에는 별다른 관심을 가질 만한 사항이 아닌 이 사건 각 발언
을 주위에 전파할 가능성은 높지 않다고 볼 여지가 있다.

# 제2절 적시된 사실이 '공공의 이익'에 관한 것인지 판단기준

## I. 사례요지

> 피고인 1은 ○○씨 종친회 자리에서 종원들이 듣는 가운데 마침 발언을 하려던 피해자를 가리키면서 "공소외 1은 남의 재산을 탈취한 사기꾼이다. 사기꾼은 내려오라."고 말함으로써 공연히 허위사실을 적시하여 피해자의 명예를 훼손하였다. 피고인 2는 위 종친회 종원들이 듣는 가운데 피해자를 가리키면서 이 사건 발언함으로써 공연히 허위사실을 적시하여 피해자의 명예를 훼손하였다.

## II. 논 점

1. 형법 제310조에서 규정한 위법성 조각사유의 요건 중 '진실한 사실' 및 '오로지 공공의 이익에 관한 때'의 의미
2. 적시된 사실이 '공공의 이익'에 관한 것인지 판단하는 기준
3. 사실적시의 내용이 사회 일반의 일부 이익에만 관련되거나 개인에 관한 사항인 경우, '공공의 이익'에 관한 것인지 판단하는 기준

## III. 법규연구 (형법)

> 제307조(명예훼손) ① 공연히 사실을 적시하여 사람의 명예를 훼손한 자는 2년 이하의 징역이나 금고 또는 500만원 이하의 벌금에 처한다.
> ② 공연히 허위의 사실을 적시하여 사람의 명예를 훼손한 자는 5년 이하의 징역, 10년 이하의 자격정지 또는 1천만원 이하의 벌금에 처한다.
> 제310조(위법성의 조각) 제307조제1항의 행위가 진실한 사실로서 오로지 공공의 이익에 관한 때에는 처벌하지 아니한다.

## IV. 관련 판례

### 1. 원심 (대구지법 2021. 7. 22. 선고 2020노2514 판결)

이 사건 발언 내용이 진실이고 오로지 공공의 이익에 관한 때에 해당하여 형법 제310조에 의하여 위법성이 조각된다."라는 피고인들의 주장에 대하여, 피해자가 위증교사, 사문서위조 등으로 1회 형사처벌을 받은 전력이 있을 뿐 사기죄로 처벌받은 전력이 없고 그 밖의 전과가 발견되지 않는다는 이유로 피고인들의 발언이 진실이라고 볼 수 없고, 설령 피고인들이 이를 진실로 오인하였다 하더라도 그것이 오로지 공공의 이익에 관한 것이라고 보기도 어렵다고 판단하여 유죄를 인정하였다.

## 2. 대법원 (대법원 2022. 2. 11., 선고, 2021도10827, 판결)

가. 형법 제310조에는 '형법 제307조 제1항의 행위가 진실한 사실로서 오로지 공공의 이익에 관한 때에는 처벌하지 않는다.'고 규정하고 있는데, 여기서 '진실한 사실'이라 함은 그 내용 전체의 취지를 살펴볼 때 중요한 부분이 객관적 사실과 합치되는 사실이라는 의미로 세부에 있어 진실과 약간 차이가 나거나 다소 과장된 표현이 있더라도 무방하다. 또한 '오로지 공공의 이익에 관한 때'라 함은 적시된 사실이 객관적으로 볼 때 공공의 이익에 관한 것으로서 행위자도 주관적으로 공공의 이익을 위하여 그 사실을 적시한 것이어야 하는 것인데, 여기의 공공의 이익에 관한 것에는 널리 국가·사회 기타 일반 다수인의 이익에 관한 것뿐만 아니라 특정한 사회집단이나 그 구성원 전체의 관심과 이익에 관한 것도 포함하는 것이고, 적시된 사실이 공공의 이익에 관한 것인지 아닌지는 당해 적시 사실의 내용과 성질, 당해 사실의 공표가 이루어진 상대방의 범위, 그 표현의 방법 등 그 표현 자체에 관한 제반 사정을 감안함과 동시에 그 표현에 의하여 훼손되거나 훼손될 수 있는 명예의 침해 정도 등을 비교·고려하여 결정하여야 하며, 행위자의 주요한 동기 내지 목적이 공공의 이익을 위한 것이라면 부수적으로 다른 사익적 목적이나 동기가 내포되어 있더라도 형법 제310조의 적용을 배제할 수 없다(대법원 2000. 2. 11. 선고 99도3048 판결, 대법원 2002. 9. 24. 선고 2002도3570 판결 등 참조).

한편 사실적시의 내용이 사회 일반의 일부 이익에만 관련된 사항이라도 다른 일반인과의 공동생활에 관계된 사항이라면 공익성을 지닌다고 할 것이고, 이에 나아가 <u>개인에 관한 사항이더라도 그것이 공공의 이익과 관련되어 있고 사회적인 관심을 획득한 경우라면 직접적으로 국가·사회 일반의 이익이나 특정한 사회집단에 관한 것이 아니라는 이유만으로 형법 제310조의 적용을 배제할 것은 아니다.</u> 사인이라도 그가 관계하는 사회적 활동의 성질과 사회에 미칠 영향을 헤아려 공공의 이익에 관련되는지 판단하여야 한다(대법원 2020. 11. 19. 선고 2020도5813 전원합의체 판결 참조).

나. 원심판결 이유와 기록에 의하면 다음과 같은 사실을 알 수 있다.

① 피고인 1은 ○○씨 청년회 부회장, 피고인 2는 평의회 총무이고, 피해자는 ○○○씨 종친회 회장이다. 피고인들과 피해자는 ○○씨 종친으로 알게 된 사이일 뿐, 상호 간 별다른 개인적인 친분관계는 없었다.

② ○○○씨 종친회는 2017. 11. 개최할 총회에서 차기 회장 선출을 예정하고 있었다. ○○씨 종친회는 2017. 10. 위 회장 후보자 선출을 위한 경선하였고, 그 결과 피

해자가 후보자로 선출되었다.

③ 한편 피해자는 2005년경 법원에서 특정경제범죄법 위반(횡령)죄, 사문서위조죄, 위조사문서행사죄, 위증교사죄로 징역 3년에 집행유예 4년의 유죄판결을 선고받은 전력이 있다. 피해자의 이러한 범죄전력은 피고인들을 포함한 다수의 종원에게 알려져 있었고, 특히 공소외 2는 2017.3.경 ○○씨 종친회에 '피해자는 같은 종원 공소외 3으로부터 부동산을 명의신탁 받고 그 반환을 거부하여 형사처벌을 받은 전력이 있는 사람이므로, 종친회 임원으로 활동하는 것은 부적절하다.'라는 취지의 탄원서를 제출하기도 하였다.

④ 피고인 1은 총회 전날인 2017. 11. 18:00경부터 재실에 "○○○문은 부끄러운 회장을 원치 않습니다."라고 기재된 현수막을 설치하는 등 피해자가 회장으로 선출되는 것을 반대하는 의사를 적극 표현하였다.

⑤ 피해자는 2017. 11. 14:00경 개최된 총회에서 회장 선출과 관련한 발언을 하기 위해 단상에 올랐는데, 피고인들은 그 단상 아래에서 피해자의 발언을 방해하며 이 사건 발언을 하였다.

다. ① 이 사건 발언의 주된 취지는 피해자가 다른 사람의 재산을 탈취한 전력이 있다는 것으로, 피해자에게 위와 같은 특정경제범죄법 위반(횡령)죄의 전과가 있는 이상 주요부분에 있어 객관적 사실과 합치되는 것으로 볼 수 있다. 피고인들이 '사기꾼'이라는 표현도 사용하였으나, 이는 피해자의 종친회 회장 출마에 반대하는 의견을 표명한 것이거나 다소 과장된 감정적 표현으로 이해할 수 있다.

② '탈취', '사기꾼'이라는 표현은 위 특정경제범죄법 위반(횡령)죄의 범죄사실에 대하여 일반인으로서 법률적 평가만을 달리한 것일 수 있으므로, 원심으로서는 위 전과의 구체적인 내용을 살펴 위 표현과의 관련성을 심리할 필요가 있었다. 그럼에도 원심은 단순히 피고인에게 사기죄로 처벌받은 전력이 없다는 이유만으로 이 사건 발언 내용이 허위의 사실이라고 단정하였다.

③ 피고인들은 위와 같은 범죄전력이 있는 피해자가 종친회 회장으로 선출되는 것은 부당하다는 판단에 따라 이에 관한 의사를 적극적으로 표명하는 과정에서 이 사건 발언에 이르게 된 것으로 보이고, 이와 같은 피해자의 종친회 회장으로서의 적격 여부는 종친회 구성원들 전체의 관심과 이익에 관한 사항으로서 공익성이 인정된다. 피고인들이 다소 감정적이고 과격한 방식으로 이 사건 발언을 하였다고 하더라도 피고인들이 이 사건 발언을 한 주요한 목적이나 동기가 피해자를 비방하려는 데에 있다고 단정할

수 없다.

④ 범죄전력과 같은 개인적인 사항이라고 하더라도 피해자가 종친회 회장으로 출마함으로써 공공의 이익과 관련성이 발생한 이상, 그러한 사정만으로 형법 제310조의 적용을 배제할 것은 아니다.

## V. 결 론

그런데도 원심은 이 사건 발언 내용이 객관적 사실과 부합하는지 등에 관하여 필요한 심리를 다하지 않은 채 진실에 반한다고 단정하고 이어서 피고인들의 행위에 대하여 형법 제310조의 적용을 부정하여 이 부분 공소사실을 유죄로 인정하였다.

이러한 원심의 판단에는 논리와 경험의 법칙을 위반하여 자유심증주의의 한계를 벗어나거나 형법 제310조의 위법성 조각사유에 관한 법리를 오해하여 판결에 영향을 미친 잘못이 있다.

# 제3절 명예훼손죄 '공연성'의 의미와 판단기준 및 '전파가능성' 여부

## I. 사례요지

> 피고인이 피해자 공소외 1 집 뒷길에서 피고인의 남편 공소외 2 및 공소외 3이 듣는 가운데 피해자에게 '저것이 징역 살다온 전과자다' 등으로 큰 소리로 말하여 공연히 사실을 적시해 피해자의 명예를 훼손하였다.

## II. 논 점

1. 명예훼손죄의 구성요건인 '공연성'의 의미와 판단기준
2. 명예훼손죄의 공연성에 관하여 판례상 확립된 법리인 이른바 '전파가능성 이론'의 유지 여부(적극)

## III. 법규연구 (형법)

> 제307조(명예훼손) ① 공연히 사실을 적시하여 사람의 명예를 훼손한 자는 2년 이하의 징역이나 금고 또는 500만원 이하의 벌금에 처한다.
>
> 제308조(사자의 명예훼손) 공연히 허위의 사실을 적시하여 사자의 명예를 훼손한 자는 2년 이하의 징역이나 금고 또는 500만원 이하의 벌금에 처한다.
>
> 제309조(출판물 등에 의한 명예훼손) ① 사람을 비방할 목적으로 신문, 잡지 또는 라디오 기타 출판물에 의하여 제307조제1항의 죄를 범한 자는 3년 이하의 징역이나 금고 또는 700만원 이하의 벌금에 처한다.
>
> 제310조(위법성의 조각) 제307조제1항의 행위가 진실한 사실로서 오로지 공공의 이익에 관한 때에는 처벌하지 아니한다.

## IV. 관련 판례

### 1. 원심 (광주지법 2020. 4. 28. 선고 2020노359 판결)

피고인이 큰소리로 공소사실과 같이 말하였고 피고인의 발언이 전파될 가능성이 있다는 이유로 공연성을 인정하여 위 공소사실을 <u>유죄로 판단한 제1심판결을 그대로 유지하였다.</u>

## 2. 대법원 (대법원 2020. 11. 19., 선고, 2020도5813, <u>전원합의체 판결</u>)

가. 명예훼손죄의 관련 규정들은 명예에 대한 침해가 '공연히' 또는 '공공연하게' 이루어질 것을 요구하는데, '공연히' 또는 '공공연하게' 라는 사전적으로 '세상에서 다 알 만큼 떳떳하게', '숨김이나 거리낌이 없이 그대로 드러나게' 라는 뜻이다. 공연성을 행위 태양으로 요구하는 것은 사회에 유포되어 사회적으로 유해한 명예훼손 행위만을 처벌함으로써 개인의 표현 자유가 지나치게 제한되지 않도록 하기 위함이다. 대법원 판례는 명예훼손죄의 구성요건으로서 공연성에 관하여 '불특정 또는 다수인이 인식할 수 있는 상태' 를 의미한다고 밝혀 왔고, 이는 학계의 일반적인 견해이기도 하다.

나. 대법원은 <u>명예훼손죄의 공연성에 관하여 개별적으로 소수의 사람에게 사실을 적시하였더라도 그 상대방이 불특정 또는 다수인에게 적시된 사실을 전파할 가능성이 있는 때에는 공연성이 인정된다고 일관되게 판시하여, 이른바 전파가능성 이론은 공연성에 관한 확립된 법리로 정착되었다.</u> 이러한 법리는 정보통신망법상 정보통신망을 이용한 명예훼손이나 공직선거법상 후보자비방죄 등의 공연성 판단에도 동일하게 적용되어, 적시한 사실이 허위인지 여부나 특별법상 명예훼손 행위인지 여부에 관계없이 명예훼손 범죄의 공연성에 관한 대법원 판례의 기본적 법리로 적용되어 왔다.

공연성에 관한 전파가능성 법리는 대법원이 오랜 시간에 걸쳐 발전시켜 온 것으로서 현재에도 여전히 법리적으로나 현실적인 측면에 비추어 타당하므로 유지되어야 한다. 대법원 판례와 재판 실무는 전파가능성 법리를 제한 없이 적용할 경우 공연성 요건이 무의미하게 되고 처벌이 확대되게 되어 표현의 자유가 위축될 우려가 있다는 점을 고려하여, 전파가능성의 구체적 · 객관적인 적용 기준을 세우고, 피고인의 범의를 엄격히 보거나 적시의 상대방과 피고인 또는 피해자의 관계에 따라 전파가능성을 부정하는 등 판단기준을 사례별로 유형화하면서 전파가능성에 대한 인식이 필요함을 전제로 전파가능성 법리를 적용함으로써 공연성을 엄격하게 인정했다. 구체적으로 살펴보면 다음과 같다.

① 공연성은 명예훼손죄의 구성요건으로서, 특정 소수에 대한 사실적시의 경우 공연성이 부정되는 유력한 사정이 될 수 있으므로, 전파될 가능성에 관하여는 검사의 엄격한 증명이 필요하다. 나아가 대법원은 <u>'특정의 개인이나 소수인에게 개인적 또는 사적으로 정보를 전달하는 것과 같은 행위는 공연하다고 할 수 없고, 다만 특정의 개인 또는 소수인이라고 하더라도 불특정 또는 다수인에게 전파 또는 유포될 개연성이 있는 경우라면 공연하다고 할 수 있다'</u> 라고 판시하여 전파될 가능성에 대한 증명의 정도로

단순히 '가능성'이 아닌 '개연성'을 요구하였다.

② 공연성의 존부는 발언자와 상대방 또는 피해자 사이의 관계나 지위, 대화하게 된 경위와 상황, 사실적시의 내용, 적시의 방법과 장소 등 행위 당시의 객관적 제반 사정에 관하여 심리한 다음, 그로부터 상대방이 불특정 또는 다수인에게 전파할 가능성이 있는지를 검토하여 종합적으로 판단하여야 한다. 발언 이후 실제 전파되었는지 여부는 전파가능성 유무를 판단하는 고려요소가 될 수 있으나, 발언 후 실제 전파 여부라는 우연한 사정은 공연성 인정 여부를 판단하면서 소극적 사정으로만 고려되어야 한다. 따라서 전파가능성 법리에 따르더라도 위와 같은 객관적 기준에 따라 전파가능성을 판단할 수 있고, 행위자도 발언 당시 공연성 여부를 충분히 예견할 수 있으며, 상대방의 전파 의사만으로 전파가능성을 판단하거나 실제 전파되었다는 결과를 가지고 책임을 묻는 것이 아니다.

③ 추상적 위험범으로서 명예훼손죄는 개인의 명예에 대한 사회적 평가를 진위와 관계없이 보호함을 목적으로 하고, 적시된 사실이 특정인의 사회적 평가를 침해할 가능성이 있을 정도로 구체성을 띠어야 하나, 위와 같이 침해할 위험이 발생한 것으로 족하고 침해의 결과를 요구하지 않으므로, 다수의 사람에게 사실을 적시한 경우뿐만 아니라 소수의 사람에게 발언하였다고 하더라도 그로 인해 불특정 또는 다수인이 인식할 수 있는 상태를 초래한 경우에도 공연히 발언한 것으로 해석할 수 있다.

④ 전파가능성 법리는 정보통신망 등 다양한 유형의 명예훼손 처벌규정에서의 공연성 개념에 부합한다고 볼 수 있다. 인터넷, 스마트폰과 같은 모바일 기술 등의 발달과 보편화로 SNS, 이메일, 포털사이트 등 정보통신망을 통해 대부분의 의사표현이나 의사전달이 이루어지고 있고, 그에 따라 정보통신망을 이용한 명예훼손도 급격히 증가해 가고 있다. 이러한 정보통신망과 정보유통과정은 비대면성, 접근성, 익명성 및 연결성 등을 본질적 속성으로 하고 있어서, 정보의 무한 저장, 재생산 및 전달이 용이하여 정보통신망을 이용한 명예훼손은 '행위 상대방' 범위와 경계가 불분명해지고, 명예훼손 내용을 소수에게만 보냈음에도 행위 자체로 불특정 또는 다수인이 인식할 수 있는 상태를 형성하는 경우가 다수 발생하게 된다. 특히 정보통신망에 의한 명예훼손의 경우 행위자가 적시한 정보에 대한 통제가능성을 쉽게 상실하게 되고, 빠른 전파성으로 인하여 피해자의 명예훼손의 침해 정도와 범위가 광범위하게 되어 표현에 대한 반론과 토론을 통한 자정작용이 사실상 무의미한 경우도 적지 아니하다.

따라서 정보통신망을 이용한 명예훼손 행위에 대하여, 상대방이 직접 인식하여야 한다거나, 특정된 소수의 상대방으로는 공연성을 충족하지 못한다는 법리를 내세운다면 해결 기준으로 기능하기 어렵게 된다. 오히려 특정 소수에게 전달한 때도 그로부터 불특정 또는 다수인에 대한 전파가능성 여부를 가려 개인의 사회적 평가가 침해될 일반적 위험성이 발생하였는지를 검토하는 것이 실질적인 공연성 판단에 부합되고, 공연성의 범위를 제한하는 구체적인 기준이 될 수 있다. 이러한 공연성의 의미는 형법과 정보통신망법 등의 특별법에서 동일하게 적용되어야 한다.

⑤ 독일 형법 제193조와 같은 입법례나 유엔인권위원회의 권고 및 표현의 자유와의 조화를 고려하면, 진실한 사실의 적시 경우에는 형법 제310조의 '공공의 이익'도 보다 더 넓게 인정되어야 한다. 특히 공공의 이익관련성 개념이 시대에 따라 변화하고 공공의 관심사 역시 상황에 따라 쉴 새 없이 바뀌고 있다는 점을 고려하면, 공적인 인물, 제도 및 정책 등에 관한 것만을 공공의 이익관련성으로 한정할 것은 아니다.

따라서 사실적시의 내용이 사회 일반의 일부 이익에만 관련된 사항이라도 다른 일반인과의 공동생활에 관계된 사항이라면 공익성을 지닌다고 할 것이고, 이에 나아가 개인에 관한 사항이더라도 그것이 공공의 이익과 관련되어 있고 사회적인 관심을 획득한 경우라면 직접적으로 국가·사회 일반의 이익이나 특정한 사회집단에 관한 것이 아니라는 이유만으로 형법 제310조의 적용을 배제할 것은 아니다. 사인이라도 그가 관계하는 사회적 활동의 성질과 사회에 미칠 영향을 헤아려 공공의 이익에 관련되는지 판단하여야 한다.

## V. 결 론

공소외 3과 피해자의 친분 정도나 적시된 사실이 피해자의 공개하기 꺼려지는 개인사에 관한 것으로 주변에 회자될 가능성이 큰 내용이라는 점을 고려할 때, 공소외 3이 피해자와 친척관계에 있다는 이유만으로 전파가능성이 부정된다고 볼 수 없고(피해자와 공소외 3 사이의 촌수나 구체적 친밀관계가 밝혀진 바도 없다), 오히려 피고인은 피해자와의 싸움 과정에서 단지 피해자를 모욕 내지 비방하기 위하여 공개된 장소에서 큰 소리로 말하여 다른 마을 사람들이 들을 수 있을 정도였던 것으로 불특정 또는 다수인이 인식할 수 있는 상태였다고 봄이 상당하므로, 피고인의 공소사실 발언은 공연성이 인정된다.

# 제4절 불미스러운 소문 진위확인 질문과정에서 타인의 명예를 훼손하는 발언을 한 경우

## I. 사례요지

○○○마트의 운영자인 피고인이 위 마트에 아이스크림을 납품하는 공소외인을 불러 "다른 업체에서는 마트에 입점하기 위하여 200만 원, 400만 원 등 입점비를 준다고 하던데, 아이스크림은 입점비를 얼마나 줬냐? 점장(피해자)이 여러 군데 업체에서 입점비를 돈으로 받아 해 먹었고, 지금 뒷조사 중이다."라고 말하여 공연히 허위의 사실을 적시하여 피해자의 명예를 훼손하였다.

## II. 논 점

1. 명예훼손죄의 성립요건
2. 불미스러운 소문의 진위를 확인하고자 질문을 하는 과정에서 타인의 명예를 훼손하는 발언을 한 경우, 명예훼손의 고의를 인정할 수 있는지(소극)
3. 명예훼손죄 구성요건 중 '공연성'의 의미
4. 전파가능성을 이유로 명예훼손죄의 공연성을 인정하는 경우, 주관적 구성요건요소로서 고의의 내용 및 고의 유무의 판단 방법

## III. 법규연구 (형법)

제307조(명예훼손) ① 공연히 사실을 적시하여 사람의 명예를 훼손한 자는 2년 이하의 징역이나 금고 또는 500만원 이하의 벌금에 처한다.

제13조(범의) 죄의 성립요소인 사실을 인식하지 못한 행위는 벌하지 아니한다. 단, 법률에 특별한 규정이 있는 경우에는 예외로 한다.

## IV. 관련 판례

### 1. 원심 (인천지법 2018. 2. 14. 선고 2017노4452 판결)

피고인이 자신도 현금으로 입점비 명목의 돈을 받아서 유용하고자 하는 의도로 거래처 직원인 공소외인에게 공소사실 기재와 같은 말을 하였다는 이유로 유죄로 판단하였다.

## 2. 대법원 (대법원 2018. 6. 15., 선고, 2018도4200, 판결)

가. 명예훼손죄가 성립하기 위해서는 주관적 구성요소로서 타인의 명예를 훼손한다는 고의를 가지고 사람의 사회적 평가를 저하시키는 데 충분한 구체적 사실을 적시하는 행위를 할 것이 요구된다(대법원 2010. 10. 28. 선고 2010도2877 판결 참조). 따라서 불미스러운 소문의 진위를 확인하고자 질문을 하는 과정에서 타인의 명예를 훼손하는 발언을 하였다면 이러한 경우에는 그 동기에 비추어 명예훼손의 고의를 인정하기 어렵다(대법원 1985. 5. 28. 선고 85도588 판결 참조). 또한, 명예훼손죄의 구성요건인 공연성은 불특정 또는 다수인이 인식할 수 있는 상태를 말한다. 비록 개별적으로 한 사람에 대하여 사실을 유포하였다고 하더라도 그로부터 불특정 또는 다수인에게 전파될 가능성이 있다면 공연성의 요건을 충족하지만 이와 달리 전파될 가능성이 없다면 특정한 한 사람에 대한 사실의 유포는 공연성이 없다고 할 것이다(대법원 2000. 5. 16. 선고 99도5622 판결, 대법원 2011. 9. 8. 선고 2010도7497 판결 등 참조).

한편 위와 같이 전파가능성을 이유로 명예훼손죄의 공연성을 인정하는 경우에는 적어도 범죄구성요건의 주관적 요소로서 미필적 고의가 필요하므로 전파가능성에 대한 인식이 있음은 물론 나아가 그 위험을 용인하는 내심의 의사가 있어야 한다. 그 행위자가 전파가능성을 용인하고 있었는지 아닌지는 외부에 나타난 행위의 형태와 상황 등 구체적인 사정을 기초로 일반인이라면 그 전파가능성을 어떻게 평가할 것인가를 고려하면서 행위자의 입장에서 그 심리상태를 추인하여야 할 것이다(대법원 2005. 5. 27. 선고 2004도8914 판결, 대법원 2010. 10. 28. 선고 2010도2877 판결 등 참조).

나. 피고인은 피해자가 납품업체들로부터 입점비를 받아 개인적으로 착복하였다는 소문을 듣고 납품업체 직원인 공소외인을 불러 그 소문의 진위를 확인하면서 공소외인도 그와 같은 입점비를 피해자에게 주었는지 질문하는 과정에서 공소사실 기재와 같은 말을 한 것으로 보아야 한다.

## V. 결 론

피고인은 피해자의 사회적 평가를 저하시킬 의도를 가지거나 그러한 결과가 발생할 것을 인식한 상태에서 위와 같은 말을 한 것이 아니라 단지 피해자의 입점비 수수 여부에 관한 진위를 확인하기 위한 질문을 하는 과정에서 그런 말을 한 것에 지나지 아니하므로, 피고인에게 명예훼손의 고의를 인정하기 어렵다.

# VI 유사판례

## 1. 목사가 진위확인을 위하여 교회집사들에게 전임목사의 불미스러운 소문에 관하여 물은 경우

명예훼손죄의 주관적 구성요건으로서의 범의는 행위자가 피해자의 명예가 훼손되는 결과를 발생케 하는 사실을 인식하므로 족하다 할 것이나 새로 목사로서 부임한 피고인이 전임목사에 관한 교회 내의 불미스러운 소문의 진위를 확인하기 위하여 이를 교회집사들에게 물어보았다면 이는 경험칙상 충분히 있을 수 있는 일로서 명예훼손의 고의없는 단순한 확인에 지나지 아니하여 사실의 적시라고 할 수 없다 할 것이므로 이 점에서 피고인에게 명예훼손의 고의 또는 미필적 고의가 있을 수 없다고 할 수밖에 없다. (대법원 1985. 5. 28., 선고, 85도588, 판결)

# 제5절 이미 사회 일부에서 다루어진 소문을 적시한 경우의 공연성

## I. 사례요지

피고인은 인터넷 포털사이트의 피해자에 대한 기사란에 그녀가 재벌과 사이에 아이를 낳거나 아이를 낳아준 대가로 수십억 원을 받은 사실이 없음에도 불구하고, 그러한 사실이 있는 것처럼 댓글이 붙어있던 상황에서, 추가로 "지고지순이 뜻이 뭔지나 아니? 모 재벌님하고의 관계는 끝났나?"라는 내용의 댓글을 게시하였다.

## II. 논 점

1. 적시한 사실이 이미 사회의 일부에서 다루어진 소문인 경우
2. 정보통신망법상 명예훼손죄의 공연성을 인정할 수 있는지(적극)

## III. 법규연구

### 1. 형 법

제307조 (명예훼손) ①공연히 사실을 적시하여 사람의 명예를 훼손한 자는 2년이하의 징역이나 금고 또는 500만원이하의 벌금에 처한다.

② 공연히 허위의 사실을 적시하여 사람의 명예를 훼손한 자는 5년이하의 징역, 10년 이하의 자격정지 또는 1천만원 이하의 벌금에 처한다.

### 2. 정보통신망 이용촉진 및 정보보호 등에 관한 법률 (정보통신망법 )

제70조(벌칙) ② 사람을 비방할 목적으로 정보통신망을 통하여 공공연하게 거짓의 사실을 드러내어 다른 사람의 명예를 훼손한 자는 7년 이하의 징역, 10년 이하의 자격정지 또는 5천만원 이하의 벌금에 처한다.

## IV. 관련 판례

### 1. 원심 (서울중앙지방법원 2008. 3. 11. 선고 2008노190 판결 )

피고인이 위와 같이 인터넷 포털사이트의 기사란에 댓글을 게재한 행위는 <u>당연히 공연성이 있는 것이라고 할 것이다</u>.

## 2. 대법원 (대법원 2008. 7. 10. 선고 2008도2422 판결 )

가. 정보통신망을 이용한 명예훼손죄에서 사실의 적시란 반드시 사실을 직접적으로 표현한 경우에 한정할 것은 아니고, <u>간접적이고 우회적인 표현에 의하더라도 그 표현의 전 취지에 비추어 그와 같은 사실의 존재를 암시하고, 또 이로써 특정인의 사회적 가치 내지 평가가 침해될 가능성이 있을 정도의 구체성이 있으면 족한 것이다</u>(대법원 1991. 5. 14. 선고 91도420 판결, 대법원 2003. 1. 24. 선고 2000다37647 판결 등 참조).

나. 피고인은, 자신이 인터넷 포털사이트 미디어 다음(www.media.daum.net)의 피해자에 대한 기사란에 '미라' 라는 닉네임으로 게시한 댓글은 떠도는 소문에 대한 의문제기 정도에 지나지 않아 구체적인 사실을 적시한 경우에 해당하지 아니한다고 주장한다. 댓글이 이루어진 장소, 시기와 상황, 그 표현의 전 취지 등을 위 법리에 비추어 보면, 피고인의 위와 같은 행위는 간접적이고 우회적인 표현을 통하여 위와 같은 허위사실의 존재를 구체적으로 암시하는 방법으로 사실을 적시한 상황에 해당한다고 하지 않을 수 없으므로, 피고인의 위 주장은 받아들여질 수 없는 것이다.

## V. 결 론

피고인이 게시한 댓글은 해당 인터넷 포털사이트를 이용하는 불특정 다수의 이용자가 쉽게 그 내용을 확인할 수 있었음을 알 수 있으므로, 피고인이 위와 같이 <u>인터넷 포털사이트의 기사란에 댓글을 게재한 행위는 당연히 공연성이 있는 것이라고 할 것이다.</u>

# 제6절 지방자치단체가 명예훼손죄·모욕죄의 피해자 될 수 있는지

## I. 사례요지

甲은 ○○군청 홈페이지 자유게시판에 ○○군 나들목 추가설치와 관련하여, "○○군은 수차례 나들목 추가설치에 따르는 타당성 조사를 하였다고 하나 거짓임을 스스로 인정하고 있다"라는 글을 포함하여 여러 차례에 걸쳐 ○○군을 비방하고, ○○군을 경멸하는 내용의 글을 게시하였다. 그러나 실제로 ○○군에서 나들목 추가설치에 따르는 타당성을 조사한 결과 甲이 게시한 글의 내용이 허위라는 사실이 밝혀졌다.

## II. 논 점

국가나 지방자치단체가 명예훼손죄 또는 모욕죄의 피해자가 될 수 있는지

## III. 법규연구

### 가. 형 법

제307조(명예훼손) ① 공연히 사실을 적시하여 사람의 명예를 훼손한 자는 2년 이하의 징역이나 금고 또는 500만원 이하의 벌금에 처한다.

② 공연히 허위의 사실을 적시하여 사람의 명예를 훼손한 자는 5년 이하의 징역, 10년 이하의 자격정지 또는 1천만원 이하의 벌금에 처한다.

제311조(모욕) 공연히 사람을 모욕한 자는 1년 이하의 징역이나 금고 또는 200만원 이하의 벌금에 처한다.

### 나. 정보통신망 이용촉진 및 정보보호 등에 관한 법률

제70조(벌칙) ① 사람을 비방할 목적으로 정보통신망을 통하여 공공연하게 사실을 드러내어 다른 사람의 명예를 훼손한 자는 3년 이하의 징역 또는 3천만원 이하의 벌금에 처한다.

② 사람을 비방할 목적으로 정보통신망을 통하여 공공연하게 거짓의 사실을 드러내어 다른 사람의 명예를 훼손한 자는 7년 이하의 징역, 10년 이하의 자격정지 또는 5천만원 이하의 벌금에 처한다.

③ 제1항과 제2항의 죄는 피해자가 구체적으로 밝힌 의사에 반하여 공소를 제기할 수 없다.

## IV. 관련 판례

### 1. 원심 (서울중앙지법 2014. 10. 24. 선고 2014노2406 판결)

피고인이 ○○군청 인터넷 홈페이지에 ○○군을 비방할 목적으로 허위 내용의 글을 게시하거나 ○○군에 대한 경멸적인 표현의 글을 게재하여 ○○군의 명예를 훼손하고 모욕하였다고 판단하여, 이 사건 공소사실 중 ○○군에 대한 정보통신망 이용촉진 및 정보보호 등에 관한 법률 위반(명예훼손) 및 모욕 부분을 모두 유죄로 인정한 제1심판결을 그대로 유지하였다.

### 2. 대법원 (대법원 2016. 12. 27. 선고, 2014도15290, 판결)

형법이 명예훼손죄 또는 모욕죄를 처벌함으로써 보호하고자 하는 사람의 가치에 대한 평가인 외부적 명예는 개인적 법익으로서, 국민의 기본권을 보호 내지 실현해야 할 책임과 의무를 지고 있는 공권력의 행사자인 국가나 지방자치단체는 기본권의 수범자일 뿐 기본권의 주체가 아니고, 정책 결정이나 업무수행과 관련된 사항은 항상 국민의 광범위한 감시와 비판의 대상이 되어야 하며 이러한 감시와 비판은 그에 대한 표현의 자유가 충분히 보장될 때에 비로소 정상적으로 수행될 수 있으므로, 국가나 지방자치단체는 국민에 대한 관계에서 형벌의 수단을 통해 보호되는 외부적 명예의 주체가 될 수는 없고, 따라서 명예훼손죄나 모욕죄의 피해자가 될 수 없다.

## V. 결 론

지방자치단체는 감시와 비판의 대상이며, 지자체가 명예훼손죄나 모욕죄의 객체가 되면 기본권의 주체인 국민이 가지는 표현의 자유가 충분히 보장되기 어려우므로 국민의 기본권을 보호할 책임과 의무를 지고 있는 공권력의 행사자인 지방자치단체는 명예훼손죄나 모욕죄의 피해자가 될 수 없다고 한 것이다.

다만, 홈페이지 및 인터넷에 허위사실을 집요하게 유포한 행위를 통해 실제 해당 공무집행 또는 업무를 방해하는 결과를 초래한 경우에는 구체적인 사실관계 여하에 따라서는 위계에 의한 공무집행방해 또는 업무방해죄로 의율할 수 있다.

# 제7절 기자회견이 허위사실 적시 명예훼손 성립요건 및 그 허위 여부의 판단기준

## Ⅰ. 사례요지

학교를 사랑하는 학부모 모임(학사모)은 학부모들을 회원으로 하여 설립된 비법인사단인 으로, 학사모의 초대 상임대표로서 보충수업을 반대하고 교원평가제에 대하여 소극적 입장을 취하는 것이 학생들의 학습권을 부당하게 침해하는 것이라고 판단하고, 학생들의 학습권을 침해하는 교사들의 퇴출을 위한 준비작업으로서 학사모에서 수집한 자료를 토대로 부적격 교사의 선정작업을 시작하고 부적격 교사로 선정된 62명의 성명, 소속학교 및 부적격 사유의 요지 등이 기재된 '상세명단'을 첨부한 자료 등으로 부적격 교사 명단을 발표하는 기자회견을 열겠다'라는 취지의 보도자료를 각 언론사에 배포한 다음, 그다음 날인 학사모 사무실에서 기자회견을 열고 참석한 기자들에게 "학부모 참여 교사평가제의 즉각적인 시행과 부적격 교사의 교단축출을 촉구한다!"라는 부제목이 기재된 기자회견문을 배포하였다.

## Ⅱ. 논 점

1. 기자회견이 허위사실 적시에 의한 명예훼손이 되기 위한 요건
2. 그 허위 여부의 판단기준

## Ⅲ. 법규연구

### 1. 형 법

제307조 (명예훼손) ① 공연히 사실을 적시하여 사람의 명예를 훼손한 자는 2년 이하의 징역이나 금고 또는 500만원 이하의 벌금에 처한다.

② 공연히 허위의 사실을 적시하여 사람의 명예를 훼손한 자는 5년 이하의 징역, 10년 이하의 자격정지 또는 1천만원 이하의 벌금에 처한다.

### 2. 민 법

제751조 (재산이외의 손해의 배상) ① 타인의 신체, 자유 또는 명예를 해하거나 기타 정신상고통을 가한 자는 재산이외의 손해에 대하여도 배상할 책임이 있다.

② 법원은 전항의 손해배상을 정기금채무로 지급할 것을 명할 수 있고 그 이행을 확보하기 위하여 상당한 담보의 제공을 명할 수 있다

## IV. 관련 판례

### 1. 원심 (서울고법 2006. 6. 7. 선고 2005나42226 판결)

이 사건 기자회견이 원고 등에 관한 허위사실을 적시한 위법한 것임을 전제로 하여 원고 등의 손해배상청구를 인용하였다.

### 2. 대법원 (대법원 2008. 5. 8., 선고, 2006다45275, 판결)

가. 언론사 소속 기자들에게 보도자료 등을 배포한 다음 이를 토대로 하여 구두로 설명하는 방식으로 한 기자회견이 허위사실 적시에 의한 명예훼손이 되려면, 적시된 사실이 특정인의 사회적 평가를 저하시키는 것으로서 허위이어야 할 것인바, 그 허위 여부를 판단함에 있어서는 그 기자회견 전체의 취지를 살펴볼 때 중요한 부분이 객관적 사실과 합치되는 경우에는 세부에 있어서 진실과 약간 차이가 나거나 다소 과장된 표현이 있다고 하더라도 이를 허위의 사실이라고 볼 수는 없으므로, 그 기자회견의 전체적인 취지와의 연관 아래에서 배포된 보도자료 및 구두설명의 객관적 내용, 사용된 어휘의 통상적인 의미, 문구의 연결방법 등을 종합적으로 고려하여 기자들에게 주는 전체적인 인상도 그 판단기준으로 삼아야 하고(대법원 2001. 1. 19. 선고 2000다10208 판결, 대법원 2004. 2. 27. 선고 2001다53387 판결 등 참조), 설령 기자회견과 관련하여 배포된 보도자료 중 일부 내용의 진위가 분명하지 아니하여 오해의 소지가 있거나 거기에 특정인에 대한 비판이 부가되어 있다고 하더라도, 그 보도자료 중의 다른 기재 내용이나 구두설명 등을 전체적·객관적으로 파악하여 그것이 허위사실의 적시에 해당하는지 여부를 가려야 할 것이고, 그 취지가 불분명한 일부 내용만을 따로 떼어내어 허위사실이라고 단정하여서는 안 될 것이다(대법원 2007. 1. 26. 선고 2004도1632 판결 등 참조).

나. 한편, 사실을 적시한 표현행위가 타인의 명예를 훼손하는 경우에도 그것이 공공의 이해에 관한 사항으로서 그 목적이 오로지 공공의 이익을 위한 것일 때에는 적시된 사실이 진실이라는 증명이 있거나 그 증명이 없더라도 행위자가 그것을 진실이라고 믿었고 또 그렇게 믿을 상당한 이유가 있으면 위법성이 없다고 할 것인바(대법원 1988. 10. 11. 선고 85다카29 판결 등 참조), 여기서 '그 목적이 오로지 공공의 이익을 위한 것일 때' 라 함은 적시된 사실이 객관적으로 볼 때 공공의 이익에 관한 것으로서 행위자도 주관적으로 공공의 이익을 위하여 그 사실을 적시한 것이어야 하고, 적시된 사실

이 공공의 이익에 관한 것인지 여부는 그 적시된 사실의 내용과 성질, 그 사실의 공표가 이루어진 상대방의 범위, 표현의 방법 등 그 표현 자체에 관한 제반 사정을 감안함과 동시에 그 표현에 의하여 훼손되거나 훼손될 수 있는 명예의 침해 정도 등을 비교·고려하여 결정하여야 하며(대법원 2006. 5. 25. 선고 2005도2049 판결 등 참조), 행위자의 주요한 동기 내지 목적이 공공의 이익을 위한 것이라면 부수적으로 다른 개인적인 목적 또는 동기가 내포되어 있거나 그 표현에 있어서 다소 모욕적인 표현이 들어 있더라도 무방하고(대법원 2007. 1. 26. 선고 2004도1632 판결, 대법원 2007. 12. 13. 선고 2006도1239 판결 등 참조), '진실한 사실'이라 함은 그 내용 전체의 취지를 살펴볼 때 중요한 부분이 객관적 사실과 합치되는 사실이라는 의미로서 세부에 있어 진실과 약간 차이가 나거나 다소 과장된 표현이 있더라도 무방하다고 할 것이다(대법원 1998. 10. 9. 선고 97도158 판결, 대법원 2006. 3. 23. 선고 2003다52142 판결 등 참조).

그리고 표현의 자유와 명예보호 사이의 한계를 설정함에 있어서는 당해 표현으로 인하여 명예를 훼손당하게 되는 피해자가 공적인 존재인지 사적인 존재인지, 그 표현이 공적 관심 사안에 관한 것인지 순수한 사적 영역에 속하는 사안에 관한 것인지 등에 따라 그 심사기준에 차이를 두어, 공공적·사회적인 의미를 가진 사안에 관한 표현의 경우에는 표현의 자유에 대한 제한이 완화되어야 한다(대법원 2002. 1. 22. 선고 2000다37524, 37531 판결, 대법원 2006. 3. 23. 선고 2003다52142 판결 등 참조).

## V. 결 론

이러한 사실관계를 앞서 본 법리에 비추어 살펴보면, 피고 학사모가 부적격 교사에 관한 평가기준으로 정립한 이 사건 부적격 행위유형은 10개 유형 모두 객관적으로 위법·부당한 것으로서 교사로서의 적격에 부정적인 영향을 미치는 사유에 해당하고, 원고 등이 실제로 이 사건 부적격 행위유형 중 일부에 해당하는 행위를 한 이상, 피고들이 위와 같은 평가기준에 따라서 원고 등을 부적격 교사로 선정한 것에 무슨 잘못이 있다고 할 수 없다.

한편, 이 사건 기자회견의 전체적인 취지와 배포된 보도자료 및 구두설명의 객관적 내용, 사용된 어휘의 통상적인 의미, 문구의 연결방법, 특히 피고들이 기자들에게 '간이명단'을 교부하면서 각 행위유형별 해당 인원수를 언급하는 등 원고 등을 비롯한 61명이 이 사건 부적격 행위유형 10개에 모두 해당하는 것은 아니라는 점을 분명하게 밝힌 이상, 피고들이 이 사건 기자회견을 함에 있어서 원고 등을 부적격 교사로 지칭하는 등 비판적인 내용을 부가하였다고 하더라도 그 전체적인 취지는 원고 등에 대한 허위사실이 아니라 '진실한 사실'에 해당한다고 할 것이고, 나아가 피고들이 제기한 부적격 교사의 선별문제는 널리 국가·사회 기타 일반 다수인의 이익에 관련된 사항으로서 객관적으로 볼 때 공적 관심 사안에 관한 것임이 분명하며, 기자들에게 배포된 이 사건 기자회견문 및 기자회견용 자료의 기재 내용 등의 표현방법, 그 표현에 의하여 훼손될 수 있는 부적격 교사들의 명예침해의 정도 등 제반 사정을 고려할 때 이 사건 기자회견은 공공의 이익에 관한 것으로 보아야 할 것이므로 이를 위법하다고 할 수는 없으며, '간이명단'에 포함된 61명 중 대다수가 전교조 소속이라고 하여 달리 볼 것은 아니다.

그럼에도 불구하고 원심은, 이와 다른 견해에서 이 사건 기자회견이 원고 등에 관한 허위사실을 적시한 위법한 것임을 전제로 하여 원고 등의 손해배상청구를 인용하고 말았으니, 원심판결에는 명예훼손에 관한 법리를 오해하였거나 채증법칙에 위반하여 사실을 오인함으로써 판결에 영향을 미친 위법이 있다고 할 것이다.

## VI 유사판례

### 1. 언론매체의 기사가 명예를 훼손하는 내용인지 여부의 판단기준

신문 등 언론매체가 특정인에 관한 기사를 게재한 경우 그 기사가 특정인의 명예를 훼손하는 내용인지의 여부는 기사의 객관적인 내용과 아울러 일반 독자가 기사를 접하는 통상의 방법을 전제로 기사의 전체적인 흐름, 사용된 어휘의 통상적인 의미, 문구의 연결방법 등을 종합적으로 고려하여 그 기사가 독자에게 주는 전체적인 인상도 그 판단기준으로 삼아야 한다. (대법원 2001. 1. 19., 선고, 2000다10208, 판결)

### 2. 언론보도에 의한 명예훼손에 있어서 '사실의 적시'의 정도

언론의 보도에 의한 명예훼손이 성립하려면 피해자의 사회적 평가를 저하시킬 만한 구체적인 사실의 적시가 있어야 하는데, 여기에서 말하는 사실의 적시란 반드시 사실을 직접적으로 표현한 경우에 한정할 것은 아니고, 간접적이고 우회적인 표현에 의하더라도 그 표현의 전취지에 비추어 그와 같은 사실의 존재를 암시하고, 또 이로써 특정인의 사회적 가치 내지 평가가 침해될 가능성이 있을 정도의 구체성이 있으면 족하다. (대법원 2004. 2. 27., 선고, 2001다53387, 판결)

# 제8절 개인 블로그 비공개 대화방에서 일대일 비밀대화의 공연성 여부

## I. 사례요지

인터넷 블로그의 비공개 대화방에서 甲과 일대일로 대화하면서 그로부터 비밀을 지키겠다는 말을 듣고 대화하였다.

## II. 논 점

1. 명예훼손죄에 있어서 '공연성' 의 의미
2. 개인 블로그의 비공개 대화방에서 일대일 비밀대화로 사실을 적시한 경우 명예훼손죄의 요건인 공연성을 인정여부

## III. 법규연구

제307조 (명예훼손) ① 공연히 사실을 적시하여 사람의 명예를 훼손한 자는 2년 이하의 징역이나 금고 또는 500만원 이하의 벌금에 처한다.

② 공연히 허위의 사실을 적시하여 사람의 명예를 훼손한 자는 5년 이하의 징역, 10년 이하의 자격정지 또는 1천만원 이하의 벌금에 처한다

## 2. 정보통신망 이용촉진 및 정보보호 등에 관한 법률 (정보통신망법)

제70조(벌칙) ① 사람을 비방할 목적으로 정보통신망을 통하여 공공연하게 사실을 드러내어 다른 사람의 명예를 훼손한 자는 3년 이하의 징역 또는 3천만원 이하의 벌금에 처한다.

② 사람을 비방할 목적으로 정보통신망을 통하여 공공연하게 거짓의 사실을 드러내어 다른 사람의 명예를 훼손한 자는 7년 이하의 징역, 10년 이하의 자격정지 또는 5천만원 이하의 벌금에 처한다.

## IV. 관련 판례

### 1. 원심 (의정부지법 2007. 8. 30. 선고 2007노579 판결)

피고인이 ○○이라는 아이디를 사용하는 자와 사이에 나눈 공소사실과 같은 대화는 피고인의 인터넷 블로그(http: 이하 URL 생략)에서 이루어진 일대일 비밀대화로서 공연성이 없으므로 정보통신망 이용촉진 및 정보보호 등에 관한 법률상의 정보통신망을 통하여 공연히 허위의 사실을 적시하여 타인의 <u>명예를 훼손한 경우에 해당하지 아니한다.</u>

## 2. 대법원 (대법원 2008. 2. 14., 선고, 2007도8155, 판결)

명예훼손죄의 구성요건인 공연성은 불특정 또는 다수인이 인식할 수 있는 상태를 의미하므로 비록 개별적으로 한 사람에 대하여 사실을 유포하였다 하더라도 그로부터 불특정 또는 다수인에게 전파될 가능성이 있다면 공연성의 요건을 충족한다 할 것이다 (대법원 1985. 4. 23. 선고 85도431 판결, 대법원 1990. 7. 24. 선고 90도1167 판결 등 참조).

그런데 원심판결 이유와 원심이 적법하게 조사하여 채택한 증거에 의하면, 원심이 판시한 위 일대일 비밀대화란 피고인이 ○○의 인터넷 블로그의 비공개 대화방에서 ○○과 사이에 일대일로 대화하면서 그로부터 비밀을 지키겠다는 말을 듣고 한 대화를 일컫는 것으로 보이는데, 위 대화가 인터넷을 통하여 일대일로 이루어졌다는 사정만으로 그 대화 상대방이 대화내용을 불특정 또는 다수인에게 전파할 가능성이 없다고 할 수는 없는 것이고, 또 ○○이 비밀을 지키겠다고 말하였다고 하여 그가 당연히 대화내용을 불특정 또는 다수인에게 전파할 가능성이 없다고 할 수도 없는 것이므로, 원심이 판시한 위와 같은 사정만으로 위 대화가 공연성이 없다고 할 수는 없다.

그러므로 원심으로서는 피고인과 ○○이 위 대화를 하게 된 경위, ○○과 피고인 및 피해자 사이의 관계, 그 대화 당시의 상황, 위 대화 이후 ○○의 태도 등 제반 사정에 관하여 나아가 심리한 다음, 과연 ○○이 피고인으로부터 들은 내용을 불특정 또는 다수인에게 전파할 가능성이 있는지 여부에 대하여 검토하여 공연성의 존부를 판단하였어야 할 것이다.

## V. 결 론

원심은 위와 같은 조치를 취하지 아니한 채 피고인의 공소사실과 같은 대화가 인터넷 블로그에서 이루어진 일대일 비밀대화라는 이유만으로 공연성이 없다고 판단하였는바, 원심의 위와 같은 판단에는 공연성에 관한 법리를 오해하여 판결 결과에 영향을 미친 잘못이 있다고 할 것이다.

상대방으로부터 비밀을 지키겠다는 말을 듣고 일대일로 대화하였다고 하더라도, 그 사정만으로 대화 상대방이 대화내용을 불특정 또는 다수에게 전파할 가능성이 없다고 할 수 없다.

# 제9절 컴퓨터로 작성되어 프린트된 A4용지 7쪽 분량 인쇄물이 출판물인지

## I. 사례요지

甲은 컴퓨터 워드프로세서를 이용하여 乙의 명예를 훼손하는 ○○ 내용을 작성 후 프린트를 이용 A4용지 7쪽 분량의 인쇄물을 보통편지봉투에 넣어 회원들에게 우편으로 발송하였다.

## II. 논 점

1. 형법 제309조 제1항 소정의 '기타 출판물'에 해당하기 위한 요건
2. 컴퓨터 워드프로세서로 작성되어 프린트된 A4용지 7쪽 분량의 인쇄물이 '기타 출판물'에 해당하는지

## III. 법규연구 (형법)

제309조 (출판물등에 의한 명예훼손) ① 사람을 비방할 목적으로 신문, 잡지 또는 라디오 기타 출판물에 의하여 제307조제1항의 죄를 범한 자는 3년이하의 징역이나 금고 또는 700만원이하의 벌금에 처한다.

## IV. 관련 판례

### 1. 원심 (서울지법 1999. 6. 25. 선고 98노11104 판결)

피고인이 작성하여 우송 또는 교부한 이 사건 유인물은 컴퓨터 워드프로세서로 작성되고 프린트된 A4용지 7쪽 분량의 인쇄물로서 보통편지봉투에 넣어 우송될 수 있을 정도에 불과한 것으로, 그 외관이나 형식 및 그 작성경위 등에 비추어 볼 때, 그것이 등록된 간행물과 동일한 정도의 높은 전파성, 신뢰성, 보존가능성 등을 가지고 사실상 유통·통용될 수 있는 출판물이라고 보기 어렵다.

### 2. 대법원 (대법원 2000. 2. 11., 선고, 99도3048, 판결)

형법이 출판물 등에 의한 명예훼손죄를 일반 명예훼손죄보다 중벌하는 이유는 사실 적시의 방법으로서의 출판물 등의 이용이 그 성질상 다수인이 견문할 수 있는 높은 전파성과 신뢰성 및 장기간의 보존가능성 등 피해자에 대한 법익침해의 정도가 더욱 크다는 데 있는 점에 비추어 보면, 형법 제309조 제1항 소정의 '기타 출판물'에 해당한다

고 하기 위하여는 그것이 등록 · 출판된 제본인쇄물이나 제작물은 아니라고 할지라도 적어도 그와 같은 정도의 효용과 기능을 가지고 사실상 출판물로 유통 · 통용될 수 있는 외관을 가진 인쇄물로 볼 수 있어야 한다(대법원 1997. 8. 26. 선고 97도133 판결, 1998. 10. 9. 선고 97도158 판결 등 참조).

## V. 결 론

원심의 판단은 정당하다. 즉 출판물에의한명예훼손죄에 있어서 출판물에 관한 법리오해의 위법이 있다고 할 수 없다. 따라서 출판물이라고 볼 수 없다.

## VI. 유사판례

### 1. 모조지에 사인펜으로 기재하여 만든 광고문이 출판물에 해당하는지

가로 약 25cm, 세로 약 30cm 되는 모조지 위에 사인펜으로 특정인의 인적사항, 인상, 말씨 등을 기재하고 위 사람은 정신분열증 환자로서 무단가출하였으니 연락해 달라는 취지의 내용을 기재한 광고문은 형법 제309조에서 말하는 출판물에 해당한다고 보기 어렵다. (대법원 1986. 3. 25., 선고, 85도1143, 판결)

### 2. 2장에 불과하며 제본방법도 조잡한 것으로 보이는 최고서 사본이 출판물에 해당하는지

장수가 2장에 불과하며 제본방법도 조잡한 것으로 보이는 최고서 사본이 출판물이라고 할 수 있을 정도의 외관과 기능을 가진 인쇄물에 해당한다고 보기는 어렵다. (대법원 1997. 8. 26., 선고, 97도133, 판결)

# 제10절 어떤 표현이 모욕죄의 모욕에 해당하는지 판단하는 기준

## I. 사례요지

피고인은 직원들에게 피해자가 관리하는 사업소의 문제를 지적하는 내용의 카카오톡 문자메시지를 발송하며 '민주노총 지부장은 정말 야비한 사람인 것 같습니다.'라고 표현하여 공연히 피해자를 모욕하였다.

## II. 논 점

1. 모욕죄의 보호법익(=외부적 명예) 및 '모욕'의 의미
2. 어떠한 표현이 모욕죄의 모욕에 해당하는지 판단하는 기준
3. 상대방을 불쾌하게 할 수 있는 무례하고 예의에 벗어난 정도의 표현이거나 상대방에 대한 부정적·비판적 의견이나 감정을 나타내면서 경미한 수준의 추상적 표현이나 욕설이 사용된 경우, 모욕죄의 구성요건에 해당하는지 여부(원칙적 소극)
4. 모욕죄의 구성요건을 해석·적용할 때 고려하여야 할 사항

## III. 법규연구

### 1. 형 법

제311조(모욕) 공연히 사람을 모욕한 자는 1년 이하의 징역이나 금고 또는 200만원 이하의 벌금에 처한다.

### 2. 헌 법

제21조 ① 모든 국민은 언론·출판의 자유와 집회·결사의 자유를 가진다.

② 언론·출판에 대한 허가나 검열과 집회·결사에 대한 허가는 인정되지 아니한다.

③ 통신·방송의 시설기준과 신문의 기능을 보장하기 위하여 필요한 사항은 법률로 정한다.

④ 언론·출판은 타인의 명예나 권리 또는 공중도덕이나 사회윤리를 침해하여서는 아니된다. 언론·출판이 타인의 명예나 권리를 침해한 때에는 피해자는 이에 대한 피해의 배상을 청구할 수 있다.

## IV. 관련 판례

### 1. 원심 (수원지법 2019. 5. 3. 선고 2018노6585 판결)

공소사실을 유죄로 판단한 제1심판결을 그대로 유지하였다.

## 2. 대법원 (대법원 2022. 8. 31., 선고, 2019도7370, 판결)

가. 형법 제311조 모욕죄는 사람의 인격적 가치에 대한 사회적 평가를 의미하는 '외부적 명예'를 보호법익으로 하는 범죄로서, 여기서 **'모욕'** 이란 사실을 적시하지 아니하고 사람의 외부적 명예를 침해할 만한 추상적 판단이나 경멸적 감정을 표현하는 것을 의미한다. 어떠한 표현이 모욕죄의 모욕에 해당하는지는 상대방 개인의 주관적 감정이나 정서상 어떠한 표현을 듣고 기분이 나쁜지 등 명예감정을 침해할 만한 표현 인지를 기준으로 판단할 것이 아니라 당사자들의 관계, 해당 표현에 이르게 된 경위, 표현방법, 당시 상황 등 객관적인 제반 사정에 비추어 상대방의 외부적 명예를 침해할 만한 표현인지를 기준으로 엄격하게 판단하여야 한다.

어떠한 표현이 개인의 인격권을 심각하게 침해할 우려가 있는 것이거나 상대방의 인격을 허물어뜨릴 정도로 모멸감을 주는 혐오스러운 욕설이 아니라 상대방을 불쾌하게 할 수 있는 무례하고 예의에 벗어난 정도이거나(대법원 2018. 11. 29. 선고 2017도 2661 판결 등 참조) 상대방에 대한 부정적·비판적 의견이나 감정을 나타내면서 경미한 수준의 추상적 표현이나 욕설이 사용된 경우 등이라면 특별한 사정이 없는 한 외부적 명예를 침해할 만한 표현으로 볼 수 없어 모욕죄의 구성요건에 해당된다고 볼 수 없다. 개인의 인격권으로서의 명예보호와 민주주의의 근간을 이루는 기본권인 표현의 자유는 모두 헌법상 보장되는 기본권으로 각자의 영역 내에서 조화롭게 보호되어야 한다. 따라서 모욕죄의 구성요건을 해석·적용할 때에도 개인의 인격권과 표현의 자유가 함께 고려되어야 한다.

나. 피고인은 위 문자메시지를 발송한 경위와 관련하여, 경쟁관계에 있던 민주노총 소속 노동조합의 지부장인 피해자의 문자메시지에 대응하여 한국노총 소속 노동조합의 부위원장으로서 조합원들이 민주노총 소속 조합원으로 옮겨가는 것을 막기 위한 것이 었다고 주장하였다.

## V. 결 론

피고인과 피해자의 관계, 문자메시지의 전체적 맥락 안에서 이 사건 표현의 의미와 정도, 이 사건 표현이 이루어진 공간 및 전후의 정황, 피해자의 인격권으로서의 명예와 피고인의 표현의 자유의 조화로운 보호 등을 앞서 본 법리에 비추어 살펴보면, 이 사건 표현은 피고인의 피해자에 대한 부정적·비판적 의견이나 감정이 담긴 경미한 수준의 추상적 표현에 불과할 뿐 피해자의 외부적 명예를 침해할 만한 표현이라고 단정하기 어렵다.

## Ⅵ 유사판례

### 1. "애꾸눈, 병신"이라는 발언 내용이 구체적 사실을 적시한 것인지 여부

"애꾸눈, 병신"이라는 발언 내용은 피고인이 피해자를 모욕하기 위하여 경멸적인 언사를 사용하면서 욕설을 한 것에 지나지 아니하고, 피해자의 사회적 가치나 평가를 저하시키기에 충분한 구체적 사실을 적시한 것이라고 보기는 어렵다. (대법원 1994. 10. 25., 선고, 94도1770, 판결)

### 2. "빨갱이 계집년" "첩년" 등이라고 욕한 경우의 죄책

명예훼손죄에 있어서 '사실의 적시'라 함은 사람의 사회적 평가를 저하시키는데 충분한 구체적 사실을 적시하는 것을 말하므로, 이를 적시하지 아니하고 단지 모멸적인 언사를 사용하여 타인의 사회적 평가를 경멸하는, 자기의 추상적 판단을 표시하는 것 ("빨갱이 계집년" "만신(무당)" "첩년"이라고 말한 것)은 사람을 모욕한 경우에 해당하고, 명예훼손죄에는 해당하지 아니한다. (대법원 1981. 11. 24., 선고, 81도2280, 판결)

### 3. "개같은 잡년아, 시집을 열두번을 간 년아, 자식도 못 낳는 창녀같은 년"

피해자에 대하여 "야 이 개같은 잡년아, 시집을 열두번을 간 년아, 자식도 못 낳는 창녀같은 년"이라고 큰소리친 경우, 위 발언 내용은 그 자체가 피해자의 사회적 평가를 저하시킬 만한 구체적 사실이라기 보다는 피해자의 도덕성에 관하여 가지고 있는 추상적 판단이나 경멸적인 감정표현을 과장되게 강조한 욕설에 지나지 아니하여 형법 제311조의 모욕에는 해당할지언정, 형법 제307조 제1항의 명예훼손에 해당한다고 보기 어렵다. (대법원 1985. 10. 22., 선고, 85도1629, 판결)

# 제11절 자신 페이스북에 "철면피, 양두구육, 극우부패세력" 표현을 개시한 경우

## I. 사례요지

피고인은 주식회사 ○○방송 심의국 라디오심의부 심의위원으로, 팔로워가 ○○명에 달하는 페이스북을 개설하여 글을 게시하고 있다. 피해자는 □□ 이사장이다. 피고인은 자신의 페이스북에 "또 나쁜 짓 한 거 고발당했다. 공소외 1. 간첩조작질 공안검사 출신 변호사. 매카시스트. 철면피 파렴치 양두구육... 역시 극우부패세력에 대한 기대를 저버리지 않는다. 대한민국의 양심과 양식을 대표하는 인사가 맡아야 할 공영방송 감독기관인 □□ 이사장 자리에 앉아 버티기 농성에 들어간 공소외 2 체제를 뒤에서 지탱하고 있다."라는 글을 게시하였다.

## II. 논 점

1. 어떤 글이 모욕적 표현을 담고 있는 경우에도 사회상규에 위배되지 않는 행위로서 위법성이 조각될 수 있는 경우
2. 인터넷 등 공간에서 작성된 단문의 글이라도 마찬가지로 위법성이 조각될 수 있는 경우
3. 이때 사회상규에 위배되는지 판단하는 기준
4. 피고인이 사용한 위 표현이 모욕적 표현으로서 모욕죄의 구성요건에는 해당하는지

## III. 법규연구

311조(모욕) 공연히 사람을 모욕한 자는 1년 이하의 징역이나 금고 또는 200만원 이하의 벌금에 처한다.

제20조(정당행위) 법령에 의한 행위 또는 업무로 인한 행위 기타 사회상규에 위배되지 아니하는 행위는 벌하지 아니한다.

## IV. 관련 판례

### 1. 원심 (서울서부지법 2020. 11. 12. 선고 2020노914 판결)

공소사실 중 '철면피, 파렴치, 양두구육, 극우부패세력' 이라는 표현에 대해서는 모욕죄의 구성요건에 해당하고 사회상규에 위배되지 않는다고 볼 수 없다는 이유로 유죄로 판단하는 한편, 이 사건 공소사실 중 '간첩조작질' 이라는 표현에 대해서는 구체적인 사실을 적시한 것이어서 모욕죄에서의 모욕에 해당하지 않는다는 이유로 제1심판결을 파기하고 이 부분을 이유에서 무죄로 판단하였다.

## 2. 대법원 (대법원 2022. 8. 25., 선고, 2020도16897, 판결)

가. 어떤 글이 모욕적 표현을 담고 있는 경우에도 그 글이 객관적으로 타당성이 있는 사실을 전제로 하여 그 사실관계나 이를 둘러싼 문제에 관한 자신의 판단과 피해자의 태도 등이 합당한가에 대한 의견을 밝히고, 자신의 판단과 의견이 타당함을 강조하는 과정에서 부분적으로 다소 모욕적인 표현이 사용된 것에 불과하다면 사회상규에 위배되지 않는 행위로서 형법 제20조에 의하여 위법성이 조각될 수 있다(대법원 2003. 11. 28. 선고 2003도3972 판결 등 참조). 그리고 <u>인터넷 등 공간에서 작성된 단문의 글이라고 하더라도, 그 내용이 자신의 의견을 강조하거나 압축하여 표현한 것이라고 평가할 수 있고 표현도 지나치게 모욕적이거나 악의적이지 않다면 마찬가지로 위법성이 조각될 수 있다</u>(대법원 2021. 3. 25. 선고 2017도17643 판결 참조).

이때 **<u>사회상규에 위배되는지 여부는</u>** <u>피고인과 피해자의 지위와 그 관계, 표현행위를 하게 된 동기, 경위나 배경, 표현의 전체적인 취지와 구체적인 표현방법, 모욕적인 표현의 맥락 그리고 전체적인 내용과의 연관성 등을 종합적으로 고려하여 판단해야 한다.</u>

나. 피고인이 피해자의 공적 활동과 관련한 자신의 의견을 담은 게시글을 작성하면서 이 사건 표현을 한 것은 사회상규에 위배되지 않는 행위로서 형법 제20조에 의하여 위법성이 조각된다고 볼 여지가 크다. 그 이유는 다음과 같다.

① 피고인은 이 사건 표현 당시 ○○방송국의 협회장으로 공소외 2를 비롯한 ○○ 경영진과 대립하는 관계에 있었는데, ○○를 감독하는 기관인 □□의 이사장인 피해자가 ○○경영진을 비호한다는 등의 이유로 피해자에 대하여 비판적인 입장에 있었다. ② 그런 상황에서 피고인은 피해자가 과거 사학분쟁조정위원회 위원으로 활동할 당시 관여했던 사안과 관련하여 사익을 추구했다는 이유로 고발을 당하였다는 기사가 보도되자 이를 공유하면서 이 사건 표현이 포함된 글을 게시하였다. ③ 피고인이 게시한 글의 전체적인 내용은, 피해자가 또 고발당한 것을 보면 피해자는 '대한민국의 양심과 양식을 대표하는 인사가 맡아야 할 공영방송 ○○의 감독기관인 □□ 이사장'의 자격이 없고, 피해자가 이사장 자리에서 공소외 2 체제를 지탱하고 있는 것은 부당하다는 취지로 보인다. ④ 이 사건 표현 중 '파렴치', '철면피' 또는 '양두구육'은 상황에 따라 우리의 일상생활에서 '부끄러움을 모른다.', '지나치게 뻔뻔하다.' 또는 '겉 다르고 속 다른 이중성이 있다.'라는 뜻으로, 특히 언론이나 정치 영역에서 상대방에 대한 비판적 입장을 표명할 때 흔히 비유적으로 사용되는 표현이다. '극우부패세력'은 '부패'라는 범죄행위를 연상케 하는 용어가 포함되어 있기는 하지만 이념적 지형이 다른 상대방을 비판할 때 비유적으로 사용되기도 한다.

## V. 결 론

피고인이 피해자가 공적 활동을 이용하여 사익을 추구하였다는 혐의로 고발되었다는 기사를 통하여 피해자의 ㅁㅁ 이사장으로서의 자격과 역할에 대한 비판적인 의견을 표현하는 과정에서 피해자에 대한 부정적인 평가를 강조하기 위하여 이 사건 표현을 사용한 것이라면, 피해자의 행위와 관련된 이 사건 표현이 지나치게 모욕적이거나 악의적이라 보기도 어렵다.

## VI 유사판례

### 1. 방송국 홈페이지의 시청자 의견란에 작성·게시한 글 중 일부 표현이 모욕적 언사인 경우

피고인이 방송국 홈페이지의 시청자 의견란에 작성·게시한 글 중 일부의 표현은 이미 방송된 프로그램에 나타난 기본적인 사실을 전제로 한 뒤, 그 사실관계나 이를 둘러싼 문제에 관한 자신의 판단과 나아가 이러한 경우에 피해자가 취한 태도와 주장한 내용이 합당한가 하는 점에 대하여 자신의 의견을 개진하고, 피해자에게 자신의 의견에 대한 반박이나 반론을 구하면서, 자신의 판단과 의견의 타당함을 강조하는 과정에서 부분적으로 그와 같은 표현을 사용한 것으로서 사회상규에 위배되지 않는다고 봄이 상당하다. (대법원 2003. 11. 28., 선고, 2003도3972, 판결)

### 2. 인터넷 신문 기사에 "이런걸 기레기라고 하죠?"라는 댓글을 게시한 경우

'기레기'는 기자인 甲의 사회적 평가를 저하시킬 만한 추상적 판단이나 경멸적 감정을 표현한, 모욕적 표현에 해당하나, 피고인은 기사를 본 독자들이 자신의 의견을 자유롭게 펼칠 수 있도록 마련된 '네티즌 댓글' 난에 위 댓글을 게시한 점, 위 기사는 특정 제조사 자동차 부품의 안전성에 대한 논란이 많은 가운데 이를 옹호하는 제목으로 게시되었는데, 위 기사가 게재되기 직전 다른 언론사에서 이와 관련한 부정적인 내용을 방송하였고, 위 기사를 읽은 상당수의 독자들은 위와 같은 방송 내용 등을 근거로 위 기사의 제목과 내용, 이를 작성한 甲의 행위나 태도를 비판하는 의견이 담긴 댓글을 게시하였으므로 이러한 의견은 어느 정도 객관적으로 타당성 있는 사정에 기초한 것으로 볼 수 있는 점, 위 댓글의 내용, 작성 시기와 위치, 위 댓글 전후로 게시된 다른 댓글의 내용과 흐름 등에 비추어 볼 때, 위 댓글은 그 전후에 게시된 다른 댓글들과 같은 견지에서 방송 내용 등을 근거로 위 기사의 제목과 내용, 이를 작성한 甲의 행위나 태도를 비판하는 의견을 강조하거나 압축하여 표현한 것이라고 평가할 수 있고, '기레기'는 기사 및 기자의 행태를 비판하는 글에서 비교적 폭넓게 사용되는 단어이며, 위 기사에 대한 다른 댓글들의 논조 및 내용과 비교할 때 댓글의 표현이 지나치게 악의적이라고 하기도 어려운 점을 종합하면, 위 댓글을 작성한 행위는 사회상규에 위배되지 않는 행위로서 형법 제20조에 의하여 위법성이 조각된다. (대법원 2021. 3. 25., 선고, 2017도17643, 판결)

# 제12절 집단표시에 의한 모욕이 집단 구성원 개개인에 대한 모욕죄를 구성하는 경우

## I. 사례요지

국회의원이었던 피고인이 국회의장배 전국 대학생 토론대회에 참여했던 학생들과 저녁 회식을 하는 자리에서, 장래의 희망이 아나운서라고 한 여학생들에게 (아나운서 지위를 유지하거나 승진하기 위하여) "다 줄 생각을 해야 하는데, 그래도 아나운서 할 수 있겠느냐. ○○여대 이상은 자존심 때문에 그렇게 못하더라"라는 등의 말을 함으로써 공연히 공중파 방송 아나운서들로 구성된 △△연합회 회원인 여성 아나운서들을 각 모욕하였다.

## II. 논 점

1. 집단표시에 의한 모욕이 집단 구성원 개개인에 대한 모욕죄를 구성하는 경우
2. 구체적인 판단기준

## III. 법규연구 (형법)

제311조(모욕) 공연히 사람을 모욕한 자는 1년 이하의 징역이나 금고 또는 200만원 이하의 벌금에 처한다.

## IV. 관련 판례

### 1. 원심 (서울서부지법 2011. 11. 10. 선고 2011노529 판결)

피고인이 위와 같은 발언을 한 사실이 있음을 인정한 다음 피고인의 이 사건 발언이 여성 아나운서들이라는 집단으로 표시되었고 연합회에 등록된 여성 아나운서의 수가 295명에 이르지만, 피고인의 지위와 이 사건 발언을 하게 된 경위, 표현내용, 여성 아나운서 집단과 피해자들의 업무의 특수성, 피해자들에 대한 일반의 관심 그리고 피해자들이 생활하는 범위 내의 사람들이 이 사건 발언의 표현내용과 피해자들을 연결시킬 가능성 등을 종합하여 볼 때, 피고인의 위 발언은 여성 아나운서들 집단의 개별구성원, 적어도 연합회에 등록된 회원들인 이 사건 피해자들에 대한 사회적 평가를 저하시킬 위험성이 있는 경멸적 표현에 해당한다는 등 그 판시와 같은 이유로 이 부분 공소사실을 <u>유죄로 인정한 제1심판결을 그대로 유지하였다.</u>

## 2. 대법원 (대법원 2014. 3. 27., 선고, 2011도15631, 판결)

가. 모욕죄는 특정한 사람 또는 인격을 보유하는 단체에 대하여 사회적 평가를 저하시킬 만한 경멸적 감정을 표현함으로써 성립하는 것이므로 그 <u>피해자는 특정되어야 한다.</u> 그리고 이른바 <u>집단표시에 의한 모욕은, 모욕의 내용이 그 집단에 속한 특정인에 대한 것이라고는 해석되기 힘들고, 집단표시에 의한 비난이 개별구성원에 이르러서는 비난의 정도가 희석되어 구성원 개개인의 사회적 평가에 영향을 미칠 정도에 이르지 아니한 경우에는 구성원 개개인에 대한 모욕이 성립되지 않는다고 봄이 원칙이고, 그 비난의 정도가 희석되지 않아 구성원 개개인의 사회적 평가를 저하시킬 만한 것으로 평가될 경우에는 예외적으로 구성원 개개인에 대한 모욕이 성립할 수 있다.</u> 한편 구성원 개개인에 대한 것으로 여겨질 정도로 구성원 수가 적거나 당시의 주위 정황 등으로 보아 집단 내 개별구성원을 지칭하는 것으로 여겨질 수 있는 때에는 집단 내 개별구성원이 피해자로서 특정된다고 보아야 할 것인데, 그 구체적인 기준으로는 집단의 크기, 집단의 성격과 집단 내에서의 피해자의 지위 등을 들 수 있다(대법원 2003. 9. 2. 선고 2002다63558 판결, 대법원 2013. 1. 10. 선고 2012도13189 판결 등 참조).

나. 우선 피고인의 이 사건 발언이 여성 아나운서에 대하여 수치심과 분노의 감정을 불러일으키기에 충분한 경멸적인 표현에 해당한다고 본 원심의 판단은 수긍할 수 있다.

그러나 이 부분 공소사실은 여성 아나운서 집단에 속한 개개의 여성 아나운서가 피해자임을 전제로 하고 있으므로 무엇보다도 그 비난의 정도가 여성 아나운서 개개인의 사회적 평가를 저하시킬 정도여야 할 것인데, 기록에 의하여 알 수 있는 다음과 같은 사정 즉, ① 피고인을 수사기관에 고소한 여성 아나운서는 154명이고, 연합회에 등록된 여성 아나운서의 수는 295명에 이르며, 피고인의 발언 대상인 '여성 아나운서'라는 집단은 직업과 성별로만 분류된 집단의 명칭으로서 그중에는 이 사건 고소인들이 속한 공중파 방송 아나운서들로 구성된 연합회에 등록된 사람뿐만 아니라 유선방송에 소속되어 있거나 그 밖의 다양한 형태로 활동하는 여성 아나운서들이 존재하므로 '여성 아나운서'라는 집단 자체의 경계가 불분명하고 그 조직화 및 결속력의 정도 또한 견고하다고 볼 수 없는 점, ② 피고인의 발언 대상이 그중 피고인을 고소한 여성 아나운서들이 속한 연합회만을 구체적으로 지칭한다고 보기도 어려운 점, ③ 피고인의 이 사건 발언은, 비록 그 발언 내용이 매우 부적절하고 저속하기는 하지만, 앞서 본 여성 아나운서 집단의 규모와 조직 체계, 대외적으로 구성원의 개성이 부각되는 정도에 더하여 그 발언의 경위와 상대방, 발언 당시의 상황, 그 표현의 구체적 방식과 정도 및 맥락 등을 고려해보면 위 발언으로 인하여 곧바로 피해자들을 비롯한 여성 아나운서들에 대한 기존의 사회적 평가를 근본적으로 변동시킬 것으로 보이지는 아니하는 점, ④ 피해자들을 비롯한 여성 아나운서들은 방송을 통해 대중에게 널리 알려진 사람들이어서 그 생활 범위 내에 있는 사람들이 문제된 발언과 피해자들을 연결시킬 가능성이 있다는 이유만으로 곧바로 그 집단 구성원 개개인에 대한 모욕이 된다고 평가하게 되면 모욕죄의 성립범위를 지나치게 확대시킬 우려가 있는 점 등을 종합해 보면,

## V. 결 론

피고인의 이 사건 발언은 여성 아나운서 일반을 대상으로 한 것으로서 그 개별구성원인 피해자들에 이르러서는 비난의 정도가 희석되어 피해자 개개인의 사회적 평가에 영향을 미칠 정도에까지는 이르지 아니하므로 형법상 모욕죄에 해당한다고 보기는 어렵다.

## VI 유사판례

### 1. 집단표시에 의한 모욕이 집단 구성원 개개인에 대한 모욕죄를 구성하는 경우

집단표시에 의한 모욕은, 모욕의 내용이 그 집단에 속한 특정인에 대한 것이라고는 해석되기 힘들고 집단표시에 의한 비난이 개별구성원에 이르러서는 비난의 정도가 희석되어 구성원 개개인의 사회적 평가에 영향을 미칠 정도에 이르지 않는 것으로 평가되는 경우에는 구성원 개개인에 대한 모욕이 성립되지 않는다고 할 것이지만, 구성원 개개인에 대한 것으로 여겨질 정도로 구성원 수가 적거나 당시의 주위 정황 등으로 보아 집단 내 개별구성원을 지칭하는 것으로 여겨질 수 있는 때에는 집단 내 개별구성원이 피해자로서 특정된다고 보아야 하고, 그 구체적 기준으로는 집단의 크기, 집단의 성격과 집단 내에서의 피해자의 지위 등을 들 수 있다. (대법원 2013. 1. 10., 선고, 2012도13189, 판결)

# 제13절 인터넷 포털사이트 뉴스 댓글 란에 연예인에 대해 "국민호텔녀, 퇴물" 등 게시

## I. 사례요지

인터넷 포털사이트 뉴스 댓글 란에 ① "언플이 만든 거품, 그냥 국민호텔녀."라는 댓글을 게시하고, ② "영화폭망 퇴물 ○○(피해자)를 왜 □□(다른 연예인)한테 붙임? 제왑 언플징하네."라는 댓글을 게시하여 피해자를 모욕하였다.

## II. 논 점

1. 연예인의 사생활에 대한 표현행위에 관하여도 비연예인에 대한 경우보다 표현의 자유가 넓게 보장되어야 하는지 여부
2. "국민호텔녀"가 모욕적 표현으로 구성요건에 해당하는지 여부, 사회상규에 위배되지 않는 정당행위로 위법성이 조각되는지 여부

## III. 법규연구 (형법)

제311조(모욕) 공연히 사람을 모욕한 자는 1년 이하의 징역이나 금고 또는 200만원 이하의 벌금에 처한다.

제20조(정당행위) 법령에 의한 행위 또는 업무로 인한 행위 기타 사회상규에 위배되지 아니하는 행위는 벌하지 아니한다.

## IV. 관련 판례

### 1. 원심 (서울북부지방법원 2017. 11. 3. 선고 2017노1014 판결)

'언플이 만든 거품'은 피해자의 인기나 긍정적 기사가 언론플레이의 결과물로서 실체보다 과하다는 뜻으로 위법하다고 보기 어렵다. '국민호텔녀'는 과거 피해자에 관한 열애설 내지 스캔들이 이미 언론을 통해 보도된 적이 있어, 피고인은 이를 기초로 '국민여동생'이라는 연예업계의 홍보문구(마케팅 구호) 사용을 비꼰 것이고, '영화 폭망'은 피해자가 출연했던 영화가 흥행하지 못한 사실을 거칠게 표현한 것에 불과하여 모욕적 표현이라고 보기 어렵다. '퇴물'은 피해자에 대한 모욕적 언사로 볼 수 있으나, 전체 글에서 단 한 번 사용되어 비중이 크지 않고, 인기의 부침(浮沈)이나 전성기가 존재하는 연예인의 직업적 특성상 '피해자의 전성기는 지났다'라는 생각을 다소 과격하게 표현한 것으로 볼 수 있어 사회상규에 위배되지 않는다.

따라서 <u>전체적으로 무죄를 선고하였다.</u>

## 2. 대법원 (대법원 2022. 12. 15. 선고 2017도19229 판결)

가. 모욕죄는 공연히 사람을 모욕하는 경우에 성립하는 범죄로서(형법 제311조), 사람의 가치에 대한 사회적 평가를 의미하는 외부적 명예를 보호법익으로 하고, 여기에서 **모욕이란** 사실을 적시하지 아니하고 사람의 사회적 평가를 저하시킬 만한 추상적 판단이나 경멸적 감정을 표현하는 것을 의미한다(대법원 2011. 12. 22. 선고 2010도10130 판결, 대법원 2016. 10. 13. 선고 2016도9674 판결 등 참조).

**표현의 자유와 명예보호 사이의 한계를 설정함에 있어서 그 표현으로 인한 피해자가 공적인 존재인지 사적인 존재인지, 그 표현이 공적인 관심 사안에 관한 것인지 순수한 사적인 영역에 속하는 사안에 관한 것인지, 그 표현이 객관적으로 국민이 알아야 할 공공성, 사회성을 갖춘 사안에 관한 것으로 여론형성이나 공개토론에 기여하는 것인지 아닌지 등을 가려서 심사기준에 차이를 두어야 한다**(대법원 2002. 1. 22. 선고 2000다37524, 37531 판결 참조). 명예훼손과 모욕적 표현은 구분해서 다루어야 하고, 공적 관심사에 대한 표현의 자유 보장과 개인의 사적 법익 및 인격권 보호라는 두 법익이 충돌하였을 때에는 구체적인 경우에 표현의 자유로 얻어지는 가치와 인격권의 보호에 의하여 달성되는 가치를 비교형량하여 그 규제의 폭과 방법을 정하여야 한다. 표현행위의 형식과 내용이 모욕적이고 경멸적인 인신공격에 해당하거나 타인의 신상에 관하여 인격권을 침해한 경우에는 의견 표명으로서의 한계를 벗어난 것으로서 허용되지 않는다(대법원 2018. 10. 30. 선고 2014다61654 전원합의체 판결 참조).

표현이 다의적이거나 의미가 확정되지 않은 **신조어인 경우** 피고인이 그러한 표현을 한 경위 및 동기, 피고인의 의도, 표현의 구체적인 내용과 맥락 등을 고려하여, 그 용어의 의미를 확정한 후 모욕적 표현에 해당하는지를 판단해야 한다. 표현이 모욕죄의 구성요건에 해당하는 경우에도 사회상규에 위배되지 않는 때에는 형법 제20조의 정당행위가 성립한다. 이는 피고인과 피해자의 지위와 그 관계, 표현행위를 하게 된 동기, 경위나 배경, 표현의 전체적인 취지와 구체적인 표현방법, 모욕적인 표현의 맥락 그리고 전체적인 내용과의 연관성 등을 종합적으로 고려하여 판단해야 한다(대법원 2022. 8. 25. 선고 2020도16897 판결 참조).

이를 종합하면, **연예인의 사생활에 대한 모욕적인 표현에 대하여 표현의 자유를 근거로 모욕죄의 구성요건에 해당하지 않거나 사회상규에 위배되지 않는다고 판단하는 데에는 신중할 필요가 있다.** 특히 최근 사회적으로 인종, 성별, 출신 지역 등을 이유로 한 혐오 표현이 문제되고 있으며, 혐오 표현 중에는 특정된 피해자에 대한 사회적 평가를 저하하여 모욕죄의 구성요건에도 해당하는 것이 적지 않은데, 그러한 범위 내에서는 모욕죄가 혐오 표현에 대한 제한 내지 규제로 기능하고 있는 측면을 고려하여야 한다(헌법재판소 2020. 12. 23. 선고 2017헌바456 등 결정 참조).

나. ① 원심 판단 중 '그냥 국민호텔녀'를 제외한 나머지 표현들에 대해서는 피해자가 소속된 연예기획사의 홍보방식 및 피해자 출연 영화의 실적 등 피해자의 공적인 영역에 대한 비판으로 다소 거칠게 표현하였더라도 표현의 자유 영역에 해당한다고 평가할 수 있어 원심의 결론을 수긍할 수 있고, 여기에 상고이유 주장과 같은 법리오해의 위법이 없다.

② 그러나 원심의 '그냥 국민호텔녀' 부분에 대한 판단은 그대로 수긍하기 어렵다.

피해자는 '국민첫사랑', '국민여동생' 등의 수식어로 불리며 대중적 인기를 받아 왔다. 2015. 3.경 피해자가 남자연예인과 데이트를 했다는 취지의 보도가 되었고, 그 직후 피해자와 그 남자연예인은 연인관계임을 인정한 바 있다. 피고인은 피해자가 출연한 영화 개봉 기사에 "… 그냥 국민호텔녀"라는 댓글을 달았고, 수사기관에서 이에 대하여 "피해자를 언론에서 '국민여동생'으로 띄우는데 그 중 '국민'이라는 단어와 당시 해외에서 모 남성연예인과 호텔을 갔다고 하는 스캔들이 있어서 '호텔'이라는 단어를 합성하여 만든 단어이다."라는 취지로 진술하였다. 그렇다면 피고인은 '호텔녀'의 이미지를 극대화하기 위하여 앞에 '국민'이라는 단어를 배치하고, '호텔'은 남자연예인과의 스캔들을 연상시키도록 사용하였다고 볼 것이다.

이와 같은 표현의 사용 경위, 맥락과 구체적인 내용을 종합해 보면, '국민호텔녀'는 피해자의 사생활을 들추어 피해자가 종전에 대중에게 호소하던 청순한 이미지와 반대의 이미지를 암시하면서 피해자를 성적 대상화하는 방법으로 비하하는 것으로서 여성 연예인인 피해자의 사회적 평가를 저하시킬 만한 모멸적인 표현으로 평가할 수 있고, 정당한 비판의 범위를 벗어난 것으로서 정당행위로 보기도 어렵다.

## IV. 결 론

피고인이 사용한 표현들 중 "국민호텔녀"는 피해자의 사생활을 들추어 피해자가 종전에 대중에게 호소하던 청순한 이미지와 반대의 이미지를 암시하면서 피해자를 성적 대상화하는 방법으로 비하하는 것으로서 여성 연예인인 피해자의 사회적 평가를 저하시킬 만한 모멸적인 표현으로 평가할 수 있고, 정당한 비판의 범위를 벗어난 것으로서 정당행위로 보기도 어렵다. 그러나 나머지 부분은 '모욕적 표현'에 해당하지 않거나 사회상규에 위배되지 않는다.

# 제14장

# 신용·업무/비밀침해에 관한 죄

## 제1절 컴퓨터 등 정보처리장치에 정보 입력 행위가 업무방해죄의 위계에 해당하는지

### Ⅰ. 사례요지

혼자 전화금융사기 편취금을 한꺼번에 자동화기기를 통한 무통장·무카드 입금(이하 '무매체 입금'이라 한다)하는 것임에도 마치 여러 명이 각각 피해자 은행들의 '1인 1일 100만 원' 한도를 준수하면서 정상적으로 무매체 입금거래를 하는 것처럼 가장하여 전화금융사기 조직원으로부터 제공받은 제3자의 이름과 주민등록번호를 자동화기기에 입력한 후 100만 원 이하의 금액으로 나누어 위 조직원이 지정한 불상의 계좌로 무매체 입금을 함으로써 전화금융사기 조직원과 공모하여 위계로써 피해자 은행들의 자동화기기 무매체 입금거래 업무를 방해하였다.

### Ⅱ. 논 점

1. 위계에 의한 업무방해죄에서 '위계'의 의미
2. 정보처리장치에 정보를 입력하는 등의 행위가 업무방해죄의 위계에 해당하는지 판단하는 기준

### Ⅲ. 법규연구 (형법)

제314조(업무방해) ① 제313조의 방법 또는 위력으로써 사람의 업무를 방해한 자는 5년 이하의 징역 또는 1천500만원 이하의 벌금에 처한다.

### Ⅳ. 관련 판례

1. 원심 (춘천지법 강릉지원 2021. 10. 21. 선고 2021노279 판결)

   공소사실을 <u>유죄로 인정한 제1심 판단을 그대로 유지하였다.</u>

## 2. 대법원 (대법원 2022. 2. 11., 선고, 2021도15246, 판결)

가. 위계에 의한 업무방해죄에서 '위계'란 행위자가 행위목적을 달성하기 위하여 상대방에게 오인, 착각 또는 부지를 일으키게 하여 이를 이용하는 것을 말한다. 컴퓨터 등 정보처리장치에 정보를 입력하는 등의 행위도 그 입력된 정보 등을 바탕으로 업무를 담당하는 사람의 오인, 착각 또는 부지를 일으킬 목적으로 행해진 경우에는 여기서 말하는 위계에 해당할 수 있으나(대법원 2013. 11. 28. 선고 2013도5117 판결 참조), 위와 같은 행위로 말미암아 업무와 관련하여 오인, 착각 또는 부지를 일으킨 상대방이 없었던 경우에는 위계가 있었다고 볼 수 없다(대법원 2007. 12. 27. 선고 2005도6404 판결 참조).

나. 원심이 유지한 제1심이 적법하게 채택한 증거들에 의하면 다음과 같은 사실을 알 수 있다.

① 국민은행 등은 금융감독원의 지도에 따라 무매체 입금거래의 한도를 '1인 1일 100만 원'으로 설정하고 무매체 입금거래 시 자동화기기에 입금자의 이름, 주민등록번호와 휴대폰 번호를 입력하도록 자동화기기를 설정하여 운영하고 있다.

② 피고인은 전화금융사기의 피해자들로부터 수거한 현금을 전화금융사기 조직에 전달함에 있어 위와 같은 무매체 입금거래 한도의 제한을 회피하기 위하여 위 은행들의 자동화기기에 전화금융사기 조직원으로부터 받은 제3자의 이름과 주민등록번호를 송금자 정보로 입력하고 위 조직원이 지정한 불상의 계좌를 수취계좌로 지정한 후 1회당 100만 원 이하의 현금을 자동화기기에 투입하였다.

피고인이 자동화기기에 투입한 현금은 위와 같이 입력된 정보에 따라 수취계좌로 입금되었고, 그 거래에 관한 명세서는 자동화기기에서 바로 출력되었다.

## V. 결 론

피고인이 자동화기기에 제3자의 이름, 주민등록번호와 수령계좌를 입력한 후 현금을 투입하고 피고인이 입력한 정보에 따라 수령계좌로 그 돈이 입금됨으로써 무매체 입금거래가 완결되었다고 볼 수 있는데, 이러한 무매체 입금거래가 완결되는 과정에서 은행 직원 등 다른 사람의 업무가 관여되었다고 볼 만한 사정은 없으므로, 피고인이 자동화기기를 통한 무매체 입금거래 한도 제한을 피하기 위하여 제3자의 이름과 주민등록번호를 이용하여 1회 100만 원 이하의 무매체 입금거래를 하였다고 하더라도, 피고인의 행위는 업무방해죄에 있어 위계에 해당한다고 할 수 없다.

# 제2절 업무방해죄가 성립하기 위해서는 업무방해의 결과가 실제로 발생해야 하는지

## I. 사례요지

피고인은 민·군복합항 건설공사현장출입구 앞에서, 이 사건 공사에 반대하는 천주교 신부 공소외 1 등 7명이 출입구를 막고 앉아 있을 때에 위 공사현장 밖으로 나오려던 제주 (차량번호 생략) 차량의 탑승자 중 1명이 공소외 1이 앉아 있던 의자를 들어 옮겼다는 이유로, 약 8분 동안 위 제주 (차량번호 생략) 차량 앞을 막아서는 방법으로 그 뒤에 있는 다른 공사 차량들의 진·출입을 방해하고, 같은 날 17:19경부터 약 9분 동안 위 출입구 앞 도로 가운데에 앉아 있는 방법으로 공사 차량 진·출입을 방해하였다. 이로써 피고인은 위력으로 이 사건 공사의 시공자인 피해자 공소외 2 주식회사의 공사업무를 방해하였다.

## II. 논 점

1. 업무방해죄에서 말하는 '위력' 의 의미 및 위력에 해당하는지 판단하는 기준
2. 업무방해죄가 성립하기 위해서는 업무방해의 결과가 실제로 발생하여야 하는지

## III. 법규연구 (형법)

제314조(업무방해) ① 제313조의 방법 또는 위력으로써 사람의 업무를 방해한 자는 5년 이하의 징역 또는 1천500만원 이하의 벌금에 처한다.

## V. 결 론

### 1. 원심 (제주지법 2016. 2. 18. 선고 2014노589 판결)

업무방해죄로 기소된 행위가 정치적 표현의 자유를 행사한다는 성격을 띠고 있을 때에는, 형법 제314조 제1항에서 정한 업무방해죄의 구성요건인 '위력' 은 '행위자의 표현행위로 업무 주체의 업무 계속에 관한 자유의사가 제압·혼란될 수 있다고 평가할 수 있는 경우' 로 제한하고, '업무방해' 는 업무방해의 '구체적이고 현실적이며 무시하지 못할 정도의 위험이 발생한 경우' 로 제한하여야 한다. 피고인의 이 사건 공소사실 기재 행위는 표현의 자유 행사의 일환으로 행해진 것이므로, 이에 대하여는 위와 같은 제한적 해석이 적용된다. 피고인의 행위는, 그와 같은 행위를 하게 된 동기, 행위의 태양, 행위 당시의 주변 상황 등을 고려하면, 이 사건 공사의 시공사나 그 협력업체의 자유의사를 제압·혼란케 할 만한 유형력의 행사에 해당한다고 보기 어려워,

업무방해죄에서 말하는 '위력' 의 행사에 해당하지 않는다.

## 2. 대법원 (대법원 2021. 10. 28., 선고, 2016도3986, 판결)

가. 형법상 업무방해죄에서 말하는 '**위력**' 이란 사람의 자유의사를 제압·혼란케 할 만한 일체의 세력을 말하고, 유형적이든 무형적이든 묻지 아니하며, 폭행·협박은 물론 사회적, 경제적, 정치적 지위와 권세에 의한 압박 등도 이에 포함된다. 현실적으로 피해자의 자유의사가 제압되는 것을 필요로 하는 것은 아니지만, 범인의 위세, 사람수, 주위의 상황 등에 비추어 피해자의 자유의사를 제압하기 족한 세력을 의미하고, 위력에 해당하는지는 범행의 일시·장소, 범행의 동기, 목적, 인원수, 세력의 태양, 업무의 종류, 피해자의 지위 등 제반 사정을 고려하여 객관적으로 판단하여야 한다(대법원 2009. 9. 10. 선고 2009도5732 판결, 대법원 2013. 11. 28. 선고 2013도4430 판결 등 참조). 또한 업무방해죄의 성립에는 업무방해의 결과가 실제로 발생함을 요하지 않고 업무방해의 결과를 초래할 위험이 발생하면 족하다(대법원 2002. 3. 29. 선고 2000도3231 판결 등 참조).

나. 원심판결 이유를 적법하게 채택된 증거와 위 법리에 비추어 살펴본다.

① 도로 가운데 앉거나 선 채로 이 사건 공사현장에 출입하는 차량의 앞을 가로막은 피고인의 행위는 위 차량이 그대로 진행할 경우 인명 피해의 가능성이 큰 상황을 조성한 것으로서, 공사현장 출입이 가로막힌 차량의 운전자들과 공사현장에서 실제 공사를 수행하던 피해자들의 자유의사를 제압하기에 충분한 세력에 해당한다. 따라서 피고인의 위와 같은 행위는 업무방해죄에서 말하는 '위력' 의 행사에 해당한다.

② 그 당시 피해자들의 공사업무를 위한 차량의 출입이 필요한 상황이었고, 피고인의 행위로 공사 차량의 출입에 장애가 생긴 이상, 피해자들이 수행하던 공사업무가 방해될 위험은 이미 발생하였다고 봄이 타당하다.

③ 당시 여러 명의 경찰관들이 피고인 등의 공사 방해행위를 제지하기 위해 그 주변에 머무르다가 위 공사 방해행위가 일정 기간 지속될 경우 이를 제지하는 조치를 즉각적으로 취하였다고 하여, 피고인의 위력 행사나 그로 인한 업무방해의 위험 발생을 부정할 수 없다.

## V. 결 론

피고인의 이 사건 공소사실 기재 행위는 <u>업무방해죄를 구성한다</u>. 그런데도 이 사건 공소사실을 무죄로 판단한 원심판결에는 업무방해죄에 관한 법리를 오해하여 판결에 영향을 미친 잘못이 있다.

## VI. 유사판례

### 1. 경작 중인 농작물을 트랙터로 갈아엎고 그곳에 새로운 작물을 심은 경우

피고인이 1,900㎡의 논밭에서 피해자들이 경작 중이던 농작물을 농기계(트랙터)를 이용하여 갈아엎어 버린 다음 그곳에 피고인을 위해 이랑을 만들고 새로운 농작물을 심어 놓는 방법으로 피해자들의 자유의사를 제압하기에 족한 물적 상태를 만들어 피해자들로 하여금 자유로운 논밭 경작 행위를 불가능하게 하거나 현저히 곤란하게 한 사실을 알 수 있어, <u>위력에 의한 업무방해죄에 해당한다.</u> (대법원 2009. 9. 10., 선고, 2009도5732, 판결)

# 제3절 쟁의행위가 업무방해죄 해당 사실을 알면서 제3자가 실행을 용이하게 한 경우

## I. 사례요지

전국금속노동조합 공소외 회사 비정규직지회 조합원 50여 명은 사내하청 근로자의 정규직 전환 등을 요구하며 공소외 회사 자동차 문짝 탈부착 생산설비(CTS 라인)를 점거하였고, 비정규직지회는 조합원들에게 공소외 회사로 집결하도록 투쟁 지침을 시달하여 900여 명의 조합원이 위 생산라인을 점거하였다. 비정규직지회는 쟁의대책위원회를 개최하여 '공소외 회사 점거를 계속한다.'는 취지의 결정을 하였고, 이에 따라 25일간 공소외 회사를 점거하여 (공장명 생략)의 생산라인 가동을 중단시키고, 자동차를 조립할 수 없게 하여 공소외 회사에 약 ○○원 상당의 재산상 손해를 입게 하였다. 이로써 피고인 2는 비정규직지회 및 그 조합원 900여 명이 25일간 공소외 회사(공장명 생략) 등을 점거함으로써 위력으로써 공소외 회사의 자동차 생산 업무 등을 방해한다는 사실을 알면서도 위와 같은 방법으로 비정규직지회 조합원들의 범행을 용이하게 하여 방조하였다.

## II. 논 점

1. 제3자가 쟁의행위의 실행을 용이하게 한 경우, 업무방해방조죄가 성립할 수 있는지
2. 위법한 쟁의행위에 대한 조력행위가 업무방해방조에 해당하는지 판단할 때 유의하여야 할 사항

## III. 법규연구

### 1. 형 법

제314조(업무방해) ① 제313조의 방법 또는 위력으로써 사람의 업무를 방해한 자는 5년 이하의 징역 또는 1천500만원 이하의 벌금에 처한다.

제32조(종범) ① 타인의 범죄를 방조한 자는 종범으로 처벌한다.

② 종범의 형은 정범의 형보다 감경한다.

### 2. 헌 법

제33조 ① 근로자는 근로조건의 향상을 위하여 자주적인 단결권·단체교섭권 및 단체행동권을 가진다.

## IV. 관련 판례

### 1. 원심 (부산고법 2015. 7. 22. 선고 2014노781 판결)

공소외 회사의 출입통제 조치에 따라 피고인 1등의 출입을 제지하려는 경비원들의 업무는 보호할 가치가 있고, 따라서 이를 위력으로 저지한 피고인 1등의 행위는 업무 방해에 해당하며, 정당행위라고 할 수 없다는 이유로 이 부분 <u>공소사실을 유죄로 인정한 제1심을 그대로 유지하였다.</u>

## 2. 대법원 (대법원 2021. 9. 16., 선고, 2015도12632, 판결)

가. 직장 또는 사업장시설의 점거가 적극적인 쟁의행위의 한 형태로서 이루어지는 경우 그 점거의 범위가 직장 또는 사업장시설 일부분이고 사용자 측의 출입이나 관리 지배를 배제하지 않는 병존적인 점거에 지나지 않을 때는 정당한 쟁의행위로 볼 수 있으나, 이와 달리 직장 또는 사업장시설을 전면적, 배타적으로 점거하여 조합원 이외의 자의 출입을 저지하거나 사용자 측의 관리지배를 배제하여 업무의 중단 또는 혼란을 야기케 하는 것과 같은 행위는 이미 정당성의 한계를 벗어나 업무방해죄를 구성한다 (대법원 1991. 6. 11. 선고 91도383 판결, 대법원 2001. 11. 27. 선고 99도4779 판결 등 참조). <u>쟁의행위가 업무방해죄에 해당하는 경우 제3자가 그러한 정을 알면서 쟁의 행위의 실행을 용이하게 한 경우에는 업무방해방조죄가 성립할 수 있다.</u> 다만 헌법 제 33조 제1항이 규정하고 있는 노동3권을 실질적으로 보장하기 위해서는 근로자나 노동 조합이 노동3권을 행사할 때 제3자의 조력을 폭넓게 받을 수 있도록 할 필요가 있고, 나아가 근로자나 노동조합에 조력하는 제3자도 헌법 제21조에 따른 표현의 자유나 헌 법 제10조에 내재된 일반적 행동의 자유를 가지고 있으므로, 위법한 쟁의행위에 대한 조력행위가 업무방해방조에 해당하는지 판단할 때는 헌법이 보장하는 위와 같은 기본 권이 위축되지 않도록 업무방해방조죄의 성립범위를 신중하게 판단하여야 한다.

또한, 방조범은 정범에 종속하여 성립하는 범죄이므로 방조행위와 정범의 범죄 실현 사이에는 인과관계가 필요하다. 방조범이 성립하려면 방조행위가 정범의 범죄 실현과 밀접한 관련이 있고 정범으로 하여금 구체적 위험을 실현시키거나 범죄결과를 발생시킬 기회를 높이는 등으로 정범의 범죄 실현에 현실적인 기여를 하였다고 평가할 수 있어야 한다. 정범의 범죄 실현과 밀접한 관련이 없는 행위를 도와준 데 지나지 않는 경우에는 방조범이 성립하지 않는다(대법원 2021. 9. 9. 선고 2017도19025 전원합의체 판결).

나. 상고이유에 관한 판단
① 이 사건 농성현장 독려 행위에 관하여
피고인 2의 이 사건 농성현장 독려 행위는 위법한 업무방해행위가 계속되고 있던

이 사건 생산라인 점거 현장에서 직접 이루어진 것으로 그 당시 피고인 2의 노동조합 내 지위와 영향력이나 현장에서의 구체적인 발언 내용 등에 비추어 볼 때 정범의 범죄 실현과 밀접한 관련성을 가지고, 현실적으로 범행을 실행하고 있던 정범으로 하여금 그 범행을 더욱 유지·강화시킨 행위에 해당하므로, 이를 쟁의행위에 대한 조력행위라 거나 산업별 노동조합의 통상적인 조합활동으로서 정당하다고 볼 수는 없다. 따라서 피고인 2의 위 행위를 업무방해방조로 인정한 원심판단에는 관련 법리를 오해하는 등의 잘못이 없다.

② 이 사건 집회 참가 및 이 사건 공문 전달 행위에 관하여

그러나 기록에 의하여 알 수 있는 다음 사정들을 앞서 본 법리에 비추어 살펴보면, 피고인 2의 이 사건 집회 참가 및 이 사건 공문 전달 행위가 업무방해방조죄에 해당한 다고 단정하기는 어려워 보인다.

가) 이 사건 집회는 비정규직지회의 쟁의행위 목적인 비정규직 근로자의 정규직 전환과 하청업체 근로자들의 직접 고용을 지지하기 위해 공소외 회사 정문 앞에서 개최된 것이다. 비록 이 사건 집회에서 피고인 2가 사회를 보거나 기자회견을 함으로써 공소외 회사(공장명 생략) 내에서 생산라인을 점거하고 있던 조합원들에게 일정 정도의 영향력을 미쳤다고 하더라도, 이는 쟁의행위의 목적 자체를 지지하는 과정에서 발생한 간접적이고 부수적인 결과에 불과하다.

나) 그리고 이 사건 공문 전달 행위 역시 산업별 노동조합인 금속노조 내에서 미조직비정규국장으로서의 통상적인 활동에 해당하는 것인데, 공문 작성 경위 및 그 내용에 비추어 피고인 2가 공문 전달을 통해 비정규직지회에 이 사건 생산라인 점거 자체를 직접 독려하거나 지지하였다고 보기는 어렵다.

## V. 결론

위와 같은 사정에다가 비정규직지회의 이 사건 생산라인 점거 경위와 그 행위 태양, 진행 경과 등을 종합하여 보면, 피고인 2의 이 사건 집회 참가 및 이 사건 공문 전달 행위가 비정규직지회의 집단적 노무제공 거부를 포함한 쟁의행위를 전체적으로 보아 거기에 일부 도움을 준 측면이 있었다고 하더라도 업무방해 정범의 실행행위에 해당하는 이 사건 생산라인 점거로 인한 범죄 실현과 밀접한 관련성이 있다고는 단정하기 어렵다. 따라서 피고인 2의 위와 같은 조력행위는 방조범의 성립을 인정할 정도로 업무방해행위와 인과관계가 있다고 볼 수 없다.

# 제4절 정당한 권한 행사가 업무방해죄 '위력'에 해당하는지

## I. 사례요지

개인택시운송사업조합 새마을금고의 임원이 되기 위해서는 개인택시운송사업조합의 조합원 자격을 갖추어야 하기 때문에 새마을금고가 사실상 조합의 영향력 하에 있어 그 권고사항을 따르지 않을 수 없는 지위에 있음을 이용하여, 조합 이사장 지위에 있는 피고인이 조합 이사장 명의로 새마을금고에 공문을 보내 개인택시신문에 게재하던 광고를 중단하도록 위력에 의한 업무방해를 하였다.

## II. 논 점

정당한 권한 행사가 업무방해죄의 '위력'에 해당하는지 여부(원칙적 소극)

## III. 법규연구 (형법)

제314조(업무방해) ① 제313조의 방법 또는 위력으로써 사람의 업무를 방해한 자는 5년 이하의 징역 또는 1천500만원 이하의 벌금에 처한다.

## IV. 관련 판례

### 1. 원심 (부산지법 2011. 11. 18. 선고 2011노166 판결)

○○광역시개인택시운송사업조합 새마을금고(이하 '새마을금고'라 한다)의 임원이 되기 위하여는 ○○광역시개인택시운송사업조합(이하 '조합'이라 한다)의 조합원 자격을 갖추어야 하기 때문에 새마을금고가 사실상 조합의 영향력 하에 있어 그 권고사항을 따르지 않을 수 없는 지위에 있음을 이용하여, 조합 이사장 지위에 있는 피고인이 조합 이사장 명의로 새마을금고에 공문을 보내 ○○개인택시신문(이하 '택시신문'이라 한다)에 게재하던 광고를 중단하도록 한 행위가 <u>위력에 의한 업무방해죄에 해당한다.</u>

### 2. 대법원 (대법원 2013. 2. 28., 선고, 2011도16718, 판결)

피고인이 이사장으로 근무하는 조합은 개인택시운송사업에 관한 정부시책에 협력하고 택시운송사업의 합리화와 공익성 제고 및 조합원 상호간의 친목도모와 사업의 발전 등 공동의 이익증진을 도모함을 목적으로 하고 있고, 이러한 목적을 달성하기 위한 사업 중 하나로 새마을금고를 설립한 사실, 새마을금고의 주된 사무소는 조합 내에 두고 그 업무구역도 조합과 동일한 사실, 새마을금고의 임원은 조합의 조합원 자격을 갖추어야 하고, 새마을금고 회원의 구성은 조합원, 조합 산하기관 직원 및 고용원과 그 가족들인 사실, 매주 월요일 오전 조합 이사장실에서 조합 이사장의 주재 아래 조합의 전무, 실장, 부장 및 새마을금고의 상근이사와 상근감사 등이 참석하여 부서장 회의를 개최하는데, 이는 일주일간의 조합 및 새마을금고의 전반적인 업무에 대한 보고 시간으로 활용되는 사실, 택시신문이 2009. 4. 29.경 조합 이사장인 피고인의 택시정보화 사업에 관한 잘못된 처리내용을 알리는 기사를 게재하자, 조합 이사회는 그 기사 내용이 조합 집행부를 비방하여 조합을 음해하려 한다고 판단하고 2009. 5. 8.경 회의를 열어 택시신문으로 하여금 'ㅇㅇ개인택시신문'이라는 명칭을 사용하지 못하도록 하는 가처분 신청 및 민·형사 제소 등에 관하여 논의한 사실, 그 과정에서 이사 공소외 1의 긴급 제안에 따라 택시신문에 새마을금고 또는 조합원이 광고를 게재하지 못하도록 하는 방침의 안건이 발의되어 조합 이사장인 피고인의 의사진행에 따라 조합 이사회 만장일치로 통과된 후, 그 결의 내용이 조합 이사장 명의로 '광고게재 금지 권고 통보'라는 공문으로 새마을금고에 전달된 사실, 그 공문에는 조합의 방침에 따르지 않는 새마을금고 소속 조합원은 징계위원회에 회부될 수 있다고 기재되어 있는 사실, 그 후 단발적으로 택시신문에 광고를 게재해 오던 새마을금고는 택시신문 광고를 중단하게 된 사실 등을 알 수 있다.

이러한 사실관계를 앞서 본 법리에 비추어 보면, 제3자의 의사결정에 직접적으로 관여하거나 지시할 권한을 가지고 있는 행위자가 그 권한 범위 내에서 업무상의 지시 등을 하면서 그 실행을 확실하게 하기 위하여 지시 등에 따르지 않는 경우의 제재조치 등을 강조하는 과도한 표현을 사용하였다 하더라도 이는 특별한 사정이 없는 한 행위자 자신의 고유권한을 행사한 범주에서 벗어나는 것은 아니라고 할 것인데, 이 사건 조합의 정관, 새마을금고의 설립 경위, 새마을금고 임원 및 회원의 구성, 조합과 새마을금고 사이에 주기적으로 이루어지는 업무보고 및 의사결정 과정 등을 고려하면, 조합과 새마을금고는 상호간 업무적으로 밀접하게 연관되어 있고 조합이 새마을금고의 업무에 직·간접적으로 관여할 권한을 가지고 있다고 볼 만한 사정도 상당하다고 보인다[피고인과 피해자는 모두 새마을금고가 조합에 소속되어 있거나 조합의 산하기관이라는 취지로 진술하고 있기도 하다(공판기록 217쪽, 수사기록 13, 14, 567쪽 참조)].

따라서 원심으로서는 새마을금고의 일반적인 경영 및 운영에 관한 사항에 대하여 조합 이사회가 논의·결정할 권한이 있는지, 조합 이사회가 새마을금고에 대하여 특정 매체에 광고게재를 중단하도록 의결하는 것이 그 업무상의 권한 범위에 속하는지, 위

이사회결의가 이루어질 당시 새마을금고의 대표자 등도 동석하여 논의 과정에 참여하였는지, 그리고 나아가 그러한 권한 행사가 정당한 권한 행사를 빙자하였다거나 사회통념상 용인되는 범위를 넘는 등 특별한 사정이 있는지 여부 등에 대하여 면밀하게 심리한 다음 피고인의 위 이사회결의 내용 통보 등의 행위가 택시신문에 대한 업무방해죄를 구성하는지 여부를 판단하였어야 할 것이다.

그럼에도 원심은 단지 그 판시와 같은 이유만으로 피고인이 조합 이사장으로서 새마을금고에 광고게재 중단을 요구한 행위가 업무방해죄를 구성하는 위력의 행사에 해당함을 전제로 업무방해죄가 성립한다고 단정하고 말았으니, 이러한 원심의 판단에는 업무방해죄에 있어 위력에 관한 법리를 오해하여 필요한 심리를 다하지 아니한 위법이 있다.

## V. 결 론

업무방해죄의 수단인 위력은 사람의 자유의사를 제압·혼란하게 할 만한 일체의 억압적 방법을 말하고 이는 제3자를 통하여 간접적으로 행사하는 것도 포함될 수 있다. 그러나 어떤 행위의 결과 상대방의 업무에 지장이 초래되었다 하더라도 행위자가 가지는 정당한 권한을 행사한 것으로 볼 수 있는 경우에는, 그 행위의 내용이나 수단 등이 사회통념상 허용될 수 없는 등 특별한 사정이 없는 한 업무방해죄를 구성하는 위력을 행사한 것이라고 할 수 없다. 따라서 제3자로 하여금 상대방에게 어떤 조치를 취하게 하는 등으로 상대방의 업무에 곤란을 야기하거나 그러한 위험이 초래되게 하였다 하더라도, 행위자가 그 제3자의 의사결정에 관여할 수 있는 권한을 가지고 있거나 그에 대하여 업무상의 지시를 할 수 있는 지위에 있는 경우에는 특별한 사정이 없는 한 업무방해죄를 구성하지 아니한다.

# 제5절 성매매알선 행위가 업무방해죄의 업무에 해당하는지

## Ⅰ. 사례요지

> 甲은 사창가 골목에서 윤락녀를 고용하여 성매매업소를 운영하여 왔는데, 피고인이 조직원들과 공모하여 甲이 운영하는 성매매업소 앞에 속칭 '병풍'을 치거나 차량을 주차해 놓는 등 위력으로써 업무를 방해하였다.

## Ⅱ. 논 점

1. 업무방해죄 보호대상인 '업무'의 의미
2. 성매매알선 등 행위가 업무방해죄의 보호대상인 '업무'에 해당하는지

## Ⅲ. 법규연구

### 1. 형 법

> 제314조(업무방해) ① 313조의 방법 또는 위력으로써 사람의 업무를 방해한 자는 5년 이하의 징역 또는 1천500만원 이하의 벌금에 처한다.

### 2. 성매매알선 등 행위의 처벌에 관한 법률

> 제2조 (정의) ① 이 법에서 사용하는 용어의 뜻은 다음과 같다.
>   2. "성매매알선 등 행위"란 다음 각 목의 어느 하나에 해당하는 행위를 하는 것을 말한다.
>     가. 성매매를 알선·권유·유인 또는 강요하는 행위
>     나. 성매매의 장소를 제공하는 행위
>     다. 성매매에 제공되는 사실을 알면서 자금·토지 또는 건물을 제공하는 행위
> 제4조(금지행위) 누구든지 다음 각 호의 어느 하나에 해당하는 행위를 하여서는 아니 된다.
>   1. 성매매
>   2. 성매매알선 등 행위
>   4. 성을 파는 행위를 하게 할 목적으로 다른 사람을 고용·모집하거나 성매매가 행하여진다는 사실을 알고 직업을 소개·알선하는 행위
> 제19조(벌칙) ① 다음 각 호의 어느 하나에 해당하는 사람은 3년 이하의 징역 또는 3천만원 이하의 벌금에 처한다.
>   1. 성매매알선 등 행위를 한 사람
> ② 다음 각 호의 어느 하나에 해당하는 사람은 7년 이하의 징역 또는 7천만원 이하의 벌금에 처한다.
>   1. 영업으로 성매매알선 등 행위를 한 사람
> 제23조(미수범) 제18조부터 제20조까지에 규정된 죄의 미수범은 처벌한다.

## IV. 관련 판례

### 1. 원심 (서울고법 2011. 5. 20. 선고 2011노163 판결)

피고인에 대한 업무방해의 공소사실을 유죄로 인정하였다.

### 2. 대법원 (대법원 2011. 10. 13., 선고, 2011도7081, 판결)

형법상 업무방해죄의 보호대상이 되는 '업무' 라 함은 직업 또는 계속적으로 종사하는 사무나 사업으로서 타인의 위법한 침해로부터 형법상 보호할 가치가 있는 것이어야 하므로, 어떤 사무나 활동 자체가 위법의 정도가 중하여 사회생활상 도저히 용인될 수 없는 정도로 반사회성을 띠는 경우에는 업무방해죄의 보호대상이 되는 '업무' 에 해당한다고 볼 수 없다(대법원 2001. 11. 30. 선고 2001도2015 판결, 대법원 2007. 1. 12. 선고 2006도6599 판결 등 참조).

한편 구 성매매알선 등 행위의 처벌에 관한 법률(2010. 4. 15. 법률 제10261호로 개정되기 전의 것, 이하 '법' 이라 한다)은 제2조 제1항 제2호에서 성매매알선 등 행위에 해당하는 행위로 '성매매를 알선·권유·유인 또는 강요하는 행위' , '성매매의 장소를 제공하는 행위' 등을 규정하고, 그 제4조 제2호 및 제4호에서는 성매매알선행위와 성을 파는 행위를 하게 할 목적으로 타인을 고용·모집하는 행위를 금지하고, 이에 위반하여 성매매알선 등 행위를 한 자 및 그 미수범을 형사처벌하도록 규정하고 있다.(법 제19조 제1항 제1호, 제19조 제2항 1호, 제23조 등 참조),

## V. 결 론

성매매알선 등 행위는 법에 의하여 원천적으로 금지된 행위로서 형사처벌의 대상이 되는 중대한 범죄행위일 뿐 아니라 정의관념상 용인될 수 없는 정도로 반사회성을 띠는 경우에 해당하므로 이는 업무방해죄의 보호대상이 되는 업무라고 볼 수 없다.

## VI 유사판례

### 1. 의료인이나 의료법인이 아닌 자가 의료기관을 개설하여 운영하는 경우 업무에 해당하는지

의료인이나 의료법인이 아닌 자가 의료기관을 개설하여 운영하는 행위는 그 위법의 정도가 중하여 사회생활상 도저히 용인될 수 없는 정도로 반사회성을 띠고 있으므로 업무방해죄의 보호대상이 되는 '업무'에 해당하지 않는다. (대법원 2001. 11. 30., 선고, 2001도2015, 판결)

2. 법원의 직무집행정지 가처분결정에 의하여 그 직무집행이 정지된 자가 법원의 결정에 반하여 직무를 수행함으로써 업무를 계속하는 경우

그 업무는 국법질서와 재판의 존엄성을 무시하는 것으로서 사실상 평온하게 이루어지는 사회적 활동의 기반이 되는 것이라 할 수 없고, 비록 그 업무가 반사회성을 띠는 경우라고 까지는 할 수 없다고 하더라도 법적 보호라는 측면에서는 그와 동등한 평가를 받을 수밖에 없으므로, 그 업무 자체는 법의 보호를 받을 가치를 상실하였다고 하지 않을 수 없어 업무방해죄에서 말하는 업무에 해당하지 않는다. (대법원 2002. 8. 23., 선고, 2001도5592, 판결)

3. 공인중개사 아닌 사람이 영위하는 중개업이 업무방해죄의 보호대상이 되는지

공인중개사인 피고인이 자신의 명의로 등록되어 있으나 실제로는 공인중개사가 아닌 피해자가 주도적으로 운영하는 형식으로 동업하여 중개사무소를 운영하다가 위 동업관계가 피해자의 귀책사유로 종료되고 피고인이 동업관계의 종료로 부동산중개업을 그만두기로 한 경우, 피해자의 중개업은 법에 의하여 금지된 행위로서 형사처벌의 대상이 되는 범죄행위에 해당하는 것으로서 업무방해죄의 보호대상이 되는 업무라고 볼 수 없다. (대법원 2007. 1. 12., 선고, 2006도6599, 판결)

4. 업무방해죄의 보호대상이 되는 "업무"의 의미 및 그 기초가 된 계약 또는 행정행위 등이 반드시 적법하여야 하는지

업무방해죄의 보호대상이 되는 "업무"라 함은 직업 또는 계속적으로 종사하는 사무나 사업을 말하는 것으로서 타인의 위법한 행위에 의한 침해로부터 보호할 가치가 있는 것이면 되고, 그 업무의 기초가 된 계약 또는 행정행위 등이 반드시 적법하여야 하는 것은 아니다. (대법원 1991. 6. 28., 선고, 91도944, 판결)

# 제6절 포털사이트 운영회사의 통계집계시스템 서버에 허위 클릭정보를 전송하여 검색순위 결정에 반영된 경우

## I. 사례요지

포털사이트 운영회사의 통계집계시스템 서버에 허위의 클릭정보를 전송하여 그 정보가 검색순위 결정 과정에 반영하였다.

## II. 논 점

'컴퓨터 등 장애 업무방해죄' 가 성립하는지 여부(적극)

## III. 법규연구 (형법)

제314조 (업무방해) ② 컴퓨터등 정보처리장치 또는 전자기록등 특수매체기록을 손괴하거나 정보처리장치에 허위의 정보 또는 부정한 명령을 입력하거나 기타 방법으로 정보처리에 장애를 발생하게 하여 사람의 업무를 방해한 자도 제1항의 형과 같다.

## IV. 관련 판례

### 1. 원심 (서울남부지법 2008. 12. 5. 선고 2008노188 판결)

포털사이트 운영회사의 통계집계시스템 서버에 허위의 클릭정보를 전송한 피고인의 행위는 허위의 정보 또는 부정한 명령을 입력한 것에 해당하고, 피고인이 전송한 허위의 클릭정보가 통계에 반영된 이상 정보처리의 장애가 현실적으로 발생하였고 그로 인하여 피해자들의 검색서비스 제공업무는 방해된 것으로 보아야 한다는 이유로, 피고인에 대한 컴퓨터 등 장애 업무방해의 각 공소사실을 모두 유죄로 인정하였다.

### 2. 대법원 (대법원 2009. 4. 9., 선고, 2008도11978, 판결)

형법 제314조 제2항은 '컴퓨터 등 정보처리장치 또는 전자기록 등 특수매체기록을 손괴하거나 정보처리장치에 허위의 정보 또는 부정한 명령을 입력하거나 기타 방법으로 정보처리에 장애를 발생하게 하여 사람의 업무를 방해한 자' 를 처벌하도록 규정하고 있는바, 위 죄가 성립하기 위해서는 위와 같은 가해행위 결과 정보처리장치가 그 사용목적에 부합하는 기능을 하지 못하거나 사용목적과 다른 기능을 하는 등 정보처리에 장애가 현실적으로 발생하였을 것을 요한다고 할 것이나 (대법원 2004. 7. 9. 선고

2002도631 판결 참조), 정보처리에 장애를 발생하게 하여 업무방해의 결과를 초래할 위험이 발생한 이상, 나아가 업무방해의 결과가 실제로 발생하지 않더라도 위 죄가 성립하는 것이다.

## V. 결 론

따라서 포털사이트 운영회사의 통계집계시스템 서버에 허위의 클릭정보를 전송하여 검색순위 결정 과정에서 위와 같이 전송된 허위의 클릭정보가 실제로 통계에 반영됨으로써 정보처리에 장애가 현실적으로 발생하였다면, 그로 인하여 실제로 검색순위의 변동을 초래하지는 않았다 하더라도 컴퓨터 등 장애 업무방해죄가 성립하는 것이다.

# 제7절 업무방해죄에서 유포 대상이 사실인지 또는 의견인지 구별 방법

## I. 사례요지

피고인들은 지역주택조합 설립을 반대하는 자들이고, 피해자 공소외 1은 지역주택조합 추진위원장이며, 피해자 공소외 2는 위 지역주택조합 아파트 분양대행업체인 공소외 3 회사의 대표이사이다. 피고인들은 공모하여 지역주택조합 설립에 반대한다는 내용의 현수막 1장(90cm×3m)을 게시하면서 "지역주택조합 실패 시 개발 투자금 전부 날릴 수 있으니 주의하세요"라는 허위사실의 문구를 게재함으로써 피해자 공소외 1의 조합설립업무와 피해자 공소외 2의 분양대행업무를 방해하였다.

## II. 논 점

1. 업무방해죄에서 '허위사실의 유포'의 의미
2. 유포한 대상이 사실인지 또는 의견인지를 구별하는 방법
3. 여기서 '허위사실'에 해당하는지 판단하는 기준

## III. 법규연구 (형법)

제313조(신용훼손) 허위의 사실을 유포하거나 기타 위계로써 사람의 신용을 훼손한 자는 5년 이하의 징역 또는 1천500만원 이하의 벌금에 처한다.

제314조(업무방해) ① 제313조의 방법 또는 위력으로써 사람의 업무를 방해한 자는 5년 이하의 징역 또는 1천500만원 이하의 벌금에 처한다.

## IV. 관련 판례

### 1. 원심 (부산지법 2016. 11. 10. 선고 2016노1957 판결)

공소사실을 모두 유죄로 판단한 제1심을 그대로 유지하였다.

### 2. 대법원 (대법원 2017. 4. 13., 선고, 2016도19159, 판결)

가. 업무방해죄에서 '허위사실의 유포'라고 함은 객관적으로 진실과 부합하지 않는 사실을 유포하는 것으로서 단순한 의견이나 가치판단을 표시하는 것은 이에 해당하지 아니한다. 유포한 대상이 사실인지 또는 의견인지를 구별할 때는 언어의 통상적 의미와 용법, 증명가능성, 문제된 말이 사용된 문맥, 당시의 사회적 상황 등 전체적 정황을 고려하여 판단하여야 한다(대법원 1998. 3. 24. 선고 97도2956 판결, 대법원 2011. 9. 2.

선고 2010도17237 판결 등 참조). 그리고 여기서 허위사실은 기본적 사실이 허위여야만 하는 것은 아니고, 기본적 사실은 허위가 아니라도 이에 허위사실을 상당 정도 부가시킴으로써 타인의 업무를 방해할 위험이 있는 경우도 포함된다. 그러나 그 내용의 전체 취지를 살펴볼 때 중요한 부분은 객관적 사실과 합치되는데 단지 세부적인 사실에 약간 차이가 있거나 다소 과장된 정도에 불과하여 타인의 업무를 방해할 위험이 없는 경우는 이에 해당하지 않는다(대법원 2006. 9. 8. 선고 2006도1580 판결 등 참조).

나. 증거에 의하면 다음과 같은 사실을 알 수 있다.

① ○○동 일대는 ○○5주택 재개발정비구역으로 지정되어 주택재개발정비사업이 추진되어 오다가, 2014. 2.경 조합설립추진위원회 승인이 취소되고, 2014. 11.경 정비구역이 해제되었다. ② 공소외 1은 ○○일원에서 대지면적 47,388㎡, 예정 세대수 980세대 규모로 주택건설사업을 하기 위해 가칭 ○○지역주택조합 설립을 추진하였고, 공소외 2는 공소외 3 회사의 대표이사로 조합원 모집 업무를 대행하였다. ③ 이 사건 조합 가입 계약서에 따르면, 조합원은 조합원분담금과 조합업무대행비를 납부하도록 되어 있다. ④ 공소외 1이 이 사건 조합 추진위원회의 대표자 자격으로 자금관리사인 공소외 4 주식회사, 업무대행사인 공소외 5 주식회사와 체결한 자금관리 대리사무 계약에 따르면, 조합원분담금은 토지매입비, 사업비, 건축공사비 등 사업수행에 따른 일체의 비용으로 사용되고, 조합업무대행비는 조합원분담금과 별도로 조합원이 납입해야 하는 비용으로 조합원분담금으로 대체되거나 반환되지 않도록 되어 있다. ⑤ ○○동에 거주하는 피고인들은 이 사건 조합 설립을 반대하면서, 공소사실과 같이 "지역주택조합 실패 시 개발 투자금 전부 날릴 수 있으니 주의하세요"라는 문구가 기재된 현수막(이하 '이 사건 현수막'이라고 한다)과 "○○ 5구역 토지 등 소유자 50%가 개발 반대로 해산된 곳이니 지역주택조합 가입, 투자에 신중하세요", "지역주택조합 동의는 보증 빚지는 행위와 같을 수 있으니 투자에 신중하세요"라고 기재된 현수막을 만들어서 걸었다.

## V. 결 론

이 사건 현수막에 지역주택조합 실패 시 개발 투자금 중 일부가 아니라 '전부'를 날릴 수 있다고 기재되어 있다고 하더라도, 이는 피고인들이 자신들이 거주하는 지역에 지역주택조합이 설립되어 주택건설사업이 진행되는 것에 대한 반대의견을 표명하면서 지역주택조합에 투자하였다가 그 사업이 실패할 경우 투자금 손실을 입을 수 있다는 사실을 과장하여 표현한 것에 불과하므로, 이를 <u>허위사실의 유포에 해당한다고 보기는 어렵다.</u>

# 제8절 경쟁업체 명의로 허위영수증 발급행위의 신용훼손죄 여부

## I. 사례요지

퀵서비스 운영자인 甲은 배달업무를 하면서, 손님의 불만이 예상되는 경우에는 평소 경쟁 관계에 있는 피해자 운영의 퀵서비스 명의로 된 영수증을 작성·교부함으로써 손님들로 하여금 불친절하고 배달을 지연시킨 사업체가 피해자 운영의 퀵서비스인 것처럼 인식하게 하였다.

## II. 논 점

신용훼손죄에서 '신용'의 의미

## III. 법규연구 (형법)

제313조(신용훼손) 허위의 사실을 유포하거나 기타 위계로써 사람의 신용을 훼손한 자는 5년 이하의 징역 또는 1천500만원 이하의 벌금에 처한다.

제314조(업무방해) ① 제313조의 방법 또는 위력으로써 사람의 업무를 방해한 자는 5년 이하의 징역 또는 1천500만원 이하의 벌금에 처한다.

## IV. 관련 판례

### 1. 원심 (서울중앙지법 2009. 6. 4. 선고 2009노849 판결)

이 사건 퀵서비스의 주된 계약내용이 신속하고 친절한 배달이라 하더라도, 그와 같은 사정만으로 허위의 사실을 유포하여 손님들로 하여금 불친절하고 배달을 지연시킨 사업체가 피해자 운영의 퀵서비스 업체인 것처럼 인식하게 한 피고인의 행위가 피해자의 경제적 신용, 즉 지불능력이나 지불의사에 대한 사회적 신뢰를 저해하는 행위에 해당한다고 보기는 어렵다는 이유로 이 사건 주위적 공소사실이 <u>신용훼손죄에 해당하지 아니한다</u>고 판단하였다.

### 2. 대법원 (대법원 2011. 5. 13., 선고, 2009도5549, 판결)

형법 제313조에 정한 신용훼손죄에서의 '신용'은 경제적 신용, 즉 사람의 지불능력 또는 지불의사에 대한 사회적 신뢰를 의미한다.(대법원 1969. 1. 21. 선고 68도1660 판결, 대법원 2008. 7. 10. 선고 2006도6264 판결 등 참조)

원심의 판단은 정당하고 거기에 상고이유 주장과 같이 형법 제313조에 정한 신용훼손죄에서의 '신용'의 의미에 관한 법리오해의 위법이 없다.

## V. 결 론

신용훼손죄는 성립하지 않지만, 경쟁업체 명의로 된 영수증을 작성·교부한 것은 허위의 사실을 유포하거나 기타 위계 또는 위력으로써 타인의 업무를 방해한 행위로 형법 제314조의 업무방해죄는 성립될 수 있으며, 그 밖에 타인 명의의 영수증을 작성한 경우라면 사문서위조 및 위조사문서행사죄는 성립할 수 있다.

# 제9절 허위내용 편지를 은행에 송부하여 오인 또는 착각을 일으키게 한 경우

## I. 사례요지

○○은행 본점 앞으로 '피해자 공소외 1이 대출금 이자를 연체하여 위 은행의 지점장인 공소외 2가 3,000만 원의 연체이자를 대납하였다는 허위내용의 편지를 은행에 송부하여 은행의 오인을 일으키게 하였다.

## II. 논 점

1. 신용훼손죄에서 '허위사실의 유포' 및 '위계' 의 의미와 그 범의
2. 허위내용 편지가 위계로써 피해자의 신용을 훼손하였다고 볼 수 있는지

## III. 법규연구 (형법)

제313조 (신용훼손) 허위의 사실을 유포하거나 기타 위계로써 사람의 신용을 훼손한 자는 5년 이하의 징역 또는 1천500만원 이하의 벌금에 처한다.

## IV. 관련 판례

### 1. 원심 (춘천지법 2006. 5. 12. 선고 2005노986 판결)

이 사건 공소사실을 위계에 의한 신용훼손죄로 보지 않고 허위사실 유포에 의한 신용훼손죄로 본 것은 잘못이라 할 것이지만, 결국 <u>신용훼손죄를 유죄로 판단하였다.</u>

### 2. 대법원 (대법원 2006. 12. 7., 선고, 2006도3400, 판결)

형법 제313조의 신용훼손죄는 허위의 사실을 유포하거나 기타 위계로써 사람의 신용을 저하시킬 염려가 있는 상태를 발생시키는 경우에 성립하는 것으로서, 여기서 <u>'허위사실의 유포'</u> 라 함은 객관적으로 보아 진실과 부합하지 않는 과거 또는 현재의 사실을 불특정 또는 다수인에게 전파시키는 것을 말하고, <u>'위계'</u> 라 함은 행위자의 행위목적을 달성하기 위하여 상대방에게 오인·착각 또는 부지를 일으키게 하여 이를 이용하는 것을 말한다. 그리고 신용훼손죄에서 범의는 반드시 확정적인 고의를 요하는 것은 아니고, 허위사실을 유포하거나 기타 위계를 사용한다는 점과 그 결과 다른 사람의 신용을 저하시킬 염려가 있는 상태가 발생한다는 점에 대한 미필적 인식으로도 족하다 할 것이다.

기록에 의하면, 피고인은 은행 본점 앞으로 '피해자 공소외 1이 대출금 이자를 연체하여 위 은행의 지점장인 공소외 2가 3,000만 원의 연체이자를 대납하였다' 라는 등의 내용을 기재한 편지를 보낸 사실, 그러나 실제로는 공소외 2가 위 연체이자를 대납한 적이 없는 사실을 인정할 수 있고, 피고인은 위 내용이 허위라는 점에 대하여 미필적으로나마 인식하고 있었던 것으로 보인다.

## V. 결 론

피고인이 위 편지를 은행 본점에 송부한 행위가 그 내용을 불특정 또는 다수인에게 전파시킨 경우에 해당한다고 보기는 어려우나, 그로써 조흥은행의 오인 또는 착각 등을 일으켜 <u>위계로써 피해자의 신용을 훼손한 경우에는 해당한다 할 것이다.</u>

또한, 위 편지의 내용 중 기본적인 사실이 진실이라 하더라도, 위와 같이 상당부분의 허위내용을 부가시킴으로써 신용훼손의 정도가 증가된 이상 신용훼손죄의 성립에 영향이 생기는 것도 아니다.

## VI 유사판례

### 1. 단순한 의견이나 가치판단의 표시가 신용훼손죄의 허위사실 유포에 해당하는지

형법상 신용훼손죄는 허위사실의 유포 기타 위계로써 사람의 신용을 훼손할 것을 요하고, 여기서 허위사실의 유포란 객관적으로 진실과 부합하지 않는 과거 또는 현재의 사실을 유포하는 것으로서 (미래의 사실도 증거에 의한 입증이 가능할 때에는 여기의 사실에 포함된다고 할 것이다) 피고인의 단순한 의견이나 가치판단을 표시하는 것은 이에 해당하지 않는다고 할 것이므로, 공소외 (갑)은 8년 전부터 남편 없이 3자녀를 데리고 생계를 꾸려 왔을 뿐 아니라 피고인에 대한 다액의 채무를 담보하기 위해 동녀의 아파트와 가재도구까지를 피고인에게 제공한 사실이 인정되니 위 공소외 (갑)이 집도 남편도 없는 과부라고 말한 것이 허위사실이 될 수 없고 또 공소외 (갑)이 계주로서 계불입금을 모아서 도망가더라도 책임지고 도와줄 사람이 없다는 취지의 피고인의 말은 피고인의 위 공소외 (갑)에 대한 개인적 의견이나 평가를 진술한 것에 불과하여 <u>허위사실의 유포라고 볼 수 없다.</u> (대법원 1983. 2. 8., 선고, 82도2486, 판결)

# 제10절 권한 없는 자가 정보처리장치에 입력된 관리자 아이디와 비밀번호 무단 변경행위

## Ⅰ. 사례요지

> 대학의 정보지원센터에서 컴퓨터시스템의 각종 서버를 관리하는 책임자로 근무하다가 2004. 2. 10.경 위 대학의 교학처로 전보발령을 받은 자인바, 2004. 2. 12. 09:32경 위 대학 정보지원센터 사무실에서 홈페이지 관리자에 관한 정보를 변경할 정당한 권한이 없음에도 그곳에 있는 컴퓨터를 이용하여 웹서버의 홈페이지 관리자 계정에 접속하여 그 관리자 아이디와 패스워드(비밀번호) 변경에 관한 부정한 명령을 입력하여 위 대학의 홈페이지 관리 등 정보처리에 장애를 발생하게 하였다.

## Ⅱ. 논 점

1. 권한 없는 자가 정보처리장치에 입력되어 있는 관리자의 아이디와 비밀번호를 무단으로 변경하는 행위가 컴퓨터 등 장애 업무방해죄를 구성하는지
2. 운영할 권한이 없는 상태에서, 웹서버에 접속하여 홈페이지 관리자의 아이디와 비밀번호를 무단으로 변경한 행위가 컴퓨터 등 장애 업무방해죄를 구성하는지

## Ⅲ. 법규연구 (형법)

> 제314조 (업무방해) ② 컴퓨터등 정보처리장치 또는 전자기록등 특수매체기록을 손괴하거나 정보처리장치에 허위의 정보 또는 부정한 명령을 입력하거나 기타 방법으로 정보처리에 장애를 발생하게 하여 사람의 업무를 방해한 자도 제1항의 형과 같다.

## Ⅳ. 관련 판례

### 1. 원심 (대전지법 2004. 12. 23. 선고 2004노1723 판결)

피고인이 2004. 2. 12. 09:32경 위 대학 컴퓨터시스템의 웹서버에 접속하여 홈페이지 관리자의 비밀번호 등을 변경한 후 이를 대학측에 알려 주지 아니한 사실은 인정되지만, 피고인이 이와 같이 홈페이지 관리자의 비밀번호 등을 변경한 후 이를 대학측에 알려 주지 아니한 것만으로는 정보처리장치의 작동에 직접 영향을 주어 그 사용목적에 부합하는 기능을 하지 못하게 하거나 사용목적과 다른 기능을 하게 함으로써 정보처리에 현실적 장애를 발생하게 하였다고 볼 수 없으므로, 이 부분 주위적 공소사실은 <u>컴퓨터 등 장애 업무방해죄를 구성한다고 볼 수 없다.</u>

## 2. 대법원 (대법원 2006. 3. 10., 선고, 2005도382, 판결)

형법 제314조 제2항의 컴퓨터 등 장애 업무방해죄는, 컴퓨터 등 정보처리장치 또는 전자기록 등 특수매체기록을 손괴하거나 정보처리장치에 허위의 정보 또는 부정한 명령을 입력하거나 기타 방법으로 정보처리에 장애를 발생하게 하여, 사람의 업무를 방해함으로써 성립되는바, 정보처리장치를 관리 운영할 권한이 없는 자가 그 정보처리장치에 입력되어 있던 관리자의 아이디와 비밀번호를 무단으로 변경하는 행위는 정보처리장치에 부정한 명령을 입력하여 정당한 아이디와 비밀번호로 정보처리장치에 접속할 수 없게 만드는 행위로서 정보처리에 장애를 현실적으로 발생시킬 뿐 아니라 이로 인하여 업무방해의 위험을 초래할 수 있으므로 이 죄를 구성한다고 할 것이다.

그런데 원심판결 이유와 기록에 의하면, 피고인이 전보발령을 받아서 더 이상 웹서버를 관리 운영할 권한이 없는 상태에서 웹서버에 접속하여 홈페이지 관리자의 아이디와 비밀번호를 무단으로 변경한 사실을 인정할 수 있다.

## V. 결 론

피고인이 웹서버를 관리 운영할 정당한 권한이 있는 동안 입력하여 두었던 홈페이지 관리자의 아이디와 비밀번호를 단지 후임자 등에게 알려 주지 아니한 행위와는 달리, 정보처리장치에 부정한 명령을 입력하여 정보처리에 현실적 장애를 발생시킴으로써 위 대학에 대하여 업무방해의 위험을 초래하는 행위에 해당하여, 형법 제314조 제2항의 컴퓨터 등 장애 업무방해죄를 구성한다고 할 것이고, 이는 그 당시 위 대학이 웹서버의 홈페이지 관리자 계정에 접속하여 홈페이지의 내용을 변경할 현실적 필요성이 없었다거나 프로그램을 초기화하는 방법으로 쉽게 그 관리자의 아이디와 비밀번호를 복구할 수 있었다고 하여 달리 볼 것이 아니다.

## VI. 유사판례

### 1. 메인컴퓨터 비밀번호를 후임자에게 알려주지 않은 시스템관리자의 행위가 컴퓨터 등장애업무방해죄 여부

형법 제314조 제2항은 '컴퓨터 등 정보처리장치 또는 전자기록 등 특수매체기록을 손괴하거나 정보처리장치에 허위의 정보 또는 부정한 명령을 입력하거나 기타 방법으로 정보처리에 장애를 발생하게 하여 사람의 업무를 방해한 자'를 처벌하도록 규정하고 있는바, 여기에서 '컴퓨터 등 정보처리장치'란 자동적으로 계산이나 데이터처리를 할 수 있는 전자장치로서 하드웨어와 소프트웨어를 모두 포함하고, '기타 방법'이란 컴퓨터의 정보처리에 장애를 초래하는 가해수단으로서 컴퓨터의 작동에 직접·간접으로 영향을 미치는 일체의 행위를 말하며,

위 죄가 성립하기 위해서는 위와 같은 가해행위의 결과 정보처리장치가 그 사용목적에 부합하는 기능을 하지 못하거나 사용목적과 다른 기능을 하는 등 정보처리의 장애가 현실적으로 발생하였을 것을 요한다고 할 것이다. 한편, 메인 컴퓨터의 비밀번호는 시스템관리자가 시스템에 접근하기 위하여 사용하는 보안 수단에 불과하므로, 단순히 메인 컴퓨터의 비밀번호를 알려주지 아니한 것만으로는 정보처리장치의 작동에 직접 영향을 주어 그 사용목적에 부합하는 기능을 하지 못하게 하거나 사용목적과 다른 기능을 하게 하였다고 볼 수 없어 형법 제314조 제2항에 의한 컴퓨터등장애업무방해죄로 의율할 수 없다 할 것이다. (대법원 2004. 7. 9., 선고, 2002도631, 판결)

# 제11절 대부업체 직원이 대출금을 회수를 위해 채무자 휴대전화로 수백 회에 전화한 경우

## I. 사례요지

대부업체 직원이 피해자가 위 회사로부터 대출받은 200만 원에 대한 이자를 지급하지 않는다는 이유로 그 지급을 독촉하기 위하여 동인의 집과 핸드폰 등에 460여 통의 전화를 걸어 동인이 정상적인 업무를 보지 못하게 함으로써 위력으로 동인이 운영하는 간판업 업무를 방해하였다.

## II. 논 점

1. 업무방해죄에 있어서 '위력'의 의미
2. 휴대전화로 수백 회에 이르는 전화 공세를 한 것이 업무방해죄를 구성하는지

## III. 법규연구 (형법)

제314조 (업무방해) ① 제313조의 방법 또는 위력으로써 사람의 업무를 방해한 자는 5년 이하의 징역 또는 1천500만원 이하의 벌금에 처한다.

## IV. 관련 판례

### 1. 원심 (부산지법 2004. 11. 18. 선고 2004노2420 판결)

간판업에 종사하는 피해자가 지급하여야 할 약정이자를 지급하지 못하자 담당자인 피고인은 피해자에게 그 이자의 지급을 독촉하는 전화를 하였는데, 피해자는 같은 달 5. 57,991원이 부족한 50,000원을 입금하였을 뿐, 나머지 돈을 입금하지 아니한 사실, 이에 피고인을 비롯한 직원들이 같은 달 8. 및 9. 피해자에게 다시 독촉 전화를 하였으나, 피해자는 같은 달 9. 42,447원이 부족한 합계 30,000원을 입금한 채 알아서 하라는 식의 태도를 보이면서 피고인 등의 전화를 받지 아니한 사실, 피고인을 비롯한 직원들은 2003. 9. 8.부터 같은 해 10. 25.까지 <u>460여 회에 걸쳐 피해자에게 전화를 하였는데, 이 중 실제 통화가 된 것은 19여 회에 불과하고</u>(9. 8. 및 9. 9.이 14번 정도 된다), 나머지는 통화가 되지 않거나 피고인이 발신번호를 확인하고 바로 끊어 버린 사실(피해자가 계속하여 전화를 받지 않아 전화횟수가 많아진 것으로 보이며, 이와는 달리 피고인이 피해자에게 전화를 건 460여 통 중 실제로 통화가 이루어진 것이 2/3 정도라는 피해자의 증언은 검증 결과에 비추어 믿기 어렵다.), 게다가 피고인 등

은 오전 8시 이전이나 오후 8시 이후에는 피해자에게 전화를 하지 아니하였고, 대부분의 전화를 피해자의 휴대폰에 건 사실(피해자가 운영하는 회사에 전화한 것은 10회에 불과한데, 회사의 여직원이 아닌 피해자와 통화된 것은 단 한 번임)을 인정한 다음, 위 인정 사실에 의할 때 채권회수를 위하여 채무자에게 전화를 건 피고인의 행위가 피해자의 자유의사를 제압하기에 족한 세력, 즉 업무방해죄의 위력에 해당한다고 보기는 어려울 뿐만 아니라, 그로 인하여 피해자의 간판업 업무가 방해당했다고 보기도 어렵다는 이유로 무죄를 선고하였다.

## 2. 대법원 (대법원 2005. 5. 27., 선고, 2004도8447, 판결)

업무방해죄에서 '위력'이란 사람의 자유의사를 제압·혼란케 할 만한 일체의 세력을 말하고, 유형적이든 무형적이든 묻지 아니하며, 폭행·협박은 물론 사회적, 경제적, 정치적 지위와 권세에 의한 압박 등을 포함한다고 할 것이고, 위력에 의해 현실적으로 피해자의 자유의사가 제압되는 것을 요하는 것은 아니며(대법원 1995. 10. 12. 선고 95도1589 판결 참조), 업무방해죄의 성립에 있어서는 업무방해의 결과가 실제로 발생함을 요하는 것이 아니고 업무방해의 결과를 초래할 위험이 발생하는 것이면 족하다 할 것인바(대법원 1991. 6. 28. 선고 91도944 판결 등 참조), 채권자의 권리행사는 사회통념상 허용되는 방법에 의하여야 하는 것이므로, 가령 우월한 경제적 지위를 가진 대부업자가 그 지위를 이용하여 채무자를 압박하는 방법으로 채권추심행위를 하였다면 이는 위력을 이용한 행위로서 위법하고 그로 인하여 채무자의 업무가 방해될 위험이 발생하였다면 업무방해죄의 죄책을 면할 수 없다 할 것이다.

기록에 비추어 살펴보면, 비록 피해자가 2003. 9.부터 대출이자를 연체하고 있었다고는 하나 그 금액이 소액일 뿐만 아니라, 일부씩 변제를 하고 있었음에도 피고인의 주도로 한 달여에 걸쳐 매일 평균 10통가량, 어떤 날은 심지어 90여 통에 이르는 전화 공세를 하였다는 것이고, 비록 실제 통화 연결된 횟수가 19회에 불과하다고 추정하더라도 비정상적인 전화 공세에 압박감을 느낀 나머지 통화를 피할 수밖에 없었던 것으로 봄이 상당하며 심한 채무독촉을 당한 후에는 계속해서 걸려오는 전화 그 자체만으로도 심리적 압박감과 두려움을 느낄 수밖에 없다고 할 것이고,

원심은 피해자가 통화과정에서 알아서 하라는 식의 태도를 보였다는 사실을 들고 있으나 위력에 상당한지는 주관적인 기준이 아니라 객관적인 기준에 따라 판단할 문제이고 더욱이 피해자의 증언에 의하면 피고인이 먼저 고문변호사를 통해서 법적으로 하겠다는 말을 하기에 그렇게 말하였다는 것에 불과한 사정을 알아볼 수 있는바, 이러한

사정뿐만 아니라, 대부업을 이용하는 사람들은 주로 은행이나 카드사와 같은 제도권 금융회사에서 소외된 저신용자들로서 사회·경제적으로 곤궁한 약자들이라는 점까지를 감안해 봐야 한다. (사채업의 양성화를 목적으로 제정된 대부업의등록및금융이용자보호에관한법률이 제8조에서 이자율의 제한에 관한 규정을, 제10조에서 불법적 채권추심 행위의 금지에 관한 규정을 둔 것도, 이처럼 대부업 이용자들이 특별한 보호를 필요로 하는 경제적 약자임을 감안한 조치라 할 수 있다.)

## V. 결 론

위 피해자에게 소액의 지연이자를 문제 삼아 법적조치를 거론하면서 무차별적인 전화공세를 하는 식의 채권추심행위는 사회통념상의 허용한도를 벗어나 경제적 약자인 피해자의 자유의사를 제압하기에 족한 위력에 해당한다고 할 것이고, 또한 기록에 의하면 위 피해자는 소규모 간판업을 경영하는 자로서 업무상 휴대폰의 사용이 긴요하다고 할 수 있는데 대부분 전화가 그 휴대폰에 집중된 이상 이로 인하여 동인의 간판업 업무가 방해되는 결과를 초래할 위험이 발생하였다고 인정하기에 충분하다.

## VI. 유사판례

### 1. 종중 정기총회를 주재하는 종중회장의 의사 진행업무가 보호되는 업무 해당 여부

종중 정기총회를 주재하는 종중회장의 의사 진행업무 자체는 1회성을 갖는 것이라고 하더라도 그것이 종중회장으로서의 사회적인 지위에서 계속적으로 행하여 온 종중 업무수행의 일환으로 행하여진 것이라면, 그와 같은 의사 진행업무도 형법 제314조 소정의 업무방해죄에 의하여 보호되는 업무에 해당되고, 또 종중회장의 위와 같은 업무는 종중원들에 대한 관계에서는 타인의 업무에 해당한다. (대법원 1995. 10. 12., 선고, 95도1589, 판결)

# 제12절 자신 명의로 등록된 피해자 운영 학원에 대하여 피해자 승낙을 받지 아니하고 폐원신고 행위

## I. 사례요지

피고인이 임차한 건물의 2층에서 음악학원을 운영하고, 피해자는 1층에서 미술학원을 운영하되, 이 사건 건물의 전대가 금지되어 있었기 때문에 피해자가 운영하는 미술학원의 등록명의도 피고인으로 하기로 약정한 후, 각자 학원을 운영하여 오던 중, 피해자의 승낙을 받지 아니하고 교육지원청에 피해자 운영의 미술학원에 대한 폐원신고를 하였다.

## II. 논 점

1. 업무방해죄에 있어서 '위계' 및 '위력'의 의미
2. 자신 명의로 등록된 피해자 운영의 학원에 대하여 피해자의 승낙을 받지 아니하고 폐원신고를 한 행위가 위력에 의한 업무방해죄에 해당하는지

## III. 법규연구 (형법)

제314조 (업무방해) ① 제313조의 방법 또는 위력으로써 사람의 업무를 방해한 자는 5년 이하의 징역 또는 1천500만원 이하의 벌금에 처한다.

## IV. 관련 판례

### 1. 원심 (인천지법 2003. 7. 16. 선고 2003노215 판결)

위계로서 피해자의 학원운영업무를 방해한 사실을 인정할 수 있다고 하여, 이 사건 <u>업무방해의 공소사실을 유죄로 판단하였다.</u>

### 2. 대법원 (대법원 2005. 3. 25., 선고, 2003도5004, 판결)

가. 형법 제314조 제1항의 업무방해죄는 위계 또는 위력으로서 사람의 업무를 방해한 경우에 성립하는 것이고, 여기서의 '위계'라 함은 행위자의 행위목적을 달성하기 위하여 상대방에게 오인·착각 또는 부지를 일으키게 하여 이를 이용하는 것을 말하고 (대법원 1992. 6. 9. 선고 91도2221 판결 참조), '<u>위력</u>'이라 함은 사람의 자유의사를 제압·혼란케 할 만한 일체의 세력으로, 유형적이든 무형적이든 묻지 아니하므로 폭행·협박은 물론, 사회적, 경제적, 정치적 지위와 권세에 의한 압박 등도 이에 포함되는 것이다.

나. 피고인은 1999. 9. 6. 인천광역시로부터 이 사건 건물을 임차하여 건물의 2층에

서 음악학원을 운영하면서 김남희에게 이 사건 건물의 1층과 지층을 실제로는 전대를 하면서도 인천광역시와의 전대금지 약정 때문에 김남희와 동업하는 것처럼 계약한 후 김남희로 하여금 그 곳에서 미술학원을 운영하도록 하여 음악학원은 1999. 9. 6.자로, 미술학원은 1999. 9. 16.자로, 각각 피고인 명의로 등록이 마쳐진 사실, 피해자는 2001. 1.경 김남희로부터 위 미술학원을 양수한 최영실에게서 이를 다시 양수하면서 앞서 본 바와 같이 형식적으로는 피고인과 사이에 동업계약서를 작성하였으나 그 실질은 역시 전대계약을 맺었던 사실, 피고인은 피해자와 사이에 지하실의 사용 문제와 관련하여 분쟁이 발생하자 일방적으로 자신의 요구사항을 주장하다가 2001. 9. 26. 피해자가 자신의 통제를 받지 않는다면서 피해자에게 인천광역시 교육청에 미술학원에 대한 폐원신고를 하겠다는 취지를 내용증명우편으로 보낸 뒤 같은 달 28. 임의로 폐원신고를 하여 결국 피해자가 미술학원 영업을 할 수 없게 한 사실을 인정할 수 있다.

## V. 결 론

피고인이 피해자의 승낙을 받지 아니하고 미술학원에 대한 폐원신고를 하였다고 하더라도 피해자에게 사전에 통고를 한 뒤 폐원신고를 한 이상 피해자에게 오인·착각 또는 부지를 일으켜 이를 이용하여 피해자의 업무를 방해한 것으로 보기는 어렵고, 오히려 피해자가 운영하는 학원이 자신의 명의로 등록된 지위를 이용하여 임의로 폐원신고를 함으로써 피해자의 업무를 위력으로써 방해하였다고 봄이 상당하다고 할 것이다.

## VI 유사판례

### 1. 노동운동을 목적으로 자신의 신분을 숨긴 채 타인 명의로 허위의 학력, 경력을 기재한 이력서 등을 제출하여 채용시험에 합격한 경우

회사가 공원모집을 함에 있어 학력, 경력을 기재한 이력서와 주민등록등본, 생활기록부 및 각서 등 서류를 교부받고, 응모자를 상대로 문제를 출제하여 시험을 보게 한 것은 단순히 응모자의 노동력을 평가하기 위한 것만이 아니라 노사간의 신뢰 형성 및 기업 질서유지를 위한 응모자의 지능과 경험, 교육 정도, 정직성 및 직장에 대한 적응도 등을 감안하여 위 회사의 근로자로서 고용할 만한 적격자인지 여부를 결정하기 위한 자료를 얻기 위함인 것으로 인정되는데 피고인이 노동운동을 하기 위하여 노동현장에 취업하고자 하나, 자신이 대학교에 입학한 학력과 국가보안법위반죄의 처벌 전력 때문에 쉽사리 입사할 수 없음을 알고, 타인 명의로 허위의 학력과 경력을 기재한 이력서를 작성하고, 동인의 고등학교 생활기록부 등 서류를 작성 제출하여 시험에 합격하였다면, 피고인은 위계에 의하여 위 회사의 근로자로서의 적격자를 채용하는 업무를 방해하였다. (대법원 1992. 6. 9., 선고, 91도2221, 판결)

# 제13절 예상문제를 선정하여 수험생에게 주는 행위의 시험실시업무 방해 여부

## I. 사례요지

피고인이 근무하는 고등학교 내에서 피고인이 동료 수학교사 함께 각각 범위를 나누어 맡아 시험 2, 3일 전 출제하여 같은 달 12. 실시할 예정이던 위 고등학교 2학년 2학기 중간고사 수학시험문제 중 피고인이 출제할 의도로 있던 문제 3, 4개를 포함하여 다른 출제교사가 출제할 것으로 예상되는 교과서 문제와 연습문제, 자율학습 프린트 문제 약 30개를 일부는 복사하고 일부는 손으로 써서 3장 정도로 정리한 다음 같은 날 저녁 학원원장실에서 이를 원심 공동피고인에게 넘겨주어 그 무렵 원심 공동피고인이 위 학원 수학강사인 공소외 1로 하여금 피고인이 담임을 맡고 있던 위 학교 2학년생인 공소외 2에게 이를 교습하게 하였다.

## II. 논 점

1. 순수한 예상문제를 선정하여 수험생이나 그 교습자에게 주는 행위가 시험실시업무를 방해하는 행위인지 여부(소극)
2. 출제위원이 선정한 문제를 시험실시자에게 제출하기 전에 외부에 유출한 행위만으로 업무방해죄가 성립하는지 여부(소극)

## III. 법규연구 (형법)

제314조 (업무방해) ① 제313조의 방법 또는 위력으로써 사람의 업무를 방해한 자는 5년이하의 징역 또는 1천500만원이하의 벌금에 처한다.

## IV. 관련 판례

### 1. 원심 (서울지법 1999. 7. 20. 선고 99노2587 판결)

공소사실에 대하여 그 명시한 증거에 의하여 범죄의 증명이 있다고 인정하고 피고인의 그와 같은 행위를 형법 제314조 제1항에 해당하는 것으로 판단하였다.

### 2. 대법원 (대법원 1999. 12. 10., 선고, 99도3487, 판결)

가. 원심 공동피고인이 공소외 2에게 중간고사 시험공부를 시키려고 하니 위 고등학교에서 사용하는 수학교과서를 달라고 하여 피고인이 원심 공동피고인에게 위 교과서 중 중간고사 시험범위 부분의 자율학습문제, 연습문제, 종합문제를 복사하여 갖다 주

었을 뿐이라고 진술하였고, 피고인의 동료 수학교사인 김승규는 원심에서 그와 피고인 등 출제교사 4명이 시험범위 중 각 범위를 나누어 시험실시 2, 3일 전에 출제를 하여 시험을 실시하였다고 진술하였을 뿐이며, 이헌주의 검찰과 제1심에서의 진술과 원심 공동피고인의 검찰에서의 진술에 의하면, 원심 공동피고인은 피고인으로부터 위 고등 학교 중간고사 수학시험 문제가 기재되어 있다고 하는 서류를 넘겨받아 이를 위 학원 직원인 이헌주에게 주면서 학원강사인 공소외 1로 하여금 공소외 2에게 교습하게 하라 고 지시하였고 이헌주는 원심 공동피고인의 지시대로 이를 공소외 1에게 넘겨주었다고 진술하고 있을 뿐인바, 원심이 인정한 범죄사실 자체에 의하더라도 원심 공동피고인이 피고인으로부터 넘겨받은 것이 중간고사 문제가 아님이 명백한 데, 이헌주와 원심 공 동피고인의 위 진술에는 피고인이 넘겨준 문제들이 구체적으로 어떠한 내용의 것인지 여부와 그 문제들과 동일하거나 변형된 문제 또는 응용문제가 그 후 실시된 중간고사 에서 실제로 출제가 되었는지 여부에 관하여 아무런 언급이 없고, 그 밖에 기록을 살 펴보아도 이러한 사실을 알아볼 수 있는 자료를 발견할 수 없다.

나. 다른 출제교사가 출제할 것으로 예상되는 문제를 넘겨주었다는 부분에 관하여 보건대, 객관적으로 보아 당해 출제교사가 출제할 것이라고 예측되는 순수한 예상문제 를 선정하여 수험생이나 그 교습자에게 주는 행위를 가지고 시험실시업무를 방해하는 행위라고 할 수는 없다고 할 것인바, 피고인이 원심 공동피고인에게 넘겨주었다고 하 는 문제가 시험문제로 선정된 것들인지, 그리고 그 후 실제로 출제되었는지 여부가 밝 혀지지 아니한 이 사건에 있어서, 피고인이 그러한 예상문제를 선정하면서 당해 출제 교사가 그 문제를 출제할 것이라고 예측하게 된 경위나 근거가 구체적으로 밝혀지지 아니하는 한 피고인이 단순히 예상문제를 선정하여 주었다 하여 그것이 형법 제314조 제1항의 업무방해죄를 구성한다고 할 수 없고, 피고인이 출제교사 중 1인이라는 사정 만으로 달리 볼 것은 아니라고 할 것이다.

다. 피고인이 출제할 의도로 있던 문제를 넘겨주었다는 부분에 관하여 보건대, 시험 의 출제위원이 문제를 선정하여 시험실시자에게 제출하기 전에 이를 유출하였다고 하 더라도 이러한 행위 자체는 위계를 사용하여 시험실시자의 업무를 방해하는 행위가 아 니라 그 준비단계에 불과한 것이고, 그 후 그와 같이 유출된 문제가 시험실시자에게 제출되지도 아니하였다면 그러한 문제유출로 인하여 시험실시 업무가 방해될 추상적인 위험조차도 있다고 할 수 없으므로 업무방해죄가 성립한다고 할 수 없다고 할 것인바, 이 사건의 경우 피고인이 문제를 원심 공동피고인에게 넘겨준 후에 피고인과 다른 출제교사들이 1996. 10. 10.경 문제를 선정하여 학교에 제출하였고 같은 달 12. 객관식 8문, 주관식 6문이 출제되어 공소외 2가 시험을 치른 사실은 기록상 인정되나, 원심이 인정한 범죄사실에 의하더라도 그 후 피고인이 원심 공동피고인에게 넘겨준 문제대로 출제하였다는 사실이 적시되어 있지도 아니할 뿐 아니라, 피고인이 원심 공동피고인에게 넘겨주었다는 문제가 시험문제로 선정되어 그 후 실제로 출제되었는지 여부가 밝혀지지 아니하였음은 앞서 본 바와 같은 이상 피고인이 출제할 의도를 가지고 있던 문제를 원심 공동피고인에게 넘겨주어 공소외 2에게 교습하게 하였다는 사실만으로 시험실시업무가 방해되었다고 단정하기는 어렵다고 할 것이다.

## V. 결 론

예상문제를 선정함에 있어 당해 출제교사가 그 문제를 출제할 것이라고 예측하게 된 경위나 근거가 구체적으로 밝혀지지 아니하는 한 피고인이 단순히 예상문제를 선정하여 주었다 하여 그것이 형법 제314조 제1항의 업무방해죄를 구성한다고 할 수 없다.

## VI 유사판례

### 1. 대학원 신입생전형시험문제를 사전에 알려 준 교수와 미리 답안 쪽지를 작성하여 답안지를 작성한 수험생의 죄책

교수인 피고인 갑이 출제 교수들로부터 대학원 신입생전형시험문제를 제출받아 피고인 을, 병에게 그 시험문제를 알려주자 그들이 답안 쪽지를 작성한 다음 이를 답안지에 그대로 베껴써서 그 정을 모르는 시험감독관에게 제출한 경우, 위계로써 입시감독업무를 방해한 것이므로 업무방해죄에 해당한다. (대법원 1991. 11. 12., 선고, 91도2211, 판결)

### 2. 대학원 입학전형 업무가 업무방해죄의 객체인 '업무'에 해당하는지

대학원 입학전형 업무를 방해함에 있어서 피고인들이 공모하여 방조한 이상 대학원 입학전형 업무가 업무방해죄의 객체인 '업무'에 해당된다. (대법원 1995. 12. 5., 선고, 94도1520, 판결)

# 제14절 서류배달업 회사가 배달 의뢰받은 서류 포장 안에 타인 전단을 넣어 함께 배달

## Ⅰ. 사례요지

피해자 회사가 고객으로부터 탁송을 의뢰받아 지정된 곳으로 발송 예정인 서류의 포장 안에 피해자 회사 직원에게 통상의 선교 인쇄물을 집어넣는다고 말하고 직원이 모르는 사이에 다른 종교를 비방하는 내용의 전단을 집어넣어 함께 발송하였다.

## Ⅱ. 논 점

1. 업무방해죄에 있어 업무를 '방해한다'는 의미
2. 회사의 서류배달업무를 방해한 것으로 업무방해죄가 성립하는지

## Ⅲ. 법규연구 (형법)

제314조 (업무방해) ① 제313조의 방법 또는 위력으로써 사람의 업무를 방해한 자는 5년이하의 징역 또는 1천500만원이하의 벌금에 처한다.

## Ⅳ. 관련 판례

### 1. 원심 (서울지법 1998. 10. 14. 선고 98노6316 판결)

피고인이 피해자 회사가 고객으로부터 배달을 의뢰받은 서류 포장 안에 이 사건 전단을 집어넣어 함께 배달되게 함으로써 피해자 회사의 서류 배달업무를 방해하였다고 판단하였다.

### 2. 대법원 (대법원 1999. 5. 14., 선고, 98도3767, 판결)

업무방해죄에 있어 업무를 '방해한다'함은 업무의 집행 자체를 방해하는 것은 물론이고 널리 업무의 경영을 저해하는 것도 포함한다고 할 것이다.

사실관계가 원심이 확정한 바와 같다면, 고객의 의뢰에 따라 항공속달에 의하여 서류를 배달하는 것을 업무로 하는 피해자 회사가 그 업무를 수행함에 있어 고객이 배달을 의뢰하지 않은 이 사건 전단이 서류와 함께 전달됨으로써 이를 배달받은 사람으로서는 위 서류뿐 아니라 이 사건 전단도 배달을 의뢰한 고객이 보낸 것으로 오인하게 되고 더구나 이 사건 전단의 내용이 특정 종교를 심하게 비방하는 것으로서 사회통념

상 용인되기 어렵다고 할 것이므로 결국 피해자가 배달을 의뢰한 고객의 위탁취지에 어긋나게 업무를 처리한 결과가 되었다고 할 것이고, 배달을 의뢰받은 서류 자체가 훼손되지 않고 배달되었다고 하여 피해자의 업무가 방해되지 않았다고 할 수 없다고 할 것이다. 뿐만 아니라 위와 같이 배달을 의뢰한 고객의 위탁취지에 어긋나게 배달이 이루어짐으로써 종국에는 피해자의 업무 경영이 저해될 위험이 발행하였다고 하지 아니할 수 없다.

## V. 결 론

피고인이 직원이 모르는 사이에 이 사건 전단을 서류 포장 안에 집어넣어 함께 발송되게 한다는 인식이 있었다고 인정되므로 업무방해의 고의를 인정하기에 충분하고, 피고인이 신봉하는 교리를 선교할 목적으로 그와 같은 행위를 하였다고 하여 업무방해의 고의가 부정되는 것은 아니다.

# 제15절 영업하지 않고 매장 내에서 점거 농성하던 백화점 입주상인들에 대한 단전 조치

## I. 사례요지

피고인들은 공소외 회사의 대표이사 또는 전무이사로서 위 회사에서 경영하는 의류판매 영업을 하는 백화점의 입주상인들이 위 회사의 입주상인들을 상대로 한 건물명도 소송 제1심판결의 가집행 저지를 위하여 법원으로부터 강제집행정지 결정을 얻어 계속 영업을 하자 단전, 단수 및 출입문 폐쇄조치 등을 하여 입주상인들의 업무를 방해하였다.

## II. 논 점

1. 단전 조치가 업무방해죄를 구성하는지
2. 업무방해죄의 보호대상이 되는 업무의 의미

## III. 법규연구 (형법)

제314조 (업무방해) ① 제313조의 방법 또는 위력으로써 사람의 업무를 방해한 자는 5년이하의 징역 또는 1천500만원이하의 벌금에 처한다.

## IV. 관련 판례

### 1. 원심 (서울형사지방법원 1994.10.26. 선고 94노839 판결)

사건 당시 단전조치를 한 사실은 인정되나, 그 무렵 입주상인들이 영업하지 않고 매장 내에서 점거 농성만을 하면서 매장 내의 기존의 전기시설에 임의로 전선을 연결하여 각종 전열기구를 사용함으로써 화재위험이 높아 부득이 단전조치를 취하였던 사실을 인정한 후, 위와 같은 단전조치 당시 보호받을 업무가 존재하지 않았을 뿐만 아니라 화재예방등 건물의 안전한 유지관리를 위한 정당한 권한 행사의 범위 내의 행위에 해당한다는 이유로 피고인들의 이러한 행위가 업무방해죄를 구성한다고 볼 수 없다고 하여 무죄를 선고한 제1심의 조치를 그대로 유지하였다.

### 2. 대법원 (대법원 1995. 6. 30., 선고, 94도3136, 판결)

업무방해죄의 보호대상이 되는 업무는 직업 또는 계속적으로 종사하는 사무나 사업을 말하는 것으로서 타인의 위법한 행위에 의한 침해로부터 보호할 가치가 있는 것이면 되고, 그 업무의 기초가 된 계약 또는 행정행위 등이 반드시 적법하여야 하는 것은 아니라고 함은 상고이유에서 지적한 바와 같다(대법원 1986.12.23. 선고 86도1372 판결; 1991.6.28. 선고 91도944 판결 참조).

원심은 이 사건 당시 피해자들이 영업하지 않고 농성만 하는 상태였다는 사실을 인정한 후, 이를 전제로 하여 피고인들이 단전조치를 할 당시 방해받을 업무가 없었다고 판단한 것이고, 상고이유에서 지적한 바와 같이 공소외 회사와 피해자들 간의 임대차계약이 종료되었다는 이유로 피해자들이 매장을 점유할 권한만 있을 뿐 영업권이 없어 보호받을 업무가 없다고 한 것이 아니므로, 원심판결에 업무방해죄에 있어서의 업무에 관한 법리를 오해한 잘못이 없다.

## V. 결 론

백화점 입주상인들이 영업하지 않고 매장 내에서 점거 농성만을 하면서 매장 내의 기존의 전기시설에 임의로 전선을 연결하여 각종 전열기구를 사용함으로써 화재위험이 높아 백화점 경영 회사의 대표이사인 피고인이 부득이 단전조치를 취하였다면, 그 단전조치 당시 보호받을 업무가 존재하지 않았을 뿐만 아니라 화재예방 등 건물의 안전한 유지관리를 위한 정당한 권한 행사의 범위 내의 행위에 해당하므로 피고인의 단전조치가 업무방해죄를 구성한다고 볼 수 없다.

## VI. 유사판례

### 1. 임차한 농지의 경작행위를 방해하는 행위와 업무방해죄

농지의 임대차는 농지개혁법상 무효라고 하더라도 그 임차한 농지의 경작행위를 방해하는 행위는 업무방해죄가 성립된다. (대법원 1980. 11. 25., 선고, 79도1956, 판결)

### 2. 임대인 승낙없이 전차인이 그 건물 내에서 한 영업도 업무에 해당되는지

건물의 전차인이 임대인의 승낙없이 전차하였다고 하더라도 전차인이 불법침탈 등의 방법에 의하여 위 건물의 점유를 개시한 것이 아니고 그동안 평온하게 음식점 등 영업을 하면서 점유를 계속하여 온 이상 위 전차인의 업무를 업무방해죄에 의하여 보호받는다. (대법원 1986. 12. 23., 선고, 86도1372, 판결)

# 제16절 동업자가 출혈경쟁 방지수단으로 단독입찰하면서 경쟁입찰 가장한 경우

## I. 사례요지

피고인들은 한국전력공사에서 발주하는 배전공사 특수단가계약의 입찰에 참가함에 있어 그 입찰 방식이 발주자가 미리 공개한 10개의 복수예비가격에서 무작위로 3개의 예비가격을 추첨하여 합한 후 다시 3으로 나누어 평균가격을 산출하고, 그 평균가격의 90%를 입찰기준 금액으로 정하여 입찰 당일 입찰자 중에서 위 입찰기준금액을 상회함과 동시에 그에 가장 근접한 가격으로 입찰한 자를 낙찰자로 정하여 향후 2년 동안 그 지역에서 시공되는 단가 5,000만원 이하의 전기공사를 독점하고, 그 공사대금은 처음 낙찰 당시 정해진 낙찰률에 따라 지급받게 되어 있자, 피고인들이 공모하여 공소외인은 형식상 입찰에 참가하되 복수예비가격 중 최소가격 3개가 추첨되거나 또는 그 다음 최소가격 3개가 추첨되었을 때에만 낙찰받을 수 있는 가격을 써넣음으로써 사실상 입찰을 포기하고, 피고인들은 1개 지역씩 자신이 낙찰받을 지역을 정하여 복수예비가격 중 최대가격으로 3개가 추첨되었을 경우 또는 그에 근접한 경우에만 낙찰될 수 있는 가격을 써넣어 최대한 높은 가격으로 응찰하고 나머지 입찰 참가자들은 공소외인과 같이 도저히 낙찰받을 수 없는 가격을 써넣어 실질적으로 단독입찰을 경쟁입찰인 것처럼 가장하여 피고인들이 각 1개 지역씩을 낙찰받고, 공소외인은 입찰을 포기한 대가로 1억원을 지급받았다.

## II. 논 점

단독입찰을 하면서 경쟁입찰인 것같이 가장한 경우, 입찰방해죄가 성립하는지

## III. 법규연구 (형법)

제315조 (경매, 입찰의 방해) 위계 또는 위력 기타 방법으로 경매 또는 입찰의 공정을 해한 자는 2년이하의 징역 또는 700만원이하의 벌금에 처한다.

## IV. 관련 판례

### 1. 원심 (부산지방법원 1999. 9. 16. 선고 99노404 판결)

피고인들의 위와 같은 행위는 적법하고 공정한 경쟁방법을 해치고 적정한 가격형성을 방해한 것이 되어 입찰의 공정을 해하였다 할 것이어서 형법 제315조 소정의 입찰방해죄를 구성한다고 할 것이므로, 제1심이 위 공소사실을 유죄로 인정한 제1심판결을 유지하였다.

## 2. 대법원 (대법원 2001. 6. 29., 선고, 99도4525, 판)

입찰방해죄는 위태범으로서 결과의 불공정이 현실적으로 나타나는 것을 요하는 것이 아니며, 그 행위에는 가격을 결정하는 데 있어서 뿐만 아니라 적법하고 공정한 경쟁방법을 해하는 행위도 포함되므로, 그 행위가 설사 동업자 사이의 무모한 출혈경쟁을 방지하기 위한 수단에 불과하여 입찰가격에 있어 입찰실시자의 이익을 해하거나 입찰자에게 부당한 이익을 얻게 하는 것이 아니었다 하더라도 실질적으로는 단독입찰을 하면서 경쟁입찰인 것같이 가장하였다면 그 입찰가격으로서 낙찰하게 한 점에서 경쟁입찰의 방법을 해한 것이 되어 입찰의 공정을 해한 것으로 되었다 할 것이다(대법원 1994. 11. 8. 선고 94도2142 판결 참조).

## V. 결 론

경쟁입찰의 방법을 해한 것이 되어 입찰의 공정을 해한 것으로 입찰방해죄에 해당한다.

## VI 유사판례

### 1. 입찰방해죄 성립에 현실적으로 입찰의 공정을 해한 결과가 발생해야 하는지

입찰방해죄는 위계 또는 위력 기타의 방법으로 입찰의 공정을 해하는 경우에 성립하는 위태범으로서, 입찰의 공정을 해할 행위를 하면 그것으로 족한 것이지 현실적으로 입찰의 공정을 해한 결과가 발생할 필요는 없다. (대법원 1994. 5. 24., 선고, 94도600, 판결)

### 2. 입찰자 일부와 담합이 있었으나 타입찰자와는 담합이 이루어지지 않는 경우

담합이 있고 그에 따른 담합금이 수수되었다 하더라도 입찰시행자의 이익을 해함이 없이 자유로운 경쟁을 한 것과 동일한 결과로 되는 경우에는 입찰의 공정을 해할 위험성이 없다고 할 것인바, 이 사건 입찰에 참가한 (갑), (을), (병), (정), (무)의 5개 회사 중에서 (갑)회사의 전무인 피고인이 담합한 것은 (을)회사가 들러리로 세운 (병)회사 뿐이며 (을), (무)회사와는 담합이 이루어지지 아니하여 그들의 투찰가격은 모두 입찰예정가격을 넘고 있으며, 피고인 역시 (을)회사 등으로부터 확답을 못얻어 불안한 나머지 당초 예정한 것보다 훨씬 높은 가격으로 응찰하였고, (병)회사 등이 (을)회사의 들러리로 입찰에 참가하게 된 사정을 몰랐다면 비록 피고인이 담합을 제의하였으나 실질적인 입찰참가자인 (을), (무)회사 등이 이를 받아들이지 않은 이상 그들을 형식적으로 입찰에 참가하게 하여 피고인의 실질적인 단독입찰을 경쟁입찰로 가장한 것이라고 볼 수 없고 결국은 자유경쟁을 한 것과 동일한 결과로 되어 위 (병)회사가 부정한 이익을 받았다 하더라도 그것만으로는 입찰방해죄가 성립한다고 볼 수 없다. (대법원 1983. 1. 18., 선고, 81도824, 판결)

## 3. 경매방해죄가 성립하기 위하여 경배참여자 전원이 담합에 참여해야 하는지

경매방해죄는 위계 또는 무력 기타 방법으로 경매의 공정을 해하는 경우를 처벌함으로써 경매의 공정을 그 보호법익으로 하는 압상적 위태범으로서, 담합에 의하여 경매의 공정성을 해할 염려가 있는 이상 반드시 경매참여자 전원이 담합에 참가할 것을 요하지 아니한다. (서울형사지법 1993. 2. 24., 선고, 92노8545, 제1부판결 : 확정)

## 4. 적정한 기업이윤을 확보하고 무모한 출혈경쟁을 방지하기 위한 의사 절충이 '담합'에 해당여부

국유임산물매각규칙(1976.5.7자 내무부령 제207호) 제10조에 정한 동령 별지 제2호 서식 기재 입찰자 및 낙찰자 유의사항 제17항 소정의 "담합"이란 입찰자가 입찰함에 즈음하여 실질적으로는 단독입찰인 것을 그로 인한 유찰을 방지하기 위하여 경쟁자가 있는 것처럼 제3자를 시켜 형식상 입찰을 하게 하는 소위 들러리를 세운다거나, 입찰자들끼리 특정한 입찰자로 하여금 낙찰받게 하거나 당해 입찰에 있어서 입찰자들 상호간에 가격경쟁을 하는 경우 당연히 예상되는 적정한 가격을 저지하고 특정입찰자에게 부당한 이익을 주고 입찰실시자에게 그 상당의 손해를 입히는 결과를 가져올 정도로 싼 값으로 낙찰되도록 하기 위한 사전협정으로서 그 어느 경우이건 매수인이 된 입찰자에게 책임을 돌릴수 있는 경우를 말하고, 단지 기업이윤을 고려한 적정선에서 무모한 출혈경쟁을 방지하기 위하여 일반 거래 통념상 인정되는 범위내에서 입찰자 상호간에 의사의 타진과 절충을 한 것에 불과한 경우는 위의 담합행위에 포함되지 않는다. (대법원 1982. 11. 9., 선고, 81다537, 판결)

# 제17절 회사 이익을 빼돌린다는 소문 확인 목적으로 비밀장치 한 개인용 컴퓨터 하드디스크 검색행위

## I. 사례요지

컴퓨터 관련 솔루션 개발업체인 공소외 1 주식회사의 대표이사인 피고인은 영업차장으로 근무하던 피해자가 회사의 이익을 빼돌린다는 소문을 확인할 목적으로, 그 직원인 공소외 3, 공소외 4와 공모하여, 공소외 3은 비밀번호를 설정함으로써 비밀장치를 한 전자기록인 피해자가 사용하던 개인용 컴퓨터의 하드디스크를 떼어낸 뒤, 공소외 4와 함께 이를 다른 컴퓨터에 연결하여 거기에 저장된 파일 중 '어헤드원'이라는 단어로 파일검색을 하여 피해자의 메신저 대화 내용과 이메일 등을 출력하여 비밀장치한 전자기록 등 특수매체기록을 기술적 수단을 이용하여 그 내용을 알아냈다.

## II. 논 점

1. 형법 제20조의 '사회상규에 위배되지 아니하는 행위'의 의미 및 판단 방법
2. 비밀번호를 설정하여 비밀장치를 한 전자기록인 개인용 컴퓨터의 하드디스크를 검색한 행위가, 형법 제20조의 '정당행위'에 해당하는지

## III. 법규연구 (형법)

제316조 (비밀침해) ② 봉함 기타 비밀장치한 사람의 편지, 문서, 도화 또는 전자기록등 특수매체기록을 기술적 수단을 이용하여 그 내용을 알아낸 자도 제1항의 형과 같다.

제20조 (정당행위) 법령에 의한 행위 또는 업무로 인한 행위 기타 사회상규에 위배되지 아니하는 행위는 벌하지 아니한다.

## IV. 관련 판례

### 1. 원심 (서울동부지법 2007. 7. 5. 선고 2007노318 판결)

① 피고인이 피해자가 사용하던 컴퓨터의 하드디스크를 검사할 무렵 피해자의 업무상배임 혐의가 구체적이고 합리적으로 의심되는 상황이었고, 그럼에도 불구하고 피해자가 이를 부인하고 있어 공소외 1 주식회사의 대표이사인 피고인으로서는 피해자가 회사의 무형자산이나 거래처를 빼돌리고 있는지 긴급히 확인하고 이에 대처할 필요가 있었던 점, ② 피고인은 피해자의 컴퓨터 하드디스크에 저장된 정보의 내용을 전부 열람한 것이 아니라 의심이 가는 "어헤드원"이라는 단어로 검색되는 정보만을 열람함으로써 조사의 범위를 업무와 관련된 것으로 한정한 점, ③ 피해자는 입사할 때에 회사

소유의 컴퓨터를 무단으로 사용하지 않고 업무와 관련된 결과물을 모두 회사에 귀속시키겠다고 약정하였을 뿐만 아니라, 위 컴퓨터에 피해자의 혐의와 관련된 자료가 저장되어 있을 개연성이 컸던 점, ④ 그리하여 위와 같이 검색해 본 결과 공소외 1 주식회사의 고객들을 빼돌릴 목적으로 작성된 어헤드원 명의의 견적서, 계약서와 어헤드원 명의로 계약을 빼돌렸다는 취지의 메신저 대화자료, 이메일 송신자료 등이 발견된 점, ⑤ 또한 회사의 모든 업무가 컴퓨터로 처리되고 그 업무에 관한 정보가 컴퓨터에 보관되고 있는 현재의 사무환경하에서 부하 직원의 회사에 대한 범죄 혐의가 드러나는 경우 피고인과 같은 감독자에 대하여는 회사의 유지·존속 및 손해방지 등을 위해서 그러한 정보에 대한 접근이 허용될 필요가 있는 점 등을 종합하여 볼 때, <u>피고인의 행위는 사회통념상 허용될 수 있는 상당성이 있는 행위로서 형법 제20조에 정하여진 정당행위에 해당하여 위법성이 조각된다.</u>

## 2. 대법원 (대법원 2009. 12. 24., 선고, 2007도6243, 판결)

형법 제20조 소정의 '사회상규에 위배되지 아니하는 행위' 라 함은 법질서 전체의 정신이나 그 배후에 놓여 있는 사회윤리 내지 사회통념에 비추어 용인될 수 있는 행위를 말하고, 어떠한 행위가 사회상규에 위배되지 아니하는 정당한 행위로서 위법성이 조각되는 것인지는 구체적인 사정 아래서 합목적적, 합리적으로 고찰하여 개별적으로 판단하여야 할 것이다 (대법원 2000. 4. 25. 선고 98도2389 판결 등 참조).

## V. 결 론

피해자의 범죄 혐의를 구체적이고 합리적으로 의심할 수 있는 상황에서 피고인이 긴급히 확인하고 대처할 필요가 있었고, 그 열람의 범위를 범죄 혐의와 관련된 범위로 제한하였으며, 피해자가 입사시 회사 소유의 컴퓨터를 무단 사용하지 않고 업무 관련 결과물을 모두 회사에 귀속시키겠다고 약정하였고, 검색 결과 범죄행위를 확인할 수 있는 여러 자료가 발견된 사정 등에 비추어, 피고인의 그러한 행위는 <u>사회통념상 허용될 수 있는 상당성이 있는 행위로서 형법 제20조의 '정당행위' 에 해당한다.</u>

# 제18절 2단 서랍의 아랫칸에 잠금장치가 된 경우 비밀장치 여부

## I. 사례요지

서랍이 2단으로 되어 있어 그 중 아랫칸의 윗부분이 막혀 있지 않아 위 칸을 밖으로 빼내면 아랫칸의 내용물을 쉽게 볼 수 있는 구조로 되어 있는 서랍이지만, 피해자가 아랫칸에 잠금장치를 하였고 통상적으로 서랍의 위 칸을 빼어 잠금장치 된 아랫칸 내용물을 볼 수 있는 구조라거나 그와 같은 방법으로 볼 수 있다는 것을 예상할 수 없어 객관적으로 그 내용물을 쉽게 볼 수 없도록 외부에 의사를 표시하였다.

## II. 논 점

1. 형법 제316조 제1항 비밀침해죄에서 '비밀장치가 되어 있는 문서'의 의미
2. 2단 서랍의 아랫칸에 잠금장치가 되어있는 경우 '비밀장치' 해당 여부

## III. 법규연구 (형법)

제316조 (비밀침해) ①봉함 기타 비밀장치한 사람의 편지, 문서 또는 도화를 개봉한 자는 3년 이하의 징역이나 금고 또는 500만원 이하의 벌금에 처한다.

## IV. 관련 판례

### 1. 원심 (서울중앙지법 2008. 9. 24. 선고 2008노2403 판결)

형법 제316조 제1항의 비밀침해죄는 봉함 기타 비밀장치한 사람의 편지, 문서 또는 도화를 개봉하는 행위를 처벌하는 죄이고, 이때 <u>봉함 기타 비밀장치가 되어있는 문서</u>'란 '기타 비밀장치'라는 일반 조항을 사용하여 널리 비밀을 보호하고자 하는 위 규정의 취지에 비추어 볼 때, <u>반드시 문서 자체에 비밀장치가 되어있는 것만을 의미하는 것은 아니고, 봉함 이외의 방법으로 외부 포장을 만들어서 그 안의 내용을 알 수 없게 만드는 일체의 장치를 가리키는 것으로, 잠금장치 있는 용기나 서랍 등도 포함한다고 할 것이다.</u>

이 사건과 같이 서랍이 2단으로 되어있어 그 중 아랫칸의 윗부분이 막혀 있지 않아 윗칸을 밖으로 빼내면 아랫칸의 내용물을 쉽게 볼 수 있는 구조로 되어있는 서랍이라고 하더라도, 피해자가 아랫칸에 잠금장치를 하였고 통상적으로 서랍의 윗칸을 빼어 잠금장치 된 아랫칸 내용물을 볼 수 있는 구조라거나 그와 같은 방법으로 볼 수 있다는 것을 예상할 수 없어 객관적으로 그 내용물을 쉽게 볼 수 없도록 외부에 의사를 표

시하였다면, 형법 제316조 제1항의 규정 취지에 비추어 아랫칸은 윗칸에 잠금장치가 되어 있는지 여부에 관계없이 그 자체로서 형법 제316조 제1항에 규정하고 있는 비밀장치에 해당한다고 할 것이고, 이 사건 기록에 나타난 증거들에 의하면, 봉함 기타 비밀장치의 효과를 제거하여 아랫칸 내용물들을 개봉한다는 피고인의 인식을 충분히 인정할 수 있다는 이유로 이 사건 공소사실을 유죄로 인정한 제1심의 결론을 유지하였다.

## 2. 대법원 (대법원 2008. 11. 27., 선고, 2008도9071, 판결)

원심의 위와 같은 사실인정과 판단은 정당한 것으로 수긍이 가고, 거기에 주장과 같은 채증법칙위반이나 비밀침해죄에 관한 법리오해의 위법이 없다.

## V. 결 론

2단 서랍의 아랫칸에 잠금장치가 되어있는 경우 형법 제316조 제1항의 '비밀장치'에 해당한다.

# 제15장  주거침입의 죄

## 제1절 일반적으로 출입이 허용되어 개방된 건조물에 통상적인 방법으로 들어간 경우

### I. 사례요지

피고인들이 공동하여 ○○점에 방문한 대표이사 등에게 해고와 전보 인사발령에 항의하기 위하여 위 ○○점장인 피해자 의사에 반하여 정문을 통해 2층으로 들어가 건조물에 침입하였다.

### II. 논 점

일반적으로 출입이 허용되어 개방된 건조물에 관리자의 출입 제한이나 제지가 없는 상태에서 통상적인 방법으로 들어간 것이 건조물침입죄에서 규정하는 침입행위에 해당하는지 여부(소극)

### III. 법규연구

#### 1. 형 법

제319조(주거침입, 퇴거불응) ①사람의 주거, 관리하는 건조물, 선박이나 항공기 또는 점유하는 방실에 침입한 자는 3년 이하의 징역 또는 500만원 이하의 벌금에 처한다.

#### 2. 폭력행위 등 처벌에 관한 법률

제2조(폭행 등) ② 2명 이상이 공동하여 다음 각 호의 죄를 범한 사람은 「형법」 각 해당 조항에서 정한 형의 2분의 1까지 가중한다.

1. 형법 제260조제1항(폭행), 제283조제1항(협박), 제319조(주거침입, 퇴거불응) 또는 제366조(재물손괴 등)의 죄

## IV. 관련 판례

### 1. 원심 (서울남부지법 2021. 7. 6. 선고 2020노2600 판결)

피고인들이 관리자의 추정적 의사에 반하여 △△점에 들어감으로써 건조물의 사실상의 평온을 해하였다는 이유로 이 부분 공소사실을 <u>유죄로 인정한 제1심판단을 그대로 유지하였다.</u>

### 2. 대법원 (대법원 2022. 9. 7., 선고, 2021도9055, 판결)

가. 주거침입죄는 사실상 주거의 평온을 보호법익으로 한다. 주거침입죄의 구성요건적 행위인 침입은 주거침입죄의 보호법익과의 관계에서 해석하여야 하므로, 침입이란 주거의 사실상 평온상태를 해치는 행위 태양으로 주거에 들어가는 것을 의미하고, 침입에 해당하는지는 출입 당시 객관적 · 외형적으로 드러난 행위 태양을 기준으로 판단함이 원칙이다. <u>사실상의 평온상태를 해치는 행위 태양으로 주거에 들어가는 것이라면 대체로 거주자의 의사에 반하겠지만, 단순히 주거에 들어가는 행위 자체가 거주자의 의사에 반한다는 주관적 사정만으로는 바로 침입에 해당한다고 볼 수 없다</u>(대법원 2021. 9. 9. 선고 2020도12630 전원합의체 판결 참조). <u>따라서 침입행위에 해당하는지는 거주자의 의사에 반하는지가 아니라 사실상의 평온상태를 해치는 행위 태양인지에 따라 판단되어야 한다.</u>

<u>행위자가 거주자의 승낙을 받아 주거에 들어갔으나 범죄 등을 목적으로 한 출입이거나 거주자가 행위자의 실제 출입 목적을 알았더라면 출입을 승낙하지 않았을 것이라는 사정이 인정되는 경우 행위자의 출입행위가 주거침입죄에서 규정하는 침입행위에 해당하려면, 출입하려는 주거 등의 형태와 용도 · 성질, 외부인에 대한 출입의 통제 · 관리 방식과 상태, 행위자의 출입 경위와 방법 등을 종합적으로 고려하여 행위자의 출입 당시 객관적 · 외형적으로 드러난 행위 태양에 비추어 주거의 사실상 평온상태가 침해되었다고 평가되어야 한다</u>(대법원 2022. 3. 24. 선고 2017도18272 전원합의체 판결, 대법원 2022. 6. 16. 선고 2021도7087 판결 등 참조).

나. 원심판결 이유와 기록에 의하면 다음 사실이 인정된다.

① 마트산업노동조합 간부와 조합원인 피고인들이 들어간 2층 매장은 영업시간 중에는 출입자격 등의 제한 없이 일반적으로 개방되어 있는 장소이다. ② 피고인들은 공소사실과 같이 영업시간에 손님들이 이용하는 정문과 매장 입구를 차례로 통과하여 2

층 매장에 들어가면서 보안요원 등에게 제지를 받거나 보안요원이 자리를 비운 때를 노려 몰래 들어가는 등 특별한 조치를 취하지도 아니하였다.

위와 같은 사실관계를 앞서 본 법리에 비추어 살펴보면, 일반적으로 출입이 허용되어 개방된 매장에 관리자의 출입 제한이나 제지가 없는 상태에서 통상적인 방법으로 들어간 이상 사실상의 평온상태를 해치는 행위 태양으로 들어갔다고 볼 수 없으므로 건조물침입죄에서 규정하는 침입행위에 해당하지 않는다. 관리자의 명시적 출입 금지 의사는 확인되지 않고, 설령 피고인들이 이 부분 공소사실과 같이 매장에 들어간 행위가 그 관리자의 추정적 의사에 반하였더라도, 그러한 사정만으로는 사실상의 평온상태를 해치는 행위 태양으로 출입하였다고 평가할 수 없다. 따라서 피고인들에 대하여 건조물침입죄가 성립하지 않는다.

## V. 결 론

일반적으로 출입이 허용되어 개방된 건조물에 관리자의 출입 제한이나 제지가 없는 상태에서 통상적인 방법으로 들어갔다면, 사실상의 평온상태를 해치는 행위 태양으로 그 건조물에 들어갔다고 볼 수 없으므로 건조물침입죄에서 규정하는 침입행위에 해당하지 않는다(대법원 2022. 5. 12. 선고 2022도2907 판결, 대법원 2022. 6. 16. 선고 2021도7087 판결 등 참조).

# 제2절 공동주택 내부의 엘리베이터, 공용계단 등 공용부분이 주거에 해당하는지

## Ⅰ. 사례요지

1) 피고인은 피해자1(여, 가명, 17세)을 추행하기로 마음먹고 피해자를 뒤따라가 피해자의 주거지인 ○○아파트 ○○동에 들어간 다음, 위 아파트 1층 계단을 오르는 피해자의 뒤에서 갑자기 피해자의 교복 치마 안으로 손을 넣어 피해자의 음부와 허벅지를 만졌다.

2) 피고인은 피해자2(여, 가명, 16세)를 추행하기로 마음먹고, 피해자를 뒤따라 □□프라자 상가 1층에 들어가, 그곳에서 엘리베이터를 기다리는 피해자의 뒤에서 갑자기 피해자의 교복 치마 안으로 손을 넣어 피해자의 음부를 만졌다.

3) 피고인은 피해자 3(여, 가명, 17세)을 발견하고 피해자를 추행하기로 마음먹고, 피해자를 뒤따라 위 아파트 1층 현관으로 들어간 뒤, 그곳에서 엘리베이터를 기다리던 피해자의 뒤에서 갑자기 피해자의 교복 치마 안으로 손을 넣어 피해자의 음부를 만졌다.

## Ⅱ. 논 점

1. 주거침입죄의 보호법익(=사실상 주거의 평온)

2. 주거침입죄의 구성요건적 행위인 '침입'의 의미 및 침입행위에 해당하는지 판단하는 기준

3. 아파트와 같은 공동주택 내부의 엘리베이터, 공용 계단, 복도 등 공용 부분이 주거침입죄의 객체인 '사람의 주거'에 해당하는지 여부(적극)

4. 거주자가 아닌 외부인이 공동주택의 공용 부분에 출입한 것이 공동주택 거주자들에 대한 주거침입에 해당하는지 판단하는 기준

5. 아파트 등 공동주택의 공동현관에 공동주택 거주자의 사실상 주거의 평온상태를 해치는 행위태양으로 출입한 것이 공동주택 거주자들에 대한 주거침입에 해당하는지 여부(적극)

## Ⅲ. 법규연구 (형법)

제319조(주거침입, 퇴거불응) ① 사람의 주거, 관리하는 건조물, 선박이나 항공기 또는 점유하는 방실에 침입한 자는 3년 이하의 징역 또는 500만원 이하의 벌금에 처한다.

## IV. 관련 판례

### 1. 원심 (서울고법 2022. 3. 10. 선고 2021노2006 판결)

일반인의 출입이 허용된 건조물이라고 하더라도 관리자의 명시적 또는 추정적 의사에 반하여 그곳에 들어간 것이라면 건조물침입죄가 성립하는 것이므로, 일반인의 출입이 허용된 건조물에 강제추행 등 범죄의 목적으로 들어간 경우에는 건조물침입죄가 성립된다(대법원 2007. 3. 15. 선고 2006도7079 판결 등 참조)는 전제에서 판시와 같은 이유로 피고인이 주거 내지 건조물에 침입하여 피해자들을 강제로 추행한 사실이 인정된다고 보아 이 부분 공소사실을 모두 유죄로 판단하였다.

### 2. 대법원 (대법원 2022. 8. 25., 선고, 2022도3801, 판결)

가. 성폭력처벌법 위반(주거침입강제추행)죄는 형법 제319조 제1항의 주거침입죄 내지 건조물침입죄와 형법 제298조의 강제추행죄의 결합범이므로(대법원 2012. 3. 15. 선고 2012도914 판결 등 참조), 위 죄가 성립하려면 형법 제319조가 정한 주거침입죄 내지 건조물침입죄에 해당하여야 한다.

주거침입죄는 사실상 주거의 평온을 보호법익으로 한다. 주거침입죄의 구성요건적 행위인 침입은 주거침입죄의 보호법익과의 관계에서 해석하여야 하므로, 침입이란 주거의 사실상 평온상태를 해치는 행위태양으로 주거에 들어가는 것을 의미하고, 침입에 해당하는지는 출입 당시 객관적·외형적으로 드러난 행위태양을 기준으로 판단함이 원칙이다. 사실상의 평온상태를 해치는 행위태양으로 주거에 들어가는 것이라면 대체로 거주자의 의사에 반하겠지만, 단순히 주거에 들어가는 행위 자체가 거주자의 의사에 반한다는 주관적 사정만으로는 바로 침입에 해당한다고 볼 수 없다(대법원 2021. 9. 9. 선고 2020도12630 전원합의체 판결, 대법원 2022. 3. 24. 선고 2017도18272 전원합의체 판결 등 참조). 거주자의 의사에 반하는지는 사실상의 평온상태를 해치는 행위태양인지를 평가할 때 고려할 요소 중 하나이지만 주된 평가 요소가 될 수는 없다. 따라서 침입행위에 해당하는지는 거주자의 의사에 반하는지가 아니라 사실상의 평온상태를 해치는 행위태양인지에 따라 판단하여야 한다(위 대법원 2017도18272 전원합의체 판결 등 참조).

나. 다가구용 단독주택이나 다세대주택·연립주택·아파트와 같은 공동주택 내부의 엘리베이터, 공용 계단, 복도 등 공용 부분도 그 거주자들의 사실상 주거의 평온을 보

호할 필요성이 있으므로 주거침입죄의 객체인 '사람의 주거'에 해당한다(대법원 2009. 9. 10. 선고 2009도4335 판결 등 참조).

거주자가 아닌 외부인이 공동주택의 공용 부분에 출입한 것이 공동주택 거주자들에 대한 주거침입에 해당하는지 여부를 판단할 때에도 공용 부분이 일반 공중에 출입이 허용된 공간이 아니고 주거로 사용되는 각 가구 또는 세대의 전용 부분에 필수적으로 부속하는 부분으로서 거주자들 또는 관리자에 의하여 외부인의 출입에 대한 통제·관리가 예정되어 있어 거주자들의 사실상 주거의 평온을 보호할 필요성이 있는 부분인지, 공동주택의 거주자들이나 관리자가 평소 외부인이 그곳에 출입하는 것을 통제·관리하였는지 등의 사정과 외부인의 출입 목적 및 경위, 출입의 태양과 출입한 시간 등을 종합적으로 고려하여 '주거의 사실상 평온상태가 침해되었는지'의 관점에서 객관적·외형적으로 판단하여야 한다. 따라서 아파트 등 공동주택의 공동현관에 출입하는 경우에도, 그것이 주거로 사용하는 각 세대의 전용 부분에 필수적으로 부속하는 부분으로 거주자와 관리자에게만 부여된 비밀번호를 출입문에 입력하여야만 출입할 수 있거나, 외부인의 출입을 통제·관리하기 위한 취지의 표시나 경비원이 존재하는 등 외형적으로 외부인의 무단출입을 통제·관리하고 있는 사정이 존재하고, 외부인이 이를 인식하고서도 그 출입에 관한 거주자나 관리자의 승낙이 없음은 물론, 거주자와의 관계 기타 출입의 필요 등에 비추어 보더라도 정당한 이유 없이 비밀번호를 임의로 입력하거나 조작하는 등의 방법으로 거주자나 관리자 모르게 공동현관에 출입한 경우와 같이, 출입 목적 및 경위, 출입의 태양과 출입한 시간 등을 종합적으로 고려할 때 공동주택 거주자의 사실상 주거의 평온상태를 해치는 행위태양으로 볼 수 있는 경우라면 공동주택 거주자들에 대한 주거침입에 해당할 것이다(대법원 2022. 1. 27. 선고 2021도15507 판결 등 참조).

다. 일반인의 출입이 허용된 상가 등 영업장소에 영업주의 승낙을 받아 통상적인 출입방법으로 들어갔다면 특별한 사정이 없는 한 건조물침입죄에서 규정하는 침입행위에 해당하지 않는다. 설령 행위자가 범죄 등을 목적으로 영업장소에 출입하였거나 영업주가 행위자의 실제 출입 목적을 알았더라면 출입을 승낙하지 않았을 것이라는 사정이 인정되더라도 그러한 사정만으로는 출입 당시 객관적·외형적으로 드러난 행위태양에 비추어 사실상의 평온상태를 해치는 방법으로 영업장소에 들어갔다고 평가할 수 없으므로 침입행위에 해당하지 않는다(위 대법원 2017도18272 전원합의체 판결 등 참조).

## V. 결 론

다가구용 단독주택이나 다세대주택·연립주택·아파트와 같은 공동주택 내부의 엘리베이터, 공용 계단, 복도 등 공용 부분도 그 거주자들의 사실상 주거의 평온을 보호할 필요성이 있으므로 주거침입죄의 객체인 '사람의 주거'에 해당한다.

거주자가 아닌 외부인이 공동주택의 공용 부분에 출입한 것이 공동주택 거주자들에 대한 주거침입에 해당하는지 여부를 판단할 때에도 공동주택 거주자의 사실상 주거의 평온상태를 해치는 행위태양으로 볼 수 있는 경우라면 공동주택 거주자들에 대한 주거침입에 해당할 것이다.

# 제3절 일반인 출입이 허용된 음식점에 영업주 승낙받아 통상적 방법으로 들어간 경우

## Ⅰ. 사례요지

피고인들은 음식점에서 기자인 공소외 3을 만나 식사를 대접하면서 공소외 3이 부적절한 요구를 하는 장면 등을 확보할 목적으로 녹음·녹화장치를 설치하거나 장치의 작동 여부 확인 및 이를 제거하기 위하여 음식점의 방실에 들어갔다.

## Ⅱ. 논 점

1. 주거침입죄의 구성요건적 행위인 '침입'의 의미
2. 침입에 해당하는지 판단하는 기준
3. 행위자가 거주자의 승낙을 받아 주거에 들어갔으나 범죄 등을 목적으로 한 출입이거나 거주자가 행위자의 실제 출입 목적을 알았더라면 출입을 승낙하지 않았을 것이라는 사정이 인정되는 경우
4. 일반인의 출입이 허용된 음식점에 영업주의 승낙을 받아 통상적인 출입방법으로 들어간 경우, 주거침입죄에서 규정하는 침입행위에 해당하는지 여부(소극) 및 이때 행위자가 범죄 등을 목적으로 음식점에 출입하였거나 영업주가 행위자의 실제 출입 목적을 알았더라면 출입을 승낙하지 않았을 것이라는 사정이 인정되더라도 마찬가지인지 여부(적극)

## Ⅲ. 법규연구

제319조(주거침입, 퇴거불응) ① 사람의 주거, 관리하는 건조물, 선박이나 항공기 또는 점유하는 방실에 침입한 자는 3년 이하의 징역 또는 500만원 이하의 벌금에 처한다.

## Ⅳ. 관련 판례

### 1. 원심 (광주지법 2017. 10. 25. 선고 2017노1120 판결)

피고인들이 이 사건 각 음식점의 영업주로부터 승낙을 받고 음식점의 방실에 들어갔고, 비록 피고인들이 음식점의 방실에서 다른 손님인 공소외 3과의 대화 장면을 녹음·녹화하는 것에 대하여는 음식점의 영업주로부터 승낙을 받지 않았더라도 이와 같은 녹음·녹화행위가 불법행위 등에 해당하지 않으므로, 피고인들이 위 각 음식점의

방실에 들어간 것 자체가 영업주의 의사에 반하는 것으로 보기 어렵다는 등의 이유를 들어 이 사건 공소사실을 유죄로 인정한 제1심판결을 파기하고 무죄로 판단하였다.

## 2. 대법원 (대법원 2022. 3. 24., 선고, 2017도18272, 전원합의체 판결)

가. 주거침입죄는 사실상 주거의 평온을 보호법익으로 한다. 주거침입죄의 구성요건적 행위인 침입은 주거침입죄의 보호법익과의 관계에서 해석하여야 하므로, 침입이란 주거의 사실상 평온상태를 해치는 행위태양으로 주거에 들어가는 것을 의미하고, 침입에 해당하는지는 출입 당시 객관적·외형적으로 드러난 행위태양을 기준으로 판단함이 원칙이다. 사실상의 평온상태를 해치는 행위태양으로 주거에 들어가는 것이라면 대체로 거주자의 의사에 반하겠지만, 단순히 주거에 들어가는 행위 자체가 거주자의 의사에 반한다는 주관적 사정만으로는 바로 침입에 해당한다고 볼 수 없다(대법원 2021. 9. 9. 선고 2020도12630 전원합의체 판결 참조). 거주자의 의사에 반하는지는 사실상의 평온상태를 해치는 행위태양인지를 평가할 때 고려할 요소 중 하나이지만 주된 평가 요소가 될 수는 없다. 따라서 침입행위에 해당하는지는 거주자의 의사에 반하는지가 아니라 사실상의 평온상태를 해치는 행위태양인지에 따라 판단되어야 한다.

나. 행위자가 거주자의 승낙을 받아 주거에 들어갔으나 범죄 등을 목적으로 한 출입이거나 거주자가 행위자의 실제 출입 목적을 알았더라면 출입을 승낙하지 않았을 것이라는 사정이 인정되는 경우 행위자의 출입행위가 주거침입죄에서 규정하는 침입행위에 해당하려면, 출입하려는 주거 등의 형태와 용도·성질, 외부인에 대한 출입의 통제·관리 방식과 상태, 행위자의 출입 경위와 방법 등을 종합적으로 고려하여 행위자의 출입 당시 객관적·외형적으로 드러난 행위태양에 비추어 주거의 사실상 평온상태가 침해되었다고 평가되어야 한다. 이때 거주자의 의사도 고려되지만, 주거 등의 형태와 용도·성질, 외부인에 대한 출입의 통제·관리 방식과 상태 등 출입 당시 상황에 따라 그 정도는 달리 평가될 수 있다.

## V. 결 론

가. 일반인의 출입이 허용된 음식점에 영업주의 승낙을 받아 통상적인 출입방법으로 들어갔다면 특별한 사정이 없는 한 주거침입죄에서 규정하는 침입행위에 해당하지 않는다.

나. 설령 행위자가 <u>범죄 등을 목적으로 음식점에 출입하였거나 영업주가 행위자의 실제 출입 목적을 알았더라면 출입을 승낙하지 않았을 것</u>이라는 사정이 인정되더라도 그러한 사정만으로는 출입 당시 객관적·외형적으로 드러난 행위태양에 비추어 사실상의 평온상태를 해치는 방법으로 음식점에 들어갔다고 평가할 수 없으므로 <u>침입행위에 해당하지 않는다.</u>

## ※ 판례 변경의 범위

이와 달리 일반인의 출입이 허용된 음식점이더라도 음식점의 방실에 도청용 송신기를 설치할 목적으로 들어간 것은 영업주의 명시적 또는 추정적 의사에 반한다고 보아 주거침입죄가 성립한다고 인정한 **대법원 1997. 3. 28. 선고 95도2674 판결**을 비롯하여 같은 취지의 대법원판결들은 이 판결의 견해에 배치되는 범위 안에서 이를 변경하기로 한다.

---

[대법원 1997. 3. 28., 선고, 95도2674, 판결] ☞ 판례 변경

【판시사항】

[1] 영업주의 명시적 또는 추정적 의사에 반하여 음식점에 들어간 행위의 주거침입죄 성부(적극)

[2] 불법선거운동 적발 목적으로 도청기를 설치하기 위하여 타인의 주거에 침입한 행위의 정당행위 성부(소극)

【판결요지】

[1] 일반인의 출입이 허용된 음식점이라 하더라도, 영업주의 명시적 또는 추정적 의사에 반하여 들어간 것이라면 주거침입죄가 성립되는바, 기관장들의 조찬모임에서의 대화내용을 도청하기 위한 도청장치를 설치할 목적으로 손님을 가장하여 그 조찬모임 장소인 음식점에 들어간 경우에는 영업주가 그 출입을 허용하지 않았을 것으로 보는 것이 경험칙에 부합하므로, 그와 같은 행위는 주거침입죄가 성립한다.

[2] 타인의 주거에 침입한 행위가 비록 불법선거운동을 적발하려는 목적으로 이루어진 것이라고 하더라도, 타인의 주거에 도청장치를 설치하는 행위는 그 수단과 방법의 상당성을 결하는 것으로서 정당행위에 해당하지 않는다.

---

# 제4절 배우자 있는 사람과 혼외 성관계 목적으로 다른 배우자 부재중인 주거 출입행위

## Ⅰ. 사례요지

> 피해자의 처와 교제하고 있던 피고인이 피해자와 피해자의 처가 공동으로 거주하는 이 사건 아파트에 이르러 피해자의 처가 열어 준 현관 출입문을 통해 피해자의 주거에 침입하였다.

## Ⅱ. 논 점

1. 외부인이 공동거주자의 일부가 부재중에 주거 내에 현재하는 거주자의 현실적인 승낙을 받아 통상적인 출입방법에 따라 공동주거에 들어갔으나 부재중인 다른 거주자의 추정적 의사에 반하는 경우, 주거침입죄가 성립하는지 여부(소극)

2. 가족 등 여러 사람이 함께 거주하는 주거(공동주거)에 있어 그 주거에서 외부인이 공동으로 거주하는 사람 중 주거 내에 현재하는 거주자의 현실적인 승낙을 받아 통상적인 출입방법에 따라 공동주거에 들어갔으나 그것이 부재중인 다른 거주자의 의사에 반하는 것으로 추정되는 경우 주거침입죄가 성립하는지 여부

## Ⅲ. 법규연구 (형법)

> 제319조(주거침입, 퇴거불응) ① 사람의 주거, 관리하는 건조물, 선박이나 항공기 또는 점유하는 방실에 침입한 자는 3년 이하의 징역 또는 500만원 이하의 벌금에 처한다.

## Ⅳ. 관련 판례

### 1. 원심 (울산지법 2020. 8. 21. 선고 2020노147 판결)

피고인이 피해자의 일시 부재중에 피해자의 처와 간통(간통죄가 2016. 1. 6. 법률 제13719호로 개정된 형법에 의하여 폐지되었으므로 이하에서는 '혼외 성관계'라는 표현을 사용한다)할 목적으로 피해자와 피해자의 처가 공동으로 생활하는 주거에 들어간 사실을 인정한 다음, 피고인이 위 주거에 들어갈 당시 피해자의 처로부터 승낙을 받았기 때문에 피고인이 위 주거의 사실상 평온상태를 해할 수 있는 행위태양으로 들어간 것이 아니어서 주거에 침입한 것으로 볼 수 없고, 설령 피고인의 주거 출입이 부재중인 다른 거주자인 피해자의 추정적 의사에 반하는 것이 명백하더라도 그것이 사실상 주거의 평온을 보호법익으로 하는 주거침입죄의 성립 여부에 영향을 미치지 않는다는 이유로, 이

사건 공소사실을 <u>유죄로</u> 인정한 제1심판결을 직권으로 파기하고 무죄로 판단하였다.

## 2. 대법원 (대법원 2021. 9. 9., 선고, 2020도12630, <u>전원합의체 판결</u>)

### 가. <u>주거침입죄의 보호법익</u>

주거침입죄의 보호법익은 사적 생활관계에 있어서 사실상 누리고 있는 주거의 평온, 즉 '사실상 주거의 평온'으로서, 주거를 점유할 법적 권한이 없더라도 사실상의 권한이 있는 거주자가 주거에서 누리는 사실적 지배·관리관계가 평온하게 유지되는 상태를 말한다. 외부인이 무단으로 주거에 출입하게 되면 이러한 사실상 주거의 평온이 깨어지는 것이다. 이러한 보호법익은 주거를 점유하는 사실상태를 바탕으로 발생하는 것으로서 사실적 성질을 가진다. 한편 공동주거의 경우에는 여러 사람이 하나의 생활공간에서 거주하는 성질에 비추어 공동거주자 각자는 다른 거주자와의 관계로 인하여 주거에서 누리는 사실상 주거의 평온이라는 법익이 일정 부분 제약될 수밖에 없고, 공동거주자는 공동주거 관계를 형성하면서 이러한 사정을 서로 용인하였다고 보아야 한다.

부재중인 일부 공동거주자에 대하여 주거침입죄가 성립하는지를 판단할 때에도 이러한 주거침입죄의 보호법익의 내용과 성질, 공동주거 관계의 특성을 고려하여야 한다. 공동거주자 개개인은 각자 사실상 주거의 평온을 누릴 수 있으므로 어느 거주자가 부재중이라고 하더라도 사실상의 평온상태를 해치는 행위태양으로 들어가거나 그 거주자가 독자적으로 사용하는 공간에 들어간 경우에는 그 거주자의 사실상 주거의 평온을 침해하는 결과를 가져올 수 있다. 그러나 <u>공동거주자 중 주거 내에 현재하는 거주자의 현실적인 승낙을 받아 통상적인 출입방법에 따라 들어갔다면, 설령 그것이 부재중인 다른 거주자의 의사에 반하는 것으로 추정된다고 하더라도 주거침입죄의 보호법익인 사실상 주거의 평온을 깨트렸다고 볼 수는 없다.</u> 만일 외부인의 출입에 대하여 공동거주자 중 주거 내에 현재하는 거주자의 승낙을 받아 통상적인 출입방법에 따라 들어갔음에도 불구하고 그것이 부재중인 다른 거주자의 의사에 반하는 것으로 추정된다는 사정만으로 주거침입죄의 성립을 인정하게 되면, 주거침입죄를 의사의 자유를 침해하는 범죄의 일종으로 보는 것이 되어 주거침입죄가 보호하고자 하는 법익의 범위를 넘어서게 되고, '평온의 침해' 내용이 주관화·관념화되며, 출입 당시 현실적으로 존재하지 않는, 부재중인 거주자의 추정적 의사에 따라 주거침입죄의 성립 여부가 좌우되어 범죄 성립 여부가 명확하지 않고 가벌성의 범위가 지나치게 넓어지게 되어 부당한 결과를 가져오게 된다.

## 나. 주거침입죄의 구성요건적 행위로서 침입

주거침입죄의 구성요건적 행위인 침입은 주거침입죄의 보호법익과의 관계에서 해석하여야 한다. 따라서 침입이란 '거주자가 주거에서 누리는 사실상의 평온상태를 해치는 행위태양으로 주거에 들어가는 것'을 의미하고, 침입에 해당하는지는 출입 당시 객관적·외형적으로 드러난 행위태양을 기준으로 판단함이 원칙이다. 사실상의 평온상태를 해치는 행위태양으로 주거에 들어가는 것이라면 대체로 거주자의 의사에 반하는 것이겠지만, 단순히 주거에 들어가는 행위 자체가 거주자의 의사에 반한다는 거주자의 주관적 사정만으로 바로 침입에 해당한다고 볼 수는 없다.

## V. 결 론

외부인이 공동거주자 중 주거 내에 현재하는 거주자로부터 현실적인 승낙을 받아 통상적인 출입방법에 따라 주거에 들어간 경우라면, 특별한 사정이 없는 한 사실상의 평온상태를 해치는 행위태양으로 주거에 들어간 것이라고 볼 수 없으므로 주거침입죄에서 규정하고 있는 침입행위에 해당하지 않는다.

※ 판례의 변경 범위

이와 달리 공동거주자 중 한 사람의 승낙에 따라 주거에 출입한 것이 다른 거주자의 의사에 반한다는 사정만으로 다른 거주자의 사실상 주거의 평온을 해치는 결과가 된다는 전제에서, 공동거주자 중 주거 내에 현재하는 거주자의 현실적인 승낙을 받아 통상적인 출입방법에 따라 주거에 출입하였는데도 부재중인 다른 거주자의 추정적 의사에 반한다는 사정만으로 주거침입죄가 성립한다는 취지로 판단한 앞서 본 **대법원 83도 685 판결**을 비롯한 같은 취지의 대법원판결들은 이 사건 쟁점에 관한 이 판결의 견해에 배치되는 범위 내에서 모두 변경하기로 한다.

---

대법원 1984. 6. 26., 선고, 83도685, 판결] ☞ 변 경
【판시사항】
가. 거주자중 1인의 승낙은 있으나 타거주자의 의사에 반하여 주거에 출입하는 경우 주거침입죄의 성부
나. 남편의 부재중 간통의 목적으로 처의 승낙하에 주거에 들어간 경우 주거침입죄의 성부(적극)
【판결요지】
가. 형법상 주거침입죄의 보호법익은 주거권이라는 법적 개념이 아니고 사적 생활관계에 있어서의 사실상 주거의 자유와 평온으로서 그 주거에서 공동생활을 하고 있는 전원이 평온을 누릴 권리가 있다 할 것이나 복수의 주거권자가 있는 경우 한 사람의 승낙이 다른 거주자의 의사에 직접·간접으로 반하는 경우에는 그에 의한 주거에의 출입은 그 의사에 반한 사람의 주거의 평온 즉 주거의 지배·관리의 평온을 해치는 결과가 되므로 주거침입죄가 성립한다.

나. 동거자중의 1인이 부재중인 경우라도 주거의 지배관리관계가 외관상 존재하는 상태로 인정되는 한 위 법리에는 영향이 없다고 볼 것이니 남편이 일시 부재중 간통의 목적하에 그 처의 승낙을 얻어 주거에 들어간 경우라도 남편의 주거에 대한 지배관리관계는 여전히 존속한다고 봄이 옳고 사회통념상 간통의 목적으로 주거에 들어오는 것은 남편의 의사에 반한다고 보여지므로 처의 승낙이 있었다 하더라도 남편의 주거의 사실상의 평온은 깨어졌다 할 것이므로 이러한 경우에는 주거침입죄가 성립한다고 할 것이다.

# 제5절 별거 중인 남편과 부모의 출입을 금하자 출입문 손괴 후 출입행위

## I. 사례요지

피고인 1은 공소외 1의 남편이자 공소외 2의 형부이고, 피고인 2, 피고인 3은 피고인 1의 부모이자 공소외 1의 시부모이다.

1. 폭력행위처벌법 위반(공동재물손괴등) : 피고인들은 피해자 공소외 1의 주거지인 아파트에 찾아가 출입문을 열 것을 요구하였다. 하지만 피해자 공소외 1은 외출한 상태로 동생인 공소외 2가 출입문에 설치된 체인형 걸쇠를 걸어 "언니가 귀가하면 오라."며 문을 열어 주지 않았다. 이에 피고인 1, 피고인 2는 공동하여, 피고인 1은 열린 틈 사이로 손을 넣어 위 체인형 걸쇠를 수차례 내려치고, 피고인 2는 문고리를 계속 흔들어 위 출입문에 설치되어 있던 체인형 걸쇠가 출입문에서 떨어져 나가게 하였다. 이로써 피고인 1, 피고인 2는 피해자 공소외 1 소유의 금액 미상의 체인형 걸쇠를 손괴하여 그 효용을 해하였다.

2. 폭력행위처벌법 위반(공동주거침입) : 피고인들은 공동하여 제1)항 기재 일시 및 장소에서 피해자 공소외 2가 머무르고 있던 주거지의 출입문에 설치된 체인형 걸쇠를 손괴한 후 침입하였다.

## II. 논 점

1. 공동거주자 중 한 사람이 법률적인 근거 기타 정당한 이유 없이 다른 공동거주자가 공동생활의 장소에 출입하는 것을 금지하였는데 다른 공동거주자가 이에 대항하여 공동생활의 장소에 들어간 경우, 주거침입죄가 성립하는지 여부(소극)

2. 그 공동거주자가 공동생활의 장소에 출입하기 위하여 출입문의 잠금장치를 손괴하는 등 다소간의 물리력을 행사하여 그 출입을 금지한 공동거주자의 사실상 평온상태를 해쳤더라도 마찬가지인지 여부(적극)

3. 이때 그 공동거주자의 승낙을 받아 공동생활의 장소에 함께 들어간 외부인의 출입 및 이용행위가 전체적으로 그의 출입을 승낙한 공동거주자의 통상적인 공동생활 장소의 출입 및 이용행위의 일환이자 이에 수반되는 행위로 평가할 수 있는 경우, 그 외부인에 대하여 주거침입죄가 성립하는지 여부(소극)

## III. 법규연구

### 1. 형 법

제319조(주거침입, 퇴거불응) ① 사람의 주거, 관리하는 건조물, 선박이나 항공기 또는 점유하는 방실에 침입한 자는 3년 이하의 징역 또는 500만원 이하의 벌금에 처한다.

> 제366조(재물손괴등) 타인의 재물, 문서 또는 전자기록등 특수매체기록을 손괴 또는 은닉 기타 방법으로 기 효용을 해한 자는 3년이하의 징역 또는 700만원 이하의 벌금에 처한다.

## 2. 폭력행위 등 처벌에 관한 법률

> 제2조(폭행 등) ② 2명 이상이 공동하여 다음 각 호의 죄를 범한 사람은 「형법」 각 해당 조항에서 정한 형의 2분의 1까지 가중한다.
> 　1. 「형법」 제260조제1항(폭행), 제283조제1항(협박), 제319조(주거침입, 퇴거불응) 또는 제366조(재물손괴 등)의 죄

## IV. 관련 판례

### 1. 원심 (서울동부지법 2020. 4. 24. 선고 2019노1473 판결)

1) 피고인 1, 피고인 2에 대한 폭력행위처벌법 위반(공동재물손괴등) 부분에 관하여는 이를 유죄로 판단한 제1심판결을 그대로 유지하였다.

2) 피고인 1(남편)에 대한 폭력행위처벌법 위반(공동주거침입) 부분에 관하여는, 형법상 주거침입죄의 객체인 주거는 타인이 거주하는 것에 한하고, 타인과 공동으로 생활하고 있는 자가 행위자인 경우에는 그가 공동생활에서 이탈한 후가 아니면 당해 주거는 본죄의 객체가 되지 않는데, 피고인 1이 이 사건 당시 이 사건 아파트에 대한 공동거주자의 지위에서 이탈되었다고 볼 수 없다는 이유로 주거침입죄가 성립하지 않는다고 판단하여 이를 유죄로 인정한 제1심판결을 파기하고 무죄를 선고하였다.

3) 피고인 2, 피고인 3(시부모)에 대한 폭력행위처벌법 위반(공동주거침입) 부분에 관하여는, 복수의 주거권자가 있는 경우 한 사람의 승낙이 다른 거주자의 의사에 직접·간접으로 반하는 경우에는 그에 의한 주거에의 출입은 그 의사에 반한 사람의 주거의 평온, 즉 주거의 지배·관리의 평온을 해치는 결과가 되므로 주거침입죄가 성립하는데, 피고인 2, 피고인 3이 이 사건 아파트의 공동거주자인 피고인 1의 승낙을 받고 이 사건 아파트에 들어갔더라도 다른 거주자인 공소외 1이나 위 공소외 1로부터 주거에 대한 출입관리를 위탁받은 피해자 공소외 2의 승낙을 받지 못하여 피해자 공소외 2의 사실상 주거의 평온을 깨뜨렸으므로 주거침입죄가 성립한다는 이유로 이를 유죄로 인정한 제1심판결을 그대로 유지하였다.

### 2. 대법원 (대법원 2021. 9. 9., 선고, 2020도6085, 전원합의체 판결)

가. 주거침입죄는 사실상 주거의 평온을 보호법익으로 한다. 주거침입죄의 구성요건

적 행위인 침입은 주거침입죄의 보호법익과의 관계에서 해석하여야 하므로, 침입이란 거주자가 주거에서 누리는 사실상의 평온상태를 해치는 행위태양으로 주거에 들어가는 것을 의미하고, 침입에 해당하는지 여부는 출입 당시 객관적·외형적으로 드러난 행위 태양을 기준으로 판단함이 원칙이다. 사실상의 평온을 해치는 행위태양으로 주거에 들어가는 것이라면 특별한 사정이 없는 한 거주자의 의사에 반하는 것이겠지만, 단순히 주거에 들어가는 행위 자체가 거주자의 의사에 반한다는 거주자의 주관적 사정만으로 바로 침입에 해당한다고 볼 수 없다(대법원 2021. 9. 9. 선고 2020도12630 전원합의체 판결 참조).

나. 이 사건의 주된 쟁점 사항은 다음과 같다.

① 첫 번째 쟁점은, 공동거주자 중 한 사람이 그의 출입을 금지한 다른 공동거주자의 사실상 평온상태를 해치는 행위태양으로 공동주거에 들어간 경우 그것이 공동주거의 보편적인 이용형태에 해당한다고 평가할 수 있는 경우에도 주거침입죄가 성립하는지 여부이다.

② 두 번째 쟁점은, 공동거주자 중 한 사람이 그의 공동주거 출입을 금지한 다른 공동거주자에 대항하여 물리력의 행사를 통해 공동주거에 출입함에 있어 이러한 공동거주자의 행위에 외부인이 가담하여 함께 그들의 출입을 금지하는 다른 공동거주자의 사실상 평온상태를 해치는 행위태양으로 공동주거에 들어간 경우 그것이 외부인의 출입을 승낙한 공동거주자의 통상적인 공동주거 이용행위이거나 이에 수반되는 행위에 해당한다면 그 외부인에 대하여 주거침입죄가 성립하는지 여부이다.

다. ① 형법은 제319조 제1항에서 '사람의 주거, 관리하는 건조물, 선박이나 항공기 또는 점유하는 방실에 침입한 자'를 주거침입죄로 처벌한다고 규정하고 있는바, 주거침입죄는 주거에 거주하는 거주자, 건조물이나 선박, 항공기의 관리자, 방실의 점유자(이하 '거주자 등'이라 한다) 이외의 사람이 위 주거, 건조물, 선박이나 항공기, 방실(이하 '주거 등'이라 한다)에 침입한 경우에 성립한다. 따라서 주거침입죄의 객체는 행위자 이외의 사람, 즉 '타인'이 거주하는 주거 등이라고 할 것이므로 행위자 자신이 단독으로 또는 다른 사람과 공동으로 거주하거나 관리 또는 점유하는 주거 등에 임의로 출입하더라도 주거침입죄를 구성하지 않는다. 다만 다른 사람과 공동으로 주거에 거주하거나 건조물을 관리하던 사람이 공동생활관계에서 이탈하거나 주거 등에 대한 사실상의 지배·관리를 상실한 경우 등 특별한 사정이 있는 경우에 주거침입죄가 성립할 수 있을 뿐이다. 대법원은 이러한 취지에서 피해자와 피고인이 동거하는 주거는 타인의 주거에 해당하지 않는다는 이유로 피고인이 그 주거에 들어갔더라도 주거침입죄가 성립하지 않는다고 판단한 원심을 수긍하였고(대법원 2012. 12. 27. 선고 2010도 16537 판결 참조), 공동관리 중인 건조물에 공동점유자 중의 1인이 임의로 출입하였더라도 건조물침입죄가 성립하지 않는다고 판단하였다(대법원 1982. 4. 27. 선고 81도 2956 판결 참조).

② 한편 주거침입죄가 사실상 주거의 평온을 보호법익으로 하는 이상, 공동주거에서 생활하는 공동거주자 개개인은 각자 사실상 주거의 평온을 누릴 수 있다고 할 것이다. 그런데 공동거주자 각자는 특별한 사정이 없는 한 공동주거관계의 취지 및 특성에 맞추어 공동주거 중 공동생활의 장소로 설정한 부분에 출입하여 공동의 공간을 이용할 수 있는 것과 같은 이유로, 다른 공동거주자가 이에 출입하여 이용하는 것을 용인할 수인의무도 있다. 그것이 공동거주자가 공동주거를 이용하는 보편적인 모습이기도 하다. 이처럼 공동거주자 각자가 공동생활의 장소에서 누리는 사실상 주거의 평온이라는 법익은 공동거주자 상호 간의 관계로 인하여 일정 부분 제약될 수밖에 없고, 공동거주자는 이러한 사정에 대한 상호 용인하에 공동주거관계를 형성하기로 하였다고 보아야 한다. 따라서 공동거주자 상호 간에는 특별한 사정이 없는 한 다른 공동거주자가 공동생활의 장소에 자유로이 출입하고 이를 이용하는 것을 금지할 수 없다.

공동거주자 중 한 사람이 법률적인 근거 기타 정당한 이유 없이 다른 공동거주자가 공동생활의 장소에 출입하는 것을 금지한 경우, 다른 공동거주자가 이에 대항하여 공동생활의 장소에 들어갔더라도 이는 사전 양해된 공동주거의 취지 및 특성에 맞추어 공동생활의 장소를 이용하기 위한 방편에 불과할 뿐, 그의 출입을 금지한 공동거주자의 사실상 주거의 평온이라는 법익을 침해하는 행위라고는 볼 수 없으므로 주거침입죄는 성립하지 않는다. 설령 그 공동거주자가 공동생활의 장소에 출입하기 위하여 출입문의 잠금장치를 손괴하는 등 다소간의 물리력을 행사하여 그 출입을 금지한 공동거주자의 사실상 평온상태를 해쳤더라도 그러한 행위 자체를 처벌하는 별도의 규정에 따라 처벌될 수 있음은 별론으로 하고, 주거침입죄가 성립하지 아니함은 마찬가지이다.

라. 공동거주자 각자가 상호 용인한 통상적인 공동생활 장소의 출입 및 이용행위의 내용과 범위는 공동주거의 형태와 성질, 공동주거를 형성하게 된 경위 등에 따라 개별적·구체적으로 살펴보아야 한다. 공동거주자 중 한 사람의 승낙에 따른 외부인의 공동생활 장소의 출입 및 이용행위가 외부인의 출입을 승낙한 공동거주자의 통상적인 공

동생활 장소의 출입 및 이용행위의 일환이자 이에 수반되는 행위로 평가할 수 있는 경우에는 이러한 외부인의 행위는 전체적으로 그 공동거주자의 행위와 동일하게 평가할 수 있다. 따라서 공동거주자 중 한 사람이 법률적인 근거 기타 정당한 이유 없이 다른 공동거주자가 공동생활의 장소에 출입하는 것을 금지하고, 이에 대항하여 다른 공동거주자가 공동생활의 장소에 들어가는 과정에서 그의 출입을 금지한 공동거주자의 사실상 평온상태를 해쳤더라도 주거침입죄가 성립하지 않는 경우로서, 그 공동거주자의 승낙을 받아 공동생활의 장소에 함께 들어간 외부인의 출입 및 이용행위가 전체적으로 그의 출입을 승낙한 공동거주자의 통상적인 공동생활 장소의 출입 및 이용행위의 일환이자 이에 수반되는 행위로 평가할 수 있는 경우라면, 이를 금지하는 공동거주자의 사실상 평온상태를 해쳤음에도 불구하고 그 외부인에 대하여도 역시 주거침입죄가 성립하지 않는다고 봄이 타당하다.

## V. 결 론

공동거주자인 乙(처)이나 그로부터 출입관리를 위탁받은 戊(처제)가 공동거주자인 피고인 甲(남편)의 출입을 금지할 법률적인 근거 기타 정당한 이유가 인정되지 않으므로, 아파트에 대한 공동거주자의 지위를 계속 유지하고 있던 피고인 甲이 아파트에 출입하는 과정에서 정당한 이유 없이 이를 금지하는 戊의 조치에 대항하여 걸쇠를 손괴하는 등 물리력을 행사하였다고 하여 주거침입죄가 성립한다고 볼 수 없다.

한편 피고인 丙, 丁(시부모)은 공동거주자이자 아들인 피고인 甲의 공동주거인 아파트에 출입함에 있어 戊의 정당한 이유 없는 출입금지 조치에 대항하여 아파트에 출입하는 데에 가담한 것으로 볼 수 있고, 그 과정에서 피고인 甲이 걸쇠를 손괴하는 등 물리력을 행사하고 피고인 丙도 이에 가담함으로써 공동으로 재물손괴 범죄를 저질렀으나 피고인 丙의 행위는 그 실질에 있어 피고인 甲의 행위에 편승, 가담한 것에 불과하므로, 피고인 丙, 丁이 아파트에 출입한 행위 자체는 전체적으로 공동거주자인 피고인 甲이 아파트에 출입하고 이를 이용하는 행위의 일환이자 이에 수반되어 이루어진 것에 해당한다고 평가할 수 있어 피고인 丙, 丁에 대하여도 같은 법 위반(공동주거침입)죄가 성립하지 않는다.

# 제6절 아파트의 지하주차장에 세차영업을 위하여 무단출입한 경우

## Ⅰ. 사례요지

피고인은 건식 손세차 서비스 영업을 하는 사람으로서 이 사건 아파트의 입주자대표회의로부터 이 사건 아파트의 지하주차장에서 입주자 등을 위한 세차영업을 할 수 있도록 허락받은 다음, 이 사건 아파트의 관리사무소와 방문세차계약을 체결하고 관리사무소에 보증금과 월 사용료를 지급하고, 이 사건 아파트의 일부 입주자 등과는 별도로 세차용역계약을 체결한 다음 세차영업을 하여 왔다.

피고인과 관리사무소 사이의 방문세차계약이 종료된 후 이 사건 아파트의 입주자대표회의는 이 사건 아파트의 지하주차장에서 입주자 등을 위하여 세차영업을 할 업체에 대하여 공개입찰을 하였으나 2회 유찰되었고, 이에 이 사건 아파트의 관리사무소는 수의계약으로 공소외 1 및 공소외 2와 보증금을 1,000만 원, 월 사용료를 80만 원으로 하여 방문세차계약을 체결하였다. 그런데 피고인은 그 후에도 일부 입주자 등과 체결한 세차용역계약의 이행을 위하여 이 사건 아파트의 지하주차장에서 세차영업을 계속하여 왔다.

이에 이 사건 아파트의 입주자대표회의는 피고인이 세차영업을 위하여 지하주차장에 출입하는 것을 금지하는 결의를 한 다음 법원에 피고인의 이 사건 아파트 지하주차장에 대한 출입금지 가처분을 신청하여 피고인이 이 사건 아파트 지하주차장에 세차영업을 위하여 출입하여서는 안 된다라는 내용의 출입금지 가처분 인용결정을 하였다.

피고인은 이 사건 가처분결정문을 송달받은 후에도 이 사건 아파트의 지하주차장에 들어가 피고인과 세차용역계약을 체결한 일부 입주자 등의 차량을 세차하였다.

## Ⅱ. 논 점

1. 건조물침입죄의 보호법익과 성립요건

2. 건조물의 거주자나 관리자와의 관계 등으로 평소 건조물에 출입이 허용된 사람이 거주자나 관리자의 명시적 또는 추정적 의사에 반하여 건조물에 들어간 경우, 건조물침입죄가 성립 여부(적극)

3. 공동주택의 입주자대표회의가 입주자 등이 아닌 자(외부인)의 단지 안 주차장에 대한 출입을 금지하는 결정을 하고 그 사실을 외부인에게 통보하였음에도 외부인이 입주자대표회의의 결정에 반하여 그 주차장에 들어간 경우, 출입 당시 관리자로부터 구체적인 제지를 받지 않았더라도 건조물침입죄가 성립하는지 여부(적극)

4. 이때 외부인이 일부 입주자 등의 승낙을 받고 단지 안의 주차장에 들어간 경우, 건조물침입죄가 성립하는지 여부(한정 적극) 및 판단기준

## III. 법규연구

### 가. 형 법

제319조(주거침입, 퇴거불응) ① 사람의 주거, 관리하는 건조물, 선박이나 항공기 또는 점유하는 방실에 침입한 자는 3년 이하의 징역 또는 500만원 이하의 벌금에 처한다.

### 2. 공동주택관리법

제18조(관리규약) ① 특별시장·광역시장·특별자치시장·도지사 또는 특별자치도지사(이하 " 시·도지사"라 한다)는 공동주택의 입주자등을 보호하고 주거생활의 질서를 유지하기 위하여 대통령령으로 정하는 바에 따라 공동주택의 관리 또는 사용에 관하여 준거가 되는 관리규약의 준칙을 정하여야 한다.

② 입주자등은 제1항에 따른 관리규약의 준칙을 참조하여 관리규약을 정한다. 이 경우 「주택법」 제21조에 따라 공동주택에 설치하는 어린이집의 임대료 등에 관한 사항은 제1항에 따른 관리규약의 준칙, 어린이집의 안정적 운영, 보육서비스 수준의 향상 등을 고려하여 결정하여야 한다.

③ 입주자등이 관리규약을 제정·개정하는 방법 등에 필요한 사항은 대통령령으로 정한다.

④ 관리규약은 입주자등의 지위를 승계한 사람에 대하여도 그 효력이 있다.

## IV. 관련 판례

### 1. 원심 (서울동부지법 2017. 11. 24. 선고 2017노1250 판결)

피고인에 대한 공소사실을 <u>유죄로 판단하였다.</u>

### 2. 대법원 (대법원 2021. 1. 14., 선고, 2017도21323, 판결)

건조물침입죄는 건조물의 사실상 평온을 보호법익으로 하고 있으므로 건조물 관리자의 의사에 반하여 건조물에 침입함으로써 성립한다. 건조물의 거주자나 관리자와의 관계 등으로 평소 그 건조물에 출입이 허용된 사람이라 하더라도 건조물에 들어간 행위가 거주자나 관리자의 명시적 또는 추정적 의사에 반함에도 불구하고 감행된 것이라면 건조물침입죄가 성립한다(대법원 2012. 4. 12. 선고 2012도976 판결 등 참조).

입주자대표회의는 구 주택법 또는 공동주택관리법에 따라 구성되는 공동주택의 자치의결기구로서 공동주택의 입주자 및 사용자(이하 '입주자 등'이라 한다)를 대표하여 공동주택의 관리에 관한 주요사항을 결정할 수 있고, 개별 입주자 등은 원활한 공동생활을 유지하기 위하여 공동주택에서의 본질적인 권리가 침해되지 않는 한 입주자대표회의가 결정한 공동주택의 관리에 관한 사항을 따를 의무가 있다.

공동주택의 관리에 관한 사항에는 '단지 안의 주차장 유지 및 운영에 관한 사항'도 포함된다. 따라서 입주자대표회의가 입주자 등이 아닌 자(이하 '외부인'이라 한다)의 단지 안 주차장에 대한 출입을 금지하는 결정을 하고 그 사실을 외부인에게 통보하였음에도 외부인이 입주자대표회의의 결정에 반하여 그 주차장에 들어갔다면, 출입 당시 관리자로부터 구체적인 제지를 받지 않았다고 하더라도 그 주차장의 관리권자인 입주자대표회의의 의사에 반하여 들어간 것이므로 건조물침입죄가 성립한다.

설령 <u>외부인이 일부 입주자 등의 승낙을 받고 단지 안의 주차장에 들어갔다고 하더라도 개별 입주자 등은 그 주차장에 대한 본질적인 권리가 침해되지 않는 한 입주자대표회의의 단지 안의 주차장 관리에 관한 결정에 따를 의무가 있으므로 건조물침입죄의 성립에 영향이 없다.</u>

외부인의 단지 안 주차장 출입을 금지하는 입주자대표회의의 결정이 개별 입주자 등의 본질적인 권리를 침해하는지 여부는 주차장의 유지 및 운영에 관한 입주자대표회의에서 제정·개정한 제 규정의 내용, 주차장의 본래 사용용도와 목적, 입주자 등 사이의 관계, 입주자 등과 외부인 사이의 관계, 외부인의 출입 목적과 출입 방법 등을 종합적으로 고려하여 판단하여야 한다.

## V. 결 론

아파트 지하주차장의 관리권자는 입주자대표회의이고, 피고인은 이 사건 아파트의 입주자대표회의의 결의 및 이 사건 가처분결정에 반하여 이 사건 아파트의 지하주차장 안까지 들어갔으므로, 비록 피고인이 일부 입주자 등과 체결한 세차용역계약에 따라 이 사건 아파트의 지하주차장에 들어가면서 관리자로부터 구체적인 제지를 받지 않았다고 하더라도 <u>건조물침입죄가 성립한다.</u>

# 제7절 건조물침입죄에서 건조물에 포함되는 '위요지' 의미

## I. 사례요지

> 피해자 ○○건설에서는 공사현장 외부 경계에 담장과 문 등을 설치하여 출입을 통제하고 있었는데 당시 인근에서 건축 중 피해자의 위요지를 침범하여 타워를 설치하면서 타워가 기둥과 계단 등을 갖추고 있었고, 피고인들이 이 사건 타워의 계단을 통해 이 사건 타워 상단부에 올라갔다.

## II. 논 점

건조물침입죄에서 침입행위의 객체인 '건조물'에 포함되는 '위요지'의 의미

## III. 법규연구 (형법)

> 제319조(주거침입, 퇴거불응) ① 사람의 주거, 관리하는 건조물, 선박이나 항공기 또는 점유하는 방실에 침입한 자는 3년 이하의 징역 또는 500만원 이하의 벌금에 처한다.

## IV. 관련 판례

### 1. 원심 (대전지법 2016. 12. 22. 선고 2016노2028 판결)

이 사건 공사현장에서 당시 건축 중인 이 사건 타워가 기둥과 계단 등을 갖추고 있었고, 피고인들이 이 사건 타워의 계단을 통해 이 사건 타워 상단부에 올라갔으며, 피해자 ○○건설 등은 이 사건 공사현장 외부 경계에 담장과 문 등을 설치하여 출입을 통제하고 있었음을 이유로 유죄를 인정하였다.

### 2. 대법원 (대법원 2017. 12. 22., 선고, 2017도690, 판결)

가. 건조물침입죄에서 침입행위의 객체인 '건조물'은 건조물침입죄가 사실상 주거의 평온을 보호법익으로 하는 점에 비추어 엄격한 의미에서의 건조물 그 자체뿐만이 아니라 그에 부속하는 위요지를 포함한다고 할 것이나, 여기서 위요지란 건조물에 인접한 그 주변의 토지로서 외부와의 경계에 담 등이 설치되어 그 토지가 건조물의 이용에 제공되고 또 외부인이 함부로 출입할 수 없다는 점이 객관적으로 명확하게 드러나야 한다(대법원 2010. 4. 29. 선고 2009도14643 판결 등 참조). 그러나 관리자가 일정한 토지와 외부의 경계에 인적 또는 물적 설비를 갖추고 외부인의 출입을 제한하고

있더라도 그 토지에 인접하여 건조물로서의 요건을 갖춘 구조물이 존재하지 않는다면 이러한 토지는 건조물침입죄의 객체인 위요지에 해당하지 않는다고 봄이 타당하다.

나. 그러나 원심의 위와 같은 판단은 다음과 같은 이유로 수긍하기 어렵다.

① 이 사건 타워는 석유화학제품을 만드는 공정에서 촉매제로 사용된 백금을 다시 세척하여 재활용하기 위하여 사용되는 석유정제시설 중 하나인 개질시설로서 사람이 기거하거나 출입을 목적으로 사용되는 장소가 아니다.

② 당시 이 사건 타워는 아직 신축 중인 상태의 철골구조물로 기둥과 계단 외에 벽이나 천정이라고 볼 수 있는 시설은 갖추어지지 않았고, 그에 대한 접근이나 출입을 제한하는 시설도 없는 상태였다.

③ 한편 이 사건 공사현장에는 현장사무실이나 경비실 외에 별도의 건조물은 없었던 것으로 보이는데, 이 사건 공사현장이 현장사무실이나 경비실의 이용을 위하여 제공된 토지라고 보기 어려울 뿐만 아니라, 당시 피고인들은 그 현장사무실이나 경비실에 출입하지도 않았다.

## V. 결 론

이 사건 타워는 건조물침입죄의 객체인 건조물로서의 요건을 갖추었다고 볼 수 없고, 이에 따라 이 사건 공사현장도 이러한 건조물의 이용을 위하여 제공되는 토지, 즉 위요지라고 볼 수 없으므로, 피고인들이 이 사건 공사현장에 출입한 행위는 <u>건조물침입죄가 성립할 수 없다.</u>

## VI. 유사판례

### 1. 퇴거불응죄에서 '건조물'에 '위요지'가 포함되는지 여부(적극) 및 '위요지'의 범위

> 퇴거불응죄에 있어서 '건조물'이라 함은 단순히 건조물 그 자체만을 말하는 것이 아니고 위요지를 포함하고, '위요지'가 되기 위하여는 건조물에 인접한 그 주변 토지로서 관리자가 외부와의 경계에 문과 담 등을 설치하여 그 토지가 건조물의 이용을 위하여 제공되었다는 것이 명확히 드러나야 할 것인데, <u>화단의 설치, 수목의 식재 등으로 담장의 설치를 대체하는 경우에도 건조물에 인접한 그 주변 토지가 건물, 화단, 수목 등으로 둘러싸여 건조물의 이용에 제공되었다는 것이 명확히 드러난다면 위요지가 될 수 있다.</u> (대법원 2010. 3. 11., 선고, 2009도12609, 판결)

## 2. 주거침입죄에서 침입행위의 객체인 '건조물'에 포함되는 '위요지'의 의미

주거침입죄에서 침입행위의 객체인 '건조물'은 주거침입죄가 사실상 주거의 평온을 보호 법익으로 하는 점에 비추어 엄격한 의미에서의 건조물 그 자체뿐만이 아니라 그에 부속하는 위요지를 포함한다고 할 것이나, 여기서 위요지라고 함은 건조물에 인접한 그 주변의 토지로서 외부와의 경계에 담 등이 설치되어 그 토지가 건조물의 이용에 제공되고 또 외부인이 함부로 출입할 수 없다는 점이 객관적으로 명확하게 드러나야 한다. 따라서 건조물의 이용에 기여하는 인접의 부속 토지라고 하더라도 인적 또는 물적 설비 등에 의한 구획 내지 통제가 없어 통상의 보행으로 그 경계를 쉽사리 넘을 수 있는 정도라고 한다면 일반적으로 외부인의 출입이 제한된다는 사정이 객관적으로 명확하게 드러났다고 보기 어려우므로, 이는 다른 특별한 사정이 없는 한 주거침입죄의 객체에 속하지 아니한다고 봄이 상당하다. (대법원 2010. 4. 29., 선고, 2009도14643, 판결)

# 제8절 사람이 있는지 확인하기 위해 아파트 초인종을 누른 행위

## I. 사례요지

아파트의 초인종을 누르다가 사람이 없으면 만능키 등을 이용하여 문을 열고 안으로 들어가 물건을 훔치기로 모의한 피고인들이 함께 다니다가 피고인 A는 C의 집 초인종을 누르면서 "자장면 시키지 않았느냐"라고 말하였으나 집 안에 있던 C가 "시킨 적 없다"라고 대답하자 계단을 이용하여 아래층으로 이동하였다.

## II. 논 점

1. 주거침입죄의 실행 착수시기
2. 사람이 있는지 확인하기 위해 초인종을 누른 행위가 주거침입죄의 실행 착수여부

## III. 법규연구 (형법)

제319조(주거침입, 퇴거불응) ① 사람의 주거, 관리하는 건조물, 선박이나 항공기 또는 점유하는 방실에 침입한 자는 3년 이하의 징역 또는 500만원 이하의 벌금에 처한다.

## IV. 관련 판례

### 1. 원심 (울산지법 2008. 1. 25. 선고 2007노880 판결)

피고인들이 주거침입의 실행 착수에 해당하는 행위를 하였다고 볼 수 없다는 이유로 무죄를 선고한 제1심판결을 유지하였다.

### 2. 대법원 (대법원 2008. 4. 10., 선고, 2008도1464, 판결)

주거침입죄의 실행 착수는 주거자, 관리자, 점유자 등의 의사에 반하여 주거나 관리하는 건조물 등에 들어가는 행위, 즉 구성요건 일부를 실현하는 행위까지 요구하는 것은 아니고 범죄구성요건의 실현에 이르는 현실적 위험성을 포함하는 행위를 개시하는 것으로 족하다고 할 것이다(대법원 2003. 10. 24. 선고 2003도4417 판결, 대법원 2006. 9. 14. 선고 2006도2824 판결 등 참조).

## V. 결 론

침입 대상인 아파트에 사람이 있는지를 확인하기 위해 그 집의 초인종을 누른 행위

만으로는 침입의 현실적 위험성을 포함하는 행위를 시작하였다거나, 주거의 사실상의 평온을 침해할 객관적인 위험성을 포함하는 행위를 한 것으로 볼 수 없다.

## Ⅵ 유사판례

### 1. 출입문이 열려 있으면 안으로 들어가겠다는 의사 아래 출입문 당긴 행위

주거침입죄의 실행 착수는 주거자, 관리자, 점유자 등의 의사에 반하여 주거나 관리하는 건조물 등에 들어가는 행위, 즉 구성요건 일부를 실현하는 행위까지 요구하는 것은 아니고 범죄구성요건의 실현에 이르는 현실적 위험성을 포함하는 행위를 개시하는 것으로 족하므로, 출입문이 열려 있으면 안으로 들어가겠다는 의사 아래 출입문을 당겨보는 행위는 바로 주거의 사실상의 평온을 침해할 객관적인 위험성을 포함하는 행위를 한 것으로 볼 수 있어 그것으로 주거침입의 실행에 착수한 것으로 보아야 한다. (대법원 2006. 9. 14., 선고, 2006도2824, 판결)

### 2. 좁은 통로에서 창문을 통하여 방안을 엿본 경우

주거침입죄는 사실상의 주거 평온을 보호법익으로 하는 것으로 거주자가 누리는 사실상의 주거 평온을 해할 수 있는 정도에 이르렀다면 범죄구성요건을 충족하는 것이라고 보아야 하고, 주거침입죄에 있어서 주거란 단순히 가옥 자체만을 말하는 것이 아니라 그 위요지를 포함한다 할 것이므로, 이미 수일 전에 2차례에 걸쳐 피해자를 강간하였던 피고인이 대문을 몰래 열고 들어와 담장과 피해자가 거주하던 방 사이의 좁은 통로에서 창문을 통하여 방안을 엿보던 상황이라면 피해자의 주거에 대한 사실상 평온상태가 침해된 것으로, 주거침입죄에 해당한다. (대법원 2001. 4. 24., 선고, 2001도1092, 판결)

### 3. 야간에 타인의 집 창문을 열고 얼굴을 들이미는 등의 행위

야간에 타인의 집의 창문을 열고 집 안으로 얼굴을 들이미는 등의 행위를 하였다면 피고인이 자신의 신체 일부가 집 안으로 들어간다는 인식하에 하였더라도 주거침입죄의 범의는 인정되고, 또한 비록 신체 일부만이 집 안으로 들어갔다고 하더라도 사실상 주거의 평온을 해하였다면 주거침입죄는 기수에 이르렀다. (대법원 1995. 9. 15., 선고, 94도2561, 판결)

# 제16장

# 권리행사를 방해하는 죄

## 제1절 자기 소유가 아닌 물건의 권리행사방해죄 객체 여부

### Ⅰ. 사례요지

피고인은 강제경매를 통하여 아들인 공소외 1의 명의로 이 사건 건물 501호를 매수한 사람으로, 위 건물 501호에서 열쇠수리공을 불러 잠금장치를 변경하여 피해자 공소외 2 주식회사의 위 건물 501호에 대한 점유를 침탈함으로써 피해자 공소외 2 주식회사의 유치권 행사를 방해하였다.

### Ⅱ. 논 점

자기의 소유가 아닌 물건이 권리행사방해죄의 객체가 될 수 있는지

### Ⅲ. 법규연구 (형법)

제323조(권리행사방해) 타인의 점유 또는 권리의 목적이 된 자기의 물건 또는 전자기록등 특수매체기록을 취거, 은닉 또는 손괴하여 타인의 권리행사를 방해한 자는 5년 이하의 징역 또는 700만원 이하의 벌금에 처한다.

### Ⅳ. 관련 판례

#### 1. 원심 (서울중앙지법 2019. 9. 27. 선고 2018노3864 판결)

공소사실을 유죄로 인정한 제1심판결을 그대로 유지하였다.

#### 2. 대법원 (대법원 2019. 12. 27., 선고, 2019도14623, 판결)

형법 제323조의 권리행사방해죄는 타인의 점유 또는 권리의 목적이 된 자기의 물건을 취거, 은닉 또는 손괴하여 타인의 권리행사를 방해함으로써 성립하므로 그 취거, 은닉 또는 손괴한 물건이 자기의 물건이 아니라면 권리행사방해죄가 성립할 수 없다 (대법원 2017. 5. 30. 선고 2017도4578 판결 등 참조).

## V. 결 론

피고인이, 甲 주식회사가 유치권을 행사 중인 건물을 강제경매를 통하여 자기 아들 乙 명의로 매수한 후 그 잠금장치를 변경하여 점유를 침탈함으로써 甲 회사의 유치권 행사를 방해하였다는 내용으로 기소된 사안에서, 부동산경매절차에서 부동산을 매수하려는 사람이 타인과의 명의신탁약정 아래 타인 명의로 매각허가결정을 받아 자신의 부담으로 매수대금을 완납한 때에는 경매목적 부동산의 소유권은 매수대금의 부담 여부와는 관계없이 그 명의인이 취득하게 되므로, 피고인이 위 건물에 대한 甲 회사의 점유를 침탈하였더라도 피고인의 물건에 대한 타인의 권리행사를 방해한 것으로 볼 수 없다.

# 제2절 권리행사방해죄가 성립하기 위하여 현실로 권리행사가 방해되어야 하는지

## Ⅰ. 사례요지

피고인들은 공소외 1 주식회사 등의 대출을 통해 할부구매한 신차들을 싸게 구입하여 렌터카 회사 명의로 등록한 다음, 자동차대여사업자등록이 취소되더라도 차량의 소재를 파악하지 못한 공소외 1회사 등 저당권자는 결국 차량에 대한 강제집행을 할 수 없게 되어 렌터카 회사 등록 차들에 대한 직권 등록말소절차가 이루어지고, 이후 직권말소된 차량의 번호판을 반납하면 공부상 저당권등록이 소멸된 새로운 번호로 신규등록할 수 있다는 사실을 알고, 이와 같이 저당권 설정된 차량을 정상차로 부활시켜 판매하기로 공모하였다.

피고인들은 2011. 4. 7.부터 같은 해 6. 7.경까지 판시 범죄일람표 기재와 같이 총 41대의 차량을 구매하여 공소외 2 회사 명의로 이전등록하였는데, 위 차량들은 모두 2010년식 또는 2011년식의 신차들로서 공소외 1회사 등의 명의로 저당권등록이 되어있었다. 피고인들은 처음부터 렌터카 영업의 외관만 갖춘 채 렌터카 영업은 전혀 하지 않았고, 저당권등록의 말소를 목적으로 우선 공소외 2 회사 명의로 차량을 등록하고 곧바로 차량을 구매자들 또는 지입차주들에게 처분·인도하거나 처음부터 인도를 받지 아니함으로써 그들이 차량을 보유하도록 하였으며, 공소외 2회사가 직접 보관하거나 관리하는 차량은 없었다.

## Ⅱ. 논 점

1. 권리행사방해죄의 구성요건 중 '은닉'의 의미
2. 권리행사방해죄가 성립하기 위하여 현실로 권리행사가 방해되었을 것이 필요한지 여부(소극)

## Ⅲ. 법규연구 (형법)

제323조(권리행사방해) 타인의 점유 또는 권리의 목적이 된 자기의 물건 또는 전자기록등 특수매체기록을 취거, 은닉 또는 손괴하여 타인의 권리행사를 방해한 자는 5년 이하의 징역 또는 700만원 이하의 벌금에 처한다.

## Ⅳ. 관련 판례

### 1. 원심 (서울중앙지법 2017. 1. 20. 선고 2016노2964 판결)

각 차량의 점유나 사용 관계, 직권말소 후 신규 차량으로 등록하였는지 여부 및 그 경위, 그 신규 등록 당시 소유 명의자 및 그 소유권 변동 관계, 피고인들의 구체적인 관여 정도 등을 알 수 있는 별다른 증거가 없는 이상, 피고인들이 렌터카 회사를 설립하고 저당권이 설정된 차량을 위 회사의 영업용 자동차로 등록하면서 대포차로 유통시키고, 그 후 자동차대여사업자 등록취소 처분을 받아 위 각 차량을 직권말소시켜 저당권 등이 소멸되도록 하였다는 사정만으로는 위 각 차량을 은닉하였다고 단정할 수 없다는 이유로 위 각 차량 부분에 대한 권리행사방해의 공소사실에 대하여 <u>무죄를 선고하였다.</u>

## 2. 대법원 (대법원 2017. 5. 17., 선고, 2017도2230, 판결)

가. 형법 제323조의 권리행사방해죄는 타인의 점유 또는 권리의 목적이 된 자기의 물건 또는 전자기록 등 특수매체기록을 취거, 은닉 또는 손괴하여 타인의 권리행사를 방해함으로써 성립한다. 여기서 <u>'은닉'이란 타인의 점유 또는 권리의 목적이 된 자기 물건 등의 소재를 발견하기 불가능하게 하거나 현저히 곤란한 상태에 두는 것을 말하고, 그로 인하여 권리행사가 방해될 우려가 있는 상태에 이르면 권리행사방해죄가 성립하고 현실로 권리행사가 방해되었을 것까지 필요로 하는 것은 아니다</u>(대법원 2016. 11. 10. 선고 2016도13734 판결 참조).

나. 원심이 인용한 제1심판결의 이유와 적법하게 채택된 증거들에 의하면, 다음과 같은 사실을 알 수 있다.

① 강원도는 2011. 7. 27. 차량 등록기준 대수(50대) 미달 등을 이유로 공소외 2회사에 대한 자동차대여사업 등록취소 처분을 하였다. 그럼에도 피고인들은 차량 구매자들 또는 지입차주들로부터 차량의 번호판을 수거하거나 저당권자 등 이해관계인의 승낙을 받는 등 자동차관리법에 정한 자진말소등록절차를 이행하지 아니하였다.

② 춘천시 차량등록사업소는 2012. 6. 27. 공소외 2회사의 대표자인 피고인 2에게, ① 직권말소예정일을 2012. 7. 28. 이후로, ② 직권말소등록 대상차량을 (차량등록번호 1 생략) 외 40대로 정하여 자동차대여사업 등록취소에 따른 직권말소등록예정 통보를 하였고, 같은 날 저당권자들인 공소외 1회사 등에게 같은 내용으로 직권말소등록에 따른 권리행사 통보를 하였다. 이에 공소외 1 회사는 2012. 7. 24. 저당권의 목적인 차량들에 대하여 춘천지방법원 2012타경7508호로 임의경매신청을 하였으나 차량들의 소재를 파악할 수 없어 결국 경매절차가 취소됨으로써 저당권 행사를 하지 못하였다. 한편 2012. 8. 17.부터 2013. 10. 10.까지 공소외 2회사에 등록된 차량 중 판시 범죄일람표 순번 4[(차량등록번호 2 생략) 그랜저] 차량을 제외한 40대에 대하여 사업자등록취소에 따른 직권말소등록이 이루어졌고, 이처럼 직권말소가 이루어진 차들 가운데

일부는 말소등록 후 며칠 이내에 차량 번호판이 반납되었고, 일부 차량[(차량등록번호 3 생략), (차량등록번호 4 생략)]은 자동차등록원부에 '부활용 말소사실 증명서'까지 발급된 것으로 기재되어 있다.

## V. 결 론

피고인들은 처음부터 자동차대여사업자에 대한 등록취소 및 자동차등록 직권말소절차의 허점을 이용하여 권리행사를 방해할 목적으로 이 사건 범행을 모의하였다. 그리하여 피고인들은 렌터카 사업자등록만 하였을 뿐 실제로는 그 영업을 하지 아니함에도 불구하고 차량 구입자들 또는 지입차주들로 하여금 차량을 관리·처분하도록 함으로써 그 차량들의 소재를 파악할 수 없게 하였고, 나아가 자동차대여사업자등록이 취소되어 그 차량들에 대한 저당권등록마저 직권말소되도록 하였다. 이러한 행위는 그 자체로 저당권자로 하여금 자동차등록원부에 기초하여 저당권의 목적이 된 자동차의 소재를 파악하는 것을 현저하게 곤란하게 하거나 불가능하게 하는 행위에 해당한다.

## VI 유사판례

1. 공장근저당권이 설정된 기계를 이중담보로 제공하기 위하여 타처로 옮긴 경우

공장근저당권이 설정된 선반기계 등을 이중담보로 제공하기 위하여 이를 다른 장소로 옮긴 경우, 이는 공장저당권의 행사가 방해될 우려가 있는 행위로서 권리행사방해죄에 해당한다. (대법원 1994. 9. 27., 선고, 94도1439, 판결)

# 제3절 주차장에 출입할 수 없도록 차량을 주차한 경우 강요죄 여부

## Ⅰ. 사례요지

> 피고인은 공소외인과 공모하여 공소외인 소유의 차량을 피해자 소유 주택 대문 바로 앞부분에 주차하는 방법으로 피해자가 차량을 피해자 소유 주택 내부의 주차장에 출입시키지 못하게 함으로써 피해자의 차량 운행에 관한 권리행사를 방해하였다

## Ⅱ. 논 점

1. 강요죄에서 '폭행' 의 의미
2. 사람에 대한 간접적인 유형력의 행사를 강요죄의 폭행으로 평가하기 위하여 고려해야 할 사항

## Ⅲ. 법규연구 (형법)

> 제324조(강요) ① 폭행 또는 협박으로 사람의 권리행사를 방해하거나 의무없는 일을 하게 한 자는 5년 이하의 징역 또는 3천만원 이하의 벌금에 처한다.

## Ⅳ. 관련 판례

### 1. 원심 (서울중앙지법 2017. 12. 14. 선고 2017노3203 판결)

공소사실을 <u>유죄로 판단한 제1심판결을 그대로 유지하였다.</u>

### 2. 대법원 (대법원 2021. 11. 25., 선고, 2018도1346, 판결)

가. 강요죄는 폭행 또는 협박으로 사람의 권리행사를 방해하거나 의무 없는 일을 하게 하는 범죄이다(형법 제324조 제1항). 여기에서 폭행은 사람에 대한 직접적인 유형력의 행사뿐만 아니라 간접적인 유형력의 행사도 포함하며, 반드시 사람의 신체에 대한 것에 한정되지 않는다. 사람에 대한 간접적인 유형력의 행사를 강요죄의 폭행으로 평가하기 위해서는 피고인이 유형력을 행사한 의도와 방법, 피고인의 행위와 피해자의 근접성, 유형력이 행사된 객체와 피해자의 관계 등을 종합적으로 고려해야 한다.

나. 원심판결 이유와 적법하게 채택된 증거에 비추어 보면, 다음 사실을 알 수 있다.
① 피고인이 소유한 이 사건 도로는 영문 알파벳 'U' 자 모양의 도로로서 이 사건

도로를 따라 양측에 30여 개의 대지와 그 지상 주택이 있는데, 피해자는 이 사건 도로에 접한 지상 주택을 소유하며 이 사건 도로 위에 구획된 주차선이나 자신의 주택 내부 주차장에 차량을 주차해 왔다.

② 피고인과 공소외인은 피해자를 비롯한 이 사건 도로 인접 주택 소유자들에게 이 사건 도로 지분을 매입할 것을 요구하였는데도, 피해자는 이를 거부한 채 이 사건 도로 중 일부를 계속 주차공간으로 사용하였다.

③ 피고인과 공소외인은 공소외인 소유의 차량을 이 사건 도로 중 피해자 소유 주택 대문 앞에 주차한 것을 비롯하여 그 무렵부터 1년 동안 동일한 방법으로 피해자 소유의 차량이 피해자 주택 내부의 주차장에 출입하지 못하도록 하였다.

## V. 결 론

피고인은 피해자로 하여금 주차장을 이용하지 못하게 할 의도로 공소외인 차량을 피해자 주택 대문 앞에 주차하였으나, 주차 당시 피고인과 피해자 사이에 물리적 접촉이 있거나 피고인이 피해자에게 어떠한 유형력을 행사했다고 볼만한 사정이 없다. 피고인의 행위로 피해자에게 주택 외부에 있던 피해자 차량을 주택 내부의 주차장에 출입시키지 못하는 불편이 발생하였으나, 피해자는 차량을 용법에 따라 정상적으로 사용할 수 있었다.

## VI 유사판례

### 1. 피해자를 협박하여 여권을 강제 회수한 경우 강요죄의 성부

형법 제324조는 폭행 또는 협박에 의하여 권리행사가 현실적으로 방해되어야 할 것인바, 피해자의 해외도피를 방지하기 위하여 피해자를 협박하고 이에 피해자가 겁을 먹고 있는 상태를 이용하여 동인 소유의 여권을 교부하게 하여 피해자가 그의 여권을 강제 회수당하였다면 피해자가 해외여행을 할 권리는 사실상 침해되었다고 볼 것이므로 권리행사방해죄의 기수로 보아야 한다. (대법원 1993. 7. 27., 선고, 93도901, 판결)

### 2. 법률상 의무없는 진술서를 작성케 한 행위의 형벌규정

피고인이 피해자를 협박하여 동인으로 하여금 법률상 의무없는 진술서를 작성케한 행위는 사람의 자유권행사를 방해한 것으로므로 강요죄를 구성한다. (대법원 1974. 5. 14., 선고, 73도2578, 판결)

# 제4절 소비자 불매운동 행위가 강요죄나 공갈죄에 해당하는지

## I. 사례요지

> 피고인 1이 물건 불매운동 목적으로 ○○일보사 앞에서 기자회견문을 토대로 가진 기자회견을 통해 공소외 1 주식회사를 상대로 ○○·△△·▽▽일보에 대한 광고게재를 중단할 것을 요구하고, 공소외 1 회사의 홍보실 부장 공소외 2를 만나 대화를 나누면서 재차 위 언론사에 대한 광고게재를 중단하도록 요구하였다.

## II. 논 점

소비자 불매운동 과정에서 이루어진 어떠한 행위 강요죄나 공갈죄의 수단인 '협박'에 해당하는지 판단하는 기준

## III. 법규연구 (형법)

> 제324조 (강요) 폭행 또는 협박으로 사람의 권리행사를 방해하거나 의무없는 일을 하게 한 자는 5년이하의 징역에 처한다.
>
> 제350조 (공갈) ① 사람을 공갈하여 재물의 교부를 받거나 재산상의 이익을 취득한 자는 10년이하의 징역 또는 2천만원이하의 벌금에 처한다

## IV. 관련 판례

### 1. 원심 (서울중앙지법 2010. 10. 5. 선고 2009노3623 판결)

피고인들이 벌인 이 사건 불매운동의 목적, 그 조직과정 및 규모, 대상 기업으로 공소외 1 주식회사 하나만을 선정한 경위, 기자회견을 통해 공표한 불매운동의 방법 및 대상 제품, 공소외 1 주식회사 직원에게 고지한 요구사항의 구체적인 내용, 위 공표나 고지행위 당시의 상황, 그에 대한 공소외 1 주식회사 경영진의 반응, 위 요구사항에 응하지 않을 경우 공소외 1 주식회사에 예상되는 피해의 심각성 등에 관한 판시 사실을 인정한 다음, 그러한 사실관계에 기초하여 피고인 1이 공소외 1 주식회사에 대하여 불매운동을 하겠다고 하면서 ○○일보, △△일보, ▽▽일보 등 언론사에 대한 광고를 중단할 것을 요구한 행위와 ㅁㅁㅁ신문, ◇◇신문에 ○○일보 등과 동등하게 광고를 집행할 것을 요구한 행위 및 공소외 1 주식회사의 인터넷 홈페이지에 '공소외 1 주식회사는 앞으로 특정 언론사에 편중하지 않고 동등한 광고 집행을 하겠다'는 내용의 팝업창을 띄우게 한 행위는 모두 공소외 1 주식회사의 의사결정권자로 하여금 그 요구

를 수용하지 아니할 경우 이 사건 불매운동이 지속되어 영업에 타격을 입게 될 것이라는 겁을 먹게 하여 그 의사결정 및 의사실행의 자유를 침해한 것으로 <u>강요죄나 공갈죄의 수단으로서의 협박</u>에 해당한다고 판단하였다.

## 2. 대법원 (대법원 2013. 4. 11. 선고 2010도13774 판결)

가. <u>강요죄나 공갈죄의 수단인 협박은 사람의 의사결정의 자유를 제한하거나 의사실행의 자유를 방해할 정도로 겁을 먹게 할 만한 해악을 고지하는 것을 말하는데, 해악의 고지는 반드시 명시적인 방법이 아니더라도 말이나 행동을 통해서 상대방으로 하여금 어떠한 해악에 이르게 할 것이라는 인식을 갖게 하는 것이면 족하고, 피공갈자 이외의 제3자를 통해서 간접적으로 할 수도 있으며, 행위자가 그의 직업, 지위 등에 기하여 불법한 위세를 이용하여 재물의 교부나 재산상 이익을 요구하고 상대방으로 하여금 그 요구에 응하지 않을 때에는 부당한 불이익을 당할 위험이 있다는 위구심을 일으키게 하는 경우에도 해악의 고지가 된다</u>(대법원 2003. 5. 13. 선고 2003도709 판결, 대법원 2005. 7. 15. 선고 2004도1565 판결 등 참조).

나. 한편 소비자가 구매력을 무기로 상품이나 용역에 대한 자신들의 선호를 시장에 실질적으로 반영하기 위한 집단적 시도인 소비자 불매운동은 본래 '공정한 가격으로 양질의 상품 또는 용역을 적절한 유통구조를 통해 적절한 시기에 안전하게 구입하거나 사용할 소비자의 제반 권익을 증진할 목적'에서 행해지는 소비자보호운동의 일환으로서 헌법 제124조를 통하여 제도로서 보장되나, 그와는 다른 측면에서 일반 시민들이 특정한 사회, 경제적 또는 정치적 대의나 가치를 주장·옹호하거나 이를 진작시키기 위한 수단으로 소비자 불매운동을 선택하는 경우도 있고, 이러한 소비자 불매운동 역시 반드시 헌법 제124조는 아니더라도 헌법 제21조에 따라 보장되는 정치적 표현의 자유나 헌법 제10조에 내재된 일반적 행동의 자유의 관점 등에서 보호받을 가능성이 있으므로, 단순히 소비자 불매운동이 헌법 제124조에 따라 보장되는 소비자보호운동의 요건을 갖추지 못하였다는 이유만으로 이에 대하여 아무런 헌법적 보호도 주어지지 아니한다고 단정하여서는 아니 된다.

다만 <u>대상 기업에 특정한 요구를 하면서 이에 응하지 않을 경우 불매운동의 실행 등 대상 기업에 불이익이 되는 조치를 취하겠다고 고지하거나 공표하는 것과 같이 소비자 불매운동의 일환으로 이루어지는 것으로 볼 수 있는 표현이나 행동이 정치적 표현의 자유나 일반적 행동의 자유 등의 관점에서도 전체 법질서상 용인될 수 없을 정도로 사</u>

회적 상당성을 갖추지 못한 때에는 그 행위 자체가 강요죄나 공갈죄에서 말하는 협박의 개념에 포섭될 수 있다.

## V. 결 론

소비자 불매운동 과정에서 이루어진 어떠한 행위가 강요죄나 공갈죄의 수단인 협박에 해당하는지는 해당 소비자 불매운동의 목적, 불매운동에 이르게 된 경위, 대상 기업의 선정이유 및 불매운동의 목적과의 연관성, 대상 기업의 사회·경제적 지위와 거기에 비교되는 불매운동의 규모 및 영향력, 대상 기업에 고지한 요구사항과 불이익 조치의 구체적 내용, 그 불이익 조치의 심각성과 실현 가능성, 고지나 공표 등의 구체적인 행위 태양, 그에 대한 상대방 내지 대상 기업의 반응이나 태도 등 제반 사정을 종합적·실질적으로 고려하여 판단하여야 한다(대법원 2013. 3. 14. 선고 2010도410 판결 참조).

## VI 유사판례

### 1. 소비자 불매운동이 위력에 의한 업무방해죄를 구성하는지 판단하는 기준

소비자 불매운동에 본질적으로 내재되어 있는 집단행위로서의 성격과 대상 기업에 대한 불이익 또는 피해의 가능성만을 들어 곧바로 형법 제314조 제1항의 업무방해죄에서 말하는 위력의 행사에 해당한다고 단정하여서는 아니 된다. 다만 그 소비자 불매운동이 헌법상 보장되는 정치적 표현의 자유나 일반적 행동의 자유 등의 점에서도 전체 법질서상 용인될 수 없을 정도로 사회적 상당성을 갖추지 못한 때에는 그 행위 자체가 위법한 세력의 행사로서 형법 제314조 제1항의 업무방해죄에서 말하는 위력의 개념에 포섭될 수 있고, 그러한 관점에서 어떠한 소비자 불매운동이 위력에 의한 업무방해죄를 구성하는지 여부는 해당 소비자 불매운동의 목적, 불매운동에 이르게 된 경위, 대상 기업의 선정이유 및 불매운동의 목적과의 연관성, 대상 기업의 사회·경제적 지위와 거기에 비교되는 불매운동의 규모 및 영향력, 불매운동 참여자의 자발성, 불매운동 실행과정에서 다른 폭력행위나 위법행위의 수반 여부, 불매운동의 기간 및 그로 인하여 대상 기업이 입은 불이익이나 피해의 정도, 그에 대한 대상 기업의 반응이나 태도 등 제반 사정을 종합적·실질적으로 고려하여 판단하여야 한다. (대법원 2013. 3. 14. 선고 2010도410 판결

# 제5절 범죄를 범한 부하에게 단순한 사직권유와 강요죄의 성부

## I. 사례요지

토사 및 골재납품과 관련하여 리베이트를 챙기는 비리로 수사기관의 수사를 받는 피해자에게 직장 상사인 피고인이 피해자에게 사직하는 것이 좋겠다고 권유하자 피해자가 회사에 사직서를 제출하고 퇴사하였다.

## II. 논 점

직장 상사가 범죄행위를 저지른 부하직원에게 사직을 단순히 권유한 것만으로는 강요죄의 협박에 해당하는지

## III. 법규연구 (형법)

제324조 (강요) 폭행 또는 협박으로 사람의 권리행사를 방해하거나 의무없는 일을 하게 한 자는 5년이하의 징역에 처한다.

## IV. 관련 판례

### 1. 원심 (광주고법 2008. 7. 15. 선고 2008노31 판결)

피고인이 공사와 관련하여 부정한 청탁과 함께 거액의 돈을 받은 부하직원인 공소외인에게 단순히 사직을 권유하였을 뿐 협박한 것으로는 보이지 않으므로 <u>강요죄가 성립하지 않는다.</u>

### 2. 대법원 (대법원 2008. 11. 27. 선고 2008도7018 판결)

강요죄란 폭행 또는 협박으로 사람의 권리행사를 방해하거나 의무 없는 일을 하게 하는 것을 말하고, 여기에서의 협박은 객관적으로 사람의 의사결정의 자유를 제한하거나 의사실행의 자유를 방해할 정도로 겁을 먹게 할 만한 해악을 고지하는 것을 말한다 (대법원 2003. 9. 26. 선고 2003도763 판결 참조).

## V. 결 론

직장에서 상사가 범죄행위를 저지른 부하직원에게 <u>징계절차에 앞서 자진하여 사직할 것을 단순히 권유하였다고 하여 이를 강요죄에서의 협박에 해당한다고 볼 수는 없다.</u>

# 제6절 채무자가 제3자 명의로 된 사업자등록을 또 다른 제3자 명의로 변경한 경우

## Ⅰ. 사례요지

피고인이 피해자의 강제집행을 면탈할 목적으로 '○○○타운'(이하 '이 사건 식당'이라고 한다)에 관하여 피고인의 처인 공소외 2 명의로 새로 사업자등록을 한 후 기존의 공소외 3 주식회사 명의의 사업자등록에 관하여 폐업신고를 하여 위 식당과 관련한 재산의 소유관계를 불명하게 함으로써 재산을 은닉하였다.

## Ⅱ. 논 점

1. 강제집행면탈죄에서 재산의 '은닉'의 의미
2. 채무자가 제3자 명의로 되어있던 사업자등록을 또 다른 제3자 명의로 변경한 것이 재산의 은닉에 해당하는지 여부(소극)

## Ⅲ. 법규연구 (형법)

제327조(강제집행면탈) 강제집행을 면할 목적으로 재산을 은닉, 손괴, 허위양도 또는 허위의 채무를 부담하여 채권자를 해한 자는 3년 이하의 징역 또는 1천만원 이하의 벌금에 처한다.

## Ⅳ. 관련 판례

### 1. 원심 (제주지법 2012. 2. 3. 선고 2011노564 판결)

피고인이 피해자의 강제집행을 면탈할 목적으로 위 식당에 관한 사업자등록 명의를 자신이 운영하는 공소외 3 주식회사에서 공소외 2로 변경함으로써 위 식당에 있는 유체동산의 소유관계를 불분명하게 한 것으로 충분히 인정할 수 있음을 이유로 이 부분 공소사실을 유죄로 판단한 제1심판결을 유지하였다.

### 2. 대법원 (대법원 2014. 6. 12., 선고, 2012도2732, 판결)

가. 형법 제327조에 규정된 강제집행면탈죄에 있어서의 재산의 '은닉'이라 함은 강제집행을 실시하는 자에 대하여 재산의 발견을 불능 또는 곤란케 하는 것을 말하는 것으로서, 재산의 소재를 불명케 하는 경우는 물론 그 소유관계를 불명하게 하는 경우도 포함하나(대법원 2003. 10. 9. 선고 2003도3387 판결 참조), 채무자가 제3자 명의

로 되어 있던 사업자등록을 또 다른 제3자 명의로 변경하였다는 사정만으로는 그 변경이 채권자의 입장에서 볼 때 사업장 내 유체동산에 관한 소유관계를 종전보다 더 불명하게 하여 채권자에게 손해를 입게 할 위험성을 야기한다고 단정할 수 없다.

나. 이 사건 식당은 2001. 11. 1. 개업 당시부터 피고인이 운영하는 공소외 3 주식회사 명의로 사업자등록이 된 사실, 피해자는 2007. 8. 30. 피고인을 상대로 제주지방법원 2007가합2080호로 약정금 등 청구소송을 제기하여 2010. 6. 9. 피고인은 피해자에게 2억 원과 이에 대한 지연손해금을 지급하라는 내용의 판결을 선고받았고 위 판결이 2010. 10. 4. 확정된 사실, 피고인은 2010. 4. 30. 위 식당에 관하여 공소외 2 명의로 추가로 사업자등록을 한 후 2010. 6. 30. 위 공소외 3 주식회사 명의의 사업자등록에 관하여 폐업신고를 한 사실을 알 수 있다.

피고인이 이 사건 식당에 관한 사업자등록 명의를 공소외 3 주식회사에서 공소외 2로 변경하였다고 하더라도 이들이 제3자의 지위에 있는 이상 피해자가 위 식당에 있는 유체동산이 피고인의 소유임을 입증하여 강제집행에 나아갈 수 있음은 달라진 것이 없다. 한편 피고인이 검찰에서 피고인 자신과 공소외 3 주식회사를 동일시하는 취지의 진술을 하였다고 하여도 피해자가 피고인에 대한 채무명의에 기해 바로 공소외 3 주식회사가 점유하는 동산을 집행할 수 있는 것은 아니므로 피고인의 위와 같은 사업자 명의의 변경이 피해자의 입장에서 볼 때 위 유체동산의 소유관계를 종전보다 더 불분명하게 하는 등의 결과를 초래하였다고 단정할 수 없고, 피해자가 이 사건 식당의 사업자등록이 공소외 2 명의로 되어있어서 그 내부 유체동산에 대하여 압류집행이 이루어지지 못하였다는 사정만으로 이와 달리 볼 것도 아니다.

## V. 결 론

원심은 그 판시와 같은 이유로 이 부분 공소사실에 관하여 유죄를 선고한 제1심판결을 유지하였으니, 이러한 원심판결에는 강제집행면탈죄의 은닉에 관한 법리를 오해하거나 필요한 심리를 다하지 아니하여 판결에 영향을 미친 위법이 있다.

## Ⅵ. 유사판례

### 1. 사업자등록 명의변경 없이 사업장에서 사용하는 금전등록기의 사업자 이름만 변경한 경우

피고인이 슈퍼를 경영하다가 위 연쇄점 내에 있는 물건들에 관한 소유관계를 불명하게 하여 강제집행을 저지하려는 의도로 위 연쇄점에서 사용하는 금전등록기의 사업자 이름을 위 회사 대표이사에서 피고인의 형인 공소외 1 로 변경하였고, 그로 인하여 위 회사에 대한 집행력 있는 공정증서정본의 소지자인 피해자 김부남이 유체동산가압류 집행을 하려하였으나 집행위임을 받은 집행관이 금전등록기의 사업자 이름이 집행채무자의 이름과 다르다는 이유로 그 집행을 거부함으로써 결국 가압류 집행이 이루어지지 않은 사실을 인정한 다음, 그에 기하여 비록 사업자등록의 사업자 명의는 실제로 변경되지 않았다 하더라도, 피고인의 위와 같은 행위로 인해 위 연쇄점 내의 물건들에 관한 소유관계가 불명하게 되었고 그로 인해 피해자 김부남이 손해를 입을 위험이 야기되었다고 판단하여 <u>피고인을 강제집행면탈죄로 처단</u>하였다. (대법원 2003. 10. 9., 선고, 2003도3387, 판결)

### 2. 강제집행면탈죄의 성립에 채권자를 해하는 결과 발생이 필요한지

강제집행면탈죄는 위태범으로서 강제집행을 당할 구체적인 위험이 있는 상태에서 재산을 은닉, 손괴, 허위양도 또는 허위의 채무를 부담하면 바로 성립하는 것이고 <u>반드시 채권자를 해하는 결과가 야기되거나 이로 인하여 행위자가 어떤 이득을 취하여야 범죄가 성립하는 것은 아니다.</u> (대법원 1994. 10. 14., 선고, 94도2056, 판결)

## 제17장    절도와 강도의 죄

## 제1절 절도죄에서 물건이 타인의 점유하에 있는지 판단기준

## I. 사례요지

피고인은 ○○에 있는 토지 및 그 지상 건물의 소유자였고, 피해자는 강제경매 절차에서 이 사건 토지 및 건물을 매수한 자인데, 피고인은 이 사건 건물 외벽에 설치된 전기 코드에 선을 연결하여 피고인이 점유하며 창고로 사용 중인 컨테이너로 전기를 공급받아 사용함으로써 시가 약 ○○원 상당의 전기 약 24kw를 절취하였다.

## II. 논 점

1. 절도죄에서 '절취'의 의미
2. 어떤 물건이 타인의 점유하에 있는지 판단하는 기준

## III. 법규연구 (형법)

제329조(절도) 타인의 재물을 절취한 자는 6년 이하의 징역 또는 1천만원 이하의 벌금에 처한다.
제346조(동력) 본장의 죄에 있어서 관리할 수 있는 동력은 재물로 간주한다.

## IV. 관련 판례

### 1. 원심 (수원지법 2016. 9. 7. 선고 2016노964 판결)

피고인에 대한 이 사건 공소사실 중 담장 절도의 점이 유죄로 인정된다.

### 2. 대법원 (대법원 2016. 12. 15., 선고, 2016도15492, 판결)

가. 절취란 타인이 점유하고 있는 재물을 점유자의 의사에 반하여 그 점유를 배제하고 자기 또는 제3자의 점유로 옮기는 것을 말하고, 어떤 물건이 타인의 점유하에 있다고 할 것인지의 여부는, 객관적인 요소로서의 관리범위 내지 사실적 관리가능성 외에 주관적 요소로서의 지배의사를 참작하여 결정하되 궁극적으로는 당해 물건의 형상과

그 밖의 구체적인 사정에 따라 사회통념에 비추어 규범적 관점에서 판단하여야 한다 (대법원 1999. 11. 12. 선고 99도3801 판결, 대법원 2008. 7. 10. 선고 2008도3252 판결 등 참조).

나. 피해자는 강제경매 절차에서 피고인 소유이던 이 사건 토지 및 건물을 매수하고 나서 법원으로부터 피고인을 피신청인으로 한 인도명령을 받은 후 2014. 12. 16. 집행관에게 위임하여 이 사건 토지 및 건물에 관한 인도집행을 한 사실, 피고인은 이 사건 건물 외벽에 설치된 전기코드에 선을 연결하여 이 사건 컨테이너로 전기를 공급받아 사용한 사실, 이 사건 건물에 부착된 계량기의 검침결과 2014. 11. 19.부터 2014. 12. 19.까지의 전기사용량은 24kw인 사실을 알 수 있다.

## V. 결 론

<u>피고인은 인도명령의 집행이 이루어지기 전까지는 이 사건 건물을 점유하면서, 이 사건 건물에 들어오는 전기를 점유·관리하였다고 봄이 상당하고, 피고인이 이 사건 건물에 설치된 전기코드에 선을 연결하여 이 사건 컨테이너로 전기를 공급받아 사용하였다고 하더라도 이는 당초부터 피고인이 점유·관리하던 전기를 사용한 것에 불과할 뿐, 이를 타인이 점유·관리하던 전기를 사용한 것이라고 할 수 없으며, 피고인에게 절도의 범의가 있었다고도 할 수 없다.</u>
또한, 이 사건 건물에 부착된 계량기의 검침결과는 1달 동안의 전기사용량을 나타내는 것에 불과할 뿐 피고인이 인도명령 집행 이후에도 전기를 사용하였다는 증거가 되기에 부족하고, 달리 이를 인정할 증거는 찾을 수 없다.

## VI 유사판례

### 1. 임차인이 임대계약 종료 후 식당 건물에서 퇴거하면서 종전부터 사용하던 냉장고의 전원을 켜 둔 채 그대로 두어 전기가 소비된 경우

임차인이 임대계약 종료 후 식당 건물에서 퇴거하면서 종전부터 사용하던 냉장고의 전원을 켜 둔 채 그대로 두었다가 약 1개월 후 철거해 가는 바람에 그 기간 전기가 소비된 사안에서, 임차인이 퇴거 후에도 냉장고에 관한 점유·관리를 그대로 보유하고 있었다고 보아야 하므로, 냉장고를 통하여 전기를 계속 사용하였다고 하더라도 이는 당초부터 자기의 점유·관리하에 있던 전기를 사용한 것일 뿐 <u>타인의 점유·관리하에 있던 전기가 아니어서 절도죄가 성립하지 않는다.</u> (대법원 2008. 7. 10., 선고, 2008도3252, 판결)

# 제2절 절도죄와 사기죄의 구별이 문제된 사건

## Ⅰ. 사례요지

피해자는 드라이버를 구매하기 위해 '○○'에 방문하였다가 갈색 남성용 반지갑을 떨어뜨렸고, 피고인이 같은 날 12:00경 '○○'에서 우산을 구매하고 계산을 마친 뒤, 위 반지갑을 발견하여 습득한 '○○'의 주인 공소외 2로부터 "이 지갑이 선생님 지갑이 맞느냐?"는 질문을 받자, "내 것이 맞다"고 대답한 후 이를 교부받아 가지고 갔다.

## Ⅱ. 논 점

피고인의 행위에 관해서 검사는 주위적으로 절도로, 예비적으로 사기로 공소를 제기하였다.

## Ⅲ. 법규연구 (형법)

제329조(절도) 타인의 재물을 절취한 자는 6년 이하의 징역 또는 1천만원 이하의 벌금에 처한다.
제346조(동력) 본장의 죄에 있어서 관리할 수 있는 동력은 재물로 간주한다.
제347조 (사기) ① 사람을 기망하여 재물의 교부를 받거나 재산상의 이익을 취득한 자는 10년이하의 징역 또는 2천만원이하의 벌금에 처한다.

## Ⅳ. 관련 판례

### 1. 원심 (서울중앙지방법원 2022. 9. 26. 선고 2022노1176 판결)

이 사건 주위적 공소사실(절도)을 이유에서 무죄로 판단하면서 원심에서 추가된 예비적 공소사실(사기)을 유죄로 판단하였다.

### 2. 대법원 (대법원 2022. 12. 29. 선고 2022도12494 판결)

가. 형법상 절취란 타인이 점유하고 있는 자기 이외의 자의 소유물을 점유자의 의사에 반하여 점유를 배제하고 자기 또는 제3자의 점유로 옮기는 것을 말한다(대법원 2006. 9. 28. 선고 2006도2963 판결 등 참조). 이에 반해 기망의 방법으로 타인으로 하여금 처분행위를 하도록 하여 재물 또는 재산상 이익을 취득한 경우에는 절도죄가 아니라 사기죄가 성립한다.

나. 사기죄에서 처분행위는 행위자의 기망행위에 의한 피기망자의 착오와 행위자 등

의 재물 또는 재산상 이익의 취득이라는 최종적 결과를 중간에서 매개·연결하는 한편, 착오에 빠진 피해자의 행위를 이용하여 재산을 취득하는 것을 본질적 특성으로 하는 사기죄와 피해자의 행위에 의하지 아니하고 행위자가 탈취의 방법으로 재물을 취득하는 절도죄를 구분하는 역할을 한다. 처분행위가 갖는 이러한 역할과 기능을 고려하면 피기망자의 의사에 기초한 어떤 행위를 통해 행위자 등이 재물 또는 재산상의 이익을 취득하였다고 평가할 수 있는 경우라면, 사기죄에서 말하는 처분행위가 인정된다 (대법원 2017. 2. 16. 선고 2016도13362 전원합의체 판결 참조). 한편 사기죄가 성립되려면 피기망자가 착오에 빠져 어떠한 재산상의 처분행위를 하도록 유발하여 재산적 이득을 얻을 것을 요하고, 피기망자와 재산상의 피해자가 같은 사람이 아닌 경우에는 피기망자가 피해자를 위하여 그 재산을 처분할 수 있는 권능을 갖거나 그 지위에 있어야 한다(대법원 1991. 1. 15. 선고 90도2180 판결, 대법원 1994. 10. 11. 선고 94도1575 판결 등 참조).

## V. 결 론

원심이 판시와 같은 이유로 이 사건 주위적 공소사실(절도)을 이유에서 무죄로 판단하면서 원심에서 추가된 예비적 공소사실(사기)을 유죄로 판단한 것은 정당하고, 원심의 판단에 사기죄와 절도죄의 구별 등에 관한 법리를 오해하는 등으로 판결에 영향을 미친 잘못이 없다.

## VI 유사판례

### 1. 피기망자와 피해자가 다른 경우의 사기죄의 성립요건

사기죄가 성립되려면 피기망자가 착오에 빠져 어떠한 재산상의 처분행위를 하도록 유발하여 재산적 이득을 얻을 것을 요하고 피기망자와 재산상의 피해자가 같은 사람이 아닌 경우에는 피기망자가 피해자를 위하여 그 재산을 처분할 수 있는 권능이나 지위에 놓여져 있어야 하며 기망, 착오, 처분, 이득 사이에 인과관계가 있어야 한다. (대법원 1991. 1. 11. 선고 90도2180 판결)

### 2. 피씨방에 두고 간 다른 사람의 핸드폰을 취한 행위가 절도죄를 구성

피해자가 피씨방에 두고 간 핸드폰은 피시방 관리자의 점유하에 있어서 제3자가 이를 취한 행위는 절도죄를 구성한다고 할 것이다. (대법원 2007. 3. 15., 선고, 2006도9338, 판결)

## 3. 금방에서 마치 귀금속을 구입할 것처럼 가장하여 순금목걸이 등을 건네받은 다음 화장실에 갔다 오겠다는 핑계를 대고 도주한 경우

피고인이 피해자 경영의 금방에서 마치 귀금속을 구입할 것처럼 가장하여 피해자로부터 순금목걸이 등을 건네받은 다음 화장실에 갔다 오겠다는 핑계를 대고 도주한 것이라면 위 순금목걸이 등은 도주하기 전까지는 아직 피해자의 점유하에 있었다고 할 것이므로 이를 절도죄로 의율 처단한 것은 정당하다. (대법원 1994. 8. 12., 선고, 94도1487, 판결)

## 4. 예식장 축의금 접수대에서 접수인인 것처럼 행세하여 축의금을 교부받아 가로챈 행위

피해자가 결혼예식장에서 신부측 축의금 접수인인 것처럼 행세하는 피고인에게 축의금을 내어 놓자 이를 교부받아 가로챈 사안에서, 피해자의 교부행위의 취지는 신부측에 전달하는 것일 뿐 피고인에게 그 처분권을 주는 것이 아니므로, 이를 피고인에게 교부한 것이라고 볼 수 없고 단지 신부측 접수대에 교부하는 취지에 불과하므로 피고인이 그 돈을 가져간 것은 신부측 접수처의 점유를 침탈하여 범한 절취행위라고 보는 것이 정당하다. (대법원 1996. 10. 15., 선고, 96도2227, 판결)

## 5. 책을 빌려서 보는 척하다가 가져간 경우

피해자가 가지고 있는 책을 잠깐 보겠다고 하며 동인이 있는 자리에서 보는 척 하다가 가져갔다면 위 책은 아직 피해자의 점유하에 있었다고 할 것이므로 절도죄가 성립한다. (대법원 1983. 2. 22., 선고, 82도3115, 판결)

## 6. 고속버스 승객이 차내에 있는 유실물을 가져간 경우

고속버스 운전사는 고속버스의 관수자로서 차내에 있는 승객의 물건을 점유하는 것이 아니고 승객이 잊고 내린 유실물을 교부받을 권능을 가질 뿐이므로 유실물을 현실적으로 발견하지 않는 한 이에 대한 점유를 개시하였다고 할 수 없고, 그사이에 다른 승객이 유실물을 발견하고 이를 가져갔다면 절도에 해당하지 아니하고 점유이탈물횡령에 해당한다. (대법원 1993. 3. 16., 선고, 92도3170, 판결)

## 7. 종업원으로 종사하던 당구장에서 주운 금반지를 처분한 자

어떤 물건을 잃어버린 장소가 당구장과 같이 타인의 관리 아래 있을 때는 그 물건은 일응 그 관리자의 점유에 속한다 할 것이고, 이를 그 관리자 아닌 제3자가 취거하는 것은 유실물횡령이 아니라 절도죄에 해당한다.

피고인이 종업원으로 종사하던 공소의 박재용 경영 당구장의 당구대 밑에서 어떤 사람이 잃어버린 판시 금반지를 피고인이 주워서 손가락에 끼고 다니다가 그 소유자가 나타나지 않고 용돈이 궁하여 전당포에 전당 잡힌 것이어서 이는 유실물횡령에 해당하는 것이지 절도죄로 의율할 수는 없다는 취지이나, 어떤 물건을 잃어버린 장소가 이 사건 당구장과 같이 타인의 관리 아래 있을 때는 그 물건은 일응 그 관리자의 점유에 속한다 할 것이고, 이를 그 관리자가 아닌 제3자가 취거하는 것은 유실물횡령이 아니라 절도죄에 해당한다 할 것이다. (대법원 1988. 4. 25., 선고, 88도409, 판결)

# 제3절 이른바 명의신탁 자동차의 소유권 귀속 관계

## Ⅰ. 사례요지

자신의 명의로 등록된 자동차를 사실혼 관계에 있던 甲에게 증여하여 甲만이 이를 운행·관리하여 오다가 서로 별거하면서 재산분할 내지 위자료 명목으로 甲이 소유하기로 하였는데, 피고인이 이를 임의로 운전해 간 경우

## Ⅱ. 논 점

1. 이른바 명의신탁 자동차의 소유권 귀속 관계
2. 자동차 등록명의와 관계없이 피고인과 甲 사이에서는 甲을 소유자로 보아야 하는지

## Ⅲ. 법규연구

### 1. 형 법

제329조(절도) 타인의 재물을 절취한 자는 6년 이하의 징역 또는 1천만원 이하의 벌금에 처한다.

### 2. 자동차관리법

제6조(자동차 소유권 변동의 효력) 자동차 소유권의 득실변경(得失變更)은 등록을 하여야 그 효력이 생긴다.

## Ⅳ. 관련 판례

### 1. 원심 (대전지법 2012. 11. 15. 선고 2012노1873 판결)

피고인 명의로 등록되어 있지만, 피해자가 점유·관리하여 온 이 사건 승용차를 피고인이 임의로 운전해 감으로써 이를 절취하였다는 내용의 이 사건 공소사실에 대하여, 그 판시 증거들에 의하여 피고인이 사실혼 관계에 있던 피해자에게 이 사건 승용차를 선물하여 증여한 이래 피해자만이 이 사건 승용차를 운행하며 관리하여 온 사실, 피고인과 피해자가 별거하면서 재산분할 내지 위자료 명목으로 피해자가 이 사건 승용차를 소유하기로 한 사실 등을 인정한 다음, 이 사건 승용차는 그 등록명의와 관계없이 피고인과 피해자 사이에서는 피해자를 소유자로 보아야 한다는 이유로 피고인의 행위가 절도행위에 해당한다고 판단하였다.

## 2. 대법원 (대법원 2013. 2. 28., 선고, 2012도15303, 판결)

자동차에 대한 소유권의 득실변경은 등록함으로써 그 효력이 생기고 등록이 없는 한 대외적 관계에서는 물론 당사자의 대내적 관계에서도 소유권을 취득할 수 없는 것이 원칙이지만, <u>당사자 사이에 소유권을 등록명의자 아닌 자가 보유하기로 약정하였다는 등의 특별한 사정이 있는 경우에는 그 내부관계에서는 등록명의자 아닌 자가 소유권을 보유하게 된다고 할 것이다</u>(대법원 1989. 9. 12. 선고 88다카18641 판결, 대법원 2003. 5. 30. 선고 2000도5767 판결 등 참조).

## V. 결 론

앞서 본 법리와 기록에 비추어 살펴보면, 원심의 위와 같은 사실인정과 판단은 모두 정당한 것으로 수긍이 된다. 따라서 <u>甲에게 소유권이 있으므로 이를 절취한 경우 절도 죄가 성립한다.</u>

## VI. 유사판례

### 1. 명의신탁 자동차의 소유권 귀속 관계

당사자 사이에 자동차의 소유권을 등록명의자 아닌 자가 보유하기로 약정한 경우, 약정 당사자 사이의 <u>내부관계에서는 등록명의자 아닌 자가 소유권을 보유하게 된다고 하더라 도 제3자에 대한 관계에서는 어디까지나 등록명의자가 자동차의 소유자라고 할 것이다.</u> (대법원 2012. 4. 26., 선고, 2010도11771, 판결)

### 2. 공동점유에 속하는 동업재산을 단독으로 자기 지배로 옮긴 경우

동업자의 공동점유에 속하는 동업재산을 다른 동업자의 승낙없이 그 점유를 배제하고 단 독으로 자기의 지배로 옮겼다면 <u>절도죄가 성립된다.</u> (대법원 1987. 12. 8., 선고, 87도 1831, 판결)

# 제4절 일시사용 목적으로 타인의 점유를 침탈한 경우

## I. 사례요지

피고인은 피해자의 허락 없이 피해자가 운영하는 '○○스포츠피부' 영업점 내에 있는 이 사건 휴대전화를 가지고 나와 승용차를 운전하고 가다가 신원미상의 여자 2명을 승용차에 태운 후 그들에게 이 사건 휴대전화를 사용한 후 약 1~2시간 후 피해자에게 아무런 말을 하지 않고 위 영업점 정문 옆에 있는 화분에 이 사건 휴대폰을 놓아두고 갔다.

## II. 논 점

1. 절도죄에서 '불법영득의사'의 의미
2. 일시사용의 목적으로 타인의 점유를 침탈한 경우에도 불법영득의사 인정 여부

## III. 법규연구 (형법)

제329조(절도) 타인의 재물을 절취한 자는 6년 이하의 징역 또는 1천만원 이하의 벌금에 처한다.

## IV. 관련 판례

### 1. 원심 (부산지법 2012. 1. 6. 선고 2011노3439 판결)

피고인이 피해자 소유의 이 사건 휴대전화를 피해자의 허락 없이 가져가 이를 이용하여 통화를 하고 문자메시지를 주고받았다고 하여도 이로 인하여 이 사건 휴대전화 자체가 가지는 경제적 가치가 상당한 정도로 소모되었다고는 볼 수 없고, 피고인이 이 사건 휴대전화를 가지고 간 후 불과 약 2시간 만에 피해자에게 반환되도록 하였으므로, 이 사건 당시 피고인에게 이 사건 휴대전화를 일시 사용할 의사를 넘어 권리자를 배제하고 타인의 물건을 자기의 소유물과 같이 그 경제적 용법에 따라 이용·처분할 의사, 즉 불법영득의 의사가 있었다고 볼 수 없다고 판단하며 이 사건 공소사실에 대하여 피고인에게 무죄를 선고하였다.

### 2. 대법원 (대법원 2012. 7. 12., 선고, 2012도1132, 판결)

가. 절도죄의 성립에 필요한 불법영득의 의사라 함은 권리자를 배제하고 타인의 물건을 자기의 소유물과 같이 이용, 처분할 의사를 말하고, 영구적으로 그 물건의 경제적 이익을 보유할 의사임은 요치 않으며, 일시 사용의 목적으로 타인의 점유를 침탈한 경우에도 그 사용으로 인하여 물건 자체가 가지는 경제적 가치가 상당한 정도로 소모

되거나 또는 상당한 장시간 점유하고 있거나 본래의 장소와 다른 곳에 유기하는 경우에는 이를 일시 사용하는 경우라고는 볼 수 없으므로 영득의 의사가 없다고 할 수 없다(대법원 2002. 9. 6. 선고 2002도3465 판결, 대법원 2006. 3. 9. 선고 2005도7819 판결 등 참조).

나. 피고인은 피해자의 허락 없이 피해자가 운영하는 '○○스포츠피부' 영업점 내에 있는 이 사건 휴대전화를 가지고 나와 승용차를 운전하고 가다가 신원미상의 여자 2명을 승용차에 태운 후 그들에게 이 사건 휴대전화를 사용하게 한 사실, 피고인이 이 사건 휴대전화를 가지고 나온 약 1~2시간 후 피해자에게 아무런 말을 하지 않고 위 영업점 정문 옆에 있는 화분에 이 사건 휴대폰을 놓아두고 간 사실을 알 수 있다.

## V. 결 론

사실관계가 이와 같다면, 피고인은 이 사건 휴대전화를 자신의 소유물과 같이 그 경제적 용법에 따라 이용하다가 본래의 장소와 다른 곳에 유기한 것에 다름 아니므로 피고인에게 불법영득의 의사가 있었다고 할 것이다.

# 제5절 타인의 예금통장을 무단사용하여 예금인출 후 바로 반환한 경우

## I. 사례요지

> 피고인이 피해자의 사무실에서 피해자 명의의 농협 통장을 몰래 가지고 나와 예금 1,000만원을 인출한 후 다시 이 사건 통장을 제자리에 갖다 놓는 방법으로 이를 절취하였다.

## II. 논 점

예금통장에 대한 절도죄가 성립하는지 여부(한정 적극)

## III. 법규연구 (형법)

> 제329조(절도) 타인의 재물을 절취한 자는 6년 이하의 징역 또는 1천만원 이하의 벌금에 처한다.

## IV. 관련 판례

### 1. 원심 (춘천지법 강릉지원 2009. 8. 14. 선고 2009노123 판결)

피고인이 피해자의 현장소장으로 근무하던 중 월급 등을 제대로 지급받지 못할 것을 염려하여 위 공소사실과 같은 행위에 이른 사실을 인정한 다음, 피고인의 그러한 행위로 인하여 이 사건 통장 자체가 가지는 경제적 가치가 그 인출된 예금액만큼 소모되었다고 할 수 없고 피고인이 위와 같이 이 사건 통장을 사용하고 곧 반환한 이상 피고인에게 이 사건 통장에 대한 불법영득의 의사는 없었다고 보아야 한다는 이유로, 이 부분 공소사실을 무죄로 판단하였다.

### 2. 대법원 (대법원 2010. 5. 27., 선고, 2009도9008, 판결)

가. 타인의 재물을 점유자의 승낙 없이 무단사용하는 경우에 있어서, 그 사용으로 인하여 재물 자체가 가지는 경제적 가치가 상당한 정도로 소모되거나 또는 그 사용 후 재물을 본래의 장소가 아닌 다른 곳에 버리거나 곧 반환하지 아니하고 장시간 점유하고 있었다면 그 소유권 또는 이에 준하는 본권을 침해할 의사가 있다고 보아 불법영득의 의사를 인정할 수 있다(대법원 1987. 12. 8. 선고 87도1959 판결, 대법원 1992. 4. 24. 선고 92도118 판결 등 참조).

나. 예금통장은 예금채권을 표창하는 유가증권이 아니고 그 자체에 예금액 상당의 경제적 가치가 화체되어 있는 것도 아니지만, 이를 소지함으로써 예금채권의 행사자격을 증명할 수 있는 자격증권으로서 예금계약사실 뿐 아니라 예금액에 대한 증명기능이 있고 이러한 증명기능은 예금통장 자체가 가지는 경제적 가치라고 보아야 하므로, 예금통장을 사용하여 예금을 인출하게 되면 그 인출된 예금액에 대하여는 예금통장 자체의 예금액 증명기능이 상실되고 이에 따라 그 상실된 기능에 상응한 경제적 가치도 소모된다고 할 수 있다. 그렇다면 타인의 예금통장을 무단사용하여 예금을 인출한 후 바로 예금통장을 반환하였다 하더라도 그 사용으로 인한 위와 같은 경제적 가치의 소모가 무시할 수 있을 정도로 경미한 경우가 아닌 이상, <u>예금통장 자체가 가지는 예금액 증명기능의 경제적 가치에 대한 불법영득의 의사를 인정할 수 있으므로 절도죄가 성립</u>한다.

## V. 결 론

이 사건 통장 자체가 가지는 예금액 증명기능의 경제적 가치는 피고인이 이 사건 통장을 무단사용하여 예금 1,000만 원을 인출함으로써 상당한 정도로 소모되었다고 할 수 있으므로, <u>피고인이 그 사용 후 바로 이 사건 통장을 제자리에 갖다 놓았다 하더라도 그 소모된 가치에 대한 불법영득의 의사가 인정된다.</u> 그리고 피고인이 피해자로부터 자신의 월급 등을 제대로 받지 못할 것을 염려하여 이 사건 통장을 무단사용하게 되었다고 하여 달리 볼 수 없다.

## VI 유사판례

1. 절취한 타인의 신용카드로 자신 예금계좌로 돈 이체시킨 후 현금을 인출한 행위

<u>절취한 타인의 신용카드를 이용하여 현금지급기에서 계좌이체를 한 행위는 컴퓨터등사용사기죄에서 컴퓨터 등 정보처리장치에 권한 없이 정보를 입력하여 정보처리를 하게 한 행위에 해당함</u>은 별론으로 하고 이를 절취행위라고 볼 수는 없고, 한편 위 계좌이체 후 현금지급기에서 현금을 인출한 행위는 자신의 신용카드나 현금카드를 이용한 것이어서 이러한 현금인출이 현금지급기 관리자의 의사에 반한다고 볼 수 없어 절취행위에 해당하지 않<u>으므로 절도죄를 구성하지 않는다.</u> (대법원 2008. 6. 12., 선고, 2008도2440, 판결)

## 2. 타인 직불카드를 무단 사용하여 자신 예금계좌로 이체시킨 후 곧 직불카드를 반환한 경우

은행이 발급한 직불카드를 사용하여 타인의 예금계좌에서 자기의 예금계좌로 돈을 이체시켰다 하더라도 직불카드 자체가 가지는 경제적 가치가 계좌이체된 금액만큼 소모되었다고 할 수는 없으므로, 이를 일시 사용하고 곧 반환한 경우에는 그 직불카드에 대한 불법영득의 의사는 없다고 보아야 한다. (대법원 2006. 3. 9., 선고, 2005도7819, 판결)

## 3. 강취한 직불카드를 사용하여 현금자동인출기에서 현금을 인출한 경우

범인이 피해자로부터 직불카드 등을 강취한 경우에는, 이를 갈취 또는 편취한 경우와는 달리, 피해자가 그 직불카드 등의 사용권한을 범인에게 부여하였다고 할 수 없고, 따라서 그와 같이 강취한 직불카드를 사용하여 현금자동인출기에서 현금을 인출하여 가진 경우에는 그 현금자동인출기 관리자의 의사에 반하여 그의 지배를 배제하고 그 현금을 자기의 지배하에 옮겨 놓는 것이 되므로 절도죄가 별도로 성립한다고 할 것이다. (대법원 2007. 4. 13., 선고, 2007도1377, 판결)

# 제6절 소유권을 취득한 상속인이 그 점유를 취득하여 상속인에 대한 절도죄가 성립할 수 있는 시기

## I. 사례요지

피고인은 공소외 1과 사실혼 관계에 있으면서 ○○에서 공소외 1과 동거하였다. 공소외 1이 2005. 8. 23.경 갑작스럽게 사망하자 피고인은 같은 달 26일경 이 사건 아파트에서 동두천시 지행동 소재 부동산, 동두천시 송내동 소재 부동산 지분 및 이 사건 아파트 등에 관한 등기권리증 3장, 아파트에 관한 분양계약서 1장, 상가에 관한 임대차계약서 1장 및 공소외 2에 대한 차용증 1장이 들어 있는 가방을 가지고 갔다. 그러나 위의 서류들이 들어 있는 이 사건 가방은 피해자 공소외 3 및 공소외 4가 공소외 1로부터 상속받아 그들의 소유에 속하게 된 것으로서, 위와 같이 하여 피고인은 그가 이 사건 가방을 절취하였다.

## II. 논 점

1. 절도죄의 성립요건 중 타인의 '점유'의 의미와 판단기준
2. 재물을 점유하는 소유자의 사망에 따라 소유권을 취득한 상속인이 그 점유를 취득하여 상속인에 대한 절도죄가 성립할 수 있는 시기

## III. 법규연구 (형법)

제329조(절도) 타인의 재물을 절취한 자는 6년 이하의 징역 또는 1천만원 이하의 벌금에 처한다.

## IV. 관련 판례

### 1. 원심 (대전지법 2010. 5. 4. 선고 2010노382 판결)

형법상 점유의 상속은 인정되지 아니한다. 그러나 공소외 1의 사망으로 이 사건 가방이 있던 이 사건 아파트의 소유권이 상속인들에게 이전되어 상속인들이 이 사건 아파트에 관한 지배·관리권을 취득한 이상, 상속인들이 그 안에 있던 위 가방의 존재를 구체적으로 인식하지 못하였더라도 위 가방을 점유하게 되었다고 봄이 상당하다. 결국 피고인이 이 사건 가방을 가지고 간 행위는 상속인들의 소유권뿐만 아니라 그 점유를 침해한 것으로서 절도죄에 해당한다는 것이다.

### 2. 대법원 (대법원 2012. 4. 26., 선고, 2010도6334, 판결)

가. 절도죄란 재물에 대한 타인의 점유를 침해함으로써 성립하는 것이다. 여기서의

'점유'란 현실적으로 어떠한 재물을 지배하는 순수한 사실상의 관계를 말하는 것으로서, 민법상의 점유와 반드시 일치하는 것이 아니다. 물론 이러한 현실적 지배라고 하여도 점유자가 반드시 직접 소지하거나 항상 감수(監守)하여야 하는 것은 아니고, 재물을 위와 같은 의미에서 사실상으로 지배하는지는 재물의 크기·형상, 그 개성의 유무, 점유자와 재물과의 시간적·장소적 관계 등을 종합하여 사회통념에 비추어 결정되어야 한다(대법원 1981. 8. 25. 선고 80도509 판결 등 참조).

나. 그렇게 보면 종전 점유자의 점유가 그의 사망으로 인한 상속에 의하여 당연히 그 상속인에게 이전된다는 민법 제193조는 절도죄의 요건으로서의 '타인의 점유'와 관련하여서는 적용의 여지가 없고, 재물을 점유하는 소유자로부터 이를 상속받아 그 소유권을 취득하였다고 하더라도 상속인이 그 재물에 관하여 위에서 본 의미에서의 사실상의 지배를 가지게 되어야만 이를 점유하는 것으로서 그때부터 비로소 상속인에 대한 절도죄가 성립할 수 있다.

피고인이 공소외 1과 내연관계에 있어 그의 사망 전부터 이 사건 아파트에서 공소외 1과 함께 거주한 사실, 공소외 1이 그 전처 공소외 5와의 사이에 얻은 자식인 공소외 3 및 공소외 4는 이 사건 아파트에서 전혀 거주한 일이 없고 공소외 5와 같이 다른 곳에서 거주·생활하여 왔으나, 공소외 1의 사망으로 이 사건 아파트 등의 소유권을 상속한 사실, 공소외 3 및 공소외 4가 공소외 1이 사망한 후 피고인이 이 사건 아파트로부터 이 사건 가방을 가지고 가기까지 그들의 소유권 등에 기하여 이 사건 아파트 또는 그곳에 있던 이 사건 가방의 인도 등을 요구한 일이 전혀 없는 사실, 다만 공소외 1의 형인 공소외 6이 피고인에게 이 사건 아파트의 문을 열어 달라고 요구하였다가 거부당하자 2005. 8. 29.경 이 사건 아파트 현관문의 열쇠를 교체한 사실을 인정할 수 있다.

## V. 결 론

그렇다면 피고인이 이 사건 아파트에서 이 사건 가방을 들고나온 2005. 8. 26.경에 공소외 3 및 공소외 4가 이 사건 아파트에 있던 이 사건 가방을 사실상 지배하여 이를 점유하고 있었다고 볼 수 없고, 따라서 그렇다면 피고인이 이 사건 가방을 가지고 간 행위가 공소외 3 등의 이 사건 가방에 대한 점유를 침해하여 절도죄를 구성한다고 할 수 없다.

# Ⅵ. 유사판례

## 1. 임야 내에 버려진 망부석을 임야관리인이 타에 처분한 행위

망부석이 묘의 장구로서 묘주의 소유에 속하였는데 묘는 이장하고 망부석만이 30여 년간 방치된 상태에 있어 외형상 그 소유자가 방기한 것으로 되어 그 물건은 산주의 추상적, 포괄적 소지에 속하게 되었어도 그 산주가 망부석을 사실상 지배할 의사가 없음을 표시한 경우에는 그의 소지하에 있다고 볼 수 없고, 이는 임야의 관리인으로서 사실상 점유하여 온 자의 소지하에 있다고 볼 것이므로 동 관리인이나 그와 함께 위 망부석을 처분한 자를 절도죄로 의율할 수 없다. (대법원 1981. 8. 25., 선고, 80도509, 판결)

# 제7절 퇴사하면서 회사 승낙 없이 부동산매매계약서 사본을 가져간 경우

## I. 사례요지

다니던 회사를 사실상 퇴사하면서 회사의 승낙없이 부동산매매계약서의 원본은 그대로 두고 사본을 가지고 나왔다.

## II. 논 점

1. 절도죄의 객체인 '재물'의 의미
2. 부동산매매계약서 사본들이 절도죄의 객체인 재물에 해당하는지

## III. 법규연구 (형법)

제329조(절도) 타인의 재물을 절취한 자는 6년 이하의 징역 또는 1천만원 이하의 벌금에 처한다.

## IV. 관련 판례

### 1. 원심 (서울고법 2007. 3. 23. 선고 2006노1824 판결)

이 사건 부동산매매계약서 사본들을 절도죄의 객체인 재물에 해당한다고 판단하고, 나아가 피고인이 이 사건 부동산매매계약서를 사본이나 부본의 형태로 업무상 필요에 따라 사용할 수 있다 하여도 그 때문에 피해 회사의 점유가 상실된다거나 피고인이 피해 회사와는 무관하게 독자적으로 점유를 하고 있다고는 볼 수 없으므로, 피고인이 공소외 2와 결별하고 사실상 퇴사하면서 피해 회사의 승낙 없이 위 서류들을 가지고 간 이상 절도죄가 성립된다.

### 2. 대법원 (대법원 2007. 8. 23., 선고, 2007도2595, 판결)

절도죄의 객체인 재물은 반드시 객관적인 금전적 교환가치를 가질 필요는 없고 소유자, 점유자가 주관적인 가치를 가지고 있음으로써 족하다고 할 것이고, 이 경우 주관적, 경제적 가치의 유무를 판별함에서는 그것이 타인에 의하여 이용되지 않는다고 하는 소극적 관계에 있어서 그 가치가 성립하더라도 관계없다(대법원 2004. 10. 28. 선고 2004도5183 판결 등 참조).

## V. 결 론

이 사건 부동산매매계약서를 사본이나 부본의 형태로 업무상 필요에 따라 사용할 수 있다 하여도 그 때문에 피해 회사의 점유가 상실된다거나 피고인이 피해 회사와는 무관하게 독자적으로 점유를 하고 있다고는 볼 수 없으므로 <u>절도죄가 성립된다.</u>

## VI 유사판례

### 1. 발행자가 회수하여 찢어버림으로써 객관적 가치가 경미하여 교환가격을 갖지 않는 약속어음의 절도죄 성부

재산죄의 객체인 재물은 반드시 객관적인 금전적 교환가치를 가질 필요는 없고 소유자 점유자가 주관적인 가치를 가지고 있음으로써 족하고 주관적 경제적 가치 유무의 판별은 그것이 타인에 의하여 이용되지 않는다고 하는 소극적 관계에 있어서 그 가치가 성립하는 경우가 있을 수 있는 것이니 발행자가 회수하여 세조각으로 찢어버림으로써 폐지로 되어 쓸모없는 것처럼 보이는 약속어음의 소지를 침해하여 가져갔다면 <u>절도죄가 성립한다.</u> (대법원 1976. 1. 27., 선고, 74도3442, 판결)

### 2. 백지의 자동차출고의뢰서 용지가 절도죄의 객체인 재물에 해당하는지

피고인이 절취한 백지의 자동차출고의뢰서 용지도 그것이 어떠한 권리도 표창하고 있지 않다 하더라도 경제적 가치가 없다고는 할 수 없어 이는 <u>절도죄의 객체가 되는 재물에 해당한다.</u> (대법원 1996. 5. 10., 선고, 95도3057, 판결)

### 3. 원 주주명부를 복사하여 놓은 복사본이 절도죄의 객체가 되는지

피고인이 가지고 나왔다는 위 서류들이 비록 원 주주명부를 복사하여 놓은 복사본이었다 하더라도, 위 서류들은 피해자 회사의 주주명단을 기재하여 놓은 문서들로서 주주명단을 정리할 당시 위 서류들에 기재된 인적사항 등이 외부에 유출되는 것을 방지하기 위하여 피해자 회사에서는 회의실 밖에 있던 분쇄기를 이용하여 명단을 폐기해 온 사실을 인정할 수 있는바, 그렇다면 위 서류들은 피해자 회사에서는 소유권의 대상으로 할 수 있는 주관적 가치뿐만 아니라 그 경제적 가치도 있다 할 것이어서, <u>절도죄의 객체가 되는 재물에 해당한다.</u> (대법원 2004. 10. 28., 선고, 2004도5183, 판결)

### 4. 타인의 문서를 복사한 후 원본은 그대로 두고 사본만 가져간 경우

회사 직원이 업무와 관련하여 다른 사람이 작성한 회사의 문서를 복사기를 이용하여 복사를 한 후 원본은 제자리에 갖다 놓고 그 사본만 가져간 경우, <u>그 회사 소유의 문서의 사본을 절취한 것으로 볼 수는 없다.</u> (대법원 1996. 8. 23., 선고, 95도192, 판결)

## 5. 사원이 회사를 퇴사하면서 동 회사연구실에 보관 중이던 회사의 목적 업무상 기술분야에 관한 문서사본을 취거하는 행위

피고인이 근무하던 회사를 퇴사하면서 가져간 서류가 이미 공개된 기술내용에 관한 것이고 외국회사에서 선전용으로 무료로 배부해 주는 것이며 동 회사연구실 직원들이 사본하여 사물처럼 사용하던 것이라도 위 서류들이 회사의 목적업무중 기술분야에 관한 문서들로서 국내에서 쉽게 구할 수 있는 것도 아니며 연구실 직원들의 업무수행을 위하여 필요한 경우에만 사용이 허용된 것이라면 위 서류들은 위 회사에 있어서는 소유권의 대상으로 할 수 있는 주관적 가치뿐만 아니라 그 경제적 가치도 있는 것으로 재물에 해당한다 할 것이어서 이를 취거하는 행위는 절도에 해당하고 비록 그것이 문서의 사본에 불과하고 또 인수인계 품목에 포함되지 아니 하였다 하여 그 위법성이 조각된다 할 수 없다. (대법원 1986. 9. 23., 선고, 86도1205, 판결)

## 6. 명의대여자가 명의대여 약정에 따라 발급된 영업허가증과 사업자등록증을 가져간 행위

식품접객업 영업허가가 행정관청의 허가이고 그 영업 자체가 국민의 보건과 관계가 있으며, 나아가 부가가치세법에 의한 사업자등록이 납세의무와 관련되어 있다 하더라도, 당사자 사이에서 그 허가명의 및 등록명의를 대여하는 것이 허용되지 않는다고 볼 것은 아니다. 명의대여 약정에 따른 신청에 의하여 발급된 영업허가증과 사업자등록증은 피해자가 인도받음으로써 피해자의 소유가 되었다고 할 것이므로, 이를 명의대여자가 가지고 간 행위가 절도죄에 해당한다. (대법원 2004. 3. 12., 선고, 2002도5090, 판결)

## 7. 백지의 자동차출고의뢰서 용지가 절도죄의 객체인 재물에 해당하는지

재산죄의 객체인 재물은 반드시 객관적인 금전적 교환가치를 가질 필요는 없고 소유자, 점유자가 주관적인 가치를 가지고 있음으로써 족하다고 할 것이고, 이 경우 주관적, 경제적 가치의 유무를 판별함에 있어서는 그것이 타인에 의하여 이용되지 않는다고 하는 소극적 관계에 있어서 그 가치가 성립하더라도 관계없다 할 것이므로, 피고인이 절취한 백지의 자동차출고의뢰서 용지도 그것이 어떠한 권리도 표창하고 있지 않다 하더라도 경제적 가치가 없다고는 할 수 없어 이는 절도죄의 객체가 되는 재물에 해당한다. (대법원 1996. 5. 10., 선고, 95도3057, 판결)

## 8. 위조유가증권이 형법상 재물로서 절도죄의 객체가 되는지

유가증권도 그것이 정상적으로 발행된 것은 물론 비록 작성권한 없는 자에 의하여 위조된 것이라고 하더라도 절차에 따라 몰수되기까지는 그 소지자의 점유를 보호하여야 한다는 점에서 형법상 재물로서 절도죄의 객체가 된다. (대법원 1998. 11. 24., 선고, 98도2967, 판결)

# 제8절 타인 명의로 신용카드를 발급받아 사용한 경우

## Ⅰ. 사례요지

피고인은 처 공소외 1과 협의이혼한 자로서, 사실은 공소외 1로부터 신용카드발급에 대한 동의나 승낙을 받은 적도 없고, 피고인의 채무가 약 5,000만 원 정도 되었으며, 당시 피고인이 운영하던 업체에서는 매달 약 100만 원의 적자가 발생하고 있으므로 신용카드를 사용하더라도 이를 변제할 의사나 능력이 없었다. 그럼에도 공소외 1 명의를 이용하여 <u>ARS로 300만 원의 현금서비스를 받고는 1,557,051원을 변제하지 않고</u>, <u>현금자동지급기에서 현금을 인출하고 이를 변제하지 아니하여 재산상 이익을 취득하였다.</u>

## Ⅱ. 논 점

1. 타인의 명의를 모용하여 발급받은 신용카드를 이용하여 현금자동지급기에서 현금대출을 받는 경우의 죄책(=절도죄)
2. 타인의 명의를 모용하여 발급받은 신용카드를 이용하여 ARS 전화서비스나 인터넷 등을 통하여 신용대출을 받는 경우의 죄책(=컴퓨터 등 사용사기죄)
3. 타인의 명의를 모용하여 발급받은 신용카드를 이용하여 현금자동지급기에서 현금을 인출한 행위와 ARS 전화서비스 등으로 신용대출을 받은 행위

## Ⅲ. 법규연구 (형법)

제329조(절도) 타인의 재물을 절취한 자는 6년 이하의 징역 또는 1천만원 이하의 벌금에 처한다.

제347조 (사기) ① 사람을 기망하여 재물의 교부를 받거나 재산상의 이익을 취득한 자는 10년 이하의 징역 또는 2천만원 이하의 벌금에 처한다.

② 전항의 방법으로 제삼자로 하여금 재물의 교부를 받게 하거나 재산상의 이익을 취득하게 한 때에도 전항의 형과 같다.

제347조의2 (컴퓨터등 사용사기) 컴퓨터등 정보처리장치에 허위의 정보 또는 부정한 명령을 입력하거나 권한 없이 정보를 입력·변경하여 정보처리를 하게 함으로써 재산상의 이익을 취득하거나 제3자로 하여금 취득하게 한 자는 10년 이하의 징역 또는 2천만원 이하의 벌금에 처한다.

## Ⅳ. 관련 판례

### 1. 원심 (대구지법 2006. 4. 25. 선고 2006노228 판결)

타인의 명의를 모용하여 신용카드를 발급받는 경우에는 신용카드회사는 타인의 명의를 모용한 자에게 기망 당하여 그 모용자에게 카드사용 권한을 준 것이고, 따라서 그

에 기초하여 모용자가 신용카드를 사용하는 구체적·개별적인 행위(ARS를 통한 신용대출과 현금자동지급기를 이용한 현금서비스 포함)는 포괄적으로 신용카드회사에 대한 사기죄를 구성하는 것으로 풀이하여야 할 것이며, 그럼으로써 타인을 모용하여 발급받은 1개의 신용카드를 이용한 범행이 사기죄, 절도죄, 컴퓨터이용사기죄의 실체상 수죄로 분단되는 것을 방지할 수 있다는 이유로, 이 부분 각 현금인출행위와 ARS 등을 통한 신용대출행위를 사기죄로 의율한 주위적 공소사실을 유죄로 인정하였는바, 원심은 이와 같은 제1심판결을 그대로 유지하였다.

## 2. 대법원 (대법원 2006. 7. 27., 선고, 2006도3126, 판결)

가. 피고인이 타인의 명의를 모용하여 신용카드를 발급받은 경우, 비록 카드회사가 피고인으로부터 기망을 당한 나머지 피고인에게 피모용자 명의로 발급된 신용카드를 교부하고, 사실상 피고인이 지정한 비밀번호를 입력하여 현금자동지급기에 의한 현금대출(현금서비스)을 받을 수 있도록 하였다 할지라도, 카드회사의 내심의 의사는 물론 표시된 의사도 어디까지나 카드 명의인인 피모용자에게 이를 허용하는 데 있을 뿐, 피고인에게 이를 허용한 것은 아니라는 점에서 피고인이 타인의 명의를 모용하여 발급받은 신용카드를 사용하여 현금자동지급기에서 현금대출을 받는 행위는 카드회사에 의하여 미리 포괄적으로 허용된 행위가 아니라, 현금자동지급기 관리자의 의사에 반하여 그의 지배를 배제한 채 그 현금을 자기의 지배하에 옮겨 놓는 행위로서 절도죄에 해당한다 할 것이다(대법원 2002. 7. 12. 선고 2002도2134 판결 참조).

나. 또한, 위와 같이 타인의 명의를 모용하여 발급받은 신용카드의 번호와 그 비밀번호를 이용하여 ARS 전화서비스나 인터넷 등을 통하여 신용대출을 받는 방법으로 재산상 이익을 취득하는 행위 역시 미리 포괄적으로 허용된 행위가 아닌 이상, 컴퓨터등정보처리장치에 권한 없이 정보를 입력하여 정보처리를 하게 함으로써 재산상 이익을 취득하는 행위로써 컴퓨터등사용사기죄에 해당한다고 할 것이다.

따라서 타인의 명의를 모용하여 발급받은 신용카드를 이용하여 현금자동지급기에서 현금을 인출하거나 ARS 전화서비스나 인터넷 등으로 신용대출을 받는 행위를 기망당한 카드회사가 카드사용을 포괄적으로 허용한 것에 기초한 것으로 파악하여 포괄적으로 카드회사에 대한 사기죄가 된다고 볼 수는 없다.

## V. 결 론

그렇다면 이 사건에서 피고인이 공소외 1의 명의를 모용하여 신용카드를 발급받았다고 하더라도 카드회사가 피고인에게 공소외 1 명의의 신용카드를 사용할 권한을 주었다고 볼 수 없는 이상, 피고인이 각 신용카드를 사용하여 <u>현금자동지급기에서 현금을 인출한 행위는 현금자동지급기의 관리자에 대한 절도죄가</u>, <u>ARS 전화서비스 등을 이용하여 신용대출을 받은 행위에 관하여는 대출금융기관에 대한 컴퓨터등사용사기죄가 각 성립할 뿐이며, 이를 카드회사에 대한 사기죄가 된다고 볼 수는 없다.</u>

만약, 공소외 1 명의로 신용카드를 만들기 위해 명의자 동의없이 발급신청서를 작성하였다면 사문서위조와 위조사문서행사죄도 성립할 수 있다.

# 제9절 채권 확보 목적으로 점유자 의사에 반하여 점유를 배제한 행위

## I. 사례요지

자신들의 피해자에 대한 물품대금 채권을 다른 채권자들보다 우선적으로 확보할 목적으로 피해자가 부도를 낸 다음 날 새벽에 피해자의 승낙을 받지 아니한 채 피해자의 가구점의 잠금장치를 쇠톱으로 절단하고 그곳에 침입하여 시가 16,000,000원 상당의 피해자의 가구들을 화물차에 싣고 가 다른 장소에 옮겨 놓았다.

## II. 논 점

1. 형법상 절취 및 불법영득의 의사 의미
2. 채권 확보를 목적으로 점유자의 의사에 반하여 점유를 배제한 행위가 절도죄에 해당하는지 여부(적극)

## III. 법규연구 (형법)

제329조(절도) 타인의 재물을 절취한 자는 6년 이하의 징역 또는 1천만원 이하의 벌금에 처한다.

## IV. 관련 판례

### 1. 원심 (제주지법 2005. 10. 6. 선고 2005노294 판결)

피고인들에게는 불법영득 의사가 있었다고 볼 수밖에 없어 특수절도죄가 성립한다고 판단하였다.

### 2. 대법원 (대법원 2006. 3. 24., 선고, 2005도8081, 판결)

형법상 절취란 타인이 점유하고 있는 자기 이외의 자의 소유물을 점유자의 의사에 반하여 그 점유를 배제하고 자기 또는 제3자의 점유로 옮기는 것을 말하고, 절도죄의 성립에 필요한 불법영득의 의사란 권리자를 배제하고 타인의 물건을 자기의 소유물과 같이 그 경제적 용법에 따라 이용·처분할 의사를 말하는 것으로, 단순한 점유의 침해만으로는 절도죄를 구성할 수 없으나 영구적으로 그 물건의 경제적 이익을 보유할 의사가 필요한 것은 아니고, 소유권 또는 이에 준하는 본권을 침해하는 의사 즉 목적물의 물질을 영득할 의사이든 그 물질의 가치만을 영득할 의사이든을 불문하고 그 재물에 대한 영득의 의사가 있으면 족하다.

## V. 결 론

비록 채권을 확보할 목적이라고 할지라도 취거 당시에 점유 이전에 관한 점유자의 명시적·묵시적인 동의가 있었던 것으로 인정되지 않는 한 점유자의 의사에 반하여 점유를 배제하는 행위를 함으로써 절도죄는 성립하는 것이고, 그러한 경우에 특별한 사정이 없는 한 불법영득의 의사가 없었다고 할 수는 없다.

# 제10절 컴퓨터 저장정보가 절도죄의 재물에 해당하는지

## I. 사례요지

피고인 2가 피고인 1에게 피해자 회사에 보관된 직물원단고무코팅시스템의 설계도면과 공정도를 빼내 오도록 요구하고, 피고인 1은 이를 승낙한 후, 피해 회사 연구개발실에서 그곳 노트북 컴퓨터에 저장된 위 시스템의 설계도면을 A2용지에 2장을 출력하여 가지고 나와 이를 절취하였다.

## II. 논 점

1. 컴퓨터에 저장된 정보가 절도죄의 객체로서 재물에 해당하는지 여부(소극)
2. 이를 복사하거나 출력해 간 경우 절도죄를 구성하는지 여부(소극)
3. 컴퓨터 속의 정보를 빼내 갈 목적으로 종이에 출력하여 가져간 경우 그 정보가 기재된 그 문서에 대한 절도죄가 성립하는지 여부(소극)

## III. 법규연구 (형법)

제329조(절도) 타인의 재물을 절취한 자는 6년 이하의 징역 또는 1천만원 이하의 벌금에 처한다.

## IV. 관련 판례

### 1. 원심 (수원지법 2002. 1. 26. 선고 2001노3445 판결)

노트북 컴퓨터는 피해 회사가 그 직원인 피고인 지태선에게 업무용으로 지급한 것이고, 위 컴퓨터에 저장된 위 시스템의 설계도면은 피해 회사의 업무로서 피고인 1이 작성한 것인 사실, 위 시스템은 피해 회사가 독자적으로 개발하였고, 당시 피해 회사 외부에는 알려져 있지 아니하여 피해 회사의 입장에서 경제적 가치를 가지고 있는 것이며, 피해 회사는 상당한 노력을 기울여 이를 비밀로서 관리하여 온 사실을 인정한 다음, 위 인정 사실에 의하면 피고인 지태선이 위 컴퓨터에서 출력한 위 시스템의 설계도면은 절도죄의 객체인 '타인의 재물'에 해당하고, 피고인들이 위와 같은 행위를 함에 있어서는 절도죄의 성립에 필요한 불법영득의사가 있었다고 보여진다고 판단하여, 피고인들에 대하여 절도죄의 유죄를 선고한 제1심판결을 유지하였다.

## 2. 대법원 (대법원 2002. 7. 12., 선고, 2002도745, 판결)

가. 우선 절도죄의 객체는 관리가능한 동력을 포함한 '재물'에 한한다 할 것이고, 또 절도죄가 성립하기 위해서는 그 재물의 소유자 기타 점유자의 점유 내지 이용가능성을 배제하고 이를 자신의 점유하에 배타적으로 이전하는 행위가 있어야만 할 것인바, 컴퓨터에 저장된 '정보' 그 자체는 유체물이라고 볼 수도 없고, 물질성을 가진 동력도 아니므로 재물이 될 수 없다 할 것이며, 또 이를 복사하거나 출력하였다 할지라도 그 정보 자체가 감소하거나 피해자의 점유 및 이용가능성을 감소시키는 것이 아니므로 그 복사나 출력 행위를 가지고 절도죄를 구성한다고 볼 수도 없다 할 것인바, 위 법리에 비추어 이 사건을 살피건대, 만약 이 사건 공소사실이 위 <u>컴퓨터에 저장된 위 시스템의 설계 자료를 절취하였다는 것이라면, 이는 절도죄의 객체가 될 수 없는 '정보'를 절취하였다는 것이 되어 절도죄를 구성하지 아니한다 할 것이다.</u>

나. 다음으로 이 사건 공소사실이 위 컴퓨터에 저장된 위 시스템을 종이에 출력하여 생성된 '설계도면'을 절취한 것으로 본다면, 이 사건 공소사실 자체에 의하더라도 피고인이 위 시스템의 설계도면을 빼내 가기 위하여 위 컴퓨터에 내장되어 있던 위 설계도면을 A2용지에 2장을 출력하여 가지고 나왔다는 것이어서, 이와 같이 <u>피고인에 의하여 출력된 위 설계도면은 피해 회사의 업무를 위하여 생성되어 피해 회사에 의하여 보관되고 있던 문서가 아니라, 피고인이 가지고 갈 목적으로 피해 회사의 업무와 관계없이 새로이 생성시킨 문서라 할 것이므로, 이는 피해 회사 소유의 문서라고 볼 수는 없다 할 것이어서, 이를 가지고 간 행위를 들어 피해 회사 소유의 설계도면을 절취한 것으로 볼 수는 없다</u> 할 것이다(검사의 이 사건 공소사실은 피고인이 위 설계도면을 가지고 가 이를 절취한 사실을 문제삼는 것이 명백하다 할 것이고, 위 설계도면을 생성시키는 데 사용된 용지 자체를 절취하였다고 기소한 것으로는 보이지 않는다).

## V. 결 론

그렇다면 이 사건 공소사실은 그 자체로서 <u>절도죄를 구성하지 아니한다</u> 할 것이다.

# 제11절 권원 없이 타인 토지에 식재한 감나무에서 감을 수확한 경우

## I. 사례요지

놀고 있는 토지가 있어 그곳에 감나무를 심어 매년 감을 수확하고 있었다. 그런데 어느 날 갑자기 자기가 토지주인이라고 하면서 자기 땅에 심어진 과일나무기 토지주 소유이기 때문에 자기가 감을 수확하겠다고 한다. 그러면서 그동안 감나무를 심어 수확해간 사람을 절도죄로 신고하였다.

## II. 논 점

타인의 토지 위에 식재한 감나무에서 감을 수확한 것이 절도죄에 해당하는지 여부

## III. 법규연구

### 1. 형 법

제329조(절도) 타인의 재물을 절취한 자는 6년 이하의 징역 또는 1천만원 이하의 벌금에 처한다.

### 2. 민 법

제256조 (부동산에의 부합) 부동산의 소유자는 그 부동산에 부합한 물건의 소유권을 취득한다. 그러나 타인의 권원에 의하여 부속된 것은 그러하지 아니하다.

## IV. 관련 판례

### 1. 원심 (창원지법 1997. 12. 3. 선고 97노841 판결)

피고인이 권원 없이 식재한 판시 감나무의 소유권은 그 감나무가 <u>식재된 토지의 소유자인 피해자에게 있다</u>고 판단하였다.

### 2. 대법원 (대법원 1998. 4. 24., 선고, 97도3425, 판결)

타인의 토지상에 권원 없이 식재한 수목의 소유권은 토지소유자에게 귀속하고 권원에 의하여 식재한 경우에는 그 소유권이 식재한 자에게 있으므로, <u>권원 없이 식재한 감나무에서 감을 수확한 것은 절도죄에 해당한다.</u>

## V. 결 론

권원 없이 식재한 후 감나무에서 감을 수확한 행위는 <u>절도죄가 성립한다.</u>

## VI. 유사판례

### 1. 타인의 토지상에 식재한 수목의 소유권

타인의 토지상에 권원없이 식재한 수목의 소유권은 토지소유자에게 귀속되고 <u>권원에 의하</u> <u>여 식재한 경우에는 그 소유권이 식재한 자에게 있다.</u> (대법원 1980. 9. 30., 선고, 80도 1874, 판결)

### 2. 토지임차권에 기하여 식재된 수목을 토지경락인이 경락취득하는지

토지의 사용대차권에 기하여 그 토지상에 식재된 수목을 이를 식재한 자에게 그 소유권이 있고 그 토지에 부합되지 않는다 할 것이므로 비록 그 수목이 식재된 후에 경매 때문에 그 토지를 경락받았다고 하더라도 경락인은 그 <u>경매 때문에 그 수목까지 경락취득하는 것</u> <u>은 아니라고 할 것이다.</u> (대법원 1990. 1. 23., 자, 89다카21095, 결정)

### 3. 타인 소유의 토지에 사용수익의 권한없이 농작물을 경작한 경우

<u>타인 소유의 토지에 이를 사용수익할 만한 권한이 없이 농작물을 경작한 경우에 그 농작물</u> <u>의 소유권은 경작한 사람에게 귀속된다고 할 것인바</u>(대법원1968.6.4.선고, 68다613,614 판결 참조) 이 사건에 있어서 보면 판시 망 공소외 1 소유 논은 판시 공소외 2 명의로 소유 권이전등기가 경료되었으며 피고인이 망인의 딸 공소외 3으로 부터 매수하여 계속 경작하 여 오던 것이라 할지라도 피고인이 뽑아버린 콩은 공소외 2가 경작한 것임을 자인하고 있 을 터이므로 설사 장차 소송에 의하여 피고인 명의로 소유권이전등기를 받을 수 있는 형 편에 있고 또 공소외 2가 불법적으로 피고인의 경작을 방해하기 때문에 흥분한 나머지 범 한 것이라 할지라도 <u>피고인에 대한 재물손괴의 죄책을 면할 수 없다.</u> (대법원 1970. 3. 10., 선고, 70도82, 판결)

# 제12절 주간에 주거 침입하여 야간에 타인 재물 절취한 행위

## Ⅰ. 사례요지

15:40경 피해자가 운영하는 ○○모텔에 이르러, 피해자가 평소 비어 있는 객실의 문을 열어둔다는 사실을 알고 그곳 202호 안까지 들어가 침입한 다음, 같은 날 21:00경 그곳에 설치되어 있던 피해자 소유의 LCD 모니터 1대 시가 3만 원 상당을 가지고 나와 절취하였다.

## Ⅱ. 논 점

주간에 사람의 주거 등에 침입하여 야간에 타인의 재물을 절취한 행위를 야간주거침입절도죄로 처벌할 수 있는지

## Ⅲ. 법규연구 (형법)

제319조(주거침입, 퇴거불응) ① 사람의 주거, 관리하는 건조물, 선박이나 항공기 또는 점유하는 방실에 침입한 자는 3년 이하의 징역 또는 500만원 이하의 벌금에 처한다.

제329조(절도) 타인의 재물을 절취한 자는 6년 이하의 징역 또는 1천만원 이하의 벌금에 처한다.

제330조(야간주거침입절도) 야간에 사람의 주거, 간수하는 저택, 건조물이나 선박 또는 점유하는 방실에 침입하여 타인의 재물을 절취한 자는 10년 이하의 징역에 처한다.

## Ⅳ. 관련 판례

### 1. 원심 (서울고법 2010. 12. 23. 선고 2010노3058, 2010감노61 판결)

① 형법 제330조는 "야간에 사람의 주거, 간수하는 저택, 건조물이나 선박 또는 점유하는 방실에 침입하여 타인의 재물을 절취한 자는 10년 이하의 징역에 처한다."라고 규정하고 있는바, 그 문언에 비추어 '야간에'는 '침입하여'를 수식하거나 '침입하여'와 '절취한'을 모두 수식하는 것으로 해석하여야지, '침입하여'를 수식하지 않고 '절취한'만을 수식한다고 해석하기는 어려운 점, ② 만일 주간에 방실에 침입하여 야간에 타인의 재물을 절취한 때도 야간방실침입절도죄가 성립한다고 한다면, 주간에 방실에 침입하여 잠복하고 있다가 발각된 경우, 행위자가 야간절도를 계획했다고 진술하면 야간방실침입절도미수죄가 성립하고, 주간절도를 계획했다고 진술하면 절도죄는 실행의 착수가 없어 무죄가 되는바, 범죄의 성립이 행위자의 주장에 따라 달라지는 불합리한 결과가 초래되는 점 등을 근거로, 주간에 방실에 침입하여 야간에 재물을 절취한 때도 야간방실침입절도죄가 성립한다고 해석하는 것은 형벌법규를 지나치게 유

추 또는 확장해석하여 죄형법정주의의 원칙을 위반하는 것으로서 허용할 수 없다고 판단하여, 이 부분 공소사실을 무죄로 인정한 제1심판결을 그대로 유지하였다.

## 2. 대법원 (대법원 2011. 4. 14., 선고, 2011도300, 2011감도5, 판결)

가. 형법은 제329조에서 절도죄를 규정하고 곧바로 제330조에서 야간주거침입절도죄를 규정하고 있을 뿐, 야간절도죄에 관하여는 처벌규정을 별도로 두고 있지 아니하다. 이러한 형법 제330조의 규정형식과 그 구성요건의 문언에 비추어 보면, 형법은 야간에 이루어지는 주거침입행위의 위험성에 주목하여 그러한 행위를 수반한 절도를 야간주거침입절도죄로 중하게 처벌하고 있는 것으로 보아야 한다. 따라서 주거침입이 주간에 이루어진 경우에는 야간주거침입절도죄가 성립하지 않는다고 해석함이 상당하다.

이와 달리 만일 주거침입의 시점과는 무관하게 절취행위가 야간에 이루어지면 야간주거침입절도죄가 성립한다고 해석하거나, 주거침입 또는 절취 중 어느 것이라도 야간에 이루어지면 야간주거침입절도죄가 성립한다고 해석한다면, 이는 이 사건과 같이 주간에 주거에 침입하여 야간에 재물을 절취한 경우에도 야간주거침입절도죄의 성립을 인정하여 결국 야간절도를 주간절도보다 엄하게 처벌하는 결과가 되는바, 앞서 본 바와 같이 현행법상 야간절도라는 이유만으로 주간절도보다 가중하여 처벌하는 규정은 없을 뿐만 아니라, 재산범죄 일반에 관하여 야간에 범죄가 행하여졌다고 하여 가중처벌하는 규정이 존재하지 아니한다. 또한 절도행위가 야간에 이루어졌다고 하여 절도행위 자체만으로 주간절도에 비하여 피해자의 심리적 불안감이나 피해 증대 등의 위험성이 커진다고 보기도 어렵다. 나아가, 예컨대 일몰 전에 주거에 침입하였으나 시간을 지체하는 등의 이유로 절취행위가 일몰 후에 이루어진 경우 야간주거침입절도죄로 가중처벌하는 것은 주거침입이 일몰 후에 이루어진 경우와 그 행위의 위험성을 비교하여 볼 때 가혹하다 할 것이다.

나. 한편 야간주거침입절도죄는 주거에 침입한 단계에서 이미 실행에 착수한 것으로 보아야 한다는 것이 대법원의 확립된 판례인바(대법원 2006. 9. 14. 선고 2006도2824 판결 등 참조), 만일 주간에 주거에 침입하여 야간에 재물을 절취한 경우에도 야간주거침입절도죄의 성립을 인정한다면, 원심이 적절히 지적하고 있는 바와 같이 행위자가 주간에 주거에 침입하여 절도의 실행에는 착수하지 않은 상태에서 발각된 경우 야간에 절취할 의사였다고 하면 야간주거침입절도의 미수죄가 되고 주간절도를 계획하였다고 하면 주거침입죄만 인정된다는 결론에 이르는데, 결국 행위자의 주장에 따라 범죄의

성립이 좌우되는 불합리한 결과를 초래하게 된다.

## V. 결 론

위와 같은 여러 점을 종합하여 보면, 주간에 사람의 주거 등에 침입하여 야간에 타인의 재물을 절취한 행위는 형법 제330조의 야간주거침입절도죄를 구성하지 않는 것으로 봄이 상당하다. 따라서 주거침입죄와 절도죄의 경합범으로 처벌하면 될 것이다.

# 제13절 소유자 승낙 없이 오토바이를 타고 다른 장소에 버린 경우

## I. 사례요지

피고인이 강도상해 등의 범행을 저지르고 도주하기 위하여 피고인이 근무하던 상가 중국집 앞에 세워져 있는 오토바이를 소유자의 승낙 없이 타고 가서 그곳에서 멀리 떨어진 호텔 부근에 버린 다음 버스를 타고 가버렸다.

## II. 논 점

1. 자동차등불법사용죄의 적용 요건
2. 절도죄에 있어서 불법영득의 의사
3. 사안의 경우 자동차등불법사용죄가 아닌 절도죄가 성립하는지

## III. 법규연구 (형법)

제329조 (절도) 타인의 재물을 절취한 자는 6년이하의 징역 또는 1천만원이하의 벌금에 처한다.

제331조의2 (자동차등 불법사용) 권리자의 동의없이 타인의 자동차, 선박, 항공기 또는 원동기장치자전차를 일시 사용한 자는 3년 이하의 징역, 500만원 이하의 벌금, 구류 또는 과료에 처한다.

## IV. 관련 판례

### 1. 원심 (서울고법 2002. 6. 18. 선고 2002노847 판결)

피고인에게 위 오토바이를 불법영득할 의사가 없었다고 할 수 없어, 형법 제331조의2의 자동차등불법사용죄가 아닌 절도죄로 의율하였다.

### 2. 대법원 (대법원 2002. 9. 6., 선고, 2002도3465, 판결)

형법 제331조의2에서 규정하고 있는 자동차등불법사용죄는 타인의 자동차 등의 교통수단을 불법영득의 의사 없이 일시 사용하는 경우에 적용되는 것으로서 불법영득 의사가 인정되는 경우에는 절도죄로 처벌할 수 있을 뿐 본죄로 처벌할 수 없다 할 것이며, 절도죄의 성립에 필요한 불법영득의 의사란 권리자를 배제하고 타인의 물건을 자기의 소유물과 같이 이용, 처분할 의사를 말하고 영구적으로 그 물건의 경제적 이익을 보유할 의사임은 요치 않으며 일시사용의 목적으로 타인의 점유를 침탈한 경우에도 이

를 반환할 의사 없이 상당한 장시간 점유하고 있거나 본래의 장소와 다른 곳에 유기하는 경우에는 이를 일시 사용하는 경우라고는 볼 수 없으므로 영득의 의사가 없다고 할 수 없다 할 것이다(대법원 1984. 12. 26. 선고 84감도392, 1988. 9. 13. 선고 88도917 판결 등 참조).

## V. 결 론

원심이 이를 형법 제331조의2의 <u>자동차등불법사용죄가 아닌 절도죄로 의율한 조치는 정당하다.</u>

## Ⅵ 유사판례

### 1. 절도죄에 있어서 불법영득의 의사

절도죄의 성립에 필요한 불법영득의 의사란 권리자를 배제하고 타인의 물건을 자기의 소유물과 같이 이용 처분할 의사를 말하고 영구적으로 그 물건의 경제적 이익을 보유할 의사임을 요하지 않으며 일시사용의 목적으로 타인의 점유를 침탈할 때도 <u>이를 반환할 의사 없이 상당히 오래도록 점유하고 있거나 본래의 장소와 다른 곳에 유기하는 경우에는 이를 일시사용하는 경우라고는 볼 수 없으므로 영득의 의사가 없다고 할 수 없다.</u> (대법원 1988. 9. 13., 선고, 88도917, 판결)

### 2. 피해자의 승낙 없이 혼인신고서를 작성하기 위하여 피해자의 도장을 몰래 꺼내어 사용한 후 곧바로 제자리에 갖다 놓은 경우

피고인이 피해자의 승낙 없이 혼인신고서를 작성하기 위하여 피해자의 도장을 피해자의 집 안방 화장대 서랍에서 몰래 꺼내어 사용한 후 곧바로 제자리에 갖다 놓은 사실을 인정한 다음, 피고인에게 위 도장에 대한 <u>불법영득의 의사가 있었다고 인정할 수 없다.</u> (대법원 2000. 3. 28., 선고, 2000도493, 판결)

### 3. 내연관계 자의 물건을 가져 와 보관한 후 그가 이를 찾으러 오면 이를 반환하면서 타일러 다시 내연관계를 지속시킬 생각으로 이를 가져 온 경우

내연관계에 있던 여자가 계속 회피하며 만나 주지 않자 내연관계를 회복시켜 볼 목적으로 그녀의 물건을 가져 와 보관한 후 이를 찾으러 오면 그 때 그 물건을 반환하면서 타일러 다시 내연관계를 지속시킬 생각으로 물건을 가져 왔고 그녀의 가족에게 그 사실을 그녀에게 연락하라고 말하였으며 그 후 이를 보관하고 있으면서 이용 내지 소비하지 아니한 경우 <u>불법영득의 의사가 있다고 할 수 없다.</u> (대법원 1992. 5. 12., 선고, 92도280, 판결)

# 제14절 반환 의사로 피해자 동의 없이 차량을 일시 사용한 경우

## I. 사례요지

피고인(19세)은 공동피고인 乙(18세)과 함께 공동피고인의 삼촌인 甲 경영의 카센터를 방문하였다가, 마침 甲이 자리에 없고 그 친구인 丙이 동인 소유의 승용차를 위 카센터 앞 노상에 주차한 채 위 카센터의 숙소에서 잠을 자고 있자, 위 승용차를 절취하여 운전하기로 결의하고 원심 공동피고인은 위와 같이 잠을 자는 피해자의 바지 주머니에서 위 차량 열쇠를 꺼내어 피고인에게 건네주고, 피고인은 그 열쇠로 시동을 걸어 운전하고 가 위 차량을 절취하였다.

## II. 논 점

차량을 반환할 의사로 피해자의 동의 없이 일시 사용한 경우이므로 특수절도죄가 아닌 자동차등불법사용죄를 적용해야 하는지

## III. 법규연구 (형법)

제331조 (특수절도) ② 흉기를 휴대하거나 2인이상이 합동하여 타인의 재물을 절취한 자도 전항의 형과 같다.

제331조의2 (자동차등 불법사용) 권리자의 동의없이 타인의 자동차, 선박, 항공기 또는 원동기장치자전차를 일시 사용한 자는 3년 이하의 징역, 500만원 이하의 벌금, 구류 또는 과료에 처한다.

## IV. 관련 판례

### 1. 원심 (인천지법 1998. 6. 25. 선고 98노986 판결)

절도죄를 인정하였다.

### 2. 대법원 (대법원 1998. 9. 4., 선고, 98도2181, 판결)

공동피고인은 이 사건 차량을 소유자 몰래 타고 다닌 동기와 경위에 대하여 승용차를 운전하고 싶어 하루만 운전하고 돌아다니다가 돌려주려고 한 것이며 돈이 필요하여 승용차를 훔친 것은 아니며, 몰래 타고 다니는 동안 삼촌과 한번 통화하였는데 삼촌이 차를 갖고 돌아오라고 하였는데 빨리 돌아가지 아니하였다고 진술하고 있고, 피고인도 수사기관에서 조사를 받을 때 원심 공동피고인이 삼촌 친구의 차를 타고 다니자고 말하여 좋다고 찬성을 하여 제가 운전을 할 줄 안다며 운전을 하겠다고 하였으며, 처음에는 몰래 잠깐 타고 제자리에 갖다 놓으려고 훔치게 되었는데 마음이 변하여 계속 타

고 다닌 것이고, 돈이 필요하거나 다른 범죄에 사용하려고 자동차를 훔치게 된 것이 아니고 운전하고 싶은 충동에서 훔치게 된 것이라고 진술하고 있고, 피고인은 항소 및 상고이유서에서 위 원심 공동피고인이 차를 빌린 것이라고 하여 차량을 운전하였던 것이라고 주장하고 있다.

## V. 결 론

피고인, 원심 공동피고인 등과 차량 소유자인 피해자 등과의 관계 내지 이 사건 경위와 피고인 등이 이 사건 차량을 운전하고 며칠간 그들이 거주하는 부천 인근만을 돌아다니다가 불심 검문에 붙들려 차가 피해자에게 가환부된점 등 기록에 나타난 여러 사정에 비추어 본다면 피고인 등은 위 차량을 반환할 의사를 가지고 피해자의 동의 없이 일시 사용한 것이라고 볼 여지가 충분히 있고, 만일 사실이 그러하다면 피고인 등의 위와 같은 행위에 대하여 형법 제331조의2에서 규정하고 있는 <u>자동차등불법사용죄의 죄책을 물을 수 있음은 별론으로 하고, 특수절도죄로 의율, 처벌할 수는 없다</u> 할 것이다.

## VI 유사판례

### 1. 타인의 전화기를 무단사용하는 경우, 절도죄가 성립하는지 여부

타인의 전화기를 무단으로 사용하여 전화통화를 하는 행위는 전기통신사업자가 그가 갖추고 있는 통신선로, 전화교환기 등 전기통신설비를 이용하고 전기의 성질을 과학적으로 응용한 기술을 사용하여 전화가입자에게 음향의 송수신이 가능하도록 하여 줌으로써 상대방과의 통신을 매개하여 주는 역무, 즉 전기통신사업자에 의하여 가능하게 된 전화기의 음향송수신기능을 부당하게 이용하는 것으로, 이러한 내용의 역무는 무형적인 이익에 불과하고 물리적 관리의 대상이 될 수 없어 재물이 아니라고 할 것이므로 <u>절도죄의 객체가 되지 아니한다.</u> (대법원 1998. 6. 23., 선고, 98도700, 판결)

### 2. 피해자 소유의 오토바이를 타고 심부름을 가다가 마음이 변하여 그대로 타고 가버린 경우

피해자가 그 소유의 오토바이를 타고 심부름을 다녀오라고 하여서 그 오토바이를 타고 가다가 마음이 변하여 이를 반환하지 아니한 채 그대로 타고 가버렸다면 <u>횡령죄를 구성함은 별론으로 하고 적어도 절도죄를 구성하지는 아니한다.</u> (대법원 1986. 8. 19., 선고, 86도1093, 판결)

# 제15절 채권자를 폭행·협박하여 채무를 면탈함으로써 성립하는 강도죄에서 불법이득 의사 판단 방법

## I. 사례요지

피고인은 피해자가 운영하는 주점에서 159,000원 상당의 맥주를 마신 후, 종업원인 피해자 공소외 2(여, 25세)로부터 술값 지급을 요구받자 22,000원만 지급한 후 나머지 술값을 지급하지 않고 주점을 나가려고 하였다. 피고인을 붙잡고 나머지 술값을 지급할 것을 계속 요구하자, 피고인은 갑자기 피해자 공소외 1의 머리채를 잡아 넘어뜨린 후 얼굴을 주먹으로 수회 때리고 바닥에 쓰러져 있는 피해자 공소외 1의 머리와 복부를 발로 수회 차고 밟아 피해자 공소외 1을 실신하게 하였다. 이로써 피고인은 피해자들을 폭행하여 술값 요구를 단념하게 함으로써 합계 137,000원의 재산상 이익을 취득하고 그 과정에서 피해자에게 약 4주간의 치료가 필요한 상해를 가하였다.

## II. 논 점

채권자를 폭행·협박하여 채무를 면탈함으로써 성립하는 강도죄에서 불법이득 의사의 유무를 판단하는 방법

## III. 법규연구 (형법)

제333조(강도) 폭행 또는 협박으로 타인의 재물을 강취하거나 기타 재산상의 이익을 취득하거나 제삼자로 하여금 이를 취득하게 한 자는 3년 이상의 유기징역에 처한다.

## IV. 관련 판례

### 1. 원심 (서울고법 2020. 4. 9. 선고 2019노2458 판결)

피고인이 술값을 면하는 것이 피해자들을 폭행한 주된 목적은 아니었더라도 피고인이 주점 운영자인 피해자 공소외 1을 폭행함으로써 술값을 면하게 된다는 것을 인식하고 있었으므로 <u>피고인에게 적어도 미필적으로 강도의 고의가 인정된다.</u>

### 2. 대법원 (대법원 2021. 6. 30., 선고, 2020도4539, 판결)

가. 강도상해죄가 성립하려면 먼저 강도죄의 성립이 인정되어야 하고, 강도죄가 성립하려면 불법영득 또는 불법이득의 의사가 있어야 한다(대법원 2004. 5. 14. 선고 2004도1370 판결 등 참조). 채권자를 폭행·협박하여 채무를 면탈함으로써 성립하는 강도죄에서 불법이득 의사는 단순 폭력범죄와 구별되는 중요한 구성요건 표지이다. 폭

행·협박 당시 피고인에게 채무를 면탈하려는 불법이득 의사가 있었는지는 신중하고 면밀하게 심리·판단되어야 한다. 불법이득 의사는 마음속에 있는 의사이므로, 피고인과 피해자의 관계, 채무의 종류와 액수, 폭행에 이르게 된 경위, 폭행의 정도와 방법, 폭행 이후의 정황 등 범행 전후의 객관적인 사정을 종합하여 불법이득 의사가 있었는지를 판단할 수밖에 없다.

나. 원심판결 이유와 기록에 따르면 다음 사실을 알 수 있다.

① 피고인은 2019. 5. 27. 01:50경 피해자 공소외 1이 운영하는 주점에서 159,000원 상당의 맥주를 주문하여 마셨다.

② 피고인은 피해자 공소외 2로부터 술값 지급을 요구받고 2회에 걸쳐 현금 22,000원을 지급하고 주점을 나가려고 하였고, 피해자 공소외 2가 피고인을 주점 계산대 쪽으로 데리고 왔다. 피고인과 피해자 공소외 1은 그곳에서 말다툼하였고, 피해자 공소외 1이 손으로 피고인의 가슴을 밀치자, 피고인은 손으로 피해자 공소외 1을 가리키며 흥분한 모습을 보였다. 피고인과 피해자 공소외 1은 술값 문제로 서로 삿대질을 하며 계속 말다툼을 벌였고, 피고인이 술값을 지급하기 위하여 체크카드를 교부하였으나, 계좌의 잔액이 부족하여 결제되지 않았다. 피해자 공소외 2가 피고인에게 계좌이체를 해도 된다고 하였으나, 피고인은 '계좌이체를 할 줄 모른다.'라고 하면서 술값 지급을 거부하였다. 이후 피고인과 피해자 공소외 1의 말다툼이 심해졌고, 그 과정에서 피해자 공소외 1이 계산대 위에 있던 손전등을 들어 피고인의 얼굴에 비추고, 손전등으로 피고인의 팔이나 몸통을 툭툭 치거나 꾹꾹 누르는 등 행위를 하자, 피고인이 팔을 휘저으며 이를 뿌리치기도 하였다.

③ 피고인이 피해자 공소외 1을 피해 주점 출입문 쪽으로 나가려 하자, 피해자 공소외 1이 뒤에서 피고인의 옷을 잡아당겼고, 이에 피고인이 뒤돌아서며 피해자 공소외 1의 머리채를 잡고 넘어뜨린 후 주먹으로 피해자 공소외 1의 얼굴을 때리면서 "니가 나를 무시해." 등과 같은 욕설을 하였다. 피고인은 자신을 만류하는 피해자 공소외 2를 주먹으로 때렸고, 피해자 공소외 2가 주점 밖으로 피신하자, 바닥에 쓰러져 있던 피해자 공소외 1의 머리를 수차례 발로 차는 등 폭행을 계속하였고, 이에 피해자 공소외 1은 실신하였다. 이후 피해자 공소외 2가 주점으로 돌아와 다시 피고인을 만류하자, 피고인은 주먹으로 피해자 공소외 2를 때렸고, 피해자 공소외 2가 주점 밖으로 도망가자 피고인은 피해자 공소외 2를 따라서 주점 밖으로 나갔다. 피고인은 잠시 후 주점으로 돌아와 쓰러져 있던 피해자 공소외 1의 머리와 몸통을 수차례 발로 차고, 근처

에 있던 우산꽂이를 집어 들어 피해자 공소외 1을 향해 내리친 후 피해자 공소외 1의 머리를 수회 걷어찼다.

④ 이후 피고인은 주점에 머무르다가 신고를 받고 출동한 경찰관에 의하여 현행범으로 체포되었는데, 경찰관들이 주점에 도착하였을 당시 피고인은 주점 바닥에 누워 있었다.

다. 이러한 사실관계와 기록을 통해 알 수 있는 다음 사정에 따르면,

① 피고인은 피해자 공소외 1과 술값 지급 문제로 실랑이를 하던 중 피해자 공소외 1이 자신의 얼굴에 손전등을 들이대고, 손전등으로 자신의 몸을 미는 등 행위를 하자 흥분한 상태였고, 피해자 공소외 1이 주점을 나가려는 자신의 옷을 잡아당기자 격분하여 피해자 공소외 1을 폭행하고, 이를 말리는 피해자 공소외 2를 폭행했다.

② 피해자 공소외 2는 피고인의 폭행을 피해 주점 밖으로 피신하였고, 피해자 공소외 1은 주점 바닥에 쓰러져 저항이 불가능했다. 따라서 피고인이 술값 채무를 면탈할 의사가 있었다면 그때 현장을 벗어나는 것이 자연스럽다. 그런데도 피고인은 피해자 공소외 2를 쫓아 주점 밖으로 나갔다가 다시 주점으로 돌아와 피해자 공소외 1을 폭행하였고, 이후 신고를 받고 출동한 경찰관이 현장에 도착하였을 때는 주점 바닥에 누워 있었다.

③ 피고인이 주점에서 지급하지 않은 술값이 큰 금액은 아니다. 피고인은 공사현장의 일용직 근로자로 일하고 있어 소득이 있었고, 이 사건 당일 이 사건 주점에 오기 전 다른 노래방이나 주점 등에서 수회에 걸쳐 별다른 문제 없이 술값 등을 결제했다.

## V. 결 론

그렇다면, 피고인이 피해자들을 폭행할 당시 술값 채무를 면탈하려는 불법이득 의사를 가지고 있었다고 보기는 어렵다. 따라서 원심판결에는 강도상해죄의 불법이득 의사에 관한 법리를 오해하여 판결에 영향을 미친 잘못이 있다.

## VI 유사판례

### 1. 강취한 은행예금통장을 이용하여 은행직원을 기망하여 예금환급 명목으로 금원 인출함이 불가벌적 사후행위인지 여부

영득죄에 의하여 취득한 장물을 처분하는 것은 재산죄에 수반하는 불가벌적 사후행위에 불과하므로 다른 죄를 구성하지 않는다 하겠으나 강취한 은행예금통장을 이용하여 은행직원을 기망하여 진실한 명의인이 예금의 환급을 청구하는 것으로 오신케 함으로써 예금의 환급 명목으로 금원을 편취하는 것은 다시 새로운 법익을 침해하는 행위이므로 장물의 단순한 사후처분과는 같지 아니하고 별도의 사기죄를 구성한다. (법원 1990. 7. 10., 선고, 90도1176, 판결)

# 제16절 날치기 수법으로 피해자 가방을 탈취하면서 상해를 입힌 경우

## Ⅰ. 사례요지

피해자가 현금인출기에서 돈을 인출하여 가방에 넣고 나오는 것을 발견하고 피해자의 뒤쪽 왼편으로 접근하여 피해자의 왼팔에 끼고 있던 손가방의 끈을 오른손으로 잡아당겼으나 피해자는 가방을 놓지 않으려고 버티다가 몸이 돌려지면서 등을 바닥 쪽으로 하여 넘어졌다. 피해자는 바닥에 넘어져 끌려가는 과정에서 왼쪽 무릎이 조금 긁히고 왼쪽 어깨부위에 견관절 염좌상을 입었다.

## Ⅱ. 논 점

1. '날치기'의 수법의 점유탈취 과정에서 벌어진 강제력의 행사가 피해자의 반항을 억압하거나 항거 불능케 할 정도인 경우
2. 강도죄의 폭행에 해당하는지 여부(적극)

## Ⅲ. 법규연구 (형법)

제333조 (강도) 폭행 또는 협박으로 타인의 재물을 강취하거나 기타 재산상의 이익을 취득하거나 제삼자로 하여금 이를 취득하게 한 자는 3년 이상의 유기징역에 처한다.
제337조 (강도상해, 치상) 강도가 사람을 상해하거나 상해에 이르게 한 때에는 무기 또는 7년 이상의 징역에 처한다.
제329조 (절도) 타인의 재물을 절취한 자는 6년 이하의 징역 또는 1천만원 이하의 벌금에 처한다.

## Ⅳ. 관련 판례

### 1. 원심 (대구고법 2007. 8. 23. 선고 2007노193 판결)

피고인들의 행위를 강도치상죄가 아닌 <u>절도죄 및 상해죄의 경합범</u>으로 의율하였다.

### 2. 대법원 (대법원 2007. 12. 13., 선고, 2007도7601, 판결)

가. 이른바 '날치기'와 같이 강제력을 사용하여 재물을 절취하는 행위가 때로는 피해자를 넘어뜨리거나 부상케 하는 경우가 있고, 그러한 결과가 피해자의 반항 억압을 목적으로 함이 없이 점유탈취의 과정에서 우연히 가해진 경우라면 이는 강도가 아니라 절도에 불과하다고 보아야 할 것이지만(대법원 2003. 7. 25. 선고 2003도2316 판결

참조), 그 강제력의 행사가 사회통념상 객관적으로 상대방의 반항을 억압하거나 항거 불능케 할 정도의 것이라면 이는 강도죄에서의 폭행에 해당하므로(대법원 2004. 10. 28. 선고 2004도4437 판결 등 참조), 날치기 수법의 점유탈취 과정에서 이를 알아채고 재물을 뺏기지 않으려는 피해자의 반항에 부딪혔음에도 계속하여 피해자를 끌고 가면서 억지로 재물을 빼앗은 행위는 피해자의 반항을 억압한 후 재물을 강취한 것으로서 강도의 죄로 의율함이 마땅하다.

나. 피고인 1이 피해자로부터 가방을 탈취하면서 피해자에게 사용한 강제력이 단지 피해자로부터 순간적이고 강력한 방법으로 가방을 절취하는 날치기 수법의 절도행위 과정에서 우연히 가해진 것에 불과하다고 볼 수는 없으며, 이는 가방을 뺏기지 않으려는 피해자의 반항을 억압하기 위한 목적에서 행해진 것이고 또 피해자의 반항을 억압하기에 족한 정도의 폭행에 해당한다 할 것이다.

## V. 결 론

날치기 수법으로 피해자가 들고 있던 가방을 탈취하면서 가방을 놓지 않고 버티는 피해자를 5m가량 끌고 감으로써 피해자의 무릎 등에 상해를 입힌 경우, 반항을 억압하기 위한 목적으로 가해진 강제력으로서 그 반항을 억압할 정도에 해당한다고 보아 강도치상죄가 성립한다.

## VI 유사판례

### 1. 날치기 수법에 의한 절도범이 점유탈취의 과정에서 우연히 피해자를 넘어지게 하거나 부상케 하는 경우

날치기와 같이 강력적으로 재물을 절취하는 행위는 때로는 피해자를 전도시키거나 부상케 하는 경우가 있고, 구체적인 상황에 따라서는 이를 강도로 인정하여야 할 때가 있다 할 것이나, 그와 같은 결과가 피해자의 반항 억압을 목적으로 함이 없이 점유탈취의 과정에서 우연히 가해진 경우라면 이는 절도에 불과한 것으로 보아야 한다. (대법원 2003. 7. 25., 선고, 2003도2316, 판결)

# 제17절 강취 또는 갈취한 현금카드로 현금자동지급기에서 예금인출 행위

## I. 사례요지

피고인들은 합동하여 ○○우체국에서, 피고인 1은 위 우체국 밖에서 망을 보고, 피고인 2는 그곳에 설치된 피해자 ○○우체국이 관리하는 현금자동지급기에 같은 날 공소외 1로부터 강취한 은행 현금카드를 집어넣고, 공소외 1을 협박하여 알아낸 비밀번호를 입력하여 6회에 걸쳐 현금 420만 원을 인출하여 절취였다

## II. 논 점

1. **갈취한** 현금카드를 사용하여 현금자동지급기에서 예금을 인출한 행위가 공갈죄와 별도로 절도죄를 구성하는지 여부(소극)

2. **강취한** 현금카드를 사용하여 현금자동지급기에서 예금을 인출한 행위가 강도죄와 별도로 절도죄를 구성하는지 여부(적극)

## III. 법규연구 (형법)

제329조 (절도) 타인의 재물을 절취한 자는 6년 이하의 징역 또는 1천만원 이하의 벌금에 처한다.

제333조 (강도) 폭행 또는 협박으로 타인의 재물을 강취하거나 기타 재산상의 이익을 취득하거나 제삼자로 하여금 이를 취득하게 한 자는 3년 이상의 유기징역에 처한다.

제350조 (공갈) ① 사람을 공갈하여 재물의 교부를 받거나 재산상의 이익을 취득한 자는 10년 이하의 징역 또는 2천만원 이하의 벌금에 처한다.

② 전항의 방법으로 제삼자로 하여금 재물의 교부를 받게 하거나 재산상의 이익을 취득하게 한 때에도 전항의 형과 같다.

제37조 (경합범) 판결이 확정되지 아니한 수개의 죄 또는 금고 이상의 형에 처한 판결이 확정된 죄와 그 판결확정 전에 범한 죄를 경합범으로 한다.

## IV. 관련 판례

### 1. 원심 (부산고법 2007. 1. 25. 선고 2006노736 판결)

예금주인 현금카드 소유자를 협박하여 그 카드를 강취하였고, 하자 있는 의사표시이기는 하지만 피해자의 승낙에 의하여 현금카드를 사용할 권한을 부여받아 이를 이용하여 현금을 인출한 이상, 피해자가 그 승낙의 의사표시를 취소하기까지는 현금카드를 적법·유효하게 사용할 수 있고, 은행의 경우에도 피해자의 지급정지 신청이 없는 한

피해자의 의사에 따라 그의 계산으로 적법하게 예금을 지급할 수밖에 없는 것이므로, 피고인들이 피해자로부터 현금카드를 사용한 예금인출의 승낙을 받고 현금카드를 교부받은 행위와 이를 사용하여 현금자동지급기에서 예금을 인출한 행위는 모두 피해자의 예금을 강취하고자 하는 피고인의 단일하고 계속된 범의 아래에서 이루어진 일련의 행위로서 포괄하여 하나의 강도죄를 구성한다고 볼 것이지, 현금자동지급기에서 피해자의 예금을 취득한 행위를 현금자동지급기 관리자의 의사에 반하여 그가 점유하고 있는 현금을 절취한 것이라 하여 이를 현금카드 강취행위와 분리하여 따로 절도죄로 처단할 수는 없다.

## 2. 대법원 (대법원 2007. 5. 10., 선고, 2007도1375, 판결)

### 가. 갈취한 경우 (공갈)

예금주인 현금카드 소유자를 협박하여 그 카드를 갈취한 다음 피해자의 승낙에 의하여 현금카드를 사용할 권한을 부여받아 이를 이용하여 현금자동지급기에서 현금을 인출한 행위는 모두 피해자의 예금을 갈취하고자 하는 피고인의 단일하고 계속된 범의 아래에서 이루어진 일련의 행위로서 포괄하여 하나의 공갈죄를 구성한다고 볼 것이므로, 현금자동지급기에서 피해자의 예금을 인출한 행위를 현금카드 갈취행위와 분리하여 따로 절도죄로 처단할 수는 없는 것이다(대법원 1996. 9. 20. 선고 95도1728 판결 등 참조).

왜냐하면, 위 예금인출 행위는 하자 있는 의사표시이기는 하지만 피해자의 승낙에 기한 것이고, 피해자가 그 승낙의 의사표시를 취소하기까지는 현금카드를 적법, 유효하게 사용할 수 있으므로, 은행으로서도 피해자의 지급정지 신청이 없는 한 그의 의사에 따라 그의 계산으로 적법하게 예금을 지급할 수밖에 없기 때문이다.

### 나. 강취한 경우 (강도)

강도죄는 공갈죄와는 달리 피해자의 반항을 억압할 정도로 강력한 정도의 폭행·협박을 수단으로 재물을 탈취하여야 성립하는 것이므로, 피해자로부터 현금카드를 강취하였다고 인정되는 경우에는 피해자로부터 현금카드의 사용에 관한 승낙의 의사표시가 있었다고 볼 여지가 없다. 따라서 강취한 현금카드를 사용하여 현금자동지급기에서 예금을 인출한 행위는 피해자의 승낙에 기한 것이라고 할 수 없으므로, 현금자동지급기 관리자의 의사에 반하여 그의 지배를 배제하고 그 현금을 자기의 지배하에 옮겨 놓는 것이 되어서 강도죄와는 별도로 절도죄를 구성한다고 할 것이다(대법원 2007. 4. 13. 선고 2007도1377 판결 참조).

## V. 결 론

강취(강도)와 갈취(공갈)의 경우로 나누어 판단하고 있다.

즉 <u>갈취의 경우에는 갈취행위와 분리하여 따로 절도죄로 처단할 수는 없고, 강취의 경우는 강도죄와는 별도로 절도죄를 구성한다고 하였다.</u>

# 제18장

# 사기와 공갈의 죄

## 제1관 사기죄

## 제1절 소송사기가 성립하기 위한 요건

## Ⅰ. 사례요지

피해자는 공소외 1을 상대로 한 205,000,000원 상당의 손해배상청구소송에서 승소판결을 선고받아 그 판결이 확정되었고, 2018. 2. 7. 청주지방법원에 피고인을 상대로 하여 '피고인이 2015. 12.경 공소외 1로부터 평택시 (주소 생략) 대지와 건물을 매수한 것은 사해행위에 해당하므로 205,000,000원 범위에서 그 취소를 구한다.'라는 내용의 사해 행위취소소송을 제기하였다.

## Ⅱ. 논 점

1. 소송사기를 인정할 때 유의할 사항
2. 소송사기가 성립하기 위한 요건

## Ⅲ. 법규연구 (형법)

제347조(사기) ① 사람을 기망하여 재물의 교부를 받거나 재산상의 이익을 취득한 자는 10년 이하의 징역 또는 2천만원 이하의 벌금에 처한다.

제352조(미수범) 제347조 내지 제348조의2, 제350조, 제350조의2와 제351조의 미수범은 처벌한다.

## Ⅳ. 관련 판례

### 1. 원심 (청주지법 2022. 1. 12. 선고 2021노302 판결)

피고인이 공소외 2와의 금융거래 전부터 피고인의 부동산에 처분금지가 처분결정을 받은 피해자의 존재를 이미 알고 있었고, 공소외 2와의 민사조정으로 부담하게 된 6억원의 가액배상금을 실제 변제하지도 않으면서 공소외 2로부터 6억원을 송금받아 다시 반환하는 방법으로 허위 변제의 외관을 형성한 것에 불과하므로 허위 주장 및 증거 제출의 고의로 사기죄의 실행에 착수하였음을 인정하여, 이 사건 공소사실을 <u>유죄로 판단한 제1심판결을 그대로 유지하였다.</u>

## 2. 대법원 (대법원 2022. 5. 26., 선고, 2022도1227, 판결)

가. 소송사기는 법원을 기망하여 자기에게 유리한 판결을 얻음으로써 상대방의 재물 또는 재산상 이익을 취득하는 것을 내용으로 하는 범죄로서, 이를 처벌하는 것은 필연적으로 누구든지 자기에게 유리한 주장을 하고 소송을 통하여 권리구제를 받을 수 있다는 민사재판제도의 위축을 가져올 수밖에 없으므로, 피고인이 범행을 인정한 때 외에는 소송상의 주장이 사실과 다름이 객관적으로 명백하거나 피고인이 소송상의 주장이 명백히 허위인 것을 인식하였거나 증거를 조작하려고 한 흔적이 있는 등의 경우 외에는 이를 쉽사리 유죄로 인정하여서는 안 된다.

그리고 소송사기가 성립하기 위하여는 주장하는 채권이 존재하지 않는다는 것만으로는 부족하고 그 주장의 채권이 존재하지 않는 사실을 잘 알면서도 허위의 주장과 증명으로써 법원을 기망한다는 인식을 하고 있어야만 하고, 단순히 사실을 잘못 인식하였다거나 법률적 평가를 잘못하여 존재하지 않는 권리를 존재한다고 믿는 등의 행위로는 사기죄를 구성하지 않는다(대법원 2018. 12. 28. 선고 2018도13305 판결, 대법원 2020. 1. 16. 선고 2017도10896 판결 등 참조).

나. 원심의 판단은 다음과 같은 이유로 수긍하기 어렵다.

① 공소외 2의 수사기관 및 제1심법정에서의 진술로 보아, 공소외 2는 피고인과의 민사조정 당시 피고인이 장차 사해행위 대상 부동산을 유리한 가격으로 처분하여 배상금을 지급할 때까지 그 이행기한을 유예하되, 자신의 친인척 등 계좌를 통한 송금과정을 거쳐 일단 조정조서상의 가액배상금 6억원을 지급받은 것으로 하는 내용의 합의를 하였다고 보인다.

② 피고인 또한 수사기관에서, 공소외 2가 조정조서를 권원으로 하여 임의로 경매 등 강제집행을 진행하지 못하도록 일단 조정조서에 기한 6억원의 채무를 이행하였다는 의미로 금융거래를 하고 추후 부동산 매각대금으로 6억원을 변제하기로 합의한 것이라고 진술하여 공소외 2의 진술 내용과 모순됨이 없다.

③ 나아가 피고인은 이 사건 소송을 대리한 변호사와의 법률상담을 통해 공소외 2에 대한 민사조정 결과에 따라 조정조서상의 금원을 상환한 것으로 하되 공소외 2로부터 해당 금원을 빌리는 별개의 채무부담약정을 한 것으로 해석된다는 의견에 따라 그러한 내용의 항변을 기재한 준비서면이 제출되도록 한 것이었다.

④ 또한, 피고인과 공소외 2 사이의 금융거래내역은 그 자체로 허위가 아닐 뿐만 아니라, 피고인이 그 무렵 피해자의 채권이 존재함을 알고 있었다고는 하더라도 이 사건

소송 제기 사실을 뒤늦게 알고 추완항소를 제기한 때로부터 5~6개월 전 행한 송금행위를 소송 증거를 조작한 행위라고 보기도 어렵다.

## V. 결 론

피고인이 공소외 2와의 사이에 조정조서상의 가액배상금이 지급된 것으로 하고 6억 원의 별개 채무를 이행하기로 새로운 약정을 한 것이라거나 또는 선행 사해 행위취소 소송 당사자였던 공소외 2의 채권액이 사해행위 대상 부동산의 담보가치에서 제외되어야 한다는 판단으로 위 가액배상의 변제를 주장하고 해당 금융거래내역을 제출한 것이라고 볼 여지가 크고, 이러한 주장이 민사법원에서 받아들여지지 않았다고 하더라도 그것이 객관적으로 허위임이 명백하다거나 피고인이 허위의 주장과 증명으로써 법원을 기망한다는 인식을 하고 있었다고 단정하기는 어려우며, 그 밖에 피고인이 증거를 조작하였다고 볼 만한 사정도 찾을 수 없다. 그럼에도 이와 달리 본 원심판단에는 소송사기에 관한 법리를 오해하여 판결 결과에 영향을 미친 잘못이 있다.

## VI 유사판례

### 1. 사위소송에 있어서 소송사기의 실행 착수 시기

소송사기는 법원을 기망하여 자기에게 유리한 판결을 얻고 이에 터 잡아 상대방으로부터 재물의 교부를 받거나 재산상 이익을 취득하는 것을 말하는 것으로서 소송에서 주장하는 권리가 존재하지 않는 사실을 알고 있으면서도 법원을 기망한다는 인식을 가지고 소를 제기하면 이로써 실행의 착수가 있고 소장의 유효한 송달을 요하지 아니한다고 할 것인바, 이러한 법리는 제소자가 상대방의 주소를 허위로 기재함으로써 그 허위주소로 소송서류가 송달되어 그로 인하여 상대방 아닌 다른 사람이 그 서류를 받아 소송이 진행된 경우에도 마찬가지로 적용된다. (대법원 2006. 11. 10., 선고, 2006도5811, 판결)

### 2. 채무를 면탈할 목적으로 존재하지 않는 제3자에 대한 채권을 양도한 경우

사기죄는 사람을 기망하여 자기 또는 제3자로 하여금 재물 또는 재산상의 이익을 얻거나 얻게 하는 경우에 성립하는 것인 바, 자기의 채권자에 대한 채무이행으로 채권을 양도하였다 하더라도 위 채권이 존재하지 않는다면 이를 양도하였다 하여 권리이전의 효력을 발생할 수 없는 것이고 따라서 채권자에 대한 기존의 채무도 소멸하는 것이 아니므로 채무면탈의 효과도 발생할 수 없어 위 채권의 양도로써 재산상의 이득을 취하였다고는 볼 수 없으므로 사기죄는 성립하지 않는다. (대법원 1985. 3. 12., 선고, 85도74, 판결)

# 제2절 국가적 또는 공공적 법익을 침해한 경우 사기죄성립 요건

## I. 사례요지

주유소를 운영하는 피고인이 농·어민 등에게 조세특례제한법에 정한 면세유를 공급하지 않았으면서도 위조된 면세유류공급확인서를 작성하여 정유회사에 송부하고, 그 정을 모르는 정유회사 직원으로 하여금 위조된 면세유류공급확인서를 세무서에 제출하도록 하여 이에 속은 세무서 직원으로 하여금 국세 및 지방세를 정유회사에 환급하게 함으로써 피해자인 국가 및 지방자치단체로부터 환급세액 상당을 편취하였다.

## II. 논 점

1. 기망행위에 의하여 국가적 또는 공공적 법익을 침해한 경우, 형법상 사기죄가 성립하기 위한 요건

2. 기망행위에 의하여 조세를 포탈하거나 조세의 환급·공제를 받은 경우, 형법상 사기죄가 성립하는지 여부(소극)

## III. 법규연구

### 1. 형 법

제347조(사기) ① 사람을 기망하여 재물의 교부를 받거나 재산상의 이익을 취득한 자는 10년 이하의 징역 또는 2천만원 이하의 벌금에 처한다.

### 2. 조세범 처벌법

제3조(조세 포탈 등) ① 사기나 그 밖의 부정한 행위로써 조세를 포탈하거나 조세의 환급·공제를 받은 자는 2년 이하의 징역 또는 포탈세액, 환급·공제받은 세액(이하 "포탈세액등"이라 한다)의 2배 이하에 상당하는 벌금에 처한다. 다만, 다음 각 호의 어느 하나에 해당하는 경우에는 3년 이하의 징역 또는 포탈세액등의 3배 이하에 상당하는 벌금에 처한다.

1. 포탈세액등이 3억원 이상이고, 그 포탈세액등이 신고·납부하여야 할 세액(납세의무자의 신고에 따라 정부가 부과·징수하는 조세의 경우에는 결정·고지하여야 할 세액을 말한다)의 100분의 30 이상인 경우

2. 포탈세액등이 5억원 이상인 경우

## IV. 관련 판례

### 1. 원심 (서울고법 2021. 6. 4. 선고 2020노2026 판결)

무죄로 판단한 제1심판결을 그대로 유지하였다.

## 2. 대법원 (대법원 2021. 11. 11., 선고, 2021도7831, 판결)

기망행위에 의하여 국가적 또는 공공적 법익을 침해한 경우라도 그와 동시에 형법상 사기죄의 보호법익인 재산권을 침해하는 것과 동일하게 평가할 수 있는 때에는 당해 행정법규에서 사기죄의 특별관계에 해당하는 처벌규정을 별도로 두고 있지 않은 한 사기죄가 성립할 수 있다.

## V. 결 론

그런데 기망행위에 의하여 조세를 포탈하거나 조세의 환급·공제를 받은 경우에는 조세범 처벌법에서 이러한 행위를 처벌하는 규정을 별도로 두고 있을 뿐만 아니라, 조세를 강제적으로 징수하는 국가 또는 지방자치단체의 직접적인 권력작용을 사기죄의 보호법익인 재산권과 동일하게 평가할 수 없는 것이므로, 기망행위에 의하여 조세를 포탈하거나 조세의 환급·공제를 받은 경우에는 조세범 처벌법 위반죄가 성립함은 별론으로 하고, 형법상 사기죄는 성립할 수 없다(대법원 2008. 11. 27. 선고 2008도7303 판결 참조).

# 제3절 면세유를 공급한 것처럼 부당 발급받은
# 면세유류공급확인서로 부가가치세 등에 상당한 석유류 취득

## Ⅰ. 사례요지

피고인은 주유소를 운영하면서 농민들에게 면세된 가격으로 석유류를 공급해 준 사실이 없음에도 농업협동조합으로부터 면세유류공급확인서를 부당하게 발급받아 이를 이용하여 농민들에게 석유류를 면세된 가격에 공급한 것처럼 정유회사를 기망하여 위 주유소가 위 회사로부터 석유류를 공급받으면서 부담한 부가가치세나 교통세 등에 상당하는 석유류를 교부받았다.

## Ⅱ. 논 점

1. 석유정제업자에게 현실적인 재산상 손해가 없더라도 사기죄가 성립하는지

2. 부가가치세 포탈 의도로 거래상대방에게 세금계산서를 교부하지 않고 부가가치세 확정신고시 고의로 그 매출액을 누락한 경우, 조세범 처벌법상 조세포탈죄 성립여부

## Ⅲ. 법규연구

### 1. 형 법

제347조 (사기) ① 사람을 기망하여 재물의 교부를 받거나 재산상의 이익을 취득한 자는 10년 이하의 징역 또는 2천만원 이하의 벌금에 처한다.

② 전항의 방법으로 제삼자로 하여금 재물의 교부를 받게 하거나 재산상의 이익을 취득하게 한 때에도 전항의 형과 같다.

### 2. 조세범 처벌법

제3조(조세 포탈 등) ① 사기나 그 밖의 부정한 행위로써 조세를 포탈하거나 조세의 환급·공제를 받은 자는 2년 이하의 징역 또는 포탈세액, 환급·공제받은 세액(이하 "포탈세액등"이라 한다)의 2배 이하에 상당하는 벌금에 처한다. 다만, 다음 각 호의 어느 하나에 해당하는 경우에는 3년 이하의 징역 또는 포탈세액등의 3배 이하에 상당하는 벌금에 처한다.

1. 포탈세액등이 3억원 이상이고, 그 포탈세액등이 신고·납부하여야 할 세액(납세의무자의 신고에 따라 정부가 부과·징수하는 조세의 경우에는 결정·고지하여야 할 세액을 말한다)의 100분의 30 이상인 경우

2. 포탈세액등이 5억원 이상인 경우

## IV. 관련 판례

### 1. 원심 (창원지법 2006. 9. 6. 선고 2006노594 판결)

가. 사기혐의에 대해 유죄로 인정하였다.

나. 그러나 피고인이 현대오일뱅크로부터 석유제품을 구입하면서 거래 징수당한 부가가치세액을 되돌려받는 때에 사기 기타 부정한 방법으로 조세를 환급받는 죄가 성립하므로, 농민에게 면세유류로 공급된 것으로 처리되었으나 실제로는 피고인이 보관하고 있던 석유류를 공소외인에게 세금계산서 없이 판매하였더라도 별도의 부가가치세 포탈이 일어나는 것은 아니라고 단정하여, 각 조세범처벌법 위반의 공소사실에 대하여 무죄를 선고한 제1심판결을 유지하였다.

### 2. 대법원 (대법원 2009. 1. 15., 선고, 2006도6687, 판결)

가. 사기죄는 타인을 기망하여 그로 인한 하자 있는 의사에 기하여 재물의 교부를 받거나 재산상의 이익을 취득함으로써 성립되는 것으로, 사기죄의 본질은 기망에 의한 재물이나 재산상의 이득 취득에 있고 상대방에게 현실적으로 재산상 손해가 발생함을 그 요건으로 하지 않는다(대법원 1987. 12. 22. 선고 87도2168 판결, 대법원 2008. 11. 27. 선고 2008도7303 판결 등 참조).

피고인이 현대오일뱅크를 기망하여 재물의 교부를 받은 이상 현대오일뱅크에 대하여 사기죄가 성립한다고 할 것이고, 이로 인하여 현대오일뱅크에 현실적으로 재산상 손해가 없다고 하여 달리 볼 것은 아니다.

그리고 재물편취를 내용으로 하는 사기죄에 있어서 편취액은 특별한 사정이 없는 한 피해자로부터 교부된 재물인바, 피고인이 농민에게 면세된 가격으로 석유류를 공급한 것처럼 현대오일뱅크를 기망하기 위해 원심 공동피고인들로부터 면세유구매전표를 구입하는 데 비용이 소요되었고 피고인이 편취한 석유류로 인한 이익금 중 일부가 위 비용의 지급을 위해 원심 공동피고인들에게 건네졌다고 하더라도 편취액을 산정함에 있어 그와 같은 금액이 공제되어야 하는 것은 아니다.

나. 조세범처벌법 제9조 제1항이 규정하는 조세포탈죄는 조세의 적정한 부과·징수를 통한 국가의 조세수입 확보를 보호법익으로 하는 것으로서 사기 기타 부정한 행위로써 조세의 부과와 징수를 불가능하게 하거나 현저히 곤란하게 함으로써 성립하는바(대법원 2007. 2. 15. 선고 2005도9546 전원합의체 판결 참조), 석유정제업자로부터 석유류를 공급받아 다시 주유소에 공급하는 사업자(이하 '대리점'이라 한다)가 석유정

제업자로부터 공급받은 석유류 중 일부를 제3자에게 공급하면서 부가가치세를 포탈할 의도로 세금계산서를 교부하지 않은 다음 부가가치세확정신고를 하면서 고의로 그 매출액을 신고에서 누락하였다면, 이는 사기 기타 부정한 행위로써 부가가치세의 부과와 징수를 불가능하게 하거나 현저하게 곤란하게 한 것으로 볼 수 있으므로 조세범처벌법 제9조 제1항 소정의 조세포탈죄가 성립한다 (대법원 2000. 2. 8. 선고 99도5191 판결 등 참조).

## V. 결 론

주유소 운영자가 농민들에게 면세유를 공급한 것처럼 부당하게 발급받은 면세유류공급확인서로 석유정제업자를 기망하여 부가가치세 등에 상당한 석유류를 취득한 사안에서, 석유정제업자에게 현실적인 재산상 손해가 없더라도 사기죄가 성립한다.

석유정제업자로부터 석유류를 공급받아 다시 주유소에 공급하는 사업자가 석유정제업자로부터 공급받은 석유류를 제3자에게 공급하면서 부가가치세를 포탈할 의도로 세금계산서를 교부하지 않은 다음 부가가치세 확정신고를 하면서 고의로 그 매출액을 신고에서 누락하였다면, 이는 사기 기타 부정한 행위로써 부가가치세의 부과와 징수를 불가능하게 하거나 현저하게 곤란하게 한 것이므로 조세범처벌법 제9조 제1항의 조세포탈죄가 성립한다.

## VI 유사판례

### 1. 신용카드 가맹점주가 신용카드회사에게 용역의 제공을 가장한 허위의 매출전표를 제출하여 대금을 청구한 행위가 기망행위에 해당하는지

신용카드 가맹점주가 신용카드회사로부터 금원을 받을 당시 신용카드회사에게 매출전표가 용역의 제공을 가장하여 허위로 작성된 것임을 고지하지 아니한 채 제출하여 대금을 청구하였고, 신용카드회사는 매출전표에 기재된 바와 같은 가맹점의 용역 제공이 실제로 있은 것으로 오신하여 그에게 그 대금 상당의 금원을 교부한 경우, 신용카드회사가 가맹점의 용역 제공을 가장한 허위내용의 매출전표에 의한 대금청구에 대하여는 이를 거절할 수 있는 등 매출전표가 허위임을 알았더라면 가맹점주에게 그 대금의 지급을 하지 아니하였을 관계가 인정된다면, 가맹점주가 용역의 제공을 가장한 허위의 매출전표임을 고지하지 아니한 채 신용카드회사에게 제출하여 대금을 청구한 행위는 사기죄의 실행행위로서의 기망행위에 해당하고, 가맹점주에게 이러한 기망행위에 대한 범의가 있었다면, 비록 당시 그에게 신용카드 이용대금을 변제할 의사와 능력이 있었다고 하더라도 사기죄의 범의가 있었음을 인정할 수 있다. (대법원 1999. 2. 12., 선고, 98도3549, 판결)

## 2. 주유소 운영자가 면세유를 공급한 것처럼 위조한 면세유류공급확인서로 정유회사를 기망한 경우

주유소 운영자가 농·어민 등에게 조세특례제한법에 정한 면세유를 공급한 것처럼 위조한 면세유류공급확인서로 정유회사를 기망하여 면세유를 공급받음으로써 면세유와 정상유의 가격 차이 상당의 이득을 취득한 사안에서, 정유회사에 대하여 사기죄를 구성하는 것은 별론으로 하고, 국가 또는 지방자치단체를 기망하여 국세 및 지방세의 환급세액 상당을 편취한 것으로 볼 수 없다. (대법원 2008. 11. 27., 선고, 2008도7303, 판결)

# 제4절 대학교수가 산학협력단으로 받은 학생연구비를 착복한 경우

## I. 사례요지

의과대학 교수로서 연구책임자인 피고인이 국가연구개발사업과 관련하여 피해자 공소외 산학협력단 등으로부터 지급받은 학생연구비 중 일부를 실질적으로 학생연구원들이 아닌 자신이 관리하는 공동관리계좌에 귀속시킨 후 이를 개인적인 용도 등으로 사용하였다.

## II. 논 점

1. 사기죄의 요건인 '기망' 의 의미
2. 부작위에 의한 기망의 요건으로서 법률상 고지의무가 인정되는 경우
3. 불법영득의 의사 내지 편취의 범의를 가지고 상대방을 기망한 것이어야 하는지
4. 산학협력단에 대한 관계에서 사기죄가 성립하는지 판단하는 기준

## III. 법규연구 (형법)

제347조(사기) ① 사람을 기망하여 재물의 교부를 받거나 재산상의 이익을 취득한 자는 10년 이하의 징역 또는 2천만원 이하의 벌금에 처한다.

## IV. 관련 판례

### 1. 원심 (인천지법 2021. 6. 18. 선고 2020노2254 판결)

의과대학 교수로서 연구책임자인 피고인이 국가연구개발사업과 관련하여 피해자 공소외 산학협력단 등으로부터 지급받은 학생연구비 중 일부를 실질적으로 학생연구원들이 아닌 자신이 관리하는 공동관리계좌에 귀속시킨 후 이를 개인적인 용도 등으로 사용하였다고 보아, 이 사건 공소사실을 유죄로 판단하였다.

### 2. 대법원 (대법원 2021. 9. 9., 선고, 2021도8468, 판결)

가. 사기죄의 요건으로서의 기망은 널리 재산상의 거래 관계에서 서로 지켜야 할 신의와 성실의 의무를 저버리는 적극적 또는 소극적 행위를 말하는 것으로서, 상대방을 착오에 빠지게 하여 행위자가 희망하는 재산적 처분행위를 하도록 하기 위한 판단의 기초 사실에 관한 것이어야 하고(대법원 2007. 10. 25. 선고 2005도1991 판결 등 참

조), 그중 소극적 행위로서의 부작위에 의한 기망은 일반거래의 경험칙상 상대방이 그 사실을 알았더라면 당해 법률행위를 하지 아니하였을 것이 명백한 경우에는 신의칙에 비추어 그 사실을 고지할 법률상 의무가 인정된다고 할 것이다(대법원 2006. 2. 23. 선고 2005도8645 판결 등 참조). 나아가 사기죄는 보호법익인 재산권이 침해되었을 때 성립하는 범죄이므로, 사기죄의 기망행위라고 하려면 불법영득의 의사 내지 편취의 범의를 가지고 상대방을 기망한 것이어야 한다(대법원 2019. 12. 27. 선고 2015도10570 판결 등 참조).

나. 국가연구개발사업 등에 있어 연구책임자가 산학협력단으로부터 학생연구비의 사용 용도와 귀속 여부를 기망하여 편취하는 경우에도 마찬가지로 적용된다. 즉, 연구책임자가 처음부터 소속 학생연구원들에 대한 개별 지급의사 없이 공동관리계좌를 관리하면서 사실상 그 처분권을 가질 의도하에 이를 숨기고 산학협력단에 연구비를 신청하여 이를 지급받았다면 이는 산학협력단에 대한 관계에 있어 기망에 의한 편취행위에 해당한다.

## V. 결 론

다만 연구책임자가 원래 용도에 부합하게 학생연구원들의 사실상 처분권 귀속하에 학생연구원들의 공동비용 충당 등을 위하여 학생연구원들의 자발적인 의사에 근거하여 공동관리계좌를 조성하고 실제로 그와 같이 운용한 경우라면, 비록 공동관리계좌의 조성 및 운영이 관련 법령이나 규정 등에 위반되더라도 그러한 사정만으로 불법영득 의사가 추단되어 사기죄가 성립한다고 단정할 수 없다. 이 경우 사기죄성립 여부는 공동관리계좌 개설의 경위, 실질적 관리 및 처분권의 귀속, 연구비가 온전히 법률상 귀속자인 학생연구원들의 공동비용을 위하여 사용되었는지 여부 등을 종합적으로 고려하여 판단하여야 한다.

# 제5절 미술작품 제작에 제3자가 관여한 것을 알리지 않고 판매한 경우

## I. 사례요지

피고인 1은 평소 알고 지내던 화가인 공소외 1에게 1점당 10만 원 상당의 돈을 주고 자신의 기존 콜라주 작품을 회화로 그려오게 하거나, 자신이 추상적인 아이디어만 제공하고 이를 공소외 1이 임의대로 회화로 표현하게 하거나, 기존 자신의 그림을 그대로 그려달라고 하는 등의 작업을 지시하고, 그때부터 공소외 1로부터 약 200점 이상의 완성된 그림을 건네받아 배경색을 일부 덧칠하는 등의 경미한 작업만 추가하고 자신의 서명을 하였음에도, 위와 같은 방법으로 그림을 완성한다는 사실을 누구에게도 알리지 아니하고, 사실상 공소외 1 등이 그린 그림을 마치 자신이 직접 그린 그림인 것처럼 전시하여 호당 30~50만 원에 판매하기로 마음먹고 위와 같은 사실을 고지하지 아니하고 피해자들에게 그림을 판매하였다

## II. 논 점

1. 사기죄의 요건으로서 '부작위에 의한 기망' 의 의미
2. 이때 법률상 고지의무가 인정되는 범위

## III. 법규연구

### 1. 형 법

제347조(사기) ① 사람을 기망하여 재물의 교부를 받거나 재산상의 이익을 취득한 자는 10년 이하의 징역 또는 2천만원 이하의 벌금에 처한다.

### 2. 저작권법

제2조(정의) 이 법에서 사용하는 용어의 뜻은 다음과 같다.
　　1. "저작물"은 인간의 사상 또는 감정을 표현한 창작물을 말한다.
　　2. "저작자"는 저작물을 창작한 자를 말한다.
제4조(저작물의 예시 등) ① 이 법에서 말하는 저작물을 예시하면 다음과 같다.
　　4. 회화·서예·조각·판화·공예·응용미술저작물 그 밖의 미술저작물

## IV. 관련 판례

### 1. 원심 (서울중앙지법 2018. 8. 17. 선고 2017노3965 판결)

피고인 1의 작품활동과 이 사건 미술작품의 제작과정 등에 관하여 그 판시와 같은

사실을 확정하고, 이를 토대로 공소외 1과 공소외 2 등은 보수를 받고 피고인 1의 아이디어를 작품으로 구현하기 위하여 작품 제작에 도움을 준 기술적인 보조자일 뿐 그들 각자의 고유한 예술적 관념이나 화풍 또는 기법을 이 사건 미술작품에 구현한 이 사건 미술작품의 작가라고 평가할 수 없다고 보았다. 또한, 원심은 이 사건 미술작품에서와 같이 보조자를 사용한 제작방식이 미술계에 존재하고 있는 이상, 이 사건 미술작품이 미술 분야의 특정한 장르(회화)에 해당함을 전제로 위와 같은 제작방식이 적합한지 여부나 그러한 제작방식이 미술계의 관행에 해당하는지 여부 혹은 일반인이 이를 용인할 수 있는지 등은 창작활동의 자유 혹은 작가의 자율성 보장 등의 측면에서 원칙적으로 예술계에서 논의되어야 할 성질의 것이고 법률적 판단의 범주에 속하지 아니한다고 하였다.

그리하여 원심은 피고인 1이 보조자들을 활용하여 작품을 제작하였음에도 이러한 사실을 위 피고인이 '직접' 그린 친작(親作)으로 오인한 구매자들에게 고지하지 아니하고 이 사건 미술작품을 판매함으로써 기망행위를 하였고 이로 인하여 착오에 빠진 피해자들의 재물을 편취한 것으로 인정할 수 없다는 이유로 <u>무죄를 선고하였다.</u>

## 2. 대법원 (대법원 2020. 6. 25., 선고, 2018도13696, 판결)

가. 사기죄의 요건으로서의 기망은 널리 재산상의 거래관계에서 서로 지켜야 할 신의와 성실의 의무를 저버리는 모든 적극적 또는 소극적 행위를 말하고, 이러한 소극적 행위로서의 부작위에 의한 기망은 법률상 고지의무 있는 자가 일정한 사실에 관하여 상대방이 착오에 빠져 있음을 알면서도 이를 고지하지 않는 것을 말한다. 여기에서 법률상 고지의무는 법령, 계약, 관습, 조리 등에 의하여 인정되는 것으로서 문제가 되는 구체적인 사례에 즉응하여 거래실정과 신의성실의 원칙에 의하여 결정되어야 한다. 그리고 법률상 고지의무를 인정할 것인지는 법률문제로서 상고심의 심판대상이 되지만 그 근거가 되는 거래의 내용이나 거래관행 등 거래실정에 관한 사실을 주장·증명할 책임은 검사에게 있다.

나. 피고인이 미술작품의 창작과정, 특히 조수 등 다른 사람이 관여한 사정을 알리지 않은 것이 신의칙상 고지의무 위반으로서 사기죄에서의 기망행위에 해당하고 그 그림을 판매한 것이 판매대금의 편취행위라고 보려면 두 가지의 전제, 즉 미술작품의 거래에서 창작과정을 알려주는 것, 특히 작가가 조수의 도움을 받았는지 등 다른 관여자가 있음을 알려주는 것이 관행이라는 것 및 미술작품을 구매한 사람이 이러한 사정에

관한 고지를 받았더라면 거래에 임하지 아니하였을 것이라는 관계가 인정되어야 하고, 미술작품의 거래에서 기망 여부를 판단할 때에는 미술작품에 위작 여부나 저작권에 관한 다툼이 있는 등의 특별한 사정이 없는 한 법원은 미술작품의 가치 평가 등은 전문가의 의견을 존중하는 사법자제 원칙을 지켜야 한다는 이유로, 피해자들의 구매 동기 등 제반 사정에 비추어 검사가 제출한 증거만으로는 피해자들이 미술작품을 피고인의 친작으로 착오한 상태에서 구매한 것이라고 단정하기 어렵다고 보아 피고인에게 무죄를 선고한 원심판단을 수긍한다.

## V. 결 론

피해자들이 위 미술작품을 피고인의 친작으로 착오한 상태에서 구매한 것이라고 단정하기 어렵다고 법원은 판단하였다.

# 제6절 사망한 자를 상대로 한 제소가 소송사기죄를 구성하는지

## Ⅰ. 사례요지

피고인들은 피해자 공소외 1로부터 그 소유의 토지를 매수한 사실이 없음에도 '매매대금이 완불되었으나 아직 공소외 3 명의로 소유권이전이 되지 않았으니 매매를 원인으로 한 소유권이전등기절차를 이행하라'는 취지의 소유권이전등기청구 소송을 제기하면서 증빙서류로 임의로 피해자 공소외 1 명의의 부동산매매계약서와 영수증을 제출하여, 이를 진실로 믿은 법원 판사로 하여금 피고 소재불명으로 인한 공시송달의 방식으로 소송을 진행한 후 원고 승소판결을 선고하게 하고 그 판결이 확정됨으로써 피해자 공소외 1 소유의 토지를 편취하였다.

## Ⅱ. 논 점

1. 소송사기죄가 성립하기 위하여 피기망자인 법원의 재판은 피해자의 처분행위에 갈음하는 내용과 효력이 있어야 하는지 여부(적극)
2. 사망한 자를 상대로 한 제소가 소송사기죄를 구성하는지 여부(소극)

## Ⅲ. 법규연구 (형법)

제347조(사기) ① 사람을 기망하여 재물의 교부를 받거나 재산상의 이익을 취득한 자는 10년 이하의 징역 또는 2천만원 이하의 벌금에 처한다.

## Ⅳ. 관련 판례

### 1. 원심 (인천지법 2019. 8. 9. 선고 2019노1505 판결)

공소사실을 <u>유죄로 인정한 제1심의 판단을 그대로 유지하였다.</u>

### 2. 대법원 (대법원 2019. 10. 31., 선고, 2019도12140, 판결)

가. 소송사기에 있어서 피기망자인 법원의 재판은 피해자의 처분행위에 갈음하는 내용과 효력이 있는 것이어야 하고, 그렇지 아니하는 경우에는 착오에 의한 재물의 교부행위가 있다고 할 수 없어서 사기죄는 성립되지 아니한다고 할 것이므로, <u>피고인의 제소가 사망한 자를 상대로 한 것이라면 이와 같은 사망한 자에 대한 판결은 그 내용에 따른 효력이 생기지 아니하여 상속인에게 그 효력이 미치지 아니하고 따라서 사기죄를 구성한다고는 할 수 없다</u>(대법원 2002. 1. 11. 선고 2000도1881 판결 등 참조).

나. 원심판결 이유를 적법하게 채택된 증거에 비추어 살펴보면 다음과 같은 사실을 알 수 있다.

피해자 공소외 1은 2007. 4. 23. 사망하였고 공동상속인들이 존재한다. 그런데 피고인들은 공모하여 공소외 3을 원고로 하여 2011. 6. 15. 제1심판결 별지 범죄일람표 I 연번 3항 기재와 같이 이미 사망한 피해자 공소외 1을 상대로 소를 제기하여 원고 승소판결을 받았다. 피해자 공소외 2는 2008. 7. 27. 사망하였고 공동상속인들이 존재한다. 그런데 피고인들은 공모하여 공소외 4를 원고로 하여 2017. 6. 20. 제1심판결 별지 범죄일람표 I 연번 23항 기재와 같이 이미 사망한 피해자 공소외 2를 상대로 소를 제기하여 원고 승소판결을 받았다.

## V. 결 론

이미 사망한 사람들을 상대로 한 것이어서 그 내용에 따른 효력이 생기지 아니함은 물론, 해당 공동상속인들에게도 그 효력이 미치지 아니한다. 따라서 이 사건 공소사실 중 피해자 공소외 1, 공소외 2에 대한 각 사기의 점은 범죄가 되지 아니한다.

## VI. 유사판례

### 1. 민사소송의 피고가 소송사기죄의 주체가 될 수 있는지

적극적 소송당사자인 원고뿐만 아니라 방어적인 위치에 있는 피고라 하더라도 허위내용의 서류를 작성하여 이를 증거로 제출하거나 위증을 시키는 등의 적극적인 방법으로 법원을 기망하여 착오에 빠지게 한 결과 승소확정판결을 받음으로써 자기의 재산상의 의무이행을 면하게 된 경우에는 그 재산가액 상당에 대하여 사기죄가 성립한다고 할 것이고, 그와 같은 경우에는 적극적인 방법으로 법원을 기망할 의사를 가지고 허위내용의 서류를 증거로 제출하거나 그에 따른 주장을 담은 답변서나 준비서면을 제출한 경우에 사기죄의 실행의 착수가 있다고 볼 것이다. (대법원 1998. 2. 27., 선고, 97도2786, 판결)

# 제7절 보험계약자가 고지의무를 위반하여 보험회사와 보험계약을 체결한 경우

## I. 사례요지

사실은 1997년경부터 당뇨병과 고혈압이 발병한 상태였음에도 불구하고, 위와 같은 질병 사실을 숨기고 보험계약을 체결하여 보험금을 타내기로 마음먹고, 1999. 12. 3.경 피해자 공소외 1 주식회사의 보험설계사 공소외 2를 통하여 피고인이 보험계약자로, 피고인 2를 피보험자로 하는 보험에 가입하면서 개인보험계약 청약서 작성 시 회사에 알려야 할 사항란의 '최근 5년 이내에 아래와 같은 병을 앓은 적이 있습니까'라는 질문 중 당뇨병과 고혈압 항목에 대하여 마치 질병이 없는 것처럼 '아니오' 부분에 체크를 한 후 이를 진실로 믿은 피해자 공소외 1 회사와 보험계약을 체결하고, 고지의무 위반을 이유로 피해자 공소외 1 회사로부터 일방적 해약이나 보험금 지급거절을 당할 수 없는 소위 면책기간 2년을 도과한 이후인 피고인은 피보험자인 피고인 2의 '○○병원에서 고혈압, 대동맥해리, 당뇨로 54일간 입원 치료'를 이유로 피해자 공소외 1 회사에 보험금 청구를 하여 보험금 ○○원을 수령하였다.

## II. 논 점

1. 보험금 편취를 위한 고의의 기망행위를 인정하기 위한 요건
2. 이때 사기죄의 기수시기(=보험금을 지급받았을 때)

## III. 법규연구

### 1. 형 법

제347조(사기) ① 사람을 기망하여 재물의 교부를 받거나 재산상의 이익을 취득한 자는 10년 이하의 징역 또는 2천만원 이하의 벌금에 처한다.

### 2. 상 법

제651조(고지의무위반으로 인한 계약해지) 보험계약당시에 보험계약자 또는 피보험자가 고의 또는 중대한 과실로 인하여 중요한 사항을 고지하지 아니하거나 부실의 고지를 한 때에는 보험자는 그 사실을 안 날로부터 1월내에, 계약을 체결한 날로부터 3년내에 한하여 계약을 해지할 수 있다. 그러나 보험자가 계약당시에 그 사실을 알았거나 중대한 과실로 인하여 알지 못한 때에는 그러하지 아니하다.

제737조(상해보험자의 책임) 상해보험계약의 보험자는 신체의 상해에 관한 보험사고가 생길 경우에 보험금액 기타의 급여를 할 책임이 있다.

제739조의2(질병보험자의 책임) 질병보험계약의 보험자는 피보험자의 질병에 관한 보험사고가 발생할 경우 보험금이나 그 밖의 급여를 지급할 책임이 있다.

## IV. 관련 판례

### 1. 원심 (수원지법 2014. 2. 6. 선고 2013노3589 판결)

피고인과 피해자 공소외 1 회사 사이에 이 사건 각 보험계약이 유효하게 체결되고 최초의 보험료가 납입된 1999. 12.경이나, 이 사건 각 보험계약에 적용되는 표준약관에 따라 보험계약 체결일로부터 2년이 경과하여 더 이상 피해자 공소외 1 회사가 고지의무 위반을 이유로 이 사건 각 <u>보험계약을 해지할 수 없게 된 2001. 12.경, 또는 늦어도 피해자 공소외 1 회사가 피고인들의 고지의무 위반 사실을 명확히 인지한 상태에서 보험금을 지급하거나 지급된 보험금의 환수조치를 취하지 아니함으로써 이 사건 각 보험계약에 관하여 법정추인이 이루어졌다고 인정되는 2003. 5. 9.경에는 피고인들이 사기죄에서 정하는 재산상 이익으로서의 보험계약자 내지 피보험자로서의 권리를 취득함으로써 이 사건 사기 범행의 결과가 발생하여 기수에 이르렀다.</u> 그 후 피고인이 원심 판시 범죄일람표 기재 각 보험금 지급을 청구한 행위는 사기 범죄로 취득한 이익을 구체화 내지 실현한 행위에 불과하다.

따라서 이 사건 공소는 <u>범죄행위가 종료된 때로부터 7년이 경과한 2012. 12. 28.에 제기되었으므로 이미 공소시효가 완성되었다.</u>

### 2. 대법원 (대법원 2019. 4. 3., 선고, 2014도2754, 판결)

보험계약자가 고지의무를 위반하여 보험회사와 보험계약을 체결한다 하더라도 그 보험금은 보험계약의 체결만으로 지급되는 것이 아니라 보험계약에서 정한 우연한 사고가 발생하여야만 지급되는 것이다. 상법상 고지의무를 위반하여 보험계약을 체결하였다는 사정만으로 보험계약자에게 미필적으로나마 보험금 편취를 위한 고의의 기망행위가 있었다고 단정하여서는 아니 되고, 더 나아가 보험사고가 이미 발생하였음에도 이를 묵비한 채 보험계약을 체결하거나 보험사고 발생의 개연성이 농후함을 인식하면서도 보험계약을 체결하는 경우 또는 보험사고를 임의로 조작하려는 의도를 갖고 보험계약을 체결하는 경우와 같이 그 행위가 '보험사고의 우연성'과 같은 보험의 본질을 해할 정도에 이르러야 비로소 보험금 편취를 위한 고의의 기망행위를 인정할 수 있다 (대법원 2012. 11. 15. 선고 2010도6910 판결 등 참조). <u>피고인이 위와 같은 고의의 기망행위로 보험계약을 체결하고 위 보험사고가 발생하였다는 이유로 보험회사에 보험금을 청구하여 보험금을 받았을 때 사기죄는 기수에 이른다.</u>

## V. 결 론

피고인의 이 사건 각 보험계약 체결행위와 보험금 청구행위는 피해자 공소외 1 회사를 착오에 빠뜨려 처분행위를 하게 만드는 일련의 기망행위에 해당하고 피해자 공소외 1 회사가 그에 따라 보험금을 지급하였을 때 사기죄는 기수에 이르며, 그 전에 피해자 공소외 1 회사의 해지권 또는 취소권이 소멸되었다 하더라도 마찬가지이다.

## VI. 유사판례

### 1. 고지의무를 위반하여 생명보험계약을 체결한 경우 보험금 편취를 위한 고의의 기망행위를 인정하기 위한 요건

생명보험계약은 사람의 생명에 관한 '우연한 사고'에 대하여 보험금을 지급하기로 하는 약정을 말하고, 여기서 '**우연한 사고**'라 함은 사고가 피보험자가 예측할 수 없는 원인에 의하여 발생하는 것으로서 고의에 의한 것이 아니고 예견하지 않았는데 우연히 발생하고 통상적인 과정으로는 기대할 수 없는 결과를 가져오는 사고를 의미한다(대법원 2010. 8. 19. 선고 2008다78491, 78507 판결 참조). 따라서 보험계약자가 상법상 고지의무를 위반하여 보험자와 생명보험계약을 체결한다고 하더라도 그 보험금은 보험계약의 체결만으로 지급되는 것이 아니라 우연한 사고가 발생하여야만 지급되는 것이므로, 상법상 고지의무를 위반하여 보험계약을 체결하였다는 사정만으로 보험계약자에게 미필적으로나마 보험금 편취를 위한 고의의 기망행위가 있었다고 단정하여서는 아니 되고, 더 나아가 보험사고가 이미 발생하였음에도 이를 묵비한 채 보험계약을 체결하거나 보험사고 발생의 개연성이 농후함을 인식하면서도 보험계약을 체결하는 경우 또는 보험사고를 임의로 조작하려는 의도를 갖고 보험계약을 체결하는 경우와 같이 그 행위가 '보험사고의 우연성'과 같은 보험의 본질을 해할 정도에 이르러야 비로소 보험금 편취를 위한 고의의 기망행위를 인정할 수 있다고 할 것이다. (대법원 2012. 11. 15., 선고, 2010도6910, 판결)

# 제8절 길흉화복 결과를 약속하고 기도비 명목으로 대가 수수

## Ⅰ. 사례요지

피고인은 피해자의 처에게 귀신에 씌었다며 몸에 있는 귀신을 쫓아내기 위하여 기도비 200만 원이 필요하다고 말하였고, 피해자는 피고인에게 200만 원을 송금하였다.

## Ⅱ. 논 점

1. 사기죄의 구성요건인 편취의 범의를 판단하는 기준
2. 불행을 알리거나 길흉화복에 관한 어떠한 결과를 약속하고 기도비 등의 명목으로 대가를 교부받은 경우, 사기죄에 해당하는지 여부(한정 적극)

## Ⅲ. 법규연구 (형법)

제347조(사기) ① 사람을 기망하여 재물의 교부를 받거나 재산상의 이익을 취득한 자는 10년 이하의 징역 또는 2천만원 이하의 벌금을 물린다.
② 전항의 방법으로 제삼자가 재물의 교부를 받게 하거나 재산상의 이익을 취득하게 한때에도 전항의 형과 같다.

## Ⅳ. 관련 판례

### 1. 원심 (수원지법 2016. 7. 14. 선고 2015노6916 판결)

피고인이 차용금이라는 취지로 주장하고 있고 기도비 명목으로 받은 것이라고 인정할 증거가 부족하다고 판단하였다.

### 2. 대법원 (대법원 2017. 11. 9., 선고, 2016도12460, 판결)

가. 사기죄의 구성요건인 편취의 범의는 피고인이 자백하지 아니하는 이상 범행 전후 피고인의 재력, 환경, 범행의 내용, 기망 대상 행위의 이행 가능성 및 이행과정 등과 같은 객관적인 사정 등을 종합하여 판단할 수밖에 없다(대법원 1995. 4. 25. 선고 95도424 판결 참조). 피고인의 자격 및 경력, 피고인이 피해자로부터 위 돈들을 지급받은 구체적인 경위, 피고인이 피해자에게 예고한 불행이나 약속한 내용, 피고인이 피해자를 위하여 실제로 한 행위의 특이성, 장기간 피고인이 지급받은 위 돈들의 총액 및 그 실제 용도, 치료불가능한 처의 병 등으로 인하여 피해자가 처해 있었던 불안한

심리상태 및 대출을 받아야만 했던 피해자의 재산상태 등에 관한 여러 사정을 앞에서 본 사실관계 및 법리에 비추어 살펴보면, 피고인이 피해자에게 위와 같이 말을 하고 피해자로부터 장기간에 걸쳐 합계 1억 889만 원을 송금받은 행위는 전통적인 관습 또는 종교행위로서 허용될 수 있는 한계를 벗어난 것으로서 피고인에게 사기죄가 성립한다고 봄이 타당하다.

나. 비록 피해자가 공소외 2의 병 치료 등을 위하여 피고인의 기도라는 말에 의존하면서 그 비용 등으로 위 돈들을 지급하였고 이를 통하여 정신적인 위안을 받은 사정이 있다 하더라도, 오히려 이는 피고인이 위 돈들을 지급받기 위하여 내세운 명목에 현혹되거나 기망당한 결과라고 볼 수 있으므로 위 사정만으로는 위와 같은 판단에 방해가 되지 아니한다.

## V. 결 론

피고인이 피해자에게 불행을 고지하거나 길흉화복에 관한 어떠한 결과를 약속하고 기도비 등의 명목으로 대가를 교부받은 경우에 전통적인 관습 또는 종교행위로서 허용될 수 있는 한계를 벗어났다면 사기죄에 해당한다.

# 제9절 미리 부착해 놓은 GPS로 위치를 추적하여 자동차를 절취한 경우

## I. 사례요지

> 피고인이 사실은 매매대금을 수령하더라도 승용차의 소유권을 최종적으로 이전하여 줄 의사나 능력이 없음에도, 피해자에게 승용차를 매도하겠다고 거짓말을 하고 승용차를 양도하면서 매매대금 7,500,000원을 편취한 다음, 승용차에 미리 부착해 놓은 GPS로 승용차의 위치를 추적하여 승용차를 절취하였다.

## II. 논 점

자동차에 미리 부착해 놓은 지피에스(GPS)로 위치를 추적하여 자동차를 절취한 경우 사기 및 절도죄 성립여부

## III. 법규연구 (형법)

> 제347조(사기) ① 사람을 기망하여 재물의 교부를 받거나 재산상의 이익을 취득한 자는 10년 이하의 징역 또는 2천만원 이하의 벌금에 처한다.
> ② 전항의 방법으로 제삼자로 하여금 재물의 교부를 받게 하거나 재산상의 이익을 취득하게 한 때에도 전항의 형과 같다.
> 제331조(특수절도) ① 야간에 문호 또는 장벽 기타 건조물의 일부를 손괴하고 전조의 장소에 침입하여 타인의 재물을 절취한 자는 1년 이상 10년 이하의 징역에 처한다.
> ② 흉기를 휴대하거나 2인 이상이 합동하여 타인의 재물을 절취한 자도 전항의 형과 같다.

## IV. 관련 판례

### 1. 원심 (인천지법 2015. 1. 9. 선고 2014노2031, 4099 판결)

공소사실을 모두 사기의 유죄로 판단하였다.

### 2. 대법원 (대법원 2016. 3. 24., 선고, 2015도17452, 판결)

자동차를 매수한 후 그 소유권을 취득하기 위해서는 소유권 이전등록까지 마쳐야 하나, 매수인이 매도인으로부터 자동차와 함께 그 소유권 이전등록에 필요한 일체의 서류를 건네받은 경우에는 혼자서도 소유권 이전등록을 마칠 수 있다. 피고인이 공소외 1이나 공소외 2에게 승용차를 인도하고 소유권 이전등록에 필요한 일체의 서류를 교부

함으로써 공소외 1이나 공소외 2가 언제든지 승용차의 소유권 이전등록을 마칠 수 있게 된 이상, 피고인이 승용차를 양도한 후 다시 절취할 의사를 가지고 있었더라도 이는 별개의 범죄로 매매대금을 편취하는 것과 같은 경제적 효과를 발생시키겠다는 범죄계획에 불과할 뿐이지, 승용차의 소유권을 이전하여 줄 의사가 없었다고 볼 수는 없다.

오히려 피고인이 처음부터 승용차를 양도하였다가 절취할 의사를 가지고 있었으므로, 공소외 1이나 공소외 2에게 일단 승용차의 소유권을 이전할 의사가 있었다고 보는 것이 거래관념에 맞다. 또한, 피고인이 공소외 1이나 공소외 2에게 승용차를 매도할 당시 곧바로 다시 절취할 의사를 가지고 있으면서도 이를 숨긴 것을 기망이라고 할 수도 없다.

## V. 결 론

피고인이 甲 등에게 자동차를 인도하고 소유권 이전등록에 필요한 일체의 서류를 교부함으로써 甲 등이 언제든지 자동차의 소유권 이전등록을 마칠 수 있게 된 이상, 피고인이 자동차를 양도한 후 다시 절취할 의사를 가지고 있었더라도 자동차의 소유권을 이전하여 줄 의사가 없었다고 볼 수 없고, 피고인이 자동차를 매도할 당시 곧바로 다시 절취할 의사를 가지고 있으면서도 이를 숨긴 것을 기망이라고 할 수 없어, 결국 피고인이 자동차를 매도할 당시 기망행위가 없었으므로, 피고인에게 사기죄를 인정한 원심판결에 법리오해의 잘못이 있다. 따라서 절도죄가 성립한다.

## VI 유사판례

### 1. 절취한 자기앞수표를 현금 대신으로 교부한 행위의 사기죄 성부

금융기관발행의 자기앞수표는 그 액면금을 즉시 지급받을 수 있어 현금에 대신하는 기능을 하고 있으므로 절취한 자기앞수표를 현금 대신으로 교부한 행위는 절도행위에 대한 가벌적 평가에 당연히 포함되는 것으로 봄이 상당하다 할 것이므로 절취한 자기앞수표를 음식대금으로 교부하고 거스름돈을 환불받은 행위는 절도의 불가벌적 사후처분행위로서 사기죄가 되지 아니한다. (대법원 1987. 1. 20., 선고, 86도1728, 판결)

# 제10절 사기수단으로 피해자와 혼인신고 후 혼인이 무효일 때 친족상도례 적용 여부

## I. 사례요지

피고인은 피해자로부터 금원을 편취하기 위한 기망의 수단으로 피해자와 혼인신고를 한 후 피해자를 기망하여 차용금 명목으로 600만 원을 교부받은 것을 비롯하여 그때부터 2013. 6. 27.경까지 제1심판결 별지 범죄일람표 2 기재와 같이 총 18회에 걸쳐 합계 51,761,788원 상당을 편취하였다.

## II. 논 점

1. 민법상 혼인무효 사유인 '당사자 사이에 혼인의 합의가 없는 때'의 의미
2. 혼인신고가 다른 목적을 달성하기 위한 방편에 불과한 경우, 혼인의 효력(무효)
3. 혼인이 무효인 경우, 피해자에 대한 사기죄에서 친족상도례를 적용할 수 있는지

## III. 법규연구

### 1. 형 법

제328조(친족간의 범행과 고소) ①직계혈족, 배우자, 동거친족, 동거가족 또는 그 배우자간의 제323조의 죄는 그 형을 면제한다.

제347조(사기) ① 사람을 기망하여 재물의 교부를 받거나 재산상의 이익을 취득한 자는 10년 이하의 징역 또는 2천만원 이하의 벌금에 처한다.

제354조(친족간의 범행, 동력) 제328조와 제346조의 규정은 본장의 죄에 준용한다.

### 2. 민 법

제815조(혼인의 무효) 혼인은 다음 각 호의 어느 하나의 경우에는 무효로 한다.
1. 당사자간에 혼인의 합의가 없는 때

## IV. 관련 판례

### 1. 원심 (부산지법 2014. 8. 22. 선고 2014노913 판결)

피해자는 2013. 6. 18. 피고인과 혼인신고를 마쳐 위 범행 당시 피고인의 배우자였던 사실이 인정된다는 이유로, 친족상도례를 적용하여 형을 면제하는 판결을 선고하였다.

## 2. 대법원 (대법원 2015. 12. 10., 선고, 2014도11533, 판결)

가. 민법 제815조 제1호는 당사자 사이에 혼인의 합의가 없는 때에는 그 혼인을 무효로 한다고 규정하고 있고, 이 혼인무효 사유는 당사자 사이에 사회관념상 부부라고 인정되는 정신적·육체적 결합을 할 의사를 가지고 있지 않은 경우를 가리킨다. 그러므로 비록 당사자 사이에 혼인의 신고가 있었더라도, 그것이 단지 다른 목적을 달성하기 위한 방편에 불과한 것으로서 그들 사이에 참다운 부부관계의 설정을 바라는 효과의사가 없을 때에는 그 혼인은 무효라고 할 것이다(대법원 2004. 9. 24. 선고 2004도4426 판결 등 참조). 그리고 형법 제354조, 제328조 제1항에 의하면 배우자 사이의 사기죄는 이른바 친족상도례에 의하여 형을 면제하도록 되어 있으나, 사기죄를 범하는 자가 금원을 편취하기 위한 수단으로 피해자와 혼인신고를 한 것이어서 그 혼인이 무효인 경우라면, 그러한 피해자에 대한 사기죄에서는 친족상도례를 적용할 수 없다고 할 것이다.

나. 원심판결 이유와 적법하게 채택된 증거들에 의하면 다음과 같은 사실을 알 수 있다.

① 피고인과 피해자는 2013년 초에 우연히 채팅으로 만났던 사이인데, 피고인은 2013. 6. 13.경 피해자에게 '아버지의 사망에 따른 상속 사건으로 변호사 선임비와 소송비용이 많이 들어가는 소송을 하는데 네 명의의 신용카드를 내가 사용하게 해주면 상속 지분 중 2억 1,000만 원을 주겠다'라고 거짓말하여 피해자로부터 피해자 명의의 삼성카드와 우리은행 신용카드를 받아 사용하였다.

② 피고인은 2013. 6. 18. 피해자에게 2억 1,000만 원에 관한 준소비대차계약 공정증서를 작성하여 교부하였고, 피해자를 안심시킬 목적으로 '결혼하여 금전 문제를 잘 해결하자'고 제안하여 피해자와 함께 혼인신고까지 하였다. 피고인은 그때부터 2013. 6. 27.경까지 피해자로부터 위와 같은 명목으로 이 부분 공소사실 기재와 같이 합계 51,761,788원을 교부받았다.

③ 그 후 피해자는 피고인과 연락이 두절되자 피고인을 의심하여 2013. 7. 1.경 피고인의 혼인관계증명서를 발급받고 비로소 피고인이 2007. 6. 4. 다른 사람과 혼인신고를 하였다가 2007. 8. 16. 협의이혼을 한 사실을 알게 되었으며, 2013. 7. 4. 피고인을 사기죄로 고소하였다.

④ 피고인이 피해자와 혼인신고를 하고 피해자의 금원을 편취한 후 잠적할 때까지 피고인과 피해자는 동거하지도 않았고, 함께 거주할 집이나 가재도구 등을 알아보거나 마련한 바도 없다.

# V. 결 론

피고인은 피해자로부터 금원을 편취하기 위한 기망의 수단으로 피해자와 혼인신고를 하였을 뿐이고, 그들 사이에 부부로서의 결합을 할 의사나 실체관계가 있었다고 볼 아무런 사정도 없으므로, 비록 피고인과 피해자 사이에 혼인신고가 되어있었다고 하더라도 그들 사이의 혼인은 '당사자 사이에 혼인의 합의가 없는 때'에 해당하여 무효이고, 따라서 피고인의 이 부분 사기 범행에 대하여는 친족상도례를 적용할 수 없다고 할 것이다.

# VI. 유사판례

## 1. 해외이주 목적으로 위장결혼을 하고 그 혼인신고를 한 경우 공정증서원본부실기재죄의 성부

민법 제815조 제1호의 혼인무효사유인 "당사자간에 혼인의 합의가 없는 때"라 함은 당사자간에 사회관념상 부부라고 인정되는 정신적, 육체적 결합을 생기게 할 의사를 갖고 있지 않은 경우를 가리킨다고 할 것이므로 비록 혼인의 계출 자체에 관하여 당사자간에 의사의 합치가 있고 나아가 당사자간에 일응 법률상의 부부라는 신분관계를 설정할 의사는 있었다고 인정되는 경우라도 그것이 단지 다른 목적을 달성하기 위한 방편에 불과한 것으로서 그들간에 참다운 부부관계의 설정을 바라는 효과의사가 없는 경우에는 그 혼인은 무효라고 할 것이어서 해외이주의 목적으로 위장결혼을 하고 혼인신고를 하여 그 사실이 호적부에 기재되었다면 공정증서원본부실기재죄를 구성한다. (대법원 1985. 9. 10., 선고, 85도1481, 판결)

## 2. 부부관계 설정의사 없이 국내 취업을 위한 입국을 목적으로 형식상 혼인신고를 한 경우

중국 국적의 조선족 여자들과 참다운 부부관계를 설정할 의사 없이 단지 그들의 국내 취업을 위한 입국을 가능하게 할 목적으로 형식상 혼인하기로 한 것이라면, 피고인들과 조선족 여자들 .사이에는 혼인의 계출에 관하여는 의사의 합치가 있었으나 참다운 부부관계의 설정을 바라는 효과의사는 없었다고 인정되므로 피고인들의 혼인은 우리나라의 법에 의하여 혼인으로서의 실질적 성립요건을 갖추지 못하여 그 효력이 없고, 따라서 피고인들이 중국에서 중국의 방식에 따라 혼인식을 거행하였다고 하더라도 우리나라의 법에 비추어 그 효력이 없는 혼인의 신고를 한 이상 피고인들의 행위는 공정증서원본불실기재 및 동행사 죄의 죄책을 면할 수 없다. (대법원 1996. 11. 22., 선고, 96도2049, 판결)

## 3. 피고인과 피해자가 사돈지간일 때 친족에 해당하는지 여부

친족상도례가 적용되는 친족의 범위는 민법의 규정에 의하여야 하는데, 민법 제767조는 배우자, 혈족 및 인척을 친족으로 한다고 규정하고 있고, 민법 제769조는 혈족의 배우자, 배우자의 혈족, 배우자의 혈족의 배우자만을 인척으로 규정하고 있을 뿐, 구 민법(1990. 1. 13. 법률 제4199호로 개정되기 전의 것) 제769조에서 인척으로 규정하였던 '혈족의 배우자의 혈족'을 인척에 포함시키지 않고 있다. 따라서 사기죄의 피고인과 피해자가 사돈지간이라고 하더라도 이를 민법상 친족으로 볼 수 없다. (대법원 2011. 4. 28., 선고, 2011도2170, 판결)

## 4. 법원을 기망하여 직계혈족 관계에 있는 제3자로부터 재물을 편취한 경우, 사기죄의 범인에 대하여 형을 면제하여야 하는지

사기죄의 보호법익은 재산권이라고 할 것이므로 사기죄에 있어서는 재산상의 권리를 가지는 자가 아니면 피해자가 될 수 없다. 그러므로 법원을 기망하여 제3자로부터 재물을 편취한 경우에 피기망자인 법원은 피해자가 될 수 없고 재물을 편취당한 제3자가 피해자라고 할 것이므로 피해자인 제3자와 사기죄를 범한 자가 직계혈족의 관계에 있을 때는 그 범인에 대하여는 형법 제354조에 의하여 준용되는 형법 제328조 제1항에 의하여 그 형을 면제하여야 할 것이다. (대법원 2014. 9. 26., 선고, 2014도8076, 판결)

# 제11절 상품의 허위, 과장광고가 사기죄의 기망행위에 해당하는 경우

## Ⅰ. 사례요지

피고인들은 기획부동산업체를 공소외 1과 함께 운영하던 자들로서 공소외 1과 공모하여, 사실은 당시 다가구주택)에 대하여 구청에서 도시계획시설 사업을 추진 중인 사실이 없었기 때문에 피고인들은 도시계획 사업으로 인한 건물 철거계획이나 철거로 인해 주택 소유자에게 주어지는 택지개발지구의 입주권을 피해자로 하여금 받게 해 줄 의사나 능력이 없었음에도 불구하고, 피해자들에게 '구청 공무원들에게 이미 작업을 다 해놓아 수용이 되어 입주권이 나올 것이 확실하다'는 취지로 기망하여 이에 속은 피해자들로부터 입주권 매매대금 명목으로 1인당 1억 2,000만 원 내지 1억 5,000만 원을 교부받았다.

## Ⅱ. 논 점

상품의 허위, 과장광고가 사기죄의 기망행위에 해당하는 경우

## Ⅲ. 법규연구 (형법)

제347조 (사기) ① 사람을 기망하여 재물의 교부를 받거나 재산상의 이익을 취득한 자는 10년 이하의 징역 또는 2천만원 이하의 벌금에 처한다.

## Ⅳ. 관련 판례

### 1. 원심 (서울서부지법 2010. 5. 20. 선고 2010노2 판결)

피고인들은 공소외 2로부터 이 사건 홍제동 다가구주택의 인근 도로가 협소하여 민원이 제기되고 있다는 말을 듣고 위 다가구주택을 매수한 후 지분 쪼개기 절차를 거쳐 피해자들에게 매도하였는데, 당시 위 다가구주택이 수용되어 소유자들에게 입주권이 나올 가능성이 없지는 아니하였으나 그 가능성이 불투명함에도 피고인들이 피해자들에게 '공무원들에게 작업을 다 해놓아서 입주권이 나오는 것이 확실하다' 라고 말한 사실을 인정한 다음, 피고인들이 피해자들에게 거짓말하여 매매계약을 체결하고 그 매매대금을 편취하였다 할 것이어서 피고인들에게 기망행위 및 편취 범의를 인정할 수 있다고 판단하여 위 공소사실을 유죄로 인정한 제1심판결을 유지하였다.

## 2. 대법원 (대법원 2010. 9. 9.선고, 2010도7298, 판결)

가. <u>상품의 선전·광고에 있어 다소의 과장이나 허위가 수반되었다고 하더라도 일반</u> <u>상거래의 관행과 신의칙에 비추어 시인될 수 있는 정도의 것이라면 이를 가리켜 기망</u> <u>하였다고는 할 수가 없고, 거래에 있어 중요한 사항에 관한 구체적 사실을 신의성실의</u> <u>의무에 비추어 비난받을 정도의 방법으로 허위로 고지하여야만 비로소 과장, 허위광고</u> <u>의 한계를 넘어 사기죄의 기망행위에 해당한다고 할 것이다</u>(대법원 2004. 1. 15. 선고 2003도5728 판결, 대법원 2007. 1. 25. 선고 2004도45 판결 등 참조).

나. 피고인들은 2005. 5.경부터 '서울특별시 철거민 등에 대한 국민주택 특별공급 규칙'에 의하여 도시계획시설(도로, 공공공지, 주차장 등) 사업으로 수용되는 철거주 택의 소유자에게 특별공급 아파트의 입주권이 주어지는 점을 이용하여 철거 예정 가옥 을 매수한 다음 자신들의 명의로 소유권이전등기를 경료하지 않은 상태에서 특별공급 아파트의 입주권을 원하는 사람들을 모집하여 이들로부터 일정액을 그 입주권의 판매 대금으로 받고 이들의 명의로 소유권이전등기를 경료하도록 하면서 전매에 따른 차익 은 물론 도시계획사업 추진에 따라 주택 소유자에게 주어지는 손실보상금까지도 자신 들이 수익으로 가지는 형태로 입주권 판매사업을 한 사실, 피고인들은 2005. 7. 4.경 부터 2006. 9. 내지 10.경까지 서대문구청장 공소외 3에게 서울 서대문구 북아현동과 홍은동의 주택들이 서대문구의 도시계획사업 대상 부동산으로 입안될 수 있도록 편의 를 제공해 준 것에 대한 대가로 수회에 걸쳐 수천만 원씩의 돈을 건네주었고, 2006. 1.경과 2007. 1.경에는 기존에 추진하던 입주권 판매사업 외에 향후 서대문구 내에서 다른 입주권 판매사업을 추진함에 있어 구청장으로서 영향력을 행사해 달라는 취지로 2회에 걸쳐 합계 1억 원을 건네주었으며, 2007. 6. 말경 이 사건 홍제동 다가구주택이 서대문구의 도시계획시설(노인복지시설) 대상 부동산으로 입안될 수 있도록 편의를 제 공해 달라는 취지로 3,000만 원을 건네준 사실, 피고인들은 2005. 5. 4.경부터 2007. 11. 1.경까지 서대문구청장 공소외 3을 보좌하는 수행비서(계약직 다급)인 공소외 2에 게 서대문구청장 공소외 3과 서대문구청 담당 공무원들을 통해 입주권 판매사업과 관 련된 각종 편의를 알선해 준 것에 대한 사례 및 향후 공무원들을 상대로 같은 편의를 알선해 달라는 부탁의 취지로 수십 회에 걸쳐 합계 1억여 원을 교부하였는데, 그 중 2006. 12. 11. 500만 원, 같은 달 20일 2,000만 원, 같은 달 21일 500만 원을 제공하 는 등 총 5회에 걸쳐 합계 4,500만 원을 제공한 것은 이 사건 홍제동 다가구주택과 직접 관련된 사실, 피고인들은 서대문구청장 공소외 3의 비서실장인 공소외 4에게도

2005. 7. 초경부터 2007. 7.경까지 같은 취지로 수회에 걸쳐 합계 수천만 원을 건네준 사실, 피고인들은 이 사건 홍제동 다가구주택을 매수하기 직전 서대문구청장 공소외 3으로부터 서대문구에서 홍제동에 도시계획시설(노인복지시설)을 설치할 것이라는 계획을 듣고 그와 함께 도시계획시설(노인복지시설) 대상이 될 만한 홍제동 소재 주택을 둘러본 다음 이를 매수하였으나 매도인이 해지를 요청하여 그 매수에 실패하게 되자, 2006. 11.경 다시 공소외 2로부터 이 사건 홍제동 다가구주택을 추천받아 이를 매수한 후 같은 달 말경부터 같은 해 12월 초경 사이에 이 사건 사기의 공소사실과 같이 피해자들에게 매도한 사실, 서대문구청장 공소외 3은 2007. 4. 내지 5.경 측근을 통해 담당 공무원들로 하여금 이 사건 홍제동 다가구주택을 서대문구의 도시계획시설(노인복지시설) 대상 부동산으로 입안하도록 하였고, 이에 따라 같은 해 6. 21. 홍제4동장이 이 사건 홍제동 다가구주택 등의 부지에 지역 노인종합복지관을 설립하고자 한다는 내용의 검토요청서를 서대문구청장에게 발송하여 그러한 내용의 결재가 진행되었으나, 이 사건 홍제동 다가구주택이 직전에 10세대의 다세대주택으로 분할되는 등 입주권을 노린 기획부동산의 개입이 확실하다는 이유로 실무진이 반발하자 더 이상 추진되지 못한 사실, 그 후 2007. 12. 10.경 도시계획시설 사업으로 수용되는 철거주택의 소유자에게 특별공급 아파트의 입주권을 주는 제도 자체가 폐지된 사실을 인정할 수 있다.

## V. 결 론

피고인들이 피해자들과 매매계약을 체결하고 매매대금을 전부 수령한 이후 당시 서대문구청장에게 이 사건 홍제동 다가구주택의 수용을 청탁하면서 뇌물을 주었다는 원심의 판단과 달리, 피고인들은 이전부터 수채의 주택을 대상으로 입주권 판매사업을 하면서 도시계획시설 결정에 관한 권한을 가진 서대문구청장 공소외 3 등에게 금전을 제공하는 대가로 그들의 도움을 받은 바 있었고, 이 사건 홍제동 다가구주택 역시 매수 단계에서부터 같은 방식으로 그들의 도움을 받았으므로, 피고인들이 피해자들에게 언급한 내용은 객관적 사실에 부합하거나, 비록 <u>다소의 과장이나 허위가 수반되었다고 하더라도 일반 상거래의 관행과 신의칙에 비추어 시인될 수 있는 정도를 벗어나 사기죄에서 기망행위에 해당한다고 보기는 어렵다.</u>

# VI 유사판례

## 1. 동충하초, 녹용 등 여러가지 재료를 혼합하여 제조·가공한 제품이 성인병 치료에 특별효능이 있다는 허위의 강의식 선전·광고

그 사술의 정도가 사회적으로 용인될 수 있는 <u>상술의 정도를 넘은 것이어서 사기죄의 기망행위를 구성한다.</u> (대법원 2004. 1. 15., 선고, 2001도1429, 판결)

## 2. 통신판매에서의 허위광고

통신판매에 있어 소비자가 갖는 상품의 품질, 가격에 대한 정보는 전적으로 유통업자의 광고에 의존할 수밖에 없고, TV홈쇼핑업체에 대한 소비자들의 신뢰는 TV라는 영상매체를 이용한 스스로의 강도 높은 광고에 의하여 창출된 것인 만큼 이에 대한 소비자들의 신뢰와 기대는 특별히 보호되어야 할 것인바, 농업협동조합의 조합원이나 검품위원이 아닌 자가 TV홈쇼핑업체에 납품한 삼이 제3자가 산삼의 종자인지 여부가 불분명한 삼의 종자를 뿌려 이식하면서 인공적으로 재배한 삼이라는 사실을 알면서도 광고방송에 출연하여 위 삼이 위 조합의 조합원들이 자연산삼의 종자를 심산유곡에 심고 자연방임 상태에서 성장시킨 산양산삼이며 자신이 조합의 검품위원으로서 위 삼 중 우수한 것만을 선정하여 감정인의 감정을 받은 것처럼 허위 내용의 광고를 한 것은 진실규명이 가능하고 구매의 결정에 있어 가장 중요한 요소로서 구체적 사실인 판매물품의 품질에 관하여 기망한 것으로서 그 <u>사술의 정도가 사회적으로 용인될 수 있는 상술의 정도를 넘은 것이어서 사기죄의 기망행위를 구성한다.</u> (대법원 2002. 2. 5., 선고, 2001도5789, 판결)

# 제12절 다액 보험금을 편취한 경우 환자와 병원의사 사기죄 성립여부

## I. 사례요지

甲은 교통사고 후 실제 제대로 입원치료를 받지 않았음에도 허위입원을 한 후 보험금을 신청하여 보험회사를 기망하여 다액의 보험금을 수령하고 甲을 치료한 병원에서는 실제 일부 입원치료가 필요하더라도 그 범위를 넘는 장기간의 입원을 유도하여 과도한 요양급여비를 청구하였다.

## II. 논 점

1. 입원치료의 의미와 입원 여부의 판단 방법
2. 실제 지급받을 수 있는 보험금보다 다액의 보험금을 기망행위로 편취한 경우 사기죄의 성립여부(적극) 및 그 성립범위(=지급받은 보험금 전체)
3. 병원 측의 방조 여부

## III. 법규연구

### 1. 형 법

제347조 (사기) ① 사람을 기망하여 재물의 교부를 받거나 재산상의 이익을 취득한 자는 10년 이하의 징역 또는 2천만원 이하의 벌금에 처한다.

② 전항의 방법으로 제삼자로 하여금 재물의 교부를 받게 하거나 재산상의 이익을 취득하게 한 때에도 전항의 형과 같다.

### 2. 보험사기방지 특별법 (2016.3.29., 제정, 2016.9.30.시행)

제8조(보험사기죄) 보험사기행위로 보험금을 취득하거나 제3자에게 보험금을 취득하게 한 자는 10년 이하의 징역 또는 5천만원 이하의 벌금에 처한다.

## IV. 관련 판례

### 1. 원심 (수원지법 2008. 5. 6. 선고 2006노3300 판결)

보험금지급 조사결과 보고, 요양기관 현지조사 지원결과 통보, 의료분석결과 및 진료기록부 등, 건강보험심사평가원 중앙심사평가조정위원회의 심의결정내용, 각 수사보고 및 관계인들의 진술 등 적법하게 조사한 증거들을 종합하여, 각 환자의 보험가입

내역과 환자들의 입원 기간별로 그 증상, 진단 및 치료 내용, 식사, 외출, 외박 등 환자들의 행동, 병원의 환자 관리 실태 등을 구체적으로 분석한 다음, 이를 토대로 이 사건 환자들이 입원치료의 필요성이 없거나 3일 내지 7일의 단기간의 입원만이 필요한데도 그 범위를 초과하여 장기간 입원을 하였고, 피고인은 이러한 사정을 잘 알고 있으면서 국민건강보험공단에 과도한 요양급여비를 청구하여 이를 편취하였다고 판단하였다.

## 2. 대법원 (대법원 2009. 5. 28., 선고, 2008도4665, 판결)

가. 입원치료에 관한 채증법칙 위반 등 주장에 대하여

입원이란 환자의 질병에 대한 저항력이 매우 낮거나 투여되는 약물이 가져오는 부작용 혹은 부수효과와 관련하여 의료진의 지속적인 관찰이 필요한 경우, 영양상태 및 섭취음식물에 대한 관리가 필요한 경우, 약물투여·처치 등이 계속적으로 이루어질 필요가 있어 환자의 통원이 오히려 치료에 불편함을 끼치는 경우 또는 환자의 상태가 통원을 감당할 수 없는 상태에 있는 경우나 감염의 위험이 있는 경우 등에 환자가 병원 내에 체류하면서 치료를 받는 것으로서, 보건복지부 고시인 '요양급여의 적용기준 및 방법에 관한 세부사항' 등의 제반 규정에 따라 환자가 6시간 이상 입원실에 체류하면서 의료진의 관찰 및 관리 하에 치료를 받는 것을 의미한다고 할 것이나, 입원실 체류 시간만을 기준으로 입원 여부를 판단할 수는 없고, 환자의 증상, 진단 및 치료 내용과 경위, 환자들의 행동 등을 종합하여 판단하여야 한다(대법원 2006. 1. 12. 선고 2004도6557 판결, 대법원 2007. 6. 15. 선고 2007도2941 판결 참조).

나. 사기죄의 편취액에 관한 법리오해 주장에 대하여

기망행위를 수단으로 한 권리행사의 경우 그 권리행사에 속하는 행위와 그 수단에 속하는 기망행위를 전체적으로 관찰하여 그와 같은 기망행위가 사회통념상 권리행사의 수단으로서 용인할 수 없는 정도라면 그 권리행사에 속하는 행위는 사기죄를 구성한다(대법원 2003. 6. 13. 선고 2002도6410 판결 등 참조). 또한, 보험금을 지급받을 수 있는 사유가 있다 하더라도 이를 기화로 실제 지급받을 수 있는 보험금보다 다액의 보험금을 편취할 의사로 장기간의 입원 등을 통하여 과다한 보험금을 지급받는 경우에는 지급받은 보험금 전체에 대하여 사기죄가 성립한다(대법원 2007. 5. 11. 선고 2007도2134 판결 등 참조).

피고인이 환자들의 건강상태에 맞게 적정한 진료행위를 하지 않은 채 입원의 필요성이 적은 환자들에게까지 입원을 권유하고 퇴원을 만류하는 등으로 장기간의 입원을 유도하여 국민건강보험공단에 과도한 요양급여비를 청구한 행위는 사회통념상 권리행사의 수단으로서 용인할 수 없다고 할 것이므로, 비록 그중 일부 기간에 관하여 실제 입원치료가 필요하였다고 하더라도 그 부분을 포함한 당해 입원기간의 요양급여비 전체에 대하여 사기죄가 성립한다고 할 것이다.

다. 입원 병원 측의 사기방조 혐의
1) 피고인의 사기방조에 관한 이 사건 공소사실을 보면, 공소외인의 경우를 대표로 내세워 이 사건 16명의 환자의 공통적인 편취행위 및 피고인의 방조행위로서, '피고인이 ① 환자들에게 사실상 입원치료를 받게 한 것이 아님에도, ② 환자들이 입원치료를 받았다는 사유로 보험회사에 입원급여금 등의 보험금을 청구함에 있어 이를 돕기 위하여, ③ 적정하게 입원치료를 받은 것인 양 입원확인서를 작성·교부해주고, ④ 환자들로 하여금 입원확인서를 근거로 보험회사로부터 보험금을 교부받아 편취하게 하는 것을 용이하게 했다'는 내용을 적시하고, 그 밖에 환자들의 각 입원기간에 대한 보험금 청구일과 지급일, 보험회사, 가입한 보험상품의 종류, 입원 필요성의 유무와 정도 등은 별지 범죄일람표로 특정하였는바, 이와 같은 공소사실의 기재는 다른 사실과 구별이 가능하게 되어있고 피고인의 방어권 행사에 지장을 초래하였다고 볼 수도 없으므로, 이 부분 공소사실이 특정되지 않았다는 상고이유의 주장은 받아들일 수 없다.
2) ○○병원에서는 병원에 온 환자들을 일단 피고인이 먼저 증세를 파악하여 각 과로 전과시키는 과정에서 환자들에게 입원을 권유하고, 퇴원 시에는 원무과 직원으로 하여금 진단서와 영수증 등을 올려 결재받도록 함으로써 입원환자들에 대한 퇴원 여부를 주치의가 아닌 피고인이 결정해 왔으며, 입원환자들의 진단서와 입원확인서 작성 권한 역시 피고인이 가지고 있으면서 때로는 환자의 요구에 따라 보험금을 청구할 수 있는 질병으로 진단서나 입원확인서를 작성해 준 점, 피고인은 증상이 심각하지 않은 환자들에게도 일단 통원치료보다는 입원을 권유하고, 입원 후 퇴원하려는 환자들의 퇴원을 제지하며 재입원을 권유하였는데 그에 따른 장기, 반복입원은 보험에 다수 가입하여 병원비에 부담을 느끼지 않는 환자들과 사이에 이해관계가 맞고 이러한 사정을 피고인도 인식하고 있었던 것으로 보이는 점, 피고인이 입원환자 수를 최대한 늘리기 위해 진단을 위한 검사를 아예 시행하지 않거나 시행한 결과 정상으로 나타나고 검사결과가 판독되지 않는 경우라도 만연히 환자의 증상호소에 따라 병명을 진단하는 등으로 요양급여를 신청한 탓에 요양급여 청구 시 건강보험심사평가원에 제출된 병명, 입

원기간과 보험회사에 제출된 진단서에 기재된 병명, 입원기간 등이 다른 경우가 종종 발견되는 점, 기타 환자들의 내원 경위, 피고인의 병원 운영 행태 등을 종합하여 피고인이 이 사건 환자들의 입원 필요성이 없거나 적음에도 장기간 입원을 시켰고, 위 환자들이 보험에 다수 가입되어 있다는 사정을 알면서 위 환자들에게 장기입원에 따른 입원확인서를 발급해 주어 보험금 편취를 방조하였음을 인정할 수 있다.

## V. 결 론

보험금을 지급받을 수 있는 사유가 있다 하더라도 이를 기화로 실제 지급받을 수 있는 보험금보다 다액의 보험금을 편취할 의사로 장기간의 입원 등을 통하여 과다한 보험금을 지급받는 경우에는 지급받은 보험금 전체에 대하여 사기죄가 성립한다.

환자들의 건강상태에 맞게 적정한 진료행위를 하지 않은 채 입원의 필요성이 적은 환자들에게까지 입원을 권유하고 퇴원을 만류하는 등으로 장기간의 입원을 유도하여 국민건강보험공단에 과다한 요양급여비를 청구한 행위는 사회통념상 권리행사의 수단으로 용인할 수 없는 것이어서, 비록 그중 일부 기간에 대하여 실제 입원치료가 필요하였다고 하더라도 그 부분을 포함한 당해 입원기간의 요양급여비 전체에 대하여 사기죄가 성립한다.

# 제13절 잔돈(거스름돈) 사기와 점유이탈물횡령죄

## I. 사례요지

매도인을 대리한 피고인이 매수인을 대리한 피해자와 사이에 아파트에 관하여 매매대금 88,269,000원으로 정하여 매매계약을 체결하고, 계약금으로 1,000만 원을 받았으므로, 피해자가 피고인에게 지급하여야 할 잔금이 78,269,000원을 받아야 하는데 매수인의 착오로 1,000만원을 더 지급하고 피고인은 이를 수령하였다.

## II. 논 점

1. 사기죄의 요건으로서의 부작위에 의한 기망의 의미
2. 매도인이 매수인으로부터 매매 잔금을 지급 받음에 있어 매수인이 착오에 빠져 지급해야 할 금액을 초과하여 교부한 돈을 수령한 행위가 부작위에 의한 사기죄를 구성하는지

## III. 법규연구 (형법)

제347조 (사기) ① 사람을 기망하여 재물의 교부를 받거나 재산상의 이익을 취득한 자는 10년이하의 징역 또는 2천만원이하의 벌금에 처한다.

## IV. 관련 판례

### 1. 원심 (서울지법 2003. 7. 22. 선고 2002노10304 판결)

피해자가 이 사건 당일 피고인에게 매매잔금을 지급하면서 피해자의 착오로 1,000만 원권 자기앞수표 1장을 추가로 지급하게 되었던 사실 및 피고인은 이러한 사정을 알면서도 그 자기앞수표를 말없이 수령하고 돌려주지 아니하였다는 요지의 사실을 인정하여 피고인에 대한 <u>사기죄의 공소사실을 유죄로 판단하였다.</u>

### 2. 대법원 (대법원 2004. 5. 27. 선고 2003도4531 판결)

사기죄의 요건으로서의 기망은 널리 재산상의 거래관계에 있어 서로 지켜야 할 신의와 성실의 의무를 저버리는 모든 적극적 또는 소극적 행위를 말하는 것이고, 그중 소극적 행위로서의 부작위에 의한 기망은 법률상 고지의무 있는 자가 일정한 사실에 관하여 상대방이 착오에 빠져 있음을 알면서도 그 사실을 고지하지 아니함을 말하는 것

으로서, 일반거래의 경험칙상 상대방이 그 사실을 알았더라면 당해 법률행위를 하지 않았을 것이 명백한 경우에는 신의칙에 비추어 그 사실을 고지할 법률상 의무가 인정 된다 할 것이다(대법원 2000. 1. 28. 선고 99도2884 판결 참조).

## V. 결 론

피해자가 피고인에게 매매잔금을 지급하면서 착오에 빠져 지급해야 할 금액을 초과 하는 돈을 주는 경우, 피고인이 사실대로 고지하였다면 피해자가 그와 같이 초과하여 교부하지 아니하였을 것임은 경험칙상 명백하므로, 피고인이 매매잔금을 교부받기 전 또는 받던 중에 그 사실을 알게 되었을 때는 특별한 사정이 없는 한 피고인으로서는 피해자에게 사실대로 고지하여 피해자의 그 착오를 제거하여야 할 신의칙상 의무를 지 므로 그 의무를 이행하지 아니하고 피해자가 건네주는 돈을 그대로 수령한 경우에는 사기죄에 해당될 것이지만, 그 사실을 미리 알지 못하고 매매잔금을 건네주고 받는 행 위를 끝마친 후에야 비로소 알게 되었을 때는 주고받는 행위는 이미 종료되어 버린 후 이므로 피해자의 착오 상태를 제거하기 위하여 그 사실을 고지하여야 할 법률상 의무 의 불이행은 더 이상 그 초과된 금액 편취의 수단으로서의 의미는 없으므로, 교부하는 돈을 그대로 받은 그 행위는 점유이탈물횡령죄가 될 수 있음은 별론으로 하고 사기죄 를 구성할 수는 없다고 할 것이다.

# 제14절 금품 받을 조건으로 성행위 하는 부녀를 기망하여 성행위 대가의 지급을 면한 경우

## Ⅰ. 사례요지

> 피고인이 대가를 지급하기로 하고 술집 여종업원과 성관계를 가진 뒤 절취한 신용카드로 그 대금을 결제하는 방법으로 그 대가의 지급을 면하여 재산상의 이익을 취득하였다.

## Ⅱ. 논 점

1. 금품 등을 받을 것을 전제로 성행위를 하는 부녀를 기망하여 성행위 대가의 지급을 면하는 경우
2. 사기죄의 성립 여부(적극)

## Ⅲ. 법규연구

### 1. 형 법

> 제347조 (사기) ① 사람을 기망하여 재물의 교부를 받거나 재산상의 이익을 취득한 자는 10년이하의 징역 또는 2천만원이하의 벌금에 처한다.

### 2. 민 법

> 제103조 (반사회질서의 **법률행위**) 선량한 풍속 기타 사회질서에 위반한 사항을 내용으로 하는 법률행위는 무효로 한다.
>
> 제746조 (불법원인급여) 불법의 원인으로 인하여 재산을 급여하거나 노무를 제공한 때에는 그 이익의 반환을 청구하지 못한다. 그러나 그 불법원인이 수익자에게만 있는 때에는 그러하지 아니하다.

## Ⅳ. 관련 판례

### 1. 원심 (고등군사법원 2001. 5. 22. 선고 2001노76 판결)

정조는 재산권의 객체가 될 수 없을 뿐만 아니라 이른바, 화대란 정조 제공의 대가로 지급받는 금품으로서 이는 선량한 풍속에 반하여 법률상 보호받을 수 없는 경제적 이익이므로, 피고인이 기망의 방법으로 그 지급을 면하였다 하더라도 <u>사기죄가 성립하지 아니한다고 판단하였다.</u>

## 2. 대법원 (대법원 2001. 10. 23. 선고 2001도2991 판결)

일반적으로 부녀와의 성행위 자체는 경제적으로 평가할 수 없고, 부녀가 상대방으로부터 금품이나 재산상 이익을 받을 것을 약속하고 성행위를 하는 약속 자체는 선량한 풍속 기타 사회질서에 위반한 사항을 내용으로 하는 법률행위로서 무효이다.

## V. 결 론

그러나 사기죄의 객체가 되는 재산상의 이익이 반드시 사법(私法)상 보호되는 경제적 이익만을 의미하지 아니하고, 부녀가 금품 등을 받을 것을 전제로 성행위를 하는 경우 그 행위의 대가는 사기죄의 객체인 경제적 이익에 해당하므로, <u>부녀를 기망하여 성행위 대가의 지급을 면하는 경우 사기죄가 성립한다.</u>

## VI 유사판례

### 1. 부녀와의 정교가 공갈죄의 객체인 재산상 이익으로 평가될 수 있는지

공갈죄는 재산범으로서 그 객체인 재산상 이익은 경제적 이익이 있는 것을 말하는 것인바, 일반적으로 부녀와의 정부 그 자체는 이를 경제적으로 평가할 수 없는 것이므로 부녀를 공갈하여 정교를 맺었다고 하여도 특단의 사정이 없는 한 이로써 재산상 이익을 갈취한 것이라고 볼 수는 없는 것이며, 부녀가 주점접대부라 할지라도 피고인과 매음을 전제로 정교를 맺은 것이 아닌 이상 피고인이 매음대가의 지급을 면하였다고 볼 여지가 없으니 <u>공갈죄가 성립하지 아니한다.</u> (대법원 1983. 2. 8. 선고 82도2714 판결)

# 제15절 타인의 일반전화를 무단 이용하여 전화통화를 한 경우

## Ⅰ. 사례요지

식당에서 식사 중 식당 주인이 자리를 비운 사이 카운터에 있던 일반전화를 이용하여 국제전화를 하였다.

## Ⅱ. 논 점

사기죄의 성립 여부

## Ⅲ. 법규연구 (형법)

제347조 (사기) ① 사람을 기망하여 재물의 교부를 받거나 재산상의 이익을 취득한 자는 10년이하의 징역 또는 2천만원이하의 벌금에 처한다.

제348조의2 (편의시설부정이용) 부정한 방법으로 대가를 지급하지 아니하고 자동판매기, 공중전화 기타 유료자동설비를 이용하여 재물 또는 재산상의 이익을 취득한 자는 3년 이하의 징역, 500만원 이하의 벌금, 구류 또는 과료에 처한다.

## IV. 관련 판례

### 1. 원심 (서울지법 1998. 10. 21. 선고 98노6661 판결)

사기죄성립을 부정하였다.

### 2. 대법원 (대법원 1999. 6. 25., 선고, 98도3891, 판결)

사기죄가 성립하기 위하여는 기망행위와 이에 기한 피해자의 처분행위가 있어야 할 것인바, 타인의 일반전화를 무단으로 이용하여 전화통화를 하는 행위는 전기통신사업자인 한국전기통신공사가 일반전화 가입자인 타인에게 통신을 매개하여 주는 역무를 부당하게 이용하는 것에 불과하여 한국전기통신공사에 대한 기망행위에 해당한다고 볼 수 없을 뿐만 아니라, 이에 따라 제공되는 역무도 일반전화 가입자와 한국전기통신공사 사이에 체결된 서비스이용계약에 따라 제공되는 것으로서 한국전기통신공사가 착오에 빠져 처분행위를 한 것이라고 볼 수 없다.

## V. 결 론

결국, 위와 같은 행위는 형법 제347조의 <u>사기죄를 구성하지 아니한다</u> 할 것이고, 이는 형법이 제348조의2를 신설하여 부정한 방법으로 대가를 지급하지 아니하고 공중전화를 이용하여 재산상 이익을 취득한 자를 처벌하는 규정을 별도로 둔 취지에 비추어 보아도 분명하다 할 것이다.

## VI. 유사판례

### 1. 타인의 전화기를 무단사용하는 경우, 절도죄가 성립하는지

타인의 전화기를 무단으로 사용하여 전화통화를 하는 행위는 전기통신사업자가 그가 갖추고 있는 통신선로, 전화교환기 등 전기통신설비를 이용하고 전기의 성질을 과학적으로 응용한 기술을 사용하여 전화가입자에게 음향의 송수신이 가능하도록 하여 줌으로써 상대방과의 통신을 매개하여 주는 역무, 즉 <u>전기통신사업자에 의하여 가능하게 된 전화기의 음향송수신기능을 부당하게 이용하는 것으로</u>, 이러한 내용의 역무는 무형적인 이익에 불과하고 물리적 관리의 대상이 될 수 없어 재물이 아니라고 할 것이므로 <u>절도죄의 객체가 되지 아니한다.</u> (대법원 1998. 6. 23., 선고, 98도700, 판결)

# 제16절 무효인 가등기 말소가 사기죄의 재산적 처분행위에 해당하는지

## I. 사례요지

피해자가 피고인에 대한 농지에 관한 명의신탁약정에 기한 소유권이전등기청구권을 보전할 목적으로 2001. 10. 25.경 이 사건 농지에 자기 아들인 공소외인 명의로 가등기를 하였다. 피해자가 2003. 12. 27.경 피고인의 요청으로 가등기를 말소해 주었다. 피고인이 2004. 12.경 및 2005. 1. 20.경 피해자 몰래 이 사건 농지를 제3자에게 매도하고 그 소유권이전등기를 마쳐주었다. 그러나 피고인이 피해자를 기망하여 이 사건 가등기를 말소하도록 하였다.

## II. 논 점

1. 무효인 가등기를 말소하는 것이 사기죄의 재산적 처분행위에 해당하는지(적극)
2. 무효인 가등기여서 그 말소를 구할 권리를 가진 자라 하더라도 기망행위를 사용하여 이를 말소하게 하였다면 사기죄가 성립하는지

## III. 법규연구 (형법)

제347조 (사기) ① 사람을 기망하여 재물의 교부를 받거나 재산상의 이익을 취득한 자는 10년 이하의 징역 또는 2천만원 이하의 벌금에 처한다.
② 전항의 방법으로 제삼자로 하여금 재물의 교부를 받게 하거나 재산상의 이익을 취득하게 한 때에도 전항의 형과 같다.

## IV. 관련 판례

### 1. 원심 (수원지법 2007. 10. 25. 선고 2007노2825 판결)

가등기가 부동산 실권리자명의 등기에 관한 법률에 위반하여 무효라 하더라도 피고인으로서는 가등기의 부담이 없는 부동산을 소유하게 되는 <u>재산상의 이익을 취득한 것</u>으로 판단하였다.

### 2. 대법원 (대법원 2008. 1. 24., 선고, 2007도9417, 판결)

사기죄는 타인을 기망하여 착오에 빠뜨리고 그 처분행위를 유발하여 재물이나 재산상의 이득을 얻음으로써 성립하는 것으로서 여기에서 처분행위란 재산적 처분행위를 의미한다고 할 것인바(대법원 2002. 11. 22. 선고 2000도4419 판결 등 참조), 부동산

위에 소유권이전청구권 보전의 가등기를 마친 자가 그 가등기를 말소하면 부동산 소유자는 가등기의 부담이 없는 부동산을 소유하게 되는 이익을 얻게 되는 것이므로, 가등기를 말소하는 것 역시 사기죄에서 말하는 재산적 처분행위에 해당하고, 설령 그 후 위 가등기에 의하여 보전하고자 하였던 소유권이전청구권이 존재하지 않아 위 가등기가 무효임이 밝혀졌다고 하더라도 가등기의 말소로 인한 재산상의 이익이 없었던 것으로 볼 수 없다.

## V. 결 론

피고인에게 피해자 명의의 가등기 말소를 구할 권리가 인정된다 하더라도 피고인이 기망행위를 사용하여 피해자로 하여금 위 가등기를 말소하게 한 경우 그 기망행위가 사회통념상 권리행사의 수단으로서 용인될 수 없는 것이라면 <u>피고인의 위와 같은 행위는 사기죄를 구성한다.</u>

원심이 이 사건 가등기의 말소로 피고인이 취득한 재산상의 이익액을 산정함에 있어 이 사건 가등기에 의하여 보전되는 권리와 무관한, 피해자가 피고인을 위해 대납한 농지관리기금 대출금의 분할상환금 등 합계액을 기준으로 삼은 것은 잘못이라 할 것이나, 원심이 이 사건 가등기의 말소 자체를 피고인이 취득한 재산상의 이익으로 본 것이 분명한 이상, 위와 같은 이익액의 산정 오류는 판결 결과에 영향이 없다고 할 것이다.

## VI 유사판례

### 1. 배당이의 소송의 제1심에서 패소판결을 받고 항소한 자가 그 항소를 취하하는 것이 사기죄에서 말하는 재산적 처분행위에 해당하는지

사기죄는 타인을 기망하여 착오에 빠뜨리게 하고 그 처분행위를 유발하여 재물이나 재산상의 이득을 얻음으로써 성립하는 것이므로 여기에 처분행위라고 하는 것은 재산적 처분행위를 의미하는 것이라고 할 것인바, 배당이의 소송의 제1심에서 패소판결을 받고 항소한 자가 그 항소를 취하하면 그 즉시 제1심판결이 확정되고 상대방이 배당금을 수령할 수 있는 이익을 얻게 되는 것이므로 위 항소를 취하하는 것 역시 <u>사기죄에서 말하는 재산적 처분행위에 해당한다.</u> (대법원 2002. 11. 22., 선고, 2000도4419, 판결)

# 제17절 사기죄에서 그 대가가 일부 지급된 경우의 편취액

## I. 사례요지

> 피고인은 피해자에게 5천만원만 빌려주면 3개월 후 갚겠다고 하였다. 그때부터 총 3회에 걸쳐 1억원을 빌려 가고 이중 2천만원은 갚았으나 나머지는 변제하지 않고 있다. 그러나 피고인은 사업이 어려웠으므로 피해자로부터 빌린 돈 전체를 갚을 의사와 능력이 없었다.

## II. 논 점

금원 편취 형태의 사기죄에서 그 대가가 일부 지급된 경우의 편취액

## III. 법규연구 (형법)

> 제347조 (사기) ① 사람을 기망하여 재물의 교부를 받거나 재산상의 이익을 취득한 자는 10년 이하의 징역 또는 2천만원 이하의 벌금에 처한다.
> ② 전항의 방법으로 제삼자로 하여금 재물의 교부를 받게 하거나 재산상의 이익을 취득하게 한 때에도 전항의 형과 같다.

## IV. 관련 판례

### 1. 원심 (서울고법 2007. 6. 21. 선고 2007노687 판결)

피고인들에게 이 사건 특정경제범죄 가중처벌 등에 관한 법률 위반(사기)의 <u>미필적 고의가 인정된</u>다고 하였다.

### 2. 대법원 (대법원 2007. 10. 11., 선고, 2007도6012, 판결)

금원 편취를 내용으로 하는 사기죄에서는 기망으로 인한 금원 교부가 있으면 그 자체로써 피해자의 재산침해가 되어 바로 사기죄가 성립하고, 상당한 대가가 지급되었다거나 피해자의 전체 재산상에 손해가 없다 하여도 사기죄의 성립에는 그 영향이 없으므로 사기죄에 있어서 그 대가가 일부 지급된 경우에도 그 편취액은 피해자로부터 교부된 금원으로부터 그 대가를 공제한 차액이 아니라 교부받은 금원 전부이고(대법원 2007. 1. 25. 선고 2006도7470 판결 등 참조), 이는 금원 교부에 갈음하여 신용카드 결제의 방법으로 거래가 이루어진 경우에도 마찬가지이다.

## V. 결 론

따라서 일부 변제를 하였다 하더라도 사기죄가 성립하며 피해금액은 변제하기 전 교부받은 전체금액이다.

## VI. 유사판례

### 1. 재물편취를 내용으로 하는 사기죄에 있어서 편취액의 산정방법 및 그 대가가 일부 지급된 경우의 편취액

재물을 편취한 후 현실적인 자금의 수수 없이 형식적으로 기왕에 편취한 금원을 새로이 장부상으로만 재투자하는 것으로 처리한 경우에는 그 재투자금액은 이를 편취액의 합산에서 제외하여야 할 것이나(대법원 2001. 7. 13. 선고 2001도1707 판결 등 참조), 그렇지 아니하고 재물을 편취한 후 예금계좌 등으로 그 일부를 수당 등의 명목으로 입금해 주어 피해자가 이를 현실적으로 수령한 다음, 일정기간 후 이를 가지고 다시 물품을 구매하는 형식으로 재투자 하였다면, 이는 새로운 법익의 침해가 발생한 경우라고 할 것이어서 그 재구매 금액은 편취액에서 제외할 성질의 것이 아니라고 할 것이고, 한편, 재물편취를 내용으로 하는 사기죄에 있어서는 기망으로 인한 재물교부가 있으면 그 자체로써 피해자의 재산침해가 되어 이로써 곧 사기죄가 성립하는 것이고, 상당한 대가가 지급되었다거나 피해자의 전체 재산상에 손해가 없다 하여도 사기죄의 성립에는 그 영향이 없으므로 사기죄에 있어서 그 대가가 일부 지급된 경우에도 그 편취액은 피해자로부터 교부된 재물의 가치로부터 그 대가를 공제한 차액이 아니라 교부받은 재물 전부라 할 것이다. (대법원 2005. 10. 28., 선고, 2005도5774, 판결)

# 제18절 불법원인급여의 경우에도 사기죄가 성립할 수 있는지

## I. 사례요지

甲은 乙이 도박자금으로 사용한다는 것을 알면서도 2,000만 원을 빌려주었다. 그런데 乙은 그 돈을 도박장에서 모두 잃어버리고 약속일에 이를 갚지 않자 甲은 乙을 상대로 사기죄로 고소하였다.

## II. 논 점

1. 차용금의 편취에 의한 사기죄의 성립 여부 및 편취 범의의 존부의 판단기준
2. 불법원인급여에 해당하는 경우에도 사기죄가 성립할 수 있는지
3. 도박자금으로 사용하기 위하여 금원을 차용한 행위가 사기죄를 구성하는지

## III. 법규연구

### 1. 형 법

제347조 (사기) ① 사람을 기망하여 재물의 교부를 받거나 재산상의 이익을 취득한 자는 10년 이하의 징역 또는 2천만원 이하의 벌금에 처한다.
② 전항의 방법으로 제삼자로 하여금 재물의 교부를 받게 하거나 재산상의 이익을 취득하게 한 때에도 전항의 형과 같다.

### 2. 민 법

제746조 (불법원인급여) 불법의 원인으로 인하여 재산을 급여하거나 노무를 제공한 때에는 그 이익의 반환을 청구하지 못한다. 그러나 그 불법원인이 수익자에게만 있는 때에는 그러하지 아니하다.

## IV. 관련 판례

### 1. 원심 (춘천지법 2006. 9. 22. 선고 2006노403 판결)

피고인이 편취의 범의로 이 사건 범행을 저지른 사실을 충분히 인정할 수 있다.

### 2. 대법원 (대법원 2006. 11. 23., 선고, 2006도6795, 판결)

차용금의 편취에 의한 사기죄의 성립 여부는 차용 당시를 기준으로 판단하여야 하고, 사기죄의 주관적 구성요건인 편취의 범의의 존부는 피고인이 자백하지 아니하는

한 범행 전후 피고인의 재력, 환경, 범행의 내용, 거래의 이행과정, 피해자와의 관계 등과 같은 객관적 사정을 종합하여 판단하여야 할 것이다.

한편, 민법 제746조의 불법원인급여에 해당하여 급여자가 수익자에 대한 반환청구권을 행사할 수 없다고 하더라도, 수익자가 기망을 통하여 급여자로 하여금 불법원인급여에 해당하는 재물을 제공하도록 하였다면 사기죄가 성립한다(대법원 1995. 9. 15. 선고 95도707 판결 참조). 피고인이 피해자 공소외인으로부터 도박자금으로 사용하기 위하여 금원을 차용하였더라도 사기죄의 성립에는 영향이 없다고 한 원심의 판단은 옳은 것으로 수긍이 가고, 거기에 불법원인급여와 사기죄의 성립에 관한 법리오해의 위법이 있다고 할 수 없다.

## V. 결 론

### 가. 甲의 도박방조 성립여부

형법상 방조행위는 정범이 범행한다는 정을 알면서 그 실행행위를 용이하게 하는 직접·간접의 행위를 말하므로, 甲은 乙이 도박자금으로 사용하는 정을 알면서 돈을 빌려주었다면 도박방조죄 성립에 문제가 없을 것이다.

### 나. 사기죄 성립여부

甲은 乙의 행위가 불법인 줄 알면서 급여하였기 때문에 즉 민법 제746조의 '불법의 원인으로 인하여 재산을 급여하거나 노무를 제공한 때에는 그 이익의 반환을 청구하지 못한다' 는 규정에 따라 그 반환을 청구할 수 없다고 생각할 수 있으나,

대법원 판례는 "수익자가 기망을 통하여 급여자가 불법원인급여에 해당하는 재물을 제공하도록 하였다면 사기죄가 성립한다" 라고 판시하고 있다.

따라서 여기서 乙은 도박자금으로 빌린 돈을 갚을 의사 또는 능력 없이 빌렸다면 사기죄가 성립할 수 있다.

### 다. 甲은 乙에게 빌려준 돈을 받을 수 있는지

형법상 사기죄를 구성한다 하여도 민법 제746조의 불법원인급여에 해당하여 甲은 乙에게 빌려준 돈에 대한 반환청구권을 행사할 수는 없다고 보아야 한다.

# 제19절 용도를 속이고 돈을 빌린 행위의 사기죄 여부

## I. 사례요지

> 피고인이 법원에서 경매방해 등 죄로 징역 1년 6월을 선고받고 피고인이 상고한 사건에 관하여, 사실은 대법관에게 로비자금으로 쓸 의사도 없고 대법원에서 피고인의 상고가 기각되더라도 피해자에게 변호사비용을 제외한 나머지 돈을 돌려줄 의사가 없음에도 피해자에게 "대법원에는 판사가 많기 때문에 로비자금이 많이 필요하고 상고기각 되더라도 착수금만 제외하고 나머지 돈은 다 돌려받을 수 있으니 1억 5천만 원만 빌려달라"고 거짓말하여 이에 속은 피해자로부터 액면금 1억 5천만 원인 약속어음 1매를 교부받았다.

## II. 논 점

1. 사기죄의 실행행위로서의 기망의 대상
2. 용도를 속이고 돈을 빌린 행위가 사기죄에 해당하는지

## III. 법규연구 (형법)

> 제347조 (사기) ① 사람을 기망하여 재물의 교부를 받거나 재산상의 이익을 취득한 자는 10년 이하의 징역 또는 5만환 이하의 벌금에 처한다.
> ② 전항의 방법으로 제삼자로 하여금 재물의 교부를 받게 하거나 재산상의 이익을 취득하게 한 때에도 전항의 형과 같다.

## IV. 관련 판례

### 1. 원심 (대구지방법원 1995.2.23. 선고 94노1955 판결)

유죄로 인정한 제1심판결은 위법하다고 파기하고 <u>무죄를 선고하였다.</u>

### 2. 대법원 (대법원 1995. 9. 15., 선고, 95도707, 판결)

가. 사기죄의 실행행위로서의 기망은 반드시 법률행위의 중요 부분에 관한 허위표시임을 요하지 아니하고, 상대방을 착오에 빠지게 하여 행위자가 희망하는 재산적 처분행위를 하도록 하기 위한 판단의 기초가 되는 사실에 관한 것이면 충분하므로 <u>용도를 속이고 돈을 빌린 경우에 만일 진정한 용도를 고지하였더라면 상대방이 빌려주지 않았을 것이라는 관계에 있는 때에는 사기죄의 실행행위인 기망은 있는 것으로 보아야 할 것이다.</u>

나. 피해자가 피고인에게 위 약속어음을 빌려주게 된 것은 피고인이 피해자를 대리하여 공소외 윤상욱과의 사이에 이 사건 호텔에 관한 매매계약 체결 등의 모든 문제를 처리하여 왔으며 위 호텔에 관하여 이미 경매신청이 되어 있어서 경매가 되어 버리면 피해자로서는 막대한 손실을 입게 되기 때문에 어떻게 하든지 피고인을 통하여 이를 위 윤상욱에게 매도하여야 할 형편이었고, 당시 피고인은 경매방해 등 죄로 징역 1년 6월의 실형을 선고받고 대법원에 상고 중에 있어서 만약 대법원에서 무죄가 나오지 아니하면 위 형의 집행을 받기 위하여 교도소에 수감되어야 하는 형편이었는데, 그렇게 되면 피고인이 그 동안 추진하여 온 위 윤상욱과의 매매계약이 성사되지 않을 것을 염려한 피해자가 대법원에 상고한 경매방해 등 사건에 관한 교제비, 변호사선임비 등으로 사용한다는 피고인의 말만 믿고 위 약속어음을 빌려주게 된 것을 엿볼 수 있는데, 원심 인정과 같이 피고인이 위 금원 중 금 1천만 원만 변호사 선임비로 쓰고 나머지는 자신의 사업자금으로 사용하였다면 특단의 사정이 보이지 아니하는 이 사건에 있어서 피고인은 피해자의 이러한 상태를 이용하여 소송비용 등을 빌미로 자신의 사업자금에 사용하기 위하여 피해자로부터 위 금원을 차용한 것으로 보여 피고인의 이러한 행위는 사기죄에 있어서 기망에 해당한다.

그렇다면 원심으로서는 피해자가 피고인에게 위 약속어음을 빌려주게 된 구체적인 과정과 그 동기 및 피고인이 피해자로부터 위 약속어음을 받고 그 말한 용도에 쓰지 아니한 경위 등을 상세히 심리하여 피고인의 이러한 행위가 사기죄에 있어서 기망에 해당하는지를 판단하였어야 할 것임에도 불구하고, 위에서 본 바와 같은 이유로 위 공소사실에 대하여 무죄를 선고한 것은 채증법칙 위배나 사기죄에 있어서 기망에 관한 법리를 오해한 위법이 있다 할 것이다.

## V. 결 론

피고인은 용도를 속이고 돈을 빌린 것으로 보여지고 만약 진정한 용도를 고지하였으면 당시 자신 소유의 호텔이 경매에 처하는 등의 어려운 상황에 처해 있었던 피해자가 피고인에게 금 1억 5천만 원이나 되는 약속어음을 선뜻 빌려 주지 않았을 것으로 추단되므로 피고인의 이러한 행위는 사기죄에 있어서 기망에 해당한다.

# 제20절 어음을 편취한 후 이를 숨기고 제3자로부터 할인받은 경우

## I. 사례요지

피고인은 임야에 대한 골재채취 및 운송권을 하도급 줄 의사나 능력이 없음에도 공소외 1에게 골재채취 및 운송권을 하도급 주겠다는 취지로 거짓말하여 동인으로부터 ○○개발 주식회사 발행의 49,500,000원짜리 약속어음 1장을 교부받은 후, 위 약속어음이 편취한 어음으로서 지급기일에 부도날 것이 충분히 예상되고 피고인 또한 그 어음금을 결제할 의사나 능력이 없음에도 이를 숨긴 채 같은 날 공소외 2에게 거래처로부터 받은 진성어음이니 할인해 달라고 거짓말하여 이에 속은 공소외 2로부터 즉석에서 할인금 명목으로 선이자를 공제한 45,000,000원을 교부받았다.

## II. 논 점

편취한 어음을 숨기고 제3자로부터 할인받은 경우, 그 어음할인행위가 별도의 사기죄를 구성하는지 여부(적극)

## III. 법규연구 (형법)

제347조 (사기) ① 사람을 기망하여 재물의 교부를 받거나 재산상의 이익을 취득한 자는 10년 이하의 징역 또는 2천만원 이하의 벌금에 처한다.
② 전항의 방법으로 제삼자로 하여금 재물의 교부를 받게 하거나 재산상의 이익을 취득하게 한 때에도 전항의 형과 같다.

## IV. 관련 판례

### 1. 원심 (서울북부지법 2005. 6. 30. 선고 2005노9 1 판결)

피고인이 공소외 1로부터 위 약속어음을 편취하였다 하더라도 이는 공소외 1의 피고인에 대한 인적항변 사유에 불과하여 위 약속어음의 발행인인 ○○개발 주식회사나 수취인인 공소외 1로서는 피고인으로부터 이를 교부받은 공소외 2에 대하여는 공소외 2가 특히 채무자를 해할 것을 알고 위 약속어음을 취득한 경우가 아닌 한 피고인에 대한 인적항변으로써 공소외 2에게 대항할 수 없는 관계에 있으므로 피고인이 위 약속어음이 편취한 어음이라는 사정을 공소외 2에게 고지할 의무는 없다 할 것이어서 피고인이 위 약속어음의 취득 경위에 대하여 적극적인 위장수단을 강구하지 아니하고 단지 소극적으로 이러한 사실을 숨겼다 하더라도 이를 가지고 피고인이 공소외 2를 기망한 것으로 볼 수는 없고, 그 판시와 같은 인정 사실에 비추어 보면 가사 피고인 자신은 위 약속어음 할인 당시 어음금을 결제할 의사나 능력이 없었다 하더라도 나머지 어음채무자들인 보해종합개발 주식회사나 공소외 1까지 당초부터 어음금을 지급할 의사나 능력이 없었다고 볼 수는 없으므로 피고인이 위 약속어음이 지급기일에 전혀 결제되지 않으리라는 점을 예견하거나 지급기일에 지급될 수 있다는 확신이 없으면서도 그러한 내용을 공소외 2에게 고지하지 아니하고 이를 속여서 할인을 받은 것이라고 할 수도 없다고 함으로써, 위 공소사실에 대하여 <u>무죄를 선고한 제1심판결을 그대로 유지하였다.</u>

## 2. 대법원 (대법원 2005. 9. 30., 선고, 2005도5236, 판결)

편취한 약속어음을 그와 같은 사실을 모르는 제3자에게 편취사실을 숨기고 할인받는 행위는 당초의 어음 편취와는 별개의 새로운 법익을 침해하는 행위로써 기망행위와 할인금의 교부행위 사이에 상당인과관계가 있어 새로운 사기죄를 구성한다 할 것이고, 설령 그 약속어음을 취득한 제3자가 선의이고 약속어음의 발행인이나 배서인이 어음금을 지급할 의사와 능력이 있었다 하더라도 이러한 사정은 사기죄의 성립에 영향이 없다(대법원 2000. 9. 5. 선고 99도3590 판결 참조).

## V. 결 론

따라서, 이 사건에 있어서 피고인이 공소외 1로부터 위 약속어음을 편취하였음에도 그러한 사실을 모르는 공소외 2에게 편취사실을 숨기고 위 약속어음을 할인받았다면 그 행위는 <u>새로운 사기죄를 구성하는 것으로 보아야 할 것이다.</u>

## VI 유사판례

### 1. 원인관계가 소멸한 약속어음 공정증서에 기하여 강제집행을 하는 경우

채무자가 강제집행을 승낙한 취지의 기재가 있는 약속어음 공정증서에 있어서 그 약속어음의 원인관계가 소멸하였음에도 불구하고, 약속어음 공정증서 정본을 소지하고 있음을 기화로 이를 근거로 하여 강제집행을 하였다면 <u>사기죄를 구성한다.</u> (대법원 1999. 12. 10., 선고, 99도2213, 판결)

# 제21절 채무이행을 연기받을 목적으로 어음을 발행 교부한 경우

## I. 사례요지

피고인은 공소외 1로부터 마트를 인수하면서 엘마트 건축관련 공사대금 채무를 승계하여 공사업자들로부터 수회에 걸쳐 지급 독촉을 받던 중, 피해자 공소외 2로부터 2003. 1. 20.까지 지급해 주기로 한 위 엘마트 기계소방설비 공사대금 1억 3,640만 원의 변제를 요구받자, 위 공소외 2에게 주식회사 일신아이엘티 대표이사 공소외 3 발행의 어음번호 자가08133316, 발행일 2003. 3. 8. 지급기일 2003. 8. 8. 액면금 1억 원인 약속어음 1장을 교부하면서 사실은 위 약속어음은 자살충돌 증세로 정신병원에 입원 중인 공소외 4로부터 교부받은 것으로 지급기일에 정상적으로 결제되지 않을 것이라는 정을 알면서도 배서인란에 서명하고, '결제일에 반드시 지급될 것이고, 1, 2개월 내 현금이 나오니 현금이 나오면 틀림없이 교환하겠다.'라고 거짓말하여 이에 속은 위 공소외 2로부터 약속어음 지급기일인 2003. 8. 8.까지 채무이행을 연기받는 재산상 이익을 취득하였다.

## II. 논 점

1. 채무이행을 연기받을 목적으로 어음을 발행 교부한 경우, 사기죄의 성부(적극)
2. 채무자가 채권자에게 속칭 딱지어음을 제공하여 채무의 변제기를 늦춘 사안에서, 사기죄 성립여부

## III. 법규연구 (형법)

제347조 (사기) ① 사람을 기망하여 재물의 교부를 받거나 재산상의 이익을 취득한 자는 10년 이하의 징역 또는 2천만원 이하의 벌금에 처한다.
② 전항의 방법으로 제삼자로 하여금 재물의 교부를 받게 하거나 재산상의 이익을 취득하게 한 때에도 전항의 형과 같다.

## IV. 관련 판례

### 1. 원심 (대전지법 2005. 6. 28. 선고 2005노803 판결)

피고인이 이 사건 약속어음 배서·교부행위로 인하여 재산상의 이득을 취하였다고 볼 수 없으므로 피고인에 대하여 <u>사기죄가 성립하지 않는다고 보아 무죄를 선고하였다.</u>

### 2. 대법원 (대법원 2005. 9. 15., 선고, 2005도5215, 판결)

피고인은 이 사건 어음이 위조되거나 정상적으로 결제되지 아니하는 이른바 딱지 어음이라는 사실을 알면서도 이를 피해자 공소외 2에게 교부하여, 이 사건 어음을 정상

적인 어음으로 믿은 공소외 2로 하여금 어음상의 지급기일까지 그 채권의 행사를 하지 않고 채무의 변제기를 늦추게 하였고, 피고인은 그 후 계속 위 엘마트를 운영하였다는 것이므로, 피고인이 이와 같이 <u>위조어음 혹은 속칭 딱지어음을 그 정을 속이고 공소외 2에게 교부하여 채무의 이행을 유예받은 것은 그 자체로 재산적 이익을 취득한 것이라 아니할 수 없고, 피고인이 그와 같이 변제기한 유예의 재산적 이익을 취득한 이상 공소외 2가 현실적으로 재산상 손해를 입지 않았다고 하더라도 사기죄의 성립에는 영향이 없다고 할 것이다.</u>

## V. 결 론

사기죄는 기망되어 착오에 빠진 피기망자의 재산상 처분행위에 의하여 범인이 재물이나 재산상 이득을 취득하는 경우에 성립되는 것으로서, 그 이득의 취득으로써 상대방의 재산이 침해되는 것이므로 상대방에게 현실적으로 재산상의 손해가 발생하지 않았다고 하더라도 사기죄의 성립에 영향이 없는 것이고, 한편 <u>채무이행을 연기받는 것도 사기죄에 있어서 재산상의 이익이 되므로, 채무자가 채권자에 대하여 소정기일까지 지급할 의사와 능력이 없음에도 종전 채무의 변제기를 늦출 목적에서 어음을 발행 교부한 경우에는 사기죄가 성립한다</u>(대법원 1997. 7. 25. 선고 97도1095 판결 등 참조).

## VI 유사판례

### 1. 어음이 지급기일에 결제되지 않으리라는 점을 예견하면서도 그 내용을 수취인에게 고지하지 아니하고 이를 속여 할인을 받은 경우

어음이 지급기일에 결제되지 않으리라는 점을 예견하였거나 지급기일에 지급될 수 있다는 확신이 없으면서도 그러한 내용을 수취인에게 고지하지 아니하고 이를 속여서 할인을 받았다면 <u>사기죄가 성립한다.</u> (대법원 1997. 7. 25., 선고, 97도1095, 판결)

### 2. 융통어음을 진성어음인 것처럼 속여 할인받으면서 일부 담보를 제공한 경우

융통어음을 할인함에 있어 그 상대방에 대하여 그 어음이 이른바 진성어음인 것처럼 하기 위하여 적극적인 위장수단을 강구하는 것은 명백한 기망행위에 해당되어 상대방으로 하여금 그 뜻을 오신케 하고 할인명목으로 돈을 교부케 한 행위도 사기죄를 구성하고, 그 할인을 받음에 있어 일부의 담보를 제공하였다 하여 결론이 달라지는 것은 아니므로, 담보가액을 공제하지 아니한 편취 금액 전부에 대하여 사기죄가 성립한다. (대법원 1997. 7. 25., 선고, 97도1095, 판결)

# 제22절 특정 시술받으면 아들을 낳을 수 있다고 한 경우

## Ⅰ. 사례요지

자신이 운영하는 병원에 내원한 피해자들에게 어떠한 시술을 받으면 아들을 낳을 수 있을 것이라는 착오에 빠진 피해자들에게 시술 등의 효과와 원리에 관하여 사실대로 설명하지 아니한 채 마치 시술과 처방 전체가 아들 낳기에 필요한 것처럼 시술 등을 행하고 피해자들로부터 진료비 및 약값의 명목으로 돈을 받았다.

## Ⅱ. 논 점

사기죄의 요건으로서의 부작위에 의한 기망의 의미

## Ⅲ. 법규연구 (형법)

제347조(사기) ① 사람을 기망하여 재물의 교부를 받거나 재산상의 이익을 취득한 자는 10년이하의 징역 또는 2천만원이하의 벌금에 처한다.

## Ⅳ. 관련 판례

### 1. 원심 (서울고법 1999. 6. 23. 선고 98노514 판결)

피고인이 자신이 운영하는 병원에 내원한 피해자들에 대하여 아들을 낳는 방법이라고 하여 시행한 일련의 시술과 처방 전체가 실제로 아들 낳기에 필요한 시술이라고 할 수 없음에도 불구하고, 피고인 또는 위 병원에 근무하는 간호조무사들이 피해자들에게 그 시술 등의 효과와 원리에 관하여 사실과 다르게 설명하거나 또는 위 병원에 내원하기 전에 이미 피고인으로부터 어떠한 시술을 받으면 아들을 낳을 수 있을 것이라는 착오에 빠져 있는 피해자들에게 시술 등의 효과와 원리에 관하여 사실대로 설명하지 아니한 채 마치 피고인의 시술과 처방 전체가 아들 낳기에 필요한 것처럼 시술 등을 행하고 피해자들로부터 의료수가 및 약값의 명목으로 금원을 교부받은 사실을 인정하여 유죄를 인정하였다.

### 2. 대법원 (대법원 2000. 1. 28., 선고, 99도2884, 판결)

피고인은 피해자들에게 그 시술 등의 전체가 아들 낳기에 필요한 것처럼 사실과 달리 설명하거나 위 병원에 내원할 때에 이미 피고인으로부터 어떠한 시술을 받으면 아들을 낳을 수 있을 것이라는 착오에 빠져 있는 피해자들에게 사실대로 설명하지 아니한 채 마치 그 시술 등의 전체가 아들 낳기에 필요한 것처럼 시술 등을 행하고 피해자들로부터 의료수가 및 약값의 명목으로 금원을 수령하였다는 것이므로, 설사 피고인이 피해자들에게 아들을 갖기 위하여 부부관계를 할 시기와 그 전에 취하여야 할 조치 등에 관하여 피해자들에게 설명한 내용이 의학상 허위라고 단정할 수 없는 부분이 포함되어 있다 하더라도, 피고인이 직접 피해자들에게 그 시술 등의 전체가 아들 낳기에 필요한 것처럼 거짓말을 한 경우에 이러한 피고인의 행위가 피해자들로 하여금 그 시술 등의 효과와 원리에 관하여 착오에 빠뜨려 피고인으로부터 아들 낳기 시술을 받도록 하는 것으로서 기망행위에 해당함은 물론이고, 위 병원에 내원할 당시 이미 착오에 빠져 있는 피해자들의 경우에도 만일 피고인이 사실대로 고지하였다면 그들이 피고인으로부터 그와 같은 시술을 받지 아니하였을 것임은 경험칙상 명백하므로, 이와 같은 경우 피고인으로서는 그들에게 위 시술의 효과와 원리에 관하여 사실대로 고지하여야 할 법률상 의무가 있다고 할 것임에도 불구하고, 피해자들이 착오에 빠져있음을 알면서도 이를 고지하지 아니한 채 마치 위와 같은 시술행위 전체가 아들을 낳을 수 있도록 하는 시술인 것처럼 가장하여 같은 시술을 한 것은 고지할 사실을 묵비함으로써 피해자들을 기망한 행위에 해당한다고 보아야 할 것인바, 결국 피고인이 피해자들에게 행한 시술과 처방 전체가 마치 아들 낳기 시술인 것처럼 가장하여 의료수가 및 약값 등의 명목으로 금원을 교부받은 이상 이는 사기죄에 해당한다고 할 것이고, 위와 같은 시술에 앞서 피해자들로부터 시술 결과 아들을 낳지 못하여도 하등 이의를 제기하지 않는다는 내용의 시술서약서를 받았다고 하더라도 이는 기망행위의 수단에 불과하여 사기죄의 성립에 아무런 영향이 없다고 할 것이다.

## V. 결 론

특정 시술을 받으면 아들을 낳을 수 있을 것이라는 착오에 빠진 피해자들에게 그 시술의 효과와 원리에 관하여 사실대로 고지하지 아니한 채 아들을 낳을 수 있는 시술인 것처럼 가장하여 일련의 시술과 처방한 의사에 대하여 사기죄의 성립을 인정한다.

# 제23절 태풍피해복구보조금 지원신청을 허위로 한 경우

## Ⅰ. 사례요지

태풍피해복구를 위한 보조금을 지급하기 위해 면사무소를 통해 피해신고를 접수할 때 실질적으로는 약 ○○㎝ 정도의 양식장 피해를 보았음에도 10배 이상 부풀려 피해를 보았다고 허위로 피해신청을 하였다.

## Ⅱ. 논 점

1. 태풍 피해복구보조금 지원절차가 행정당국에 의한 실사를 거쳐 피해자로 확인된 경우에 한하여 보조금 지원신청을 할 수 있도록 되어 있는 경우
2. 허위의 피해신고만으로 사기죄의 실행 착수가 있다고 볼 수 있는지(소극)

## Ⅲ. 법규연구 (형법)

제347조 (사기) ① 사람을 기망하여 재물의 교부를 받거나 재산상의 이익을 취득한 자는 10년이하의 징역 또는 2천만원이하의 벌금에 처한다.
② 전항의 방법으로 제삼자로 하여금 재물의 교부를 받게 하거나 재산상의 이익을 취득하게한 때에도 전항의 형과 같다.

## Ⅳ. 관련 판례

### 1. 원심 (대전지법 1998. 9. 4. 선고 97노1814 판결)

허위의 피해신고를 하였으나 결국 피해를 입은 사실이 없는 것으로 밝혀져 그 목적을 이루지 못하였다면서 피해복구보조금에 대한 사기미수죄로 공소가 제기된 이 사건에 있어서, 위 허위신고만으로는 피고인이 사기죄의 실행에 착수한 것으로 볼 수 없다.

### 2. 대법원 (대법원 1999. 3. 12., 선고, 98도3443, 판결)

태풍으로 인하여 피해를 입은 어민들이 국가로부터 피해복구보조금을 지원받게 되는 일련의 절차는, 먼저 읍·면장이 일응 피해를 입은 어민 등으로부터 피해신고를 받아 이를 근거로 현지확인을 거쳐 피해물량 및 피해액을 군수 등에게 보고하고, 이어 중앙재해대책본부는 시·도지사가 보고한 피해집계상황 등을 토대로 피해가 클 경우에는 중앙합동조사반에게, 피해가 경미할 경우에는 시·도의 자체조사반에게 피해조사를 실시케 하여 조사·확인된 피해물량 및 피해액에 따라 피해복구 사업자(피해어민) 선정

을 한 다음, 그 사업자가 군청에 피해복구보조금 지원신청서를 제출하여 보조금교부결정을 받게 되고, 그 후 실제로 사업자가 자비를 가지고 당해 복구사업을 시행·완료한 경우에 한하여 위 보조금을 지급받게 되는 과정으로 이루어져 있음을 알 수 있는바, 위와 같이 행정당국에 의한 실사를 거쳐 피해자로 확인된 경우에 한하여 보조금 지원신청을 할 수 있게 하는 위 보조금지원절차에 비추어 볼 때, 피해어민의 피해신고는 국가가 피해복구보조금의 지원 여부 및 정도를 결정을 함에 있어 그 직권조사를 개시하기 위한 참고자료에 불과한 것일 뿐이고 그 지원 여부 등을 좌우할 수는 있는 것은 아니라 할 것이므로, 피고인과 같이 실제로 태풍에 의한 피해발생이 없었으면서도 마치 피해가 있는 것처럼 관할면장에게 피해신고를 하였다는 것만 가지고는 위 보조금 편취범행의 실행에 착수한 것이라고 할 수 없다.

## V. 결 론

태풍 피해복구보조금 지원절차가 행정당국에 의한 실사를 거쳐 피해자로 확인된 경우에 한하여 보조금 지원신청을 할 수 있도록 되어 있는 경우, 피해신고는 국가가 보조금의 지원 여부 및 정도를 결정함에 있어 그 직권조사를 개시하기 위한 참고자료에 불과하다는 이유로 허위의 피해신고만으로는 위 보조금 편취범행의 실행에 착수한 것이라고 볼 수 없다.

# 제24절 현금 결제조건으로 물품 구입 후 기존 채권과 상계하겠다 한 경우

## I. 사례요지

피고인이 사실은 피해자로부터 냉동오징어를 구입하더라도 그 잔금을 지급할 의사가 없음에도 불구하고, 피해자에게 "냉동오징어 24,600,000원 어치를 팔면 계약금조로 5,000,000원을 주고 나머지 대금 19,600,000원은 2일 내에 지급하겠다."고 거짓말하여 이에 속은 피해자로로부터 냉동오징어 800박스 상당을 교부받고는 계약금명목으로 5,000,000원을 지급하고, 나머지대금19,600,000원 상당을 지급하지 아니하였다.

## II. 논 점

1. 현금으로 결제하겠다고 하여 물품을 구입한 후
2. 상대방이 그 존재를 다투고 있는 채권과 상계하겠다고 한 경우 사기죄의 성부

## III. 법규연구 (형법)

제347조 (사기) ① 사람을 기망하여 재물의 교부를 받거나 재산상의 이익을 취득한 자는 10년이하의 징역 또는 2천만원이하의 벌금에 처한다.
② 전항의 방법으로 제삼자로 하여금 재물의 교부를 받게 하거나 재산상의 이익을 취득하게한 때에도 전항의 형과 같다.

## IV. 관련 판례

### 1. 원심 (부산지법 1997. 8. 13. 선고 97노1337 판결)

범죄사실을 넉넉히 인정할 수 있다.

### 2. 대법원 (대법원 1997. 11. 11., 선고, 97도2220, 판결)

피고인의 위와 같은 채권이 인정되고, 피고인이 위 잔대금채무를 위 채권으로 상계할 의사를 가지고 있었다 하더라도 이 사건과 같이 피해자가 위 채권의 존재 자체를 다투고 있는 상태에서 마치 현금으로 결제할 것처럼 기망하여 물품을 교부받은 것은 사회통념상 용인된다고 볼 수 없다.

## V. 결 론

　피고인이 위 잔대금채무를 이전에 피해자에 대하여 가지고 있었던 채권으로 상계할 의사를 가지고 있었다 하더라도 피해자가 위 채권의 존재 자체를 다투고 있는 상태에서 마치 현금으로 결제할 것처럼 기망하여 물품을 교부받은 것은 사회통념상 용인된다고 볼 수 없으므로, <u>사기죄가 성립한다.</u>

# 제25절 음식점에서 한우만을 취급한다고 속여 수입 쇠갈비 판매

## I. 사례요지

피고인은 일반음식점을 경영하면서, 수입 농수산물인 수입 쇠갈비 ○○kg을 국산품인 한우 갈비로 위장하여 손님들에게 조리·판매함으로써, 원산지표시를 위반하였다.

## II. 논 점

1. 상품의 허위·과장광고가 사기죄의 기망행위에 해당되는 경우
2. 음식점에서 한우만을 취급하는 것으로 기망하여 수입 쇠갈비를 판매한 경우 사기죄 여부
3. 음식점에서 조리·판매하는 수입 쇠갈비에 대한 원산지표시의무 여부

## III. 법규연구

### 1. 형 법

제347조 (사기) ① 사람을 기망하여 재물의 교부를 받거나 재산상의 이익을 취득한 자는 10년이하의 징역 또는 2천만원이하의 벌금에 처한다.

### 2. 농수산물의 원산지 표시 등에 관한 법률 (원산지표시법 )

제6조(거짓 표시 등의 금지) ① 누구든지 다음 각 호의 행위를 하여서는 아니 된다.
1. 원산지 표시를 거짓으로 하거나 이를 혼동하게 할 우려가 있는 표시를 하는 행위
2. 원산지 표시를 혼동하게 할 목적으로 그 표시를 손상·변경하는 행위
3. 원산지를 위장하여 판매하거나, 원산지 표시를 한 농수산물이나 그 가공품에 다른 농수산물이나 가공품을 혼합하여 판매하거나 판매할 목적으로 보관이나 진열하는 행위
② 농수산물이나 그 가공품을 조리하여 판매·제공하는 자는 다음 각 호의 행위를 하여서는 아니 된다.
1. 원산지 표시를 거짓으로 하거나 이를 혼동하게 할 우려가 있는 표시를 하는 행위
2. 원산지를 위장하여 조리·판매·제공하거나, 조리하여 판매·제공할 목적으로 농수산물이나 그 가공품의 원산지 표시를 손상·변경하여 보관·진열하는 행위
3. 원산지 표시를 한 농수산물이나 그 가공품에 원산지가 다른 동일 농수산물이나 그 가공품을 혼합하여 조리·판매·제공하는 행위
제14조(벌칙) ① 제6조제1항 또는 제2항을 위반한 자는 7년 이하의 징역이나 1억원 이하의 벌금에 처하거나 이를 병과(倂科)할 수 있다.

② 제1항의 죄로 형을 선고받고 그 형이 확정된 후 5년 이내에 다시 제6조제1항 또는 제2항을 위반한 자는 1년 이상 10년 이하의 징역 또는 500만원 이상 1억5천만원 이하의 벌금에 처하거나 이를 병과할 수 있다.

## IV. 관련 판례

### 1. 원심 (서울지법 1997. 5. 9. 선고 97노177 판결)

피고인은 동일한 장소에서 서로 다른 상호로 일반음식점 및 식육점을 동시에 운영하고 있으며 일반음식점의 상호는 '고향'으로서 '한우'라는 표현이 들어 있지 아니한 것은 사실이나, 위 두 가지 영업의 상호는 영업신고증 및 허가증상으로만 분리되어 있을 뿐 사실상 음식점의 외부 간판에는 '고향한우마을'로 표시('한우'라는 부분이 특히 강조되어 있다)되어 있는 사실, 위 식육점은 음식점의 객석 옆에 설치되어 있는데 실제로는 전시용으로서 판매는 거의 이루어지지 않는 사실, 위 음식점의 내부에는 한우만을 사용한다는 광고선전판이 식육점 진열대 이외에 음식점의 객석 주위에도 10여 개 부착되어 있을 뿐만 아니라, 위 음식점에서 사용하는 식단표의 바깥 부분에는 상호가 '고향한우마을'이라고 표시되어 있고 한우만을 사용한다고 기재되어 있는 사실을 인정한 다음, '한우만을 판매한다'는 취지의 광고가 위 식육점 부분에만 한정하는 것이 아니라 음식점에서 조리·판매하는 쇠고기에 대한 광고로서 위 음식점에서 쇠고기를 취식하는 사람들로 하여금 그 곳에서는 한우만을 판매하는 것으로 오인시키기에 충분하므로, 이러한 광고는 진실규명이 가능한 구체적인 사실인 쇠갈비의 품질과 원산지에 관하여 기망이 이루어진 경우로서 그 사술의 정도가 사회적으로 용인될 수 있는 상술의 정도를 넘는 것이라고 하지 아니할 수 없고, 따라서 <u>피고인의 기망행위 및 편취의 범의를 인정하기에 넉넉하다고 판단하였다.</u>

### 2. 대법원 (대법원 1997. 9. 9., 선고, 97도1561, 판결)

사기죄의 요건으로서의 기망은 널리 재산상의 거래관계에 있어서 서로 지켜야 할 신의와 성실의 의무를 저버리는 모든 적극적 및 소극적 행위로서 사람으로 하여금 착오를 일으키게 하는 것을 말하며 사기죄의 본질은 기망에 의한 재물이나 재산상 이익의 취득에 있고, 상대방에게 현실적으로 재산상 손해가 발생함을 그 요건으로 하지 아니하는바, 일반적으로 상품의 선전, 광고에 있어 다소의 과장, 허위가 수반되는 것은 그것이 일반 상거래의 관행과 신의칙에 비추어 시인될 수 있는 한 기망성이 결여된다고 하겠으나 거래에 있어서 중요한 사항에 관하여 구체적 사실을 거래상의 신의성실의 의무에 비추어 비난받을 정도의 방법으로 허위로 고지한 경우에는 과장, 허위광고의 한계를 넘어 사기죄의 기망행위에 해당한다고 할 것이다(대법원 1992. 9. 14. 선고 91도2994 판결 참조).

## V. 결 론

가. 사기죄로 처벌할 수 있다.

나. 원산지표시위반 관련, 본 판례가 있을 때는 처벌규정이 없어 원산지 표시행위에 대해서는 처벌하지 못했지만, 원산지표시법 제정(2010.2.4.)으로 원산지표시법 제6조에 따라 누구든지 원사지 표시를 거짓으로 하면 처벌할 수 있다.

# 제26절 손자가 조부 예금통장 절취하여 현금자동지급기에서 계좌이체

## I. 사례요지

절취한 친할아버지 소유 농업협동조합 예금통장을 현금자동지급기에 넣고 조작하는 방법으로 위 농업협동조합 계좌의 예금 잔고 중 ○○만 원을 피고인 명의 은행 계좌로 이체하였다.

## II. 논 점

1. 절취한 친족 소유의 예금통장을 현금자동지급기에 넣고 조작하여 예금 잔고를 다른 금융기관의 자기 계좌로 이체하는 방법으로 저지른 컴퓨터등사용사기죄에서 피해자 (=친족 명의 계좌의 금융기관)
2. 손자가 할아버지 예금통장을 절취하여 계좌로 이체한 경우 친족상도례 적용 여부

## III. 법규연구 (형법)

제347조의2 (컴퓨터등 사용사기) 컴퓨터등 정보처리장치에 허위의 정보 또는 부정한 명령을 입력하거나 권한 없이 정보를 입력·변경하여 정보처리를 하게 함으로써 재산상의 이익을 취득하거나 제3자로 하여금 취득하게 한 자는 10년 이하의 징역 또는 2천만원 이하의 벌금에 처한다.
제328조 (친족간의 범행과 고소) ① 직계혈족, 배우자, 동거친족, 동거가족 또는 그 배우자간의 제323조의 죄는 그 형을 면제한다.
제354조 (친족간의 범행, 동력) 제328조와 제346조의 규정은 본장의 죄에 준용한다.

## IV. 관련 판례

### 1. 원심 (광주지법 2006. 4. 5. 선고 2006노347 판결)

피해자는 피고인의 친할아버지라는 이유를 들어, 공소사실을 유죄로 인정한 제1심을 파기하고 <u>친족상도례를 적용하여 피고인에게 형 면제를 선고하였다.</u>

### 2. 대법원 (대법원 2007. 3. 15., 선고, 2006도2704, 판결)

가. 컴퓨터 등 정보처리장치를 통하여 이루어지는 금융기관 사이의 전자식 자금이체 거래는 금융기관 사이의 환거래관계를 매개로 하여 금융기관 사이나 금융기관을 이용하는 고객 사이에서 현실적인 자금의 수수 없이 지급·수령을 실현하는 거래방식인바, 피고인이 권한 없이 컴퓨터 등 정보처리장치를 이용하여 예금계좌 명의인이 거래하는

금융기관의 계좌 예금 잔고 중 일부를 피고인이 거래하는 다른 금융기관에 개설된 그 명의 계좌로 이체한 경우, 예금계좌 명의인의 거래 금융기관에 대한 예금반환 채권은 이러한 행위로 인하여 영향을 받을 이유가 없는 것이므로, 거래 금융기관으로서는 예금계좌 명의인에 대한 예금반환 채무를 여전히 부담하면서도 환거래관계상 다른 금융기관에 대하여 자금이체로 인한 이체자금 상당액 결제채무를 추가 부담하게 됨으로써 이체된 예금 상당액의 채무를 이중으로 지급해야 할 위험에 처하게 된다.

나. 따라서 친척 소유 예금통장을 절취한 피고인이 그 친척 거래 금융기관에 설치된 현금자동지급기에 예금통장을 넣고 조작하는 방법으로 친척 명의 계좌의 예금 잔고를 피고인이 거래하는 다른 금융기관에 개설된 피고인 명의 계좌로 이체한 경우, 그 범행으로 인한 <u>피해자는 이체된 예금 상당액의 채무를 이중으로 지급해야 할 위험에 처하게 되는 그 친척 거래 금융기관</u>이라 할 것이고, 거래 약관의 면책 조항이나 채권의 준점유자에 대한 법리 적용 등에 의하여 위와 같은 범행으로 인한 피해가 최종적으로는 예금 명의인인 친척에게 전가될 수 있다고 하여, 자금이체 거래의 직접적인 당사자이자 이중지급 위험의 원칙적인 부담자인 거래 금융기관을 위와 같은 컴퓨터 등 사용사기 범행의 피해자에 해당하지 않는다고 볼 수는 없다.

## V. 결 론

손자가 할아버지 소유 농업협동조합 예금통장을 절취하여 이를 현금자동지급기에 넣고 조작하는 방법으로 예금 잔고를 자신의 거래 은행 계좌로 이체한 사안에서, 위 농업협동조합이 <u>컴퓨터 등 사용사기 범행 부분의 피해자라는 이유로 친족상도례를 적용할 수 없다. 따라서 형법상 컴퓨터등사용사기죄로 처벌할 수 있다.</u>

## VI. 유사판례

### 1. 금융기관 직원이 전산단말기를 이용하여 특정계좌에 돈이 입금된 것처럼 허위 정보 입력

입금절차를 완료함으로써 장차 그 계좌에서 이를 인출하여 갈 수 있는 재산상 이익을 취득하였으므로 형법 제347조의2에서 정하는 컴퓨터 등 사용사기죄는 기수에 이르렀고, 그 후 그러한 입금이 취소되어 현실적으로 인출되지 못하였다고 하더라도 이미 성립한 컴퓨터 등 사용사기죄에 어떤 영향이 있다고 할 수는 없다. (대법원 2006. 9. 14., 선고, 2006도4127, 판결)

## 2. 타인 명의로 발급받은 신용카드를 이용하여 ARS 전화서비스 받는 경우

타인의 명의를 모용하여 발급받은 신용카드의 번호와 그 비밀번호를 이용하여 ARS 전화
서비스나 인터넷 등을 통하여 신용대출을 받는 방법으로 재산상 이익을 취득하는 행위 역
시 미리 포괄적으로 허용된 행위가 아닌 이상, 컴퓨터 등 정보처리장치에 권한 없이 정보
를 입력하여 정보처리를 하게 함으로써 재산상 이익을 취득하는 행위로서 <u>컴퓨터 등 사용
사기죄에 해당</u>한다. (대법원 2006. 7. 27., 선고, 2006도3126, 판결)

## 3. 위임받은 금액을 초과한 현금을 인출한 행위

예금주인 현금카드 소유자로부터 일정한 금액의 현금을 인출해 오라는 부탁을 받으면서
이와 함께 현금카드를 건네받은 것을 기화로 그 위임을 받은 금액을 초과하여 현금을 인
출하는 방법으로 그 차액 상당을 위법하게 이득할 의사로 현금자동지급기에 그 초과된 금
액이 인출되도록 입력하여 그 초과된 금액의 현금을 인출한 경우에는 그 인출된 현금에
대한 점유를 취득함으로써 이때 그 인출한 현금 총액 중 인출을 위임받은 금액을 넘는 부
분의 비율에 상당하는 재산상 이익을 취득한 것으로 볼 수 있으므로 이러한 행위는 그 차
액 상당액에 관하여 컴퓨터등사용사기에 규정된 '컴퓨터 등 정보처리장치에 권한 없이 정
보를 입력하여 정보처리를 하게 함으로써 재산상의 이익을 취득'하는 행위로서 <u>컴퓨터 등
사용사기죄에 해당</u>된다. (대법원 2006. 3. 24., 선고, 2005도3516, 판결)

## 4. 금융기관 직원이 범죄 목적으로 전산단말기를 이용하여 특정계좌에 거액을 무자
   원 송금한 경우

금융기관 직원이 범죄의 목적으로 전산단말기를 이용하여 다른 공범들이 지정한 특정계좌
에 무자원 송금의 방식으로 거액을 입금한 것은 형법 제347조의2에서 정하는 <u>컴퓨터 등
사용사기죄에서의 '권한 없이 정보를 입력하여 정보처리를 하게 한 경우'에 해당</u>한다고
할 것이고, 이는 그 직원이 평상시 금융기관의 여·수신업무를 처리할 권한이 있었다고 하
여도 마찬가지이다. (대법원 2006. 1. 26., 선고, 2005도8507, 판결)

## 5. 절취한 타인의 신용카드로 현금자동지급기에서 현금인출 행위

우리 형법은 재산범죄의 객체가 재물인지 재산상의 이익인지에 따라 이를 재물죄와 이득
죄로 명시하여 규정하고 있는데, 형법 제347조가 일반 사기죄를 재물죄 겸 이득죄로 규정
한 것과 달리 형법 제347조의2는 컴퓨터등사용사기죄의 객체를 재물이 아닌 재산상의 이
익으로만 한정하여 규정하고 있으므로, 절취한 타인의 신용카드로 현금자동지급기에서
현금을 인출하는 행위가 재물에 관한 범죄임이 분명한 이상 이를 위 <u>컴퓨터등사용사기죄
로 처벌할 수는 없다</u>고 할 것이고, 입법자의 의도가 이와 달리 이를 위 죄로 처벌하고자
하는 데 있었다거나 유사한 사례와 비교하여 처벌상의 불균형이 발생할 우려가 있다는 이
유만으로 그와 달리 볼 수는 없다. (대법원 2003. 5. 13., 선고, 2003도1178, 판결)

# 제27절 알박기의 부당이득죄가 성립하기 위한 요건

## I. 사례요지

피의자는 홀딩스 신축사업을 추진함에 따라 그에 대한 사업계획의 승인 및 분양허가 등을 받기 위해서는 전체 사업부지 소유권 ○○%를 취득하여야 한다는 점을 알고 일대 토지를 매입한 후 피해자가 사업시행을 계속 추진하려면 피의자로부터 빠른 시일에 이 사건 부동산을 매수할 수밖에 없는 궁박한 상태에 빠지게 하였다. 피의자는 피해 회사가 위와 같이 궁박한 상태에 있는 점을 이용하여 피해 회사에게 주변 부지의 평당 매매가인 ○○원 상당보다 약 2.5배 이상 비싼 평당 ○○만원 상당(매매대금 합계 ○○원)에 매도하고 그에 대한 양도소득세 ○○원 상당을 피해 회사에게 부담하게 함으로써 그 차액인 ○○원 상당의 부당한 이익을 취득하였다.

## II. 논 점

개발사업의 부지 일부의 매매와 관련된 이른바 '알박기' 사건에서 부당이득죄가 성립하기 위한 요건

## III. 법규연구 (형법)

제349조 (부당이득) ① 사람의 궁박한 상태를 이용하여 현저하게 부당한 이익을 취득한 자는 3년 이하의 징역 또는 1천만원이하의 벌금에 처한다.
② 전항의 방법으로 제삼자로 하여금 부당한 이익을 취득하게 한 때에도 전항의 형과 같다.

## IV. 관련 판례

### 1. 원심 (울산지법 2009. 12. 23. 선고 2009노231 판결)

피고인이 이 사건 부동산을 이른바 '알박기'의 목적으로 매수하였다고 단정할 증거가 없을 뿐만 아니라, 피고인이 이 사건 부동산을 매수한 시점 이전에는 개발사업을 추진하던 ○○홀딩스가 이 사건 사업부지 중 한 필지도 취득하지 못하였던 점, ○○홀딩스는 피고인으로부터 이 사건 부동산을 매수하려 하였으나 피고인이 요구한 5억 원을 조달하지 못하던 중 피해자 회사에게 이 사건 사업권을 양도하였고, 피해자 회사도 그러한 사정을 알고 있었던 점, 피해자 회사는 그 후 약 1년간 이 사건 부동산을 매수하기 위한 아무런 노력을 기울이지 않다가 관할관청으로부터 이 사건 부동산의 매입문제 등을 보완하지 않으면 건축허가신청을 반려하겠다는 통보를 받고 나서야 피고인에게 적극적으로 이 사건 부동산의 매도를 요청하여 3~4일의 단기간 내에 이 사건 매매계약을 체결하게 된 점, 피해자 회사는 이 사건 매매계약 당시 피고인에게 일단 매매

대금을 지급한 후 이른바 '알박기'에 따른 부당이득죄로 피고인을 고소하려는 방침을 세우고 있었던 점, 피해자 회사가 거액의 이익을 목적으로 규모가 큰 이 사건 사업을 시행하면서 다수인으로부터 사업부지를 확보하는 과정에서 어려움이 있을 것은 능히 예상할 수 있는 장애인바, 그러한 상황에 충분히 대비하지 않고 이 사건 사업을 추진한 피해자 회사에게도 상당한 책임이 있는 점 등에 비추어 보면, 피해자 회사가 이 사건 매매계약 당시 궁박한 상태에 있었다고 하더라도 그에 관하여 피고인이 적극적으로 원인을 제공하였다거나 상당한 책임을 부담하는 정도에 이르렀다고 볼 수 없다는 이유로, 피고인에 대하여 무죄를 선고하였다.

## 2. 대법원 (대법원 2010. 5. 27. 선고 2010도778 판결)

형법상 부당이득죄에 있어서 궁박이란 '급박한 곤궁'을 의미하고, '현저하게 부당한 이익의 취득'이라 함은 단순히 시가와 이익과의 배율로만 판단할 것이 아니라 구체적·개별적 사안에 있어서 일반인의 사회통념에 따라 결정하여야 하는 것으로서, 피해자가 궁박한 상태에 있었는지 여부 및 급부와 반대급부 사이에 현저히 부당한 불균형이 존재하는지는 거래당사자의 신분과 상호 간의 관계, 피해자가 처한 상황의 절박성의 정도, 계약의 체결을 둘러싼 협상과정 및 거래를 통한 피해자의 이익, 피해자가 그 거래를 통해 추구하고자 한 목적을 달성하기 위한 다른 적절한 대안의 존재 여부, 피고인에게 피해자와 거래하여야 할 신의칙상 의무가 있는지 등 여러 상황을 종합하여 구체적으로 판단하되, 특히 우리 헌법이 규정하고 있는 자유시장 경제 질서와 여기에서 파생되는 사적 계약자유의 원칙을 고려하여 그 범죄의 성립을 인정함에서는 신중을 요한다(대법원 2005. 4. 15. 선고 2004도1246 판결, 대법원 2009. 1. 15. 선고 2008도1246 판결 등 참조).

## V. 결 론

개발사업 등이 추진되는 사업부지 중 일부의 매매와 관련된 이른바 '알박기' 사건에서 부당이득죄의 성립 여부가 문제되는 경우에도 위와 같은 여러 상황을 종합하여 구체적으로 판단하되, 그 범죄의 성립을 인정하기 위하여는 피고인이 피해자의 개발사업 등이 추진되는 상황을 미리 알고 그 사업부지 내의 부동산을 매수한 경우이거나 피해자에게 협조할 듯한 태도를 취하여 사업을 추진하도록 한 후에 협조를 거부하는 경우 등과 같이 피해자가 궁박한 상태에 빠지게 된 데에 피고인이 적극적으로 원인을 제공하였거나 상당한 책임을 부담하는 정도에 이르러야 한다(대법원 2009. 1. 15. 선고 2008도8577 판결 참조).

# 제2관 공갈죄

## 제1절 폭력배와 잘 아는 지위를 이용 위세 보인 경우 공갈죄 여부

## Ⅰ. 사례요지

> 피고인은 폭력조직인 속칭 '○○파' 추종세력인 공소외 1 등 스포츠머리를 한 건장한 폭력배들과 함께 특별히 하는 일 없이 피해자 1 주식회사이 운영하는 호텔의 커피숍 등에 모여 앉아 시간을 보내는 등 어울려 다니면서 그들로 하여금 피고인에게 "형님"이라면서 90도로 인사를 하게 하는 등 피고인이 조직폭력배 두목인 것처럼 과시하여 이에 겁을 먹은 피해자 피해자 2, 3, 4 등 위 호텔 프론트 직원으로 하여금 호텔 객실을 내어주게 하고, 호텔측에서 객실요금을 지불해 줄 것을 요구하면 어깨에 힘을 주면서 "나중에 주겠다."거나 "알았다."고 말하고 그냥 가버리는 등 호텔 직원들의 신체에 어떠한 위해를 가할 듯한 태도를 취하여 그 요금 청구를 단념하게 하는 등의 방법으로, 호텔에 투숙하면서 40회에 걸쳐 위 호텔을 이용한 후 그 이용료 합계 ○○원의 지급을 하지 않음으로써 그 금액 상당의 재산상 이득을 취득하였다.

## Ⅱ. 논 점

1. 공갈죄의 수단으로서 협박의 의미
2. 폭력배와 잘 알고 있다는 지위를 이용한 것이 해악의 고지에 해당하는지

## Ⅲ. 법규연구 (형법)

> 제350조 (공갈) ① 사람을 공갈하여 재물의 교부를 받거나 재산상의 이익을 취득한 자는 10년이하의 징역 또는 2천만원이하의 벌금에 처한다.
> ② 전항의 방법으로 제삼자로 하여금 재물의 교부를 받게 하거나 재산상의 이익을 취득하게 한 때에도 전항의 형과 같다.

## Ⅳ. 관련 판례

### 1. 원심 (대구지법 2003. 1. 17. 선고 2002노2492 판결)

피고인은 2001. 2.경부터 위 호텔에 투숙하여 2001. 5. 28.경까지는 숙박료를 모두 결제하여 처음부터 호텔 이용료를 갈취할 의도로 직원에게 위세를 과시하여 호텔을 이

용한 것은 아니고, 또한 호텔에 장기 투숙하는 과정에서 피고인이 폭력배로 보이는 사람들과 어울린 사실은 있지만, 피고인이 폭력배의 두목처럼 그 사람들을 부리거나 혹은 피고인이 직접 직원들에게 욕설 내지 인상을 쓰는 방법으로 겁을 준 사실이 없으며, 직원들이 피고인에게 숙박료의 변제를 요구하면 피고인이 수시로 50만 원 내지 100만 원의 숙박료를 후불 처리하여 준 사실이 인정되고, 특히 피고인에 대한 후불 처리가 문제되어 위 호텔로부터 퇴직금을 지급받지 못한 피해자 2는 원심 법정에서 서비스업계에 종사하는 위 호텔의 직원으로서 비록 피고인이 일반인의 시점에서 약간 불량스러운 사람들과 같이 있는 것을 종종 본 사실은 있으나 그로 인하여 겁을 낸 일이 없다고 진술하고 있으므로, 피고인이 위 호텔의 직원들에게 객관적으로 사람의 의사결정의 자유를 제한하거나 의사실행의 자유를 방해할 정도로 겁을 먹게 할 만한 해악을 고지하는 구체적인 행위가 있다고 볼 수 없다는 이유로, 피고인에 대하여 무죄를 선고하였다.

## 2. 대법원 (대법원 2003. 5. 13., 선고, 2003도709, 판결)

가. 공갈죄의 수단으로서 협박은 사람의 의사결정의 자유를 제한하거나 의사실행의 자유를 방해할 정도로 겁을 먹게 할 만한 해악을 고지하는 것을 말하고, 해악의 고지는 반드시 명시의 방법에 의할 것을 요하지 아니하며 언어나 거동에 의하여 상대방으로 하여금 어떠한 해악에 이르게 할 것이라는 인식을 갖게 하는 것이면 족한 것이고, 또한 직접적이 아니더라도 피공갈자 이외의 제3자를 통해서 간접적으로 할 수도 있으며, 행위자가 그의 직업, 지위 등에 기하여 불법한 위세를 이용하여 재물의 교부나 재산상 이익을 요구하고 상대방으로 하여금 그 요구에 응하지 아니한 때에는 부당한 불이익을 초래할 위험이 있다는 위구심을 야기하게 하는 경우에도 해악의 고지가 된다 (대법원 2001. 2. 23. 선고 2000도4415 판결, 2002. 8. 27. 선고 2001도6747 판결, 2002. 12. 10. 선고 2001도7095 판결 등 참조).

나. 기록에 의하면, 피고인은 원래 위 호텔의 직원들이나 관계자와는 전혀 알지 못하는 사이로서, 2001. 2.경부터 2002. 2.경까지 위 호텔에 투숙할 당시에는 이미 사업이 부도난 상태였던 관계로 자신의 자력만으로는 적지 않은 호텔 이용료를 부담할 수 없었던 상황이었음에도, 위와 같은 투숙 과정에서 피고인 혼자서만 위 호텔을 이용한 것이 아니라 공소외 1, 장병환, 안무정, 이두화 등으로 하여금 피고인 명의로 위 호텔을 이용하게 하였을 뿐만 아니라, 공소외 1도 피고인, 허관호, 김상하 등으로 하여금 공소외 1 명의로 위 호텔을 이용하게 하였던 사실, 또한 공소외 1은 대구시내 폭

력조직과 잘 알고 지냈던 관계로, 피고인은 공소외 1 등과 함께 위 호텔의 직원들이 보는 앞에서 한눈에도 폭력배로 보이는 다수의 사람들로부터 인사를 받고 이에 적극적으로 응대하는 방식으로 위세를 과시함으로써 수시로 공포분위기를 조성하여 직원들로 하여금 겁을 먹게 하였고, 이에 따라 위 호텔 직원들은 2001. 5. 28.경부터 호텔 이용료를 연체하고 있는 피고인이 객실을 달라고 일방적으로 요구해도 이를 거부하거나 따지지 못한 채 객실을 내주었을 뿐만 아니라, 어렵게 피고인에게 연체된 이용료를 결제하여 달라고 요구하여도 피고인은 속칭 폭력배들이 취하는 전형적인 태도를 보이면서 반말로 "나중에 주겠다."거나 "알았다."라는 식으로 거절하였는데, 이러한 사정은 위 호텔의 직원으로서 퇴직 시 책임을 져야 했던 원심 증인 피해자 2의 경우에도 마찬가지였고, 특히 피해자 2의 경우에는 나중에 자신이 책임을 져야 하는데도 불구하고 피고인의 위세에 눌린 나머지 피고인에게 연체된 호텔 이용료를 달라는 요구조차 제대로 하지 못하였던 사실, 이에 따라 피고인은 위 호텔의 객실을 이용하면서 요금의 40%가 할인되는 혜택을 받으면서도 2002. 2. 11.경 장기 투숙을 마칠 때까지 40회에 걸쳐 공소사실과 같이 9,875,258원 상당의 호텔 이용료를 지급하지 아니하였을 뿐만 아니라, 2001. 10. 11.경부터는 공소외 1까지 같은 방식으로 가세하여 공소외 1은 피고인과는 별도로 2002. 2. 16.까지 위 호텔을 이용하면서 22회에 걸쳐 합계 1,570,966원 상당의 이용료를 지급하지 아니하였던 사실, 그 후 피고인과 공소외 1은 2002. 4.경 첩보를 입수한 경찰이 이 사건 범행에 대한 조사에 착수하여 본격적인 수사에 들어가자 2002. 5.경에야 비로소 나타나 위와 같이 연체된 호텔 이용료를 변제하였는데, 피고인의 경우에는 자력이 없었던 관계로 아는 선배로부터 돈을 빌려 이를 갚았던 사실, 공소외 1은 위와 같은 행위로 말미암아 공갈죄로 약식기소되어 벌금 300만 원의 형이 확정된 사실을 알 수 있다.

## V. 결 론

피고인 등이 취한 일련의 거동은, 폭력배와 잘 알고 있다는 지위를 이용하여 불법한 위세를 보임으로써 재산상 이익을 요구하고 상대방으로 하여금 그 요구에 응하지 아니할 때는 부당한 불이익을 초래할 위험이 있다는 위구심을 야기하게 하는 해악의 고지에 해당한다고 보아야 할 것이다.

## VI 유사판례

### 1. 정신병원 퇴원 요구를 거절해 온 피해자 배우자가 피해자에 대하여 재산 이전요구를 한 경우

그 배우자가 재산 이전요구에 응하지 않으면 퇴원시켜 주지 않겠다고 말한 바 없더라도 이는 암묵적 의사표시로서 공갈죄의 수단인 해악의 고지에 해당하고 이러한 해악의 고지가 권리의 실현수단으로 사용되었더라도 그 수단방법이 사회통념상 허용되는 정도나 범위를 넘는 것으로서 공갈죄를 구성한다. (대법원 2001. 2. 23., 선고, 2000도4415, 판결)

### 2. 언론사 종사자가 취재원에 관하여 불리한 기사의 보도 여부를 놓고 광고 배정, 신문구독 요구

신문사 경영자가 자신이 발행하는 신문의 구독을 요청 또는 권유하는 것은 신문 부수의 확장을 위한 일상적인 업무의 범위 내에 속하는 것으로서, 특단의 사정이 없는 한, 사회통념상 용인되는 행위라고 보아야 할 것이므로, 언론사 종사자가 취재원에 대하여 불리한 기사의 보도 여부를 놓고 광고 게재나 신문구독을 요구한 행위가 공갈죄의 수단으로서 해악의 고지에 해당되는지 여부는 <u>그러한 요구를 한 자와 요구를 받은 자 사이의 관계와 지위, 언론사의 사회적 영향력, 당사자의 의도와 추구하고자 하는 경제적 이익의 내용, 그러한 요구에 이른 전후 경위, 당사자가 그 과정에서 보인 태도, 관련 기사 내용과 그 기사가 상대방의 이해관계에 미치는 영향력의 크기, 불리한 기사와 요구한 금품 사이의 견련성 정도, 불이익을 시사한 구체적인 언동의 존부와 그 내용 등을 두루 심사하여 이를 신중하게 판단하여야 한다.</u> (대법원 2002. 12. 10., 선고, 2001도7095, 판결)

### 3. 주인을 협박하여 취직한 종업원이 근로 제공하지 아니하고 월급 상당액을 교부받은 경우

종업원이 주인을 협박하여 그 업소에 취직을 하여 그 주인으로부터 월급 상당액을 교부받은 경우 그 종업원이 주인에게 종업원으로서 상당한 근로를 제공한 바가 없다면 이는 <u>갈취행위로 보아야 한다.</u> (대법원 1991. 10. 11., 선고, 91도1755, 판결)

# 제2절 조상 천도재를 지내지 않으면 안 좋은 일이 생긴다고 해악 고지

## Ⅰ. 사례요지

피고인이 전화로 피해자 5에게 "작은아들이 자동차를 운전하면 교통사고가 나 크게 다치거나 죽거나 하게 된다. 조상천도를 하면 교통사고를 막을 수 있고 보살도 아픈 곳이 낫고 사업도 잘 되고 모든 것이 잘 풀려나간다. 조상천도비용으로 795,000원을 내라."고 말하여 만일 피해자 5가 조상천도를 하지 아니하면 피해자 5와 그의 가족의 생명과 신체에 어떤 위해가 발생할 것처럼 겁을 주어 이에 외포된 피해자 5로부터 같은 달 16일 같은 장소에서 795,500원을 건네받아 이를 갈취하였다.

## Ⅱ. 논 점

1. 공갈죄의 수단으로써 협박의 의미
2. 조상천도제 빙자 해악의 고지가 공갈죄의 수단으로써의 협박으로 평가될 수 있는지

## Ⅲ. 법규연구 (형법)

제350조 (공갈) ① 사람을 공갈하여 재물의 교부를 받거나 재산상의 이익을 취득한 자는 10년이하의 징역 또는 2천만원이하의 벌금에 처한다.

## Ⅳ. 관련 판례

### 1. 원심 (대전지법 2000. 6. 27. 선고 99노2533 판결)

해악의 고지는 길흉화복이나 천재지변의 예고로서 피고인에 의하여 직접, 간접적으로 좌우될 수 없는 것이고 가해자가 현실적으로 특정되어 있지도 않으며 해악의 발생 가능성이 합리적으로 예견될 수 있는 것이 아니므로 이는 협박으로 평가될 수 없다 할 것이고, 달리 피고인 부부가 피해자 가족들을 폭행이나 협박하였다는 점을 인정할 아무런 증거가 없다는 이유로, 이 부분 공소사실에 대하여 <u>무죄를 선고한 제1심의 사실인정과 판단이 정당하다고 하여 제1심판결을 그대로 유지하였다.</u>

### 2. 대법원 (대법원 2002. 2. 8., 선고, 2000도3245, 판결)

공갈죄의 수단으로써의 협박은 객관적으로 사람의 의사결정의 자유를 제한하거나 의사실행의 자유를 방해할 정도로 겁을 먹게 할 만한 해악을 고지하는 것을 말하고, 그

해악에는 인위적인 것뿐만 아니라 천재지변 또는 신력이나 길흉화복에 관한 것도 포함될 수 있으나, 다만 <u>천재지변 또는 신력이나 길흉화복을 해악으로 고지하는 경우에는 상대방으로 하여금 행위자 자신이 그 천재지변 또는 신력이나 길흉화복을 사실상 지배하거나 그에 영향을 미칠 수 있는 것으로 믿게 하는 명시적 또는 묵시적 행위가 있어야 공갈죄가 성립한다</u> 할 것이다.

## V. 결 론

조상천도제를 지내지 아니하면 좋지 않은 일이 생긴다는 취지의 해악 고지는 길흉화복이나 천재지변의 예고로서 행위자에 의하여 직접, 간접적으로 좌우될 수 없는 것이고 가해자가 현실적으로 특정되어 있지도 않으며 해악의 발생 가능성이 합리적으로 예견될 수 있는 것이 아니므로 <u>협박으로 평가될 수 없다</u>.

## VI. 유사판례

### 1. 권리행사를 빙자하여 사회통념상 용인되기 어려운 협박을 하여 상대방을 외포케 한 경우

정당한 권리가 있다 하더라도 그 권리행사를 빙자하여 사회통념상 용인되기 어려운 정도를 넘는 협박을 수단으로 상대방을 외포게 하여 재물의 교부 또는 재산상의 이익을 받으려 하였다면 <u>공갈죄가 성립한다.</u> (대법원 1996. 3. 22., 선고, 95도2801, 판결)

### 2. 공무원이 직무와 관계없이 타인을 공갈하여 재물을 교부하게 한 경우, 뇌물공여죄 여부

공무원이 직무집행의 의사 없이 또는 직무처리와 대가적 관계없이 타인을 공갈하여 재물을 교부하게 한 경우에는 공갈죄만이 성립하고, 이러한 경우 재물의 교부자가 공무원의 해악 고지로 인하여 외포의 결과 금품을 제공한 것이라면 그는 <u>공갈죄의 피해자가 될 것이고 뇌물공여죄는 성립될 수 없다.</u> (대법원 1994. 12. 22., 선고, 94도2528, 판결)

# 제3절 현금카드 갈취 후 현금자동지급기에서 수회 돈 인출 경우 해당 범죄 및 죄수

## I. 사례요지

피고인은 같은 학원에 다니면서 알게 된 피해자와 여행하던 중 피해자가 소지하고 있던 현금카드를 갈취하여 위 피해자의 예금을 인출하여 여행경비로 사용할 것을 결의하고, 위 피해자에게 '현금카드를 빌려주지 않으면 부산에 있는 아는 깡패를 동원하여 가루로 만들어 버리겠다.'라고 말하여 겁을 먹은 위 피해자로부터 즉석에서 현금카드 1장을 교부받고, 현금자동지급기에 위 피해자로부터 갈취한 현금카드를 사용하여 비밀번호, 금액 등의 버튼을 조작하여 현금을 인출하였다.

## II. 논 점

현금카드 소유자를 협박하여 예금인출 승낙과 함께 현금카드를 교부받은 후 이를 사용하여 현금자동지급기에서 예금을 여러 번 인출한 경우, 해당 범죄 및 죄수

## III. 법규연구 (형법)

제350조 (공갈) ① 사람을 공갈하여 재물의 교부를 받거나 재산상의 이익을 취득한 자는 10년 이하의 징역 또는 5만환 이하의 벌금에 처한다.

제347조 (사기) ① 사람을 기망하여 재물의 교부를 받거나 재산상의 이익을 취득한 자는 10년 이하의 징역 또는 5만환 이하의 벌금에 처한다.

② 전항의 방법으로 제삼자로 하여금 재물의 교부를 받게 하거나 재산상의 이익을 취득하게 한 때에도 전항의 형과 같다.

제37조 (경합범) 판결이 확정되지 아니한 수개의 죄 또는 판결이 확정된 죄와 그 판결확정 전에 범한 죄를 경합범으로 한다.

## IV. 관련 판례

### 1. 원심 (서울지법 1995. 6. 13. 선고 94노5194 판결)

피고인이 위 피해자로부터 현금카드를 교부받은 행위와 이에 이어지는 누차에 걸친 현금인출 행위는 포괄하여 하나의 공갈죄를 구성한다.

## 2. 대법원 (대법원 1996. 9. 20., 선고, 95도1728, 판결)

현금카드는 종래의 예금거래에 있어서 은행원을 통하여 이루어졌던 예금출급 부분을 온라인 현금자동지급기라고 하는 기계를 통하여 이루어지게 하는 수단으로서, 예금주가 현금지급기에 전자(電磁)적 기록으로 정보가 수록된 현금카드를 삽입한 후에 비밀번호와 인출하고자 하는 금액을 버튼을 통하여 조작하면, 현금지급기가 온라인을 통해 인출가능 여부를 확인한 후 거래명세서를 2매 작성하여 그 중 1매는 기명날인된 예금청구서로 갈음하고, 나머지 1매는 현금카드 사용자에게 인출금액과 잔액을 기입하여 교부한 후 예금이 자동으로 인출된다. 이와 같은 현금지급기는 은행과 예금자 간의 약정에 따라 예금자가 은행이 지정해 준 비밀번호 등 정보를 입력하면 일정한 컴퓨터프로그램에 따라 그 정보를 자동처리하는 것이고, 현금지급기에 삽입된 현금카드와 입력된 비밀번호 등 정보가 정확하기만 하면 현금지급기의 카드의 사용자가 누구이든 간에 인출 가능한 한도 내에서 예금이 인출되는 특성을 지니고 있다.

그러므로 이 사건의 경우에 있어서와 같이 예금주인 현금카드 소유자를 협박하여 그 카드를 갈취하였고, 하자 있는 의사표시이기는 하지만 피해자의 승낙에 의하여 현금카드를 사용할 권한을 부여받아 이를 이용하여 현금을 인출한 이상, 피해자가 그 승낙의 의사표시를 취소하기까지는 현금카드를 적법, 유효하게 사용할 수 있고, 은행도 피해자의 지급정지 신청이 없는 한 피해자의 의사에 따라 그의 계산으로 적법하게 예금을 지급할 수밖에 없다. 따라서 피고인이 피해자인 위 피해자로부터 이 사건 현금카드를 사용한 예금인출의 승낙을 받고 현금카드를 교부받은 행위와 이를 사용하여 현금자동지급기에서 위 피해자의 예금을 여러 번 인출한 행위들은 모두 피해자의 예금을 갈취하고자 하는 피고인의 단일하고 계속된 범의 아래에서 이루어진 일련의 행위로서 포괄하여 하나의 공갈죄를 구성한다고 볼 것이지, 현금지급기에서 피해자의 예금을 취득한 행위를 현금지급기 관리자의 의사에 반하여 그가 점유하고 있는 현금을 절취한 것이라 하여 이를 현금카드 갈취행위와 분리하여 따로 절도죄로 처단할 수는 없다고 할 것이다.

## V. 결 론

예금주인 현금카드 소유자를 협박하여 그 카드를 갈취하였고, 하자 있는 의사표시이기는 하지만 피해자의 승낙에 의하여 현금카드를 사용할 권한을 부여받아 이를 이용하여 현금을 인출한 이상, 피해자가 그 승낙의 의사표시를 취소하기까지는 현금카드를 적법, 유효하게 사용할 수 있고, 은행도 피해자의 지급정지 신청이 없는 한 피해자의 의사에 따라 그의 계산으로 적법하게 예금을 지급할 수밖에 없는 것이므로, 피고인이 피해자로부터 현금카드를 사용한 예금인출의 승낙을 받고 현금카드를 교부받은 행위와 이를 사용하여 현금자동지급기에서 예금을 여러 번 인출한 행위들은 모두 피해자의 예금을 갈취하고자 하는 피고인의 단일하고 계속된 범의 아래에서 이루어진 일련의 행위로서 포괄하여 하나의 공갈죄를 구성한다고 볼 것이지, 현금지급기에서 피해자의 예금을 취득한 행위를 현금지급기 관리자의 의사에 반하여 그가 점유하고 있는 현금을 절취한 것이라 하여 이를 현금카드 갈취행위와 분리하여 따로 절도죄로 처단할 수는 없다.

# 제4절 교통사고 피해자가 운전자로부터 과다한 금품 수수행위

## I. 사례요지

피고인이 교통사고로 2주일간의 치료를 요하는 상해를 당하여 그로 인한 손해배상청구권이 있음을 기화로 사고 차량의 운전사가 바뀐 것을 알고서 그 운전사의 사용자에게 과다한 금원을 요구하면서 이에 응하지 않으면 수사기관에 신고할듯한 태도를 보여 이에 겁을 먹은 동인으로부터 3,500,000원을 교부받았다.

## II. 논 점

사회통념상 허용되는 범위를 넘어 금품을 교부받은 것이어서 공갈죄가 성립여부

## III. 법규연구 (형법)

제350조 (공갈) ① 사람을 공갈하여 재물의 교부를 받거나 재산상의 이익을 취득한 자는 10년 이하의 징역 또는 5만환 이하의 벌금에 처한다.
② 전항의 방법으로 제삼자로 하여금 재물의 교부를 받게 하거나 재산상의 이익을 취득하게 한 때에도 전항의 형과 같다.

## IV. 관련 판례

### 1. 원심 (서울고등법원 1989.9.8. 선고 89노1292 판결)

공갈죄를 인정하였다.

### 2. 대법원 (대법원 1990. 3. 27., 선고, 89도2036, 판결)

정당한 권리가 있다 하더라도 그 권리행사에 빙자하여 협박을 수단으로 상대방을 외포하게 하여 재물의 교부 또는 재산상의 이익을 받는 경우와 같이 그 행위가 정당한 권리행사라고 인정되지 아니하는 경우에는 공갈죄가 성립된다고 할 것인 바( 당원 1982.12.14. 선고 81도2093 판결 참조) 피고인 심상각이 교통사고로 상해를 당하여 그로 인한 손해배상청구권이 있음을 기화로 하여 피고인들이 사고차의 운전사가 바뀐 것을 알고 제1심이나 원심판시와 같은 경위와 방법으로 사고차량의 운전사인 공소외 주병찬의 사용자인 제1심의 공동피고인 이던 송재학에게 금원을 요구하며(제1심이나 원심이 인정한 사실에 의하면 피고인 심 상각은 2주일간의 치료를 요하는 상해를 입었는데 위 송재학의 진술에 의하면 피고인들이 금 7,000,000원을 요구하였다는 것이다)

만약 이에 응하지 않으면 수사기관에 신고할 것 같은 태도를 보여 동인을 외포하게 하고 이에 겁을 먹은 동인으로부터 판시와 같이 금 3,500,000원을 교부받았는 것이 인정된다.

## V. 결 론

이는 손해배상을 받기 위한 수단으로서 <u>사회통념상 허용되는 범위를 넘어 그 권리행사에 빙자하여 상대방을 외포하게 하여 재물을 교부받은 경우에 해당하여 공갈죄에 해당한다.</u>

## VI 유사판례

### 1. 권리행사를 빙자한 협박에 의한 재물의 교부와 공갈죄의 성부

정당한 권리가 있다 하더라도 그 권리행사에 빙자하여 협박을 수단으로 상대방을 외포케 하여 재물의 교부 또는 재산상의 이익을 받은 경우와 같이 그 행위가 정당한 권리행사라고 인정되지 아니하는 경우에는 공갈죄가 성립한다고 할 것이므로, 피고인이 가사 보수청구권을 가진다 할지라도 그 권리행사에 빙자하여 협박수단을 써서 금원을 갈취하였다면 <u>공갈죄가 성립한다.</u> (대법원 1982. 12. 14., 선고, 81도2093, 판결)

### 2. 채권회수행위에 대하여 공갈죄의 성립여부

피고인이 을로부터 피해자 갑에 대한 외상대금채권회수의 의뢰를 받고 이를 승낙한 다음 위 외상대금을 받아 주기 위하여 갑에게 을의 채무를 당장 갚고 나서 영업을 하라고 요구하고, 이를 갚기 전에는 영업할 수 없다 하면서 개새끼라고 욕을 하고 눈을 치켜뜨고 죽어볼래 하면서 갑의 멱살을 2, 3분 잡아 흔드는 등 겁을 먹게 하여 갑으로 하여금 금원을 을에게 교부하게 하였다면, 피고인의 위 소위는 공갈죄를 구성하는 것으로 이 행위가 단순히 채권회수를 위한 권리행사로써 <u>사회통념상 용인된 행위라고는 할 수 없다.</u> (대법원 1987. 10. 26., 선고, 87도1656, 판결)

### 3. 부동산에 대한 공갈죄의 기수시기

부동산에 대한 공갈죄는 <u>그 부동산에 관하여 소유권이전등기를 경료받거나 또는 인도를 받은 때에 기수로 되는 것이고,</u> 소유권이전등기에 필요한 서류를 교부 받은 때에 기수로 되어 그 범행이 완료되는 것은 아니다. (대법원 1992. 9. 14., 선고, 92도1506, 판결)

# 제19장

# 횡령과 배임의 죄

## 제1관 횡령의 죄

## 제1절 용도가 제한된 자금을 용도 이외 목적으로 사용한 경우

### I. 사례요지

○○시니어클럽의 관장 피고인은 ○○시니어클럽이 급식지원사업 용도로 수령한 보조금을 식자재 대금 명목으로 피고인 4가 운영하는 △△상회에 과다 지급하였다가 그중 1/2 내지 1/3 상당의 돈을 매달 돌려받은 후 이를 ○○시니어클럽의 부족한 운영 경비로 사용하기로 모의한 다음, 총○○회에 걸쳐 보조금 ○○만원을 각 ○○시니어클럽 명의의 계좌로 반환받아 이를 ○○시니어클럽의 운영비 등으로 사용하여 횡령하였다.

### II. 논 점

1. 타인으로부터 용도가 엄격히 제한된 자금을 위탁받아 집행하면서 제한된 용도 이외의 목적으로 자금을 사용한 경우, 횡령죄가 성립하는지 여부(적극)

2. 보조금을 집행할 직책에 있는 자가 자기 자신의 이익을 위한 것이 아니고 경비부족을 메우기 위하여 보조금을 전용하였으나 보조금의 용도가 엄격하게 제한된 경우, 횡령죄가 성립하는지 여부(적극)

### III. 법규연구 (형법)

제355조(횡령, 배임) ① 타인의 재물을 보관하는 자가 그 재물을 횡령하거나 그 반환을 거부한 때에는 5년 이하의 징역 또는 1천500만원 이하의 벌금에 처한다.

제356조(업무상의 횡령과 배임) 업무상의 임무에 위배하여 제355조의 죄를 범한 자는 10년 이하의 징역 또는 3천만원 이하의 벌금에 처한다.

### IV. 관련 판례

### 1. 원심 (춘천지법 2016. 9. 29. 선고 2015노916 판결)

○○시니어클럽이 보조금을 실제로 납품받은 식자재 수량에 대하여 적절하게 책정된

가격에 따라 식자재 대금으로 지급하는 데 사용한 이상, ○○시니어클럽은 이 사건 보조금을 그 용도대로 사용하였다고 봄이 상당하고, 피고인 4가 식자재 대금 중 자신이 취득하여야 할 영업이익을 ○○시니어클럽에 지급하여 운영비로 사용하게 하였다고 하더라도 이는 피고인 4가 소유한 금원을 ○○시니어클럽에 증여한 것에 불과하다는 이유로, 이 사건 공소사실을 <u>유죄로 인정한 제1심판결을 파기하고 무죄를 선고하였다.</u>

## 2. 대법원 (대법원 2018. 10. 4., 선고, 2016도16388, 판결)

가. <u>타인으로부터 용도가 엄격히 제한된 자금을 위탁받아 집행하면서 그 제한된 용도 이외의 목적으로 자금을 사용하는 것은 그 사용이 개인적인 목적에서 비롯된 경우는 물론 결과적으로 자금을 위탁한 본인을 위하는 면이 있더라도 그 사용행위 자체로써 불법영득의 의사를 실현한 것이 되어 횡령죄가 성립한다</u>(대법원 2013. 1. 31. 선고 2011도1701 판결 참조). 보조금을 집행할 직책에 있는 자가 자기 자신의 이익을 위한 것이 아니고 경비부족을 메우기 위하여 보조금을 전용한 것이라 하더라도, 그 보조금의 용도가 엄격하게 제한된 이상 불법영득의 의사를 부인할 수는 없다(대법원 2010. 9. 30. 선고 2010도987 판결 참조).

나. 원심판결 이유와 원심이 적법하게 채택한 증거들에 의하면 다음의 사실을 알 수 있다.

① ○○시니어클럽은 2012. 1.경부터 ○○군과 사이에 저소득 결식우려 아동, 노인, 장애인에게 급식을 배달해 주고 보조금을 지급받기로 하는 급식지원사업 운영위탁계약을 체결한 다음 ○○군으로부터 급식지원사업 용도로 이 사건 보조금을 받아 왔다.

② ○○군보조금관리조례에 의하면, 보조사업자는 법령, 보조금 교부결정의 내용 및 조건과 법령에 의거한 군수의 처분에 따라 선량한 관리자의 주의로 성실히 보조사업을 수행하여야 하며, 그 보조금을 다른 용도로 사용하여서는 아니 되고(제11조), 법령 또는 보조 조건에 위반하였을 때에는 보조금의 교부를 중지하거나 이미 교부한 보조금의 전부 또는 일부의 반환을 명할 수 있도록(제17조) 규정되어 있다.

③ ○○시니어클럽의 관장으로 재직하였던 피고인 2는 이 사건 보조금을 받아 도시락을 만들어 제공하더라도 보조금의 40% 정도는 남을 것으로 예상하고 이를 식자재 납품업체로부터 반환받아 ○○시니어클럽의 부족한 운영비 등으로 사용하기로 하였다. 피고인 2는 ○○시니어클럽의 직원으로 근무하였던 피고인 4에게 그가 운영하는 업체를 통해 식자재를 구입하고 대금을 지급하겠으니 재료비와 피고인 4의 급여를 제외한 나머지 금액을 ○○시니어클럽으로 반환해 달라고 부탁하였다.

④ ○○시니어클럽은 2012. 4. 24.경부터 피고인 4에게 이 사건 보조금을 식자재 대금 명목으로 지급하기 시작하였고, 피고인 4는 그로부터 보름가량이 지난 2012. 5. 10.경부터 ○○시니어클럽에 식자재 대금에서 재료비와 자신의 급여를 제외한 나머지 금액을 반환하기 시작하였다.

## V. 결 론

○○시니어클럽에서는 급식지원사업에 사용하도록 그 용도가 엄격히 제한된 이 사건 보조금을 운영비 등으로 사용하기 위해 그 직원으로 근무하였던 피고인 4로 하여금 식자재 납품업체인 △△상회를 설립하게 한 다음 ○○시니어클럽과 △△상회 사이에 식자재 거래가 이루어지는 것처럼 보이는 외관을 가장하는 방법으로 이 사건 보조금 중 상당 부분을 빼돌려 이를 ○○시니어클럽의 운영비 등으로 전용하였다고 봄이 상당하다.

## VI 유사판례

### 1. 사립학교 교비회계에 속하는 수입을 적법한 교비회계 세출에 포함되는 용도가 아닌 다른 용도에 사용

타인으로부터 용도가 엄격히 제한된 자금을 위탁받아 집행하면서 그 제한된 용도 이외의 목적으로 자금을 사용하는 것은 그 사용이 개인적인 목적에서 비롯된 경우는 물론 결과적으로 자금을 위탁한 본인을 위하는 면이 있더라도 그 사용행위 자체로서 불법영득의 의사를 실현한 것이 되어 횡령죄가 성립하므로, 결국 사립학교의 교비회계에 속하는 수입을 적법한 교비회계의 세출에 포함되는 용도 즉, 당해 학교의 교육에 직접 필요한 용도가 아닌 다른 용도에 사용하였다면 그 사용행위 자체로써 불법영득 의사를 실현하는 것이 되어 그로 인한 죄책을 면할 수 없다. (대법원 2015. 2. 26., 선고, 2014도15182, 판결)

### 2. '프랜차이즈 계약'에서 가맹점주가 물품판매 대금을 임의 소비한 경우

이른바 '프랜차이즈 계약'의 기본적인 성격은 각각 독립된 상인으로서의 본사 및 가맹점주 간의 계약기간 동안의 계속적인 물품공급계약이고, 본사의 경우 실제로는 가맹점의 영업활동에 관여함이 없이 경영기술지도, 상품대여의 대가로 결과적으로 매출액의 일정비율을 보장받는 것에 지나지 아니하여 본사와 가맹점이 독립하여 공동경영하고 그 사이에서 손익분배가 공동으로 이루어진다고 할 수 없으므로 가맹점 계약을 동업계약 관계로는 볼 수 없고, 따라서 가맹점주들이 판매하여 보관 중인 물품판매 대금은 그들의 소유라 할 것이어서 이를 임의 소비한 행위는 프랜차이즈 계약상의 채무불이행에 지나지 아니하므로, 결국 횡령죄는 성립하지 아니한다. (대법원 1996. 2. 23., 선고, 95도2608, 판결)

# 제2절 전화금융사기에 속은 피해자가 입금된 돈을 계좌명의인이 인출한 행위

## I. 사례요지

피고인들은 성명불상의 보이스피싱 조직원에게 피고인 1이 SC제일은행에 자신의 명의로 개설한 예금계좌의 예금통장과 위 계좌에 연결된 체크카드 1개, OTP카드 1개 등을 교부하여 전자금융거래에 관한 접근매체를 양도하였다. 이후 성명불상의 보이스피싱 조직원은 공소외인에게 전화하여 검사를 사칭하면서 "당신 명의로 은행 계좌가 개설되어 범죄에 이용되었다. 명의가 도용된 것 같으니 추가 피해 예방을 위해 금융기관에 있는 돈을 해약하여 금융법률 전문가인 피고인 1에게 송금하면 범죄 연관성을 확인 후 돌려주겠다."라고 거짓말을 하였다. 이에 속은 공소외인은 2017. 2. 14. 11:20경 이 사건 계좌에 613만 원을 송금하였는데, 피고인들은 같은 날 11:50경 별도로 만들어 소지하고 있던 이 사건 계좌에 연결된 체크카드를 이용하여 그중 300만 원을 임의로 인출하였다. 이로써 피고인들은 공모하여 ① 이 사건 계좌의 접근매체를 양도함으로써 보이스피싱 조직원의 공소외인에 대한 사기범행을 방조하고, ② 이 사건 사기피해금 중 300만 원을 임의로 인출함으로써 주위적으로는 이 사건 계좌의 접근매체를 양수한 보이스피싱 조직원의 재물을, 예비적으로는 공소외인의 재물을 횡령하였다.

## II. 논 점

1. 횡령죄의 주체인 '타인의 재물을 보관하는 자'의 의미 및 이에 해당하는지 판단하는 기준

2. 송금의뢰인이 다른 사람의 예금계좌에 자금을 송금·이체하여 송금의뢰인과 계좌명의인 사이에 송금·이체의 원인이 된 법률관계가 존재하지 않음에도 송금·이체에 의하여 계좌명의인이 그 금액 상당의 예금채권을 취득한 경우, 계좌명의인이 그와 같이 송금·이체된 돈을 그대로 보관하지 않고 영득할 의사로 인출하면 횡령죄가 성립하는지 여부(적극)

3. 계좌명의인이 개설한 예금계좌가 전기통신금융사기 범행에 이용되어 그 계좌에 피해자가 사기피해금을 송금·이체한 경우, 계좌명의인이 그 돈을 영득할 의사로 인출하면 피해자에 대한 횡령죄가 성립하는지 여부(한정 적극)

4. 이때 계좌명의인의 인출행위가 전기통신금융사기의 범인에 대한 관계에서도 횡령죄가 되는지 여부(소극)

5. 전기통신금융사기 범행으로 인하여 피해자의 계좌에서 제3자 명의의 사기이용계좌(대포통장계좌)에 송금·이체된 피해금을 그 제3자(계좌명의인)가 임의로 인출한 경우에 횡령죄가 성립하는지와 성립한다면 횡령죄의 피해자가 누구인지

## III. 법규연구 (형법)

제355조(횡령, 배임) ① 타인의 재물을 보관하는 자가 그 재물을 횡령하거나 그 반환을 거부한 때에는 5년 이하의 징역 또는 1천500만원 이하의 벌금에 처한다.

제347조(사기) ① 사람을 기망하여 재물의 교부를 받거나 재산상의 이익을 취득한 자는 10년 이하의 징역 또는 2천만원 이하의 벌금에 처한다.

제32조(종범) ① 타인의 범죄를 방조한 자는 종범으로 처벌한다.
② 종범의 형은 정범의 형보다 감경한다.

## IV. 관련 판례

### 1. 원심 (서울남부지법 2017. 10. 10. 선고 2017노1785 판결)

가. 사기방조의 점은 피고인들이 이 사건 계좌가 보이스피싱 범행에 이용될 것임을 인식하였다고 볼 증거가 없으므로 무죄이다.

나. 횡령의 점은 이 사건 계좌의 접근매체를 양수한 보이스피싱 조직원은 물론 공소외인과 사이에도 이 사건 사기피해금의 보관에 관한 위탁관계가 성립하지 않으므로 주위적 및 예비적 공소사실 모두 무죄이다.

### 2. 대법원 (대법원 2018. 7. 19., 선고, 2017도17494, 전원합의체 판결)

가. 형법 제355조 제1항이 정한 횡령죄의 주체는 타인의 재물을 보관하는 자라야 하고, 여기에서 보관이란 위탁관계에 의하여 재물을 점유하는 것을 뜻하므로 횡령죄가 성립하기 위하여는 그 재물의 보관자와 재물의 소유자(또는 기타의 본권자) 사이에 위탁관계가 있어야 한다. 이러한 위탁관계는 사실상의 관계에 있으면 충분하고 피고인이 반드시 민사상 계약의 당사자일 필요는 없다. 위탁관계는 사용대차·임대차·위임·임치 등의 계약에 의하여 발생하는 것이 보통이지만 이에 한하지 않고 사무관리와 같은 법률의 규정, 관습이나 조리 또는 신의성실의 원칙에 의해서도 발생할 수 있다(대법원 1985. 9. 10. 선고 84도2644 판결, 대법원 2003. 7. 11. 선고 2003도2077 판결 등 참조). 그러나 횡령죄의 본질이 위탁받은 타인의 재물을 불법으로 영득하는 데 있음에 비추어 볼 때 그 위탁관계는 횡령죄로 보호할 만한 가치가 있는 것으로 한정된다(대법원 2016. 5. 19. 선고 2014도6992 전원합의체 판결 등 참조). 위탁관계가 있는지는 재물의 보관자와 소유자 사이의 관계, 재물을 보관하게 된 경위 등에 비추어 볼 때 보관자에게 재물의 보관 상태를 그대로 유지하여야 할 의무를 부과하여 그 보관 상태를 형사법적으로 보호할 필요가 있는지 등을 고려하여 규범적으로 판단하여야 한다.

나. 송금의뢰인이 다른 사람의 예금계좌에 자금을 송금·이체한 경우 특별한 사정이 없는 한 송금의뢰인과 계좌명의인 사이에 그 원인이 되는 법률관계가 존재하는지에 관계없이 계좌명의인(수취인)과 수취은행 사이에는 그 자금에 대하여 예금계약이 성립하고, 계좌명의인은 수취은행에 대하여 그 금액 상당의 예금채권을 취득한다. 이때 송금의뢰인과 계좌명의인 사이에 송금·이체의 원인이 된 법률관계가 존재하지 않음에도 송금·이체에 의하여 계좌명의인이 그 금액 상당의 예금채권을 취득한 경우 계좌명의인은 송금의뢰인에게 그 금액 상당의 돈을 반환하여야 한다(대법원 2007. 11. 29. 선고 2007다51239 판결 등 참조). 이와 같이 계좌명의인이 송금·이체의 원인이 되는 법률관계가 존재하지 않음에도 계좌이체에 의하여 취득한 예금채권 상당의 돈은 송금의뢰인에게 반환하여야 할 성격의 것이므로, 계좌명의인은 그와 같이 송금·이체된 돈에 대하여 송금의뢰인을 위하여 보관하는 지위에 있다고 보아야 한다. 따라서 계좌명의인이 그와 같이 송금·이체된 돈을 그대로 보관하지 않고 영득할 의사로 인출하면 횡령죄가 성립한다(대법원 2005. 10. 28. 선고 2005도5975 판결, 대법원 2010. 12. 9. 선고 2010도891 판결 등 참조).

이러한 법리는 계좌명의인이 개설한 예금계좌가 전기통신금융사기 범행에 이용되어 그 계좌에 피해자가 사기피해금을 송금·이체한 경우에도 마찬가지로 적용된다. 계좌명의인은 피해자와 사이에 아무런 법률관계 없이 송금·이체된 사기피해금 상당의 돈을 피해자에게 반환하여야 하므로(대법원 2014. 10. 15. 선고 2013다207286 판결 참조), 피해자를 위하여 사기피해금을 보관하는 지위에 있다고 보아야 하고, 만약 계좌명의인이 그 돈을 영득할 의사로 인출하면 피해자에 대한 횡령죄가 성립한다. 이때 계좌명의인이 사기의 공범이라면 자신이 가담한 범행의 결과 피해금을 보관하게 된 것일 뿐이어서 피해자와 사이에 위탁관계가 없고, 그가 송금·이체된 돈을 인출하더라도 이는 자신이 저지른 사기범행의 실행행위에 지나지 아니하여 새로운 법익을 침해한다고 볼 수 없으므로 사기죄 외에 별도로 횡령죄를 구성하지 않는다(대법원 2017. 5. 31. 선고 2017도3045 판결 등 참조).

다. 계좌명의인의 인출행위는 전기통신금융사기의 범인에 대한 관계에서는 횡령죄가 되지 않는다.

① 계좌명의인이 전기통신금융사기의 범인에게 예금계좌에 연결된 접근매체를 양도하였다 하더라도 은행에 대하여 여전히 예금계약의 당사자로서 예금반환청구권을 가지는 이상 그 계좌에 송금·이체된 돈이 그 접근매체를 교부받은 사람에게 귀속되었다고

볼 수는 없다. 접근매체를 교부받은 사람은 계좌명의인의 예금반환청구권을 자신이 사실상 행사할 수 있게 된 것일 뿐 예금 자체를 취득한 것이 아니다. 판례는 전기통신금융사기 범행으로 피해자의 돈이 사기이용계좌로 송금·이체되었다면 이로써 편취행위는 기수에 이른다고 보고 있는데(대법원 2010. 12. 9. 선고 2010도6256 판결, 대법원 위 2017도3045 판결 등 참조), 이는 사기범이 접근매체를 이용하여 그 돈을 인출할 수 있는 상태에 이르렀다는 의미일 뿐 사기범이 그 돈을 취득하였다는 것은 아니다.

② 또한, 계좌명의인과 전기통신금융사기의 범인 사이의 관계는 횡령죄로 보호할 만한 가치가 있는 위탁관계가 아니다. 사기범이 제3자 명의 사기이용계좌로 돈을 송금·이체하게 하는 행위는 그 자체로 범죄행위에 해당한다. 그리고 사기범이 그 계좌를 이용하는 것도 전기통신금융사기 범행의 실행행위에 해당하므로 계좌명의인과 사기범 사이의 관계를 횡령죄로 보호하는 것은 그 범행으로 송금·이체된 돈을 사기범에게 귀속시키는 결과가 되어 옳지 않다.

## V. 결 론

<u>피고인들에게 사기방조죄가 성립하지 않는 이상 이 사건 사기피해금 중 300만 원을 임의로 인출한 행위는 피해자 공소외인에 대한 횡령죄가 성립한다고 보아야 한다.</u>

따라서 원심이 이 사건 공소사실 중 횡령의 점에 관하여 보이스피싱 조직원을 피해자로 삼은 주위적 공소사실을 무죄로 판단한 것은 정당하다.

## VI 유사판례

### 1. 계좌명의인이 사기의 공범인 경우, 사기죄 외에 별도로 횡령죄를 구성하는지 여부

계좌명의인이 개설한 예금계좌가 전기통신금융사기 범행에 이용되어 그 계좌에 피해자가 사기피해금을 송금·이체한 경우 계좌명의인은 피해자와 사이에 아무런 법률 관계없이 송금·이체된 사기피해금 상당의 돈을 피해자에게 반환하여야 하므로 피해자를 위하여 사기피해금을 보관하는 지위에 있다고 보아야 하고, 만약 계좌명의인이 그 돈을 영득할 의사로 인출하면 피해자에 대한 횡령죄가 성립한다. 이때 계좌명의인이 사기의 공범이라면 자신이 가담한 범행의 결과 피해금을 보관하게 된 것일 뿐이어서 피해자와 사이에 위탁관계가 없고, 그가 송금·이체된 돈을 인출하더라도 이는 자신이 저지른 사기범행의 실행행위에 지나지 아니하여 새로운 법익을 침해한다고 볼 수 없으므로 <u>사기죄 외에 별도로 횡령죄를 구성하지 않는다.</u> (대법원 2018. 7. 26., 선고, 2017도21715, 판결)

# 제3절 과다 지급된 공사대금 중 일부를 되돌려받는 행위

## I. 사례요지

피고인은 주식회사 대표이사 공소외 2와 ○○대학교의 조형관 및 체육관 공사계약을 체결하면서, 조형관 공사는 실제 공사대금보다 평당 60만 원, 체육관 공사는 실제 공사대금보다 평당 50만 원을 부풀려 합계 600억 원 상당으로 계약을 체결하되, 이처럼 부풀린 공사대금을 공소외 2로부터 되돌려받는 방법으로 ○○대학교 교비를 빼돌리기로 약정한 후, 과다 지급한 공사대금 중 3억 원을 되돌려받아 이를 횡령하였다.

## II. 논 점

1. 타인을 위하여 금전 등을 보관·관리하는 사람이 과다하게 부풀린 금액으로 공사계약을 체결하기로 공사업자 등과 사전에 약정하고 과다 지급된 공사대금 중 일부를 되돌려받는 행위가 횡령이 되는지 여부(적극)
2. 횡령액(=과다하게 부풀려 지급된 공사대금 상당액)

## III. 법규연구 (형법)

제355조(횡령, 배임) ① 타인의 재물을 보관하는 자가 그 재물을 횡령하거나 그 반환을 거부한 때에는 5년 이하의 징역 또는 1천500만원 이하의 벌금에 처한다.

## IV. 관련 판례

### 1. 원심 (서울고법 2013. 10. 24. 선고 2013노269 판결)

리베이트 약정을 체결하였다는 공소외 2의 진술을 믿어 그러한 리베이트 약정의 존재를 부인하는 피고인의 주장을 배척하고 공소사실을 유죄로 인정하면서, <u>부풀려진 공사대금이 지급된 때 횡령이 기수에 이르고</u>, 공소외 2가 공사대금 중 부풀려진 금액을 피고인에게 반환한 사실은 공범 사이에서 횡령한 돈을 최종적으로 귀속시키는 행위에 불과하다는 판단만을 추가하였다.

### 2. 대법원 (대법원 2015. 12. 10., 선고, 2013도13444, 판결)

업무상횡령죄에서 업무는 법령, 계약에 의한 것뿐만 아니라 관례를 좇거나 사실상의 것이거나를 묻지 않고 같은 행위를 반복할 지위에 따른 사무를 가리키며, 횡령죄에 있어 재물 보관에 관한 위탁관계는 사실상의 관계에 있으면 충분하다(대법원 2011. 10. 13. 선고 2009도13751 판결 등 참조).

피고인이 학교법인 ○○대학교와 위 학교법인에 소속된 ○○대학교 등의 설립자로서 실질적으로 위 학교 등의 교비 사용 등 학교운영 전반을 총괄하는 지위에 있고, 등록금 등 교비회계를 비롯하여 모든 자금·회계 관리 업무, 학사 행정 업무 등을 총괄·지휘하고 결정하는 업무에 종사하였다.

## V. 결 론

타인을 위하여 금전 등을 보관·관리하는 자가 개인적 용도로 사용할 자금을 마련하기 위하여, 적정한 금액보다 과다하게 부풀린 금액으로 공사계약을 체결하기로 공사업자 등과 사전에 약정하고 그에 따라 과다 지급된 공사대금 중의 일부를 공사업자로부터 되돌려 받는 행위는 그 타인에 대한 관계에서 과다하게 부풀려 지급된 공사대금 상당액의 횡령이 된다.

# 제4절 차량 등록이 필요한 타인 소유 차량을 인도받아 보관 중 처분행위

## I. 사례요지

피고인들은 운수회사와 지입계약이 체결된 화물차량을 운수회사 몰래 차량 운행자로부터 헐값에 구입하여 밀수출할 화물차량을 마련하고, 이와 별도로 중고자동차매매상사를 통해 노후된 화물차량을 구입한 다음 마치 이를 수출하는 것처럼 관할관청에 말소등록을 신청하고, 수출신고수리내역서에 밀수출 대상 화물차량의 차대번호 등을 임의로 기재하는 방법으로 밀수출 대상 화물차량을 수출하여 이익금을 취득하기로 마음먹었다. 피고인들은 피해자 광성운수 유한회사와 지입계약을 체결한 후 운행관리권을 위임받아 보관하다가 횡령한 화물차량을 그것이 장물인 정을 알면서도 구입하였다.

## II. 논 점

1. 소유권의 취득에 등록이 필요한 타인 소유 차량을 인도받아 보관하고 있는 사람이 이를 사실상 처분한 경우, 보관 위임자나 보관자가 차량의 등록명의자가 아니라도 횡령죄가 성립하는지 여부(적극)

2. 지입회사에 소유권이 있는 차량에 대하여 지입회사에서 운행관리권을 위임받은 지입차주 또는 지입차주에게서 차량 보관을 위임받은 사람이 지입회사 또는 지입차주의 승낙 없이 보관 중인 차량을 사실상 처분한 경우에도 같은 법리가 적용되는지 여부(적극)

## III. 법규연구 (형법)

제355조 (횡령, 배임) ① 타인의 재물을 보관하는 자가 그 재물을 횡령하거나 그 반환을 거부한 때에는 5년이하의 징역 또는 1천500만원이하의 벌금에 처한다.

## IV. 관련 판례

### 1. 원심 (대전지법 2015. 1. 15. 선고 2014노2665 판결)

보관하다가 사실상 처분하는 방법으로 횡령한 위 차들을 피고인이 구입하여 장물을 취득하였다는 이 부분 공소사실에 대하여, 원심은 이를 <u>유죄로 인정한 제1심의 결론을 유지하였다.</u>

## 2. 대법원 (대법원 2015. 6. 25. 선고 2015도1944 전원합의체 판결)

횡령죄는 타인의 재물을 보관하는 사람이 그 재물을 횡령하거나 반환을 거부한 때에 성립한다(형법 제355조 제1항). 횡령죄에서 재물의 보관은 재물에 대한 사실상 또는 법률상 지배력이 있는 상태를 의미하며(대법원 1987. 10. 13. 선고 87도1778 판결 등 참조), 횡령행위는 불법영득 의사를 실현하는 일체의 행위를 말한다(대법원 2004. 12. 9. 선고 2004도5904 판결 등 참조).

따라서 소유권의 취득에 등록이 필요한 타인 소유의 차량을 인도받아 보관하고 있는 사람이 이를 사실상 처분하면 횡령죄가 성립하며, 그 보관 위임자나 보관자가 차량의 등록명의자일 필요는 없다. 그리고 이와 같은 법리는 지입회사에 소유권이 있는 차량에 대하여 지입회사로부터 운행관리권을 위임받은 지입차주가 지입회사의 승낙 없이 그 보관 중인 차량을 사실상 처분하거나 지입차주로부터 차량 보관을 위임받은 사람이 지입차주의 승낙 없이 그 보관 중인 차량을 사실상 처분한 경우에도 마찬가지로 적용된다.

이와 달리 소유권의 취득에 등록이 필요한 차량에 대한 횡령죄에서 타인의 재물을 보관하는 사람의 지위는 일반 동산의 경우와 달리 차량에 대한 점유 여부가 아니라 등록에 의하여 차량을 제3자에게 법률상 유효하게 처분할 수 있는 권능 유무에 따라 결정하여야 한다는 취지의 대법원 1978. 10. 10. 선고 78도1714 판결, 대법원 2006. 12. 22. 선고 2004도3276 판결 등은 이 판결과 배치되는 범위에서 이를 변경하기로 한다.

## V. 결 론

일반 동산과 달리 등록이 필요한 차량의 경우 등록명의자가 보관자라고 본 기존의 대법원 입장을 변경한 전원합의체 판결이다.

# 제5절 초·중등교육법에 정한 학교발전기금을 정해진 용도 이외 사용행위

## I. 사례요지

피고인 2, 3이 ○○외국어고등학교 학교운영위원회에 귀속되어 법령에서 정한 사용 목적으로만 사용되어야 할 학교발전기금 3,000만 원을 △△중학교의 학교교육시설인 □□□의 보수 및 확충에 필요한 설계용역비로 사용하였다.

## II. 논 점

초·중등교육법에 정한 학교발전기금으로 기부된 금원을 법령상 정해진 용도 이외에 사용하는 행위가 횡령죄를 구성하는지 여부(원칙적 적극)

## III. 법규연구 (형법)

제355조(횡령, 배임) ① 타인의 재물을 보관하는 자가 그 재물을 횡령하거나 그 반환을 거부한 때에는 5년 이하의 징역 또는 1천500만원 이하의 벌금에 처한다.

제356조(업무상의 횡령과 배임) 업무상의 임무에 위배하여 제355조의 죄를 범한 자는 10년 이하의 징역 또는 3천만원 이하의 벌금에 처한다.

## IV. 관련 판례

### 1. 원심 (서울동부지법 2012. 5. 11. 선고 2011노1568 판결)

피고인 2, 3이 ○○외국어고등학교 학교운영위원회에 귀속되어 법령에서 정한 사용 목적으로만 사용되어야 할 학교발전기금 3,000만 원을 △△중학교의 학교교육시설인 □□□의 보수 및 확충에 필요한 설계용역비로 사용한 사실을 인정한 다음, □□□ 복도 확장 공사가 결과적으로 ○○외고 학생들의 편의와 안전에 기여하는 면이 있다고 하더라도 그 사용행위 자체로서 위 피고인들은 불법영득 의사를 실현하였다고 봄이 상당하고, ○○외고의 학교발전기금을 □□□ 복도 확장 공사를 위한 설계용역비에 사용한다는 점에 관해서 위 피고인들이 모두 인식하고 있었으므로 업무상 횡령의 범의 또한 충분히 인정되며, 공소외 학교법인 교무위원회의 결의에 따라 ○○외고 학교장 명의로 설계용역계약이 체결되었다고 하더라도 그 대금 지불에 학교발전기금을 사용할 수는 없는 점, 학교발전기금 사용을 위해 필요한 절차를 거쳤다고 하더라도 앞서 본 바와 같이 ㅁㅁㅁ의 복도 부분에 관한 보수 및 확충을 위한 용도로는 ○○외고 학교발전기금을 사용할 수 없는 점 등을 들어 위 <u>피고인들이 공소외 학원 교무위원회 결정에 따랐다는 사정은 업무상횡령죄의 성립을 방해하는 근거가 되기 어렵다고 판단하였다.</u>

## 2. 대법원 (대법원 2014. 3. 13., 선고, 2012도6336, 판결)

초·중등교육법, 그 시행령 및 학교발전기금의 조성·운용 및 회계에 관한 규칙 등 관련 법령이 학교발전기금의 조성에 관한 그 주체·목적·절차·방법 등은 물론이고 학교발전기금의 운용·사용·회계관리 등에 관하여도 엄격히 규정하고 있고, 이와 같은 관련 법령의 입법취지가 '열악한 교육재정여건을 감안하여 학교운영위원회를 통한 기금의 조성을 허용하는 대신에 기금의 조성 및 사용에 투명성을 기하고 찬조금 등 금품모금과 관련한 잡음을 없애기 위한 것'에 있는 점 등에 비추어 볼 때, 초·중등교육법에 정한 학교발전기금으로 기부한 금원의 경우, 그 기부의 경위와 목적, 상황, 액수 등 그 실질에 비추어 위와 같이 법령상 엄격히 제한된 용도 외에 학교운영에 필요한 특정한 공익적 용도로 수수한 것으로 볼 수 있는 예외적 경우가 아닌 한, 학교운영위원회에 귀속되어 법령에서 정한 사용 목적으로만 사용되어야 할 것이다. (대법원 2010. 7. 22. 선고 2007도4713 판결 참조).

## V. 결 론

따라서 그 정해진 용도 외의 사용행위는 원칙적으로 <u>횡령죄를 구성한다고</u> 보아야 할 것이다

# 제6절 회사 비자금을 불법영득 의사로 횡령한 것으로 인정할 수 있는지

## Ⅰ. 사례요지

피의자들은 회사 비자금을 조성하여 이를 회사를 위해 사용하였다고 주장하고 있다.

## Ⅱ. 논 점

회사의 비자금을 불법영득 의사로서 횡령한 것으로 인정할 수 있는지

## Ⅲ. 법규연구 (형법)

제355조(횡령, 배임) ① 타인의 재물을 보관하는 자가 그 재물을 횡령하거나 그 반환을 거부한 때에는 5년 이하의 징역 또는 1천500만원 이하의 벌금에 처한다.

제356조(업무상의 횡령과 배임) 업무상의 임무에 위배하여 제355조의 죄를 범한 자는 10년 이하의 징역 또는 3천만원 이하의 벌금에 처한다.

## Ⅳ. 관련 판례

### 1. 원심 (서울고법 2011. 10. 7. 선고 2011노1810 판결)

피고인들에 대한 이 사건 공소사실 중 주위적 공소사실인 특정경제범죄 가중처벌 등에 관한 법률 위반(배임)의 점에 관하여 범죄의 증명이 없다는 이유로 무죄로 판단한 제1심판결을 그대로 유지하였다.

### 2. 대법원 (대법원 2012. 8. 23., 선고, 2011도14045, 판결)

피고인들이 보관·관리하고 있던 회사의 비자금이 인출·사용되었음에도 피고인들이 그 행방이나 사용처를 제대로 설명하지 못하거나, 피고인들이 주장하는 사용처에 사용된 자금이 그 비자금과는 다른 자금으로 충당된 것으로 드러나는 등 피고인들이 주장하는 사용처에 비자금이 사용되었다는 점을 인정할 수 있는 자료가 부족하고 오히려 피고인들이 비자금을 개인적인 용도에 사용하였다는 점에 대한 신빙성 있는 자료가 많은 경우 등에는 피고인들이 그 돈을 불법영득의 의사로서 횡령한 것이라고 추단할 수 있을 것이다.

## V. 결 론

하지만 이와 달리 피고인들이 불법영득의사의 존재를 인정하기 어려운 사유를 들어 비자금의 행방이나 사용처에 대한 설명을 하고 있고 이에 부합하는 자료도 있다면, 피고인들이 그 보관·관리하고 있던 비자금을 일단 타 용도로 소비한 다음 그만한 돈을 별도로 입금 또는 반환한 것이라는 등의 사정이 인정되지 아니하는 한, 함부로 보관·관리하고 있던 비자금을 불법영득의사로 인출하여 횡령하였다고 인정할 수는 없다(대법원 2009. 2. 26. 선고 2007도4784 판결 등 참조).

# 제7절 대표이사가 회사의 돈을 인출하여 사용하면서 그 사용처에 관한 증빙자료 제시 못 한 경우

## I. 사례요지

주식회사의 대표이사가 회사의 금원을 인출하여 사용하였는데 그 사용처에 관한 증빙자료를 제시하지 못하고 있고 그 인출 사유와 금원의 사용처에 관하여 납득할 만한 합리적인 설명을 하지 못하고 있다.

## II. 논 점

증빙자료를 제시하지 못하는 경우, 불법영득 의사를 추단할 수 있는지(적극)

## III. 법규연구 (형법)

제355조 (횡령, 배임) ① 타인의 재물을 보관하는 자가 그 재물을 횡령하거나 그 반환을 거부한 때에는 5년 이하의 징역 또는 1천500만원 이하의 벌금에 처한다.

제356조 (업무상의 횡령과 배임) 업무상의 임무에 위배하여 제355조의 죄를 범한 자는 10년 이하의 징역 또는 3천만원 이하의 벌금에 처한다.

## IV. 관련 판례

### 1. 원심 (서울고법 2007. 7. 12. 선고 2005노2887, 2006노2573 판결)

피해자 공소외 회사 소유 자금의 입출금 내역, 거래에 사용된 계좌의 내역, 피고인이 제출한 관련 증빙자료의 내용 등을 토대로, 피고인이 공소외 회사에서 인출한 자금 중 그 판시 상당액을 피고인의 개인적 용도로 사용함으로써 이를 횡령하였다고 인정하였다.

### 2. 대법원 (대법원 2010. 4. 29., 선고, 2007도6553, 판결)

피고인이 회사의 돈을 인출하여 사용하고도 그 사용처에 관한 증빙자료를 제시하지 못하거나 피고인이 주장하는 사용처에 사용된 자금이 그 돈과 다른 자금으로 충당된 것으로 드러나는 등 피고인이 주장하는 사용처에 그 돈이 사용되었다는 점을 인정할 수 있는 자료가 부족하고, 오히려 피고인이 그 돈을 개인적인 용도에 사용하였다는 점에 대한 신빙성 있는 자료가 많은 경우에는 피고인이 그 돈을 불법영득의 의사로서 횡령한 것이라고 추단할 수 있다(대법원 2002. 7. 26. 선고 2001도5459 판결, 대법원 2008. 3. 27. 선고 2007도9250 판결 등 참조).

## V. 결 론

주식회사의 대표이사가 회사의 돈을 인출하여 사용하면서 그 사용처에 관한 증빙자료를 제시하지 못하는 경우, <u>불법영득 의사를 추단할 수 있다.</u>

## VI 유사판례

### 1. 대표이사가 회사의 금원을 인출하여 사용하면서 그 사용처에 관한 증빙자료를 제시하지 못하는 경우

> 업무상횡령죄에 있어서 불법영득의 의사란 자기 또는 제3자의 이익을 꾀할 목적으로 업무상의 임무에 위배하여 보관하는 타인의 재물을 자기의 소유인 경우와 같은 처분을 하는 의사를 말하고, 주식회사의 대표이사가 회사의 금원을 인출하여 사용하였는데 그 사용처에 관한 증빙자료를 제시하지 못하고 있고 그 인출사유와 금원의 사용처에 관하여 납득할 만한 합리적인 설명을 하지 못하고 있다면, 이러한 금원은 그가 불법영득의 의사로 회사의 금원을 인출하여 개인적 용도로 사용한 것으로 추단할 수 있다. (대법원 2008. 3. 27., 선고, 2007도9250, 판결)

# 제8절 사립학교의 교비회계 자금을 다른 용도에 사용한 경우

## I. 사례요지

학교법인의 회계는 학교회계와 법인회계로 구분되고 학교회계 중 특히, 교비회계에 속하는 수입은 학교가 학생으로부터 징수하는 입학금·수업료 등으로 이루어지는 결과 다른 회계에 전출하거나 대여할 수 없는 등 그 용도를 엄격히 제한하고 있는데 이를 위반하여 교비회계 자금을 다른 용도로 사용하였다.

## II. 논 점

1. 사립학교의 교비회계 자금을 다른 용도에 사용한 경우, 그 자체로서 횡령죄가 성립하는지 여부(적극)

2. 교육부장관으로부터 학교 캠퍼스 이전승인의 조건으로 법인부담금을 부담하게 된 학교법인이, 교비회계 자금을 수당지급과 기부금모집 등의 방법을 가장하여 법인회계로 전출한 경우 업무상횡령죄 성립여부

## III. 법규연구

### 1. 형 법

제355조 (횡령, 배임) ① 타인의 재물을 보관하는 자가 그 재물을 횡령하거나 그 반환을 거부한 때에는 5년 이하의 징역 또는 1천500만원 이하의 벌금에 처한다.

제356조 (업무상의 횡령과 배임) 업무상의 임무에 위배하여 제355조의 죄를 범한 자는 10년 이하의 징역 또는 3천만원 이하의 벌금에 처한다.

### 2. 사립학교법

제29조(회계의 구분 등) ① 학교법인의 회계는 그가 설치·경영하는 학교에 속하는 회계와 법인의 업무에 속하는 회계로 구분한다.

② 제1항에 따른 학교에 속하는 회계는 교비회계(校費會計)와 부속병원회계(부속병원이 있는 경우로 한정한다)로 구분할 수 있고, 교비회계는 등록금회계와 비등록금회계로 구분하며, 각 회계의 세입·세출에 관한 사항은 대통령령으로 정하되 학교가 받은 기부금 및 수업료와 그 밖의 납부금은 교비회계의 수입으로 하여 별도 계좌로 관리하여야 한다.

③ 제1항에 따른 법인의 업무에 속하는 회계는 일반업무회계와 제6조에 따른 수익사업회계로 구분할 수 있다.

④ 제2항에 따른 학교에 속하는 회계의 예산은 해당 학교의 장이 편성하고, 다음 각 호의 구분에 따른 절차에 따라 확정·집행한다.

1. 대학교육기관: 대학평의원회에 자문 및 「고등교육법」 제11조제3항에 따른 등록금심의 위원회(이하 "등록금심의위원회"라 한다)의 심사·의결을 거친 후 이사회의 심사·의결로 확정하고 학교의 장이 집행한다.

2. 「초·중등교육법」 제2조에 따른 학교: 학교운영위원회의 심의를 거친 후 이사회의 심사·의결로 확정하고 학교의 장이 집행한다.

3. 유치원: 「유아교육법」 제19조의3에 따른 유치원운영위원회에 자문을 거친 후 학교의 장이 집행한다. 다만, 유치원운영위원회를 두지 아니한 경우에는 학교의 장이 집행한다.

⑤ 삭제 <2005. 12. 29.>

⑥ 제2항에 따른 교비회계에 속하는 수입이나 재산은 다른 회계로 전출(轉出)·대여하거나 목적 외로 부정하게 사용할 수 없다. 다만, 다음 각 호의 어느 하나에 해당하는 경우에는 그러하지 아니하다.

1. 차입금의 원리금을 상환하는 경우

2. 공공 또는 교육·연구의 목적으로 교육용 기본재산을 국가, 지방자치단체 또는 연구기관에 무상으로 귀속하는 경우. 다만, 대통령령으로 정하는 기준을 충족하는 경우로 한정한다.

제73조(벌칙) 학교법인의 이사장이나 사립학교경영자(법인인 경우에는 그 대표자 또는 이사) 또는 대학교육기관의 장이 제29조제6항(제51조에 따라 준용되는 경우를 포함한다)을 위반한 경우에는 3년 이하의 징역 또는 3천만원 이하의 벌금에 처한다.

## IV. 관련 판례

### 1. 원심 (창원지법 2009. 6. 25. 선고 2008노2103 판결)

피고인이 법인부담금을 마련하기 위하여 그 사용 용도가 엄격하게 제한된 교비회계를 편법으로 전용하여 횡령하였다고 판단하여, 이 사건 <u>업무상횡령의 공소사실을 유죄로 인정하였다.</u>

### 2. 대법원 (대법원 2010. 3. 11., 선고, 2009도6482, 판결)

구 「사립학교법」(2005. 12. 29. 법률 제7802호로 개정되기 전의 것) 제29조 및 「사립학교법 시행령」 제13조, 「사학기관 재무·회계규칙」 제25조, 제36조 등 관련 법령의 규정을 종합하면, 학교법인의 회계는 학교회계와 법인회계로 구분되고 학교회계 중 특히, 교비회계에 속하는 수입은 학교가 학생으로부터 징수하는 입학금·수업료 등으로 이루어지는 결과 다른 회계에 전출하거나 대여할 수 없는 등 그 용도를 엄격히 제한하고 있으므로, 학교법인의 법인회계에서 지출하여야 할 것을 교비회계에서 지출할 수는 없고, 타인으로부터 용도가 엄격히 제한된 자금을 위탁받아 집행하면서 그 제한된 용도 이외의 목적으로 자금을 사용하는 것은 그 사용이 개인적인 목적에서 비롯된 경우는 물론, 결과적으로 자금을 위탁한 본인을 위하는 면이 있더라도 그 사용행위 자체로서 불법영득의 의사를 실현한 것이 되어 횡령죄가 성립하는바, 교비회계에 속하는 수입은 위와 같이 다른 회계에 전출하거나 대여할 수 없는 등 그 용도가 엄격히 제한되어 있으므로, 사립학교의 교비회계에 속하는 수입을 적법한 교비회계의 세출에 포함되는 용도, 즉 당해 학교의 교육에 직접 필요한 용도가 아닌 다른 용도에 사용하였다면 그 사용행위 자체로서 불법영득 의사를 실현하는 것이 되어 그로 인한 죄책을 면할 수 없다(대법원 2008. 5. 29. 선고 2006도3742 판결 등 참조).

「사립학교법 시행령」제13조 제2항 제2호가 '학교교육에 직접 필요한 시설·설비를 위한 경비'를 교비회계의 세출항목으로 규정하고 있으므로, 학교법인 산하의 학교 캠퍼스 이전을 위한 경비가 이에 해당하고 이 사건에서 피고인이 비록 최종적으로 당해 금원을 학교 캠퍼스 이전을 위한 경비에 사용할 것을 의도하였다고 하더라도, 학교법인이 교육인적자원부장관으로부터 학교 캠퍼스 이전계획을 승인받는 과정에서 그 이전승인의 조건으로 학교법인이 22억 원의 법인부담금을 부담하게 되었다면 위 법인부담금은 학교법인의 법인회계에서 지출하여야 할 것이지 「사립학교법 시행령」제13조 제2항 제2호를 들어 교비회계에서 지출할 수는 없다 할 것이므로, 그 경비의 일부로서 지출되어야 하는 법인부담금의 부담주체인 학교법인이 실제로 법인회계에서 이를 부담한 것처럼 혹은 감독관청이 부과한 법인회계로부터 교비회계로의 보전조치 명령이 이행된 것처럼 꾸미기 위하여, 교비회계의 자금을 수당지급과 기부금모집 등의 방법을 가장하여 법인회계로 전출하였다면 그 단계에서 이미 학교의 교육에 직접 필요한 용도가 아닌 다른 용도에 자금이 사용된 것으로 평가할 수 있다고 할 것이다.

## V. 결 론

타인으로부터 용도가 엄격히 제한된 자금을 위탁받아 집행하면서 그 제한된 용도 이외의 목적으로 자금을 사용하는 것은 그 사용이 개인적인 목적에서 비롯된 경우는 물론 결과적으로 자금을 위탁한 본인을 위하는 면이 있더라도 그 사용행위 자체로서 불법영득의 의사를 실현한 것이 되어 횡령죄가 성립하는바, 사립학교법 제29조 및 같은 법 시행령에 의해 학교법인의 회계는 학교회계와 법인회계로 구분되고 학교회계 중 특히 교비회계에 속하는 수입은 다른 회계에 전출하거나 대여할 수 없는 등 용도가 엄격히 제한되어 있기 때문에 교비회계자금을 다른 용도에 사용하였다면 그 자체로서 횡령죄가 성립한다.

## VI. 유사판례

### 1. 사립학교법 제29조 제6항에서 교비회계 수입의 전출이나 대여가 금지되고 있는 '다른 회계'의 의미

사립학교법 제73조의2, 제29조 제6항에서는 교비회계에 속하는 수입을 다른 회계에 전출하거나 대여할 수 없도록 하고 있는바, 이 경우 다른 회계란 당해 학교의 다른 회계나 소속 학교법인의 다른 회계에 한정되는 것이 아니라 <u>당해 교비회계 이외의 다른 모든 회계를 포함한다.</u> (대법원 2005. 9. 28., 선고, 2005도3929, 판결)

### 2. 사립학교 설립 당시 학교법인이나 설립자가 체결한 공사계약의 시설·설비 공사비를 교비회계에서 지출할 수 있는지

학교교육에 필요한 시설·설비라도 사립학교 설립 당시 학교법인 내지 설립자가 공사계약을 체결한 시설·설비의 공사비는 그 시설·설비가 학교설립인가조건에 포함된 시설·설비인지 여부와 상관없이 학교법인의 법인회계에서 지출하거나 설립자가 부담하여야지 사립학교법 시행령 제13조 제2항 제2호를 들어 교비회계에서 지출할 수는 없고 (대법원 2007. 12. 27. 선고 2005두9651 판결 등 참조), 타인으로부터 용도가 엄격히 제한된 자금을 위탁받아 집행하면서 그 제한된 용도 이외의 목적으로 자금을 사용하는 것은 그 사용이 개인적인 목적에서 비롯된 경우는 물론, 결과적으로 자금을 위탁한 본인을 위하는 면이 있더라도 그 사용행위 자체로서 불법영득의 의사를 실현한 것이 되어 횡령죄가 성립하는바, <u>교비회계에 속하는 수입은 위와 같이 다른 회계에 전출하거나 대여할 수 없는 등 그 용도가 엄격히 제한되어 있으므로, 사립학교의 교비회계에 속하는 수입을 적법한 교비회계의 세출에 포함되는 용도, 즉 당해 학교의 교육에 직접 필요한 용도가 아닌 다른 용도에 사용하였다면 그 사용행위 자체로서 불법영득 의사를 실현하는 것이 되어 그로 인한 죄책을 면할 수 없다.</u> (대법원 2008. 5. 29., 선고, 2006도3742, 판결)

# 제9절 중간생략등기형 명의신탁에서 수탁자가 부동산을 임의로 처분한 경우

## I. 사례요지

피고인들이 공모하여, 1985. 6. 28. 고소인과 함께 매매대금의 1/3씩을 부담하여 이 사건 각 임야를 매수한 뒤, 같은 해 9. 20.경 고소인으로부터 그녀의 이 사건 각 임야에 대한 1/3 지분을 절반씩 명의 신탁받아 피고인 1은 자신의 명의로, 피고인 2는 남편 공소외 1의 명의로 1/2 지분씩 소유권이전등기를 경료하여 고소인의 지분 상당을 보관하던 중 2005. 4. 18.경 이 사건 각 임야를 임의로 공소외 2에게 대금 1,098,000,000원에 매도하는 계약을 체결하고, 같은 해 5. 19.경 공소외 2 외 2인 명의로 소유권이전등기를 경료하여 주어 고소인의 이 사건 각 임야에 대한 1/3 지분 시가 366,000,000원 상당을 횡령하였다.

## II. 논 점

1. 중간생략등기형 명의신탁에서 수탁자가 부동산을 임의로 처분한 경우, 횡령죄의 성립 여부(적극)
2. 등기부상 소유명의인의 배우자로서 소유명의인의 위임에 의하여 그 부동산의 실질적인 지배·관리권 및 대외적인 처분권을 갖는 경우, 횡령죄의 주체인 부동산의 보관자에 해당하는지 여부(적극)

## III. 법규연구

### 1. 형 법

제355조 (횡령, 배임) ① 타인의 재물을 보관하는 자가 그 재물을 횡령하거나 그 반환을 거부한 때에는 5년 이하의 징역 또는 1천500만원 이하의 벌금에 처한다.

### 2. 부동산 실권리자명의 등기에 관한 법률 (부동산실명법 )

제3조(실권리자명의 등기의무 등) ① 누구든지 부동산에 관한 물권을 명의신탁약정에 따라 명의수탁자의 명의로 등기하여서는 아니 된다.

제4조(명의신탁약정의 효력) ① 명의신탁약정은 무효로 한다.

② 명의신탁약정에 따른 등기로 이루어진 부동산에 관한 물권변동은 무효로 한다. 다만, 부동산에 관한 물권을 취득하기 위한 계약에서 명의수탁자가 어느 한쪽 당사자가 되고 상대방 당사자는 명의신탁약정이 있다는 사실을 알지 못한 경우에는 그러하지 아니하다.

## IV. 관련 판례

### 1. 원심 (서울중앙지법 2009. 2. 5. 선고 2008노760 판결)

비록 토지의 일부 지분에 관하여 명의신탁약정이 있었다고 하더라도 명의를 수탁하기로 한 자가 자신 앞으로 일부 지분에 관한 소유권이전등기를 경료하지 아니하였다면 그 부동산을 보관하는 자의 지위에 있다고 할 수 없다고 하면서, 고소인과 피고인 2 사이에 이 사건 각 임야의 고소인 지분 1/3 중 절반에 관하여 고소인과 피고인 2 사이에 명의신탁약정이 있었다고 하더라도, 피고인 2는 자신의 명의가 아닌 남편 공소외 1 명의로 소유권이전등기를 마친 것이므로, 피고인 2는 고소인의 지분을 제3자에게 유효하게 처분할 수 있는 법적인 권능을 보유하지 아니하여 이 사건 <u>각 임야에 관한 고소인의 지분을 보관하는 지위에 있다고도 볼 수 없다고 판단하였다.</u>

### 2. 대법원 (대법원 2010. 1. 28., 선고, 2009도1884, 판결)

가. 명의신탁약정의 존부에 대하여

횡령죄의 위탁신임관계를 발생시키는 명의신탁관계는 반드시 신탁자와 수탁자 사이의 명시적 계약에 의하여서만 성립되는 것이 아니라 묵시적 합의에 의하여서도 성립될 수 있고, <u>명의신탁 합의가 있었는지 여부는 위탁자와 수탁자 사이의 관계, 수탁자가 그 재물을 보관하게 된 동기와 경위, 위탁자와 수탁자 사이의 거래 내용과 태양 등 모든 사정을 종합하여 사회통념에 비추어 합리적으로 판단하여야 한다</u>(대법원 2008. 10. 23. 선고 2007도6463 판결 등 참조).

부동산을 그 소유자로부터 매수한 자가 그의 명의로 소유권이전등기를 하지 아니하고 제3자와 맺은 명의신탁약정에 따라 매도인으로부터 바로 그 제3자에게 중간생략의 소유권이전등기를 경료한 경우, 그 <u>제3자가 그와 같은 명의신탁약정에 따라 그 명의로 신탁된 부동산을 임의로 처분하였다면 신탁자에 대한 횡령죄가 성립하고, 그 명의신탁이 부동산 실권리자명의 등기에 관한 법률 시행 전에 이루어졌고 같은 법이 정한 유예기간 이내에 실명등기를 하지 아니함으로써 그 명의신탁약정 및 이에 따라 행하여진 등기에 의한 물권변동이 무효로 된 후에 처분이 이루어졌다고 하여 달리 볼 것은 아니다</u>(대법원 2001. 11. 27. 선고 2000도3463 판결 등 참조).

나. 고소인과 피고인들 사이의 이 사건 명의신탁은, 고소인이 이 사건 각 임야의 1/3 지분을 매수하고 그 지분을 피고인들과 사이의 명의신탁약정에 기하여 피고인 1

및 피고인 2의 남편 공소외 1에게 중간생략의 소유권이전등기를 경료한 것으로서, 위와 같은 법리에 의하면, 비록 이 사건 명의신탁이 위 법률 시행 전에 이루어졌고 위 유예기간이 경과한 후 피고인들의 처분이 이루어졌다고 하더라도 피고인들의 처분행위는 횡령죄에 해당할 수 있다고 할 것이다.

부동산의 보관은 원칙적으로 등기부상의 소유명의인에 대하여 인정되지만, 등기부상의 명의인이 아니라도 소유자의 위임에 의거해서 실제로 타인의 부동산을 관리 · 지배하면서 제3자에게 유효하게 처분할 수 있는 지위에 있는 자는 그 부동산에 대한 지배력을 가지고 있는 자로서 횡령죄의 성립에 있어 그 부동산을 보관하는 자에 해당한다고 보아야 할 것이므로(대법원 1990. 3. 23. 선고 89도1911 판결, 대법원 1993. 3. 9. 선고 92도2999 판결 등 참조), 등기부상 소유명의인의 배우자로서 소유명의인의 위임에 의하여 그 부동산의 실질적인 지배 · 관리권 및 대외적인 처분권을 갖고 있는 경우에는 그 부동산의 보관자에 해당한다고 할 것이다.

그런데 앞서 본 바와 같이 피고인 2는 이 사건 각 임야의 매매계약 및 위 명의신탁약정에 직접 참여한 당사자인 반면 남편 공소외 1은 매매계약과 명의신탁약정의 당사자도 아니었고, 원심이 적법한 증거조사를 거쳐 채택한 증거 등에 의하면, 공소외 1은 이 사건 각 임야의 소유명의인으로 등기된 사실 외에는 매매계약 체결 등의 구체적인 내용은 물론 이후의 처분 경위 등을 제대로 알지 못하였고, 이 사건 각 임야에 관한 사항은 모두 피고인 2가 알아서 처리하였다고 진술하고 있음을 알 수 있는바, 사정이 이러하다면 피고인 2가 이 사건 각 임야의 소유명의자인 남편 공소외 1의 위임을 받아 실질적인 지배 · 관리권과 대외적인 처분권을 갖고 있었다고 볼 수 있으므로, 앞서 본 법리에 비추어 보면 피고인 2는 이 사건 각 임야에 관하여 횡령죄 보관자의 지위에 있었다고 할 수 있다.

## V. 결 론

부동산을 그 소유자로부터 매수한 자가 그의 명의로 소유권이전등기를 하지 아니하고 제3자와 맺은 명의신탁약정에 따라 매도인으로부터 바로 그 제3자에게 중간생략의 소유권이전등기를 경료한 경우, 그 제3자가 그와 같은 명의신탁약정에 따라 그 명의로 신탁된 부동산을 임의로 처분하였다면 신탁자에 대한 횡령죄가 성립하고, 그 명의신탁이 부동산실권리자명의등기에관한법률 시행 전에 이루어졌고 같은 법이 정한 유예기간 이내에 실명등기를 하지 아니함으로써 그 명의신탁약정 및 이에 따라 행하여진 등기에 의한 물권변동이 무효로 된 후에 처분이 이루어졌다고 하여 달리 볼 것은 아니다.

## VI 유사판례

### 1. 부동산 소유자가 그중 일부 지분을 제3자를 위하여 대외적으로만 보유하는 관계에 관한 약정을 맺은 경우, 그 법률관계

부동산 실권리자 명의 등기에 관한 법률' 제2조 제1호 본문, 제2호, 제3호를 종합하면, 같은 법에서의 명의신탁약정이란 "부동산에 관한 소유권 기타 물권을 보유한 자 또는 사실상 취득하거나 취득하려고 하는 자(명의신탁자)가 타인(명의수탁자)과의 사이에서 대내적으로는 명의신탁자가 부동산에 관한 물권을 보유하거나 보유하기로 하고 그에 관한 등기는 명의수탁자 명의로 하기로 하는 약정(위임·위탁매매의 형식에 의하거나 추인에 의한 경우를 포함한다)"을 말한다. 위 내용으로부터 알 수 있듯이, 명의신탁관계의 성립에 명의수탁자 앞으로의 새로운 소유권이전등기가 행하여지는 것이 반드시 필요한 것은 아니므로, 명의수탁자가 소유하는 부동산에 관하여도 명의신탁자와 사이의 사후적인 명의신탁약정에 의하여 등기명의신탁관계가 성립할 수 있다. 따라서 부동산 소유자가 그 중 일부 지분을 제3자(명의신탁자)를 위하여 '대외적으로만' 보유하는 관계에 관한 약정(명의신탁약정)을 맺으면, 그 지분에 관하여 이른바 <u>2자간 등기명의신탁관계가 성립한다.</u> (대법원 2009. 11. 26., 선고, 2009도5547, 판결)

### 2. 계약명의신탁에서 수탁자가 신탁자에 대하여 '타인의 사무를 처리하는 자'에 해당하는지

신탁자와 수탁자가 명의신탁약정을 맺고, 그에 따라 수탁자가 당사자가 되어 명의신탁약정이 있다는 사실을 알지 못하는 소유자와 사이에서 부동산에 관한 매매계약을 체결한 계약명의신탁에 있어, 수탁자는 신탁자에 대한 관계에서도 신탁 부동산의 소유권을 완전히 취득하고 단지 신탁자에 대하여 명의신탁약정의 무효로 인한 부당이득 반환의무만을 부담할 뿐인바, 그와 같은 부당이득 반환의무는 명의신탁약정의 무효로 인하여 수탁자가 신탁자에 대하여 부담하는 통상의 채무에 불과할 뿐 아니라 신탁자와 수탁자 간의 명의신탁약정이 무효인 이상, 특별한 사정이 없는 한 신탁자와 수탁자 간에 명의신탁약정과 함께 이루어진 부동산 매입의 위임 약정 역시 무효라고 할 것이므로, <u>수탁자가 신탁자와의 신임관계에 기하여 신탁자를 위하여 신탁 부동산을 관리한다거나 신탁자의 허락 없이 이를 처분하여서는 아니되는 의무를 부담하는 등으로 타인의 사무를 처리하는 자의 지위에 있다고 볼 수 없다.</u> (대법원 2008. 3. 27., 선고, 2008도455, 판결)

# 제10절 복권 당첨금 수령인이 그 당첨금 중 타인 몫 반환을 거부한 경우

## I. 사례요지

피고인은 공소외 1이 운영하는 다방에서 돈 2,000원을 내어 그 다방종업원인 피해자 공소외 2에게 즉석에서 당첨 여부를 확인하는 500원짜리 체육복권 4장(이하 '첫 번째 복권 4장'이라 한다)을 사 오도록 하여 피고인, 피해자, 공소외 1 및 다방종업원인 공소외 3 등 4명이 다방 탁자에 둘러앉아 각자 한 장씩 나누어 그 복권 우측 상단을 긁어 당첨 여부를 확인한 결과 그중에서 2장의 복권이 각 1,000원에 당첨되었고(원심은 1,000원에 당첨된 복권들이 누가 긁어 확인한 것인지에 관하여 명백한 사실인정을 하지 아니하고, 다만 2장의 복권이 1,000원에 당첨되었다고만 인정하고 있다.), 그 1,000원에 당첨된 복권 2장을 다시 복권 4장(이하 '두 번째 복권 4장'이라 한다)으로 교환하여 온 후 피고인 등 4명이 그 당첨 여부를 확인한 결과 피해자와 공소외 1이 확인한 복권 2장이 각 2,000만 원에 당첨되었는데, 공소외 1은 자신이 확인하여 당첨된 복권을 그 자리에서 피고인에게 교부하였고, 피해자는 자신이 확인하여 당첨된 복권 한 장을 그 탁자 위에 놓아두고 다른 볼일을 보러 그 자리를 잠시 비운 사이에 피고인이 당첨된 복권 2장을 가지고 가 현금으로 교환하고도 당첨금을 피해자에게 교부하지 않은 사실을 인정하였다.

## II. 논 점

함께 복권을 나누어 당첨 여부를 확인한 자들 사이에 당첨금을 공유하기로 하는 묵시적 합의가 있었다고 봄이 상당하다는 이유로 그 복권의 당첨금 수령인이 그 당첨금 중 타인의 몫의 반환을 거부한 경우, 횡령죄가 성립 여부

## III. 법규연구 (형법)

제355조 (횡령, 배임) ① 타인의 재물을 보관하는 자가 그 재물을 횡령하거나 그 반환을 거부한 때에는 5년이하의 징역 또는 1천500만원이하의 벌금에 처한다.

## IV. 관련 판례

### 1. 원심 (서울지법 2000. 9. 5. 선고 2000노5904 판결)

피고인이 처음 2,000원을 내어 사 온 첫 번째 복권 4장 중 3장과 1,000원에 당첨된 복권 2장으로 교환하여 온 두 번째 복권 4장 중 3장을 피해자, 공소외 1, 공소외 3에게 나누어 줌으로써 그 각 복권의 소유권을 명시적 또는 묵시적으로 그들에게 양도 또는 증여하였다는 점에 부합하는 피해자 및 공소외 3의 각 진술을 믿을 수 없다고 배척

하고, 단지 피고인 등 관련 당사자들 사이에는, 피고인이 2,000원을 내어 사 온 첫 번째 복권 4장 중 3장뿐만 아니라, 다시 교환하여 온 두 번째 복권 4장 중 3장을 피해자, 공소외 1 및 공소외 3이 피고인을 대신하여 긁어 확인하여 주고 고액으로 당첨되면 피고인이 당첨금 중 일부를 피해자 등에게 은혜적으로 지급하여 주겠지 하는 내심의 생각이 있었을 정도라고 봄이 상당하고, 가사 그렇지 않더라도, 사실관계가 위와 같이 2,000만 원에 당첨된 복권의 소유권 귀속이 법률전문가에게조차 분명하지 않다면, 피고인이 2,000만 원에 당첨된 복권이 자신의 소유라고 생각하고 행동한 것에 대하여 횡령죄의 고의가 있다고 단정하기도 어렵다는 이유로, 피고인이 피해자가 확인하여 당첨된 복권의 당첨금 1,560만 원(세금을 공제한 금액)을 피해자에게 반환하는 것을 거부한 행위를 <u>횡령죄로 다스린 제1심판결을 파기하고, 피고인에 대하여 무죄를 선고하였다.</u>

## 2. 대법원 (대법원 2000. 11. 10., 선고, 2000도4335, 판결)

가. 처음 피고인이 2,000원을 내어 피해자로 하여금 첫 번째 복권 4장을 구입하여 오게 한 후 피고인을 포함하여 공소외 1, 피해자 및 공소외 3 등 4명이 둘러앉아 재미삼아 한 장씩 나누어 각자 그 당첨 여부를 확인하는 경우, 손님인 피고인과 다방주인 공소외 1, 다방종업원 피해자 및 공소외 3이 평소 친숙한 사이인 점, 복권 1장의 값이 500원에 지나지 아니하는 점, 첫 번째 복권 4장 중 피해자 및 공소외 3이 긁어 확인한 복권 2장이 1,000원씩에 당첨되었을 때에도 이를 두 번째 복권 4장으로 교환하여 와서는 이를 피고인, 피해자, 공소외 1 및 공소외 3 등 4명이 그 자리에서 각자 한 장씩 골라잡아 당첨 여부를 확인한 점 등에 비추어, 만일 각자 나누어 가진 첫 번째 또는 두 번째 복권 중 어느 누구의 복권이 당첨되더라도 그 자리에서 함께 복권을 나누어 확인한 사람들이 공동으로 당첨의 이익을 누리기로 하는, 즉 당첨금을 공평하게 나누거나, 공동으로 사용하기로 하는 묵시적인 합의가 있었다고 보아야 할 것이고, 이와 달리 첫 번째 복권이나 두 번째 복권 모두 당초 그 구입대금을 출연한 피고인의 소유이고, 공소외 1, 피해자 및 공소외 3은 단지 피고인을 위하여 그 당첨 여부를 확인하여 주는 의미로 피고인을 대신하여 한 장씩 긁어 본 것이라고 볼 수는 없을 것이다.

따라서 첫 번째 복권 4장 중 피해자와 공소외 3이 긁어 1,000원에 각 당첨된 복권 2장으로 교환하여 온 두 번째 복권 4장을 다시 피고인, 피해자, 공소외 1 및 공소외 3이 각자 한 장씩 골라잡아 그 당첨 여부를 확인한 결과 그중 2장의 복권이 2,000만 원씩에 당첨되었으므로, 그 확인자가 누구인지를 따질 것 없이 당첨금 전액이 피고인,

피해자, 공소외 1 및 공소외 3의 공유라고 봄이 상당하다.

　나. 그러므로 피고인이 당첨된 복권 2장을 가지고 가 그 당첨금을 수령하였다면, 특별한 사정이 없는 한 이는 피고인을 비롯한 피해자, 공소외 1 및 공소외 3 등 네 사람의 대표로서 한 것으로 보아야 하고, 따라서 그중 자신의 몫을 제외한 나머지는 피해자 등 세 사람의 몫으로서 피고인은 그들을 위하여 이를 보관하는 지위에 서게 되어, 피고인으로서는 피해자의 당첨금 반환요구에 따라 그의 몫인 780만 원(3,120만 원 ×1/4)을 반환할 의무가 있다.

## V. 결 론

　따라서 피고인이 자신이 2,000원을 내어 구입한 첫 번째 복권 4장 중 3장을 피해자, 공소외 1, 공소외 3에게 나누어 준 사실조차 없다고 주장하면서 그중 1,000원에 당첨된 복권 2장 및 그 복권으로 다시 교환하여 온 두 번째 복권 중 2,000만 원에 당첨된 복권 2장의 소유권이 모두 피고인에게 있음을 전제로 피해자에게 그 당첨금의 반환을 거부하고 있는 이상, 피고인에게 불법영득의 의사가 없다고 할 수 없다.

# 제11절 동업자 사이 손익분배 미정산 상태에서 횡령액 산정방법

## I. 사례요지

피고인은 피해자와 함께 공소외인으로부터 주택신축공사를 도급받아 위 공사에 관하여 피해자는 공사비를 투자하고 피고인은 위 공사를 시행하되 그 공사로 인한 이익금을 피고인과 피해자가 절반씩 나누어 가지는 내용의 동업계약을 체결한 후, 피해자로부터 받은 투자금 등으로 위 공사를 시행하고 건축주인 공소외인으로부터 받은 공사대금은 피해자와 정산하거나 동인의 승낙을 받아 사용하여야 함에도 공소외인으로부터 합계 ○○만원을 교부받아 위 금원 중 피해자에게 지급할 이익금 또는 투자금의 상환액 ○○만원을 피해자를 위하여 보관 중 피고인이 별도로 개인적으로 도급받아 시공 중인 건물신축공사대금 등으로 임의사용하여 횡령하였다.

## II. 논 점

동업자 사이에 손익분배의 정산이 되지 않은 상태에서의 동업재산의 횡령 경우, 그 횡령금액의 산정방법

## III. 법규연구 (형법)

제355조 (횡령, 배임) ① 타인의 재물을 보관하는 자가 그 재물을 횡령하거나 그 반환을 거부한 때에는 5년이하의 징역 또는 1천500만원이하의 벌금에 처한다.

## IV. 관련 판례

### 1. 원심 (창원지법 2000. 6. 20. 선고 99노20 1 판결)

이 사건 건물신축공사를 동업한 피고인과 피해자는 이 사건 공사와 관련하여 피해자가 투자금 명목으로 금 98,180,000원을 피고인에게 교부하고, 피고인이 이 사건 공사의 설계비로 금 10,000,000원을 지출하였으며, 건축주인 공소외인이 이 사건 공사대금으로 합계 금 101,600,000원을 지급하였으므로, 피고인과 피해자는 이 사건 공사로 인하여 금 6,580,000원의 손해를 보았는데, 피고인과 피해자가 부담하여야 할 손해액은 각 금 3,290,000원이고, 한편 피해자는 공소외인으로부터 금 21,000,000원을 직접 수령하였으므로, 피해자가 피고인으로부터 투자금의 회수 명목으로 받아야 할 금원은 금 73,890,000원(금 98,180,000원－21,000,000원－3,290,000원)인데, 달리 이 사건 공사와 관련한 투자금의 상환 또는 이익분배 명목으로 피해자에게 금원을 지급한 것을 인정할 만한 자료가 없는 점에 비추어 피고인은 위 금 73,890,000원을 임의로 소비하

였다고 봄이 상당하다는 이유로, 피고인을 유죄로 인정하여 처벌하고 있다.

## 2. 대법원 (대법원 2000. 11. 10., 선고, 2000도3013, 판결)

가. 피고인과 피해자 사이에는 손익분배에 관한 정산이 이루어지지 않았다는 것이므로, 피고인이 피해자에게 이익금 또는 투자금의 상환으로써 지급하여야 할 금원을 피해자를 위하여 보관하는 지위에 있었다고 할 수 없고, 오히려 피고인은 피해자로부터 받은 투자금과 공소외인으로부터 지급받은 이 사건 공사대금을 동업자인 피고인과 피해자의 합유에 속하는 동업재산으로 보관하는 지위에 있었다고 보아야 할 것인바, 이러한 경우 피고인이 보관하던 동업재산 중 일부를 동업체를 위하여 사용하지 아니하고 자기 또는 제3자를 위하여 임의로 소비하였다면 피해자에게 상환하여야 할 이익금 또는 투자금의 액과 관계없이 피고인이 임의소비한 금액을 바로 횡령금액으로 볼 수 있다고 할 것이다.

나. 피고인은 이 사건 공사를 위하여 피해자가 투자한 금원이나 이 사건 공사를 완공한 후 공소외인으로부터 받은 공사대금 중 일부를 피고인이 별도로 개인적으로 도급받아 시공 중인 건물신축공사 등 개인적인 용도에 사용한 사실을 엿볼 수 있으므로, 원심으로서는 피고인의 횡령금액을 밝히기 위하여 피고인이 원심에 제출한 장부가 신빙성이 있는지를 살펴보아 신빙성이 있다고 인정할 수 있는 경우에는 장부의 기재 내용까지도 구체적으로 조사하고 필요한 경우에는 석명권을 행사하여 피고인이 피해자와의 합유에 속하는 동업재산을 사용한 내역을 조사하는 등의 방법으로 피고인이 피해자와의 동업재산 중 동업에 속하는 이 사건 공사 이외에 다른 용도로 임의 소비한 금액을 밝혀 이를 피고인의 횡령금액으로 산정하였어야 할 것이다.

위 금원은 동업재산에 대한 피해자의 지분이거나 피고인이 피해자에 대하여 손익분배의 정산을 통하여 동업의 잔여재산 분배로써 피해자에게 지급하여야 할 금액에 지나지 않는다고 할 것이어서 피고인이 피해자에게 위 금원을 지급하지 아니하였다고 하여 바로 피고인이 위 금원 전부를 동업체를 위하여 사용하지 아니하고 임의로 소비하였다고 단정할 수 없으며, 더욱이 피고인이 피해자에게 지급하여야 한다는 위 금원만을 피해자를 위하여 보관하는 지위에 있었다고 할 수 없다.

## V. 결 론

동업자 사이에 손익분배의 정산이 되지 아니하였다면 동업자의 한 사람이 임의로 동업자들의 합유에 속하는 동업재산을 처분할 권한이 없는 것이므로, 동업자의 한 사람이 동업재산을 보관 중 임의로 횡령하였다면 <u>지분비율에 관계없이 임의로 횡령한 금액 전부에 대하여 횡령죄의 죄책을 부담하는 것이다</u>(대법원 1982. 9. 28. 선고 81도2777 판결, 1996. 3. 22. 선고 95도2824 판결 등 참조).

## Ⅵ. 유사판례

### 1. 동업자가 동업재산에 대한 지분을 임의처분하거나 동업재산 매각대금을 임의소비한 경우

동업재산은 동업자의 합유에 속한다 할 것이므로 동업관계가 존속하는 한 동업자는 동업재산에 대한 그 지분을 임의로 처분할 권한이 없고 동업자의 한 사람이 그 지분을 임의로 처분하거나 또는 동업재산의 처분으로 얻은 대금을 보관 중 임의로 소비하였다면 <u>횡령죄의 죄책을 면할 수 없다.</u> (대법원 1982. 9. 28., 선고, 81도2777, 판결)

### 2. 손익분배 정산없이 동업자 일방이 동업재산 매각대금을 매수인으로부터 받아 임의 소비

동업관계에 있는 피고인과 피해자 사이에 손익분배의 정산이 되지 아니하였다면 동업자의 한 사람인 피고인은 피고인과 피해자의 합유에 속하는 동업재산이나 동업재산의 매각대금에 대한 지분을 처분할 권한이 없는 것이므로, 피고인이 동업재산인 교회건물의 매각대금을 매수인으로부터 받아 보관 중 임의로 소비하였다면 <u>지분 비율에 관계없이 임의로 소비한 금액 전부에 대해 횡령죄의 죄책을 부담한다.</u> (대법원 1996. 3. 22., 선고, 95도2824, 판결)

### 3. 1인 회사의 주주가 회사 자금을 임의로 처분한 경우

주식회사의 주식이 사실상 1인 주주에 귀속하는 1인 회사에 있어서도 회사와 주주는 분명히 별개의 인격이어서 1인 회사의 재산이 곧바로 그 1인 주주의 소유라고 볼 수 없으므로, <u>사실상 1인 주주라고 하더라도 회사의 자금을 임의로 처분한 행위는 횡령죄를 구성한다.</u> (대법원 2010. 4. 29., 선고, 2007도6553, 판결)

# 제12절 교회가 분열된 후 분열된 교회 일방의 재산반환청구를 거절한 경우

## I. 사례요지

피고인은 이 사건 교회의 집사 겸 건축위원장으로서 위 교회의 건축헌금 및 장학기금을 보관, 관리하여 오던 중 교회로부터 제명출교처분을 받은 자인바, 1994. 4. 17.경 위 교회 목사 공소외 1로부터 피고인이 보관 중이던 건축헌금 1,530,270원 등 장학기금, 21세기적립보험금 합계 금 4,137,210원 및 21세기적립보험증권의 반환을 요구받고도 정당한 이유 없이 그 요구에 불응하여 이를 횡령하고, 같은 해 6. 7.경 위 공소외 1로부터 피고인이 보관 중이던 카메라 등 부품일체 시가 금 2,000,000원 상당과 재정장부 15권의 반환을 요구받고도 정당한 이유 없이 그 요구에 불응하여 이를 횡령하였다는 것이다.

## II. 논 점

1. 형법 제355조 제1항 소정의 '반환의 거부'의 의미 및 그 판단기준
2. 정당한 사유에 기한 반환거부와 불법영득의 의사
3. 교회가 분열된 경우, 교회 재산의 귀속 관계
4. 교회가 분열된 후 분열된 교회 일방의 재산반환청구를 거절한 경우, 횡령죄 여부
5. 교회가 분열된 후 교회재산을 자기 교파만이 사용하기 위하여 가져간 경우, 절도죄 여부

## III. 법규연구

### 1. 형 법

제355조 (횡령, 배임) ① 타인의 재물을 보관하는 자가 그 재물을 횡령하거나 그 반환을 거부한 때에는 5년이하의 징역 또는 1천500만원이하의 벌금에 처한다.

제329조 (절도) 타인의 재물을 절취한 자는 6년이하의 징역 또는 1천만원이하의 벌금에 처한다.

### 2. 민 법

제275조 (물건의 총유) ① 법인이 아닌 사단의 사원이 집합체로서 물건을 소유할 때에는 총유로 한다.

② 총유에 관하여는 사단의 정관 기타 계약에 의하는 외에 다음 2조의 규정에 의한다.

제276조 (총유물의 관리, 처분과 사용, 수익) ① 총유물의 관리 및 처분은 사원총회의 결의에 의한다.

② 각사원은 정관 기타의 규약에 좇아 총유물을 사용, 수익할 수 있다.

## IV. 관련 판례

### 1. 원심 (부산지법 1997. 12. 19. 선고 97노303 판결)

이 사건 교회는 대한예수교장로회총회(합동측) 산하의 교회이고, 목사 공소외 1은 1989.경부터 위 교회의 시무목사로 일하여 왔으며, 피고인은 같은 교회의 최선임 집사로서 교회의 재정·관리 업무를 담당하여 온 사실, 그런데 피고인은 1995. 5. 초순경 공소외 1이 교회의 노회상납금을 횡령하고 도박을 하였다고 주장하고 총교인 100여 명 중 약 40여 명에 이르는 교인들이 이에 동조하게 되는 등 위 교회에 분란이 생기게 되자, 공소외 1은 위 총회 헌법 제78조 내지 제80조에 의거, 위 총회 동평양노회에 피고인과 그에 동조하는 자들(이하 피고인 등이라고 한다)을 고소하여 자신의 비위사실의 진위 여부에 대한 위탁판결을 청구하였고, 피고인도 이에 맞서 위 교회의 부산시찰회를 통하여 위 노회에 같은 판결을 구하게 된 사실, 그 후 같은 해 12. 9. 위 노회의 조사처리위원회는 양측의 청구에 대하여 피고인이 주장하는 사실이 허위라고 판단하고 피고인 등을 당회장인 목사 공소외 1의 권한으로 의법조치 할 것을 지시하였고, 이에 공소외 1은 같은 달 10. 피고인 등을 제명출교한 사실, 그러나 피고인 등은 위 교회에 계속 출입하면서 교회 안에서 분리하여 예배행위를 하는 한편, 피고인은 위 제명출교처분에 불복하여 상급 노회나 총회에 소원 및 재심청원을 하였으나 1996. 4. 17. 모두 기각되었고, 또 같은 해 5. 30. 공소외 1의 신청으로 부산지방법원이 피고인을 중심으로 한 교인들의 교회에 대한 출입을 금지하는 가처분결정을 하자 피고인을 지지하는 교인들은 교회 밖에 별도의 예배장소를 얻고 목사를 초빙하여 따로 예배를 보기에 이르른 사실을 인정한 다음, 위 인정사실에 의하면, 이 사건 교회는 내부 불화로 인하여 목사 공소외 1을 중심으로 한 원래의 교회와 피고인과 그를 지지하는 교인들을 구성원으로 하는 교회로 사실상 분열되었다고 보아야 할 것이고, 또한 교회가 분열된 경우에 그 재산의 귀속에 관하여 어떤 규정이 있으면 모르되 특별한 정함이 없으면 교회재산은 분열 당시 교인들의 총유에 속한다 할 것인바, 피고인이 교인들 전원의 총의에 따르지 않고 일방적으로 보관하고 있던 교회재산의 반환을 거부하고 있다면 이는 다른 일방의 교인들에 대하여 횡령죄를 구성한다 할 것이고, 이와 같은 결론은 목사 공소외 1이 피고인을 위 교회로부터 제명출교한 처분이 정당한가의 여부에 따라 달라지는 것은 아니라고 하여 피고인의 이 사건 공소사실 부분에 대해 <u>유죄를 인정한 제1심판결을 유지하였다.</u>

## 2. 대법원 (대법원 1998. 7. 10., 선고, 98도126, 판결)

### 가. 횡령죄에 대하여

형법 제355조 제1항이 정한 "반환의 거부"라 함은 보관물에 대하여 소유권자의 권리를 배제하는 의사표시를 하는 것을 뜻하므로, "반환의 거부"가 횡령죄를 구성하려면 타인의 재물을 보관하는 자가 단순히 그 반환을 거부한 사실만으로는 부족하고 그 반환거부 이유와 주관적인 의사들을 종합하여 반환거부행위가 횡령행위와 같다고 볼 수 있을 정도이어야 하고 (대법원 1989. 3. 14. 선고 88도2437 판결, 1993. 6. 8. 선고 93도874 판결 등 참조), 횡령죄에서의 이른바 <u>불법영득의 의사</u>는 타인의 재물을 보관하는 자가 그 취지에 반하여 정당한 권원 없이 스스로 소유권자와 같이 이를 처분하는 의사를 말하는 것이므로 비록 그 반환을 거부하였다고 하더라도 그 반환거부에 정당한 사유가 있어 이를 반환하지 아니하였다면 불법영득의 의사가 있다고 할 수는 없으며 (대법원 1986. 2. 25. 선고 86도2 판결, 1987. 4. 28. 선고 86도824 판결 등 참조), 일반적으로 하나의 교회가 두 개의 교회로 분열된 경우 교회의 장정 기타 일반적으로 승인된 규정에서 교회가 분열될 경우를 대비하여 미리 재산의 귀속에 관하여 정하여진 바가 없으면 교회의 법률적 성질이 권리능력 없는 사단인 까닭으로 종전 교회의 재산은 분열 당시 교인들의 총유에 속하고, 교인들은 각 교회 활동의 목적 범위 내에서 총유권의 대상인 교회재산을 사용수익할 수 있다 할 것이다(대법원 1988. 3. 22. 선고 86다카1197 판결, 1993. 1. 19. 선고 91다1226 전원합의체 판결 등 참조).

이 사건 교회는 원심이 판시한 바와 같이 내부 불화로 인하여 목사 공소외 1을 중심으로 한 교회와 피고인 및 그를 지지하는 교인들을 구성원으로 하는 교회 등 두 개의 교회로 사실상 분열되어 위 공소외 1에 의하여 결국 피고인 등이 1985. 12. 10. 제명출교 당하게 된 사실, 그런데 대한예수교장로회총회(합동측) 헌법에 의하면 일반 신도에 대한 권징재판권은 당회에 속하고, 예외적으로 상회(上會)인 노회에 속하는 것인데, 위 제명출교처분은 적법한 재판기관으로 규정한 위 교회 당회(당시 위 교회 당회는 치리장로가 없게 되어 폐당회가 되었으므로 권징재판을 할 수도 없었다)가 아닌 담임목사인 위 공소외 1 개인에 의하여 이루어진 사실, 피고인 등은 위 교회에 계속 출입하면서 교회 안에서 분리 예배행위를 하는 한편 위 제명출교처분은, 위 헌법상의 적법한 재판기관이 아닌 담임목사 공소외 1 개인이 한 것으로 무효라고 주장하면서 이에 불복하여 상급 노회나 총회에 소원 및 재심청원을 하였으나 1996. 4. 17. 모두 기각되었고, 또 같은 해 5. 30. 공소외 1의 신청으로 법원이 피고인을 중심으로 한 교인들의 교회에 대한 출입을 금지하는 가처분결정을 하자 피고인을 지지하는 교인들은 교회 밖에 별도의 예배장소를 얻고 목사를 초빙하여 따로 예배를 보기에 이르른 사실, 한편 피고인 및 피고인을 지지하는 교인들은 교회재산 문제에 대하여 분쟁이 예상되자 피고인 등을 대표로 하여 1996. 2. 22. 위 교회 목사 공소외 1 및 재정부장 공소외 2에게 '교회재산은 교인들의 총유재산인데, 두 편으로 갈라지기 전의 교인들의 총의에 의하지 아니하고 어느 일방이 임의로 의결하여 재산권을 행사하는 것은 허용할 수 없다.'는 취지의 내용증명 우편을 발송하고, 위 공소외 1측의 교회재산 반환요구에 대하여 교회가 두 편으로 갈라지기 전의 교인들의 총의가 없으므로 전체 교인들의 총의나 원만한 해결이 있을 때까지 잠정적으로 보관하고 있겠다는 이유 등으로 그 명도를 거부하고 있는 사실을 알 수 있다.

### 나. 절도죄에 대하여

하나의 교회가 두 개 이상으로 분열된 경우 그 재산의 처분에 관하여 교회 장정 등에 규정이 없는 한 분열 당시 교인들의 총의에 따라 그 귀속을 정하여야 하고 그와 같은 절차 없이 위 재산에 대하여 다른 교파의 점유를 배제하고 자기 교파만의 지배에 옮긴다는 인식 아래 이를 가지고 갔다면 절도죄를 구성한다(대법원 1984. 8. 21. 선고 83도2981 판결 참조).

## V. 결 론

### 가. 횡령죄 관련

따라서 앞서 본 바와 같이 위 공소외 1측이 명도를 요구하는 물건들은 두 편으로 갈라지기 전의 교인들의 총유에 속하고, 교인들은 각 교회활동의 목적 범위 내에서 총유권의 대상인 교회재산을 사용수익할 수 있다 할 것이며, 피고인 등에 대한 위 제명출교처분은 위 헌법상의 재판기관에 의하여 이루어진 것이 아니어 무효라고 볼 여지가 있는 상태에서, 피고인 등이 위 공소외 1측이 두 편으로 갈라지기 전의 교인들의 총의가 없이 교회재산의 반환을 청구할 수는 없다는 취지의 위 내용증명 우편을 발송하고 이 사건 물건들의 반환을 거부한 것이라면, 피고인의 위 반환거부이유와 주관적인 의사를 종합하여 볼 때 <u>피고인이 불법영득 의사를 가지고 그 반환을 거부한 것이라고 단정할 수는 없다</u>고 하겠다.

### 나. 절도죄 관련

사실상 두 개로 분열된 상태에서, 피고인은 1996. 5. 23.경(제1심판결의 6. 5.은 오기로 보인다. 수사기록 2권 385면 참조) 이 사건 천막을 자기 교파만의 체육행사를 위하여 피고인을 따르는 이 사건 교회 청년부 소속 교인들로 하여금 위 교회에서 가져오게 하여 부산 영도구 동삼동 소재 중리초등학교에서 체육행사에 사용한 다음 피고인의 연립주택 옥상에 가져다 보관하며 반대파 교인들의 반환요구를 거부하여 오고 있는 사실을 인정할 수 있으므로 피고인은 불법영득의 의사로 이 사건 천막을 가지고 간 것으로 볼 것이다.

# 제2관 배임의 죄

## 제1절 원인불명으로 재산상 이익인 가상자산을 이체받은 자가 이를 사용 · 처분한 경우

## I. 사례요지

피고인은 알 수 없는 경위로 피해자의 '힛빗' 거래소 가상지갑에 들어 있던 199.999비트코인을 자신의 계정으로 이체받았으므로 착오로 이체된 이 사건 비트코인을 반환하기 위하여 이를 그대로 보관하여야 할 임무가 있었는데도, 그중 29.998비트코인을 자신의 계정으로, 169.996비트코인을 자신의 계정으로 이체하여 재산상 이익인 합계 약 1,487,235,086원 상당의 총 199.994비트코인(= 29.998비트코인 + 169.996비트코인)을 취득하고, 피해자에게 같은 액수만큼의 손해를 입혔다.

## II. 논점

1. 가상자산을 이체받은 사람이 신임관계에 기초하여 가상자산을 보존하거나 관리하는 지위에 있는지(소극)

2. 가상자산이 재산상 이익에 해당하는지 여부(적극)

3. 가상자산에 대해 형법을 적용하면서 법정화폐와 동일하게 보호해야 하는지 여부(소극)

4. 원인불명으로 재산상 이익인 가상자산을 이체받은 자가 가상자산을 사용 · 처분한 경우, 신의칙을 근거로 배임죄로 처벌할 수 있는지(소극)

## III. 법규연구 (형법)

제355조(횡령, 배임) ② 타인의 사무를 처리하는 자가 그 임무에 위배하는 행위로써 재산상의 이익을 취득하거나 제삼자로 하여금 이를 취득하게 하여 본인에게 손해를 가한 때에도 전항의 형과 같다.

## IV. 관련 판례

### 1. 원심 (수원고법 2020. 7. 2. 선고 2020노171 판결)

유죄로 판단한 제1심판결을 그대로 유지하였다.

## 2. 대법원 (대법원 2021. 12. 16., 선고, 2020도9789, 판결)

가. 가상자산 권리자의 착오나 가상자산 운영 시스템의 오류 등으로 법률상 원인 관계없이 다른 사람의 가상자산 전자지갑에 가상자산이 이체된 경우, 가상자산을 이체받은 자는 가상자산의 권리자 등에 대한 부당이득반환의무를 부담하게 될 수 있다. 그러나 이는 당사자 사이의 민사상 채무에 지나지 않고 이러한 사정만으로 가상자산을 이체받은 사람이 신임관계에 기초하여 가상자산을 보존하거나 관리하는 지위에 있다고 볼 수 없다. 또한, 피고인과 피해자 사이에는 아무런 계약관계가 없고 피고인은 어떠한 경위로 이 사건 비트코인을 이체받은 것인지 불분명하여 부당이득반환청구를 할 수 있는 주체가 피해자인지 아니면 거래소인지 명확하지 않다. 설령 피고인이 피해자에게 직접 부당이득반환의무를 부담한다고 하더라도 곧바로 가상자산을 이체받은 사람을 피해자에 대한 관계에서 배임죄의 주체인 '타인의 사무를 처리하는 자'에 해당한다고 단정할 수는 없다.

나. 대법원은 타인의 사무를 처리하는 자라고 하려면, 타인의 재산관리에 관한 사무의 전부 또는 일부를 타인을 위하여 대행하는 경우와 같이 당사자 관계의 전형적·본질적 내용이 통상의 계약에서의 이익대립 관계를 넘어서 그들 사이의 신임관계에 기초하여 타인의 재산을 보호하거나 관리하는 데에 있어야 한다고 함으로써(대법원 2020. 2. 20. 선고 2019도9756 전원합의체 판결 등 참조), 배임죄의 성립 범위를 제한하고 있다. 이 사건과 같이 <u>가상자산을 이체받은 경우에는 피해자와 피고인 사이에 신임관계를 인정하기가 쉽지 않다.</u>

다. 가상자산은 국가에 의해 통제받지 않고 블록체인 등 암호화된 분산원장에 의하여 부여된 경제적인 가치가 디지털로 표상된 정보로서 재산상 이익에 해당한다(대법원 2021. 11. 11. 선고 2021도9855 판결 참조). 가상자산은 보관되었던 전자지갑의 주소만을 확인할 수 있을 뿐 그 주소를 사용하는 사람의 인적사항을 알 수 없고, 거래 내역이 분산 기록되어 있어 다른 계좌로 보낼 때 당사자 이외의 다른 사람이 참여해야 하는 등 일반적인 자산과는 구별되는 특징이 있다.

이와 같은 가상자산에 대해서는 현재까지 관련 법률에 따라 법정화폐에 준하는 규제가 이루어지지 않는 등 법정화폐와 동일하게 취급되고 있지 않고 그 거래에 위험이 수반되므로, 형법을 적용하면서 법정화폐와 동일하게 보호해야 하는 것은 아니다.

## V. 결 론

비트코인이 법률상 원인 관계없이 甲으로부터 피고인 명의의 전자지갑으로 이체되었
더라도 피고인이 신임관계에 기초하여 甲의 사무를 맡아 처리하는 것으로 볼 수 없는
이상 甲에 대한 관계에서 타인의 사무를 처리하는 자에 해당한다고 할 수 없다.

## VI 유사판례

### 1. '비트코인'이 사기죄의 객체인 재산상 이익에 해당하는지

비트코인은 경제적인 가치를 디지털로 표상하여 전자적으로 이전, 저장과 거래가 가능하
도록 한 가상자산의 일종으로 사기죄의 객체인 재산상 이익에 해당한다. (대법원 2021.
11. 11., 선고, 2021도9855, 판결)

# 제2절 경영상 판단과 관련 경영자에게 배임 고의와 불법이득 의사가 있었는지 판단 방법

## I. 사례요지

공소외 1 저축은행의 대표이사, 이사 또는 감사의 지위에 있던 피고인들이, 골프장사업을 직접 영위하여서는 안 될 뿐만 아니라 골프장을 건설할 업체에 대출할 경우에도 그 사업 타당성이 인정되는 경우에 한하여 적절한 채권확보조치를 취하면서 대출하여야 할 업무상 임무에 위배하여, ① 공소외 1 저축은행 임직원의 친척인 공소외 2 등의 명의를 빌려 그들에게 토지 구매비용을 대출하는 형식으로 울산 울주군 두서면 인보리 소재 토지(이하 '울주군 토지'라 한다)를 골프장사업 용지로 구입하면서 근저당권 설정 등 채권확보조치를 취하지 아니한 채 공소외 1 저축은행의 자금을 사용한 것을 비롯하여 2002. 12. 6.부터 2008. 11. 5.까지 647회에 걸쳐 합계 17,779,636,573원의 공소외 1 저축은행 자금을 사용하고, ② 피고인 4의 지인 공소외 3 등의 명의를 빌려 전남 곡성군 목사동면 대곡리 소재 토지(이하 '곡성군 토지'라 한다)를 골프장사업 용지로 구입하면서 위와 같은 방법으로 2002. 8. 28.부터 2005. 6. 23.까지 64회에 걸쳐 합계 3,600,081,433원의 공소외 1 저축은행 자금을 사용함으로써, 공소외 1 저축은행에 같은 금액 상당의 손해를 입히고 그로 인하여 그 토지매도인 등에게 각 같은 액수만큼의 재산상 이익을 취득하게 하였다

## II. 논 점

경영상 판단과 관련하여 경영자에게 배임의 고의와 불법이득의 의사가 있었는지를 판단하는 방법

## III. 법규연구 (형법)

제355조(횡령, 배임) ① 타인의 재물을 보관하는 자가 그 재물을 횡령하거나 그 반환을 거부한 때에는 5년 이하의 징역 또는 1천500만원 이하의 벌금에 처한다.

② 타인의 사무를 처리하는 자가 그 임무에 위배하는 행위로써 재산상의 이익을 취득하거나 제삼자로 하여금 이를 취득하게 하여 본인에게 손해를 가한 때에도 전항의 형과 같다.

제356조(업무상의 횡령과 배임) 업무상의 임무에 위배하여 제355조의 죄를 범한 자는 10년 이하의 징역 또는 3천만원 이하의 벌금에 처한다.

## IV. 관련 판례

### 1. 원심 (부산고법 2009. 12. 3. 선고 2009노514 판결)

피고인들이 골프장건설을 추진하면서 상호저축은행법 등 관련 법령을 위반하였다는

점만으로는 곧바로 배임죄의 고의를 인정할 수 없고, 피고인들은 골프장 용지를 매입하거나 골프장건설을 추진하면서 사업 타당성에 관하여 자체적인 조사와 논의를 거쳤으며, 일반적으로 골프장건설은 인허가상의 각종 법령상 제약이나 행정적인 규제가 있는 상태하에서 행정민원을 통한 해당 용지의 용도변경 등의 방법으로 추진되기도 하고, 피고인들이 위 추진 과정에서 공소외 1 저축은행 자금을 방만하게 지출하였다는 의심의 여지는 있으나 개인적인 정실관계 혹은 부정한 사례금이나 청탁에 기하여 토지대금 등을 부풀려 지급하였다거나 아무런 대가 없이 사업비를 지출한 것으로는 보이지 아니하므로, 피고인들이 공소외 1 저축은행에 손해를 입히고 제3자의 이익을 위한다는 배임의 의사가 있었다는 점에 대한 증명이 없다는 이유로, <u>공소사실을 무죄로 판단하였다.</u>

## 2. 대법원 (대법원 2011. 10. 27., 선고, 2009도14464, 판결)

가. 업무상배임죄에서 고의는, 업무상 타인의 사무를 처리하는 자가 본인에게 재산상의 손해를 입히고 그로 인하여 자기 또는 제3자의 재산상 이득을 취한다는 의사와 그러한 손익의 초래가 자신의 임무에 위배된다는 인식이 결합되어 성립하는 것이다.

따라서 경영상 판단과 관련하여 경영자에게 배임의 고의와 불법이득의 의사가 있었는지 아닌지를 판단함에서도, <u>문제된 경영상의 판단에 이르게 된 경위와 동기, 판단대상인 사업의 내용, 기업이 처한 경제적 상황, 손실 발생의 개연성과 이익 획득의 개연성 등의 여러 사정을 고려하여 볼 때 자기 또는 제3자가 재산상 이익을 취득한다는 인식과 본인에게 손해를 입힌다는 인식하의 의도적 행위임이 인정되는 경우에 한하여 배임죄의 고의를 인정하여야 하고, 그러한 인식이 없는데도 본인에게 손해가 발생하였다는 결과만으로 책임을 묻거나 단순히 주의의무를 소홀히 한 과실이 있다는 이유로 책임을 물어서는 안된다</u>(대법원 2004. 7. 22. 선고 2002도4229 판결, 대법원 2007. 11. 15. 선고 2007도6075 판결 등 참조).

나. 그러나 한편, 배임죄에서 말하는 임무위배행위는 처리하는 사무의 내용, 성질 등 구체적 상황에 비추어 법령의 규정, 계약 내용 또는 신의성실의 원칙상 당연히 하여야 할 것으로 기대되는 행위를 하지 않거나 당연히 하지 않아야 할 것으로 기대되는 행위를 함으로써 본인과 맺은 신임관계를 저버리는 일체의 행위를 말하므로, 경영자의 경영상 판단에 관한 위와 같은 사정을 모두 고려하더라도 법령의 규정, 계약 내용 또는 신의성실의 원칙상 구체적 상황과 자신의 역할·지위에서 당연히 하여야 할 것으로 기대되는 행위를 하지 않거나 하지 않아야 할 것으로 기대되는 행위를 함으로써 재산

상 이익을 취득하거나 제3자로 하여금 이를 취득하게 하고 본인에게 손해를 입혔다면 그에 관한 고의 내지 불법이득의 의사는 인정된다고 할 것이다.

## V. 결 론

피고인들은, 상호저축은행법 등 관계 법령에 위배되는 까닭에 공소외 1 저축은행이 실질적 당사자가 되어 시행하거나 보유할 수 없는 골프장 건설사업을 타인의 명의 등을 내세워 편법으로 추진하였을 뿐만 아니라 임원으로서의 임무에 위배하여 구체적인 사업성 검토도 제대로 거치지 아니한 채 함부로 저축은행의 자금을 지출한 것이고, 이는 <u>법령의 규정, 직무 내용은 물론 신의성실의 원칙상 당연히 하지 않아야 할 것으로 기대되는 행위를 함으로써 본인과 맺은 신임관계를 저버리고 그로 인하여 본인에게 재산상 손해를 가하였으며 제3자로 하여금 재산상 이익을 취득하게 한 경우라고 할 것이다.</u>

# 제3절 회사 직원이 경쟁업체에 회사 자료를 무단으로 반출한 경우

## Ⅰ. 사례요지

피고인은 피해회사에 입사하여 설계2팀 차장으로 근무하다가 퇴사한 후, 공소외 3 주식회사에 다시 입사하였다. 피고인은 피해자 회사에 근무할 당시 경쟁회사에 대하여 경쟁상의 이익을 얻을 수 있는 정도의 영업상 주요한 자산을 폐기하지 않고 소지하고 있음을 기화로 새로 입사한 회사에서 사용하였다.

## Ⅱ. 논 점

1. 회사 직원이 경쟁업체에 유출하거나 스스로의 이익을 위하여 이용할 목적으로 회사 자료를 무단으로 반출한 경우, 업무상배임죄가 성립하기 위한 요건

2. 회사 직원이 영업비밀이나 영업상 주요한 자산인 자료를 적법하게 반출하였으나 퇴사 시 반환·폐기의무가 있음에도 경쟁업체에 유출하거나 스스로의 이익을 위하여 이용할 목적으로 영업비밀 등을 반환·폐기하지 아니한 행위가 업무상배임죄에 해당하는지 여부(적극)

## Ⅲ. 법규연구 (형법)

제355조(횡령, 배임) ① 타인의 재물을 보관하는 자가 그 재물을 횡령하거나 그 반환을 거부한 때에는 5년 이하의 징역 또는 1천500만원 이하의 벌금에 처한다.

② 타인의 사무를 처리하는 자가 그 임무에 위배하는 행위로써 재산상의 이익을 취득하거나 제삼자로 하여금 이를 취득하게 하여 본인에게 손해를 가한 때에도 전항의 형과 같다.

제356조(업무상의 횡령과 배임) 업무상의 임무에 위배하여 제355조의 죄를 범한 자는 10년 이하의 징역 또는 3천만원 이하의 벌금에 처한다.

## Ⅳ. 관련 판례

### 1. 원심 (수원지법 2015. 10. 22. 선고 2015노599 판결)

제1심의 무죄판단이 정당하다고 인정하였다.

### 2. 대법원 (대법원 2016. 7. 7., 선고, 2015도17628, 판결)

가. 회사 직원이 경쟁업체에 유출하거나 스스로의 이익을 위하여 이용할 목적으로

회사 자료를 무단으로 반출한 경우에, 그 자료가 영업비밀에 해당하지 아니한다 하더라도, 그 자료가 불특정다수인에게 공개되어 있지 아니하여 보유자를 통하지 아니하고는 이를 통상 입수할 수 없고, 그 자료의 보유자가 그 자료의 취득이나 개발을 위해 상당한 시간, 노력 및 비용을 들인 것으로서 그 자료의 사용을 통해 경쟁자에 대하여 경쟁상의 이익을 얻을 수 있는 정도의 영업상 주요한 자산에 해당한다면, 이는 업무상의 임무에 위배한 행위로서 업무상배임죄가 성립한다.

나. 한편 회사 직원이 영업비밀이나 영업상 주요한 자산인 자료를 적법하게 반출하여 그 반출행위가 업무상배임죄에 해당하지 않는 경우라도, 퇴사 시에 그 영업비밀 등을 회사에 반환하거나 폐기할 의무가 있음에도 경쟁업체에 유출하거나 스스로의 이익을 위하여 이용할 목적으로 이를 반환하거나 폐기하지 아니하였다면, 이러한 행위는 업무상배임죄에 해당한다(대법원 2008. 4. 24. 선고 2006도9089 판결, 대법원 2011. 7. 14. 선고 2010도3043 판결 등 참조).

## V. 결 론

피고인들이 피해회사를 퇴사하면서 자료를 무단 반출하거나 퇴사 후에도 반환·폐기하지 아니하고 계속 보관한 것은 위 각 자료의 내용에 따라서는 배임행위에 해당할 수 있고, 퇴사 당시 피고인들에게는 그 임무에 위배하여 향후 위 각 자료를 경쟁업체에 유출하거나 스스로의 이익을 위하여 사용할 의사가 있었다고 추단할 수 있으므로, 피고인들에게 배임의 고의도 인정될 수 있다.

## VI 유사판례

### 1. 회사 직원이 무단으로 자료를 반출한 경우, 업무상배임죄가 성립하기 위하여 그 자료가 '영업상 주요한 자산'에 해당하여야 하는지 여부

회사 직원이 경쟁업체 또는 자신의 이익을 위하여 이용할 의사로 무단으로 자료를 반출한 경우에 업무상배임죄가 성립하기 위하여는, 그 자료가 영업비밀에 해당할 필요까지는 없다고 하더라도 적어도 그 자료가 불특정 다수인에게 공개되어 있지 않아 보유자를 통하지 아니하고는 이를 통상 입수할 수 없고, 그 자료의 보유자가 자료의 취득이나 개발을 위해 상당한 시간, 노력 및 비용을 들인 것으로 그 자료의 사용을 통해 경쟁자에 대하여 경쟁상의 이익을 얻을 수 있는 정도의 영업상 주요한 자산에 해당하는 것이어야 한다. (대법원 2012. 6. 28., 선고, 2011도3657, 판결)

# 제4절 매도인이 중도금 수령 후 매매목적물인 동산을 제3자에게 양도 행위

## I. 사례요지

피고인이 이 사건 인쇄기를 공소외 1에게 135,000,000원에 양도하기로 하여 그로부터 1, 2차 계약금 및 중도금 명목으로 합계 43,610,082원 상당의 원단을 제공받아 이를 받았음에도 불구하고 그 인쇄기를 자신의 채권자인 공소외 2에게 기존 채무 84,000,000원의 변제에 갈음하여 양도함으로써 같은 액수만큼의 재산상 이익을 취득하고 공소외 1에게 같은 액수만큼의 손해를 입혔다.

## II. 논 점

매도인이 매수인으로부터 중도금을 수령한 이후에 매매목적물인 '동산'을 제3자에게 양도하는 행위가 배임죄에 해당하는지 여부(소극)

## III. 법규연구

### 1. 형 법

제355조(횡령, 배임) ①타인의 재물을 보관하는 자가 그 재물을 횡령하거나 그 반환을 거부한 때에는 5년 이하의 징역 또는 1천500만원 이하의 벌금에 처한다.

② 타인의 사무를 처리하는 자가 그 임무에 위배하는 행위로써 재산상의 이익을 취득하거나 제삼자로 하여금 이를 취득하게 하여 본인에게 손해를 가한 때에도 전항의 형과 같다.

### 2. 민 법

제563조 (매매의 의의) 매매는 당사자일방이 재산권을 상대방에게 이전할 것을 약정하고 상대방이 그 대금을 지급할 것을 약정함으로써 그 효력이 생긴다.

## IV. 관련 판례

### 1. 원심 (서울남부지법 2008. 10. 22. 선고 2008노745 판결)

피고인이 이 사건 동산매매계약에 따라 공소외 1에게 이 사건 인쇄기를 인도하여 줄 의무는 민사상의 채무에 불과할 뿐 타인의 사무라고 할 수 없으므로 위 인쇄기의 양도와 관련하여 피고인이 타인의 사무를 처리하는 자의 지위에 있다고 볼 수 없다는 이유로, 피고인에 대하여 무죄를 선고한 제1심판결을 그대로 유지하였다.

## 2. 대법원 (대법원 2011. 1. 20., 선고, 2008도10479, <u>전원합의체 판결</u>)

배임죄는 타인의 사무를 처리하는 자가 그 임무에 위배하는 행위로 재산상 이익을 취득하여 사무의 주체인 타인에게 손해를 입힘으로써 성립하는 것이므로 그 범죄의 주체는 타인의 사무를 처리하는 지위에 있어야 한다. 여기에서 '타인의 사무를 처리하는 자'라고 하려면 당사자 관계의 본질적 내용이 단순한 채권관계상의 의무를 넘어서 그들 간의 신임관계에 기초하여 타인의 재산을 보호 내지 관리하는 데 있어야 하고, 그 사무가 타인의 사무가 아니고 자기의 사무라면 그 사무의 처리가 타인에게 이익이 되어 타인에 대하여 이를 처리할 의무를 부담하는 경우라도 그는 타인의 사무를 처리하는 자에 해당하지 아니한다(대법원 1976. 5. 11. 선고 75도2245 판결, 대법원 1987. 4. 28. 선고 86도2490 판결, 대법원 2009. 2. 26. 선고 2008도11722 판결 등 참조).

매매와 같이 당사자 일방이 재산권을 상대방에게 이전할 것을 약정하고 상대방이 그 대금을 지급할 것을 약정함으로써 그 효력이 생기는 계약의 경우(민법 제563조), 쌍방이 그 계약의 내용에 좇은 이행을 하여야 할 채무는 특별한 사정이 없는 한 '자기의 사무'에 해당하는 것이 원칙이다.

## V. 결 론

<u>매매의 목적물이 동산일 경우</u>, 매도인은 매수인에게 계약에 정한 바에 따라 그 목적물인 동산을 인도함으로써 계약의 이행을 완료하게 되고 그때 매수인은 매매목적물에 대한 권리를 취득하게 되는 것이므로, 매도인에게 자기의 사무인 동산인도채무 외에 별도로 매수인의 재산 보호 내지 관리 행위에 협력할 의무가 있다고 할 수 없다. <u>동산 매매계약에서의 매도인은 매수인에 대하여 그의 사무를 처리하는 지위에 있지 아니하므로, 매도인이 목적물을 매수인에게 인도하지 아니하고 이를 타에 처분하였다 하더라도 형법상 배임죄가 성립하는 것은 아니다.</u>

## VI 유사판례

### 1. 부동산 이중매매에서 매도인이 선매수인에게 소유권 이전의무를 이행한 경우 후 매수인에 대한 배임죄 성부

> 부동산을 이중으로 매도한 경우에 매도인이 선매수인에게 소유권 이전의무를 이행하였다고 하여 <u>후 매수인에 대한 관계에서 그가 임무를 위법하게 위배한 것이라고 할 수 없다.</u> (대법원 2009. 2. 26., 선고, 2008도11722, 판결)

## 2. 매수인에 대한 등기협력의무를 지고 있는 부동산매도인이 제3자에게 근저당권설정등기를 하게 한 경우

부동산 매매에 있어서 등기의무자인 매도인의 임무는 일면에 있어 자기의 재산처분 행위를 완성케 하는 것은 자기의 사무임과 동시에 타면에 있어 등기의무자인 매도인의 협력없이는 매수인 명의로의 소유권이전등기는 완성되는 것이 아니므로 등기권리자인 매수인의 소유권취득을 위한 사무의 일부를 이루는 것이고 매도인의 등기협력의무는 주로 타인인 매수인을 위하여 부담하고 있는 것임에 비추어 부동산매도인은 형법상의 타인의 사무를 처리하는 입장에 있는 것이므로 그 임무에 위배하여 매도한 부동산에 대하여 제3자에게 근저당권설정등기를 하게 한 경우에는 <u>배임죄가 성립한다</u>. (대법원 1975. 12. 23., 선고, 74도2215, 판결)

## 3. 카바레 영업허가권의 임차인이나 명의수탁자가 이를 타에 처분하고 그 명의를 이전하려 한 경우

피고인이 카바레영업을 할 목적으로 카바레건물을 임차하면서 임대차계약이 종료될 때에 반환하기로 하는 약정 아래 카바레영업허가 명의를 이전받았다면 임대인에 대한 대내적 관계에서는 위 영업허가권의 단순한 임차인이나 명의수탁자에 불과하다 할 것이므로 임대차계약 종료 시에 이를 반환하는 범위안에서 타인의 사무를 처리하는 자라고 할 것이니 이 임무에 위배하여 이를 제3자에게 처분하고 그 명의를 이전하려 하였다면 <u>배임미수에 해당한다</u>. (대법원 1981. 7. 28., 선고, 81도966, 판결)

## 4. 매도인이 부동산을 제3자에게 이중매매하고 소유권이전청구권 보전을 위한 가등기를 마쳐 준 경우

배임죄에 있어서 재산상 손해를 입힌 때란 현실적인 손해를 입힌 경우뿐 아니라 재산상 손해발생의 위험을 초래한 경우도 포함하는바, 부동산의 매도인으로서 매수인에 대하여 그 앞으로의 소유권이전등기절차에 협력할 의무 있는 자가 그 임무에 위배하여 같은 부동산을 매수인 이외의 제3자에게 이중으로 매도하고 제3자 앞으로 소유권이전청구권 보전을 위한 가등기를 마쳐 주었다면, 이는 매수인에게 <u>손해발생의 위험을 초래하는 행위로서 배임죄를 구성한다</u>. (대법원 2008. 7. 10., 선고, 2008도3766, 판결)

## 5. 양품점의 임차권 양도계약을 체결한 양도인의 점포 이중양도행위

양품점의 임차권만의 양도계약을 체결한 경우 양수인에게 그 점포를 명도하여 줄 양도인의 의무는 양도계약에 따른 민사상의 채무에 불과할 뿐 타인의 사무라고 할 수 없으므로 위 점포의 이중양도행위는 <u>배임죄를 구성하지 않는다</u>. (대법원 1990. 9. 25., 선고, 90도1216, 판결)

## 6. 점포임차권의 이중양도와 배임죄

점포임차권 양도계약을 체결한 후 계약금과 중도금까지 지급받았다 하더라도 잔금을 수령함과 동시에 양수인에게 점포를 명도하여 줄 양도인의 의무는 위 양도계약에 따르는 민사상의 채무에 지나지 아니하여 이를 타인의 사무로 볼 수 없으므로 비록 양도인이 위 임차권을 이중으로 양도하였다 하더라도 배임죄를 구성하지 않는다. (대법원 1986. 9. 23., 선고, 86도811, 판결)

## 7. 무허가건물을 이중으로 양도한 경우에 배임죄 실행 착수시기와 기수 시기

무허가건물 대장은 무허가건물의 정비에 관한 행정상의 사무처리 편의를 위하여 작성 비치되는 것으로써 그 대장에의 기재에 의하여 무허가건물에 관한 권리의 변동이 초래되거나 공시되는 효과가 생기는 것이 아니므로 무허가건물 대장에 소유자로 등재되었다는 사정만으로는 그 무허가건물에 대한 소유권 기타의 권리를 취득하거나 권리자로 추정되는 효력은 없다 할 것이나, 무허가건물의 양도인은 특별한 사정이 없으면 대금수령과 동시에 양수인에게 그 건물을 인도할 의무가 있다 할 것이고, 무허가건물의 양수인은 양도인으로부터 무허가건물을 인도받아 점유함으로써 소유권에 준하는 사용·수익 처분의 포괄적인 권능을 가지게 되므로, 이와 같이 양수인에게 무허가건물을 인도할 의무를 부담하는 양도인이 중도금 또는 잔금까지 수령한 상태에서 양수인의 의사에 반하여 제3자에게 그 무허가건물을 이중으로 양도하고 중도금까지 수령하였다면 이는 양수인에 대한 관계에서 임무위배행위로서 배임죄의 실행 착수가 있었다고 할 것이고, 더 나아가 제3자로부터 잔금을 수령하고 무허가건물을 인도하였다면 이는 배임죄의 기수에 해당한다. (대법원 2005. 10. 28., 선고, 2005도5713, 판결)

# 제5절 신문사 기자가 홍보성 기사 청탁을 받고 신문사 계좌로 금원을 받은 행위

## I. 사례요지

신문사 기자인 피고인들이 홍보성 기사를 작성해 달라는 부정한 청탁을 받고 각 소속 신문사로 하여금 금원을 취득하게 하였다.

## II. 논 점

1. 배임수재죄에서 부정한 청탁의 의미 및 판단기준
2. 보도의 대상이 되는 자가 언론사 소속 기자에게 유료 기사 게재를 청탁하는 행위가 배임수재죄의 부정한 청탁에 해당하는지 여부(적극)
3. 유료 기사의 내용이 객관적 사실과 부합하더라도 마찬가지인지 여부(적극)

## III. 법규연구

### 1. 형 법

제357조(배임수증재) ① 타인의 사무를 처리하는 자가 그 임무에 관하여 부정한 청탁을 받고 재물 또는 재산상의 이익을 취득하거나 제3자로 하여금 이를 취득하게 한 때에는 5년 이하의 징역 또는 1천만원 이하의 벌금에 처한다.

### 2. 언론중재 및 피해구제 등에 관한 법률

제4조(언론의 사회적 책임 등) ① 언론의 보도는 공정하고 객관적이어야 하고, 국민의 알권리와 표현의 자유를 보호·신장하여야 한다.

③ 언론은 공적인 관심사에 대하여 공익을 대변하며, 취재·보도·논평 또는 그 밖의 방법으로 민주적 여론형성에 이바지함으로써 그 공적 임무를 수행한다.

### 3. 지역신문발전지원 특별법

제5조(지역신문의 책무) 지역신문은 정확하고 공정하게 보도하고 지역사회의 공론의 장으로서 다양한 의견을 수렴하여야 한다.

### 4. 신문 등의 진흥에 관한 법률

제6조(독자의 권리보호) ③ 신문·인터넷신문의 편집인 및 인터넷뉴스서비스의 기사배열책임자는 독자가 기사와 광고를 혼동하지 아니하도록 명확하게 구분하여 편집하여야 한다.

## IV. 관련 판례

### 1. 원심 (전주지법 2019. 10. 31. 선고 2018노1568 판결)

피고인들에 대한 이 사건 공소사실 중 신문사 기자인 피고인들이 홍보성 기사를 작성해 달라는 부정한 청탁을 받고 각 소속 신문사로 하여금 금원을 취득하게 하였다는 배임수재 부분에 대하여, 사무처리를 위임한 타인은 형법 제357조 제1항의 배임수재죄에 규정한 '제3자'에 포함되지 않는다고 전제한 후, 피고인들이 속한 각 소속 언론사는 사무처리를 위임한 자에 해당하고, 기록상 위 금원이 피고인들 본인 또는 사무처리를 위임한 자가 아닌 제3자에게 사실상 귀속되었다고 평가할 만한 사정이 없다는 이유로 범죄의 증명이 없다고 판단하여 무죄를 선고한 제1심판결을 그대로 유지하였다.

### 2. 대법원 (대법원 2021. 9. 30., 선고, 2019도17102, 판결)

#### 가. 부정한 청탁

① 배임수재죄에서 '부정한 청탁'은 반드시 업무상 배임의 내용이 되는 정도에 이를 필요는 없고, 사회상규 또는 신의성실의 원칙에 반하는 것을 내용으로 하면 충분하다. **부정한 청탁**에 해당하는지를 판단할 때에는 청탁의 내용 및 이에 관련한 대가의 액수, 형식, 보호법익인 거래의 청렴성 등을 종합적으로 고찰하여야 하고, 그 청탁이 반드시 명시적으로 이루어져야 하는 것은 아니며 묵시적으로 이루어지더라도 무방하다. 그리고 타인의 업무를 처리하는 사람에게 공여한 금품에 부정한 청탁의 대가로서의 성질과 그 외의 행위에 대한 사례로서의 성질이 불가분적으로 결합되어 있는 경우에는 그 전부가 불가분적으로 부정한 청탁의 대가로서의 성질을 갖는 것으로 보아야 한다(대법원 2015. 7. 23. 선고 2015도3080 판결 등 참조).

② 언론의 보도는 공정하고 객관적이어야 하며, 언론은 공적인 관심사에 대하여 공익을 대변하며, 취재·보도·논평 또는 그 밖의 방법으로 민주적 여론형성에 이바지함으로써 그 공적 임무를 수행한다(언론중재 및 피해구제 등에 관한 법률 제4조 제1항, 제3항). 또한, 지역신문은 정확하고 공정하게 보도하고 지역사회의 공론의 장으로서 다양한 의견을 수렴할 책무가 있다(지역신문발전지원 특별법 제5조).

그런데 '광고'와 '언론 보도'는 그 내용의 공정성, 객관성 등에 대한 공공의 신뢰에 있어 확연한 차이가 있고, '광고'는 '언론 보도'의 범주에 포함되지 않는다. 신문·인터넷신문의 편집인 및 인터넷뉴스서비스의 기사배열책임자는 독자가 기사와 광고를 혼동하지 아니하도록 명확하게 구분하여 편집하여야 하며(신문 등의 진흥에 관한 법률 제6조 제3항), 신문사 등이 광고주로부터 홍보자료 등을 전달받아 실질은 광고이지만 기사의 형식을 빌린 이른바 '기사형 광고'를 게재하는 경우에는, 독자가 광고임을 전제로 정보의 가치를 합리적으로 판단할 수 있도록 그것이 광고임을 표시하여야 하고, 언론 보도로 오인할 수 있는 형태로 게재하여서는 안 된다(대법원 2018. 1. 25. 선고 2015다210231 판결 등 참조).

### 나. 제3자의 범위

① 구 형법(2016. 5. 29. 법률 제14178호로 개정되기 전의 것) 제357조 제1항은 "타인의 사무를 처리하는 자가 그 임무에 관하여 부정한 청탁을 받고 재물 또는 재산상의 이익을 취득한 자는 5년 이하의 징역 또는 1천만 원 이하의 벌금에 처한다."라고 규정하여, 문언상 부정한 청탁을 받은 사무처리자 본인이 재물 또는 재산상의 이익을 취득한 경우에만 처벌할 수 있었다.

따라서 제3자에게 재물이나 재산상 이익을 취득하게 한 경우에는 부정한 청탁을 받은 사무처리자가 직접 받은 것과 동일하게 평가할 수 있는 관계가 있는 경우가 아닌한 배임수재죄의 성립은 부정되었다.

② 개정 형법(2016. 5. 29. 법률 제14178호로 개정된 것) 제357조 제1항은 구법과 달리 배임수재죄의 구성요건을 '타인의 사무를 처리하는 자가 그 임무에 관하여 부정한 청탁을 받고 재물 또는 재산상의 이익을 취득하거나 제3자로 하여금 이를 취득하게 한때'라고 규정함으로써 제3자로 하여금 재물이나 재산상 이익을 취득하게 하는 행위를 구성요건에 추가하였다. 그 입법취지는 부패행위를 방지하고「UN 부패방지협약」등 국제적 기준에 부합하도록 하려는 것이다.

③ 개정 형법 제357조의 보호법익 및 체계적 위치, 개정 경위, 법문의 문언 등을 종합하여 볼 때, 개정 형법이 적용되는 경우에도 '제3자'에는 다른 특별한 사정이 없는한 사무처리를 위임한 타인은 포함되지 않는다고 봄이 타당하다.

그러나 배임수재죄의 행위 주체가 재물 또는 재산상 이익을 취득하였는지는 증거에 의하여 인정된 사실에 대한 규범적 평가의 문제이다(대법원 2017. 12. 7. 선고 2017도 12129 판결 등 참조). 부정한 청탁에 따른 재물이나 재산상 이익이 외형상 사무처리를 위임한 타인에게 지급된 것으로 보이더라도 사회통념상 그 타인이 재물 또는 재산상 이익을 받은 것을 부정한 청탁을 받은 사람이 직접 받은 것과 동일하게 평가할 수 있는 경우에는 배임수재죄가 성립될 수 있다.

## V. 결 론

그러므로 보도의 대상이 되는 자가 언론사 소속 기자에게 소위 '유료 기사' 게재를 청탁하는 행위는 사실상 '광고'를 '언론 보도'인 것처럼 가장하여 달라는 것으로서 언론 보도의 공정성 및 객관성에 대한 공공의 신뢰를 저버리는 것이므로, 배임수재죄의 부정한 청탁에 해당한다(대법원 2014. 5. 16. 선고 2012도11258 판결 등 참조). 설령 '유료 기사'의 내용이 객관적 사실과 부합하더라도, 언론 보도를 금전적 거래의 대상으로 삼은 이상 그 자체로 부정한 청탁에 해당한다.

# 제6절 장래에 담당할 임무에 관하여 부정한 청탁을 받고 재산상 이익을 취득 후 그 임무를 현실적으로 담당한 경우

## I. 사례요지

당초 이 사건 2차 사업의 입찰에는 ○○기술이 속한 △△ 컨소시엄을 비롯하여 5개의 컨소시엄이 참여하였는데, 먼저 열린 1차 평가에서 위 △△ 컨소시엄과 □□ 컨소시엄만이 평가를 통과하였고, 최종적으로 위 2개의 컨소시엄이 2차 평가를 앞두고 있었는데, 이처럼 중요한 평가를 불과 하루 이틀 앞둔 시점에 평가위원으로 선정될 것이 사실상 확정된 피고인을 공소외 1이 개인적으로 찾아가 ○○기술이 속한 △△ 컨소시엄에 높은 점수를 달라는 취지로 "잘 부탁한다면서 금품을 제공하였다.

## II. 논 점

1. 그 임무를 현실적으로 담당하게 된 경우, 배임수재죄가 성립하는지 여부(적극)
2. 배임수재죄에서 '부정한 청탁'의 의미와 판단기준

## III. 법규연구 (형법)

제357조(배임수증재) ① 타인의 사무를 처리하는 자가 그 임무에 관하여 부정한 청탁을 받고 재물 또는 재산상의 이익을 취득한 자는 5년 이하의 징역 또는 1천만원 이하의 벌금에 처한다.

## IV. 관련 판례

### 1. 원심 (수원지법 2012. 10. 18. 선고 2012노934 판결)

원심은 이 사건 2차 사업을 발주한 공소외 4 주식회사에서 평가위원 위촉 관련 업무를 담당하였던 공소외 5의 제1심에서의 진술 등 채택증거에 의하여 인정되는 그 판시와 같은 사정들을 이유로, 설사 피고인이 공소외 1로부터 위 청탁을 받을 당시 아직 정식으로 평가위원에 선정되었다는 통보를 받지는 않았다고 하더라도 위촉될 것이 사실상 확정된 상태였으므로, 피고인은 공소외 4 주식회사와의 관계에서 <u>'타인의 사무를 처리하는 자'의 위치에 있었다고 판단하였다.</u>

### 2. 대법원 (대법원 2013. 10. 11., 선고, 2012도13719, 판결)

가. 타인의 사무를 처리하는 자가 그 신임관계에 기한 사무의 범위에 속한 것으로서

장래에 담당할 것이 합리적으로 기대되는 임무에 관하여 부정한 청탁을 받고 재물 또는 재산상 이익을 취득한 후 그 청탁에 관한 임무를 현실적으로 담당하게 되었다면 이로써 타인의 사무를 처리하는 자의 청렴성은 훼손되는 것이어서 배임수재죄의 성립을 인정할 수 있다(대법원 2010. 4. 15. 선고 2009도4791 판결 등 참조).

형법 제357조 제1항이 규정하는 배임수재죄는 타인의 사무를 처리하는 자가 그 임무에 관하여 부정한 청탁을 받고 재물 또는 재산상 이익을 취득하는 경우에 성립하는 범죄로서 재물 또는 이익을 공여하는 사람과 취득하는 사람 사이에 부정한 청탁이 개재되지 않는 한 성립하지 않는다고 할 것이다. 여기서 '**부정한 청탁**'이라 함은 반드시 업무상 배임의 내용이 되는 정도에 이를 것을 요하지 않으며, 사회상규 또는 신의성실의 원칙에 반하는 것을 내용으로 하는 것이면 족하고, 이를 판단함에서는 청탁의 내용 및 이와 관련된 대가의 액수, 형식, 보호법익인 거래의 청렴성 등을 종합적으로 고찰하여야 한다(대법원 2008. 12. 11. 선고 2008도6987 판결 등 참조).

나. 원심은 그 채택증거들에 의하여 인정되는 다음과 같은 사정, 즉 ① 당초 이 사건 2차 사업의 입찰에는 ○○기술이 속한 △△ 컨소시엄을 비롯하여 5개의 컨소시엄이 참여하였는데, 먼저 열린 1차 평가에서 위 △△ 컨소시엄과 □□□□□ 컨소시엄만이 평가를 통과하였고, 최종적으로 위 2개의 컨소시엄이 2차 평가를 앞두고 있었는데, 이처럼 중요한 평가를 불과 하루 이틀 앞둔 시점에 평가위원으로 선정될 것이 사실상 확정된 피고인을 공소외 1이 개인적으로 찾아가 ○○기술이 속한 △△ 컨소시엄에 높은 점수를 달라는 취지로 "잘 부탁한다"라며 부탁을 한 점, ② ○○기술의 대표이사인 공소외 2는 제1심 법정에서 "시점은 분명치 않으나 피고인으로부터 '○○기술에 유리하게 점수를 잘 줬다'라는 취지의 말을 들은 적도 있다"라는 취지로 진술한 점, ③ 실제 피고인은 △△ 컨소시엄에 더 좋은 평가를 하였고, 평가 결과 □□□□□ 컨소시엄은 평균 525.6점, △△ 컨소시엄은 평균 550.7점으로 채점되어 △△ 컨소시엄이 우선협상대상자로 선정된 점, ④ 피고인은 위 평가가 종료되고 불과 4일 후에 위 청탁을 하였던 공소외 1로부터 ○○기술의 비상장 주식 1만 주를 구입할 수 있는 2,700만 원을 건네받기도 하였던 점 등을 종합하여 보면, 위 청탁이 사회상규와 신의성실의 원칙에 반하는 '부정한 청탁'임을 인정할 수 있다고 판단하였다.

## V. 결 론

원심은 공소외 1이 피고인에게 건네준 2,700만 원은 청탁의 대가라고 볼 수 있고,

나아가 그것이 청탁의 대가라는 점에 대한 상호 양해 내지 피고인의 인식이 있었다고 볼 수 있다고 판단하였다. 이 부분 원심의 판단 또한 정당한 것으로 수긍할 수 있고, 거기에 논리와 경험칙에 반하여 자유심증주의의 한계를 벗어나는 등의 위법이 있다고 할 사유는 없다.

## VI 유사판례

### 1. 방송국 예능담당 프로듀서가 청탁받고 시세차익이 예상되는 주식 매수기회를 제공받고 연예인을 출연시킨 경우

예능국 프로듀서인 피고인이 연예기획사를 운영하는 공소외 1·2로부터 판시와 같이 상당한 시세차익이 예상되는 주식의 매수기회를 제공받음으로써 피고인이 담당하는 예능프로그램에 그 연예기획사 소속 연예인을 출연시키거나 그 뮤직비디오를 방영해 달라는 부정한 청탁을 묵시적으로 받았고 이어 이 사건 주식을 매수함으로써 재산상 이익을 취득하였음이 인정된다. (대법원 2010. 4. 15., 선고, 2009도4791, 판결)

### 2. 회원제 골프장 예약업무 담당자가 부킹대행업자 청탁에 따라 회원에게 제공할 주말부킹권 판매행위

주말부킹권을 특정 부킹대행업체에 판매하여 달라는 부탁은 코리아골프＆아트빌리지 그룹 및 계열사들인 뉴경기관광, 기흥관광개발의 사무인 골프장 예약업무에 관한 부정한 청탁에 해당하고, 그 판매대금 명목으로 교부된 금품은 위와 같은 부정한 청탁의 대가라고 판단하였다. (대법원 2008. 12. 11., 선고, 2008도6987, 판결)

### 3. 방송국 소속 가요담당 프로듀서가 배임수재죄의 주체가 될 수 있는지

방송국에 소속되어 가요 프로그램의 제작연출 등의 사무를 처리하는 가요담당 프로듀서는, 방송법이 규정하고 있는 방송의 공적책임수행과 그 내용의 공정성 및 공공성의 요청에 따라 방송국의 내규가 정하는 제한 범위 내에서, 방송될 가요를 선곡하는 임무를 방송국으로부터 부여받은 자로서 "타인의 사무를 처리하는 자"이므로 배임수재죄의 주체가 될 수 있다. (대법원 1991. 6. 11., 선고, 91도688, 판결)

# 제7절 증재자에게 '정당한 업무에 속하는 청탁' 이 수재자에게 '부정한 청탁' 이 될 수 있는지

## Ⅰ. 사례요지

> 피고인 1은 공소외 1 주식회사의 대표이사이자, 피해자인 공소외 2 주식회사의 감사였고, 피고인 2는 공소외 3 주식회사의 감사로 있다가, 같은 해 9. 5.경부터 대표이사가 되었다.
> 피고인 1은 2007. 11. 30.경 불상의 장소에서 공소외 3 주식회사 명의로 이 사건 토지를 매수하려고 하는 피고인 2로부터 이 사건 토지에 관한 위 가처분신청을 취하해 달라는 취지의 부정한 청탁을 받고, 같은 날 공소외 1 주식회사 명의의 계좌로 2억 원, 2007. 12. 5. 2억 원, 2007. 12. 10. 4,000만 원 등 합계 4억 4,000만 원을 입금받아 이를 취득하였다.
> 피고인 2는 위와 같은 일시, 장소에서 피고인 1에게 위와 같이 부정한 청탁의 대가로 합계 4억 4,000만 원을 송금하여 이를 공여하였다.

## Ⅱ. 논 점

증재자에게는 정당한 업무에 속하는 청탁이 수재자에게 부정한 청탁이 될 수 있는지

## Ⅲ. 법규연구 (형법)

> 제357조(배임수증재) ① 타인의 사무를 처리하는 자가 그 임무에 관하여 부정한 청탁을 받고 재물 또는 재산상의 이익을 취득한 자는 5년 이하의 징역 또는 1천만원 이하의 벌금에 처한다.
> ② 제1항의 재물 또는 이익을 공여한 자는 2년 이하의 징역 또는 500만원 이하의 벌금에 처한다.

## Ⅳ. 관련 판례

### 1. 원심 (서울고법 2010. 5. 28. 선고 2009노3595 판결)

무죄를 선고한 제1심을 그대로 유지하였다.

### 2. 대법원 (대법원 2011. 10. 27., 선고, 2010도7624, 판결)

배임수재죄에 있어서 '부정한 청탁' 이라 함은 반드시 업무상배임의 내용이 되는 정도에 이를 것을 요하지 않으며, 사회상규 또는 신의성실의 원칙에 반하는 것을 내용으로 하는 것이면 족하고, 이를 판단함에 있어서는 청탁의 내용 및 이에 관련한 대가의 액수, 형식, 보호법익인 거래의 청렴성 등을 종합적으로 고찰하여야 하며, 그 청탁이 반드시 명시적임을 요하는 것은 아니다(대법원 2008. 12. 11. 선고 2008도6987 판결 등 참조). 또한, 형법 제357조 제1항의 배임수재죄와 같은 조 제2항의 배임증재죄는

통상 필요적 공범의 관계에 있기는 하나, 이것은 반드시 수재자와 증재자가 같이 처벌받아야 하는 것을 의미하는 것은 아니고 증재자에게는 정당한 업무에 속하는 청탁이라도 수재자에게는 부정한 청탁이 될 수도 있는 것이다(대법원 1991. 1. 15. 선고 90도 2257 판결 등 참조).

피고인 2가 공소외 3 주식회사가 추진하는 사업의 더 큰 손실을 피하기 위하여 가처분 취하의 대가로 4억 4,000만 원을 피고인 1이 지정하는 공소외 1 주식회사 명의 계좌로 송금한 점, 피고인 2로서는 4억 4,000만 원이 궁극적으로 공소외 2 주식회사에 귀속될 것인지 피고인 1에게 귀속될 것인지에 관한 분명한 인식이 있었다는 자료를 찾아볼 수 없는 점 등 기록에 나타난 사정을 위와 같은 법리에 비추어 보면, 피고인 2가 가처분 취하의 대가로 4억 4,000만 원을 교부한 행위는 사회상규에 위배된다고 보이지 아니하므로 결국 배임증재죄를 구성할 정도의 위법성은 없다고 봄이 상당하다.

## V. 결 론

甲 주식회사를 사실상 관리하는 乙이 甲 회사가 사업용 부지로 매수한 토지에 관하여 처분금지가처분등기를 마쳐두었는데, 토지를 매수하려는 丙에게서 가처분을 취하해 달라는 청탁을 받고 돈을 수수하였다는 내용으로 기소된 사안에서, 乙에게는 배임수재죄가 성립하나, 丙이 돈을 교부한 행위는 사회상규에 위배되지 아니하여 배임증재죄를 구성할 정도의 위법성이 없다.

## VI 유사판례

### 1. 방송프로듀서에게 특정가수의 노래만을 자주 방송하여 달라고 청탁한 경우

배임수재죄의 수재자에 대한 부정한 청탁이란 업무상배임에 이르는 정도는 아니나 사회상규 또는 신의성실의 원칙에 반하는 것을 내용으로 하는 청탁을 의미하므로 방송국에서 프로그램의 제작연출 등의 사무를 처리하는 프로듀서가 특정 가수의 노래만을 편파적으로 선곡하여 계속 방송하여서는 아니 되고 청취자들의 인기도, 호응도 등을 고려하여 여러 가수들의 노래를 공정성실하게 방송하여야 할 임무가 있음에도 담당 방송프로그램에 특정 가수의 노래만을 자주 방송하여 달라는 청탁은 사회상규나 신의성실의 원칙에 반하는 부정한 청탁이라 할 것이다. (대법원 1991. 1. 15., 선고, 90도2257, 판결)

# 제8절 타인의 사무를 처리하는 자의 지위를 취득하기 전에 부정한 청탁을 받은 경우

## Ⅰ. 사례요지

시(市)에서 발주한 도시형폐기물종합처리시설 건설사업의 기본설계 적격심의 및 평가위원으로서 그 임무와 관련하여 부정한 청탁을 받고 재물을 취득하였다.

## Ⅱ. 논 점

1. 배임수재죄는 '타인의 사무를 처리하는 자' 만이 그 주체가 될 수 있는지
2. 타인의 사무를 처리하는 자의 지위를 취득하기 전에 부정한 청탁을 받은 경우, 배임수재죄로 처벌할 수 있는지

## Ⅲ. 법규연구 (형법)

제357조 (배임수증재) ① 타인의 사무를 처리하는 자가 그 임무에 관하여 부정한 청탁을 받고 재물 또는 재산상의 이익을 취득한 자는 5년 이하의 징역 또는 1천만원 이하의 벌금에 처한다.

## Ⅳ. 관련 판례

### 1. 원심 (춘천지법 2009. 10. 30. 선고 2009노166 판결)

피고인이 춘천시에서 발주한 이 사건 도시형폐기물종합처리시설 건설사업(이하 '이 사건 건설사업' 이라고 한다)의 기본설계 적격심의 및 평가위원으로서 그 임무와 관련하여 제1심 공동피고인 등으로부터 부정한 청탁을 받고 재물을 취득하였다는 이 사건 공소사실에 대하여 판시 증거들에 의하면 유죄가 인정된다고 판단하였다.

### 2. 대법원 (대법원 2010. 7. 22., 선고, 2009도12878, 판결)

형법 제357조 제1항에 정한 배임수재죄는 타인의 사무를 처리하는 자가 그 임무에 관하여 부정한 청탁을 받고 재물 또는 재산상의 이익을 취득한 경우에 성립하는 범죄로서 원칙적으로 타인의 사무를 처리하는 자라야 그 범죄의 주체가 될 수 있고, 그러한 신분을 가지지 아니한 자는 신분 있는 자의 범행에 가공한 경우에 한하여 그 주체가 될 수 있으며 (대법원 1999. 1. 15. 선고 98도663 판결, 대법원 2008. 3. 27. 선고 2006도3504 판결 등 참조), 배임수재죄는 타인의 사무를 처리하는 지위를 가진 자에게

부정한 청탁을 행하여야 성립하는 것으로 형법 제357조 제1항에 규정되어 있고, <u>타인</u>
<u>의 사무를 처리하는 자의 지위를 취득하기 전에 부정한 청탁을 받은 행위를 처벌하는</u>
<u>별도의 구성요건이 존재하지 않는 이상, 타인의 사무처리자의 지위를 취득하기 전에</u>
<u>부정한 청탁을 받은 경우에 배임수재죄로는 처벌할 수 없다고 보는 것이 죄형법정주의</u>
의 원칙에 부합한다고 할 것이다 (대법원 2009. 5. 28. 선고 2009도991 판결 참조).

## V. 결 론

피고인은 제1심 공동피고인 등으로부터 경쟁업체보다 동부건설 컨소시엄이 제출한
설계도면에 유리한 점수를 주어 동부건설 컨소시엄이 낙찰을 받을 수 있도록 해 달라
는 취지의 청탁을 받은 이후인 2007. 11. 15.에 비로소 이 사건 건설사업의 평가위원
으로 위촉된 사실을 인정할 수 있을 뿐이고, 피고인이 이 사건 건설사업의 평가위원으
로 선임된 이후에 그 임무에 관하여 제1심 공동피고인 등으로부터 어떠한 청탁을 받았
다는 내용은 포함되어 있지 않다. 따라서 앞서 본 법리에 비추어 보면 피고인이 제1심
공동피고인 등으로부터 원심 판시와 같은 청탁을 받을 당시에 춘천시가 발주한 이 사
건 건설사업에 관한 사무를 처리하는 지위에 있었다고 인정되지 아니하는 이상 피고인
<u>을 배임수재죄로 처벌할 수는 없다고 할 것이다.</u>

## VI. 유사판례

1. 대학 편입학업무를 담당하지 아니한 甲이 乙로부터 편입학과 관련한 부정한 청탁
   을 받고 금품수수

> 대학 편입학업무를 담당하지 아니한 피고인 甲이 피고인 乙로부터 편입학과 관련한 부정
> 한 청탁을 받고 금품을 수수하였다 하더라도 편입학업무를 담당한 교무처장 등이 피고인
> 甲이 부정한 청탁을 받았음을 알았거나 스스로 부정한 청탁을 받았다고 볼 자료가 없는
> 경우, <u>피고인 甲을 배임수재로, 피고인 乙을 배임증재로 처벌할 수 없다.</u> (대법원 1999.
> 1. 15., 선고, 98도663, 판결)

2. 대학원생이 지도교수를 통해 타 대학교수에게 편의를 제공하여 문제없이 학위를
   취득하게 해 달라는 청탁하고 금품 교부

> 위 청탁은 부정한 청탁에 해당하지만, 타 대학 대학원생들에 대한 논문지도 및 심사업무가
> 피고인의 임무라고 할 수 없으며, <u>피고인이 대학원생들 지도교수들의 배임수재행위에 공</u>
> <u>모하였다고 보기도 어렵다.</u> (대법원 2008. 3. 27., 선고, 2006도3504, 판결)

## 3. 타인의 사무를 처리하는 자가 부정한 청탁을 받고 사직한 후에 재물 수수

배임수재죄는 타인의 사무를 처리하는 자의 청렴성을 보호법익으로 하는 것으로, 그 임무에 관하여 부정한 청탁을 받고 재물을 수수함으로써 성립하고 반드시 수재 당시에도 그와 관련된 임무를 현실적으로 담당하고 있음을 그 요건으로 하는 것은 아니므로, 타인의 사무를 처리하는 자가 그 임무에 관하여 부정한 청탁을 받은 이상 그 후 사직으로 인하여 그 직무를 담당하지 아니하게 된 상태에서 재물을 수수하게 되었다 하더라도, 그 재물 등의 수수가 부정한 청탁과 관련하여 이루어진 것이라면 <u>배임수재죄가 성립한다.</u> (대법원 1997. 10. 24., 선고, 97도2042, 판결)

## 4. 계약관계 기존 권리 확보를 위해 부탁행위가 부정한 청탁에 해당하는지

형법 제357조 제1항 소정의 배임수증죄는 타인의 사무를 처리하는 자가 그 임무에 관하여 부정한 청탁을 받고 재물 또는 재산상의 이익을 취득하는 경우에 성립하는 것이고, 그 청탁에 따른 일정한 행위가 현실적으로 행하여질 것을 요하지는 아니하나, 재물 또는 재산상의 이익을 공여하는 사람과 이를 취득하는 사람 사이에 부정한 청탁이 개재되어야 하고, <u>계약관계를 유지시켜 기존 권리를 확보하기 위하여 하는 부탁행위 등은 부정한 청탁이라고 할 수 없다.</u> (대법원 1991. 8. 27., 선고, 91도61, 판결)

## 5. 지역수산업 협동조합 총대의 조합장선거와 관련하여 금품수수

지역별 수산업협동조합의 총대는 조합의 의결기관인 총회의 구성원일 뿐 임원이나 기타 업무집행기관이 아니며 선출지역 조합원의 지시나 간섭을 받지 않고 스스로의 권한으로 총회에서 임원선거에 참여하고 의결권을 행사하는 등 자주적으로 업무를 수행하는 것이므로 총회에서의 의결권 또는 선거권의 행사는 자기의 사무이고 이를 선거구역 조합원이나 조합의 사무라고 할 수 없고, 따라서 <u>총대가 조합장선거에 출마한 후보자들로부터 자신을 지지하여 달라는 부탁과 함께 금원을 교부받았더라도 배임수재죄로 처벌할 수 없다.</u> (대법원 1990. 2. 27., 선고, 89도970, 판결)

# 제9절 재건축조합 총무가 시공사로부터 업무추진비 명목으로 금품수수

## Ⅰ. 사례요지

> 피고인은 연립주택의 재건축을 위하여 설립된 건축정비사업조합의 총무로서 조합의 전반적인 업무집행을 담당하였다. 피고인은 위 조합의 총무로서 조합원들과 시공사 등 여러 당사자의 이해관계를 조정하며 공정하게 업무를 처리해야 할 의무가 있음에도 위 조합의 실질적인 업무집행자라는 지위를 이용하여 이득을 취하기로 마음먹고, 당시 시공사 직원 공소외 1로부터 경비보조라는 명목으로 위 시공사에 대한 업무상 각종 편의제공의 대가로 모두 9회에 걸쳐 합계 6,190만 원을 교부받았다.

## Ⅱ. 논 점

1. 배임수재죄의 구성요건인 '부정한 청탁'의 판단기준
2. 묵시적인 부정한 청탁이 있었다고 보아 배임수재죄가 성립하는지

## Ⅲ. 법규연구 (형법)

> 제357조(배임수증재) ① 타인의 사무를 처리하는 자가 그 임무에 관하여 부정한 청탁을 받고 재물 또는 재산상의 이익을 취득한 자는 5년 이하의 징역 또는 1천만원 이하의 벌금에 처한다.

## Ⅳ. 관련 판례

### 1. 원심 (서울북부지법 2008. 10. 7. 선고 2008노830 판결)

피고인이 건설로부터 어떠한 내용의 부정한 청탁을 받았는지, 나아가 공소사실 기재 금원이 부정한 청탁의 대가로서 받은 것인지에 관하여 입증이 부족하며, 직무를 처리하면서 직무권한 범위 안에서 편의를 보아달라는 부탁을 부정한 청탁으로 보기 어려울 뿐만 아니라 건설과 피고인 사이에 시공사를 계속 건설로 유지하면서 정상적인 기준과 절차에 어긋나는 편의를 보아달라는 내용의 청탁이 있었음을 인정할 만한 증거가 없다는 이유로 <u>피고인에게 무죄를 선고하였다.</u>

### 2. 대법원 (대법원 2008. 12. 24., 선고, 2008도9602, 판결)

가. 형법 제357조에 규정된 배임수재죄에서 "부정한 청탁"이란 청탁이 사회상규와 신의성실의 원칙에 반하는 것을 말하고, 이를 판단함에서는 청탁의 내용, 이에 관련되어 취득한 재물이나 재산상 이익의 종류·액수 및 형식, 재산상 이익 제공의 방법과

태양, 보호법익인 거래의 청렴성 등을 종합적으로 고찰하여야 하며, 그 청탁이 반드시 명시적일 필요는 없고 묵시적으로 이루어지더라도 무방하다.

나. 피고인은 2001년부터 이 사건 재건축조합의 총무로서 조합의 전반적인 업무집행을 주도하였던 사실, 피고인의 추천에 의하여 동구건설이 이 사건 시공사로 선정되었고, 시공사 선정 이후 피고인의 요구로 동구건설은 피고인에게 업무추진비 명목으로 1억 원을 지급하되, 그중 6,400만 원은 피고인에게 송금해 주기로 하고, 나머지 3,600만 원은 이에 해당하는 피고인 가족 등의 조합원 분담금을 면제해 주기로 한 사실, 이 사건 재건축사업의 안전진단 평가과정에서 문제가 생기자 조합장이 시공사를 다른 건설회사로 교체하려고 하였으나 피고인이 이를 거부하였던 사실, 피고인이 동구건설로부터 송금받은 액수가 6,190만 원에 이르고, 그 시점도 동구건설이 시공사로 선정된 직후부터 동구건설이 부도나기 전 공사를 진행하고 있던 때까지로서 2년간에 걸쳐 교부받은 점, 피고인은 동구건설로부터 조합운영비 명목으로 월 150만 원을 지급받아 오고 있었음에도 별도로 피고인의 개인 계좌 및 피고인이 관리하는 처남 명의 계좌로 이 사건 돈을 송금받은 사실 등을 알 수 있다. 이와 같은 사실에, 피고인은 이 사건 재건축조합의 업무를 실질적으로 주도하는 자로서 조합을 대표하여 시공사와 접촉하면서 시공사의 이익에 적지 않은 영향을 미칠 수 있는 지위에 있으면서도 시공사로부터 다액의 돈을 수수하였는바 그 액은 의례적인 인사나 직무권한 범위 안에서 최대한 편의를 보아달라는 등의 목적으로 수수되었다고 보기 어렵다고 할 정도인 점, 피고인은 동구건설로부터 조합운영비를 받고 있었음에도 이와는 별도로 조합원들이 모르는 방법으로 자신의 개인 계좌 및 관리 계좌로 송금받는 형태로 이 사건 돈을 수수한 점, 동구건설은 피고인에게 업무추진비로 위와 같은 돈을 지급하였다고 하나 수수한 돈이 업무추진비로 보기에는 과다할 뿐만 아니라 피고인 등은 위 돈을 업무추진비로 사용한 자료를 제출하지 못하고 있는 점 등을 종합하여 보면,

## V. 결론

이 사건에서 피고인과 동구건설 사이에 부정한 청탁이 명시적으로 있었음을 인정할 명백한 증거가 없다고 하더라도, 동구건설이 시공사의 지위를 계속 유지하고 재건축공사를 진행함에 있어 시공사에게 유리한 쪽으로 편의를 보아 달라는 취지의 묵시적인 청탁은 있었다고 추인함이 상당하고, 이는 사회상규 및 신의성실의 원칙에 반하는 부정한 청탁에 해당하며, 이 사건 돈은 그러한 부정한 청탁과 관련되어 제공된 것이라고 할 것이다.

# 제10절 대학교수가 특정출판사 교재채택 청탁을 받고 교재 판매대금 일정비율 금원수수

## I. 사례요지

대학교수들이 공동피고인으로부터 동인이 운영하는 출판사에서 출판한 책자를 교재로 채택하거나, 교재로 사용할 편집책자의 출판을 위 출판사에 맡겨 달라는 취지의 청탁을 받고, 학기마다 위 교재들의 판매대금의 약 30~40%에 해당하는 금원을 교부받았다.

## II. 논 점

배임수증죄에 있어서의 부정한 청탁의 의미와 그 판단기준

## III. 법규연구 (형법)

제357조 (배임수증재) ① 타인의 사무를 처리하는 자가 그 임무에 관하여 부정한 청탁을 받고 재물 또는 재산상의 이익을 취득한 자는 5년 이하의 징역 또는 1천만원 이하의 벌금에 처한다.

## IV. 관련 판례

### 1. 원심 (서울지법 1995. 7. 27. 선고 95노2293 판결)

피고인들이 부정한 청탁을 받고 금품을 수수하였다고 본 제1심판결을 그대로 유지하였다.

### 2. 대법원 (대법원 1996. 10. 11., 선고, 95도2090, 판결)

가. 배임수증죄에 있어서의 부정한 청탁이란 청탁이 사회상규와 신의성실의 원칙에 반하는 것을 말하고 이를 판단함에 있어서는 청탁의 내용과 이에 관련되어 교부받거나 공여한 재물의 액수, 형식, 보호법익인 사무처리자의 청렴성 등을 종합적으로 고찰해야 하며, 그 청탁이 반드시 명시적임을 요하는 것은 아니다(대법원 1988. 12. 20. 선고 88도167 판결, 1991. 6. 11. 선고 91도413 판결 등 참조).

나. 대학교수들인 피고인들은 원심 공동피고인으로부터 동인이 운영하는 출판사에서 출판한 책자를 교재로 채택하거나, 교재로 사용할 편집책자의 출판을 위 출판사에 맡겨 달라는 취지의 청탁을 받고, 공소장 기재와 같이 학기마다 위 교재들의 판매대금의 약

30~40%에 해당하는 금원을 각 받은 사실, 피고인 1, 2는 자신들이 편집한 책자의 출판을 위 출판사에 의뢰하거나 인세계약을 체결한 사실도 없고, 그들이 편집한 책자에 인지도 첨부되어 있지 않은 사실을 인정할 수 있는바, 사실관계가 위와 같다면, 피고인 1, 2가 위 원심 공동피고인으로부터 받은 금원을 저작물에 대한 인세로 볼 수 없다 할 것이고, 위 원심 공동피고인은 대학교재의 채택 및 출판업자를 선정할 수 있는 지위에 있는 피고인들에게 위 출판사에서 출판한 책자를 교재로 채택하거나, 교재로 사용할 편집 책자의 출판을 위 출판사에 맡겨 달라는 취지로 통상의 인세의 범위를 훨씬 넘는 금원을 교부한 것이어서, 위 교재채택 및 출판에 대한 청탁은 그것이 묵시적이라 하더라도 사회상규 또는 신의성실의 원칙에 반하는 부정한 청탁에 해당한다고 할 것이며, 그에 대한 금품수수가 의례적이라거나 사회상규에 위반되지 않는 것으로 볼 수 없다.

## V. 결 론

피고인들이 그 임무에 관하여 부정한 청탁을 받고 금품을 수수하였다면 그 후에 그 중 일부 금원을 학과 및 학회운영비로 사용하였다고 하더라도 이를 수수할 당시에 영득의 의사가 없었다거나 피고인들에게 재산상 이익이 없었다고 단정할 수 없으므로 배임수재죄의 성립에 영향이 없다 할 것이다.

## VI 유사판례

### 1. 종합병원 또는 대학병원 소속 의사들이 의약품수입업자로부터 일정 비율의 사례비를 교부받은 경우

배임수증죄에서 부정한 청탁이란 청탁이 사회상규와 신의성실의 원칙에 반하는 것을 말하고 이를 판단함에서는 청탁의 내용과 이에 관련되어 교부받거나 공여한 재물의 액수, 형식, 이 죄의 보호법익인 거래의 청렴성 등을 종합적으로 고찰하여야 할 것인바, 종합병원 또는 대학병원 소속 의사들이 자신들이 처방하는 약을 환자들이 예외 없이 구입 복용하는 것을 기화로, 의약품수입업자로부터 병당 5만원 내지 7만원씩의 사례비를 줄 터이니 수입하여 시중 약국에는 보급하지 않고 직접 전화주문만 받아 독점판매하고 있는 메가비트 500이라는 약을 본래의 적응증인 순환기질환뿐 아니라 내분비 등 거의 모든 병에 잘 듣는 약이니 그러한 환자에게 원외처방하여 그들로 하여금 위 약을 많이 사먹도록 해달라는 부탁을 받고 금원을 교부받은 경우, 위 의사들은 그 임무에 관하여 부정한 청탁을 받고 금품을 수수하였다고 할 것이므로 위와 같은 행위는 배임수재죄를 구성한다. (대법원 1991. 6. 11., 선고, 91도413, 판결)

## 2. 대학병원 의사가 의약품 등 지속적으로 납품의 부정한 청탁을 받고 향응수수

피고인이 실질적으로 조영제 등의 계속사용 여부를 결정할 권한이 있었고, 단순히 1회에 그치지 않고 여러 차례에 걸쳐 선물과 향응을 제공받았으며, 제약회사 등은 피고인과 유대강화를 통해 지속적으로 조영제 등을 납품하기 위하여 이를 제공한 점 등의 사정을 종합할 때, 피고인은 '타인의 사무를 처리하는 자'에 해당하고, 피고인이 받은 선물, 골프접대비, 회식비 등은 부정한 청탁의 대가로서 단순한 사교적 의례 범위에 해당하지 않는다. (대법원 2011. 8. 18., 선고, 2010도10290, 판결)

# 제11절 착오로 입금된 돈을 임의로 인출하여 소비한 행위

## Ⅰ. 사례요지

피고인은 2008. 6. 4.경 피해자 공소외 주식회사에 근무하는 이름을 알 수 없는 직원이 착오로 피고인 명의의 홍콩상하이(HSBC)은행 계좌로 잘못 송금한 300만 홍콩달러(한화 약 3억 9,000만 원 상당)를 그 무렵 임의로 인출하여 사용하였다.

## Ⅱ. 논 점

착오로 송금되어 입금된 돈을 임의로 인출하여 소비한 행위가 송금인과 피고인 사이에 별다른 거래관계가 없는 경우에도 횡령죄에 해당하는지 여부(적극)

## Ⅲ. 법규연구 (형법)

제355조(횡령, 배임) ① 타인의 재물을 보관하는 자가 그 재물을 횡령하거나 그 반환을 거부한 때에는 5년 이하의 징역 또는 1천500만원 이하의 벌금에 처한다.

제360조(점유이탈물횡령) ① 유실물, 표류물 또는 타인의 점유를 이탈한 재물을 횡령한 자는 1년 이하의 징역이나 300만원 이하의 벌금 또는 과료에 처한다.

## Ⅳ. 관련 판례

### 1. 원심 (서울중앙지법 2009. 12. 29. 선고 2009노3792 판결)

피고인이 피해자인 공소외 주식회사와 사이에 아무런 거래관계가 없었다는 등의 그 판시와 같은 이유만으로 피고인의 위 행위가 횡령죄에 해당하지 아니한다고 보아 이 사건 주위적 공소사실인 횡령의 점에 대하여 <u>무죄를 선고한 제1심판결을 그대로 유지하였다.</u>

### 2. 대법원 (대법원 2010. 12. 9., 선고, 2010도891, 판결)

어떤 예금계좌에 돈이 착오로 잘못 송금되어 입금된 경우에는 그 예금주와 송금인 사이에 신의칙상 보관관계가 성립한다고 할 것이므로, 피고인이 송금 절차의 착오로 인하여 피고인 명의의 은행 계좌에 입금된 돈을 임의로 인출하여 소비한 행위는 횡령죄에 해당하고(대법원 1968. 7. 24. 선고 1966도1705 판결, 대법원 2005. 10. 28. 선고 2005도5975 판결, 대법원 2006. 10. 12. 선고 2006도3929 판결 등 참조), 이는 송금인과 피고인 사이에 별다른 거래관계가 없다고 하더라도 마찬가지이다.

## V. 결 론

피고인의 행위는 횡령죄에 해당한다고 할 것이다.

## VI. 유사판례

### 1. 자신 명의의 계좌에 착오로 송금된 돈을 다른 계좌로 이체한 경우

피고인 명의의 계좌에 추가로 송금된 3억 2,000만 원은 피해자 측에서 착오로 송금한 것인 사실 및 피고인이 위 금액을 다른 계좌로 이체하는 등 임의로 사용한 사실을 확정하고 피고인의 행위를 횡령죄로 의율하였다. (대법원 2005. 10. 28., 선고, 2005도5975, 판결)

### 2. 승객이 놓고 내린 지하철의 전동차 바닥이나 선반 위에 있던 물건을 가져간 경우

승객이 놓고 내린 지하철의 전동차 바닥이나 선반 위에 있던 물건을 가지고 간 경우, 지하철의 승무원은 유실물법상 전동차의 관수자로서 승객이 잊고 내린 유실물을 교부받을 권능을 가질 뿐 전동차 안에 있는 승객의 물건을 점유한다고 할 수 없고, 그 유실물을 현실적으로 발견하지 않는 한 이에 대한 점유를 개시하였다고 할 수도 없으므로, 그 사이에 위와 같은 유실물을 발견하고 가져간 행위는 점유이탈물횡령죄에 해당함은 별론으로 하고 절도죄에 해당하지는 않는다. (대법원 1999. 11. 26., 선고, 99도3963, 판결)

### 3. 종업원으로 종사하던 당구장에서 주운 금반지를 처분한 자의 죄책

어떤 물건을 잃어버린 장소가 당구장과 같이 타인의 관리 아래 있을 때는 그 물건은 일응 그 관리자의 점유에 속한다 할 것이고, 이를 그 관리자 아닌 제3자가 취거하는 것은 유실물횡령이 아니라 절도죄에 해당한다. (대법원 1988. 4. 25., 선고, 88도409, 판결)

### 4. 주민등록증이 점유이탈물횡령죄의 객체가 되는지

주민등록증은 재산적 가치가 있는 물건으로서 점유이탈물횡령죄의 객체가 된다. (서울고법 1985. 4. 11., 선고, 85노285, 제4형사부판결)

### 5. 고속버스 승객이 차내에 있는 유실물을 가져간 경우의 죄책

고속버스 운전사는 고속버스의 관수자로서 차내에 있는 승객의 물건을 점유하는 것이 아니고 승객이 잊고 내린 유실물을 교부받을 권능을 가질 뿐이므로 유실물을 현실적으로 발견하지 않는 한 이에 대한 점유를 개시하였다고 할 수 없고, 그사이에 다른 승객이 유실물을 발견하고 이를 가져갔다면 절도에 해당하지 아니하고 점유이탈물횡령에 해당한다. (대법원 1993. 3. 16., 선고, 92도3170, 판결)

## 6. 강간피해자가 도피하면서 범죄현장에 놓고 간 가방에서 돈을 꺼낸 경우

강간을 당한 피해자가 도피하면서 현장에 놓아두고 간 손가방은 점유이탈물이 아니라 사회통념상 피해자의 지배하에 있는 물건이라고 보아야 할 것이므로 <u>피고인이 그 손가방안에 들어 있는 피해자 소유의 돈을 꺼낸 소위는 절도죄에 해당한다.</u> (대법원 1984. 2. 28., 선고, 84도38, 판결)

제20장 　　　손괴의 죄

## 제1절 입주자대표회의 회장이 자신 승인 없이 게시된 소집공고문 제거

### Ⅰ. 사례요지

피고인은 2019. 10. 9. ○○아파트명 각 동 1층 게시판에서 입주자대표회의 회장인 피고인의 승인 없이 공소외인 등 4인의 동대표인 피해자들이 관리소장과 함께 게시한 '2019. 10. 입주자대표회의 공고문'을 뜯어내 제거함으로써 그 효용을 해하였다.

### Ⅱ. 논 점

1. 피고인이 위 공고문을 손괴한 조치가,
2. 그 위법성을 바로잡기 위한 것으로 사회통념상 허용되는 범위를 크게 넘어서지 않는 행위로 볼 수 있다는 이유로, 정당행위에 해당하는지

### Ⅲ. 법규연구 (형법)

제366조(재물손괴등) 타인의 재물, 문서 또는 전자기록등 특수매체기록을 손괴 또는 은닉 기타 방법으로 기 효용을 해한 자는 3년이하의 징역 또는 700만원 이하의 벌금에 처한다.
제20조(정당행위) 법령에 의한 행위 또는 업무로 인한 행위 기타 사회상규에 위배되지 아니하는 행위는 벌하지 아니한다.

### Ⅳ. 관련 판례

#### 1. 원심 (서울남부지법 2021. 7. 20. 선고 2021노177 판결)

피고인으로서는 별도 공고문을 부착하는 등 다른 수단을 활용할 수 있었고, 입주자대표회의 결의 효력정지 가처분 등을 통하여 그 결의의 하자를 다툴 수 있었으며, 공고문 부착 여부가 관리주체의 권한이어서 피고인에게 이 사건 공고문을 제거할 권한이 없었던 점 등의 사정에 비추어 보면, 피고인이 이 사건 공고문을 뜯어내 제거한 행위

는 정당행위에 해당한다고 볼 수 없다는 이유로 이 사건 공소사실을 무죄로 판단한 제1심판결을 파기하고 이를 유죄로 판단하였다.

## 2. 대법원 (대법원 2021. 12. 30., 선고, 2021도9680, 판결)

가. 형법 제20조에 정하여진 '사회상규에 위배되지 아니하는 행위' 라 함은, 법질서 전체의 정신이나 그 배후에 놓여 있는 사회윤리 내지 사회통념에 비추어 용인될 수 있는 행위를 말하므로, 어떤 행위가 그 행위의 동기나 목적의 정당성, 행위의 수단이나 방법의 상당성, 보호이익과 침해이익의 법익 균형성, 긴급성, 그 행위 이외의 다른 수단이나 방법이 없다는 보충성 등의 요건을 갖춘 경우에는 정당행위에 해당한다 할 것이다(대법원 1986. 10. 28. 선고 86도1764 판결, 대법원 2014. 1. 16. 선고 2013도6761 판결 등 참조). 한편 어떠한 행위가 범죄구성요건에 해당하지만, 정당행위라는 이유로 위법성이 조각된다는 것은 그 행위가 적극적으로 용인, 권장된다는 의미가 아니라 단지 특정한 상황하에서 그 행위가 범죄행위로서 처벌대상이 될 정도의 위법성을 갖추지 못하였다는 것을 의미한다.

나. 원심이 채택한 증거 및 기록에 의하면, 다음과 같은 사실이 인정된다.

① 이 사건 아파트의 관리규약에 의하면, 입주자대표회의는 '회장' 이 이를 소집하고 회의의 의장이 된다. 다만 회장이 공동주택의 관리를 위하여 필요하다고 인정하는 때, 감사결과를 보고하기 위하여 감사가 회의 소집을 요구하는 때, 관리주체가 회의 소집이유 등을 분명하게 적어 회의 소집을 요청하는 때에는 '회장' 이 해당일로부터 14일 이내 회의를 소집하지 아니하는 경우 '이사 중 연장자' 가 그 회의를 소집하고 그 회장의 직무를 대행한다(관리규약 제26조 제1항, 제3항 제1호 내지 제3호).

② 이 사건 아파트의 입주자대표회의 소집절차는 '회장' 이 회의 개최 5일 전까지 일시 · 장소 및 안건을 동별대표자에게 서면 또는 수신확인이 가능한 이메일 등 전자적 방법으로 통지하고 관리주체는 이를 게시판과 통합정보마당에 공개하여야 한다(관리규약 제28조 제1항). 또한, 동별대표자, 관리사무소장 또는 입주자 등은 입주자대표회의 안건을 별지 서식에 따라 제안할 수 있고, 관리사무소장은 안건제안자와 협의 후 비용 추계서, 근거 등을 첨부하여 회장에게 서면으로 제출하여야 한다(인신공격, 사생활, 반복적 제안 등은 제외). 회장은 위와 같이 안건이 제출된 때에는 입주자대표회의에 상정하여야 한다(관리규약 제29조 제1항 내지 제3항).

③ 이 사건 아파트에 광고물 · 표지물 또는 표지를 설치하거나 부착하는 행위에 관하

여, 국가, 지방자치단체 또는 공공기관에서 지정된 게시판에 공고사항 등을 붙이는 행위, 입주자 등에게 정보를 제공하는 행위, 안전수칙과 관련하여 지정된 시설에 부착하여 홍보하는 행위와 같이 입주자 등에게 홍보가 필요하다고 판단되는 행위는 관리주체가 동의한다(관리규약 제65조 제2호).

④ 피고인이 이 사건 아파트의 게시판에서 제거한 이 사건 공고문은 그 제목이 '입주자대표회의 개최'이고 본문에 '(아파트명 생략) 2019. 10. 입주자대표회의를 아래와 같이 개최함을 공고합니다.', 그 하단에 '일시: 2019. 10. 10.(목) 19:00, 장소: 입주자대표회의실' 및 안건(동대표 회장 해임 포함)이 기재되어 있었다.

5) 공소외인 등 4인의 동대표들이 피고인에 대한 동대표 회장 해임의 안건을 제안했으나 피고인이 해당 안건제안이 절차와 규정에 맞지 않음(별지 서식 미사용, 객관적 증거자료 미첨부, 인신공격적 내용 등)을 이유로 그 제안을 거절하자, 관리소장은 위 동대표들의 요구에 따라 회장인 피고인의 반대에도 불구하고 2019. 10. 입주자대표회의를 개최한다는 이 사건 공고문을 작성하면서 통상 이 사건 아파트의 공고문에 사용되었던 공고주체의 표시 '입주자대표회의 회장' 중 '회장' 부분을 삭제하고, 회장의 직인에서도 '장' 자 부분을 가려 '입주자대표회의'라고 날인하였다.

다. 위와 같은 사실관계에 의하면, 다음과 같은 사정을 알 수 있다.

① 이 사건 아파트의 입주자대표회의는 회장이 소집하도록 규정되어 있으므로 대표회의 소집공고문 역시 대표회의 회장 명의로 게시되어야 한다. 관리주체인 관리사무소장은 게시판에 광고물 등의 설치 및 부착에 동의할 권한이 있으나 입주자 등에게 홍보가 필요한 경우에 그러하고, 이를 넘어서 입주자대표회의를 소집할 아무런 권한이 없다.

② 이 사건 공고문이 그 공고주체의 표시에 '회장' 부분의 글자가 삭제되고 인영 중 '장' 자 부분이 날인되지 아니하였으나, 그 객관적 해석상 입주자대표회의 회장이나 그 적법한 대행자가 이를 작성, 게시한 것으로 볼 수밖에 없고, 이 사건 아파트의 일반 주민이나 동대표자들이 볼 때 그 차이나 진정한 의미를 쉽게 발견하기도 어려워 보인다. 그럼에도 이 사건 공고문이 계속 게시되고 이를 방치할 경우 적법한 소집권자가 작성한 진정한 공고문으로 오인될 가능성이 매우 높고, 이를 신뢰한 동대표들이 해당 일시의 입주자대표회의에 참석할 것으로 충분히 예상되는 상황이었다고 보인다.

③ 이 사건 공고문에 의해 소집된 입주자대표회의는 정족수가 출석하여 개최되었더라도 정당한 소집권자가 소집한 경우에 해당하지 아니하므로 소집절차에 중대한 하자가 있고, 게시판의 관리주체인 관리소장이 이 사건 공고문을 게시하였다고 하더라도

그러한 소집절차의 하자가 치유되지 아니한다.

④ 결국, 이 사건 공고문은 2019. 10. 입주자대표회의를 소집하기 위하여 작성되고 게시되었는데, 그 작성주체가 적법한 소집권자가 아니어서 이를 적법한 입주자대표회의 소집통지로서의 효용을 인정하기 어렵다. 그럼에도 이 사건 공고문의 게시가 계속되고 이를 방치하면 동대표들로 하여금 법적 효력 없는 무용한 입주자대표회의에 출석할 것을 사실상 강요하는 셈이 되고, 이와 같이 적법절차에 의하지 않은 위법한 소집절차로 인하여 입주자대표회의 내부의 분쟁과 알력이 더욱 심화되는 결과가 초래될 가능성이 우려되는 상황이었다고 볼 수 있다.

⑤ 피고인이 이 사건 공고문을 발견한 날이 2019. 10. 9. 공휴일 야간이어서 관리소장에게 즉각적인 조치를 취해달라고 요청하기 어려웠던 데다가 관리소장 본인이 이러한 불법적인 절차 진행에 깊이 관여한 까닭에 이를 기대할 수도 없는 상황이었던 것으로 보이고, 그다음 날은 위 공고문에서 정한 입주자대표회의가 개최되는 당일이어서 시기적으로 달리 적절한 방안을 찾기 어려웠던 것으로 보인다. 피고인이 게시판의 관리주체이자 적대적 입장을 취한 관리소장을 거치지 않고 직접 이 사건 공고문의 위법성을 지적하는 반박글을 게시하는 것은 그 자체로 또 다른 절차적 위법성 시비를 야기할 수 있을 뿐 아니라 그 경우 입주민들과 동대표들에게 큰 혼란과 불신을 초래할 것으로 예상되어 합법적이고 합리적인 사태 해결책으로 선뜻 생각하기 어려웠을 것으로 보인다.

## V. 결 론

입주자대표회의 회장인 피고인이 정당한 소집권자인 회장의 동의나 승인 없이 위법하게 게시된 이 사건 공고문을 발견하고 이를 제거하는 방법으로 손괴한 조치는, 그에 선행하는 위법한 공고문 작성 및 게시에 따른 위법상태의 구체적 실현이 임박한 상황하에 그 행위의 효과가 귀속되는 주체의 적법한 대표자 자격에서 그 위법성을 바로잡기 위한 조치의 일환으로 사회통념상 허용되는 범위를 크게 넘어서지 않는 행위라고 볼 수 있다. 나아가 이는 공동주택의 관리 또는 사용에 관하여 입주자 및 사용자의 보호와 그 주거생활의 질서유지를 위하여 구성된 입주자대표회의의 대표자로서 공동주택의 질서유지 및 입주자 등에 대한 피해방지를 위하여 필요한 합리적인 범위 내에서 사회통념상 용인될 수 있는 피해를 발생시킨 경우에 지나지 아니한다고도 볼 수 있다.

# VI 유사판례

## 1. 타인(타기관)에 접수된 자기명의의 문서를 무효화시킨 경우

비록 자기명의 문서라 할지라도 이미 타인(타기관)에 접수된 문서에 대하여 함부로 이를 무효화시켜 그 용도에 사용하지 못하게 하였다면 일응 형법상의 문서손괴죄를 구성한다 할 것이므로 그러한 내용의 범죄될 사실을 허위로 기재하여 수사기관에 고소한 이상 무고죄의 죄책을 면할 수 없다. (대법원 1987. 4. 14., 선고, 87도177, 판결)

## 2. 임차인이 방치한 가재도구를 승낙없이 옮겨치워 침수로 부패된 경우

임차인이 가재도구를 그대로 둔 채 시골로 내려가 버린 사이에 임대인의 모인 피고인이 임차인의 승낙없이 가재도구를 옥상에 옮겨 놓으면서 그 위에다 비닐장판과 비닐 등을 덮어씌워 비가 스며들지 않게끔 하고 또한 다른 사람이 열지 못하도록 종이를 바르는 등 조치를 취하였다면 설사 그 무렵 내린 비로 침수되어 그 효용을 해하였다 하더라도 손괴의 범의가 있다고 보기 어렵다. (대법원 1983. 5. 10., 선고, 83도595, 판결)

## 3. 허위내용 확인서를 그 소유자의 의사에 반해 작성 명의인이 손괴한 경우

확인서가 소유자의 의사에 반하여 손괴된 것이라면 그 확인서가 피고인 명의로 작성된 것이고 또 그것이 진실에 반하는 허위내용을 기재한 것이라 하더라도 피고인은 문서손괴의 죄책을 면할 수 없다. (대법원 1982. 12. 28., 선고, 82도1807, 판결)

## 4. 자기가 점유하는 타인 소유 문서도 문서손괴죄의 객체가 되는지

문서손괴죄의 객체는 타인 소유의 문서이며 피고인 자신의 점유하에 있는 문서라 할지라도 타인 소유인 이상 이를 손괴하는 행위는 문서손괴죄에 해당한다. (대법원 1984. 12. 26., 선고, 84도2290, 판결)

## 5. 채무담보조로 보관받은 약속어음의 지급일자를 지운 경우

약속어음의 수취인이 차용금의 지급담보를 위하여 은행에 보관시킨 약속어음을 은행지점장이 발행인의 부탁을 받고 그 지급기일란의 일자를 지움으로써 그 효용을 해한 경우에는 문서손괴죄가 성립한다. (대법원 1982. 7. 27., 선고, 82도223, 판결)

# 제2절 차량 앞뒤에 구조물과 굴착기를 바짝 붙여 장시간 차량 운행 불가능하게 한 경우

## I. 사례요지

피고인은 평소 자신이 굴착기를 주차하는 이 사건 장소에 피해 차량이 주차된 것을 발견하고, 피해자가 차량을 이동할 수 없도록 차량 앞에 철근콘크리트 구조물을, 뒤에 굴착기 쇄석기를 바짝 붙여 놓아두고 자신의 연락처를 남겨놓지 않았다. 피해자는 피해 차량을 운행하기 위하여 이 사건 장소에 갔다가 차량 앞뒤가 장애물로 막혀 있는 것을 확인하고, 장애물을 치우지 않은 상태에서 피해 차량을 운행하여 빠져나가려고 시도하였으나 약 17~18시간 동안 피해 차량을 운행할 수 없었다.

## II. 논 점

1. 재물손괴죄의 구성요건 중 '기타 방법' 및 '재물의 효용을 해한다.'의 의미
2. 재물의 효용을 해하는 것인지 판단하는 기준

## III. 법규연구 (형법)

제366조(재물손괴등) 타인의 재물, 문서 또는 전자기록등 특수매체기록을 손괴 또는 은닉 기타 방법으로 기 효용을 해한 자는 3년이하의 징역 또는 700만원 이하의 벌금에 처한다.

## IV. 관련 판례

### 1. 원심 (서울북부지법 2019. 8. 30. 선고 2019노882 판결)

공소사실을 <u>유죄로 판단하였다.</u>

### 2. 대법원 (대법원 2021. 5. 7., 선고, 2019도13764, 판결)

형법 제366조는 "타인의 재물, 문서 또는 전자기록 등 특수매체기록을 손괴 또는 은닉 기타 방법으로 그 효용을 해한 자는 3년 이하의 징역 또는 700만 원 이하의 벌금에 처한다." 라고 규정하고 있다. 여기에서 '기타 방법' 이란 형법 제366조의 규정 내용 및 형벌법규의 엄격해석 원칙 등에 비추어 손괴 또는 은닉에 준하는 정도의 유형력을 행사하여 재물 등의 효용을 해하는 행위를 의미한다고 봄이 타당하고, '<u>재물의 효용을 해한다.</u>' 고 함은 사실상으로나 감정상으로 그 재물을 본래의 사용목적에 제공

할 수 없게 하는 상태로 만드는 것을 말하며, 일시적으로 그 재물을 이용할 수 없거나 구체적 역할을 할 수 없는 상태로 만드는 것도 포함한다(대법원 2007. 6. 28. 선고 2007도2590 판결, 대법원 2016. 11. 25. 선고 2016도9219 판결 등 참조).

구체적으로 어떠한 행위가 재물의 효용을 해하는 것인지는, 재물 본래의 용도와 기능, 재물에 가해진 행위와 그 결과가 재물의 본래적 용도와 기능에 미치는 영향, 이용자가 느끼는 불쾌감이나 저항감, 원상회복의 난이도와 거기에 드는 비용, 그 행위의 목적과 시간적 계속성, 행위 당시의 상황 등 제반 사정을 종합하여 사회통념에 따라 판단하여야 한다(앞의 대법원 2007도2590 판결 참조).

## V. 결 론

피고인이 피해 차량의 앞뒤에 쉽게 제거하기 어려운 철근콘크리트 구조물 등을 바짝 붙여 놓은 행위는 피해 차량에 대한 유형력의 행사로 보기에 충분하다. 비록 피고인의 행위로 피해 차량 자체에 물리적 훼손이나 기능적 효용의 멸실 내지 감소가 발생하지 않았다고 하더라도, 피해자가 피고인이 놓아 둔 위 구조물로 인하여 피해 차량을 운행할 수 없게 됨으로써 일시적으로 본래의 사용목적에 이용할 수 없게 된 이상, 차량 본래의 효용을 해한 경우에 해당한다고 봄이 타당하다.

# 제3절 도로 바닥에 낙서하는 행위가 재물손괴죄에 해당하는지

## I. 사례요지

甲 주식회사의 직원인 피고인들이 유색 페인트와 래커 스프레이를 이용하여 甲 회사 소유의 도로 바닥에 직접 문구를 기재하거나 도로 위에 놓인 현수막 천에 문구를 기재하여 페인트가 바닥으로 배어 나와 도로에 배게 하는 방법으로 다중의 위력으로써 도로의 효용을 해하였다.

## II. 논 점

1. 재물손괴죄에서 '재물의 효용을 해한다' 라는 것의 의미
2. 도로 바닥에 낙서하는 행위 등이 재물손괴죄에 해당하는지 판단기준

## III. 법규연구 (형법)

제366조(재물손괴등) 타인의 재물, 문서 또는 전자기록등 특수매체기록을 손괴 또는 은닉 기타 방법으로 기 효용을 해한 자는 3년이하의 징역 또는 700만원 이하의 벌금에 처한다.

제369조(특수손괴) ① 단체 또는 다중의 위력을 보이거나 위험한 물건을 휴대하여 제366조의 죄를 범한 때에는 5년 이하의 징역 또는 1천만원 이하의 벌금에 처한다.

## IV. 관련 판례

### 1. 원심 (대전지법 2017. 11. 15. 선고 2017노1646 판결)

피고인들이 위와 같이 이 사건 도로 바닥에 여러 문구를 써놓는 행위를 함에 따라 사실상으로나 감정상으로 이 사건 도로를 그 본래의 사용목적인 통행에 제공할 수 없게 되었다고 보아 피고인들에 대한 이 사건 공소사실 중 <u>특수재물손괴 부분을 유죄로 판단하였다.</u>

### 2. 대법원 (대법원 2020. 3. 27., 선고, 2017도20455, 판결)

가. 형법 제366조의 재물손괴죄는 타인의 재물을 손괴 또는 은닉하거나 기타의 방법으로 그 효용을 해하는 경우에 성립한다. 여기에서 재물의 효용을 해한다고 함은 사실상으로나 감정상으로 그 재물을 본래의 사용목적에 제공할 수 없는 상태로 만드는 것을 말하고, 일시적으로 그 재물을 이용할 수 없는 상태로 만드는 것도 포함한다(대법원 2007. 6. 28. 선고 2007도2590 판결, 대법원 2017. 12. 13. 선고 2017도10474 판결 등 참조).

특히 도로 바닥에 낙서하는 행위 등이 그 도로의 효용을 해하는 것에 해당하는지는, 당해 도로의 용도와 기능, 그 행위가 도로의 안전표지인 노면 표시 기능 및 이용자들의 통행과 안전에 미치는 영향, 그 행위가 도로의 미관을 해치는 정도, 도로의 이용자들이 느끼는 불쾌감이나 저항감, 원상회복의 난이도와 거기에 드는 비용, 그 행위의 목적과 시간적 계속성, 행위 당시의 상황 등 제반 사정을 종합하여 사회통념에 따라 판단하여야 할 것이다.

## V. 결 론

위 도로는 甲 회사의 임원과 근로자들 및 거래처 관계자들이 이용하는 도로로 산업현장에 위치한 위 도로의 주된 용도와 기능은 사람과 자동차 등이 통행하는 데 있고, 미관은 그다지 중요한 작용을 하지 않는 곳으로 보이는 점, 피고인들이 도로 바닥에 기재한 여러 문구들 때문에 도로를 이용하는 사람들과 자동차 등이 통행하는 것 자체가 물리적으로 불가능하게 되지는 않은 점, 甲 회사의 정문 입구에 있는 과속방지턱 등을 포함하여 도로 위에 상당한 크기로 기재된 위 문구의 글자들이 차량운전자 등의 통행과 안전에 실질적인 지장을 초래하였다고 보기 어려운 점, 도로 바닥에 기재된 문구에 甲 회사 임원들의 실명과 그에 대한 모욕적인 내용 등이 여럿 포함되어 있지만, 도로의 이용자들이 이 부분 도로를 통행할 때 그 문구로 인하여 불쾌감, 저항감을 느껴 이를 본래의 사용목적대로 사용할 수 없을 정도에 이르렀다고 보기 부족한 점, 도로 바닥에 페인트와 래커 스프레이로 쓰여 있는 여러 문구는 아스팔트 접착용 도료로 덧칠하는 등의 방법으로 원상회복되었는데, 그다지 많은 시간과 큰 비용이 들었다고 보이지 않는 점 등을 종합하면, 피고인들이 위와 같은 방법으로 도로 바닥에 여러 문구를 써놓은 행위가 위 도로의 효용을 해하는 정도에 이른 것이라고 보기 어렵다.

## VI 유사판례

### 1. 건조물의 벽면에 낙서하거나 게시물을 부착 또는 오물을 투척하는 행위

건조물의 벽면에 낙서하거나 게시물을 부착하는 행위 또는 오물을 투척하는 행위 등이 그 건조물의 효용을 해하는 것에 해당하는지는, 당해 건조물의 용도와 기능, 그 행위가 건조물의 채광·통풍·조망 등에 미치는 영향과 건조물의 미관을 해치는 정도, 건조물 이용자들이 느끼는 불쾌감이나 저항감, 원상회복의 난이도와 거기에 드는 비용, 그 행위의 목적과 시간적 계속성, 행위 당시의 상황 등 제반 사정을 종합하여 사회통념에 따라 판단하여야 한다. (대법원 2007. 6. 28., 선고, 2007도2590, 판결)

## 2. 건조물 외부에 그림그리는 행위가 건조물의 효용을 해하는 것인지

피해자가 이 사건 철제 담장을 공사장 소음을 막는 것뿐만 아니라 미관상 목적으로 설치하였는데, 피고인은 단색 페인트로 담장 중 다른 그림이나 낙서가 없는 부분에 검은색이나 빨간색 스프레이 페인트를 이용하여 이 사건 각 그림을 그린 점, 피해자가 관리하기 어려운 시간에 그림을 그리는 행위를 막지 못하였을 뿐 이를 허락한 바 없고, 이 사건 각 그림 위에 페인트를 덧칠하도록 하거나 담장 일부를 교체하는 방법으로 원상회복을 하였으며 그 과정에서 어느 정도의 비용을 지출한 점, 피고인이 현장 관리자들의 감시나 제지가 어려운 시간을 택하여 이 사건 범행을 저지른 점 등의 제반 사정을 종합하여, 이 사건 공소사실 중 폭력행위 등 처벌에 관한 법률 위반(공동재물손괴등)의 점에 관하여 범죄의 증명이 없는 때에 해당한다. (대법원 2017. 12. 13., 선고, 2017도10474, 판결)

# 제4절 자동문을 수동으로만 가능하게 자동잠금장치를 설정한 경우

## Ⅰ. 사례요지

> 피고인은 자동문 설치공사를 187만 원에 도급받아 시공하면서 계약금 100만 원을 계약 당일, 잔금 87만 원을 공사 완료 시 지급받기로 약정하였다. 그런데 피고인이 위 공사를 마쳤는데도 잔금 87만 원을 지급받지 못하였다. 피고인은 위 잔금을 지급받지 못한 상태에서 추가로 이 사건 자동문의 번호키 설치공사를 도급받아 시공하게 되자, 이 사건 자동문의 자동작동중지 예약기능을 이용하여 자동문이 자동으로 여닫히지 않도록 설정하였다.

## Ⅱ. 논 점

1. 재물손괴죄에서 '손괴 또는 은닉 기타 방법으로 그 효용을 해하는 경우' 의 의미
2. 자동잠금장치로서 역할을 할 수 없도록 한 경우, 재물손괴죄가 성립하는지

## Ⅲ. 법규연구 (형법)

> 제366조(재물손괴등) 타인의 재물, 문서 또는 전자기록등 특수매체기록을 손괴 또는 은닉 기타 방법으로 기 효용을 해한 자는 3년이하의 징역 또는 700만원 이하의 벌금에 처한다.

## Ⅳ. 관련 판례

### 1. 원심 (부산지법 2016. 5. 27. 선고 2016노619 판결)

피고인의 행위로 이 사건 건물의 1층 출입구 자동문이 일시적으로나마 자동으로 작동하지 않고 수동으로만 개폐가 가능하게 하여 잠금장치로서 역할을 할 수 없는 상태가 초래되었으므로, 이는 <u>재물손괴죄를 구성하고 피고인에게 재물손괴의 고의도 있다</u>고 판단하였다.

### 2. 대법원 (대법원 2016. 11. 25., 선고, 2016도9219, 판결)

재물손괴죄는 타인의 재물, 문서 또는 전자기록 등 특수매체기록을 손괴 또는 은닉 기타 방법으로 그 효용을 해한 경우에 성립한다(형법 제366조). 여기에서 손괴 또는 은닉 기타 방법으로 그 효용을 해하는 경우에는 물질적인 파괴행위로 물건 등을 본래의 목적에 사용할 수 없는 상태로 만드는 경우뿐만 아니라 일시적으로 물건 등의 구체

적 역할을 할 수 없는 상태로 만들어 효용을 떨어뜨리는 경우도 포함된다. 따라서 자동문을 자동으로 작동하지 않고 수동으로만 개폐가 가능하게 하여 자동잠금장치로서 역할을 할 수 없도록 한 경우에도 <u>재물손괴죄가 성립한다고 보아야 한다.</u>

## V. 결 론

자동문의 자동작동중지에 대하여 피해자의 승낙이 있다고 보기 어렵고 피고인의 행위가 정당행위에 해당하지 않는다. 따라서 <u>재물손괴에 해당한다.</u>

# 제5절 종래의 사용상태가 문서 소유자 의사에 반하여 또는 그와 무관하게 이루어진 경우

## I. 사례요지

피고인은 이 사건 아파트 입주자로서 ○○신도시 쓰레기 자동집하시설 건립 반대를 위한 비상 대책위원회 위원장인바, 이 사건 아파트 관리사무소장이 이 사건 아파트 303동 3·4호 라인 엘리베이터 벽면에 게시한 "○○시청 ○○신도시 생활쓰레기 자동집하시설 공사 반대 탄원에 따른 회신 문서" 1부를 임의로 제거함으로써 그 효용을 해하였다.

## II. 논 점

1. 문서손괴죄에서 '문서의 효용을 해한다' 라는 것의 의미
2. 소유자의 의사에 따라 형성된 종래의 이용상태를 변경시켜 종래의 상태에 따른 이용을 일시적으로 불가능하게 하는 경우, 문서손괴죄가 성립하는지 여부(적극)
3. 어느 문서에 대한 종래의 사용상태가 문서 소유자의 의사에 반하여 또는 그와 무관하게 이루어진 경우, 문서손괴죄가 성립하는지 여부

## III. 법규연구 (형법)

제366조(재물손괴등) 타인의 재물, 문서 또는 전자기록등 특수매체기록을 손괴 또는 은닉 기타 방법으로 기 효용을 해한 자는 3년이하의 징역 또는 700만원 이하의 벌금에 처한다.

## IV. 관련 판례

### 1. 원심 (대전지법 2014. 9. 18. 선고 2014노464 판결)

피고인의 개인 소유가 아니라 ○○시에 '○○신도시 쓰레기 자동집하시설 건립 반대' 민원을 제기한 이 사건 아파트 입주자들의 공유이고, 이 사건 아파트 입주자 중에는 위 시설 건립에 찬성하는 입주자도 있으므로, 피고인이 입주자들의 공유인 이 사건 회신 문서를 정당한 절차를 거치지 않고 위 엘리베이터 벽면에서 떼어 내어 임의로 제거한 것은 이 사건 회신 <u>문서의 효용을 해한</u> 것이라고 판단하였다.

### 2. 대법원 (대법원 2015. 11. 27., 선고, 2014도13083, 판결)

가. 문서손괴죄는 타인 소유의 문서를 손괴 또는 은닉 기타 방법으로 그 효용을 해함으로써 성립하고, 문서의 효용을 해한다고 함은 그 문서를 본래의 사용목적에 제공

할 수 없게 하는 상태로 만드는 것은 물론 일시적으로 그것을 이용할 수 없는 상태로 만드는 것도 포함한다(대법원 1984. 12. 26. 선고 84도2290 판결, 대법원 1993. 12. 7. 선고 93도2701 판결 참조). 따라서 소유자의 의사에 따라 어느 장소에 게시 중인 문서를 소유자의 의사에 반하여 떼어 내는 것과 같이 소유자의 의사에 따라 형성된 종래의 이용상태를 변경시켜 종래의 상태에 따른 이용을 일시적으로 불가능하게 하는 경우에도 문서손괴죄가 성립할 수 있다. 그러나 문서손괴죄는 문서의 소유자가 그 문서를 소유하면서 사용하는 것을 보호하려는 것이므로, 어느 문서에 대한 종래의 사용상태가 문서 소유자의 의사에 반하여 또는 문서 소유자의 의사와 무관하게 이루어진 것일 경우에 단순히 그 종래의 사용상태를 제거하거나 변경시키는 것에 불과하고 이를 손괴, 은닉하는 등으로 새로이 문서 소유자의 그 문서 사용에 지장을 초래하지 않는 경우에는 문서의 효용, 즉 문서 소유자의 문서에 대한 사용가치를 일시적으로도 해하였다고 할 수 없어서 문서손괴죄가 성립하지 아니한다.

　나. 그러나 원심의 위와 같은 판단은 받아들이기 어렵다.
　① 이 부분 공소사실은 피고인이 이 사건 회신 문서를 위 엘리베이터 벽면에서 떼어 내어 그 효용을 해하였다는 것이고, 떼어 낸 이 사건 회신 문서를 손괴, 은닉하는 등으로 그 효용을 해하였다는 것이 아니다. 따라서 피고인이 이 사건 회신 문서를 위 엘리베이터 벽면에서 떼어 내어 그 효용을 해하였다고 하려면 앞에서 본 법리에 따라 이 사건 회신 문서를 위 엘리베이터 벽면에 게시한 것이 이 사건 회신 문서 소유자의 의사에 따른 것이어야 하고, 만일 이 사건 회신 문서가 그 소유자의 의사에 반하여 또는 소유자의 의사와 무관하게 위 엘리베이터 벽면에 게시된 것이라면 피고인이 이를 떼어 낸 행위만으로 이 사건 회신 문서의 효용을 해하였다고 할 수 없다.
　② 이 사건 회신문서는 ○○시에 '○○신도시 쓰레기 자동집하시설 건립 반대' 민원을 제기한 이 사건 아파트 입주자들의 공유라는 것이다. 또 기록에 의하면, 이 사건 회신 문서는 피고인 외 452인의 이 사건 아파트 입주자들이 ○○시에 위 시설의 건립에 반대하는 민원을 제기한 데 대한 회신으로서 피고인 외 452인(이하 '민원 제기 입주자'라고 한다)을 수취인으로 하여 작성·발송된 사실, 이 사건 아파트 관리사무소장인 공소외 1은 '피고인을 비롯한 이 사건 회신 문서 수취인들의 동의를 받지 아니한 채 위 엘리베이터 벽면에 이 사건 회신 문서를 게시하였다'라고 진술한 사실, 피고인과 비대위 측 입주자인 공소외 2, 공소외 3은 '당초 이 사건 아파트의 각 엘리베이터 벽면에 위 시설 건립에 관한 비대위의 입장을 담은 공고문이 게시되어 있었는데,

누군가가 위 비대위 명의 공고문을 떼어 내고 그 자리에 ○○시가 위 시설을 인수하여 전액 시비로 운영할 계획이라는 내용이 포함된 이 사건 회신 문서와 위 회신 내용을 근거로 위 시설의 운영비용을 쓰레기 배출자인 이 사건 아파트 입주자들이 부담할 우려가 있다는 비대위의 설명은 허위라는 취지의 이 사건 아파트 입주자대표회의 회장 명의 공고문을 함께 게시하였다' 라는 취지로 진술한 사실, 피고인을 비롯한 비대위 측 입주자들은 ○○시의 위와 같은 답변이 계획에 불과하여 신뢰할 수 없다고 주장하고 있는 사실을 알 수 있으므로, 이 사건 아파트의 관리사무소장이 이 사건 회신 문서를 위와 같은 방법으로 위 엘리베이터 벽면에 게시한 것은 그 소유자의 의사나 추정적 의사에 따른 것이 아니라 그 소유자인 민원 제기 입주자들의 의사에 반하는 것으로 보일 뿐이다.

그리고 민원 제기 입주자가 아닌 이 사건 아파트 입주자는 이 사건 회신 문서의 소유자가 아니고, 이 사건 회신 문서의 소유자들이 이 사건 회신 문서를 위 엘리베이터 벽면에 게시하기로 결의하였음을 인정할 증거를 기록상 찾을 수 없으므로, 이 사건 아파트 입주자 중에 위 시설 건립에 찬성하는 주민이 있다고 하여 이 사건 회신 문서를 위 엘리베이터 벽면에 게시한 것이 그 소유자의 의사에 따른 것이라고 할 수도 없다.

## V. 결 론

위와 같이 피고인이 이 사건 회신 문서의 효용을 해하였음이 인정되지 않는 이상, 이 사건 아파트 관리주체의 동의 등 게시물 제거에 필요한 절차를 밟지 않고 이 사건 회신 문서를 위 엘리베이터 벽면에서 떼어 내었다는 이유로 문서손괴죄가 성립하는 것은 아니다.

## VI 유사판례

1. 영업을 방해하기 위하여 타인이 설치하려는 철조망을 200 내지 300m 떨어진 곳으로 옮긴 행위

> 갑 소유였다가 약정에 따라 을 명의로 이전되었으나 권리관계에 다툼이 생긴 토지상에서 갑이 버스공용터미널을 운영하고 있는 데 을이 갑의 영업을 방해하기 위하여 철조망을 설치하려 하자 갑이 위 철조망을 가까운 곳에 마땅한 장소가 없어 터미널로부터 약 200 내지 300미터가량 떨어진 갑 소유의 다른 토지 위에 옮겨 놓았다면 갑의 행위에는 재물의 소재를 불명하게 함으로써 그 발견을 곤란 또는 불가능하게 하여 그 효능을 해하게 하는 재물은닉의 범의가 있다고 할 수 없다. (대법원 1990. 9. 25., 선고, 90도1591, 판결)

## 2. 자기가 점유하는 타인 소유 문서도 문서손괴죄의 객체가 되는지

문서손괴죄의 객체는 타인 소유의 문서이며 피고인 자신의 점유하에 있는 문서라 할지라도 타인 소유인 이상 이를 손괴하는 행위는 문서손괴죄에 해당한다. (대법원 1984. 12. 26., 선고, 84도2290, 판결)

## 3. 경리장부를 옮겨적는 과정에서 누계가 잘못된 부분을 찢은 행위

손괴죄의 객체인 문서란 거기에 표시된 내용이 적어도 법률상 또는 사회생활상 중요한 사항에 관한 것이어야 하는바, 이미 작성되어 있던 장부의 기재를 새로운 장부로 옮겨적는 과정에서 누계 등을 잘못 기재하다가 그 부분을 찢어버리고 계속하여 종전장부의 기재내용을 모두 이기하였다면 그 당시 새로운 경리장부는 아직 작성중에 있어서 손괴죄의 객체가 되는 문서로서의 경리장부가 아니라 할 것이고, 또 그 찢어버린 부분이 진실된 증빙내용을 기재한 것이었다는 등의 특별한 사정이 없는 한 그 이기과정에서 잘못 기재되어 찢어버린 부분 그 자체가 손괴죄의 객체가 되는 재산적 이용가치 내지 효용이 있는 재물이라고도 볼 수 없다. (대법원 1989. 10. 24., 선고, 88도1296, 판결)

# 제6절 수목·유수 등 자연물도 경계침범죄의 '경계'를 이루는 경계표가 될 수 있는지

## Ⅰ. 사례요지

피고인 소유의 362-1 토지와 피해자 소유의 같은 리 363-1 토지의 경계에 관하여 다투던 중에 그 경계선 부근에 심겨 있던 조형소나무 등을 뽑아내고 그 부근을 굴착함으로써 그 경계를 불분명하게 하였다.

## Ⅱ. 논 점

1. 경계침범죄에서 '경계'의 의미
2. 종래 통용되어 오던 사실상의 경계가 법률상 정당한 경계인지 다툼이 있을지라도 여전히 이에 해당하는지 여부(한정 적극)
3. 수목·유수 등 자연물도 경계표가 될 수 있는지(적극)

## Ⅲ. 법규연구 (형법)

제370조 (경계침범) 경계표를 손괴, 이동 또는 제거하거나 기타 방법으로 토지의 경계를 인식불능하게 한 자는 3년 이하의 징역 또는 500만원 이하의 벌금에 처한다.

## Ⅳ. 관련 판례

### 1. 원심 (의정부지법 2007. 10. 19. 선고 2007노1069 판결)

경계를 불분명하게 하였다는 이 사건 범죄사실을 <u>유죄로 인정하였다.</u>

### 2. 대법원 (대법원 2007. 12. 28., 선고, 2007도9181, 판결)

형법 제370조의 경계침범죄에서 말하는 '경계'는 반드시 법률상의 정당한 경계를 가리키는 것은 아니고, 비록 법률상의 정당한 경계에 부합되지 않는 경계라 하더라도 그것이 종래부터 일반적으로 승인됐거나 이해관계인들의 명시적 또는 묵시적 합의에 의하여 정해진 것으로서 객관적으로 경계로 통용됐다면 이는 본조에서 말하는 경계라 할 것이고( 법원 1976. 5. 25. 선고 75도2564 판결, 대법원 1986. 12. 9. 선고 86도1492 판결 등 참조), 따라서 그와 같이 종래 통용되어 오던 사실상의 경계가 법률상의 정당한 경계인지 여부에 대하여 다툼이 있다고 하더라도, 그 사실상의 경계가 법률상 정당한 경계가 아니라는 점이 이미 판결로 확정되었다는 등 경계로서의 객관성을 상실하는 것으로 볼 만한 특단의 사정이 없는 한, 여전히 본조에서 말하는 경계에 해당되는 것이라고 보아야 할 것이다(대법원 1992. 12. 8. 선고 92도1682 판결 등 참조).

## V. 결 론

이러한 경계를 표시하는 경계표는 반드시 담장 등과 같이 인위적으로 설치된 구조물만을 의미하는 것으로 볼 것은 아니고, 수목이나 유수 등과 같이 종래부터 자연적으로 존재하던 것이라도 경계표지로 승인된 것이면 여기의 경계표에 해당한다고 할 것이다.

## VI 유사판례

### 1. 일시적인 경계표도 경계침범죄의 객체에 해당하는지

형법 제370조에서 말하는 경계표는 그것이 어느 정도 객관적으로 통용되는 사실상의 경계를 표시하는 것이라면 영속적인 것이 아니고 일시적인 것이라도 이 죄의 객체에 해당한다. (대법원 1999. 4. 9., 선고, 99도480, 판결)

### 2. 실제의 경계선에 부합되지는 않으나 종전부터 일반적으로 승인되어 온 경계표

비록 실제의 경계선에 부합되지 않는 경계표라 할지라도 그것이 종전부터 일반적으로 승인되어 온 것이라면 그와 같은 경계표는 형법 제370조 소정의 계표에 해당된다 할 것이다. (대법원 1991. 9. 10., 선고, 91도856, 판결)

### 3. 건물의 처마가 타인 소유의 가옥지붕 위로 나오게 한 경우 경계침범죄 성부

피고인이 건물을 신축하면서 그 건물의 1층과 2층 사이에 있는 처마를 피해자 소유의 가옥지붕 위로 나오게 한 사실만으로는 양토지의 경계가 인식불능되었다고 볼 수 없으므로 경계침범죄의 구성요건에 해당하지 아니한다. (대법원 1984. 2. 28., 선고, 83도1533, 판결)

# 형사소송법

2 편

형사소송법

# 제1장

# 관할/소송행위

## 제1절 토지관할에서 현재지와 현행범인 체포의 즉시 의미

### I. 사례요지

피고인들은 2011. 1. 21. 06:00경 소말리아 가라카드에서 북동방으로 약 670마일 떨어진 공해상에서 국군 청해부대 소속 군인에 의하여 해상강도 등 범행의 현행범인으로 체포되어 삼호주얼리호에 격리 수용되었다. 청해부대는 장거리 호송에 따른 여러 문제점, 피고인들 입장에서도 자국에 가까운 곳에서 재판을 받는 것이 방어권 행사에 유리하다는 소송절차적 측면 등을 고려하고, 소말리아 인근 해역에서의 해적문제에 관하여 국제적인 공동 대응과 협력을 촉구하는 국제연합 안전보장이사회의 결의 내용 등에 따라 인접국들의 우호적인 태도를 기대하여, 오만 등 인접국들을 대상으로 피고인들 신병인도를 위한 협의를 진행하였다. 그러나 위 인접국들이 다른 국가들로부터도 동일한 요구를 받을 가능성, 수용시설 여건 등을 이유로 신병인수를 거절함에 따라 청해부대는 피고인들을 국내로 이송하기로 하였고, 이후 항공편 마련이 여의치 아니하던 중 아랍에미리트연합의 협조를 받아 그 전용기 편으로 2011. 1. 30. 04:00경 부산 김해공항으로 피고인들을 이송하여 남해지방해양경찰청 소속 경찰관들이 그 무렵 피고인들을 인도받았다. 검사는 피고인들이 국내에 도착하기 직전인 2011. 1. 29. 20:30경 부산지방법원에 피고인들에 대한 구속영장을 청구하였고, 부산지방법원은 같은 날 23:30경 피고인들에 대한 심문용 구인영장을 발부하였으며, 2011. 1. 30. 08:00경 피의자심문을 거친 후 같은 날 10:40경 구속영장을 발부한 것이다.

### II. 논 점

1. 토지관할을 규정한 형사소송법 제4조 제1항에서 <u>현재지의 의미</u>

2. 적법한 강제에 의한 현재지도 이에 해당하는지 여부(적극)

3. 형사소송법 제213조 제1항에서 <u>즉시의 의미</u>

4. 검사 또는 사법경찰관리 아닌 이에 의하여 현행범인이 체포된 후 불필요한 지체없이 검사 등에게 인도된 경우, 구속영장 청구기간인 48시간의 기산점(=검사 등이 현행범인을 인도받은 때)

## Ⅲ. 법규연구 (형사소송법)

제4조(토지관할) ① 토지관할은 범죄지, 피고인의 주소, 거소 또는 현재지로 한다.

② 국외에 있는 대한민국 선박 내에서 범한 죄에 관하여는 전항에 규정한 곳 외에 선적지 또는 범죄 후의 선착지로 한다.

③ 전항의 규정은 국외에 있는 대한민국 항공기 내에서 범한 죄에 관하여 준용한다.

제213조(체포된 현행범인의 인도) ① 검사 또는 사법경찰관리 아닌 자가 현행범인을 체포한 때에는 즉시 검사 또는 사법경찰관리에게 인도하여야 한다.

## Ⅳ. 관련 판례

### 1. 원심 (부산고법 2011. 9. 8. 선고 2011노349 판결 )

제1심법원은 위 인정사실에 기하여 청해부대 소속 군인들이 피고인들을 현행범인으로 체포한 것은 검사 등이 아닌 이에 의한 현행범인 체포에 해당하고, 피고인들 체포 이후 국내로 이송하는 데에 약 9일이 소요된 것은 공간적·물리적 제약상 불가피한 것으로 정당한 이유 없이 인도를 지연하거나 체포를 계속한 경우로 볼 수 없다고 판단하였다. 나아가 제1심법원은, 구속영장 청구기간인 48시간의 기산점은 경찰관들이 피고인들의 신병을 인수한 2011. 1. 30. 04:30경부터 진행된다고 전제한 다음, 그로부터 48시간 이내에 청구되어 발부된 구속영장에 의하여 피고인들이 구속되었으므로, 피고인들은 적법한 체포, 즉시 인도 및 적법한 구속에 의하여 공소제기 당시 부산구치소에 구금되어 있다 할 것이어서 제1심법원에 토지관할이 있다고 판단하였다.

### 2. 대법원 (대법원 2011. 12. 22. 선고 2011도12927 판결 )

가. 형사소송법 제4조 제1항은 "토지관할은 범죄지, 피고인의 주소, 거소 또는 현재지로 한다"라고 정하고, 여기서 '현재지'라고 함은 공소제기 당시 피고인이 현재한 장소로서 임의에 의한 현재지뿐만 아니라 적법한 강제에 의한 현재지도 이에 해당한다.

나. 한편 현행범인은 누구든지 영장 없이 체포할 수 있고(형사소송법 제212조), 검사 또는 사법경찰관리(이하 '검사 등'이라고 한다) 아닌 이가 현행범인을 체포한 때에는 즉시 검사 등에게 인도하여야 한다(형사소송법 제213조 제1항). 여기서 '즉시'라고 함은 반드시 체포시점과 시간적으로 밀착된 시점이어야 하는 것은 아니고, '정당한 이유 없이 인도를 지연하거나 체포를 계속하는 등으로 불필요한 지체를 함이 없이'라는 뜻으로 볼 것이다. 또한 검사 등이 현행범인을 체포하거나 현행범인을 인도

받은 후 현행범인을 구속하고자 하는 경우 48시간 이내에 구속영장을 청구하여야 하고 그 기간 내에 구속영장을 청구하지 아니하는 때에는 즉시 석방하여야 한다(형사소송법 제213조의2, 제200조의2 제5항). 위와 같이 체포된 현행범인에 대하여 일정 시간 내에 구속영장 청구 여부를 결정하도록 하고 그 기간 내에 구속영장을 청구하지 아니하는 때에는 즉시 석방하도록 한 것은 영장에 의하지 아니한 체포 상태가 부당하게 장기화되어서는 안 된다는 인권보호의 요청과 함께 수사기관에서 구속영장 청구 여부를 결정하기 위한 합리적이고 충분한 시간을 보장해 주려는 데에도 그 입법취지가 있다고 할 것이다.

## V. 결 론

따라서 검사 등이 아닌 이에 의하여 현행범인이 체포된 후 불필요한 지체없이 검사 등에게 인도된 경우 위 48시간의 기산점은 체포시가 아니라 검사 등이 현행범인을 인도받은 때라고 할 것이다.

# 제2절 토지관할 병합심리 신청사건의 관할법원

## Ⅰ. 사례요지

> 이 사건 토지관할 병합심리 신청의 대상사건들은 서울중앙지방법원 2006고단3591 무고 피고사
> 건과 수원지방법원 성남지원 2006고단1276 무고 피고사건으로 병합심리 해야 할 관할법원은?

## Ⅱ. 논 점

형사소송법 제6조에 따른 토지관할 병합심리 신청사건의 관할법원

## Ⅲ. 법규연구 (형사소송법)

> 제6조(토지관할의 병합심리) 토지관할이 다른 여러 개의 관련사건이 각각 다른 법원에 계속된 때
> 에는 공통되는 바로 위의 상급법원은 검사나 피고인의 신청에 의하여 결정(決定)으로 한 개
> 법원으로 하여금 병합심리하게 할 수 있다.

## Ⅳ. 관련 판례 (대법원 2006. 12. 5.자 2006초기335 전원합의체 결정 )

형사소송법 제6조는 "토지관할을 달리하는 수개의 관련 사건이 각각 다른 법원에
계속된 때에는 공통되는 직근상급법원은 검사 또는 피고인의 신청에 의하여 결정으로
1개 법원으로 하여금 병합심리하게 할 수 있다."고 규정하고 있다.

사물관할은 같지만 토지관할을 달리하는 수개의 제1심법원들에 관련 사건이 계속된
경우에 있어서, 위 조항에서 말하는 상급법원은 그 성질상 형사사건의 토지관할 구역
을 정해 놓은 '각급 법원의 설치와 관할구역에 관한 법률' 제4조에 기한 [별표 3]의
관할구역 구분을 기준으로 정하여야 할 것인바, 형사사건의 제1심법원은 각각 일정한
토지관할 구역을 나누어 가지는 대등한 관계에 있으므로 그 상급법원은 위 표에서 정
한 제1심법원들의 토지관할 구역을 포괄하여 관할하는 고등법원이 된다고 할 것이다.

따라서 토지관할을 달리하는 수개의 제1심법원들에 관련 사건이 계속된 경우에 그
소속 고등법원이 같은 경우에는 그 고등법원이, 그 소속 고등법원이 다른 경우에는 대
법원이 위 제1심법원들의 공통되는 직근상급법원으로서 위 조항에 의한 토지관할 병합
심리 신청사건의 관할 법원이 된다.

이와 달리 위 조항의 상급법원을 이른바 심급관할에 따른 상급법원으로 본 대법원
1991. 2. 12.자 90초112 결정 등은 이와 배치되는 범위 내에서 모두 변경하기로 한다.

## V. 결 론

이 사건 토지관할 병합심리 신청의 대상사건들은 서울중앙지방법원 2006고단3591 무고 피고사건과 수원지방법원 성남지원 2006고단1276 무고 피고사건인바, 위 사건들의 제1심법원들은 모두 서울고등법원 소속이므로 이 사건 신청의 관할 법원은 서울고등법원이고, 대법원은 관할권이 없다 할 것이다.

따라서 대법원을 관할 법원으로 하여 제기한 이 사건 신청은 관할을 위반한 잘못이 있으나, 이는 대법원의 종전 견해에 따른 것임을 고려하여 관할 법원인 서울고등법원으로 이송하여 처리하도록 하기로 한다(대법원 2003. 9. 23.자 2002모344 결정 참조).

# 제3절 불공평한 재판을 할 염려가 있는 때의 의미

## Ⅰ. 사례요지

재판부가 당사자의 증거신청을 채택하지 아니하였으며, 또 재항고인의 소송기록열람신청에 대하여 국선변호인이 선임되어 있으니 국선변호인을 통하여 소송기록의 열람 및 등사신청을 하도록 알려준 것은 재판장의 부당한 소송지휘라고 볼 수 있다.

## Ⅱ. 논 점

형사소송법 제18조 제1항 제2호 소정의 '불공평한 재판을 할 염려가 있는 때'의 의미

## Ⅲ. 법규연구 (형사소송법)

제18조(기피의 원인과 신청권자) ① 검사 또는 피고인은 다음 경우에 법관의 기피를 신청할 수 있다.
2. 법관이 불공평한 재판을 할 염려가 있는 때

## Ⅳ. 관련 판례

### 1. 원심 (광주고법 1995. 12. 6.자 95초40 결정)

기피원인에 관한 형사소송법 제18조 제1항 제2호 소정의 '<u>불공평한 재판을 할 염려가 있는 때</u>'라 함은 당사자가 불공평한 재판이 될지도 모른다고 추측할 만한 주관적인 사정이 있는 때를 말하는 것이 아니라, 통상인의 판단으로서 법관과 사건과의 관계상 불공평한 재판을 할 것이라는 의혹을 갖는 것이 합리적이라고 인정할 만한 객관적인 사정이 있는 때를 말하는 것 인데(대법원 1987. 10. 21.자 87두10 결정, 1990. 11. 2.자 90모44 결정 참조), 이 사건의 경우 재판부가 당사자의 증거신청을 채택하지 아니하였다는 사정만으로는 재판의 공평을 기대하기 어려운 객관적인 사정이 있다고 할 수 없고, 또 재항고인의 소송기록열람신청에 대하여 국선변호인이 선임되어 있으니 국선변호인을 통하여 소송기록의 열람 및 등사신청을 하도록 알려준 것을 가리켜 재판장의 부당한 소송지휘라고 볼 수 없고, 국선변호인이 불성실한 변론을 하였다고 볼 만한 아무런 자료가 없으므로 재판장이 국선변호인에게 성실한 변론을 하도록 촉구하지 아니한 잘못을 범하였다고도 볼 수 없으며, 그 밖에 기피신청된 법관들이 자의적이고 부당한 증거채부의 결정을 하였다거나 재항고인의 방어권 행사를 저지하였다고 볼 만한 아무런 소명자료가 없어서, 불공평한 재판을 할 것이라는 의혹을 갖는 것이 합리적이라

고 인정할 만한 객관적인 사정이 인정되지 않는다는 이유로 재항고인의 기피신청을 기각하는 결정을 하였다.

## 2. 대법원 (대법원 1996. 2. 9., 자, 95모93 결정)

원심의 위와 같은 판단은 정당하고, 원심결정에 논하는 바와 같은 법리오해의 위법이 있다고 볼 수 없으므로, 논지는 모두 이유가 없다.

## V. 결 론

기피원인에 관한 형사소송법 제18조 제1항 제2호 소정의 '불공평한 재판을 할 염려가 있는 때'라 함은 당사자가 불공평한 재판이 될지도 모른다고 추측할 만한 주관적인 사정이 있는 때를 말하는 것이 아니라, 통상인의 판단으로서 법관과 사건과의 관계상 불공평한 재판을 할 것이라는 의혹을 갖는 것이 합리적이라고 인정할 만한 객관적인 사정이 있는 때를 말하는 것이다.

## Ⅵ 유사판례

### 1. 재판부가 당사자 증거신청을 채택하지 아니한 것이 법관기피 원인 여부

형사소송법 제18조 제1항 제2호의 "불공평한 재판을 할 염려가 있는 때"라 함은 당사자가 불공평한 재판이 될지도 모른다고 추측할 만한 주관적 사정이 있는 때를 의미하는 것이 아니고 법관과 사건과의 관계상 불공평한 재판을 할 것이라는 의혹을 갖는 것이 합리적이라고 인정할 만한 객관적인 사정이 있는 때를 말하는 것이므로, 재판부가 당사자의 증거신청을 채택하지 아니하였다는 사정만으로는 재판의 공평을 기대하기 어려운 객관적인 사유가 있다 할 수 없다. (대법원 1991. 12. 7., 자, 91모79 결정)

# 제4절 법인의 형사소송법상 당사자능력 존속 여부

## I. 사례요지

법인의 해산 또는 청산종결 등기 이전에 있었던 업무나 재산에 관한 위반행위에 대하여 법인에 대한 청산종결 등기가 된 이후 수사가 개시되거나 공소가 제기되었다. 이때 법인의 형사소송법상 당사자능력이 존속하는지.

## II. 논 점

1. 법인의 해산 또는 청산종결 등기 이전에 있었던 업무나 재산에 관한 위반행위에 대하여 법인에 대한 청산종결 등기가 된 이후 수사가 개시되거나 공소가 제기된 경우
2. 법인에 형사소송법상 당사자능력이 존속하는지 여부(적극)

## III. 법규연구 (형사소송법)

제27조(법인과 소송행위의 대표) ① 피고인 또는 피의자가 법인인 때에는 그 대표자가 소송행위를 대표한다.

② 수인이 공동하여 법인을 대표하는 경우에도 소송행위에 관하여는 각자가 대표한다.

제328조(공소기각의 결정) ① 다음 경우에는 결정으로 공소를 기각하여야 한다.

  2. 피고인이 사망하거나 피고인인 법인이 존속하지 아니하게 되었을 때

## IV. 관련 판례

### 1. 원심 (수원지법 2018. 8. 22. 선고 2018노1578 판결)

다음과 같은 이유로 피고인 주식회사에 대한 이 사건 공소사실을 유죄로 인정한 제1심판결을 그대로 유지하였다. 이 사건 약식명령 이전에 피고인 회사에 대한 청산종결 등기가 되었더라도 피고인 회사의 대표자와 사용인이 피고인 회사 존속 중에 그 업무에 관하여 무등록 투자일임업을 하였고, 이 사건 약식명령 청구 당시 피고인 회사의 실질적인 청산사무가 종결되지 않았다. 따라서 피고인 회사는 형사소송법상 당사자능력이 그대로 존속한다.

### 2. 대법원 (대법원 2021. 6. 30., 선고, 2018도14261 판결)

법인에 대한 청산종결 등기가 되었더라도 청산사무가 종결되지 않는 한 그 범위 내

에서는 청산법인으로 존속한다(대법원 2003. 2. 11. 선고 99다66427, 73371 판결 등 참조). 법인의 해산 또는 청산종결 등기 이전에 업무나 재산에 관한 위반행위가 있는 경우에는 청산종결 등기가 된 이후 위반행위에 대한 수사가 개시되거나 공소가 제기되더라도 그에 따른 수사나 재판을 받는 일은 법인의 청산사무에 포함되므로, 그 <u>사건이 종결될 때까지 법인의 청산사무는 종료되지 않고 형사소송법상 당사자능력도 그대로 존속한다.</u>

## V. 결 론

원심판결 이유를 위에서 본 법리에 비추어 살펴보면, 원심판결에 상고이유 주장과 같이 형사소송법상 법인의 당사자능력에 관한 법리를 오해하거나 형사소송법 제328조 제1항 제2호를 위반한 잘못이 없다.

## VI 유사판례

### 1. 정리회사가 피고인인 형사소송에서 그 관리인이 정리회사 대표자가 되는지

주식회사에 대하여 회사정리개시 결정이 내려져 있는 경우라고 하더라도 적법하게 선임된 대표이사가 있는 한 그 대표이사가 형사소송법 제27조 제1항에 의하여 피고인인 회사를 대표하여 소송행위를 할 수 있고, 정리회사의 관리인은 정리회사의 기관이거나 그 대표자가 아니고 정리회사와 그 채권자 및 주주로 구성되는 소외 <u>이해관계인단체의 관리자로서 일종의 공적 수탁자이므로 관리인이 형사소송에서 피고인인 정리회사의 대표자가 된다고 볼 수 없다.</u> (대법원 1994. 10. 28., 자, 94모25 결정)

### 2. 소추되어 공판계속 중에 청산종결의 등기가 경료된 법인의 당사자능력

법인은 그 청산결료의 등기가 경료되었다면 특단의 사정이 없는 한 법인격이 상실되어 법인의 당사자능력 및 권리능력이 상실되었다고 추정할 것이나 법인세체납 등으로 공소제기되어 그 피고사건의 공판계속중에 그 법인의 청산결료의 등기가 경료되었다고 하더라도 동 <u>사건이 종결되지 아니하는 동안법인의 청산사무는 종료된 것이라 할 수 없고 형사소송법상 법인의 당사자능력도 그대로 존속한다.</u> (대법원 1986. 10. 28., 선고, 84도693 판결)

# 제 2 장

# 변호인

## 제1절 변호인선임신고서 미제출 변호인이 재항고장 제출

### I. 사례요지

재항고인이 제1심에서만 변호인선임신고서를 제출하고 원심과 재항고심에는 별도의 변호인 선임신고서를 제출하지 않았는데, 재항고인의 제1심 변호인이 그 명의로 재항고장을 제출한 경우

### II. 논 점

1. 변호인선임신고서를 제출하지 않은 변호인이 변호인 명의로 재항고장을 제출한 경우, 재항고장이 적법·유효한 재항고의 효력이 있는지(소극)

2. 법정기간 내에 변호인선임신고서의 제출 없이 변호인 명의로 제출된 재항고장은 재항고의 효력이 있는지

### III. 법규연구 (형사소송법)

제32조(변호인선임의 효력) ① 변호인의 선임은 심급마다 변호인과 연명날인한 서면으로 제출하여야 한다.

제406조(항고의 절차) 항고를 함에는 항고장을 원심법원에 제출하여야 한다.

제415조(재항고) 항고법원 또는 고등법원의 결정에 대하여는 재판에 영향을 미친 헌법·법률·명령 또는 규칙의 위반이 있음을 이유로 하는 때에 한하여 대법원에 즉시항고를 할 수 있다.

### IV. 관련 판례 (대법원 2017. 7. 27., 자, 2017모1377 결정)

형사소송법 제32조 제1항에서 변호인의 선임은 심급마다 변호인과 연명날인한 서면으로 제출하여야 한다고 규정하고 있다. 그리고 변호인선임신고서를 제출하지 않은 변호인이 변호인 명의로 재항고장을 제출한 경우, 그 재항고장은 적법·유효한 재항고의 효력이 없다(대법원 2005. 1. 20.자 2003모429 결정 등 참조).

기록에 의하면, 재항고인은 제1심에서만 변호인선임신고서를 제출하였고 원심과 재항고심에는 별도의 변호인선임신고서를 제출하지 않은 사실, 재항고인의 제1심 변호인

인 공소외 법무법인이 그 명의로 2017. 5. 4. 이 사건 재항고장을 제출한 사실을 알수 있다. 이러한 사실관계를 앞에서 본 법리에 비추어 살펴보면, 법정기간 내에 변호인선임신고서의 제출 없이 변호인 명의로 제출된 재항고장은 재항고의 효력을 인정할수 없으므로, 이 사건 재항고는 법률상의 방식에 위배되었다고 할 것이다.

덧붙여, 이 사건 재항고는 위와 같은 이유로 그 효력을 인정할 수 없지만, 원심은재항고인이 수원구치소에 수감 중이므로 원심 결정서 등본을 수원구치소장에게 송달하여야 함에도 재항고인의 종전 주거지로 위 등본을 송달한 잘못이 있어 그 송달은 효력이 없다(대법원 1995. 6. 14.자 95모14 결정, 대법원 2009. 8. 20.자 2008모630 결정등 참조). 따라서 원심 결정서 등본이 수원구치소장에게 다시 송달된 때 비로소 그 송달의 효력이 발생하므로, 재항고인이 그로부터 3일의 즉시항고기간 내에 재항고를 다시 제기하는 데 법률적 장애가 없다는 점을 지적하여 둔다.

그러므로 형사소송법 제381조, 제376조 제1항에 따라 재항고를 기각하기로 하여, 관여 대법관의 일치된 의견으로 주문과 같이 결정한다

## V. 결 론

변호인선임신고서를 제출하지 않은 변호인이 변호인 명의로 재항고장을 제출한 경우, 그 재항고장은 적법·유효한 재항고의 효력이 없다.

## VI 유사판례

## 1. 상고이유서 제출기간이 지난 후에 변호인 선임서를 제출한 경우

변호인의 선임은 심급마다 변호인과 연명날인한 서면으로 제출하여야 한다(형사소송법 제32조 제1항). 따라서 변호인 선임서를 제출하지 않은 채 상고이유서만을 제출하고 상고이유서 제출기간이 지난 후에 변호인 선임서를 제출하였다면 그 상고이유서는 적법·유효한변호인의 상고이유서가 될 수 없다(대법원 2013. 4. 11. 선고 2012도15128 판결 참조).기록에 의하면, 피고인이 상고장을 제출하고 2014. 10. 10. 대법원으로부터 소송기록 접수통지서를 송달받은 사실, 그런데 피고인의 원심 변호인은 변호인 선임서를 제출하지 않은 상태에서 2014. 10. 28. 상고이유서만을 제출한 후 상고이유서 제출기간이 지난 2014.10. 31.에야 상고심에 관한 변호인 선임서를 제출한 사실이 인정되므로, 원심 변호인이제출한 위 상고이유서는 권한이 있는 자가 제출한 서면이 아니어서 적법한 상고이유서가되지 못한다. 한편 피고인은 상고이유서 제출기간 내에 상고이유서를 제출하지 않았고 상고장에도 상고이유를 적지 않았다. 따라서 이는 형사소송법 제380조 본문에서 정한 상고기각 사유에 해당한다. (대법원 2015. 2. 26., 선고, 2014도12737 판결)

# 제2절 필요적 변호사건에서 '피고인이 심신장애의 의심이 있는 때' 의미

## I. 사례요지

피고인에 대한 폭행, 상해, 재물손괴, 공연음란, 업무방해, 특수재물손괴의 각 공소사실을 모두 유죄로 인정하면서 일부 범행에 대해 심신미약 감경을 한 다음 벌금형을 선고하였고, 이에 대하여 검사만이 양형부당 등을 이유로 항소하였는데, 원심이 검사의 양형부당 주장을 받아들여 제1심판결을 파기하고 피고인에게 징역 10개월을 선고한 사안에서, 원심이 변호인이 선임되지 않은 피고인에 대하여 국선변호인을 선정하지 아니한 채 공판절차를 진행하여 피고인을 법정구속하고 약 2주 후 피고인의 국선변호인을 선정하였다.

## II. 쟁 점

1. 형사소송법 제33조의 취지

2. 법원이 국선변호인을 반드시 선정해야 하는 사유로 형사소송법 제33조 제1항 제5호에서 정한 '피고인이 심신장애의 의심이 있는 때'의 의미

3. 피고인의 의식상태나 사물에 대한 변별능력, 행위통제능력이 결여되거나 저하된 상태로 의심되어 피고인이 공판심리단계에서 효과적으로 방어권을 행사하지 못할 우려가 있다고 인정되는 경우가 이에 포함되는지 여부(적극)

## III. 법규연구 (형사소송법)

제33조(국선변호인) ① 다음 각 호의 어느 하나에 해당하는 경우에 변호인이 없는 때에는 법원은 직권으로 변호인을 선정하여야 한다.

 1. 피고인이 구속된 때

 2. 피고인이 미성년자인 때

 3. 피고인이 70세 이상인 때

 4. 피고인이 농아자인 때

 5. 피고인이 심신장애의 의심이 있는 때

 6. 피고인이 사형, 무기 또는 단기 3년 이상의 징역이나 금고에 해당하는 사건으로 기소된 때

② 법원은 피고인이 빈곤이나 그 밖의 사유로 변호인을 선임할 수 없는 경우에 피고인이 청구하면 변호인을 선정하여야 한다.

③ 법원은 피고인의 나이·지능 및 교육 정도 등을 참작하여 권리보호를 위하여 필요하다고 인정하면 피고인의 명시적 의사에 반하지 아니하는 범위에서 변호인을 선정하여야 한다.

제282조(필요적 변호) 제33조제1항 각 호의 어느 하나에 해당하는 사건 및 같은 조 제2항·제3항의 규정에 따라 변호인이 선정된 사건에 관하여는 변호인 없이 개정하지 못한다. 단, 판결만을 선고할 경우에는 예외로 한다.

## IV. 관련 판례

### 1. 원심 (대구지방법원 2019. 5. 28. 선고 2019노11 판결)

각 범행은 비록 심신미약 상태에서 이루어진 것이나, 그 죄질이 매우 나쁘고, 피해자들에게 상당한 육체적, 정신적 고통을 초래하였을 것으로 보인다. 피고인에게는 상습절도죄 등을 비롯한 각종 범죄로 20회 가량 처벌받은 전력이 있고, 그 중 14회는 실형으로 처벌받은 것이며, 강간상해죄 등의 성범죄, 특정범죄가중처벌등에관한법률위반(보복범죄등)죄 등의 폭력범죄로 처벌받은 범죄전력도 포함되어 있다. 그럼에도 피고인은 특정범죄가중처벌등에관한법률위반(보복범죄등)죄 등으로 인한 형의 집행을 종료한 후 불과 10일가량 지나 이 사건 각 범행을 다시 저지르는 등 재범의 위험성이 매우 높아 보인다. 그 밖에 피고인의 나이, 성행, 환경, 범행의 동기와 경위, 수단과 방법, 범행 후의 정황 등 이 사건 변론 및 기록에 나타난 양형의 조건이 되는 여러 사정을 종합하면, 원심이 선고한 형이 지나치게 가벼워서 부당하다.

### 2. 대법원 (대법원 2019. 9. 26. 선고, 2019도8531 판결)

가. 형사소송법 제33조는 헌법 제12조에 의하여 피고인에게 보장된 변호인의 조력을 받을 권리가 공판심리절차에서 효과적으로 실현될 수 있도록 일정한 경우에 직권 또는 피고인의 청구에 의한 법원의 국선변호인 선정의무를 규정하는 한편(제1항, 제2항), 피고인의 연령·지능 및 교육 정도 등을 참작하여 권리 보호를 위하여 필요하다고 인정되는 때에도 피고인의 명시적 의사에 반하지 아니하는 범위 안에서 법원이 국선변호인을 선정하여야 한다고 규정하고 있다(제3항). 그리고 형사소송법 제282조는 제33조제1항의 필요적 변호 사건과 제2항, 제3항에 따라 국선변호인이 선정된 사건에 관하여는 변호인 없이 개정하지 못한다고 규정하고 있다.

헌법상 변호인의 조력을 받을 권리와 형사소송법에 국선변호인 제도를 마련한 취지 등에 비추어 보면, 법원이 국선변호인을 반드시 선정해야 하는 사유로 형사소송법 제33조 제1항 제5호에서 정한 '피고인이 심신장애의 의심이 있는 때' 라 함은 진단서나 정신감정 등 객관적인 자료에 의하여 피고인의 심신장애 상태를 확신할 수 있거나 그러한 상태로 추단할 수 있는 근거가 있는 경우는 물론, 범행의 경위, 범행의 내용과 방법, 범행 전후 과정에서 보인 행동 등과 아울러 피고인의 연령·지능·교육 정도 등 소송기록과 소명자료에 드러난 제반 사정에 비추어 피고인의 의식상태나 사물에 대한 변별능력, 행위통제능력이 결여되거나 저하된 상태로 의심되어 피고인이 공판심리단계에서 효과적으로 방어권을 행사하지 못할 우려가 있다고 인정되는 경우를 포함한다.

나. 이 사건 범행의 내용, 이 사건 범행 전후에 나타난 피고인의 이상행동, 구속수감된 이후에도 계속된 피고인의 정신이상 증세, 정신과 전문의의 진단 결과와 약물 처방내역 등 제반 사정을 앞서 본 법리에 비추어 살펴보면, 이 사건 범행 당시 정신이상 증세로 인한 피고인의 심신장애 상태가 원심 공판심리단계에서도 계속되어 피고인이 공판심리단계에서 효과적으로 방어권을 행사하지 못할 우려가 있었을 가능성을 배제할 수 없고, 이는 형사소송법 제33조 제1항 제5호의 '심신장애의 의심이 있는 때'에 해당한다고 볼 여지가 충분하다.

나아가 항소심에서의 국선변호인 선정과 관련하여 대법원은, 제1심에서 피고인의 청구 또는 직권으로 국선변호인이 선정되어 공판이 진행된 경우 항소법원은 특별한 사정변경이 없는 한 국선변호인을 선정하는 것이 바람직하고(대법원 2013. 7. 11. 선고 2013도351 판결 등 참조), 특히 이 사건과 같이 제1심법원이 피고인에 대하여 벌금형을 선고하였으나 검사만이 양형부당으로 항소한 사안에서 항소법원이 변호인이 선임되지 않은 피고인에 대하여 검사의 양형부당 항소를 받아들여 형을 선고하는 경우에는 판결선고 후 피고인을 법정구속한 뒤에 비로소 국선변호인을 선정하는 것보다는 공판심리단계에서부터 국선변호인의 선정을 적극적으로 고려하여야 한다(대법원 2016. 11. 10. 선고 2016도7622 판결 등 참조)는 점을 누차 강조해 왔다.

## V. 결 론

따라서 형사소송법 제282조, 제33조 제1항 제5호에서 정한 필요적 변호 사건에 해당한다고 볼 여지가 충분할 뿐만 아니라, 같은 법 제33조 제3항에 따라 피고인의 명시적인 의사에 반하지 아니하는 범위 안에서 피고인의 권리 보호를 위해 직권으로 국선변호인을 선정하여야 할 필요성도 있는 이 사건에서, 변호인이 선임되지 않은 피고인에 대하여 국선변호인을 선정하지 아니한 채 공판절차를 진행한 원심의 조치는 그 소송절차가 형사소송법에 어긋나 위법하고, 위와 같이 위법한 공판절차에서 이루어진 소송행위는 무효로 보아야 한다. 원심판결은 그 소송절차가 법령을 위반하여 판결에 영향을 미친 잘못이 있고, 이 점을 지적하는 상고이유 주장은 이유 있다.

# VI. 유사판례

## 1. 형사소송법 제33조 제3항의 법원이 재량으로 국선변호인 선임사유

형사소송법 제33조는 제1항에서 변호인을 반드시 선임해야 하는 사유를 정하고 있고, 제3항은 "법원은 피고인의 연령·지능 및 교육 정도 등을 참작하여 권리보호를 위하여 필요하다고 인정하는 때에는 피고인의 명시적 의사에 반하지 아니하는 범위 안에서 변호인을 선정하여야 한다."라고 정하고 있다. 형사소송법 제33조 제3항에 따른 국선변호인 선임은 법원이 피고인의 권리를 보호하기 위하여 필요하다고 인정하는 경우에 한하여 변호인을 선임하는 것이고, 모든 형사사건에 변호인을 선임하여야 하는 것은 아니다. (대법원 2017. 8. 18., 선고, 2017도9137 판결)

## 2. 형사소송법 제33조 제1항 제1호에서 정한 '피고인이 구속된 때'의 의미

형사소송법 제33조 제1항은 국선변호인을 반드시 선정해야 하는 사유를 정하고 있는데, 그 제1호에서 정한 '피고인이 구속된 때'라고 함은, 피고인이 형사사건에서 구속되어 재판을 받고 있는 경우를 의미하고, 피고인이 별건으로 구속되어 있거나 다른 형사사건에서 유죄로 확정되어 수형 중인 경우는 이에 해당하지 않는다. (대법원 2017. 5. 17., 선고, 2017도3780 판결)

# 제3절 필요적 변호사건에서 제1심 공판절차가 변호인 없이 이루어진 경우

## Ⅰ. 사례요지

피고인에 대한 공소사실 중 폭력행위 등 처벌에 관한 법률 위반(집단·흉기등상해)의 점은 폭력행위 등 처벌에 관한 법률 제3조 제1항, 제2조 제1항, 형법 제257조 제1항에 의하여 법정형이 3년 이상의 유기징역이므로 이 사건은 형사소송법 제282조에 규정된 필요적 변호사건에 해당한다. 그럼에도 제1심에서 변호인이 없는 피고인에 대하여 국선변호인을 선정하지 아니한 채로 개정하여 증거조사와 피고인신문 등 심리가 이루어졌다.

## Ⅱ. 논 점

1. 필요적 변호사건에서 제1심 공판절차가 변호인 없이 이루어진 경우
2. 제1심이 행한 소송행위의 효력(=무효) 및 항소심이 취해야 할 조치

## Ⅲ. 법규연구 (형사소송법)

제33조(국선변호인) ① 다음 각 호의 어느 하나에 해당하는 경우에 변호인이 없는 때에는 법원은 직권으로 변호인을 선정하여야 한다.

1. 피고인이 구속된 때
2. 피고인이 미성년자인 때
3. 피고인이 70세 이상인 때
4. 피고인이 농아자인 때
5. 피고인이 심신장애의 의심이 있는 때
6. 피고인이 사형, 무기 또는 단기 3년 이상의 징역이나 금고에 해당하는 사건으로 기소된 때

② 법원은 피고인이 빈곤이나 그 밖의 사유로 변호인을 선임할 수 없는 경우에 피고인이 청구하면 변호인을 선정하여야 한다.

③ 법원은 피고인의 나이·지능 및 교육 정도 등을 참작하여 권리보호를 위하여 필요하다고 인정하면 피고인의 명시적 의사에 반하지 아니하는 범위에서 변호인을 선정하여야 한다.

제282조(필요적 변호) 제33조제1항 각 호의 어느 하나에 해당하는 사건 및 같은 조 제2항·제3항의 규정에 따라 변호인이 선정된 사건에 관하여는 변호인 없이 개정하지 못한다. 단, 판결만을 선고할 경우에는 예외로 한다.

## IV. 관련 판례

### 1. 원심 (창원지법 2011. 5. 13. 선고 2010노2787 판결)

직권으로 제1심이 필요적 변호사건인 이 사건에서 변호인 없이 개정하여 사건을 심리한 위법 등이 있다는 이유로 제1심판결을 파기하고 다시 판결하면서 그 범죄사실에 대한 증거의 요지를 제1심판결의 해당란 기재를 그대로 인용하였고, 폭력행위 등 처벌에 관한 법률 위반(집단 · 흉기등상해)의 점에 관하여 오원철과 공모하지 아니하였고 전혀 예견하지도 못하였다는 취지의 피고인의 주장에 대하여는 제1심이 적법하게 채택, 조사한 증거에 의하면 이 부분 공소사실을 충분히 인정할 수 있다고 판단하였다.

### 2. 대법원 (대법원 2011. 9. 8., 선고, 2011도6325 판결)

가. 형사소송법 제282조에 규정된 필요적 변호사건에 해당하는 사건에서 제1심의 공판절차가 변호인 없이 이루어져 증거조사와 피고인신문 등 심리가 이루어졌다면, 그와 같은 위법한 공판절차에서 이루어진 증거조사와 피고인신문 등 일체의 소송행위는 모두 무효이므로, 이러한 경우 항소심으로서는 변호인이 있는 상태에서 소송행위를 새로이 한 후 위법한 제1심판결을 파기하고, 항소심에서의 증거조사 및 진술 등 심리 결과에 기하여 다시 판결하여야 한다 (대법원 1995. 4. 25. 선고 94도2347 판결, 대법원 2002. 6. 14. 선고 2002도1639 판결, 대법원 2002. 9. 24. 선고 2002도2544 판결 등 참조).

나. 피고인에 대한 공소사실 중 폭력행위 등 처벌에 관한 법률 위반(집단 · 흉기등상해)의 점은 폭력행위 등 처벌에 관한 법률 제3조 제1항, 제2조 제1항, 형법 제257조 제1항에 의하여 법정형이 3년 이상의 유기징역이므로 이 사건은 형사소송법 제282조에 규정된 필요적 변호사건에 해당한다.

그런데 기록에 의하면, 제1심에서는 변호인이 없는 피고인에 대하여 국선변호인을 선정하지 아니한 채로 개정하여 증거조사와 피고인신문 등 심리가 이루어졌음을 알 수 있으므로, 그 소송행위는 모두 무효이고, 따라서 제1심에서 한 증거조사 결과와 피고인의 진술은 유죄의 증거로 삼을 수 없다.

## V. 결 론

원심이 위와 같이 증거조사와 피고인신문 등 소송행위를 새로이 하지 아니한 채 위법한 제1심 공판절차에서 한 증거조사 결과와 피고인의 진술을 유죄의 증거로 삼아 그대로 판결을 선고한 것은 잘못이다.

결국, 원심은 필요적 변호사건에서 변호인 없이 이루어진 소송행위의 효력에 관한 법리를 오해하여 재판을 그르친 것이다.

## VI 유사판례

### 1. 변호인 없는 불구속 사건에서 국선변호인 없이 판결한 다음 법정구속된 경우 필요적 변호 위반 여부

형사소송법 제33조 제1항 제1호 소정의 '피고인이 구속된 때'라고 함은 피고인이 당해 형사사건에서 이미 구속되어 재판을 받는 경우를 의미하는 것이므로, 불구속 피고인에 대하여 판결을 선고한 다음 법정구속을 하더라도 구속되기 이전까지는 위 규정이 적용된다고 볼 수 없다. 피고인은 원심판결 선고 이전까지 불구속 상태로 재판을 받은 사실을 알 수 있으므로, 원심이 피고인에 대하여 국선변호인을 선정하지 아니한 채 판결을 선고한 다음 피고인을 법정구속하였다고 하더라도 이러한 원심의 조치에 상고이유에서 주장하는 바와 같은 소송절차에 관한 법령을 위반한 위법이 있다고 볼 수 없다. (대법원 2011. 3. 10., 선고, 2010도17353 판결)

# 제4절 청각장애인의 경우 국선변호인 선정 필요 여부의 판단기준

## I. 사례요지

피고인은 3급 청각(청력)장애인으로서 공판기일에서의 구술로 진행되는 변론과정이나 증거서류의 낭독 등 증거조사과정에서 방어권을 행사하면서 상당한 곤란을 겪는 정도인 사실, 피고인은 2010. 2. 11. 청각장애로 인해 제1심 재판장의 질문을 제대로 듣지 못한 상태에서 대충 답변을 하였다는 취지가 담긴 항소이유서와 국선변호인 선정청구서를 함께 제출하면서 장애인증명서를 이에 첨부하였다.

## II. 논 점

1. 청각장애인 피고인의 경우, 국선변호인을 선정할 필요가 있는지의 판단기준
2. 그 위반의 효과

## III. 법규연구 (형사소송법)

제33조(국선변호인) ② 법원은 피고인이 빈곤이나 그 밖의 사유로 변호인을 선임할 수 없는 경우에 피고인이 청구하면 변호인을 선정하여야 한다.
③ 법원은 피고인의 나이·지능 및 교육 정도 등을 참작하여 권리보호를 위하여 필요하다고 인정하면 피고인의 명시적 의사에 반하지 아니하는 범위에서 변호인을 선정하여야 한다.

## IV. 관련 판례

### 1. 원심 (서울중앙지법 2010. 4. 8. 선고 2010노267 판결)

피고인의 연령·지능·교육 정도를 비롯한 청각장애의 정도 등을 확인하여 그 권리보호를 위한 필요성이 인정되는지를 심리하지 아니한 채 그다음 날인 2010. 2. 12. 피고인의 국선변호인 선정청구를 기각하는 결정을 한 다음 이후 공판심리과정에서도 변호인 없이 공판기일을 진행하였다.

### 2. 대법원 (대법원 2010. 6. 10., 선고, 2010도4629 판결)

형사소송법 제33조 제1항, 제2항은, 헌법 제12조에 의하여 피고인에게 보장된 변호인의 조력을 받을 권리가 공판심리절차에서 효과적으로 실현될 수 있도록 일정한 경우에 직권 또는 청구에 의한 법원의 국선변호인 선정의무를 규정하고, 형사소송법 제33조 제3항은 "법원은 피고인의 연령·지능 및 교육 정도 등을 참작하여 권리보호를 위

하여 필요하다고 인정하는 때에는 피고인의 명시적 의사에 반하지 아니하는 범위 안에서 변호인을 선정하여야 한다.”고 규정하고 있다.

한편, 법 제275조의3은 “공판정에서의 변론은 구두로 하여야 한다.”고 규정함으로써 구두변론 원칙을 선언하고 있고, 이에 따라 공판정에서 이루어지는 대부분 형사소송절차, 즉 기일에서의 진술거부권 고지(법 제283조의2), 재판장의 인정신문(법 제284조), 검사의 공소사실 등에 관한 모두진술(법 제285조), 피고인의 공소사실 인정 여부 및 이익되는 사실에 대한 진술(법 제286조), 증거서류에 대한 조사절차에서의 원칙적 낭독(법 제292조) 등의 절차가 모두 구술에 의해 이루어지게 된다. 그런데 피고인이 이러한 구두변론에 의한 공판심리절차에서 자력에 의한 방어권 행사가 곤란하다고 인정되는 청각장애인인 경우에는 소송계속 중 공소사실과 관련된 신문내용이나 증거조사의 결과 등을 제대로 확인하지 못한 채 공판심리에 임하게 됨으로써 방어권을 효과적으로 행사하지 못할 가능성이 높다.

그렇다면 앞서 본 헌법상 변호인의 조력을 받을 권리 및 형사소송법상 국선변호인 제도의 취지 등에 비추어, 법원으로서는 형사소송법 제33조 제3항의 규정을 준용하여 피고인의 연령·지능·교육 정도를 비롯한 청각장애의 정도 등을 확인한 다음, 권리보호를 위하여 필요하다고 인정하는 때에는 청각장애인인 피고인의 명시적 의사에 반하지 아니하는 범위 안에서 국선변호인을 선정하여 방어권을 보장해 줄 필요가 있다 할 것이고, 그럼에도 국선변호인의 선정 없이 공판심리가 이루어져 피고인의 방어권이 침해됨으로써 판결 결과에 영향을 미쳤다고 인정되는 경우에는 형사소송법 제33조 제3항을 위반한 위법이 있다고 보아야 할 것이다(대법원 2010. 4. 29. 선고 2010도881 판결 등 참조).

## V. 결 론

원심판결에는 형사소송법 제33조 제3항에 관한 법리를 오해한 나머지 피고인의 방어권을 보장하기 위하여 국선변호인 선정이 필요한 경우인지 여부에 대하여 필요한 심리를 다하지 아니함으로써 판결에 영향을 미친 위법이 있다고 할 것이다.

# 제5절 수사기관 일방적인 처분으로 변호인 접견교통권 제한 가능여부

## I. 사례요지

다른 공동변호인들이 선임되어 변호인들이 수시로 접견권을 행사함으로써 수사기관의 수사의 어려움이 발생하였고 변호사가 피의자들로 하여금 진술거부권을 행사하도록 조언하는 등의 이유로 검사가 변호인에 대해 이 사건 접견불허처분을 하였다.

## II. 논 점

1. 수사기관의 일방적인 처분 등을 통하여 함부로 변호인의 접견교통권을 제한할 수 있는지(소극)
2. 변호인의 접견교통권의 한계
3. 변호사의 진실의무와 피의자 또는 피고인의 진술거부권행사 권유와의 관계
4. 신체구속을 당한 피고인 또는 피의자가 범하였다고 의심받는 범죄행위에 자신의 변호인이 관련되었다는 사정만으로 그 변호인과의 접견교통을 금지할 수 있는지(소극)

## III. 법규연구

### 1. 형사소송법

제34조(피고인·피의자와의 접견, 교통, 진료) 변호인이나 변호인이 되려는 자는 신체가 구속된 피고인 또는 피의자와 접견하고 서류나 물건을 수수(授受)할 수 있으며 의사로 하여금 피고인이나 피의자를 진료하게 할 수 있다.

제89조(구속된 피고인과의 접견, 수진) 구속된 피고인은 법률의 범위내에서 타인과 접견하고 서류 또는 물건을 수수하며 의사의 진료를 받을 수 있다.

### 2. 변호사법

제1조 (변호사의 사명) ① 변호사는 기본적 인권을 옹호하고 사회정의를 실현함을 사명으로 한다.
② 변호사는 그 사명에 따라 성실히 직무를 수행하고 사회질서의 유지와 법률제도의 개선에 노력하여야 한다.

제24조 (품위유지의무등) ① 변호사는 그 품위를 손상하는 행위를 하여서는 아니된다.
② 변호사는 그 직무를 행함에 있어서 진실을 은폐하거나 허위의 진술을 하여서는 아니된다.

## IV. 관련 판례

### 1. 원심 (서울중앙지법 2006. 11. 29.자 2006보4 결정)

다른 공동변호인들이 선임되어 있더라도 준항고인은 독자적으로 이 사건 피의자들을 접견할 필요가 있고, 변호인들이 수시로 접견권을 행사함으로써 수사기관의 수사에 다소간의 어려움이 발생하였다고 하더라도 총 접견시간 등 제반 사정에 비추어 준항고인이 접견권의 행사를 빙자하여 수사를 방해하려는 것이라고 단정할 수 없으며, 준항고인이 이 사건 피의자들로 하여금 진술거부권을 행사하도록 법률적 조언을 하는 것을 위법하다고 할 수 없고, 준항고인의 접견권 행사가 준항고인 자신을 위한 것이라고 단정할 수도 없다는 등의 이유로 검사의 이 사건 접견불허처분이 위법하다고 판단하였다.

### 2. 대법원 (대법원 2007. 1. 31. 자 2006모657 결정)

가. 헌법 제12조 제4항 본문은 "누구든지 체포 또는 구속을 당한 때에는 즉시 변호인의 조력을 받을 권리를 가진다." 라고 규정하여 체포 또는 구속을 당한 사람이 변호인의 조력을 받을 권리를 기본적 인권의 하나로 보장하고 있는바, 이는 변호인과 자유로운 접견교통을 통하여 실현될 수 있는 것이므로 형사소송법은 이를 실질적으로 보장하기 위하여 제34조에서 "변호인 또는 변호인이 되려는 자는 신체구속을 당한 피고인 또는 피의자와 접견하고 서류 또는 물건을 수수할 수 있다." 라고 규정하는 외에, 제89조에서 "구속된 피고인은 법률의 범위 내에서 타인과 접견할 수 있다." 라고 규정하고 이를 제209조에 의하여 체포 또는 구속된 피의자에 관하여 준용하고 있으며, 신체구속을 당한 피고인 또는 피의자에 대한 변호인의 접견교통권을 직접적으로 제한하는 규정을 따로 두고 있지는 않다.

나. 그러나 형사소송법상 체포 또는 구속은 죄를 범하였다고 의심할 만한 타당한 이유가 있는 피의자 또는 피고인의 도망이나 증거인멸을 방지하고 출석을 보장하기 위해 이루어지는 것이므로(제70조, 제200조의2, 제201조), 신체구속을 당한 피고인 또는 피의자에 대한 변호인의 접견교통권은 위와 같은 신체구속 제도의 본래 목적을 침해하지 아니하는 범위 내에서 행사되어야 하고, 이러한 한계를 일탈하는 접견교통권의 행사는 정당한 접견교통권의 행사에 해당하지 아니하여 허용될 수 없는 것으로 보아야 할 것이다.

다만, 신체구속을 당한 사람에 대한 변호인의 접견교통권은 헌법상 기본권의 하나로 보장되고 있는 신체구속을 당한 사람이 변호인의 조력을 받을 권리와 표리관계에 있는 것이므로 그 접견교통권의 행사가 위와 같은 한계를 일탈한 것이라고 인정함에서는 신체구속을 당한 사람의 헌법상의 기본적 권리로서의 변호인의 조력을 받을 권리의 본질적인 내용이 침해되는 일이 없도록 신중을 기하여야 한다.

한편, 변호사인 변호인에게는 변호사법이 정하는 바에 따라서 이른바 진실의무가 인정되는 것이지만, 변호인이 신체구속을 당한 사람에게 법률적 조언을 하는 것은 그 권리이자 의무이므로 변호인이 적극적으로 피고인 또는 피의자로 하여금 허위진술을 하도록 하는 것이 아니라 단순히 헌법상 권리인 진술거부권이 있음을 알려 주고 그 행사를 권고하는 것을 가리켜 변호사로서의 진실의무에 위배되는 것이라고는 할 수 없다.

나아가, 신체구속을 당한 피의자 또는 피고인이 범한 것으로 의심받고 있는 범죄행위에 해당 변호인이 관련되어 있다는 등의 사유에 기하여 그 변호인의 변호활동을 광범위하게 규제하는 변호인의 제척(除斥)과 같은 제도를 두고 있지 아니한 우리 법제 아래에서는, 변호인의 접견교통의 상대방인 신체구속을 당한 사람이 그 변호인을 자신의 범죄행위에 공범으로 가담시키려고 하였다는 등의 사정만으로 그 변호인의 신체구속을 당한 사람과의 접견교통을 금지하는 것이 정당화될 수는 없다.

이러한 법리는 신체구속을 당한 사람의 변호인이 1명이 아니라 여러 명이라고 하여 달라질 수 없고, 어느 변호인의 접견교통권의 행사가 그 한계를 일탈한 것인지의 여부는 해당 변호인을 기준으로 하여 개별적으로 판단하여야 할 것이다.

## V. 결 론

신체구속을 당한 사람의 변호인이 1명이 아니라 여러 명이라고 하여 달라질 수 없고, 어느 변호인의 접견교통권의 행사가 그 한계를 일탈한 것인지 아닌지는 해당 변호인을 기준으로 하여 개별적으로 판단하여야 할 것이다.

## VI 유사판례

### 1. 변호인이 되려는 변호사는 문서로서 표시하여야 하는지

변호인이 되려는 변호사는 국가정보원에게 변호인이 되려는 의사를 표시하면서, 국가정보원이 그 의사를 인식하는 데 적당한 방법을 사용하면 되고, 반드시 문서로서 그 의사를 표시하여야 할 필요는 없다. (대법원 2003. 1. 10., 선고, 2002다56628 판결)

# 제6절 변호인의 피의자 수진권에 수사기관 추천 의사를 참여시킨 경우

## I. 사례요지

사건외인이 국가보안법위반 혐의로 국가정보원 사법경찰관에 의하여 긴급체포되었다가 같은 달 23. 구속되어 경찰서 유치장에 인치구금되었는데, 신청인은 사건외인의 변호인으로서 같은 달 25. 의사를 대동하고 국가정보원 사법경찰관에게 사건외인의 진료신청을 하였던바, 이에 대하여 국가정보원 사법경찰관은 진료의 객관성과 적정성을 확보할 필요가 있고, 있을지도 모르는 불법행위를 예방할 필요가 있다는 이유로 국가정보원이 추천하는 의사의 참여 아래에서만 진료를 허용할 수 있다고 하자, 신청인은 그와 같은 제약 아래에서의 수진을 거절함으로써 사건외인에 대한 진료가 이루어지지 못한 사실을 인정한 다음, 국가정보원 사법경찰관의 위와 같은 조치는 변호인인 신청인의 구속피의자에 대한 수진권을 법령상 근거 없이 제한하거나 법령상의 한도를 초과하여 제한함으로써 사실상 변호인의 수진권을 침해한 것이고, 이는 실질적으로 수진불허처분과 동일시되는 것으로서 위법하다고 판단하고, 준항고를 받아들여 수진불허처분을 취소하였다.

## II. 논 점

1. 변호인의 구속된 피고인 또는 피의자와의 접견교통권의 법적 성격
2. 수사기관의 처분에 의하여 변호인의 접견교통권을 제한할 수 있는지(소극)
3. 사법경찰관이 경찰서 유치장에 수용된 피의자에 대한 변호인의 수진권행사에 의무관의 참여를 요구한 것이 변호인의 수진권을 침해하는 위법한 처분인지 여부(소극)

## III. 법규연구

### 1. 형사소송법

제34조(피고인·피의자와의 접견, 교통, 진료) 변호인이나 변호인이 되려는 자는 신체가 구속된 피고인 또는 피의자와 접견하고 서류나 물건을 수수(授受)할 수 있으며 의사로 하여금 피고인이나 피의자를 진료하게 할 수 있다.

### 2. 헌 법

제12조 ④ 누구든지 체포 또는 구속을 당한 때에는 즉시 변호인의 조력을 받을 권리를 가진다. 다만, 형사피고인이 스스로 변호인을 구할 수 없을 때에는 법률이 정하는 바에 의하여 국가가 변호인을 붙인다.

## Ⅳ. 관련 판례

### 1. 원심 (서울지법 2000. 6. 29. 자 2000보1 결정)

국가정보원 사법경찰관의 조치가 변호인의 구속피의자에 대한 수진권을 법령상의 근거 없이 제한하거나 법령상의 한도를 초과하여 제한한 것이다.

### 2. 대법원 (대법원 2002. 5. 6., 자, 2000모112 결정)

변호인의 구속된 피고인 또는 피의자와의 접견교통권은 피고인 또는 피의자 자신이 가지는 변호인과의 접견교통권과는 성질을 달리하는 것으로서 헌법상 보장된 권리라고는 할 수 없고, 형사소송법 제34조에 의하여 비로소 보장되는 권리이지만( 헌법재판소 1991. 7. 8. 89헌마181 결정 참조), <u>신체구속을 당한 피고인 또는 피의자의 인권보장과 방어준비를 위하여 필수불가결한 권리이므로, 수사기관의 처분 등에 의하여 이를 제한할 수 없고, 다만 법령에 의하여서만 제한이 가능하다</u>(대법원 1990. 2. 13. 자 89모37 결정 참조).

그리고 경찰서 유치장은 미결수용실에 준하는 것이어서(행형법 제68조) 그곳에 수용된 피의자에 대하여는 행형법 및 그 시행령이 적용되고, 행형법시행령 제176조는 '형사소송법 제34조, 제89조, 제209조의 규정에 의하여 피고인 또는 피의자가 의사의 진찰을 받는 경우에는 교도관 및 의무관이 참여하고 그 경과를 신분장부에 기재하여야 한다.'고 규정하고 있는바, 이는 피고인 또는 피의자의 신병을 보호, 관리해야 하는 수용기관의 입장에서 수진과정에서 발생할지도 모르는 돌발상황이나 피고인 또는 피의자의 신체에 대한 위급상황을 예방하거나 대처하기 위한 것으로서 합리성이 있으므로, 행형법 제176조의 규정은 변호인의 수진권 행사에 대한 법령상의 제한에 해당한다고 보아야 할 것이다.

## Ⅴ. 결 론

그렇다면 국가정보원 사법경찰관이 경찰서 유치장에 구금되어 있던 대상자에 대하여 <u>의사의 진료를 받게 할 것을 신청한 그 변호인에게 국가정보원이 추천하는 의사의 참여를 요구한 것은 행형법시행령 제176조의 규정에 근거한 것으로서 적법하고</u>, 이를 가리켜 변호인의 수진권을 침해하는 위법한 처분이라고 할 수는 없다.

## VI. 유사판례

### 1. 변호인의 접견교통권에 대한 제한 가부

형사소송법 제34조가 규정한 변호인의 접견교통권은 신체구속을 당한 피고인이나 피의자의 인권보장과 방어준비를 위하여 필수불가결한 권리이므로, 법령에 의한 제한이 없는 한 수사기관의 처분은 물론, 법원의 결정으로도 이를 제한할 수 없다. (대법원 1990. 2. 13., 자, 89모37 결정)

### 2. 임의동행된 피내사자에게 변호인의 접견교통권 인정 여부

임의동행의 형식으로 수사기관에 연행된 피의자에게도 변호인 또는 변호인이 되려는 자와의 접견교통권은 당연히 인정된다고 보아야 하고, 임의동행의 형식으로 연행된 피내사자의 경우에도 이는 마찬가지이다. (대법원 1996. 6. 3., 자, 96모18 결정)

### 3. 구금장소 임의적 변경이 접견교통권의 행사에 중대한 장애 여부

구속영장에는 청구인을 구금할 수 있는 장소로 특정 경찰서 유치장으로 기재되어 있었는데, 청구인에 대하여 위 구속영장에 의하여 1995. 11. 30. 07 : 50경 위 경찰서 유치장에 구속이 집행되었다가 같은 날 08 : 00에 그 신병이 조사차 국가안전기획부 직원에게 인도된 후 위 경찰서 유치장에 인도된 바 없이 계속하여 국가안전기획부 청사에 사실상 구금되어 있다면, 청구인에 대한 이러한 사실상의 구금장소의 임의적 변경은 청구인의 방어권이나 접견교통권의 행사에 중대한 장애를 초래하는 것이므로 위법하다. (대법원 1996. 5. 15., 자, 95모94 결정)

# 제7절 국선변호인 참여통지 누락이 압수·수색 절차의 위반 사유로 문제된 사건

## I. 사례요지

피고인은 2019년 이하 불상경 '○○노래연습장'의 화장실에서 그곳 용변 칸 안에 있는 쓰레기통 바깥쪽에 테이프를 이용하여 비닐로 감싼 소형 카메라를 부착하고, 위 카메라에 연결된 보조배터리를 쓰레기통 안쪽에 부착한 다음 녹화 버튼을 누르는 방법으로, 위 화장실에서 용변을 보는 성명불상 여성의 엉덩이와 음부를 촬영한 것을 비롯하여 2013년경부터 2019년경까지 원심 판시 범죄일람표 순번 1 내지 296 기재와 같이 총 296회에 걸쳐 피해자들이 화장실에서 용변을 보는 모습을 촬영하였다. 이로써 피고인은 카메라나 그 밖에 이와 유사한 기능을 갖춘 기계장치를 이용하여 성적 욕망 또는 수치심을 유발할 수 있는 다른 사람의 신체를 그 의사에 반하여 촬영하였다.

## II. 논 점

1. 저장매체에 대한 압수·수색과정에서 전자정보가 담긴 저장매체, 하드카피나 이미징(imaging) 등 형태(복제본)를 수사기관 사무실 등으로 옮겨 복제·탐색·출력하는 경우, 피압수자나 변호인에게 참여 기회를 보장하고 혐의사실과 무관한 전자정보의 임의적인 복제 등을 막기 위한 적절한 조치를 취하여야 하는지 여부(적극) 및 이러한 조치를 취하지 않은 경우, 압수·수색의 적법 여부(원칙적 소극)

2. 이는 수사기관이 저장매체 또는 복제본에서 혐의사실과 관련된 전자정보만을 복제·출력한 경우에도 마찬가지인지 여부(적극)

3. 형사소송법 제219조, 제121조에서 규정한 변호인의 참여권이 피압수자의 보호를 위하여 변호인에게 주어진 고유권인지 여부(적극)

4. 피압수자가 수사기관에 압수·수색영장의 집행에 참여하지 않는다는 의사를 명시한 경우, 그 변호인에게는 미리 집행의 일시와 장소를 통지하는 등으로 압수·수색영장의 집행에 참여할 기회를 별도로 보장하여야 하는지 여부(원칙적 적극)

## III. 법규연구 (형사소송법)

제121조(영장집행과 당사자의 참여) 검사, 피고인 또는 변호인은 압수·수색영장의 집행에 참여할 수 있다.

제122조(영장집행과 참여권자에의 통지) 압수·수색영장을 집행함에는 미리 집행의 일시와 장소를 전조에 규정한 자에게 통지하여야 한다. 단, 전조에 규정한 자가 참여하지 아니한다는 의사를 명시한 때 또는 급속을 요하는 때에는 예외로 한다.

제219조(준용규정) 제106조, 제107조, 제109조 내지 제112조, 제114조, 제115조제1항 본문, 제2항, 제118조부터 제132조까지, 제134조, 제135조, 제140조, 제141조, 제333조제2항, 제486조의 규정은 검사 또는 사법경찰관의 본장의 규정에 의한 압수, 수색 또는 검증에 준용한다. 단, 사법경찰관이 제130조, 제132조 및 제134조에 따른 처분을 함에는 검사의 지휘를 받아야 한다.

## IV. 관련 판례

### 1. 원심 (의정부지법 2020. 7. 16. 선고 2020노481 판결)

다음과 같은 이유로 이 부분 공소사실에 대하여 범죄사실의 증명이 없는 때에 해당한다고 보아, 이를 유죄로 인정한 제1심판결을 파기하고 무죄로 판단하였다.

① 수사기관이 피고인의 국선변호인에게 미리 집행의 일시와 장소를 통지하지 않은 채 2019. 10. 30. 수사기관 사무실에서 저장매체를 탐색·복제·출력하는 방식으로 압수·수색영장을 집행하여 적법절차를 위반하였다.

② 당시 피고인이 구속상태였던 점과 형사소송법 제219조, 제121조에서 정한 참여절차의 중요성을 고려하면, 위와 같은 적법절차 위반은 그 정도가 무겁다.

③ 따라서 위법한 압수·수색을 통해 수집된 동영상 캡처 출력물 등은 형사소송법 제308조의2에 따라 증거로 사용할 수 없고, 피고인의 자백 또한 위 증거들에 터 잡은 결과물이거나 이 부분 공소사실의 유일한 증거여서 형사소송법 제308조의2 또는 형사소송법 제310조에 따라 유죄의 증거로 사용할 수 없다.

### 2. 대법원 (대법원 2020. 11. 26. 선고, 2020도10729 판결)

수사기관이 압수·수색영장을 집행할 때에는 피압수자 또는 변호인은 그 집행에 참여할 수 있다(형사소송법 제219조, 제121조). 저장매체에 대한 압수·수색과정에서 범위를 정하여 출력·복제하는 방법이 불가능하거나 압수의 목적을 달성하기에 현저히 곤란한 예외적인 사정이 인정되어 전자정보가 담긴 저장매체, 하드카피나 이미징(imaging) 등 형태(이하 '복제본'이라 한다)를 수사기관 사무실 등으로 옮겨 복제·탐색·출력하는 경우에도, 피압수자나 변호인에게 참여 기회를 보장하고 혐의사실과 무관한 전자정보의 임의적인 복제 등을 막기 위한 적절한 조치를 취하는 등 영장주의 원칙과 적법절차를 준수하여야 한다. 만일 그러한 조치를 취하지 않았다면 피압수자 측이 위와 같은 절차나 과정에 참여하지 않는다는 의사를 명시적으로 표시하였거나 절차 위반행위가 이루어진 과정의 성질과 내용 등에 비추어 피압수자에게 절차 참여를 보장한 취지가 실질적으로 침해되었다고 볼 수 없을 정도에 해당한다는 등의 특별한 사정이 없는 이상 압수·수색이 적법하다고 할 수 없다. 이는 수사기관이 저장매체 또는 복제본에서 혐의사실과 관련된 전자정보만을 복제·출력한 경우에도 마찬가지이다 (대법원 2015. 7. 16.자 2011모1839 전원합의체 결정, 대법원 2017. 9. 21. 선고 2015 도12400 판결 등 참조).

## V. 결 론

형사소송법 제219조, 제121조가 규정한 변호인의 참여권은 피압수자의 보호를 위하여 변호인에게 주어진 고유권이다. 따라서 설령 <u>피압수자가 수사기관에 압수·수색영장의 집행에 참여하지 않는다는 의사를 명시하였다고 하더라도, 특별한 사정이 없으면 그 변호인에게는 형사소송법 제219조, 제122조에 따라 미리 집행의 일시와 장소를 통지하는 등으로 압수·수색영장의 집행에 참여할 기회를 별도로 보장하여야 한다.</u>

# 제8절 변호인이 피의자신문 중 이의제기하자 조사실에서 퇴거시킨 경우

## I. 사례요지

검사는 피고인이 수갑을 착용한 상태에서 피고인에 대하여 인정신문을 시작하였고, 이에 변호인은 검사에게 수갑의 해제를 요청하였다. 검사는 변호인의 요구에 대해 먼저 인정신문을 한 후 교도관에게 수갑의 해제를 요구할지를 결정하겠다는 취지로 말하였다. 그러나 변호인은 15분가량 계속해서 수갑의 해제를 요구하였고, 이에 검사는 변호인의 이러한 행동이 수사에 현저한 지장을 초래한다는 이유로 수사관들을 통하여 변호인을 강제로 퇴거시켰다.

## II. 논 점

1. 형사소송법 제243조의2 제1항에서 정한 '정당한 사유'의 의미
2. 검사 또는 사법경찰관이 단지 변호인이 피의자신문 중에 부당한 신문방법에 대한 이의제기를 하였다는 이유만으로 변호인을 조사실에서 퇴거시키는 조치가 정당한 사유 없이 변호인의 피의자신문 참여권을 제한하는 것인지 여부(적극) 및 그 허용 여부(소극)

## III. 법규연구 (형사소송법)

제243조의2(변호인의 참여 등) ① 검사 또는 사법경찰관은 피의자 또는 그 변호인·법정대리인·배우자·직계친족·형제자매의 신청에 따라 변호인을 피의자와 접견하게 하거나 정당한 사유가 없는 한 피의자에 대한 신문에 참여하게 하여야 한다.

## IV. 관련 판례

### 1. 원심 (수원지방법원 2015. 7. 28.자 2015보6 결정)

피고인의 변호인이 인정신문을 시작하기 전 검사에게 피고인의 수갑을 해제하여 달라고 계속 요구하자, <u>검사가 수사에 현저한 지장을 초래한다는 이유로 변호인을 퇴실시킨 것이 변호인의 피의자신문 참여권을 침해하여 위법하다고 판단하였다.</u>

### 2. 대법원 (대법원 2020. 3. 17.자 2015모2357 결정)

형사소송법 제243조의2 제1항은 검사 또는 사법경찰관은 피의자 또는 변호인 등이 신청할 경우 정당한 사유가 없는 한 변호인을 피의자신문에 참여하게 하여야 한다고

규정하고 있다. 여기에서 '**정당한 사유**' 란 변호인이 피의자신문을 방해하거나 수사기밀을 누설할 염려가 있음이 객관적으로 명백한 경우 등을 말한다(대법원 2008. 9. 12. 자 2008모793 결정 참조).

형사소송법 제243조의2 제3항 단서는 피의자신문에 참여한 변호인은 신문 중이라도 부당한 신문방법에 대하여 이의를 제기할 수 있다고 규정하고 있으므로, 검사 또는 사법경찰관의 부당한 신문방법에 대한 이의제기는 고성, 폭언 등 그 방식이 부적절하거나 또는 합리적 근거 없이 반복적으로 이루어지는 등의 특별한 사정이 없는 한, 원칙적으로 변호인에게 인정된 권리의 행사에 해당하며, 신문을 방해하는 행위로는 볼 수 없다. 따라서 검사 또는 사법경찰관이 그러한 특별한 사정 없이, 단지 변호인이 피의자신문 중에 부당한 신문방법에 대한 이의제기를 하였다는 이유만으로 변호인을 조사실에서 퇴거시키는 조치는 정당한 사유 없이 변호인의 피의자신문 참여권을 제한하는 것으로서 허용될 수 없다.

## V. 결 론

변호인의 수갑 해제 요구가 정당하며, 이 요구를 거부한 검사의 조치가 위법하다는 점은 앞서 살펴본 바와 같다. 따라서 <u>검사가 변호인의 수갑 해제 요구가 부당하다는 전제에서 피의자신문 방해에 해당한다고 보아 변호인을 퇴거시킨 조치도 마찬가지로 위법하다.</u>

## VI 유사판례

### 1. 형사소송법 제243조의2 제1항에 정한 '정당한 사유' 의미와 변호인의 피의자신문 참여권 제한

변호인의 피의자신문 참여권을 규정한 형사소송법 제243조의2 제1항에서 '정당한 사유' 란 변호인이 피의자신문을 방해하거나 수사기밀을 누설할 염려가 있음이 객관적으로 명백한 경우 등을 말하는 것이므로, <u>수사기관이 피의자신문을 하면서 위와 같은 정당한 사유가 없는데도 변호인에 대하여 피의자로부터 떨어진 곳으로 옮겨 앉으라고 지시를 한 다음 이러한 지시에 따르지 않았음을 이유로 변호인의 피의자신문 참여권을 제한하는 것은 허용될 수 없다.</u> (대법원 2008. 9. 12., 자, 2008모793 결정)

# 제3장 공소

## 제1절 서명 없이 검사의 기명날인만 된 공소장의 적법 여부

### Ⅰ. 사례요지

이 사건 공소장이 제1심법원에 접수될 당시부터 그 검사 란에 공소제기 검사의 성명이 인쇄되어 있었고, 그 옆에 공소제기 검사의 인장이 찍혀 있었을 뿐 서명이 없었다.

### Ⅱ. 논 점

1. 서명 없이 검사의 기명날인만 되어 있는 공소장에 의한 공소제기가 적법한지 여부
2. 검찰사건사무규칙의 법적 성격 및 이 규칙이 형사소송법 제57조의 적용을 배제하기 위한 '법률의 다른 규정'인지 여부(소극)

### Ⅲ. 법규연구 (형사소송법)

제57조(공무원의 서류) ① 공무원이 작성하는 서류에는 법률에 다른 규정이 없는 때에는 작성 연월일과 소속공무소를 기재하고 기명날인 또는 서명하여야 한다.

②서류에는 간인하거나 이에 준하는 조치를 하여야 한다.

제254조(공소제기의 방식과 공소장) ① 공소를 제기함에는 공소장을 관할법원에 제출하여야 한다.

② 공소장에는 피고인수에 상응한 부본을 첨부하여야 한다.

③ 공소장에는 다음 사항을 기재하여야 한다.

1. 피고인의 성명 기타 피고인을 특정할 수 있는 사항
2. 죄명
3. 공소사실
4. 적용법조

④ 공소사실의 기재는 범죄의 시일, 장소와 방법을 명시하여 사실을 특정할 수 있도록 하여야 한다.

⑤ 수개의 범죄사실과 적용법조를 예비적 또는 택일적으로 기재할 수 있다.

## Ⅳ. 관련 판례

### 1. 원심 (서울고법 2007. 6. 8. 선고 2007노786 판결)

이 사건 공소장이 제1심법원에 접수될 당시부터 그 검사 란에 공소제기 검사인 공소외인의 성명이 인쇄되어 있었고, 그 옆에 공소제기 검사의 인장이 찍혀 있었으므로, 이 사건 공소장에 검사의 기명날인은 있었던 것으로 보아야 하고, 그 성명의 기재가 검사 란의 아래쪽에 치우쳐 있다거나 그 기재가 '서명날인 방식'에 관한 대검찰청의 예규에 따른 것이라고 하여 달리 볼 것은 아니라고 판단하였다.

### 2. 대법원 (대법원 2007. 10. 25. 선고 2007도4961 판결)

공소장에 대하여도 형사소송법(2007. 6. 1. 법률 제8496호로 개정되기 전의 것, 이하 같다) 제57조, 형사소송규칙 제40조가 적용되어 서명날인을 기명날인으로 갈음할 수 있는 것으로 보아야 하므로 검사의 기명날인이 된 이 사건 공소장이 법률이 정한 형식을 갖추지 못한 것으로 볼 수 없을 뿐만 아니라, 이 사건 공소장이 통상적인 경우와는 달리 기명 및 서명날인이 아닌 기명날인만 된 채 제1심법원에 제출되기는 하였으나 공소제기 검사가 제1심의 제1회 공판기일에 공판검사로 출석하여 기소요지를 진술하고 기명날인이 된 공소장에 서명을 추가함으로써 그 공소제기의 의사를 명확히 하였으므로 <u>이 사건 공소의 제기는 위 검사의 의사에 의하여 적법하게 이루어진 것으로 인정된다.</u>

## Ⅴ. 결 론

검찰사건사무규칙은 검찰청법 제11조의 규정에 따라 각급 검찰청의 사건의 수리·수사·처리 및 공판수행 등에 관한 사항을 정함으로써 사건사무의 적정한 운영을 기함을 목적으로 하여 제정된 것으로서 그 실질은 검찰 내부의 업무처리지침으로서의 성격을 가지는 것이므로, 이를 형사소송법 제57조의 적용을 배제하기 위한 '법률의 다른 규정'으로 볼 수 없다.

# 제2절 공소사실(범죄사실)이 특정되었는지 여부

## I. 사례요지

> 이 사건 공소사실에 피고인이 피해자를 살해한 장소가 부산 불상의 장소로, 살해방법이 불상의 방법으로 되어 있고, 범행시간이 2010. 6. 17. 02:30경부터 04:00경까지로 기재되어 있다.

## II. 논 점

공소사실이 특정되었는지 여부

## III. 법규연구 (형사소송법)

> 제307조(증거재판주의) ① 사실의 인정은 증거에 의하여야 한다.
> ② 범죄사실의 인정은 합리적인 의심이 없는 정도의 증명에 이르러야 한다
> 제308조(자유심증주의) 증거의 증명력은 법관의 자유판단에 의한다.
> 제254조(공소제기의 방식과 공소장) ④ 공소사실의 기재는 범죄의 시일, 장소와 방법을 명시하여 사실을 특정할 수 있도록 하여야 한다.

## IV. 관련 판례

### 1. 원심/환송 (대법원 2012. 9. 27. 선고 2012도2658 판결)

원심은 적법하게 채택한 증거들을 종합하여 그 판시와 같은 사실을 인정한 다음, ① 피고인에게 피해자를 살해할 만한 동기가 충분히 있었던 것으로 보이는 점, ② 피고인이 이 사건 무렵 3개월여 전부터 경제적으로 매우 어려운 상황에서 거액의 월 보험료를 납입하면서까지 피고인을 피보험자로 하는 다수의 생명보험에 집중 가입하고, 여러 차례 독극물과 살인 방법, 사망신고절차, 사망보험금 등에 대해 알아보는 한편, 거짓말을 하면서까지 계획적으로 피해자에게 접근하였던 점, ③ 피고인은 피해자가 대구를 떠나 사망하기까지 사이에 피해자와 함께 있었던 유일한 사람인데, 피해자가 돌연사하였거나 자살하였을 가능성은 거의 없고, 제3자에 의하여 살해되었을 가능성도 없는 점, ④ 피해자의 사체에 어떠한 외력의 흔적이 없었던 점에 비추어 볼 때, 피해자가 타살되었다면 독극물에 의하여 사망할 가능성이 가장 큰데, 피고인이 이 사건 범행 무렵 여러 차례 독극물에 대해 인터넷 검색을 하였고(특히, 메소밀을 반복적으로 검색하였다), 이 사건 발생일로부터 약 2주 후인 2010. 7. 초순경 메소밀을 소지하고 있었던

점, ⑤ 메소밀은 비교적 소량으로 짧은 시간 안에 사망에 이르게 할 수 있는 독극물로 물이나 맥주 등에 탈 경우 냄새나 색깔, 맛 등으로 쉽게 알아채기 어렵고, 피고인은 피해자를 데리고 응급실에 오기 직전까지 피해자와 맥주를 마셨다고 진술하고 있으며, 실제 응급실 도착 당시 피해자에게서 술 냄새가 날 정도로 피해자가 술을 마신 상태였던 점, ⑥ 피해자가 응급실에 실려 왔을 때 가슴 쪽까지 많은 양의 타액이 흘러나온 흔적이 있었는데, 이는 메소밀 중독 시의 주요 증상인 과도한 타액분비와 일치하는 점, ⑦ 피해자 사망 직전·직후의 피고인의 행동 및 이후의 피고인으로 신분이 바꾸어진 피해자에 대한 사망신고, 보험금 청구 및 피해자 명의의 운전면허취득 과정 등에 비추어 볼 때, 피고인이 병원에서 피해자 사망사실을 확인한 후 갑자기 보험금을 청구하기 위하여 자신과 피해자의 신분을 바꾸었다기보다는 처음부터 치밀하게 계획을 세우고 이와 같은 일련의 행동 및 절차를 취하였다고 보여지는 점, ⑧ 이 사건 당일의 행적을 비롯하여 피해자의 사망 전후의 피고인의 행적에 대한 피고인의 변소를 믿기 어려운 점 등을 종합하면, <u>피해자의 사망이 살해의사를 가진 피고인의 행위로 인한 것임이 합리적인 의심의 여지없이 충분히 증명되었다</u>고 판단하였다.

## 2. 대법원 (대법원 2013. 6. 27., 선고, 2013도4172 판결)

형사소송법 제254조 제4항에서 범죄의 일시·장소와 방법을 명시하여 공소사실을 특정하도록 한 취지는 법원에 대하여 심판의 대상을 한정하고 피고인에게 방어의 범위를 특정하여 그 방어권 행사를 용이하게 하기 위한 데 있다고 할 것이므로, <u>공소제기된 범죄의 성격에 비추어 그 공소의 원인이 된 사실을 다른 사실과 구별할 수 있을 정도로 그 일시, 장소, 방법, 목적 등을 적시하여 특정하면 족하고, 그 일부가 다소 불명확하더라도 그와 함께 적시된 다른 사항들에 의하여 그 공소사실을 특정할 수 있고, 그리하여 피고인의 방어권 행사에 지장이 없다면 공소제기의 효력에는 영향이 없다</u>(대법원 2001. 2. 23. 선고 2000도4415 판결 등 참조).

이 사건 공소사실에 피고인이 피해자를 살해한 장소가 부산 불상의 장소로, 살해방법이 불상의 방법으로 되어 있는 것은 상고이유의 주장과 같으나, 범행시간이 2010. 6. 17. 02:30경부터 04:00경까지로 특정되어 있고, 피고인의 범행동기와 피고인이 연구한 살해방법과 피해자를 물색한 정황, 피해자와의 접촉 경위 등이 자세하게 적시되어 있어 이 사건 살인의 공소사실을 특정할 수 있으므로, 피고인의 방어권 행사에 지장이 있다고 볼 수 없어 공소제기의 효력에는 영향이 없다.

## V. 결 론

원심의 판단은 사실심 법관의 합리적인 자유심증에 따른 것으로서 정당한 것으로 수 긍이 가고, 거기에 상고이유 주장과 같이 필요한 심리를 다하지 아니함으로써 논리와 경험의 법칙을 위반하여 자유심증주의의 한계를 벗어나거나, 공소사실의 증명에 관한 법리를 오해하는 등으로 판결에 영향을 미친 위법이 없다.

공소사실의 기재는 범죄의 시일(時日), 장소와 방법을 명시하여 사실을 특정할 수 있도록 하여야 한다. 이때 공소사실의 특정은 공소의 원인이 된 사실을 다를 사실과 구별할 수 있는 정도로 그 일시, 장소, 방법 등을 적시하여 특정하면 충분하고 그 일 보다 다소 불명확하게 적시되었더라도 그와 함께 적시된 다른 사항들에 의하여 그 공 소사실을 특정할 수 있고 피고인의 방어권행사에 지장이 없다면 가능하다.

## VI 유사판례

### 1. 공소사실이 특정되었다고 볼 수 있는 경우

이 사건 공소사실의 범죄일시는 "2014년 6월에서 8월 초순 사이 일자불상경"으로 비교적 개괄적으로 표시되어 있다. 그러나 기록에 의하면, 피해자는 지적장애 2급의 장애인으로 서 피해를 입은 정확한 일자를 기억하거나 표현하는 데 어려움이 있음을 알 수 있다. 피해 자의 진술 외에는 객관적인 증거를 확보하기 쉽지 않은 성폭력범죄의 특성에 비추어 볼 때, 검사로서는 피해자가 가진 진술능력의 한계로 말미암아 공소사실의 범죄일시를 일정 한 시점으로 특정하기 곤란하여 부득이하게 개괄적으로 표시할 수밖에 없었을 것으로 보 인다. 또한 이 사건 공소사실은 범죄장소, 범행의 태양 등에 비추어 다른 사실과 구별될 수 있으므로 피고인의 방어권을 침해하였다고 볼 수도 없다. 이러한 사정을 위 법리에 비 추어 살펴보면, 원심판결에 상고이유 주장과 같은 공소사실의 특정에 관한 법리를 오해한 잘못이 없다. (대법원 2017. 1. 25. 선고 2016도14989 판결)

### 2. 공소사실의 특정을 요구하는 취지

공소사실의 특정을 요구하는 법의 취지는 피고인의 방어권 행사를 쉽게 해주기 위한 데에 있다. 공소사실이 특정되지 아니한 부분이 있다면, 법원은 검사에게 석명을 구하여 특정 을 요구하여야 하고, 그럼에도 검사가 이를 특정하지 않는다면 그 부분에 대해서는 공소 를 기각할 수밖에 없다. (대법원 2019. 12. 24., 선고, 2019도10086 판결)

# 제3절 공소사실의 특정 정도 (마약사범에 대한 소변검사)

## Ⅰ. 사례요지

메스암페타민의 양성반응이 나온 소변감정결과에 의하여 그 투약일시를 '2009. 8. 10.부터 2009. 8. 19.까지 사이'로, 투약장소를 '서울 또는 부산 이하 불상'으로 공소장에 기재한 사안에서, 공소사실이 향정신성의약품투약 범죄의 특성을 고려하여 합리적인 정도로 특정된 것으로 볼 수 있는지

## Ⅱ. 논 점

공소사실의 특정 정도

## Ⅲ. 법규연구 (형사소송법)

제254조(공소제기의 방식과 공소장) ④ 공소사실의 기재는 범죄의 시일, 장소와 방법을 명시하여 사실을 특정할 수 있도록 하여야 한다.

## Ⅳ. 관련 판례

### 1. 원심 (서울서부지법 2010. 4. 6. 선고 2009노1534 판결)

투약 시기가 피고인의 소변감정결과만에 기초하여 소변에서 필로폰이 검출되자 소변채취일로부터 그 투약 가능한 기간을 역으로 추산한 것이고, 투약장소도 범위가 광범위하여 구체적이라고 보기 어려우며, 투약량이나 투약방법도 불상으로 기재하고 횟수도 기재하지 않아서 그 정도의 기재만으로는 심판대상이 한정되었다고 보기 어려워, 피고인의 방어권 행사에 지장을 초래할 위험이 크다고 할 것이므로 <u>공소사실이 특정되었다고 할 수 없다는 이유로 이 부분 공소를 기각하였다.</u>

### 2. 대법원 (대법원 2010. 8. 26., 선고, 2010도4671 판결)

가. 공소사실의 기재는 범죄의 시일, 장소와 방법을 명시하여 사실을 특정할 수 있도록 하여야 하는데(형사소송법 제254조 제4항), 이처럼 공소사실의 특정을 요구하는 법의 취지는 피고인의 방어권 행사를 쉽게 해 주기 위한 데에 있으므로, 공소사실은 이러한 요소를 종합하여 구성요건 해당사실을 다른 사실과 식별할 수 있는 정도로 기재하면 족하고, 공소장에 범죄의 일시, 장소, 방법 등이 구체적으로 적시되지 않았더

라도 공소사실을 특정하도록 한 법의 취지에 반하지 아니하고, 공소범죄의 성격에 비추어 그 개괄적 표시가 부득이하며 그에 대한 피고인의 방어권 행사에 지장이 없다면 그 공소내용이 특정되지 않았다고 볼 수 없다(대법원 2007. 6. 14. 선고 2007도2694 판결, 대법원 2008. 7. 24. 선고 2008도4854 판결 등 참조).

나. 검사는 향정신성의약품인 메스암페타민의 양성반응이 나온 소변의 채취일시, 메스암페타민의 투약 후 소변으로 배출되는 기간에 관한 자료와 피고인이 체포될 당시까지 거주 또는 왕래한 장소에 대한 피고인의 진술 등 기소 당시의 증거들에 의하여 <u>범죄일시를 '2009. 8. 10.부터 2009. 8. 19.까지 사이'로 열흘의 기간 내로 표시하고, 장소를 '서울 또는 부산 이하 불상'으로 표시하여</u> 가능한 한 이를 구체적으로 특정하였으며, 나아가 피고인이 자신의 체내에 메스암페타민이 투약된 사실을 인정하면서도 위 투약은 공소외인이 위 범죄일시로 기재된 기간에 해당하는 2009. 8. 19. 피고인 몰래 피고인의 음료에 메스암페타민을 넣어서 생긴 것이므로 위 투약에 관한 정을 몰랐다는 취지로 변소하자 이에 대응하여 위 공소외인에 대한 수사기관의 수사와 제1심의 증거조사까지 이루어졌음을 알 수 있다.

위와 같은 <u>이 부분 공소사실 기재의 경위 및 피고인의 변소와 그에 대한 증거조사 내용에다가 앞서 본 향정신성의약품투약 범죄의 특성 등에 비추어 볼 때 이 부분 공소사실은 피고인의 방어권을 침해하지 않는 범위 내에서 범죄의 특성을 고려하여 합리적인 정도로 특정된 것으로 볼 수 있다.</u>

## V. 결 론

이 부분 공소사실이 특정되었다고 볼 수 없다고 판단하여 이 부분 공소를 기각한 원심에는 향정신성의약품 관련 공소사실의 특정에 관한 법리를 오해하여 판결 결과에 영향을 미친 위법이 있고 이를 지적하는 검사의 상고이유는 이유 있다.

마약류 투약범죄에 관한 공소사실의 특정과 관련하여 범죄의 특수성에 따른 공소사실 특정정도의 완화 및 피고인의 방어권 보장의 요청이 충돌되므로 양자의 조화가 필요하다.

# 제4절 마약류 투약범죄의 공소사실 특정 여부를 판단하는 방법

## I. 사례요지

> 피고인이 필로폰을 투약하였다고 하여 마약류 관리에 관한 법률 위반(향정)으로 기소되었는데, 공소장에 범행일시를 모발감정 결과에 기초하여 투약가능기간을 역으로 추정한 '2010. 11.경'으로, 투약장소를 '부산 사하구 이하 불상지'로 기재하였다.

## II. 논 점

마약류 투약범죄의 공소사실 특정 여부를 판단하는 방법

## III. 법규연구 (형사소송법)

> 제254조(공소제기의 방식과 공소장) ④ 공소사실의 기재는 범죄의 시일, 장소와 방법을 명시하여 사실을 특정할 수 있도록 하여야 한다.

## IV. 관련 판례

### 1. 원심 (부산지법 2011. 8. 18. 선고 2011노1680 판결)

제1심은 이 사건 공소사실에 기재된 범행일시인 '2010. 11.경'은 4~5cm가량 길이의 피고인의 모발에서 필로폰 양성반응이 나왔다는 모발감정 결과에 기초하여 투약가능기간을 역으로 추산해서 그 범행시기를 정한 것이고, 투약장소도 '부산 사하구 이하 불상지'라고 기재하였을 뿐이니, 이 사건 공소사실은 형사소송법 제254조 제4항의 요건에 맞는 구체적 사실의 기재라고 보기 어렵다는 등의 이유로 공소를 기각하였고, 원심은 그 제1심판결을 그대로 유지하였다.

### 2. 대법원 (대법원 2012. 4. 26., 선고, 2011도11817 판결)

가. 형사소송법 제254조 제4항은 '공소사실의 기재는 범죄의 시일, 장소와 방법을 명시하여 사실을 특정할 수 있도록 하여야 한다'고 규정하고 있는바, 이와 같이 공소사실의 특정을 요구하는 법의 취지는 법원의 심판대상과 공소의 범위를 확정하는 한편 피고인의 방어권을 보장하고자 함에 있는 것이다. 따라서 공소사실은 이러한 요소를 종합하여 구성요건 해당사실을 다른 사실과 식별할 수 있는 정도로 기재하면 충분하고, 비록 공소장에 범죄의 시일, 장소, 방법 등이 구체적으로 적시되지 않았다고 하더

라도 공소사실을 특정하도록 한 법의 취지에 반하지 않고, 공소범죄의 성격에 비추어 그 개괄적 표시가 부득이하며, 그에 대한 피고인의 방어권 행사에 지장이 없는 경우라면 굳이 그 공소내용이 특정되지 않았다고 볼 것은 아니다(대법원 2008. 7. 24. 선고 2008도4854 판결 등 참조).

나. 한편 마약류 투약범죄는 그 범행이 은밀한 공간에서 목격자 없이 이루어지는 경우가 많고 관련 증거를 확보하기도 매우 어려운 사정이 있으므로 그 공소사실의 특정 여부를 판단함에서도 해당 범죄의 특성이 충분히 고려될 필요가 있다고 할 것이나, 피고인이 필로폰 투약사실을 부인하고 있고 그에 관한 뚜렷한 증거가 확보되지 않았음에도 모발감정 결과에 기초하여 그 투약가능기간을 추정한 다음 개괄적으로만 그 범행시기를 적시하여 공소사실을 기재한 경우에 그 공소내용이 특정되었다고 볼 것인지는 매우 신중히 판단하여야 할 것이다.

우선 마약류 투약사실을 밝히기 위한 모발감정은 그 검사 조건 등 외부적 요인에 의한 변수가 작용할 수 있고, 그 결과에 터 잡아 투약가능기간을 추정하는 방법은 모발의 성장속도가 일정하다는 것을 전제로 하고 있으나 실제로는 개인에 따라 모발의 성장속도에 적지 않은 차이가 있고, 동일인의 경우에도 그 채취 부위, 건강상태에 따라 편차가 있으며, 채취된 모발에도 성장기, 휴지기, 퇴행기 단계의 모발이 혼재함으로 인해 그 정확성을 신뢰하기 어려운 문제가 있다.

또한, 모발감정 결과에 기초한 투약가능기간의 추정은 수십 일에서 수개월에 걸쳐 있는 경우가 많은데, 마약류 투약범죄의 특성상 그 기간 수회의 투약가능성을 부정하기 어려운 점에 비추어 볼 때, 그와 같은 방법으로 추정한 투약가능기간을 공소제기된 범죄의 범행시기로 기재하는 것은, 피고인의 방어권 행사에 현저한 지장을 초래할 수 있고, 투약 시마다 별개의 범죄를 구성하는 마약류 투약범죄의 성격상 이중기소 여부나 일사부재리의 효력이 미치는 범위를 판단함에서도 곤란한 문제가 발생할 수 있다.

## V. 결 론

이 사건 공소사실은 그 범행을 부인하는 피고인에 대한 모발감정 결과 등을 바탕으로 그 범행일시와 장소 및 투약방법을 단순히 추정한 것에 불과하고, 특히 범행시기로 기재된 '2010. 11.경'에는 1개월 이상의 기간이 포함될 수 있어 위에서 본 마약류 투약범죄의 특성 등에 비추어 그 공소내용이 특정되었다고 보기는 어렵다.

마약류 투약범죄는 그 특성상 투약자 혼자서 행하거나 은밀한 장소에서 이루어지므로 마약투약자가 범행을 부인할 때 공소사실의 특정이 매우 곤란하게 되는 특성을 가지고 있다.

　이 때문에 마약류 투약범죄의 특성을 고려하여 합리적인 정도로 공소사실이 특정되면 족하지만 소변감정결과에 기초한 투약일시와 장소의 특정(2010도4671판결)과 달리 모발감정결과에 기초한 투약일시와 장소의 특정에 대한 판단은 소변감정결과와 비교할 때 정확성에 대한 신뢰도가 더 낮아 보다 신중해야 한다는 입장을 보여주고 있다.

# 제5절 공소사실 첫머리에 범죄전력 기재의 적법 여부

## Ⅰ. 사례요지

공소장의 공소사실 첫머리에 피고인들이 '1989.4.28. 특수절도 등으로 소년부송치처분을 받은 자들로서 일정한 직업이 없는 자들인바'라고 기재하였다. 이러한 기재방법이 무죄추정의 원칙에 위배되는지

## Ⅱ. 논 점

1. 공소사실의 첫머리에 피고인이 전에 받은 소년부송치처분과 직업 없음을 기재한 경우의 공소제기 적부(적극)
2. 그와 같은 기재가 헌법상 형사피고인의 무죄추정조항 및 평등조항에 위반되는지(소극)

## Ⅲ. 법규연구 (형사소송법)

제254조(공소제기의 방식과 공소장) ③ 공소장에는 다음 사항을 기재하여야 한다.
  1. 피고인의 성명 기타 피고인을 특정할 수 있는 사항
  2. 죄명     3. 공소사실     4. 적용법조
제275조의2(피고인의 무죄추정) 피고인은 유죄의 판결이 확정될 때까지는 무죄로 추정된다.

## Ⅳ. 관련 판례 (대법원 1990. 10. 16., 선고, 90도1813 판결)

공소장의 공소사실 첫머리에 피고인들이 '1989.4.28. 특수절도 등으로 소년부송치처분을 받은 자들로서 일정한 직업이 없는 자들인 바'라고 기재하였다 하더라도 이는 형사소송법 제254조 제3항 제1호에서 말하는 피고인들을 특정할 수 있는 사항에 속한다고 할 것이어서 그와 같은 내용의 기재가 있다하여 공소제기의 절차가 법률의 규정에 위반된 것이라고 할 수 없고 또 헌법상의 형사피고인에 대한 <u>무죄추정조항이나 평등조항에 위배되는 것도 아니다</u> (대법원 1966.7.19. 선고 66도793 판결 참조).

## Ⅴ. 결 론

공소장에 소년부송치처분 등 범죄전력을 기재하였다고 하여도 이는 피고인의 특정에 관한 사항에 해당하는 것으로 보고 허용된다는 입장을 보여주는 판결이다.

# 제6절 공소장 모두사실에 피고인의 성격 · 경력 등의 기재

## I. 사례요지

공소장의 모두 사실에 ['○○역전식구' 세력화 이전 ○○지역 폭력배의 이합집산], ['○○역 전식구'의 세력화 배경], [운영자금 조달], [조직적 지휘, 통솔체계 확립 시도], [조직의 단합 과 결속 도모] 등을 장황하게 기재하고 있다.

## II. 논 점

1. 공소장일본주의의 내용 및 공소장일본주의에 위배되는지 판단하는 기준
2. 공소장일본주의에 위배된 공소제기의 소송법적 효과

## III. 법규연구

### 1. 형사소송법

제254조(공소제기의 방식과 공소장) ① 공소를 제기함에는 공소장을 관할법원에 제출하여야 한다.
③ 공소장에는 다음 사항을 기재하여야 한다.
  1. 피고인의 성명 기타 피고인을 특정할 수 있는 사항
  2. 죄명    3. 공소사실    4. 적용법조

### 2. 형사소송규칙

제118조(공소장의 첨부서류) ② 공소장에는 제1항에 규정한 서류외에 사건에 관하여 법원에 예단 이 생기게 할 수 있는 서류 기타 물건을 첨부하거나 그 내용을 인용하여서는 아니된다.

## IV. 관련 판례

### 1. 원심 (서울서부지법 2012. 2. 16. 선고 2011노1235 판결)

아래와 같은 요지의 이유를 들어, 제1심판결 중 실체판단에 나아간 부분에 관한 공소사실은 공소장일본주의에 위배되어 공소제기의 절차가 법률의 규정을 위반하여 무효인 때에 해당한다고 판단하여, 그 부분을 파기하고 공소기각의 판결을 하였다.

① 이 사건 공소장에 기재된 죄명과 적용법조에 비추어, 이 부분 공소사실을 범죄구성요건 사실의 특정에 필요한 정도로 적절히 기재한다면 공소장에 기재된 [범죄사실] 이하 1항, 2항 부분이 될 것인데, 이 사건 공소장의 모두 사실에 [ '○○역전식

구' 세력화 이전 ○○지역 폭력배의 이합집산], ['○○역전식구'의 세력화 배경], [운영자금 조달], [조직적 지휘, 통솔체계 확립 시도], [조직의 단합과 결속 도모] 등을 장황하게 기재하고 있다.

② 이러한 공소사실 기재는 폭력행위 등 처벌에 관한 법률(이하 '폭력행위처벌법'이라 한다) 위반(단체 등의 구성·활동)죄, 폭력행위처벌법 위반(단체 등의 업무방해)죄, 폭력행위처벌법 위반(단체 등의 집단·흉기 등 협박)죄, 폭력행위처벌법 위반(단체 등의 공동협박)죄를 염두에 둔 것으로서, 그 범죄들이 피고인에게 기소된 폭력행위처벌법 위반(집단·흉기 등 협박)죄, 폭력행위처벌법 위반(공동협박)죄, 업무방해죄보다 법정형이 훨씬 무겁거나 가중처벌되는 사정에 비추어, 피고인이 충분히 그 기소된 범죄들을 저지를 수 있는 자라는 강한 유죄의 심증을 불러일으키게 한다.

③ 이 부분 공소사실이 피고인의 범죄전력이나 피고인이 속한 조직의 위세를 이용한 협박 및 업무방해를 그 내용으로 하고 있어 공소사실의 특정을 위하여 피고인의 범죄전력, 범죄의 동기나 경위, 범행의 배경이 되는 정황 등을 기재할 필요가 있다고는 하지만, 모두 사실의 ['○○역전식구' 세력화 이전 ○○지역 폭력배의 이합집산] 부분은 피고인과 관계가 없는 한강로동 지역에 과거 존재하였던 폭력단체들의 악행을 기재하였을 뿐이고, 이는 그 다음의 ['○○역전식구'의 세력화 배경] 부분과 함께 피고인이 속하였다고 기재된 단체가 과거 존재하였던 폭력단체들의 계보를 이어 악행을 일삼는 또 다른 폭력단체라는 점을 암시하는 기능을 함에 그친다.

그리고 검사가 ['○○역전식구'의 세력화 배경] 이하 [조직의 단합과 결속 도모]까지 부분을 공소사실의 특정에 필요한 정황으로 기재하였다면 이는 요증사실에 해당함에도, ['○○역전식구'의 세력화 배경] 가운데 △△식구파의 와해과정, 공소외인의 살인미수 범행, 비상대책위원회 방해과정 등을 비롯하여 위 부분 중 원심이 적시한 행위들에 대하여 제대로 증거가 제출되지 아니하였다.

④ 피고인의 변호인이 제1심 제1회 공판기일 전에 제출한 의견서에서 이 사건 공소장이 공소장일본주의에 위배된다고 기재하였고 제1심 제1회 공판기일에서 공소사실 낭독 후에 그 의견서를 진술하여 공소장 기재 방식에 대하여 이의를 한 이상, 공소장일본주의 위배 여부는 공소장에 기재된 사실이 법관에게 예단을 생기게 하여 법관이 범죄사실의 실체를 파악하는 데 장애가 될 수 있는지 여부를 기준으로 판단하여야 하며, 비록 제1심 법원이 공판절차 초기 쟁점정리 과정에서 이 사건 공소장 중 모두 사실은 범죄의 구성요건과 상관이 없어 심리하지 않겠다고 고지하고 증거조사 등의 공판절차를 진행하였다 하더라도 공소장 기재 방식의 하자가 치유된다고 볼 수 없다.

⑤ 따라서 이 부분 공소사실은 법관에게 예단을 생기게 하여 법관이 범죄사실의 실체를 파악하는 데 장애가 될 수 있도록 기재되어 있어 공소장일본주의에 위배된다.

## 2. 대법원 (대법원 2015. 1. 29., 선고, 2012도2957 판결)

공소장일본주의는 검사가 공소를 제기할 때에는 원칙적으로 공소장 하나만을 제출하여야 하고 그 밖에 사건에 관하여 법원에 예단을 생기게 할 수 있는 서류 기타 물건을 첨부하거나 그 내용을 인용하여서는 아니 된다는 원칙이다(형사소송규칙 제118조 제2항). 공소장에 법령이 요구하는 사항 외의 사실로서 법원에 예단이 생기게 할 수 있는 사유를 나열하는 것이 허용되지 않는다는 것도 이른바 '기타 사실의 기재 금지'로서 공소장일본주의의 내용에 포함된다(대법원 1994. 3. 11. 선고 93도3145 판결 참조). 공소장일본주의의 위배 여부는 공소사실로 기재된 범죄의 유형과 내용 등에 비추어 볼 때 공소장에 첨부 또는 인용된 서류 기타 물건의 내용, 그리고 법령이 요구하는 사항 외에 공소장에 기재된 사실이 법관 또는 배심원에게 예단을 생기게 하여 법관 또는 배심원이 범죄사실의 실체를 파악하는 데 장애가 될 수 있는지를 기준으로 당해 사건에서 구체적으로 판단하여야 한다.

이러한 기준에 비추어 공소장일본주의에 위배된 공소제기라고 인정되는 때에는, 그 절차가 법률의 규정에 위반하여 무효인 때에 해당하는 것으로 보아 공소기각의 판결을 선고하는 것이 원칙이다(형사소송법 제327조 제2호). 다만 공소장 기재의 방식에 관하여 피고인 측으로부터 아무런 이의가 제기되지 아니하였고 법원 역시 범죄사실의 실체를 파악하는 데 지장이 없다고 판단하여 그대로 공판절차를 진행한 결과 증거조사절차가 마무리되어 법관의 심증형성이 이루어진 단계에 이른 경우에는 소송절차의 동적 안정성 및 소송경제의 이념 등에 비추어 볼 때 더 이상 공소장일본주의 위배를 주장하여 이미 진행된 소송절차의 효력을 다툴 수 없다고 보아야 하나(위 대법원 전원합의체 판결 참조), 피고인 측으로부터 이의가 유효하게 제기되어 있는 이상 공판절차가 진행되어 법관의 심증형성의 단계에 이르렀다고 하여 공소장일본주의 위배의 하자가 치유된다고 볼 수 없다.

## V. 결 론

원심의 위와 같은 판단은 앞서 본 법리에 기초한 것으로 보이고, 거기에 상고이유 주장과 같이 공소장일본주의에 관한 법리를 오해하고 항소심 심리의 한계를 벗어나 판결에 영향을 미친 위법이 없다.

즉, <u>피고인의 나쁜 성격이나 경력 등을 기재하는 것은 예단을 생기게 할 수 있으므로 공소장일본주의에 위배되어 원칙적으로 공소장에 기재할 수 없다.</u>

## Ⅵ 유사판례

### 1. 공소장일본주의의 위배 여부를 판단하는 기준 및 그 법적 효과

형사소송 법령의 내용과 그 개정 경위, 공소장일본주의의 기본취지, 우리나라 형사소송법이 당사자주의와 공판중심주의 원칙 및 직접심리주의와 증거재판주의 원칙 등을 채택하고 있다는 점 등을 아울러 살펴보면, 공소장일본주의는 위와 같은 형사소송절차의 원칙을 공소제기의 단계에서부터 실현할 것을 목적으로 하는 제도적 장치로서 우리나라 형사소송구조의 한 축을 이루고 있다고 보아야 한다. 그러나 공소장일본주의는 공소사실 특정의 필요성이라는 또 다른 요청에 의하여 필연적으로 제약을 받을 수밖에 없는 것이므로, 양자의 취지와 정신이 조화를 이룰 수 있는 선에서 공소사실 기재 또는 표현의 허용범위와 한계가 설정되어야 한다는 점, 공판준비절차는 공판중심주의와 집중심리의 원칙을 실현하려는 데 그 주된 목적이 있으므로 공소장일본주의 위배를 포함한 공소제기 절차상의 하자는 이 단계에서 점검함으로써 위법한 공소제기에 기초한 소송절차가 계속 진행되지 않도록 하는 것이 바람직하다는 점, 형사소송법상 인정되는 공소장변경제도는 실체적 진실 발견이라는 형사소송이념을 실현하기 위한 직권주의적 요소로서 형사소송법이 절차법으로서 가지는 소송절차의 발전적·동적 성격과 소송경제의 이념 등을 반영하고 있는 것이므로, 이러한 점에서도 공소장일본주의의 적용은 공소제기 이후 공판절차가 진행된 단계에서는 필연적으로 일정한 한계를 가질 수밖에 없다는 점 등을 종합하여 보면, 공소장일본주의의 위배 여부는 공소사실로 기재된 범죄의 유형과 내용 등에 비추어 볼 때에 공소장에 첨부 또는 인용된 서류 기타 물건의 내용, 그리고 법령이 요구하는 사항 이외에 공소장에 기재된 사실이 법관 또는 배심원에게 예단을 생기게 하여 법관 또는 배심원이 범죄사실의 실체를 파악하는 데 장애가 될 수 있는지 여부를 기준으로 당해 사건에서 구체적으로 판단하여야 한다. 이러한 기준에 비추어 공소장일본주의에 위배된 공소제기라고 인정되는 때에는 그 절차가 법률의 규정을 위반하여 무효인 때에 해당하는 것으로 보아 공소기각의 판결을 선고하는 것이 원칙이다.

그러나 공소장 기재의 방식에 관하여 피고인측으로부터 아무런 이의가 제기되지 아니하였고 법원 역시 범죄사실의 실체를 파악하는 데 지장이 없다고 판단하여 그대로 공판절차를 진행한 결과 증거조사절차가 마무리되어 법관의 심증형성이 이루어진 단계에서는 소송절차의 동적 안정성 및 소송경제의 이념 등에 비추어 볼 때 이제는 더 이상 공소장일본주의 위배를 주장하여 이미 진행된 소송절차의 효력을 다툴 수는 없다고 보아야 한다. (대법원 2009. 10. 22., 선고, 2009도7436, <u>전원합의체 판결</u>)

# 제7절 공소사실이나 범죄사실의 동일성 여부의 판단기준

## I. 사례요지

피고인에 대하여 유죄판결이 확정된 바 있는 대구지방법원 상주지원 2007. 11. 1. 선고 2007고단284 판결의 범죄사실은 '피고인이 2007. 6. 10. 08:20경 경북 예천읍 백전리 135 소재 일미식당에서 공소외 1과 함께 술을 마시다가 사소한 이유로 시비가 되어 몸싸움하던 중 공소외 1로부터 폭행을 당하자 화가 나 공소외 1을 위협하기 위하여 위 식당 앞에 세워져 있던 피고인 승용차 트렁크에서 폭력행위에 공용될 우려가 있는 흉기인 회칼을 들고 와 정당한 이유 없이 휴대하였다.'라는 것이라고 인정하고,
한편 이 사건 공소사실은 '피고인이 2007. 6. 10. 08:20경 경북 예천읍 백전리 135 소재 일미식당 앞 노상에서 위 식당에서 같이 술을 마시던 공소외 1과 시비되어 공소외 1로부터 폭행을 당하자 화가 나 위험한 물건인 회칼을 피고인 소유의 차량에서 꺼내어 들고 공소외 1과 시비하려고 하였고, 이를 본 피해자 공소외 2가 위 식당 안으로 들어가는 피고인을 가로막으면서 제지하자, 피해자와 시비를 벌이다가 위 회칼로 피해자의 왼쪽 종아리 부위를 1회 찔러 약 7주간의 치료를 요하는 좌측 하퇴부 좌상 및 심부열상 등을 가하였다.

## II. 논 점

1. 공소사실이나 범죄사실의 동일성 여부의 판단기준
2. 판결이 확정된 범죄사실인 '흉기 휴대행위'와 이 사건 공소사실인 '그 흉기로 상해를 가한 행위'는 피고인이 피해자에게 상해를 가하려는 단일의 범의하에 저지른 상호 수단과 결과의 관계에 있는 일련의 행위이므로, 두 개의 공소사실은 기본적 사실관계가 동일 하는지

## III. 법규연구 (형사소송법)

제254조(공소제기의 방식과 공소장) ④ 공소사실의 기재는 범죄의 시일, 장소와 방법을 명시하여 사실을 특정할 수 있도록 하여야 한다.

제298조(공소장의 변경) ① 검사는 법원의 허가를 얻어 공소장에 기재한 공소사실 또는 적용법조의 추가, 철회 또는 변경을 할 수 있다. 이 경우에 법원은 공소사실의 동일성을 해하지 아니하는 한도에서 허가하여야 한다.

② 법원은 심리의 경과에 비추어 상당하다고 인정할 때에는 공소사실 또는 적용법조의 추가 또는 변경을 요구하여야 한다.

## IV. 관련 판례

### 1. 원심 (대구지법 2009. 8. 19. 선고 2009노1320 판결)

피고인에 대하여 유죄판결이 확정된 바 있는 대구지방법원 상주지원 사건과 한편 이 사건 공소사실 그 기본적 사실관계가 동일하고 따라서 위 확정판결의 기판력이 이 사건 공소사실에도 미친다고 할 것이므로 위 공소사실에 대하여 <u>이미 확정판결이 있다는 이유로 면소의 판결을 선고한 제1심판결을 정당하다고 판단하였다.</u>

### 2. 대법원 (대법원 2009. 11. 12., 선고, 2009도9189 판결)

<u>공소사실이나 범죄사실의 동일성 여부는 사실의 동일성이 갖는 법률적 기능을 염두에 두고 피고인의 행위와 그 사회적인 사실관계를 기본으로 하되 그 규범적 요소도 고려하여 판단하여야 할 것인바</u>(대법원 1994. 3. 22. 선고 93도2080 전원합의체 판결 등 참조), 기록과 위에서 본 사실관계에 의하면, 피고인이 흉기인 회칼을 휴대한 행위와 위 회칼로 피해자 공소외 2를 찔러 상해를 가한 행위는 피고인이 피해자에게 상해를 가하려는 단일의 범의하에 저지른 상호 수단과 결과의 관계에 있는 일련의 행위로서 밀접한 인과관계가 있다고 할 것이므로 상고이유에서 주장하는 바와 같은 요소들을 고려한다고 하더라도 위 공소사실과 위 확정판결의 범죄사실은 그 기본적 사실관계가 동일한 것이라고 하지 않을 수 없다.

## V. 결 론

공소사실이나 범죄사실의 동일성 여부의 판단기준(규범적 요소고려설)을 제시한 판결이다.

## VI. 유사판례

### 1. 형사소송절차에서 두 죄 사이 공소사실이나 범죄사실의 동일성 판단기준

◆ 이른바 '이태원 살인사건'

피고인이 '1997. 4. 3. 21:50경 서울 용산구 이태원동에 있는 햄버거 가게 화장실에서 피해자 甲을 칼로 찔러 乙과 공모하여 甲을 살해하였다'는 내용으로 기소되었는데, 선행사건에서 '1997. 2. 초순부터 1997. 4. 3. 22:00경까지 정당한 이유 없이 범죄에 공용될 우려가 있는 위험한 물건인 휴대용 칼을 소지하였고, 1997. 4. 3. 23:00경 乙이 범행 후 햄버거 가게 화장실에 버린 칼을 집어 들고 나와 용산 미8군영 내 하수구에 버려 타인의 형사사건에 관한 증거를 인멸하였다'는 내용의 범죄사실로 유죄판결을 받아 확정된 사안에서, 살인죄의 공소사실과 선행사건에서 유죄로 확정된 폭력행위 등 처벌에 관한 법률 위반(우범자)죄와 증거인멸죄(이하 '증거인멸죄 등'이라고 한다)는 범행의 일시, 장소와 행위 태양이 서로 다르고, 살인죄는 폭력행위 등 처벌에 관한 법률 위반(우범자)죄나 증거인멸죄와는 보호법익이 서로 다르며 죄질에서도 현저한 차이가 있으므로, 살인죄의 공소사실과 증거인멸죄 등의 범죄사실 사이에 기본적 사실관계의 동일성이 없다. (대법원 2017. 1. 25., 선고, 2016도15526 판결)

# 제4장

# 대인적 강제처분

## 제1절 구속영장 발부 과정상 흠결의 치유 여부

### I. 사례요지

서울중앙지방법원 2014고단6923 일반교통방해 등 사건(이하 '제1 사건'이라 한다)에서 피고인은 제1 사건의 범죄사실에 관하여 2014. 9. 19. 발부된 구속영장(이하 '제1차 구속영장'이라 한다)에 의하여 구속된 상태에서 2014. 9. 26. 기소되어 재판을 받았는데, 그 재판 진행 중 피고인에 대한 2014고단9364 일반교통방해 사건(이하 '제2 사건'이라 한다)이 2014. 12. 15. 추가 기소되자 제1심법원은 2014. 12. 22. 제2 사건을 제1 사건에 병합하여 심리한다는 결정을 한 사실, 병합된 사건의 2015. 1. 20. 제4회 공판기일에서 검사가 제2 사건의 공소장에 의하여 공소사실, 죄명, 적용법조를 낭독하고 이에 대하여 변호인의 변호 아래 피고인은 공소사실을 일부 부인하는 취지의 진술을 한 사실, 그 후 제2 사건에 관하여 어떠한 증거제출이나 증거조사 등 추가심리가 진행되지 않은 상태에서 제1심법원은 제1차 구속영장에 의한 구속기간이 곧 만료하게 되자 2015. 3. 24. 법정 외에서 별도의 사전 청문절차 없이 피고인에 대하여 제2 사건의 범죄사실에 관하여 구속영장(이하 '제2차 구속영장'이라 한다)을 발부하였고 2015. 3. 26. 위 구속영장이 집행된 사실을 알 수 있다.

### II. 논 점

1. 법원이 사전에 형사소송법 제72조에 따른 절차를 거치지 아니한 채 피고인에 대하여 구속영장을 발부한 경우, 발부결정이 위법한지 여부(적극)
2. 위 규정에서 정한 절차적 권리가 실질적으로 보장된 경우, 해당 절차의 전부 또는 일부를 거치지 아니한 채 구속영장을 발부한 것만으로 발부결정이 위법한지 여부(소극)
3. 사전 청문절차의 흠결에도 불구하고 구속영장 발부가 적법한 경우

### III. 법규연구 (형사소송법)

제72조(구속과 이유의 고지) 피고인에 대하여 범죄사실의 요지, 구속의 이유와 변호인을 선임할 수 있음을 말하고 변명할 기회를 준 후가 아니면 구속할 수 없다. 다만, 피고인이 도망한 경우에는 그러하지 아니하다.

## IV. 관련 판례

### 1. 원심 (서울중앙지법 2015. 4. 6.자 2015로66 결정)

제1심법원이 구속영장을 발부하면서 형사소송법 제72조에 따른 사전 청문절차를 거치지 아니하였으므로 구속영장 발부결정이 위법하다는 피고인의 주장에 대하여, 구속영장 기재 범죄사실에 관하여 별건으로 기소되어 병합된 이후 공판기일에서 공소사실 등이 낭독되고 변호인의 변호 아래 피고인에게 공소사실에 관한 진술기회를 부여함으로써 변명을 할 기회가 주어졌으므로 피고인에게 형사소송법 제72조에 따른 절차적 권리가 실질적으로 보장되었다고 보아 구속영장 발부결정은 적법하다.

### 2. 대법원 (대법원 2016. 6. 14., 자, 2015모1032 결정)

형사소송법 제72조의 '피고인에 대하여 범죄사실의 요지, 구속의 이유와 변호인을 선임할 수 있음을 말하고 변명할 기회를 준 후가 아니면 구속할 수 없다'는 규정은 피고인을 구속하면서 법관에 의한 사전 청문절차를 규정한 것으로서, 법원이 사전에 위 규정에 따른 절차를 거치지 아니한 채 피고인에 대하여 구속영장을 발부하였다면 그 발부결정은 위법하다(대법원 2000. 11. 10.자 2000모134 결정 참조).

한편 위 규정은 피고인의 절차적 권리를 보장하기 위한 규정이므로 이미 변호인을 선정하여 공판절차에서 변명과 증거의 제출을 다하고 그의 변호 아래 판결을 선고받은 경우 등과 같이 위 규정에서 정한 절차적 권리가 실질적으로 보장되었다고 볼 수 있는 경우에는 이에 해당하는 절차의 전부 또는 일부를 거치지 아니한 채 구속영장을 발부하였다 하더라도 이러한 점만으로 그 발부결정을 위법하다고 볼 것은 아니지만(위 대법원 2000모134 결정, 대법원 2001. 5. 29. 선고 2001도1154 판결 등 참조), 위와 같이 사전 청문절차의 흠결에도 불구하고 구속영장 발부를 적법하다고 보는 이유는 공판절차에서 증거의 제출과 조사 및 변론 등을 거치면서 판결이 선고될 수 있을 정도로 범죄사실에 대한 충분한 소명과 공방이 이루어지고 그 과정에서 피고인에게 자신의 범죄사실 및 구속사유에 관하여 변명을 할 기회가 충분히 부여되기 때문이므로, 이와 동일시할 수 있을 정도의 사유가 아닌 이상 함부로 청문절차 흠결의 위법이 치유된다고 해석하여서는 아니 된다.

## V. 결론

제1심법원은 제2차 구속영장을 발부하기 전에 형사소송법 제72조에 따른 절차를 따로 거치지 아니하였는데, 그 전 공판기일에서 검사가 모두진술에 의하여 공소사실 등을 낭독하고 피고인과 변호인이 모두진술에 의하여 공소사실의 인정 여부 및 이익이 되는 사실 등을 진술하였다는 점만으로는 위 규정에서 정한 절차적 권리가 실질적으로 보장되었다고 보기는 어렵다고 할 것이다.

## VI 유사판례

### 1. 형집행장을 발부하여 구인하는 경우 제70조나 제72조가 준용되는지 여부

벌금형에 따르는 노역장유치는 실질적으로 자유형과 동일한 것으로서 그 집행에 대하여는 자유형의 집행에 관한 규정이 준용된다(형사소송법 제492조). 구금되지 아니한 당사자에 대하여 형의 집행기관인 검사는 그 형의 집행을 위하여 당사자를 소환할 수 있고, 당사자가 소환에 응하지 아니한 때에는 형집행장을 발부하여 구인할 수 있다(형사소송법 제473조). 형사소송법 제475조는 이 경우 형집행장의 집행에 관하여 형사소송법 제1편 제9장에서 정하는 피고인의 구속에 관한 규정을 준용한다고 규정하고 있고, 여기서 '피고인의 구속에 관한 규정'은 '피고인의 구속영장의 집행에 관한 규정'을 의미한다고 할 것이므로, 형집행장의 집행에 관하여는 구속의 사유에 관한 형사소송법 제70조나 구속이유의 고지에 관한 형사소송법 제72조가 준용되지 아니한다. (대법원 2013. 9. 12., 선고, 2012도2349 판결)

# 제2절 체포영장 집행 시 범죄사실의 요지와 구속의 이유 및 변호인선임권 고지 시기

## I. 사례요지

공소외 2 등은 피고인에 대한 체포영장을 집행하기 전 피고인에게 필로폰 투약혐의로 체포영장이 발부되었다는 사실과 범죄사실의 요지 및 변호인선임권 등을 고지하였고, 이어 공소외 3이 소지하고 있던 체포영장을 꺼내어 피고인에게 제시하려고 하였으나, 피고인이 팔을 휘두르면서 도망가려고 저항하고, 이어 깨진 유리를 들어 공소외 2의 오른쪽 팔을 찌르고 공소외 3에게도 깨진 유리를 휘두르면서 완강히 대항하여 결국 공소외 2 등이 힘에 부쳐 피고인을 검거하지 못한 채 현장에서 이탈함에 따라 피고인에게 체포영장을 제시하지 못하였다.

## II. 논 점

1. 사법경찰관 등이 체포영장을 소지하고 피의자를 체포하는 경우
2. 범죄사실의 요지와 구속의 이유 및 변호인선임권 등을 고지하여야 하는 시기

## III. 법규연구 (형사소송법)

제72조(구속과 이유의 고지) 피고인에 대하여 범죄사실의 요지, 구속의 이유와 변호인을 선임할 수 있음을 말하고 변명할 기회를 준 후가 아니면 구속할 수 없다. 다만, 피고인이 도망한 경우에는 그러하지 아니하다.

## IV. 관련 판례

### 1. 원심 (서울고법 2007. 11. 8. 선고 2007노752, 2007노1359(병합) 판결)

체포영장의 범죄사실에 기재된 범죄일시에 피고인이 부산 주례구치소에 수용되어 있었던 사실이 사후에 밝혀졌다 하더라도, 피고인에 대한 체포영장을 신청한 공소외 1이나 체포영장에 의하여 피고인을 체포하려고 한 공소외 2 등이 체포영장에 기재된 범죄일시에 피고인이 구치소에 수용되어 있었다는 사실을 알았다거나, 체포영장의 범죄사실이 허위라는 사실을 알았던 것으로 인정할 만한 자료가 없으므로, 공소외 1 및 공소외 2 등의 피고인에 대한 체포영장 신청 및 체포행위가 현저히 합리성을 잃은 경우에 해당한다고 볼 수 없다는 이유로 위법한 공무집행이 아니라고 판단하였다.

## 2. 대법원 (대법원 2008. 2. 14., 선고, 2007도10006 판결)

가. 사법경찰관 등이 체포영장을 소지하고 피의자를 체포하기 위하여는 체포 당시에 피의자에게 체포영장을 제시하고 피의자에 대한 범죄사실의 요지, 구속의 이유와 변호인을 선임할 수 있음을 말하고 변명할 기회를 주어야 하는데 형사소송법(2007. 6. 1. 법률 제8496호로 개정되기 전의 것) 제200조의5, 제72조, 제85조 제1항, 이와 같은 체포영장의 제시나 고지 등은 체포를 위한 실력행사에 들어가기 이전에 미리 하여야 하는 것이 원칙이나, 달아나는 피의자를 쫓아가 붙들거나 폭력으로 대항하는 피의자를 실력으로 제압하는 경우에는 붙들거나 제압하는 과정에서 하거나, 그것이 여의치 않은 경우에라도 일단 붙들거나 제압한 후에 지체없이 행하여야 한다.

나. 공소외 2 등은 피고인에 대한 체포영장을 집행하기 전 피고인에게 필로폰 투약 혐의로 체포영장이 발부되었다는 사실과 범죄사실의 요지 및 변호인선임권 등을 고지하였고, 이어 공소외 3이 소지하고 있던 체포영장을 꺼내어 피고인에게 제시하려고 하였으나, 피고인이 팔을 휘두르면서 도망가려고 저항하고, 이어 깨진 유리를 들어 공소외 2의 오른쪽 팔을 찌르고 공소외 3에게도 깨진 유리를 휘두르면서 완강히 대항하여 결국 공소외 2 등이 힘에 부쳐 피고인을 검거하지 못한 채 현장에서 이탈함에 따라 피고인에게 체포영장을 제시하지 못한 것이므로, 피고인에게 체포영장이 실제로 제시되지는 않았다 하더라도 공소외 2 등의 위와 같은 체포행위는 적법한 공무집행으로 보아야 한다고 판단하였는바, 앞서 본 법리와 기록에 비추어 살펴보면 원심의 위와 같은 사실인정과 판단은 정당하다.

## V. 결 론

한편, 과잉방위란 자기 또는 타인의 법익에 대한 현재의 부당한 침해라는 정당방위의 객관적 전제조건하에서 그 침해를 방위하기 위한 행위가 있었으나 그 행위가 지나쳐 상당한 이유가 없는 경우를 말하는바, 앞서 본 바와 같이 공소외 2 등의 체포행위가 적법한 공무집행인 사실이 인정되므로 피고인이 이에 대항하여 공소외 2에게 상해를 가한 행위가 과잉방위에 해당한다고 볼 여지는 없다.

# 제3절 미결구금일수만으로도 본형 형기를 초과한 경우 구속 취소사유 해당여부

## I. 사례요지

피고인은 1990.2.9. 구속되어 같은 해 6.18. 제1심에서 징역 1년(판결선고 전 구금일수 중 125일을 본형에 산입)의 선고를 받았으나 같은 해 6.20. 피고인과 검사가 모두 항소한 결과 같은 해 11.22. 항소심에서 제1심판결 파기, 징역 1년(제1심판결 선고 전 구금일수 중 125일 본형에 산입), 공소사실 중 일부 무죄의 선고를 받고 피고인은 같은 해 11.22. 검사는 같은 해 11.29. 각 상고하였으며, 1991.1.29. 스리에서 원심이 유죄로 판시한 부분과 무죄로 판시한 부분 중 일부가 파기 환송됨에 따라 그 부분 사건을 환송받은 항소심에서 1991.3.25. 환송 취지대로 제1심판결 파기, 징역 1년(제1심판결 선고 전 구금일수 중 125일을 본형에 산입), 공소사실 중 일부 무죄가 선고되고 이에 대하여 피고인과 검사가 다시 상고하였다.

## II. 논 점

미결구금일수만으로도 본형의 형기를 초과한 경우가 구속 취소사유에 해당하는지 여부

## III. 법규연구 (형사소송법)

제93조(구속의 취소) 구속의 사유가 없거나 소멸된 때에는 법원은 직권 또는 검사, 피고인, 변호인과 제30조제2항에 규정한 자의 청구에 의하여 결정으로 구속을 취소하여야 한다.

## IV. 관련 판례

### 1. 원심 (부산고등법원 1991.3.25.자, 90초16 결정)

피고인에 대한 구속을 취소하여야 한다.

### 2. 대법원 (대법원 1991. 4. 11., 자, 91모25 결정)

가. 대법원의 파기환송취지대로 제1심판결을 파기하고 징역 1년과 공소사실 중 일부 무죄를 선고한 항소심 판결에 대하여 피고인과 검사가 다시 상고한 경우에는 검사의 상고가 받아들여지리라고 보기 어렵다고 할 것이고, 피고인의 상고가 기각되더라도 제1심과 항소심 판결 선고 전 구금 일수만으로도 구속을 필요로 하는 본형 형기를 초과할 것이 명백하다면 피고인이 현재 집행유예 기간에 있더라도 이것이 피고인의 구속을 계속하여야 할 사유가 된다고 할 수 없어 피고인을 구속할 사유는 소멸되었다고 할 것이므로 피고인에 대한 구속은 취소해야 한다.

나. 피고인에 대하여는 제1심판결 선고 전의 구금일수 125일이 산입되고 형사소송법 제482조의 규정에 의하여 항소제기 후의 항소심구금일수 전부가 산입되게 되어 있어 피고인의 상고가 기각되더라도 제1심과 항소심 판결선고 전 구금일수만으로도 구속을 필요로 하는 본형 형기를 초과할 것이 명백하다.

기록에 의하면 피고인이 1989.6.5. 징역 1년6월에 집행유예 2년을 선고받고 1990.1.31.경 확정됨에 따라 현재 집행유예 기간에 있음을 알 수 있지만, 그것이 피고인의 구속을 계속하여야 할 사유가 된다고 할 수는 없으며 달리 피고인을 계속 구속할 사유가 있어 보이지 않는다.

## V. 결 론

형사소송법에 따르면, 법원 또는 수사기관은 구속의 사유가 없거나 소멸된 때 직권 또는 청구에 의하여 구속취소 결정을 함으로써 피의자 · 피고인을 석방하게 되는데, 대법원은 '미결구금일수만으로도 본형의 형기를 초과할 것이 명백한 경우'도 '구속의 사유가 소멸된 때'에 해당한다고 보았다.

# 제4절 법관의 날인이 누락된 영장의 효력

## Ⅰ. 사례요지

압수수색영장에 피의자의 성명, 죄명, 압수할 물건, 수색할 장소, 신체, 물건, 발부연월일, 유효기간과 그 기간을 경과하면 집행에 착수하지 못하며 영장을 반환하여야 한다는 취지 및 압수·수색의 사유가 기재되어 있고, 영장을 발부한 법관이 '이 영장은 일출 전 또는 일몰 후에도 집행할 수 있다.'라고 자필로 1행을 부기한 후 해당 부분에 날인을 하였으며, 간인도 되어 있다. 그러나 법관의 서명 바로 옆에 날인이 누락되어 있다.

## Ⅱ. 논 점

법관의 서명만 있고 날인은 누락된 영장의 효력 여부

## Ⅲ. 법규연구 (형사소송법)

제114조(영장의 방식) ① 압수·수색영장에는 다음 각 호의 사항을 기재하고 재판장이나 수명법관이 서명날인하여야 한다. 다만, 압수·수색할 물건이 전기통신에 관한 것인 경우에는 작성기간을 기재하여야 한다.

1. 피고인의 성명
2. 죄명
3. 압수할 물건
4. 수색할 장소·신체·물건
5. 영장 발부 연월일
6. 영장의 유효기간과 그 기간이 지나면 집행에 착수할 수 없으며 영장을 반환하여야 한다는 취지
7. 그 밖에 대법원규칙으로 정하는 사항

## Ⅳ. 관련 판례

### 1. 원심 (수원지법 2018. 12. 4. 선고 2018노4647 판결)

영장이 법관의 진정한 의사에 따라 발부되었다는 등의 이유만으로 이 사건 영장이 유효라고 판단하였다.

### 2. 대법원 (대법원 2019. 7. 11., 선고, 2018도20504 판결)

압수·수색영장에는 피의자의 성명, 죄명, 압수할 물건, 수색할 장소, 신체, 물건,

발부연월일, 유효기간과 그 기간을 경과하면 집행에 착수하지 못하며 영장을 반환하여야 한다는 취지, 그 밖에 대법원규칙으로 정한 사항을 기재하고 영장을 발부하는 법관이 서명날인하여야 한다(형사소송법 제219조, 제114조 제1항 본문). 이 사건 영장은 법관의 서명날인란에 서명만 있고 날인이 없으므로, <u>형사소송법이 정한 요건을 갖추지 못하여 적법하게 발부되었다고 볼 수 없다.</u>

## V. 결 론

원심은 영장이 법관의 진정한 의사에 따라 발부되었다는 등의 이유를 들어 유효하다고 보았으나, 대법원은 법관의 날인이 누락된 영장은 형사소송법이 정한 요건을 갖추지 못하였으므로 무효로 판시하였다.

# 제5절 현상광고 보수금과 이른바 '검거'의 의미

## Ⅰ. 사례요지

경찰이 탈옥수(甲)를 수배하면서 '제보로 검거되었을 때에 신고인 또는 제보자에게 현상금을 지급한다.'는 내용의 현상광고를 한 경우, 현상광고의 지정행위는 甲의 거처 또는 소재를 경찰에 신고 내지 제보하는 것이고 '검거되었을 때'는 지정행위의 완료에 조건을 붙인 것인데, 제보자가 甲의 소재를 발견하고 경찰에 이를 신고함으로써 현상광고의 지정행위는 완료로 봐야 하는지.

## Ⅱ. 논 점

1. 민법 제675조 소정의 현상광고상의 지정행위 완료에 조건이나 기한을 붙일 수 있는지(적극)
2. 이른바 '검거'의 의미

## Ⅲ. 법규연구

### 1. 형사소송법

제200조의2(영장에 의한 체포) ① 피의자가 죄를 범하였다고 의심할 만한 상당한 이유가 있고, 정당한 이유없이 제200조의 규정에 의한 출석요구에 응하지 아니하거나 응하지 아니할 우려가 있는 때에는 검사는 관할 지방법원판사에게 청구하여 체포영장을 발부받아 피의자를 체포할 수 있고, 사법경찰관은 검사에게 신청하여 검사의 청구로 관할지방법원판사의 체포영장을 발부받아 피의자를 체포할 수 있다.

제200조의3(긴급체포) ① 검사 또는 사법경찰관은 피의자가 사형·무기 또는 장기 3년이상의 징역이나 금고에 해당하는 죄를 범하였다고 의심할 만한 상당한 이유가 있고, 다음 각 호의 어느 하나에 해당하는 사유가 있는 경우에 긴급을 요하여 지방법원판사의 체포영장을 받을 수 없는 때에는 그 사유를 알리고 영장없이 피의자를 체포할 수 있다. 이 경우 긴급을 요한다 함은 피의자를 우연히 발견한 경우등과 같이 체포영장을 받을 시간적 여유가 없는 때를 말한다.

1. 피의자가 증거를 인멸할 염려가 있는 때
2. 피의자가 도망하거나 도망할 우려가 있는 때

제201조(구속) ① 피의자가 죄를 범하였다고 의심할 만한 상당한 이유가 있고 제70조제1항 각 호의 1에 해당하는 사유가 있을 때에는 검사는 관할지방법원판사에게 청구하여 구속영장을 받아 피의자를 구속할 수 있고 사법경찰관은 검사에게 신청하여 검사의 청구로 관할지방법원판사의 구속영장을 받아 피의자를 구속할 수 있다. 다만, 다액 50만원이하의 벌금, 구류 또는 과료에 해당하는 범죄에 관하여는 피의자가 일정한 주거가 없는 경우에 한한다.

제212조(현행범인의 체포) 현행범인은 누구든지 영장없이 체포할 수 있다.

## 2. 민 법

> 제675조 (현상광고의 의의) 현상광고는 광고자가 어느 행위를 한 자에게 일정한 보수를 지급할
> 의사를 표시하고 이에 응한 자가 그 광고에 정한 행위를 완료함으로써 그 효력이 생긴다.
>
> 제152조 (기한도래의 효과) ① 시기있는 법률행위는 기한이 도래한 때로부터 그 효력이 생긴다.
> ② 종기있는 법률행위는 기한이 도래한 때로부터 그 효력을 잃는다.
>
> 제147조 (조건성취의 효과) ① 정지조건있는 법률행위는 조건이 성취한 때로부터 그 효력이 생긴다.

## IV. 관련 판례

### 1. 원심 (광주고법 1999. 12. 9. 선고 99나5964 판결)

당시 경찰은 원고의 신고를 받고 10여 명이 넘는 경찰관을 동원하여 호프집의 출입
문을 봉쇄한 다음 甲의 신원을 확인하고자 하였으나, 그 신원을 확인하지 못하고 신원
확인을 위하여 그를 형사기동대 차에 태워 파출소까지 임의동행 형식으로 연행하는 등
10분이 넘는 동안 甲을 경찰의 지배 범위 내에 두어 현실적으로 그 신병을 확보하였다
고 할 것이므로, 임의동행 등 그 신병 확보의 방법에 관계없이 이 사건 현상광고상의 '
신고로 인한 검거'는 완료되었고, 당시 경찰이 甲이 그들이 찾고 있던 자임을 아직 확
인하지 못한 상태에서 도주하여 경찰의 지배 범위를 다시 벗어났다는 사정으로 인하여
검거사실을 달리 볼 것은 아니라는 이유로 현상광고에 정한 보수금의 지급을 구하는
원고의 청구를 받아들였다.

### 2. 대법원 (대법원 2000. 8. 22., 선고, 2000다3675 판결)

가. 민법 제675조에 정하는 현상광고란, 광고자가 어느 행위를 한 자에게 일정한 보
수를 지급할 의사를 표시하고 이에 응한 자가 그 광고에 정한 행위를 완료함으로써 그
효력이 생기는 것으로서, 그 광고에 정한 행위의 완료에 조건이나 기한을 붙일 수 있
고, 한편 '검거'라 함은, 수사기관이 범죄의 예방·공안의 유지 또는 범죄수사상 혐의
자로 지목된 자를 사실상 일시 억류하는 것으로서, 반드시 형사소송법상의 현행범인의
체포·긴급체포·구속 등의 강제처분만을 의미하지는 아니하고 그보다는 넓은 개념이
라고 보아야 할 것이다.

나. 사실관계가 원심이 인정한 바와 같다면, 이 사건 현상광고의 지정행위는 甲의
거처 또는 소재를 경찰에 신고 내지 제보하는 것이고, 甲이 '검거되었을 때'는 지정행

위의 완료에 조건을 붙인 것이라고 보아야 할 것인데, 원고가 甲의 소재를 발견하고 경찰에 이를 제보함으로써 이 사건 현상광고의 지정행위는 완료되었고, 그에 따라 경찰관 등이 출동하여 甲이 있던 호프집 안에서 그를 검문하고 나아가 차량에 태워 파출소에까지 데려간 이상, 그에 대한 검거는 이루어진 것이므로, 이 사건 현상광고상의 지정행위 완료에 붙인 조건도 성취된 것으로 보아야 할 것이다.

## V. 결 론

'검거'라 함은, 수사기관이 범죄의 예방·공안의 유지 또는 범죄수사상 혐의자로 지목된 자를 사실상 일시 억류하는 것으로서, 반드시 형사소송법상의 현행범인의 체포·긴급체포·구속 등의 강제처분만을 의미하지는 아니하고 그보다는 넓은 개념이라고 보아야 한다.

# 제6절 구속영장이 발부된 경우 지체없이 신속하게 구속영장을 집행해야 하는지

## I. 사례요지

사법경찰리 경사 공소외 1, 경장 공소외 2, 공소외 3은 2020. 2. 6. 17:10 피고인을 업무방해, 공연음란의 범죄사실로 현행범인 체포하였다.

소속 검사는 피고인을 현행범인으로 체포한 때로부터 48시간 이내인 2020. 2. 7. 18:15 인천지방법원 부천지원에 피고인에 대한 구속영장을 청구하였다.

소속 판사는 2020. 2. 8. 16:00 피고인에 대한 영장실질심사를 진행하여 '유효기간을 2020. 2. 14.까지'로 기재한 구속영장을 발부하였고, 같은 날 17:00경 피고인에 대한 구속영장 청구 사건의 수사 관계 서류와 증거물이 (검찰청명 생략)에 반환되었으며, 검사는 그 무렵 위 구속영장에 대한 집행지휘를 하였다.

소속 사법경찰리 경사 공소외 4는 2020. 2. 11. 14:10경 피고인에 대한 구속영장을 집행하였다. 피의자에 대한 구속영장의 제시와 집행이 그 발부 시로부터 정당한 사유 없이 시간이 지체되어 이루어지지 않았다.

## II. 논 점

1. 법관이 검사의 청구에 의하여 체포된 피의자의 구금을 위한 구속영장을 발부한 경우, 검사와 사법경찰관리는 지체없이 신속하게 구속영장을 집행하여야 하는지

2. 피의자에 대한 구속영장의 제시와 집행이 그 발부 시로부터 정당한 사유 없이 시간이 지체되어 이루어진 경우, 구속영장의 유효기간 내에 집행되었다고 하더라도 위 기간 동안의 체포 내지 구금 상태는 위법한지 여부(적극)

## III. 법규연구

### 1. (형사소송법)

제200조의2(영장에 의한 체포) ⑤ 체포한 피의자를 구속하고자 할 때에는 체포한 때부터 48시간 이내에 제201조의 규정에 의하여 구속영장을 청구하여야 하고, 그 기간내에 구속영장을 청구하지 아니하는 때에는 피의자를 즉시 석방하여야 한다.

제201조(구속) ① 피의자가 죄를 범하였다고 의심할 만한 상당한 이유가 있고 제70조제1항 각호의 1에 해당하는 사유가 있을 때에는 검사는 관할지방법원판사에게 청구하여 구속영장을 받아 피의자를 구속할 수 있고 사법경찰관은 검사에게 신청하여 검사의 청구로 관할지방법원판사의 구속영장을 받아 피의자를 구속할 수 있다. 다만, 다액 50만원이하의 벌금, 구류 또는 과료에 해당하는 범죄에 관하여는 피의자가 일정한 주거가 없는 경우에 한한다.

## 2. 헌 법

제12조 ① 모든 국민은 신체의 자유를 가진다. 누구든지 법률에 의하지 아니하고는 체포·구속
·압수·수색 또는 심문을 받지 아니하며, 법률과 적법한 절차에 의하지 아니하고는 처벌·
보안처분 또는 강제노역을 받지 아니한다.

③ 체포·구속·압수 또는 수색을 할 때에는 적법한 절차에 따라 검사의 신청에 의하여 법관
이 발부한 영장을 제시하여야 한다. 다만, 현행범인인 경우와 장기 3년 이상의 형에 해당하
는 죄를 범하고 도피 또는 증거인멸의 염려가 있을 때에는 사후에 영장을 청구할 수 있다.

⑤ 누구든지 체포 또는 구속의 이유와 변호인의 조력을 받을 권리가 있음을 고지받지 아니하
고는 체포 또는 구속을 당하지 아니한다. 체포 또는 구속을 당한 자의 가족등 법률이 정하는
자에게는 그 이유와 일시·장소가 지체없이 통지되어야 한다.

## IV. 관련 판례 (대법원 2021. 4. 29., 선고, 2020도16438 판결)

가. 대한민국헌법 제12조는 국민의 신체의 자유와 관련하여 제1항에서 "모든 국민
은 신체의 자유를 가진다. 누구든지 법률에 의하지 아니하고는 체포·구속·압수·수
색 또는 심문을 받지 아니한다."라고 규정하고, 제3항 본문에서 "체포·구속·압수
또는 수색을 할 때에는 적법한 절차에 따라 검사의 신청에 의하여 법관이 발부한 영장
을 제시하여야 한다."라고 규정하고 있으며, 제5항에서 "누구든지 체포 또는 구속의
이유와 변호인의 조력을 받을 권리가 있음을 고지받지 아니하고는 체포 또는 구속을
당하지 아니한다. 체포 또는 구속을 당한 자의 가족 등 법률이 정하는 자에게는 그 이
유와 일시·장소가 지체없이 통지되어야 한다."라고 규정함으로써 적법절차와 영장주
의의 원칙을 선언하고 있다.

나. 이에 따라 형사소송법은 체포된 피의자의 구금을 위한 구속영장의 청구, 발부,
집행절차에 관하여 다음과 같이 규정하고 있다.

① (영장에 의해) 체포한 피의자를 구속하고자 할 때에는 체포한 때부터 48시간 이
내에 제201조의 규정에 의하여 구속영장을 청구하여야 하고, 그 기간 내에 구속영장을
청구하지 아니하는 때에는 피의자를 즉시 석방하여야 한다(제200조의2 제5항). 위 규
정은 검사 또는 사법경찰관리가 현행범인을 체포하거나 현행범인을 인도받은 경우에
준용되고(제213조의2), 긴급체포한 피의자를 구속하고자 할 때에도 같은 취지의 규정
을 두고 있다(제200조의4 제1항, 제2항).

② 위와 같이 체포된 피의자에 대하여 구속영장을 청구받은 판사는 지체없이 피의자
를 심문하여야 하는데, 특별한 사정이 없으면 구속영장이 청구된 날의 다음 날까지 심

문하여야 하고(제201조의2 제1항), 이 경우 판사는 즉시 피의자 및 변호인에게 심문기일과 장소를 통지하여야 하며, 검사는 체포된 피의자를 심문기일에 출석시켜야 한다(제201조의2 제3항).

③ 구속영장청구를 받은 판사는 신속히 구속영장의 발부 여부를 결정하여야 하고, 상당하다고 인정할 때에는 구속영장을 발부한다(제201조 제3항, 제4항).

④ 구속영장은 검사의 지휘에 의하여 사법경찰관리가 집행하고(제209조, 제81조 제1항 본문), 구속영장을 집행함에는 피의자에게 반드시 이를 제시하고 피의사실의 요지, 구속의 이유와 변호인을 선임할 수 있음을 말하고 변명할 기회를 주어야 하며(제209조, 제85조 제1항, 제200조의5), 피의자를 구속한 때에는 변호인 또는 변호인선임권자 중 피의자가 지정한 자에게 피의사건명, 구속일시·장소, 피의사실의 요지, 구속의 이유와 변호인을 선임할 수 있는 취지를 지체없이 서면으로 통지하여야 한다(제209조, 제87조 제1항, 제2항).


다. 위와 같은 헌법이 정한 적법절차와 영장주의 원칙, 형사소송법이 정한 체포된 피의자의 구금을 위한 구속영장의 청구, 발부, 집행절차에 관한 규정을 종합하면, 법관이 검사의 청구에 의하여 체포된 피의자의 구금을 위한 구속영장을 발부하면 검사와 사법경찰관리는 지체없이 신속하게 구속영장을 집행하여야 한다. <u>피의자에 대한 구속영장의 제시와 집행이 그 발부 시로부터 정당한 사유 없이 시간이 지체되어 이루어졌다면, 구속영장이 그 유효기간 내에 집행되었다고 하더라도 위 기간의 체포 내지 구금 상태는 위법하다.</u>

## V. 결 론

피고인에 대한 구속영장이 2020. 2. 8. 발부되고 피고인에 대한 구속영장 청구 사건의 수사관계 서류와 증거물이 같은 날 17:00경 검찰청에 반환되어 그 무렵 검사의 집행지휘가 있었는데도, 사법경찰리는 그로부터 만 3일 가까이 경과한 2020. 2. 11. 14:10경 구속영장을 집행하였으므로 사법경찰리의 피고인에 대한 구속영장 집행은 지체없이 이루어졌다고 볼 수 없고, 위 '구속영장 집행에 관한 수사보고' 상의 사정은 구속영장 집행절차 지연에 대한 정당한 사유에 해당한다고 보기도 어려우므로 정당한 사유 없이 지체된 기간 동안의 피고인에 대한 체포 내지 구금 상태는 위법하다고 할 것이다.

# 제7절 긴급체포에 있어서 '긴급성'

## Ⅰ. 사례요지

> 피고인이 필로폰을 투약한다는 제보를 받은 경찰관이 제보의 정확성을 사전에 확인한 후에 제보자를 불러 조사하기 위하여 피고인의 주거지를 방문하였다가, 그곳에서 피고인을 발견하고 피고인의 전화번호로 전화를 하여 나오라고 하였으나 응하지 않자 피고인의 집 문을 강제로 열고 들어가 피고인을 긴급체포하였다.

## Ⅱ. 논 점

긴급체포의 요건인 긴급성을 갖추었는지

## Ⅲ. 법규연구 (형사소송법)

> 제200조의3(긴급체포) ① 검사 또는 사법경찰관은 피의자가 사형·무기 또는 장기 3년이상의 징역이나 금고에 해당하는 죄를 범하였다고 의심할 만한 상당한 이유가 있고, 다음 각 호의 어느 하나에 해당하는 사유가 있는 경우에 긴급을 요하여 지방법원판사의 체포영장을 받을 수 없는 때에는 그 사유를 알리고 영장없이 피의자를 체포할 수 있다. 이 경우 긴급을 요한다 함은 피의자를 우연히 발견한 경우등과 같이 체포영장을 받을 시간적 여유가 없는 때를 말한다.
> 1. 피의자가 증거를 인멸할 염려가 있는 때
> 2. 피의자가 도망하거나 도망할 우려가 있는 때

## Ⅳ. 관련 판례

### 1. 원심 (창원지법 2016. 4. 7. 선고 2016노60 판결)

피고인이 자기 집에서 마약을 투약한다는 제보를 받은 경찰관이 피고인을 집 밖으로 유인하여 불러내려 하였으나 실패하자 피고인의 주거지 문의 잠금장치를 해제하여 강제로 문을 열고 들어가 수색한 끝에 침대 밑에 숨어 있던 피고인을 긴급체포한 사실을 인정한 다음, 당시 피고인을 우연히 맞닥뜨려 긴급히 체포해야 할 상황이었다고 볼 수 없다는 등 이유로 <u>긴급체포가 위법하다고 판단하였다.</u>

### 2. 대법원 (대법원 2016. 10. 13., 선고, 2016도5814 판결)

가. 긴급체포는 긴급을 요하여 체포영장을 받을 수 없는 때에 할 수 있고, 이 경우 긴급을 요한다 함은 '피의자를 우연히 발견한 경우 등과 같이 체포영장을 받을 시간적

여유가 없는 때'를 말한다(형사소송법 제200조의3).

피고인이 필로폰을 투약하고 동네를 활보하고 다닌다는 제보를 받은 경찰관이 실제 제보된 주거지에 피고인이 살고 있는지 등 제보의 정확성을 사전에 확인한 후에 제보자를 불러 조사하기 위하여 피고인의 주거지를 방문하였다가, 현관에서 담배를 피우고 있는 피고인을 발견하고 사진을 찍어 제보자에게 전송하여 그 사진에 있는 사람이 제보한 대상자가 맞는다는 확인을 한 후, 가지고 있던 피고인의 전화번호로 전화를 하여 차량 접촉사고가 났으니 나오라고 하였으나 나오지 않고, 또한 경찰관임을 밝히고 만나자고 하는데도 현재 집에 있지 않다는 취지로 거짓말을 하자 원심판시와 같이 피고인의 집 문을 강제로 열고 들어가 피고인을 긴급체포한 사실을 알 수 있다.

나. 설령 피고인이 마약에 관한 죄를 범하였다고 의심할 만한 상당한 이유가 있었다고 하더라도, 경찰관이 이미 피고인의 신원과 주거지 및 전화번호 등을 모두 파악하고 있었고, 당시 마약 투약의 범죄 증거가 급속하게 소멸될 상황도 아니었다고 보이는 점 등의 사정을 감안하면, 원심이 피고인에 대한 긴급체포가 미리 체포영장을 받을 시간적 여유가 없었던 경우에 해당하지 아니한다고 본 것은 수긍이 된다. 거기에 상고이유 주장과 같이 긴급체포의 요건에 관한 법리를 오해한 잘못이 없다.

## V. 결 론

대법원은 긴급체포가 영장주의 예외로서 적법하기 위한 요건으로서의 긴급성을 미리 체포영장을 받을 시간적 여유가 없는 경우로 해석한다.

# 제8절 자진 출석한 자에 대한 긴급체포의 적법성 여부

## I. 사례요지

피고인 2를 대질조사하기 위하여 공소외 3을 소환한 상태에서 자진 출석한 피고인 2에 대하여 참고인조사를 하지 아니한 채 곧바로 위증 및 위증교사 혐의로 피의자신문조서를 받기 시작하였고, 이에 피고인 2는 인적사항만을 진술한 후 검사의 승낙하에 피고인 1에게 전화를 하여 "검사가 자신에 대하여 위증 및 위증교사 혐의로 피의자신문조서를 받고 있으니 여기서 데리고 나가 달라"고 하였으며, 더 이상의 조사가 이루어지지 아니하는 사이 피고인 1이 검사실로 찾아와서 공소외 1 검사에게 "참고인조사만을 한다고 하여 임의수사에 응한 것인데 피고인 2를 피의자로 조사하는 데 대해서는 협조를 하지 않겠다"라는 취지로 말하며 피고인 2에게 여기서 나가라고 지시하였다. 피고인 2가 일어서서 검사실을 나가려 하자 검사는 피고인 2에게 "지금부터 긴급체포하겠다"라고 말하면서 피고인 2의 퇴거를 제지하려 하였고, 피고인 1은 피고인 2에게 계속 나가라고 지시하면서 피고인 2를 붙잡으려는 검사를 몸으로 밀어 이를 제지하였다.

## II. 논 점

1. 수사기관에 자진출석한 사람이 긴급체포의 요건을 갖추지 못하였음에도 실력으로 자신을 체포하려고 한 검사나 사법경찰관에게 폭행을 가한 경우 공무집행방해죄의 성립 여부(소극)

2. 검사가 참고인조사를 받는 줄 알고 검찰청에 자진출석한 자를 합리적 근거 없이 긴급체포하자 그 변호사가 이를 제지하는 과정에서 검사에게 상해를 가한 것이 정당방위에 해당하는지

## III. 법규연구 (형사소송법)

제200조의3(긴급체포) ① 검사 또는 사법경찰관은 피의자가 사형·무기 또는 장기 3년이상의 징역이나 금고에 해당하는 죄를 범하였다고 의심할 만한 상당한 이유가 있고, 다음 각 호의 어느 하나에 해당하는 사유가 있는 경우에 긴급을 요하여 지방법원판사의 체포영장을 받을 수 없는 때에는 그 사유를 알리고 영장없이 피의자를 체포할 수 있다. 이 경우 긴급을 요한다 함은 피의자를 우연히 발견한 경우등과 같이 체포영장을 받을 시간적 여유가 없는 때를 말한다.

1. 피의자가 증거를 인멸할 염려가 있는 때
2. 피의자가 도망하거나 도망할 우려가 있는 때

## IV. 관련 판례

### 1. 원심 (인천지방법원 2005. 12. 15. 선고 2005노1392 판결)

검사가 피고인 2를 긴급체포한 행위에 대하여 객관적으로 합리적 근거를 갖추지 못하였음에도 긴급체포를 하였다고 인정할 수 있는 사정이 있었다고 보기 어려우므로 검사가 피고인 2를 긴급체포하려고 한 행위가 적법한 공무집행에 해당한다는 이유로 피고인 1의 주장을 배척하고 이 부분 <u>범죄사실을 유죄로 인정하였다.</u>

### 2. 대법원 (대법원 2006. 9. 8. 선고 2006도148 판결)

가. 긴급체포는 영장주의 원칙에 대한 예외인 만큼 형사소송법 제200조의3 제1항의 요건을 모두 갖춘 경우에 한하여 예외적으로 허용되어야 하고, 요건을 갖추지 못한 긴급체포는 법적 근거에 의하지 아니한 영장 없는 체포로서 위법한 체포에 해당하는 것이고, 여기서 긴급체포의 요건을 갖추었는지 여부는 사후에 밝혀진 사정을 기초로 판단하는 것이 아니라 체포 당시의 상황을 기초로 판단하여야 하고, 이에 관한 검사나 사법경찰관 등 수사주체의 판단에는 상당한 재량의 여지가 있다고 할 것이나, 긴급체포 당시의 상황으로 보아서도 그 요건의 충족 여부에 관한 검사나 사법경찰관의 판단이 경험칙에 비추어 현저히 합리성을 잃은 경우에는 그 체포는 위법한 체포라 할 것이다 (대법원 2002. 6. 11. 선고 2000도5701 판결 참조).

나. 형법 제136조가 규정하는 공무집행방해죄는 공무원의 직무집행이 적법한 경우에 한하여 성립하는 것이고, 여기서 적법한 공무집행이란 그 행위가 공무원의 추상적 권한에 속할 뿐 아니라 구체적 직무집행에 관한 법률상 요건과 방식을 갖춘 경우를 가리키는 것이므로, 검사나 사법경찰관이 긴급체포의 요건을 갖추지 못하였음에도 실력으로 수사기관에 자진출석한 자를 체포하려고 하였다면 적법한 공무집행이라고 할 수 없고, 자진출석한 자가 검사나 사법경찰관에 대하여 이를 거부하는 방법으로써 폭행을 하였다고 하여 공무집행방해죄가 성립하는 것은 아니다(대법원 1994. 10. 25. 선고 94도2283 판결, 2000. 7. 4. 선고 99도4341 판결 등 참조).

다. 검사가 <u>참고인조사를 받는 줄 알고 검찰청에 자진출석한 변호사사무실 사무장을 합리적 근거없이 긴급체포하자 그 변호사가 이를 제지하는 과정에서 위 검사에게 상해를 가한 것이 정당방위에 해당한다.</u>

## V. 결 론

수사기관에 자진출석한 피의자의 긴급체포 적법성 여부를 둘러싸고 견해가 대립하나, 대법원은 긴급체포 요건의 충족 여부를 판단하여 자진출석자에 대한 긴급체포의 적법성 여부를 판단한다.

이에 따르면, 피의자가 자진출석하여 조사를 받던 중 장기 3년 이상의 범죄를 범하였다고 볼 상당한 이유가 드러나고, 도주·증거인멸 우려가 있다고 객관적으로 판단되는 경우에는 자진출석한 피의자에 대한 긴급체포도 가능하다.

# 제9절 긴급체포 피의자에게 미란다 원칙 고지 시기

## I. 사례요지

사법경찰관이 마약류관리에 관한 법률(향정) 위반 혐의로 피고인 1을 긴급체포하기 위하여 위 마약수사팀 직원들과 함께 위 피고인의 집 앞에서 대기하다가 위 피고인이 집 밖으로 나오자 위 마약팀 직원 중의 한 명이 위 피고인의 이름을 불렀다. 이에 피고인이 도망을 가려고 하자 마약팀 직원들이 전기충격기를 발사하여 피고인을 제압하였다. 마약팀 직원 중의 한 명이 위 피고인을 제압한 후 체포의 이유 등을 고지하였다.

## II. 논 점

사법경찰관 등이 긴급체포하는 피의자에게 범죄사실의 요지와 구속의 이유 및 변호인 선임권 등을 고지하여야 하는 시기

## III. 법규연구 (형사소송법)

제200조의3(긴급체포) ① 검사 또는 사법경찰관은 피의자가 사형·무기 또는 장기 3년이상의 징역이나 금고에 해당하는 죄를 범하였다고 의심할 만한 상당한 이유가 있고, 다음 각 호의 어느 하나에 해당하는 사유가 있는 경우에 긴급을 요하여 지방법원판사의 체포영장을 받을 수 없는 때에는 그 사유를 알리고 영장없이 피의자를 체포할 수 있다. 이 경우 긴급을 요한다 함은 피의자를 우연히 발견한 경우등과 같이 체포영장을 받을 시간적 여유가 없는 때를 말한다.

1. 피의자가 증거를 인멸할 염려가 있는 때
2. 피의자가 도망하거나 도망할 우려가 있는 때

③ 검사 또는 사법경찰관은 제1항의 규정에 의하여 피의자를 체포한 경우에는 즉시 긴급체포서를 작성하여야 한다.

④ 제3항의 규정에 의한 긴급체포서에는 범죄사실의 요지, 긴급체포의 사유등을 기재하여야 한다.

제200조의5(체포와 피의사실 등의 고지) 검사 또는 사법경찰관은 피의자를 체포하는 경우에는 피의사실의 요지, 체포의 이유와 변호인을 선임할 수 있음을 말하고 변명할 기회를 주어야 한다.

## IV. 관련 판례

### 1. 원심 (대구고법 2008. 3. 20. 선고 2007노495, 496(병합) 판결)

마약팀 직원들이 도망가려는 위 피고인을 제압한 후에 체포의 이유 등을 고지하였다 하여 위법하다고 할 수 없으므로, 긴급체포행위는 적법하다.

## 2. 대법원 (대법원 2008. 7. 24., 선고, 2008도2794 판결)

검사 또는 사법경찰관이 형사소송법 제200조의3의 규정에 의하여 피의자를 긴급체포하는 경우에는 반드시 피의사실의 요지, 체포의 이유와 변호인을 선임할 수 있음을 말하고, 변명할 기회를 주어야 한다. 이와 같은 고지는 긴급체포를 위한 실력행사에 들어가기 이전에 미리 하여야 하는 것이 원칙이나, <u>달아나는 피의자를 쫓아가 붙들거나 폭력으로 대항하는 피의자를 실력으로 제압하는 경우에는 붙들거나 제압하는 과정에서 하거나, 그것이 여의치 않은 경우에는 일단 붙들거나 제압한 후에 지체없이 하여야 한다</u> (대법원 2007. 11. 29. 선고 2007도7961 판결 등 참조).

마약류관리에 관한 법률(향정) 위반 혐의로 피고인 1을 긴급체포하기 위하여 위 마약팀 직원들과 함께 위 피고인의 집 앞에서 대기하다가 위 피고인이 집 밖으로 나오자 위 직원 중의 한 명이 위 피고인의 이름을 부른 사실, 이에 위 피고인이 도망을 가려고 하자 위 직원들이 전기충격기를 발사하여 위 피고인을 제압한 사실, 위 직원 중의 한 명이 위 피고인을 제압한 후 체포의 이유 등을 고지한 사실을 알 수 있다.

## V. 결 론

마약팀 직원들이 도망가려는 위 피고인을 제압한 후에 체포의 이유 등을 고지하였다 하여 위법하다고 할 수 없으므로, 위 체포가 적법함을 전제로 한 원심판결에 상고이유로 주장하는 바와 같은 긴급체포에 관한 법리를 오해한 위법이 없다.

## VI 유사판례

### 1. 체포영장을 소지하고 피의자를 체포하는 경우 미란다원칙 고지 시기

> 사법경찰관 등이 체포영장을 소지하고 피의자를 체포하기 위하여는 체포 당시에 피의자에 대한 범죄사실의 요지, 구속의 이유와 변호인을 선임할 수 있음을 말하고 변명할 기회를 주어야 하는데, 이와 같은 고지는 <u>체포를 위한 실력행사에 들어가기 이전에 미리 하여야 하는 것이 원칙이나, 달아나는 피의자를 쫓아가 붙들거나 폭력으로 대항하는 피의자를 실력으로 제압하는 경우에는 붙들거나 제압하는 과정에서 하거나, 그것이 여의치 않은 경우에라도 일단 붙들거나 제압한 후에 지체없이</u> 행하여야 한다. (대법원 2004. 8. 30., 선고, 2004도3212 판결)

## 2. 현행범인체포 또는 긴급체포할 때 반드시 미란다 원칙을 고지하여야 하는지 및 고지 시기

사법경찰리가 현행범인으로 체포하는 경우에는 반드시 범죄사실의 요지, 구속의 이유와 변호인을 선임할 수 있음을 말하고 변명할 기회를 주어야 할 것임은 명백하며, 이러한 법리는 비단 현행범인을 체포하는 경우뿐만 아니라 긴급체포의 경우에도 마찬가지로 적용되는 것이고, 이와 같은 고지는 체포를 위한 실력행사에 들어가기 이전에 미리 하여야 하는 것이 원칙이나, 달아나는 피의자를 쫓아가 붙들거나 폭력으로 대항하는 피의자를 실력으로 제압하는 경우에는 붙들거나 제압하는 과정에서 하거나, 그것이 여의치 않은 경우에는 일단 붙들거나 제압한 후에 지체없이 행하여야 한다. (대법원 2007. 11. 29., 선고, 2007도7961 판결)

# 제10절 긴급체포의 요건을 갖추었는지 판단하는 시점

## I. 사례요지

사법경찰관이 피의자를 긴급체포한 경우 적법성 여부를 판단함에 있어 그 요건을 갖추었는지 여부를 어떻게 판단해야 하는지

## II. 논 점

긴급체포의 요건을 갖추었는지 여부를 판단하는 시점

## III. 법규연구 (형사소송법)

제200조의3(긴급체포) ① 검사 또는 사법경찰관은 피의자가 사형·무기 또는 장기 3년이상의 징역 이나 금고에 해당하는 죄를 범하였다고 의심할 만한 상당한 이유가 있고, 다음 각 호의 어느 하나에 해당하는 사유가 있는 경우에 긴급을 요하여 지방법원판사의 체포영장을 받을 수 없는 때에는 그 사유를 알리고 영장없이 피의자를 체포할 수 있다. 이 경우 긴급을 요한다 함은 피의 자를 우연히 발견한 경우등과 같이 체포영장을 받을 시간적 여유가 없는 때를 말한다.

1. 피의자가 증거를 인멸할 염려가 있는 때

2. 피의자가 도망하거나 도망할 우려가 있는 때

③ 검사 또는 사법경찰관은 제1항의 규정에 의하여 피의자를 체포한 경우에는 즉시 긴급체포서를 작성하여야 한다.

④ 제3항의 규정에 의한 긴급체포서에는 범죄사실의 요지, 긴급체포의 사유등을 기재하여야 한다.

제200조의4(긴급체포와 영장청구기간) ① 검사 또는 사법경찰관이 제200조의3의 규정에 의하여 피 의자를 체포한 경우 피의자를 구속하고자 할 때에는 지체없이 검사는 관할지방법원판사에게 구속영장을 청구하여야 하고, 사법경찰관은 검사에게 신청하여 검사의 청구로 관할지방법원판 사에게 구속영장을 청구하여야 한다. 이 경우 구속영장은 피의자를 체포한 때부터 48시간 이내 에 청구하여야 하며, 제200조의3제3항에 따른 긴급체포서를 첨부하여야 한다.

② 제1항의 규정에 의하여 구속영장을 청구하지 아니하거나 발부받지 못한 때에는 피의자를 즉시 석방하여야 한다.

③ 제2항의 규정에 의하여 석방된 자는 영장없이는 동일한 범죄사실에 관하여 체포하지 못한다.

제200조의5(체포와 피의사실 등의 고지) 검사 또는 사법경찰관은 피의자를 체포하는 경우에는 피의 사실의 요지, 체포의 이유와 변호인을 선임할 수 있음을 말하고 변명할 기회를 주어야 한다.

## IV. 관련 판례

### 1. 원심 (전주지법 2008. 2. 15. 선고 2007노1343 판결)

피고인을 체포할 당시 긴급체포의 요건이 충족되었다 할 것이고, 피고인의 체포 과정에서 이른바 미란다 원칙을 고지한 사실도 인정되어 피고인에 대한 긴급체포는 적법하다고 판단하였다.

### 2. 대법원 (대법원 2008. 5. 29., 선고, 2008도2099 판결)

긴급체포의 요건을 갖추었는지 여부는 사후에 밝혀진 사정을 기초로 판단하는 것이 아니라 체포 당시의 상황을 기초로 판단하여야 하고, 이에 관한 검사나 사법경찰관 등 수사 주체의 판단에는 상당한 재량의 여지가 있다고 할 것이나, 긴급체포 당시의 상황으로 보아서도 그 요건의 충족 여부에 관한 검사나 사법경찰관의 판단이 경험칙에 비추어 현저히 합리성을 잃은 경우에는 그 체포는 위법한 체포라 할 것이다(2002. 6. 11. 선고 2000도5701 판결, 대법원 2003. 3. 27. 자 2002모81 결정 등 참조)

## V. 결 론

원심의 위와 같은 사실인정 및 판단은 정당하고, 거기에 상고이유에서 주장하는 바와 같은 긴급체포에 관한 법리오해, 채증법칙 위배로 인한 사실오인, 심리미진 등의 위법이 있다고 할 수 없다.

## VI. 유사판례

### 1. 긴급체포 요건을 갖추지 못하여 위법한 체포에 해당하는 경우

긴급체포의 요건을 갖추었는지 여부는 사후에 밝혀진 사정을 기초로 판단하는 것이 아니라 체포 당시의 상황을 기초로 판단하여야 하고, 이에 관한 검사나 사법경찰관 등 수사주체의 판단에는 상당한 재량의 여지가 있다고 할 것이나, 긴급체포 당시의 상황으로 보아서도 그 요건의 충족 여부에 관한 검사나 사법경찰관의 판단이 경험칙에 비추어 현저히 합리성을 잃은 경우에는 그 체포는 위법한 체포라 할 것이다.

도로교통법 위반 피의사건에서 기소유예 처분을 받은 재항고인이 그 후 혐의없음을 주장함과 동시에 수사경찰관의 처벌을 요구하는 진정서를 검찰청에 제출함으로써 이루어진 진정사건을 담당한 검사가, 재항고인에 대한 위 피의사건을 재기한 후 담당 검사인 자신의 교체를 요구하고자 부장검사 부속실에서 대기하고 있던 재항고인을 위 도로교통법위반죄로 긴급체포하여 감금한 경우, 그 긴급체포는 형사소송법이 규정하는 긴급체포의 요건을 갖추지 못한 것으로서 당시의 상황과 경험칙에 비추어 현저히 합리성을 잃은 위법한 체포에 해당한다. (대법원 2003. 3. 27., 자, 2002모81 결정)

## 2. 긴급체포의 적법성 요건 및 판단기준

긴급체포는 영장주의 원칙에 대한 예외인 만큼 형사소송법 제200조의3 제1항의 요건을 모두 갖춘 경우에 한하여 예외적으로 허용되어야 하고, 요건을 갖추지 못한 긴급체포는 법적 근거에 의하지 아니한 영장 없는 체포로서 위법한 체포에 해당하는 것이고, 여기서 긴급체포의 요건을 갖추었는지 여부는 사후에 밝혀진 사정을 기초로 판단하는 것이 아니라 체포 당시의 상황을 기초로 판단하여야 하고, 이에 관한 검사나 사법경찰관 등 수사주체의 판단에는 상당한 재량의 여지가 있다고 할 것이나, 긴급체포 당시의 상황으로 보아서도 그 요건의 충족 여부에 관한 검사나 사법경찰관의 판단이 경험칙에 비추어 현저히 합리성을 잃은 경우에는 그 체포는 위법한 체포라 할 것이고, 이러한 위법은 영장주의에 위배되는 중대한 것이니 그 체포에 의한 유치 중에 작성된 피의자신문조서는 위법하게 수집된 증거로서 특별한 사정이 없는 한 이를 유죄의 증거로 할 수 없다. (대법원 2002. 6. 11., 선고, 2000도5701 판결)

## 3. 긴급체포 후 석방된 자에 대한 구속영장 발부 가능 여부

형사소송법 제200조의4 제3항은 영장 없이는 긴급체포 후 석방된 피의자를 동일한 범죄사실에 관하여 체포하지 못한다는 규정으로, 위와 같이 석방된 피의자라도 법원으로부터 구속영장을 발부받아 구속할 수 있음은 물론이고, 같은 법 제208조 소정의 '구속되었다가 석방된 자'라 함은 구속영장에 의하여 구속되었다가 석방된 경우를 말하는 것이지, 긴급체포나 현행범으로 체포되었다가 사후영장발부 전에 석방된 경우는 포함되지 않는다 할 것이므로, 피고인이 수사 당시 긴급체포되었다가 수사기관의 조치로 석방된 후 법원이 발부한 구속영장에 의하여 구속이 이루어진 경우 앞서 본 법조에 위배되는 위법한 구속이라고 볼 수 없다. (대법원 2001. 9. 28., 선고, 2001도4291 판결)

# 제11절 긴급체포의 긴급성 판단기준시 및 위법성 판단기준

## I. 사례요지

원고가 1998. 11.경부터 김경주 및 약사 이기택과 공동으로 군산에서 약국을 운영하면서 1999. 9.경 김제에 같은 상호의 약국을 추가로 개설하였다. 그 무렵 원고와 김경주, 이기택 사이에 분쟁이 생겨 원고가 2000. 2.경 전종진과 약사인 소외 1의 투자를 받아 들여 그들과 동업으로 김제 소재 약국을 운영하기로 하고, 소외 1이 한약사자격이 있는 약사를 고용하여 영업하였다. 그런데 소외 1은 한약사가 아님에도 한약사면허증을 위조하여 소지하고 있다가 2000. 6. 10. 병의원 및 대형약국의 마약류 유통과정을 단속하던 전주지방검찰청 소속 수사관들에게 적발되었다. 이에 검찰수사관들은 내사를 하여 약사가 아닌 원고와 김경주가 김제에서 위 약국을 개설하고 소외 1을 고용하여 약국을 운영하고 있으며, 또 소외 1이 한약사면허증을 위조하여 한약을 판매한 혐의를 인지하고, 검사의 지휘에 따라 마약수사주사 임종옥 등이 2000. 6. 21. 11:30경 군산시 나운동 830-3에 있는 식당에서 원고를 긴급체포하여 전주지방검찰청으로 인치하였다. 그 날 임종옥 등 수사관들은 원고와 김경주, 소외 1 등에 대하여 위와 같은 범죄혐의에 관한 조사를 하였으나, 원고에 대한 범죄혐의가 인정되지 아니하여 원고를 석방하였다.

## II. 논 점

긴급체포의 요건인 긴급성의 판단기준시 및 긴급체포의 위법성 판단기준

## III. 법규연구

### 1. 형사소송법

제200조의3(긴급체포) ① 검사 또는 사법경찰관은 피의자가 사형·무기 또는 장기 3년이상의 징역이나 금고에 해당하는 죄를 범하였다고 의심할 만한 상당한 이유가 있고, 다음 각 호의 어느 하나에 해당하는 사유가 있는 경우에 긴급을 요하여 지방법원판사의 체포영장을 받을 수 없는 때에는 그 사유를 알리고 영장없이 피의자를 체포할 수 있다. 이 경우 긴급을 요한다 함은 피의자를 우연히 발견한 경우등과 같이 체포영장을 받을 시간적 여유가 없는 때를 말한다.
1. 피의자가 증거를 인멸할 염려가 있는 때
2. 피의자가 도망하거나 도망할 우려가 있는 때

### 2. 국가배상법

제2조 (배상책임) ① 국가 또는 지방자치단체는 공무원이 그 직무를 집행함에 당하여 고의 또는 과실로 법령에 위반하여 타인에게 손해를 가하거나, 자동차손해배상보장법의 규정에 의하여 손해배상의 책임이 있는 때에는 이 법에 의하여 그 손해를 배상하여야 한다.

다만, 군인·군무원·경찰공무원 또는 향토예비군대원이 전투·훈련·기타 직무집행과 관련하거나 국방 또는 치안유지의 목적상 사용하는 시설 및 자동차·함선·항공기·기타 운반기구안에서 전사·순직 또는 공상을 입은 경우에 본인 또는 그 유족이 다른 법령의 규정에 의하여 재해보상금·유족연금·상이연금등의 보상을 지급받을 수 있을 때에는 이 법 및 민법의 규정에 의한 손해배상을 청구할 수 없다.

## IV. 관련 판례

### 1. 원심 (전주지법 2002. 12. 26. 선고 2002나3405 판결)

원고에 대한 체포영장을 발부받을 동안 원고가 도망할 염려가 있다고 볼 정황이나 징후가 있었다고 볼 아무런 자료가 없고, 원고에 대한 위 범죄혐의에 관하여 내사를 하여 왔던 점, 원고를 체포한 곳은 원고가 식당 영업을 하며 평소 거주하는 곳이었던 점 등에 비추어 보면, 원고를 체포할 당시 긴급한 필요가 있었던 것으로는 보이지 아니하고, 원고에 대한 위 범죄혐의의 수사 및 이를 위한 체포의 필요성이 있다고 하더라도 원고에 대하여 먼저 출석을 요구하거나 혹은 출석을 요구할 경우 이에 응하지 않고 도주할 우려가 있다면 체포영장을 발부받아 체포하였어야 할 것임에도 이러한 조치는 취하지 아니한 채 바로 긴급체포를 하였으므로, 이는 그 요건을 갖추지 못한 위법한 체포라고 하여 원고의 국가배상법에 의한 손해배상청구를 일부 인용하였다.

### 2. 대법원 (대법원 2003. 4. 8., 선고, 2003다6668 판결)

가. 형사소송법 제200조의3 제1항에 정하여진 긴급체포의 요건인 긴급성은 피의자를 긴급체포할 당시에 그때까지 수집된 자료 등을 종합하여 객관적으로 판단하여야 하고, 그 결과 사회통념에 비추어 체포영장을 청구할 시간적 여유가 있었으므로 긴급체포할 합리적 근거를 갖추지 못한 것이 밝혀졌음에도 불구하고 체포영장에 의한 체포절차를 밟지 아니하고 굳이 긴급체포를 하였다고 인정할 수 있는 사정이 있어야 그와 같은 긴급체포가 위법하게 된다.

나. 수사기관에서 2000. 6. 10. 병·의원의 마약류 및 향정신성의약품을 단속하던 중 원고가 동업으로 운영하던 위 약국에서 위조된 한약사면허증이 발견되어 위 약국을 동업하던 원고에게 약사법 위반과 공문서위조의 범죄혐의가 있다고 의심할 만한 상당한 이유가 있었고, 그에 관한 내사를 진행하였으나 그 범죄혐의에 관하여 확실한 증거자료를 수집하지 못한 수사기관으로서는 원고를 긴급체포한 2000. 6. 21. 당시에 원

고의 출석을 요구하여 수사를 진행하여도 증거를 인멸할 우려가 없었다고 단정하기는 어려웠던 것으로 인정되므로, 원고를 긴급체포함에 있어서 긴급성이 없는 것이 객관적으로 밝혀졌다고 할 수 없고, 따라서 임종옥 등 수사관들이 당시에 수집된 자료 등을 종합하여 긴급성이 있다고 판단하여 원고를 긴급체포한 행위에 대하여는 객관적으로 합리적 근거를 갖추지 못하였음에도 불구하고 굳이 긴급체포를 하였다고 인정할 수 있는 사정이 있었다고 보기 어렵다.

그럼에도 불구하고, 원심이 이와 달리 원고에 대한 긴급체포가 위법하다고 보고 피고의 손해배상책임을 인정한 것은 긴급체포와 국가배상책임의 요건에 관한 해석적용을 그르쳐 판결에 영향을 미친 잘못을 저지른 것이다.

## V. 결 론

형사소송법 제200조의3 제1항에 정하여진 긴급체포의 요건인 긴급성은 피의자를 긴급체포할 당시에 그때까지 수집된 자료 등을 종합하여 객관적으로 판단하여야 하고, 그 결과 사회통념에 비추어 체포영장을 청구할 시간적 여유가 있었으므로 긴급체포할 합리적 근거를 갖추지 못한 것이 밝혀졌음에도 불구하고 체포영장에 의한 체포절차를 밟지 아니하고 굳이 긴급체포를 하였다고 인정할 수 있는 사정이 있어야 그와 같은 긴급체포가 위법하게 된다.

# 제12절 경찰관이 자신에게 욕설한 피의자를 모욕죄 현행범으로 체포 시 적법절차

## Ⅰ. 사례요지

피고인이 서울 ○○앞길에서 경찰관 甲에게 욕설하여, 甲이 피고인을 모욕죄의 현행범으로 체포하여 순찰차 뒷자리에 태운 후 순찰차를 운전하려고 하자, 피고인이 甲에게 욕설하며 주먹으로 甲의 얼굴을 때려 현행범 체포에 관한 甲의 정당한 직무집행을 방해하였다.

## Ⅱ. 논 점

甲이 피고인을 현행범인으로 체포하면서 적법절차를 제대로 준수하였는지

## Ⅲ. 법규연구 (형사소송법)

제200조의5(체포와 피의사실 등의 고지) 검사 또는 사법경찰관은 피의자를 체포하는 경우에는 피의사실의 요지, 체포의 이유와 변호인을 선임할 수 있음을 말하고 변명할 기회를 주어야 한다.

제212조(현행범인의 체포) 현행범인은 누구든지 영장없이 체포할 수 있다.

제213조의2(준용규정) 제87조, 제89조, 제90조, 제200조의2제5항 및 제200조의5의 규정은 검사 또는 사법경찰관리가 현행범인을 체포하거나 현행범인을 인도받은 경우에 이를 준용한다.

## Ⅳ. 관련 판례

### 1. 원심 (서울북부지법 2013. 4. 25. 선고 2012노1207 판결)

경찰관인 공소외 1이 피고인을 모욕죄의 현행범으로 체포하면서 범죄사실의 요지만 고지하였을 뿐 변호인을 선임할 수 있음은 말하지 아니하고 변명할 기회도 주지 않았으므로 이는 적법한 공무집행이라고 할 수 없고, 피고인을 순찰차에 태운 후 바로 운전하려 한 것으로 보았을 때 피고인을 제압한 후에 지체없이 구속의 이유와 변호인을 선임할 수 있음을 말하고 변명할 기회를 주었다고도 할 수 없으므로, 피고인이 이를 거부하는 방법으로 공소외 1에게 욕설과 폭행을 하였다고 하여 공무집행방해죄가 성립하는 것은 아니고, 달리 피고인의 행위가 공무집행방해죄에 해당한다고 인정할 만한 아무런 증거가 없다는 이유로 제1심의 무죄판결을 그대로 유지하였다.

## 2. 대법원 (대법원 2014. 5. 29., 선고, 2013도5686 판결

가. ① 이 사건 당시 피고인과 싸워 폭행 혐의로 입건된 공소외 2가 중랑경찰서에서 서명, 날인한 확인서(체포구속통지서의 첨부서류)에는 '폭행죄로 현행범인 체포되면서 피의사실 요지, 체포의 이유와 변호인을 선임할 수 있으며, 체포적부심을 청구할 수 있음을 고지받고 변명의 기회가 주어졌음을 확인한다' 라고 기재되어 있고, 반면 피고인에 대한 같은 내용의 확인서에는 피고인이 날인 거부한 것으로 되어 있는 점, ② 피고인에 대한 현행범인체포서에는 '피고인을 모욕죄로 현행범 체포한바 운전석에 있던 공소외 1을 폭행하여 공무집행방해, 모욕, 폭행한 것에 대하여 변호사 선임 등 피의자 권리 고지한 후 현행범 체포하였다' 라는 취지로 기재되어 있는데, 동일인에 대한 현행범인 체포가 시간상으로 근접하여 여러 차례 있게 되면 현행범인 체포마다 피의사실의 요지 등을 제대로 고지하였더라도 현행범인체포서 등에는 그 고지를 마지막에 한 차례만 한 것처럼 기재할 가능성이 있는 점, ③ 피고인이나 공소외 2 등 이 사건 체포 현장에 있던 사람들이 경찰에서 조사받을 때 공소외 1이 피고인에게 피의사실의 요지 등을 제대로 고지하지 않았다고 진술한 적이 없는 점, ④ 공소외 1은 경찰에서 피고인을 순찰차에 태우기 전에 모욕죄로 입건한다는 취지로 고지하였다고 진술한 점 등에 비추어 볼 때, 공소외 1이 피고인을 모욕죄의 현행범인으로 체포하면서 적법절차를 제대로 지켰을 가능성을 배제할 수 없다고 할 것이므로, 원심으로서는 그 점에 관하여 좀 더 깊이 심리해 볼 필요가 있었다고 보임에도 성급히 공소외 1이 피고인을 체포하면서 범죄사실의 요지만 고지하였을 뿐 변호인선임 등을 고지하지 않고 변명할 기회도 주지 않았다고 인정한 것은 논리와 경험의 법칙에 반하여 자유심증주의의 한계를 벗어나거나 필요한 심리를 다하지 아니한 것이다.

나. 나아가 같은 증거에 의하면, ① 피고인은 체포 당시 술에 취하여 공소외 2에게 휴대전화를 쓰게 해 달라고 했다가 거절당하자 욕설을 하며 멱살을 잡아 흔들고 밀어 넘어뜨리는 등 폭력적인 상태에 있었다고 보이는 점, ② 공소외 2는 경찰에서 '피고인이 경찰관에게 오랫동안 심한 욕설을 하며 난리를 피웠고, 피고인이 경찰관과 시비하여 나중에 경찰관이 두 명 더 현장에 출동하였으며, 지구대에 가서도 난동을 피웠다' 라고 진술한 점, ③ 경찰장구사용보고서에도 '피고인이 경찰관들에게 10여 분간 심한 욕설을 하였고, 순찰차에 태우자 경찰관을 주먹으로 때리는 등 폭력을 행사하여 부득이 수갑을 사용해 제압하였다' 라고 기재되어 있는 점, ④ 공소외 1은 경찰에서 '피고인에게 휴대전화를 안 빌려줄 수도 있다고 이야기하자 10여 분간 심하게 욕설을 하

였고 너무 욕을 많이 들어 화가 나서 모욕죄로 입건한다고 고지하였으며, 순찰차 뒷좌석에 태우고 운전하려는 순간 갑자기 뒤에서 욕설하며 주먹으로 얼굴을 때렸고 지구대로 가서도 1시간 정도 계속해서 욕을 하였다' 라고 진술한 점 등을 알 수 있다.

## V. 결 론

피고인을 모욕죄로 체포하면서 변호인 선임할 권리 등에 관하여 고지하거나 변명할 기회를 주기에 충분한 시간적 여유가 있는 상황이었는지에 관한 원심의 판단 역시 그대로 받아들이기 어려운 면이 있으므로, 이 점에 관하여도 좀 더 면밀하게 심리할 필요가 있다고 할 것이다.

# 제13절 미란다 원칙을 위반한 채혈측정 사건

## I. 사례요지

피고인이 승용차를 운행하던 중 피해차량의 후사경을 부딪쳤다는 이유로 피해차량의 운전자, 동승자들과 시비가 벌어졌고 피해차량 측의 신고에 의해 경찰관들이 현장에 출동하였다. 경찰관들이 피고인의 음주운전을 의심하여 음주측정을 위해서 지구대로 동행할 것을 요구하자 피고인은 '술을 마시지 않았고 사고도 내지 않았다'라는 취지로 주장하면서 계속해서 순찰차에 타기를 거부하였고 이에 4명의 경찰관이 피고인의 팔다리를 잡아 강제로 순찰차에 태워 지구대로 데려갔으며, 그 과정에서 경찰관들은 피고인에게 형사소송법 제200조의5에 정한 사항을 고지하는 등의 절차를 전혀 지키지 않았다. 피고인은 지구대로 연행된 후 경찰관들로부터 호흡조사 방법에 의한 음주측정에 응할 것을 요구받았으나 이를 거부하다가 계속 음주측정에 불응할 경우 구속된다는 말을 듣고 호흡측정에 응하였고 그 결과 음주운전으로 처벌받는 수치가 나왔다. 이에 담당 경찰관은 피고인에게 이제 다 끝났으니 집으로 가라는 취지로 수차 말하였으나 피고인은 운전을 한 당시에는 음주를 한 상태가 아니었고 또 위 호흡측정 결과도 받아들일 수 없다는 취지로 항의하면서 혈액측정을 요구하였고 이에 경찰관이 피고인과 인근 병원에 동행하여 채혈하였다.

## II. 논 점

1. 적법한 절차를 위반하여 수집한 증거와 이를 기초로 획득한 2차적 증거의 증거능력을 예외적으로 인정할 수 있는 경우
2. 위법한 강제연행 상태에서 호흡측정 방법에 의한 음주측정이 이루어진 후 강제연행 상태로부터 시간적·장소적으로 단절되었다고 볼 수 없는 상황에서 피의자의 요구에 의하여 이루어진 혈액채취 방법에 의한 음주측정 결과의 증거능력 유무
3. 피고인이나 변호인이 이를 증거로 함에 동의한 경우에도 마찬가지인지 여부(적극)

## III. 법규연구 (형사소송법)

제200조의5(체포와 피의사실 등의 고지) 검사 또는 사법경찰관은 피의자를 체포하는 경우에는 피의사실의 요지, 체포의 이유와 변호인을 선임할 수 있음을 말하고 변명할 기회를 주어야 한다.
제213조의2(준용규정) 제87조, 제89조, 제90조, 제200조의2제5항 및 제200조의5의 규정은 검사 또는 사법경찰관리가 현행범인을 체포하거나 현행범인을 인도받은 경우에 이를 준용한다.
제308조의2(위법수집증거의 배제) 적법한 절차에 따르지 아니하고 수집한 증거는 증거로 할 수 없다.

## IV. 관련 판례

### 1. 원심 (전주지법 2010. 1. 22. 선고 2009노1001 판결)

비록 피고인을 이 사건 현장에서 지구대로 데리고 간 경찰관들의 행위가 임의동행이 아닌 강제력에 의한 체포에 해당하고, 그 체포 당시 형사소송법 제200조의5에 정한 절차가 이행되지 않았다고 하더라도, 피고인의 자발적인 의사에 기하여 이루어진 채혈을 바탕으로 이루어진 혈중알코올농도 감정서와 주취운전자적발보고서는 증거능력이 있다고 보아 피고인을 유죄로 판단하였다.

## 2. 대법원 (대법원 2013. 3. 14., 선고, 2010도2094 판결

가. 적법한 절차에 따르지 아니한 위법행위를 기초로 하여 증거가 수집된 경우에는 당해 증거뿐 아니라 그에 터 잡아 획득한 2차적 증거에 대해서도 그 증거능력은 부정되어야 할 것이다. 다만 위와 같은 위법수집증거 배제의 원칙은 수사과정의 위법행위를 억지함으로써 국민의 기본적 인권을 보장하기 위한 것이므로 적법절차에 위배되는 행위의 영향이 차단되거나 소멸되었다고 볼 수 있는 상태에서 수집한 증거는 그 증거능력을 인정하더라도 적법절차의 실질적 내용에 대한 침해가 일어나지는 않는다 할 것이니 그 증거능력을 부정할 이유는 없다. 따라서 증거수집 과정에서 이루어진 적법절차 위반행위의 내용과 경위 및 그 관련 사정을 종합하여 볼 때 당초의 적법절차 위반행위와 증거수집 행위의 중간에 그 행위의 위법 요소가 제거 내지 배제되었다고 볼 만한 다른 사정이 개입됨으로써 인과관계가 단절된 것으로 평가할 수 있는 예외적인 경우에는 이를 유죄 인정의 증거로 사용할 수 있다고 할 것이다.

한편 체포의 이유와 변호인 선임권의 고지 등 적법한 절차를 무시한 채 이루어진 강제연행은 전형적인 위법한 체포에 해당하고, 위법한 체포상태에서 이루어진 음주측정요구는 주취운전의 범죄행위에 대한 증거수집을 목적으로 한 일련의 과정에서 이루어진 것이므로, 그 측정 결과는 형사소송법 제308조의2에 규정된 '적법한 절차에 따르지 아니하고 수집한 증거'에 해당하여 증거능력을 인정할 수 없다(대법원 2007. 11. 15. 선고 2007도3061 전원합의체 판결 등 참조). 또한, 위법한 강제연행 상태에서 호흡측정의 방법에 의한 음주측정을 한 다음 그 강제연행 상태로부터 시간적·장소적으로 단절되었다고 볼 수도 없고 피의자의 심적 상태 또한 강제연행 상태로부터 완전히 벗어났다고 볼 수 없는 상황에서 피의자가 호흡측정 결과에 대한 탄핵을 하기 위하여 스스로 혈액채취 방법에 의한 측정을 할 것을 요구하여 혈액채취가 이루어졌다고 하더라도 그 사이에 위법한 체포상태에 의한 영향이 완전하게 배제되고 피의자의 의사결정의 자유가 확실하게 보장되었다고 볼 만한 다른 사정이 개입되지 않은 이상 불법체포와 증거수집 사이의 인과관계가 단절된 것으로 볼 수는 없다. 따라서 그러한 혈액채취에 의한 측정 결과 역시 유죄 인정의 증거로 쓸 수 없다고 보아야 한다. 그리고 이는 수사기관이 위법한 체포상태를 이용하여 증거를 수집하는 등의 행위를 효과적으로 억지하기 위한 것이므로, 피고인이나 변호인이 이를 증거로 함에 동의하였다고 하여도 달리 볼 것은 아니다.

나. 경찰관들이 피고인을 지구대로 강제연행한 행위는 위법한 체포에 해당하므로 그 상태에서 한 음주측정요구는 위법한 수사라고 볼 수밖에 없고, 그러한 요구에 따른 음주측정 결과 또한 적법한 절차에 따르지 아니하고 수집한 증거로서 그 증거능력을 인정할 수 없다. 나아가 피고인이 위와 같이 적법한 절차에 따르지 아니하고 수집한 증거인 호흡조사 방법에 의한 음주측정 결과에 이의를 제기하고 채혈을 하기에 이른 과정 등 제반 사정에 비추어 보면, 혈액채취 방법에 의한 혈중알코올농도 감정서 및 주취운전자 적발보고서 역시 불법체포의 연장선상에서 수집된 증거 내지 이를 기초로 한 2차적 증거로서 형사소송법 제308조의2에 규정된 '적법한 절차에 따르지 아니하고 수집된 증거'에 해당한다 할 것이므로 이는 원칙적으로 유죄 인정의 증거로 삼을 수 없다.

또한, 강제연행과 호흡측정 및 채혈에 이르기까지의 장소적 연계와 시간적 근접성 등 연결된 상황에 비추어 볼 때, 당시 불법적인 호흡측정을 마친 경찰관이 피고인에게 귀가를 권유하였음에도 불구하고 피고인 스스로 채혈을 요구하였다는 등 원심이 든 사정만으로는 그 채혈이 위법한 체포상태에 의한 영향이 완전하게 배제되고 피의자의 자유로운 의사결정이 확실하게 보장된 상태에서 이루어진 것으로서 불법체포와 증거수집 사이의 인과관계가 단절되었다고 평가할 만한 객관적 사유가 개입되어 위법수집증거 배제의 원칙이 적용되지 않는다고 할 예외적 사유에 해당한다고 보기는 어렵다.

## V. 결 론

그럼에도 원심은 위 혈액채취 방법에 의한 음주측정의 결과를 담은 혈중알코올농도 감정서 및 주취운전자적발보고서가 증거능력이 있다고 판단하여 이 사건 공소사실을 유죄로 인정하였으니, 이러한 원심판결에는 위법수집증거 배제의 원칙과 그 예외 인정의 범위에 관한 법리를 오해하여 판결 결과에 영향을 미친 위법이 있다.

선행절차의 위법과 후행 검증결과 사이의 인과관계 단절 여부를 판단하면서 선행절차의 위법상태가 완전히 배제되고 피의자의 의사결정의 자유가 확실히 보장되었다고 볼 만한 다른 사정이 개입되었는지를 기준으로 판단한다.

# 제14절 구속영장의 효력 범위와 이중구속의 적법

## I. 사례요지

재항고인에 대한 이 사건 1차 구속영장 표지에 그 죄명 중 하나로 무고가 기재되어 있으나 그 구속영장의 공소사실에는 무고에 관한 기재가 전혀 없었다. 재항고인에 대하여 이 사건 공소사실 중 무고의 점을 구속영장의 공소사실로 하여 2차 구속영장을 발부받았다.

## II. 논 점

1. 구속기간이 만료될 무렵 종전 구속영장에 기재된 범죄사실과 다른 범죄사실로 피고인을 구속한 경우
2. 그러한 사정만으로 피고인에 대한 구속이 위법한 것인지 여부(소극)

## III. 법규연구 (형사소송법)

제208조(재구속의 제한) ① 검사 또는 사법경찰관에 의하여 구속되었다가 석방된 자는 다른 중요한 증거를 발견한 경우를 제외하고는 동일한 범죄사실에 관하여 재차 구속하지 못한다.
② 전항의 경우에는 1개의 목적을 위하여 동시 또는 수단결과의 관계에서 행하여진 행위는 동일한 범죄사실로 간주한다.

## IV. 관련 판례

### 1. 원심 (서울지법 2000. 7. 7.자 98노4082 구속영장발부결정)

이 사건 공소사실 중 무고의 점을 구속영장의 공소사실로 하여 이 사건 2차 구속영장을 발부한 것은 정당하다.

### 2. 대법원 (대법원 2000. 11. 10., 자, 2000모134 결정)

형사소송법 제75조 제1항은, "구속영장에는 피고인의 성명, 주거, 죄명, 공소사실의 요지, 인치구금할 장소, 발부연월일, 그 유효기간과 그 기간을 경과하면 집행에 착수하지 못하며 영장을 반환하여야 할 취지를 기재하고 재판장 또는 수명법관이 서명날인하여야 한다."고 규정하고 있는바, 구속의 효력은 원칙적으로 위 방식에 따라 작성된 구속영장에 기재된 범죄사실에만 미치는 것이므로, 구속기간이 만료될 무렵에 종전 구속영장에 기재된 범죄사실과 다른 범죄사실로 피고인을 구속하였다는 사정만으로는 피고

인에 대한 구속이 위법하다고 할 수 없다(대법원 1996. 8. 12.자 96모46 결정 참조).

　기록에 의하면, 재항고인에 대한 이 사건 1차 구속영장 표지에 그 죄명 중 하나로 무고가 기재되어 있으나 그 구속영장의 공소사실에는 무고에 관한 기재가 전혀 없으므로, 이 사건 1차 구속영장의 효력은 무고의 공소사실에 대하여는 원칙적으로 미치지 아니한다고 볼 것이고, 달리 그 효력이 무고의 공소사실에도 미친다고 볼 만한 특별한 사정이 있음을 찾아볼 수도 없다.

## V. 결 론

　구속영장의 효력 범위에 관해서는 피의자의 모든 범죄에 대해 효력이 미친다고 보는 인단위설과 구속영장에 기재된 범죄사실에 대해서만 효력이 미친다고 보는 사건단위설이 대립하는데, 위 판례에서 대법원은 사건단위설에 따라 구속영장의 효력을 인정하고 있다.

## VI 유사판례

### 1. 피고인 구속에 있어서 재구속 제한의 적용 여부

항소법원은 항소 피고사건의 심리 중 또는 판결선고 후 상고제기 또는 판결확정에 이르기까지 수소법원으로서 형사소송법 제70조 제1항 각호의 사유 있는 불구속 피고인을 구속할 수 있고 또 수소법원의 구속에 관하여는 검사 또는 사법경찰관이 피의자를 구속함을 규율하는 형사소송법 제208조의 규정은 적용되지 아니하므로 구속기간의 만료로 피고인에 대한 구속의 효력이 상실된 후 항소법원이 피고인에 대한 판결을 선고하면서 피고인을 구속하였다 하여 위 법 제208조의 규정에 위배되는 재구속 또는 이중구속이라 할 수 없다. (대법원 1985. 7. 23. 자 85모12 결정)

# 제15절 현행범인 체포의 요건을 갖추었는지 판단기준

## I. 사례요지

피고인은 술에 취한 상태에서 식사하기 위하여 앉아 있던 공소외 1에게 아무런 이유 없이 욕설을 하고 그의 멱살을 잡고 밀치고 잡아당기는 등으로 공소외 1을 폭행하였다. 지구대 소속 경찰관 공소외 2, 공소외 3, 공소외 4는 식당 종업원의 112신고에 따라 위 현장에 출동하였다. 경찰관들이 출동하였을 당시에도 피고인은 공소외 1에게 손가락질을 하면서 시비를 걸고 있었다. 공소외 1은 출동 경찰관들에게 위 식당에 밥을 먹으러 왔다가 전혀 알지 못하는 피고인으로부터 이른바 '묻지 마 폭행'을 당하였다면서 강력한 처벌을 요구하였고, 피고인은 그때에도 피해자에게 욕설하면서 손가락질을 하였다. 이에 경찰관들은 피고인과 공소외 1을 식당 바깥으로 나가게 하였다. 경찰관 공소외 2는 피고인과 공소외 1로부터 신분증을 제시받아 피고인의 신분증상 주소지가 거제시로 되어 있음을 확인하였다. 경찰관 공소외 3, 공소외 4는 식당 밖에서 피고인과 공소외 1을 분리하여 그들로부터 진술을 들었는데, 당시 피고인은 자신이 공소외 1에게 폭행을 당하였다고 주장하면서 공소외 1을 향해 손가락질하거나 공소외 1이 있는 곳으로 이동하려고 시도하다가 경찰관의 제지를 받기도 하였다. 경찰관 공소외 2는 식당 안에서 CCTV 영상을 시청하여 폭행상황을 확인하고 경찰관 공소외 4로부터 식당 바깥의 상황을 전달받은 후, 식당 밖으로 나와 그곳에 있던 피고인에게 피의사실의 요지 등을 고지하고 피고인을 현행범인으로 체포하였다.

## II. 논 점

1. 현행범인 체포의 요건으로 '체포의 필요성'이 있어야 하는지 여부(적극)
2. 현행범인 체포의 요건을 갖추었는지는 체포 당시의 상황을 기초로 판단하여야 하는지 여부(적극) 및 이에 관한 수사주체의 판단 재량

## III. 법규연구 (형사소송법)

제211조(현행범인과 준현행범인) ① 범죄를 실행하고 있거나 실행하고 난 직후의 사람을 현행범인이라 한다.

② 다음 각 호의 어느 하나에 해당하는 사람은 현행범인으로 본다.

  1. 범인으로 불리며 추적되고 있을 때

  2. 장물이나 범죄에 사용되었다고 인정하기에 충분한 흉기나 그 밖의 물건을 소지하고 있을 때

  3. 신체나 의복류에 증거가 될 만한 뚜렷한 흔적이 있을 때

  4. 누구냐고 묻자 도망하려고 할 때

제212조(현행범인의 체포) 현행범인은 누구든지 영장없이 체포할 수 있다.

## IV. 관련 판례

### 1. 원심 (수원지법 2021. 9. 1. 선고 2020노5255 판결)

출동 경찰관들이 피고인에 대한 체포의 필요성에 대하여 재량의 범위 내에서 요구되는 진지한 고려를 다 하였다고 보기 부족하다고 하여 피고인에 대한 <u>현행범인 체포가 위법하다고 판단하였다</u>.

### 2. 대법원 (대법원 2022. 2. 11., 선고, 2021도12213 판결)

범죄를 실행 중이거나 실행 직후의 현행범인은 누구든지 영장 없이 체포할 수 있다 (형사소송법 제212조). <u>현행범인으로 체포하기 위하여는 행위의 가벌성, 범죄의 현행 성·시간적 접착성, 범인·범죄의 명백성 외에 체포의 필요성, 즉 도망 또는 증거인멸의 염려가 있어야 한다</u>(대법원 1999. 1. 26. 선고 98도3029 판결 등 참조). 이러한 현행범 인 체포의 요건을 갖추었는지는 체포 당시의 상황을 기초로 판단하여야 하고, 이에 관 한 수사주체의 판단에는 상당한 재량의 여지가 있다. 따라서 체포 당시의 상황에서 보 아 그 요건에 관한 수사주체의 판단이 경험칙에 비추어 현저히 합리성이 없다고 인정되 지 않는 한 수사주체의 현행범인 체포를 위법하다고 단정할 것은 아니다(대법원 2012. 11. 29. 선고 2012도8184 판결, 대법원 2016. 2. 18. 선고 2015도13726 판결 참조).

나. 경찰관들이 출동하였을 당시는 피고인이 공소외 1에 대한 폭행 이후에도 계속하 여 공소외 1에게 욕설을 하면서 시비를 거는 등으로 피고인의 폭행범행이 실행 중이거 나 실행 직후였다고 볼 수 있고, 술에 취한 상태에서 늦은 밤에 식당에서 전혀 알지 못하는 사람에게 시비를 걸어 일방적으로 폭행에 이른 범행경위에 비추어 볼 때 사안 자체가 경미하다고 보기 어렵다. 또한, 피고인은 경찰관이 출동한 이후 CCTV 영상으 로 확인되는 폭행상황과는 달리 자신의 범행은 부인하면서 피해자로부터 폭행을 당하 였다고 주장하였고, 피고인이 제시한 신분증의 주소는 거제시로서 사건 현장인 안양시 와는 멀리 떨어져 있는 곳이어서 위와 같은 폭행에 이르게 된 범행경위를 고려할 때 추가적인 거소 확인이 필요하다고 보이는 등으로 피고인에게 도망 또는 증거인멸의 염 려가 없다고 단정하기 어렵다.

## V. 결 론

위와 같은 상황에서 <u>피고인을 현행범인으로 체포한 경찰관의 행위가 경험칙에 비추 어 현저히 합리성을 잃은 경우에 해당하는 위법한 체포라고 볼 수는 없다</u>.

# 제16절 음주운전 신고받고 출동하여 현행범 체포행위의 적법성 여부

## I. 사례요지

피고인은 밤 23:00경까지 식당에서 지인 4명과 함께 저녁을 먹으면서 술을 마신 뒤 위 식당 건너편 ○○빌라 주차장에 주차되어 있던 피고인의 차량을 그대로 둔 채 귀가하였다. 위 빌라 측에서는 다음날 아침 08:11경 112에 피고인의 차량 때문에 공사를 할 수 없다며 차량을 이동시켜 달라는 취지의 신고전화를 하였고, 이에 지구대 소속 경찰관은 피고인에게 3회에 걸쳐 차량을 이동할 것을 요구하는 전화를 하였다. 피고인은 같은 날 09:20경 위 빌라 주차장에 도착하여 차량을 2m가량 운전하여 이동·주차하였으나, 차량을 완전히 뺄 것을 요구하던 공사장 인부들과 시비가 되었고, 그러던 중 누군가 피고인이 음주운전을 하였다고 신고를 하여 위 경찰관 등이 현장에 출동하였다.

경찰관은 피고인에게 술을 마신 상태에서 차량을 운전하였는지 물어 피고인이 '어젯밤에 술을 마셨다'라고 하자 음주감지기에 의한 확인을 요구하였으나 피고인은 '이만큼 차량을 뺀 것이 무슨 음주운전이 되느냐'며 응하지 아니하였고, 임의동행도 거부하였다. 당시 경찰관은 술을 마셨는지 여부만을 확인할 수 있는 음주감지기 외에 주취 정도를 표시하는 음주측정기는 소지하지 않았다. 이에 경찰관은 피고인을 도로교통법위반(음주운전)죄의 현행범으로 체포하여 위 지구대로 데리고 가 음주측정을 요구하였다.

## II. 논 점

1. 현행범인으로 체포하기 위하여 '체포의 필요성'이 있어야 하는지 여부(적극)
2. 현행범인 체포의 요건을 갖추었는지 판단하는 기준 및 현행범인 체포가 요건을 갖추지 못하여 위법한 체포에 해당하는 경우

## III. 법규연구 (형사소송법)

제211조(현행범인과 준현행범인) ① 범죄를 실행하고 있거나 실행하고 난 직후의 사람을 현행범인이라 한다.

② 다음 각 호의 어느 하나에 해당하는 사람은 현행범인으로 본다.

  1. 범인으로 불리며 추적되고 있을 때

  2. 장물이나 범죄에 사용되었다고 인정하기에 충분한 흉기나 그 밖의 물건을 소지하고 있을 때

  3. 신체나 의복류에 증거가 될 만한 뚜렷한 흔적이 있을 때

  4. 누구냐고 묻자 도망하려고 할 때

제212조(현행범인의 체포) 현행범인은 누구든지 영장없이 체포할 수 있다.

## IV. 관련 판례

### 1. 원심 (제주지법 2016. 11. 10. 선고 2016노145 판결)

피고인에 대한 현행범 체포가 적법하다고 판단하면서, 음주측정요구가 위법한 체포 상태에서 이루어졌다는 피고인의 주장을 배척하고 이 사건 공소사실을 <u>유죄로 인정한 제1심판결을 그대로 유지하였다.</u>

### 2. 대법원 (대법원 2017. 4. 7., 선고, 2016도19907 판결)

가. 현행범인은 누구든지 영장 없이 체포할 수 있다(형사소송법 제212조). <u>현행범인 으로 체포하기 위하여는 행위의 가벌성, 범죄의 현행성과 시간적 접착성, 범인·범죄 의 명백성 이외에 체포의 필요성, 즉 도망 또는 증거인멸의 염려가 있어야 한다. 이러 한 요건을 갖추지 못한 현행범인 체포는 법적 근거에 의하지 아니한 영장 없는 체포로 서 위법한 체포에 해당한다</u>(대법원 1999. 1. 26. 선고 98도3029 판결 등 참조). 여기 서 현행범인 체포의 요건을 갖추었는지 여부는 체포 당시의 상황을 기초로 판단하여야 하고, 이에 관한 검사나 사법경찰관 등 수사주체의 판단에는 상당한 재량의 여지가 있 지만, 체포 당시의 상황으로 볼 때 그 요건의 충족 여부에 관한 검사나 사법경찰관 등 의 판단이 경험칙에 비추어 현저히 합리성을 잃은 경우에는 그 체포는 위법하다고 보 아야 한다(대법원 2002. 6. 11. 선고 2000도5701 판결, 대법원 2002. 12. 10. 선고 2002도4227 판결 등 참조).

나. <u>경찰관이 피고인을 현행범으로 체포한 것은 그 요건을 갖추지 못한 것이어서 위 법하고, 그와 같이 위법한 체포상태에서 이루어진 공소외인의 음주측정요구 또한 위법 하다고 보지 않을 수 없다.</u>

즉, 피고인이 전날 늦은 밤까지 마신 술 때문에 미처 덜 깬 상태였던 것으로 보이기 는 하나, 술을 마신 때로부터 이미 상당한 시간이 경과한 뒤에 운전하였으므로 도로교 통법위반(음주운전)죄를 저지른 범인임이 명백하다고 쉽게 속단하기는 어려워 보인다. 더군다나 피고인은 위 지구대로부터 차량을 이동하라는 전화를 받고 위 빌라 주차장까 지 가 차량을 2m가량 운전하였을 뿐 피고인 스스로 운전할 의도를 가졌다거나 차량을 이동시킨 후에도 계속하여 운전할 태도를 보인 것도 아니어서 사안 자체가 경미하다. 그런데 당시는 아침 시간이었던 데다가 위 주차장에서 피고인에게 차량을 이동시키라 는 등 시비를 하는 과정에서 경찰관 등도 피고인이 전날 밤에 술을 마셨다는 얘기를 들었으므로, 당시는 술을 마신 때로부터 상당한 시간이 지난 후라는 것을 충분히 알수 있었다.

## V. 결 론

피고인이 음주감지기에 의한 확인 자체를 거부한 사정이 있기는 하나, 경찰관들로서는 음주운전 신고를 받고 현장에 출동하였으므로 음주감지기 외에 음주측정기를 소지하였더라면 임의동행이나 현행범 체포 없이도 현장에서 곧바로 음주측정을 시도할 수 있었을 것으로 보인다. 이러한 사정을 앞에서 든 정황들과 함께 종합적으로 살펴보면, 피고인이 현장에서 도망하거나 증거를 인멸하려 하였다고 단정하기는 어렵다고 할 것이다.

# 제17절 술냄새가 난다는 이유로 음주운전 현행범으로 체포한 것의 적법성 여부

## I. 사례요지

신고를 받고 출동한 지구대 소속 경장 공소외인이 피고인이 음주운전을 종료한 후 40분 이상이 경과한 시점에서 길가에 앉아 있던 피고인에게서 술냄새가 난다는 점만을 근거로 피고인을 음주운전의 현행범으로 체포하였다.

## II. 논 점

1. 현행범인을 규정한 형사소송법 제211조의 '범죄의 실행의 즉후인 자'의 의미
2. 음주운전을 종료한 후 40분 이상이 경과한 시점에서 길가에 앉아 있던 운전자를 술냄새가 난다는 점만을 근거로 음주운전의 현행범으로 체포한 것의 적법성 여부

## III. 법규연구 (형사소송법)

제211조(현행범인과 준현행범인) ① 범죄를 실행하고 있거나 실행하고 난 직후의 사람을 현행범인이라 한다.

② 다음 각 호의 어느 하나에 해당하는 사람은 현행범인으로 본다.

1. 범인으로 불리며 추적되고 있을 때
2. 장물이나 범죄에 사용되었다고 인정하기에 충분한 흉기나 그 밖의 물건을 소지하고 있을 때
3. 신체나 의복류에 증거가 될 만한 뚜렷한 흔적이 있을 때
4. 누구냐고 묻자 도망하려고 할 때

## IV. 관련 판례

### 1. 원심 (청주지법 2007. 1. 25. 선고 2006노830 판결)

신고를 받고 출동한 지구대 소속 경장 공소외인이 피고인이 음주운전을 종료한 후 40분 이상이 경과한 시점에서 길가에 앉아 있던 피고인에게서 술냄새가 난다는 점만을 근거로 피고인을 음주운전의 현행범으로 체포한 것은 피고인이 '방금 음주운전을 실행한 범인이라는 점에 관한 죄증이 명백하다고 할 수 없는 상태'에서 이루어진 것으로서 적법한 공무집행이라고 볼 수 없고, 그 이후에 피고인에 대하여 음주측정을 요구한 것은 절차적 적법성을 구비하지 못한 것이고 피고인에 대한 조사행위 역시 <u>적법</u>

한 직무집행행위라고 볼 수 없다고 판단하여 이 사건 공소사실에 대하여 피고인에게 무죄를 선고하였다.

## 2. 대법원 (대법원 2007. 4. 13., 선고, 2007도1249 판결)

형사소송법 제211조가 현행범인으로 규정한 "범죄의 실행(實行)의 즉후(卽後)인 자"라고 함은, 범죄의 실행행위를 종료한 직후의 범인이라는 것이 체포하는 자의 입장에서 볼 때 명백한 경우를 일컫는 것으로서, 위 법조가 제1항에서 본래의 의미의 현행범인에 관하여 규정하면서 "범죄의 실행의 즉후인 자"를 "범죄의 실행 중인 자"와 마찬가지로 현행범인으로 보고 있고, 제2항에서는 현행범인으로 간주되는 준현행범인에 관하여 별도로 규정하고 있는 점 등으로 미루어 볼 때, **"범죄의 실행행위를 종료한 직후"**라고 함은, 범죄행위를 실행하여 끝마친 순간 또는 이에 아주 접착된 시간적 단계를 의미하는 것으로 해석되므로, 시간적으로나 장소적으로 보아 체포를 당하는 자가 방금 범죄를 실행한 범인이라는 점에 관한 죄증이 명백히 존재하는 것으로 인정되는 경우에만 현행범인으로 볼 수 있는 것이다 (대법원 1991. 9. 24. 선고 91도1314 판결 등 참조).

## V. 결 론

음주운전을 종료한 후 40분 이상이 경과한 시점에서 길가에 앉아 있던 운전자를 술냄새가 난다는 점만을 근거로 음주운전의 현행범으로 체포한 것은 적법한 공무집행으로 볼 수 없다.

## VI 유사판례

### 1. 현행범인 체포에서 '현행범'의 개념

교사가 교장실에 들어가 불과 약 5분 동안 식칼을 휘두르며 교장을 협박하는 등의 소란을 피운 후 40여분 정도가 지나 경찰관들이 출동하여 교장실이 아닌 서무실에서 그를 연행하려 하자 그가 구속영장의 제시를 요구하면서 동행을 거부하였다면, 체포 당시 서무실에 앉아 있던 위 교사가 방금 범죄를 실행한 범인이라는 죄증이 경찰관들에게 명백히 인식될 만한 상황이었다고 단정할 수 없는데도 이와 달리 그를 "범죄의 실행의 즉후인 자"로서 현행범인이라고 단정한 원심판결에는 현행범인에 관한 법리오해의 위법이 있다. (대법원 1991. 9. 24., 선고, 91도1314 판결)

# 제18절 현행범인체포서에 기재된 죄명에 의해 체포 사유가 한정되는지

## I. 사례요지

서울 ○○역 역장인 공소외 1은 역사 업무를 준비하던 중 피고인이 술에 취하여 역사 내에서 소리를 지르며 지나가는 승객에게 욕을 하는 등 시비를 걸고, 역무실 문과 매표실 문을 발로 차며 소리를 지르는 것을 보고, 같은 날 05:00경 112신고를 하였다. 경찰관들이 역에 도착할 당시 피고인은 술에 취하여 소리를 지르면서 전철역 개찰구를 구두발로 걷어차고 있었다. 경찰관인 공소외 2가 피고인을 진정시키면서 역장에게 사건 경위를 물어보니, 피고인이 역무실 문을 걷어차고 행인들에게 행패를 부려 신고하였다고 한다. 경찰관은 피고인에게 사건의 경과를 물어보려는 순간 피고인이 역장에게 다가가면서 행패를 부리려 한다고 판단하여 2004. 11. 6. 05:25경 피고인을 현행범으로 체포하였다. 경찰관들이 피고인을 현행범으로 체포하여 40m가량을 간 다음 순찰 차량의 뒷좌석에 태우려 하자 피고인은 차량에 타지 않으려고 발버둥을 치다가 경찰관의 안경을 떨어뜨려 손괴하고, 얼굴을 긁어 상처를 입혔다.

## II. 논 점

현행범인의 체포에 있어서 현행범인체포서에 기재된 죄명에 의해 체포 사유가 한정되는지 여부(소극)

## III. 법규연구

### 1. 형사소송법

제211조(현행범인과 준현행범인) ① 범죄를 실행하고 있거나 실행하고 난 직후의 사람을 현행범인이라 한다.
② 다음 각 호의 어느 하나에 해당하는 사람은 현행범인으로 본다.
  1. 범인으로 불리며 추적되고 있을 때
  2. 장물이나 범죄에 사용되었다고 인정하기에 충분한 흉기나 그 밖의 물건을 소지하고 있을 때
  3. 신체나 의복류에 증거가 될 만한 뚜렷한 흔적이 있을 때
  4. 누구냐고 묻자 도망하려고 할 때

### 2. 형 법

제314조 (업무방해) ① 제313조의 방법 또는 위력으로써 사람의 업무를 방해한 자는 5년 이하의 징역 또는 1천500만원 이하의 벌금에 처한다.

## IV. 관련 판례

### 1. 원심 (서울동부지법 2005. 8. 18. 선고 2005노483 판결)

피고인이 체포 당시 역장에 대한 폭행죄의 현행범에 해당한다고 할 수 없고, 피고인이 폭행죄의 현행범이 아닌데도 현행범으로 체포하여 순찰차에 강제로 태우려는 경찰관 공소외 2에게 대항하여 폭력을 행사하였다 하더라도 공무집행방해죄가 성립되지 않으며, 또한 피고인은 경찰관들이 동행을 거부하는 피고인을 강제로 순찰차에 태우려고 하자, 순찰차에 태워져 경찰서로 인치되는 것을 피하기 위해 반항하는 과정에서 몸부림을 치다가 경찰관의 안면을 손톱으로 할퀴고, 경찰관이 쓰고 있던 안경을 손괴하게 되었는바, 피고인이 체포에 저항하게 된 상황, 피해자가 입은 피해의 정도, 피고인의 저항 정도가 주먹이나 발로 적극적인 폭력을 가한 것이 아니라는 점, 피해자가 입은 피해는 적극적인 가해 의사에 의하여 발생하였다기보다는 피고인이 소극적으로 체포를 면하려 몸부림치는 와중에 발생하였다고 보이는 점 등을 고려해 보면, <u>피고인이 행한 상해 및 손괴 행위는 적법하지 않은 현행범 체포로 인한 신체에 대한 현재의 부당한 침해에서 벗어나기 위한 소극적인 저항행위로서 정당행위 또는 정당방위에 해당하여 위법성이 조각된다고 판단하여 피고인에 대하여 무죄를 선고하였다.</u>

### 2. 대법원 (대법원 2006. 9. 28., 선고, 2005도6461 판결)

피고인이 서울 (역 이름 생략)역에서 경찰관들에게 체포되기 직전까지 한 원심 판시의 행패 행위는, 폭행죄로 의율하기에는 다소 애매한 점이 있다 하더라도, 적어도 역무 종사자의 정당한 업무를 방해한 행위로써 형법 제314조의 업무방해죄에 해당되는 범죄행위로 보기에는 충분하므로 피고인은 당시 그 범죄의 현행범인 상태에 있었다고 볼 수 있다. 한편 <u>피고인에 대한 현행범인체포서를 보면, 그 '범죄사실 및 체포의 사유' 란에 피고인의 위와 같은 행패의 과정이 모두 기재되어 있어, 피고인을 단순히 폭행죄의 현행범으로서만 체포한 것이 아니라 피고인의 행패 행위 전체를 범죄행위로 평가하여 체포의 사유로 삼았음을 쉽게 알 수 있다</u>(다만, 위 체포서에는 죄명으로 '공무집행방해 및 폭력행위 등 처벌에 관한 법률 위반' 만이 기재되어 있을 뿐이지만, <u>범죄행위의 동일성이 유지되는 범위 안에서 죄명은 체포 후에 얼마든지 변경할 수 있는 것이므로 죄명에 의해 체포 사유가 한정된다고 볼 수는 없다</u>).

그렇다면 이 사건에 있어 경찰관이 위 역에 도착할 당시에는 피고인을 현행범으로 체포할 수 있는 적법한 사유가 있었다고 보아야 할 것이고, 나아가 <u>당해 경찰관이 그</u>

사유에 터잡아 피고인을 현행범으로 체포한 이상 그 체포는 당연히 적법한 것이라 할 것이며, 이 경우 가사 체포 사유로 삼은 범죄사실 중의 다른 일부가 범죄로 인정되지 않는다 하여도 그 이유만으로 이를 불법체포라고 할 수는 없을 것이다.

## V. 결 론

원심이 이와 달리, 이 사건 현행범 체포 사유 중 폭행죄 부분만을 따져 그 부분 범죄가 성립되지 않는다는 이유로 이 사건 현행범 체포가 위법하다고 판단한 전제에서, 적법성이 결여된 체포행위를 하는 공무원에게 대항하는 행위는 공무집행방해죄에 해당하지 않는다고 판시한 것은, 현행범 체포에 관한 법리를 오해한 위법이 있다고 할 것이고 이는 판결의 결과에 영향을 미쳤다 할 것이다.

# 제19절 준현행범인 체포 시 고지의 내용 및 시기

## I. 사례요지

순찰 중이던 경찰관이 교통사고를 낸 차량이 도주하였다는 무전연락을 받고 주변을 수색하다가 범퍼 등의 파손상태로 보아 사고차량으로 인정되는 차량에서 내리는 사람을 발견한 경우, 준현행범으로 체포할 수 있는지

## II. 논 점

1. 순찰 중이던 경찰관이 교통사고를 낸 차량이 도주하였다는 무전연락을 받고 주변을 수색하다가 범퍼 등의 파손상태로 보아 사고차량으로 인정되는 차량에서 내리는 사람을 발견한 경우, 준현행범으로 체포할 수 있는지
2. 사법경찰리가 현행범인의 체포 또는 긴급체포를 하기 위하여는 반드시 범죄사실의 요지, 구속의 이유와 변호인을 선임할 수 있음을 말하고 변명할 기회를 주어야 하는지 여부(적극) 및 그 시기

## III. 법규연구 (형사소송법)

제211조(현행범인과 준현행범인) ② 다음 각 호의 어느 하나에 해당하는 사람은 현행범인으로 본다.
  2. 장물이나 범죄에 사용되었다고 인정하기에 충분한 흉기나 그 밖의 물건을 소지하고 있을 때

## IV. 관련 판례

### 1. 원심 (인천지법 1999. 9. 8. 선고 99노1870 판결)

형사소송법 제211조가 현행범인으로 규정한 '범죄실행의 즉후인 자'란 체포하는 자가 볼 때 범죄의 실행행위를 종료한 직후의 범인이라는 것이 명백한 경우를 일컫는 것으로서, 시간이나 장소로 보아 체포당하는 자를 방금 범죄를 실행한 범인이라고 볼 증거가 명백히 존재하는 것으로 인정되는 경우에만 그를 현행범인으로 볼 수 있는 것인데, 이 사건 교통사고가 발생한 지점과 피고인이 체포된 지점은 거리상으로 약 1㎞ 떨어져 있고 시간상으로도 10분 정도의 차이가 있으며, 경찰관들이 피고인의 차량을 사고현장에서부터 추적하여 따라간 것도 아니고 순찰 중 경찰서로부터 무전연락을 받고 도주차량 용의자를 수색하다가 그 용의자로 보이는 피고인을 발견하고 검문을 하게 된 사정에 비추어 보면, <u>피고인을 현행범인으로 보기 어렵다고 판단하였다.</u>

## 2. 대법원 (대법원 2000. 7. 4., 선고, 99도4341 판결)

헌법 제12조 제5항 전문은 '누구든지 체포 또는 구속의 이유와 변호인의 조력을 받을 권리가 있음을 고지받지 아니하고는 체포 또는 구속을 당하지 아니한다.'는 원칙을 천명하고 있고, 형사소송법 제72조는 '피고인에 대하여 범죄사실의 요지, 구속의 이유와 변호인을 선임할 수 있음을 말하고 변명할 기회를 준 후가 아니면 구속할 수 없다.'라고 규정하는 한편, 이 규정은 같은 법 제213조의2에 의하여 검사 또는 사법경찰관리가 현행범인을 체포하거나 일반인이 체포한 현행범인을 인도받을 때 준용되므로, 사법경찰리가 현행범인으로 체포하는 경우에는 반드시 범죄사실의 요지, 구속의 이유와 변호인을 선임할 수 있음을 말하고 변명할 기회를 주어야 할 것은 명백하다.

이러한 법리는 비단 현행범인을 체포하는 경우뿐만 아니라 긴급체포의 경우에도 마찬가지로 적용되는 것이고, 이와 같은 고지는 체포를 위한 실력행사에 들어가기 이전에 미리 하여야 하는 것이 원칙이나, 달아나는 피의자를 쫓아가 붙들거나 폭력으로 대항하는 피의자를 실력으로 제압하는 경우에는 붙들거나 제압하는 과정에서 하거나, 그것이 여의치 않은 경우에라도 일단 붙들거나 제압한 후에는 지체없이 행하여야 한다.

## V. 결 론

순찰 중이던 경찰관이 교통사고를 낸 차량이 도주하였다는 무전연락을 받고 주변을 수색하다가 범퍼 등의 파손상태로 보아 사고차량으로 인정되는 차량에서 내리는 사람을 발견한 경우, 형사소송법 제211조 제2항 제2호 소정의 '장물이나 범죄에 사용되었다고 인정함에 충분한 흉기 기타의 물건을 소지하고 있는 때'에 해당하므로 준현행범으로서 영장 없이 체포할 수 있다.

대법원은 현행범인 체포 및 긴급체포시 체포이유 등에 대한 고지가 행해져야 함을 분명히 하고, 고지시기와 관련해서는 그 원칙과 예외를 구체적으로 제시하였다.

# 제20절 불심검문에 항의하는 과정에서 경찰관에 상해 가한 경우

## I. 사례요지

피고인은 빌라 주차장에서 술에 취한 상태에서 전화를 걸다가 인근 지역을 순찰하던 경찰관인 공소외 1, 2로부터 불심검문을 받게 되자 공소외 2에게 자신의 운전면허증을 교부하였다. 공소외 2가 피고인의 신분조회를 위하여 순찰차로 걸어간 사이에, 피고인은 위 불심검문에 항의하면서 공소외 1에게 큰소리로 욕설을 하였다. 이에 공소외 1은 피고인에게 모욕죄의 현행범으로 체포하겠다고 고지한 후 피고인의 오른쪽 어깨를 붙잡았고, 피고인은 이에 강하게 반항하면서 공소외 1에게 상해를 가하였다.

## II. 논 점

1. 현행범인을 체포하기 위하여 '체포의 필요성'이 있어야 하는지 여부(적극)
2. 현행범인 체포요건을 갖추지 못하여 위법한 체포에 해당하는지의 판단기준
3. 공무집행방해죄에서 '적법한 공무집행'의 의미
4. 현행범인이 경찰관의 불법한 체포를 면하려고 반항하는 과정에서 경찰관에게 상해를 가한 경우 '정당방위'의 성립 여부(적극)

## III. 법규연구 (형사소송법)

제211조(현행범인과 준현행범인) ① 범죄를 실행하고 있거나 실행하고 난 직후의 사람을 현행범인이라 한다.
② 다음 각 호의 어느 하나에 해당하는 사람은 현행범인으로 본다.
  1. 범인으로 불리며 추적되고 있을 때
  2. 장물이나 범죄에 사용되었다고 인정하기에 충분한 흉기나 그 밖의 물건을 소지하고 있을 때
  3. 신체나 의복류에 증거가 될 만한 뚜렷한 흔적이 있을 때
  4. 누구냐고 묻자 도망하려고 할 때
제212조(현행범인의 체포) 현행범인은 누구든지 영장없이 체포할 수 있다.

## IV. 관련 판례

### 1. 원심 (서울서부지법 2011. 2. 17. 선고 2010노739 판결)

피고인을 모욕죄의 현행범으로 체포한 행위는 적법한 공무집행이라 볼 수 없으므로 공무집행방해죄의 구성요건을 충족하지 아니하고, 피고인이 불법체포를 면하려고 반항하는 과정에서 그에게 상해를 가한 것은 정당방위에 해당한다.

## 2. 대법원 (대법원 2011. 5. 26., 선고, 2011도3682 판결)

가. 현행범인은 누구든지 영장 없이 체포할 수 있다(형사소송법 제212조). 현행범인으로 체포하기 위하여는 행위의 가벌성, 범죄의 현행성·시간적 접착성, 범인·범죄의 명백성 이외에 체포의 필요성 즉, 도망 또는 증거인멸의 염려가 있어야 하고, 이러한 요건을 갖추지 못한 현행범인 체포는 법적 근거에 의하지 아니한 영장 없는 체포로서 위법한 체포에 해당한다(대법원 1999. 1. 26. 선고 98도3029 판결 등 참조).

여기서 현행범인 체포의 요건을 갖추었는지 여부는 체포 당시의 상황을 기초로 판단하여야 하고, 이에 관한 검사나 사법경찰관 등 수사주체의 판단에는 상당한 재량의 여지가 있다고 할 것이나, 체포 당시의 상황으로 보아서도 그 요건의 충족 여부에 관한 검사나 사법경찰관 등의 판단이 경험칙에 비추어 현저히 합리성을 잃은 경우에는 그 체포는 위법하다고 보아야 한다(대법원 2002. 6. 11. 선고 2000도5701 판결, 대법원 2002. 12. 10. 선고 2002도4227 판결 등 참조).

한편 형법 제136조가 규정하는 공무집행방해죄는 공무원의 직무집행이 적법한 경우에 한하여 성립하고, 여기서 적법한 공무집행은 그 행위가 공무원의 추상적 권한에 속할 뿐 아니라 구체적 직무집행에 관한 법률상 요건과 방식을 갖춘 경우를 가리킨다. 경찰관이 현행범인 체포의 요건을 갖추지 못하였음에도 실력으로 현행범인을 체포하려고 하였다면 적법한 공무집행이라고 할 수 없고, 현행범인 체포행위가 적법한 공무집행을 벗어나 불법하게 체포한 것으로 볼 수밖에 없다면, 현행범이 그 체포를 면하려고 반항하는 과정에서 경찰관에게 상해를 가한 것은 불법체포로 인한 신체에 대한 현재의 부당한 침해에서 벗어나기 위한 행위로서 정당방위에 해당하여 위법성이 조각된다 (대법원 2006. 9. 8. 선고 2006도148 판결, 대법원 2006. 11. 23. 선고 2006도2732 판결 등 참조).

나. 피고인이 경찰관의 불심검문을 받아 운전면허증을 교부한 후 경찰관에게 큰 소리로 욕설을 하였는데, 경찰관이 모욕죄의 현행범으로 체포하겠다고 고지한 후 피고인의 오른쪽 어깨를 붙잡자 반항하면서 경찰관에게 상해를 가한 사안에서, 피고인은 경찰관의 불심검문에 응하여 이미 운전면허증을 교부한 상태이고, 경찰관뿐 아니라 인근 주민도 욕설을 직접 들었으므로, 피고인이 도망하거나 증거를 인멸할 염려가 있다고 보기는 어렵고, <u>피고인의 모욕 범행은 불심검문에 항의하는 과정에서 저지른 일시적, 우발적인 행위로서 사안 자체가 경미할 뿐 아니라, 피해자인 경찰관이 범행현장에서 즉시 범인을 체포할 급박한 사정이 있다고 보기도 어려우므로, 경찰관이 피고인을 체</u>

포한 행위는 적법한 공무집행이라고 볼 수 없고, 피고인이 체포를 면하려고 반항하는 과정에서 상해를 가한 것은 불법체포로 인한 신체에 대한 현재의 부당한 침해에서 벗어나기 위한 행위로서 정당방위에 해당한다.

## V. 결 론

결과적으로 대법원은 현행범인 체포요건으로서 '체포의 필요성'이 있어야 함을 명확히 하고, 체포당시를 기준으로 체포요건의 충족 여부를 판단하되, 이에 대한 수사기관의 판단이 경험칙에 비추어 현저히 합리성을 잃은 경우 체포는 위법하다고 판시하였다.

# 제5장 대물적 강제처분

## 제1절 압수·수색영장 제시의 예외

### Ⅰ. 사례요지

압수·수색 과정에서 사전통지가 생략되는 등 당사자의 참여권이 박탈되었고, 이를 대신할 적법한 참여인의 참여도 없었다. 혐의와 관련성이 없거나 피고인 보유가 아닌 물건에 대하여도 압수가 이루어졌고, 검찰은 당시 집행 과정을 촬영한 동영상에 대한 검증신청도 하지 않았다. 또한, 절차를 집행한 수사관들이나 입회인들이 증거의 발견 장소나 경위를 밝히지 못하고 있다. 구체적으로 ① 피고인 2에 대한 압수의 경우, 수사관 공소외 22나 민간 포렌식 전문가 공소외 23은 압수물의 발견 장소나 그 내용을 전혀 모르고 있다. ② 피고인 3에 대한 압수의 경우, 사무실 압수·수색에 참여한 수사관 공소외 24는 압수물 발견 장소나 내용을 정확히 알지 못하고 있고, 주거지 압수·수색에 참여한 동사무소 직원 공소외 25도 어떤 압수물들이 압수되는지 알지 못하고 있으며 봉인절차에도 관여하지 않았다. 위 봉인 과정에는 공정성을 담보할 수 없는 경찰관이 입회하였다. ③ 피고인 5에 대한 압수의 경우, 당시 변호인의 조력을 받겠다고 요청하였음에도 변호인이 입회하기 전에 신체수색이 이루어졌다.

### Ⅱ. 논 점

압수·수색영장의 제시가 현실적으로 불가능한 경우 영장제시 없이 이루어진 압수·수색의 적법 여부(적극)

### Ⅲ. 법규연구 (형사소송법)

제118조(영장의 제시와 사본교부) 압수·수색영장은 처분을 받는 자에게 반드시 제시하여야 하고, 처분을 받는 자가 피고인인 경우에는 그 사본을 교부하여야 한다. 다만, 처분을 받는 자가 현장에 없는 등 영장의 제시나 그 사본의 교부가 현실적으로 불가능한 경우 또는 처분을 받는 자가 영장의 제시나 사본의 교부를 거부한 때에는 예외로 한다.

### Ⅳ. 관련 판례

#### 1. 원심 (서울고법 2014. 8. 11. 선고 2014노762 판결)

피고인 4의 주소지와 거소지에 대한 압수·수색 당시 피고인 4가 현장에 없었던 사실, 피고인 7과 관련한 ○○평생교육원에 대한 압수·수색 당시 ○○평생교육원 원장 공소외 3은 현장에 없었고 이사장 공소외 4도 수사관들에게 자신의 신분을 밝히지 않은 채 건물 밖에서 지켜보기만 한 사실 등을 인정한 다음, 수사관들이 위 각 압수·수색 당시 피고인 4와 ○○평생교육원 원장 또는 이사장 등에게 영장을 제시하지 않았다고 하여 이를 위법하다고 볼 수 없다고 판단하였다.

## 2. 대법원 (대법원 2015. 1. 22., 선고, 2014도10978, <u>전원합의체 판결</u>)

가. 형사소송법 제219조가 준용하는 제118조는 "압수·수색영장은 처분을 받는 자에게 반드시 제시하여야 한다"고 규정하고 있으나, 이는 영장제시가 현실적으로 가능한 상황을 전제로 한 규정으로 보아야 하고, 피처분자가 현장에 없거나 현장에서 그를 발견할 수 없는 경우 등 영장제시가 현실적으로 불가능한 경우에는 영장을 제시하지 아니한 채 압수·수색을 하더라도 위법하다고 볼 수 없다.

나. 이 사건 각 압수·수색은 일부 절차 규정 준수 여부가 문제 되는 부분이 있기는 하나, 대부분은 형사소송법 및 형사소송규칙이 정한 절차 규정이 준수되었고, 피고인 본인이 참여하거나 형사소송법이 참여하도록 규정한 참여인들이 참여한 상태에서 진행되었다. 위 참여인들은 각 압수·수색 과정에서 압수물 선별, 디지털 포렌식, 압수목록 확인 등의 과정에 관여하였고, 수사관들의 처분에 이의를 제기하거나 의견을 제시하고, 압수·수색을 저지하기도 하는 등 실질적이고도 충분한 참여권을 행사하였다. 수사관들은 형사소송법이 정한 참여인 이외에도 민간 포렌식 전문가나 경찰관 또는 국회 직원 등을 입회시키기도 하였고, 압수·수색 전과정을 영상녹화하기도 하는 등 절차의 적정성을 담보하기 위하여 형사소송법 및 형사소송규칙이 정한 것 이상의 조치를 취하기도 하였다. 또한 각 압수·수색 과정에서 압수된 물건들은 모두 이 사건 혐의사실이나 피고인들과의 관련성이 인정되거나 무관하다고 단정하기 어려운 것들로서 영장이 압수를 허용한 범위 내의 것들이다.

나아가 <u>수사관들이나 입회인들이 각 압수물의 발견 장소와 경위를 명확하게 기억하지 못한다거나 절차를 촬영한 동영상이 검증되지 아니하였다는 사정만으로 그 압수·수색절차가 위법하다고 볼 수는 없다.</u>

## V. 결 론

영장의 제시는 반드시 사전에 영장원본을 처분을 받은 자에게 개별적으로 제시하는 것이 원칙이나, 영장제시가 현실적으로 불가능한 경우에는 사전영장 제시의 예외를 인정하였다는 점에서 의미가 있다.

# 제2절 압수·수색영장 집행 시 피압수자에게 반드시 영장을 제시하도록 규정한 취지

## I. 사례요지

경찰청 소속 사법경찰관의 신청에 따라 지방법원 영장담당판사로부터 피의자 공소외 1, 공소외 2, 공소외 3, 공소외 4의 공직선거법 위반 혐의에 관하여 ○○군청 내 사무실에 보관 중이거나 현존하는 자료나 전자정보 등에 대한 압수·수색영장을 발부받았다.

이 사건 영장기재에 의하면, 정보저장매체에 저장된 전자정보에 대한 압수 방법에 대해 '저장매체의 소재지에서 수색·검증 후 혐의사실과 관련된 전자정보만을 문서로 출력하거나 수사기관이 휴대한 저장매체에 복사하는 방법으로 압수할 수 있고, 출력·복사에 의한 집행이 불가능하거나, 압수의 목적을 달성하기에 현저히 곤란한 경우에 한하여 저장매체의 전부를 복제할 수 있으며, 집행현장에서의 복제가 불가능하거나 현저히 곤란할 때에 한하여 피압수자 등의 참여하에 저장매체원본을 봉인하여 저장매체의 소재지 이외의 장소로 반출할 수 있다. 휴대전화는 10일 이내에 반환하여야 한다.'는 취지의 제한이 있다.

사법경찰관은 ○○군청 비서실에서 부군수 공소외 5, 비서실장 공소외 1, 공무원 공소외 4가 참여한 가운데 이 사건 영장을 집행하였고, ○○군청 행정과 사무실에서 행정과장, 공소외 6 등이 참여한 가운데 위 영장을 집행하여 위 각 사무실에 있는 컴퓨터 본체와 USB 저장매체 원본을 반출하는 방법으로 이를 압수하는 한편, 공소외 1, 공소외 4, 공소외 2의 휴대전화와 업무일지, 지역여론·동향보고 서류 등을 압수하였다.

위 영장 집행 과정에서 사법경찰관은 공소외 1에게 이 사건 영장기재 혐의사실의 주요 부분을 요약해서 고지하면서 위 영장 첫 페이지와 공소외 1에 관한 범죄사실이 기재된 부분을 보여주었으나, 공소외 1이 위 영장의 나머지 부분을 넘겨서 확인하려고 하자 뒤로 넘기지 못하게 하였다. 그리하여 공소외 1은 이 사건 영장의 내용 중 나머지 압수·수색·검증할 물건, 압수·수색·검증할 장소, 압수·수색·검증을 필요로 하는 사유, 압수대상 및 방법의 제한 등이 기재된 부분을 확인하지 못하였다.

사법경찰관은 압수한 공소외 1의 휴대전화에 저장된 전자정보를 탐색하여 통화내역, 문자메시지·SNS 송수신 내용, 사진 및 문서파일 등을 출력하였다. 위와 같은 공소외 1 휴대전화에 저장된 전자정보를 탐색·출력하는 과정에서 피의자이자 피압수자인 공소외 1에게 참여권을 보장해 주지 않았고, 압수된 전자정보의 목록을 작성·교부하지도 않았으며, 압수한 날부터 10일을 초과한 후 휴대전화를 반환하였다. 그 후 사법경찰관과 검사는 위와 같이 압수한 이 사건 동향보고 서류와 공소외 1 휴대전화 출력물을 제시한 상태에서 공소외 1에 대한 피의자신문조서와 공소외 8에 대한 진술조서 등을 작성하였다.

## II. 논 점

1. 형사소송법이 압수·수색영장을 집행하는 경우에 피압수자에게 반드시 압수·수색영장을 제시하도록 규정한 취지

2. 압수·수색영장의 제시 범위 및 방법

3. 전자정보가 담긴 저장매체 또는 복제본을 수사기관 사무실 등으로 옮겨 복제·탐색·출력하는 일련의 과정에서, 피압수자나 변호인에게 참여의 기회를 보장하고 혐의사실과 무관한 전자정보의 임의적인 복제 등을 막기 위한 적절한 조치를 취하지 않은 경우, 압수·수색의 적법 여부(원칙적 소극)

4. 수사기관이 저장매체 또는 복제본에서 혐의사실과 관련된 전자정보만을 복제·출력하였더라도 마찬가지인지 여부(적극)

## III. 법규연구 (형사소송법)

> 제118조(영장의 제시와 사본교부) 압수·수색영장은 처분을 받는 자에게 반드시 제시하여야 하고, 처분을 받는 자가 피고인인 경우에는 그 사본을 교부하여야 한다. 다만, 처분을 받는 자가 현장에 없는 등 영장의 제시나 그 사본의 교부가 현실적으로 불가능한 경우 또는 처분을 받는 자가 영장의 제시나 사본의 교부를 거부한 때에는 예외로 한다.
>
> 제121조(영장집행과 당사자의 참여) 검사, 피고인 또는 변호인은 압수·수색영장의 집행에 참여할 수 있다.
>
> 제219조(준용규정) 제106조, 제107조, 제109조 내지 제112조, 제114조, 제115조제1항 본문, 제2항, 제118조부터 제132조까지, 제134조, 제135조, 제140조, 제141조, 제333조제2항, 제486조의 규정은 검사 또는 사법경찰관의 본장의 규정에 의한 압수, 수색 또는 검증에 준용한다. 단, 사법경찰관이 제130조, 제132조 및 제134조에 따른 처분을 함에는 검사의 지휘를 받아야 한다.

## IV. 관련 판례

### 1. 원심 (대전고법 2015. 7. 27. 선고 2015노101 판결)

이 사건 동향보고 서류, 공소외 1 휴대전화 출력물 및 이 사건 조서의 증거능력을 인정하여 이를 증거로 채택하고(다만 공소외 1에 대한 검찰 피의자신문조서(증거목록 순번 96) 중 원심이 증거능력을 부정한 '결혼식 정리문건'을 제시받고 진술한 부분의 증거능력은 부정하였다), 피고인에 대하여 탈법방법에 의한 문서배부로 인한 공직선거법 위반의 공소사실을 유죄로 인정하면서 위 동향보고 서류, 공소외 1 휴대전화 출력물과 이 사건 조서의 일부(증거목록 순번 45, 96)를 유죄의 증거로 거시하였다.

## 2. 대법원 (대법원 2017. 9. 21., 선고, 2015도12400 판결)

가. 대한민국헌법 제12조 제3항 본문은 '체포·구속·압수 또는 수색을 할 때는 적법한 절차에 따라 검사의 신청에 의하여 법관이 발부한 영장을 제시하여야 한다'고 규정하고, 형사소송법 제219조, 제118조는 '수사기관이 압수·수색영장을 집행할 때에는 처분을 받는 자에게 반드시 압수·수색영장을 제시하여야 한다'는 취지로 규정하고 있다. 그리고 형사소송법 제219조, 제114조 제1항 본문, 형사소송규칙 제58조는 압수·수색영장에 피의자의 성명, 죄명, 압수할 물건, 수색할 장소, 신체, 물건, 발부연월일, 유효기간과 그 기간을 경과하면 집행에 착수하지 못하며 영장을 반환하여야 한다는 취지 및 압수·수색의 사유를 기재하고 영장을 발부하는 법관이 서명날인하도록 규정하고 있다.

형사소송법이 <u>압수·수색영장을 집행하는 경우에 피압수자에게 반드시 압수·수색영장을 제시하도록 규정한 것은 법관이 발부한 영장 없이 압수·수색을 하는 것을 방지하여 영장주의 원칙을 절차적으로 보장하고, 압수·수색영장에 기재된 물건, 장소, 신체에 대해서만 압수·수색을 하도록 하여 개인의 사생활과 재산권의 침해를 최소화하는 한편, 준항고 등 피압수자의 불복신청 기회를 실질적으로 보장하기 위한 것이다.</u>

위와 같은 관련 규정과 영장 제시 제도의 입법취지 등을 종합하여 보면, 압수·수색영장을 집행하는 수사기관은 피압수자로 하여금 법관이 발부한 영장에 의한 압수·수색이라는 사실을 확인함과 동시에 형사소송법이 압수·수색영장에 필요적으로 기재하도록 정한 사항이나 그와 일체를 이루는 사항을 충분히 알 수 있도록 압수·수색영장을 제시하여야 한다.

나아가 압수·수색영장은 현장에서 <u>피압수자가 여러 명일 경우에는 그들 모두에게 개별적으로 영장을 제시해야 하는 것이 원칙이다. 수사기관이 압수·수색에 착수하면서 그 장소의 관리책임자에게 영장을 제시하였다고 하더라도, 물건을 소지하고 있는 다른 사람으로부터 이를 압수하고자 하는 때에는 그 사람에게 따로 영장을 제시하여야 한다</u>(대법원 2009. 3. 12. 선고 2008도763 판결).

나. 형사소송법 제219조, 제121조는 '수사기관이 압수·수색영장을 집행할 때에는 피압수자 또는 변호인은 그 집행에 참여할 수 있다'라는 취지로 규정하고 있다. 저장매체에 대한 압수·수색 과정에서 범위를 정하여 출력 또는 복제하는 방법이 불가능하거나 압수의 목적을 달성하기에 현저히 곤란한 예외적인 사정이 인정되어 전자정보가 담긴 저장매체 또는 하드카피나 이미징 등 형태(이하 '복제본'이라고 한다)를 수사

기관 사무실 등으로 옮겨 복제·탐색·출력하는 경우에도, 그와 같은 일련의 과정에서 피압수자나 변호인에게 참여의 기회를 보장하고 혐의사실과 무관한 전자정보의 임의적인 복제 등을 막기 위한 적절한 조치를 취하는 등 영장주의 원칙과 적법절차를 준수하여야 한다. 만약 그러한 조치를 취하지 않았다면 피압수자 측이 참여하지 아니한다는 의사를 명시적으로 표시하였거나 절차 위반행위가 이루어진 과정의 성질과 내용 등에 비추어 피압수자 측에 절차 참여를 보장한 취지가 실질적으로 침해되었다고 볼 수 없을 정도에 해당한다는 등의 특별한 사정이 없는 이상 압수·수색이 적법하다고 평가할 수 없고, 비록 수사기관이 저장매체 또는 복제본에서 혐의사실과 관련된 전자정보만을 복제·출력하였다고 하더라도 달리 볼 것은 아니다(대법원 2015. 7. 16.자 2011모1839 전원합의체 결정 참조). 한편 형사소송법 제219조, 제129조는 '수사기관이 증거물 등을 압수한 경우에는 목록을 작성하여 피압수자에게 교부하여야 한다'는 취지로 규정하고 있다.

다. 적법한 절차에 따르지 아니하고 수집한 증거는 증거로 할 수 없다(형사소송법 제308조의2). 다만 수사기관의 증거수집 과정에서 이루어진 절차 위반행위와 관련된 모든 사정을 전체적·종합적으로 살펴볼 때, 수사기관의 절차 위반행위가 적법절차의 실질적인 내용을 침해하는 경우에 해당하지 아니하고, 오히려 그 증거의 증거능력을 배제하는 것이 헌법과 형사소송법이 형사소송에 관한 절차 조항을 마련하여 적법절차의 원칙과 실체적 진실 규명의 조화를 도모하고 이를 통하여 형사 사법 정의를 실현하려고 한 취지에 반하는 결과를 초래하는 것으로 평가되는 예외적인 경우라면 법원은 그 증거를 유죄 인정의 증거로 사용할 수 있다. 그러나 구체적 사안이 위와 같은 예외적인 경우에 해당하는지를 판단하는 과정에서 적법한 절차를 따르지 않고 수집된 증거를 유죄의 증거로 삼을 수 없다는 원칙이 훼손되지 않도록 유념하여야 하고, 그러한 예외적인 경우에 해당한다고 볼 만한 구체적이고 특별한 사정이 존재한다는 점은 검사가 증명하여야 한다(대법원 2009. 3. 12. 선고 2008도763 판결 참조). 그리고 법원이 2차적 증거의 증거능력 인정 여부를 최종적으로 판단할 때에는 먼저 절차에 따르지 아니한 1차적 증거수집과 관련된 모든 사정들, 즉 절차 조항의 취지와 그 위반의 내용 및 정도, 구체적인 위반 경위와 회피가능성, 절차 조항이 보호하고자 하는 권리 또는 법익의 성질과 침해 정도 및 피고인과의 관련성, 절차위반 행위와 증거수집 사이의 인과관계 등 관련성의 정도, 수사기관의 인식과 의도 등을 살피는 것은 물론, 나아가 1차적 증거를 기초로 하여 다시 2차적 증거를 수집하는 과정에서 추가로 발생한 모든 사정들까지 구체적인 사안에 따라 주로 인과관계 희석 또는 단절 여부를 중심으로 전체적·종합적으로 고려하여야 한다(대법원 2009. 3. 12. 선고 2008도11437 판결 참조).

## V. 결 론

가. 사법경찰관이 이 사건 영장의 피압수자인 공소외 1에게 이 사건 <u>영장을 제시하면서 표지에 해당하는 첫 페이지와 공소외 1의 혐의사실이 기재된 부분만을 보여주고, 이 사건 영장의 내용 중 압수·수색·검증할 물건, 압수·수색·검증할 장소, 압수·수색·검증을 필요로 하는 사유, 압수대상 및 방법의 제한 등 필요적 기재사항 및 그와 일체를 이루는 부분을 확인하지 못하게 한 것은</u> 이 사건 영장을 집행할 때 피압수자인 공소외 1이 그 내용을 충분히 알 수 있도록 제시한 것으로 보기 어렵다. 따라서 사법경찰관의 공소외 1에 대한 이 사건 영장 제시는 형사소송법 제219조, 제118조에 따른 적법한 압수·수색영장의 제시라고 볼 수 없고, 이 사건 영장에 따라 압수된 이 사건 동향보고 서류, 공소외 1의 휴대전화 역시 <u>적법한 절차에 따라 수집된 증거라고 보기 어렵다.</u>

나. 한편 <u>사법경찰관은 위와 같이 위법하게 압수한 공소외 1의 휴대전화에 저장된 이 사건 공소외 1 휴대전화 출력물을 출력하여 증거를 수집하는 과정에서 피의자이자 피압수자인 공소외 1에게 참여권을 보장하지 않았고, 압수된 전자정보에 대한 목록을 작성하여 교부하지도 않았으며, 휴대전화를 10일 이내에 반환하라는 영장기재 제한을 위반하였다.</u> 이 사건 공소외 1 휴대전화 출력물은 앞서 본 바와 같이 전자정보 저장매체로서 휴대전화의 압수가 적법하지 아니할 뿐만 아니라 위와 같이 전자정보의 압수·수색이라는 면에서도 적법한 절차에 따라 수집된 증거라고 보기 어렵다.

다. 따라서 이 사건 동향보고 서류와 공소외 1 휴대전화 출력물은 적법한 절차에 따르지 아니하고 수집된 증거로서 증거능력이 없고, 예외적으로 그 증거능력을 인정할 만한 사정도 보이지 아니한다. 나아가 위와 같은 <u>위법수집증거의 2차적 증거인 이 사건 조서는 앞서 본 절차적 위법과 인과관계가 희석 또는 단절되었다고 볼 수 없어 그 증거능력을 인정하기 어렵다.</u>

# 제3절 대물적 강제처분에 있어서 영장주의와 적법절차

## Ⅰ. 사례요지

수사기관이 공소외 1 주식회사에서 압수수색영장을 집행하여 피고인이 공소외 2에게 발송한 이메일(증거목록 순번 314-1, 3, 5)을 압수한 후 이를 증거로 제출하였으나, 수사기관은 위 압수수색영장을 집행할 당시 공소외 1 주식회사에 팩스로 영장 사본을 송신한 사실은 있으나 영장 원본을 제시하지 않았고 또한 압수조서와 압수물 목록을 작성하여 이를 피압수·수색 당사자에게 교부하지 않았다.

## Ⅱ. 논 점

형사소송법 등에서 정한 절차에 따르지 않고 수집된 증거를 유죄 인정의 증거로 삼을 수 있는지(원칙적 소극)

## Ⅲ. 법규연구 (형사소송법)

제118조(영장의 제시와 사본교부) 압수·수색영장은 처분을 받는 자에게 반드시 제시하여야 하고, 처분을 받는 자가 피고인인 경우에는 그 사본을 교부하여야 한다. 다만, 처분을 받는 자가 현장에 없는 등 영장의 제시나 그 사본의 교부가 현실적으로 불가능한 경우 또는 처분을 받는 자가 영장의 제시나 사본의 교부를 거부한 때에는 예외로 한다.

제129조(압수목록의 교부) 압수한 경우에는 목록을 작성하여 소유자, 소지자, 보관자 기타 이에 준할 자에게 교부하여야 한다.

제215조(압수, 수색, 검증) ① 검사는 범죄수사에 필요한 때에는 피의자가 죄를 범하였다고 의심할 만한 정황이 있고 해당 사건과 관계가 있다고 인정할 수 있는 것에 한정하여 지방법원판사에게 청구하여 발부받은 영장에 의하여 압수, 수색 또는 검증을 할 수 있다.

② 사법경찰관이 범죄수사에 필요한 때에는 피의자가 죄를 범하였다고 의심할 만한 정황이 있고 해당 사건과 관계가 있다고 인정할 수 있는 것에 한정하여 검사에게 신청하여 검사의 청구로 지방법원판사가 발부한 영장에 의하여 압수, 수색 또는 검증을 할 수 있다.

## Ⅳ. 관련 판례

### 1. 원심 (서울고법 2015. 6. 25. 선고 2014노2389 판결)

헌법과 형사소송법 제219조, 제118조, 제129조가 정한 절차를 위반하여 수집한 위법수집증거로 원칙적으로 유죄의 증거로 삼을 수 없고, 이러한 절차위반은 헌법과 형사소송법이 보장하는 적법절차 원칙의 실질적인 내용을 침해하는 경우에 해당하고 위법수집증거의 증거능력을 인정할 수 있는 예외적인 경우에 해당한다고 볼 수도 없어 증거능력이 없다는 이유로, 이 부분 공소사실을 무죄로 판단한 제1심판결을 그대로 유지하였다.

## 2. 대법원 (대법원 2017. 9. 7., 선고, 2015도10648 판결)

수사기관의 압수 · 수색은 법관이 발부한 압수수색영장에 의하여야 하는 것이 원칙이고, 그 영장에는 피의자의 성명, 압수할 물건, 수색할 장소 · 신체 · 물건과 압수수색의 사유 등이 특정되어야 하며(형사소송법 제215조, 제219조, 제114조 제1항, 형사소송규칙 제58조), 영장은 처분을 받는 자에게 반드시 제시되어야 하고(형사소송법 제219조, 제118조), 압수물을 압수한 경우에는 목록을 작성하여 소유자, 소지자 등에게 교부하여야 한다(같은 법 제219조, 제129조). 이러한 형사소송법과 형사소송규칙의 절차 조항은 헌법에서 선언하고 있는 적법절차와 영장주의를 구현하기 위한 것으로서 그 규범력은 확고히 유지되어야 한다. 그러므로 형사소송법 등에서 정한 절차에 따르지 않고 수집된 증거는 기본적 인권보장을 위해 마련된 적법한 절차에 따르지 않은 것으로서 원칙적으로 유죄 인정의 증거로 삼을 수 없다(대법원 2007. 11. 15. 선고 2007도3061 전원합의체 판결 등 참조).

## V. 결 론

원심판결 이유를 기록에 비추어 살펴보면, 원심의 판단은 앞에서 본 법리에 기초한 것으로서 정당하고, 거기에 압수절차나 압수물의 증거능력에 관한 법리를 오해하는 등의 잘못이 없다.

위 사안에서 대법원은 영장집행 절차 및 방법은 헌법에서 선언하고 있는 적법절차와 영장주의를 구현하기 위한 것이라고 평가하면서, 제3자 보관정보에 대한 영장원본 제시 및 압수목록 교부 등 영장집행절차의 위반을 적법절차 원칙의 실질적인 내용을 침해로 보아 그 압수물의 증거능력을 부정하고 있다.

# 제4절 정보저장매체의 반출 후, 복제·탐색·출력과정의 적법절차

## I. 사례요지

제1 영장에는 압수의 방법으로 "컴퓨터 전자장치에 저장된 정보 중 범죄사실과 직접 관련된 전자정보와 직접 관련되지 않은 전자정보가 혼재된 전자정보장치는 피의자나 그 소유자, 소지자 또는 간수자가 동의하지 않는 한 그 전부를 사본하거나 이미징하여 압수할 수 없고, 이 경우 범죄사실과 관련된 전자정보는 피압수자 또는 형사소송법 제123조에 정한 참여인의 확인을 받아 수사기관이 휴대한 저장장치에 하드카피·이미징하거나, 문서로 출력할 수 있는 경우 그 출력물을 수집하는 방법으로 압수함. 다만, 해당 컴퓨터 저장장치가 몰수 대상물이거나 하드카피·이미징 또는 문서의 출력을 할 수 없거나 상당히 곤란한 경우에는 컴퓨터 저장장치 자체를 압수할 수 있고, 이 경우에는 수사에 필요한 상당한 기간이 경과한 후 지체없이 반환하여야 함."이라고 기재되어 있는 사실, 강력부 검사는 2011. 4. 25. 수원지방법원으로부터 제1 영장을 발부받은 당일 준항고인 2(이하 '준항고인 2'라 한다) 빌딩 내 준항고인 1의 사무실에 임하여 압수·수색을 개시하였는데, 그곳에서의 압수 당시 제1 영장에 기재된 바와 같이 이 사건 저장매체에 혐의사실과 관련된 정보와 관련되지 않은 전자정보가 혼재된 것으로 판단하여 준항고인 2의 동의를 받아 이 사건 저장매체 자체를 봉인하여 영장 기재 집행 장소에서 자신의 사무실로 반출한 사실, 강력부 검사는 2011. 4. 26.경 이 사건 저장매체를 대검찰청 디지털포렌식센터에 인계하여 그곳에서 저장매체에 저장되어 있는 전자정보파일 전부를 '이미징'의 방법으로 다른 저장매체로 복제(이하 '제1 처분'이라 한다)하도록 하였는데, 준항고인 1 측은 검사의 통보에 따라 2011. 4. 27. 위 저장매체의 봉인이 해제되고 위 전자정보파일이 대검찰청 디지털포렌식센터의 원격디지털공조시스템에 복제되는 과정을 참관하다가 임의로 그곳에서 퇴거하였던 사실, 강력부 검사는 제1 처분이 완료된 후 이 사건 저장매체를 준항고인 2에게 반환한 다음, 위와 같이 이미징한 복제본을 2011. 5. 3.부터 같은 달 6일까지 자신이 소지한 외장 하드디스크에 재복제(이하 '제2 처분'이라 한다)하고, 같은 달 9일부터 같은 달 20일까지 외장 하드디스크를 통하여 제1 영장 기재 범죄혐의와 관련된 전자정보를 탐색하였는데, 그 과정에서 준항고인 2의 약사법 위반·조세범처벌법 위반 혐의와 관련된 전자정보 등 제1 영장에 기재된 혐의사실과 무관한 정보들도 함께 출력(이하 '제3 처분'이라 한다)하였던 사실, 제2·3 처분 당시에는 준항고인 1 측이 그 절차에 참여할 기회를 부여받지 못하였고, 실제로 참여하지도 않았던 사실 등을 알 수 있다.

## II. 논 점

1. 전자정보에 대한 압수·수색이 저장매체 또는 복제본을 수사기관 사무실 등 외부로 반출하는 방식으로 허용되는 예외적인 경우 및 수사기관 사무실 등으로 반출된 저장매체 또는 복제본에서 혐의사실 관련성에 대한 구분 없이 임의로 저장된 전자정보를 문서로 출력하거나 파일로 복제하는 행위가 영장주의 원칙에 반하는 위법한

압수인지 여부(원칙적 적극)

2. 전자정보가 담긴 저장매체 또는 복제본을 수사기관 사무실 등으로 옮겨 복제·탐색·출력하는 일련의 과정에서, 피압수·수색 당사자나 변호인에게 참여의 기회를 보장하고 혐의사실과 무관한 전자정보의 임의적인 복제 등을 막기 위한 적절한 조치가 취해지지 않은 경우, 압수·수색의 적법 여부(원칙적 소극) 및 수사기관이 저장매체 또는 복제본에서 혐의사실과 관련된 전자정보만을 복제·출력하였더라도 마찬가지인지 여부(적극)

3. 전자정보에 대한 압수·수색 과정에서 이루어진 현장에서의 저장매체 압수·이미징·탐색·복제 및 출력행위 등 일련의 행위가 모두 진행되어 압수·수색이 종료된 후 전체 압수·수색 과정을 단계적·개별적으로 구분하여 각 단계의 개별 처분의 취소를 구하는 준항고가 있는 경우, 당해 압수·수색 과정 전체를 하나의 절차로 파악하여 그 과정에서 나타난 위법이 압수·수색 절차 전체를 위법하게 할 정도로 중대한지 여부에 따라 전체적으로 압수·수색 처분을 취소할 것인지를 가려야 하는지 여부(원칙적 적극) 및 이때 위법의 중대성을 판단하는 기준

4. 검사가 압수·수색영장을 발부받아 甲 주식회사 빌딩 내 乙의 사무실을 압수·수색하였는데, 저장매체에 범죄혐의와 관련된 정보(유관정보)와 범죄혐의와 무관한 정보(무관정보)가 혼재된 것으로 판단하여 甲 회사의 동의를 받아 저장매체를 수사기관 사무실로 반출한 다음 乙 측의 참여하에 저장매체에 저장된 전자정보파일 전부를 '이미징'의 방법으로 다른 저장매체로 복제(제1 처분)하고, 乙 측의 참여 없이 이미징한 복제본을 외장 하드디스크에 재복제(제2 처분)하였으며, 乙 측의 참여 없이 하드디스크에서 유관정보를 탐색하는 과정에서 甲 회사의 별건 범죄혐의와 관련된 전자정보 등 무관정보도 함께 출력(제3 처분)한 사안에서, 제1 처분은 위법하다고 볼 수 없으나, 제2·3 처분의 위법의 중대성에 비추어 위 영장에 기한 압수·수색이 전체적으로 취소되어야 한다고 한 사례

5. 전자정보에 대한 압수·수색이 종료되기 전에 혐의사실과 관련된 전자정보를 적법하게 탐색하는 과정에서 별도의 범죄혐의와 관련된 전자정보를 우연히 발견한 경우, 수사기관이 적법하게 압수·수색하기 위한 요건 / 이 경우 피압수·수색 당사자에게 참여권을 보장하고 압수한 전자정보 목록을 교부하는 등 피압수자의 이익을 보호하기 위한 적절한 조치가 이루어져야 하는지 여부(원칙적 적극)

## III. 법규연구 (형사소송법)

> 제106조(압수) ① 법원은 필요한 때에는 피고사건과 관계가 있다고 인정할 수 있는 것에 한정하여 증거물 또는 몰수할 것으로 사료하는 물건을 압수할 수 있다. 단, 법률에 다른 규정이 있는 때에는 예외로 한다.
>
> 제121조(영장집행과 당사자의 참여) 검사, 피고인 또는 변호인은 압수·수색영장의 집행에 참여할 수 있다.
>
> 제215조(압수, 수색, 검증) ① 검사는 범죄수사에 필요한 때에는 피의자가 죄를 범하였다고 의심할 만한 정황이 있고 해당 사건과 관계가 있다고 인정할 수 있는 것에 한정하여 지방법원판사에게 청구하여 발부받은 영장에 의하여 압수, 수색 또는 검증을 할 수 있다.
>
> ② 사법경찰관이 범죄수사에 필요한 때에는 피의자가 죄를 범하였다고 의심할 만한 정황이 있고 해당 사건과 관계가 있다고 인정할 수 있는 것에 한정하여 검사에게 신청하여 검사의 청구로 지방법원판사가 발부한 영장에 의하여 압수, 수색 또는 검증을 할 수 있다.
>
> 제219조(준용규정) 제106조, 제107조, 제109조 내지 제112조, 제114조, 제115조제1항 본문, 제2항, 제118조부터 제132조까지, 제134조, 제135조, 제140조, 제141조, 제333조제2항, 제486조의 규정은 검사 또는 사법경찰관의 본장의 규정에 의한 압수, 수색 또는 검증에 준용한다. 단, 사법경찰관이 제130조, 제132조 및 제134조에 따른 처분을 함에는 검사의 지휘를 받아야 한다.

## IV. 관련 판례

### 1. 원심 (수원지법 2011. 10. 31.자 2011보2 결정)

수원지방검찰청 검사 및 대검찰청 디지털포렌식센터 소속 사법경찰관이 2011. 4. 27.부터 2011. 5. 1.까지 사이에 별지목록 기재 각 저장매체에 저장된 전자정보를 대검찰청 원격디지털공조시스템에 이미징의 방법으로 저장한 압수처분, 수원지방검찰청 검사가 2011. 5. 3.부터 2011. 5. 6.까지 사이에 위와 같이 대검찰청 원격디지털공조시스템에 저장된 전자정보를 다시 별도의 하드디스크에 다운로드하여 저장한 압수처분, 수원지방검찰청 검사가 2011. 5. 9.부터 2011. 5. 20.까지 사이에 위와 같이 하드디스크에 저장된 전자정보를 문서로 출력한 압수처분, 수원지방검찰청 검사가 2011. 5. 26. 위 하드디스크에 대하여 한 압수처분, 수원지방검찰청 검사가 위 하드디스크에 대한 압수처분 이후 일자불상경 위 하드디스크에 저장된 전자정보를 문서로 출력한 압수처분을 모두 취소한다.

### 2. 대법원 (대법원 2015. 7. 16., 자, 2011모1839, 전원합의체 결정)

가. 수사기관의 전자정보에 대한 압수·수색은 원칙적으로 영장 발부의 사유로 된

범죄 혐의사실과 관련된 부분만을 문서 출력물로 수집하거나 수사기관이 휴대한 저장매체에 해당 파일을 복제하는 방식으로 이루어져야 하고, 저장매체 자체를 직접 반출하거나 저장매체에 들어있는 전자파일 전부를 하드카피나 이미징 등 형태(이하 '복제본'이라 한다)로 수사기관 사무실 등 외부로 반출하는 방식으로 압수·수색하는 것은 현장의 사정이나 전자정보의 대량성으로 관련 정보 획득에 긴 시간이 소요되거나 전문인력에 의한 기술적 조치가 필요한 경우 등 범위를 정하여 출력 또는 복제하는 방법이 불가능하거나 압수의 목적을 달성하기에 현저히 곤란하다고 인정되는 때에 한하여 예외적으로 허용될 수 있을 뿐이다.

이처럼 저장매체 자체 또는 적법하게 획득한 복제본을 탐색하여 혐의사실과 관련된 전자정보를 문서로 출력하거나 파일로 복제하는 일련의 과정 역시 전체적으로 하나의 영장에 기한 압수·수색의 일환에 해당하므로, 그러한 경우의 문서출력 또는 파일복제의 대상 역시 저장매체 소재지에서의 압수·수색과 마찬가지로 혐의사실과 관련된 부분으로 한정되어야 함은 헌법 제12조 제1항, 제3항과 형사소송법 제114조, 제215조의 적법절차 및 영장주의 원칙이나 비례의 원칙에 비추어 당연하다. 따라서 <u>수사기관 사무실 등으로 반출된 저장매체 또는 복제본에서 혐의사실 관련성에 대한 구분 없이 임의로 저장된 전자정보를 문서로 출력하거나 파일로 복제하는 행위는 원칙적으로 영장주의 원칙에 반하는 위법한 압수가 된다.</u>

나. 저장매체에 대한 압수·수색 과정에서 범위를 정하여 출력 또는 복제하는 방법이 불가능하거나 압수의 목적을 달성하기에 현저히 곤란한 예외적인 사정이 인정되어 전자정보가 담긴 저장매체 또는 하드카피나 이미징 등 형태(이하 '복제본'이라 한다)를 수사기관 사무실 등으로 옮겨 복제·탐색·출력하는 때도, 그와 같은 일련의 과정에서 형사소송법 제219조, 제121조에서 규정하는 피압수·수색 당사자(이하 '피압수자'라 한다)나 변호인에게 참여의 기회를 보장하고 혐의사실과 무관한 전자정보의 임의적인 복제 등을 막기 위한 적절한 조치를 취하는 등 영장주의 원칙과 적법절차를 준수하여야 한다. 만약 그러한 조치가 취해지지 않았다면 <u>피압수자 측이 참여하지 아니한다는 의사를 명시적으로 표시하였거나 절차 위반행위가 이루어진 과정의 성질과 내용 등에 비추어 피압수자 측에 절차 참여를 보장한 취지가 실질적으로 침해되었다고 볼 수 없을 정도에 해당한다는 등의 특별한 사정이 없는 이상 압수·수색이 적법하다고 평가할 수 없고, 비록 수사기관이 저장매체 또는 복제본에서 혐의사실과 관련된 전자정보만을 복제·출력하였다 하더라도 달리 볼 것은 아니다.</u>

다. [다수의견] 전자정보에 대한 압수·수색 과정에서 이루어진 현장에서의 저장매체 압수·이미징·탐색·복제 및 출력행위 등 수사기관의 처분은 하나의 영장에 의한 압수·수색 과정에서 이루어진다. 그러한 일련의 행위가 모두 진행되어 압수·수색이 종료된 이후에는 특정단계의 처분만을 취소하더라도 그 이후의 압수·수색을 저지한다는 것을 상정할 수 없고 수사기관에게 압수·수색의 결과물을 보유하도록 할 것인지가 문제 될 뿐이다. 그러므로 이 경우에는 준항고인이 전체 압수·수색 과정을 단계적·개별적으로 구분하여 각 단계의 개별 처분의 취소를 구하더라도 준항고법원은 특별한 사정이 없는 한 구분된 개별 처분의 위법이나 취소 여부를 판단할 것이 아니라 당해 압수·수색 과정 전체를 하나의 절차로 파악하여 그 과정에서 나타난 위법이 압수·수색 절차 전체를 위법하게 할 정도로 중대한지 여부에 따라 전체적으로 압수·수색 처분을 취소할 것인지를 가려야 한다. 여기서 위법의 중대성은 위반한 절차조항의 취지, 전체과정 중에서 위반행위가 발생한 과정의 중요도, 위반사항에 의한 법익침해 가능성의 경중 등을 종합하여 판단하여야 한다.

라. [다수의견] 검사가 압수·수색영장을 발부받아 甲 주식회사 빌딩 내 乙의 사무실을 압수·수색하였는데, 저장매체에 범죄혐의와 관련된 정보(이하 '유관정보'라 한다)와 범죄혐의와 무관한 정보(이하 '무관정보'라 한다)가 혼재된 것으로 판단하여 甲 회사의 동의를 받아 저장매체를 수사기관 사무실로 반출한 다음 乙 측의 참여하에 저장매체에 저장된 전자정보파일 전부를 '이미징'의 방법으로 다른 저장매체로 복제(이하 '제1 처분'이라 한다)하고, 乙 측의 참여 없이 이미징한 복제본을 외장 하드디스크에 재복제(이하 '제2 처분'이라 한다)하였으며, 乙 측의 참여 없이 하드디스크에서 유관정보를 탐색하는 과정에서 甲 회사의 별건 범죄혐의와 관련된 전자정보 등 무관정보도 함께 출력(이하 '제3 처분'이라 한다)한 사안에서, 제1 처분은 위법하다고 볼 수 없으나, 제2·3 처분은 제1 처분 후 피압수·수색 당사자에게 계속적인 참여권을 보장하는 등의 조치가 이루어지지 아니한 채 유관정보는 물론 무관정보까지 재복제·출력한 것으로서 영장이 허용한 범위를 벗어나고 적법절차를 위반한 위법한 처분이며, 제2·3 처분에 해당하는 전자정보의 복제·출력 과정은 증거물을 획득하는 행위로써 압수·수색의 목적에 해당하는 중요한 과정인 점 등 위법의 중대성에 비추어 위 영장에 기한 압수·수색이 전체적으로 취소되어야 한다.

마. 전자정보에 대한 압수·수색에 있어 저장매체 자체를 외부로 반출하거나 하드카피·이미징 등의 형태로 복제본을 만들어 외부에서 저장매체나 복제본에 대하여 압수·수색이 허용되는 예외적인 경우에도 혐의사실과 관련된 전자정보 이외에 이와 무관한 전자정보를 탐색·복제·출력하는 것은 원칙적으로 위법한 압수·수색에 해당하므로 허용될 수 없다. 그러나 <u>전자정보에 대한 압수·수색이 종료되기 전에 혐의사실과 관련된 전자정보를 적법하게 탐색하는 과정에서 별도의 범죄혐의와 관련된 전자정보를 우연히 발견한 경우라면, 수사기관은 더 이상의 추가 탐색을 중단하고 법원에서 별도의 범죄혐의에 대한 압수·수색영장을 발부받은 경우에 한하여 그러한 정보에 대하여도 적법하게 압수·수색을 할 수 있다.</u>

나아가 이러한 경우에도 별도의 압수·수색 절차는 최초의 압수·수색 절차와 구별되는 별개의 절차이고, 별도 범죄혐의와 관련된 전자정보는 최초의 압수·수색영장에 의한 압수·수색의 대상이 아니어서 저장매체의 원래 소재지에서 별도의 압수·수색영장에 기해 압수·수색을 진행하는 경우와 마찬가지로 피압수·수색 당사자(이하 '피압수자'라 한다)는 최초의 압수·수색 이전부터 해당 전자정보를 관리하고 있던 자라 할 것이므로, 특별한 사정이 없는 한 피압수자에게 형사소송법 제219조, 제121조, 제129조에 따라 참여권을 보장하고 압수한 전자정보 목록을 교부하는 등 피압수자의 이익을 보호하기 위한 적절한 조치가 이루어져야 한다.

## V. 결 론

예외적 반출이 허용된 이후, 반출된 저장매체의 복제, 탐색, 출력과정에서 준수되어야 할 절차요건과 '혐의사실 관련성' 요건 위반 시 증거능력이 부정된다는 점을 명확히 하고 있다.

# 제5절 압수수색영장 집행 중 우연히 새로운 증거 발견한 경우

## I. 사례요지

수사기관이 피의자 甲의 공직선거법 위반 범행을 영장 범죄사실로 하여 발부받은 압수·수색영장의 집행 과정에서 乙, 丙 사이의 대화가 녹음된 녹음파일을 압수하여 乙, 丙의 공직선거법 위반 혐의사실을 발견한 경우 별도 영장없이 압수할 수 있는지

## II. 논 점

수사기관이 압수·수색영장의 집행 과정에서 별건의 물건을 발견한 경우 새로운 영장을 발부받아야 하는지

## III. 법규연구 (형사소송법)

제106조(압수) ① 법원은 필요한 때에는 피고사건과 관계가 있다고 인정할 수 있는 것에 한정하여 증거물 또는 몰수할 것으로 사료하는 물건을 압수할 수 있다. 단, 법률에 다른 규정이 있는 때에는 예외로 한다.

제215조(압수, 수색, 검증) ① 검사는 범죄수사에 필요한 때에는 피의자가 죄를 범하였다고 의심할 만한 정황이 있고 해당 사건과 관계가 있다고 인정할 수 있는 것에 한정하여 지방법원판사에게 청구하여 발부받은 영장에 의하여 압수, 수색 또는 검증을 할 수 있다.

제308조의2(위법수집증거의 배제) 적법한 절차에 따르지 아니하고 수집한 증거는 증거로 할 수 없다.

## IV. 관련 판례

### 1. 원심 (부산고법 2013. 6. 5. 선고 2012노667 판결)

검사가 법원으로부터 압수·수색영장(이하 '이 사건 영장' 이라 한다)을 발부받았는데, 이 사건 영장에 피의자는 '피고인 2', 압수할 물건은 '피고인 1등이 소지하고 있는 휴대전화(휴대전화, 스마트폰) 등', 압수·수색할 장소는 '피고인 1의 주거지 등', 영장 범죄사실은 '피의자는 공천과 관련하여, 2012. 3. 15. 및 3. 28. 공소외 1에게 지시하여 ○○당 공천심사위원인 공소외 13 등에 거액이 든 돈 봉투를 각 제공하였다 등' 으로 각 기재되어 있는 사실, 이에 따라 부산지방검찰청 수사관이 피고인 1의 주거지에서 그의 휴대전화를 압수하고 이를 부산지방검찰청으로 가져온 후 그 휴대전화에서 추출한 전자정보를 분석하던 중 피고인 1과 피고인 7 사이의 대화가 녹음된 이 사건 녹음파일을 통하여 위 피고인들에 대한 공직선거법 위반의 혐의점을 발견하고 수사를 개시하였으나, 위 피고인들로부터 이 사건 녹음파일을 임의로 제출받거나 새로운

압수수색영장을 발부받지 아니하였던 사실 등을 각 인정한 다음, 이를 전제로 ① 이 사건 영장은 '피고인 2'를 피의자로 하여 '피고인 2가 공소외 1에게 지시하여 피고인 1을 통해 공천과 관련하여 ○○당 공천심사위원인 공소외 13 등에 거액이 든 돈 봉투를 각 제공하였다'라는 혐의사실을 범죄사실로 하여 발부된 것으로서 피고인 2의 정당후보자 관련 금품제공 혐의사건과 관련된 자료를 압수하라는 취지가 명백하므로, 이 사건 영장에 기재된 범죄사실과 전혀 다른 '피고인 7과 피고인 1 사이의 정당후보자 추천 및 선거운동 관련한 대가 제공 요구 및 약속에 관한' 혐의사실에는 그 효력이 미치지 아니하며, ② 이 사건 녹음파일이 피고인 2에 대한 공소사실을 입증하는 간접증거로 사용될 수 있다는 것과 이 사건 녹음파일을 이 사건 영장 범죄사실과 무관한 피고인 7·1 사이의 범죄사실을 입증하기 위한 증거로 사용하는 것은 별개의 문제이므로 피고인 2에 대한 관계에서 이 사건 녹음파일에 대한 압수가 적법하다고 하여 피고인 7, 1에 대한 관계에서도 적법한 것은 아니라는 이유 등을 들어, <u>검사가 별도의 압수·수색영장을 발부받지 아니한 채 이 사건 녹음파일을 수집한 행위에는 적법하게 발부된 영장에 의하지 아니하고 증거를 수집한 절차적 위법이 있으므로, 이에 따라 수집된 증거인 이 사건 녹음파일은 위법수집증거로서 그 증거능력이 없다고 판단하였다.</u>

## 2. 대법원 (대법원 2014. 1. 16., 선고, 2013도7101 판결)

압수·수색영장에 기재된 '피의자'인 甲이 녹음파일에 의하여 의심되는 혐의사실과 무관한 이상, 수사기관이 별도의 압수·수색영장을 발부받지 아니한 채 압수한 녹음파일은 형사소송법 제219조에 의하여 수사기관의 압수에 준용되는 형사소송법 제106조 제1항이 규정하는 '피고사건' 내지 같은 법 제215조 제1항이 규정하는 '해당 사건'과 '관계가 있다고 인정할 수 있는 것'에 해당하지 않으며, 이와 같은 압수에는 헌법 제12조 제1항 후문, 제3항 본문이 규정하는 영장주의를 위반한 절차적 위법이 있으므로, 녹음파일은 형사소송법 제308조의2에서 정한 '적법한 절차에 따르지 아니하고 수집한 증거'로서 증거로 쓸 수 없고, 그 절차적 위법은 헌법상 영장주의 내지 적법절차의 실질적 내용을 침해하는 중대한 위법에 해당하여 예외적으로 증거능력을 인정할 수도 없다.

## V. 결론

<u>영장에 기재된 혐의사실과 관련성이 없이 우연히 발견된 다른 범죄의 증거물은 임의제출 받거나 별도의 영장을 발부받아야만 압수할 수 있다.</u>

# 제6절 영장주의를 위반한 압수 직후 작성된 임의제출동의서의 증거능력

## Ⅰ. 사례요지

> 경찰이 피고인의 집에서 20m 떨어진 곳에서 피고인을 체포한 후 피고인의 집안을 수색하여 칼과 합의서를 압수하였을 뿐만 아니라 적법한 시간 내에 압수수색영장을 청구하여 발부받지도 않았다. 이때 위 칼과 합의서의 증거능력과 이를 기초로 한 2차 증거인 '임의제출동의서', '압수조서 및 목록', '압수품 사진' 역시 증거능력이 있는지

## Ⅱ. 논 점

사법경찰관이 형사소송법 제215조 제2항을 위반하여 영장없이 물건을 압수한 직후 피고인으로부터 작성받은 그 압수물에 대한 '임의제출동의서'의 증거능력 유무(원칙적 소극)

## Ⅲ. 법규연구 (형사소송법)

> 제215조(압수, 수색, 검증) ② 사법경찰관이 범죄수사에 필요한 때에는 피의자가 죄를 범하였다고 의심할 만한 정황이 있고 해당 사건과 관계가 있다고 인정할 수 있는 것에 한정하여 검사에게 신청하여 검사의 청구로 지방법원판사가 발부한 영장에 의하여 압수, 수색 또는 검증을 할 수 있다.
>
> 제308조의2(위법수집증거의 배제) 적법한 절차에 따르지 아니하고 수집한 증거는 증거로 할 수 없다.

## Ⅳ. 관련 판례

### 1. 원심 (서울남부지법 2009. 11. 27. 선고 2009노1715 판결)

이 부분 공소사실에 부합하는 증거로는 증인 E, G의 각 진술, 임의제출동의서, 압수조서 및 목록, 압수품 사진, 상해진단서, 소견서 등이 있는바, 임의제출동의서, 압수조서 및 목록, 압수품 사진의 경우 압수대상인 칼과 합의서가 헌법과 형사소송법이 정한 절차를 따르지 아니하고 수집한 증거이므로 그 증거능력이 없고, E의 진술은 폭행 과정에 대한 진술의 번복이 있고, H, I의 진술과 어긋날뿐더러 위 사건 전후에 있었던 여러 정황에 비추어 보면 이를 믿기 어려우며, 그 밖에 검사가 제출한 나머지 증거들만으로 이 부분 공소사실을 인정하기에 부족하고, 달리 이를 인정할 증거가 없다는 이유로 이 부분 공소사실은 범죄의 증명이 없는 때에 해당한다고 판단하여 <u>무죄를 선고한 제1심판결을 그대로 유지하였다.</u>

## 2. 대법원 (대법원 2010. 7. 22., 선고, 2009도14376 판결)

형사소송법 제215조 제2항은 "사법경찰관이 범죄수사에 필요한 때에는 검사에게 신청하여 검사의 청구로 지방법원 판사가 발부한 영장에 의하여 압수, 수색 또는 검증을 할 수 있다." 라고 규정하고 있는바, 사법경찰관이 위 규정을 위반하여 영장없이 물건을 압수한 경우 그 압수물은 물론 이를 기초로 하여 획득한 2차적 증거 역시 유죄 인정의 증거로 사용할 수 없는 것이고, 이와 같은 법리는 헌법과 형사소송법이 선언한 영장주의의 중요성에 비추어 볼 때 위법한 압수가 있은 직후에 피고인으로부터 작성받은 그 압수물에 대한 임의제출동의서도 특별한 사정이 없는 한 마찬가지라고 할 것이다.

경찰이 피고인의 집에서 20m 떨어진 곳에서 피고인을 체포하여 수갑을 채운 후 피고인의 집으로 가서 집안을 수색하여 칼과 합의서를 압수하였을 뿐만 아니라 적법한 시간 내에 압수수색영장을 청구하여 발부받지도 않았음을 알 수 있다.

## V. 결 론

위 칼과 합의서는 임의제출물이 아니라 영장없이 위법하게 압수된 것으로서 증거능력이 없고, 따라서 이를 기초로 한 2차 증거인 임의제출동의서, 압수조서 및 목록, 압수품 사진 역시 증거능력이 없다고 할 것이다.

# 제7절 압수·수색영장 집행 시 사전통지의 예외

## I. 사례요지

피의자 또는 변호인은 압수·수색영장의 집행에 참여할 수 있고, 압수·수색영장을 집행함에는 원칙적으로 미리 집행의 일시와 장소를 피의자 등에게 통지하여야 하나, '급속을 요하는 때'에는 위와 같은 통지를 생략할 수 있다. 여기서 '급속을 요하는 때'란?

## II. 논 점

1. 압수·수색영장을 집행할 때 피의자 등에 대한 사전통지를 생략할 수 있는 예외를 규정한 형사소송법 제122조 단서에서 '급속을 요하는 때'의 의미
2. 위 규정이 명확성 원칙 등에 반하여 위헌인지 여부(소극)

## III. 법규연구 (형사소송법)

제121조(영장집행과 당사자의 참여) 검사, 피고인 또는 변호인은 압수·수색영장의 집행에 참여할 수 있다.

제122조(영장집행과 참여권자에의 통지) 압수·수색영장을 집행함에는 미리 집행의 일시와 장소를 전조에 규정한 자에게 통지하여야 한다. 단, 전조에 규정한 자가 참여하지 아니한다는 의사를 명시한 때 또는 급속을 요하는 때에는 예외로 한다.

제219조(준용규정) 제106조, 제107조, 제109조 내지 제112조, 제114조, 제115조제1항 본문, 제2항, 제118조부터 제132조까지, 제134조, 제135조, 제140조, 제141조, 제333조제2항, 제486조의 규정은 검사 또는 사법경찰관의 본장의 규정에 의한 압수, 수색 또는 검증에 준용한다. 단, 사법경찰관이 제130조, 제132조 및 제134조에 따른 처분을 함에는 검사의 지휘를 받아야 한다.

## IV. 관련 판례

### 1. 원심 (서울고법 2012. 6. 8. 선고 2012노82 판결)

형사소송법 제122조 단서가 위헌이라거나, 수사기관이 이 사건 이메일 압수·수색영장 집행시 급속을 요하는 때에 해당한다고 보아 사전통지를 생략한 것이 위법하다는 피고인들의 주장을 배척한 제1심판결을 그대로 유지하였다.

## 2. 대법원 (대법원 2012. 10. 11., 선고, 2012도7455 판결)

피의자 또는 변호인은 압수·수색영장의 집행에 참여할 수 있고(형사소송법 제219조, 제121조), 압수·수색영장을 집행함에는 원칙적으로 미리 집행의 일시와 장소를 피의자 등에게 통지하여야 하나(형사소송법 제122조 본문), '급속을 요하는 때'에는 위와 같은 통지를 생략할 수 있다(형사소송법 제122조 단서). 여기서 '<u>급속을 요하는 때</u>'라고 함은 압수·수색영장 집행 사실을 미리 알려주면 증거물을 은닉할 염려 등이 있어 압수·수색의 실효를 거두기 어려울 경우라고 해석함이 옳고, 그와 같이 합리적인 해석이 가능하므로 형사소송법 제122조 단서가 명확성의 원칙 등에 반하여 위헌이라고 볼 수 없다.

## V. 결 론

형사소송법은 압수·수색에 있어서 검사, 피의자·피고인 또는 변호인의 참여권을 보장하기 위해 미리 집행의 일시와 장소를 원칙적으로 통지하도록 규정하고(제121조, 제219조), 다만 참여자가 불참의사를 명확히 한 경우나 급속을 요하는 경우에는 예외를 인정하고 있는데(제122조, 제219조), 위 판결은 <u>예외인 '급속을 요하는 때'를 "미리 알려주면 증거물을 은닉할 염려 등이 있어 압수·수색의 실효를 거두기 어려울 경우"로 그 의미를 명확히 하였다.</u>

# 제8절 압수·수색영장에 적힌 컴퓨터 등 정보처리장치를 이용하여 원격지 서버 저장 전자정보를 압수할 수 있는지

## I. 사례요지 (준항고인 주장 요지)

전산망 서버 등에 저장된 전자정보는 준항고인에 대한 2019. 9. 5.자 압수·수색영장의 '압수할 물건'에서 제외되어 있었음에도, 피준항고인은 2019. 9. 17. 제1차 압수·수색영장에 기하여 준항고인의 전산망 서버에 있는 전자정보를 수색하고, 이를 통해 지득한 내용을 근거로 하여 2019. 9. 19.자 압수·수색영장을 발부받아 이에 기하여 준항고인의 전산망 서버에 있는 전자정보를 압수하였으며, 압수된 전자정보에 대한 준항고인의 환부청구도 거부하였다.

그렇다면 피준항고인이 한 위 수색 및 그에 부수한 처분은 영장에 기재된 압수·수색의 범위를 벗어나는 것으로서 위법하고, 위법한 수색에 기초하여 발부된 영장의 집행으로 이루어진 위 압수처분도 위법하며, 위법하게 압수된 전자정보의 환부를 거부한 처분도 위법하다. 따라서 위 수색 등 처분, 압수처분, 압수물환부 거부처분은 모두 취소되어야 한다.

## II. 논 점

1. 수사기관이 압수·수색영장에 적힌 '수색할 장소'에 있는 컴퓨터 등 정보처리장치에 저장된 전자정보 외에 원격지 서버에 저장된 전자정보를 압수·수색하기 위해서는 압수·수색영장에 적힌 '압수할 물건'에 별도로 원격지 서버 저장 전자정보가 특정되어 있어야 하는지 여부(적극)

2. 압수·수색영장에 적힌 '압수할 물건'에 컴퓨터 등 정보처리장치 저장 전자정보만 기재되어 있는 경우, 컴퓨터 등 정보처리장치를 이용하여 원격지 서버 저장 전자정보를 압수할 수 있는지(소극)

## III. 법규연구 (형사소송법)

제215조(압수, 수색, 검증) ① 검사는 범죄수사에 필요한 때에는 피의자가 죄를 범하였다고 의심할 만한 정황이 있고 해당 사건과 관계가 있다고 인정할 수 있는 것에 한정하여 지방법원판사에게 청구하여 발부받은 영장에 의하여 압수, 수색 또는 검증을 할 수 있다.

② 사법경찰관이 범죄수사에 필요한 때에는 피의자가 죄를 범하였다고 의심할 만한 정황이 있고 해당 사건과 관계가 있다고 인정할 수 있는 것에 한정하여 검사에게 신청하여 검사의 청구로 지방법원판사가 발부한 영장에 의하여 압수, 수색 또는 검증을 할 수 있다.

제114조(영장의 방식) ① 압수·수색영장에는 다음 각 호의 사항을 기재하고 재판장이나 수명법관이 서명날인하여야 한다. 다만, 압수·수색할 물건이 전기통신에 관한 것인 경우에는 작성기간을 기재하여야 한다.

1. 피고인의 성명

2. 죄명

3. 압수할 물건

4. 수색할 장소·신체·물건

5. 영장 발부 연월일

6. 영장의 유효기간과 그 기간이 지나면 집행에 착수할 수 없으며 영장을 반환하여야 한다는 취지

7. 그 밖에 대법원규칙으로 정하는 사항

## IV. 관련 판례

### 1. 원심 (서울중앙지법 2020. 2. 21. 자 2019보9 결정)

피준항고인이 준항고인에 대하여 한, ① 2019. 9. 19.자 각 압수수색검증영장에 기하여 2019. 9. 19.에 이루어진 각 압수처분, ② 2019. 10. 2.자 압수물환부 거부처분을 각 취소한다.

### 2. 대법원 (대법원 2022. 6. 30., 자, 2020모735 결정)

가. 헌법과 형사소송법이 구현하고자 하는 적법절차와 영장주의의 정신에 비추어 볼 때, 법관이 압수·수색영장을 발부하면서 '압수할 물건'을 특정하기 위하여 기재한 문언은 엄격하게 해석해야 하고, 함부로 피압수자 등에게 불리한 내용으로 확장해석 또는 유추해석을 하는 것은 허용될 수 없다(대법원 2009. 3. 12. 선고 2008도763 판결 참조).

압수할 전자정보가 저장된 저장매체로서 압수·수색영장에 기재된 수색장소에 있는 컴퓨터, 하드디스크, 휴대전화와 같은 컴퓨터 등 정보처리장치와 수색장소에 있지는 않으나 컴퓨터 등 정보처리장치와 정보통신망으로 연결된 원격지의 서버 등 저장매체(이하 '원격지 서버'라 한다)는 소재지, 관리자, 저장 공간의 용량 측면에서 서로 구별된다. 원격지 서버에 저장된 전자정보를 압수·수색하기 위해서는 컴퓨터 등 정보처리장치를 이용하여 정보통신망을 통해 원격지 서버에 접속하고 그곳에 저장되어 있는 전자정보를 컴퓨터 등 정보처리장치로 내려 받거나 화면에 현출시키는 절차가 필요하므로, 컴퓨터 등 정보처리장치 자체에 저장된 전자정보와 비교하여 압수·수색의 방식에 차이가 있다. 원격지 서버에 저장되어 있는 전자정보와 컴퓨터 등 정보처리장치에 저장되어 있는 전자정보는 그 내용이나 질이 다르므로 압수·수색으로 얻을 수 있는 전자정보의 범위와 그로 인한 기본권침해 정도도 다르다.

나. 이러한 사실관계를 위에서 본 법리에 비추어 살펴보면 다음과 같이 판단된다.

① 제1차 압수·수색영장에 적힌 '압수할 물건'에는 하드디스크 저장 전자정보(일부 기각 부분 제외)가 포함되어 있는 반면, 클라우드 저장 전자정보는 제외되어 있다. 제1차 압수·수색영장에 적힌 '압수할 물건'에 클라우드 저장 전자정보가 기재되어 있지 않은 이상 제1차 압수·수색영장에 적힌 '압수할 물건'은 서울 본사 인사 담당 부서나 피의자 공소외 1, 공소외 2, 공소외 6, 공소외 5, 공소외 7의 근무 자리나 차량에 있는 하드디스크 저장 전자정보(일부 기각 부분 제외)에 한정된다.

② 법원이 제1차 압수·수색영장을 발부하면서 검찰이 청구한 클라우드 저장 전자정보 부분을 기각하였음이 명백하므로 클라우드에 대한 수색도 허용되지 않는다.

③ 따라서 재항고인은 제1차 압수·수색영장을 집행하면서 클라우드에 해당하는 VDI 서버를 수색하여서는 안 된다. 더욱이 재항고인은 준항고인의 직원들로부터 VDI에 대한 설명을 들어 팀룸 폴더가 VDI 서버에 존재한다는 것을 충분히 알았을 것이다. 그런데도 재항고인은 VDI에 접속된 업무용 컴퓨터를 통해 가상 데스크톱의 팀룸 폴더에서 파일을 탐색하여 내용을 확인하고 보존조치를 하였다. 결국 이 사건 수색 등 처분은 영장에서 허용한 수색의 범위를 넘어선 것으로 적법절차와 영장주의 원칙에 반하여 위법하다.

④ 나아가 재항고인은 이 사건 수색 등 처분으로 알게 된 이메일 내용 등을 추가로 압수·수색할 필요를 인정할 수 있는 자료로 삼아 제2차 압수·수색영장을 발부받은 다음 가상 데스크톱의 팀룸 폴더를 압수·수색하여 이 사건 압수처분을 하였다. 이는 위법한 이 사건 수색 등 처분에 따라 알게 된 사정을 토대로 한 것으로 위법하고, 이 사건 압수처분이 적법하다는 전제에서 한 이 사건 거부처분 역시 위법하다.

## V. 결 론

따라서 수사기관이 압수·수색영장에 적힌 '수색할 장소'에 있는 컴퓨터 등 정보처리장치에 저장된 전자정보 외에 원격지 서버에 저장된 전자정보를 압수·수색하기 위해서는 압수·수색영장에 적힌 '압수할 물건'에 별도로 원격지 서버 저장 전자정보가 특정되어 있어야 한다. 압수·수색영장에 적힌 '압수할 물건'에 컴퓨터 등 정보처리장치 저장 전자정보만 기재되어 있다면 컴퓨터 등 정보처리장치를 이용하여 원격지 서버 저장 전자정보를 압수할 수는 없다.

# 제9절 휴대전화에 대한 압수처분이 위법함을 이유로 취소를 구하는 사건

## I. 사례요지

수사기관은 준항고인에 대한 변호사법 위반, 뇌물공여의 범죄 혐의사실에 대해 수사를 하면서, 법원으로부터 준항고인의 휴대전화 등에 대한 압수·수색영장('제1압수·수색영장')을 발부받았다. 제1압수·수색영장은 휴대전화 등에 있는 전자정보의 압수 대상 및 방법에 대해 '저장매체 자체를 반출하거나 복제본으로 반출하는 경우에도 혐의사실과 관련된 전자정보만을 출력 또는 복제하여야 하고, 완료된 후에는 지체없이 피압수자 등에게 압수 대상 전자정보의 상세목록을 교부하여야 하고, 그 목록에서 제외된 전자정보는 삭제·폐기 또는 반환하고 그 취지를 통지하여야 한다.'고 제한하였다. 한편 준항고인은 수사기관에 제1압수·수색영장에 따른 휴대전화기의 전자정보에 관한 탐색·복제·출력 과정에 대한 절차 참여를 포기한다는 의사를 밝혔다. 수사기관은 제1압수·수색영장에 따라 준항고인이 소지하던 이 사건 휴대전화를 압수하여 경찰청 디지털포렌식계에 분석의뢰 하였는데, 담당분석관은 별도의 선별작업 없이 이 사건 휴대전화에 저장된 파일 대부분을 그대로 한 개의 파일(휴대폰zip)로 압축해 저장매체에 복제하여 담당경찰관에게 건네주었다. 한편 담당경찰관이 작성한 압수조서 및 담당경찰관이 작성하여 준항고인에게 제시한 전자정보 상세목록에도 압수한 전자정보가 "휴대폰zip"이라고 기재되어 있다. 공소외 1은 변호사법 위반죄로만 기소되어 유죄판결이 선고·확정되었는데, 그 이후에도 이 사건 파일은 경찰청 내의 이미징 자료 등을 보관하는 서버에 그대로 저장된 채로 삭제되지 않고 있었다.

한편 수사기관은 '준항고인이 2016. 12.경부터 2017. 5.경까지 공소외 2로부터 합계 5,000만 원을 받았다.'라는 내용의 범죄 혐의사실을 수사하면서, 위와 같이 제1압수·수색영장에 의하여 압수하여 취득한 이 사건 파일이 수사기관에 보관 중인 것을 확인한 후 이 사건 파일에 대한 압수·수색영장을 청구하였고, 법원은 위 범죄 혐의사실에 대해 수사기관에서 보관 중인 이 사건 파일 등에 대한 압수·수색영장('제2압수·수색영장')을 발부하였다.

그런데 수사기관은 제2 압수·수색영장을 집행하면서 준항고인이나 그 변호인의 참여 기회를 보장하지 않았다. 이 때문에 수사기관은 다시 압수·수색영장을 청구하여 2021. 4. 7. 준항고인에 대한 일부 범죄 혐의사실이 추가된 것 외에는 제2 압수·수색영장과 거의 동일한 내용의 압수·수색영장을 발부받아('제3 압수·수색영장') 준항고인과 변호인의 참여 기회를 보장하여 이 사건 파일의 압수를 집행하였다.

## II. 논 점

1. 압수의 목적물이 전자정보가 저장된 저장매체인 경우, 수사기관이 압수·수색영장 발부의 사유로 된 범죄 혐의사실 관련성에 대한 구분 없이 임의로 저장된 전자정보를 문서로 출력하거나 파일로 복제하는 행위가 위법한 압수인지 여부(원칙적 적극)

2. 압수물 목록의 교부 취지 / 압수된 정보의 상세목록에 정보의 파일 명세가 특정되

어 있어야 하는지 여부(적극)

3. 수사기관이 범죄 혐의사실과 관련 있는 정보를 선별하여 압수한 후에도 그와 관련이 없는 나머지 정보를 삭제·폐기·반환하지 아니한 채 그대로 보관하고 있는 경우, 범죄 혐의사실과 관련이 없는 부분에 대한 압수가 위법한지 여부(적극) 및 사후에 법원으로부터 압수·수색영장이 발부되었거나 피고인이나 변호인이 이를 증거로 함에 동의한 경우 그 위법성이 치유되는지 여부(소극)

4. 수사기관이 압수·수색영장에 기재된 범죄 혐의사실과의 관련성에 대한 구분 없이 임의로 전체의 전자정보를 복제·출력하여 이를 보관하여 두고, 이에 대해 구체적인 개별 파일 명세를 특정하여 상세목록을 작성하지 않고 포괄적인 압축파일만을 기재한 후 이를 전자정보 상세목록이라고 하면서 피압수자 등에게 교부한 경우, 정보 전체에 대한 압수가 위법한지 여부(적극) 및 사후에 법원으로부터 그와 같이 수사기관이 취득·보관하고 있는 전자정보 자체에 대해 다시 압수·수색영장이 발부되었더라도 마찬가지인지 여부(적극)

## Ⅲ. 법규연구 (형사소송법)

> 제215조(압수, 수색, 검증) ① 검사는 범죄수사에 필요한 때에는 피의자가 죄를 범하였다고 의심할 만한 정황이 있고 해당 사건과 관계가 있다고 인정할 수 있는 것에 한정하여 지방법원판사에게 청구하여 발부받은 영장에 의하여 압수, 수색 또는 검증을 할 수 있다.
> ② 사법경찰관이 범죄수사에 필요한 때에는 피의자가 죄를 범하였다고 의심할 만한 정황이 있고 해당 사건과 관계가 있다고 인정할 수 있는 것에 한정하여 검사에게 신청하여 검사의 청구로 지방법원판사가 발부한 영장에 의하여 압수, 수색 또는 검증을 할 수 있다.
> 제219조(준용규정) 제106조, 제107조, 제109조 내지 제112조, 제114조, 제115조제1항 본문, 제2항, 제118조부터 제132조까지, 제134조, 제135조, 제140조, 제141조, 제333조제2항, 제486조의 규정은 검사 또는 사법경찰관의 본장의 규정에 의한 압수, 수색 또는 검증에 준용한다. 단, 사법경찰관이 제130조, 제132조 및 제134조에 따른 처분을 함에는 검사의 지휘를 받아야 한다.

## Ⅳ. 관련 판례

### 1. 원심 (광주지법 2021. 5. 31. 자 2021보2 결정)

수사기관이 제1압수·수색영장을 집행하면서 범죄 혐의사실과 관련된 전자정보를 탐색·선별하여 압수가 이루어진 것으로 보이고 휴대전화의 경우 혐의사실과 관련성이 없는 전자정보를 완전히 배제하는 것이 기술적으로 불가능하다는 사정 등을 들어 <u>제1</u>

압수 · 수색영장에 의한 압수처분이 위법하다고 볼 수 없다고 판단하였다.

제2압수 · 수색영장의 집행 과정에 준항고인이나 변호인의 참여 기회를 보장하지 않은 사실이 인정된다고 보면서도, 제2 압수 · 수색영장의 집행은 결국 제1 압수 · 수색영장에 의해 적법하게 수집한 증거를 다시 탐색 · 복제 · 출력하는 과정에 불과하다는 이유를 들어 절차참여를 보장한 취지가 실질적으로 침해되었다고 보기 어려워 제2압수 · 수색영장에 의한 압수처분 역시 위법하다고 볼 수 없다고 판단하였으며, 위와 같이 제1압수 · 수색영장, 제2압수 · 수색영장에 따른 압수가 모두 적법한 이상 제3압수 · 수색영장에 의한 압수 역시 적법하다고 판단하였다.

## 2. 대법원 (대법원 2022. 1. 14., 자, 2021모1586 결정)

가. 수사기관은 압수의 목적물이 전자정보가 저장된 저장매체인 경우에는 압수 · 수색영장 발부의 사유로 된 범죄 혐의사실과 관련 있는 정보의 범위를 정하여 출력하거나 복제하여 이를 제출받아야 하고, 이러한 과정에서 혐의사실과 무관한 전자정보의 임의적인 복제 등을 막기 위한 적절한 조치를 취하는 등 영장주의 원칙과 적법절차를 준수하여야 한다. 따라서 저장매체의 소재지에서 압수 · 수색이 이루어지는 경우는 물론 예외적으로 저장매체에 들어 있는 전자파일 전부를 하드카피나 이미징(imaging) 등의 형태(이하 '복제본' 이라 한다)로 수사기관 사무실 등으로 반출한 경우에도 반출한 저장매체 또는 복제본에서 혐의사실 관련성에 대한 구분 없이 임의로 저장된 전자정보를 문서로 출력하거나 파일로 복제하는 행위는 원칙적으로 영장주의 원칙에 반하는 위법한 압수가 된다(대법원 2017. 9. 21. 선고 2015도12400 판결, 대법원 2017. 11. 14. 선고 2017도3449 판결 등 참조).

나. 법원은 압수 · 수색영장의 집행에 관하여 범죄 혐의사실과 관련 있는 정보의 탐색 · 복제 · 출력이 완료된 때에는 지체없이 압수된 정보의 상세목록을 피의자 등에게 교부할 것을 정할 수 있다. 압수물 목록은 피압수자 등이 압수처분에 대한 준항고를 하는 등 권리행사절차를 밟는 가장 기초적인 자료가 되므로, 수사기관은 이러한 권리행사에 지장이 없도록 압수 직후 현장에서 압수물 목록을 바로 작성하여 교부해야 하는 것이 원칙이다. 이러한 압수물 목록 교부 취지에 비추어 볼 때, 압수된 정보의 상세목록에는 정보의 파일 명세가 특정되어 있어야 한다(대법원 2018. 2. 8. 선고 2017도13263 판결 등 참조).

법원은 압수 · 수색영장의 집행에 관하여 범죄 혐의사실과 관련 있는 전자정보의 탐색·복제·출력이 완료된 때에는 지체없이 영장기재 범죄 혐의사실과 관련이 없는 나머지 전자정보에 대해 삭제·폐기 또는 피압수자 등에게 반환할 것을 정할 수 있다. 수사기관이 범죄 혐의사실과 관련 있는 정보를 선별하여 압수한 후에도 그와 관련이 없는 나머지 정보를 삭제·폐기·반환하지 아니한 채 그대로 보관하고 있다면 범죄 혐의사실과 관련이 없는 부분에 대하여는 압수의 대상이 되는 전자정보의 범위를 넘어서는 전자정보를 영장 없이 압수·수색하여 취득한 것이어서 위법하고, 사후에 법원으로부터 압수·수색영장이 발부되었다거나 피고인이나 변호인이 이를 증거로 함에 동의하였다고 하여 그 위법성이 치유된다고 볼 수 없다.

다. 수사기관이 압수·수색영장에 기재된 범죄 혐의사실과의 관련성에 대한 구분 없이 임의로 전체의 전자정보를 복제·출력하여 이를 보관하여 두고, 그와 같이 선별되지 않은 전자정보에 대해 구체적인 개별 파일 명세를 특정하여 상세목록을 작성하지 않고 '….zip'과 같이 그 내용을 파악할 수 없도록 되어 있는 포괄적인 압축파일만을 기재한 후 이를 전자정보 상세목록이라고 하면서 피압수자 등에게 교부함으로써 범죄 혐의사실과 관련성 없는 정보에 대한 삭제·폐기·반환 등의 조치도 취하지 아니하였다면, 이는 결국 수사기관이 압수·수색영장에 기재된 범죄 혐의사실과 관련된 정보 외에 범죄 혐의사실과 관련이 없어 압수의 대상이 아닌 정보까지 영장 없이 취득하는 것일 뿐만 아니라, 범죄혐의와 관련 있는 압수 정보에 대한 상세목록 작성·교부의무와 범죄혐의와 관련 없는 정보에 대한 삭제·폐기·반환의무를 사실상 형해화하는 결과가 되는 것이어서 영장주의와 적법절차의 원칙을 중대하게 위반한 것으로 봄이 상당하다(만약 수사기관이 혐의사실과 관련 있는 정보만을 선별하였으나 기술적인 문제로 정보 전체를 1개의 파일 등으로 복제하여 저장할 수밖에 없다고 하더라도 적어도 압수목록이나 전자정보 상세목록에 압수의 대상이 되는 전자정보 부분을 구체적으로 특정하고, 위와 같이 파일 전체를 보관할 수밖에 없는 사정을 부기하는 등의 방법을 취할 수 있을 것으로 보인다). 따라서 이와 같은 경우에는 영장 기재 범죄 혐의사실과의 관련성 유무와 상관없이 수사기관이 임의로 전자정보를 복제·출력하여 취득한 정보 전체에 대해 그 압수는 위법한 것으로 취소되어야 한다고 봄이 상당하고, 사후에 법원으로부터 그와 같이 수사기관이 취득하여 보관하고 있는 전자정보 자체에 대해 다시 압수·수색영장이 발부되었다고 하여 달리 볼 수 없다.

## V. 결 론

위와 같은 법리에 비추어 살펴보면, 수사기관이 제1압수·수색영장을 집행하면서 기술적인 문제를 이유로 혐의사실 관련성에 대한 구분 없이 임의로 이 사건 휴대전화 내의 전자정보 전부를 1개의 압축파일인 이 사건 파일로 생성·복제하고, 이후 이 사건 파일에서 혐의사실과 관련된 전자정보만을 탐색·선별하여 출력 또는 복제하는 절차를 밟지 아니한 채 이 사건 파일 1개 그대로에 대해 압수조서를 작성하고, 그 1개의 파일만을 기재한 것을 상세목록이라는 이름으로 준항고인에게 교부하였으며, 범죄혐의와 관련 없는 정보를 삭제·폐기·반환하는 등의 조치 역시 취하지 아니하고 오히려 이 사건 파일을 경찰청 내의 저장매체에 복제된 상태 그대로 보관하여 둔 이상, 결국 수사기관은 영장주의와 적법절차의 원칙, 제1 압수·수색영장에 기재된 압수의 대상과 방법의 제한을 중대하게 위반하여 이 사건 파일을 압수·취득한 것이므로, 결국 이 사건 파일 전체에 대한 압수는 취소되어야 한다고 봄이 상당하다.

나아가 수사기관이 위와 같이 위법하게 압수하여 취득한 이 사건 파일에 대해 별도의 범죄 혐의사실로 제2압수·수색영장, 제3압수·수색영장이 발부되었다고 하더라도 그 위법성은 치유된다고 보기 어렵고, 따라서 다른 점에 관하여 더 나아가 살펴볼 필요 없이 제2압수·수색영장, 제3압수·수색영장에 의하여 이루어진 압수 역시 취소되어야 한다.

그럼에도 원심은 그 판시와 같은 이유만을 들어 이 사건 각 압수·수색영장에 기한 이 사건 파일에 관한 압수가 위법하다고 볼 수 없다고 판단하였으니, 이러한 원심판단에는 압수·수색영장에 관한 전자정보의 선별 및 상세목록 교부 등에 관한 법리를 오해한 잘못이 있다.

# 제10절 정보저장매체에 대한 압수·수색영장의 집행절차

## I. 사례요지

공소외인은 피고인 1의 지시를 받아 이 사건 유흥주점과 관련한 장부를 업무상 필요에 따라 이 사건 USB에 파일 형태로 작성·관리하였다. 수사기관은 피고인 1에 대한 조세포탈 혐의와 관련하여 법원으로부터 압수·수색·검증 영장을 발부받은 후, 그 집행현장에서 공소외인이 사용하던 이 사건 USB에서 조세포탈 장부가 담긴 파일로 추정되는 엑셀파일이나 문서파일들을 추출한 뒤 이를 논리적 이미징 작업을 하여 이 사건 USB 이미지 파일을 압수하였다. 그 과정에서 범죄혐의와 무관한 일부 파일들이 복제되기는 하였으나, 공소외인도 거기에 자신의 개인 신상과 관련된 파일은 없었다고 진술하였고, 이러한 파일들이 다른 범죄혐의와 관련된 전자정보도 아니었다.

수사기관은 이 사건 USB에 저장된 파일의 해시(Hash)값과 논리적 이미징 작업을 한 파일의 해시값을 각각 컴퓨터 바탕화면에 띄워놓고 공소외인에게 보여주면서 양자의 동일성을 확인하도록 하였고, 공소외인은 이 사건 사실확인서의 '피압수자 등 관계자 확인란'에 서명하였다. 이 사건 영장의 집행 과정에서 수사기관은 압수·수색 현장에 있던 공소외인에게도 참여권을 고지하였는데, 공소외인은 옆에 있는 다른 방에 머무르면서 필요한 경우 압수·수색 현장으로 출입하였다.

## II. 논 점

1. 압수의 목적물이 정보저장매체인 경우, 압수·수색영장을 집행할 때 취하여야 할 조치 내용

2. 수사기관이 정보저장매체에 기억된 정보 중에서 범죄 혐의사실과 관련 있는 정보를 선별한 다음 이미지 파일을 제출받아 압수한 경우, 수사기관 사무실에서 위와 같이 압수된 이미지 파일을 탐색·복제·출력하는 과정에서도 피의자 등에게 참여의 기회를 보장하여야 하는지 여부(소극)

3. 압수된 정보의 상세목록에 정보의 파일 명세가 특정되어 있어야 하는지 여부(적극) 및 압수된 정보 상세목록의 교부 방식

4. 전자문서를 수록한 파일 등의 증거능력을 인정하기 위한 요건

5. 증거로 제출된 전자문서 파일의 사본이나 출력물이 복사·출력 과정에서 편집되는 등 인위적 개작 없이 원본 내용을 그대로 복사·출력한 것이라는 사실을 증명하는 방법 및 증명책임 소재(=검사)

## Ⅲ. 법규연구 (형사소송법)

> **제106조(압수)** ① 법원은 필요한 때에는 피고사건과 관계가 있다고 인정할 수 있는 것에 한정하여 증거물 또는 몰수할 것으로 사료하는 물건을 압수할 수 있다. 단, 법률에 다른 규정이 있는 때에는 예외로 한다.
>
> **제121조(영장집행과 당사자의 참여)** 검사, 피고인 또는 변호인은 압수·수색영장의 집행에 참여할 수 있다.
>
> **제219조(준용규정)** 제106조, 제107조, 제109조 내지 제112조, 제114조, 제115조제1항 본문, 제2항, 제118조부터 제132조까지, 제134조, 제135조, 제140조, 제141조, 제333조제2항, 제486조의 규정은 검사 또는 사법경찰관의 본장의 규정에 의한 압수, 수색 또는 검증에 준용한다. 단, 사법경찰관이 제130조, 제132조 및 제134조에 따른 처분을 함에는 검사의 지휘를 받아야 한다.
>
> **제308조의2(위법수집증거의 배제)** 적법한 절차에 따르지 아니하고 수집한 증거는 증거로 할 수 없다.

## Ⅳ. 관련 판례

### 1. 원심 (부산고법 2017. 8. 2. 선고 2017노142 판결)

피압수자인 피고인 1등의 참여권이 충분히 보장되었으며, 이 사건 USB에 저장된 파일을 선별하여 이미징한 이 사건 USB 이미지 파일이 적법하게 압수되었다고 판단하였다. 그리하여 이 사건 USB 내 파일을 이미징 방식으로 압수하는 과정 및 이 사건 USB 이미지 파일을 반출한 후 탐색·복제·출력하는 과정에 피고인 1 또는 공소외인의 참여권이 보장되지 않았다거나, 이 사건 USB 이미지 파일 압수 후 전자정보의 상세목록이 교부되지 않는 등 절차상 위법이 있으므로 검사가 증거로 제출한 파일 및 그 출력물의 증거능력을 인정할 수 없다는 피고인들의 항소이유 주장을 모두 배척하였다.

### 2. 대법원 (대법원 2018. 2. 8., 선고, 2017도13263 판결)

가. 형사소송법 제219조, 제121조에 의하면, 수사기관이 압수·수색영장을 집행할 때 피의자 또는 변호인은 그 집행에 참여할 수 있다. <u>압수의 목적물이 컴퓨터용디스크 그 밖에 이와 비슷한 정보저장매체인 경우에는 영장 발부의 사유로 된 범죄 혐의사실과 관련 있는 정보의 범위를 정하여 출력하거나 복제하여 이를 제출받아야 하고, 피의자나 변호인에게 참여의 기회를 보장하여야 한다.</u> 만약 그러한 조치를 취하지 않았다면 이는 형사소송법에 정한 영장주의 원칙과 적법절차를 준수하지 않은 것이다. 수사기관이 <u>정보저장매체에 기억된 정보 중에서 키워드 또는 확장자 검색 등을 통해 범죄 혐의사실과 관련 있는 정보를 선별한 다음 정보저장매체와 동일하게 비트열 방식으로</u>

복제하여 생성한 파일(이하 '이미지 파일'이라 한다)을 제출받아 압수하였다면 이로써 압수의 목적물에 대한 압수·수색 절차는 종료된 것이므로, 수사기관이 수사기관 사무실에서 위와 같이 압수된 이미지 파일을 탐색·복제·출력하는 과정에서도 피의자 등에게 참여의 기회를 보장하여야 하는 것은 아니다.

　나. 형사소송법 제219조, 제129조에 의하면, 압수한 경우에는 목록을 작성하여 소유자, 소지자, 보관자 기타 이에 준할 자에게 교부하여야 한다. 그리고 법원은 압수·수색영장의 집행에 관하여 범죄 혐의사실과 관련 있는 정보의 탐색·복제·출력이 완료된 때에는 지체없이 압수된 정보의 상세목록을 피의자 등에게 교부할 것을 정할 수 있다. 압수물 목록은 피압수자 등이 압수처분에 대한 준항고를 하는 등 권리행사절차를 밟는 가장 기초적인 자료가 되므로, 수사기관은 이러한 권리행사에 지장이 없도록 압수 직후 현장에서 압수물 목록을 바로 작성하여 교부해야 하는 것이 원칙이다. 이러한 압수물 목록 교부 취지에 비추어 볼 때, 압수된 정보의 상세목록에는 정보의 파일 명세가 특정되어 있어야 하고, 수사기관은 이를 출력한 서면을 교부하거나 전자파일 형태로 복사해 주거나 이메일을 전송하는 등의 방식으로도 할 수 있다.

　다. 전자문서를 수록한 파일 등의 경우에는, 성질상 작성자의 서명 혹은 날인이 없을 뿐만 아니라 작성자·관리자의 의도나 특정한 기술에 의하여 내용이 편집·조작될 위험성이 있음을 고려하여, 원본임이 증명되거나 혹은 원본으로부터 복사한 사본일 경우에는 복사과정에서 편집되는 등 인위적 개작 없이 원본의 내용 그대로 복사된 사본임이 증명되어야만 하고, 그러한 증명이 없는 경우에는 쉽게 증거능력을 인정할 수 없다. 그리고 증거로 제출된 전자문서 파일의 사본이나 출력물이 복사·출력 과정에서 편집되는 등 인위적 개작 없이 원본 내용을 그대로 복사·출력한 것이라는 사실은 전자문서 파일의 사본이나 출력물의 생성과 전달 및 보관 등의 절차에 관여한 사람의 증언이나 진술, 원본이나 사본 파일 생성 직후의 해시(Hash)값 비교, 전자문서 파일에 대한 검증·감정 결과 등 제반 사정을 종합하여 판단할 수 있다. 이러한 원본 동일성은 증거능력의 요건에 해당하므로 검사가 그 존재에 대하여 구체적으로 주장·증명해야 한다.

## V. 결 론

　전자정보의 압수·수색 관련한 적법절차 및 증거능력 인정 요건을 상세하게 다루었다는 점에서 의미가 있다.

## VI 유사판례

### 1. 디지털 녹음기 녹음내용이 콤팩트디스크에 다시 복사되어 녹취한 경우

디지털 녹음기로 녹음한 내용이 콤팩트디스크에 다시 복사되어 그 콤팩트디스크에 녹음된 내용을 담은 녹취록이 증거로 제출된 사안에서, 위 콤팩트디스크가 현장에서 녹음하는 데 사용된 디지털 녹음기의 녹음내용 원본을 그대로 복사한 것이라는 입증이 없는 이상, 그 콤팩트디스크의 내용이나 이를 녹취한 녹취록의 기재는 증거능력이 없다. (대법원 2007. 3. 15., 선고, 2006도8869 판결)

# 제11절 압수 · 수색을 할 수 있는 '해당 사건과 관계가 있다고 인정할 수 있는 것'의 의미

## I. 사례요지

피고인은 △△휴게소에서 피해자가 여자화장실로 들어가는 것을 보고 따라 들어가 피해자를 촬영하기 위하여 칸막이 아래로 자신의 휴대전화를 집어넣었으나 피해자가 이를 발견하고 소리를 지르는 바람에 성폭력처벌법 위반(카메라등이용촬영) 범행은 미수에 그쳤다.

수원지방법원 안산지원은 2018. 4. 5. 위 항에 기재된 피고인의 범행을 혐의사실로 하여 압수·수색·검증영장을 발부하였다(이 사건 영장)

경찰은 이 사건 영장에 따라 피고인 소유의 휴대전화인 스마트폰 2대를 압수하고, 이 사건 휴대전화에 대하여 디지털 증거분석을 실시하였다. 이 사건 휴대전화에 대한 디지털 증거분석 결과 이 사건 영장 혐의사실과 관련된 사진이나 동영상은 발견되지 않았고, 이 사건 공소사실인 제1심판결 별지 범죄일람표 기재 범행과 관련된 동영상들이 발견되었다.

경찰은 피고인을 상대로 위 각 동영상 캡처파일 출력물을 제시하며 피의자신문을 하였고, 검사는 이 사건 공소사실을 성폭력처벌법 위반(카메라등이용촬영)으로 기소하고, 이 사건 각 동영상 등을 유죄의 증거로 제출하였다.

## II. 논 점

1. 형사소송법 제215조 제1항에 따라 영장에 의하여 압수·수색을 할 수 있는 '해당 사건과 관계가 있다고 인정할 수 있는 것'의 의미

2. 이때 압수·수색영장의 범죄 혐의사실과 객관적 관련성이 인정되는 범위와 판단기준

3. 전자정보가 담긴 저장매체 또는 복제본을 수사기관 사무실 등으로 옮겨 복제·탐색·출력하는 일련의 과정에서, 피압수자나 변호인에게 참여의 기회를 보장하고 혐의사실과 무관한 전자정보의 임의적인 복제 등을 막기 위한 적절한 조치를 취하지 않은 경우, 압수·수색의 적법 여부(원칙적 소극)

4. 이때 수사기관이 저장매체 또는 복제본에서 혐의사실과 관련된 전자정보만을 복제·출력하였더라도 마찬가지인지 여부(적극)

## III. 법규연구 (형사소송법)

제215조(압수, 수색, 검증) ① 검사는 범죄수사에 필요한 때에는 피의자가 죄를 범하였다고 의심할 만한 정황이 있고 해당 사건과 관계가 있다고 인정할 수 있는 것에 한정하여 지방법원판사에게 청구하여 발부받은 영장에 의하여 압수, 수색 또는 검증을 할 수 있다.

② 사법경찰관이 범죄수사에 필요한 때에는 피의자가 죄를 범하였다고 의심할 만한 정황이 있고 해당 사건과 관계가 있다고 인정할 수 있는 것에 한정하여 검사에게 신청하여 검사의 청구로 지방법원판사가 발부한 영장에 의하여 압수, 수색 또는 검증을 할 수 있다.

제219조(준용규정) 제106조, 제107조, 제109조 내지 제112조, 제114조, 제115조제1항 본문, 제2항, 제118조부터 제132조까지, 제134조, 제135조, 제140조, 제141조, 제333조제2항, 제486조의 규정은 검사 또는 사법경찰관의 본장의 규정에 의한 압수, 수색 또는 검증에 준용한다. 단, 사법경찰관이 제130조, 제132조 및 제134조에 따른 처분을 함에는 검사의 지휘를 받아야 한다.

제121조(영장집행과 당사자의 참여) 검사, 피고인 또는 변호인은 압수·수색영장의 집행에 참여할 수 있다.

## IV. 관련 판례

### 1. 원심 (수원지법 2019. 7. 5. 선고 2018노8129 판결)

가. 제1심은 다음과 같은 이유로 이 사건 공소사실을 무죄로 판단하였다. 검사가 이 사건 공소사실에 대하여 유죄의 증거로 제출한 이 사건 각 동영상은 이 사건 공소사실과 별도의 범죄인 이 사건 영장 혐의사실에 대하여 발부된 이 사건 영장에 의하여 압수된 휴대전화에서 탐색·복제·출력된 것으로 이 사건 영장 혐의사실과 객관적 관련성이 인정되지 않는다. 또한, 수사기관이 이 사건 각 동영상을 탐색·복제·출력하는 과정에서 피고인에게 참여권을 보장하지 않았으므로 위법수집증거에 해당하여 유죄의 증거로 사용할 수 없고, 그 밖에 피고인의 자백을 보강할 만한 증거가 없다.

나. 검사가 제1심판결에 불복하여 항소를 제기하면서 항소이유로 객관적 관련성이 인정되고, 설령 위법수집증거에 해당하더라도 유죄 인정의 증거로 사용할 수 있는 예외적인 경우에 해당한다는 주장을 하였다. 그러나 원심은 제1심판결이 정당하다는 이유로 검사의 항소를 기각하였다.

### 2. 대법원 (대법원 2021. 12. 30., 선고, 2019도10309 판결)

가. 형사소송법 제215조 제1항은 "검사는 범죄수사에 필요한 때에는 피의자가 죄를 범하였다고 의심할 만한 정황이 있고 해당 사건과 관계가 있다고 인정할 수 있는 것에 한정하여 지방법원판사에게 청구하여 발부받은 영장에 의하여 압수, 수색 또는 검증을 할 수 있다."라고 정한다. 여기서 '해당 사건과 관계가 있다고 인정할 수 있는 것'은 압수·수색영장의 범죄 혐의사실과 관련되고 이를 증명할 수 있는 최소한의 가치가 있는 것으로서 압수·수색영장의 범죄 혐의사실과 객관적 관련성이 인정되고 압수·수색

영장 대상자와 피의자 사이에 인적 관련성이 있는 경우를 뜻한다. 그중 혐의사실과 객관적 관련성이 있는지는 압수·수색영장에 기재된 혐의사실 자체 또는 그와 기본적 사실관계가 동일한 범행과 직접 관련된 경우는 물론 범행 동기와 경위, 범행 수단과 방법, 범행 시간과 장소 등을 증명하기 위한 간접증거나 정황증거 등으로 사용될 수 있는 경우에도 인정될 수 있다. 이러한 객관적 관련성은 압수·수색영장 범죄 혐의사실과 단순히 동종 또는 유사 범행에 관한 것이라는 사유만으로 인정되는 것이 아니고, 혐의사실의 내용, 수사의 대상과 경위 등을 종합하여 구체적·개별적 연관관계가 있으면 인정된다고 보아야 한다(대법원 2017. 12. 5. 선고 2017도13458 판결, 대법원 2021. 7. 29. 선고 2021도3756 판결 등 참조).

나. 형사소송법 제219조, 제121조는 '수사기관이 압수·수색영장을 집행할 때에는 피압수자 또는 변호인은 그 집행에 참여할 수 있다.'라고 정하고 있다. 저장매체에 대한 압수·수색 과정에서 범위를 정하여 출력하거나 복제하는 방법이 불가능하거나 압수의 목적을 달성하기에 현저히 곤란한 예외적인 사정이 인정되어 전자정보가 담긴 저장매체 또는 하드카피나 이미징 등 형태(이하 '복제본'이라 한다)를 수사기관 사무실 등으로 옮겨 복제·탐색·출력하는 경우에도 그와 같은 일련의 과정에서 피압수자나 변호인에게 참여의 기회를 보장하고 혐의사실과 무관한 전자정보의 임의적인 복제 등을 막기 위한 적절한 조치를 취하는 등 영장주의 원칙과 적법절차를 준수하여야 한다. 만일 그러한 조치를 취하지 않았다면 피압수자 측이 참여하지 않겠다는 의사를 명시적으로 표시하였거나 절차 위반행위가 이루어진 과정과 내용 등에 비추어 피압수자 측에 절차 참여를 보장한 취지가 실질적으로 침해되었다고 볼 수 없을 정도에 해당한다는 등의 특별한 사정이 없는 이상 압수·수색이 적법하다고 평가할 수 없다. 비록 수사기관이 저장매체 또는 복제본에서 혐의사실과 관련된 전자정보만을 복제·출력하였다고 하더라도 달리 볼 것은 아니다(대법원 2015. 7. 16. 자 2011모1839 전원합의체 결정 참조).

## V. 결 론

이 사건 각 동영상은 이 사건 영장 혐의사실 기재 범행의 동기와 경위, 범행 수단과 방법, 범행 시간과 장소 등을 증명하기 위한 간접증거나 정황증거 등으로 사용될 수 있는 경우에 해당한다. 또한, 이 사건 영장 혐의사실과 이 사건 공소사실의 내용, 수사기관이 이 사건 각 동영상을 압수하게 된 경위 등에 비추어 보면, 이 사건 각 동영상은 이 사건 영장 혐의사실과 구체적·개별적 연관관계도 있다고 할 수 있다. 따라서

<u>이 사건 각 동영상과 이 사건 영장 혐의사실 사이에 객관적 관련성은 인정된다.</u>

① 이 사건 영장 혐의사실과 이 사건 공소사실 모두 피고인이 공중이 밀집한 장소에서 불특정 여성 중 범행의 대상을 물색한 후 그 여성을 쫓아가 자신의 휴대전화를 이용하여 성적 욕망 또는 수치심을 유발할 수 있는 신체를 촬영한 범행에 대한 것이고, 그 범행의 일시, 간격 등에 비추어 시간적 근접성이 인정된다.

② 이 사건 영장 혐의사실 기재 범행이 미수에 그쳐 이 사건 휴대전화에서 위 범행과 관련된 사진이나 동영상이 발견되지 않았으므로, 피고인이 이 사건 영장 혐의사실과 같이 해당 피해자를 촬영하려고 하였다는 점에 대한 증거는 피해자의 진술이 사실상 유일한 것이다. 이러한 경우 피고인이 그 범행 이전과 이후 그와 동종의 범행을 하였다는 점에 대한 증거인 이 사건 각 동영상은 피해자 진술의 신빙성을 뒷받침할 수 있는 간접증거나 정황증거 등으로 사용될 수 있다.

③ 수사기관이 이 사건 영장 혐의사실 기재 범행에 대하여 수사를 하면서 이 사건 영장을 발부받았고, 위 범행에 대한 증거를 확보하기 위하여 피고인의 이 사건 휴대전화를 압수하였으며, 휴대전화에서 위 범행에 대한 증거를 확보하기 위하여 디지털 증거분석을 한 결과 이 사건 영장 혐의사실과 범행의 일시·장소, 범행의 양태 등에서 밀접하게 관련된 이 사건 동영상을 발견하게 되었다. 이 사건 영장 혐의사실 기재 범행과 단순히 동종 또는 유사 범행에 관한 것이라는 사유만으로 이 사건 동영상을 압수한 것이 아니다.

# 제12절 전자정보에 대한 압수·수색 영장 집행 시 외부반출의 예외와 적법절차

## Ⅰ. 사례요지

수사기관이 이 사건 압수·수색영장을 집행하면서 그 영장이 허용한 바와 같은 사유로 이 사건 저장매체 자체를 영장기재 집행장소에서 수사기관 사무실로 가져가 그곳에서 저장매체 내 전자정보 파일을 다른 저장매체로 복사하였는데, 그 과정 내내 피압수·수색 당사자의 직원들과 변호인들의 참여가 허용되었다. 위 당사자 측의 참여하에 이루어진 이 사건 전자정보 파일의 복사에 있어 그 대상을 영장에 기재된 혐의사실의 일시로부터 소급하여 일정 시점 이후에 열람된 파일들로 제한하였다. 이러한 압수·수색영장의 집행방법과 관련하여 당사자 측은 위 소급 복사하는 파일 열람시점에 관한 의견만 제시하였을 뿐, 범죄 혐의와의 관련성에 관한 별도의 이의나 저장매체의 봉인 요구 등 절차상 이의를 제기하지 않고 오히려 위와 같은 방법으로 수사기관이 대상 전자정보파일을 복사하여 담아 둔 저장매체 2개 중 하나를 수령하였을 뿐만 아니라 위 영장의 집행일인 2009. 7. 3. 당일이 아닌 2009. 7. 6.에야 비로소 이 사건 준항고를 제기하였다.

## Ⅱ. 논 점

1. 전자정보에 대한 압수·수색영장을 집행할 때 저장매체 자체를 수사기관 사무실 등 외부로 반출할 수 있는 예외적인 경우 및 위 영장 집행이 적법성을 갖추기 위한 요건

2. 수사기관이 전국교직원노동조합 본부 사무실에 대한 압수·수색영장을 집행하면서 방대한 전자정보가 담긴 저장매체 자체를 수사기관 사무실로 가져가 그곳에서 저장매체 내 전자정보파일을 다른 저장매체로 복사하였는데, 이에 대하여 위 조합 등이 준항고를 제기한 사안

## Ⅲ. 법규연구 (형사소송법)

제120조(집행과 필요한 처분) ① 압수·수색영장의 집행에 있어서는 건정을 열거나 개봉 기타 필요한 처분을 할 수 있다.

② 전항의 처분은 압수물에 대하여도 할 수 있다.

제131조(주의사항) 압수물에 대하여는 그 상실 또는 파손등의 방지를 위하여 상당한 조치를 하여야 한다.

제215조(압수, 수색, 검증) ① 검사는 범죄수사에 필요한 때에는 피의자가 죄를 범하였다고 의심할 만한 정황이 있고 해당 사건과 관계가 있다고 인정할 수 있는 것에 한정하여 지방법원판사에게 청구하여 발부받은 영장에 의하여 압수, 수색 또는 검증을 할 수 있다.

② 사법경찰관이 범죄수사에 필요한 때에는 피의자가 죄를 범하였다고 의심할 만한 정황이 있고 해당 사건과 관계가 있다고 인정할 수 있는 것에 한정하여 검사에게 신청하여 검사의 청구로 지방법원판사가 발부한 영장에 의하여 압수, 수색 또는 검증을 할 수 있다.

제219조(준용규정) 제106조, 제107조, 제109조 내지 제112조, 제114조, 제115조제1항 본문, 제2항, 제118조부터 제132조까지, 제134조, 제135조, 제140조, 제141조, 제333조제2항, 제486조의 규정은 검사 또는 사법경찰관의 본장의 규정에 의한 압수, 수색 또는 검증에 준용한다. 단, 사법경찰관이 제130조, 제132조 및 제134조에 따른 처분을 함에는 검사의 지휘를 받아야 한다

## IV. 관련 판례

### 1. 원심 (서울중앙지법 2009. 9. 11.자 2009보5 결정)

이 사건 영장은 문언상, 압수수색할 물건으로 '시국선언과 관련된 파일이 저장된 저장매체' 를, 압수방법의 제한으로 '원칙적으로는 위와 같은 파일을 하드카피하는 등의 방법으로 압수하여야 하나 예외적으로 하드카피 등을 할 수 없는 경우에 저장매체 자체를 압수하는 것' 으로 기재되어 있음이 명백하다. 따라서 이 사건 영장은 원칙적으로 시국선언과 관련된 저장매체에 저장된 시국선언 관련 파일만을 압수하되 예외적으로 압수방법 제한의 해제요건 즉, 하드카피 등을 할 수 없는 경우에 한하여 그와 같은 파일이 저장된 저장매체 자체를 압수할 수 있도록 규정하고 있다고 할 것이다. 따라서 이 사건 영장의 압수방법 제한의 해제요건이 충족되었으므로 압수된 저장매체에 시국선언 관련 파일이 존재하고 있음은 기록상 분명하므로 이 사건 영장집행은 적법하다.

### 2. 대법원 (대법원 2011. 5. 26., 자, 2009모1190 결정)

가. 전자정보에 대한 압수·수색영장을 집행할 때에는 원칙적으로 영장 발부의 사유인 혐의사실과 관련된 부분만을 문서 출력물로 수집하거나 수사기관이 휴대한 저장매체에 해당 파일을 복사하는 방식으로 이루어져야 하고, 집행현장 사정상 위와 같은 방식에 의한 집행이 불가능하거나 현저히 곤란한 부득이한 사정이 존재하더라도 저장매체 자체를 직접 혹은 하드카피나 이미징 등 형태로 수사기관 사무실 등 외부로 반출하여 해당 파일을 압수·수색할 수 있도록 영장에 기재되어 있고 실제 그와 같은 사정이 발생한 때에 한하여 위 방법이 예외적으로 허용될 수 있을 뿐이다. 나아가 이처럼 저장매체 자체를 수사기관 사무실 등으로 옮긴 후 영장에 기재된 범죄 혐의 관련 전자정보를 탐색하여 해당 전자정보를 문서로 출력하거나 파일을 복사하는 과정 역시 전체적으로 압수·수색영장 집행의 일환에 포함된다고 보아야 한다. 따라서 그러한 경우 문서출력 또는 파일복사 대상 역시 혐의사실과 관련된 부분으로 한정되어야 하는 것은 헌법 제12조 제1항, 제3항, 형사소송법 제114조, 제215조의 적법절차 및 영장주의 원칙상 당연하다. 그러므로 수사기관 사무실 등으로 옮긴 저장매체에서 범죄혐의 관련성

에 대한 구분 없이 저장된 전자정보 중 임의로 문서출력 혹은 파일복사를 하는 행위는 특별한 사정이 없는 한 영장주의 등 원칙에 반하는 위법한 집행이다. 한편 검사나 사법경찰관이 압수·수색영장을 집행할 때에는 자물쇠를 열거나 개봉 기타 필요한 처분을 할 수 있지만, 그와 아울러 압수물의 상실 또는 파손 등의 방지를 위하여 상당한 조치를 하여야 하므로(형사소송법 제219조, 제120조, 제131조 등), 혐의사실과 관련된 정보는 물론 그와 무관한 다양하고 방대한 내용의 사생활 정보가 들어있는 저장매체에 대한 압수·수색영장을 집행할 때 영장이 명시적으로 규정한 위 예외적인 사정이 인정되어 전자정보가 담긴 저장매체 자체를 수사기관 사무실 등으로 옮겨 이를 열람 혹은 복사하게 되는 경우에도, 전체 과정을 통하여 피압수·수색 당사자나 변호인의 계속적인 참여권 보장, 피압수·수색 당사자가 배제된 상태의 저장매체에 대한 열람·복사 금지, 복사대상 전자정보 목록의 작성·교부 등 압수·수색 대상인 저장매체 내 전자정보의 왜곡이나 훼손과 오·남용 및 임의적인 복제나 복사 등을 막기 위한 적절한 조치가 이루어져야만 집행절차가 적법하게 된다.

나. 수사기관이 저장매체 자체를 수사기관 사무실로 옮긴 것은 영장이 예외적으로 허용한 부득이한 사유의 발생에 따른 것으로 볼 수 있고, 나아가 당사자 측의 참여권 보장 등 압수·수색 대상 물건의 훼손이나 임의적 열람 등을 막기 위해 법령상 요구되는 상당한 조치가 이루어진 것으로 볼 수 있으므로 이 점에서 절차상 위법이 있다고는 할 수 없으나, 다만 영장의 명시적 근거 없이 수사기관이 임의로 정한 시점 이후의 접근 파일 일체를 복사하는 방식으로 8,000여 개나 되는 파일을 복사한 영장집행은 원칙적으로 압수·수색영장이 허용한 범위를 벗어난 것으로서 위법하다고 볼 여지가 있는데, 위 압수·수색 전 과정에 비추어 볼 때, 수사기관이 영장에 기재된 혐의사실 일시로부터 소급하여 일정 시점 이후의 파일들만 복사한 것은 나름대로 대상을 제한하려고 노력한 것으로 보이고, 당사자 측도 그 적합성에 대하여 묵시적으로 동의한 것으로 보는 것이 타당하므로, <u>위 영장 집행이 위법하다고 볼 수는 없다.</u>

## V. 결 론

전자정보의 압수·수색과 관련하여 문서출력 및 파일복사를 원칙으로 하면서도, 원칙적 집행이 불가능하거나 현저히 곤란한 사정이 있는 경우에 예외적으로 저장매체 자체 또는 하드카피 및 이미징 형태로의 외부반출을 인정하는 한편, 반출된 저장매체의 열람 및 복사과정에서 준수되어야 할 적법절차에 대해 언급하고 있다.

# 제13절 영장 발부 범죄혐의사실과 무관한 별개의 증거를 압수한 경우

## I. 사례요지

피고인이 2018. 5. 6.경 피해자 갑(여, 10세)에 대하여 저지른 간음유인미수 및 성폭력범죄의 처벌 등에 관한 특례법 위반(통신매체이용음란) 범행과 관련하여 수사기관이 피고인 소유의 휴대전화를 압수하였는데, 위 휴대전화에 대한 디지털정보분석 결과 피고인이 2017. 12.경부터 2018. 4.경까지 사이에 저지른 피해자 을(여, 12세), 병(여, 10세), 정(여, 9세)에 대한 간음유인 및 간음유인미수, 미성년자의제강간, 성폭력범죄의 처벌 등에 관한 특례법 위반(13세미만미성년자강간), 성폭력범죄의 처벌 등에 관한 특례법 위반(통신매체이용음란) 등 범행에 관한 추가 자료들이 획득되어 그 증거능력이 문제 된 사안

## II. 논 점

1. 영장 발부의 사유로 된 범죄 혐의사실과 무관한 별개의 증거를 압수한 경우, 이를 유죄 인정의 증거로 사용할 수 있는지(원칙적 소극)
2. 압수·수색의 목적이 된 범죄나 이와 관련된 범죄의 경우, 그 압수·수색의 결과를 유죄의 증거로 사용할 수 있는지(적극)
3. '압수·수색영장의 범죄 혐의사실과 관계있는 범죄'라는 것의 의미 및 이때 혐의사실과의 '객관적 관련성'이 인정되는 범위와 판단기준

## III. 법규연구 (형사소송법)

제215조(압수, 수색, 검증) ① 검사는 범죄수사에 필요한 때에는 피의자가 죄를 범하였다고 의심할 만한 정황이 있고 해당 사건과 관계가 있다고 인정할 수 있는 것에 한정하여 지방법원판사에게 청구하여 발부받은 영장에 의하여 압수, 수색 또는 검증을 할 수 있다.
② 사법경찰관이 범죄수사에 필요한 때에는 피의자가 죄를 범하였다고 의심할 만한 정황이 있고 해당 사건과 관계가 있다고 인정할 수 있는 것에 한정하여 검사에게 신청하여 검사의 청구로 지방법원판사가 발부한 영장에 의하여 압수, 수색 또는 검증을 할 수 있다.
제307조(증거재판주의) ① 사실의 인정은 증거에 의하여야 한다.
② 범죄사실의 인정은 합리적인 의심이 없는 정도의 증명에 이르러야 한다.
제308조의2(위법수집증거의 배제) 적법한 절차에 따르지 아니하고 수집한 증거는 증거로 할 수 없다.

## IV. 관련 판례

### 1. 원심 (서울고법 2019. 9. 27. 선고 2019노320, 2019전노22 판결)

판시와 같은 이유로 판시 유죄 부분의 범죄사실을 인정하였다.

### 2. 대법원 (대법원 2020. 2. 13., 선고, 2019도14341, 2019전도130 판결)

가. 형사소송법 제215조 제1항은 "검사는 범죄수사에 필요한 때에는 피의자가 죄를 범하였다고 의심할 만한 정황이 있고 해당 사건과 관계가 있다고 인정할 수 있는 것에 한정하여 지방법원판사에게 청구하여 발부받은 영장에 의하여 압수, 수색 또는 검증을 할 수 있다." 라고 정하고 있다. 따라서 영장 발부의 사유로 된 범죄 혐의사실과 무관한 별개의 증거를 압수하였을 경우 이는 원칙적으로 유죄 인정의 증거로 사용할 수 없다. 그러나 압수·수색의 목적이 된 범죄나 이와 관련된 범죄의 경우에는 그 압수·수색의 결과를 유죄의 증거로 사용할 수 있다. 압수·수색영장의 범죄 혐의사실과 관계 있는 범죄라는 것은 압수·수색영장에 기재한 혐의사실과 객관적 관련성이 있고 압수·수색영장 대상자와 피의자 사이에 인적 관련성이 있는 범죄를 의미한다. 그중 혐의사실과의 객관적 관련성은 압수·수색영장에 기재된 혐의사실 자체 또는 그와 기본적 사실관계가 동일한 범행과 직접 관련된 경우는 물론 범행 동기와 경위, 범행 수단과 방법, 범행 시간과 장소 등을 증명하기 위한 간접증거나 정황증거 등으로 사용될 수 있는 경우에도 인정될 수 있다. 이러한 객관적 관련성은 압수·수색영장에 기재된 혐의사실의 내용과 수사의 대상, 수사 경위 등을 종합하여 구체적·개별적 연관관계가 있는 경우에만 인정된다고 보아야 하고, 혐의사실과 단순히 동종 또는 유사 범행이라는 사유만으로 객관적 관련성이 있다고 할 것은 아니다(대법원 2017. 1. 25. 선고 2016도13489 판결, 대법원 2017. 12. 5. 선고 2017도13458 판결 등 참조).

나. 위 휴대전화는 피고인이 긴급체포되는 현장에서 적법하게 압수되었고, 형사소송법 제217조 제2항에 의해 발부된 법원의 사후 압수·수색영장에 기하여 압수 상태가 계속 유지되었으며, 압수·수색영장에는 범죄사실란에 甲에 대한 간음유인미수 및 통신매체이용음란의 점만이 명시되었으나, 법원은 계속 압수·수색·검증이 필요한 사유로서 영장 범죄사실에 관한 혐의의 상당성 외에도 추가 여죄수사의 필요성을 포함시킨 점, 압수·수색영장에 기재된 혐의사실은 미성년자인 甲에 대하여 간음행위를 하기 위한 중간 과정 내지 그 수단으로 평가되는 행위에 관한 것이고 나아가 피고인은 형법

제305조의2 등에 따라 상습범으로 처벌될 가능성이 완전히 배제되지 아니한 상태였으므로, 추가 자료들로 밝혀지게 된 乙, 丙, 丁에 대한 범행은 압수·수색영장에 기재된 혐의사실과 기본적 사실관계가 동일한 범행에 직접 관련되어 있는 경우라고 볼 수 있으며, 실제로 2017. 12.경부터 2018. 4.경까지 사이에 저질러진 추가 범행들은, 압수·수색영장에 기재된 혐의사실의 일시인 2018. 5. 7.과 시간적으로 근접할 뿐만 아니라, 피고인이 자신의 성적 욕망을 해소하기 위하여 미성년자인 피해자들을 대상으로 저지른 일련의 성범죄로서 범행 동기, 범행 대상, 범행의 수단과 방법이 공통되는 점, 추가 자료들은 압수·수색영장의 범죄사실 중 간음유인죄의 '간음할 목적'이나 성폭력처벌법 위반(통신매체이용음란)죄의 자기 또는 다른 사람의 성적 욕망을 유발하거나 만족시킬 목적'을 뒷받침하는 간접증거로 사용될 수 있었고, 피고인이 영장 범죄사실과 같은 범행을 저지른 수법 및 준비과정, 계획 등에 관한 정황증거에 해당할 뿐 아니라, 영장 범죄사실 자체에 대한 피고인 진술의 신빙성을 판단할 수 있는 자료로도 사용될 수 있었다.

## V. 결 론

이러한 점 등을 종합하면, 추가 자료들로 인하여 밝혀진 <u>피고인의 乙, 丙, 丁에 대한 범행은 압수·수색영장의 범죄사실과 단순히 동종 또는 유사 범행인 것을 넘어서서 이와 구체적·개별적 연관관계가 있는 경우로서 객관적·인적 관련성을 모두 갖추었다</u>는 이유로, 같은 취지에서 추가 자료들은 위법하게 수집된 증거에 해당하지 않으므로 압수·수색영장의 범죄사실뿐 아니라 추가 범행들에 관한 증거로 사용할 수 있다.

# 제14절 압수·수색영장의 범죄혐의사실과 관계있는 범죄 의미와 범위

## Ⅰ. 사례요지

> 영장 발부의 사유로 된 범죄 혐의사실과 무관한 별개의 증거를 압수하였을 경우, 이를 유죄 인정의 증거로 사용할 수 있는지

## Ⅱ. 논 점

1. 영장 발부의 사유로 된 범죄 혐의사실과 무관한 별개의 증거를 압수하였을 경우, 이를 유죄 인정의 증거로 사용할 수 있는지(원칙적 소극)
2. 압수·수색영장의 범죄 혐의사실과 관계있는 범죄의 의미 및 범위

## Ⅲ. 법규연구 (형사소송법)

> 제215조(압수, 수색, 검증) ① 검사는 범죄수사에 필요한 때에는 피의자가 죄를 범하였다고 의심할 만한 정황이 있고 해당 사건과 관계가 있다고 인정할 수 있는 것에 한정하여 지방법원판사에게 청구하여 발부받은 영장에 의하여 압수, 수색 또는 검증을 할 수 있다.
> ② 사법경찰관이 범죄수사에 필요한 때에는 피의자가 죄를 범하였다고 의심할 만한 정황이 있고 해당 사건과 관계가 있다고 인정할 수 있는 것에 한정하여 검사에게 신청하여 검사의 청구로 지방법원판사가 발부한 영장에 의하여 압수, 수색 또는 검증을 할 수 있다.
> 제307조(증거재판주의) ① 사실의 인정은 증거에 의하여야 한다.
> ② 범죄사실의 인정은 합리적인 의심이 없는 정도의 증명에 이르러야 한다.
> 제308조의2(위법수집증거의 배제) 적법한 절차에 따르지 아니하고 수집한 증거는 증거로 할 수 없다.

## Ⅳ. 관련 판례

### 1. 원심 (서울고법 2017. 8. 23. 선고 2017노690 판결)

<u>1차 압수·수색영장에 기초하여 압수한 공소외 1의 휴대전화에 대한 분석 결과와 이에 근거하여 얻은 증거는 위법하게 수집된 증거에 해당하지 않는다고 판단하였다.</u>

1차 압수·수색영장에 기재된 허위사실공표 사건의 혐의사실은 피고인이 2016. 4. 11. 선거운동과 관련하여 자신의 페이스북에 허위의 글을 게시하였다는 것이다. 이 사건 공소사실은 피고인이 2016. 3. 30.경 선거운동과 관련하여 자신의 페이스북에 선거 홍보물 게재 등을 부탁하면서 공소외 1에게 금품을 제공하였다는 것이다.

이 사건 공소사실은 1차 압수·수색영장 기재 혐의사실에 대한 범행의 동기와 경위, 범행 수단과 방법, 범행 시간과 장소 등을 증명하기 위한 간접증거나 정황증거 등으로 사용될 수 있는 경우에 해당하므로, 1차 압수·수색영장 기재 혐의사실과 객관적 관련성이 있다. 또한, 이 사건 공소사실과 1차 압수·수색영장 기재 혐의사실은 모두 피고인이 범행 주체가 되어 페이스북을 통한 선거운동과 관련된 내용이므로 인적 관련성 역시 인정된다.

검찰은 1차 압수·수색영장의 집행 과정에서 압수목록교부서를 작성하여 공소외 1에게 교부하였고, 공소외 1은 이미징(imaging) 등 참관 여부 확인서와 임의제출 동의서를 작성하여 교부하는 등 공소외 1의 참여권이 충분히 보장되었다. 또한, 압수·수색영장의 집행 과정에서 피압수자의 지위가 참고인에서 피의자로 전환될 수 있는 증거가 발견되었더라도 그 증거가 압수·수색영장에 기재된 범죄사실과 객관적으로 관련되어 있다면 이는 압수·수색영장의 집행 범위 내에 있다. 따라서 다시 공소외 1에 대하여 영장을 발부받고 헌법상 변호인의 조력을 받을 권리를 고지하거나 압수·수색과정에 참여할 의사를 확인해야 한다고 보기 어렵다.

## 2. 대법원 (대법원 2017. 12. 5., 선고, 2017도13458 판결)

형사소송법 제215조 제1항은 "검사는 범죄수사에 필요한 때에는 피의자가 죄를 범하였다고 의심할 만한 정황이 있고 해당 사건과 관계가 있다고 인정할 수 있는 것에 한정하여 지방법원판사에게 청구하여 발부받은 영장에 의하여 압수, 수색 또는 검증을 할 수 있다."라고 정하고 있다. 따라서 영장 발부의 사유로 된 범죄 혐의사실과 무관한 별개의 증거를 압수하였을 경우 이는 원칙적으로 유죄 인정의 증거로 사용할 수 없다. 그러나 압수·수색의 목적이 된 범죄나 이와 관련된 범죄의 경우에는 그 압수·수색의 결과를 유죄의 증거로 사용할 수 있다.

압수·수색영장의 범죄 혐의사실과 관계있는 범죄라는 것은 압수·수색영장에 기재한 혐의사실과 객관적 관련성이 있고 압수·수색영장 대상자와 피의자 사이에 인적 관련성이 있는 범죄를 의미한다. 그중 혐의사실과의 객관적 관련성은 압수·수색영장에 기재된 혐의사실 자체 또는 그와 기본적 사실관계가 동일한 범행과 직접 관련된 경우는 물론 범행 동기와 경위, 범행 수단과 방법, 범행 시간과 장소 등을 증명하기 위한 간접증거나 정황증거 등으로 사용될 수 있는 경우에도 인정될 수 있다. 그 관련성은 압수·수색영장에 기재된 혐의사실의 내용과 수사의 대상, 수사 경위 등을 종합하여 구체적·개별적 연관관계가 있는 경우에만 인정되고, 혐의사실과 단순히 동종 또는 유사 범행이라는 사유만으로 관련성이 있다고 할 것은 아니다. 그리고 **피의자와 사이의 인적 관련성**은 압수·수색영장에 기재된 대상자의 공동정범이나 교사범 등 공범이나 간접정범은 물론 필요적 공범 등에 대한 피고사건에 대해서도 인정될 수 있다.

## V. 결 론

압수대상의 범위와 적법성은 '사건관련성'의 해석에 따라 달라질 수 있는데, 대법원은 영장기재 <u>범죄혐의와의 객관적 관련성</u>과 영장 <u>대상자와의 인적 관련성</u>을 함께 요구하고 있다.

# 제15절 현행범체포현장에서의 압수와 사후영장

## Ⅰ. 사례요지

사법경찰리가 정보통신망법 위반(음란물유포)의 범죄혐의를 이유로 발부받은 압수·수색영장 {수색·검증할 장소, 신체 또는 물건 : (주거지 주소 생략)(주거지), (사업장 소재지 생략)(사업장), 압수할 물건 : 범죄행위에 제공되었거나 범죄행위에 관련된 컴퓨터 및 주변기기, 하드디스크, USB메모리, 플로피 디스크, 시디, 장부, 서류, 수첩, 메모지}에 기하여 피고인의 주거지를 수색하는 과정에서 대마가 발견되자 이에 피고인을 마약류관리에 관한 법률 위반(대마)죄의 현행범으로 체포하면서 위 대마를 압수하였으나, 현행범으로 체포된 피고인이 구속영장에 의하여 구속되지 않고 다음날 석방되었음에도 사후 압수·수색영장을 받지 아니하였다.

## Ⅱ. 논 점

1. 헌법과 형사소송법이 정한 절차를 위반하여 수집한 압수물과 이를 기초로 획득한 2차적 증거의 증거능력 및 그 판단기준
2. 음란물 유포의 혐의로 압수수색영장을 발부받아 수색 중 대마를 발견한 후, 마약류관리에 관한 법률 위반죄의 현행범으로 체포하면서 대마를 압수하고 사후영장을 발부받지 않은 경우, 압수물과 압수조서의 증거능력

## Ⅲ. 법규연구 (형사소송법)

제215조(압수, 수색, 검증) ① 검사는 범죄수사에 필요한 때에는 지방법원판사에게 청구하여 발부받은 영장에 의하여 압수, 수색 또는 검증을 할 수 있다.

② 사법경찰관이 범죄수사에 필요한 때에는 검사에게 신청하여 검사의 청구로 지방법원판사가 발부한 영장에 의하여 압수, 수색 또는 검증을 할 수 있다.

제217조(영장에 의하지 아니하는 강제처분) ② 검사 또는 사법경찰관은 제1항 또는 제216조제1항제2호에 따라 압수한 물건을 계속 압수할 필요가 있는 경우에는 지체없이 압수수색영장을 청구하여야 한다. 이 경우 압수수색영장의 청구는 체포한 때부터 48시간 이내에 하여야 한다.

제307조(증거재판주의) ① 사실의 인정은 증거에 의하여야 한다.

② 범죄사실의 인정은 합리적인 의심이 없는 정도의 증명에 이르러야 한다.

## Ⅳ. 관련 판례

### 1. 원심 (수원지법 2008. 11. 4. 선고 2008노2766 판결)

압수한 대마 및 그 압수조서 중 "위 대마를 피고인에게서 압수하였다" 는 취지의 기

재 등은 형사소송법상 영장주의를 위반하여 수집한 증거로, 그 절차위반의 정도가 적법절차의 실질적인 내용을 침해하는 것이어서 그 증거능력을 배제하는 것이 형사사법정의실현의 취지에 합치된다 할 것이고, 따라서 위 각 증거는 증거능력이 없어 위 <u>대마소지의 점에 관한 공소사실의 증거로 사용할 수 없다</u>고 판단하였다.

## 2. 대법원 (대법원 2009. 5. 14., 선고, 2008도10914 판결)

가. 기본적 인권보장을 위하여 압수·수색에 관한 적법절차와 영장주의의 근간을 선언한 헌법과 이를 이어받아 실체적 진실 규명과 개인의 권리보호 이념을 조화롭게 실현할 수 있도록 압수·수색절차에 관한 구체적 기준을 마련하고 있는 형사소송법의 규범력은 확고히 유지되어야 하므로 헌법과 형사소송법이 정한 절차에 따르지 아니하고 수집한 증거는 물론 이를 기초로 하여 획득한 2차적 증거 역시 기본적 인권보장을 위해 마련된 적법한 절차에 따르지 않은 것으로서 원칙적으로 유죄 인정의 증거로 삼을 수 없고, 다만 위법하게 수집한 압수물의 증거능력 인정 여부를 최종적으로 판단함에 있어서는, 수사기관의 증거수집 과정에서 이루어진 절차 위반행위와 관련된 모든 사정, 즉 절차 조항의 취지와 그 위반의 내용 및 정도, 구체적인 위반 경위와 회피가능성, 절차 조항이 보호하고자 하는 권리 또는 법익의 성질과 침해 정도 및 피고인과의 관련성, 절차 위반행위와 증거수집 사이의 인과관계 등 관련성의 정도, 수사기관의 인식과 의도 등을 전체적·종합적으로 살펴 볼 때, 수사기관의 절차 위반행위가 적법절차의 실질적인 내용을 침해하는 경우에 해당하지 아니하고, 오히려 그 증거의 증거능력을 배제하는 것이 헌법과 형사소송법이 형사소송에 관한 절차 조항을 마련하여 적법절차의 원칙과 실체적 진실 규명의 조화를 도모하고 이를 통하여 형사 사법 정의를 실현하려고 한 취지에 반하는 결과를 초래하는 것으로 평가되는 예외적인 경우에 한해 그 증거를 유죄 인정의 증거로 사용할 수 있을 뿐이다(대법원 2007. 11. 15. 선고 2007도3061 전원합의체 판결 참조).

나. 형사소송법 제216조 제1항 제2호, 제217조 제2항에 의하면 <u>피의자를 체포하는 경우에 필요한 때에는 영장 없이 체포현장에서 압수·수색을 할 수 있고</u> 이때 구속영장의 발부를 받지 못한 때에는 이를 즉시 환부하여야 하지만, <u>압수한 물건을 계속 압수할 필요가 있는 경우에는 사후에 압수·수색영장을 받아야 한다</u>고 규정하고, 같은 법 제216조 제3항에 의하면 범행 중 또는 범행 직후의 범죄장소에서 긴급을 요하여 법원판사의 영장을 받을 수 없는 때에는 영장 없이 압수·수색을 하되, 사후에 영장을

받도록 규정하고 있는바, 이러한 형사소송법의 규정과 앞서 본 법리에 비추어 보면, 이 사건 압수물과 압수조서의 기재는 형사소송법상 영장주의 원칙에 위배하여 수집하거나 그에 기초한 증거로서 그 절차위반행위가 적법절차의 실질적인 내용을 침해하는 정도에 해당한다 할 것이니, <u>원심이 위 각 증거의 증거능력을 부정하고 이 사건 대마소지의 점에 관한 공소사실에 대하여 범죄의 증명이 없다는 이유로 무죄를 선고한 것은 정당하다.</u>

## V. 결 론

정보통신망법상 음란물 유포의 범죄혐의를 이유로 압수 · 수색영장을 발부받은 사법경찰리가 피고인의 주거지를 수색하는 과정에서 대마를 발견하자, 피고인을 마약류관리에 관한 법률 위반죄의 현행범으로 체포하면서 대마를 압수하였으나, 그 다음날 피고인을 석방하였음에도 사후 압수 · 수색영장을 발부받지 않은 사안에서, <u>위 압수물과 압수조서는 형사소송법상 영장주의를 위반하여 수집한 증거로서 증거능력이 부정된다.</u>

# 제16절 압수·수색의 물적 효력 범위와 집행절차

## I. 사례요지

> 압수·수색영장에서 압수할 물건을 '압수장소에 보관 중인 물건'이라고 기재하고 있는 것을 '압수장소에 현존하는 물건'으로 해석할 수 있는지

## II. 논 점

1. 압수·수색영장에 압수대상물을 압수장소에 '보관 중인 물건'으로 기재한 경우, 이를 '현존하는 물건'으로 해석가능한지 여부(소극)
2. 압수·수색영장의 제시방법(=개별적 제시)
3. 형사소송법상 압수목록의 작성·교부시기(=압수 직후)

## III. 법규연구 (형사소송법)

> 제215조(압수, 수색, 검증) ① 검사는 범죄수사에 필요한 때에는 피의자가 죄를 범하였다고 의심할 만한 정황이 있고 해당 사건과 관계가 있다고 인정할 수 있는 것에 한정하여 지방법원판사에게 청구하여 발부받은 영장에 의하여 압수, 수색 또는 검증을 할 수 있다.
> ② 사법경찰관이 범죄수사에 필요한 때에는 피의자가 죄를 범하였다고 의심할 만한 정황이 있고 해당 사건과 관계가 있다고 인정할 수 있는 것에 한정하여 검사에게 신청하여 검사의 청구로 지방법원판사가 발부한 영장에 의하여 압수, 수색 또는 검증을 할 수 있다.
> 제118조(영장의 제시) 압수·수색영장은 처분을 받는 자에게 반드시 제시하여야 한다.
> 제129조(압수목록의 교부) 압수한 경우에는 목록을 작성하여 소유자, 소지자, 보관자 기타 이에 준할 자에게 교부하여야 한다.

## IV. 관련 판례

### 1. 환송 (대법원 2007. 11. 15. 선고 2007도3061 판결)

이 사건 압수·수색영장에서 압수할 물건을 <u>압수장소에 보관중인 물건</u>'이라고 기재하고 있는 것을 '압수장소에 현존하는 물건'으로 해석할 수 없다.

### 2. 대법원 (대법원 2009. 3. 12., 선고, 2008도763 판결)

가. 헌법과 형사소송법이 구현하고자 하는 적법절차와 영장주의의 정신에 비추어 볼 때, 법관이 압수·수색영장을 발부하면서 '압수할 물건'을 특정하기 위하여 기재한

문언은 이를 엄격하게 해석하여야 하고, 함부로 피압수자 등에게 불리한 내용으로 확장 또는 유추해석하는 것은 허용될 수 없다.

같은 취지에서, 이 사건 압수·수색영장에서 압수할 물건을 '압수장소에 보관중인 물건'이라고 기재하고 있는 것을 '압수장소에 현존하는 물건'으로 해석할 수 없다고 한 원심의 판단은 옳고, 압수·수색영장의 효력에 관한 법리오해 등의 위법은 없다.

나. 압수·수색영장은 처분을 받는 자에게 반드시 제시하여야 하는바(형사소송법 제219조, 제118조), 현장에서 압수·수색을 당하는 사람이 여러 명일 경우에는 그 사람들 모두에게 개별적으로 영장을 제시해야 하는 것이 원칙이고, 수사기관이 압수·수색에 착수하면서 그 장소의 관리책임자에게 영장을 제시하였다고 하더라도, 물건을 소지하고 있는 다른 사람으로부터 이를 압수하고자 하는 때에는 그 사람에게 따로 영장을 제시하여야 한다. 한편, 당사자의 증거신청을 받아들일 것인지는 법원이 재량에 따라 결정하는 것이 원칙이므로, 법원은 당사자가 신청한 증거가 적절하지 않다고 판단하거나 조사할 필요가 없다고 인정할 때에는 그 신청을 기각할 수 있다(대법원 2003. 10. 10. 선고 2003도3282 판결 등).

같은 취지에서, 수사기관이 이 사건 압수·수색에 착수하면서 이 사건 사무실에 있던 제주도지사 비서실장 공소외 1에게 압수·수색영장을 제시하였다고 하더라도 그 뒤 그 사무실로 이 사건 압수물을 들고 온 제주도지사 비서관 공소외 2로부터 이를 압수하면서 따로 압수·수색영장을 제시하지 않은 이상, 위 압수절차는 형사소송법이 정한 바에 따르지 않은 것이라고 본 원심의 판단은 정당하고, 기록에 의하면 공소외 2에 대한 압수·수색영장 제시 여부에 관한 사실인정과 관련하여 원심이 검사의 일부 증거신청을 받아들이지 않은 조치에 증거신청 채택 여부에 관한 재량의 한계를 벗어난 위법이 있다고 보이지 않는바, 원심판단에 압수·수색영장 제시 범위 등에 관한 법리오해나 증거신청 채택 여부 등에 관하여 법령을 위반한 위법은 없다.

다. 공무원인 수사기관이 작성하여 피압수자 등에게 교부해야 하는 압수물 목록에는 작성 연월일이 기재되고(형사소송법 제57조 제1항) 그 내용도 사실에 부합하여야 한다. 또, 압수물 목록은 피압수자 등이 압수물에 대한 환부·가환부신청을 하거나 압수처분에 대한 준항고를 하는 등 권리행사절차를 밟는 가장 기초적인 자료가 되므로, 이러한 권리행사에 지장이 없도록 압수 직후 현장에서 바로 작성하여 교부해야 하는 것이 원칙이다.

같은 취지에서, 작성 월일을 누락한 채 일부 사실에 부합하지 않는 내용으로 작성하여 압수·수색이 종료된 지 5개월이나 지난 뒤에 이 사건 압수물 목록을 교부한 행위는 형사소송법이 정한 바에 따른 압수물 목록 작성·교부에 해당하지 않는다고 본 원심의 판단은 정당하다.

## V. 결 론

압수·수색은 대물적 강제처분으로서 영장주의의 적용을 받는데, 위 판결은 압수·수색영장의 집행절차 및 방법과 관련하여 상세히 다루고 있다는 점에서 의미가 있다. 즉 영장제시는 반드시 처분을 받은 자에게 영장정본을 사전에 개별적으로 제시해야 하고, 영장에 기재된 압수물의 범위와 관련하여 엄격한 해석이 요구된다는 점과 압수목록의 현장작성 및 교부 원칙을 밝히고 있다.

## VI 유사판례

### 1. 형사소송법 제215조의 '범죄수사에 필요한 때'의 의미 및 판단 방법

형사소송법 제215조에 의하면 검사나 사법경찰관이 범죄수사에 필요한 때에는 영장에 의하여 압수를 할 수 있으나, 여기서 '범죄수사에 필요한 때'라 함은 단지 수사를 위해 필요할 뿐만 아니라 강제처분으로서 압수를 행하지 않으면 수사의 목적을 달성할 수 없는 경우를 말하고, 그 필요성이 인정되는 경우에도 무제한적으로 허용되는 것은 아니며, 압수물이 증거물 내지 몰수하여야 할 물건으로 보이는 것이라 하더라도, 범죄의 형태나 경중, 압수물의 증거가치 및 중요성, 증거인멸의 우려 유무, 압수로 인하여 피압수자가 받을 불이익의 정도 등 제반 사정을 종합적으로 고려하여 판단해야 한다. (대법원 2004. 3. 23., 자, 2003모126 결정)

# 제17절 종전 압수수색영장의 유효기간 내 재압수수색 허용 여부

## Ⅰ. 사례요지

수사기관이 압수·수색영장을 제시하고 집행에 착수하여 압수·수색을 실시하고 그 집행을 종료한 후 그 압수·수색영장의 유효기간 내에 동일한 장소 또는 목적물에 대하여 다시 압수·수색할 필요가 있는 경우, 종전의 압수·수색영장을 제시하고 다시 압수·수색할 수 있는지

## Ⅱ. 논 점

종전의 압수·수색영장을 제시하고 다시 압수·수색할 수 있는지(소극)

## Ⅲ. 법규연구 (형사소송법)

제215조(압수, 수색, 검증) ① 검사는 범죄수사에 필요한 때에는 피의자가 죄를 범하였다고 의심할 만한 정황이 있고 해당 사건과 관계가 있다고 인정할 수 있는 것에 한정하여 지방법원판사에게 청구하여 발부받은 영장에 의하여 압수, 수색 또는 검증을 할 수 있다.
② 사법경찰관이 범죄수사에 필요한 때에는 피의자가 죄를 범하였다고 의심할 만한 정황이 있고 해당 사건과 관계가 있다고 인정할 수 있는 것에 한정하여 검사에게 신청하여 검사의 청구로 지방법원판사가 발부한 영장에 의하여 압수, 수색 또는 검증을 할 수 있다.

## Ⅳ. 관련 판례

### 1. 원심 (서울지법 1999. 9. 6.자 99보1 결정)

수사기관이 압수·수색영장을 청구할 당시부터 공소유지에 필요한 모든 물품을 예견하기 곤란한 경우가 많고 수사의 진행에 따라 같은 장소에서 다시 압수·수색을 할 필요가 있는 경우가 있으므로 압수·수색영장을 한 번 집행한 뒤라도 사건의 성질상 미리 압수대상물건을 예측하기 극히 곤란하거나 수사의 진행에 따라 새로운 사실이 나타나 다시 압수·수색할 필요성이 생긴 경우에는 동일한 영장에 기한 압수·수색의 재집행이 허용된다는 전제하에, 서울지방법원 판사가 1999. 8. 20. 발부한 압수·수색영장에 기하여 국가정보원 소속 사법경찰관이 같은 달 24. 재항고인의 주거지에 대하여 압수·수색을 실시하여 원심 별지목록 1 기재 물건을 압수하였음에도 같은 달 27. 같은 영장에 기하여 다시 같은 장소에서 압수·수색을 실시하여 별지목록(원심 별지목록 2) 기재 물건을 압수한 처분이 위와 같은 요건에 해당하여 적법하다고 판단하여 준항고인의 청구를 기각하였다.

## 2. 대법원 (대법원 1999. 12. 1., 자, 99모161 결정)

형사소송법 제215조에 의한 압수·수색영장은 수사기관의 압수·수색에 대한 허가장으로서 거기에 기재되는 유효기간은 집행에 착수할 수 있는 종기(終期)를 의미하는 것일 뿐이므로, 수사기관이 압수·수색영장을 제시하고 집행에 착수하여 압수·수색을 실시하고 그 집행을 종료하였다면 이미 그 영장은 목적을 달성하여 효력이 상실되는 것이고, 원심이 설시한 바와 같은 사유가 있어 동일한 장소 또는 목적물에 대하여 다시 압수·수색할 필요가 있는 경우라면 그 필요성을 소명하여 법원으로부터 새로운 압수·수색영장을 발부 받아야 하는 것이지, 앞서 발부 받은 압수·수색영장의 유효기간이 남아있다고 하여 이를 제시하고 다시 압수·수색을 할 수는 없는 것이다.

따라서 국가정보원 소속 사법경찰관이 1999. 8. 27. 재항고인의 주거지에서 실시한 압수·수색은 결국 적법한 영장 없이 이루어진 것으로서 위법하다 할 것이고, 그중 원상회복이 가능한 별지목록 기재 물건에 대한 압수처분은 마땅히 취소되어야 할 것이다.

## V. 결 론

이미 집행한 압수·수색영장의 유효기간이 남아 있더라도 이를 재사용할 수 없다.

## VI. 유사판례

### 1. 압수해제물에 대한 재압수의 허용 여부

형사소송법 제215조, 제219조, 제106조 제1항의 규정을 종합하여 보면, 검사는 범죄수사에 필요한 때에는 증거물 또는 몰수할 것으로 사료하는 물건을 법원으로부터 영장을 발부받아서 압수할 수 있고, 합리적인 의심의 여지가 없을 정도로 범죄사실이 인정되는 경우에만 압수할 수 있는 것은 아니라 할 것이며, 한편 범인으로부터 압수한 물품에 대하여 몰수의 선고가 없어 그 압수가 해제된 것으로 간주된다고 하더라도 공범자에 대한 범죄수사를 위하여 여전히 그 물품의 압수가 필요하다거나 공범자에 대한 재판에서 그 물품이 몰수될 가능성이 있다면 검사는 그 압수해제된 물품을 다시 압수할 수도 있다. (대법원 1997. 1. 9., 자, 96모34 결정)

# 제18절 영장주의 예외 요건 불충족과 사후영장에 의한 위법성 치유 여부

## I. 사례요지

> 범행 중 또는 범행 직후의 범죄장소에서 영장 없이 압수·수색 또는 검증을 할 수 있도록 규정한 형사소송법 제216조 제3항의 요건 중 어느 하나라도 갖추지 못한 경우, 압수·수색 또는 검증이 위법한지 여부 및 이에 대하여 사후에 법원으로부터 영장을 발부받음으로써 위법성이 치유되는지

## II. 논 점

1. 형사소송법 제216조 제3항의 요건 중 어느 하나라도 갖추지 못한 경우, 압수·수색 또는 검증이 위법한지 여부(적극)

2. 이에 대하여 사후에 법원으로부터 영장을 발부받음으로써 위법성이 치유되는지 여부(소극)

## III. 법규연구 (형사소송법)

> 제216조(영장에 의하지 아니한 강제처분) ① 검사 또는 사법경찰관은 제200조의2·제200조의3·제201조 또는 제212조의 규정에 의하여 피의자를 체포 또는 구속하는 경우에 필요한 때에는 영장없이 다음 처분을 할 수 있다.
>
> ③ 범행 중 또는 범행직후의 범죄 장소에서 긴급을 요하여 법원판사의 영장을 받을 수 없는 때에는 영장없이 압수, 수색 또는 검증을 할 수 있다. 이 경우에는 사후에 지체없이 영장을 받아야 한다.
>
>   2. 체포현장에서의 압수, 수색, 검증
>
> 제212조(현행범인의 체포) 현행범인은 누구든지 영장없이 체포할 수 있다.

## IV. 관련 판례

### 1. 원심 (수원지법 2014. 11. 6. 선고 2014노3760 판결)

공소사실 중 공무집행방해 부분 기재 경찰관들의 행위에 대하여, 형사소송법 제216조 제3항이 정한 '긴급을 요하여 법원 판사의 영장을 받을 수 없는 때' 의 요건을 갖추지 못하였고 또한 현행범 체포에 착수하지 아니한 상태여서 형사소송법 제216조 제1항 제2호, 제212조가 정하는 '체포현장에서의 압수·수색' 요건을 갖추지 못하였으므

로, 영장 없는 압수·수색업무로서의 적법한 직무집행으로 볼 수 없다.

## 2. 대법원 (대법원 2017. 11. 29., 선고, 2014도16080 판결)

범행 중 또는 범행 직후의 범죄장소에서 긴급을 요하여 법원 판사의 영장을 받을 수 없는 때에는 영장 없이 압수·수색 또는 검증을 할 수 있으나, 사후에 지체없이 영장을 받아야 한다(형사소송법 제216조 제3항). 형사소송법 제216조 제3항의 요건 중 어느 하나라도 갖추지 못한 경우에 그러한 압수·수색 또는 검증은 위법하며, 이에 대하여 사후에 법원으로부터 영장을 발부받았다고 하여 그 위법성이 치유되지 아니한다(대법원 2012. 2. 9. 선고 2009도14884 판결 등 참조).

## V. 결 론

범죄장소에서의 압수·수색·검증은 ① 범죄 중 또는 범행 직후의 범죄장소, ② 법원판사의 영장을 받을 수 없는 때(긴급성), ③ 사후영장청구를 그 적법요건으로 하고 있다. 이에 대해 대법원은 ①, ② 요건의 흠결이 사후영장의 발부에 의해서도 치유되지 않는다고 보았다.

## VI 유사판례

### 1. 사후영장을 발부받지 아니한, 긴급처분으로서 한 검증조서의 증거능력

사법경찰관 사무취급이 행한 검증이 사건발생 후 범행장소에서 긴급을 요하여 판사의 영장없이 시행된 것이라면 이는 형사소송법 제216조 제3항에 의한 검증이라 할 것임에도 불구하고 기록상 사후영장을 받은 흔적이 없다면 이러한 검증조서는 유죄의 증거로 할 수 없다. (대법원 1984. 3. 13., 선고, 83도3006 판결)

# 제19절 체포현장 아닌 장소에서 긴급체포된 자가 보관한 마약 압수

## I. 사례요지

경찰관들은 광주시 ○○앞 도로에서 위장거래자와 만나서 마약류 거래를 하는 피고인을 긴급체포한 뒤 현장에서 피고인이 위장거래자에게 건네준 메트암페타민 약 9.50g이 들어있는 비닐 팩 1개(증제1호)를 압수하였다. 위 경찰관들은 같은 날 20:24경 영장 없이 체포현장에서 약 2km 떨어진 피고인의 주거지에 대한 수색을 실시해서 작은 방 서랍장 등에서 메트암페타민 약 4.82g이 들어있는 비닐 팩 1개(증제2호) 등을 추가로 찾아내어 이를 압수하였다.

이후 사법경찰관은 압수한 위 메트암페타민 약 4.82g이 들어있는 비닐 팩 1개(증제2호)에 대하여 감정의뢰 등 계속 압수의 필요성을 이유로 검사에게 사후 압수수색영장 청구를 신청하였고, 법원 판사로부터 사후 압수수색영장을 발부받았다.

## II. 논점

1. 긴급체포된 자가 소유·소지 또는 보관하는 물건에 대한 긴급 압수·수색 또는 검증을 규정한 형사소송법 제217조 제1항의 취지 (영장주의의 예외로서 형사소송법 제217조 제1항 취지)

2. 위 규정에 따른 압수·수색 또는 검증은 체포현장이 아닌 장소에서도 긴급체포된 자가 소유·소지 또는 보관하는 물건을 대상으로 할 수 있는지(적극)

## III. 법규연구 (형사소송법)

제217조(영장에 의하지 아니하는 강제처분) ① 검사 또는 사법경찰관은 제200조의3에 따라 체포된 자가 소유·소지 또는 보관하는 물건에 대하여 긴급히 압수할 필요가 있는 경우에는 체포한 때부터 24시간 이내에 한하여 영장 없이 압수·수색 또는 검증을 할 수 있다.

② 검사 또는 사법경찰관은 제1항 또는 제216조제1항제2호에 따라 압수한 물건을 계속 압수할 필요가 있는 경우에는 지체없이 압수수색영장을 청구하여야 한다. 이 경우 압수수색영장의 청구는 체포한 때부터 48시간 이내에 하여야 한다.

제215조(압수, 수색, 검증) ② 사법경찰관이 범죄수사에 필요한 때에는 피의자가 죄를 범하였다고 의심할 만한 정황이 있고 해당 사건과 관계가 있다고 인정할 수 있는 것에 한정하여 검사에게 신청하여 검사의 청구로 지방법원판사가 발부한 영장에 의하여 압수, 수색 또는 검증을 할 수 있다.

제216조(영장에 의하지 아니한 강제처분) ① 검사 또는 사법경찰관은 제200조의2·제200조의3·제201조 또는 제212조의 규정에 의하여 피의자를 체포 또는 구속하는 경우에 필요한 때에는 영장없이 다음 처분을 할 수 있다.

2. 체포현장에서의 압수, 수색, 검증

## Ⅳ. 관련 판례

### 1. 원심 (서울중앙지법 2017. 6. 22. 선고 2017노477 판결)

증제2호 등을 증거로 삼아 마약류관리에 관한 법률 위반(향정)죄의 공소사실을 유죄로 인정한 제1심판결을 유지하였다.

### 2. 대법원 (대법원 2017. 9. 12., 선고, 2017도10309 판결)

사법경찰관이 범죄수사에 필요한 때에는 피의자가 죄를 범하였다고 의심할 만한 정황이 있고 해당 사건과 관계가 있다고 인정할 수 있는 것에 한정하여 검사에게 신청하여 검사의 청구로 지방법원판사가 발부한 영장에 의하여 압수, 수색 또는 검증을 할 수 있다(형사소송법 제215조 제2항).

이처럼 범죄수사를 위하여 압수, 수색 또는 검증을 하려면 미리 영장을 발부받아야 한다는 이른바 사전영장주의가 원칙이지만, 형사소송법 제217조는 그 예외를 인정한다. 즉, 검사 또는 사법경찰관은 긴급체포된 자가 소유·소지 또는 보관하는 물건에 대하여는 긴급히 압수할 필요가 있는 경우에는 체포한 때부터 24시간 이내에 한하여 영장 없이 압수·수색 또는 검증을 할 수 있고(형사소송법 제217조 제1항), 압수한 물건을 계속 압수할 필요가 있는 경우에는 지체없이 압수수색영장을 청구하여야 한다. 이 경우 압수수색영장의 청구는 체포한 때부터 48시간 이내에 하여야 한다(같은 조 제2항).

형사소송법 제217조 제1항은 수사기관이 피의자를 긴급체포한 상황에서 피의자가 체포되었다는 사실이 공범이나 관련자들에게 알려짐으로써 관련자들이 증거를 파괴하거나 은닉하는 것을 방지하고, 범죄사실과 관련된 증거물을 신속히 확보할 수 있도록 하기 위한 것이다. 이 규정에 따른 압수·수색 또는 검증은 체포현장에서의 압수·수색 또는 검증을 규정하고 있는 형사소송법 제216조 제1항 제2호와 달리, 체포현장이 아닌 장소에서도 긴급체포된 자가 소유·소지 또는 보관하는 물건을 대상으로 할 수 있다.

## Ⅴ. 결 론

위와 같은 피고인에 대한 긴급체포 사유, 압수·수색의 시각과 경위, 사후영장의 발부 내역 등에 비추어 보면, 수사기관이 피고인의 주거지에서 긴급 압수한 메트암페타민 4.82g은 긴급체포의 사유가 된 범죄사실 수사에 필요한 범위 내의 것으로서 형사소송법 제217조에 따라 적법하게 압수되었다고 할 것이다.

# 제20절 전화사기범 긴급체포시 타인의 주민등록증 등 압수가능 여부

## Ⅰ. 사례요지

> 경찰관이 전화사기죄 범행의 혐의자를 긴급체포하면서 그가 보관하고 있던 다른 사람의 주민등록증, 운전면허증 등을 압수한 경우 형사소송법 제217조 제1항에서 규정한 해당 범죄사실의 수사에 필요한 범위 내의 압수로서 적법 하는지

## Ⅱ. 논 점

1. 형사소송법 제217조 제1항에 따른 긴급체포시 적법하게 압수할 수 있는 대상물인지 여부의 판단기준
2. 형사소송법 제217조 제1항에서 규정한 해당 범죄사실의 수사에 필요한 범위 내의 압수로서 적법하므로, 이를 위 혐의자의 점유이탈물횡령죄 범행에 대한 증거로 인정한 사례

## Ⅲ. 법규연구 (형사소송법)

> 제217조(영장에 의하지 아니하는 강제처분) ① 검사 또는 사법경찰관은 제200조의3에 따라 체포된 자가 소유·소지 또는 보관하는 물건에 대하여 긴급히 압수할 필요가 있는 경우에는 체포한 때부터 24시간 이내에 한하여 영장 없이 압수·수색 또는 검증을 할 수 있다.

## Ⅳ. 관련 판례

### 1. 원심 (서울중앙지법 2008. 2. 14. 선고 2007노4433 판결)

증 제1호 내지 제4호가 위법수집증거에 해당한다는 피고인의 주장을 배척하고, 이를 증거로 삼아 점유이탈물횡령죄의 공소사실을 유죄로 인정한 제1심판결을 유지하였다.

### 2. 대법원 (대법원 2008. 7. 10., 선고, 2008도2245 판결)

가. 구 형사소송법(2007. 6. 1. 법률 제8496호로 개정되기 전의 것, 이하 같다) 제217조 제1항 등에 의하면 검사 또는 사법경찰관은 피의자를 긴급체포한 경우 체포한 때부터 48시간 이내에 한하여 영장 없이, 긴급체포의 사유가 된 범죄사실 수사에 필요한 최소한의 범위 내에서 당해 범죄사실과 관련된 증거물 또는 몰수할 것으로 판단되

는 피의자의 소유, 소지 또는 보관하는 물건을 압수할 수 있다. 이때, 어떤 물건이 긴급체포의 사유가 된 범죄사실 수사에 필요한 최소한의 범위 내의 것으로서 압수의 대상이 되는지는 당해 범죄사실의 구체적인 내용과 성질, 압수하고자 하는 물건의 형상, 성질, 당해 범죄사실과의 관련 정도와 증거가치, 인멸의 우려는 물론 압수로 인하여 발생하는 불이익의 정도 등 압수 당시의 여러 사정을 종합적으로 고려하여 객관적으로 판단하여야 한다.

나. 이 사건 중 제1호 내지 제4호는 피고인이 보관하던 다른 사람의 주민등록증, 운전면허증 및 그것이 들어있던 지갑으로서, 피고인이 이른바 전화사기죄의 범행을 저질렀다는 범죄사실 등으로 긴급체포된 직후 압수되었는바, 그 압수 당시 위 범죄사실의 수사에 필요한 범위 내의 것으로서 전화사기범행과 관련된다고 의심할 만한 상당한 이유가 있었다고 보이므로, 적법하게 압수되었다고 할 것이다.

## V. 결 론

경찰관이 이른바 전화사기죄 범행의 혐의자를 긴급체포하면서 그가 보관하고 있던 다른 사람의 주민등록증, 운전면허증 등을 압수한 사안에서, 이는 형사소송법 제217조 제1항에서 규정한 해당 범죄사실의 수사에 필요한 범위 내의 압수로서 적법하다.

# 제21절 영장 없는 압수와 그 압수물을 찍은 사진의 증거능력

## I. 사례요지

경찰관은 피고인 소유의 쇠파이프를 피고인의 주거지 앞마당에서 발견하였으면서도 그 소유자, 소지자 또는 보관자가 아닌 피해자 공소외 2로부터 임의로 제출받는 형식으로 위 쇠파이프를 압수하였고, 그 후 압수물의 사진을 찍었다. 공판조서의 일부인 제1심 증거목록상 피고인이 위 사진(증 제4호의 일부)을 증거로 하는 데 동의한 것으로 기재하였다.

## II. 논 점

1. 형사소송법 제218조를 위반하여 소유자, 소지자 또는 보관자가 아닌 자로부터 제출받은 물건을 영장없이 압수한 경우

2. 그 '압수물' 및 '압수물을 찍은 사진'의 증거능력 유무(소극)

## III. 법규연구 (형사소송법)

제217조(영장에 의하지 아니하는 강제처분) ① 검사 또는 사법경찰관은 제200조의3에 따라 체포된 자가 소유·소지 또는 보관하는 물건에 대하여 긴급히 압수할 필요가 있는 경우에는 체포한 때부터 24시간 이내에 한하여 영장 없이 압수·수색 또는 검증을 할 수 있다.

② 검사 또는 사법경찰관은 제1항 또는 제216조제1항제2호에 따라 압수한 물건을 계속 압수할 필요가 있는 경우에는 지체없이 압수수색영장을 청구하여야 한다. 이 경우 압수수색영장의 청구는 체포한 때부터 48시간 이내에 하여야 한다.

제308조의2(위법수집증거의 배제) 적법한 절차에 따르지 아니하고 수집한 증거는 증거로 할 수 없다.

제318조(당사자의 동의와 증거능력) ① 검사와 피고인이 증거로 할 수 있음을 동의한 서류 또는 물건은 진정한 것으로 인정한 때에는 증거로 할 수 있다.

## IV. 관련 판례

### 1. 원심 (대전지법 2009. 9. 9. 선고 2009노1612 판결)

제1심판결을 인용하여 위 사진을 유죄 인정의 증거로 들고 있는 것은 잘못이라고 할 것이나, 위 증거를 제외한 나머지 증거들만으로도 이 사건 범죄사실을 유죄로 인정하기에 충분하다.

### 2. 대법원 (대법원 2010. 1. 28., 선고, 2009도10092 판결)

가. 기본적 인권보장을 위하여 압수·수색에 관한 적법절차와 영장주의의 근간을 선

언한 헌법과 이를 이어받아 실체적 진실 규명과 개인의 권리보호 이념을 조화롭게 실현할 수 있도록 압수·수색절차에 관한 구체적 기준을 마련하고 있는 형사소송법의 규범력은 확고히 유지되어야 하므로, 헌법과 형사소송법이 정한 절차에 따르지 아니하고 수집한 증거는 물론이거니와 이를 기초로 하여 획득한 2차적 증거 또한 기본적 인권보장을 위해 마련된 적법한 절차에 따르지 않은 것으로서 원칙적으로 유죄 인정의 증거로 삼을 수 없고, 다만 수사기관의 절차 위반행위가 적법절차의 실질적인 내용을 침해하는 경우에 해당하지 아니하고, 그 증거의 증거능력을 배제하는 것이 오히려 헌법과 형사소송법이 적법절차의 원칙과 실체적 진실 규명의 조화를 통하여 형사 사법 정의를 실현하려고 한 취지에 반하는 결과를 초래하는 것으로 평가되는 예외적인 경우에 한하여 그 증거를 유죄 인정의 증거로 사용할 수 있을 뿐이다(대법원 2007. 11. 15. 선고 2007도3061 전원합의체 판결, 대법원 2009. 3. 12. 선고 2008도11437 판결 등 참조).

형사소송법 제218조는 '사법경찰관은 소유자, 소지자 또는 보관자가 임의로 제출한 물건을 영장없이 압수할 수 있다'라고 규정하고 있는바, 위 규정을 위반하여 <u>소유자, 소지자 또는 보관자가 아닌 자로부터 제출받은 물건을 영장없이 압수한 경우 그 압수물 및 압수물을 찍은 사진은 이를 유죄 인정의 증거로 사용할 수 없는 것</u>이고, 헌법과 형사소송법이 선언한 영장주의의 중요성에 비추어 볼 때 <u>피고인이나 변호인이 이를 증거로 함에 동의하였다고 하더라도 달리 볼 것은 아니다.</u>

나. 이 사건 압수물과 그 사진은 형사소송법상 영장주의 원칙을 위반하여 수집하거나 그에 기초한 증거로서 그 절차 위반행위가 적법절차의 실질적인 내용을 침해하는 정도에 해당한다고 할 것이므로, 피고인의 증거동의에도 불구하고 위 사진은 이 사건 범죄사실을 유죄로 인정하는 증거로 사용할 수 없다고 할 것이다.

## V. 결 론

<u>소유자, 소지자 또는 보관자가 아닌 자로부터 제출받은 물건은 임의제출물이 아니므로 영장에 의한 압수가 이루어져야 함에도 이에 위배하여 압수하였다면, 그 압수물(1차 증거)은 물론 독수독과 법리에 따라 압수물을 찍은 사진(2차 증거)에 대해서도 그 증거능력을 부정한다.</u>

# 제22절 피의자로부터 혼합된 전자정보를 임의제출 받아 정보를 탐색·복제·출력한 경우

## I. 사례요지

피고인은 범죄일람표 기재와 같이 휴대전화의 카메라로 성적 욕망이나 수치심을 유발할 수 있는 성명 불상 피해자들의 신체를 그 의사에 반하여 촬영하였다.(순번 1~7번 범행) 피고인 은 부근 횡단보도 앞에서 보행 신호를 기다리던 짧은 치마를 입은 피해자의 뒤로 다가가, 이 사건 휴대전화로 다리를 몰래 촬영하였다. (순번 8번 범행)

## II. 논 점

1. 수사기관이 전자정보를 담은 매체를 피의자로부터 임의제출 받아 압수하면서 거기 에 담긴 정보 중 무엇을 제출하는지 명확히 확인하지 않은 경우, 압수의 대상이 되 는 정보의 범위

2. 수사기관이 피의자로부터 범죄혐의사실과 관련된 전자정보와 그렇지 않은 전자정보 가 섞인 매체를 임의제출 받아 사무실 등지에서 정보를 탐색·복제·출력하는 경우

3. 피의자 측에 참여의 기회를 보장하고 압수된 전자정보가 특정된 목록을 교부해야 하는지 여부(적극) 및 그러한 조치를 하지 않았더라도 압수·수색이 적법하다고 볼 수 있는 경우

## III. 법규연구 (형사소송법)

제218조(영장에 의하지 아니한 압수) 검사, 사법경찰관은 피의자 기타인의 유류한 물건이나 소유 자, 소지자 또는 보관자가 임의로 제출한 물건을 영장없이 압수할 수 있다.

제219조(준용규정) 제106조, 제107조, 제109조 내지 제112조, 제114조, 제115조제1항 본문, 제 2항, 제118조부터 제132조까지, 제134조, 제135조, 제140조, 제141조, 제333조제2항, 제 486조의 규정은 검사 또는 사법경찰관의 본장의 규정에 의한 압수, 수색 또는 검증에 준용 한다. 단, 사법경찰관이 제130조, 제132조 및 제134조에 따른 처분을 함에는 검사의 지휘 를 받아야 한다.

제121조(영장집행과 당사자의 참여) 검사, 피고인 또는 변호인은 압수·수색영장의 집행에 참여할 수 있다.

## IV. 관련 판례

### 1. 원심 (의정부지법 2019. 3. 28. 선고 2018노1332 판결)

피고인이 발각된 자리에서 촬영한 <u>순번 8번 범행의 영상만 임의로 제출했을 뿐</u> 이 사건 휴대전화에 담긴 <u>순번 1~7번 범행 영상</u>까지 제출할 의사였다고 볼 수 없고, 순번 1~7번 범행은 순번 8번 범행과 관련성도 없으며, 수사기관이 이 사건 휴대전화를 탐색하면서 피고인의 참여권을 보장하지 않고 압수한 전자정보 목록을 교부하지 않았다는 등의 이유로, 순번 1~7번 범행 부분에 대하여 유죄를 선고한 제1심을 파기하고 <u>무죄를 선고하였다.</u>

### 2. 대법원 (대법원 2022. 2. 17., 선고, 2019도4938 판결)

가. <u>수사기관이 전자정보를 담은 매체를 피의자로부터 임의제출 받아 압수하면서 거기에 담긴 정보 중 무엇을 제출하는지 명확히 확인하지 않은 경우,</u> 임의제출의 동기가 된 범죄 혐의사실과 관련되고 이를 증명할 수 있는 최소한의 가치가 있는 정보여야 압수의 대상이 되는데, 범행 동기와 경위, 수단과 방법, 시간과 장소 등에 관한 간접증거나 정황증거로 사용될 수 있는 정보도 그에 포함될 수 있다. 수사기관이 피의자로부터 범죄 혐의사실과 관련된 전자정보와 그렇지 않은 전자정보가 섞인 매체를 임의제출 받아 사무실 등지에서 정보를 탐색·복제·출력하는 경우 피의자나 변호인에게 참여의 기회를 보장하고 압수된 전자정보가 특정된 목록을 교부해야 하나, 그러한 조치를 하지 않았더라도 <u>절차 위반행위가 이루어진 과정의 성질과 내용 등에 비추어 피의자의 절차상 권리가 실질적으로 침해되지 않았다면 압수·수색이 위법하다고 볼 것은 아니다</u>(대법원 2021. 11. 18. 선고 2016도348 전원합의체 판결 참조).

나. 순번 8번 범행 피해자의 112 신고를 받고 출동한 경찰관은 현장에서 피고인으로부터 이 사건 휴대전화를 임의제출 받아 영장 없이 압수하고, 피고인과 지구대 사무실로 임의동행하였다. 당시 작성된 압수조서에는 "피해자는 피혐의자가 소지하고 있는 휴대폰을 지목하면서 자신의 뒷모습을 찍었다고 주장하고 피혐의자 또한 찍은 사실에 대하여 인정하여 범죄에 사용된 휴대폰 임의제출 요구한바 이에 응하여 임의제출 받아 압수하였다." 라고 기재되어 있다.

피고인과 임의동행한 경찰관은 지구대에서 이 사건 휴대전화를 살펴보았는데 순번 8번 범행으로 촬영한 영상은 피고인이 임의제출하기 전에 삭제하여 찾지 못하였고, 이름을 알 수 없는 여러 여성의 신체를 찍은 영상을 발견하였다. 피고인은 그 자리에서 순번 8번 범행 외에도 여러 번 여성을 몰래 촬영한 사실이 있음을 자백하는 취지의 진술서를 작성하였다. 경찰관은 피의자신문을 하면서 순번 1~7번 범행으로 촬영한 영상의 출력물을 보여주었고, 피고인은 촬영한 시각과 장소를 구체적으로 진술하였다.

## V. 결 론

피고인이 이 사건 휴대전화를 임의제출할 당시 그 안에 담긴 전자정보의 제출범위를 명확히 밝히지 않았으므로, 임의제출의 동기가 된 범죄 혐의사실과 관련되고 이를 증명할 수 있는 최소한의 가치가 있는 전자정보여야 압수의 대상이 된다. 순번 1~7번 범행에 관한 동영상은 2017. 6. 28.부터 2017. 9. 2.까지 두 달 남짓한 기간에 걸쳐 촬영된 것으로 순번 8번 범행 일시인 2017. 9. 4.과 가깝고, 순번 8번 범행과 마찬가지로 이 사건 휴대전화로 버스정류장, 지하철 역사, 횡단보도 앞 등 공공장소에서 촬영되었다. 위 범행들은 그 속성상 상습성이 의심되거나 성적 기호 내지 경향성의 발현에 따른 일련의 행위라고 의심할 여지가 많아, 각 범행 영상은 상호 간에 범행 동기와 경위, 수단과 방법, 시간과 장소에 관한 증거로 사용될 수 있는 관계에 있다. 순번 1~7번 범행 영상은 임의제출의 동기가 된 순번 8번 범죄 혐의사실과 관련성 있는 증거이다.

경찰관은 임의제출 받은 이 사건 휴대전화를 피고인이 있는 자리에서 살펴보고 순번 8번 범행이 아닌 영상을 발견하였으므로, 피고인이 탐색에 참여하였다고 볼 수 있다. 경찰관은 피의자신문 시 순번 1~7번 범행 영상을 제시하였고, 피고인은 그 영상이 언제 어디에서 찍은 것인지 쉽게 알아보고 그에 관해 구체적으로 진술하였다. 비록 피고인에게 압수된 전자정보가 특정된 목록이 교부되지 않았더라도, 절차 위반행위가 이루어진 과정의 성질과 내용 등에 비추어 절차상 권리가 실질적으로 침해되었다고 보기 어렵다.

그러므로 순번 1~7번 범행으로 촬영한 영상의 출력물과 파일 복사본을 담은 시디(CD)는 임의제출에 의해 적법하게 압수된 전자정보에서 생성된 것으로서 증거능력이 인정된다.

## VI 유사판례

1. 수사기관이 특정 범죄혐의와 관련하여 전자정보가 수록된 정보저장매체를 임의제출받아 그 안에 저장된 전자정보를 압수할 때 예외적으로 정보저장매체 자체나

## 복제본을 임의제출받아 압수할 수 있는 경우

오늘날 개인 또는 기업의 업무는 컴퓨터나 서버, 저장매체가 탑재된 정보처리장치 없이 유지되기 어려운데, 전자정보가 저장된 각종 저장매체(이하 '정보저장매체'라 한다)는 대부분 대용량이어서 수사의 대상이 된 범죄혐의와 관련이 없는 개인의 일상생활이나 기업 경영에 관한 정보가 광범위하게 포함되어 있다. 이러한 전자정보에 대한 수사기관의 압수·수색은 사생활의 비밀과 자유, 정보에 대한 자기결정권, 재산권 등을 침해할 우려가 크므로 포괄적으로 이루어져서는 안 되고, 비례의 원칙에 따라 수사의 목적상 필요한 최소한의 범위 내에서 이루어져야 한다. 수사기관의 전자정보에 대한 압수·수색은 원칙적으로 영장 발부의 사유로 된 범죄 혐의사실과 관련된 부분만을 문서 출력물로 수집하거나 수사기관이 휴대한 정보저장매체에 해당 파일을 복제하는 방식으로 이루어져야 하고, 정보저장매체 자체를 직접 반출하거나 저장매체에 들어있는 전자파일 전부를 하드카피나 이미징 등 형태(이하 '복제본'이라 한다)로 수사기관 사무실 등 외부로 반출하는 방식으로 압수·수색하는 것은 현장의 사정이나 전자정보의 대량성으로 인하여 관련 정보 획득에 긴 시간이 소요되거나 전문 인력에 의한 기술적 조치가 필요한 경우 등 범위를 정하여 출력 또는 복제하는 방법이 불가능하거나 압수의 목적을 달성하기에 현저히 곤란하다고 인정되는 때에 한하여 예외적으로 허용될 수 있을 뿐이다.

위와 같은 법리는 정보저장매체에 해당하는 임의제출물의 압수(형사소송법 제218조)에도 마찬가지로 적용된다. 임의제출물의 압수는 압수물에 대한 수사기관의 점유 취득이 제출자의 의사에 따라 이루어진다는 점에서 차이가 있을 뿐 범죄혐의를 전제로 한 수사 목적이나 압수의 효력은 영장에 의한 경우와 동일하기 때문이다. 따라서 <u>수사기관은 특정 범죄혐의와 관련하여 전자정보가 수록된 정보저장매체를 임의제출받아 그 안에 저장된 전자정보를 압수하는 경우 그 동기가 된 범죄 혐의사실과 관련된 전자정보의 출력물 등을 임의제출받아 압수하는 것이 원칙이다. 다만 현장의 사정이나 전자정보의 대량성과 탐색의 어려움 등의 이유로 범위를 정하여 출력 또는 복제하는 방법이 불가능하거나 압수의 목적을 달성하기에 현저히 곤란하다고 인정되는 때에 한하여 예외적으로 정보저장매체 자체나 복제본을 임의제출받아 압수할 수 있다.</u> (대법원 2021. 11. 18., 선고, 2016도348, 전원합의체 판결)

# 제23절 체포현장 및 범죄장소에서의 임의제출과 영장주의의 예외

## I. 사례요지

사법경찰관은 아파트 F동 앞에서, 피고인이 휴대전화로 자신의 치마 속을 촬영하였다는 피해자의 신고를 받고 출동하여, 피고인을 현행범 체포하였다. 경찰관은 같은 장소에서 피고인으로부터 휴대전화기를 제출받아, 임의제출에 의한 휴대전화기 압수를 집행하였다. 경찰관은 그후 피고인을 석방하였고, 사후 압수영장은 청구하지 아니한 채, 위 휴대전화기에 대한 압수를 계속하였다. 경찰관은 수사과에서, 압수된 휴대전화 저장정보를 다시 탐색하였고, 압수된 휴대전화 내 피고인이 촬영한 여성의 사진을 CD에 복제하였다. 경찰관은 위 촬영사진을 출력하여 피고인에 대한 피의자신문을 하였고, 위 피의자신문조서 말미에 위 촬영사진을 첨부하였다.

## II. 논 점

1. 현행범 체포현장이나 범죄현장에서 소지자 등이 임의로 제출하는 물건을 형사소송법 제218조에 따라 영장 없이 압수할 수 있는지(적극)
2. 이때 검사나 사법경찰관은 별도로 사후에 영장을 받아야 하는지 여부(소극)

## III. 법규연구 (형사소송법)

제218조(영장에 의하지 아니한 압수) 검사, 사법경찰관은 피의자 기타인의 유류한 물건이나 소유자, 소지자 또는 보관자가 임의로 제출한 물건을 영장없이 압수할 수 있다.
제212조(현행범인의 체포) 현행범인은 누구든지 영장없이 체포할 수 있다.

## IV. 관련 판례

### 1. 원심 (의정부지법 2019. 10. 31. 선고 2018노3609 판결)

다음과 같은 이유로 검사가 제출한 증거 중 경찰관이 피고인을 현행범 체포할 때 임의제출 방식으로 압수한 이 사건 휴대전화기(증 제1호) 및 여기에 기억된 저장정보를 탐색하여 복제·출력한 복원사진의 증거능력을 인정할 수 없어, 범죄의 증명이 없는 경우에 해당한다는 이유로 이 부분 공소사실을 유죄로 판단한 제1심판결을 파기하고 무죄로 판단하였다.

형사소송법 제218조에 따른 영장 없는 압수는 현행범 체포현장에서 허용되지 않는다. 설령 현행범 체포현장에서 형사소송법 제218조에 따른 임의제출물 압수가 가능하다고 보더라도 이 사건 휴대전화기에 대한 피고인의 임의적 제출의사 부재를 의심할 수 있으나, 이를 배제할 검사의 증명이 부족하다.

## 2. 대법원 (대법원 2020. 4. 9., 선고, 2019도17142 판결)

범죄를 실행 중이거나 실행 직후의 현행범인은 누구든지 영장 없이 체포할 수 있고 (형사소송법 제212조), 검사 또는 사법경찰관은 피의자 등이 유류한 물건이나 소유자·소지자 또는 보관자가 임의로 제출한 물건을 영장 없이 압수할 수 있으므로(제218조), 현행범 체포현장이나 범죄현장에서도 소지자 등이 임의로 제출하는 물건을 형사소송법 제218조에 의하여 영장 없이 압수하는 것이 허용되고, 이 경우 검사나 사법경찰관은 별도로 사후에 영장을 받을 필요가 없다(대법원 2016. 2. 18. 선고 2015도13726 판결, 대법원 2019. 11. 14. 선고 2019도13290 판결 참조).

위와 같은 법리에 따르면 현행범 체포현장에서는 임의로 제출하는 물건이라도 형사소송법 제218조에 따라 압수할 수 없고, 형사소송법 제217조 제2항이 정한 사후영장을 받아야 한다는 취지의 원심판단은 잘못되었다.

## V. 결 론

현행범 체포현장이나 범죄현장에서도 소지자 등이 임의로 제출하는 물건은 형사소송법 제218조에 의하여 영장 없이 압수하는 것이 허용되고, 이 경우 검사나 사법경찰관은 별도로 사후에 영장을 받을 필요가 없다고 판시하였다.

# 제24절 수사기관이 별개의 증거를 환부하고 후에 임의제출받아 다시 압수한 경우

## I. 사례요지

서울남부지방검찰청 수사관이 주식회사 △△, 주식회사 □□ 사무실에서 공소외 4로부터 ◇◇ 축협 유통사업단의 영업실적표 등이 저장된 USB를 압수하였고, 담당 검사는 2009. 5. 1. 공소외 4로부터 압수한 물품 중 2009. 2. 6.자 압수·수색영장에 기재된 혐의사실과 관련 없는 물품을 환부할 때 위 USB도 박스에 넣어 같이 환부하였다.

## II. 논 점

1. 검사 또는 사법경찰관이 영장 발부 사유로 된 범죄 혐의사실과 무관한 별개의 증거를 압수한 경우, 유죄 인정의 증거로 사용할 수 있는지(원칙적 소극)
2. 수사기관이 별개의 증거를 환부하고 후에 임의제출받아 다시 압수한 경우, 제출에 임의성이 있다는 점에 관한 증명책임 소재(=검사)와 증명 정도 및 임의로 제출된 것이라고 볼 수 없는 경우 증거능력을 인정할 수 있는지(소극)

## III. 법규연구 (형사소송법)

제218조(영장에 의하지 아니한 압수) 검사, 사법경찰관은 피의자 기타인의 유류한 물건이나 소유자, 소지자 또는 보관자가 임의로 제출한 물건을 영장없이 압수할 수 있다.

제215조(압수, 수색, 검증) ① 검사는 범죄수사에 필요한 때에는 피의자가 죄를 범하였다고 의심할 만한 정황이 있고 해당 사건과 관계가 있다고 인정할 수 있는 것에 한정하여 지방법원판사에게 청구하여 발부받은 영장에 의하여 압수, 수색 또는 검증을 할 수 있다.

② 사법경찰관이 범죄수사에 필요한 때에는 피의자가 죄를 범하였다고 의심할 만한 정황이 있고 해당 사건과 관계가 있다고 인정할 수 있는 것에 한정하여 검사에게 신청하여 검사의 청구로 지방법원판사가 발부한 영장에 의하여 압수, 수색 또는 검증을 할 수 있다.

제308조의2(위법수집증거의 배제) 적법한 절차에 따르지 아니하고 수집한 증거는 증거로 할 수 없다.

## IV. 관련 판례

### 1. 원심 (서울고법 2013. 8. 30. 선고 2012노803 판결)

피고인 1에 대한 조세포탈의 점과 관련하여, 서울남부지방검찰청 수사관이 서울 강남구 개포동 (주소 생략)주식회사 △△, 주식회사ㅁㅁ사무실에서 공소외 4로부터 ◇◇ 축협 유통사업단의 영업실적표 등이 저장된 USB를 압수하였고, 담당 검사는 2009. 5.

1. 공소외 4로부터 압수한 물품 중 2009. 2. 6.자 압수 · 수색영장에 기재된 혐의사실과 관련 없는 물품을 환부할 때 위 USB도 박스에 넣어 같이 환부하였는데, 피고인 1의 동생인 공소외 5가 같은 날 동석한 서울지방국세청 세무공무원 공소외 6의 피고인 1에 대한 세무조사 협조를 명목으로 한 제출 요구에 따라 이를 임의제출하였다고 인정한 다음, ① 이 사건 영장 집행 당시 피고인 2로부터 압수한 '피고인 1 실질운영 법인 관련 서류철(◇◇축협 중부유통사업단 계약서 등)' 중 축산물 가공 위탁 운영계약서, 까르푸 계약서 주요사항, 까르푸 거래계약서, 직매입 거래계약서 등 조세포탈 증거들은 영장에 기재된 압수대상물이 아님에도 수사기관이 위 증거에 대하여 별도의 압수 · 수색영장을 발부받지 않은 점, 피압수자인 피고인 2에게 위 증거에 대한 압수목록 교부가 이루어지지 않은 점 등을 종합하면, 이 사건 영장에 의하여 압수된 위 조세포탈 증거들은 형사소송법 제308조의2에 의하여 증거능력이 없으나, ② 영업실적표가 저장된 USB는 앞서 본 바와 같이 공소외 5가 이를 세무공무원인 공소외 6에게 임의제출하였고, 공소외 6은 피고인 1의 조세포탈 혐의에 관하여 세무조사를 하던 중 위 USB에서 피고인 2가 작성한 영업실적표를 발견하였으므로, 영업실적표는 적법하게 수집된 증거로서 증거능력이 있고, 그에 기초하여 수집된 원심판시 증거들 및 피고인 1이 제1심 및 원심 법정에서 한 진술 역시 유죄 인정의 증거로 사용할 수 있다고 판단하였다.

## 2. 대법원 (대법원 2016. 3. 10., 선고, 2013도11233 판결)

가. 검사 또는 사법경찰관은 범죄수사에 필요한 때에는 피의자가 죄를 범하였다고 의심할 만한 정황이 있는 경우에 판사로부터 발부받은 영장에 의하여 압수 · 수색을 할 수 있으나, 압수 · 수색은 영장 발부의 사유로 된 범죄 혐의사실과 관련된 증거에 한하여 할 수 있는 것이므로, 영장 발부의 사유로 된 범죄 혐의사실과 무관한 별개의 증거를 압수하였을 경우 이는 원칙적으로 유죄 인정의 증거로 사용할 수 없다.

다만 수사기관이 그 별개의 증거를 피압수자 등에게 환부하고 후에 이를 임의제출받아 다시 압수하였다면 그 증거를 압수한 최초의 절차 위반행위와 최종적인 증거수집 사이의 인과관계가 단절되었다고 평가할 수 있는 사정이 될 수 있으나, 환부 후 다시 제출하는 과정에서 수사기관의 우월적 지위에 의하여 임의제출의 명목으로 실질적으로 강제적인 압수가 행하여질 수 있으므로, 그 제출에 임의성이 있다는 점에 관하여는 검사가 합리적 의심을 배제할 수 있을 정도로 증명하여야 하고, 임의로 제출된 것이라고 볼 수 없는 경우에는 그 증거능력을 인정할 수 없다.

나. 위 USB의 압수 경위, 수사기관이 위 USB를 보유하고 있던 기간, 공소외 5가 압수물건 수령서 및 승낙서를 제출할 당시의 객관적 상황과 그 경위, 공소외 5가 작성한 '일시 보관 서류 등의 목록' 의 내용 등을 위 법리에 비추어 보면, 과연 공소외 5가 수사기관으로부터 위 USB를 돌려받았다가 다시 세무공무원에게 제출한 것인지 의심스러울 뿐만 아니라, 설령 공소외 5가 위 USB를 세무공무원에게 제출하였다고 하더라도 그 제출에 임의성이 있는지가 합리적인 의심을 배제할 정도로 증명되었다고 할 수 없으므로, 공소외 5가 위와 같이 압수물건 수령서 및 승낙서를 제출하였다는 사정만으로 이 사건 영장에 기재된 범죄 혐의사실과 무관한 증거인 위 USB가 압수되었다는 절차 위반행위와 최종적인 증거수집 사이의 인과관계가 단절되었다고 보기 어렵다. 따라서 위 USB 및 그에 저장되어 있던 영업실적표는 증거능력이 없다고 할 것이다.

## V. 결 론

영장발부사유인 범죄혐의와 무관하게 압수된 증거를 위법수집증거로 보아 원칙적으로 그 증거능력을 부정한다. 하지만 이를 <u>피압수자에게 환부한 후 이를 임의제출의 형식으로 다시 압수한 경우에는 검사에 의한 임의성 입증을 전제로 인과관계의 단절을 인정하여 그 증거능력을 긍정한다.</u>

# 제25절 교도관으로부터 보관 중이던 재소자 비망록을 증거자료로 임의제출받아 압수

## Ⅰ. 사례요지

검사가 교도관으로부터 보관 중이던 재소자의 비망록을 증거자료로 임의로 제출받아 이를 압수한 것이 적법절차에 위배되는지 여부

## Ⅱ. 논 점

검사가 교도관으로부터 보관 중이던 재소자의 비망록을 증거자료로 임의로 제출받아 이를 압수한 것이 적법절차에 위배되는지 여부(원칙적 소극)

## Ⅲ. 법규연구 (형사소송법)

제218조(영장에 의하지 아니한 압수) 검사, 사법경찰관은 피의자 기타인의 유류한 물건이나 소유자, 소지자 또는 보관자가 임의로 제출한 물건을 영장없이 압수할 수 있다.

제111조(공무상 비밀과 압수) ① 공무원 또는 공무원이었던 자가 소지 또는 보관하는 물건에 관하여는 본인 또는 그 당해 공무소가 직무상의 비밀에 관한 것임을 신고한 때에는 그 소속공무소 또는 당해 감독관공서의 승낙 없이는 압수하지 못한다.

② 소속공무소 또는 당해 감독관공서는 국가의 중대한 이익을 해하는 경우를 제외하고는 승낙을 거부하지 못한다.

## Ⅳ. 관련 판례

### 1. 원심 (부산고법 2008. 1. 23. 선고 2007노730 판결)

검사 작성의 피고인 2에 대한 피의자신문조서와 피고인 2의 <u>비망록에 신빙성이 있다고 보고 이를 비롯한 그 채택 증거들을 종합하여, 공소사실을 유죄로 인정하였다.</u>

### 2. 대법원 (대법원 2008. 5. 15., 선고, 2008도1097 판결)

형사소송법 제218조는 '검사 또는 사법경찰관은 피의자, 기타인의 유류한 물건이나 소유자, 소지자 또는 보관자가 임의로 제출한 물건을 영장 없이 압수할 수 있다'라고 규정하고 있고, 같은 법 제219조에 의하여 준용되는 제111조 제1항은 '공무원 또는 공무원이었던 자가 소지 또는 보관하는 물건에 관하여는 본인 또는 그 해당공무소가 직

무상의 비밀에 관한 것임을 신고한 때에는 그 소속공무소 또는 당해 감독관공서의 승낙 없이는 압수하지 못한다'고 규정하고 있으며, 같은 조 제2항은 '소속공무소 또는 당해감독관공서는 국가의 중대한 이익을 해하는 경우를 제외하고는 승낙을 거부하지 못한다'고 규정하고 있을 뿐이고, 달리 형사소송법 및 기타 법령상 교도관이 그 직무상 위탁을 받아 소지 또는 보관하는 물건으로서 재소자가 작성한 비망록을 수사기관이 수사 목적으로 압수하는 절차에 관하여 특별한 절차적 제한을 두고 있지 않으므로, 교도관이 재소자가 맡긴 비망록을 수사기관에 임의로 제출하였다면 그 비망록의 증거사용에 대하여도 재소자의 사생활의 비밀 기타 인격적 법익이 침해되는 등의 특별한 사정이 없는 한 반드시 그 재소자의 동의를 받아야 하는 것은 아니다.

## V. 결 론

따라서 검사가 교도관으로부터 보관하고 있던 피고인의 비망록을 뇌물수수 등의 증거자료로 임의로 제출받아 이를 압수한 경우, 그 압수절차가 피고인의 승낙 및 영장 없이 행하여졌다고 하더라도 이에 적법절차를 위반한 위법이 있다고 할 수 없다.

또한, 이 사건 비망록에 피고인 2의 사생활의 비밀 기타 인격적 법익이 침해되는 등의 특별한 사정이 있다고 볼만한 자료가 없으므로, 이 점에 관한 상고이유의 주장도 받아들일 수 없다.

# 제26절 가환부 여부에 관한 판단기준

## Ⅰ. 사례요지

세관의 특별사법경찰관은 압수수색검증영장에 기해 부산신항만 소재 청구외 주식회사의 컨테이너 작업장에 있던 이 사건 자동차를 압수하였다. 이 사건 자동차는 피의자들이 밀수출하기 위해 허위의 수출신고 후 부산항에서 선적하려다 미수에 그친 수출물품이다. 이 사건 자동차는 준항고인의 소유로서 렌트차량으로 이용되고 있었다. 준항고인과 밀수출범죄 사이에 아무런 관련성도 발견되지 않았다.

## Ⅱ. 논 점

1. 검사는 증거에 사용할 압수물에 대하여 가환부의 청구가 있는 경우 가환부에 응하여야 하는지 여부(원칙적 적극)

2. 가환부를 거부할 수 있는 특별한 사정이 있는지 판단하는 기준

## Ⅲ. 법규연구 (형사소송법)

제218조의2(압수물의 환부, 가환부) ① 검사는 사본을 확보한 경우 등 압수를 계속할 필요가 없다고 인정되는 압수물 및 증거에 사용할 압수물에 대하여 공소제기 전이라도 소유자, 소지자, 보관자 또는 제출인의 청구가 있는 때에는 환부 또는 가환부하여야 한다.

제133조(압수물의 환부, 가환부) ① 압수를 계속할 필요가 없다고 인정되는 압수물은 피고사건 종결 전이라도 결정으로 환부하여야 하고 증거에 공할 압수물은 소유자, 소지자, 보관자 또는 제출인의 청구에 의하여 가환부할 수 있다.

② 증거에만 공할 목적으로 압수한 물건으로서 그 소유자 또는 소지자가 계속 사용하여야 할 물건은 사진촬영 기타 원형보존의 조치를 취하고 신속히 가환부하여야 한다.

## Ⅳ. 관련 판례

### 1. 원심 (인천지법 2017. 1. 13.자 2016보3 결정)

이 사건 자동차가 증거에만 사용할 목적으로 압수된 것임을 이유로, 형사소송법 제133조 제2항에 의하여 준항고를 받아들이는 결정하였다.

### 2. 대법원 (대법원 2017. 9. 29., 자, 2017모236 결정)

가. 형사소송법 제218조의2 제1항은 '검사는 사본을 확보한 경우 등 압수를 계속할 필요가 없다고 인정되는 압수물 및 증거에 사용할 압수물에 대하여 공소제기 전이라도 소유자, 소지자, 보관자 또는 제출인의 청구가 있는 때에는 환부 또는 가환부하여야

한다'고 규정하고 있다. 따라서 검사는 증거에 사용할 압수물에 대하여 가환부의 청구가 있는 경우 가환부를 거부할 수 있는 특별한 사정이 없는 한 가환부에 응하여야 한다. 그리고 그러한 특별한 사정이 있는지는 범죄의 태양, 경중, 몰수 대상인지 여부, 압수물의 증거로서의 가치, 압수물의 은닉·인멸·훼손될 위험, 수사나 공판수행상의 지장 유무, 압수에 의하여 받는 피압수자 등의 불이익의 정도 등 여러 사정을 검토하여 종합적으로 판단하여야 한다(대법원 1994. 8. 18.자 94모42 결정, 대법원 1998. 4. 16.자 97모25 결정 등 참조).

관세법 제269조 제3항 제2호는 '수출의 신고를 하였으나 해당 수출물품과 다른 물품으로 신고하여 수출한 자 등은 3년 이하의 징역 등에 처한다'라고 규정하고 있고, 제282조 제2항은 '제269조 제3항 등의 경우에는 범인이 소유하거나 점유하는 그 물품을 몰수한다'라고 규정하고 있다. 따라서 범인이 직접 또는 간접으로 점유하던 밀수출 대상 물품을 압수한 경우에는 그 물품이 제3자의 소유에 속하더라도 필요적 몰수의 대상이 된다. 한편 피고인 이외의 제3자의 소유에 속하는 물건의 경우, 몰수를 선고한 판결의 효력은 원칙적으로 몰수의 원인이 된 사실에 관하여 유죄의 판결을 받은 피고인에 대한 관계에서 그 물건을 소지하지 못하게 하는 데 그치고, 그 사건에서 재판을 받지 아니한 제3자의 소유권에 어떤 영향을 미치는 것은 아니다(대법원 1999. 5. 11. 선고 99다12161 판결 등 참조).

나. 이 사건 자동차는 범인이 간접으로 점유하는 물품으로서 필요적 몰수의 대상인데 이 사건 밀수출범죄와 무관한 준항고인의 소유에 속하기 때문에 범인에 대한 몰수는 범인으로 하여금 소지를 못하게 함에 그친다. 여기에 이 사건 밀수출범죄의 태양이나 경중, 이 사건 자동차의 증거로서의 가치, 은닉·인멸·훼손될 위험과 그로 인해 수사나 공판수행상의 지장 유무, 압수에 의하여 받는 준항고인의 불이익 정도 등 여러 사정을 아울러 감안하면, 이 사건은 검사에게 소유자의 가환부 청구를 거부할 수 있는 특별한 사정이 있는 경우라고 보기 어렵다.

## V. 결 론

검사에게 가환부 청구를 거부할 수 있는 특별한 사정이 있는 경우라고 보기 어렵다는 이유로, 원심이 준항고를 받아들인 것은 결론적으로 정당하다. 따라서 검사는 가환부 청구가 있을 때 공소제기 전이더라도 특별한 사정이 없으면 가환부에 응할 의무를 인정하고 있다.

# 제27절 압수물의 가환부

## Ⅰ. 사례요지

> 증거에 공할 압수물'의 의미와 압수물을 환부받을 자가 압수 후 소유권을 포기한 경우 수사기 관의 압수물 환부의무의 소멸 여부

## Ⅱ. 논 점

1. 형사소송법 제133조 제1항 소정의 '증거에 공할 압수물'의 의미
2. 형법 제48조에 해당하는 물건을 피고본안사건에 관한 종국판결 전에 가환부할 수 있는지(적극)
3. 압수물을 환부받을 자가 압수 후 소유권을 포기한 경우 수사기관의 압수물 환부의 무의 소멸 여부(소극) 및 수사기관에 대한 환부청구권 포기의 효력(무효)

## Ⅲ. 법규연구 (형사소송법)

> 제133조(압수물의 환부, 가환부) ① 압수를 계속할 필요가 없다고 인정되는 압수물은 피고사건 종 결 전이라도 결정으로 환부하여야 하고 증거에 공할 압수물은 소유자, 소지자, 보관자 또는 제출인의 청구에 의하여 가환부할 수 있다.
> ② 증거에만 공할 목적으로 압수한 물건으로서 그 소유자 또는 소지자가 계속 사용하여야 할 물건은 사진촬영 기타 원형보존의 조치를 취하고 신속히 가환부하여야 한다.

## Ⅳ. 관련 판례

### 1. 원심 (서울지법 1997. 1. 18.자 96초5272 결정)

피고인의 이 사건 압수물에 대한 가환부 청구를 받아들여 가환부 결정을 하였다.

### 2. 대법원 (대법원 1998. 4. 16., 자, 97모25 결정)

형사소송법 제133조 제1항은 "압수를 계속할 필요가 없다고 인정되는 압수물은 피고 사건 종결 전이라도 결정으로 환부하여야 하고 증거에 공할 압수물은 소유자, 소지자, 보관자 또는 제출인의 청구에 의하여 가환부할 수 있다."라고, 제2항은 "증거에만 공할 목적으로 압수한 물건으로서 그 소유자 또는 소지자가 계속 사용하여야 할 물건은 사 진촬영 기타 원형보존의 조치를 취하고 신속히 가환부하여야 한다."고 규정하고 있다.

제133조 제1항 후단이, 제2항의 '증거에만 공할' 목적으로 압수할 물건과는 따로이, '증거에 공할' 압수물에 대하여 법원의 재량에 의하여 가환부할 수 있도록 규정한 것을 보면, '증거에 공할 압수물'에는 증거물로서의 성격과 몰수할 것으로 사료되는 물건으로서의 성격을 가진 압수물이 포함되어 있다고 해석함이 상당하다. 한편 몰수할 것이라고 사료되어 압수한 물건 중 법률의 특별한 규정에 의하여 필요적으로 몰수할 것에 해당하거나 누구의 소유도 허용되지 아니하여 몰수할 것에 해당하는 물건에 대한 압수는 몰수재판의 집행을 보전하기 위하여 한 것이라는 의미도 포함된 것이므로 그와 같은 압수물건은 가환부의 대상이 되지 않지만(대법원 1966. 1. 28.자 65모21 결정, 1984. 7. 24.자 84모43 결정 등 참조), 그 밖의 형법 제48조에 해당하는 물건에 대하여는 이를 몰수할 것인지는 법원의 재량에 맡겨진 것이므로 특별한 사정이 없다면 수소법원이 피고본안사건에 관한 종국판결에 앞서 이를 가환부함에 법률상의 지장이 없는 것으로 보아야 한다.

## V. 결 론

피압수자 등 환부를 받을 자가 압수 후 그 소유권을 포기하더라도 그 때문에 압수물을 환부하여야 하는 수사기관의 의무에 어떠한 영향을 미칠 수 없고, 또 수사기관에 대하여 형사소송법상의 환부청구권을 포기한다는 의사표시를 하더라도 그 효력이 없다(대법원 1996. 8. 16.자 94모51 전원합의체 결정). 따라서 이 사건에 있어 피고인이 수사기관에 대하여 이 사건 압수물에 대한 소유권을 포기하였다고 하더라도 원심이 피고인의 이 사건 압수물에 대한 가환부 청구를 받아들여 가환부결정을 함에 아무런 지장이 없다.

형사소송법상 가환부는 압수의 계속이 필요한 상황에서 압수효력을 그대로 유지하면서 압수물을 잠정적으로 소유자 등에게 돌려주는 제도인데, '증거에만 공할 목적의 압수물'에 대해서는 '필요적 가환부(제133조 제2항 및 제219조)'를, 증거에 공할 압수물에 대해서는 '임의적 가환부(제133조 제1항 후단)'를 규정하고 있다.

또한, 가환부의 대상은 증거물에 한하므로 몰수의 대상물은 가환부 대상이 아니지만, 대법원은 임의적 몰수의 대상물에 한하여 임의적 가환부를 인정한다.

# Ⅵ 유사판례

## 1. 피고인에 대한 통지없이 한 가환부 결정의 적법 여부

법원이 압수물의 가환부 결정을 함에는 미리 검사 피해자 피고인 또는 변호인에 통지를 한 연후에 하도록 형사소송법 제135조에 규정하고 있는바, 이는 그들로 하여금 압수물의 가환부에 대한 의견을 진술할 기회를 주기 위한 조치라 할 것이다. (…중략…) 그렇다면 피고인에게 의견을 진술할 기회를 주지 아니한 채 한 가환부결정은 형사소송법 제135조에 위배하여 위법하고 이 위법은 재판의 결과에 영향을 미쳤다 할 것이다. (대법원 1980. 2. 5. 자 80모3 결정)

# 제28절 소유권 및 환부청구권의 포기와 수사기관의 환부의무

## I. 사례요지

재항고인이 이 사건 다이아몬드를 매도하려다가 경찰에 적발되어 그 판시의 관련자들과 함께 관세법위반 혐의로 조사를 받는 한편 위 다이아몬드를 압수당하게 되었는데, 검사가 수사한 결과 위 다이아몬드의 최초 매매알선 의뢰인인 소외 박 명불상자의 소재가 불명하여 위 다이아몬드가 밀수품인지 여부를 알 수 없다는 이유로 재항고인을 포함한 피의자들을 기소중지 처분하면서 위 다이아몬드에 대하여는 계속 보관하도록 결정하였다.

## II. 논 점

1. 수사 도중에 피의자가 수사관에게 소유권포기 각서를 제출한 경우 수사기관의 압수물 환부의무가 면제되는지 여부(소극) 및 피의자의 압수물 환부청구권도 소멸하는지 여부(소극)

2. 관세포탈된 물건인지 불명하여 기소중지 처분을 한 경우 그 압수물에 대한 국고귀속 처분의 가부(불가) 및 압수 계속의 필요성 여부(소극)

## III. 법규연구 (형사소송법)

제133조(압수물의 환부, 가환부) ① 압수를 계속할 필요가 없다고 인정되는 압수물은 피고사건 종결 전이라도 결정으로 환부하여야 하고 증거에 공할 압수물은 소유자, 소지자, 보관자 또는 제출인의 청구에 의하여 가환부할 수 있다.

② 증거에만 공할 목적으로 압수한 물건으로서 그 소유자 또는 소지자가 계속 사용하여야 할 물건은 사진촬영 기타 원형보존의 조치를 취하고 신속히 가환부하여야 한다.

제219조(준용규정) 제106조, 제107조, 제109조 내지 제112조, 제114조, 제115조제1항 본문, 제2항, 제118조부터 제132조까지, 제134조, 제135조, 제140조, 제141조, 제333조제2항, 제486조의 규정은 검사 또는 사법경찰관의 본장의 규정에 의한 압수, 수색 또는 검증에 준용한다. 단, 사법경찰관이 제130조, 제132조 및 제134조에 따른 처분을 함에는 검사의 지휘를 받아야 한다.

제486조(환부불능과 공고) ① 압수물의 환부를 받을 자의 소재가 불명하거나 기타 사유로 인하여 환부를 할 수 없는 경우에는 검사는 그 사유를 관보에 공고하여야 한다.

② 공고한 후 3월 이내에 환부의 청구가 없는 때에는 그 물건은 국고에 귀속한다.

③ 전항의 기간 내에도 가치없는 물건은 폐기할 수 있고 보관하기 어려운 물건은 공매하여 그 대가를 보관할 수 있다.

## IV. 관련 판례

### 1. 원심 (서울형사지법 1994. 7. 8. 자 94보3 결정)

위 다이아몬드에 대하여 압수를 계속할 필요성이 없어졌음을 이유로 위 보관결정의 취소를 구하는 이 사건 준항고에 대하여, 재항고인이 수사과정에서 위 다이아몬드에 대하여 소유권 기타 어떠한 권리도 주장하지 않겠다는 의사표시를 하였으므로 그 의사 표시가 착오나 사기, 강박 등을 원인으로 하여 취소 또는 철회되었다는 등의 특별한 사정이 없는 한 재항고인은 위 압수물에 관하여 환부 기타 어떠한 처분도 구할 수 없 어 검사의 위 계속보관 처분의 취소를 구할 아무런 법률상, 사실상 이익이 없다는 이 유로 이를 배척하였다.

### 2. 대법원 (대법원 1996. 8. 16., 자, 94모51, 전원합의체 결정)

가. 피압수자 등 환부를 받을 자가 압수 후 그 소유권을 포기하는 등에 의하여 실체 법상의 권리를 상실하더라도 그 때문에 압수물을 환부하여야 하는 수사기관의 의무에 어떠한 영향을 미칠 수 없고, 또한 수사기관에 대하여 형사소송법상의 환부청구권을 포기한다는 의사표시를 하더라도 그 효력이 없어 그에 의하여 수사기관의 필요적 환부 의무가 면제된다고 볼 수는 없으므로, 압수물의 소유권이나 그 환부청구권을 포기하는 의사표시로 인하여 위 환부의무에 대응하는 압수물에 대한 환부청구권이 소멸하는 것 은 아니다.

압수물의 환부는 환부를 받는 자에게 환부된 물건에 대한 소유권 기타 실체법상의 권리를 부여하거나 그러한 권리를 확정하는 것이 아니라 단지 압수를 해제하여 압수 이전의 상태로 환원시키는 것뿐으로써, 이는 실체법상의 권리와 관계없이 압수 당시의 소지인에 대하여 행하는 것이므로, 실체법인 민법(사법)상 권리의 유무나 변동이 압수 물의 환부를 받을 자의 절차법인 형사소송법(공법)상 지위에 어떠한 영향을 미친다고 는 할 수 없다. 그리고 형사사법권의 행사절차인 압수물 처분에 관한 준항고절차에서 민사분쟁인 소유권 포기의사의 존부나 그 의사표시의 효력 및 하자의 유무를 가리는 것은 적절하지 아니하고 이는 결국 민사소송으로 해결할 문제이므로, 피압수자 등 환 부를 받을 자가 압수 후에 그 소유권을 포기하는 등에 의하여 실체법상의 권리를 상실 하는 일이 있다고 하더라도, 그로 인하여 압수를 계속할 필요가 없는 압수물을 환부하 여야 하는 수사기관의 의무에 어떠한 영향을 미친다고 할 수는 없으니, 그에 대응하는 압수물의 환부를 청구할 수 있는 절차법상의 권리가 소멸하는 것은 아니다.

형사소송법 제133조 제1항, 제219조, 제486조 각 규정의 취지를 종합하여 보면, 압수물에 대하여 더 이상 압수를 계속할 필요가 없어진 때에는 수사기관은 환부가 불가능하여 국고에 귀속시키는 경우를 제외하고는 반드시 그 압수물을 환부하여야 하고, 환부를 받을 자로 하여금 그 환부청구권을 포기하게 하는 등의 방법으로 압수물의 환부의무를 면할 수는 없다. 법률이 압수물을 국고에 귀속시키는 절차와 방법에 관하여 엄격히 규정함과 아울러 압수된 범칙물이 범인에게 복귀되지 아니하도록 필요에 따른 준비를 하여 두고 있는데도, 법률이 정하고 있는 이러한 방법 이외에 피압수자 등으로 하여금 그 압수물에 대한 환부청구권을 포기하게 하는 등의 방법으로 압수물의 환부의무를 면하게 함으로써 압수를 계속할 필요가 없어진 물건을 국고에 귀속시킬 수 있는 길을 허용하는 것은 적법절차에 의한 인권보장 및 재산권 보장의 헌법정신에도 어긋나고, 압수물의 환부를 필요적이고 의무적인 것으로 규정한 형사소송법 제133조를 사문화시키며, 나아가 몰수제도를 잠탈할 수 있는 길을 열어 놓게 되는 것이다.

나. 외국산 물품을 관세장물의 혐의가 있다고 보아 압수하였다 하더라도 그것이 언제, 누구에 의하여 관세포탈된 물건인지 알 수 없어 기소중지 처분을 한 경우에는 그 압수물은 관세장물이라고 단정할 수 없어 이를 국고에 귀속시킬 수 없을 뿐만 아니라 압수를 더 이상 계속할 필요도 없다.

## V. 결 론

따라서 피압수자 등 압수물을 환부받을 자가 수사기관에 대하여 형사소송법상의 환부청구권을 포기한다는 의사표시를 한 경우에 있어서도, 그 효력이 없어 그에 의하여 수사기관의 필요적 환부의무가 면제된다고 볼 수는 없으므로, 그 환부의무에 대응하는 압수물의 환부를 청구할 수 있는 절차법상의 권리가 소멸하는 것은 아니다.

대법원의 다수의견은 압수물의 환부는 단지 압수를 해제하여 압수 이전의 상태로 환원시키는 것이므로, 수사기관의 환부의무는 압수 당시 소지인이 실체법상 권리를 상실하거나 환부청구권을 포기하더라도 (이는 무효이므로) 면제되거나 소멸하지 않는다고 봤다.

# 제6장 증 거

## 제1절 선서무능력자의 증언

## I. 사례요지

피해자 공소외 1(1999. 7. 14.생으로서 이 사건 사고 당시 만 3세 3개월 내지 만 3세 7개월가량)이 아동센터에서 정신과 전문의 공소외 2로부터 진료를 받을 당시(2004. 7. 7.)와 의료원에서 임상심리전문가 공소외 3으로부터 심리평가를 받을 당시(2004. 7. 15.) 및 시립병원에서 사회복지사 공소외 4와 대화시(2004. 8. 5.경)에는 각 만 5세 가량, 경찰에서 진술 당시(2005. 4. 20.)에는 만 5세 9개월 남짓 된 여아이의 증언능력과 그 진술의 신빙성이 있는지

## II. 논 점

사고 당시 만 3세 3개월 내지 만 3세 7개월가량이던 피해자인 여아의 증언능력 및 그 진술의 신빙성

## III. 법규연구 (형사소송법)

제146조(증인의자격) 법원은 법률에 다른 규정이 없으면 누구든지 증인으로 신문할 수 있다.
제307조(증거재판주의) ① 사실의 인정은 증거에 의하여야 한다.
② 범죄사실의 인정은 합리적인 의심이 없는 정도의 증명에 이르러야 한다.

## IV. 관련 판례

### 1. 원심 (서울고등법원 2005. 11. 23. 선고 2005노2106 판결)

피해자의 증언능력이나 그 진술의 신빙성을 인정하였다.

### 2. 대법원 (대법원 2006. 4. 14., 선고, 2005도9561 판결)

위 피해자가 경험한 사실이 "피고인이 피해자의 발가락을 빨고 가슴을 만졌으며, 또한 음부에 피고인의 손가락을 넣거나 성기를 집어넣었다." 라는 비교적 단순한 것으로서 피해자 연령 정도의 유아라고 하더라도 별다른 사정이 없는 한 이를 알고 그 내용

을 표현할 수 있는 범위 내의 것일 뿐만 아니라, 그 진술이 그 연령의 유아 수준의 표현이라고 보이며, 위 공소외 3의 심리평가 결과 위 피해자가 그 심리평가 무렵 평균 수준의 지능, 어휘력 및 지각적 조직화 능력(비언어적 의사소통능력)을 가지고 있어 자신이 경험하는 일들에 대하여 적절히 보고하는 능력이 있는 것으로 나타나는 등, 기록에 나타난 위 피해자의 진술내용과 진술태도, 표현방식 등을 종합해 보면, 위 피해자는 위 각 대화 내지 진술 당시 증언능력에 준하는 능력을 갖추었던 것으로 인정되고, 나아가 그 각 진술의 신빙성도 인정된다고 할 것이다.

## V. 결 론

선서무능력자는 16세 미만의 자와 선서의 취지를 이해하지 못하는 자이고, 이러한 선서무능력자는 선서의무가 없으므로 선서하게 하지 않고 신문하여야 한다(형사소송법 제159조). 선서무능력자인 유아의 증언능력과 그 진술의 신빙성을 판단하는 기준을 제시하였다고 볼 수 있다.

## VI 유사판례

### 1. 사건 당시 만 4세 6개월, 제1심 증언 당시 6세 11개월 피해자의 증언능력

증인의 증언능력은 증인 자신이 과거에 경험한 사실을 그 기억에 따라 공술할 수 있는 정신적인 능력이라 할 것이므로, 유아의 증언능력에 관해서도 그 유무는 단지 공술자의 연령만에 의할 것이 아니라 그의 지적수준에 따라 개별적이고 구체적으로 결정되어야 함은 물론 공술의 태도 및 내용 등을 구체적으로 검토하고, 경험한 과거의 사실이 공술자의 이해력, 판단력 등에 의하여 변식될 수 있는 범위 내에 속하는가의 여부도 충분히 고려하여 판단하여야 한다. (대법원 1999. 11. 26., 선고, 99도3786 판결)

# 제2절 증언거부권을 고지받지 못해 거부권 행사에 장애가 초래된 경우 위증죄 성립 여부

## Ⅰ. 사례요지

피고인이 공소외인과 쌍방 상해 사건으로 공소 제기되어 공동피고인으로 함께 재판을 받으면서 자신은 폭행한 사실이 없다고 주장하며 다투던 중 공소외인에 대한 상해 사건이 변론 분리되면서 피해자인 증인으로 채택되어 검사로부터 신문받게 되었고 그 과정에서 피고인 자신의 공소외인에 대한 폭행 여부에 관하여 신문을 받게 됨에 따라 증언거부 사유가 발생하게 되었는데도, 재판장으로부터 증언거부권을 고지받지 못한 상태에서 자신의 종전 주장을 그대로 되풀이함에 따라 결국 거짓 진술에 이르게 되었다.

## Ⅱ. 논 점

증언거부 사유가 있음에도 증언거부권을 고지받지 못함으로 인하여 그 증언거부권을 행사하는 데 사실상 장애가 초래되었다고 볼 수 있는 경우 위증죄 성립 여부(소극)

## Ⅲ. 법규연구

### 1. 형사소송법

제148조(근친자의 형사책임과 증언 거부) 누구든지 자기나 다음 각 호의 어느 하나에 해당하는 자가 형사소추(刑事訴追) 또는 공소제기를 당하거나 유죄판결을 받을 사실이 드러날 염려가 있는 증언을 거부할 수 있다.

1. 친족이거나 친족이었던 사람

2. 법정대리인, 후견감독인

제149조(업무상비밀과 증언거부) 변호사, 변리사, 공증인, 공인회계사, 세무사, 대서업자, 의사, 한의사, 치과의사, 약사, 약종상, 조산사, 간호사, 종교의 직에 있는 자 또는 이러한 직에 있던 자가 그 업무상 위탁을 받은 관계로 알게 된 사실로서 타인의 비밀에 관한 것은 증언을 거부할 수 있다. 단, 본인의 승낙이 있거나 중대한 공익상 필요있는 때에는 예외로 한다.

제150조(증언거부사유의 소명) 증언을 거부하는 자는 거부사유를 소명하여야 한다.

제160조(증언거부권의 고지) 증인이 제148조, 제149조에 해당하는 경우에는 재판장은 신문 전에 증언을 거부할 수 있음을 설명하여야 한다.

### 2. 형 법

제152조 (위증, 모해위증) ① 법률에 의하여 선서한 증인이 허위의 진술을 한 때에는 5년 이하의 징역 또는 1천만원 이하의 벌금에 처한다

## IV. 관련 판례

### 1. 원심 (부산지법 2008. 1. 16. 선고 2007노3669 판결)

피고인이 공소외인과 쌍방 상해 사건으로 공소 제기되어 공동피고인으로 함께 재판을 받으면서 자신은 폭행한 사실이 없다고 주장하며 다투던 중 공소외인에 대한 상해 사건이 변론 분리되면서 피해자인 증인으로 채택되어 검사로부터 신문받게 되었고 그 과정에서 피고인 자신의 공소외인에 대한 폭행 여부에 관하여 신문을 받게 됨에 따라 증언거부사유가 발생하게 되었는데도, 재판장으로부터 증언거부권을 고지받지 못한 상태에서 자신의 종전 주장을 그대로 되풀이함에 따라 결국 거짓 진술에 이르게 된 사정 등을 이유로 피고인에게 위증죄의 죄책을 물을 수 없다.

### 2. 대법원 (대법원 2010. 1. 21., 선고, 2008도942, <u>전원합의체 판결</u>)

증언거부권 제도는 증인에게 증언의무의 이행을 거절할 수 있는 권리를 부여한 것이고, 형사소송법상 증언거부권의 고지 제도는 증인에게 그러한 권리의 존재를 확인시켜 침묵할 것인지 아니면 진술할 것인지에 관하여 심사숙고할 기회를 충분히 부여함으로써 침묵할 수 있는 권리를 보장하기 위한 것임을 감안할 때, <u>재판장이 신문 전에 증인에게 증언거부권을 고지하지 않은 경우에도 당해 사건에서 증언 당시 증인이 처한 구체적인 상황, 증언거부사유의 내용, 증인이 증언거부사유 또는 증언거부권의 존재를 이미 알고 있었는지 여부, 증언거부권을 고지 받았더라도 허위진술을 하였을 것이라고 볼 만한 정황이 있는지 등을 전체적·종합적으로 고려하여 증인이 침묵하지 아니하고 진술한 것이 자신의 진정한 의사에 의한 것인지 여부를 기준으로 위증죄의 성립 여부를 판단하여야 한다.</u> 그러므로 헌법 제12조 제2항에 정한 불이익 진술의 강요금지 원칙을 구체화한 자기부죄거부특권에 관한 것이거나 기타 증언거부사유가 있음에도 증인이 증언거부권을 고지받지 못함으로 인하여 그 증언거부권을 행사하는 데 사실상 장애가 초래되었다고 볼 수 있는 경우에는 위증죄의 성립을 부정하여야 할 것이다.

이와 달리, 피고인이 증인으로 선서한 이상 진실대로 진술한다고 하면 자신의 범죄를 시인하는 진술을 하는 것이 되고 증언을 거부하는 것은 자기의 범죄를 암시하는 것이 되는 처지에 있다 하더라도 증인에게는 증언을 거부할 수 있는 권리를 인정하여 위증죄로부터의 탈출구를 마련하고 있는 만큼 적법행위의 기대가능성이 없다고 할 수 없고 선서한 증인이 허위의 진술을 한 이상 증언거부권 고지 여부를 고려하지 아니한 채 위증죄가 바로 성립한다는 취지로 **대법원 1987. 7. 7. 선고 86도1724 전원합의체 판결에서**

판시한 대법원의 의견은 위 견해에 저촉되는 범위 내에서 이를 변경하기로 한다.

## V. 결 론

증인이 증언거부권자에 해당하는 경우에 재판장은 증인신문 전에 증언을 거부할 수 있음을 설명하여야 한다(형사소송법 제160조). 증인이 이러한 증언거부권자임에도 재판장이 증인신문 전에 증인에게 증언거부권을 고지하지 않은 경우에 증인에게 위증죄가 성립하는지에 대해 긍정설과 부정설의 견해가 대립한다. 이와 관련하여 <u>증인이 증언거부사유가 있음에도 증언거부권을 고지받지 못함으로 인하여 그 증언거부권을 행사하는 데 사실상 장애가 초래되었다고 볼 수 있는 경우에 위증죄의 성립이 부정된다.</u>

# 제3절 공소제기 후 수사의 허용 여부

## I. 사례요지

피고인이 2002년 3월 하순경 과천시에 있는 상호불상의 식당에서, 피고인 2로부터 향후 동일한 취지의 불공정거래행위 신고나 관련 업무처리 등을 할 경우 잘 봐달라는 취지로 건네주는 액면 금 100만 원권 자기앞수표 1매를 교부받아 그 직무에 관하여 뇌물을 수수하였다'라는 공소사실에 대하여, 이에 부합하는 증거로 제출된 것은 검사가 이 사건 공소가 제기되고 공판절차가 진행 중이던 2007. 12. 7.경 법 제215조에 의하여 수소법원이 아닌 지방법원 판사로부터 피고인 2에 대한 압수·수색 영장을 발부받아 그 집행을 통하여 확보한 자립예탁금 거래내역표 1부, 해당 거래청구 및 수표발행전표 사본 각 1부, 지급필수표 조회내용 1부, 자기앞수표 사본 3부와 이를 기초로 작성된 2008. 1. 17.자 수사보고뿐인데, 위 증거들은 모두 공소제기 후 검사가 적법한 절차에 따르지 아니하고 수집한 증거들이거나 이를 기초로 하여 획득된 2차적 증거에 불과하였다.

## II. 논 점

검사가 공소제기 후 형사소송법 제215조에 따라 수소법원 이외의 지방법원 판사로부터 발부받은 압수·수색 영장에 의해 수집한 증거의 증거능력 유무(원칙적 소극)

## III. 법규연구

### 1. 형사소송법

제215조(압수, 수색, 검증) ① 검사는 범죄수사에 필요한 때에는 피의자가 죄를 범하였다고 의심할 만한 정황이 있고 해당 사건과 관계가 있다고 인정할 수 있는 것에 한정하여 지방법원판사에게 청구하여 발부받은 영장에 의하여 압수, 수색 또는 검증을 할 수 있다.

② 사법경찰관이 범죄수사에 필요한 때에는 피의자가 죄를 범하였다고 의심할 만한 정황이 있고 해당 사건과 관계가 있다고 인정할 수 있는 것에 한정하여 검사에게 신청하여 검사의 청구로 지방법원판사가 발부한 영장에 의하여 압수, 수색 또는 검증을 할 수 있다.

제308조의2(위법수집증거의 배제) 적법한 절차에 따르지 아니하고 수집한 증거는 증거로 할 수 없다.

### 2. 형사소송규칙

제107조(압수, 수색, 검증 영장청구서의 기재사항) ①압수, 수색 또는 검증을 위한 영장의 청구서에는 다음 각호의 사항을 기재하여야 한다.

1. 제95조제1호부터 제5호까지에 규정한 사항
2. 압수할 물건, 수색 또는 검증할 장소, 신체나 물건

3. 압수, 수색 또는 검증의 사유

4. 일출전 또는 일몰후에 압수, 수색 또는 검증을 할 필요가 있는 때에는 그 취지 및 사유

5. 법 제216조제3항에 따라 청구하는 경우에는 영장 없이 압수, 수색 또는 검증을 한 일시 및 장소

6. 법 제217조제2항에 따라 청구하는 경우에는 체포한 일시 및 장소와 영장 없이 압수, 수색 또는 검증을 한 일시 및 장소

7. 「통신비밀보호법」 제2조제3호에 따른 전기통신을 압수 · 수색하고자 할 경우 그 작성기간

제108조(자료의 제출) ① 법 제215조의 규정에 의한 청구를 할 때에는 피의자에게 범죄의 혐의가 있다고 인정되는 자료와 압수, 수색 또는 검증의 필요 및 해당 사건과의 관련성을 인정할 수 있는 자료를 제출하여야 한다.

## IV. 관련 판례

### 1. 원심 (수원지법 2009. 9. 10. 선고 2008노5774 판결)

피고인이 2002년 3월 하순경 과천시에 있는 상호불상의 식당에서, 피고인 2로부터 향후 동일한 취지의 불공정거래행위 신고나 관련 업무처리 등을 할 경우 잘 봐달라는 취지로 건네주는 액면 금 100만 원권 자기앞수표 1매 (수표번호 3 생략)를 교부받아 그 직무에 관하여 뇌물을 수수하였다는 공소사실에 대하여, 이에 부합하는 증거로 제출된 것은 검사가 이 사건 공소가 제기되고 공판절차가 진행 중이던 2007. 12. 7.경 법 제215조에 의하여 수소법원이 아닌 지방법원 판사로부터 피고인 2에 대한 압수 · 수색 영장을 발부받아 그 집행을 통하여 확보한 자립예탁금 거래내역표 1부, 해당거래 청구 및 수표발행전표 사본 각 1부, 지급필수표 조회내용 1부, 자기앞수표 사본 3부와 이를 기초로 작성된 2008. 1. 17.자 수사보고뿐인데, <u>위 증거들은 모두 공소제기 후 검사가 적법한 절차에 따르지 아니하고 수집한 증거들이거나 이를 기초로 하여 획득된 2차적 증거에 불과하여 원칙적으로 유죄 인정의 증거로 삼을 수 없으며,</u> 나아가 검사로서는 이 사건에서 수소법원에 압수 · 수색에 관한 직권발동을 촉구하거나 법 제272조에 의한 사실조회를 신청하여 절차를 위반하지 않고서도 소정의 증명 목적을 달성할 수 있었던 점 등 그 판시와 같은 사정들에 비추어 볼 때, 위 증거들이 유죄 인정의 증거로 사용할 수 있는 예외적인 경우에 해당하지 않는다는 이유로 이 부분 공소사실을 무죄라고 판단하였다.

### 2. 대법원 (대법원 2011. 4. 28., 선고, 2009도10412 판결)

가. 공소가 제기된 후에는 그 피고사건에 관한 형사절차의 모든 권한이 사건을 주재

하는 수소법원의 권한에 속하게 되며, 수사의 대상이던 피의자는 검사와 대등한 당사자인 피고인의 지위에서 방어권을 행사하게 되므로, 공소제기 후 구속·압수·수색 등 피고인의 기본적 인권에 직접 영향을 미치는 강제처분은 원칙적으로 수소법원의 판단에 의하여 이루어지지 않으면 안 된다.

법 또한 강제처분에 관하여, 먼저 공판절차에서 수소법원이 행하는 강제처분을 규율하는 상세한 규정을 두고(법 제68조 이하), 수사절차상 강제처분, 특히 이 사건에서 문제된 압수·수색에 대하여는 법 제215조에서 '검사는 범죄수사에 필요한 때에는 지방법원 판사에게 청구하여 발부받은 영장에 의하여 압수·수색 또는 검증을 할 수 있다'라고 규정한 다음 그 구체적인 요건, 대상, 절차 등은 수소법원이 행하는 압수·수색에 관한 규정들을 준용하는 형식을 취함으로써(법 제219조), 수사절차에서의 강제처분과 공판절차에서의 그것을 준별하고 있다.

나아가 법 제215조에 의한 압수·수색 영장청구의 절차를 구체적으로 규정한 형사소송규칙은 압수·수색 영장청구서의 기재사항으로 '피의자'의 성명 등 그 인적사항과 그 범죄사실 즉, '피의사실'의 요지를 기재하도록 되어 있고, '피의자'에게 범죄의 혐의가 있다고 인정되는 자료와 압수·수색의 필요를 인정할 수 있는 자료를 제출하여야 한다고 되어 있을 뿐(규칙 제107조 제1항, 제108조 제1항), '피고인'의 인적사항이나 '공소사실'의 요지를 기재할 수 있도록 규정하고 있지 않으며, 위 규정들이 공소제기 후 압수·수색 영장을 청구함에 있어서 준용된다고 볼 여지도 없다. 이처럼 우리 법 및 규칙은 공소제기 후 수사기관의 압수·수색 영장 청구에 관하여 정식의 구체적 절차를 전혀 마련하지 않고 있다.

결국, 법은 제215조에서 검사가 압수·수색 영장을 청구할 수 있는 시기를 공소제기 전으로 명시적으로 한정하고 있지는 아니하나, 위에서 본 바와 같은 헌법상 보장된 적법절차의 원칙과 재판받을 권리, 공판중심주의·당사자주의·직접주의를 지향하는 현행 형사소송법의 소송구조, 관련 법규의 체계, 문언 형식, 내용 등을 종합하여 보면, 일단 공소가 제기된 후에는 그 피고사건에 관하여 검사로서는 법 제215조에 의하여 압수·수색을 할 수 없다고 보아야 하며, 그럼에도 검사가 공소제기 후 법 제215조에 따라 수소법원 이외의 지방법원 판사에게 청구하여 발부받은 영장에 의하여 압수·수색을 하였다면, 그와 같이 수집된 증거는 기본적 인권보장을 위해 마련된 적법한 절차에 따르지 않은 것으로서 원칙적으로 유죄의 증거로 삼을 수 없다.

나. 한편 헌법과 형사소송법이 정한 절차에 따르지 아니하고 수집된 증거라고 할지

라도 수사기관의 증거수집 과정에서 이루어진 절차 위반행위와 관련된 모든 사정을 전체적·종합적으로 살펴볼 때, 수사기관의 절차 위반행위가 적법절차의 실질적인 내용을 침해하는 경우에 해당하지 아니하고, 오히려 그 증거의 증거능력을 배제하는 것이 헌법과 형사소송법이 형사소송에 관한 절차 조항을 마련하여 적법절차의 원칙과 실체적 진실 규명의 조화를 도모하고 이를 통하여 형사사법 정의를 실현하려 한 취지에 반하는 결과를 초래하는 것으로 평가되는 예외적인 경우라면, 법원은 그 증거를 유죄 인정의 증거로 사용할 수 있다(대법원 2007. 11. 15. 선고 2007도3061 전원합의체 판결 참조).

그러나 이러한 예외적인 경우를 함부로 인정하게 되면 결과적으로 앞서 본 원칙을 훼손하는 결과를 초래할 위험이 있으므로, 법원은 구체적인 사안이 이러한 예외적인 경우에 해당하는지를 판단하는 과정에서 원칙을 훼손하는 결과가 초래되지 않도록 유념하여야 한다. 나아가 법원이 수사기관의 절차 위반행위에도 불구하고, 그 수집된 증거를 유죄 인정의 증거로 사용할 수 있는 예외적인 경우에 해당한다고 볼 수 있으려면, 그러한 예외적인 경우에 해당한다고 볼 만한 구체적이고 특별한 사정이 존재한다는 것을 검사가 증명하여야 한다(대법원 2009. 3. 12. 선고 2008도763 판결 등 참조).

## V. 결 론

원심의 위와 같은 사실인정 및 판단은 정당하다.

대법원은 공소제기 이후의 강제수사와 관련하여 대인적 강제처분(체포·구속)은 허용하지 않고 있으며, 대물적 강제처분(압수·수색)에 대해서도 피고인에 대한 구속영장 집행현장에서의 압수·수색(제216조 제2항) 및 임의제출물의 압수(제218조) 등 법적 근거가 있는 경우를 제외하고는 원칙적으로 불허하는 입장을 취한다.

다만 공소제기 이후의 임의수사와 관련해서는 상대방의 의사에 반하지 않거나 기본권침해가 없는 한 이를 허용한다.

# 제4절 경직법의 임의동행과 형사소송법의 수사를 위한 임의동행

## I. 사례요지

피고인이 메트암페타민(일명 필로폰) 투약혐의로 임의동행 형식으로 경찰서에 간 후 자신의 소변과 모발을 경찰관에게 제출하여 마약류 관리에 관한 법률 위반(향정)으로 기소된 사안에서, 경찰관은 당시 피고인의 정신 상태, 신체에 있는 주사바늘 자국, 알콜솜 휴대, 전과 등을 근거로 피고인의 마약류 투약 혐의가 상당하다고 판단하여 경찰서로 임의동행을 요구하였고, 동행장소인 경찰서에서 피고인에게 마약류 투약 혐의를 밝힐 수 있는 소변과 모발의 임의제출을 요구하였으므로 피고인에 대한 임의동행은 마약류 투약혐의에 대한 수사를 위한 것이어서 형사소송법 제199조 제1항에 따른 임의동행에 해당하는지

## II. 논 점

경찰관 직무집행법 제3조 제2항에 따라 행정경찰 목적의 경찰활동으로 행하여지는 임의동행 외에 형사소송법 제199조 제1항에 따라 범죄 수사를 위하여 이루어진 임의동행의 적법성이 인정되는 경우

## III. 법규연구

### 1. 형사소송법

제199조(수사와 필요한 조사) ① 수사에 관하여는 그 목적을 달성하기 위하여 필요한 조사를 할 수 있다. 다만, 강제처분은 이 법률에 특별한 규정이 있는 경우에 한하며, 필요한 최소한도의 범위 안에서만 하여야 한다

### 2. 경찰관 직무집행법

제3조(불심검문) ② 경찰관은 제1항에 따라 같은 항 각 호의 사람을 정지시킨 장소에서 질문을 하는 것이 그 사람에게 불리하거나 교통에 방해가 된다고 인정될 때에는 질문을 하기 위하여 가까운 경찰서·지구대·파출소 또는 출장소(지방해양경찰관서를 포함하며, 이하 "경찰관서"라 한다)로 동행할 것을 요구할 수 있다. 이 경우 동행을 요구받은 사람은 그 요구를 거절할 수 있다.

## IV. 관련 판례

### 1. 원심 (의정부지법 2019. 12. 12. 선고 2019노453, 2054 판결)

피고인에 대한 임의동행은 경찰관 직무집행법 제3조 제2항에 의한 것인데 같은 법

제3조 제6항을 위반하여 불법구금 상태에서 제출된 피고인의 소변과 모발은 위법하게 수집된 증거라고 판단하였다.

## 2. 대법원 (대법원 2020. 5. 14., 선고, 2020도398 판결)

가. 임의동행은 경찰관 직무집행법 제3조 제2항에 따른 행정경찰 목적의 경찰활동으로 행하여지는 것 외에도 형사소송법 제199조 제1항에 따라 범죄 수사를 위하여 수사관이 동행에 앞서 피의자에게 동행을 거부할 수 있음을 알려 주었거나 동행한 피의자가 언제든지 자유로이 동행과정에서 이탈 또는 동행장소로부터 퇴거할 수 있었음이 인정되는 등 오로지 피의자의 자발적인 의사에 의하여 이루어진 경우에도 가능하다(대법원 2006. 7. 6. 선고 2005도6810 판결 등 참조).

나. 경찰관은 당시 피고인의 정신 상태, 신체에 있는 주사바늘 자국, 알콜솜 휴대, 전과 등을 근거로 피고인의 마약류 투약 혐의가 상당하다고 판단하여 경찰서로 임의동행을 요구하였고, 동행장소인 경찰서에서 피고인에게 마약류 투약혐의를 밝힐 수 있는 소변과 모발의 임의제출을 요구하였음을 알 수 있다. 그렇다면 <u>이 사건 임의동행은 마약류 투약혐의에 대한 수사를 위한 것이어서 형사소송법 제199조 제1항에 따른 임의동행에 해당한다. 그런데도 원심이 이 사건 임의동행을 경찰관 직무집행법 제3조 제2항에 따른 것으로 속단하여 위와 같이 판단한 데에는 임의동행에 관한 법리를 오해한 잘못이 있다.</u>

## V. 결 론

다만 원심은 수사기관이 위 소변과 모발을 형사소송법 제218조에 따른 임의제출물로 압수함에 있어 그 제출의 임의성도 부정하였고, 관련 법리와 기록에 비추어 살펴보면, 검사가 위 임의성의 존재에 관하여 합리적 의심을 배제할 정도로 증명하는 데에 실패하였다고 볼 수 있어서 임의성을 부정한 판단 부분에 상고이유 주장과 같이 논리와 경험의 법칙을 위반하여 자유심증주의의 한계를 벗어나거나 임의제출물 압수의 임의성, 위법수집증거 배제법칙과 증거능력에 관한 법리를 오해한 잘못이 없다.

결국, 피고인의 소변과 모발은 증거능력을 인정할 수 없으므로, 앞서 본 원심의 임의동행에 관한 법리를 오해한 잘못은 판결에 영향이 없다.

## VI. 유사판례

### 1. 임의수사 원칙과 임의동행

형사소송법 제199조 제1항은 "수사에 관하여 그 목적을 달성하기 위하여 필요한 조사를 할 수 있다. 다만, 강제처분은 이 법률에 특별한 규정이 있는 경우에 한하며, 필요한 최소한도의 범위 안에서만 하여야 한다."고 규정하여 임의수사의 원칙을 명시하고 있는바, 수사관이 수사과정에서 당사자의 동의를 받는 형식으로 피의자를 수사관서 등에 동행하는 것은, 상대방의 신체의 자유가 현실적으로 제한되어 실질적으로 체포와 유사한 상태에 놓이게 됨에도, 영장에 의하지 아니하고 그 밖에 강제성을 띤 동행을 억제할 방법도 없어서 제도적으로는 물론 현실적으로도 임의성이 보장되지 않을 뿐만 아니라, 아직 정식의 체포·구속단계 이전이라는 이유로 상대방에게 헌법 및 형사소송법이 체포·구속된 피의자에게 부여하는 각종의 권리보장 장치가 제공되지 않는 등 형사소송법의 원리에 반하는 결과를 초래할 가능성이 크므로, 수사관이 동행에 앞서 피의자에게 동행을 거부할 수 있음을 알려 주었거나 동행한 피의자가 언제든지 자유로이 동행과정에서 이탈 또는 동행장소로부터 퇴거할 수 있었음이 인정되는 등 오로지 피의자의 자발적인 의사에 의하여 수사관서 등에의 동행이 이루어졌음이 객관적인 사정에 의하여 명백하게 입증된 경우에 한하여, 그 적법성이 인정되는 것으로 봄이 상당하다. 형사소송법 제200조 제1항에 의하여 검사 또는 사법경찰관이 피의자에 대하여 임의적 출석을 요구할 수는 있겠으나, 그 경우에도 수사관이 단순히 출석을 요구함에 그치지 않고 일정 장소로의 동행을 요구하여 실행한다면 위에서 본 법리가 적용되어야 하고, 한편 <u>행정경찰 목적의 경찰활동으로 행하여지는 경찰관직무집행법 제3조 제2항 소정의 질문을 위한 동행요구도 형사소송법의 규율을 받는 수사로 이어지는 경우에는 역시 위에서 본 법리가 적용되어야 한다.</u> (대법원 2006. 7. 6., 선고, 2005도6810 판결)

### 2. 임의동행의 적법성을 인정하기 위한 요건

수사관이 수사과정에서 동의를 받는 형식으로 피의자를 수사관서 등에 동행하는 것은, 피의자의 신체의 자유가 제한되어 실질적으로 체포와 유사한데도 이를 억제할 방법이 없어서 이를 통해서는 제도적으로는 물론 현실적으로도 임의성을 보장할 수 없을 뿐만 아니라, 아직 정식 체포·구속단계 이전이라는 이유로 헌법 및 형사소송법이 체포·구속된 피의자에게 부여하는 각종 권리보장 장치가 제공되지 않는 등 형사소송법 원리에 반하는 결과를 초래할 가능성이 크다. 따라서 <u>수사관이 동행에 앞서 피의자에게 동행을 거부할 수 있음을 알려 주었거나 동행한 피의자가 언제든지 자유로이 동행과정에서 이탈 또는 동행장소에서 퇴거할 수 있었음이 인정되는 등 오로지 피의자의 자발적인 의사에 의하여 수사관서 등에 동행이 이루어졌다는 것이 객관적인 사정에 의하여 명백하게 입증된 경우에 한하여, 동행의 적법성이 인정된다.</u> (대법원 2012. 9. 13., 선고, 2012도8890 판결)

## 3. 불심검문 대상자 해당 여부 판단기준 및 불심검문 적법 요건과 내용

경찰관직무집행법의 목적, 법 제1조 제1항, 제2항, 제3조 제1항, 제2항, 제3항, 제7항의 내용 및 체계 등을 종합하면, 경찰관이 법 제3조 제1항에 규정된 대상자(이하 '불심검문 대상자'라 한다) 해당 여부를 판단할 때에는 불심검문 당시의 구체적 상황은 물론 사전에 얻은 정보나 전문적 지식 등에 기초하여 불심검문 대상자인지를 객관적·합리적인 기준에 따라 판단하여야 하나, 반드시 불심검문 대상자에게 형사소송법상 체포나 구속에 이를 정도의 혐의가 있을 것을 요한다고 할 수는 없다. 그리고 경찰관은 불심검문 대상자에게 질문을 하기 위하여 범행의 경중, 범행과의 관련성, 상황의 긴박성, 혐의의 정도, 질문의 필요성 등에 비추어 <u>목적 달성에 필요한 최소한의 범위 내에서 사회통념상 용인될 수 있는 상당한 방법으로 대상자를 정지시킬 수 있고 질문에 수반하여 흉기의 소지 여부도 조사할 수 있다.</u> (대법원 2014. 2. 27. 선고 2011도13999 판결)

# 제5절 용의자의 인상착의 등에 의한 범인식별 절차와 목격자 진술의 신빙성 정도

## Ⅰ. 사례요지

> 피고인은 05:30경 서울 강북구 E 소재 피해자 F의 주거지의 열린 안방 창문을 통해 내부로 침입한 후, 피해자가 잠을 자느라 감시가 소홀한 틈을 이용, 그곳 안방 바닥에 있던 피해자 소유의 닥스 여성용 장지갑(빨간빛체크무늬) 1개(지갑 안에 주민등록증 1매, 신한카드 1매, 국민카드 1매, 하나카드 1매, 롯데카드 1매와 신한은행통장, 하나은행통장, 농협통장과 국민보안카드 1매 및 현금 4만 원 가량이 들어 있었음)를 들고 나가는 방법으로 절취하였다.

## Ⅱ. 논 점

용의자의 인상착의 등에 의한 범인식별 절차에서 용의자 한 사람을 단독으로 목격자와 대질시키거나 용의자의 사진 한 장만을 목격자에게 제시하여 범인 여부를 확인하는 경우, 목격자 진술의 신빙성 정도

## Ⅲ. 법규연구 (형사소송법)

> 제199조(수사와 필요한 조사) ① 수사에 관하여는 그 목적을 달성하기 위하여 필요한 조사를 할 수 있다. 다만, 강제처분은 이 법률에 특별한 규정이 있는 경우에 한하며, 필요한 최소한도의 범위 안에서만 하여야 한다.
>
> 제308조(자유심증주의) 증거의 증명력은 법관의 자유판단에 의한다.

## Ⅳ. 관련 판례

### 1. 원심 (서울북부지법 2015. 4. 3. 선고 2015노137 판결)

제1심과 원심이 적법하게 채택한 증거들에 의하여 알 수 있는 ① 이 사건 당일 피고인의 주거지 CCTV와 편의점 CCTV에 나타난 피고인의 실제 각 인상착의와 피해자 · 목격자가 이 사건 절도 범행 당시 목격한 범인의 구체적 인상착의에 관한 수사기관, 법정에서의 각 진술 내용, ② 이 사건 절도 범행의 시각 · 장소와 피고인이 주거지와 편의점을 출입한 시각 및 각 장소 사이의 거리, ③ 범행 시각 무렵 피고인의 행적과 구체적 상황에 관한 피고인의 진술 내용 등 피고인을 절도 범행의 범인으로 의심할 만한 그 밖의 정황들에 비추어 보면, 원심이 목격자의 범인지목 진술에 신빙성이 있다고 판단하고 '피고인이 피해자의 주거지에 침입하여 지갑과 신용카드 등을 절취하였다'는 공소사실 부분을 유죄로 인정한 것은 정당한 것으로 수긍할 수 있다.

## 2. 대법원 (대법원 2015. 8. 27., 선고, 2015도5381 판결)

일반적으로 용의자의 인상착의 등에 의한 범인식별 절차에서 용의자 한 사람을 단독으로 목격자와 대질시키거나 용의자의 사진 한 장만을 목격자에게 제시하여 범인 여부를 확인하게 하는 것은, 사람의 기억력의 한계 및 부정확성과 구체적인 상황하에서 그 용의자가 범인으로 의심받고 있다는 무의식적 암시를 목격자에게 줄 가능성으로 인하여 그 신빙성이 낮다고 보아야 하나, 피해자의 진술 외에도 그 용의자를 범인으로 의심할 만한 다른 정황이 존재한다든가 하는 등의 부가적인 사정이 있는 경우에는 그와 달리 평가할 수 있다(대법원 2009. 6. 11. 선고 2008도12111 판결 참조).

## V. 결 론

원심판단에 목격자 진술의 신빙성에 관한 법리를 오해하거나 자유심증주의의 한계를 벗어난 위법이 없다.

## VI 유사판례

### 1. 범인식별 절차에서 목격자 진술의 신빙성을 높이기 위한 절차적 요건

용의자의 인상착의 등에 의한 범인식별 절차에서 용의자 한 사람을 단독으로 목격자와 대질시키거나 용의자의 사진 한 장만을 목격자에게 제시하여 범인 여부를 확인하게 하는 것은 사람의 기억력의 한계 및 부정확성과 구체적인 상황하에서 용의자나 그 사진상의 인물이 범인으로 의심받고 있다는 무의식적 암시를 목격자에게 줄 가능성으로 인하여, 그러한 방식에 의한 범인식별 절차에서의 목격자의 진술은, 그 용의자가 종전에 피해자와 안면이 있는 사람이라든가 피해자의 진술 외에도 그 용의자를 범인으로 의심할 만한 다른 정황이 존재한다든가 하는 등의 부가적인 사정이 없는 한 그 신빙성이 낮다고 보아야 하므로, 범인식별 절차에 있어 목격자의 진술 신빙성을 높게 평가할 수 있게 하려면, 범인의 인상착의 등에 관한 목격자의 진술 내지 묘사를 사전에 상세히 기록화한 다음, 용의자를 포함하여 그와 인상착의가 비슷한 여러 사람을 동시에 목격자와 대면시켜 범인을 지목하도록 하여야 하고, 용의자와 목격자 및 비교 대상자들이 상호 사전에 접촉하지 못하도록 하여야 하며, 사후에 증거가치를 평가할 수 있도록 대질 과정과 결과를 문자와 사진 등으로 서면화하는 등의 조치를 취하여야 하고, 사진제시에 의한 범인식별 절차에 있어서도 기본적으로 이러한 원칙에 따라야 한다. 그리고 이러한 원칙은 동영상제시·가두식별 등에 의한 범인식별 절차와 사진제시에 의한 범인식별 절차에서 목격자가 용의자를 범인으로 지목한 후에 이루어지는 동영상제시·가두식별·대면 등에 의한 범인식별 절차에도 적용되어야 한다. (대법원 2008. 1. 17., 선고, 2007도5201 판결)

# 제6절 범인식별절차의 신용성

## I. 사례요지

공소외 1은 메스암페타민(일명 히로뽕) 100g을 소지하고 공소외 2에게 이를 판매하려다가 검찰 수사관에 의하여 체포된 후 부산지방검찰청에 인치되어 이 사건 메스암페타민의 출처에 대하여 추궁을 받고 "친구인 공소외 2가 히로뽕 100g을 구하여 달라고 하여 평소 알고 지내던 공소외 3에게 전화하여 히로뽕을 구해 달라고 하니 공소외 3이 '성불상 천'이라는 동생에게 연락하라면서 휴대폰번호를 알려 주어 그 번호로 전화를 하여 호텔 앞 노상에서 '성불상 천'을 만나 400만 원을 주고 메스암페타민 100g을 교부받았다"는 취지의 진술서를 작성하였다. 검찰은 이 진술서에 나타난 위 휴대폰의 가입자를 조회하여 가입자의 주소가 '부산 금정구 회동동 (이하생략)'로 되어 있음을 알아내고 동사무소에 비치된 주민등록 등·초본을 열람하여 피고인의 이름 끝자가 '천'인 것이 확인되자 사진이 첨부된 피고인의 주민등록초본을 모사전송 받아 공소외 1에 대한 제1회 피의자신문시 그 사진을 제시하였고, 이에 공소외 1은 그 사진상의 인물이 자신에게 이 사건 메스암페타민을 판매한 '성불상 천'이 맞다고 하였다. 공소외 1은 위 사건으로 징역 1년 6월을 선고받고 복역 중 피고인의 소재가 밝혀진 후 2002. 3. 18. 이후 검찰에서 참고인으로 3회 진술하였는데, 그때는 공소장 기재 일시·장소에서 '성불상 천'으로 부터 이 사건 메스암페타민을 구입한 사실은 인정하면서도 '성불상 천'은 피고인과는 다른 사람이라고 하면서, 제1회 피의자신문시에는 '성불상 천'의 인적사항에 대하여 정확히 몰랐고 당시 상황이 너무 혼란스러워 수사관들이 핸드폰 번호를 추적하여 피고인의 이름을 대길래 '성불상 천'의 이름 끝자가 동일하여 자세히 확인해 보지도 않고 위와 같이 진술하였다고 종전 진술을 번복하였다. 피고인은 시종일관 자신은 이 사건 범인이 아니라고 변소하고 있다.

## II. 논 점

1. 용의자의 인상착의 등에 의한 범인식별 절차에 있어 용의자 한 사람을 단독으로 목격자와 대질시키거나 용의자의 사진 한 장만을 목격자에게 제시하여 범인 여부를 확인하는 경우, 목격자 진술의 신빙성 정도
2. 범인식별 절차에 있어 목격자 진술의 신빙성을 높이기 위한 절차적 요건
3. 사진제시에 의하여 이루어진 범인식별에 관한 목격자의 검찰 진술이 그 절차상의 하자에도 불구하고 높은 정도의 신빙성을 인정할 수 있다는 이유로 피고인을 범인으로 인정한 사례

## III. 법규연구 (형사소송법)

제199조(수사와 필요한 조사) ① 수사에 관하여는 그 목적을 달성하기 위하여 필요한 조사를 할 수 있다. 다만, 강제처분은 이 법률에 특별한 규정이 있는 경우에 한하며, 필요한 최소한도의 범위 안에서만 하여야 한다.
② 수사에 관하여는 공무소 기타 공사단체에 조회하여 필요한 사항의 보고를 요구할 수 있다.

# IV. 관련 판례

## 1. 원심 (부산지법 2003. 10. 28. 선고 2003노2176 판결)

피고인에 대해 유죄를 인정하였다.

## 2. 대법원 (대법원 2004. 2. 27., 선고, 2003도7033 판결)

가. 용의자의 인상착의 등에 의한 범인식별 절차에 있어 용의자 한 사람을 단독으로 목격자와 대질시키거나 용의자의 사진 한 장만을 목격자에게 제시하여 범인 여부를 확인하게 하는 것은 사람의 기억력의 한계 및 부정확성과 구체적인 상황하에서 용의자나 그 사진상의 인물이 범인으로 의심받고 있다는 무의식적 암시를 목격자에게 줄 가능성으로 인하여, 그러한 방식에 의한 범인식별 절차에서의 목격자의 진술은, 그 용의자가 종전에 피해자와 안면이 있는 사람이라든가 피해자의 진술 외에도 그 용의자를 범인으로 의심할 만한 다른 정황이 존재한다든가 하는 등의 부가적인 사정이 없는 한 그 신빙성이 낮다고 보아야 할 것이다(대법원 2001. 2. 9. 선고 2000도4946 판결 참조).

범인식별 절차에 있어 목격자의 진술 신빙성을 높게 평가할 수 있게 하려면, <u>범인의 인상착의 등에 관한 목격자의 진술 내지 묘사를 사전에 상세히 기록화한 다음, 용의자를 포함하여 그와 인상착의가 비슷한 여러 사람을 동시에 목격자와 대면시켜 범인을 지목하도록 하여야 하고, 용의자와 목격자 및 비교 대상자들이 상호 사전에 접촉하지 못하도록 하여야 하며, 사후에 증거가치를 평가할 수 있도록 대질 과정과 결과를 문자와 사진 등으로 서면화하는 등의 조치를 취하여야 할 것이고, 사진제시에 의한 범인식별 절차에 있어서도 기본적으로 이러한 원칙에 따라야 할 것이다.</u>

나. 이와 같은 관점에서 공소사실에 부합하는 공소외 1의 진술의 신빙성을 살펴보면, 검찰은 공소외 1로부터 그가 이 사건 메스암페타민을 매수하면서 목격한 판매자의 연령과 키·몸무게 등 체격조건에 관한 간략한 진술만을 확보한 다음, 공소외 1이 이 사건 메스암페타민을 매수하기 직전에 매수장소 등을 정하기 위하여 통화하였다는 휴대폰번호의 가입자 주소지를 조회하여 그 주소지를 관할하는 동에 주소를 둔 피고인의 이름 끝 자가 '천'인 것으로 확인되자 피고인의 사진이 첨부된 주민등록초본을 모사전송받아 그 사진을 공소외 1에게 제시하였고, 이에 공소외 1이 그 사진상의 인물이 이 사건 메스암페타민을 판매한 '성불상 천'이 맞다고 진술하였는바, 공소외 1의 이러한 진술은 범인식별 절차에서 신빙성을 높이기 위하여 준수하여야 할 절차를 제대로 지키지 못하였을 뿐만 아니라, 그 식별절차 이전의 과정에 비추어 볼 때 제시된 사진상의

인물인 피고인이 위 핸드폰의 가입명의자임을 알게된 공소외 1에게 피고인이 범인일 가능성이 있다는 암시가 주어졌을 개연성이 있다는 점에서 높은 정도의 신빙성이 있다고 하기는 어렵다.

그러나 공소외 1은 이 사건 메스암페타민을 구입하기 직전에 수차례에 걸쳐서 피고인 명의로 된 핸드폰으로 범인과 통화를 한 것으로 인정되는 점, 피고인은 선배인 김원대가 신용불량자이어서 핸드폰 가입이 되지 않는다고 하여 그의 부탁으로 자신의 명의를 빌려주어 김원대가 피고인 명의로 핸드폰을 가입하여 사용하다가 사망하기 전에 핸드폰을 반환받아 그 후로는 자신이 사용한 것이라고 하고 있는데, 김원대는 2000. 11. 11. 사망한 것으로 보이므로 피고인의 변소에 의하더라도 이 사건 당시인 2000. 12. 4.에는 피고인이 그 핸드폰을 사용하고 있었다고 보이는 점, 그 무렵 위 핸드폰을 통하여 피고인이 잘 알고 지내는 공소외 3, 공소외 4 등의 핸드폰과 통화가 이루어졌음은 물론 피고인의 집 전화와도 통화가 이루어진 점, 피고인은 이 사건 범행 시 누군가가 자신의 핸드폰으로 공소외 1과 이 사건 메스암페타민의 판매를 위한 통화를 하고 이를 판매하였을 것이라고 변소하나 그 변소의 진실성을 담보할 만한 사정은 기록상 전혀 찾아볼 수 없는 점 등을 종합하면, 이 사건 당시 위 핸드폰으로 공소외 1과 통화를 한 사람은 피고인이라고 보아야 할 것이고, 이러한 부가적 사정을 보태어 보면 범인식별에 관한 공소외 1의 검찰 진술은 그 절차상의 하자에도 불구하고 높은 정도의 신빙성을 인정할 수 있다.

## V. 결 론

범인식별 절차에서 목격자 진술의 신빙성을 높이기 위한 절차적 요건을 제시한 판결이다.

## VI 유사판례

### 1. 범인식별 절차에서 용의자와 목격자의 일대일 대면이 허용되는 경우

일반적으로 용의자의 인상착의 등에 의한 범인식별 절차에서 용의자 한 사람을 단독으로 목격자와 대질시키거나 용의자의 사진 한 장만을 목격자에게 제시하여 범인 여부를 확인하게 하는 것은, 사람의 기억력의 한계 및 부정확성과 구체적인 상황하에서 용의자나 그 사진상의 인물이 범인으로 의심받고 있다는 무의식적 암시를 목격자에게 줄 가능성으로 인하여, 그러한 방식에 의한 범인식별 절차에서의 목격자의 진술은, 그 용의자가 종전에 피해자와 안면이 있는 사람이라든가 피해자의 진술 외에도 그 용의자를 범인으로 의심할 만한 다른 정황이 존재한다든가 하는 등의 부가적인 사정이 없는 한 그 신빙성이 낮다고 보아야 한다.

따라서 범인식별 절차에서 목격자의 진술 신빙성을 높게 평가할 수 있게 하려면, 범인의 인상착의 등에 관한 목격자의 진술 내지 묘사를 사전에 상세히 기록화한 다음, 용의자를 포함하여 그와 인상착의가 비슷한 여러 사람을 동시에 목격자와 대면시켜 범인을 지목하도록 하여야 하고, 용의자와 목격자 및 비교대상자들이 상호 사전에 접촉하지 못하도록 하여야 하며, 사후에 증거가치를 평가할 수 있도록 대질 과정과 결과를 문자와 사진 등으로 서면화하는 등의 조치를 취하여야 한다. 그러나 범죄 발생 직후 목격자의 기억이 생생하게 살아있는 상황에서 현장이나 그 부근에서 범인식별 절차를 실시하는 경우에는, 목격자에 의한 생생하고 정확한 식별의 가능성이 열려 있고 범죄의 신속한 해결을 위한 즉각적인 대면의 필요성도 인정할 수 있으므로, 용의자와 목격자의 일대일 대면도 허용된다. (대법원 2009. 6. 11., 선고, 2008도12111 판결)

# 제7절 호흡측정에 의한 음주측정 후 동의받아 다시 혈액채취에 의한 측정의 적법성 여부

## Ⅰ. 사례요지

피고인은 교통사고로 인하여 피해차량들에 승차하고 있던 피해자 중 3명은 각 3주간의 치료가 필요한 상해를, 7명은 각 2주간의 치료가 필요한 상해를 입은 사실, 경찰서 교통조사계 소속 경사 공소외인은 사고 직후 현장에 출동하여 사고 경위를 파악한 다음 피고인과 함께 경찰서로 이동하였고, 그곳에서 호흡측정기로 음주측정을 한 결과 혈중알코올농도 0.024%로 측정된 사실, 그런데 당시 피고인은 얼굴색이 붉고 혀가 꼬부라진 발음을 하며 걸음을 제대로 걷지 못한 채 비틀거리는 등 술에 상당히 취한 모습을 보였고, 공소외인이 경찰서 내에 대기하던 피해자들에게 호흡측정 결과를 알려주자, 일부 피해자들은 측정 결과를 믿을 수 없다며 공소외인에게 혈액채취에 의한 측정을 요구한 사실, 이에 공소외인은 피고인에게 호흡측정 수치를 알려주고 '피해자들이 처벌수치 미달로 나온 것을 납득하지 못하니 정확한 조사를 위하여 채혈에 동의하겠느냐. 채혈 결과가 최종 음주수치가 된다'고 말하며 혈액채취에 의한 음주측정에 응하도록 설득하였고, 이에 <u>피고인이 순순히 응하여 '음주량이 어느 정도인지 확인하고자 혈액채취를 승낙한다'</u>는 내용의 혈액채취 동의서에 서명·무인한 다음 공소외인과 인근 병원에 동행하여 그곳 의료진의 조치에 따라 혈액을 채취한 사실, 공소외인은 이와 같이 채취된 혈액을 제출받아 국립과학수사연구원에 송부하여 그에 대한 감정을 의뢰하였는데, 혈중알코올농도가 0.239%로 측정된 사실을 알 수 있다.

## Ⅱ. 논 점

1. 음주운전에 대한 수사과정에서 음주운전 혐의가 있는 운전자에 대해 구 도로교통법 제44조 제2항에 따른 호흡측정이 이루어졌으나 호흡측정 결과에 오류가 있다고 인정할 만한 객관적이고 합리적인 사정이 있는 경우, 혈액채취에 의한 측정방법으로 다시 음주측정을 하는 것이 허용되는지 여부(한정 적극)
2. 이때 혈액채취에 의한 측정의 적법성이 인정되는 경우

## Ⅲ. 법규연구 (형사소송법)

제199조(수사와 필요한 조사) ① 수사에 관하여는 그 목적을 달성하기 위하여 필요한 조사를 할 수 있다. 다만, 강제처분은 이 법률에 특별한 규정이 있는 경우에 한하며, 필요한 최소한도의 범위 안에서만 하여야 한다.

제307조(증거재판주의) ① 사실의 인정은 증거에 의하여야 한다.

② 범죄사실의 인정은 합리적인 의심이 없는 정도의 증명에 이르러야 한다.

제308조의2(위법수집증거의 배제) 적법한 절차에 따르지 아니하고 수집한 증거는 증거로 할 수 없다.

## IV. 관련 판례

### 1. 원심 (인천지법 2014. 11. 5. 선고 2014노2303 판결)

구 도로교통법 제44조 제2항, 제3항의 해석상 경찰관이 호흡측정이 이루어진 운전자에 대하여 다시 혈액 채취의 방법으로 측정할 수 있는 경우는 운전자가 호흡측정 결과에 불복한 경우에 한정된다고 보아, <u>피고인이 호흡측정 결과에 불복하지 아니하였음에도 경찰관의 요구로 채혈하여 획득한 혈액과 이를 기초로 한 혈중알코올 감정서, 주취운전자 적발보고서, 수사보고(혈액감정결과 등), 수사결과보고가 모두 적법한 절차에 따르지 아니한 채 수집한 위법수집증거이거나 위법수집증거의 2차적 증거로서 증거능력이 없다고</u> 판단하였다.

### 2. 대법원 (대법원 2015. 7. 9., 선고, 2014도16051 판결)

수사기관은 수사의 목적을 달성하기 위하여 필요한 조사를 할 수 있으나(형사소송법 제199조 제1항 본문 참조), 수사는 그 목적을 달성함에 필요한 최소한도의 범위 내에서 사회통념상 상당하다고 인정되는 방법과 절차에 따라 수행되어야 하는 것이다(대법원 1999. 12. 7. 선고 98도3329 판결 참조). 음주운전에 대한 수사과정에서 음주운전 혐의가 있는 운전자에 대하여 구 도로교통법 제44조 제2항에 따른 호흡측정이 이루어진 경우에는 그에 따라 과학적이고 중립적인 호흡측정 수치가 도출된 이상 다시 음주측정을 할 필요성은 사라졌다고 할 것이므로 운전자의 불복이 없는 한 다시 음주측정을 하는 것은 원칙적으로 허용되지 아니한다고 할 것이다. 그러나 운전자의 태도와 외관, 운전 행태 등에서 드러나는 주취 정도, 운전자가 마신 술의 종류와 양, 운전자가 사고를 야기하였다면 그 경위와 피해의 정도, 목격자들의 진술 등 호흡측정 당시의 구체적 상황에 비추어 호흡측정기의 오작동 등으로 인하여 호흡측정 결과에 오류가 있다고 인정할 만한 객관적이고 합리적인 사정이 있는 경우라면 그러한 호흡측정 수치를 얻은 것만으로는 수사의 목적을 달성하였다고 할 수 없어 추가로 음주측정을 할 필요성이 있다고 할 것이므로, <u>경찰관이 음주운전 혐의를 제대로 밝히기 위하여 운전자의 자발적인 동의를 얻어 혈액 채취에 의한 측정의 방법으로 다시 음주측정을 하는 것을 위법하다고 볼 수는 없다.</u> 이 경우 운전자가 일단 호흡측정에 응한 이상 재차 음주측정에 응할 의무까지 당연히 있다고 할 수는 없으므로, <u>운전자의 혈액 채취에 대한 동의의 임의성을 담보하기 위하여는 경찰관이 미리 운전자에게 혈액 채취를 거부할 수 있음을 알려주었거나 운전자가 언제든지 자유로이 혈액 채취에 응하지 아니할 수 있었</u>

음이 인정되는 등 운전자의 자발적인 의사에 의하여 혈액 채취가 이루어졌다는 것이 객관적인 사정에 의하여 명백한 경우에 한하여 혈액 채취에 의한 측정의 적법성이 인정된다고 보아야 한다.

## V. 결 론

피고인에 대한 호흡측정 결과 처벌기준치에 미달하는 수치로 측정되기는 하였으나, 당시 피고인의 태도나 외관 등에서 정상적인 보행이 어려울 정도로 술에 상당히 취한 상태임이 분명히 드러났던 점, 피고인이 1차로 추돌 사고를 낸 후 곧바로 중앙선을 넘어 왼쪽으로 회전하다가 중앙선을 또다시 넘은 다음 다른 피해차량 여러 대를 들이받는 사고를 추가로 내고서야 멈춰서는 등 비정상적인 운전 행태를 보인 점, 이 사건 사고로 인하여 상해를 입은 피해자들이 10명에 이르렀고, 그중 경찰서에 대기하며 피고인의 모습을 목격한 일부 피해자들이 호흡측정 결과를 믿을 수 없다며 경찰관에게 혈액측정을 요구한 점 등 호흡측정 당시의 여러 구체적 상황으로 보아 처벌기준치에 미달한 호흡측정 결과에 오류가 있다고 인정할 만한 객관적이고 합리적인 사정이 있었다고 할 것이다. 나아가 피고인이 처벌기준치 미달로 나온 호흡측정 결과를 알면서도 경찰관의 설득에 따라 혈액 채취에 순순히 응하여 혈액 채취 동의서에 서명·무인하였고, 그 과정에서 경찰관이나 피해자들의 강요를 받았다는 정황은 없는 점, 피고인이 경찰서에서 병원으로 이동하여 혈액을 채취할 때까지 이를 거부하는 의사를 표시하였다는 사정도 없는 점 등에 비추어 보면 피고인에 대한 혈액 채취는 피고인의 자발적인 의사에 따라 이루어졌다고 볼 수 있다.

그렇다면 이 사건 사고 조사를 담당한 경찰관이 피고인의 음주운전 혐의를 제대로 밝히기 위하여 피고인의 자발적인 동의를 얻어 혈액채취에 의한 측정방법으로 다시 음주측정을 한 조치를 위법하다고 할 수 없고, 이를 통하여 획득한 혈액측정 결과 또한 위법한 절차에 따라 수집한 증거라고 할 수 없으므로 그 증거능력을 부정할 수 없다고 할 것이다.

# 제8절 수사기관 출석요구에 불응하는 구속피의자에 대한 구인과 피의자신문의 적법성 요건

## I. 사례요지

준항고인들은 국가보안법 위반의 혐의사실로 서울중앙지방법원이 발부한 구속영장에 의하여 서울구치소에 구금되었다. 수사기관인 국가정보원은 피의자신문을 하기 위하여 준항고인들에게 국가정보원 조사실로 이동할 것을 요구하였는데, 준항고인들은 수사기관에서 어떠한 조사도 받지 않겠다며 이를 거부하였다. 이에 검사가 서울구치소장에게 준항고인들이 국가정보원에서 피의자 조사를 받을 수 있도록 인치하여 달라는 내용의 협조요청 공문을 발송하였고, 서울구치소 교도관들은 위 공문에 기하여 준항고인들을 국가정보원 조사실로 구인하였던 사실 등을 알 수 있다.

## II. 논 점

1. 구속영장 발부에 의하여 적법하게 구금된 피의자가 피의자신문을 위한 출석요구에 응하지 아니하면서 수사기관 조사실에 출석을 거부할 경우, 수사기관이 구속영장의 효력에 의하여 피의자를 조사실로 구인할 수 있는지(적극)

2. 이때 피의자를 신문하기 전에 진술거부권을 고지하여야 하는지 여부(적극)

## III. 법규연구 (형사소송법)

제199조(수사와 필요한 조사) ① 수사에 관하여는 그 목적을 달성하기 위하여 필요한 조사를 할 수 있다. 다만, 강제처분은 이 법률에 특별한 규정이 있는 경우에 한하며, 필요한 최소한도의 범위 안에서만 하여야 한다.

제200조(피의자의 출석요구) 검사 또는 사법경찰관은 수사에 필요한 때에는 피의자의 출석을 요구하여 진술을 들을 수 있다.

제200조의2(영장에 의한 체포) ① 피의자가 죄를 범하였다고 의심할 만한 상당한 이유가 있고, 정당한 이유없이 제200조의 규정에 의한 출석요구에 응하지 아니하거나 응하지 아니할 우려가 있는 때에는 검사는 관할 지방법원판사에게 청구하여 체포영장을 발부받아 피의자를 체포할 수 있고, 사법경찰관은 검사에게 신청하여 검사의 청구로 관할지방법원판사의 체포영장을 발부받아 피의자를 체포할 수 있다. 다만, 다액 50만원이하의 벌금, 구류 또는 과료에 해당하는 사건에 관하여는 피의자가 일정한 주거가 없는 경우 또는 정당한 이유없이 제200조의 규정에 의한 출석요구에 응하지 아니한 경우에 한한다.

제201조(구속) ① 피의자가 죄를 범하였다고 의심할 만한 상당한 이유가 있고 제70조제1항 각호의 1에 해당하는 사유가 있을 때에는 검사는 관할지방법원판사에게 청구하여 구속영장을 받아 피의자를 구속할 수 있고 사법경찰관은 검사에게 신청하여 검사의 청구로 관할지방법원판사의 구속영장을 받아 피의자를 구속할 수 있다. 다만, 다액 50만원이하의 벌금, 구류 또는 과료에 해당하는 범죄에 관하여는 피의자가 일정한 주거가 없는 경우에 한한다.

제244조의3(진술거부권 등의 고지) ① 검사 또는 사법경찰관은 피의자를 신문하기 전에 다음 각 호의 사항을 알려주어야 한다.

1. 일체의 진술을 하지 아니하거나 개개의 질문에 대하여 진술을 하지 아니할 수 있다는 것
2. 진술을 하지 아니하더라도 불이익을 받지 아니한다는 것
3. 진술을 거부할 권리를 포기하고 행한 진술은 법정에서 유죄의 증거로 사용될 수 있다는 것
4. 신문을 받을 때에는 변호인을 참여하게 하는 등 변호인의 조력을 받을 수 있다는 것

## IV. 관련 판례

### 1. 원심 (서울중앙지법 2013. 1. 9.자 2011보13 결정)

이 사건 준항고를 모두 기각한다.

### 2. 대법원 (대법원 2013. 7. 1., 자, 2013모160 결정)

가. 형사소송법 제199조 제1항은 "수사에 관하여는 그 목적을 달성하는 데 필요한 조사를 할 수 있다. 다만 강제처분은 이 법률에 특별한 규정이 있는 경우에 한하며, 필요한 최소한도의 범위 안에서만 하여야 한다."고 하고, 법 제200조는 "검사 또는 사법경찰관은 수사에 필요한 때에는 피의자의 출석을 요구하여 진술을 들을 수 있다."라고 하여, 수사의 목적을 달성하기 위하여 임의수사의 한 방법으로 피의자신문을 할 수 있음을 규정하고 있다. 나아가 법 제200조의2 제1항은 '피의자가 죄를 범하였다고 의심할 만한 상당한 이유가 있고, 정당한 이유 없이 제200조의 규정에 의한 출석요구에 응하지 아니하거나 응하지 아니할 우려'가 있는 때에는 체포영장을 발부받아 피의자를 체포할 수 있다는 취지로 규정하고 있으므로, 수사기관은 그와 같은 경우 체포영장을 청구하여 피의자를 체포한 후 피의자를 상대로 법 제200조, 제241조 내지 제244조의5에 규정된 피의자신문을 할 수 있다.

한편 법 제201조 제1항은 "피의자가 죄를 범하였다고 의심할 만한 상당한 이유가 있고 제70조 제1항 각 호의 1에 해당하는 사유가 있을 때에는 검사는 관할 지방법원 판사에게 청구하여 구속영장을 받아 피의자를 구속할 수 있고 사법경찰관은 검사에게 신청하여 검사의 청구로 관할 지방법원 판사의 구속영장을 받아 피의자를 구속할 수 있다."라고 하여 검사나 사법경찰관이 피의자를 구속하려면 구속영장에 의하여야 한다는 점을 분명히 하고 있고, 법 제70조 제1항은 '구속의 사유'를 "피고인이 일정한 주거가 없는 때(제1호), 피고인이 증거를 인멸할 염려가 있는 때(제2호), 피고인이 도망하거나 도망할 염려가 있는 때(제3호)"로 규정하고 있다.

위와 같은 규정들의 취지와 내용에 비추어 보면, 수사기관이 관할 지방법원 판사가 발부한 구속영장에 의하여 피의자를 구속하는 경우, 그 구속영장은 기본적으로 장차 공판정에의 출석이나 형의 집행을 담보하기 위한 것이지만, 이와 함께 법 제202조, 제203조에서 정하는 구속기간의 범위 내에서 수사기관이 법 제200조, 제241조 내지 제244조의5에 규정된 피의자신문의 방식으로 구속된 피의자를 조사하는 등 적정한 방법으로 범죄를 수사하는 것도 예정하고 있다고 할 것이다. 따라서 구속영장 발부에 의하여 적법하게 구금된 피의자가 피의자신문을 위한 출석요구에 응하지 아니하면서 수사기관 조사실에의 출석을 거부한다면 수사기관은 그 구속영장의 효력에 의하여 피의자를 조사실로 구인할 수 있다고 보아야 할 것이다. 다만 이러한 경우에도 그 피의자신문 절차는 어디까지나 법 제199조 제1항 본문, 제200조의 규정에 따른 임의수사의 한 방법으로 진행되어야 할 것이므로, 피의자는 헌법 제12조 제2항과 법 제244조의3에 따라 일체의 진술을 하지 아니하거나 개개의 질문에 대하여 진술을 거부할 수 있고, 수사기관은 피의자를 신문하기 전에 그와 같은 권리를 알려주어야 한다.

나. 준항고인들에 대하여 적법한 구속영장이 발부된 이상 수사기관으로서는 피의자신문을 위하여 준항고인들을 조사실로 구인할 수 있다고 할 것이고, 그 피의자신문 과정에서 진술거부권이 고지되지 않았다거나 준항고인들의 진술을 강제하였다고 볼 만한 별다른 자료를 찾아볼 수 없는 이상, 피의자신문을 위하여 준항고인들을 인치 내지 구인한 수사기관의 조치에 어떠한 위법이 있다고 할 수 없다.

## V. 결 론

수사기관 조사실에의 출석을 거부하는 구속피의자에 대한 수사기관의 구인은 구속영장의 효력에 의하여 가능하지만, 구인 이후의 피의자신문 절차는 임의수사의 한 방법으로 진행되어야 함을 명확히 하고 있다.

# 제9절 피의자 아닌 자에 대한 진술거부권 불고지와 그 진술의 증거능력

## I. 사례요지

피고인들이 중국에 있는 甲과 공모한 후 중국에서 입국하는 乙을 통하여 필로폰이 들어있는 곡물포대를 배달받는 방법으로 필로폰을 수입하였다고 하여 주위적으로 기소되었는데 검사가 乙에게서 곡물포대를 건네받아 피고인들에게 전달하는 역할을 한 참고인 丙에 대한 검사 작성 진술조서를 증거로 신청한 사안에서, 丙이 위 범행의 공범으로서 피의자 지위에 있다고 볼 수 있고 진술거부권 불고지로 인하여 丙에 대한 진술조서의 증거능력이 있는지

## II. 논 점

1. 진술거부권 고지 대상이 되는 피의자 지위가 인정되는 시기
2. 피의자 지위에 있지 아니한 자에게 진술거부권이 고지되지 아니한 경우, 진술의 증거능력 유무(적극)

## III. 법규연구 (형사소송법)

제244조의3(진술거부권 등의 고지) ① 검사 또는 사법경찰관은 피의자를 신문하기 전에 다음 각 호의 사항을 알려주어야 한다.
　1. 일체의 진술을 하지 아니하거나 개개의 질문에 대하여 진술을 하지 아니할 수 있다는 것
　2. 진술을 하지 아니하더라도 불이익을 받지 아니한다는 것
　3. 진술을 거부할 권리를 포기하고 행한 진술은 법정에서 유죄의 증거로 사용될 수 있다는 것
　4. 신문을 받을 때에는 변호인을 참여하게 하는 등 변호인의 조력을 받을 수 있다는 것
제308조의2(위법수집증거의 배제) 적법한 절차에 따르지 아니하고 수집한 증거는 증거로 할 수 없다.

## IV. 관련 판례

### 1. 원심 (광주고법 2011. 6. 14. 선고 (전주)2011노14 판결)

丙은 피고인들이 공소외 1로부터 필로폰을 수입 또는 매수하면서 피고인들을 돕기 위하여 피고인들과 함께 또는 홀로 인천국제여객터미널로 가서 공소외 2로부터 필로폰이 들어있는 곡물포대를 건네받는 등의 역할을 한 사람이므로 피고인들의 필로폰 수입 또는 매수 범행의 공범으로서 피의자의 지위에 있는데, 丙에 대한 진술조서는 그것이 진술조서의 형식을 취하였다고 하더라도 그 실질적인 내용과 성격은 丙에 대한 피의자

신문조서와 달리 볼 수 없고, 따라서 <u>수사기관이 형사소송법 제244조의3 제1항에 따라 丙에게 미리 진술거부권을 고지하였음을 인정할 만한 아무런 자료가 없는 이상 丙에 대한 진술조서는 위법하게 수집된 증거로서 증거능력이 없다</u>'라는 이유로 증거신청을 기각하는 한편, 丙 진술의 특신상태를 입증하기 위하여 검사가 신청한 丙에 대한 영상녹화CD 검증신청도 받아들이지 않았다.

## 2. 대법원 (대법원 2011. 11. 10., 선고, 2011도8125 판결)

가. 형사소송법 제244조의3은 검사 또는 사법경찰관이 출석한 피의자를 신문하기 전에 미리 피의자에 대하여 진술을 거부할 수 있음을 알려주어야 한다고 규정하고 있다.

대법원은 이러한 피의자의 진술거부권은 헌법이 보장하는 형사상 자기에 불리한 진술을 강요당하지 않는 자기부죄거부의 권리에 터잡은 것이므로 수사기관이 피의자를 신문함에 있어서 피의자에게 미리 진술거부권을 고지하지 않은 때에는 그 피의자의 진술은 위법하게 수집된 증거로서 진술의 임의성이 인정되는 경우라도 증거능력이 부인되어야 하고, 피의자의 진술을 녹취 내지 기재한 서류 또는 문서가 수사기관에서의 조사과정에서 작성된 것이라면, 그것이 '진술조서, 진술서, 자술서'라는 형식을 취하였다고 하더라도 피의자신문조서와 달리 볼 수 없다는 점을 여러 차례 확인한 바 있다(대법원 1992. 6. 23. 선고 92도682 판결, 대법원 2009. 8. 20. 선고 2008도8213 판결).

위와 같이 피의자에 대한 진술거부권의 고지는 피의자의 진술거부권을 실효적으로 보장하여 진술이 강요되는 것을 막기 위하여 인정되는 것인데, 이러한 진술거부권 고지에 관한 형사소송법의 규정내용 및 진술거부권 고지가 갖는 실질적인 의미를 고려하면 수사기관에 의한 진술거부권 고지의 대상이 되는 피의자의 지위는 수사기관이 조사대상자에 대한 범죄혐의를 인정하여 수사를 개시하는 행위를 한때에 인정되는 것으로 봄이 상당하다(대법원 2001. 10. 26. 선고 2000도2968 판결, 대법원 2010. 6. 24. 선고 2008도12127 판결 참조). 따라서 이러한 <u>피의자의 지위에 있지 아니한 자에 대하여는 진술거부권이 고지되지 아니하였다 하더라도 그 진술의 증거능력을 부정할 것은 아니다.</u>

나. 이 사건 필로폰이 중국에서 국내로 반입되어 피고인들에게 전달되는 과정에서 丙이 인천국제여객터미널에서 공소외 2로부터 필로폰이 은닉된 곡물포대를 건네받아 이를 피고인들에게 전달하는 역할을 하였다는 것이므로, 그에 의하면 丙이 피고인들과 이 사건 필로폰의 수입 내지 매수에 관한 공범관계에 있을 가능성을 배제할 수는 없지

만, 丙이 피고인들과 공범관계에 있을 가능성만으로 丙이 이 사건의 참고인으로서 검찰 조사를 받을 당시 또는 그 후라도 검사가 丙에 대한 범죄혐의를 인정하고 수사를 개시하여 丙이 피의자의 지위에 있게 되었다고 단정할 수 없고 그와 같이 볼 만한 아무런 객관적인 자료가 없으며, 검사가 丙에 대한 수사를 개시할 수 있는 상태이었는데도 진술거부권 고지를 잠탈할 의도로 피의자신문이 아닌 참고인 조사의 형식을 취한 것으로 볼 만한 사정도 기록상 찾을 수 없다. 오히려 피고인들이 이 사건 수사과정에서 이 사건 필로폰이 중국으로부터 수입되는 것인지 몰랐다는 취지로 변소하였기 때문에 피고인들의 수입에 관한 범의를 명백하게 하기 위하여 검사가 이 사건 필로폰이 은닉된 곡물포대를 받아 피고인들에게 전달한 丙을 참고인으로 조사한 것이라면, 丙이 수사기관에 의해 범죄혐의를 인정받아 수사가 개시된 피의자의 지위에 있었다고 할 수 없고, 丙이 피의자로서의 지위가 아닌 참고인으로서 조사를 받으면서 수사기관으로부터 진술거부권을 고지받지 않았다 하더라도 그 이유만으로 그 진술조서가 위법수집증거로서 증거능력이 없다고 할 수 없다.

## V. 결 론

원심은 丙이 피고인들의 필로폰 수입 또는 매수 범행의 공범으로서 피의자의 지위에 있다고 단정한 후 진술거부권 불고지로 인하여 丙에 대한 진술조서의 증거능력이 없다고 판단하고 그 진술조서의 특신상태를 입증하기 위한 검사의 영상녹화CD 검증신청을 받아들이지 아니하고 말았으니, 이러한 원심의 판단에는 진술거부권을 고지하지 않은 상태에서 행해진 피의자 진술의 증거능력에 관한 법리를 오해한 위법이 있다.

대법원은 진술거부권의 고지와 관련하여 피의자와 피고인에 대해서는 형사소송법 제244조의3 및 제283조의2에 의해 적법절차의 내용을 이룬다고 보아 그 위반에 대해 제308조의2를 적용하여 증거능력을 부정하는 반면 피의자 아닌 자와 관련해서는 적법절차 위반으로 평가하지 않는다.

# 제10절 위법한 강제연행 후 이루어진 채뇨 요구의 적법성

## I. 사례요지

마약 투약혐의를 받고 있던 피고인이 임의동행을 거부하겠다는 의사를 표시하였는데도 경찰관들이 피고인을 영장 없이 강제로 연행한 상태에서 마약 투약 여부의 확인을 위한 1차 채뇨절차가 이루어졌는데, 그 후 압수영장에 기하여 2차 채뇨절차가 이루어지고 그 결과를 분석한 소변 감정서 등이 증거로 제출되었다.

## II. 논 점

1. 동행을 거부하는 의사를 표시한 피의자를 수사기관이 영장에 의하지 아니하고 강제연행한 행위가 위법한 체포에 해당하는지 여부(적극)
2. 위법한 체포상태에서 이루어진 마약 투약혐의를 확인하기 위한 채뇨 요구가 위법한지 여부(적극)

## III. 법규연구 (형사소송법)

제199조(수사와 필요한 조사) ① 수사에 관하여는 그 목적을 달성하기 위하여 필요한 조사를 할 수 있다. 다만, 강제처분은 이 법률에 특별한 규정이 있는 경우에 한하며, 필요한 최소한도의 범위 안에서만 하여야 한다.

제200조의2(영장에 의한 체포) ① 피의자가 죄를 범하였다고 의심할 만한 상당한 이유가 있고, 정당한 이유없이 제200조의 규정에 의한 출석요구에 응하지 아니하거나 응하지 아니할 우려가 있는 때에는 검사는 관할 지방법원판사에게 청구하여 체포영장을 발부받아 피의자를 체포할 수 있고, 사법경찰관은 검사에게 신청하여 검사의 청구로 관할지방법원판사의 체포영장을 발부받아 피의자를 체포할 수 있다. 다만, 다액 50만원이하의 벌금, 구류 또는 과료에 해당하는 사건에 관하여는 피의자가 일정한 주거가 없는 경우 또는 정당한 이유없이 제200조의 규정에 의한 출석요구에 응하지 아니한 경우에 한한다.

제308조의2(위법수집증거의 배제) 적법한 절차에 따르지 아니하고 수집한 증거는 증거로 할 수 없다.

## IV. 관련 판례

### 1. 원심 (부산지법 2012. 10. 19. 선고 2012노2164 판결)

동행 요구 및 체포과정에서의 위법이나 그에 따라 수집된 증거의 증거능력에 관하여 별다른 심리를 하지 아니한 채 이 사건 각 감정서 등의 증거능력을 인정하는 전제에서 마약류 관리에 관한 법률 위반(향정) 부분의 공소사실을 유죄로 인정하였다.

## 2. 대법원 (대법원 2013. 3. 14., 선고, 2012도13611 판결)

가. 형사소송법 제199조 제1항은 "수사에 관하여 그 목적을 달성하는 데 필요한 조사를 할 수 있다. 다만, 강제처분은 이 법률에 특별한 규정이 있는 경우에 한하며, 필요한 최소한도의 범위 안에서만 하여야 한다."고 정하여 임의수사의 원칙을 밝히고 있다. 수사관이 수사과정에서 당사자의 동의를 받는 형식으로 피의자를 수사관서 등에 동행하는 것은 그 신체의 자유가 영장에 의하지 아니하고 현실적으로 제한되어 실질적으로 체포와 유사한 상태에 놓이게 됨에도, 사실상 강제성을 띤 동행을 억제할 방법이 없어서 제도적으로는 물론 현실적으로도 임의성이 보장되지 아니할 우려가 적지 아니하다. 따라서 수사관이 동행에 앞서 피의자에게 동행을 거부할 수 있음을 알려 주었거나 동행한 피의자가 언제든지 자유로이 동행과정에서 이탈 또는 동행 장소에서 퇴거할 수 있었음이 인정되는 등 오로지 피의자의 자발적인 의사에 의하여 수사관서 등에의 동행이 이루어졌음이 객관적인 사정에 의하여 명백하게 입증된 경우에 한하여 그 적법성이 인정되는 것으로 봄이 타당하다(대법원 2006. 7. 6. 선고 2005도6810 판결 등 참조). 나아가 <u>피의자가 동행을 거부하는 의사를 표시하였음에도 불구하고 경찰관들이 영장에 의하지 아니하고 피의자를 강제로 연행한 행위는 수사상의 강제처분에 관한 형사소송법상의 절차를 무시한 채 이루어진 것으로 위법한 체포에 해당하고, 이와 같이 위법한 체포상태에서 마약 투약 혐의를 확인하기 위한 채뇨 요구가 이루어진 경우, 채뇨 요구를 위한 위법한 체포와 그에 이은 채뇨 요구는 마약 투약이라는 범죄행위에 대한 증거수집을 위하여 연속하여 이루어진 것으로서 개별적으로 그 적법 여부를 평가하는 것은 적절하지 아니하므로 그 일련의 과정을 전체적으로 보아 위법한 채뇨 요구가 있었던 것으로 볼 수밖에 없다</u>(대법원 2006. 11. 9. 선고 2004도8404 판결 참조).

나. 피고인을 강제로 연행한 조치는 위법한 체포에 해당하고, 위법한 체포상태에서 이루어진 채뇨 요구 또한 위법하므로 그에 의하여 수집된 '소변검사시인서'는 유죄 인정의 증거로 삼을 수 없으나, 한편 연행 당시 피고인이 마약을 투약한 것이거나 자살할지도 모른다는 취지의 구체적 제보가 있었던 데다가, 피고인이 경찰관 앞에서 바지와 팬티를 내리는 등 비상식적인 행동을 하였던 사정 등에 비추어 피고인에 대한 긴급한 구호의 필요성이 전혀 없었다고 볼 수 없는 점, 경찰관들은 임의동행 시점으로부터 얼마 지나지 아니하여 체포의 이유와 변호인 선임권 등을 고지하면서 피고인에 대한 긴급체포의 절차를 밟는 등 절차의 잘못을 시정하려고 한 바 있어, <u>경찰관들의 위와 같은 임의동행조치는 단지 수사의 순서를 잘못 선택한 것이라고 할 수 있지만 관련</u>

법규정으로부터의 실질적 일탈 정도가 헌법에 규정된 영장주의 원칙을 현저히 침해할 정도에 이르렀다고 보기 어려운 점 등에 비추어 볼 때, 위와 같은 2차적 증거 수집이 위법한 체포·구금절차에 의하여 형성된 상태를 직접 이용하여 행하여진 것으로는 쉽사리 평가할 수 없으므로, 이와 같은 사정은 체포과정에서의 절차적 위법과 2차적 증거 수집 사이의 인과관계를 희석하게 할 만한 정황에 속하고, 메스암페타민 투약 범행의 중대성도 아울러 참작될 필요가 있는 점 등 제반 사정을 고려할 때 2차적 증거인 소변 감정서 등은 증거능력이 인정된다.

## V. 결 론

법관이 발부한 압수영장에 의하여 이루어진 2차 채뇨 및 채모 절차를 통해 획득된 이 사건 각 감정서는 모두 그 증거능력이 인정된다고 할 것이다.

대법원은 1차 채뇨절차가 영장주의에 위반하여 위법하다고 보고 그에 의해 수집된 소변검사인지서는 위법수집증거로 보았지만, 그 후 압수영장에 의해 적법하게 이루어진 2차 채뇨절차에 의한 소변감정서는 독수독과원칙의 예외사유인 인과관계의 단절을 이유로 그 증거능력을 인정하였다.

# 제11절 무인단속 장비에 의한 사진촬영의 적법성과 증거능력

## I. 사례요지

차량의 신호위반이나 과속을 단속하기 위해 설치된 무인장비를 통해 위반차량을 촬영한 후 이를 근거로 출력한 사진의 증거능력이 있는지

## II. 논 점

무인장비에 의하여 제한속도 위반차량의 차량번호 등을 촬영한 사진의 증거능력 유무 (적극)

## III. 법규연구 (형사소송법)

제199조(수사와 필요한 조사) ① 수사에 관하여는 그 목적을 달성하기 위하여 필요한 조사를 할 수 있다. 다만, 강제처분은 이 법률에 특별한 규정이 있는 경우에 한하며, 필요한 최소한도 의 범위 안에서만 하여야 한다.

## IV. 관련 판례

### 1. 원심 (서울지법 1998. 9. 4. 선고 97노9234 판결)

그 범죄사실을 유죄로 인정한 제1심판결을 그대로 유지하였다.

### 2. 대법원 (대법원 1999. 12. 7., 선고, 98도3329 판결)

이 사건 교통단속용 무인장비가 특허 아닌 실용신안 등록을 마친 것에 불과하다는 등 상고이유의 주장이 내세우고 있는 사정들이 있다 하여 위와 달리 볼 것이 아니다.

그리고 수사, 즉 범죄혐의의 유무를 명백히 하여 공소를 제기·유지할 것인가의 여부를 결정하기 위하여 범인을 발견·확보하고 증거를 수집·보전하는 수사기관의 활동은 수사 목적을 달성함에 필요한 경우에 한하여 사회통념상 상당하다고 인정되는 방법 등에 의하여 수행되어야 하는 것이다.

무인장비에 의한 제한속도 위반차량 단속은 이러한 수사활동의 일환으로서 도로에서 의 위험을 방지하고 교통의 안전과 원활한 소통을 확보하기 위하여 도로교통법령에 따라 정해진 제한속도를 위반하여 차량을 주행하는 범죄가 현재 행하여지고 있고, 그 범

죄의 성질·태양으로 보아 긴급하게 증거보전을 할 필요가 있는 상태에서 일반적으로 허용되는 한도를 넘지 않는 상당한 방법에 의한 것이라고 판단된다.

## V. 결 론

따라서 이를 통하여 피고인 운전 차량의 차량번호 등을 촬영한 이 사건 사진을 두고 위법하게 수집된 증거로서 증거능력이 없다고 말할 수도 없다.

# 제12절 정보저장매체에 기억된 문자정보 또는 그 출력물을 증거로 사용하기 위한 요건

## Ⅰ. 논 점

1. 정보저장매체에 기억된 문자정보 또는 그 출력물을 증거로 사용하기 위한 요건
2. 정보저장매체 원본을 대신하여 저장매체에 저장된 자료를 '하드카피' 또는 '이미징' 한 매체로부터 출력한 문건의 경우, 그 출력 문건과 정보저장매체에 저장된 자료가 동일하고 정보저장매체 원본이 문건 출력 시까지 변경되지 않았다는 점에 대한 증명 방법

## Ⅱ. 법규연구 (형사소송법)

> 제307조(증거재판주의) ① 사실의 인정은 증거에 의하여야 한다.
> ② 범죄사실의 인정은 합리적인 의심이 없는 정도의 증명에 이르러야 한다.
> 제308조(자유심증주의) 증거의 증명력은 법관의 자유판단에 의한다.
> 제310조의2(전문증거와 증거능력의 제한) 제311조 내지 제316조에 규정한 것 이외에는 공판준비 또는 공판기일에서의 진술에 대신하여 진술을 기재한 서류나 공판준비 또는 공판기일 외에서의 타인의 진술을 내용으로 하는 진술은 이를 증거로 할 수 없다.

## Ⅲ. 관련 판례

### 1. 원심 (서울고법 2013. 2. 8. 선고 2012노805 판결)

공소외 1 회사 사무실 또는 피고인들의 주거지에 대한 압수·수색을 집행하였던 국가정보원 수사관들, 국가정보원 사무실에서의 '이미징' 절차에 참여하였던 전문가들의 각 증언 등에 의하여 인정되는 다음과 같은 사정들, 즉 국가정보원 수사관들은 피고인들 혹은 가족, 직원이 참여한 상태에서 원심 판시 각 정보저장매체를 압수한 다음 참여자의 서명을 받아 봉인하였고, 국가정보원에서 일부 정보저장매체에 저장된 자료를 '이미징' 방식으로 복제할 때 피고인들 또는 위 전문가들로부터 서명을 받아 봉인상태 확인, 봉인해제, 재봉인하였으며, 이들은 정보저장매체 원본의 해쉬 값과 '이미징' 작업을 통해 생성된 파일의 해쉬 값이 동일하다는 취지로 서명하였던 사정들과 함께, 제1심법원이 피고인들 및 검사, 변호인이 모두 참여한 가운데 검증을 실시하여 그 검증과정에서 산출한 해쉬 값과 압수·수색 당시 쓰기방지장치를 부착하여 '이미징'

작업을 하면서 산출한 해쉬 값을 대조하여 그 해쉬 값이 동일함을 확인하거나, '이미징' 작업을 통해 생성된 파일의 문자정보와 그 출력 문건이 동일함을 확인하였던 사정, 일부 정보저장매체의 경우 원심에서 시행한 검증결과 부분의 봉인봉투 안에 전자정보에 관한 전문가로서 '이미징' 과정에 참여하였던 전문가가 서명한 것으로 보이는 이전의 봉인해제 봉투가 존재하는 사실을 확인한 사정 등을 종합하면, 원심 판시와 같이 증거로 제출된 출력 문건들은 압수된 정보저장매체 원본에 저장되었던 내용과 동일한 것일 뿐만 아니라, 정보저장매체 원본이 문건 출력 시까지 변경되지 않았다고 인정할 수 있으므로 그 출력 문건들을 증거로 사용할 수 있다고 판단하였다.

## 2. 대법원 (대법원 2013. 7. 26., 선고, 2013도2511 판결)

압수물인 컴퓨터용 디스크 그 밖에 이와 비슷한 정보저장매체(이하 '정보저장매체'라고만 한다)에 입력하여 기억된 문자정보 또는 그 출력물(이하 '출력 문건'이라 한다)을 증거로 사용하기 위해서는 정보저장매체 원본에 저장된 내용과 출력 문건의 동일성이 인정되어야 하고, 이를 위해서는 정보저장매체 원본이 압수 시부터 문건 출력 시까지 변경되지 않았다는 사정, 즉 무결성이 담보되어야 한다. 특히 정보저장매체 원본을 대신하여 저장매체에 저장된 자료를 '하드카피' 또는 '이미징' 한 매체로부터 출력한 문건의 경우에는 정보저장매체 원본과 '하드카피' 또는 '이미징' 한 매체 사이에 자료의 동일성도 인정되어야 할 뿐만 아니라, 이를 확인하는 과정에서 이용한 컴퓨터의 기계적 정확성, 프로그램의 신뢰성, 입력·처리·출력의 각 단계에서 조작자의 전문적인 기술능력과 정확성이 담보되어야 한다. 이 경우 출력 문건과 정보저장매체에 저장된 자료가 동일하고 정보저장매체 원본이 문건 출력 시까지 변경되지 않았다는 점은, 피압수·수색 당사자가 정보저장매체 원본과 '하드카피' 또는 '이미징' 한 매체의 해쉬(Hash) 값이 동일하다는 취지로 서명한 확인서면을 교부받아 법원에 제출하는 방법에 의하여 증명하는 것이 원칙이나, 그와 같은 방법에 의한 증명이 불가능하거나 현저히 곤란한 경우에는, 정보저장매체 원본에 대한 압수, 봉인, 봉인해제, '하드카피' 또는 '이미징' 등 일련의 절차에 참여한 수사관이나 전문가 등의 증언에 의해 정보저장매체 원본과 '하드카피' 또는 '이미징' 한 매체 사이의 해쉬 값이 동일하다거나 정보저장매체 원본이 최초 압수 시부터 밀봉되어 증거 제출 시까지 전혀 변경되지 않았다는 등의 사정을 증명하는 방법 또는 법원이 그 원본에 저장된 자료와 증거로 제출된 출력 문건을 대조하는 방법 등으로도 그와 같은 무결성·동일성을 인정할 수 있으며, 반드시 압수·수색 과정을 촬영한 영상녹화물 재생 등의 방법으로만 증명하여야 한다고 볼 것은 아니다.

## IV. 결 론

원심의 이러한 판단은 정당한 것으로 수긍할 수 있고, 거기에 전자증거의 무결성·동일성 그리고 신뢰성에 대한 입증 방법이나 그 입증의 정도 등에 관한 법리를 오해한 위법이 없으며, 나아가 위와 같은 정보저장매체 등이 수사기관에 의하여 조작되었다거나 피고인들이 그 정보저장매체를 소유 내지 소지한 것이 아니라는 취지의 주장을 배척한 원심의 조치에도 상고이유에서 주장하는 바와 같은 위법이 있다고 할 수 없다.

대법원은 정보저장매체에 저장된 전자정보의 출력물을 증거로 사용하기 위해서 원본의 존재, 필요성(원본제출의 불가능·곤란), 원본과의 동일성(무결성), 즉 원칙적으로 원본매체와 복사매체 사이의 해쉬값의 동일함이 피압수당사자가 인정하는 방법에 의하여 증명되거나 예외로 수사관 또는 전문가의 증언에 의하여 증명되어야 함을 요구한다.

# 제13절 수표 사본의 증거능력을 인정하기 위한 요건

## I. 사례요지

수표를 발행한 후 예금부족 등으로 지급되지 아니하게 하였다는 부정수표단속법위반 공소사실을 증명하기 위하여 제출되는 수표에 대하여 수표 원본이 아닌 전자복사기를 사용하여 복사한 사본이 증거로 제출되고 피고인이 이를 증거로 하는 데 부동의한 경우, 위 수표 사본의 증거능력을 인정하기 위한 요건

## II. 논 점

1. 수표를 발행한 후 예금부족 등으로 지급되지 아니하게 하였다는 부정수표단속법위반 공소사실을 증명하기 위하여 제출되는 수표에 대하여 형사소송법 제310조의2의 전문법칙이 적용되는지 여부(소극)

2. 이때 수표 원본이 아닌 전자복사기를 사용하여 복사한 사본이 증거로 제출되고 피고인이 이를 증거로 하는 데 부동의한 경우, 위 수표 사본의 증거능력을 인정하기 위한 요건

## III. 법규연구 (형사소송법)

제307조(증거재판주의) ① 사실의 인정은 증거에 의하여야 한다.

② 범죄사실의 인정은 합리적인 의심이 없는 정도의 증명에 이르러야 한다.

제310조의2(전문증거와 증거능력의 제한) 제311조 내지 제316조에 규정한 것 이외에는 공판준비 또는 공판기일에서의 진술에 대신하여 진술을 기재한 서류나 공판준비 또는 공판기일 외에서의 타인의 진술을 내용으로 하는 진술은 이를 증거로 할 수 없다.

제318조(당사자의 동의와 증거능력) ① 검사와 피고인이 증거로 할 수 있음을 동의한 서류 또는 물건은 진정한 것으로 인정한 때에는 증거로 할 수 있다.

② 피고인의 출정없이 증거조사를 할 수 있는 경우에 피고인이 출정하지 아니한 때에는 전항의 동의가 있는 것으로 간주한다. 단, 대리인 또는 변호인이 출정한 때에는 예외로 한다.

## IV. 관련 판례

### 1. 원심 (서울중앙지법 2015. 1. 23. 선고 2014노1754, 4370 판결)

피고인이 당좌수표를 발행하였으나 예금부족 또는 거래정지처분으로 지급되지 아니하게 하였다는 공소사실에 대하여, 검사가 증거로 제출한 이 사건 각 당좌수표 사본은 증거물이 아닌 문서의 사본으로 제시한 것이고, 따라서 피고인이 증거로 함에 동의하

지 아니한 이상 이를 증거로 사용하기 위해서는 특히 신용할 만한 정황에 의하여 이 사건 각 당좌수표가 작성되었는지를 살펴야 할 것인데, 이 사건 각 당좌수표 사본의 액면금 부분 필적이 다른 당좌수표 사본들의 해당 부분 필적과 다르고 한자가 아닌 한글로 기재되어 있는 등의 사정을 고려하면 위 각 당좌수표 사본이 특히 신용할 만한 정황에 의하여 작성되었다고 단정하기 어려우므로 이를 증거로 사용할 수 없고, 각 해당 고발장 등 기재만으로는 이 부분 공소사실을 인정하기에 부족하다고 보아, 이에 대하여 <u>무죄를 선고한 제1심을 유지하였다.</u>

## 2. 대법원 (대법원 2015. 4. 23., 선고, 2015도2275 판결)

피고인이 수표를 발행하였으나 예금부족 또는 거래정지처분으로 지급되지 아니하게 하였다는 부정수표단속법위반의 공소사실을 증명하기 위하여 제출되는 수표는 그 서류의 존재 또는 상태 자체가 증거가 되는 것이어서 증거물인 서면에 해당하고 어떠한 사실을 직접 경험한 사람의 진술에 갈음하는 대체물이 아니므로, <u>증거능력은 증거물의 예에 의하여 판단하여야 하고, 이에 대하여는 형사소송법 제310조의2에서 정한 전문법칙이 적용될 여지가 없다.</u> 이때 <u>수표 원본이 아니라 전자복사기를 사용하여 복사한 사본이 증거로 제출되었고 피고인이 이를 증거로 하는 데 부동의한 경우 위 수표 사본을 증거로 사용하기 위해서는 수표 원본을 법정에 제출할 수 없거나 제출이 곤란한 사정이 있고 수표 원본이 존재하거나 존재하였으며 증거로 제출된 수표 사본이 이를 정확하게 전사한 것이라는 사실이 증명되어야 한다.</u>

## V. 결 론

원심으로서는 이 사건 각 당좌수표 원본을 법정에 제출할 수 없거나 그 제출이 곤란한 사정이 있고 그 원본이 존재하거나 존재하였으며 증거로 제출된 이 사건 각 당좌수표 사본이 이를 정확하게 전사한 것인지 아닌지를 심리하여 이 점이 증명되는 경우 그 증거능력을 인정하여야 할 것이고, 한편 이 사건 각 당좌수표 사본의 액면금 부분 필적이 다른 당좌수표들과 다르다는 등의 사정은 증명력의 문제일 뿐 증거능력의 문제는 아니라 할 것이다.

그럼에도 원심은 그 판시와 같은 이유만으로 이 사건 각 당좌수표 사본의 증거능력을 부인하고 이 부분 공소사실을 무죄로 판단하고 말았다. 이러한 원심판결에는 이 사건 각 당좌수표의 증거로서의 성격 및 이 사건 각 당좌수표 사본의 증거능력에 관한 법리를 오해하여 판결에 영향을 미친 위법이 있다.

즉, 부정수표단속법위반죄의 수표는 '증거물인 서면'에 해당하여 전문법칙이 적용될 여지가 없으며, 사본의 경우에는 사본으로서의 요건(즉, 원본의 존재, 원본제출의 불능·곤란, 정확성)을 갖추어야 한다.

# 제14절 상해진단서의 증명력

## I. 사례요지

> 피고인이 피해자 공소외 1(63세)과 보증금 반환 문제로 언쟁을 하던 중 피해자가 피고인의 앞을 가로막자, 비키라고 하면서 양손으로 피해자의 상의 가슴 쪽 옷을 잡아당겨 옆으로 밀어 넘어뜨려 약 2주간의 치료를 요하는 요추부 염좌상을 가하였다.

## II. 논 점

1. 상해진단서의 증명력
2. 상해진단서가 주로 통증이 있다는 피해자의 주관적인 호소 등에 의존하여 의학적인 가능성만으로 발급된 경우, 그 증명력을 판단하는 방법

## III. 법규연구 (형사소송법)

> 제308조(자유심증주의) 증거의 증명력은 법관의 자유판단에 의한다.

## IV. 관련 판례

### 1. 원심 (부산지법 2016. 9. 8. 선고 2015노2695 판결)

피해자의 진술과 상해진단서 등을 토대로 피해자가 피고인의 행위에 의하여 상해를 입었다고 평가함이 상당하다는 이유로 상해죄의 유죄를 인정한 제1심판결을 그대로 유지하였다.

### 2. 대법원 (대법원 2016. 11. 25., 선고, 2016도15018 판결)

가. 형사사건에서 상해진단서는 피해자의 진술과 함께 피고인의 범죄사실을 증명하는 유력한 증거가 될 수 있다(대법원 2011. 1. 27. 선고 2010도12728 판결 등 참조). 그러나 상해 사실의 존재 및 인과관계 역시 합리적인 의심이 없는 정도의 증명에 이르러야 인정할 수 있으므로, 상해진단서의 객관성과 신빙성을 의심할 만한 사정이 있는 때에는 그 증명력을 판단하는 데 매우 신중하여야 한다. 특히 상해진단서가 주로 통증이 있다는 피해자의 주관적인 호소 등에 의존하여 의학적인 가능성만으로 발급된 때에는 그 진단 일자 및 진단서 작성일자가 상해 발생 시점과 시간상으로 근접하고 상해진단서 발급 경위에 특별히 신빙성을 의심할 만한 사정은 없는지, 상해진단서에 기재된

상해 부위 및 정도가 피해자가 주장하는 상해의 원인 내지 경위와 일치하는지, 피해자가 호소하는 불편이 기왕에 존재하던 신체 이상과 무관한 새로운 원인으로 생겼다고 단정할 수 있는지, 의사가 그 상해진단서를 발급한 근거 등을 두루 살피는 외에도 피해자가 상해 사건 이후 진료를 받은 시점, 진료를 받게 된 동기와 경위, 그 이후의 진료 경과 등을 면밀히 살펴 논리와 경험법칙에 따라 그 증명력을 판단하여야 한다.

한편 상해죄의 상해는 피해자의 신체의 완전성을 훼손하거나 생리적 기능에 장애를 초래하는 것을 의미한다. 폭행에 수반된 상처가 극히 경미하여 폭행이 없어도 일상생활 중 통상 발생할 수 있는 상처나 불편 정도이고, 굳이 치료할 필요 없이 자연적으로 치유되며 일상생활을 하는 데 지장이 없는 경우에는 상해죄의 상해에 해당된다고 할 수 없다. 그리고 피해자의 신체의 완전성을 훼손하거나 생리적 기능에 장애를 초래하였는지는 객관적, 일률적으로 판단할 것이 아니라 피해자의 연령, 성별, 체격 등 신체, 정신상의 구체적 상태 등을 기준으로 판단하여야 한다(대법원 2000. 2. 25. 선고 99도4305 판결, 대법원 2005. 5. 26. 선고 2005도1039 판결 등 참조).

나. 그러나 적법하게 채택된 증거에 의하면 다음과 같은 사정을 알 수 있다.

① 피해자는 이 사건 범행이 있는 날로부터 7개월이 다 된 2014. 6. 24. 피고인을 고소하였는데, 처음에는 고소할 생각이 없어서 △△△병원에서 치료만 받고 진단서를 발급받지 않았다가 고소를 하기 위해 뒤늦게 진단서를 발급받았다고 진술하고 있고, 고소 직전인 2014. 6. 19. 상해진단서를 발급받은 것으로 보인다.

② 그런데 상해진단서의 발행일은 이 사건 범행 다음 날인 2013. 11. 28.로 기재되어 있고, 이에 대해 △△△병원장은 '상해진단서가 2013. 11. 28. 이미 발급되어 있었으나 피해자가 찾아가지 않고 있다가 2014. 6. 19. 내원해서 발급받아 갔다'라는 취지로 사실조회 회신을 하였다. 그러나 상해진단서 발행일에 대한 △△△병원장의 위와 같은 해명은 피해자의 위 진술에 비추어 석연치 않은 점이 없지 않다.

③ 상해진단서에 기재된 피해자의 병명은 요추부 염좌로 수상일로부터 2주간 치료를 요하는 것으로 되어 있다. 피해자를 진료하고 진단서를 발급한 의사 공소외 2는 제1심 법정에서 '밀쳐서 다쳤고, 요추부 동통이 있다'라는 피해자의 진술과 방사선 촬영검사 결과 피해자의 요추부가 일자로 서 있는 것을 보고 위와 같은 내용의 상해진단서를 발급하였다고 증언하였다. 그러나 다른 한편으로, '방사선 촬영검사 결과 일자형 요추가 확인되기는 하였으나 퇴행성, 즉 노화의 흔적도 보였고 일자형 요추가 있다고 해서 바로 요추부 염좌라는 진단을 내릴 수 없지만, 피해자가 요추부 동통을 호소

하였기 때문에 요추부 염좌로 진단한 것이며, 동통은 여러 원인에 의해 발생할 수 있는데 이를 확인할 수는 없으므로 환자가 호소하는 대로만 기록하고 환자가 허리가 아프다고 하면 요추부 염좌 2주 진단은 얼마든지 나갈 수 있다' 라는 취지로 진술하기도 하였다.

④ 피해자는 이 사건 공소사실 기재 시비가 있은 후 △△△병원을 방문하여 의사 공소외 2로부터 진료를 받기는 하였으나, 문진과 방사선 촬영검사 외에 물리치료 등 그가 호소하는 통증에 대하여 별다른 치료를 받은 바가 없고, 처방받은 약품도 구입하지 않았으며, 이후 다시 병원을 방문하거나 허리 부위와 관련하여 치료를 받은 흔적을 찾아볼 수 없다.

## V. 결 론

상해진단서의 발급 경위, 진단 내용과 치료 경과, 의사가 진술하는 진단서 발급의 근거 등 여러 사정을 앞서 본 법리에 비추어 보면, 피해자가 피고인의 행위에 의하여 요추부 염좌라는 상해를 입었다고 쉽게 단정하기는 어려워 보인다.

# 제15절 디지털 저장매체로부터 출력한 문건의 증거능력

## Ⅰ. 사례요지

국가정보원에서 피고인들 혹은 가족, 직원이 입회한 상태에서 각 디지털 저장매체를 압수한 다음 입회자의 서명을 받아 봉인하였고, 국가정보원에서 각 디지털 저장매체에 저장된 자료를 조사할 때 저장매체로부터 문서를 출력하였다.

## Ⅱ. 논 점

디지털 저장매체로부터 출력한 문건의 증거능력

## Ⅲ. 법규연구 (형사소송법)

제313조(진술서등) ① 전2조의 규정 이외에 피고인 또는 피고인이 아닌 자가 작성한 진술서나 그 진술을 기재한 서류로서 그 작성자 또는 진술자의 자필이거나 그 서명 또는 날인이 있는 것(피고인 또는 피고인 아닌 자가 작성하였거나 진술한 내용이 포함된 문자·사진·영상 등의 정보로서 컴퓨터용디스크, 그 밖에 이와 비슷한 정보저장매체에 저장된 것을 포함한다. 이하 이 조에서 같다)은 공판준비나 공판기일에서의 그 작성자 또는 진술자의 진술에 의하여 그 성립의 진정함이 증명된 때에는 증거로 할 수 있다. 단, 피고인의 진술을 기재한 서류는 공판준비 또는 공판기일에서의 그 작성자의 진술에 의하여 그 성립의 진정함이 증명되고 그 진술이 특히 신빙할 수 있는 상태하에서 행하여 진 때에 한하여 피고인의 공판준비 또는 공판기일에서의 진술에 불구하고 증거로 할 수 있다.

## Ⅳ. 관련 판례

### 1. 원심 (서울고법 2007. 8. 16. 선고 2007노929 판결)

검사가 디지털 저장매체에서 출력하여 증거로 제출한 문건 중에서 판시 53개의 문건은 그 작성자가 제1심에서 그 성립의 진정함을 인정하였으므로 이를 증거로 할 수 있으나, 그 밖의 문건은 그 작성자에 의하여 성립의 진정함이 증명되지 않았거나 작성자가 불분명하다는 이유로 그 문건의 내용을 증거로 사용할 수 없다고 판단하였다.

### 2. 대법원 (대법원 2007. 12. 13., 선고, 2007도7257 판결)

압수물인 디지털 저장매체로부터 출력한 문건을 증거로 사용하기 위해서는 디지털 저장매체 원본에 저장된 내용과 출력한 문건의 동일성이 인정되어야 하고, 이를 위해서는 디지털 저장매체 원본이 압수시부터 문건 출력시까지 변경되지 않았음이 담보되어야 한다. 특히 디지털 저장매체 원본을 대신하여 저장매체에 저장된 자료를 '하드카피' 또는 '이미징'한 매체로부터 출력한 문건의 경우에는 디지털 저장매체 원본과 '하드카피' 또는 '이미징'한 매체 사이에 자료의 동일성도 인정되어야 할 뿐만 아니라, 이를 확인하는 과정에서 이용한 컴퓨터의 기계적 정확성, 프로그램의 신뢰성, 입력·처리·출력의 각 단계에서 조작자의 전문적인 기술능력과 정확성이 담보되어야 한다. 그리고 압수된 디지털 저장매체로부터 출력한 문건을 진술증거로 사용하는 경우, 그 기재 내용의 진실성에 관하여는 전문법칙이 적용되므로 형사소송법 제313조 제1항에 따라 그 작성자 또는 진술자의 진술에 의하여 그 성립의 진정함이 증명된 때에 한하여 이를 증거로 사용할 수 있다.

나. 국가정보원에서 피고인들 혹은 가족, 직원이 입회한 상태에서 원심 판시 각 디지털 저장매체를 압수한 다음 입회자의 서명을 받아 봉인하였고, 국가정보원에서 각 디지털 저장매체에 저장된 자료를 조사할 때 피고인들 입회하에 피고인들의 서명무인을 받아 봉인상태 확인, 봉인 해제, 재봉인하였으며, 이러한 전 과정을 모두 녹화한 사실, 각 디지털 저장매체가 봉인된 상태에서 서울중앙지방검찰청에 송치된 후 피고인들이 입회한 상태에서 봉인을 풀고 세계적으로 인정받는 프로그램을 이용하여 이미징 작업을 하였는데, 디지털 저장매체 원본의 해쉬(Hash) 값과 이미징 작업을 통해 생성된 파일의 해쉬 값이 동일한 사실, 제1심법원은 피고인들 및 검사, 변호인이 모두 참여한 가운데 검증을 실시하여 이미징 작업을 통해 생성된 파일의 내용과 출력된 문건에 기재된 내용이 동일함을 확인한 사실을 알 수 있는바, 그렇다면 출력된 문건은 압수된 디지털 저장매체 원본에 저장되었던 내용과 동일한 것으로 인정할 수 있어 증거로 사용할 수 있다.

## V. 결 론

전자정보 저장매체로부터 출력한 문건을 진술증거로 사용하려는 경우, 이를 전문증거로 보아 형사소송법 제313조를 적용한다. 즉 그 작성자 또는 진술자의 진술에 의해 또는 진술서의 경우 과학적 방법에 의해 성립의 진정이 증명되고, 피고인 아닌 자의 진술서의 경우 반대신문 기회의 보장을 요건으로 그 증거능력을 인정한다.

# 제16절 전화통화 내용을 기재한 수사보고서의 증거능력

## Ⅰ. 사례요지

> 사법경찰관이 피해자에 대한 추가필요사항을 확인하기 위해 전화를 한 후 그 내용을 수사보고서 형식으로 작성하였다.

## Ⅱ. 논 점

피해자와의 전화통화 내용을 기재한 검사 작성의 수사보고서의 증거능력 유무(소극)

## Ⅲ. 법규연구 (형사소송법)

> 제313조(진술서등) ① 전2조의 규정 이외에 피고인 또는 피고인이 아닌 자가 작성한 진술서나 그 진술을 기재한 서류로서 그 작성자 또는 진술자의 자필이거나 그 서명 또는 날인이 있는 것(피고인 또는 피고인 아닌 자가 작성하였거나 진술한 내용이 포함된 문자·사진·영상 등의 정보로서 컴퓨터용디스크, 그 밖에 이와 비슷한 정보저장매체에 저장된 것을 포함한다. 이하 이 조에서 같다)은 공판준비나 공판기일에서의 그 작성자 또는 진술자의 진술에 의하여 그 성립의 진정함이 증명된 때에는 증거로 할 수 있다. 단, 피고인의 진술을 기재한 서류는 공판준비 또는 공판기일에서의 그 작성자의 진술에 의하여 그 성립의 진정함이 증명되고 그 진술이 특히 신빙할 수 있는 상태하에서 행하여 진 때에 한하여 피고인의 공판준비 또는 공판기일에서의 진술에 불구하고 증거로 할 수 있다.

## Ⅳ. 관련 판례

### 1. 원심 (서울고법 2010. 4. 22. 선고 2010노358, 2010전노17 판결)

증거능력이 없는 이 사건 각 수사보고서를 피해자들의 처벌희망 의사표시 철회의 효력 여부를 판단하는 증거로 사용하였다.

### 2. 대법원 (대법원 2010. 10. 14., 선고, 2010도5610,2010전도31 판결)

이 사건 각 수사보고서는 검사가 참고인인 피해자 공소외 1, 2와의 전화통화 내용을 기재한 서류로써 형사소송법 제313조 제1항 본문에 정한 '피고인 아닌 자의 진술을 기재한 서류'인 전문증거에 해당하나, <u>그 진술자의 서명 또는 날인이 없을 뿐만 아니라 공판준비기일이나 공판기일에서 진술자의 진술에 의해 성립의 진정함이 증명되지도 않 았으므로 증거능력이 없다</u>(대법원 1999. 2. 26. 선고 98도2742 판결, 대법원 2007.

9. 20. 선고 2007도4105 판결 등 참조).

## V. 결 론

피해자들과의 전화통화 내용을 기재한 검사 작성의 각 수사보고서는 그 증거능력이 없으나, 원심이 위 각 수사보고서를 피해자들의 처벌희망 의사표시 철회의 효력 여부를 판단하는 증거로 사용한 것 자체는 정당하다.

## VI 유사판례

### 1. 외국에 거주하는 참고인과 전화내용을 문답형식으로 작성한 수사보고서 증거능력

외국에 거주하는 참고인과의 전화 대화내용을 문답형식으로 기재한 검찰주사보 작성의 수사보고서는 전문증거로서 형사소송법 제310조의2에 의하여 제311조 내지 제316조에 규정된 것 이외에는 이를 증거로 삼을 수 없는 것인데, 위 수사보고서는 제311조, 제312조, 제315조, 제316조의 적용대상이 되지 아니함이 분명하므로, 결국 제313조의 진술을 기재한 서류에 해당하여야만 제314조의 적용 여부가 문제될 것인바, 제313조가 적용되기 위하여는 그 진술을 기재한 서류에 그 진술자의 서명 또는 날인이 있어야 한다. (대법원 1999. 2. 26., 선고, 98도2742 판결)

# 제17절 녹음테이프 및 녹음파일의 증거능력

## I. 사례요지

피해자의 대표자 공소외인이 디지털 녹음기로 피고인과의 대화를 녹음한 후 자신의 사무실로 돌아와 디지털 녹음기에 저장된 녹음파일 원본을 컴퓨터에 복사하고 디지털 녹음기의 파일 원본을 삭제한 뒤 피고인과의 다음 대화를 다시 녹음하는 과정을 반복하였다. 공소외인은 검찰과 제1심 법정에서 이 사건 녹음파일 사본은 피고인과 대화를 자신이 직접 녹음한 파일 원본을 컴퓨터에 그대로 복사한 것으로서 위 녹음파일 사본과 해당 녹취록 사이에 동일성이 있다고 진술하였다.

피고인도 검찰과 제1심 법정에서 이 사건 녹음파일 사본을 모두 들어본 뒤 일부 파일에 인사말 등이 녹음되지 않은 것 같다는 등의 지적을 한 외에는 녹음된 음성이 자신의 것이 맞을 뿐만 아니라 그 내용도 자신이 진술한 대로 녹음되어 있으며 이 사건 녹음파일 사본의 내용대로 해당 녹취록에 기재되어 있다는 취지로 진술하였다.

대검찰청 과학수사담당관실에서 이 사건 녹음파일 사본과 그 녹음에 사용된 디지털 녹음기에 대하여 국제적으로 널리 사용되는 다양한 분석방법을 통해 정밀감정한 결과 이 사건 녹음파일 사본에 편집의 흔적을 발견할 수 없고, 이 사건 녹음파일 사본의 파일정보와 녹음 주파수 대역이 위 디지털 녹음기로 생성한 파일의 그것들과 같다고 판정하였다.

## II. 논 점

1. 대화 내용을 녹음한 녹음테이프 및 파일 등 전자매체의 증거능력
2. 디지털 녹음기로 피고인과의 대화를 녹음한 후 저장된 녹음파일 원본을 컴퓨터에 복사하고 디지털 녹음기의 파일 원본을 삭제한 뒤 다음 대화를 다시 녹음하는 과정을 반복하여 작성한 녹음파일 사본과 해당 녹취록의 증거능력이 문제된 사안

## III. 법규연구 (형사소송법)

제311조(법원 또는 법관의 조서) 공판준비 또는 공판기일에 피고인이나 피고인 아닌 자의 진술을 기재한 조서와 법원 또는 법관의 검증의 결과를 기재한 조서는 증거로 할 수 있다. 제184조 및 제221조의2의 규정에 의하여 작성한 조서도 또한 같다.

제312조(검사 또는 사법경찰관의 조서 등) ① 검사가 작성한 피의자신문조서는 적법한 절차와 방식에 따라 작성된 것으로서 공판준비, 공판기일에 그 피의자였던 피고인 또는 변호인이 그 내용을 인정할 때에 한정하여 증거로 할 수 있다.

③ 검사 이외의 수사기관이 작성한 피의자신문조서는 적법한 절차와 방식에 따라 작성된 것으로서 공판준비 또는 공판기일에 그 피의자였던 피고인 또는 변호인이 그 내용을 인정할 때에 한하여 증거로 할 수 있다.

④ 검사 또는 사법경찰관이 피고인이 아닌 자의 진술을 기재한 조서는 적법한 절차와 방식에 따라 작성된 것으로서 그 조서가 검사 또는 사법경찰관 앞에서 진술한 내용과 동일하게 기재되어 있음이 원진술자의 공판준비 또는 공판기일에서의 진술이나 영상녹화물 또는 그 밖의 객관적인 방법에 의하여 증명되고, 피고인 또는 변호인이 공판준비 또는 공판기일에 그 기재 내용에 관하여 원진술자를 신문할 수 있었던 때에는 증거로 할 수 있다. 다만, 그 조서에 기재된 진술이 특히 신빙할 수 있는 상태하에서 행하여졌음이 증명된 때에 한한다.

제313조(진술서등) ① 전2조의 규정 이외에 피고인 또는 피고인이 아닌 자가 작성한 진술서나 그 진술을 기재한 서류로서 그 작성자 또는 진술자의 자필이거나 그 서명 또는 날인이 있는 것(피고인 또는 피고인 아닌 자가 작성하였거나 진술한 내용이 포함된 문자·사진·영상 등의 정보로서 컴퓨터용디스크, 그 밖에 이와 비슷한 정보저장매체에 저장된 것을 포함한다. 이하 이 조에서 같다)은 공판준비나 공판기일에서의 그 작성자 또는 진술자의 진술에 의하여 그 성립의 진정함이 증명된 때에는 증거로 할 수 있다. 단, 피고인의 진술을 기재한 서류는 공판준비 또는 공판기일에서의 그 작성자의 진술에 의하여 그 성립의 진정함이 증명되고 그 진술이 특히 신빙할 수 있는 상태하에서 행하여 진 때에 한하여 피고인의 공판준비 또는 공판기일에서의 진술에 불구하고 증거로 할 수 있다.

## IV. 관련 판례

### 1. 원심 (서울고법 2012. 6. 7. 선고 2012노747 판결)

이 사건 녹음파일 사본과 해당 녹취록의 증거능력을 인정하였다.

### 2. 대법원 (대법원 2012. 9. 13., 선고, 2012도7461 판결)

피고인과 상대방 사이의 대화 내용에 관한 녹취서가 공소사실의 증거로 제출되어 녹취서의 기재 내용과 녹음테이프의 녹음내용이 동일한지에 대하여 법원이 검증을 실시한 경우에, 증거자료가 되는 것은 녹음테이프에 녹음된 대화 내용 자체이고, 그중 피고인의 진술 내용은 실질적으로 형사소송법 제311조, 제312조의 규정 이외에 피고인의 진술을 기재한 서류와 다름없어, 피고인이 녹음테이프를 증거로 할 수 있음에 동의하지 않은 이상 녹음테이프에 녹음된 피고인의 진술 내용을 증거로 사용하기 위해서는 형사소송법 제313조 제1항 단서에 따라 공판준비 또는 공판기일에서 작성자인 상대방의 진술에 의하여 녹음테이프에 녹음된 피고인의 진술 내용이 피고인이 진술한 대로 녹음된 것임이 증명되고 나아가 그 진술이 특히 신빙할 수 있는 상태하에서 행하여진 것임이 인정되어야 한다.(대법원 2001. 10. 9. 선고 2001도3106 판결, 대법원 2004. 5. 27. 선고 2004도1449 판결, 대법원 2008. 12. 24. 선고 2008도9414 판결 등 참조).

또한, 대화 내용을 녹음한 파일 등 전자매체는 성질상 작성자나 진술자의 서명 또는 날인이 없을 뿐만 아니라, 녹음자의 의도나 특정한 기술에 의하여 내용이 편집·조작될 위험성이 있음을 고려하여, <u>대화 내용을 녹음한 원본이거나 원본으로부터 복사한</u> <u>사본일 경우에는 복사과정에서 편집되는 등의 인위적 개작 없이 원본의 내용 그대로</u> <u>복사된 사본임이 증명되어야 한다</u>(대법원 2005. 12. 23. 선고 2005도2945 판결, 대법원 2007. 3. 15. 선고 2006도8869 판결 등 참조).

## V. 결 론

　디지털 녹음기로 피고인과의 대화를 녹음한 후 저장된 녹음파일 원본을 컴퓨터에 복사하고 디지털 녹음기의 파일 원본을 삭제한 뒤 다음 대화를 다시 녹음하는 과정을 반복하여 작성한 녹음파일 사본과 해당 녹취록의 증거능력이 문제된 사안에서, 제반 사정에 비추어 <u>녹음파일 사본은 타인 간의 대화를 녹음한 것이 아니므로 타인의 대화비</u> <u>밀 침해금지를 규정한 통신비밀보호법 제14조의 적용대상이 아니고, 복사과정에서 편</u> <u>집되는 등의 인위적 개작 없이 원본 내용 그대로 복사된 것으로 대화자들이 진술한 대</u> <u>로 녹음된 것이 인정되며, 녹음 경위, 대화 장소, 내용 및 대화자 사이의 관계 등에</u> <u>비추어 그 진술이 특히 신빙할 수 있는 상태하에서 행하여진 것으로 인정된다</u>는 이유로, 녹음파일 사본과 녹취록의 증거능력을 인정한다.

　대화 등 진술이 녹음된 녹음테이프 및 그 파일을 전문증거(전문서류)와 동일하게 취급한다. 즉, 증거상태와 관련해서는 원본의 존재, 필요성(원본제출의 불가능·곤란), 정확성(원본과의 일치)이 충족되어야 하고, 한편 증거내용인 진술과 관련해서는 녹음주체 및 원진술 장소에 따라 전문법칙의 예외(제311조 내지 제313조)를 준용한다.

## VI 유사판례

### 1. 보이스펜 자체는 증거 동의가 있었지만, 그 내용을 부동의 한 경우

피고인과의 대화내용을 녹음한 보이스펜 자체에 대하여는 증거동의가 있었지만 그 녹음내용을 재녹음한 녹음테이프, 녹음테이프의 음질을 개선한 후 재녹음한 시디 및 녹음테이프의 녹음내용을 풀어 쓴 녹취록 등에 대하여는 증거로 함에 부동의한 사안에서, 극히 일부의 청취가 불가능한 부분을 제외하고는 <u>보이스펜, 녹음테이프 등에 녹음된 대화내용과 녹취록의 기재가 일치하는 것으로 확인되고 그 진술이 특히 신빙할 수 있는 상태하에서 행하여진 것으로 인정되므로 이를 증거로 사용할 수 있다.</u> (대법원 2008. 3. 13. 선고 2007도10804 판결)

# 제18절 대화를 녹음한 녹음테이프의 증거능력 인정 요건

## I. 사례요지

디지털 녹음기에 녹음된 내용을 전자적 방법으로 테이프에 전사한 사본인 녹음테이프를 대상으로 법원이 검증절차를 진행하여, 녹음된 내용이 녹취록의 기재와 일치하고 그 음성이 진술자의 음성임을 확인하였다.

## II. 논 점

대화를 녹음한 녹음테이프의 증거능력을 인정하기 위한 요건

## III. 법규연구 (형사소송법)

제311조(법원 또는 법관의 조서) 공판준비 또는 공판기일에 피고인이나 피고인 아닌 자의 진술을 기재한 조서와 법원 또는 법관의 검증의 결과를 기재한 조서는 증거로 할 수 있다. 제184조 및 제221조의2의 규정에 의하여 작성한 조서도 또한 같다.

제312조(검사 또는 사법경찰관의 조서 등) ⑥ 검사 또는 사법경찰관이 검증의 결과를 기재한 조서는 적법한 절차와 방식에 따라 작성된 것으로서 공판준비 또는 공판기일에서의 작성자의 진술에 따라 그 성립의 진정함이 증명된 때에는 증거로 할 수 있다.

제313조(진술서등) ① 전2조의 규정 이외에 피고인 또는 피고인이 아닌 자가 작성한 진술서나 그 진술을 기재한 서류로서 그 작성자 또는 진술자의 자필이거나 그 서명 또는 날인이 있는 것(피고인 또는 피고인 아닌 자가 작성하였거나 진술한 내용이 포함된 문자·사진·영상 등의 정보로서 컴퓨터용디스크, 그 밖에 이와 비슷한 정보저장매체에 저장된 것을 포함한다. 이하 이 조에서 같다)은 공판준비나 공판기일에서의 그 작성자 또는 진술자의 진술에 의하여 그 성립의 진정함이 증명된 때에는 증거로 할 수 있다. 단, 피고인의 진술을 기재한 서류는 공판준비 또는 공판기일에서의 그 작성자의 진술에 의하여 그 성립의 진정함이 증명되고 그 진술이 특히 신빙할 수 있는 상태하에서 행하여 진 때에 한하여 피고인의 공판준비 또는 공판기일에서의 진술에 불구하고 증거로 할 수 있다.

## IV. 관련 판례

### 1. 원심 (전주지법 2008. 9. 26. 선고 2008노691 판결)

한국합동속기사무소 소속 속기사 공소외인이 작성한 확인서의 기재와 제1심법원의 검증결과 위 녹음테이프에 녹음된 피고인의 진술내용은 피고인이 진술한 대로 녹음된 것임이 밝혀지고, 달리 녹음이 중단되거나 조작되었다 볼 만한 사정은 나타나지 않았다는 점을 근거로 위 녹음테이프가 원본 그대로 복사한 사본이라고 인정한 듯하나, 위

확인서는 녹취록의 작성자가 그 녹취록을 작성하는 과정에서 원본인 음성파일이 저장된 디지털 녹음기의 재생기능과 일반 카세트의 녹음기능을 연결해 그대로 더빙하였다는 내용일 뿐이므로, 그 정도의 확인만으로 위 녹음테이프가 인위적 개작 없이 원본 내용 그대로 복사되었음이 증명되었다고 보기 어렵고, 위에서 본 법리에 의하면 제1심의 검증조서에 나타난 검증결과로써 위 녹음테이프의 증거능력이 인정된다고 보기 어려울 뿐 아니라, 제1심의 검증조서 기재에 의하면 녹음이 중단되었다고 볼만한 사정이 없다는 검증결과는 검증대상인 2개의 녹음테이프 중 압수물 중 제26호에 관한 것이지 증 제1호인 녹음테이프에 관한 것이 아니므로, 이를 가지고 증 제1호에 증거능력을 부여할 근거로 삼을 수도 없으며(이 사건 공소사실을 뒷받침하는 내용은 증 제1호의 녹음테이프에만 담겨 있고, 증 제26호의 녹음테이프에는 오히려 피고인이 금전수수관계를 일체 부인하는 내용이 수록되어 있을 뿐이므로 증거능력 유무가 특히 문제되는 것은 증 제1호의 녹음테이프라고 보아야 할 것이다), 달리 위 검증조서의 기재내용 중 위 증 제1호에 대해 증거능력을 부여할 근거를 찾아볼 수 없다.

## 2. 대법원 (대법원 2008. 12. 24., 선고, 2008도9414 판결)

가. 피고인과 상대방 사이의 대화내용에 관한 녹취서가 공소사실의 증거로 제출되어 그 녹취서의 기재내용과 녹음테이프의 녹음내용이 동일한지 여부에 대하여 법원이 검증을 실시한 경우에, 증거자료가 되는 것은 녹음테이프에 녹음된 대화내용 그 자체이고, 그 중 피고인의 진술내용은 실질적으로 형사소송법 제311조, 제312조의 규정 이외에 피고인의 진술을 기재한 서류와 다름없어, 피고인이 그 녹음테이프를 증거로 할 수 있음에 동의하지 않은 이상 그 녹음테이프 검증조서의 기재 중 피고인의 진술내용을 증거로 사용하기 위해서는 형사소송법 제313조 제1항 단서에 따라 공판준비 또는 공판기일에서 그 작성자인 상대방의 진술에 의하여 녹음테이프에 녹음된 피고인의 진술내용이 피고인이 진술한 대로 녹음된 것임이 증명되고 나아가 그 진술이 특히, 신빙할 수 있는 상태하에서 행하여진 것임이 인정되어야 하며 (대법원 2001. 10. 9. 선고 2001도3106 판결, 대법원 2004. 5. 27. 선고 2004도1449 판결 등 참조), 또한 <u>녹음테이프는 그 성질상 작성자나 진술자의 서명 혹은 날인이 없을 뿐만 아니라, 녹음자의 의도나 특정한 기술에 의하여 그 내용이 편집, 조작될 위험성이 있음을 고려하여, 그 대화내용을 녹음한 원본이거나 혹은 원본으로부터 복사한 사본일 경우에는 복사과정에서 편집되는 등의 인위적 개작 없이 원본의 내용 그대로 복사된 사본임이 증명되어야만 하고, 그러한 증명이 없는 경우에는 쉽게 그 증거능력을 인정할 수 없다고 할 것이</u>

며(대법원 2002. 6. 28. 선고 2001도6355 판결, 대법원 2005. 2. 18. 선고 2004도 6323 판결 등 참조), 녹음테이프에 수록된 대화내용이 이를 풀어쓴 녹취록의 기재와 일치한다거나 녹음테이프의 대화 내용이 중단되었다고 볼 만한 사정이 없다는 녹음테이프에 대한 법원의 검증 결과만으로는 위와 같은 증명이 있다고는 할 수 없을 것이다.

나. 그런데 기록에 의하면, 제1심이 검증을 실시한 2개의 녹음테이프(압수물 중 제1호 및 증 제26호)는 검증조서 기재 검사 진술과 달리 원본이 아니라 당초 디지털 녹음기에 녹음된 내용을 전자적 방법으로 테이프에 전사한 사본임이 명백한바, 피고인의 변호인은 제1심 제1회 공판기일에서 원본을 사본한 위 녹음테이프의 녹음내용을 풀어쓴 녹취록에 대하여는 증거로 함에 부동의하였고, 달리 위 녹음테이프를 증거로 함에 동의하였다고 볼 자료가 없으며, 나아가 피고인은 검증기일에서 이 사건 녹음테이프의 내용에 녹음 당일 피고인이 말하지 않은 부분이 녹음되어 있어 의도적으로 편집된 의심이 있다고 주장한 사실, 그럼에도 불구하고 위 검증기일에는 위 녹음테이프에 수록된 대화내용이 녹취록의 기재와 일치하고 그 음성이 피고인의 음성임을 확인하는데 그치고, 위 녹음테이프가 인위적 개작 없이 원본의 내용 그대로 복사된 것인지 아닌지에 대하여 별도로 확인하거나 달리 증거조사를 실시하지 아니한 사실을 알 수 있다.

## V. 결 론

  디지털 녹음기에 녹음된 내용을 전자적 방법으로 테이프에 전사한 사본인 녹음테이프를 대상으로 법원이 검증절차를 진행하여, 녹음된 내용이 녹취록의 기재와 일치하고 그 음성이 진술자의 음성임을 확인하였더라도, 그것만으로 녹음테이프의 증거능력을 인정할 수 없다.

# 제19절 피해자가 피의자 휴대전화를 임의제출한 경우 증거능력 범위

## I. 사례요지

피고인은 자기 집에서 피해자 공소외 1의 의사에 반해 성기를 촬영한 범행(이하 '2014년 범행')을 저질렀다. 피해자 공소외 1은 즉시 피해 사실을 경찰에 신고하면서, 피고인의 집에서 가지고 나온 피고인 소유의 휴대전화 2대(아이폰 및 삼성휴대폰)에 피고인이 촬영한 동영상과 사진이 저장되어 있다는 취지로 말하고 이를 범행의 증거물로 임의제출하였다. 경찰관들은 위 휴대전화 2대를 영장 없이 압수하면서, 피해자 공소외 1에게 위 휴대전화에 저장된 동영상과 사진 등 전자정보 전부를 제출하는 취지인지 등 제출범위에 관한 의사를 따로 확인하지는 않았다.

피고인은 경찰에 휴대전화 1대(아이폰)에 대한 비밀번호를 제공하고 그 파일 이미징 과정에 참여한 반면, 다른 휴대전화 1대(삼성휴대폰)에 대해서는 사실상 비밀번호 제공을 거부하고, 저장된 동영상 파일의 복원·추출 과정에 참여하지 않았다. 경찰은 전자의 휴대전화(아이폰)에 저장된 동영상 파일을 통해 피해자 공소외 1에 대한 2014년 범행을 확인한 다음, 후자의 휴대전화(삼성휴대폰)에서 2014년 범행의 증거 영상을 추가로 찾던 중, 피해자 공소외 1이 아닌 다른 남성 2인이 침대 위에서 잠든 모습, 누군가가 손으로 그들의 성기를 잡고 있는 모습 등이 촬영된 동영상 30개와 사진 등을 발견하고, 그 내용을 확인한 후 이를 시디(CD)에 복제하였다. 경찰은 피해자 공소외 1을 소환하여 위 동영상에 등장하는 남성 2인의 인적사항 등에 대해 조사하여 그들이 피해자 공소외 2, 공소외 3이라는 사실을 알게 되고, 추가 수사를 통해 피고인이 2013. 12.경 피해자 공소외 2, 공소외 3이 술에 취해 잠든 사이 성기를 만지고 위 동영상을 촬영한 범행(이하 '2013년 범행')을 저지른 사실을 인지하였다. 그 후 경찰은 압수·수색영장을 발부받아 2013년 범행 영상의 전자정보를 복제한 시디를 증거물로 압수하였다.

## II. 논 점

1. 수사기관이 특정 범죄혐의와 관련하여 전자정보가 수록된 정보저장매체를 임의제출받아 그 안에 저장된 전자정보를 압수할 때 예외적으로 정보저장매체 자체나 복제본을 임의제출받아 압수할 수 있는 경우

2. 수사기관이 정보저장매체와 거기에 저장된 전자정보를 임의제출의 방식으로 압수할 때 임의제출자의 의사에 따른 전자정보 압수의 대상과 범위가 명확하지 않거나 이를 알 수 없는 경우, 임의제출에 따른 압수의 동기가 된 범죄 혐의사실과 관련되고 이를 증명할 수 있는 최소한의 가치가 있는 전자정보에 한하여 압수의 대상이 되는지 여부(적극) 및 이때 범죄 혐의사실과의 관련성이 인정되는 범위

3. 휴대전화를 이용한 불법촬영 범죄의 경우, 그 안에 저장된 같은 유형의 전자정보에

서 발견되는 간접증거나 정황증거는 범죄 혐의사실과 구체적·개별적 연관관계가 인정될 수 있는지(적극)

4. 피의자가 소유·관리하는 정보저장매체를 피의자 아닌 피해자 등 제3자가 임의제출하는 경우, 임의제출의 동기가 된 범죄 혐의사실과 구체적·개별적 연관관계가 있는 전자정보에 한하여 압수의 대상이 되는 것으로 더욱 제한적으로 해석하여야 하는지 여부(적극)

5. 압수의 대상이 되는 전자정보와 그렇지 않은 전자정보가 혼재된 정보저장매체나 복제본을 임의제출받은 수사기관이 정보저장매체 등을 수사기관 사무실 등으로 옮겨 탐색·복제·출력하는 일련의 과정에서, 범죄 혐의사실과 무관한 전자정보의 임의적인 복제 등을 막기 위한 적절한 조치를 취하지 않은 경우, 압수·수색의 적법 여부(원칙적 소극) 및 이때 정보저장매체 또는 복제본에서 범죄 혐의사실과 관련된 전자정보만을 복제·출력하였더라도 마찬가지인지 여부(적극)

6. 피해자 등 제3자가 피의자의 소유·관리에 속하는 정보저장매체를 영장에 의하지 않고 임의제출한 경우, 피의자에게 참여권을 보장하고 압수한 전자정보 목록을 교부하는 등 피의자의 절차적 권리를 보장하기 위한 적절한 조치가 이루어져야 하는지 여부(적극)

7. 임의제출된 정보저장매체에서 압수의 대상이 되는 전자정보의 범위를 넘어서는 전자정보에 대해 수사기관이 영장 없이 압수·수색하여 취득한 증거가 위법수집증거에 해당하는지 여부(적극) 및 사후에 법원으로부터 영장이 발부되었거나 피고인이나 변호인이 이를 증거로 함에 동의한 경우 그 위법성이 치유되는지 여부(소극)

## III. 법규연구 (형사소송법)

제218조(영장에 의하지 아니한 압수) 검사, 사법경찰관은 피의자 기타인의 유류한 물건이나 소유자, 소지자 또는 보관자가 임의로 제출한 물건을 영장없이 압수할 수 있다.

제215조(압수, 수색, 검증) ① 검사는 범죄수사에 필요한 때에는 피의자가 죄를 범하였다고 의심할 만한 정황이 있고 해당 사건과 관계가 있다고 인정할 수 있는 것에 한정하여 지방법원판사에게 청구하여 발부받은 영장에 의하여 압수, 수색 또는 검증을 할 수 있다.

② 사법경찰관이 범죄수사에 필요한 때에는 피의자가 죄를 범하였다고 의심할 만한 정황이 있고 해당 사건과 관계가 있다고 인정할 수 있는 것에 한정하여 검사에게 신청하여 검사의 청구로 지방법원판사가 발부한 영장에 의하여 압수, 수색 또는 검증을 할 수 있다.

제106조(압수) ① 법원은 필요한 때에는 피고사건과 관계가 있다고 인정할 수 있는 것에 한정하여 증거물 또는 몰수할 것으로 사료하는 물건을 압수할 수 있다. 단, 법률에 다른 규정이 있는 때에는 예외로 한다.

제308조의2 (위법수집증거의 배제) 적법한 절차에 따르지 아니하고 수집한 증거는 증거로 할 수 없다.

제318조 (당사자의 동의와 증거능력) ① 검사와 피고인이 증거로 할 수 있음을 동의한 서류 또는 물건은 진정한 것으로 인정한 때에는 증거로 할 수 있다.

## IV. 관련 판례

### 1. 원심 (청주지법 2015. 12. 11. 선고 2015노462 판결)

가. 이 사건 2013년 영상물의 증거능력이 인정된다는 전제에서 이 부분 공소사실을 유죄로 판단한 제1심판결에는 사실을 오인하거나 법리를 오해하여 판결의 결과에 영향을 미친 위법이 있다.

나. 피고인이 원심 판시 범죄사실 기재와 같이 2014. 12. 11. 자기 집에서 피해자 공소외 1의 성기를 그 의사에 반하여 휴대전화로 촬영한 사실이 인정된다고 판단하여, 이에 관한 사실오인과 법리오해의 항소이유 주장을 받아들이지 않고 제1심판결을 유지하였다.

### 2. 대법원 (대법원 2021. 11. 18., 선고, 2016도348, <u>전원합의체 판결</u>)

가. 임의제출에 따른 전자정보 압수의 방법

오늘날 개인 또는 기업의 업무는 컴퓨터나 서버, 저장매체가 탑재된 정보처리장치 없이 유지되기 어려운데, 전자정보가 저장된 각종 저장매체(이하 '정보저장매체' 라 한다)는 대부분 대용량이어서 수사의 대상이 된 범죄혐의와 관련이 없는 개인의 일상생활이나 기업경영에 관한 정보가 광범위하게 포함되어 있다. 이러한 전자정보에 대한 수사기관의 압수·수색은 사생활의 비밀과 자유, 정보에 대한 자기결정권, 재산권 등을 침해할 우려가 크므로 포괄적으로 이루어져서는 안 되고, 비례의 원칙에 따라 수사의 목적상 필요한 최소 범위에서 이루어져야 한다. 수사기관의 전자정보에 대한 압수·수색은 원칙적으로 영장 발부의 사유로 된 범죄 혐의사실과 관련된 부분만을 문서 출력물로 수집하거나 수사기관이 휴대한 정보저장매체에 해당 파일을 복제하는 방식으로 이루어져야 하고, 정보저장매체 자체를 직접 반출하거나 저장매체에 들어있는 전자파일 전부를 하드카피나 이미징 등 형태(이하 '복제본' 이라 한다)로 수사기관 사무실 등 외부로 반출하는 방식으로 압수·수색하는 것은 현장의 사정이나 전자정보의 대량성으로 인하여 관련 정보 획득에 긴 시간이 소요되거나 전문 인력에 의한 기술적 조치가 필요한 경우 등 범위를 정하여 출력 또는 복제하는 방법이 불가능하거나 압수의 목적을 달성하기에 현저히 곤란하다고 인정되는 때에 한하여 예외적으로 허용될 수 있을 뿐이다(대법원 2015. 7. 16. 자 2011모1839 전원합의체 결정 등 참조).

위와 같은 법리는 정보저장매체에 해당하는 임의제출물의 압수(형사소송법 제218조)에도 마찬가지로 적용된다. 임의제출물의 압수는 압수물에 대한 수사기관의 점유 취득이 제출자의 의사에 따라 이루어진다는 점에서 차이가 있을 뿐 범죄혐의를 전제로 한 수사 목적이나 압수의 효력은 영장에 의한 경우와 동일하기 때문이다. 따라서 <u>수사기관은 특정 범죄혐의와 관련하여 전자정보가 수록된 정보저장매체를 임의제출받아 그 안에 저장된 전자정보를 압수하는 경우 그 동기가 된 범죄 혐의사실과 관련된 전자정보의 출력물 등을 임의제출받아 압수하는 것이 원칙이다. 다만 현장의 사정이나 전자정보의 대량성과 탐색의 어려움 등의 이유로 범위를 정하여 출력 또는 복제하는 방법이 불가능하거나 압수의 목적을 달성하기에 현저히 곤란하다고 인정되는 때에 한하여 예외적으로 정보저장매체 자체나 복제본을 임의제출받아 압수할 수 있다.</u>

## 나. 임의제출에 따른 전자정보 압수의 대상과 범위

### ① <u>임의제출자의 의사</u>

정보저장매체와 그 안에 저장된 전자정보는 개념적으로나 기능적으로나 별도의 독자적 가치와 효용을 지닌 것으로 상호 구별될 뿐만 아니라 임의제출된 전자정보의 압수가 적법한 것은 어디까지나 제출자의 자유로운 제출 의사에 근거한 것인 이상, 범죄 혐의사실과 관련된 전자정보와 그렇지 않은 전자정보가 혼재된 정보저장매체나 복제본을 수사기관에 임의제출하는 경우 제출자는 제출 및 압수의 대상이 되는 전자정보를 개별적으로 지정하거나 그 범위를 한정할 수 있다. 이처럼 정보저장매체 내 전자정보의 임의제출 범위는 제출자의 의사에 따라 달라질 수 있는 만큼 이러한 정보저장매체를 임의제출받는 수사기관은 제출자로부터 임의제출의 대상이 되는 전자정보의 범위를 확인함으로써 압수의 범위를 명확히 특정하여야 한다. 나아가 헌법과 형사소송법이 구현하고자 하는 적법절차, 영장주의, 비례의 원칙은 물론, 사생활의 비밀과 자유, 정보에 대한 자기결정권 및 재산권의 보호라는 관점에서 정보저장매체 내 전자정보가 가지는 중요성에 비추어 볼 때, 정보저장매체를 임의제출하는 사람이 거기에 담긴 전자정보를 지정하거나 제출범위를 한정하는 취지로 한 의사표시는 엄격하게 해석하여야 하고, 확인되지 않은 제출자의 의사를 수사기관이 함부로 추단하는 것은 허용될 수 없다.

따라서 <u>수사기관이 제출자의 의사를 쉽게 확인할 수 있음에도 이를 확인하지 않은 채 특정 범죄 혐의사실과 관련된 전자정보와 그렇지 않은 전자정보가 혼재된 정보저장</u>

매체를 임의제출받은 경우, 그 정보저장매체에 저장된 전자정보 전부가 임의제출되어 압수된 것으로 취급할 수는 없다. 이 경우 제출자의 임의제출 의사에 따라 압수의 대상이 되는 전자정보의 범위를 어떻게 특정할 것인지가 문제 된다.

② 임의제출에 따른 압수의 동기가 된 범죄 혐의사실과 관련된 전자정보

수사기관은 피의사실과 관계가 있다고 인정할 수 있는 것에 한정하여 증거물 또는 몰수할 것으로 사료하는 물건을 압수할 수 있다(형사소송법 제219조, 제106조). 따라서 전자정보를 압수하고자 하는 수사기관이 정보저장매체와 거기에 저장된 전자정보를 임의제출의 방식으로 압수할 때, 제출자의 구체적인 제출범위에 관한 의사를 제대로 확인하지 않는 등의 사유로 인해 임의제출자의 의사에 따른 전자정보 압수의 대상과 범위가 명확하지 않거나 이를 알 수 없는 경우에는 임의제출에 따른 압수의 동기가 된 범죄 혐의사실과 관련되고 이를 증명할 수 있는 최소한의 가치가 있는 전자정보에 한하여 압수의 대상이 된다. 이때 범죄 혐의사실과 관련된 전자정보에는 범죄 혐의사실 그 자체 또는 그와 기본적 사실관계가 동일한 범행과 직접 관련된 것은 물론 범행 동기와 경위, 범행 수단과 방법, 범행 시간과 장소 등을 증명하기 위한 간접증거나 정황증거 등으로 사용될 수 있는 것도 포함될 수 있다. 다만 그 관련성은 임의제출에 따른 압수의 동기가 된 범죄 혐의사실의 내용과 수사의 대상, 수사의 경위, 임의제출의 과정 등을 종합하여 구체적 · 개별적 연관관계가 있는 경우에만 인정되고, 범죄 혐의사실과 단순히 동종 또는 유사 범행이라는 사유만으로 관련성이 있다고 할 것은 아니다(대법원 2021. 8. 26. 선고 2021도2205 판결 등 참조).

③ 불법촬영 범죄 등의 경우 임의제출된 전자정보 압수의 범위

범죄 혐의사실과 관련된 전자정보인지를 판단할 때는 범죄 혐의사실의 내용과 성격, 임의제출의 과정 등을 토대로 구체적 · 개별적 연관관계를 살펴볼 필요가 있다. 특히 카메라의 기능과 정보저장매체의 기능을 함께 갖춘 휴대전화인 스마트폰을 이용한 불법촬영 범죄와 같이 범죄의 속성상 해당 범행의 상습성이 의심되거나 성적 기호 내지 경향성의 발현에 따른 일련의 범행의 일환으로 이루어진 것으로 의심되고, 범행의 직접증거가 스마트폰 안에 이미지 파일이나 동영상 파일의 형태로 남아 있을 개연성이 있는 경우에는 그 안에 저장된 같은 유형의 전자정보에서 그와 관련한 유력한 간접증거나 정황증거가 발견될 가능성이 높다는 점에서 이러한 간접증거나 정황증거는 범죄 혐의사실과 구체적 · 개별적 연관관계를 인정할 수 있다. 이처럼 범죄의 대상이 된 피해자의 인격권을 현저히 침해하는 성격의 전자정보를 담고 있는 불법촬영물은 범죄행위로 인해 생성된 것으로서 몰수의 대상이기도 하므로 임의제출된 휴대전화에서 해당

전자정보를 신속히 압수·수색하여 불법촬영물의 유통 가능성을 적시에 차단함으로써 피해자를 보호할 필요성이 크다. 나아가 이와 같은 경우에는 간접증거나 정황증거이면서 몰수의 대상이자 압수·수색의 대상인 전자정보의 유형이 이미지 파일 내지 동영상 파일 등으로 비교적 명확하게 특정되어 그와 무관한 사적 전자정보 전반의 압수·수색으로 이어질 가능성이 적어 상대적으로 폭넓게 관련성을 인정할 여지가 많다는 점에서도 그러하다.

④ 피의자 아닌 사람이 피의자가 소유·관리하는 정보저장매체를 임의제출한 경우 전자정보 압수의 범위

피의자가 소유·관리하는 정보저장매체를 피의자 아닌 피해자 등 제3자가 임의제출하는 경우에는, 그 임의제출 및 그에 따른 수사기관의 압수가 적법하더라도 임의제출의 동기가 된 범죄 혐의사실과 구체적·개별적 연관관계가 있는 전자정보에 한하여 압수의 대상이 되는 것으로 더욱 제한적으로 해석하여야 한다. 임의제출의 주체가 소유자 아닌 소지자·보관자이고 그 제출행위로 소유자의 사생활의 비밀 기타 인격적 법익이 현저히 침해될 우려가 있는 경우에는 임의제출에 따른 압수·수색의 필요성과 함께 임의제출에 동의하지 않은 소유자의 법익에 대한 특별한 배려도 필요한바(대법원 1999. 9. 3. 선고 98도968 판결, 대법원 2008. 5. 15. 선고 2008도1097 판결, 대법원 2013. 9. 26. 선고 2013도7718 판결 등 참조), 피의자 개인이 소유·관리하는 정보저장매체에는 그의 사생활의 비밀과 자유, 정보에 대한 자기결정권 등 인격적 법익에 관한 모든 것이 저장되어 있어 제한 없이 압수·수색이 허용될 경우 피의자의 인격적 법익이 현저히 침해될 우려가 있기 때문이다. 그러므로 임의제출자인 제3자가 제출의 동기가 된 범죄 혐의사실과 구체적·개별적 연관관계가 인정되는 범위를 넘는 전자정보까지 일괄하여 임의제출한다는 의사를 밝혔더라도, 그 정보저장매체 내 전자정보 전반에 관한 처분권이 그 제3자에게 있거나 그에 관한 피의자의 동의 의사를 추단할 수 있는 등의 특별한 사정이 없는 한, 그 임의제출을 통해 수사기관이 영장 없이 적법하게 압수할 수 있는 전자정보의 범위는 범죄 혐의사실과 관련된 전자정보에 한정된다고 보아야 한다.

다. 전자정보 탐색·복제·출력 시 피의자의 참여권 보장 및 전자정보 압수목록 교부

압수의 대상이 되는 전자정보와 그렇지 않은 전자정보가 혼재된 정보저장매체나 그 복제본을 임의제출받은 수사기관이 그 정보저장매체 등을 수사기관 사무실 등으로 옮겨 이를 탐색·복제·출력하는 경우, 그와 같은 일련의 과정에서 형사소송법 제219조,

제121조에서 규정하는 피압수·수색 당사자(이하 '피압수자'라 한다)나 그 변호인에게 참여의 기회를 보장하고 압수된 전자정보의 파일 명세가 특정된 압수목록을 작성·교부하여야 하며 범죄 혐의사실과 무관한 전자정보의 임의적인 복제 등을 막기 위한 적절한 조치를 취하는 등 영장주의 원칙과 적법절차를 준수하여야 한다. 만약 그러한 조치가 취해지지 않았다면 피압수자 측이 참여하지 아니한다는 의사를 명시적으로 표시하였거나 임의제출의 취지와 경과 또는 그 절차 위반행위가 이루어진 과정의 성질과 내용 등에 비추어 피압수자 측에 절차 참여를 보장한 취지가 실질적으로 침해되었다고 볼 수 없을 정도에 해당한다는 등의 특별한 사정이 없는 이상 압수·수색이 적법하다고 평가할 수 없고, 비록 수사기관이 정보저장매체 또는 복제본에서 범죄 혐의사실과 관련된 전자정보만을 복제·출력하였다 하더라도 달리 볼 것은 아니다(위 대법원 2011모1839 전원합의체 결정, 대법원 2020. 11. 17. 자 2019모291 결정 등 참조). 나아가 피해자 등 제3자가 피의자의 소유·관리에 속하는 정보저장매체를 영장에 의하지 않고 임의제출한 경우에는 실질적 피압수자인 피의자가 수사기관으로 하여금 그 전자정보 전부를 무제한 탐색하는 데 동의한 것으로 보기 어려울 뿐만 아니라 피의자 스스로 임의제출한 경우 피의자의 참여권 등이 보장되어야 하는 것과 견주어 보더라도 특별한 사정이 없는 한 형사소송법 제219조, 제121조, 제129조에 따라 피의자에게 참여권을 보장하고 압수한 전자정보 목록을 교부하는 등 피의자의 절차적 권리를 보장하기 위한 적절한 조치가 이루어져야 한다.

라. 임의제출된 정보저장매체 탐색 과정에서 무관정보 발견 시 필요한 조치·절차

앞서 본 바와 같이 임의제출된 정보저장매체에서 압수의 대상이 되는 전자정보의 범위를 초과하여 수사기관이 임의로 전자정보를 탐색·복제·출력하는 것은 원칙적으로 위법한 압수·수색에 해당하므로 허용될 수 없다. 만약 전자정보에 대한 압수·수색이 종료되기 전에 범죄 혐의사실과 관련된 전자정보를 적법하게 탐색하는 과정에서 별도의 범죄혐의와 관련된 전자정보를 우연히 발견한 경우라면, 수사기관은 더 이상의 추가 탐색을 중단하고 법원으로부터 별도의 범죄혐의에 대한 압수·수색영장을 발부받은 경우에 한하여 그러한 정보에 대하여도 적법하게 압수·수색을 할 수 있다. 따라서 임의제출된 정보저장매체에서 압수의 대상이 되는 전자정보의 범위를 넘어서는 전자정보에 대해 수사기관이 영장 없이 압수·수색하여 취득한 증거는 위법수집증거에 해당하고, 사후에 법원으로부터 영장이 발부되었다거나 피고인이나 변호인이 이를 증거로 함에 동의하였다고 하여 그 위법성이 치유되는 것도 아니다.

## V. 결 론

피해자 공소외 1은 경찰에 피고인의 휴대전화를 증거물로 제출할 당시 그 안에 수록된 전자정보의 제출범위를 명확히 밝히지 않았고, 담당 경찰관들도 제출자로부터 그에 관한 확인절차를 거치지 않은 이상 위 휴대전화에 담긴 전자정보의 제출범위에 관한 제출자의 의사가 명확하지 않거나 이를 알 수 없는 경우에 해당한다. 따라서 위 휴대전화에 담긴 전자정보 중 임의제출을 통해 적법하게 압수된 범위는 임의제출 및 압수의 동기가 된 피고인의 2014년 범행 자체와 구체적·개별적 연관관계가 있는 전자정보로 제한적으로 해석하는 것이 타당하다.

이에 비추어 볼 때 범죄발생 시점 사이에 상당한 간격이 있고 피해자 및 범행에 이용한 휴대전화도 전혀 다른 피고인의 2013년 범행에 관한 동영상은 앞서 살펴본 간접증거와 정황증거를 포함하는 구체적·개별적 연관관계 있는 관련 증거의 법리에 의하더라도 임의제출에 따른 압수의 동기가 된 범죄혐의사실(2014년 범행)과 구체적·개별적 연관관계 있는 전자정보로 보기 어려우므로 수사기관이 사전영장 없이 이를 취득한 이상 증거능력이 없고, 사후에 압수·수색영장을 받아 압수절차가 진행되었더라도 달리 볼 수 없다.

# 제20절 범죄증거 수집을 위한 사전 강제 채뇨의 허용 요건 및 방법

## I. 사례요지

피고인이 메트암페타민(일명 '필로폰')을 투약하였다는 마약류 관리에 관한 법률 위반(향정) 혐의에 관하여, 피고인의 소변(30cc), 모발(약 80수), 마약류 불법사용 도구 등에 대한 압수·수색·검증영장을 발부받은 다음 경찰관이 피고인의 주거지를 수색하여 사용 흔적이 있는 주사기 4개를 압수하고, 위 영장에 따라 3시간가량 소변과 모발을 제출하도록 설득하였음에도 피고인이 계속 거부하면서 자해를 하자 이를 제압하고 수갑과 포승을 채운 뒤 강제로 병원 응급실로 데려가 응급구조사로 하여금 피고인의 신체에서 소변(30cc)을 채취하도록 하여 이를 압수한 사안

## II. 논 점

1. 강제 채뇨'의 의미
2. 수사기관이 범죄증거를 수집할 목적으로 하는 강제 채뇨가 허용되기 위한 요건 및 채뇨의 방법
3. 수사기관이 범죄증거를 수집할 목적으로 피의자의 동의 없이 피의자의 소변을 채취하는 것을 '감정에 필요한 처분'으로 할 수 있는지(적극) 및 이를 압수·수색의 방법으로도 할 수 있는지(적극)
4. 압수·수색의 방법으로 소변을 채취하는 경우, 압수대상물인 피의자의 소변을 확보하기 위한 수사기관의 노력에도 불구하고 피의자가 소변 채취에 적합한 장소로 이동하는 것에 동의하지 않거나 저항하는 등 임의동행을 기대할 수 없는 사정이 있는 때에는 수사기관이 소변 채취에 적합한 장소로 피의자를 데려가기 위해서 필요 최소한의 유형력을 행사하는 것이 허용되는지 여부(적극) 및 이는 '압수·수색영장의 집행에 필요한 처분'에 해당하는지 여부(적극)

## III. 법규연구 (형사소송법)

제215조(압수, 수색, 검증) ① 검사는 범죄수사에 필요한 때에는 피의자가 죄를 범하였다고 의심할 만한 정황이 있고 해당 사건과 관계가 있다고 인정할 수 있는 것에 한정하여 지방법원판사에게 청구하여 발부받은 영장에 의하여 압수, 수색 또는 검증을 할 수 있다.

② 사법경찰관이 범죄수사에 필요한 때에는 피의자가 죄를 범하였다고 의심할 만한 정황이 있고 해당 사건과 관계가 있다고 인정할 수 있는 것에 한정하여 검사에게 신청하여 검사의 청구로 지방법원판사가 발부한 영장에 의하여 압수, 수색 또는 검증을 할 수 있다.

제173조(감정에 필요한 처분) ① 감정인은 감정에 관하여 필요한 때에는 법원의 허가를 얻어 타인의 주거, 간수자 있는 가옥, 건조물, 항공기, 선차 내에 들어 갈 수 있고 신체의 검사, 사체의 해부, 분묘발굴, 물건의 파괴를 할 수 있다.

제120조(집행과 필요한 처분) ① 압수·수색영장의 집행에 있어서는 건정을 열거나 개봉 기타 필요한 처분을 할 수 있다.

제109조(수색) ① 법원은 필요한 때에는 피고사건과 관계가 있다고 인정할 수 있는 것에 한정하여 피고인의 신체, 물건 또는 주거, 그 밖의 장소를 수색할 수 있다. <개정 2011.7.18>
② 피고인 아닌 자의 신체, 물건, 주거 기타 장소에 관하여는 압수할 물건이 있음을 인정할 수 있는 경우에 한하여 수색할 수 있다.

제106조(압수) ① 법원은 필요한 때에는 피고사건과 관계가 있다고 인정할 수 있는 것에 한정하여 증거물 또는 몰수할 것으로 사료하는 물건을 압수할 수 있다. 단, 법률에 다른 규정이 있는 때에는 예외로 한다.

제221조의4(감정에 필요한 처분, 허가장) ① 제221조의 규정에 의하여 감정의 위촉을 받은 자는 판사의 허가를 얻어 제173조제1항에 규정된 처분을 할 수 있다.

## IV. 관련 판례

### 1. 원심 (부산지법 2018. 4. 13. 선고 2017노4648 판결)

피고인에 대한 압수수색검증영장의 집행은 압수수색검증을 하는 사유, 압수수색검증과의 관련성, 긴급성 등 제반사정을 종합하여 볼 때 영장 집행을 위한 필요한 처분으로서 영장의 집행을 위한 범위 내에서 상당한 방법으로 이루어진 것이므로 적법하다.

### 2. 대법원 (대법원 2018. 7. 12., 선고, 2018도6219 판결)

가. 강제 채뇨는 피의자가 임의로 소변을 제출하지 않는 경우 피의자에 대하여 강제력을 사용해서 도뇨관(catheter)을 요도를 통하여 방광에 삽입한 뒤 체내에 있는 소변을 배출시켜 소변을 취득·보관하는 행위이다. 수사기관이 범죄증거를 수집할 목적으로 하는 강제 채뇨는 피의자의 신체에 직접적인 작용을 수반할 뿐만 아니라 피의자에게 신체적 고통이나 장애를 초래하거나 수치심이나 굴욕감을 줄 수 있다. 따라서 피의자에게 범죄혐의가 있고 그 범죄가 중대한지, 소변성분 분석을 통해서 범죄혐의를 밝힐 수 있는지, 범죄증거를 수집하기 위하여 피의자의 신체에서 소변을 확보하는 것이 필요한 것인지, 채뇨가 아닌 다른 수단으로는 증명이 곤란한지 등을 고려하여 범죄 수사를 위해서 강제 채뇨가 부득이하다고 인정되는 경우에 최후의 수단으로 적법한 절차에 따라 허용된다고 보아야 한다. 이때 의사, 간호사, 그 밖의 숙련된 의료인 등으로 하여금 소변 채취에 적합한 의료장비와 시설을 갖춘 곳에서 피의자의 신체와 건강을

해칠 위험이 적고 피의자의 굴욕감 등을 최소화하는 방법으로 소변을 채취하여야 한다.

수사기관이 범죄증거를 수집할 목적으로 피의자의 동의 없이 피의자의 소변을 채취하는 것은 법원으로부터 감정허가장을 받아 형사소송법 제221조의4 제1항, 제173조 제1항에서 정한 '감정에 필요한 처분'으로 할 수 있지만(피의자를 병원 등에 유치할 필요가 있는 경우에는 형사소송법 제221조의3에 따라 법원으로부터 감정유치장을 받아야 한다), 형사소송법 제219조, 제106조 제1항, 제109조에 따른 압수·수색의 방법으로도 할 수 있다. 이러한 압수·수색의 경우에도 수사기관은 원칙적으로 형사소송법 제215조에 따라 판사로부터 압수·수색영장을 적법하게 발부받아 집행해야 한다.

압수·수색의 방법으로 소변을 채취하는 경우 압수대상물인 피의자의 소변을 확보하기 위한 수사기관의 노력에도 불구하고, 피의자가 인근 병원 응급실 등 소변 채취에 적합한 장소로 이동하는 것에 동의하지 않거나 저항하는 등 임의동행을 기대할 수 없는 사정이 있는 때에는 수사기관으로서는 소변 채취에 적합한 장소로 피의자를 데려가기 위해서 필요 최소한의 유형력을 행사하는 것이 허용된다. 이는 형사소송법 제219조, 제120조 제1항에서 정한 '압수·수색영장의 집행에 필요한 처분'에 해당한다고 보아야 한다. 그렇지 않으면 피의자의 신체와 건강을 해칠 위험이 적고 피의자의 굴욕감을 최소화하기 위하여 마련된 절차에 따른 강제 채뇨가 불가능하여 압수영장의 목적을 달성할 방법이 없기 때문이다.


나. 피고인에 대한 피의사실이 중대하고 객관적 사실에 근거한 명백한 범죄혐의가 있었다고 볼 수 있다. 경찰관의 장시간에 걸친 설득에도 불구하고 피고인은 소변의 임의제출을 거부하면서 판사가 적법하게 발부한 압수영장의 집행에 저항하였다. 경찰관은 다른 방법으로 수사 목적을 달성하기 곤란하다고 판단하여 압수대상물인 피고인의 소변을 채취하기 위하여 강제로 피고인을 소변 채취에 적합한 장소인 인근 병원 응급실로 데리고 가 의사의 지시를 받은 응급구조사로 하여금 피고인의 신체에서 소변을 채취하도록 하였고, 그 과정에서 피고인에 대한 강제력의 행사가 필요 최소한도를 벗어나지 않았다. 경찰관의 이러한 조치는 형사소송법 제219조, 제120조 제1항에서 정한 '압수영장의 집행에 필요한 처분'으로서 허용된다고 보는 것이 타당하다.

경찰관 직무집행법 제10조 제1항, 제10조의2 제1항 제2호, 제3호, 제2항 등에 따르면, 경찰관은 직무수행 중 자신이나 다른 사람의 생명·신체의 방어와 보호, 공무집행에 대한 항거 제지를 위하여 필요하다고 인정되는 상당한 이유가 있을 때에는 그 사태를 합리적으로 판단하여 필요한 한도에서 수갑, 포승, 경찰봉, 방패 등 경찰장구를 사용할 수 있다. 이 사건에서 경찰관이 압수영장을 집행하기 위하여 피고인을 ○○의료원 응급실로 데리고 가는 과정에서 공무집행에 항거하는 피고인을 제지하고 자해 위험을 방지하기 위해 수갑과 포승을 사용한 것은 경찰관 직무집행법에 따라 허용되는 경찰장구의 사용으로서 적법하다.

## V. 결 론

대법원은 범죄수사를 위한 강제채뇨는 부득이한 경우에 최후 수단으로, 법원의 감정허가장에 기한 감정에 필요한 처분(제173조 제1항)에 의해 또는 압수·수색영장에 의해(제215조), 적법절차와 방식(제221조의4)에 따라 허용된다고 판시하면서, 임의동행을 기대할 수 없는 사정에서 수사기관이 소변 채취에 적합한 장소로 피의자를 데려가기 위해 필요 최소한의 유형력을 행사하는 것은 형사소송법 제219조, 제120조 제1항에서 정한 '압수·수색영장의 집행에 필요한 처분'에 해당한다고 보았다.

# 제21절 의식없는 피고인 가족 동의로 영장없이 채혈한 경우

## I. 사례요지

피고인이 오토바이를 운전하여 가다가 선행 차량의 뒷부분을 들이받는 교통사고를 야기한 후 의식을 잃은 채 119구급차량에 의하여 병원 응급실로 후송되었다. 사고 시각으로부터 약 1시간 후 사고신고를 받고 병원 응급실로 출동한 경찰관은 법원으로부터 압수·수색 또는 검증영장을 발부받지 아니한 채 피고인의 아들로부터 동의를 받아 간호사로 하여금 의식을 잃고 응급실에 누워 있는 피고인으로부터 채혈을 하도록 하였다. 그리고 나아가 이 사건 채혈은 법관으로부터 영장을 발부받지 않은 상태에서 이루어졌고 사후에 영장을 발부받지도 아니하였다.

## II. 논 점

1. 영장이나 감정처분허가장 없이 채취한 혈액을 이용한 혈중알코올농도 감정 결과의 증거능력 유무(원칙적 소극) 및 피고인 등의 동의가 있더라도 마찬가지인지 여부(적극)
2. 강제채혈의 법적 성질(=감정에 필요한 처분 또는 압수영장의 집행에 필요한 처분)
3. 음주운전 중 교통사고를 내고 의식불명 상태에 빠져 병원으로 후송된 운전자에 대하여 수사기관이 영장 없이 강제채혈을 할 수 있는지(한정 적극) 및 이 경우 사후 압수영장을 받아야 하는지 여부(적극)

## III. 법규연구 (형사소송법)

제215조(압수, 수색, 검증) ② 사법경찰관이 범죄수사에 필요한 때에는 피의자가 죄를 범하였다고 의심할 만한 정황이 있고 해당 사건과 관계가 있다고 인정할 수 있는 것에 한정하여 검사에게 신청하여 검사의 청구로 지방법원판사가 발부한 영장에 의하여 압수, 수색 또는 검증을 할 수 있다.

제216조(영장에 의하지 아니한 강제처분) ① 검사 또는 사법경찰관은 제200조의2·제200조의3·제201조 또는 제212조의 규정에 의하여 피의자를 체포 또는 구속하는 경우에 필요한 때에는 영장없이 다음 처분을 할 수 있다.

2. 체포현장에서의 압수, 수색, 검증

③ 범행 중 또는 범행직후의 범죄 장소에서 긴급을 요하여 법원판사의 영장을 받을 수 없는 때에는 영장없이 압수, 수색 또는 검증을 할 수 있다. 이 경우에는 사후에 지체없이 영장을 받아야 한다.

제217조(영장에 의하지 아니하는 강제처분) ② 검사 또는 사법경찰관은 제1항 또는 제216조제1항제2호에 따라 압수한 물건을 계속 압수할 필요가 있는 경우에는 지체없이 압수수색영장을 청구하여야 한다. 이 경우 압수수색영장의 청구는 체포한 때부터 48시간 이내에 하여야 한다.

제221조(제3자의 출석요구 등) ② 검사 또는 사법경찰관은 수사에 필요한 때에는 감정·통역 또는 번역을 위촉할 수 있다.

제308조의2(위법수집증거의 배제) 적법한 절차에 따르지 아니하고 수집한 증거는 증거로 할 수 없다.

제318조(당사자의 동의와 증거능력) ① 검사와 피고인이 증거로 할 수 있음을 동의한 서류 또는 물건은 진정한 것으로 인정한 때에는 증거로 할 수 있다.

② 피고인의 출정없이 증거조사를 할 수 있는 경우에 피고인이 출정하지 아니한 때에는 전항의 동의가 있는 것으로 간주한다. 단, 대리인 또는 변호인이 출정한 때에는 예외로 한다.

## IV. 관련 판례

### 1. 원심 (수원지법 2011. 10. 20. 선고 2011노3958 판결)

피고인의 혈중알코올농도에 대한 국립과학수사연구소의 감정의뢰회보 및 이에 기초한 주취운전자적발보고서, 주취운전자 정황보고서 등의 증거는 위법수집증거로서 증거능력이 없으므로, 피고인의 자백 외에 달리 이를 보강할 만한 증거가 없다는 이유로 이 사건 공소사실을 무죄로 판단하였다.

### 2. 대법원 (대법원 2012. 11. 15., 선고, 2011도15258 판결)

가. 우리 헌법은 "누구든지 법률에 의하지 아니하고는 체포·구속·압수·수색 또는 심문을 받지 아니하며"(헌법 제12조 제1항 후문), "체포·구속·압수 또는 수색을 할 때는 적법한 절차에 따라 검사의 신청에 의하여 법관이 발부한 영장을 제시하여야 한다. 다만 현행범인인 경우와 장기 3년 이상의 형에 해당하는 죄를 범하고 도피 또는 증거인멸의 염려가 있을 때에는 사후에 영장을 청구할 수 있다."고 규정하여(같은 조 제3항) 압수·수색에 관한 적법절차와 영장주의의 근간을 선언하고 있다.

이를 이어받아 형사소송법은 사법경찰관이 범죄수사에 필요한 때에는 검사에게 신청하여 검사의 청구로 판사가 발부한 영장에 의하여 압수, 수색 또는 검증을 할 수 있고(제215조 제2항), 검사 또는 사법경찰관은 제200조의2, 제200조의3, 제201조 또는 제212조의 규정에 의하여 피의자를 체포 또는 구속하는 경우에 필요한 때에는 체포현장에서 영장 없이 압수, 수색, 검증을 할 수 있으나, 압수한 물건을 계속 압수할 필요가 있는 경우에는 체포한 때부터 48시간 이내에 지체없이 압수·수색영장을 청구하여야 하며(제216조 제1항 제2호, 제217조 제2항), 범행 중 또는 범행 직후의 범죄장소에서 긴급을 요하여 판사의 영장을 받을 수 없는 때에는 영장 없이 압수, 수색 또는 검증을 할 수 있으나, 이 경우에는 사후에 지체없이 영장을 받아야 하고(제216조 제3항), 검사 또는 사법경찰관으로부터 감정을 위촉받은 감정인은 감정에 관하여 필요한 때에는 검사의 청구에 의해 판사로부터 허가장을 발부받아 감정에 필요한 처분을 할 수 있다고 규정함으로써(제221조 제2항, 제221조의4, 제173조 제1항) 실체적 진실 규명과 개인의 권리보호 이념을 조화롭게 실현할 수 있도록 압수·수색·검증과 감정처분절차에 관한 구체적 기준을 마련하고 있다. 그리고 나아가 "적법한 절차에 따르지 아니하고 수집한 증거는 증거로 할 수 없다."라고 규정함으로써(제308조의2) 위와 같은 구체적 기준을 마련하고 있는 형사소송법의 규범력이 확고히 유지되도록 하고 있다.

따라서 헌법과 형사소송법이 정한 절차에 따르지 아니하고 수집된 증거는 기본적 인권보장을 위해 마련된 적법한 절차에 따르지 않은 것으로서 원칙적으로 유죄 인정의 증거로 삼을 수 없고, 위와 같은 법리는 이를 기초로 하여 획득한 2차적 증거에도 마찬가지로 적용된다고 할 것이다.

그렇다면 수사기관이 법원으로부터 영장 또는 감정처분허가장을 발부받지 아니한 채 피의자의 동의 없이 피의자의 신체로부터 혈액을 채취하고 사후에도 지체없이 영장을 발부받지 아니한 채 그 혈액 중 알코올농도에 관한 감정을 의뢰하였다면, 이러한 과정을 거쳐 얻은 감정의뢰회보 등은 형사소송법상 영장주의 원칙을 위반하여 수집하거나 그에 기초하여 획득한 증거로서, 원칙적으로 그 절차위반행위가 적법절차의 실질적인 내용을 침해하여 피고인이나 변호인의 동의가 있더라도 유죄의 증거로 사용할 수 없다고 할 것이다(대법원 2011. 4. 28. 선고 2009도2109 판결 등 참조).

나. 한편 수사기관이 범죄증거를 수집할 목적으로 피의자의 동의 없이 피의자의 혈액을 취득·보관하는 행위는 법원으로부터 감정처분허가장을 받아 형사소송법 제221조의4 제1항, 제173조 제1항에 의한 '감정에 필요한 처분'으로도 할 수 있지만, 형사소송법 제219조, 제106조 제1항에 정한 압수의 방법으로도 할 수 있고, 압수의 방법에 의하는 경우 혈액의 취득을 위하여 피의자의 신체로부터 혈액을 채취하는 행위는 그 혈액의 압수를 위한 것으로서 형사소송법 제219조, 제120조 제1항에 정한 '압수영장의 집행에 있어 필요한 처분'에 해당한다고 할 것이다.

그런데 음주운전 중 교통사고를 야기한 후 피의자가 의식불명 상태에 빠져 있는 등으로 도로교통법이 음주운전의 제1차적 수사방법으로 규정한 호흡조사에 의한 음주측정이 불가능하고 혈액 채취에 대한 동의를 받을 수도 없을 뿐만 아니라 법원으로부터 혈액 채취에 대한 감정처분허가장이나 사전 압수영장을 발부받을 시간적 여유도 없는 긴급한 상황이 생길 수 있다. 이러한 경우 피의자의 신체 내지 의복류에 주취로 인한 냄새가 강하게 나는 등 형사소송법 제211조 제2항 제3호가 정하는 범죄의 증적이 현저한 준현행범인으로서의 요건이 갖추어져 있고 교통사고 발생 시각으로부터 사회통념상 범행 직후라고 볼 수 있는 시간 내라면, 피의자의 생명·신체를 구조하기 위하여 사고현장으로부터 곧바로 후송된 병원 응급실 등의 장소는 형사소송법 제216조 제3항의 범죄장소에 준한다 할 것이므로, 검사 또는 사법경찰관은 피의자의 혈중알코올농도 등 증거의 수집을 위하여 의료법상 의료인의 자격이 있는 자로 하여금 의료용 기구로 의학적인 방법에 따라 필요최소한의 한도 내에서 피의자의 혈액을 채취하게 한 후 그 혈액을 영장 없이 압수할 수 있다고 할 것이다. 다만 이 경우에도 형사소송법 제216조 제3항 단서, 형사소송규칙 제58조, 제107조 제1항 제3호에 따라 사후에 지체없이 강제채혈에 의한 압수의 사유 등을 기재한 영장청구서에 의하여 법원으로부터 압수영장을 받아야 함은 물론이다.

## V. 결 론

위 판결을 통해 대법원은 음주운전 중 교통사고를 야기한 후 피의자가 의식불명 상태에 빠져 있는 등으로 도로교통법이 음주운전의 제1차적 수사방법으로 규정한 호흡조사에 의한 음주측정이 불가능하고, 범죄의 증적이 현저한 준현행범인의 요건이 갖추어져 있으며, 교통사고 발생 시각으로부터 사회통념상 범행 직후라고 볼 수 있는 시간 내라면, 피의자의 생명·신체를 구조하기 위하여 사고현장으로부터 곧바로 후송된 병원 응급실 등의 장소도 형사소송법 제216조 제3항의 범죄 장소에 준한다고 보아 사전영장주의의 예외로서 강제채혈에 의한 혈액의 압수를 허용하였다.

# 제22절 영장주의를 위반한 강제채혈과 감정결과보고서의 증거능력

## Ⅰ. 사례요지

피고인이 승용차를 운전하여 가다가 도로 우측 갓길에 정차해 있던 중 같은 방향으로 진행하던 화물차에 추돌당하는 사고가 발생하였고, 피고인은 위 사고로 약 8주간의 치료를 요하는 상해를 입고 응급실로 호송되었다. 그런데 위 사고신고를 받고 응급실로 출동한 경찰관은 법원으로부터 압수·수색 또는 검증영장이나 감정처분허가장을 발부받지 아니한 채 피고인의 처로부터 채혈동의를 받고서 간호사로 하여금 의식을 잃고 응급실에 누워 있는 피고인으로부터 채혈을 하도록 하였다.

## Ⅱ. 논 점

피의자의 동의 또는 영장 없이 채취한 혈액을 이용한 감정결과보고서 등의 증거능력 유무

## Ⅲ. 법규연구 (형사소송법)

제173조(감정에 필요한 처분) ① 감정인은 감정에 관하여 필요한 때에는 법원의 허가를 얻어 타인의 주거, 간수자 있는 가옥, 건조물, 항공기, 선차 내에 들어 갈 수 있고 신체의 검사, 사체의 해부, 분묘발굴, 물건의 파괴를 할 수 있다.

제215조(압수, 수색, 검증) ② 사법경찰관이 범죄수사에 필요한 때에는 피의자가 죄를 범하였다고 의심할 만한 정황이 있고 해당 사건과 관계가 있다고 인정할 수 있는 것에 한정하여 검사에게 신청하여 검사의 청구로 지방법원판사가 발부한 영장에 의하여 압수, 수색 또는 검증을 할 수 있다.

제216조(영장에 의하지 아니한 강제처분) ③ 범행 중 또는 범행직후의 범죄 장소에서 긴급을 요하여 법원판사의 영장을 받을 수 없는 때에는 영장없이 압수, 수색 또는 검증을 할 수 있다. 이 경우에는 사후에 지체없이 영장을 받아야 한다.

제221조(제3자의 출석요구 등) ② 검사 또는 사법경찰관은 수사에 필요한 때에는 감정·통역 또는 번역을 위촉할 수 있다.

제221조의4(감정에 필요한 처분, 허가장) ① 제221조의 규정에 의하여 감정의 위촉을 받은 자는 판사의 허가를 얻어 제173조제1항에 규정된 처분을 할 수 있다.

제308조의2(위법수집증거의 배제) 적법한 절차에 따르지 아니하고 수집한 증거는 증거로 할 수 없다.

## IV. 관련 판례

### 1. 원심 (대구지법 2009. 9. 22. 선고 2009노2039 판결)

이 사건 채혈이 법관으로부터 영장을 발부받지 않은 상태에서 이루어졌고, 사후에 영장을 발부받지도 아니하였다는 등의 이유로 피고인의 혈중알코올농도에 대한 국립과학수사연구소 중부분소의 감정의뢰회보와 이에 기초한 수사보고 및 주취운전자적발보고서는 위법수집증거로서 증거증력이 없고, 피고인 소유의 승용차에 동승한 공소외인에 대한 경찰 진술조서의 진술기재만으로는 주위적 공소사실을 인정하기에 부족하며, 달리 주위적 공소사실을 인정할 만한 증거가 없고, 이 사건 채혈이 피고인 처의 동의를 얻어서 이루어졌다는 사정만으로는 이를 달리 볼 수 없다는 이유로 <u>주위적 공소사실을 무죄로 판단하였다</u>.

### 2. 대법원 (대법원 2011. 5. 13., 선고, 2009도10871 판결)

가. 형사소송법 제215조 제2항은 "사법경찰관이 범죄수사에 필요한 때에는 검사에게 신청하여 검사의 청구로 지방법원판사가 발부한 영장에 의하여 압수, 수색 또는 검증을 할 수 있다."라고 규정하고, 형사소송법 제216조 제3항은 범행 중 또는 범행 직후의 범죄장소에서 긴급을 요하여 법원판사의 영장을 받을 수 없는 때에는 압수·수색·검증을 할 수 있으나 이 경우에는 사후에 지체없이 영장을 받아야 한다고 규정하고 있으며, 한편 검사 또는 사법경찰관으로부터 감정을 위촉받은 감정인은 감정에 관하여 필요한 때에는 검사의 청구에 의해 판사로부터 감정처분허가장을 발부받아 신체의 검사 등 형사소송법 제173조 제1항에 규정된 처분을 할 수 있도록 규정되어 있는바( 형사소송법 제221조, 제221조의4, 제173조 제1항), 위와 같은 형사소송법 규정에 위반하여 수사기관이 법원으로부터 영장 또는 감정처분허가장을 발부받지 아니한 채 피의자의 동의 없이 피의자의 신체로부터 혈액을 채취하고 더구나 사후적으로도 지체없이 이에 대한 영장을 발부받지 아니하고서 위와 같이 강제 채혈한 피의자의 혈액 중 알코올농도에 관한 감정이 이루어졌다면, 이러한 감정결과보고서 등은 형사소송법상 영장주의 원칙을 위반하여 수집하거나 그에 기초한 증거로서 그 절차 위반행위가 적법절차의 실질적인 내용을 침해하는 정도에 해당한다고 할 것이므로, 피고인이나 변호인의 증거동의 여부를 불문하고 이 사건 범죄사실을 유죄로 인정하는 증거로 사용할 수 없다고 보아야 한다.

나. 원심이 적법한 절차에 따르지 아니하고 수집된 피고인의 혈액을 이용한 혈중알코올농도에 관한 감정의뢰회보와 수사보고 및 주취운전자적발보고서의 증거능력을 부정한 것은 형사소송법 제308조의2에 따른 것으로 정당하고, 이와 달리 음주운전 중 교통사고를 당하여 의식불명 상태에 빠져 병원에 후송된 피의자에 대해 수사기관이 수사의 목적으로 의료진에게 요청하여 혈액을 채취하였다거나 <u>피의자의 가족으로부터 피의자의 혈액을 채취하는 것에 대한 동의를 받았다는 사정이 있다고 하더라도, 위와 같이 기본적 인권보장을 위해 마련된 적법한 절차에 따르지 아니한 위 각 증거의 증거능력을 배제하는 것이 오히려 헌법과 형사소송법이 적법절차의 원칙과 실체적 진실 규명의 조화를 통하여 형사 사법 정의를 실현하려고 한 취지에 반하는 결과를 초래하는 것으로 평가되는 예외적인 경우에 해당한다고 볼 수는 없다.</u>

## V. 결 론

대법원은 영장주의 위반은 적법절차의 실질적인 내용 침해로 보아 위법수집증거배제법칙(제308조의2)에 따라 그 증거능력을 부정하고, 이러한 위법수집증거의 배제효는 증거동의 여부와 상관없이 절대적임을 명확히 하였다.

## VI 유사판례

### 1. 음주운전 적발 경찰관이 음주운전의 계속을 막기 위해 취할 수 있는 조치

주취 상태에서의 운전은 도로교통법에 의하여 금지된 범죄행위임이 명백하고 그로 인하여 자기 또는 타인의 생명이나 신체에 위해를 미칠 위험이 큰 점을 감안하면, 음주운전을 적발한 경찰관이 음주운전의 계속을 막기 위하여 취할 수 있는 조치로는, 단순히 음주운전의 계속을 금지하는 명령 이외에 다른 사람으로 하여금 대신하여 운전하게 하거나 당해 주취 운전자가 임의로 제출한 차량열쇠를 일시 보관하면서 가족에게 연락하여 주취운전자와 자동차를 인수하게 하거나 또는 주취 상태에서 벗어난 후 다시 운전하게 하며 그 주취 정도가 심한 경우에 경찰관서에 일시 보호하는 것 등을 들 수 있고, 한편 <u>음주운전이라는 범죄행위로 당해 음주 운전자를 구속·체포하지 아니한 경우에도 필요하다면 그 차량열쇠는 범행 중 또는 범행 직후의 범죄장소에서의 압수로서 형사소송법 제216조 제3항에 의하여 영장 없이 이를 압수할 수 있다.</u> (대법원 1998. 5. 8. 선고 97다54482 판결)

# 제23절 간호사로부터 진료 목적으로 채혈된 혈액 중 일부를 음주운전 감정 목적으로 제출받아 압수

## I. 사례요지

피고인이 도로에서 혈중알코올농도 0.09%의 주취 상태로 화물차를 운전하다가 중앙선을 침범하여 반대차선에서 진행 중이던 프라이드 및 그랜저 승용차를 충돌하여 위 승용차에 타고 있던 피해자 5명으로 하여금 약 2주 내지 6주간의 치료를 요하는 상해를 입게 하였다.

위 사고와 관련 경찰관이 의료원에서 호흡으로 음주측정이 어려운 피고인에 대하여 피해자 측 요구에 따라 그 음주운전 여부를 수사하기 위하여 혈액을 채취하려 하였으나 당시 이 사건 사고로 후송되어 응급 치료 중이던 피고인은 전혀 의식이 없었고 가족들도 현장에 없었는데 마침 위 의료원 간호사가 치료의 목적으로 피고인의 혈액을 채취하자 경찰관이 간호사에게 부탁하여 채혈된 혈액 중 일부를 받은 후 이를 교통사고처리반에 인계하여 혈중알코올농도의 감정용으로 사용하였다.

## II. 논 점

1. 경찰관이 간호사로부터 진료 목적으로 채혈된 피고인의 혈액 중 일부를 음주운전 여부에 대한 감정을 목적으로 제출받아 압수한 경우, 적법절차의 위반 여부(소극)
2. 소지자 및 보관자에 의한 임의제출

## III. 법규연구 (형사소송법)

제218조(영장에 의하지 아니한 압수) 검사, 사법경찰관은 피의자 기타인의 유류한 물건이나 소유자, 소지자 또는 보관자가 임의로 제출한 물건을 영장없이 압수할 수 있다.

제112조(업무상비밀과 압수) 변호사, 변리사, 공증인, 공인회계사, 세무사, 대서업자, 의사, 한의사, 치과의사, 약사, 약종상, 조산사, 간호사, 종교의 직에 있는 자 또는 이러한 직에 있던 자가 그 업무상 위탁을 받아 소지 또는 보관하는 물건으로 타인의 비밀에 관한 것은 압수를 거부할 수 있다. 단, 그 타인의 승낙이 있거나 중대한 공익상 필요가 있는 때에는 예외로 한다.

## IV. 관련 판례

### 1. 원심 (대전지법 1998. 3. 18. 선고 97노1560 판결)

피고인이나 그 가족의 동의를 얻을 수 없는 상황에서 간호사에 의하여 병원에서 치료의 필요에 따라 채취한 피고인의 혈액 중 소량을 사용하여 얻어진 위 감정결과는 모든 절차를 적법하게 준수하여 얻어진 증거라고 할 수는 없다고 하더라도 그 위법의 정도나 그로 인하여 피고인이 입은 신체의 안전과 인간의 존엄성의 각 침해 정도가 위

증거를 배제하여야 할 정도에는 이르지 아니하므로 위 채혈에 따른 감정의뢰회보는 그 증거능력이 있다고 보아야 할 것이라고 판단하여 피고인의 항소를 기각하고 제1심판결을 유지하였다.

## 2. 대법원 (대법원 1999. 9. 3., 선고, 98도968 판결)

형사소송법 제218조는 "검사 또는 사법경찰관은 피의자, 기타인의 유류한 물건이나 소유자, 소지자 또는 보관자가 임의로 제출한 물건을 영장 없이 압수할 수 있다."라고 규정하고 있고, 같은 법 제219조에 의하여 준용되는 제112조 본문은 "변호사, 변리사, 공증인, 공인회계사, 세무사, 대서업자, 의사, 한의사, 치과의사, 약사, 약종상, 조산사, 간호사, 종교의 직에 있는 자 또는 이러한 직에 있던 자가 그 업무상 위탁을 받아 소지 또는 보관하는 물건으로 타인의 비밀에 관한 것은 압수를 거부할 수 있다."라고 규정하고 있을 뿐이고, 달리 형사소송법 및 기타 법령상 의료인이 진료 목적으로 채혈한 혈액을 수사기관이 수사 목적으로 압수하는 절차에 관하여 특별한 절차적 제한을 두고 있지 않으므로, 의료인이 진료 목적으로 채혈한 환자의 혈액을 수사기관에 임의로 제출하였다면 그 혈액의 증거사용에 대하여도 환자의 사생활의 비밀 기타 인격적 법익이 침해되는 등의 특별한 사정이 없는 한 반드시 그 환자의 동의를 받아야 하는 것이 아니다. 따라서 경찰관이 간호사로부터 진료 목적으로 이미 채혈되어 있던 피고인의 혈액 중 일부를 임의로 제출받아 이를 압수한 것으로 보이므로 당시 간호사가 위 혈액의 소지자 겸 보관자인 의료원 또는 담당의사를 대리하여 혈액을 경찰관에게 임의로 제출할 수 있는 권한이 없었다고 볼 특별한 사정이 없는 이상, 그 압수절차가 피고인 또는 피고인의 가족의 동의 및 영장 없이 행하여졌다고 하더라도 이에 적법절차를 위반한 위법이 있다고 할 수 없다.

## V. 결 론

임의제출물의 압수는 수사기관의 점유취득 방법이 강제적이지 않고 임의적이라는 점에서 영장주의의 예외에 해당하고, 임의제출물은 증거물·몰수물에 한정되지 않는다. 다만 대법원은 소유자·소지자·보관자 이외의 자로부터 제출받거나 수사기관의 요구에 의해 제출된 경우에는 그 임의성이 부정되므로 임의제출물에 해당하지 않는다고 보았다.

# 제24절 위법수집된 증거에 의한 피의자 자백 및 제3자 진술의 증거능력

## I. 사례요지

수사기관이 법관의 영장에 의하지 아니하고 금융회사 등으로부터 신용카드 매출전표의 거래 명의자에 관한 정보를 획득하였다.

## II. 논 점

1. 수사기관이 법관의 영장에 의하지 아니하고 금융회사 등으로부터 신용카드 매출전 표의 거래명의자에 관한 정보를 획득한 경우, 그와 같이 수집된 증거의 증거능력 유무(원칙적 소극)

2. 수사기관이 법관의 영장에 의하지 아니하고 매출전표의 거래명의자에 관한 정보를 획득한 경우, 이에 근거하여 수집한 피의자의 자백이나 범죄 피해에 대한 제3자의 진술 등 2차적 증거의 증거능력을 예외적으로 인정할 만한 정황

## III. 법규연구

### 1. 형사소송법

제308조의2(위법수집증거의 배제) 적법한 절차에 따르지 아니하고 수집한 증거는 증거로 할 수 없다.

### 2. 금융실명거래 및 비밀보장에 관한 법률 (금융실명법)

제4조(금융거래의 비밀보장) ① 금융회사등에 종사하는 자는 명의인(신탁의 경우에는 위탁자 또는 수익자를 말한다)의 서면상의 요구나 동의를 받지 아니하고는 그 금융거래의 내용에 대한 정보 또는 자료(이하 "거래정보등"이라 한다)를 타인에게 제공하거나 누설하여서는 아니 되며, 누구든지 금융회사등에 종사하는 자에게 거래정보등의 제공을 요구하여서는 아니 된다. 다만, 다음 각 호의 어느 하나에 해당하는 경우로서 그 사용 목적에 필요한 최소한의 범위에서 거래정보등을 제공하거나 그 제공을 요구하는 경우에는 그러하지 아니하다.
1. 법원의 제출명령 또는 법관이 발부한 영장에 따른 거래정보등의 제공

## IV. 관련 판례

### 1. 원심 (대구지법 2012. 10. 19. 선고 2012노2423 판결)

피고인의 제1심 법정에서의 진술과 피해자들의 진술서를 증거로 채택하여 이 사건

공소사실을 유죄로 인정한 제1심판결을 그대로 유지하였다.

## 2. 대법원 (대법원 2013. 3. 28., 선고, 2012도13607 판결)

가. 수사기관이 범죄 수사를 목적으로 금융실명법 제4조 제1항에 정한 '거래정보 등'을 획득하기 위해서는 법관의 영장이 필요하고, 신용카드에 의하여 물품을 거래할 때 '금융회사 등'이 발행하는 매출전표의 거래명의자에 관한 정보 또한 금융실명법에서 정하는 '거래정보 등'에 해당하므로, 수사기관이 금융회사 등에 그와 같은 정보를 요구하는 경우에도 법관이 발부한 영장에 의하여야 한다. 그럼에도 수사기관이 영장에 의하지 아니하고 매출전표의 거래명의자에 관한 정보를 획득하였다면, 그와 같이 수집된 증거는 원칙적으로 형사소송법 제308조의2에서 정하는 '적법한 절차에 따르지 아니하고 수집한 증거'에 해당하여 유죄의 증거로 삼을 수 없다.

수사기관이 법관의 영장에 의하지 아니하고 매출전표의 거래명의자에 관한 정보를 획득한 경우, 이에 터 잡아 수집한 2차적 증거들, 예컨대 피의자의 자백이나 범죄 피해에 대한 제3자의 진술 등이 유죄 인정의 증거로 사용될 수 있는지를 판단할 때, 수사기관이 의도적으로 영장주의의 정신을 회피하는 방법으로 증거를 확보한 것이 아니라고 볼 만한 사정, 위와 같은 정보에 기초하여 범인으로 특정되어 체포되었던 피의자가 석방된 후 상당한 시간이 경과하였음에도 다시 동일한 내용의 자백을 하였다거나 그 범행의 피해품을 수사기관에 임의로 제출하였다는 사정, 2차적 증거수집이 체포 상태에서 이루어진 자백 등으로부터 독립된 제3자의 진술에 의하여 이루어진 사정 등은 통상 2차적 증거의 증거능력을 인정할 만한 정황에 속한다고 볼 수 있다.

나. 피해자 공소외 1로부터 절도 범행 신고를 받은 경찰관들이 범행 현장인 백화점 내 ○○○ 매장에서 범인이 벗어 놓고 간 점퍼와 그 안에 있는 공소외 2 주식회사(금융실명법 제4조에 정한 '금융회사 등'에 해당하는 신용카드회사로서, 이하 '이 사건 카드회사'라 한다) 발행의 매출전표를 발견한 사실, 위 경찰관들은 이 사건 카드회사에 공문을 발송하는 방법으로 이 사건 카드회사로부터 위 매출전표의 거래명의자가 누구인지 그 인적사항을 알아내었고 이를 기초로 하여 피고인을 범행의 용의자로 특정한 사실, 경찰관들은 피고인의 주거에서 위와 같은 절도 혐의로 피고인을 긴급체포한 사실, 긴급체포 당시 피고인의 집 안에 있는 신발장 등에서 새것으로 보이는 구두 등이 발견되었는데, 그 이후 구금 상태에서 이루어진 2차례의 경찰 피의자신문에서 피고인은 위와 같은 절도 범행(제1범행) 이외에도 위 구두는 2012. 1. 초 백화점 △△매장에

서 절취한 것(제2범행)이라는 취지로 자백한 사실, 수사기관은 피고인에 대하여 구속영장을 청구하였으나 2012. 3. 4. 법원이 피고인에 대한 구속영장을 기각하여 같은 날 피고인이 석방된 사실, 2012. 3. 9. 피고인은 위 경찰서에 다시 출석하여 제3회 피의자신문에서 2011. 4.경 대구 중구 (주소 2 생략)에 있는 동아쇼핑 지하 1층 ▽▽▽ 매장에서 구두 1켤레를 절취하였다(제3범행)고 자백하였고, 피해품인 위 구두를 경찰에 임의로 제출하였던 사실, 한편 위와 같은 자백 등을 기초로 제2, 3범행의 피해자가 확인된 후 2012. 3. 18.경 그 피해자들이 피해 사실에 관한 각 진술서를 제출한 사실, 그 후 2012. 6. 20. 열린 제1심 제2회 공판기일에서 피고인은 제1 내지 3 범행에 대하여 전부 자백하였던 사실을 알 수 있다.

이를 앞서 본 법리에 비추어 살펴보면, 이 사건에서 수사기관이 법관의 영장도 없이 위와 같이 매출전표의 거래명의자에 관한 정보를 획득한 조치는 위법하다고 할 것이므로, 그러한 위법한 절차에 터 잡아 수집된 증거의 증거능력은 원칙적으로 부정되어야 할 것이고, 따라서 이와 같은 과정을 통해 수집된 증거들의 증거능력 인정 여부에 관하여 특별한 심리·판단도 없이 곧바로 위 증거들의 증거능력을 인정한 제1심의 판단을 그대로 유지한 원심의 조치는 적절하다고 할 수 없다.

그러나 피고인의 제1심 법정에서의 자백은 수사기관이 법관의 영장 없이 그 거래명의자에 관한 정보를 알아낸 후 그 정보에 기초하여 긴급체포함으로써 구금 상태에 있던 피고인의 최초 자백과 일부 동일한 내용이기는 하나, 피고인의 제1심 법정에서의 자백에 이르게 되기까지의 앞서 본 바와 같은 모든 사정들, 특히 피고인에 대한 구속영장이 기각됨으로써 석방된 이후에 진행된 제3회 경찰 피의자신문 당시에도 제3범행에 관하여 자백하였고, 이 사건 범행 전부에 대한 제1심 법정 자백은 최초 자백 이후 약 3개월이 지난 시점에 공개된 법정에서 적법한 절차를 통하여 임의로 이루어진 것이라는 점 등을 전체적·종합적으로 고려하여 볼 때 이는 유죄 인정의 증거로 사용할 수 있는 경우에 해당한다고 보아야 할 것이다.

## V. 결 론

위법하게 수집된 1차 증거로부터 얻은 2차 증거들의 증거능력 유무를 결정함에 있어서 고려해야 할 정황들을 구체적으로 다루고 있다.

# 제25절 사인(私人)에 의해 위법하게 수집된 증거의 증거능력 판단기준

## I. 사례요지

○○시 △△동장 직무대리의 지위에 있던 피고인이 ○○시장 공소외 1에게 ○○시청 전자문서시스템을 통하여 △△1통장인 공소외 2 등에게 ○○시장 공소외 1을 도와 달라고 부탁하였다는 등의 내용을 담고 있는 이 사건 전자우편을 보냈다. 그런데 ○○시청 소속 공무원인 제3자가 권한 없이 전자우편에 대한 비밀 보호조치를 해제하는 방법을 통하여 이 사건 전자우편을 수집하였다.

## II. 논 점

국민의 사생활 영역에 관계된 증거의 제출이 허용되는지 판단하는 기준 및 이때 법원이 고려하여야 할 사항

## III. 법규연구 (형사소송법)

제308조의2(위법수집증거의 배제) 적법한 절차에 따르지 아니하고 수집한 증거는 증거로 할 수 없다.
제318조(당사자의 동의와 증거능력) ① 검사와 피고인이 증거로 할 수 있음을 동의한 서류 또는 물건은 진정한 것으로 인정한 때에는 증거로 할 수 있다.

## IV. 관련 판례

### 1. 원심 (부산고법 2010. 9. 8. 선고 2010노548 판결)

이 사건 전자우편과 그 내용에 터 잡아 수사기관이 참고인으로 소환하여 작성한 공소외 2, 3, 4에 대한 각 진술조서들의 증거능력을 인정한 조치는 정당하다.

### 2. 대법원 (대법원 2013. 11. 28., 선고, 2010도12244 판결)

가. 국민의 인간으로서의 존엄과 가치를 보장하는 것은 국가기관의 기본적인 의무에 속하고 이는 형사절차에서도 당연히 구현되어야 하지만, 국민의 사생활 영역에 관계된 모든 증거의 제출이 곧바로 금지되는 것으로 볼 수는 없으므로 법원으로서는 효과적인 형사소추 및 형사소송에서 진실발견이라는 공익과 개인의 인격적 이익 등 보호이익을 비교형량하여 그 허용 여부를 결정하여야 한다. 이때 법원이 그 비교형량을 함에 있어

서는 증거수집 절차와 관련된 모든 사정 즉, 사생활 내지 인격적 이익을 보호하여야 할 필요성 여부 및 정도, 증거수집 과정에서 사생활 기타 인격적 이익을 침해하게 된 경위와 침해의 내용 및 정도, 형사소추의 대상이 되는 범죄의 경중 및 성격, 피고인의 증거동의 여부 등을 전체적·종합적으로 고려하여야 하고, 단지 형사소추에 필요한 증거라는 사정만을 들어 곧바로 형사소송에서 진실발견이라는 공익이 개인의 인격적 이익 등 보호이익보다 우월한 것으로 섣불리 단정하여서는 아니 된다.

나. 제3자가 이 사건 전자우편을 수집한 행위는 정보통신망 이용촉진 및 정보보호 등에 관한 법률 제71조 제11호, 제49조 소정의 '정보통신망에 의하여 처리·보관 또는 전송되는 타인의 비밀을 침해 또는 누설하는 행위'로서 형사처벌되는 범죄행위에 해당할 수 있을 뿐만 아니라, 이 사건 전자우편을 발송한 피고인의 사생활의 비밀 내지 통신의 자유 등의 기본권을 침해하는 행위에 해당한다는 점에서 일응 그 증거능력을 부인하여야 할 측면도 있어 보인다. 그러나 이 사건 전자우편은 ○○시청의 업무상 필요에 의하여 설치된 전자관리시스템에 의하여 전송·보관되는 것으로서 그 공공적 성격을 완전히 배제할 수는 없다고 할 것이다. 또한 이 사건 형사소추의 대상이 된 행위는 구 공직선거법(2010. 1. 25. 법률 제9974호로 개정되기 전의 것, 이하 '구 공직선거법'이라 한다) 제255조 제3항, 제85조 제1항에 의하여 처벌되는 공무원의 지위를 이용한 선거운동 행위로서 공무원의 정치적 중립의무를 정면으로 위반하고 이른바 관권선거를 조장할 우려가 있는 중대한 범죄에 해당한다. 여기에 피고인이 제1심에서 이 사건 전자우편을 이 사건 공소사실에 대한 증거로 함에 동의한 점 등을 종합하면, 이 사건 전자우편을 이 사건 공소사실에 대한 증거로 제출하는 것은 허용되어야 할 것이고, 이로 말미암아 피고인의 사생활의 비밀이나 통신의 자유가 일정 정도 침해되는 결과를 초래한다 하더라도 이는 피고인이 수인하여야 할 기본권의 제한에 해당한다고 보아야 할 것이다.

## V. 결 론

위법수집증거배제법칙이 수사기관의 적법절차 준수를 강제하기 위한 의도로 형성된 것인 만큼 사인의 증거수집에 대해서도 이를 적용할지를 두고 견해가 대립하는데, 대법원은 수사기관에 대한 위법수집증거배제법칙의 적용법리와는 달리 진실발견이라는 공익과 침해된 사익의 '비교형량'을 통하여 그 증거능력 인정 여부를 결정한다.

# 제26절 피고인 동의로 제3자에 의해 촬영된 나체사진과 위법수집증거

## I. 사례요지

甲은 피고인의 간통현장을 찾아가 나체상태를 촬영하였는데 이때 피고인의 동의가 있었다. 그러나 甲은 피고인으로부터 금원을 갈취하기 위한 목적으로 사진을 촬영하였다.

## II. 논 점

1. 제3자가 공갈목적을 숨기고 피고인의 동의하에 나체사진을 찍은 경우, 위법수집증거로서 증거능력이 배제되는지 여부(소극)
2. 증거조사 완료 후에 한 증거동의의 철회 가부(소극)

## III. 법규연구 (형사소송법)

제318조(당사자의 동의와 증거능력) ① 검사와 피고인이 증거로 할 수 있음을 동의한 서류 또는 물건은 진정한 것으로 인정한 때에는 증거로 할 수 있다.

## IV. 관련 판례

### 1. 원심 (서울지법 1997. 4. 9. 선고 96노5541 판결)

피고인의 나체를 촬영한 이 사건 사진은 공소외인에 의하여 촬영된 것이나, 국가기관이 아닌 사인에 의한 사진촬영이라 하더라도 상대방의 명시한 의사에 반한 임의성 없는 촬영의 경우나 상대방이 범죄행위에 사용된다는 사실을 모르는 상태에서 촬영된 경우와 같이 헌법상 보장된 인격권이나 초상권 등의 기본권을 중대하게 침해하는 경우에는 증거능력이 부인되는 것인데, 위 공소외인은 피고인으로부터 금원을 갈취하기 위한 목적으로 사진을 촬영한 것이고, 피고인이 이를 모르고 촬영에 이용당한 것이므로 이 사건 사진의 촬영은 임의성이 배제된 상태에서 이루어진 것이고, 인격의 불가침의 핵심적인 부분을 침해한 것으로서 증거능력이 부정되어야 하고, 나아가 국가기관이 이를 형사소송 절차에서 증거로 사용하는 것은 피고인의 인격권, 초상권을 다시 한번 중대하게 침해하는 것이므로 이 점에서도 증거능력이 없다고 할 것이다.

한편 피고인이 제1심에서 이 사건 사진에 대하여 증거동의를 하였으나 사진촬영일자 부분은 조작되었다는 항변을 함과 아울러 이 사건 간통사실을 부인하면서 이 사건 사진이 공갈범행의 목적으로 촬영된 것이며, 촬영 당시 피고인은 의식이 없었다는 진술을 하고 있는 점에 비추어 위 증거동의의 의사표시는 사진 속의 인물이 피고인이 맞다는 취지에 불과하고, 이 사건 각 사진이 간통죄의 증거로 사용됨에 동의한 것으로 볼 수는 없을 뿐 아니라, 형사소송법상 증거동의는 소송경제와 신속한 재판의 관점에서 인정되는 것이지 소송관계인에게 증거에 대한 처분권을 부여하는 것은 아니고, 위법수집증거는 처음부터 증거동의의 대상에서 배제되는 것이므로, 증거동의의 대상이 될 수도 없다고 판단하여 이 사건 사진은 공소사실을 인정할 증거로 삼을 수 없다고 단정하고 있다.

## 2. 대법원 (대법원 1997. 9. 30., 선고, 97도1230 판결)

가. 모든 국민의 인간으로서의 존엄과 가치를 보장하는 것은 국가기관의 기본적인 의무에 속하는 것이고, 이는 형사절차에서도 당연히 구현되어야 하는 것이기는 하나 그렇다고 하여 국민의 사생활 영역에 관계된 모든 증거의 제출이 곧바로 금지되는 것으로 볼 수는 없고, 법원으로서는 효과적인 형사소추 및 형사소송에서의 진실발견이라는 공익과 개인의 사생활의 보호이익을 비교형량하여 그 허용 여부를 결정하고, 적절한 증거조사의 방법을 선택함으로써 국민의 인간으로서의 존엄성에 대한 침해를 피할 수 있다고 보아야 할 것이므로, 피고인의 동의하에 촬영된 나체사진의 존재만으로 피고인의 인격권과 초상권을 침해하는 것으로 볼 수 없고, 가사 사진을 촬영한 제3자가 그 사진을 이용하여 피고인을 공갈할 의도였다고 하더라도 사진의 촬영이 임의성이 배제된 상태에서 이루어진 것이라고 할 수는 없으며, 그 사진은 범죄현장의 사진으로서 피고인에 대한 형사소추를 위하여 반드시 필요한 증거로 보이므로, 공익의 실현을 위하여는 그 사진을 범죄의 증거로 제출하는 것이 허용되어야 하고, 이로 말미암아 피고인의 사생활의 비밀을 침해하는 결과를 초래한다 하더라도 이는 피고인이 수인하여야 할 기본권의 제한에 해당된다.

나. 피고인이 제1심에서 증거동의의 의사표시를 한 후, 항소심에 이르러 증거동의를 철회하였다고 하더라도 증거조사를 마친 후의 증거에 대하여는 동의의 철회로 인하여 적법하게 부여된 증거능력이 상실되는 것이 아니다.

## V. 결 론

사인이 위법하게 수집한 증거(나체사진)라 하더라도 진실발견의 공익이 더 크다고 보아 증거능력을 인정하였다.

# 제27절 적법절차와 위법수집증거의 배제

## Ⅰ. 사례요지

피고인측에서 검사의 압수수색이 적법절차를 위반하였다고 다투고 있음에도 불구하고 주장된 위법사유가 적법절차의 실질적인 내용을 침해하였는지 여부 등에 관하여 충분히 심리하지 아니한 채, 압수절차가 위법하더라도 압수물의 증거능력은 인정된다는 이유만으로 압수물의 증거능력을 인정한 것에 관한 판단

## Ⅱ. 논 점

1. 헌법과 형사소송법이 정한 절차를 위반하여 수집한 압수물과 이를 기초로 획득한 2차적 증거의 증거능력 유무(원칙적 소극) 및 그 판단기준
2. 압수절차가 위법하더라도 압수물의 증거능력은 인정된다는 이유만으로 압수물의 증거능력을 인정한 것은 위법하다고 한 사례

## Ⅲ. 법규연구 (형사소송법)

제215조(압수, 수색, 검증) ① 검사는 범죄수사에 필요한 때에는 피의자가 죄를 범하였다고 의심할 만한 정황이 있고 해당 사건과 관계가 있다고 인정할 수 있는 것에 한정하여 지방법원판사에게 청구하여 발부받은 영장에 의하여 압수, 수색 또는 검증을 할 수 있다.
② 사법경찰관이 범죄수사에 필요한 때에는 피의자가 죄를 범하였다고 의심할 만한 정황이 있고 해당 사건과 관계가 있다고 인정할 수 있는 것에 한정하여 검사에게 신청하여 검사의 청구로 지방법원판사가 발부한 영장에 의하여 압수, 수색 또는 검증을 할 수 있다.
제307조(증거재판주의) 사실의 인정은 증거에 의하여야 한다.

## Ⅳ. 관련 판례

### 1. 원심 (광주고법 2007. 4. 12. 선고 2007노85 판결)

압수절차가 위법하더라도 압수물의 증거능력은 인정된다는 이유만으로 이 사건 압수물의 증거능력을 인정하고 이를 <u>유죄 인정의 유력한 증거로 채택하였다.</u>

### 2. 대법원 (대법원 2007. 11. 15., 선고, 2007도3061, <u>전원합의체 판결</u>)

가. 기본적 인권보장을 위하여 압수수색에 관한 적법절차와 영장주의의 근간을 선언한 헌법과 이를 이어받아 실체적 진실 규명과 개인의 권리보호 이념을 조화롭게 실현

할 수 있도록 압수수색절차에 관한 구체적 기준을 마련하고 있는 형사소송법의 규범력은 확고히 유지되어야 한다. 그러므로 헌법과 형사소송법이 정한 절차에 따르지 아니하고 수집한 증거는 기본적 인권보장을 위해 마련된 적법한 절차에 따르지 않은 것으로서 원칙적으로 유죄 인정의 증거로 삼을 수 없다. 수사기관의 위법한 압수수색을 억제하고 재발을 방지하는 가장 효과적이고 확실한 대응책은 이를 통하여 수집한 증거는 물론 이를 기초로 하여 획득한 2차적 증거를 유죄 인정의 증거로 삼을 수 없도록 하는 것이다.

나. 다만, 법이 정한 절차에 따르지 아니하고 수집한 압수물의 증거능력 인정 여부를 최종적으로 판단함에서는, 실체적 진실 규명을 통한 정당한 형벌권의 실현도 헌법과 형사소송법이 형사소송 절차를 통하여 달성하려는 중요한 목표이자 이념이므로, 형식적으로 보아 정해진 절차에 따르지 아니하고 수집한 증거라는 이유만을 내세워 획일적으로 그 증거의 증거능력을 부정하는 것 역시 헌법과 형사소송법이 형사소송에 관한 절차 조항을 마련한 취지에 맞는다고 볼 수 없다. 따라서 수사기관의 증거수집 과정에서 이루어진 절차 위반행위와 관련된 모든 사정 즉, 절차 조항의 취지와 그 위반의 내용 및 정도, 구체적인 위반 경위와 회피가능성, 절차 조항이 보호하고자 하는 권리 또는 법익의 성질과 침해 정도 및 피고인과의 관련성, 절차 위반행위와 증거수집 사이의 인과관계 등 관련성의 정도, 수사기관의 인식과 의도 등을 전체적·종합적으로 살펴볼 때, 수사기관의 절차 위반행위가 적법절차의 실질적인 내용을 침해하는 경우에 해당하지 아니하고, 오히려 그 증거의 증거능력을 배제하는 것이 헌법과 형사소송법이 형사소송에 관한 절차 조항을 마련하여 적법절차의 원칙과 실체적 진실 규명의 조화를 도모하고 이를 통하여 형사 사법 정의를 실현하려 한 취지에 반하는 결과를 초래하는 것으로 평가되는 예외적인 경우라면, 법원은 그 증거를 유죄 인정의 증거로 사용할 수 있다고 보아야 한다. 이는 적법한 절차에 따르지 아니하고 수집한 증거를 기초로 하여 획득한 2차적 증거의 경우에도 마찬가지여서, 절차에 따르지 아니한 증거수집과 2차적 증거수집 사이 인과관계의 희석 또는 단절 여부를 중심으로 2차적 증거수집과 관련된 모든 사정을 전체적·종합적으로 고려하여 예외적인 경우에는 유죄 인정의 증거로 사용할 수 있다.

## V. 결 론

피고인측에서 검사가 제주지사실에 대한 압수수색 결과 수집한 증거물이 적법절차를 위반하여 수집한 것으로 증거능력이 없다고 다투고 있음에도 불구하고, 주장된 위법사유 중 영장에 압수할 물건으로 기재되지 않은 물건의 압수, 영장 제시 절차의 누락, 압수목록 작성·교부 절차의 현저한 지연 등으로 적법절차의 실질적인 내용을 침해하였는지 여부 등에 관하여 충분히 심리하지 아니한 채 압수절차가 위법하더라도 압수물의 증거능력은 인정된다는 이유만으로 압수물의 증거능력을 인정한 것은 위법하다.

# 제27절 과학수사팀이 범행현장에서 채취한 지문의 증거능력

## I. 사례요지

경찰서 감식수사관은 피해자가 운영하는 주점에서 발생한 강도강간등 사건 신고를 접하고 곧바로 범행현장에 가서 그곳 테이블 위에 놓여 있던 맥주잔, 물컵, 맥주병에서 지문 16점을 분말법으로 채취한 지문을 전사판 7매에 옮겨 그 다음날 경찰청 과학수사과에 지문조회를 의뢰하였고, 이에 경찰청 과학수사과 H가 위 전사판의 지문을 감식한 결과 9개의 대상지문 중 7개의 지문은 피해자 B의 지문과 일치하나, 나머지 2개의 지문은 그 당시 경찰청 지문감정컴퓨터에 등록되어 있던 피고인의 6지 지문 상태가 좋지 않아 지문자동검색시스템의 검색으로 일치하는 지문을 찾을 수 없어 '검색불발견'이라는 취지로 회신하였다.

## II. 논 점

1. 수사기관이 적법절차를 위반하여 지문채취 대상물을 압수한 경우
2. 그전에 이미 범행 현장에서 위 대상물에서 채취한 지문이 위법수집증거에 해당하는지 여부

## III. 법규연구 (형사소송법)

제215조(압수, 수색, 검증) ① 검사는 범죄수사에 필요한 때에는 피의자가 죄를 범하였다고 의심할 만한 정황이 있고 해당 사건과 관계가 있다고 인정할 수 있는 것에 한정하여 지방법원판사에게 청구하여 발부받은 영장에 의하여 압수, 수색 또는 검증을 할 수 있다.
② 사법경찰관이 범죄수사에 필요한 때에는 피의자가 죄를 범하였다고 의심할 만한 정황이 있고 해당 사건과 관계가 있다고 인정할 수 있는 것에 한정하여 검사에게 신청하여 검사의 청구로 지방법원판사가 발부한 영장에 의하여 압수, 수색 또는 검증을 할 수 있다.
제308조의2(위법수집증거의 배제) 적법한 절차에 따르지 아니하고 수집한 증거는 증거로 할 수 없다.

## IV. 관련 판례

### 1. 원심 (서울고법 2008. 7. 25. 선고 2008노263 판결)

피고인으로부터 강도상해 및 강도강간을 당하였다는 피해자 공소외 1의 진술은, 피해자 공소외 1이 수사기관에서부터 제1심 법정에 이르기까지 강도상해 및 강도강간을 당한 경위 및 그 피해 내용에 관하여 구체적이고 생생하게 일관된 진술을 하고 있고, 그 진술은 직접 피해를 입지 않은 자의 진술로 보기는 어려우며, 그 진술에 상호 모순점이 있다거나 자신이 입은 피해에 대하여 허위로 진술한다고 볼만한 특별한 사정이

없는 점 등에 비추어 그 신빙성을 인정할 수 있을 뿐만 아니라, 그 판시와 같은 사정들에 비추어 범행 현장에서 채취한 피고인의 지문에 대한 지문감정결과가 조작되었다고 보기 어렵다고 판단하여, 이 부분 공소사실에 관하여 유죄를 인정한 제1심판결을 그대로 유지하였다.

## 2. 대법원 (대법원 2008. 10. 23., 선고, 2008도7471 판결)

피해자 공소외 1의 신고를 받고 현장에 출동한 경찰서 과학수사팀 소속 경장 공소외 2는 피해자 공소외 1이 범인과 함께 술을 마신 테이블 위에 놓여 있던 맥주컵에서 지문 6점을, 물컵에서 지문 8점을, 맥주병에서 지문 2점을 각각 현장에서 직접 채취하였음을 알 수 있는바, 이와 같이 범행 현장에서 지문채취 대상물에 대한 지문채취가 먼저 이루어진 이상, 수사기관이 그 이후에 지문채취 대상물을 적법한 절차에 의하지 아니한 채 압수하였다고 하더라도(한편, 이 사건 지문채취 대상물인 맥주컵, 물컵, 맥주병 등은 피해자 공소외 1이 운영하는 주점 내에 있던 피해자 공소외 1의 소유로서 이를 수거한 행위가 피해자 공소외 1의 의사에 반한 것이라고 볼 수 없으므로, 이를 가리켜 위법한 압수라고 보기도 어렵다), 위와 같이 채취된 지문은 위법하게 압수한 지문채취 대상물로부터 획득한 2차적 증거에 해당하지 아니함이 분명하여, 이를 가리켜 위법수집증거라고 할 수 없으므로, 원심이 이를 증거로 채택한 것이 위법하다고 할 수 없다.

## V. 결 론

위법수집증거는 위법한 절차에 위배에 의해 수집된 증거를 말하므로, 위법하게 증거물을 압수하기 이전에 범죄현장에서 먼저 직접 채취한 지문은 위법한 수집절차로부터 수집된 증거가 아니므로, 위법수집증거배제법칙이 적용되지 않는다.

# 제29절 영상녹화물의 증거능력

## Ⅰ. 사례요지

> 수사기관이 참고인을 조사하는 과정에서 형사소송법 제221조 제1항에 따라 작성한 영상녹화물이 공소사실을 직접 증명할 수 있는 독립적인 증거로 사용될 수 있는지

## Ⅱ. 논 점

수사기관이 참고인을 조사하는 과정에서 형사소송법 제221조 제1항에 따라 작성한 영상녹화물이 공소사실을 직접 증명할 수 있는 독립적인 증거로 사용될 수 있는지(원칙적 소극)

## Ⅲ. 법규연구 (형사소송법)

제221조(제3자의 출석요구 등) ① 검사 또는 사법경찰관은 수사에 필요한 때에는 피의자가 아닌 자의 출석을 요구하여 진술을 들을 수 있다. 이 경우 그의 동의를 받아 영상녹화할 수 있다.

제307조(증거재판주의) ①사실의 인정은 증거에 의하여야 한다.

② 범죄사실의 인정은 합리적인 의심이 없는 정도의 증명에 이르러야 한다.

제312조(검사 또는 사법경찰관의 조서 등) ④ 검사 또는 사법경찰관이 피고인이 아닌 자의 진술을 기재한 조서는 적법한 절차와 방식에 따라 작성된 것으로서 그 조서가 검사 또는 사법경찰관 앞에서 진술한 내용과 동일하게 기재되어 있음이 원진술자의 공판준비 또는 공판기일에서의 진술이나 영상녹화물 또는 그 밖의 객관적인 방법에 의하여 증명되고, 피고인 또는 변호인이 공판준비 또는 공판기일에 그 기재 내용에 관하여 원진술자를 신문할 수 있었던 때에는 증거로 할 수 있다. 다만, 그 조서에 기재된 진술이 특히 신빙할 수 있는 상태하에서 행하여졌음이 증명된 때에 한한다.

제318조(당사자의 동의와 증거능력) ① 검사와 피고인이 증거로 할 수 있음을 동의한 서류 또는 물건은 진정한 것으로 인정한 때에는 증거로 할 수 있다.

② 피고인의 출정없이 증거조사를 할 수 있는 경우에 피고인이 출정하지 아니한 때에는 전항의 동의가 있는 것으로 간주한다. 단, 대리인 또는 변호인이 출정한 때에는 예외로 한다.

※ 형사소송규칙

제134조의3(제3자의 진술과 영상녹화물) ① 검사는 피의자가 아닌 자가 공판준비 또는 공판기일에서 조서가 자신이 검사 또는 사법경찰관 앞에서 진술한 내용과 동일하게 기재되어 있음을 인정하지 아니하는 경우 그 부분의 성립의 진정을 증명하기 위하여 영상녹화물의 조사를 신청할 수 있다.

② 검사는 제1항에 따라 영상녹화물의 조사를 신청하는 때에는 피의자가 아닌 자가 영상녹화에 동의하였다는 취지로 기재하고 기명날인 또는 서명한 서면을 첨부하여야 한다.

③ 제134조의2 제3항 제1호부터 제3호, 제5호, 제6호, 제4항, 제5항은 검사가 피의자가 아닌 자에 대한 영상녹화물의 조사를 신청하는 경우에 준용한다.

## IV. 관련 판례

### 1. 원심 (서울고법 2012. 4. 20. 선고 2011노3591 판결)

피고인의 동의가 없는 이상 참고인 공소외 3에 대한 진술조서의 작성이 없는 상태에서 수사기관이 그의 진술을 영상녹화한 영상녹화물만을 독자적인 증거로 쓸 수 없고 그 녹취록 또한 증거로 사용할 수 없는 위 영상녹화물의 내용을 그대로 녹취한 것이므로 역시 증거로 사용할 수 없다는 등의 판시와 같은 이유를 들어, 위 영상녹화물 및 녹취록을 증거로 채택하지 아니한 제1심의 증거결정이 위법하다는 검사의 항소이유 주장을 받아들이지 아니하였다.

### 2. 대법원 (대법원 2014. 7. 10., 선고, 2012도5041 판결)

가. 2007. 6. 1. 법률 제8496호로 개정된 형사소송법은 제221조 제1항에서 수사기관은 피의자 아닌 자(이하 '참고인'이라 한다)의 동의를 얻어 그의 진술을 영상녹화할 수 있는 절차를 신설하면서도, 제312조 제4항에서 위 영상녹화물과 별도로 검사 또는 사법경찰관이 참고인의 진술을 기재한 조서가 작성됨을 전제로 하여 영상녹화물로 그 진술조서의 실질적 진정성립을 증명할 수 있도록 규정하는 한편, 증거로 할 수 없는 서류나 진술이라도 공판준비 또는 공판기일에서 피고인 또는 참고인 진술의 증명력을 다투기 위한 증거로 사용될 수 있도록 정한 제318조의2 제1항과 별도로 제318조의2 제2항을 두어 참고인의 진술을 내용으로 하는 영상녹화물은 공판준비 또는 공판기일에 참고인이 진술함에 있어서 기억이 명백하지 아니한 사항에 관하여 기억을 환기시켜야 할 필요가 있다고 인정되는 때에 한하여 참고인에게 재생하여 시청하게 할 수 있다고 규정함으로써, 참고인의 진술에 대한 영상녹화물이 증거로 사용될 수 있는 경우를 제한하고 있다.

그리고 이러한 형사소송법의 규정은, 성폭력범죄의 처벌 등에 관한 특례법(성폭법) 제30조 제1항 및 아동·청소년의 성보호에 관한 법률(아청법) 제26조 제1항이 성폭력범죄의 피해자가 19세 미만이거나 신체적인 또는 정신적인 장애로 사물을 변별하거나 의사를 결정할 능력이 미약한 경우 및 아동·청소년대상 성범죄 피해자의 경우에 피해자의 진술 내용과 조사 과정을 비디오녹화기 등 영상물 녹화장치로 촬영·보존하여야 한다고 규정하고, 나아가 성폭법 제30조 제6항 및 아청법 제26조 제6항에서 위 절차에 따라 촬영한 영상물에 수록된 피해자의 진술은 공판준비기일 또는 공판기일에 피해자나 조사 과정에 동석하였던 신뢰관계에 있는 사람 또는 진술조력인의 진술에 의하여 그 성립의 진정함이 인정된 경우에 증거로 할 수 있도록 규정함으로써, 일정한 성범죄의 피해자를 조사할 경우에 피해자 또는 법정대리인이 영상물 녹화를 원하지 아니하는 의사를 표시하는 등의 사정이 없는 한 피해자의 진술을 영상물로 녹화할 의무를 수사기관에 부여하고 일정한 요건 아래에서 그 영상물에 수록된 피해자 진술에 대하여 독립적인 증거능력을 명시적으로 인정한 것과 다르다.

나. 이와 같이 2007. 6. 1. 법률 제8496호로 개정되기 전의 형사소송법에는 없던 수사기관에 의한 참고인 진술의 영상녹화를 새로 정하면서 그 용도를 참고인에 대한 진술조서의 실질적 진정성립을 증명하거나 참고인의 기억을 환기시키기 위한 것으로 한정하고 있는 현행 형사소송법의 규정 내용을 영상물에 수록된 성범죄 피해자의 진술에 대하여 독립적인 증거능력을 인정하고 있는 성폭법 제30조 제6항 또는 아청법 제26조 제6항의 규정과 대비하여 보면, <u>수사기관이 참고인을 조사하는 과정에서 형사소송법 제221조 제1항에 따라 작성한 영상녹화물은, 다른 법률에서 달리 규정하고 있는 등의 특별한 사정이 없는 한, 공소사실을 직접 증명할 수 있는 독립적인 증거로 사용될 수는 없다고 해석함이 타당하다.</u>

나. 형사재판에서 유죄의 인정은 법관으로 하여금 합리적인 의심을 할 여지가 없을 정도로 공소사실이 진정하다는 확신을 가지게 할 수 있는 증명력을 가진 증거에 의하여야 하며, 이와 같은 증명이 없다면 설령 피고인에게 유죄의 의심이 간다고 하더라도 유죄로 판단할 수는 없다(대법원 2001. 8. 21. 선고 2001도2823 판결, 대법원 2006. 3. 9. 선고 2005도8675 판결 등 참조).

## V. 결 론

2007년 도입된 영상녹화제도에 따라 피의자 신문과정에서의 진술은 수사기관의 필요에 따라 촬영에 대한 사전 고지 후 피의자 또는 변호인의 동의 없이 가능하나, 참고인조사에 있어서 영상녹화는 참고인의 동의를 요한다. 다만 형사소송법상 영상녹화물은 본증으로 사용할 수 없고, 신문조서의 실질적 진정성립의 증명 또는 기억환기용으로만 사용 가능한데 반하여, 성폭법상 영상녹화물은 본증으로 사용 가능하다는 점에서 구별된다.

# 제30절 피고인 아닌 자를 상대로 위법하게 수집된 증거의 증거능력

## I. 사례요지

경찰관 4명이 이 사건 ○○유흥주점에서 성매매가 이루어진다는 제보를 받고 위 유흥주점 앞에서 잠복근무하다가 같은 날 22:24경 위 유흥주점에서 공소외 1과 위 유흥주점 종업원인 공소외 2가 나와 인근 여관으로 들어가는 것을 확인하고 여관 업주의 협조를 얻어 같은 날 22:54경 공소외 1과 공소외 2가 투숙한 여관 방문을 열고 들어갔다. 당시 위 두 사람은 침대에 옷을 벗은 채로 약간 떨어져 누워 있었는데 경찰관들이 위 두 사람에게 '성매매로 현행범 체포한다'라고 고지하였으나, 위 두 사람이 성행위를 하는 상태도 아니었고 방 내부 및 화장실 등에서 성관계를 가졌음을 증명할 수 있는 화장지나 콘돔 등도 발견되지 아니하자 경찰관들은 위 두 사람을 성매매로 현행범 체포를 하지는 못하고 수사관서로 동행해 줄 것을 요구하면서 그 중 경찰관 공소외 3은 위 두 사람에게 "동행을 거부할 수도 있으나 거부하더라도 강제로 연행할 수 있다."라고 말하였다.

수사관서로 동행과정에서 공소외 2가 화장실에 가자 여자 경찰관이 공소외 2를 따라가 감시하기도 하고, 공소외 1과 공소외 2는 경찰관들과 지구대에 도착하여 같은 날 23:40경 각각 자술서를 작성하였고, 곧이어 사법경찰리가 공소외 1과 공소외 2에 대하여 각각 제1회 진술조서를 작성한 사실 등을 알 수 있는바, 당시 경찰관들이 위 두 사람을 수사관서로 동행할 당시 동행을 거부하더라도 강제로 연행할 수 있다고 말한 점, 당초 경찰관들은 위 두 사람을 성매매로 현행범 체포하려 하였으나 성매매행위에 대한 증거가 없자 현행범 체포를 하지 못하고 위 두 사람이 성매매하려고 한 것이 범죄가 되거나 혹은 위 유흥업소의 영업자를 처벌하기 위하여 위 두 사람에 대한 조사가 필요하다고 보아 수사관서로의 동행을 요구한 것으로 보이는 점, 공소외 1과 공소외 2는 여관방 침대에 옷을 벗은 채로 누워 있다가 여관방 문을 열고 들어온 경찰관 4명으로부터 성매매 여부를 추궁당한 후에 임의동행을 요구받았고 '동행을 거부하더라도 강제로 연행할 수 있다'라는 말까지 들었으므로 그러한 상황에서 동행을 거부하기는 어려웠을 것이라 보이는 점, 동행과정에서 공소외 2가 화장실에 가자 여자 경찰관이 공소외 2를 따라가 감시하기도 하였다.

## II. 논 점

1. 수사기관이 '피고인 아닌 자'를 상대로 위법하게 수집한 증거를 '피고인'에 대한 유죄 인정의 증거로 삼을 수 있는지(원칙적 소극)

2. 유흥주점 업주와 종업원인 피고인들이 이른바 '티켓영업' 형태로 성매매를 하면서 금품을 수수하였다고 하여 구 식품위생법 위반으로 기소된 사안에서, 경찰이 피고인 아닌 甲, 乙을 사실상 강제연행한 상태에서 받은 각 자술서 및 이들에 대하여 작성한 각 진술조서는 위법수사로 얻은 진술증거에 해당하여 증거능력이 없다는 이유로, 이를 피고인들에 대한 유죄 인정의 증거로 삼을 수 없다고 한 사례

## III. 법규연구 (형사소송법)

제221조(제3자의 출석요구 등) ① 검사 또는 사법경찰관은 수사에 필요한 때에는 피의자가 아닌 자의 출석을 요구하여 진술을 들을 수 있다. 이 경우 그의 동의를 받아 영상녹화할 수 있다.

② 검사 또는 사법경찰관은 수사에 필요한 때에는 감정·통역 또는 번역을 위촉할 수 있다.

③ 제163조의2제1항부터 제3항까지는 검사 또는 사법경찰관이 범죄로 인한 피해자를 조사하는 경우에 준용한다.

제308조의2(위법수집증거의 배제) 적법한 절차에 따르지 아니하고 수집한 증거는 증거로 할 수 없다.

## IV. 관련 판례

### 1. 원심 (청주지법 2009. 6. 25. 선고 2009노132 판결)

공소외 1, 2에 대한 수사관서로의 동행이 위법하여 위 각 자술서와 위 각 진술조서가 증거능력이 없고, 위 각 자술서와 위 각 진술조서가 증거능력이 없어 <u>피고인들에 대한 공소사실의 증거로 사용할 수 없다</u>고 판단하였다.

### 2. 대법원 (대법원 2011. 6. 30., 선고, 2009도6717 판결)

가. 형사소송법 제308조의2는 "적법한 절차에 따르지 아니하고 수집한 증거는 증거로 할 수 없다." 라고 규정하고 있는데, 수사기관이 헌법과 형사소송법이 정한 절차에 따르지 아니하고 수집한 증거는 유죄 인정의 증거로 삼을 수 없는 것이 원칙이므로, 수사기관이 피고인 아닌 자를 상대로 적법한 절차에 따르지 아니하고 수집한 증거는 원칙적으로 피고인에 대한 유죄 인정의 증거로 삼을 수 없다.

유흥주점 업주와 종업원인 피고인들이 영업장을 벗어나 시간적 소요의 대가로 금품을 받아서는 아니 되는데도, 이른바 '티켓영업' 형태로 성매매를 하면서 금품을 수수하였다고 하여 구 식품위생법 위반으로 기소된 사안에서, 경찰이 피고인 아닌 甲, 乙을 사실상 강제연행하여 불법체포한 상태에서 甲, 乙 간의 성매매행위나 피고인들의 유흥업소 영업행위를 처벌하기 위하여 甲, 乙에게서 자술서를 받고 甲, 乙에 대한 진술조서를 작성한 경우, 위 각 자술서와 진술조서는 헌법과 형사소송법이 규정한 체포·구속에 관한 영장주의 원칙에 위배하여 수집된 것으로서 수사기관이 피고인 아닌 자를 상대로 적법한 절차에 따르지 아니하고 수집한 증거에 해당하여 형사소송법 제308조의2에 따라 증거능력이 부정된다는 이유로, 이를 피고인들에 대한 유죄 인정의 증거로 삼을 수 없다.

나. 비록 사법경찰관이 공소외 1과 공소외 2를 동행할 당시에 물리력을 행사한 바가 없고, 이들이 명시적으로 거부의사를 표명한 적이 없다고 하더라도, 사법경찰관이 이들을 수사관서까지 동행한 것은 위에서 본 적법요건이 갖추어지지 아니한 채 사법경찰관의 동행 요구를 거절할 수 없는 심리적 압박 아래 행하여진 사실상의 강제연행, 즉 불법체포에 해당한다고 보아야 할 것이다. 따라서 위와 같은 불법체포에 의한 유치 중에 공소외 1과 공소외 2가 작성한 위 각 자술서와 사법경찰리가 작성한 공소외 1, 공소외 2에 대한 각 제1회 진술조서는 헌법 제12조 제1항, 제3항과 형사소송법 제200조의2, 제201조 등이 규정한 체포·구속에 관한 영장주의 원칙에 위배하여 수집된 증거로서 수사기관이 피고인이 아닌 자를 상대로 적법한 절차에 따르지 아니하고 수집한 증거로 형사소송법 제308조의2에 의하여 그 증거능력이 부정되므로 피고인들에 대한 유죄 인정의 증거로 삼을 수 없다.

## V. 결 론

대법원은 피고인 아닌 자를 상대로 위법하게 수집된 증거를 원칙적으로 피고인에 대한 유죄의 증거로 사용할 수 없다고 보았는데, 이는 위법하게 수집된 증거의 증거능력을 부정함으로써 수사기관의 적법절차 준수를 강제하고자 하는 위법수집증거배제법칙의 취지를 고려한 것으로 이해할 수 있다.

# 제31절 변호인 참여의사표시를 무시하고 작성된 피의자신문의 증거능력

## I. 사례요지

피고인이 "피의자는 변호인의 조력을 받을 권리를 행사할 것인가요"라는 사법경찰관의 물음에 "예"라고 답변하였음에도 사법경찰관은 변호인이 참여하지 아니한 상태에서 계속하여 피고인을 상대로 혐의사실에 대해 신문을 하였다.

## II. 논 점

피의자가 변호인 참여를 원하는 의사를 표시하였는데도 수사기관이 정당한 사유 없이 변호인을 참여하게 하지 아니한 채 피의자를 신문하여 작성한 피의자신문조서의 증거능력 유무(소극)

## III. 법규연구 (형사소송법)

제243조의2(변호인의 참여 등) ① 검사 또는 사법경찰관은 피의자 또는 그 변호인·법정대리인·배우자·직계친족·형제자매의 신청에 따라 변호인을 피의자와 접견하게 하거나 정당한 사유가 없는 한 피의자에 대한 신문에 참여하게 하여야 한다.
제308조의2 (위법수집증거의 배제) 적법한 절차에 따르지 아니하고 수집한 증거는 증거로 할 수 없다.

## IV. 관련 판례

### 1. 원심 (전주지법 2010. 2. 11. 선고 2009노892 판결)

조서가 <u>위법하게 수집된 증거</u>라는 전제에서 그 증거능력을 부인하였다.

### 2. 대법원 (대법원 2013. 3. 28. 선고 2010도3359 판결)

가. 헌법 제12조 제1항에 의하면 누구든지 법률과 적법한 절차에 의하지 아니하고는 처벌·보안처분 또는 강제노역을 받지 아니하고, 같은 조 제4항 본문에 의하면 누구든지 체포 또는 구속을 당한 때에는 즉시 변호인의 조력을 받을 권리를 가진다. 한편 2007. 6. 1. 법률 제8496호로 개정된 형사소송법 제243조의2 제1항은 "검사 또는 사법경찰관은 피의자 또는 그 변호인·법정대리인·배우자·직계친족·형제자매의 신청

에 따라 변호인을 피의자와 접견하게 하거나 정당한 사유가 없는 한 피의자에 대한 신문에 참여하게 하여야 한다.”고 규정하고 있다. 형사소송법 제243조의2 제1항은 피의자신문에 있어 수사기관과 피의자 사이의 당사자 대등을 확보함으로써 헌법상 적법절차의 원칙과 변호인의 조력을 받을 권리를 실질적으로 보장하기 위한 것이므로 그 절차는 엄격히 준수되어야 할 것이다.

나. 제2조서에 의하면, 피고인 5가 “피의자는 변호인의 조력을 받을 권리를 행사할 것인가요”라는 사법경찰관의 물음에 “예”라고 답변하였음에도 사법경찰관은 변호인이 참여하지 아니한 상태에서 계속하여 피고인 5를 상대로 혐의사실에 대한 신문을 행한 것으로 보인다. 사실관계가 이와 같다면, 피고인 5가 경찰 조사 당시 변호인의 참여를 원하는 의사를 명확히 표시하였음에도 사법경찰관이 변호인의 참여를 제한하여야 할 정당한 사유 없이 변호인의 참여에 관한 조치를 취하지 않은 채 계속하여 피의자신문을 행한 조치는 위법하다고 할 것이고, 그 신문 결과에 터 잡아 작성된 제2조서는 ‘적법한 절차와 방식’에 위반된 조서일 뿐만 아니라 적법한 절차에 따르지 아니하고 수집한 증거에 해당하여 이를 증거로 할 수 없다고 할 것이다.

따라서 제2조서가 위법하게 수집된 증거라는 전제에서 그 증거능력을 부인한 이 부분 원심의 판단은 정당하고, 상고이유 주장과 같이 피의자신문조서의 증거능력에 관한 법리를 오해하는 등의 위법이 없다.

## V. 결론

위와 같은 헌법, 형사소송법의 규정 및 그 입법 목적 등에 비추어 보면, 피의자가 변호인의 참여를 원한다는 의사를 명백하게 표시하였음에도 수사기관이 정당한 사유 없이 변호인을 참여하게 하지 아니한 채 피의자를 신문하여 작성한 피의자신문조서는 형사소송법 제312조에 정한 ‘적법한 절차와 방식’에 위반된 증거일 뿐만 아니라, 형사소송법 제308조의2에서 정한 “적법한 절차에 따르지 아니하고 수집한 증거”에 해당하므로 이를 증거로 할 수 없다고 할 것이다.

## VI 유사판례

### 1. 서명 또는 기명날인이 없는 피고인에 대한 진술조서의 증거능력 유무

말미에 서명 또는 기명날인이 되어 있지 아니한 피고인에 대한 진술조서는 증거능력을 인정할 수 없다. (대법원 1993. 4. 23., 선고, 92도2908 판결)

## 2. 피의자에게 열람하게 하거나 읽어 들려지지 않은 피신조서의 증거능력

수사기관이 피의자신문조서를 작성함에서는 그것을 열람하게 하거나 읽어 들려야 하는 것은 형사소송법 제244조의 규정에 비추어 명백하나 그 절차가 비록 행해지지 안했다 하더라도 그것만으로 그 피의자신문조서가 증거능력이 없게 된다고는 할 수 없고 같은 법 제312조 소정의 요건을 갖추게 되면 그것을 증거로 할 수 있다. ((대법원 1988. 5. 10., 선고, 87도2716 판결)

# 제32절 같은 날 수회의 조사가 이루어진 경우, 조사과정 전부를 영상녹화해야 하는지

## Ⅰ. 논 점

1. 검사 작성 피의자신문조서의 실질적 진정성립을 증명할 방법으로서 구 형사소송법 제312조 제2항에 예시된 '영상녹화물' 의 의미

2. 형사소송법 및 형사소송규칙에서 영상녹화물에 대한 봉인절차를 둔 취지

3. 검사가 작성한 피고인이 된 피의자의 진술을 기재한 조서의 실질적 진정성립을 증명하려면 봉인되어 피의자가 기명날인 또는 서명한 영상녹화물을 조사하는 방법으로 하여야 하는지 여부(원칙적 적극)

4. 예외적으로 영상녹화물을 법정 등에서 재생·시청하는 방법으로 조사하여 영상녹화물의 조작 여부를 확인함과 동시에 위 조서에 대한 실질적 진정성립의 인정 여부를 판단할 수 있는 경우

5. 피의자의 진술을 영상녹화하는 경우, 형사소송법 및 형사소송규칙에서 조사 전 과정이 영상녹화되는 것을 요구하는 취지

6. 수회의 조사가 이루어진 경우, 최초의 조사부터 모든 조사 과정을 빠짐없이 영상녹화하여야 하는지 여부(소극)

7. 같은 날 수회의 조사가 이루어진 경우, 조사 과정 전부를 영상녹화하여야 하는지 여부(원칙적 소극)

## Ⅱ. 법규연구

### 1. 형사소송법

> 제244조의2(피의자진술의 영상녹화) ① 피의자의 진술은 영상녹화할 수 있다. 이 경우 미리 영상녹화사실을 알려주어야 하며, 조사의 개시부터 종료까지의 전 과정 및 객관적 정황을 영상녹화하여야 한다.
>
> ②제1항에 따른 영상녹화가 완료된 때에는 피의자 또는 변호인 앞에서 지체없이 그 원본을 봉인하고 피의자로 하여금 기명날인 또는 서명하게 하여야 한다.
>
> ③ 제2항의 경우에 피의자 또는 변호인의 요구가 있는 때에는 영상녹화물을 재생하여 시청하게 하여야 한다. 이 경우 그 내용에 대하여 이의를 진술하는 때에는 그 취지를 기재한 서면을 첨부하여야 한다.

## 2. 형사소송규칙

제134조의2(영상녹화물의 조사 신청) ① 검사는 피고인이 아닌 피의자의 진술을 영상녹화한 사건에서 피고인이 아닌 피의자가 그 조서에 기재된 내용이 자신이 진술한 내용과 동일하게 기재되어 있음을 인정하지 아니하는 경우 그 부분의 성립의 진정을 증명하기 위하여 영상녹화물의 조사를 신청할 수 있다.

② 삭제 <2020.12.28>

③ 제1항의 영상녹화물은 조사가 개시된 시점부터 조사가 종료되어 피의자가 조서에 기명날인 또는 서명을 마치는 시점까지 전과정이 영상녹화된 것으로, 다음 각 호의 내용을 포함하는 것이어야 한다.

1. 피의자의 신문이 영상녹화되고 있다는 취지의 고지
2. 영상녹화를 시작하고 마친 시각 및 장소의 고지
3. 신문하는 검사와 참여한 자의 성명과 직급의 고지
4. 진술거부권·변호인의 참여를 요청할 수 있다는 점 등의 고지
5. 조사를 중단·재개하는 경우 중단 이유와 중단 시각, 중단 후 재개하는 시각
6. 조사를 종료하는 시각

④ 제1항의 영상녹화물은 조사가 행해지는 동안 조사실 전체를 확인할 수 있도록 녹화된 것으로 진술자의 얼굴을 식별할 수 있는 것이어야 한다.

⑤ 제1항의 영상녹화물의 재생 화면에는 녹화 당시의 날짜와 시간이 실시간으로 표시되어야 한다.

제134조의4(영상녹화물의 조사) ① 법원은 검사가 영상녹화물의 조사를 신청한 경우 이에 관한 결정을 함에 있어 원진술자와 함께 피고인 또는 변호인으로 하여금 그 영상녹화물이 적법한 절차와 방식에 따라 작성되어 봉인된 것인지 여부에 관한 의견을 진술하게 하여야 한다.

② 삭제 <2020.12.28>

③ 법원은 공판준비 또는 공판기일에서 봉인을 해체하고 영상녹화물의 전부 또는 일부를 재생하는 방법으로 조사하여야 한다. 이 때 영상녹화물은 그 재생과 조사에 필요한 전자적 설비를 갖춘 법정 외의 장소에서 이를 재생할 수 있다.

④ 재판장은 조사를 마친 후 지체없이 법원사무관 등으로 하여금 다시 원본을 봉인하도록 하고, 원진술자와 함께 피고인 또는 변호인에게 기명날인 또는 서명하도록 하여 검사에게 반환한다. 다만, 피고인의 출석 없이 개정하는 사건에서 변호인이 없는 때에는 피고인 또는 변호인의 기명날인 또는 서명을 요하지 아니한다.

## Ⅲ. 관련 판례

### 1. 원심 (서울고법 2020. 9. 25. 선고 2018노2389 판결)

가. 피고인 E에 대한 검찰 제2회 피의자신문조서에 관한 영상녹화 CD가 형사소송법 제244조의2 제2항을 위반하여 봉인되지 않은 사실은 인정된다. 그러나 이 사건 영상

녹화물에 부착된 라벨지 및 이를 담은 봉투에 있는 '조사자 검사 I의 날인'과 '피조사자 피고인 E의 서명 및 무인', 그리고 이 사건 영상녹화물에 부착된 라벨지에 표시된 해시값 등을 통하여 이 사건 영상녹화물이 변개, 교환, 훼손 등 인위적 개작이 되지 않았음이 증명된다. 따라서 수사기관이 형사소송법이 정한 봉인절차를 위반하였더라도 이는 적법절차의 실질적인 내용을 침해하는 경우에 해당하지 않고, 이 사건 영상녹화물의 활용을 배제하는 것이 오히려 적법절차의 원칙과 실체적 진실 규명의 조화를 통하여 형사사법 정의를 실현하고자 하는 헌법과 형사소송법의 취지에 반하므로, 이 사건 영상녹화물을 이 사건 피의자신문조서의 실질적 진정성립을 증명할 수 있는 수단으로 사용할 수 있다. 이 사건 영상녹화물에 의하면 이 사건 피의자신문조서에 기재된 진술이 피고인 E이 진술한 내용과 동일하게 기재되어 있음이 증명되었으므로 이 사건 피의자신문조서는 증거능력이 있다.

나. 형사소송법 제244조의2 제1항에서 '조사 개시부터 종료 시까지의 전 과정'을 영상녹화하도록 한 취지는 당해 조사에 의도적으로 조사 과정의 일부만을 선별하여 영상녹화하는 것을 허용하지 않겠다는 것이므로 여러 차례의 조사가 이루어진 경우 최초의 조사부터 모든 조사 과정을 영상녹화하여야 한다고 볼 수는 없다. 피고인 E에 대한 검찰 제1회 피의자신문과 제2회 피의자신문이 같은 날 같은 장소에서 동일한 피의사실에 대하여 이루어졌더라도 위 각 피의자신문이 객관적으로 구분되어 있는 이상 제1회 피의자신문에 대한 조사 개시부터 영상녹화했어야 한다고 볼 수 없다.

## 2. 대법원 (대법원 2022. 7. 14., 선고, 2020도13957 판결)

가. 헌법 제12조 제1항이 규정한 적법절차의 원칙과 헌법 제27조에 의하여 보장된 공정한 재판을 받을 권리를 구현하기 위하여 형사소송법은 공판중심주의와 구두변론주의 및 직접심리주의를 기본원칙으로 하고 있다. 따라서 형사소송법이 수사기관에서 작성된 조서 등 서면증거에 대하여 일정한 요건을 충족하는 경우에 증거능력을 인정하는 것은 실체적 진실발견의 이념과 소송경제의 요청을 고려하여 예외적으로 허용하는 것일 뿐이므로 증거능력 인정 요건에 관한 규정은 엄격하게 해석·적용하여야 한다.

구 형사소송법(2020. 2. 4. 법률 제16924호로 개정되기 전의 것, 이하 '구 형사소송법'이라 한다) 제312조는 제1항에서 "검사가 피고인이 된 피의자의 진술을 기재한 조서는 적법한 절차와 방식에 따라 작성된 것으로서 피고인이 진술한 내용과 동일하게 기재되어 있음이 공판준비 또는 공판기일에서의 피고인의 진술에 의하여 인정되고, 그 조서에 기재된 진술이 특히 신빙할 수 있는 상태하에서 행하여졌음이 증명된 때에 한하여 증거로 할 수 있다."라고 규정한다. 제2항은 "제1항에도 불구하고 피고인이 그 조서의 성립의 진정을 부인하는 경우에는 그 조서에 기재된 진술이 피고인이 진술한 내용과 동일하게 기재되어 있음이 영상녹화물이나 그 밖의 객관적인 방법에 의하여 증명되고, 그 조서에 기재된 진술이 특히 신빙할 수 있는 상태하에서 행하여졌음이 증명된 때에 한하여 증거로 할 수 있다."라고 규정한다.

그런데 형사소송법 및 형사소송규칙은 피의자진술의 영상녹화에 관하여 그 영상녹화의 과정, 방식 및 절차 등을 엄격하게 규정하고 있으므로(형사소송법 제244조의2, 형사소송규칙 제134조의2 제3항, 제4항, 제5항, 제134조의4), 검사가 작성한 피의자신문조서의 실질적 진정성립을 증명할 수 있는 방법으로서 구 형사소송법 제312조 제2항에 예시된 영상녹화물은 위와 같은 형사소송법 등에 규정된 방식과 절차에 따라 제작되어 조사 신청된 영상녹화물을 의미한다고 보아야 한다.

나. 형사소송법은 제244조의2 제2항에서 "영상녹화가 완료된 때에는 피의자 또는 변호인 앞에서 지체없이 그 원본을 봉인하고 피의자로 하여금 기명날인 또는 서명하게 하여야 한다."라고 규정한다. 형사소송규칙은 제134조의4에서 "법원은 검사가 영상녹화물의 조사를 신청한 경우 이에 관한 결정을 함에 있어 피고인 또는 변호인으로 하여금 그 영상녹화물이 적법한 절차와 방식에 따라 작성되어 봉인된 것인지에 관한 의견을 진술하게 하여야 하고(제1항)", "공판준비 또는 공판기일에서 봉인을 해체하고 영상녹화물의 전부 또는 일부를 재생하는 방법으로 조사하여야 하며(제3항 전문)", "재판장은 조사를 마친 후 지체없이 법원사무관 등으로 하여금 다시 원본을 봉인하도록 하고, 원진술자와 함께 피고인 또는 변호인에게 기명날인 또는 서명하도록 하여 검사에게 반환한다(제4항 본문)."라고 규정한다. 형사소송법 및 형사소송규칙에서 영상녹화물에 대한 봉인절차를 둔 취지는 영상녹화물의 조작가능성을 원천적으로 봉쇄하여 영상녹화물 원본과의 동일성과 무결성을 담보하기 위한 것이다.

이러한 형사소송법 등의 규정 내용과 취지에 비추어 보면, 검사가 작성한 피고인이 된 피의자의 진술을 기재한 조서의 실질적 진정성립을 증명하려면 원칙적으로 봉인되어 피의자가 기명날인 또는 서명한 영상녹화물을 조사하는 방법으로 하여야 하고 특별한 사정이 없는 한 봉인절차를 위반한 영상녹화물로는 이를 증명할 수 없다.

다만 형사소송법 등이 정한 봉인절차를 제대로 지키지 못했더라도 영상녹화물 자체에 원본으로서 동일성과 무결성을 담보할 수 있는 수단이나 장치가 있어 조작가능성에 대한 합리적 의심을 배제할 수 있는 경우에는 그 영상녹화물을 법정 등에서 재생·시청하는 방법으로 조사하여 영상녹화물의 조작 여부를 확인함과 동시에 위 조서에 대한 실질적 진정성립의 인정 여부를 판단할 수 있다고 보아야 한다. 그와 같은 예외적인 경우라면 형사소송법 등이 봉인절차를 마련하여 둔 취지와 구 형사소송법(2020. 2. 4. 법률 제16924호로 개정되기 전의 것) 제312조 제2항에서 '영상녹화물이나 그 밖의 객관적인 방법'에 의하여 실질적 진정성립을 증명할 수 있도록 한 취지에 부합하기 때문이다.

다. 형사소송법은 제244조의2 제1항에서 피의자의 진술을 영상녹화하는 경우 조사의 개시부터 종료까지의 전 과정 및 객관적 정황을 영상녹화하여야 한다고 규정하고 있고, 형사소송규칙은 제134조의2 제3항에서 영상녹화물은 조사가 개시된 시점부터 조사가 종료되어 피의자가 조서에 기명날인 또는 서명을 마치는 시점까지 전 과정이 영상녹화된 것으로서 피의자의 신문이 영상녹화되고 있다는 취지의 고지, 영상녹화를 시작하고 마친 시각 및 장소의 고지, 신문하는 검사와 참여한 자의 성명과 직급의 고지, 진술거부권·변호인의 참여를 요청할 수 있다는 점 등의 고지, 조사를 중단·재개하는 경우 중단 이유와 중단 시각, 중단 후 재개하는 시각, 조사를 종료하는 시각의 내용을 포함하는 것이어야 한다고 규정한다. 형사소송법 등에서 조사가 개시된 시점부터 조사가 종료되어 조서에 기명날인 또는 서명을 마치는 시점까지 조사 전 과정이 영상녹화되는 것을 요구하는 취지는 진술 과정에서 연출이나 조작을 방지하고자 하는 데 있다. 여기서 조사가 개시된 시점부터 조사가 종료되어 조서에 기명날인 또는 서명을 마치는 시점까지라 함은 기명날인 또는 서명의 대상인 조서가 작성된 개별 조사에서의 시점을 의미하므로 수회의 조사가 이루어진 경우에도 최초의 조사부터 모든 조사 과정을 빠짐없이 영상녹화하여야 한다고 볼 수 없고, 같은 날 이루어진 수회의 조사라 하더라도 특별한 사정이 없는 한 조사 과정 전부를 영상녹화하여야 하는 것도 아니다.

## Ⅳ. 결 론

이 사건 영상녹화물을 법정에서 재생·시청하는 방법으로 조사하여 이 사건 피의자 신문조서의 실질적 진정성립을 인정한 원심판단에 상고이유 주장과 같은 영상녹화물에 의한 실질적 진정성립의 증명에 관한 법리를 오해하여 판결에 영향을 미친 잘못이 있다고 할 수 없다.

# 제33절 피의자 진술을 '진술조서, 진술서, 자술서' 형식을 취한 경우 피의자신문조서와 달리 볼 수 있는지

## I. 사례요지

피의자의 진술을 기재한 서류 또는 문서가 수사기관에서의 조사 과정에서 작성된 경우, '진술조서, 진술서, 자술서'라는 형식을 취하였더라도 피의자신문조서와 달리 볼 수 있는지

## II. 논 점

1. 피의자의 진술을 기재한 서류 또는 문서가 수사기관에서의 조사 과정에서 작성된 경우, '진술조서, 진술서, 자술서'라는 형식을 취하였더라도 피의자신문조서와 달리 볼 수 있는지(소극)

2. 수사기관에 의한 진술거부권 고지의 대상이 되는 피의자 지위가 인정되는 시기(=수사기관이 조사대상자에 대하여 범죄의 혐의가 있다고 보아 실질적으로 수사를 개시하는 행위를 한때)

3. 조사대상자 진술 내용의 실질이 피의자신문조서의 성격을 갖는 경우, 수사기관이 진술을 듣기 전에 미리 진술거부권을 고지하여야 하는지 여부(적극)

## III. 법규연구 (형사소송법)

제244조의3(진술거부권 등의 고지) ① 검사 또는 사법경찰관은 피의자를 신문하기 전에 다음 각 호의 사항을 알려주어야 한다.
  1. 일체의 진술을 하지 아니하거나 개개의 질문에 대하여 진술을 하지 아니할 수 있다는 것
  2. 진술을 하지 아니하더라도 불이익을 받지 아니한다는 것
  3. 진술을 거부할 권리를 포기하고 행한 진술은 법정에서 유죄의 증거로 사용될 수 있다는 것
  4. 신문을 받을 때에는 변호인을 참여하게 하는 등 변호인의 조력을 받을 수 있다는 것
② 검사 또는 사법경찰관은 제1항에 따라 알려 준 때에는 피의자가 진술을 거부할 권리와 변호인의 조력을 받을 권리를 행사할 것인지의 여부를 질문하고, 이에 대한 피의자의 답변을 조서에 기재하여야 한다. 이 경우 피의자의 답변은 피의자로 하여금 자필로 기재하게 하거나 검사 또는 사법경찰관이 피의자의 답변을 기재한 부분에 기명날인 또는 서명하게 하여야 한다.
제312조(검사 또는 사법경찰관의 조서 등) ① 검사가 작성한 피의자신문조서는 적법한 절차와 방식에 따라 작성된 것으로서 공판준비, 공판기일에 그 피의자였던 피고인 또는 변호인이 그 내용을 인정할 때에 한정하여 증거로 할 수 있다.

② 삭제 <2020. 2. 4.>

③ 검사 이외의 수사기관이 작성한 피의자신문조서는 적법한 절차와 방식에 따라 작성된 것으로서 공판준비 또는 공판기일에 그 피의자였던 피고인 또는 변호인이 그 내용을 인정할 때에 한하여 증거로 할 수 있다.

④ 검사 또는 사법경찰관이 피고인이 아닌 자의 진술을 기재한 조서는 적법한 절차와 방식에 따라 작성된 것으로서 그 조서가 검사 또는 사법경찰관 앞에서 진술한 내용과 동일하게 기재되어 있음이 원진술자의 공판준비 또는 공판기일에서의 진술이나 영상녹화물 또는 그 밖의 객관적인 방법에 의하여 증명되고, 피고인 또는 변호인이 공판준비 또는 공판기일에 그 기재 내용에 관하여 원진술자를 신문할 수 있었던 때에는 증거로 할 수 있다. 다만, 그 조서에 기재된 진술이 특히 신빙할 수 있는 상태하에서 행하여졌음이 증명된 때에 한한다.

⑤ 제1항부터 제4항까지의 규정은 피고인 또는 피고인이 아닌 자가 수사과정에서 작성한 진술서에 관하여 준용한다.

⑥ 검사 또는 사법경찰관이 검증의 결과를 기재한 조서는 적법한 절차와 방식에 따라 작성된 것으로서 공판준비 또는 공판기일에서의 작성자의 진술에 따라 그 성립의 진정함이 증명된 때에는 증거로 할 수 있다.

## IV. 관련 판례

### 1. 원심 (서울고법 2014. 4. 25. 선고 2013노2728 판결)

공소외 1이 국가정보원 수사관들로부터 조사를 받을 당시 실질적인 피의자의 지위에 있었으므로, 진술거부권이 고지되지 않은 상태에서 작성한 각 진술서, 자술서, 확인서, 반성문은 위법수집증거에 해당하고, 특별사법경찰관이 공소외 1에 대하여 작성한 각 진술조서 중 피고인이 공소외 1과 공범관계에 있는 공소사실에 관한 부분은 피고인이나 변호인들이 증거로 함에 동의하지 아니하였고 이는 그 내용을 인정하지 않는다는 취지라는 등 판시와 같은 이유를 들어, 위 각 증거의 증거능력을 모두 부정한 제1심의 판단을 그대로 유지하였다.

### 2. 대법원 (대법원 2015. 10. 29., 선고, 2014도5939 판결)

피의자의 진술을 기재한 서류 또는 문서가 수사기관에서의 조사 과정에서 작성된 것이라면, 그것이 '진술조서, 진술서, 자술서'라는 형식을 취하였다고 하더라도 피의자신문조서와 달리 볼 수 없고, 수사기관에 의한 진술거부권 고지의 대상이 되는 피의자의 지위는 수사기관이 범죄인지서를 작성하는 등의 형식적인 사건수리 절차를 거치기 전이라도 조사대상자에 대하여 범죄의 혐의가 있다고 보아 실질적으로 수사를 개시하는 행위를 한때에 인정되는 것으로 봄이 상당하다. 특히 조사대상자의 진술내용이 단순히 제3자의 범죄에 관한 경우가 아니라 자신과 제3자에게 공동으로 관련된 범죄에 관한 것이거나 제3자의 피의사실뿐만 아니라 자신의 피의사실에 관한 것이기도 하여 그 실질이 피의자신문조서의 성격을 가지는 경우에 수사기관은 그 진술을 듣기 전에 미리 진술거부권을 고지하여야 한다(대법원 2013. 7. 25. 선고 2012도8698 판결 등 참조).

## V. 결 론

피의자의 진술을 기재한 서류 또는 문서가 수사기관에서의 조사 과정에서 작성된 것이라면, 그것이 '진술조서, 진술서, 자술서'라는 형식을 취하였다고 하더라도 피의자신문조서와 달리 볼 수 없다.

## VI 유사판례

### 1. 압수조서에 기재된 '압수 경위'의 법적 성질

압수조서 중 '압수경위'란에 기재된 내용은 피고인이 범행을 저지르는 현장을 직접 목격한 사람의 진술이 담긴 것으로서 형사소송법 제312조 제5항에서 정한 '피고인이 아닌 자가 수사과정에서 작성한 진술서'에 준하는 것으로 볼 수 있고, 이에 따라 휴대전화기에 대한 임의제출절차가 적법하였는지에 영향을 받지 않는 별개의 독립적인 증거에 해당한다. (대법원 2019. 11. 14. 선고 2019도13290 판결)

# 제34절 영장없이 이루어진 사진촬영의 적법성

## Ⅰ. 사례요지

이 사건 비디오촬영은 피고인들에 대한 범죄의 혐의가 상당히 포착된 상태에서 그 회합의 증거를 보전하기 위한 필요에서 이루어진 것이고 공소외 2의 주거지 외부에서 담장 밖 및 2층 계단을 통하여 공소외 2의 집에 출입하는 피고인들의 모습을 촬영한 것이다.

## Ⅱ. 논 점

영장없이 이루어진 사진촬영의 적법성과 증거능력

## Ⅲ. 법규연구 (형사소송법)

제312조(검사 또는 사법경찰관의 조서 등) ① 검사가 작성한 피의자신문조서는 적법한 절차와 방식에 따라 작성된 것으로서 공판준비, 공판기일에 그 피의자였던 피고인 또는 변호인이 그 내용을 인정할 때에 한정하여 증거로 할 수 있다.

③ 검사 이외의 수사기관이 작성한 피의자신문조서는 적법한 절차와 방식에 따라 작성된 것으로서 공판준비 또는 공판기일에 그 피의자였던 피고인 또는 변호인이 그 내용을 인정할 때에 한하여 증거로 할 수 있다.

④ 검사 또는 사법경찰관이 피고인이 아닌 자의 진술을 기재한 조서는 적법한 절차와 방식에 따라 작성된 것으로서 그 조서가 검사 또는 사법경찰관 앞에서 진술한 내용과 동일하게 기재되어 있음이 원진술자의 공판준비 또는 공판기일에서의 진술이나 영상녹화물 또는 그 밖의 객관적인 방법에 의하여 증명되고, 피고인 또는 변호인이 공판준비 또는 공판기일에 그 기재 내용에 관하여 원진술자를 신문할 수 있었던 때에는 증거로 할 수 있다. 다만, 그 조서에 기재된 진술이 특히 신빙할 수 있는 상태하에서 행하여졌음이 증명된 때에 한한다.

## Ⅳ. 관련 판례

### 1. 원심 (부산고법 1999. 5. 17. 선고 99노122 판결)

이 사건 비디오 촬영행위가 위법하지 않다고 판단하고 그로 인하여 취득한 비디오테이프의 증거능력을 인정한 것은 정당하다.

### 2. 대법원 (대법원 1999. 9. 3. 선고 99도2317 판결)

가. 누구든지 자기의 얼굴이나 모습을 함부로 촬영당하지 않을 자유를 가지나, 이러한 자유도 무제한으로 보장되는 것은 아니고 국가의 안전보장·질서유지·공공복리를

위하여 필요한 경우에는 그 범위 내에서 상당한 제한이 있을 수 있으며, 수사기관이 범죄를 수사함에 있어 현재 범행이 행하여지고 있거나 행하여진 직후이고, 증거보전의 필요성 및 긴급성이 있으며, 일반적으로 허용되는 상당한 방법으로 촬영한 경우라면 위 촬영이 영장 없이 이루어졌다 하여 이를 위법하다고 단정할 수 없다(대법원 1999. 9. 3. 선고 99도2317 판결 참조).

나. 피고인 1, 피고인 2, 피고인 5가 일본 또는 중국에서 북한 공작원들과 회합하는 모습을 동영상으로 촬영한 것은 위 피고인들이 회합한 증거를 보전할 필요가 있어서 이루어진 것이고, 피고인들이 반국가단체의 구성원과 회합 중이거나 회합하기 직전 또는 직후의 모습을 촬영한 것으로 그 촬영 장소도 차량이 통행하는 도로 또는 식당 앞 길, 호텔 프런트 등 공개적인 장소인 점 등을 알 수 있으므로, 이러한 촬영이 일반적으로 허용되는 상당성을 벗어난 방법으로 이루어졌다거나, 영장 없는 강제처분에 해당하여 위법하다고 볼 수 없다. 따라서 위와 같은 사정 아래서 원심이 위 촬영행위가 위법하지 않다고 판단하고 그 판시와 같은 6mm 테이프 동영상을 캡처한 사진들의 증거능력을 인정한 조치는 정당한 것으로 수긍할 수 있고, 거기에 상고이유 주장과 같이 영장주의의 적용 범위나 초상권의 법리 등을 오해한 위법이 없다.

## V. 결 론

이 사건 비디오촬영은 피고인들에 대한 범죄의 혐의가 상당히 포착된 상태에서 그 회합의 증거를 보전하기 위한 필요에서 이루어진 것이고 공소외 2의 주거지 외부에서 담장 밖 및 2층 계단을 통하여 공소외 2의 집에 출입하는 피고인들의 모습을 촬영한 것으로 그 촬영방법 또한 반드시 상당성이 결여된 것이라고는 할 수 없다. (다만, 위 비디오테이프만으로 피고인들에 대한 공소사실을 유죄로 인정할 수 있는가(증명력이 있는가)는 별개의 문제이다).

# 제35절 피의자신문에 있어서 신뢰관계자의 동석

## I. 사례요지

형사소송법 제244조의5에서 정한 '피의자 신문시 동석제도'의 취지 및 동석자가 한 진술의 성격과 그 진술의 증거능력을 인정하기 위한 요건

## II. 논 점

'피의자 신문시 동석제도'의 취지 및 동석자가 한 진술의 성격과 그 진술의 증거능력을 인정하기 위한 요건

## III. 법규연구 (형사소송법)

제244조의5(장애인 등 특별히 보호를 요하는 자에 대한 특칙) 검사 또는 사법경찰관은 피의자를 신문하는 경우 다음 각 호의 어느 하나에 해당하는 때에는 직권 또는 피의자·법정대리인의 신청에 따라 피의자와 신뢰관계에 있는 자를 동석하게 할 수 있다.

1. 피의자가 신체적 또는 정신적 장애로 사물을 변별하거나 의사를 결정·전달할 능력이 미약한 때
2. 피의자의 연령·성별·국적 등의 사정을 고려하여 그 심리적 안정의 도모와 원활한 의사소통을 위하여 필요한 경우

## IV. 관련 판례 (대법원 2009. 6. 23., 선고, 2009도1322 판결)

가. 형사소송법 제244조의5는, 검사 또는 사법경찰관은 피의자를 신문하는 경우 피의자가 신체적 또는 정신적 장애로 사물을 변별하거나 의사를 결정·전달할 능력이 미약한 때나 피의자의 연령·성별·국적 등의 사정을 고려하여 그 심리적 안정의 도모와 원활한 의사소통을 위하여 필요한 경우에는 직권 또는 피의자·법정대리인의 신청에 따라 피의자와 신뢰관계에 있는 자를 동석하게 할 수 있도록 하고 있다. 구체적인 사안에서 위와 같은 동석을 허락할 것인지는 원칙적으로 검사 또는 사법경찰관이 피의자의 건강 상태 등 여러 사정을 고려하여 재량에 따라 판단하여야 할 것이나, 이를 허락하는 경우에도 동석한 사람으로 하여금 피의자를 대신하여 진술하도록 하여서는 아니되는 것이고 만약 동석한 사람이 피의자를 대신하여 진술한 부분이 조서에 기재되어 있다면 그 부분은 피의자의 진술을 기재한 것이 아니라 동석한 사람의 진술을 기재한 조서에 해당하므로 그 사람에 대한 진술조서로서의 증거능력을 취득하기 위한 요건을

<u>충족하지 못하는 한 이를 유죄 인정의 증거로 사용할 수 없는 것이다.</u>

나. 이 사건 기록에 의하면, 검사가 공소외 1의 건강 상태 등을 고려하여 그 피의자 신문에 배우자 공소외 2를 동석하도록 한 조치가 위법한 것으로 보이지는 아니한다. 다만, 검사의 공소외 1에 대한 피의자신문조서 중 일부 진술기재 부분은 동석하였던 배우자 공소외 2가 대신 진술한 내용이 기재된 것으로 의심되는 면이 있는 것은 상고 이유에서 지적하는 바와 같으나, 위와 같은 부분을 제외하더라도 원심이 적법하게 채택하여 조사한 나머지 증거들 만에 의하더라도 이 사건 공소사실을 유죄로 인정하기에 넉넉하므로, 원심이 위 진술기재 부분까지 일부 공소사실을 뒷받침하는 증거로 삼았다고 하더라도 그 위법은 판결에 영향을 미친 사유에 해당하지 아니한다.

## V. 결 론
대법원은 신뢰관계인의 동석 허용 여부가 수사기관의 재량이라는 점과 동석자의 대리진술을 금지하고, 동석자가 피의자 대신 진술한 부분은 동석자에 대한 진술조서로 본다는 점을 이 판결을 통해 명확히 하였다.

# 제36절 거짓말탐지기 검사결과의 증거능력

## I. 사례요지

> 피고인을 상대로 한 거짓말탐지기 검사에서 '당신이 그 사고를 내고 도주했습니까.', '당신이 그날 성남의 골목길에서 보행자를 충격했습니까.', '그날 밤 당신이 그 골목길에서 사고를 낸 것입니까.'라고 질문을 한 후 부정적인 대답을 하도록 하였으나 거짓반응을 나타내었고, '그 시간대에는 족발배달을 할 시간으로 성남에 갈 이유가 없으며 또한 그곳에서 보행자를 충격한 적도 없고 성남에 가지도 않았으며 피해자와 이야기한 적도 없는가.'라는 질문에 대하여 피고인에게 긍정적인 대답을 하도록 하였으나 역시 거짓반응을 나타내었다.

## II. 논 점

거짓말탐지기 검사결과에 대하여 증거능력을 인정하기 위한 요건

## III. 법규연구 (형사소송법)

> 제307조(증거재판주의) 사실의 인정은 증거에 의하여야 한다.
> 제308조(자유심증주의) 증거의 증명력은 법관의 자유판단에 의한다.

## IV. 관련 판례

### 1. 원심 (수원지법 2004. 12. 23. 선고 2004노3968 판결)

피고인에 대한 거짓말탐지기 결과회시와 피해자 및 공소외 1의 제1심 법정에서의 진술 등을 증거로 하여 별도의 증거조사 없이 이 사건 공소사실을 유죄로 인정하였다.

### 2. 대법원 (대법원 2005. 5. 26. 선고, 2005도130 판결)

거짓말탐지기의 검사 결과에 대하여 사실적 관련성을 가진 증거로서 증거능력을 인정할 수 있으려면, 첫째로 거짓말을 하면 반드시 일정한 심리상태의 변동이 일어나고, 둘째로 그 심리상태의 변동은 반드시 일정한 생리적 반응을 일으키며, 셋째로 그 생리적 반응에 의하여 피검사자의 말이 거짓인지 아닌지가 정확히 판정될 수 있다는 세 가지 전제요건이 충족되어야 할 것이며, 특히 마지막 생리적 반응에 대한 거짓 여부 판정은 거짓말탐지기가 검사에 동의한 피검사자의 생리적 반응을 정확히 측정할 수 있는 장치이어야 하고, 질문사항의 작성과 검사의 기술 및 방법이 합리적이어야 하며, 검사자가 탐지기의 측정내용을 객관성 있고 정확하게 판독할 능력을 갖춘 경우라야만 그

정확성을 확보할 수 있는 것이므로, 이상과 같은 여러 가지 요건이 충족되지 않는 한 거짓말탐지기 검사 결과에 대하여 형사소송법상 증거능력을 부여할 수는 없다 (대법원 1986. 11. 25. 선고 85도2208 판결 등 참조).

## V. 결 론

거짓말탐지기 검사결과의 증거능력 여부에 대한 기본 판례이다.

## VI 유사판례

### 1. 거짓말탐지기의 검사가 증거능력을 갖기 위한 요건 및 증거력

거짓말탐지기의 검사는 그 기구의 성능, 조작기술 등에 있어 신뢰도가 극히 높다고 인정되고 그 검사자가 적격자이며, 검사를 받는 사람이 검사를 받음에 동의하였으며 검사서가 검사자 자신이 실시한 검사의 방법, 경과 및 그 결과를 충실하게 기재하였다는 등의 전제조건이 증거에 의하여 확인되었을 경우에만 형사소송법 제313조 제2항에 의하여 이를 증거로 할 수 있고 위와 같은 조건이 모두 충족되어 증거능력이 있는 경우에도 그 검사결과는 검사를 받는 사람의 진술 신빙성을 가늠하는 정황증거의 기능을 하는데 그치는 것이다. (대법원 1987. 7. 21., 선고, 87도968 판결)

# 제37절 외국거주의 의미와 그 판단 방법

## I. 사례요지

> 진술을 요하는 자가 외국에 거주하고 있어 공판정 출석을 거부하면서 출석할 수 없는 사정을 밝히고 있으나, 거주하는 외국의 주소나 연락처 등이 파악되고 해당 국가와 대한민국 간에 국제형사사법공조조약이 체결된 상태인 경우, 형사소송법 제314조 적용을 위하여 법원이 취해야 할 절차

## II. 논 점

형사소송법 제314조에 따라 예외적으로 증거능력을 인정하기 위한 요건 중 '외국거주'의 의미와 그 판단 방법

## III. 법규연구 (형사소송법)

> 제314조(증거능력에 대한 예외) 제312조 또는 제313조의 경우에 공판준비 또는 공판기일에 진술을 요하는 자가 사망·질병·외국거주·소재불명 그 밖에 이에 준하는 사유로 인하여 진술할 수 없는 때에는 그 조서 및 그 밖의 서류(피고인 또는 피고인 아닌 자가 작성하였거나 진술한 내용이 포함된 문자·사진·영상 등의 정보로서 컴퓨터용디스크, 그 밖에 이와 비슷한 정보저장매체에 저장된 것을 포함한다)를 증거로 할 수 있다. 다만, 그 진술 또는 작성이 특히 신빙할 수 있는 상태하에서 행하여졌음이 증명된 때에 한한다.

## IV. 관련 판례

### 1. 원심 (서울중앙지방법원 2015. 10. 23. 선고 2015노2905 판결)

공소외 1이 작성한 위 진술서 등이 형사소송법 제314조에 의하여 증거능력이 인정됨을 전제로 이를 토대로 이 사건 공소사실 중 공소외 1에 대한 사기의 점과 위조사문서행사의 점이 유죄로 인정된다고 판단한 제1심판결 및 이를 유지하였다.

### 2. 대법원 (대법원 2016. 2. 18. 선고 2015도17115 판결)

참고인 진술서 등 피고인 아닌 자의 진술을 기재한 서류가 진술자가 공판정에서 한 진술에 의하여 진정성립이 증명되지 않았음에도 형사소송법 제314조에 의하여 증거능력이 인정되려면, 진술자가 사망·질병·외국거주·소재불명, 그 밖에 이에 준하는 사유로 인하여 공판정에 출석하여 진술할 수 없는 때에 해당하고, 또 서류의 작성이 특

히 신빙할 수 있는 상태에서 행하여졌음이 증명되어야 한다. 여기서 '**외국거주**' 란 진술을 요하는 자가 외국에 있다는 것만으로는 부족하고, 수사 과정에서 수사기관이 진술을 청취하면서 진술자의 외국거주 여부와 장래 출국 가능성을 확인하고, 만일 진술자의 거주지가 외국이거나 그가 가까운 장래에 출국하여 장기간 외국에 체류하는 등의 사정으로 향후 공판정에 출석하여 진술을 할 수 없는 경우가 발생할 개연성이 있다면 진술자의 외국 연락처를, 일시 귀국할 예정이 있다면 귀국 시기와 귀국 시 체류 장소와 연락 방법 등을 사전에 미리 확인하고, 진술자에게 공판정 진술을 하기 전에는 출국을 미루거나, 출국한 후라도 공판 진행 상황에 따라 일시 귀국하여 공판정에 출석하여 진술하게끔 하는 방안을 확보하여 진술자가 공판정에 출석하여 진술할 기회를 충분히 제공하며, 그 밖에 그를 공판정에 출석시켜 진술하게 할 모든 수단을 강구하는 등 가능하고 상당한 수단을 다하더라도 진술을 요할 자를 법정에 출석하게 할 수 없는 사정이 있어야 예외적으로 적용이 있다.

나아가 진술을 요하는 자가 외국에 거주하고 있어 공판정 출석을 거부하면서 공판정에 출석할 수 없는 사정을 밝히고 있더라도 증언 자체를 거부하는 의사가 분명한 경우가 아닌 한 거주하는 외국의 주소나 연락처 등이 파악되고, 해당 국가와 대한민국 간에 국제형사사법공조조약이 체결된 상태라면 우선 사법공조의 절차에 의하여 증인을 소환할 수 있는지를 검토해 보아야 하고, 소환을 할 수 없는 경우라도 외국의 법원에 사법공조로 증인신문을 실시하도록 요청하는 등의 절차를 거쳐야 하고, 이러한 절차를 전혀 시도해 보지도 아니한 것은 가능하고 상당한 수단을 다하더라도 진술을 요하는 자를 법정에 출석하게 할 수 없는 사정이 있는 때에 해당한다고 보기 어렵다.

## V. 결 론

제314조의 증거능력 인정 요건인 '외국거주' 의 의미에 대해 엄격하게 제한해석하는 취지의 판결이다.

# 제38절 기타 특히 신용할 만한 정황에 의하여 작성된 문서의 의미

## Ⅰ. 사례요지

보험사기 사건에서 건강보험심사평가원이 수사기관의 의뢰에 따라 그 보내온 자료를 토대로 입원진료의 적정성에 대한 의견을 제시하는 내용의 '건강보험심사평가원의 입원진료 적정성 여부 등 검토의뢰에 대한 회신'이 '기타 특히 신용할 만한 정황에 의하여 작성된 문서'에 해당하는지

## Ⅱ. 논 점

1. 형사소송법 제315조 제3호에서 규정한 '기타 특히 신용할 만한 정황에 의하여 작성된 문서'의 의미
2. 이른바 보험사기 사건에서 건강보험심사평가원이 수사기관의 의뢰에 따라 그 보내온 자료를 토대로 입원진료의 적정성에 대한 의견을 제시하는 내용의 '건강보험심사평가원의 입원진료 적정성 여부 등 검토의뢰에 대한 회신'이 이에 해당하는지 여부(소극)

## Ⅲ. 법규연구 (형사소송법)

제315조(당연히 증거능력이 있는 서류) 다음에 게기한 서류는 증거로 할 수 있다.
1. 가족관계기록사항에 관한 증명서, 공정증서등본 기타 공무원 또는 외국공무원의 직무상 증명할 수 있는 사항에 관하여 작성한 문서
2. 상업장부, 항해일지 기타 업무상 필요로 작성한 통상문서
3. 기타 특히 신용할 만한 정황에 의하여 작성된 문서

## Ⅳ. 관련 판례

### 1. 원심 (광주지법 2017. 7. 19. 선고 2016노3027 판결)

건강보험심사평가원이 작성한 입원진료 적정성 여부 등 검토의뢰에 대한 회신이 형사소송법 제315조 제3호에서 정한 '기타 특히 신용할 만한 정황에 의하여 작성된 문서'에 해당하지 않는다.

## 2. 대법원 (대법원 2017. 12. 5. 선고 2017도12671 판결)

상업장부나 항해일지, 진료일지 또는 이와 유사한 금전출납부 등과 같이 범죄사실의 인정 여부와는 관계없이 자기에게 맡겨진 사무를 처리한 내역을 그때그때 계속적, 기계적으로 기재한 문서는 사무처리 내역을 증명하기 위하여 존재하는 문서로서 형사소송법 제315조 제2호에 의하여 당연히 증거능력이 인정된다. 그리고 이러한 문서는 업무의 기계적 반복성으로 인하여 허위가 개입될 여지가 적고, 또 문서의 성질에 비추어 고도의 신용성이 인정되어 반대신문의 필요가 없거나 작성자를 소환해도 서면제출 이상의 의미가 없는 것들에 해당하기 때문에 당연히 증거능력이 인정된다는 것이 형사소송법 제315조의 입법취지인 점과 아울러, 전문법칙과 관련된 형사소송법 규정들의 체계 및 규정 취지에 더하여 '기타'라는 문언에 의하여 형사소송법 제315조 제1호와 제2호의 문서들을 '특히 신용할 만한 정황에 의하여 작성된 문서'의 예시로 삼고 있는 형사소송법 제315조 제3호의 규정형식을 종합하여 보면, 형사소송법 제315조 제3호에서 규정한 '기타 특히 신용할 만한 정황에 의하여 작성된 문서'는 형사소송법 제315조 제1호와 제2호에서 열거된 공권적 증명문서 및 업무상 통상문서에 준하여 '군이 반대신문의 기회 부여 여부가 문제 되지 않을 정도로 고도의 신용성의 정황적 보장이 있는 문서'를 의미한다(대법원 2015. 7. 16. 선고 2015도2625 전원합의체 판결 등 참조).

## V. 결 론

사무처리 내역을 계속적, 기계적으로 기재한 문서가 아니라 범죄사실의 인정 여부와 관련 있는 어떠한 의견을 제시하는 내용을 담고 있는 문서는 형사소송법 제315조 제3호에서 규정하는 당연히 증거능력이 있는 서류에 해당한다고 볼 수 없으므로, 이른바 보험사기 사건에서 건강보험심사평가원이 수사기관의 의뢰에 따라 그 보내온 자료를 토대로 입원진료의 적정성에 대한 의견을 제시하는 내용의 '건강보험심사평가원의 입원진료 적정성 여부 등 검토의뢰에 대한 회신'은 형사소송법 제315조 제3호의 '기타 특히 신용할 만한 정황에 의하여 작성된 문서'에 해당하지 않는다.

## Ⅵ 유사판례

### 1. 문서가 형사소송법 제315조 제2호에서 정한 '업무상 통상문서'에 해당하는지 판단기준

어떠한 문서가 형사소송법 제315조 제2호가 정하는 업무상 통상문서에 해당하는지를 구체적으로 판단함에서는, 형사소송법 제315조 제2호 및 제3호의 입법취지를 참작하여 당해 문서가 정규적·규칙적으로 이루어지는 업무활동으로부터 나온 것인지 여부, 당해 문서를 작성하는 것이 일상적인 업무 관행 또는 직무상 강제되는 것인지 여부, 당해 문서에 기재된 정보가 취득된 즉시 또는 그 직후에 이루어져 정확성이 보장될 수 있는 것인지 여부, 당해 문서의 기록이 비교적 기계적으로 행하여지는 것이어서 기록 과정에 기록자의 주관적 개입의 여지가 거의 없다고 볼 수 있는지 여부, 당해 문서가 공시성이 있는 등으로 사후적으로 내용의 정확성을 확인·검증할 기회가 있어 신용성이 담보되어 있는지 여부 등을 종합적으로 고려하여야 한다. (대법원 2015. 7. 16., 선고, 2015도2625, 전원합의체 판결)

### 2. 피고인이 업무추진 과정에서 지출한 자금 내역을 기록한 수첩의 기재내용이 자백에 대한 독립적인 보강증거가 될 수 있는지

피고인이 뇌물공여 혐의를 받기 전에 이와는 관계없이 준설공사에 필요한 각종 인·허가 등의 업무를 위임받아 이를 추진하는 과정에서 그 업무수행에 필요한 자금을 지출하면서, 스스로 그 지출한 자금내역을 자료로 남겨두기 위하여 뇌물자금과 기타 자금을 구별하지 아니하고 그 지출 일시, 금액, 상대방 등 내역을 그때그때 계속적, 기계적으로 기입한 수첩의 기재 내용은, 피고인이 자신의 범죄사실을 시인하는 자백이라고 볼 수 없으므로, 증거능력이 있는 한 피고인의 금전출납을 증명할 수 있는 별개의 증거라고 할 것인즉, 피고인의 검찰에서의 자백에 대한 보강증거가 될 수 있다. (대법원 1996. 10. 17., 선고, 94도2865, 전원합의체 판결)

# 제39절 상해부위를 촬영한 사진의 증거능력

## I. 사례요지

상해 사건에서 상해부위를 사진 촬영하여 수사서류에 첨부하였다. 이때 상해부위를 촬영한 사진의 증거능력이 있는지

## II. 논 점

상해부위를 촬영한 사진에 전문법칙이 적용되는지 여부(소극)

## III. 법규연구 (형사소송법)

제318조(당사자의 동의와 증거능력) ① 검사와 피고인이 증거로 할 수 있음을 동의한 서류 또는 물건은 진정한 것으로 인정한 때에는 증거로 할 수 있다.

② 피고인의 출정없이 증거조사를 할 수 있는 경우에 피고인이 출정하지 아니한 때에는 전항의 동의가 있는 것으로 간주한다. 단, 대리인 또는 변호인이 출정한 때에는 예외로 한다.

## IV. 관련 판례

### 1. 원심 (서울북부지법 2007. 4. 26. 선고 2006노51 판결)

상해부위를 촬영한 사진'의 증거능력을 인정하였다.

### 2. 대법원 (대법원 2007. 7. 26. 선고 2007도3906 판결)

수사기관이 피고인을 현행범으로 체포한 절차 등에 어떠한 위법이 있다고 하여도, 공소외인의 상해부위를 촬영한 사진은 피고인으로부터 수집한 증거가 아니어서 이를 위법하게 수집한 증거라 할 수 없다.

공소외인의 상해부위를 촬영한 사진은 비진술증거로서 전문법칙이 적용되지 않으므로, 위 사진이 진술증거임을 전제로 전문법칙이 적용되어야 한다는 취지의 상고이유의 주장 또한 받아들일 수 없다.

형사소송법 제318조에 규정된 증거동의의 의사표시는 증거조사가 완료되기 전까지 취소 또는 철회할 수 있으나, 일단 증거조사가 완료된 뒤에는 취소 또는 철회가 인정되지 아니하므로 취소 또는 철회 이전에 이미 취득한 증거능력은 상실되지 않는바 (대법원 2004. 6. 25. 선고 2004도2611 판결 참조), 기록에 의하여 살펴보면, 피고인은

제1심 제1회 공판기일에 위 사진을 증거로 함에 동의하였고, 이에 따라 제1심법원이 위 사진에 대한 증거조사를 완료하였음을 알 수 있으므로, 상고이유의 주장과 같이 피고인이 원심에 이르러 위 사진에 대한 증거동의의 의사표시를 취소 또는 철회하였다 하여, 위 사진의 증거능력이 상실되지 않는다.

## V. 결 론

원심이 공소외인의 상해부위를 촬영한 사진의 증거능력을 인정한 조치는 정당하다. 상해부위를 촬영한 사진은 비진술증거로서 전문법칙이 적용되지 않는다.

# 제40절 함정수사의 위법성에 관한 판단기준

## I. 사례요지

이 사건 범행은 수사기관이 정보원인 공소외 5 등을 통하여 공소외 1로 하여금 피고인에게 필로폰을 구하여 줄 것을 수차례 부탁함으로써 유발된 이른바 함정수사에 의한 범죄이다.

## II. 논 점

1. 함정수사의 위법성에 대한 판단기준
2. 함정수사에서 유인자와 수사기관의 직접적 관련성과 피유인자의 범의유발에 개입한 정도에 따라 함정수사의 위법성을 판단하는 방법

## III. 법규연구

### 1. 형사소송법

제327조(공소기각의 판결) 다음 각 호의 경우에는 판결로써 공소기각의 선고를 하여야 한다.
 2. 공소제기의 절차가 법률의 규정을 위반하여 무효일 때

### 2. 형 법

제13조 (범의) 죄의 성립요소인 사실을 인식하지 못한 행위는 벌하지 아니한다. 단, 법률에 특별한 규정이 있는 경우에는 예외로 한다.

## IV. 관련 판례

### 1. 원심 (서울중앙지법 2006. 3. 23. 선고 2005노2845 판결)

이 사건 범행은 수사기관이 정보원인 공소외 5 등을 통하여 공소외 1로 하여금 피고인에게 필로폰을 구하여 줄 것을 수차례 부탁함으로써 유발된 이른바 함정수사에 의한 범죄이므로 이를 처벌할 수 없음에도 불구하고, 원심은 이 사건 공소제기가 적법함을 전제로 피고에게 유죄를 인정함으로써 판결에 영향을 미친 위법을 범하였다.

### 2. 대법원 (대법원 2007. 7. 12. 선고 2006도2339 판결)

본래 범의를 가지지 아니한 자에 대하여 수사기관이 사술이나 계략 등을 써서 범의를 유발케 하여 범죄인을 검거하는 함정수사는 위법하다 할 것인바(대법원 2005. 10.

28. 선고 2005도1247 판결 등 참조), 구체적인 사건에 있어서 위법한 함정수사에 해당하는지는 해당 범죄의 종류와 성질, 유인자의 지위와 역할, 유인의 경위와 방법, 유인에 따른 피유인자의 반응, 피유인자의 처벌 전력 및 유인행위 자체의 위법성 등을 종합하여 판단하여야 한다.

## V. 결 론

따라서 수사기관과 직접 관련이 있는 유인자가 피유인자와의 개인적인 친밀관계를 이용하여 피유인자의 동정심이나 감정에 호소하거나, 금전적·심리적 압박이나 위협 등을 가하거나, 거절하기 힘든 유혹을 하거나, 또는 범행방법을 구체적으로 제시하고 범행에 사용될 금전까지 제공하는 등으로 과도하게 개입함으로써 피유인자로 하여금 범의를 일으키게 하는 것은 위법한 함정수사에 해당하여 허용되지 아니한다 할 것이지만, 유인자가 수사기관과 직접적인 관련을 맺지 아니한 상태에서 피유인자를 상대로 단순히 수차례 반복적으로 범행을 부탁하였을 뿐, 수사기관이 사술이나 계략 등을 사용하였다고 볼 수 없는 경우는, 설령 그로 인하여 피유인자의 범의가 유발되었다 하더라도 위법한 함정수사에 해당하지 아니한다.

## VI. 유사판례

### 1. 위법한 함정수사에 기한 공소제기의 효력

> 범의를 가진 자에 대하여 단순히 범행의 기회를 제공하거나 범행을 용이하게 하는 것에 불과한 수사방법이 경우에 따라 허용될 수 있음은 별론으로 하고, 본래 범의를 가지지 아니한 자에 대하여 수사기관이 사술이나 계략 등을 써서 범의를 유발케 하여 범죄인을 검거하는 함정수사는 위법함을 면할 수 없고, 이러한 함정수사에 기한 공소제기는 그 절차가 법률의 규정에 위반하여 무효인 때에 해당한다. (대법원 2005. 10. 28. 선고 2005도1247 판결)

# 고소와 고발

제7장

## 제1절 고소·고발 전 수사의 적법성 여부

### Ⅰ. 사례요지

피고인은 중국어학원에서 유학비자(D-2)만을 소지한 중국인 공소외 1을 시간당 12,000원 내지 13,000원씩 주기로 하고 중국어 강사로 고용한 것을 비롯하여 범죄일람표 기재와 같이 취업활동을 할 수 있는 체류자격을 가지지 아니한 중국인 12명을 고용하였다.

### Ⅱ. 논 점

1. 일반사법경찰관리가 출입국사범에 대한 출입국관리사무소장 등의 고발이 있기 전에 한 수사가 소급하여 위법하게 되는지 여부(원칙적 소극)

2. 일반사법경찰관리가 출입국사범에 대한 전속적 고발권자인 출입국관리사무소장 등에게 인계하지 않고 한 수사가 소급하여 위법하게 되는지 여부(소극)

3. 피고인이 체류자격이 없는 외국인들을 고용하여 구 출입국관리법 위반으로 기소된 사안에서, 당초 위 사건을 입건한 경찰청이 지체없이 관할 출입국관리사무소장 등에게 인계하지 않고 그 고발없이 수사를 하였다는 것만으로는 경찰청 및 검찰의 수사가 위법하다거나 공소제기절차가 법률의 규정에 위배되어 무효인 때에 해당하는지

### Ⅲ. 법규연구

#### 1. 형사소송법

제327조 (공소기각의 판결) 다음 경우에는 판결로써 공소기각의 선고를 하여야 한다.
  2. 공소제기의 절차가 법률의 규정에 위반하여 무효인 때

#### 2. 출입국관리법

제101조(고발) ① 출입국사범에 관한 사건은 지방출입국·외국인관서의 장의 고발이 없으면 공소(公訴)를 제기할 수 없다.
② 출입국관리공무원 외의 수사기관이 제1항에 해당하는 사건을 입건(立件)하였을 때에는 지체없이 관할 지방출입국·외국인관서의 장에게 인계하여야 한다.

## IV. 관련 판례

### 1. 원심 (서울중앙지법 2008. 8. 14. 선고 2008노1995 판결 )

수원출입국관리사무소장이 통고처분 없이 한 고발은 이 사건에 대한 구체적인 검토에 따라 그 재량에 좇아 행하여진 것이어서 무효라고 볼 수 없고, 경찰청에서 법 제101조 제2항의 규정을 위반하였다는 것만으로 경찰청 및 검찰의 수사가 위법하다거나 공소제기의 절차가 법률의 규정에 위반되어 무효인 때에 해당한다고 볼 수 없다고 판단하였다.

### 2. 대법원 (대법원 2011. 3. 10. 선고 2008도7724 판결 )

법률에 의하여 고소나 고발이 있어야 논할 수 있는 죄에 있어서 고소 또는 고발은 이른바 소추조건에 불과하고 당해 범죄의 성립 요건이나 수사의 조건은 아니므로, 위와 같은 범죄에 관하여 고소나 고발이 있기 전에 수사를 하였다고 하더라도, 그 수사가 장차 고소나 고발이 있을 가능성이 없는 상태하에서 행해졌다는 등의 특단의 사정이 없는 한, 고소나 고발이 있기 전에 수사를 하였다는 이유만으로 그 수사가 위법하게 되는 것은 아니다(대법원 1995. 2. 24. 선고 94도252 판결 등 참조).

그렇다면 일반사법경찰관리가 출입국사범에 대한 사무소장 등의 고발이 있기 전에 수사를 하였다고 하더라도 달리 위에서 본 특단의 사정이 없는 한 그 사유만으로 수사가 소급하여 위법하게 되는 것은 아니다.

## V. 결 론

출입국관리법 제101조는 제1항에서 사무소장 등의 전속적 고발권을 규정함과 아울러 제2항에서 일반사법경찰관리가 출입국사범을 입건한 때에는 지체없이 사무소장 등에게 인계하도록 규정하고 있고, 이는 그 규정의 취지에 비추어 제1항에서 정한 사무소장 등의 전속적 고발권 행사의 편의 등을 위한 것이라고 봄이 상당하므로 일반사법경찰관리와의 관계에서 존중되어야 할 것이지만, 앞서 본 바와 같이 이를 출입국관리공무원의 수사 전담권에 관한 규정이라고까지 볼 수는 없는 이상 이를 위반한 일반사법경찰관리의 수사가 소급하여 위법하게 되지 아니하는 것은 마찬가지이다.

# 제2절 고소나 고발 전 행해진 수사의 적법성 여부

## I. 사례요지

> 피의자에 대한 각 피의자신문조서등본 및 제3자에 대한 각 진술조서등본이 조세범처벌법위반
> 죄에 대한 세무서장의 고발이 있기 전에 작성되었다. 이 경우 반드시 고발이 있어야 수사가
> 가능한 사건에서 고발전 수사가 적법 하는지

## II. 논 점

1. 친고죄나 세무공무원 등의 고발이 있어야 논할 수 있는 죄에 있어서 고소나 고발이
   있기 전에 행해진 수사는 위법한지 여부
2. 조세범처벌법 위반 사건에서 세무서장의 고발이 있기 전에 작성된 검사의 조서 및
   조서등본의 증거능력

## III. 법규연구 (형사소송법)

> 제199조(수사와 필요한 조사) ①수사에 관하여는 그 목적을 달성하기 위하여 필요한 조사를 할
> 수 있다. 다만, 강제처분은 이 법률에 특별한 규정이 있는 경우에 한하며, 필요한 최소한도
> 의 범위 안에서만 하여야 한다.
> 제196조(검사의 수사) ① 검사는 범죄의 혐의가 있다고 사료하는 때에는 범인, 범죄사실과 증거
> 를 수사한다.

## IV. 관련 판례

### 1. 원심 (부산지방법원 1993.12.24. 선고 93노2724 판결)

검사 작성의 피고인에 대한 피의자신문조서, 공소외 1에 대한 각 피의자신문조서등
본 및 공소외 2에 대한 각 진술조서등본은 이 사건 조세범처벌법위반죄에 대한 세무서
장의 고발이 있기 전에 작성된 것으로 보이나, 한편 피고인이나 공소외 1, 공소외 2
등에 대한 신문이 이 사건 범죄에 대한 고발의 가능성이 없는 상태하에서 이루어졌다
고 볼 아무런 자료도 없으므로, 그들에 대한 신문이 고발 전에 이루어졌다는 이유만으
로 위 조서나 각 조서등본의 증거능력을 부정할 수는 없다.

## 2. 대법원 (대법원 1995. 2. 24., 선고, 94도252 판결)

친고죄나 이 사건과 같이 세무공무원 등의 고발이 있어야 논할 수 있는 죄에 있어서 고소 또는 고발은 이른바 소추조건에 불과하고 당해 범죄의 성립 요건이나 수사의 조건은 아니므로, 위와 같은 범죄에 관하여 <u>고소나 고발이 있기 전에 수사를 하였다고 하더라도, 그 수사가 장차 고소나 고발이 있을 가능성이 없는 상태하에서 행해졌다는 등의 특단의 사정이 없는 한, 고소나 고발이 있기 전에 수사를 하였다는 이유만으로 그 수사가 위법하다고 볼 수는 없다</u> 할 것이다.

## V. 결 론

기록에 의하면 원심이 인용한 제1심판결의 채택증거 중 검사 작성의 피고인에 대한 피의자신문조서, 김현진에 대한 각 피의자신문조서등본 및 김성임에 대한 각 진술조서 등본은 이 사건 조세범처벌법위반죄에 대한 세무서장의 고발이 있기 전에 작성된 것으로 보이나, 한편 피고인이나 위 김현진, 김성임 등에 대한 신문이 이 사건 범죄에 대한 고발의 가능성이 없는 상태하에서 이루어졌다고 볼 아무런 자료도 없으므로, 그들에 대한 신문이 고발 전에 이루어졌다는 이유만으로 위 조서나 각 조서등본의 증거능력을 부정할 수는 없다.

## VI. 유사판례

### 1. 공무원의 고발의무의 한계와 직무유기죄의 성립여부

형사소송법 234조 2항의 "공무원이 그 직무를 행함에 있어 범죄가 있다고 사료하는 때에는 고발하여야 한다"는 규정이 있으나 <u>공무원이 그 직무수행중 범죄를 인지하였다고 하더라도 가벌성이 없다고 인정되거나 기타 사정으로 고발하지 아니함이 상당하다고 인정되는 경우에는 재량에 따라서 고발하지 아니할 수 있다고 할 것</u>이므로 수도사업소 직원인 피고인이 당국의 부정수도시설에 대한 양성화방침에 따라서 부정수도공사 사실을 인지하고도 양성화 신고를 하여 부정시설을 합법화시키기로 생각하고 고발하지 않았다면 직무유기가 되지 아니한다. (서울고법 1970. 9. 3., 69노558, 제2형사부판결 : 확정)

# 제3절 내사와 수사의 구별 기준

## Ⅰ. 사례요지

사법경찰관이 범죄를 '인지'하였다고 볼 수 있는 시기를 언제부터로 보아야 하는지.

## Ⅱ. 논 점

사법경찰관이 범죄를 '인지' 하였다고 볼 수 있는 시기

## Ⅲ. 법규연구

### 1. 형사소송법

제196조(검사의 수사) ① 검사는 범죄의 혐의가 있다고 사료하는 때에는 범인, 범죄사실과 증거를 수사한다.

제197조(사법경찰관리) ① 경무관, 총경, 경정, 경감, 경위는 사법경찰관으로서 범죄의 혐의가 있다고 사료하는 때에는 범인, 범죄사실과 증거를 수사한다.

② 경사, 경장, 순경은 사법경찰리로서 수사의 보조를 하여야 한다.

### 2. 경찰수사규칙

제19조(입건 전 조사) ① 사법경찰관은 수사준칙 제16조제3항에 따른 입건 전에 범죄를 의심할 만한 정황이 있어 수사 개시 여부를 결정하기 위한 사실관계의 확인 등 필요한 조사(이하 "입건전조사"라 한다)에 착수하기 위해서는 해당 사법경찰관이 소속된 경찰관서의 수사부서의 장(이하 "소속수사부서장"이라 한다)의 지휘를 받아야 한다.

② 사법경찰관은 입건전조사한 사건을 다음 각 호의 구분에 따라 처리해야 한다.

  1. 입건: 범죄의 혐의가 있어 수사를 개시하는 경우

  2. 입건전조사 종결(혐의없음, 죄가안됨 또는 공소권없음): 제108조제1항제1호부터 제3호까지의 규정에 따른 사유가 있는 경우

  3. 입건전조사 중지: 피혐의자 또는 참고인 등의 소재불명으로 입건전조사를 계속할 수 없는 경우

  4. 이송: 관할이 없거나 범죄특성 및 병합처리 등을 고려하여 다른 경찰관서 또는 기관(해당 기관과 협의된 경우로 한정한다)에서 입건전조사할 필요가 있는 경우

  5. 공람 후 종결: 진정·탄원·투서 등 서면으로 접수된 신고가 다음 각 목의 어느 하나에 해당하는 경우

    가. 같은 내용으로 3회 이상 반복하여 접수되고 2회 이상 그 처리 결과를 통지한 신고와 같은 내용인 경우

    나. 무기명 또는 가명으로 접수된 경우

다. 단순한 풍문이나 인신공격적인 내용인 경우

라. 완결된 사건 또는 재판에 불복하는 내용인 경우

마. 민사소송 또는 행정소송에 관한 사항인 경우

## IV. 관련 판례

### 1. 원심 (서울중앙지법 2008. 12. 10. 선고 2008노3445 판결)

일반적으로 피의자의 지위는 수사개시의 원인, 즉 수사의 단서에 따라 고소, 고발 등의 경우 고소장, 고발장 등의 접수에 의하여, 그 이외에 인지 등의 경우에는 사법경찰관이 수사에 착수하면서 수사의 단서 및 인지하게 된 경위를 명백히 기재한 범죄인지보고서를 작성할 때 그러한 지위에 있게 된다고 봄이 상당하다.

### 2. 대법원 (대법원 2010. 6. 24. 선고 2008도12127 판결)

피의자라고 하기 위해서는 수사기관에 의하여 범죄의 인지 등으로 수사가 개시되어 있을 것을 필요로 하고, 그 이전의 단계에서는 장차 형사입건될 가능성이 크다고 하더라도 그러한 사정만으로 '피의자'에 해당한다고 볼 수는 없다.

한편 구 사법경찰관리 집무규칙 제21조에 의하면 사법경찰관이 범죄를 인지하는 경우에는 범죄인지보고서를 작성하는 절차를 거치도록 되어 있으므로 특별한 사정이 없는 한 수사기관이 그와 같은 절차를 거친 때에 범죄 인지가 된 것으로 볼 수 있겠으나, 사법경찰관이 그와 같은 절차를 거치기 전에 범죄의 혐의가 있다고 보아 수사에 착수하는 행위를 한 때에는 이때에 범죄를 인지한 것으로 보아야 하고 그 뒤 범죄인지보고서를 작성한 때에 비로소 범죄를 인지하였다고 볼 것은 아니다 (대법원 1989. 6. 20. 선고 89도648 판결, 대법원 2001. 10. 26. 선고 2000도2968 판결 등 참조).

## V. 결 론

형사소송법 개정으로 검사와 사법경찰관의 상호협력과 일반적 수사준칙에 관한 규정 (제16조제3항)과 경찰수사규칙(제19조) 제정되어 내사단계인 입건 전 조사에 대해 구체적으로 규정하고 있으며, 경찰청 훈령인 「입건 전 조사 사건 처리에 관한 규칙」을 제정하여 세부사항을 규정하고 있다.

## Ⅵ. 유사판례

### 1. 인지절차 이전에 이루어진 수사의 적법성 여부

검찰사건사무규칙 제2조 내지 제4조에 의하면, 검사가 범죄를 인지하는 경우에는 범죄인지서를 작성하여 사건을 수리하는 절차를 거치도록 되어 있으므로, 특별한 사정이 없는 한 수사기관이 그와 같은 절차를 거친 때에 범죄인지가 된 것으로 볼 것이나, 범죄의 인지는 실질적인 개념이고, 이 규칙의 규정은 검찰행정의 편의를 위한 사무처리절차 규정이므로, 검사가 그와 같은 절차를 거치기 전에 범죄의 혐의가 있다고 보아 수사를 개시하는 행위를 한때에는 이때 범죄를 인지한 것으로 보아야 하고, 그 뒤 범죄인지서를 작성하여 사건수리 절차를 밟은 때에 비로소 범죄를 인지하였다고 볼 것이 아니며, 이러한 인지절차를 밟기 전에 수사하였다고 하더라도, 그 수사가 장차 인지의 가능성이 전혀 없는 상태 하에서 행해졌다는 등의 특별한 사정이 없으면, 인지절차가 이루어지기 전에 수사를 하였다는 이유만으로 그 수사가 위법하다고 볼 수는 없고, 따라서 그 수사과정에서 작성된 피의자신문조서나 진술조서 등의 증거능력도 이를 부인할 수 없다. (대법원 2001. 10. 26. 선고 2000도2968 판결)

### 2. 범죄인지의 시기

검찰사건사무규칙 제2조 내지 제4조에 의하면 검사가 범죄를 인지하는 경우에는 범죄인지서를 작성하여 사건을 수리하는 절차를 거치도록 되어 있으므로 특단의 사정이 없는 한 수사기관이 그와 같은 절차를 거친 때에 범죄인지가 된 것으로 볼 것이나, 범죄의 인지는 실질적인 개념으로서 위 검찰사건사무규칙의 규정은 검찰행정의 편의를 위한 사무처리절차규정이므로 검사가 그와 같은 절차를 거치기도 전에 범죄의 혐의가 있다고 보아 수사를 개시하는 행위를 한때에는 이때 범죄를 인지한 것으로 보아야 하고, 그 뒤 범죄인지서를 작성하여 사건수리 절차를 밟은 때에 비로소 범죄를 인지하였다고 볼 것이 아니다. (대법원 1989. 6. 20. 선고 89도648 판결)

# 제4절 일죄의 일부에 대한 고소의 효력이 미치는 범위

## I. 사례요지

간음 목적 미성년자 약취 범행과 관련하여, 당시 피해자는 11세 남짓한 초등학교 6학년생으로서 그 정신능력과 수사기관 조사에서의 진술 태도 등에 비추어 자신이 피해를 받은 사실을 이해하고 고소에 따른 사회생활상의 이해관계를 알아차릴 수 있는 사실상의 의사능력이 있었던 것으로 보이고, 피해자는 고소장을 제출하지는 아니하였으나 경찰에서 피해자 진술조서를 작성할 당시 사법경찰리에게 위 범행 당일 02:30경 간음 목적으로 피해자를 주차장으로 끌고 간 약취 범행 등을 이유로 피고인을 형사처벌하여 달라는 의사표시를 분명히 하여 그 의사표시가 피해자 진술조서에 기재되었으며, 위 진술조서에 대해서는 피고인의 변호인이 제1심 공판기일에서 증거동의하여 증거조사가 마쳐진 사실을 알 수 있다.

## II. 논 점

1. 수사기관이 고소권자를 증인 또는 피해자로서 신문하였는데, 그중 범인 처벌을 요구하는 고소권자의 의사표시가 조서에 기재된 경우, 이를 적법한 고소로 볼 수 있는지(적극)
2. 고소에 필요한 고소능력의 정도(=사실상의 의사능력)
3. 친고죄에서 적법한 고소가 있었는지가 자유로운 증명의 대상인지 여부(적극)
4. 일죄의 일부에 대한 고소의 효력이 미치는 범위

## III. 법규연구 (형사소송법)

제223조(고소권자) 범죄로 인한 피해자는 고소할 수 있다.

제233조(고소의 불가분) 친고죄의 공범중 그 1인 또는 수인에 대한 고소 또는 그 취소는 다른 공범자에 대하여도 효력이 있다.

제237조(고소, 고발의 방식) ① 고소 또는 고발은 서면 또는 구술로써 검사 또는 사법경찰관에게 하여야 한다.

② 검사 또는 사법경찰관이 구술에 의한 고소 또는 고발을 받은 때에는 조서를 작성하여야 한다.

## IV. 관련 판례

### 1. 원심 (서울고법 2011. 4. 8. 선고 2011노491, 2011전노54 판결)

피고인이 간음할 목적으로 미성년자인 피해자를 범행 당일 02:30경 주차장으로 끌고 간 다음 같은 날 02:40경 다시 부근의 빌딩 2층으로 끌고 가 약취하였다는 내용으로 기소된 사안에서, 당시 피해자는 11세 남짓한 초등학교 6학년생으로서 피해입은 사실을 이해하고 고소에 따른 사회생활상의 이해관계를 알아차릴 수 있는 사실상의 의사능력이 있었던 것으로 보이고, 경찰에서 일죄의 관계에 있는 범죄사실 중 범행 당일 02:30경의 약취 범행 등을 이유로 피고인을 처벌하여 달라는 의사표시를 분명히 하여 그 의사표시가 피해자 진술조서에 기재되었으므로, 고소능력 있는 피해자 본인이 고소를 하였다고 보아야 하며, 피고인 제출의 합의서에 피해자 성명이 기재되어 있으나 피해자의 날인은 없고, 피해자의 법정대리인인 부(父)의 무인 및 인감증명서가 첨부되어 있을 뿐이어서 피해자 본인의 고소 취소의 의사표시가 여기에 당연히 포함되어 있다고 볼 수 없으므로, 설령 피해자 법정대리인의 고소는 취소되었다고 하더라도 본인의 고소가 취소되지 아니한 이상 친고죄의 공소제기 요건은 여전히 충족된다는 이유로 같은 취지에서 피고인에 대한 간음 목적 약취의 공소사실을 유죄로 인정하였다.

## 2. 대법원 (대법원 2011. 6. 24., 선고, 2011도4451,2011전도76 판결)

친고죄에서 고소는 고소권 있는 자가 수사기관에 대하여 범죄사실을 신고하고 범인의 처벌을 구하는 의사표시로서 서면뿐만 아니라 구술로도 할 수 있고, 다만 구술에 의한 고소를 받은 검사 또는 사법경찰관은 조서를 작성하여야 하지만 그 조서가 독립된 조서일 필요는 없으며 수사기관이 고소권자를 증인 또는 피해자로서 신문한 경우에 그 진술에 범인의 처벌을 요구하는 의사표시가 포함되어 있고 그 의사표시가 조서에 기재되면 고소는 적법하게 이루어진 것이다(대법원 1966. 1. 31. 선고 65도1089 판결, 대법원 1985. 3. 12. 선고 85도190 판결 등 참조). 또한, 고소를 함에는 소송행위능력, 즉 고소능력이 있어야 하나, 고소능력은 피해를 받은 사실을 이해하고 고소에 따른 사회생활상의 이해관계를 알아차릴 수 있는 사실상의 의사능력으로 충분하므로, 민법상의 행위능력이 없는 사람이라도 위와 같은 능력을 갖춘 사람이면 고소능력이 인정된다(대법원 2004. 4. 9. 선고 2004도664 판결, 대법원 2007. 10. 11. 선고 2007도4962 판결 등 참조). 그리고 친고죄에서 위와 같은 적법한 고소가 있었는지 아닌지는 자유로운 증명의 대상이 되고(대법원 1999. 2. 9. 선고 98도2074 판결 등 참조), 일죄의 관계에 있는 범죄사실 일부에 대한 고소의 효력은 그 일죄의 전부에 대하여 미친다(대법원 2005. 1. 14. 선고 2002도5411 판결 등 참조).

## V. 결 론

이 부분 공소사실에 대하여는 고소능력이 있는 피해자 본인이 고소를 하였다고 보아야 할 것이고 한편 이 부분 공소사실에는 피고인이 간음 목적으로 위 범행 당일 02:30경 피해자를 주차장으로 끌고 간 다음 같은 날 02:40경 다시 피해자를 그 부근의 빌딩 2층으로 끌고 간 약취 범죄사실이 포함되어 있으나 이들은 서로 일죄의 관계에 있으므로 친고죄인 이 부분 공소사실에 대한 공소제기 요건은 충족되었다고 보아야 할 것이다.

피고인이 제출한 합의서에 피해자의 성명이 기재되어 있기는 하나 피해자의 날인은 없고, 피해자의 법정대리인인 부 공소외인의 무인 및 인감증명서가 첨부되어 있을 뿐이어서 피해자 본인이 고소를 취소한다는 의사표시가 여기에 당연히 포함되어 있다고 볼 수는 없고, 그 밖에 기록을 살펴보아도 피해자 본인이 제1심판결 선고 전에 이 부분 공소사실에 대한 고소취소의 의사표시를 하였다거나 그 법정대리인이 피해자의 의사에 따라 고소를 취소하였다고 볼 아무런 자료가 없다.

그렇다면 설령 피해자의 법정대리인 부 공소외인의 고소는 취소되었다고 하더라도 피해자 본인의 고소가 취소되지 아니한 이상 이 부분 공소사실에 대한 공소제기 요건은 여전히 충족되고 있다 할 것이다.

## VI 유사판례

### 1. 고소에 있어서 범죄사실 특정의 정도

고소는 고소인이 일정한 범죄사실을 수사기관에 신고하여 범인의 처벌을 구하는 의사표시이므로 그 고소한 범죄사실이 특정되어야 할 것이나 그 특정의 정도는 고소인의 의사가 구체적으로 어떤 범죄사실을 지정하여 범인의 처벌을 구하고 있는 것인가를 확정할 수만 있으면 되는 것이고 고소인 자신이 직접 범행의 일시, 장소와 방법 등까지 구체적으로 상세히 지적하여 그 범죄사실을 특정할 필요까지는 없다 할 것이며 범행기간을 특정하고 있는 고소에 있어서는 그 기간에의 어느 특정범죄에 대하여 범인의 처벌을 원치 않는 고소인의 의사가 있다고 볼만한 사정이 없는 이상 그 고소는 특정한 기간에 저지른 모든 범죄에 대하여 범인의 처벌을 구하는 의사표시라고 봄이 상당할 것이다(대법원 1985.7.23. 선고 85도1213 판결)

## 2. 수사기관 작성의 피해자 진술조서에 기재된 범인의 처벌을 요구하는 의사표시의 효력

친고죄에서 고소는 고소권 있는 자가 수사기관에 대하여 범죄사실을 신고하고 범인의 처벌을 구하는 의사표시로서 서면뿐만 아니라 구술로도 할 수 있고, 다만 구술에 의한 고소를 받은 검사 또는 사법경찰관은 조서를 작성하여야 하지만 그 조서가 독립된 조서일 필요는 없으며 수사기관이 고소권자를 증인 또는 피해자로서 신문한 경우에 그 진술에 범인의 처벌을 요구하는 의사표시가 포함되어 있고 그 의사표시가 조서에 기재되면 고소는 적법하게 이루어진 것이다. (대법원 1985. 3. 12., 선고, 85도190 판결)

## 3. 고소 및 고소위임을 위한 능력의 정도(＝사실상의 의사능력)

고소를 함에는 소송행위능력, 즉 고소능력이 있어야 하는바, 고소능력은 피해를 받은 사실을 이해하고 고소에 따른 사회생활상의 이해관계를 알아차릴 수 있는 사실상의 의사능력으로 충분하므로 민법상의 행위능력이 없는 자라도 위와 같은 능력을 갖춘 자에게는 고소능력이 인정된다고 할 것이고, 고소위임을 위한 능력도 위와 마찬가지라고 할 것이다. (대법원 1999. 2. 9., 선고, 98도2074 판결)

# 제5절 부재자 재산관리인이 법정대리인으로서 적법한 고소권자에 해당하는지

## Ⅰ. 사례요지

피고인과 피해자는 동거하지 않는 자매 사이이다. 피고인은 법원이 선임한 피해자의 부재자 재산관리인으로서 피해자 앞으로 공탁된 수용보상금을 수령하였다. 그 후 법원은 피해자의 부재자 재산관리인을 피고인에서 변호사 공소외인으로 개임하였다. 피고인은 피해자의 부재자 재산관리인으로 있는 동안에는 선량한 관리자의 주의의무로 피해자를 위해 피해자의 재산을 보존하고 이용·개량해야 할 임무가 있고 개임되어 지위를 상실할 경우에는 새롭게 선임된 부재자 재산관리인이 피해자의 재산을 제대로 파악하고 보존·관리할 수 있도록 할 임무가 있다. 그럼에도 피고인은 임무에 위배하여 새롭게 선임된 부재자 재산관리인에게 공탁금의 존재를 알려주지도 않고 인계하지도 않아 재산상 이익을 취득하고 재산상 손해를 가하였다.

## Ⅱ. 논 점

1. 법원이 선임한 부재자 재산관리인이 그 관리대상인 부재자의 재산에 대한 범죄행위에 관하여 법원으로부터 고소권 행사에 관한 허가를 얻은 경우

2. 형사소송법 제225조 제1항에서 정한 법정대리인으로서 적법한 고소권자에 해당하는지 여부(적극)

## Ⅲ. 법규연구

### 1. 형사소송법

제225조(비피해자인 고소권자) ① 피해자의 법정대리인은 독립하여 고소할 수 있다.

제223조(고소권자) 범죄로 인한 피해자는 고소할 수 있다.

### 2. 형 법

제328조(친족간의 범행과 고소) ① 직계혈족, 배우자, 동거친족, 동거가족 또는 그 배우자간의 제323조의 죄는 그 형을 면제한다.

② 제1항이외의 친족간에 제323조의 죄를 범한 때에는 고소가 있어야 공소를 제기할 수 있다.

제361조(친족간의 범행, 동력) 제328조와 제346조의 규정은 본장의 죄에 준용한다.

### 3. 민 법

제25조(관리인의 권한) 법원이 선임한 재산관리인이 제118조에 규정한 권한을 넘는 행위를 함에는 법원의 허가를 얻어야 한다. 부재자의 생사가 분명하지 아니한 경우에 부재자가 정한 재산관리인이 권한을 넘는 행위를 할 때에도 같다.

## IV. 관련 판례

### 1. 원심 (서울고법 2021. 2. 4. 선고 2020노1139 판결)

이 사건 공소제기가 다음과 같은 이유로 적법하다고 보고 이 사건 공소사실을 유죄로 판단하였다. 형법 제361조, 제328조 제2항에 따라 고소가 있어야 공소를 제기할 수 있는 이 사건에서, 법원이 선임한 피해자의 부재자 재산관리인인 공소외인이 법원으로부터 고소권 행사에 관하여 허가를 받아 피고인을 고소하였다. 공소외인은 피해자의 법정대리인으로서 적법한 고소권자에 해당하므로, 이 사건 공소제기는 적법하다.

### 2. 대법원 (대법원 2022. 5. 26., 선고, 2021도2488 판결)

형사소송법은 "피해자의 법정대리인은 독립하여 고소할 수 있다."라고 정하고 있다(제225조 제1항 참조). 법정대리인이 갖는 대리권의 범위는 법률과 선임 심판의 내용 등을 통해 정해지므로 독립하여 고소권을 가지는 법정대리인의 의미도 법률과 선임 심판의 내용 등을 통해 정해진다.

법원이 선임한 부재자 재산관리인은 법률에 규정된 사람의 청구에 따라 선임된 부재자의 법정대리인에 해당한다. 부재자 재산관리인의 권한은 원칙적으로 부재자의 재산에 대한 관리행위에 한정되나, 부재자 재산관리인은 재산관리를 위하여 필요한 경우 법원의 허가를 받아 관리행위의 범위를 넘는 행위를 하는 것도 가능하고, 여기에는 관리대상 재산에 관한 범죄행위에 대한 형사고소도 포함된다. 따라서 부재자 재산관리인은 관리대상이 아닌 사항에 관해서는 고소권이 없겠지만, 관리대상 재산에 관한 범죄행위에 대하여 법원으로부터 고소권 행사 허가를 받은 경우에는 독립하여 고소권을 가지는 법정대리인에 해당한다.

고소권은 일신전속적인 권리로서 피해자가 이를 행사하는 것이 원칙이나, 형사소송법이 예외적으로 법정대리인으로 하여금 독립하여 고소권을 행사할 수 있도록 한 이유는 피해자가 고소권을 행사할 것을 기대하기 어려운 경우 피해자와 독립하여 고소권을 행사할 사람을 정하여 피해자를 보호하려는 데 있다.

부재자 재산관리제도의 취지는 부재자 재산관리인으로 하여금 부재자의 잔류재산을 본인의 이익과 더불어 사회경제적 이익을 기하고 나아가 잔존배우자와 상속인의 이익을 위하여 관리하게 하고 돌아올 부재자 본인 또는 그 상속인에게 관리해 온 재산 전부를 인계하도록 하는 데 있다(대법원 1976. 12. 21. 자 75마551 결정 참조). 부재자는 자신의 재산을 침해하는 범죄에 대하여 처벌을 구하는 의사표시를 하기 어려운 상태에 있다. 따라서 부재자 재산관리인에게 법정대리인으로서 관리대상 재산에 관한 범죄행위에 대하여 고소권을 행사할 수 있도록 하는 것이 형사소송법 제225조 제1항과 부재자 재산관리제도의 취지에 부합한다.

## V. 결 론

법원이 선임한 부재자 재산관리인이 그 관리대상인 부재자의 재산에 대한 범죄행위에 관하여 법원으로부터 고소권 행사에 관한 허가를 얻은 경우 부재자 재산관리인은 형사소송법 제225조 제1항에서 정한 <u>법정대리인으로서 적법한 고소권자에 해당한다고</u> 보아야 한다.

## VI 유사판례

### 1. 입적되어 있지 아니한 생모가 친권자로서 고소할 수 있는지

모자관계는 호적에 입적된 여부와는 관계없이 자의 출생으로 법률상 당연히 생기는 것이므로 고소당시 <u>이혼한 생모라도 피해자인 그의 자의 친권자로서 독립하여 고소할 수 있다.</u> (대법원 1987. 9. 22., 선고, 87도1707 판결)

### 2. 법정대리인의 고소권 성질

형사소송법 제225조 제1항이 규정한 법정대리인의 고소권은 무능력자의 보호를 위하여 법정대리인에게 주어진 고유권이므로, 법정대리인은 <u>피해자의 고소권 소멸 여부에 관계없이 고소할 수 있고, 이러한 고소권은 피해자의 명시한 의사에 반하여도 행사할 수 있다.</u> (대법원 1999. 12. 24., 선고, 99도3784 판결)

### 3. 법정대리인의 고소권 성질 및 고소기간 진행 시기

법정대리인의 고소권은 무능력자의 보호를 위하여 법정대리인에게 주어진 고유권으로서 피해자의 고소권 소멸여부에 관계없이 고소할 수 있는 것이므로 <u>법정대리인의 고소기간은 법정대리인 자신이 범인을 알게 된 날로부터 진행한다.</u> (대법원 1987. 6. 9., 선고, 87도857 판결)

### 4. 범행 당시 고소능력이 없었다가 후에 고소능력이 생긴 피해자의 고소기간 기산점

강제추행의 피해자가 범인을 안 날로부터 6월이 경과된 후에 고소제기하였더라도, 범행 당시 피해자가 11세의 소년에 불과하여 고소능력이 없었다가 고소 당시에 비로소 고소능력이 생겼다면, 그 <u>고소기간은 고소능력이 생긴 때로부터 기산되어야 하므로, 고소기간이 경과된 것으로 볼 것이 아니다.</u> (대법원 1995. 5. 9., 선고, 95도696 판결)

## 5. 형사소송법 제230조 제1항에 정한 '범인을 알게 된 날'의 의미

형사소송법 제230조 제1항에서 말하는 '범인을 알게 된 날'이란 범죄행위가 종료된 후에 범인을 알게 된 날을 가리키는 것으로서, 고소권자가 범죄행위가 계속되는 도중에 범인을 알았다 하여도, 그 날부터 곧바로 위 조항에서 정한 친고죄의 고소기간이 진행된다고는 볼 수 없고, 이러한 경우 고소기간은 범죄행위가 종료된 때부터 계산하여야 하며, 동종행위의 반복이 당연히 예상되는 영업범 등 포괄일죄의 경우에는 최후의 범죄행위가 종료한 때에 전체 범죄행위가 종료된 것으로 보아야 한다. (대법원 2004. 10. 28., 선고, 2004도 5014 판결)

## 6. 고소권자의 고소취소 의사표시의 방법 및 효력

형사소송법 제232조에 의하면 고소는 제1심판결 선고 전까지 취소할 수 있되 고소를 취소한 자는 다시 고소할 수 없으며, 한편 고소취소는 범인의 처벌을 구하는 의사를 철회하는 수사기관 또는 법원에 대한 고소권자의 의사표시로서 형사소송법 제239조, 제237조에 의하여 서면 또는 구술로써 하면 족한 것이므로, 고소권자가 서면 또는 구술로써 수사기관 또는 법원에 고소를 취소하는 의사표시를 하였다고 보여지는 이상 그 고소는 적법하게 취소되었다고 할 것이고, 그 후 고소취소를 철회하는 의사표시를 다시 하였다고 하여도 그 것은 효력이 없다 할 것이다. (대법원 2009. 9. 24., 선고, 2009도6779 판결)

# 제6절 반의사불벌죄에서 처벌을 희망하는 의사표시의 철회 또는 처벌을 희망하지 않는 의사표시를 할 수 있는 시기

## I. 사례요지

피고인 2는 피고인의 아내가 운영하는 PC방에서 손님으로 온 피해자 공소외 2가 게임에서 돈을 잃고 추가 결제를 요청하면서 피고인의 아내와 장모에게 욕설한 것에 화가 나 손으로 피해자의 멱살을 잡고 밖으로 끌고 나와 손으로 피해자의 가슴을 2회 밀쳐 폭행하였다. 피고인은 이 사건 각 범행을 모두 인정하고 반성하고 있다. 피고인은 원심에서 피해자와 원만히 합의하여 피해자가 피고인의 처벌을 원하지 않고 있다.

## II. 논 점

1. 반의사불벌죄에서 처벌을 희망하는 의사표시의 철회 또는 처벌을 희망하지 않는 의사표시를 할 수 있는 시기(=제1심 판결선고 전까지)
2. 피해자가 처벌을 희망하지 않는 의사표시나 처벌을 희망하는 의사표시의 철회를 하였다고 인정하기 위한 요건
3. 처벌을 희망하지 않는 의사표시의 부존재가 법원의 직권조사사항에 해당하는지 여부(적극)

## III. 법규연구 (형사소송법)

제232조(고소의 취소) ① 고소는 제1심 판결선고 전까지 취소할 수 있다.

② 고소를 취소한 자는 다시 고소하지 못한다.

③ 피해자의 명시한 의사에 반하여 죄를 논할 수 없는 사건에 있어서 처벌을 희망하는 의사표시의 철회에 관하여도 전2항의 규정을 준용한다.

## IV. 관련 판례

### 1. 원심 (춘천지법 강릉지원 2021. 7. 8. 선고 2020노386, 2021노41, 160 판결)

피해자가 처벌을 희망하지 않는 사실조사 없이 공소사실을 유죄로 판단하였다.

### 2. 대법원 (대법원 2021. 10. 28., 선고, 2021도10010 판결)

가. 폭행죄는 피해자의 명시한 의사에 반하여 공소를 제기할 수 없다(형법 제260조 제3항). 반의사불벌죄에서 처벌을 희망하는 의사표시의 철회 또는 처벌을 희망하지 않는

의사표시는 제1심 판결선고 전까지 할 수 있다(형사소송법 제232조 제1항, 제3항). 피해자가 처벌을 희망하지 않는 의사표시나 처벌을 희망하는 의사표시의 철회를 하였다고 인정하기 위해서는 피해자의 진실한 의사가 명백하고 믿을 수 있는 방법으로 표현되어야 한다(대법원 2001. 6. 15. 선고 2001도1809 판결 등 참조). 처벌을 희망하지 않는 의사표시의 부존재는 소극적 소송조건으로서 직권조사사항에 해당하므로 당사자가 항소이유로 주장하지 않았더라도 원심은 이를 직권으로 조사·판단해야 한다(대법원 2001. 4. 24. 선고 2000도3172 판결, 대법원 2002. 3. 15. 선고 2002도158 판결 참조).

나. 피고인 2는 제1심 변론종결 후 판결선고 전인 2021. 1. 12. 제1심법원에 '피해자는 피고인에 대한 처벌을 원치 않고 이 사건에 대하여 민형사상 일체 이의가 없다.'라는 내용과 함께 피해자가 자필로 주민등록번호, 주소, 연락처를 적고 피해자의 서명과 무인이 찍힌 피해자 명의의 '합의서'를 제출하였다. 제1심은 폭행 부분을 포함한 피고인 2에 대한 공소사실을 모두 유죄로 인정하고 피고인에게 징역 1년 6개월을 선고하였고 이에 대하여 피고인 2와 검사 모두 양형부당을 이유로 항소하였다.

피고인 2의 국선변호인은 2021. 6. 30. 원심에 '피해자는 피고인과 원만하게 합의하였으므로 피고인에 대한 형사처벌을 원하지 않으며 향후 피고인에게 어떠한 민형사상의 책임을 묻지 않는다. 피고인이 제1심에서 이미 진심으로 본인의 잘못을 인정하고 용서를 빌어 피해자는 피고인의 사죄를 받아들여 용서의 마음으로 합의서를 작성해 주었다. 피고인의 빠른 석방을 진심으로 재판부에 호소한다.'라는 내용이 적힌 피해자 명의의 '합의서 및 처벌불원서'를 제출하였다. 위 '합의서 및 처벌불원서'에는 피해자의 인감증명서와 자동차운전면허증 사본이 첨부되었다.

피고인 2가 제1심 판결선고 전에 제출한 '합의서'에 피해자가 처벌을 희망하지 않는다는 내용이 기재되어 있고, 원심에 제출한 '합의서 및 처벌불원서'에는 피해자가 제1심에서 피고인을 용서하고 합의서를 작성하여 주었다는 내용이 있으므로, 피해자가 제1심 판결선고 전에 처벌희망 의사표시를 철회하였다고 볼 여지가 있다.

## V. 결 론

따라서 원심은 제1심 판결선고 전에 피해자의 처벌희망 의사표시가 적법하게 철회되었는지를 직권으로 조사하여 반의사불벌죄의 소극적 소송조건을 명확히 심리·판단할 필요가 있었다.

그런데도 원심은 이에 대하여 심리하지 않은 채 위 공소사실을 유죄로 판단하였다.

원심판결에는 반의사불벌죄에 관한 법리를 오해한 나머지 필요한 심리를 다하지 않아 판결에 영향을 미친 잘못이 있다.

## VI 유사판례

### 1. 친고죄에서 고소를 취소하거나 반의사불벌죄에서 처벌을 희망하는 의사표시를 철회할 수 있는 시기 및 그 상대방

형사소송법 제232조 제1항, 제3항에 의하면 친고죄에서 고소의 취소 및 반의사불벌죄에서 처벌을 희망하는 의사표시의 철회는 제1심판결 선고 전까지만 할 수 있고, 따라서 제1심판결 선고 후에 고소가 취소되거나 처벌을 희망하는 의사표시가 철회된 경우에는 효력이 없으므로 형사소송법 제327조 제5호 내지 제6호의 공소기각 재판을 할 수 없다. 그리고 고소의 취소나 처벌을 희망하는 의사표시의 철회는 수사기관 또는 법원에 대한 법률행위적 소송행위이므로 공소제기 전에는 고소사건을 담당하는 수사기관에, 공소제기 후에는 고소사건의 수소법원에 대하여 이루어져야 한다. (대법원 2012. 2. 23., 선고, 2011도17264 판결)

### 2. 의식불명 상태에 있는 성년자 아버지가 처벌을 희망하지 아니한 의사표시한 경우

피해자가 의식을 회복하지 못하고 있는 이상 피해자에게 반의사불벌죄에서 처벌희망 여부에 관한 의사표시를 할 수 있는 소송능력이 있다고 할 수 없고, 피해자의 아버지가 피해자를 대리하여 피고인에 대한 처벌을 희망하지 아니한다는 의사를 표시하는 것 역시 허용되지 아니할 뿐만 아니라 피해자가 성년인 이상 의사능력이 없다는 것만으로 피해자의 아버지가 당연히 법정대리인이 된다고 볼 수도 없으므로, 피해자의 아버지가 피고인에 대한 처벌을 희망하지 아니한다는 의사를 표시하였더라도 그것이 반의사불벌죄에서의 처벌희망 여부에 관한 피해자의 의사표시로서 소송법적으로 효력이 발생할 수는 없다. (대법원 2013. 9. 26., 선고, 2012도568 판결)

# 제7절 항소심에서 친고죄로 변경된 경우 고소취소 가능여부

## Ⅰ. 사례요지

피고인의 피해자에 대한 2005. 5. 7.자 및 2005. 5. 21.자 범행에 대해서 정보통신망 이용촉진 및 정보보호 등에 관한 법률 위반죄로 기소를 하였다가 항소심에 이르러 친고죄인 모욕죄로 공소장을 변경하였다.

## Ⅱ. 논 점

1. 항소심에서 비로소 공소사실이 친고죄로 변경된 경우
2. 항소심에서의 고소취소가 친고죄에 대한 고소취소의 효력이 있는지(소극)

## Ⅲ. 법규연구 (형사소송법)

제232조(고소의 취소) ① 고소는 제1심 판결선고전까지 취소할 수 있다.

## Ⅳ. 관련 판례

### 1. 원심 (광주지법 2006. 12. 14. 선고 2006노998 판결)

피해자들의 처벌희망 의사표시 철회 및 고소취소의 효력을 배척하였다.

### 2. 대법원 (대법원 2007. 3. 15., 선고, 2007도210 판결)

가. 피해자의 명시한 의사에 반하여 죄를 논할 수 없는 사건에 있어서 처벌을 희망하는 의사표시의 철회는 제1심판결 선고 전까지 할 수 있다( 형사소송법 제232조 제1항, 제3항). 기록에 의하면 피해자들은 제1심판결 선고 후에야 피고인의 정보통신망 이용촉진 및 정보보호 등에 관한 법률 위반죄에 대해서 처벌을 희망하는 의사표시를 철회한다는 내용이 담긴 고소취소장과 합의서 등을 제출하였으므로 그러한 처벌희망 의사표시의 철회는 아무런 효력이 없다.

나. 기록에 의하면 검사는 피고인의 피해자 공소외인에 대한 2005. 5. 7.자 및 2005. 5. 21.자 범행에 대해서 정보통신망 이용촉진 및 정보보호 등에 관한 법률 위반죄로 기소를 하였다가 항소심에 이르러 친고죄인 모욕죄로 공소장을 변경하였는데, 피해자 공소외인은 제1심판결이 선고된 후에야 고소취소를 하였으므로 앞서 본 법리에

비추어 볼 때 그 고소취소 역시 아무런 효력이 없다.

## V. 결 론

항소심에서 비로소 공소사실이 친고죄로 변경된 경우에도 항소심을 제1심이라 할 수는 없는 것이므로, 항소심에 이르러 고소인이 고소를 취소하였다면 이는 친고죄에 대한 고소취소의 효력이 없다(대법원 1999. 4. 15. 선고 96도1922 전원합의체 판결 참조).

## VI 유사판례

### 1. 친고죄에 있어서 처벌불원의 의사표시가 있은 후에 한 고소의 효력

고소는 범죄의 피해자 기타 고소권자가 수사기관에 대하여 범죄사실을 신고하여 범인의 소추를 구하는 의사표시를 말하는 것으로서, 단순한 피해사실의 신고는 소추·처벌을 구하는 의사표시가 아니므로 고소가 아니라고 할 것이다. 또한, 피해자가 고소장을 제출하여 처벌을 희망하는 의사를 분명히 표시한 후 고소를 취소한 바 없다면 비록 고소 전에 피해자가 처벌을 원치 않았다 하더라도 그 후에 한 피해자의 고소는 유효하다. (대법원 1993. 10. 22., 선고, 93도1620 판결)

### 2. 친고죄에 있어서 고소의 취소를 다시 취소할 수 있는지

친고죄에 있어서 이미 한 고소의 취소를 다시 취소하려면 먼저 한 고소취소의 의사표시가 수사기관이나 법원에 도달하기 전에 한하여 이를 할 수 있다 할 것이다. (대구지법 1988. 2. 24., 선고, 87노1851, 제1형사부 판결 : 확정)

### 3. 반의사불벌죄에 있어서 처벌불원 의사표시를 한 후 위 의사표시를 철회한 경우 그 철회의 효력

반의사불벌죄에 있어서 피해자가 일단 가해자에 대한 처벌을 희망하지 아니하는 명시한 의사표시를 하였다가 후에 위 의사표시를 철회한 경우 그 철회의 의사표시는 형사소송법 제232조 제3항, 제2항에 의하여 효력이 없다. (청주지법 1988. 1. 12., 선고, 87고단835, 판결 : 확정)

### 4. 친고죄와 고소권의 포기

친고죄에서 피해자의 고소권은 공법상의 권리라고 할 것이므로 법이 특히 명문으로 인정하는 경우를 제외하고는 자유처분을 할 수 없고 따라서 일단 한 고소는 취소할 수 있으나 고소전에 고소권을 포기할 수 없다고 함이 상당할 것이다. (대법원 1967. 5. 23., 선고, 67도471 판결)

## 5. 친고죄에 있어서 고소취소의 시한과 불가분원칙

형사소송법 제233조는 친고죄의 공범중 그 1인 또는 수인에 대한 고소 또는 그 취소는 다른 공범자에 대하여도 효력이 있다라고 하고 동법 제232조 제1항은 고소는 제1심판결 선고전까지 취소할 수 있다라고 규정하고 있으므로 친고죄의 공범중 그 일부에 대하여 제1심판결이 선고된 후에는 제1심판결선고전의 다른 공범자에 대하여는 그 고소를 취소할 수 없고 그 고소의 취소가 있다 하더라도 그 효력을 발생할 수 없다 할 것인데, 이러한 법리는 필요적 공범이나 임의적 공범이나를 구별함이 없이 모두 다 적용된다고 해석함이 상당하다. (대법원 1985. 11. 12., 선고, 85도1940 판결)

## 6. 상상적 경합관계에 있는 1죄에 고소취하가 있는 경우 타죄에 대한 처벌

형법 제40조의 소위 상상적 경합은 1개의 행위가 수개의 죄에 해당하는 경우에는 과형상 1죄로서 처벌한다는 것이고, 또 가장 중한 죄에 정한 형으로 처벌한다는 것은 경한 죄는 중한 죄에 정한 형으로 처단된다는 것이지, 경한 죄는 그 처벌을 면한다는 것은 아니므로, 이 사건에서 중한 강간미수죄가 친고죄로서 고소가 취소되었다 하더라도 경한 감금죄(폭력행위등처벌에 관한 법률 위반)에 대하여는 아무런 영향을 미치지 않는다. (대법원 1983. 4. 26., 선고, 83도323 판결)

## 7. 합의서가 고소취하서인지의 여부

고소인과 피고인(가해자)사이에 작성된, "상호간에 원만히 해결되었으므로 이후에 민·형사간 어떠한 이의도 제기하지 아니할 것을 합의한다"는 취지의 합의서가 제1심 법원에 제출되었으나 고소인이 제1심에서 고소취소의 의사가 없다고 증언하였다면 위 합의서의 제출로 고소취소의 효력이 발생하지 아니한다. (대법원 1981. 10. 6., 선고, 81도1968 판결)

# 제8절 제1심판결선고 후 부도수표가 회수되거나 처벌불원의 의사표시가 있는 경우

## I. 사례요지

부정수표단속법위반 피고사건에서 제1심판결선고 후 부도된 수표가 회수되거나 처벌불원의 의사표시가 있는 경우도 공소기각판결을 하여야 하는지

## II. 논 점

공소기각판결을 하여야 하는지 여부

## III. 법규연구

### 1. 형사소송법

제232조(고소의 취소) ① 고소는 제1심 판결선고전까지 취소할 수 있다.

② 고소를 취소한 자는 다시 고소하지 못한다.

③ 피해자의 명시한 의사에 반하여 죄를 논할 수 없는 사건에 있어서 처벌을 희망하는 의사표시의 철회에 관하여도 전2항의 규정을 준용한다.

### 2. 부정수표단속법

제2조(부정수표 발행인의 형사책임) ① 다음 각 호의 어느 하나에 해당하는 부정수표를 발행하거나 작성한 자는 5년 이하의 징역 또는 수표금액의 10배 이하의 벌금에 처한다.

　　1. 가공인물의 명의로 발행한 수표

　　2. 금융기관(우체국을 포함한다. 이하 같다)과의 수표계약 없이 발행하거나 금융기관으로부터 거래정지처분을 받은 후에 발행한 수표

　　3. 금융기관에 등록된 것과 다른 서명 또는 기명날인으로 발행한 수표

② 수표를 발행하거나 작성한 자가 수표를 발행한 후에 예금부족, 거래정지처분이나 수표계약의 해제 또는 해지로 인하여 제시기일에 지급되지 아니하게 한 경우에도 제1항과 같다.

③ 과실로 제1항과 제2항의 죄를 범한 자는 3년 이하의 금고 또는 수표금액의 5배 이하의 벌금에 처한다.

④ 제2항과 제3항의 죄는 수표를 발행하거나 작성한 자가 그 수표를 회수한 경우 또는 회수하지 못하였더라도 수표 소지인의 명시적 의사에 반하는 경우 공소를 제기할 수 없다.

## IV. 관련 판례

### 1. 원심 (대구지방법원 1994.6.2. 선고 93노907,94노651(병합) 판결)

유죄로 인정하였다.

### 2. 대법원 (대법원 1994. 10. 11., 선고, 94도1832, 판결)

이 사건에서는 제1심판결 선고 이전에 부도수표의 일부라도 회수하였다거나 수표소지인이 피고인의 처벌을 원하지 아니하는 의사를 표시하였음을 인정할 만한 자료를 찾아볼 수 없고, 오히려 기록에 의하면 피고인의 변호인이 제1심의 제6차 변론기일에 제출한 참고자료의 목록에는 회수된 당좌수표와 확인서, 탄원서 등이 기재되어 있으나 이것이 실제로 제출되어 기록에 현출되어 있지는 아니하고, 제1심의 제7차 변론기일에 실시된 수표소지인인에 대한 증인신문에서도 수표회수관계나 피고인에 대한 처벌희망 여부 등에 대해서는 전혀 언급되어 있지 않고 단지 이 사건 부도수표 12장 모두에 대해 근저당권이 설정되어 있어 채권확보가 되어 있다는 취지만 나타나 있을 뿐이며, 나아가 실제로 회수되었다는 수표 12매의 사본은 모두 1심이 아닌 원심에 이르러서야 제출되었음을 알 수 있는바, 이와 같은 여러 가지 사정들에 비추어 보면 이 사건 부도수표는 모두 제1심판결 선고 이후에 비로소 회수되었음을 엿볼 수 있을 뿐이다.

다만 상고이유서에 첨부된 ○○○작성의 확인서나 △△△작성의 탄원서는 그 작성일자가 제1심판결 선고일 이전으로 되어 있고, 그때 이미 부도수표 중 4매가 회수되었다는 취지의 기재가 있기는 하나, 위와 같은 여러가지 사정들에 비추어 그 확인서와 탄원서는 신빙성이 없어 이를 그대로 믿기 어렵다고 할 것이다.

그렇다면 제1심판결 선고 이전에 이 사건 부도수표의 일부를 회수하였다거나 소지인의 처벌불원 의사표시가 있었음을 전제로 원심판결을 탓하는 소론은 받아들일 수 없다고 할 것이다

## V. 결 론

부정수표단속법 제2조 제4항은, 같은 조 제2항 및 제3항의 죄는 수표를 발행하거나 작성한 자가 그 수표를 회수하거나 회수하지 못하였을 경우라도 수표소지인의 명시한 의사에 반하여는 각 공소를 제기할 수 없다고 규정하고 있어, 그러한 경우에 해당되면 공소기각의 판결을 선고하여야 할 것이나, 위와 같은 부도수표 회수나 수표소지인의 처벌을 희망하지 아니하는 의사의 표시는 어디까지나 제1심판결 선고 이전까지 하여야 하는 것으로 해석되고 있다. (대법원 1994.5.10. 선고 94도475 판결 참조).

# VI. 유사판례

## 1. 부도수표가 제1심판결 선고 후 회수된 경우 공소를 기각할 수 있는지

부정수표단속법 제2조 제4항은 수표를 발행하거나 작성한 자가 그 수표를 회수한 경우 수표소지인이 처벌을 희망하지 아니하는 의사표시를 한 것과 마찬가지로 보아 같은 조 제2항 및 제3항의 죄를 이른바 반의사불벌죄로 규정한 취지라고 해석함이 상당하므로 부도수표가 제1심판결 선고 후 회수된 경우 그 회수는 효력이 없다. (대법원 1994. 5. 10., 선고, 94도475, 판결)

# 제9절 친고죄에서 고소불가분의 원칙 준용 여부

## I. 사례요지

피고인은 제1심 공동피고인 1, 2와 공모하여 공연히 허위의 사실을 적시하여 사자(死者)인 망 김동영의 명예를 훼손하고 동시에 사람을 비방할 목적으로 허위의 사실을 적시하여 위 김동영의 전 보좌관 최태현과 남경옥의 명예를 훼손하였다고 공소가 제기된 이 사건에서, 공소사실 중 망 김동영의 명예를 훼손한 점은 고소가 있어야 죄를 논할 수 있는 죄이고, 피해자 최태현과 남경옥의 명예를 훼손한 점은 피해자의 명시한 의사에 반하여 죄를 논할 수 없는 죄인데, 고소인 차길자(김동영의 처), 김동균(김동영의 동생), 최태현은 고소를 취소하였고, 고소인 남경옥은 처벌을 희망하는 의사표시를 철회하였다.

## II. 논 점

친고죄에서 고소불가분의 원칙을 규정한 형사소송법 제233조의 규정이 반의사불벌죄에 준용되는지 여부

## III. 법규연구 (형사소송법)

제232조(고소의 취소) ① 고소는 제1심 판결선고전까지 취소할 수 있다.

② 고소를 취소한 자는 다시 고소하지 못한다.

③ 피해자의 명시한 의사에 반하여 죄를 논할 수 없는 사건에 있어서 처벌을 희망하는 의사표시의 철회에 관하여도 전2항의 규정을 준용한다.

제233조(고소의 불가분) 친고죄의 공범중 그 1인 또는 수인에 대한 고소 또는 그 취소는 다른 공범자에 대하여도 효력이 있다.

## IV. 관련 판례

### 1. 원심 (서울형사지방법원 1993.5.20. 선고 92노5251 판결)

위 고소인들은 제1심 공동피고인 1, 2에 대하여서만 고소를 취소하였거나 처벌을 희망하는 의사표시를 철회하였을 뿐 피고인에 대하여는 고소를 취소하거나 처벌을 희망하는 의사표시를 철회한 바 없고, 또 형사소송법 제233조 소정의 고소불가분의 원칙은 친고죄에 대하여만 그 적용이 있고 반의사불벌죄에는 적용 또는 준용되지 아니한다고 할 것임에도, 제1심이 반의사불벌죄인 출판물에 의한 명예훼손의 점에 대하여 공소기각의 판결을 한 것은 위법하다는 검사의 항소이유에 대하여는, 같은 법 제232조 제3항의 규정에 의하면 반의사불벌죄에 있어서도 제1심판결 선고 전까지 고소를 취소할 수 있고 고소를 취소한 자는 다시 고소하지 못한다는 같은조 제1, 2항의 규정을 준용한다고

명문으로 규정하고 있으면서도 같은 법 제233조는 친고죄에 대하여만 고소와 고소취소의 불가분에 관한 규정을 함으로써 반의사불벌죄에 대하여는 고소불가분에 관한 위의 규정을 적용할 것인지 또는 준용할 것인지 아닌지에 관하여 이를 명문으로 규정하고 있지는 아니하고, 피해자 최태현, 남경옥은 피고인을 제외한 나머지 공범인 제1심 공동피고인 1, 2에 대하여만 처벌을 희망하는 의사를 철회한 것은 사실이나, 형법이 규정한 친고죄와 반의사불벌죄는 다 같이 피해자의 의사표시로써 소송법상의 일정한 법적효과를 지향하고 있는 점에서 그 공통점이 있고, 비록 "고소"는 수사 또는 소송을 개시, 진행시키고자 하는 적극적 효과의사를 가진 행위인데 반하여, "명시한 의사"는 일단 개시되고 성립한 수사 또는 소송의 진행 발전을 저지하려고 하는 소극적 효과의사를 가진 행위로써 그 지향하는 법적효과가 다소 상반된 것이기는 하나, 반의사불벌죄에 있어서의 처벌을 희망하지 아니하는 의사표시 또는 처벌을 희망하는 의사표시의 철회를 의미하는 "명시한 의사"가 지향하는 법적효과는 친고죄의 "고소취소"와 같으며, 법률의 규정을 보더라도 같은 법 제232조 제3항이 처벌을 희망하는 의사표시의 철회에 관하여는 고소취소에 관한 규정을 준용하도록 규정함으로써 처벌을 희망하는 의사표시의 철회와 고소취소의 소송법적 성질이 동일한 것으로 규정하고 있고, 아울러 같은법 제327조는 반의사불벌죄에서 "명시한 의사"와 친고죄에서 "고소의 부존재 또는 고소취소"를 소송법적 효과면에서도 공통적인 것으로 규정하고 있어, 친고죄의 "고소"와 반의사불벌죄의 "명시한 의사"는 모두 실체적 심판의 조건이 되는 소송조건으로서, 단지 전자는 고소의 존재가 소송조건이 되나 후자는 처벌을 희망하지 아니하는 의사표시의 부존재가 소송조건으로 되는 것으로 구별되는 이외에는 그 법적성질 및 소송법적 효과면에서도 공통점이 있고, 반의사불벌죄가 종래 친고죄의 운영상 결함을 보완하고자 하는 취지에서 새로운 유형의 범죄로 창설된 것으로 여겨지는 점등에 비추어 반의사불벌죄는, 친고죄의 일종 또는 이에 준하는 범죄유형이라고 봄이 상당하고, 고소권자가 지정한 범인만을 처벌할 경우 고소인의 자의에 의하여 국가형벌권이 행사되는 불공평한 결과가 발생할 우려가 있으므로 이를 방지하고 국가소추권 및 국가형벌권의 행사에 적정을 기하고자 하는 취지에서 같은 법 제233조가 고소와 고소취소 불가분의 원칙을 규정하고 있는데, 반의사불벌죄에 있어서 이 원칙이 배제된다면 국가형벌권의 적정한 행사라는 형사소송의 목적을 달성할 수 없고, 이는 결국 같은 법 제233조의 입법취지에도 배치된다 할 것이므로, 반의사불벌죄에 있어서의 "피해자의 명시한 의사"에 관하여도 친고죄의 고소불가분의 원칙에 관한 같은법 제233조의 규정이 준용된다고 해석함이 상당하다고 판단하고, 나아가 제1심은 고소불가분의 원칙에 관한 같은법 제233조의 적용 또는 준용을 전제로 한 것이라는 이유로 이를 배척하였다.

## 2. 대법원 (대법원 1994. 4. 26., 선고, 93도1689, 판결)

형사소송법이 반의사불벌죄에 관하여 고소취소의 시한과 재고소금지에 관한 제232조 제1, 2항의 규정을 준용하도록 규정하면서도 고소의 불가분에 관한 제233조를 준용하는 규정을 두지 아니한 것은, 반의사불벌죄에 대하여는 이 원칙을 적용하지 아니하고자 함에 있는 것인지, 아니면 입법의 불비인지는 일단 논의의 여지가 있다고 할 것이다.

가. <u>법이 친고죄를 인정하는 이유</u>는 두가지 유형이 있다고 볼 수 있다. 그 **하나는** 범죄를 소추해서 그 사실을 일반에게 알리는 것이 도리어 피해자에게 불이익을 줄 우려가 있기 때문에 이와 같은 경우에는 피해자의 처벌희망의 의사표시가 있어야 비로소 소추해서 처벌할 수 있게 하는 것이고, **또 하나는** 비교적 경미하고 주로 피해자 개인의 법익을 침해하는 범죄에 관하여 구태여 피해자의 의사나 감정을 무시하면서까지 처벌할 필요가 없기 때문에 이와 같은 경우에는 피해자로 부터 아무런 말이 없으면 소추하지 아니하고 피해자가 처벌을 희망하여 올 경우에 그때에 논하게 하겠다는 것이다.

<u>반의사불벌죄는</u> 1953. 9. 18. 형법 개정시 구 형법에 없던 새로운 유형의 범죄를 창설한 것으로서, 위의 이유 중 첫째의 것은 없고, <u>친고죄 중 두번째 이유에 해당하는 유형의 경우 중 상대적으로 덜 경미하여 처벌의 필요성이 적지 않는데도 이를 친고죄로 하는 경우 피해자가 심리적 압박감이나 후환이 두려워 고소를 주저하여 법이 그 기능을 다하기 어려울 것에 대비한 것이며, 이와 같은 경우에는 다른 일반의 범죄와 마찬가지로 수사, 소추, 처벌을 할 것이나 피해자가 명시적으로 처벌을 희망하지 아니할 의사를 밝힌 경우에 한하여는 구태여 소추해서 처벌하지 않겠다는 것이다.</u>

그러므로 <u>친고죄와 반의사불벌죄는</u> 피해자의 의사가 소추조건이 된다는 점에서는 같다고 할 것이나, <u>피해자의 의사를 조건으로 하는 이유나 방법에 있어서는 같다고 할 수 없고, 반의사불벌죄는 피해자에 대한 배상이나 당사자 사이의 개인적 차원에서 이루어지는 분쟁해결을 촉진하고 존중하려는 취지도 포함되어 있다고 볼 수 있어서, 이 점에서는 친고죄와는 다른 의미가 있다고 할 것이다.</u>

나. **친고죄는** 위에서 본 첫째의 이유에서 인정하는 유형이 주로 있는 것이므로, 그 <u>고소는 피해자가 범죄사실이 알려지는 것을 감수하고 수사기관에 대하여 범죄사실을 신고하여 그 범인의 처벌을 희망하면 되는 것이고, 고소의 대상인 범죄사실이 특정되기만 하면 원칙적으로 범인을 특정하거나 범인이 누구인가를 적시할 필요는 없는 것이</u>

며, 친고죄에 고소나 고소취소 불가분의 원칙이 적용되어야 함은 친고죄의 이러한 특질에서 연유된다고 볼 수도 있다.

그러나 <u>반의사불벌죄에는</u> 위의 첫째 이유는 없는 것이므로 그 처벌을 희망하지 아니하는 의사표시는 반드시 위와 같은 불가분의 원칙에 따라야 한다고 할 수는 없고, 그 의사표시는 범죄사실에 대하여 하게 할 수도 있고 범인에 대하여 하게 할 수도 있다고 볼 것이며, 경미한 범죄에 대하여 피해자의 의사에 따라 처벌여부에 차등을 둔다고 하여 형사소송의 목적에 배치된다고 하기는 어려울 것이므로, 그 어느 경우로 할 것인가는 입법정책에 속하는 것이라고 보아야 할 것이다.

## V. 결 론

형사소송법이 고소와 고소취소에 관한 규정을 하면서 그 제232조 제1, 2항에서 고소취소의 시한과 재고소의 금지를 규정하고 그 제3항에서는 반의사불벌죄에 위 제1, 2항의 규정을 준용하는 규정을 두면서도, 그 제233조에서 고소와 고소취소의 불가분에 관한 규정을 함에 있어서는 반의사불벌죄에 이를 준용하는 규정을 두지 아니한 것은 처벌을 희망하지 아니하는 의사표시나 처벌을 희망하는 의사표시의 철회에 관하여는 친고죄와는 달리 그 공범자간에 불가분의 원칙을 적용하지 아니하고자 함에 있다고 볼 것이지, 입법의 불비로 볼 것은 아니다.

## VI. 유사판례

### 1. 일죄의 일부에 대한 고소의 효력이 미치는 범위

친고죄에서 적법한 고소가 있었는지는 자유로운 증명의 대상이 되고, 일죄의 관계에 있는 범죄사실 일부에 대한 고소의 효력은 일죄 전부에 대하여 미친다. (대법원 2011. 6. 24., 선고, 2011도4451,2011전도76, 판결)

### 2. 친고죄에 있어서 (주관적) 고소불가분의 원칙

고소불가분의 원칙상 공범 중 일부에 대하여만 처벌을 구하고 나머지에 대하여는 처벌을 원하지 않는 내용의 고소는 적법한 고소라고 할 수 없고, 공범 중 1인에 대한 고소취소는 고소인의 의사와 상관없이 다른 공범에 대하여도 효력이 있다. (대법원 2009. 1. 30., 선고, 2008도7462, 판결)

# 제10절 항소심에서의 공소장 변경과 고소취소의 허용 여부

## I. 사례요지

피고인이 피해자 C를 강제추행하여 외음부 열상(熱傷)을 입게 한 사실을 인정한 다음 피해자가 입은 그 상해는 극히 경미한 것으로 이로 인하여 신체의 완전성이 손상되었다거나 건강상태가 불량하게 변경되었다고 볼 수 없다 하여 검사에 의하여 공소제기된 범죄인 강제추행치상죄에 있어서의 상해에 해당하지 아니한다고 판단하고, 그 범죄의 성립을 인정하였던 제1심판결을 파기하여 공소장변경절차를 거치지 아니한 채 피고인을 강제추행죄로 처벌하였다.

## II. 논 점

1. 공소장변경 없이 공소사실과 다른 범죄사실을 인정할 수 있는지(한정 적극)
2. 공소장변경 없이 비친고죄인 강제추행치상죄를 친고죄인 강제추행죄로 인정할 수 있는지(적극)
3. 항소심에서 공소장변경 또는 법원 직권에 의하여 비친고죄를 친고죄로 인정한 경우, 항소심에서의 고소취소가 친고죄에 대한 고소취소로서의 효력이 있는지 여부(소극)

## III. 법규연구 (형사소송법)

제298조(공소장의 변경) ① 검사는 법원의 허가를 얻어 공소장에 기재한 공소사실 또는 적용법조의 추가, 철회 또는 변경을 할 수 있다. 이 경우에 법원은 공소사실의 동일성을 해하지 아니하는 한도에서 허가하여야 한다.

제232조(고소의 취소) ① 고소는 제1심 판결선고전까지 취소할 수 있다.

② 고소를 취소한 자는 다시 고소하지 못한다.

③ 피해자의 명시한 의사에 반하여 죄를 논할 수 없는 사건에 있어서 처벌을 희망하는 의사표시의 철회에 관하여도 전2항의 규정을 준용한다.

## IV. 관련 판례

### 1. 원심 (서울고법 1996. 7. 9. 선고 95노2847 판결)

강제추행치상죄로 공소제기된 피고인에 대하여 공소장변경절차를 거치지 아니하고 강제추행죄를 인정한 조치는 정당하다.

강제추행치상죄로 공소제기된 피고인에 대하여 공소장변경절차 없이 강제추행죄를 인정하면서 고소취소의 의사표시가 담긴 합의서가 제1심판결 후에 제출되었으므로 고소취소의 효력이 없다고 판단하였다.

## 2. 대법원 (대법원 1999. 4. 15., 선고, 96도1922, 전원합의체 판결)

가. 피고인의 방어권 행사의 보장을 비롯한 적법절차의 준수는 형사소송에서 어길 수 없는 원칙이며 공소장변경제도는 피고인의 방어권 행사를 보장하기 위한 제도 중의 하나이어서 그의 중요성이 아무리 강조되어도 지나침이 없다 할 것이나, 정의와 형평의 기조 아래서의 실체적 진실의 신속한 발견 역시 형사소송이 목적하는 바이므로 형사소송에서는 적법절차를 준수하면서 동시에 실체적 진실을 발견하도록 요청되는데, 공소사실의 변경과 관련하여 이처럼 일응 상반되는 두 가지의 요청을 적절히 조화시키기 위하여는 피고인의 방어권 행사에 실질적으로 불이익을 줄 우려가 없을 경우에 한하여 법원으로 하여금 검사의 공소장변경절차를 거치지 아니하고 공소사실과 다른 범죄사실을 인정할 수 있게 함이 상당하다 할 것인바, 강제추행치상의 공소사실 중에는 강제추행의 공소사실도 포함되어 있다고 볼 것이므로 강제추행치상의 공소사실에 대한 피고인의 방어행위는 동시에 강제추행의 공소사실에 대한 방어행위를 겸하고 있으며 한편, 고소와 그의 취소는 고소의 대상이 된 범죄사실과 동일성이 인정되는 범위 내의 공소사실 전부에 대하여 그의 효력이 미치는 것이어서, 피고인으로서는 그 방어행위의 일환으로 자신의 행위로 인하여 피해자에게 강제추행치상죄에서의 상해를 입힌 사실이 없다는 주장을 하고 법원이 그와 같은 주장을 받아들여 피고인의 행위가 강제추행죄로 처벌하는 경우까지도 대비하여 강제추행죄에 관한 고소인의 고소취소의 원용 등 일체의 방어행위를 할 수 있으므로, 법원이 사건의 실체적 사실관계나 공소요건을 포함한 절차적 사실관계에 관하여 심리를 거쳐 판단한 이상 공소장변경절차를 거치지 아니하고 강제추행치상죄의 공소사실에 대하여 강제추행죄를 인정·처벌하였다고 하더라도, 그로 인하여 피고인에게 미처 예기하지 못한 불의의 타격을 가하여 강제추행죄에 관한 방어권 행사에 어떠한 불이익을 주었다고는 할 수 없으며, 이러한 이치는 공소제기된 강제추행치상죄는 친고죄가 아닌 반면 강제추행죄는 친고죄라 하여 달라질 것은 아니기 때문이다.

나. 원래 고소의 대상이 된 피고소인의 행위가 친고죄에 해당할 경우 소송요건인 그 친고죄의 고소를 취소할 수 있는 시기를 언제까지로 한정하는가는 형사소송절차운영에 관한 입법정책상의 문제이기에 형사소송법의 그 규정은 국가형벌권의 행사가 피해자의 의사에 의하여 좌우되는 현상을 장기간 방치하지 않으려는 목적에서 고소취소의 시한을 획일적으로 제1심판결 선고시까지로 한정한 것이고, 따라서 그 규정을 현실적 심판의 대상이 된 공소사실이 친고죄로 된 당해 심급의 판결 선고시까지 고소인이 고소를

취소할 수 있다는 의미로 볼 수는 없다 할 것이어서, 항소심에서 공소장의 변경에 의하여 또는 공소장변경절차를 거치지 아니하고 법원 직권에 의하여 친고죄가 아닌 범죄를 친고죄로 인정하였더라도 항소심을 제1심이라 할 수는 없는 것이다.

## V. 결 론

가. 공소제기된 강제추행치상죄가 입증되지 않고 강제추행죄만 입증되는 경우에 법원은 공소장변경절차를 거치지 아니하고 강제추행의 공소사실에 관하여 심리·판단할 수 있고, 그때 그 강제추행죄에 대한 고소를 취소한 사실이 인정되면 공소기각의 판결을 선고하여야 할 것이지 강제추행치상죄의 증명이 없다 하여 무죄의 선고를 할 것은 아니다.

나. 항소심에 이르러 비로소 고소인이 고소를 취소하였다면 이는 친고죄에 대한 고소취소의 효력은 없다.

# 제11절 파기환송에 따른 제1심에서의 고소취소 허용 여부

## I. 사례요지

> 피고인에 대해 고소가 효력이 없다는 이유로 공소를 기각한 제1심판결에 대하여 항소심 절차가 진행되던 중 고소인이 고소를 취소하였는데, 항소심이 공소기각 부분이 위법하다는 이유로 사건을 파기·환송하였고 환송 후의 제1심 및 원심이 유죄로 인정하였다.

## II. 논 점

1. 상소심에서 법률 위반을 이유로 제1심 공소기각판결을 파기하고 사건을 제1심법원에 환송하였는데 환송 후의 제1심판결 선고 전 고소가 취소된 경우
2. 법원이 취하여야 할 조치(=공소기각판결)

## III. 법규연구 (형사소송법)

> 제232조(고소의 취소) ① 고소는 제1심 판결선고 전까지 취소할 수 있다.
>
> 제327조(공소기각의 판결) 다음 경우에는 판결로써 공소기각의 선고를 하여야 한다.
> 　5. 고소가 있어야 죄를 논할 사건에 대하여 고소의 취소가 있은 때
>
> 제366조(원심법원에의 환송) 공소기각 또는 관할위반의 재판이 법률에 위반됨을 이유로 원심판결을 파기하는 때에는 판결로써 사건을 원심법원에 환송하여야 한다.
>
> 제393조(공소기각과 환송의 판결) 적법한 공소를 기각하였다는 이유로 원심판결 또는 제1심판결을 파기하는 경우에는 판결로써 사건을 원심법원 또는 제1심법원에 환송하여야 한다.

## IV. 관련 판례

### 1. 원심 (서울동부지법 2009. 8. 14. 선고 2009노801 판결)

<u>고소취소의 효력을 받아드리지 않고 유죄판결을 그대로 하였다.</u>

### 2. 대법원 (대법원 2011. 8. 25., 선고, 2009도9112, 판결)

형사소송법 제232조 제1항은 고소를 제1심판결 선고 전까지 취소할 수 있도록 규정함으로써 친고죄에서 고소취소의 시한을 한정하고 있다. 그런데 상소심에서 형사소송법 제366조 또는 제393조 등에 의하여 제1심의 공소기각판결이 법률에 위배됨을 이유로 이를 파기하고 사건을 제1심법원에 환송함에 따라 다시 제1심 절차가 진행된 경우, 종전의 제1심판결은 이미 파기되어 그 효력을 상실하였으므로, 환송 후의 제1심판결

선고 전에는 고소취소의 제한사유가 되는 제1심판결 선고가 없는 경우에 해당한다. 뿐만 아니라 특히 간통죄의 고소는 제1심판결 선고 후 이혼소송이 취하된 경우 또는 피고인과 고소인이 다시 혼인한 경우에도 소급적으로 효력을 상실하게 되는 점 (대법원 1975. 6. 24. 선고 75도1449 전원합의체 판결, 대법원 2009. 12. 10. 선고 2009도7681 판결 참조)까지 감안하면, 환송 후 제1심판결 선고 전에 간통죄의 고소가 취소되면 형사소송법 제327조 제5호에 의하여 판결로써 공소를 기각하여야 할 것이다.

## V. 결 론

고소취소가 항소심에서 종전 제1심 공소기각판결이 파기되고 사건이 제1심법원에 환송된 후 진행된 환송 후 제1심판결이 선고되기 전에 이루어진 것으로서 적법하므로, 형사소송법 제327조 제5호에 의하여 판결로써 공소를 기각하였어야 한다.

# 제12절 항소권회복청구에 의해 열린 항소심에서 처벌희망 의사표시의 철회 가능 여부

## I. 사례요지

제1심법원이 반의사불벌죄로 기소된 피고인에 대하여 소송촉진 등에 관한 특례법 제23조에 따라 피고인의 진술 없이 유죄를 선고하여 판결이 확정되었는데, 피고인이 제1심법원에 같은 법 제23조의2에 따른 재심을 청구하는 대신 항소권회복청구를 하여 항소심 재판을 받게 된 경우

## II. 논 점

항소심 절차에서 처벌을 희망하는 의사표시를 철회할 수 있는지(소극)

## III. 법규연구

### 1. 형사소송법

제232조(고소의 취소) ① 고소는 제1심 판결선고전까지 취소할 수 있다.
③ 피해자의 명시한 의사에 반하여 죄를 논할 수 없는 사건에 있어서 처벌을 희망하는 의사표시의 철회에 관하여도 전2항의 규정을 준용한다.

### 2. 소송촉진 등에 관한 특례법

제23조(제1심 공판의 특례) 제1심 공판절차에서 피고인에 대한 송달불능보고서(送達不能報告書)가 접수된 때부터 6개월이 지나도록 피고인의 소재(所在)를 확인할 수 없는 경우에는 대법원규칙으로 정하는 바에 따라 피고인의 진술 없이 재판할 수 있다. 다만, 사형, 무기 또는 장기(長期) 10년이 넘는 징역이나 금고에 해당하는 사건의 경우에는 그러하지 아니하다.
제23조의2(재심) ① 제23조 본문에 따라 유죄판결을 받고 그 판결이 확정된 자가 책임을 질 수 없는 사유로 공판절차에 출석할 수 없었던 경우 「형사소송법」 제424조에 규정된 자는 그 판결이 있었던 사실을 안 날부터 14일 이내[재심청구인(再審請求人)이 책임을 질 수 없는 사유로 위 기간에 재심청구를 하지 못한 경우에는 그 사유가 없어진 날부터 14일 이내]에 제1심 법원에 재심을 청구할 수 있다.

## IV. 관련 판례

### 1. 원심 (울산지법 2016. 6. 2. 선고 2016노132 판결)

피해자들이 한 처벌을 희망하는 의사표시의 철회는 제1심판결 선고 후에 이루어진 것임이 분명하므로, 반의사불벌죄에 있어 처벌희망의사의 철회의 효력을 인정할 수 없다.

## 2. 대법원 (대법원 2016. 11. 25. 선고, 2016도9470, 판결)

가. 형사소송법 제232조 제1항 및 제3항은 반의사불벌죄에 있어 처벌을 희망하는 의사표시는 제1심판결 선고 전까지 철회할 수 있다고 규정하고 있다. 반의사불벌죄에 있어 처벌을 희망하는 의사표시의 철회를 어느 시점까지로 제한할 것인지는 형사소송 절차 운영에 관한 입법정책의 문제로, 위 규정은 국가형벌권의 행사가 피해자의 의사에 의하여 좌우되는 현상을 장기간 방치하지 않으려는 목적에서 그 철회 시한을 획일적으로 제1심판결 선고 시까지로 제한한 것으로 볼 수 있다(대법원 1999. 4. 15. 선고 96도1922 전원합의체 판결 참조).

제1심법원이 반의사불벌죄로 기소된 피고인에 대하여 소송촉진 등에 관한 특례법(소송촉진법) 제23조에 따라 피고인의 진술 없이 유죄를 선고하여 판결이 확정된 경우, 만일 피고인이 책임을 질 수 없는 사유로 공판절차에 출석할 수 없었음을 이유로 소송 촉진법 제23조의2에 따라 제1심법원에 재심을 청구하여 재심개시결정이 내려졌다면 피해자는 그 재심의 제1심판결 선고 전까지 처벌을 희망하는 의사표시를 철회할 수 있다(대법원 2002. 10. 11. 선고 2002도1228 판결 참조). 그러나 <u>피고인이 제1심법원에 소송촉진법 제23조의2에 따른 재심을 청구하는 대신 항소권회복청구를 함으로써 항소심 재판을 받게 되었다면 항소심을 제1심이라고 할 수 없는 이상 그 항소심 절차에서는 처벌을 희망하는 의사표시를 철회할 수 없다고 보아야 한다.</u>

나. 피고인은 반의사불벌죄인 근로기준법 위반죄로 기소되었고, 제1심법원은 소송촉진법 제23조에 따라 공시송달의 방법으로 공소장 부본과 피고인 소환장 등을 송달한 다음 피고인이 불출석 상태에서 심리를 진행하여 유죄를 선고한 사실, 이후 피고인은 확정된 제1심판결에 대하여 항소권회복청구를 하였고 위 청구가 인용됨에 따라 진행된 항소심 절차에서 피해자들이 더 이상 피고인에 대한 처벌을 원하지 않는다는 취지의 처벌불원서를 제출한 사실 등을 알 수 있다.

## V. 결 론

이러한 사실관계를 앞서 본 법리에 비추어 살펴보면, 피해자들이 한 처벌을 희망하는 의사표시의 철회는 제1심판결 선고 후에 이루어진 것임이 분명하므로, 반의사불벌죄에 있어 처벌희망의사의 철회의 효력을 인정할 수 없다. 원심이 이 사건 공소를 기각하지 아니한 것은 정당하고, 거기에 상고이유의 주장과 같이 반의사불벌죄에 있어 처벌을 희망하는 의사표시의 철회 시기 등에 관한 법리를 오해한 잘못이 없다.

# 제13절 형사소송법 제236조 소정의 대리고소의 방식

## I. 사례요지

모욕 부분에 대하여 처음에는 피해자가 총재로 있는 정당인 ○○ 명의로 그 대리인이 검찰에 고발장을 접수시켰으나, 위 대리인은 피해자로부터 위 모욕에 대한 일체의 고소 권한을 다시 위임받은 후 검사에게 위 모욕에 대하여 구술로 고소하였고 검사는 이에 관하여 진술조서를 작성하였다.

## II. 논 점

형사소송법 제236조 소정의 대리고소의 방식

## III. 법규연구 (형사소송법)

제236조(대리고소) 고소 또는 그 취소는 대리인으로 하여금 하게 할 수 있다.

제237조(고소, 고발의 방식) ① 고소 또는 고발은 서면 또는 구술로써 검사 또는 사법경찰관에게 하여야 한다.

② 검사 또는 사법경찰관이 구술에 의한 고소 또는 고발을 받은 때에는 조서를 작성하여야 한다.

## IV. 관련 판례

### 1. 원심 (서울고법 2000. 9. 26. 선고 2000노770 판결)

피해자의 적법한 위임을 받은 대리인에 의하여 적법한 방식으로 제기되었다고 보기에 충분하다

### 2. 대법원 (대법원 2002. 6. 14., 선고, 2000도4595 판결)

형사소송법 제236조의 대리인에 의한 고소의 경우 대리권이 정당한 고소권자에 의하여 수여되었음이 실질적으로 증명되면 충분하고 그 방식에 특별한 제한은 없다고 할 것이며, 한편 친고죄에서 고소는 고소권 있는 자가 수사기관에 대하여 범죄사실을 신고하고 범인의 처벌을 구하는 의사표시로써 서면뿐만 아니라 구술로도 할 수 있는 것이므로, <u>피해자로부터 고소를 위임받은 대리인은 수사기관에 구술에 의한 방식으로 고소를 제기할 수도 있다.</u>

## V. 결 론

이 사건 고소는 피해자의 적법한 위임을 받은 대리인에 의하여 적법한 방식으로 제기되었다고 보기에 충분하다고 할 것이다.

## VI 유사판례

### 1. 대리인에 의한 고소 방식 및 고소기간 산정 기준

대리인에 의한 고소의 경우, 대리권이 정당한 고소권자에 의하여 수여되었음이 실질적으로 증명되면 충분하고, 그 방식에 특별한 제한은 없으므로, 고소할 때 반드시 위임장을 제출한다거나 '대리'라는 표시를 하여야 하는 것은 아니고, 또 고소기간은 대리고소인이 아니라 정당한 고소권자를 기준으로 고소권자가 범인을 알게 된 날부터 기산한다. (대법원 2001. 9. 4. 선고 2001도3081 판결)

# 제14절 고소권자가 참고인으로 신문 받으면서 범인 처벌 의사표시한 경우

## Ⅰ. 사례요지

피해자가 강제추행 당한 사실을 진술하면서 피고인의 처벌을 요구하는 의사표시를 하였고 이러한 의사표시가 수사기관이 작성한 피해자 진술조서에 기재되었다면, 그러한 의사표시가 경찰관의 질문에 답하는 형식으로 이루어졌다고 하더라도 적법한 고소에 해당하는지.

## Ⅱ. 논 점

1. 친고죄와 관련하여 고소권자가 수사기관으로부터 피해자 또는 참고인으로 신문 받으면서 범인의 처벌을 요구하는 의사를 표시하고 그 의사표시가 조서에 기재된 경우
2. 적법한 고소에 해당하는지 여부(적극)

## Ⅲ. 법규연구 (형사소송법)

제237조(고소, 고발의 방식) ① 고소 또는 고발은 서면 또는 구술로써 검사 또는 사법경찰관에게 하여야 한다.
② 검사 또는 사법경찰관이 구술에 의한 고소 또는 고발을 받은 때에는 조서를 작성하여야 한다.

## Ⅳ. 관련 판례

### 1. 원심 (대구고법 2009. 4. 23. 선고 2008노541 판결)

공소를 기각한 제1심판결을 파기하고 사건을 제1심법원에 환송하였다.

### 2. 대법원 (대법원 2009. 7. 9., 선고, 2009도3860 판결)

친고죄에서 고소는 수사기관에 대하여 범죄사실을 신고하고 범인의 처벌을 구하는 의사표시로써 서면뿐만 아니라 구술로도 할 수 있는바, 구술에 의한 고소를 받은 검사 또는 사법경찰관이 작성하는 조서는 독립한 조서일 필요는 없으므로, 고소권자가 수사기관으로부터 피해자 또는 참고인으로서 신문받으면서 범인의 처벌을 요구하는 의사표시가 포함되어 있는 진술을 하고 그 의사표시가 조서에 기재되면, 적법한 고소에 해당한다(대법원 1966. 1. 31. 선고 65도1089 판결, 대법원 1985. 3. 12. 선고 85도190 판결 등 참조).

## V. 결론

기록에 의하면, 피해자는 2008. 1. 31. 수사기관에서 피해자로 조사받으면서 피고인이 이 부분 공소사실과 같이 위 피해자를 강제추행한 사실 등을 진술함과 아울러 피고인의 처벌을 요구하는 의사표시를 하였고 그 의사표시가 당시 작성된 진술조서에 기재되어 있음을 알 수 있으므로, 앞서 본 법리에 따르면 이 부분 공소사실에 관하여 적법한 고소가 있었다 할 것이고, 위 피해자의 의사표시가 경찰관의 질문에 답변하는 방식으로 이루어졌다 하여 달리 볼 것은 아니다.

## VI. 유사판례

### 1. 수사기관 작성의 피해자 진술조서에 기재된 범인 처벌을 요구하는 의사표시 효력

친고죄에서 고소는 고소권 있는 자가 수사기관에 대하여 범죄사실을 신고하고 범인의 처벌을 구하는 의사표시로서 서면뿐만 아니라 구술로도 할 수 있고, 다만 구술에 의한 고소를 받은 검사 또는 사법경찰관은 조서를 작성하여야 하지만 그 조서가 독립된 조서일 필요는 없으며 수사기관이 고소권자를 증인 또는 피해자로서 신문한 경우에 그 진술에 범인의 처벌을 요구하는 의사표시가 포함되어 있고 그 의사표시가 조서에 기재되면 고소는 적법하게 이루어진 것이다. (대법원 1985. 3. 12., 선고, 85도190 판결)

### 2. 친고죄의 경우 양벌규정에 의하여 처벌받는 자에 대하여 별도의 고소를 요하는지

고소는 범죄의 피해자 또는 그와 일정한 관계가 있는 고소권자가 수사기관에 대하여 범죄사실을 신고하여 범인의 처벌을 구하는 의사표시이므로, 고소인은 범죄사실을 특정하여 신고하면 족하고 범인이 누구인지 나아가 범인 중 처벌을 구하는 자가 누구인지를 적시할 필요도 없는바, 저작권법 제103조의 양벌규정은 직접 위법행위를 한 자 이외에 아무런 조건이나 면책조항 없이 그 업무의 주체 등을 당연하게 처벌하도록 되어 있는 규정으로서 당해 위법행위와 별개의 범죄를 규정한 것이라고는 할 수 없으므로, 친고죄의 경우에 있어서도 행위자의 범죄에 대한 고소가 있으면 족하고, 나아가 양벌규정에 의하여 처벌받는 자에 대하여 별도의 고소를 요한다고 할 수는 없다. (대법원 1996. 3. 12., 선고, 94도2423 판결)

### 3. 고소가 어떠한 사항에 관한 것인가의 여부는 고소인이 고소장에 붙인 죄명이나 그 죄에 기재한 사실에 구애 되는지

고소가 어떠한 사항에 관한 것인가의 여부는 고소장에 붙인 죄명에 구애될 것이 아니라 고소의 내용에 의하여 결정하여야 할 것이므로 고소장에 명예훼손죄의 죄명을 붙이고 그 죄에 관한 사실을 적었으나 그 사실이 명예훼손죄를 구성하지 않고 모욕죄를 구성하는 경우에는 위 고소는 모욕죄에 대한 고소로서의 효력을 갖는다. (대법원 1981. 6. 23., 선고, 81도1250 판결)

# 제15절 반의사불벌죄에서 처벌에 대한 희망·불희망을 철회 후 이를 번복할 수 있는지

## Ⅰ. 사례요지

공소외인이 이 사건 정보통신망을 통한 명예훼손 범행을 포함하여 피고인에 대한 고소를 모두 취소한다는 내용의 고소취하요청서를 작성하여 등기우편으로 피고인에게 발송하는 한편, 직접 등기우편으로 수원지방검찰청에도 발송하여 그 우편물이 접수되었다. 공소외인은 이 사건 제1심 법정에 증인으로 출석하여 당시 정말 고소 취하할 생각으로 고소취하요청서를 등기우편으로 보냈으나 현재는 처벌을 원한다고 진술하였다.

## Ⅱ. 논 점

1. 반의사불벌죄에 있어서 피해자가 처벌에 대한 희망·불희망의 의사표시를 철회하였다고 인정하기 위한 요건
2. 명시적으로 위 의사표시나 그 철회를 한 이후 이를 번복할 수 있는지(소극)

## Ⅲ. 법규연구 (형사소송법)

제327조(공소기각의 판결) 다음 각 호의 경우에는 판결로써 공소기각의 선고를 하여야 한다.
  6. 피해자의 명시한 의사에 반하여 공소를 제기할 수 없는 사건에서 처벌을 원하지 아니하는 의사표시를 하거나 처벌을 원하는 의사표시를 철회하였을 때

## Ⅳ. 관련 판례

### 1. 원심 (대법원 2007. 1. 11. 선고 2005도10132 판결)

공소사실에 대하여 형사소송법 제327조 제6호에 의하여 공소기각을 선고하였다.

### 2. 대법원 (대법원 2007. 9. 6., 선고, 2007도3405 판결)

반의사불벌죄에 있어서 피해자가 처벌을 희망하지 아니하는 의사표시나 처벌을 희망하는 의사표시의 철회를 하였다고 인정하기 위해서는 피해자의 진실한 의사가 명백하고 믿을 수 있는 방법으로 표현되어야 하고(대법원 2001. 6. 15. 선고 2001도1809 판결 등 참조), 이러한 의사표시는 공소제기 이후에도 제1심판결이 선고되기 전이라면 수사기관에도 할 수 있는 것이지만, 한번 명시적으로 표시된 이후에는 다시 처벌을 희

망하지 아니하는 의사표시를 철회하거나 처벌을 희망하는 의사를 표시할 수 없다고 할 것이다.

나. 공소외인이 2005. 2. 초순경 이 사건 정보통신망을 통한 명예훼손 범행을 포함하여 피고인에 대한 고소를 모두 취소한다는 내용의 고소취하요청서를 작성하여 등기우편으로 피고인에게 발송하는 한편, 직접 등기우편으로 수원지방검찰청에도 발송하여 그 우편물이 2005. 2. 7. 접수된 사실, 공소외인은 2005. 5. 24. 이 사건 제1심 법정에 증인으로 출석하여 당시 정말 고소취하할 생각으로 고소취하요청서를 등기우편으로 보냈으나 현재는 처벌을 원한다고 진술한 사실, 그 후 2005. 6. 7. 수원지방검찰청으로부터 공소외인의 고소취하요청서가 접수되었다는 내용의 추송서가 제1심법원에 접수된 사실을 알 수 있다.

## V. 결 론

공소외인이 수원지방검찰청에 고소취하요청서를 작성·우송함으로써 피고인에 대한 처벌을 희망하는 의사표시는 적법하게 철회되었다고 할 것이고, 그 후 다시 처벌을 원한다고 하더라도 처벌을 희망하는 의사표시가 있었다고 할 수 없으므로, 이 부분 공소사실에 대하여는 형사소송법 제327조 제6호에 의하여 공소기각을 선고하여야 할 것이다.

# 제16절 소송조건으로서의 고발과 불가분원칙의 적용 여부

## I. 사례요지

지방국세청장은 피고인이 대표이사로 있던 공소외 1회사에 대해서만 통고처분을 하였을 뿐 피고인에 대해서는 아무런 통고처분을 하지 않았는데도, 이 사건 고발서에 고발근거규정으로 통고처분 불이행으로 인한 고발에 관한 구 조세범 처벌절차법 제12조 제1항이 기재되어 있음을 알 수 있다. 따라서, 위 고발근거규정이 공소외 1회사에 관한 것일 뿐만 아니라 피고인에 관한 것이기도 하다면 피고인에 관한 이 사건 고발사유의 기재가 잘못되었다고 볼 수 있다.

## II. 논 점

1. 조세범칙사건에 대한 고발의 효력 범위
2. 수 개의 범칙사실 중 일부만을 범칙사건으로 하는 고발의 효력 범위

## III. 법규연구 (형사소송법)

제327조(공소기각의 판결) 다음 각 호의 경우에는 판결로써 공소기각의 선고를 하여야 한다.
　2. 공소제기의 절차가 법률의 규정을 위반하여 무효일 때

## IV. 관련 판례

### 1. 원심 (수원지법 2013. 4. 24. 선고 2012노4145 판결)

① 피고인은 이 사건 통고처분에 따라 위 벌과금 상당액 납부의무를 면제받았고, 이 사건 통고처분 당시 이미 대표이사에서 사임하였으므로, 중부지방국세청장은 법인인 공소외 1회사의 통고처분 불이행을 이유로 피고인을 고발할 수 없으며, ② 이 사건 고발서에 통고처분 불이행으로 인한 고발에 관한 규정이 기재되어 있는 이상 피고인에 대한 이 사건 고발을 통고처분 없이 하는 즉시고발에 해당한다고 볼 수 없으므로, 피고인에 대한 이 사건 고발은 부적법하고, ③ 따라서 이 사건 공소는 부적법한 이 사건 고발에 따라 제기된 것이므로, 공소제기의 절차가 법률의 규정을 위반하여 무효인 경우에 해당한다고 보아 피고인에 대한 이 사건 공소를 기각하였다.

### 2. 대법원 (대법원 2014. 10. 15. 선고 2013도5650 판결)

가. 고발은 범죄사실에 대한 소추를 요구하는 의사표시로써 그 효력은 고발장에 기재된 범죄사실과 동일성이 인정되는 사실 모두에 미치므로, 조세범 처벌절차법에 따라 범칙사건에 대한 고발이 있는 경우 그 고발의 효력은 범칙사건에 관련된 범칙사실의

전부에 미치고 한 개의 범칙사실의 일부에 대한 고발은 그 전부에 대하여 효력이 생긴다(대법원 2009. 7. 23. 선고 2009도3282 판결 참조). 그러나 <u>수 개의 범칙사실 중 일부만을 범칙사건으로 하는 고발이 있는 경우 고발장에 기재된 범칙사실과 동일성이 인정되지 않는 다른 범칙사실에 대해서까지 그 고발의 효력이 미칠 수는 없다.</u>

나. 기록과 관련 법령 등에 의하면, ① 구 조세범 처벌법 제11조의2 제2항의 범죄는 부가가치세법의 규정에 의하여 세금계산서를 교부받아야 할 자와 매입처별세금계산서합계표를 정부에 제출하여야 할 자가 폭행·협박·선동·교사 또는 통정에 의하여 세금계산서를 교부받지 아니하거나 '허위기재의 세금계산서를 교부받은 때' 또는 '허위기재한 매입처별세금계산서합계표를 제출한 때'에 성립하는데, 이 사건 공소사실에는 피고인이 공소외 3회사로부터 10억 3,000만 원, 공소외 4회사로부터 4억 원 상당의 용역을 공급받은 것처럼 '세금계산서를 교부받고', 위와 같은 내용으로 '매입처별세금계산서합계표를 허위기재하여 그 서류를 위 세무서 담당공무원에게 제출하였다'고 기재되어 있기는 하나, 피고인이 성남세무서에 2007년 제1기 부가가치세 확정신고를 한 2007. 7. 25.경이 범행일로 적혀 있을 뿐이고, 피고인이 공소외 3회사나 공소외 4회사로부터 세금계산서를 교부받은 날은 따로 범행일이 적혀 있지 않은 데다가, 피고인에 대한 공소장 적용법조에 형법상의 경합범 규정이 기재되어 있지도 않은 점, ②공소외 1회사에 대한 공소사실에도 피고인이 '허위기재한 매입처별세금계산서합계표를 성남세무서 담당공무원에게 제출한 행위'만이 기재되어 있는 점 등을 알 수 있다. 위와 같은 사정을 종합하면, 검사는 피고인을 '허위기재한 매입처별세금계산서합계표를 성남세무서 담당공무원에게 제출한 행위'로만 기소한 것으로 봄이 옳다.

## V. 결 론

이 사건 고발서의 기재에 의하면 중부지방국세청장은 '허위 세금계산서 수취행위'를 범칙사실로 하여 피고인을 고발하였음이 분명하고, 달리 '허위기재한 매입처별세금계산서합계표를 성남세무서 담당공무원에게 제출한 행위'를 범칙사실로 하여 고발하였음을 인정할 만한 자료가 없다. 따라서 <u>위 고발된 범칙사실과 이 사건 공소사실은 동일성이 인정되지 않으므로 위 범칙사실에 대한 고발의 효력은 이 사건 공소사실에 미칠 수 없고, 결국 이 사건 공소는 중부지방국세청장의 고발 없이 제기된 것으로서 공소제기의 절차가 법률의 규정에 위반되어 무효라고 볼 수밖에 없다</u>(대법원 2014. 7. 24. 선고 2014도1381 판결 참조).

# 제8장 공소시효

## 제1절 범죄 후 법률 개정으로 형이 가벼워진 경우 공소시효기간 기준

### I. 사례요지

범죄 후 법률의 개정 때문에 법정형이 가벼워진 경우에는 형법 제1조 제2항에 의하여 당해 범죄사실에 적용될 가벼운 법정형(신법의 법정형)이 공소시효 기간의 기준

### II. 논 점

1. 범죄 후 법률 개정으로 형이 가벼워진 경우 공소시효 기간의 기준(=신법의 법정형)

2. 구 특정범죄가중처벌 등에 관한 법률 제6조 제7항, 제4항 제2호, 관세법 제271조 제2항, 제270조 제1항 제1호에 해당하는 관세포탈 미수행위를 범한 후, 2005. 12. 29. 위 특별법의 개정으로 위 범죄가 적용대상에서 제외되어 법정형이 가벼운 관세법으로 의율하게 되었으므로, 공소시효 기간은 관세법의 법정형을 기준으로 한 3년이라고 봐야 하는지

### III. 법규연구

#### 1. 형사소송법

제249조(공소시효의 기간) ① 공소시효는 다음 기간의 경과로 완성한다.

1. 사형에 해당하는 범죄에는 25년

2. 무기징역 또는 무기금고에 해당하는 범죄에는 15년

3. 장기 10년 이상의 징역 또는 금고에 해당하는 범죄에는 10년

4. 장기 10년 미만의 징역 또는 금고에 해당하는 범죄에는 7년

5. 장기 5년 미만의 징역 또는 금고, 장기10년 이상의 자격정지 또는 벌금에 해당하는 범죄에는 5년

6. 장기 5년 이상의 자격정지에 해당하는 범죄에는 3년

7. 장기 5년 미만의 자격정지, 구류, 과료 또는 몰수에 해당하는 범죄에는 1년

② 공소가 제기된 범죄는 판결의 확정이 없이 공소를 제기한 때로부터 25년을 경과하면 공소시효가 완성한 것으로 간주한다.

## 2. 형 법

제1조 (범죄의 성립과 처벌) ② 범죄후 법률의 변경에 의하여 그 행위가 범죄를 구성하지 아니하거나 형이 구법보다 경한 때에는 신법에 의한다.

## IV. 관련 판례

### 1. 원심 (서울고법 2008. 4. 28. 선고 2007노2594 판결)

이 사건 관세포탈 미수로 인한 관세법 위반의 점이 행위 당시 구 특정범죄가중처벌 등에 관한 법률(2005. 12. 29. 법률 제7767호로 개정되기 전의 것) 제6조 제7항, 제4항 제2호, 관세법 제271조 제2항, 제270조 제1항 제1호에 해당하였으나, 2005. 12. 29. 위 특정범죄가중처벌 등에 관한 법률의 개정으로 위 범죄가 위 특별법의 적용대상에서 제외되어 일반법인 위 관세법으로 의율받게 된 것이 범죄 후 법률의 개정으로 법정형이 가벼워진 때에 해당하므로, 그 <u>공소시효기간 역시 위 관세법의 법정형을 기준으로 한 3년으로 보아야 할 것이다.</u>

### 2. 대법원 (대법원 2008. 12. 11. 선고 2008도4376 판결)

범죄 후 법률의 개정에 의하여 법정형이 가벼워진 경우에는 <u>형법 제1조 제2항에 의하여 당해 범죄사실에 적용될 가벼운 법정형(신법의 법정형)이 공소시효 기간의 기준으로 된다</u> (대법원 1987. 12. 22. 선고 87도84 판결 참조).

## V. 결 론

신법의 법령형에 따라 가벼워진 공소시효 기간이 기준이 된다.

## VI 유사판례

### 1. 공소장이 변경된 경우 공소시효 완성 여부의 기준시점

1. 공소장변경절차에 의하여 공소사실이 변경됨에 따라 그 법정형에 차이가 있는 경우에는 <u>변경된 공소사실에 대한 법정형이 공소시효 기간의 기준</u>이 된다. (대법원 2002. 10. 11., 선고, 2002도2939 판결)

2. 공소장 변경이 있는 경우에 공소시효의 완성 여부는 <u>당초의 공소제기가 있었던 시점을 기준으로 판단</u>할 것이고 공소장 변경시를 기준으로 삼을 것은 아니다.

3. 공소제기 당시의 공소사실에 대한 법정형을 기준으로 하면 공소제기 당시 아직 공소시효가 완성되지 않았으나 <u>변경된 공소사실에 대한 법정형을 기준으로 하면 공소제기 당시 이미 공소시효가 완성된 경우에는 공소시효의 완성을 이유로 면소판결을 선고하여야 한다.</u> (대법원 2001. 8. 24., 선고, 2001도2902 판결)

## 2. 과태료의 처벌에 있어 공소시효

<u>과태료의 제재는 범죄에 대한 형벌이 아니므로 그 성질상 처음부터 공소시효(형사소송법 제249조)나 형의 시효(형법 제78조)에 상당하는 것은 있을 수 없고, 이에 상당하는 규정도 없으므로 일단 한번 과태료에 처해질 위반행위를 한 자는 그 처벌을 면할 수 없는 것이며,</u> 예산회계법 제96조 제1항은 "금전의 급부를 목적으로 하는 국가의 권리로서 시효에 관하여 다른 법률에 규정이 없는 것은 5년간 행사하지 아니할 때에는 시효로 인하여 소멸한다." 고 규정하고 있으므로 과태료결정 후 징수의 시효, 즉 과태료 재판의 효력이 소멸하는 시효에 관하여는 국가의 금전채권으로서 예산회계법에 의하여 그 기간은 5년이라고 할 것이지만, <u>위반행위자에 대한 과태료의 처벌권을 국가의 금전채권과 동일하게 볼 수는 없으므로 예산회계법 제96조에서 정해진 국가의 금전채권에 관한 소멸시효의 규정이 과태료의 처벌권에 적용되거나 준용되지는 않는다.</u> (대법원 2000. 8. 24., 자, 2000마1350 결정)

## 3. 예비적 공소사실에 대한 공소시효완성 여부의 판단기준시점

분묘발굴죄로 공소가 제기된 범죄사실에 대하여 예비적으로 매장및묘지등에관한법률위반죄를 추가하는 공소장변경이 된 경우에는 공소장 기재의 공소사실의 동일성에 관하여 아무런 소장이 없으므로 위 법률위반죄에 대한 <u>공소시효의 완성 여부는 공소를 제기한 때를 기준으로 판단</u>할 것이고, 공소장을 변경한 때를 기준으로 삼을 수 없다. (대법원 1992. 4. 24., 선고, 91도3150 판결)

# 제2절 불기소처분 이후의 공소제기와 소추조건

## I. 사례요지

세무공무원 등의 고발에 따른 조세범처벌법 위반죄 혐의에 대하여 검사가 불기소처분하였다가 나중에 공소를 제기하는 경우, 세무공무원 등의 새로운 고발이 있어야 하는지

## II. 논 점

1. 세무공무원 등의 고발에 따른 조세범처벌법 위반죄 혐의에 대하여 검사가 불기소처분을 하였다가 나중에 공소를 제기하는 경우
2. 세무공무원 등의 새로운 고발이 있어야 하는지 여부(소극)

## III. 법규연구 (형사소송법)

제246조(국가소추주의) 공소는 검사가 제기하여 수행한다.

제247조(기소편의주의) 검사는 「형법」 제51조의 사항을 참작하여 공소를 제기하지 아니할 수 있다.

제249조(공소시효의 기간) ① 공소시효는 다음 기간의 경과로 완성한다.
1. 사형에 해당하는 범죄에는 25년
2. 무기징역 또는 무기금고에 해당하는 범죄에는 15년
3. 장기 10년 이상의 징역 또는 금고에 해당하는 범죄에는 10년
4. 장기 10년 미만의 징역 또는 금고에 해당하는 범죄에는 7년
5. 장기 5년 미만의 징역 또는 금고, 장기10년 이상의 자격정지 또는 벌금에 해당하는 범죄에는 5년
6. 장기 5년 이상의 자격정지에 해당하는 범죄에는 3년
7. 장기 5년 미만의 자격정지, 구류, 과료 또는 몰수에 해당하는 범죄에는 1년

## IV. 관련 판례

### 1. 원심 (서울중앙지법 2009. 6. 26. 선고 2009노187 판결)

이 부분 공소사실에 대한 공소가 적법하다.

### 2. 대법원 (대법원 2009. 10. 29. 선고 2009도6614 판결)

가. 검사의 불기소처분에는 확정재판에 있어서의 확정력과 같은 효력이 없어 일단

불기소처분을 한 후에도 공소시효가 완성되기 전이면 언제라도 공소를 제기할 수 있으므로, 세무공무원 등의 고발이 있어야 공소를 제기할 수 있는 조세범처벌법 위반죄에 관하여 일단 불기소처분이 있었더라도 세무공무원 등이 종전에 한 고발은 여전히 유효하고, 따라서 나중에 공소를 제기함에 있어 세무공무원 등의 새로운 고발이 있어야 하는 것은 아니다.

나. 세무서장이 수사기관에 피고인의 2002년도 및 2003년도 국세체납 부분에 관하여 고발하였으나 불기소처분된 사실, 그 후 세무서장이 다시 피고인의 2004년도 국세체납 부분에 관하여 고발하자, 검사는 2004년도 국세체납 부분과 함께 종전에 불기소처분하였던 2002년도 및 2003년도 국세체납 부분도 공소를 제기한 사실을 알 수 있는 바, 이를 앞서 본 법리에 비추어 살펴보면, 이 사건 공소사실 중 2002년도 및 2003년도 국세체납 부분에 관한 고발은 검사의 불기소처분 후에도 여전히 유효하므로, 이 부분 공소사실이 조세범처벌법 제6조에 의한 고발 없이 공소 제기되었다고 볼 수는 없다.

## V. 결 론

불기소처분 이후에도 언제라도 다시 공소제기가 가능하며, 종전의 소추조건(고소, 고발)도 여전히 유효하다고 본다.

# 제3절 상상적 경합관계 범죄의 공소시효

## I. 논 점

상상적 경합의 관계에 있는 사기죄와 변호사법 위반죄 중 변호사법 위반죄의 공소시효가 완성된 경우 사기죄의 공소시효까지 완성된 것으로 볼 수 있는지(소극)

## II. 법규연구 (형사소송법)

> 제250조(두 개 이상의 형과 시효기간) 두 개 이상의 형을 병과(倂科)하거나 두 개 이상의 형에서 한 개를 과(科)할 범죄에 대해서는 무거운 형에 의하여 제249조를 적용한다.

## III. 관련 판례 (대법원 2006. 12. 8., 선고, 2006도6356 판결)

1개의 행위가 여러 개의 죄에 해당하는 경우 형법 제40조는 이를 과형상 일죄로 처벌한다는 것에 지나지 아니하고, 공소시효를 적용함에서는 죄마다 따로 따져야 할 것인바, 공무원이 취급하는 사건에 관하여 청탁 또는 알선을 할 의사와 능력이 없음에도 청탁 또는 알선을 한다고 기망하여 금품을 교부받은 경우에 성립하는 사기죄와 변호사법 위반죄는 상상적 경합의 관계에 있으므로 (대법원 2006. 1. 27. 선고 2005도8704 판결), 변호사법 위반죄의 공소시효가 완성되었다고 하여 그 죄와 상상적 경합관계에 있는 사기죄의 공소시효까지 완성되는 것은 아니다.

## IV. 결 론

공소가 제기된 사건의 공소시효 완성 여부는 공소장에 기재된 공소사실에 대한 법정형을 기준으로 판단한다. 공소장에 공소사실이 예비적·택일적으로 기재된 경우에는 각 공소사실의 법정형을 기준으로 개별적으로 공소시효를 결정해야 한다. 또한, 과형상 일죄인 상상적 경합의 경우에도 실질적으로 수죄에 해당하므로 각 공소사실의 법정형을 기준으로 개별적으로 결정하여야 한다.

## VI 유사판례

### 1. 포괄일죄의 공소시효 기산점

> 포괄일죄의 공소시효는 최종의 범죄행위가 종료한 때로부터 진행한다. (대법원 2002. 10. 11., 선고, 2002도2939 판결)

## 2. 수 개의 범죄행위가 포괄일죄를 구성하는 경우 및 이때 공소시효의 기산점

동일 죄명에 해당하는 수 개의 행위를 단일하고 계속된 범의로 일정 기간 계속하여 행하고 그 피해법익도 동일한 경우에는 이들 각 행위를 통틀어 포괄일죄로 처단하여야 하고, 그 경우 공소시효는 최종의 범죄행위가 종료한 때로부터 진행한다. (대법원 2021. 3. 11., 선고, 2020도12583 판결)

# 제4절 미수범의 공소시효 기산점

## Ⅰ. 사례요지

피고인 1이 피해자 ○○ 분양대책위원회의 공동대표로서 업무상 임무에 위배하여 2006. 3. 3. ○○ 주상복합아파트 2층 오피스텔 28세대에 관한 분양계약서를 받아 그에 관한 소유권이전등기를 하여 재산상 이익을 취득하려고 하였으나 소유권이전등기를 마치지 못하여 미수에 그쳤다.

## Ⅱ. 논 점

1. 공소시효의 기산점(=범죄행위가 종료한 때)
2. 미수범의 공소시효 기산점(=행위를 종료하지 못하였거나 결과가 발생하지 아니하여 더 이상 범죄가 진행될 수 없는 때)

## Ⅲ. 법규연구

### 1. 형사소송법

제252조(시효의 기산점) ① 시효는 범죄행위의 종료한 때로부터 진행한다.
② 공범에는 최종행위의 종료한 때로부터 전공범에 대한 시효기간을 기산한다.

### 2. 형 법

제25조 (미수범) ① 범죄의 실행에 착수하여 행위를 종료하지 못하였거나 결과가 발생하지 아니한 때에는 미수범으로 처벌한다.
② 미수범의 형은 기수범보다 감경할 수 있다.

## Ⅳ. 관련 판례

### 1. 원심 (대전고법 2016. 8. 29. 선고 2015노467, 586 판결)

이 사건 변경된 공소사실 중 업무상 배임미수 부분, 특정경제범죄 가중처벌 등에 관한 법률 위반(배임) 부분이 유죄로 인정하였다.

### 2. 대법원 (대법원 2017. 7. 11., 선고, 2016도14820 판결)

가. 공소시효는 범죄행위가 종료한 때부터 진행한다(형사소송법 제252조 제1항). 미수범은 범죄의 실행에 착수하여 행위를 종료하지 못하였거나 결과가 발생하지 아니한

때에 처벌받게 되므로(형법 제25조 제1항), 미수범의 범죄행위는 행위를 종료하지 못하였거나 결과가 발생하지 아니하여 더 이상 범죄가 진행될 수 없는 때에 종료하고, 그때부터 미수범의 공소시효가 진행한다.

나. 이 부분 업무상 배임미수의 공소사실 요지는, 피고인 1이 피해자 ○○ 분양대책위원회의 공동대표로서 업무상 임무에 위배하여 2006. 3. 3. ○○ 주상복합아파트 2층 오피스텔 28세대에 관한 분양계약서를 받아 그에 관한 소유권이전등기를 하여 재산상 이익을 취득하려고 하였으나 소유권이전등기를 마치지 못하여 미수에 그쳤다는 것이다. ○○의 시행자, 시공사인 공소외 1 주식회사, 공소외 2 주식회사를 대표한 피고인 2는 피고인 1에게 2006. 1. 23. ○○ 2층 아파트 14세대에 관한 분양계약서를 작성하여 주었고, 2006. 3. 3. ○○ 2층 오피스텔 28호에 관한 분양계약서를 작성하여 준 사실, 한편 피고인 1은 2007. 1. 23. 공소외 1 회사 등과 '○○ 2층 오피스텔 28세대를 매수하였으나 공소외 1 회사 등으로부터 40억 원을 받기로 하고 이를 반환한다'는 취지의 약정을 한 사실, 피고인 1은 2007. 2. 8. 위 약정에 따라 공소외 1 회사 등에게 ○○ 2층 오피스텔 28호에 관한 분양계약서를 반환한 사실을 알 수 있다. 한편 이 사건 공소는 2013. 2. 27. 제기되었다.

이 부분 업무상 배임미수 범행은, 피고인 1이 피해자 대책위원회에 대한 업무상 임무에 위배하여 ○○ 2층 오피스텔 28세대에 관한 분양계약에 따라 소유권이전등기를 하여 재산상 이익을 취득하려다가 이 사건 금전지급약정에 따라 2007. 2. 8. 공소외 1 회사 등에게 분양계약서를 반환하여 더 이상 ○○ 2층 28세대에 관한 소유권이전등기 절차를 진행할 수 없게 됨으로써 미수에 그친 경우에 해당한다.

이 부분 업무상 배임미수죄에 있어 범죄행위의 종료시기는 위와 같이 이 사건 금전지급약정 및 분양계약서 반환으로 더 이상 소유권이전등기절차를 진행할 수 없게 된 때이다. 이 사건 공소는 업무상 배임미수죄의 범행 종료일부터 7년이 경과하기 전에 제기되었음이 명백하다.

## V. 결 론

공소시효는 범행행위를 종료한 때로부터 진행하는데, 미수범의 경우에는 행위를 종료하지 못하였거나 결과가 발생하지 아니하여 더 이상 범죄가 진행될 수 없는 때가 기준이 된다.

## VI 유사판례

### 1. 공무원이 직무에 관하여 금전을 무이자로 차용한 경우, 뇌물수수죄 공소시효 기산점

공소시효는 범죄행위를 종료한 때로부터 진행하는데, 공무원이 직무에 관하여 금전을 무이자로 차용한 경우에는 차용 당시에 금융이익 상당의 뇌물을 수수한 것으로 보아야 하므로, 공소시효는 금전을 무이자로 차용한 때로부터 기산한다. (대법원 2012. 2. 23., 선고, 2011도7282 판결)

### 2. 강제집행 면탈의 목적으로 채무자가 제3채무자에 대한 채권을 허위로 양도한 경우 공소시효 기산점

강제집행 면탈의 목적으로 채무자가 그의 제3채무자에 대한 채권을 허위로 양도한 경우에 제3채무자에게 채권 양도의 통지가 행하여짐으로써 통상 제3채무자가 채권 귀속의 변동을 인식할 수 있게 된 시점에서는 채권 실현의 이익이 해하여질 위험이 실제로 발현되었다고 할 것이므로, 늦어도 그 통지가 있는 때에는 그 범죄행위가 종료하여 그때부터 공소시효가 진행된다고 볼 것이다. (대법원 2011. 10. 13., 선고, 2011도6855 판결)

### 3. 소송사기미수죄에 있어서 범죄행위의 종료시기

공소시효는 범죄행위가 종료한 때로부터 진행하는 것으로서, 법원을 기망하여 유리한 판결을 얻어내고 이에 터잡아 상대방으로부터 재물이나 재산상 이익을 취득하려고 소송을 제기하였다가 법원으로부터 패소의 종국판결을 선고받고 그 판결이 확정되는 등 법원으로부터 유리한 판결을 받지 못하고 소송이 종료됨으로써 미수에 그친 경우에, 그러한 소송사기미수죄에 있어서 범죄행위의 종료시기는 위와 같이 소송이 종료된 때라고 할 것이다. (대법원 2000. 2. 11., 선고, 99도4459 판결)

### 4. 병역법 국외여행 허가의무 위반의 공소시효 기산점

국외여행 허가의무 위반으로 인한 병역법 위반죄는 국외여행의 허가를 받은 병역의무자가 기간만료 15일 전까지 기간연장허가를 받지 않고 정당한 사유 없이 허가된 기간 내에 귀국하지 않은 때에 성립함과 동시에 완성되는 이른바 즉시범으로서, 그 이후에 귀국하지 않은 상태가 계속되고 있더라도 위 규정이 정한 범행을 계속하고 있다고 볼 수 없다. 따라서 위 범죄의 공소시효는 범행종료일인 국외여행허가기간 만료일부터 진행한다. (대법원 2022. 12. 1. 선고 2019도5925 판결)

### 5. 업무상과실치사상죄의 공소시효의 기산점

공소시효의 기산점에 관하여 규정한 형사소송법 제252조 제1항 소정의" 범죄행위"에는 당해 범죄의 결과까지도 포함되는 취지로 해석함이 상당하므로, 업무상과실치사상죄의 공소시효는 피해자들이 사상에 이른 결과가 발생함으로써 그 범죄행위가 종료한 때로부터 진행한다. (대법원 1994. 3. 22., 선고, 94도35 판결)

## 6. 공익근무요원의 복무이탈죄 성립과 공소시효 기산점

구 병역법(2005. 5. 31. 법률 제7541호로 개정되기 전의 것) 제89조의2 제1호에 정한 공익근무요원의 복무이탈죄는 정당한 사유 없이 계속적 혹은 간헐적으로 행해진 통산 8일 이상의 복무이탈행위 전체가 하나의 범죄를 구성하는 것이고, 그 공소시효는 위 전체의 복무이탈행위 중 최종의 복무이탈행위가 마쳐진 때부터 진행한다. (대법원 2007. 3. 29., 선고, 2005도7032 판결)

## 7. 용도변경의 건축법위반죄 공소시효 진행 여부

건축법상 허가를 받지 아니하거나 또는 신고를 하지 아니한 경우 처벌의 대상이 되는 건축물의 용도변경행위(1999. 2. 8. 법률 제5895호로 건축법이 개정되면서 건축물의 용도변경에 관하여 허가제에서 신고제로 전환되었다)는 유형적으로 용도를 변경하는 행위뿐만 아니라 다른 용도로 사용하는 것까지를 포함하며, 이와 같이 허가를 받지 아니하거나 신고를 하지 아니한 채 건축물을 다른 용도로 사용하는 행위는 계속범의 성질을 가지는 것이어서 허가 또는 신고 없이 다른 용도로 계속 사용하는 한 가벌적 위법상태는 계속 존재하고 있다고 할 것이므로, 그러한 용도변경행위에 대하여는 공소시효가 진행하지 아니하는 것으로 보아야 한다. (대법원 2001. 9. 25., 선고, 2001도3990 판결)

# 제5절 정식재판 청구권 회복 결정이 있는 경우 공범자에 대한 공소시효 정지 여부

## Ⅰ. 사례요지

피고인에 대한 이 사건 공소사실은 피고인이 공소외 1과 함께 매수한 이 사건 임야에 관하여 위 공소외 1과 공모하여 명의수탁자인 공소외 2 명의로 2005. 7. 12. 소유권이전등기를 하였다는 것으로 그 공소시효 기간이 5년이다. 공범인 공소외 1에 대하여는 2010. 6. 24. 약식명령이 청구되어 2010. 10. 8. 벌금 500만 원의 약식명령이 확정되었다가 2010. 11. 17. 그에 대한 정식재판 청구권 회복 결정이 내려졌다. 이 사건 공소는 2011. 2. 16. 제기된 사실을 알 수 있다.

## Ⅱ. 논 점

1. 공범 중 1인에 대해 약식명령이 확정된 후 그에 대한 정식재판 청구권 회복 결정이 있는 경우
2. 그 사이의 기간 다른 공범자에 대한 공소시효 진행이 정지되는지 여부(원칙적 소극)

## Ⅲ. 법규연구 (형사소송법)

제253조(시효의 정지와 효력) ① 시효는 공소의 제기로 진행이 정지되고 공소기각 또는 관할위반의 재판이 확정된 때로부터 진행한다.
② 공범의 1인에 대한 전항의 시효정지는 다른 공범자에게 대하여 효력이 미치고 당해 사건의 재판이 확정된 때로부터 진행한다.

## Ⅳ. 관련 판례

### 1. 원심 (청주지법 2011. 10. 27. 선고 2011노726 판결)

피고인에 대한 공소시효가 완성되었다는 이유로 제1심판결을 파기하고 피고인에게 면소를 선고하였다.

### 2. 대법원 (대법원 2012. 3. 29. 선고 2011도15137 판결)

가. 형사소송법 제253조 제1항은 '시효는 공소의 제기로 진행이 정지되고 공소기각 또는 관할위반의 재판이 확정된 때로부터 진행한다' 라고 규정하고 있고, 그 제2항은 '공범의 1인에 대한 전항의 시효정지는 다른 공범자에게 대하여 효력이 미치고 당해

사건의 재판이 확정된 때로부터 진행한다'라고 규정하고 있다. 위와 같이 형사소송법 제253조 제2항은 공범 중 1인에 대한 공소의 제기로 다른 공범자에 대한 공소시효까지 정지한다고 규정하면서도 다시 공소시효가 진행하는 시점에 관해서는 위 제253조 제1항과 달리 공소가 제기된 당해 사건의 재판이 확정된 때라고만 하고 있을 뿐 그 판결이 공소기각 또는 관할위반의 재판인 경우로 한정하고 있지 않다. 따라서 공범 중 1인에 대한 공소의 제기로 다른 공범자에 대한 공소시효의 진행이 정지되더라도 공소가 제기된 공범 중 1인에 대한 재판이 확정되면, 그 재판의 결과가 형사소송법 제253조 제1항이 규정한 공소기각 또는 관할위반인 경우뿐 아니라 유죄, 무죄, 면소인 경우에도 그 재판이 확정된 때로부터 다시 공소시효가 진행된다고 볼 것이고, 이는 약식명령이 확정된 때에도 마찬가지라고 할 것이다.

그리고 공범 중 1인에 대해 약식명령이 확정되고 그 후 정식재판청구권이 회복되었다고 하는 것만으로는, 그 사이에 검사가 다른 공범자에 대한 공소를 제기하지 못할 법률상 장애사유가 있다고 볼 수 없을 뿐만 아니라, 그 기간 동안 다른 공범자에 대한 공소시효가 정지된다고 볼 아무런 근거도 찾을 수 없다. 더욱이 정식재판청구권이 회복되었다는 사정이 약식명령의 확정으로 인해 다시 진행된 공소시효 기간을 소급하여 무효로 만드는 사유가 된다고 볼 수도 없다.

또한, 형사소송법이 공범 중 1인에 대한 공소의 제기로 다른 공범자에 대하여도 공소시효가 정지되도록 한 것은 공소제기 효력의 인적범위를 확장하는 예외를 마련하여 놓은 것이므로, 이는 엄격하게 해석하여야 하고 피고인에게 불리한 방향으로 확장하거나 축소하여 해석해서는 아니 된다.

나. 따라서 피고인에 대한 공소시효는 공범인 공소외 1에 대하여 약식명령이 청구된 2010. 6. 24. 일단 정지되었다가 벌금 500만 원의 약식명령이 확정된 때인 2010. 10. 8.부터 다시 진행하여 그에 대한 정식재판 청구권 회복 결정이 내려진 2010. 11. 17. 이전에 공소시효기간 5년이 이미 경과하였음이 역수상 분명하므로, 피고인에 대한 이 사건 공소는 공소시효가 완성된 다음에 제기되었다고 할 것이다.

## V. 결 론

그렇다면 공범 중 1인에 대해 약식명령이 확정된 후 그에 대한 정식재판 청구권 회복 결정이 있었다고 하더라도 그 사이의 기간 동안에는, 특별한 사정이 없는 한, 다른 공범자에 대한 공소시효는 정지함이 없이 계속 진행한다고 보아야 할 것이다.

# 제6절 공범이 대향범 관계에 있는 경우 공소시효 정지

## I. 사례요지

검사는 2011. 6. 29. 피고인에 대하여 "피고인이 공소외 1과 공모하여 2005. 2. 3. 공소외 2에게, 이 사건 체비지를 싸게 매입할 수 있도록 부천시청 체비지 담당공무원 공소외 3에게 전달해 달라며 6,000만 원을 교부하였다."는 사실로 공소를 제기하였고, 한편 공소외 1과 공소외 2 및 공소외 3에 대하여는 2006. 1. 10. 각각 제3자뇌물교부죄, 제3자 뇌물취득죄, 특가법 위반(뇌물)죄로 공소가 제기되어, 2007. 4. 20. 서울고등법원에서 공소외 1에게는 징역 1년, 공소외 2에게는 징역 1년 6월, 공소외 3에게는 징역 3년의 유죄판결이 선고되었으며, 공소외 1에 대한 유죄판결은 2007. 4. 27. 상고기간 경과로, 공소외 2와 공소외 3에 대한 유죄판결은 2007. 7. 27. 이들의 상고가 기각됨으로써 각각 확정되었다.

## II. 논 점

1. 형사소송법 제253조 제2항의 '공범'을 해석할 때 고려하여야 할 사항
2. 이른바 대향범 관계에 있는 자 사이에서 각자 상대방 범행에 대하여 형법 총칙의 공범규정이 적용되는지 여부(소극)
3. 형사소송법 제253조 제2항의 '공범'에 뇌물공여죄와 뇌물수수죄 사이와 같은 대향범 관계에 있는 자가 포함되는지 여부(소극)

## III. 법규연구 (형사소송법)

제253조(시효의 정지와 효력) ① 시효는 공소의 제기로 진행이 정지되고 공소기각 또는 관할위반의 재판이 확정된 때로부터 진행한다.
② 공범의 1인에 대한 전항의 시효정지는 다른 공범자에게 대하여 효력이 미치고 당해 사건의 재판이 확정된 때로부터 진행한다.

## IV. 관련 판례

### 1. 원심 (서울고법 2012. 4. 13. 선고 2011노2616 판결)

피고인에 대한 이 사건 공소가 피고인의 범행이 종료된 때부터 공범인 공소외 1에 대한 공소제기로 인하여 공소시효가 정지된 기간을 제외하고도 이미 5년이 지난 후에 제기된 것이다.

## 2. 대법원 (대법원 2015. 2. 12. 선고 2012도4842 판결)

가. 형사소송법은 제248조 제1항에서 "공소는 검사가 피고인으로 지정한 사람 외의 다른 사람에게는 그 효력이 미치지 아니한다."고 규정하고, 제253조 제1항에서 "시효는 공소의 제기로 진행이 정지되고 공소기각 또는 관할위반의 재판이 확정된 때로부터 진행한다."라고 규정하고 있으며, 같은 조 제2항에서 "공범의 1인에 대한 전항의 시효정지는 다른 공범자에 대하여 효력이 미치고 당해 사건의 재판이 확정된 때로부터 진행한다."라고 규정하고 있다.

이와 같이 형사소송법은 공범 사이의 처벌에 형평을 기하기 위하여 공범 중 1인에 대한 공소의 제기로 다른 공범자에 대하여도 공소시효가 정지되도록 규정하고 있는데, 위 공범의 개념이나 유형에 관하여는 아무런 규정을 두고 있지 아니하다. 따라서 형사소송법 제253조 제2항의 공범을 해석함에서는 공범 사이의 처벌 형평이라는 위 조항의 입법 취지, 국가형벌권의 적정한 실현이라는 형사소송법의 기본이념, 국가형벌권 행사의 대상을 규정한 형법 등 실체법과의 체계적 조화 등의 관점을 종합적으로 고려하여야 할 것이고, 특히 위 조항이 공소제기 효력의 인적범위를 확장하는 예외를 마련하여 놓은 것이므로 원칙적으로 엄격하게 해석하여야 하고 피고인에게 불리한 방향으로 확장하여 해석해서는 아니 된다(대법원 2012. 3. 29. 선고 2011도15137 판결 참조).

나. 뇌물공여죄와 뇌물수수죄 사이와 같은 이른바 대향범 관계에 있는 자는 강학상으로는 필요적 공범이라고 불리고 있으나, 서로 대향된 행위의 존재를 필요로 할 뿐 각자 자신의 구성요건을 실현하고 별도의 형벌규정에 따라 처벌되는 것이어서, 2인 이상이 가공하여 공동의 구성요건을 실현하는 공범관계에 있는 자와는 본질적으로 다르며, 대향범 관계에 있는 자 사이에서는 각자 상대방의 범행에 대하여 형법 총칙의 공범규정이 적용되지 아니한다(대법원 2014. 1. 16. 선고 2013도6969 판결 참조).

이 사건 공소는 피고인의 범행이 종료된 때부터 6년 147일 만에 제기된 것이어서 피고인과 공범 관계인 공소외 1에 대한 유죄판결 확정일을 기준으로 계산한 공소시효 정지기간인 1년 107일을 제외하더라도 이 사건 범죄의 공소시효 기간인 5년이 지나서 제기된 것이 된다.

## V. 결 론

형사소송법 제253조 제2항에서 말하는 '공범'에는 뇌물공여죄와 뇌물수수죄 사이와 같은 대향범 관계에 있는 자는 포함되지 않는다고 해석할 것이다.

# 제7절 형사처벌 목적으로 국외 있는 경우 정지대상으로 규정한 공소시효 의미

## Ⅰ. 사례요지

공소제기 후 피고인이 처벌을 면할 목적으로 국외에 있는 경우, 그 기간 구 형사소송법 제249조 제2항에서 정한 기간(15년)의 진행이 정지되는지

## Ⅱ. 논 점

1. 형사소송법 제253조 제3항의 입법취지
2. 형사소송법 제253조 제3항에서 정지의 대상으로 규정한 '공소시효'의 의미
3. 공소제기 후 피고인이 처벌을 면할 목적으로 국외에 있는 경우, 그 기간 구 형사소송법 제249조 제2항에서 정한 기간의 진행이 정지되는지 여부(소극)

## Ⅲ. 법규연구 (형사소송법)

제253조(시효의 정지와 효력) ① 시효는 공소의 제기로 진행이 정지되고 공소기각 또는 관할위반의 재판이 확정된 때로부터 진행한다.
② 공범의 1인에 대한 전항의 시효정지는 다른 공범자에게 대하여 효력이 미치고 당해 사건의 재판이 확정된 때로부터 진행한다.
③ 범인이 형사처분을 면할 목적으로 국외에 있는 경우 그 기간 동안 공소시효는 정지된다.
제249조(공소시효의 기간) ② 공소가 제기된 범죄는 판결의 확정이 없이 공소를 제기한 때로부터 25년을 경과하면 공소시효가 완성한 것으로 간주한다.

## Ⅳ. 관련 판례

### 1. 원심 (서울고법 2020. 9. 18. 선고 2020노712 판결)

이 사건 공소사실 범죄에 대하여 판결의 확정 없이 공소가 제기된 때로부터 15년이 경과하여 구 형사소송법 제249조 제2항에서 정한 시효가 완성되었다는 이유로 피고인에 대하여 면소를 선고한 제1심판결을 그대로 유지하였다.

### 2. 대법원 (대법원 2022. 9. 29. 선고 2020도13547 판결)

가. 구 형사소송법(2007. 12. 21. 법률 제8730호로 개정되기 전의 것, 이하 '구 형

사소송법'이라고 한다) 규정에 따르면, 공소시효는 범죄행위가 종료한 때로부터 진행하여 법정형에 따라 정해진 일정 기간의 경과로 완성한다(제252조 제1항, 제249조 제1항). 공소시효는 공소의 제기로 진행이 정지되지만(제253조 제1항 전단), 판결의 확정이 없이 공소를 제기한 때로부터 15년이 경과되면 공소시효가 완성한 것으로 간주된다(제249조 제2항).

나. 형사소송법 제253조 제3항은 "범인이 형사처분을 면할 목적으로 국외에 있는 경우 그 기간 공소시효는 정지된다."라고 규정하고 있다. 위 조항의 입법취지는 <u>범인이 우리나라의 사법권이 실질적으로 미치지 못하는 국외에 체류한 것이 도피의 수단으로 이용된 경우에 그 체류 기간은 공소시효가 진행되는 것을 저지하여 범인을 처벌할 수 있도록 하여 형벌권을 적정하게 실현하고자 하는 데 있다</u>(대법원 2008. 12. 11. 선고 2008도4101 판결 참조).

## V. 결 론

형사소송법 제253조 제3항에서 정지의 대상으로 규정한 '공소시효'는 범죄행위가 종료한 때로부터 진행하고 공소의 제기로 정지되는 구 형사소송법 제249조 제1항의 시효를 뜻하고, 그 시효와 별개로 공소를 제기한 때로부터 일정 기간이 경과하면 공소시효가 완성된 것으로 간주된다고 규정한 구 형사소송법 제249조 제2항에서 말하는 '공소시효'는 여기에 포함되지 않는다고 봄이 타당하다. 따라서 공소제기 후 피고인이 처벌을 면할 목적으로 국외에 있는 경우에도, 그 기간 구 형사소송법 제249조 제2항에서 정한 기간의 진행이 정지되지는 않는다.

# 제8절 형사처분을 면할 목적으로 국외에 있는 경우 공소시효

## I. 사례요지

피고인은 1995. 6.부터 같은 해 11.경까지 이 사건 부정수표단속법 위반죄를 범하고 1996. 6. 22.경 우리나라에 가족을 그대로 둔 채 중국으로 출국하여 그곳에서 사업을 하던 중 범한 죄로 징역 14년의 형을 선고받고 1998. 3. 13.경부터 그 약 8년 10개월 동안 중국의 수감시설에 수감되어 있다가 2007. 1. 13. 우리나라로 추방되어 2007. 9. 19. 이 사건 공소가 제기되었다.

## II. 논 점

1. 공소시효 정지에 관한 형사소송법 제253조 제3항의 입법취지 및 여기서 말하는 '형사처분을 면할 목적'으로 국외에 있는 경우의 의미
2. 국외 체류 중인 범인에게 '형사처분을 면할 목적'이 있었는지 아닌지의 판단기준
3. 그 범인이 외국에서 다른 범죄로 수감된 기간에도 '형사처분을 면할 목적'을 인정할 수 있는지

## III. 법규연구 (형사소송법)

제253조(시효의 정지와 효력) ③ 범인이 형사처분을 면할 목적으로 국외에 있는 경우 그 기간동안 공소시효는 정지된다.

## IV. 관련 판례

### 1. 원심 (서울중앙지법 2008. 4. 25. 선고 2008노616 판결)

부정수표단속법 위반죄의 법정형은 최고 징역 5년으로서 그 공소시효의 기간이 5년에 불과한 반면, 이 사건 공소제기는 범행종료일로부터 약 12년이 경과한 시점에 제기되고, 그 사이 피고인이 중국에 체류하면서 그곳 교도소에 수감되어 있었던 기간이 무려 8년 10개월이나 되는 점에 비추어 보면 피고인이 그 수감기간 중에 가족이 있는 우리나라로 돌아오려고 하였을 것이라고 충분히 짐작되는 점을 고려하면, 피고인이 귀국하려는 의사가 수사기관 등에 통보되는 등 객관적으로 표출된 사정이 없다고 하더라도 중국의 교도소에 수감되어 있었던 기간 동안에도 이 사건 범죄에 대한 '형사처분을 면할 목적'이 있었다고 볼 다른 자료가 없는 상태에서는 이 사건 범죄에 대한 '형사처분을 면할 목적'이 있다고 쉽게 단정할 수 없다.

피고인이 중국에서 수감된 기간 동안 이 사건 부정수표단속법 위반죄에 대한 공소시

효가 진행되어 이 사건 공소제기 당시에는 그 공소시효가 완성되었다는 이유로 피고인에게 면소를 선고한 제1심판결을 그대로 유지하였다.

## 2. 대법원 (대법원 2008. 12. 11. 선고 2008도4101 판결)

형사소송법 제253조 제3항은 "범인이 형사처분을 면할 목적으로 국외에 있는 경우 그 기간 동안 공소시효는 정지된다." 라고 규정하고 있다. 위 규정의 입법취지는 범인이 우리나라의 사법권이 실질적으로 미치지 못하는 국외에 체류한 것이 도피의 수단으로 이용된 경우에 그 체류기간 동안은 공소시효가 진행되는 것을 저지하여 범인을 처벌할 수 있도록 하여 형벌권을 적정하게 실현하고자 하는 데 있다. 그래서 위 규정이 정한 '형사처분을 면할 목적' 이 국외 체류의 유일한 목적으로 되는 것에 한정되지 않고 범인이 가지는 여러 국외 체류 목적 중에 포함되어 있으면 족하고 (대법원 2005. 12. 9. 선고 2005도7527 판결, 대법원 2007. 2. 8. 선고 2006도8277 판결 등 참조), 범인이 국외에 있는 것이 형사처분을 면하기 위한 방편이었다면 국외 체류기간 동안에는 별다른 사정이 없는 한 '형사처분을 면할 목적' 이 있었다고 볼 수 있고, 위 '형사처분을 면할 목적' 과 양립할 수 없는 범인의 주관적 의사가 명백히 드러나는 객관적 사정이 존재하지 않는 한 '형사처분을 면할 목적' 은 계속 유지된다고 볼 것이다.

한편, 국외에 체류 중인 범인에게 '형사처분을 면할 목적' 이 계속 존재하였는지가 의심스러운 사정이 발생한 경우, 그 기간 동안 '형사처분을 면할 목적' 이 있었는지 여부는 당해 범죄의 공소시효의 기간, 범인이 귀국할 수 없는 사정이 초래된 경위, 그러한 사정이 존속한 기간이 당해 범죄의 공소시효의 기간과 비교하여 도피 의사가 인정되지 않는다고 보기에 충분할 만큼 연속적인 장기의 기간인지, 귀국 의사가 수사기관이나 영사관에 통보되었는지, 피고인의 생활근거지가 어느 곳인지 등의 제반 사정을 참작하여 판단하여야 한다. 이러한 기준에 의하여 볼 때, 통상 범인이 외국에서 다른 범죄로 외국의 수감시설에 수감된 경우, 그 범행에 대한 법정형이 당해 범죄의 법정형보다 월등하게 높고, 실제 그 범죄로 인한 수감기간이 당해 범죄의 공소시효 기간보다도 현저하게 길어서 범인이 수감기간 중에 생활근거지가 있는 우리나라로 돌아오려고 했을 것으로 넉넉잡아 인정할 수 있는 사정이 있다면 그 수감기간에는 '형사처분을 면할 목적' 이 유지되지 않았다고 볼 여지가 있고, 그럼에도 그러한 목적이 유지되고 있었다는 점은 검사가 입증하여야 할 것이다.

## V. 결 론

법정최고형이 징역 5년인 부정수표단속법 위반죄를 범한 사람이 중국으로 출국하여 체류하다가 그곳에서 징역 14년을 선고받고 8년 이상 복역한 후 우리나라로 추방되어 위 죄로 공소제기된 사안에서, 위 수감 기간에는 형사소송법 제253조 제3항의 '형사처분을 면할 목적'을 인정할 수 없어 공소시효의 진행이 정지되지 않는다.

법인이 형사처분을 면할 목적을 국외에 있는 경우에는 그 기간 동안 공소시효는 정지된다(형사소송법 제253조 제3항). 이와 관련하여 국외 체류 중인 범인에게 '형사처분을 면할 목적'이 있었는지 아닌지의 판단기준 및 그 범인이 외국에서 다른 범죄로 수감된 기간에도 '형사처분을 면할 목적'을 인정할 수 있는지에 대한 판결이다.

## VI. 유사판례

### 1. 범인이 국외에서 범죄를 저지르고 형사처분을 면할 목적으로 국외에서 체류를 계속하는 경우가 포함되는지

'범인이 형사처분을 면할 목적으로 국외에 있는 경우'는 범인이 국내에서 범죄를 저지르고 형사처분을 면할 목적으로 국외로 도피한 경우에 한정되지 아니하고, 범인이 국외에서 범죄를 저지르고 형사처분을 면할 목적으로 국외에서 체류를 계속하는 경우도 포함된다. (대법원 2015. 6. 24., 선고, 2015도5916 판결)

| 제9장 | **기　타** |

## 제1절 항소이유서 제출기간 말일이 공휴일에 해당하는 경우

### Ⅰ. 사례요지

> 피고인이 제1심판결에 대해 항소를 제기하여 2020. 7. 27. 원심으로부터 소송기록접수통지서를 송달받고 2020. 8. 18. 항소이유서를 제출하였는데, 원심이 국선변호인을 선정하거나 피고인이 사선변호인을 선임한 바는 없으며, 정부는 2020. 7.경 2020. 8. 17.을 임시공휴일로 지정한 사안에서, 피고인이 소송기록접수통지를 받은 2020. 7. 27.부터 계산한 항소이유서 제출기간의 말일인 2020. 8. 16.은 일요일이고, 다음 날인 2020. 8. 17. 역시 임시공휴일로서 위 기간에 산입되지 아니하여 그 다음 날인 2020. 8. 18.이 위 기간의 말일이 되므로, 피고인의 항소이유서는 제출기간 내에 적법하게 제출되었는지.

### Ⅱ. 논 점

1. 항소이유서 제출기간 및 기간의 말일이 공휴일 또는 토요일에 해당하는 경우, 그 날을 항소이유서 제출기간에 산입하는지 여부(소극)
2. 이때 기간의 말일이 공휴일인지 결정하는 기준
3. '관공서의 공휴일에 관한 규정' 제2조 제11호에서 정한 '기타 정부에서 수시 지정하는 날'인 임시공휴일이 공휴일에 해당하는지 여부(적극)

### Ⅲ. 법규연구

#### 1. 형사소송법

> 제66조(기간의 계산) ③ 기간의 말일이 공휴일이거나 토요일이면 그날은 기간에 산입하지 아니한다. 다만, 시효와 구속기간에 관하여는 예외로 한다.
>
> 제361조의2(소송기록접수와 통지) ① 항소법원이 기록의 송부를 받은 때에는 즉시 항소인과 상대방에게 그 사유를 통지하여야 한다.
>
> 제361조의3(항소이유서와 답변서) ① 항소인 또는 변호인은 전조의 통지를 받은 날로부터 20일 이내에 항소이유서를 항소법원에 제출하여야 한다. 이 경우 제344조를 준용한다

## 2. 관공서의 공휴일에 관한 규정

> 제2조(공휴일) 관공서의 공휴일은 다음 각 호와 같다. 다만, 재외공관의 공휴일은 우리나라의 국경일 중 공휴일과 주재국의 공휴일로 한다.
> 11. 기타 정부에서 수시 지정하는 날

## IV. 관련 판례

### 1. 원심 (서울남부지법 2020. 10. 23.자 2020노1398 결정)

피고인은 적법한 항소이유서 제출기간 내에 항소이유서를 제출하지 아니하였고, 항소장에도 항소이유의 기재가 없을 뿐만 아니라, 기록상 직권조사사유도 발견할 수 없으므로, 형사소송법 제361조의4 제1항에 따라 피고인의 항소를 기각한다.

### 2. 대법원 (대법원 2021. 1. 14., 자, 2020모3694 결정)

형사소송법 제361조의2와 제361조의3 제1항에 의하면, 항소법원이 기록의 송부를 받은 때에는 즉시 항소인과 그 상대방에게 통지하여야 하고, 이 통지 전에 변호인의 선임이 있는 때에는 변호인에게도 통지하여야 하며, 항소인 또는 변호인은 이 통지를 받은 날로부터 20일 이내에 항소이유서를 제출하게 되어 있다. 그리고 같은 법 제66조 제3항에 의하면, 시효와 구속의 기간을 제외하고는 기간의 말일이 공휴일 또는 토요일에 해당하는 날은 항소이유서 제출기간에 산입하지 아니하게 되어 있다.

이때 기간의 말일이 공휴일인지 여부는 '공휴일'에 관하여 규정하고 있는 '관공서의 공휴일에 관한 규정' 제2조 각호에 해당하는지 여부에 따라 결정되고, 같은 조 제11호가 정한 '기타 정부에서 수시 지정하는 날'인 임시공휴일 역시 공휴일에 해당하는바(대법원 1998. 3. 13. 선고 98재다53 판결, 대법원 2008. 6. 12.자 2006마851 결정 등 참조), 정부는 2020. 7.경 국무회의의 심의·의결, 대통령의 재가 및 관보 게재를 통해 2020. 8. 17.을 임시공휴일로 지정하였다.

## V. 결 론

피고인이 소송기록접수통지를 받은 2020. 7. 27.부터 계산한 항소이유서 제출기간의 말일인 2020. 8. 16.은 일요일이고, 그다음 날인 2020. 8. 17. 역시 임시공휴일로서 위 기간에 산입되지 아니하므로, 그다음 날인 2020. 8. 18.이 위 기간의 말일이 되며, 따라서 2020. 8. 18. 제출된 피고인의 항소이유서는 그 제출기간 내에 적법하게 제출되었다고 판단된다.

# 제2절 타인 성명을 모용한 경우 공소제기 효력이 미치는 인적범위

## I. 사례요지

공소외인이 행정기관의 허가를 득할 수 없는 소형기선 저인망 어구를 사용하여 잡어 1상자를 어획하였다고 약식으로 공소를 제기하였으나, 사실은 위 공소사실은 피고인에 대한 것인데 피고인이 수사단계에서 공소외인의 성명, 생년월일, 주민등록번호, 주거, 본적 등 인적사항을 모용하였기 때문에 검사는 피고인을 공소외인으로 오인하여 기소한 것이고, 법원에서도 그대로 약식명령을 한 것인데, 위 약식명령을 송달받은 공소외인이 정식재판청구를 하여 정식재판 절차에서 위와 같은 사실이 밝혀지자, 검사는 제1심 제2회 공판기일에 피고인의 표시를 공소외인에서 피고인으로 정정하였다. 그러자 제1심은 공소외인에 대하여는 공소제기절차가 법률의 규정에 위반하여 무효인 때에 해당한다 하여 형사소송법 제327조 제2호에 의하여 공소를 기각하는 판결을 선고하였고, 같은 해 9. 30. 피고인에 대하여도 피고인을 특정할 수 없다는 이유로 공소를 기각하는 판결을 하자 검사가 항소하였다.

## II. 논 점

1. 타인의 성명을 모용한 경우, 공소제기의 효력이 미치는 인적범위
2. 피모용자가 약식명령에 대하여 정식재판청구를 한 경우, 모용자와 피모용자에 대한 법원의 조치

## III. 법규연구 (형사소송법)

제248조(공소의 효력 범위) ① 공소의 효력은 검사가 피고인으로 지정한 자에게만 미친다.
② 범죄사실의 일부에 대한 공소의 효력은 범죄사실 전부에 미친다.

## IV. 관련 판례

### 1. 원심 (전주지법 1997. 8. 7. 선고 94노756 판결)

자신의 성명을 모용당하여 약식명령을 고지받은 피모용자가 정식재판을 청구하여 피모용자를 상대로 심리하는 과정에서 성명모용사실이 발각되어 검사가 공소장을 정정하는 등 사실상 소송계속이 발생하고 형식상 또는 외관상 피고인의 지위를 갖게 된 경우에 법원으로서는 피모용자에게 적법한 공소의 제기가 없었음을 밝혀주는 의미에서 형사소송법 제327조 제2호를 유추적용하여 공소기각의 판결을 함으로써 피모용자의 불안한 지위를 명확히 해소하여 주어야 할 것이나, 피모용자가 정식재판을 청구하였다

하여도 모용자에게는 아직 약식명령의 송달이 없었다고 할 것이어서 검사는 공소장에 기재된 피고인의 표시를 정정할 수 있으며 법원은 이에 따라 약식명령의 피고인표시를 경정할 수 있고, 본래의 약식명령정본과 함께 이 경정결정을 모용자에게 송달하면 이 때에 약식명령의 적법한 송달이 있다고 볼 것이고, 이에 대하여 소정의 기간 내에 정식재판의 청구가 없으면 약식명령이 확정된다고 할 것인바, 모용자인 피고인에게 위 약식명령과 경정결정이 송달되었다고 인정할 아무런 자료가 없는 이 사건에서 피고인에 대하여 공소기각을 선고한 제1심판결은 정식재판청구가 되지 아니하여 재판의 대상이 없음에도 불구하고 이를 판단함으로써 위법하다는 이유로 형사소송법 제364조 제2항에 의하여 제1심판결을 파기하였다.

## 2. 대법원 (대법원 1997. 11. 28., 선고, 97도2215 판결)

가. 형사소송법 제248조에 의하여 공소는 검사가 피고인으로 지정한 이외의 다른 사람에게 그 효력이 미치지 아니하는 것이므로 공소제기의 효력은 검사가 피고인으로 지정한 자에 대하여만 미치는 것이고, 따라서 피의자가 다른 사람의 성명을 모용한 탓으로 공소장에 피모용자가 피고인으로 표시되었다 하더라도 이는 당사자의 표시상의 착오일 뿐이고, 검사는 모용자에 대하여 공소를 제기한 것이므로 모용자가 피고인이 되고 피모용자에게 공소의 효력이 미친다고는 할 수 없다.

따라서 검사가 공소장의 피고인표시를 정정하여 바로 잡은 경우에는 처음부터 모용자에 대한 공소의 제기가 있었고, 피모용자에 대한 공소의 제기가 있었던 것은 아니므로 법원은 모용자에 대하여 심리하고 재판을 하면 될 것이지, 원칙적으로는 피모용자에 대하여 심판할 것은 아니다.

나. 다만 이와 같은 경우라도 피모용자가 약식명령을 송달받고 이에 대하여 정식재판의 청구를 하여 피모용자를 상대로 심리를 하는 과정에서 성명모용 사실이 발각되고 검사가 공소장을 정정하는 등 사실상의 소송계속이 발생하고 형식상 또는 외관상 피고인의 지위를 갖게 된 경우에는 법원으로서는 피모용자에게 적법한 공소의 제기가 없었음을 밝혀주는 의미에서 형사소송법 제327조 제2호를 유추적용하여 공소기각의 판결을 함으로써 피모용자의 불안정한 지위를 명확히 해소해 주어야 할 것이지만(대법원 1993. 1. 19. 선고 92도2554 판결, 1991. 9. 10. 선고 91도1689 판결, 1981. 7. 7. 선고 81도182 판결 등 참조), 진정한 피고인인 모용자에게는 아직 약식명령의 송달이 없었다고 할 것이다.

## V. 결 론

가. 법원은 모용자에 대하여 심리하고 재판을 하면 될 것이지, 원칙적으로는 피모용자에 대하여 심판할 것은 아니다.

나. 검사는 공소장에 기재된 피고인 표시를 정정하고 법원은 이에 따라 약식명령의 피고인 표시를 정정하여 본래의 약식명령과 함께 이 경정결정을 모용자인 피고인에게 송달하면 이때야 비로소 위 약식명령은 적법한 송달이 있다고 볼 것이고, 이에 대하여 소정의 기간 내에 정식재판의 청구가 없으면 이 약식명령은 확정된다고 볼 것이다.

# 제3절 범칙금 납부와 일사부재리 효력의 제한

## I. 사례요지

피고인은 2010. 9. 26. 18:00경 커피숍 주차장에서, 피고인과 다투던 피해자 원심 공동피고인이 바닥에 넘어져 "사람 살려라."라고 고함을 치자, 이에 격분하여 자신의 처 공소외인이 운영하는 인근의 같은 동 ○○미용실에서 위험한 물건인 과도(칼날길이 10㎝, 너비 2㎝)를 손에 들고나와 피해자를 쫓아가며 "죽여 버린다."라고 소리쳐 피해자의 신체에 어떤 위해를 가할 듯한 태도를 보여 협박하였다. 피고인은 "2010. 9. 26. 18:00경 쌍용사거리 노상에서 '음주소란등'의 범칙행위를 하였음"을 이유로 같은 날 관할경찰서장으로부터 경범죄처벌법 제1조 제25호를 위반하였음을 이유로 범칙금 5만 원을 납부할 것을 통고받고 다음날 이를 납부하였다.

## II. 논 점

1. 경범죄처벌법상 범칙금제도의 의의
2. 범칙금의 납부에 따라 확정판결에 준하는 효력이 인정되는 범위

## III. 법규연구 (형사소송법)

제298조(공소장의 변경) ① 검사는 법원의 허가를 얻어 공소장에 기재한 공소사실 또는 적용법조의 추가, 철회 또는 변경을 할 수 있다. 이 경우에 법원은 공소사실의 동일성을 해하지 아니하는 한도에서 허가하여야 한다.

제326조(면소의 판결) 다음 경우에는 판결로써 면소의 선고를 하여야 한다.
　1. 확정판결이 있은 때

## IV. 관련 판례

### 1. 원심 (광주지법 2012. 5. 11. 선고 2012노416 판결)

범칙행위와 이 사건 공소사실은 기본적 사실관계가 동일하다.

### 2. 대법원 (대법원 2012. 9. 13., 선고, 2012도6612 판결)

가. 경범죄처벌법상 범칙금제도는 형사절차에 앞서 경찰서장 등의 통고처분에 의하여 일정액의 범칙금을 납부하는 기회를 부여하여 그 범칙금을 납부하는 사람에 대하여는 기소를 하지 아니하고 사건을 간이하고 신속·적정하게 처리하기 위하여 처벌의 특례를 마련해 둔 것이라는 점에서 법원의 재판절차와는 제도적 취지 및 법적 성질에서 차이가 있다. 그리고 <u>범칙금의 납부에 따라 확정판결에 준하는 효력이 인정되는 범위</u>

는 범칙금 통고의 이유에 기재된 당해 범칙행위 자체 및 그 범칙행위와 동일성이 인정되는 범칙행위에 한정된다. 따라서 범칙행위와 같은 시간과 장소에서 이루어진 행위라 하더라도 범칙행위의 동일성을 벗어난 형사범죄행위에 대하여는 범칙금의 납부에 따라 확정판결에 준하는 일사부재리의 효력이 미치지 아니한다고 할 것이다(대법원 2002. 11. 22. 선고 2001도849 판결, 대법원 2011. 4. 28. 선고 2009도12249 판결 등 참조).

나. 피고인에게 적용된 경범죄처벌법 제1조 제25호(음주소란등)의 범칙행위와 폭력행위 등 처벌에 관한 법률 위반 공소사실인 흉기휴대협박행위는, 범행 장소와 일시가 근접하고 모두 피고인과 피해자의 시비에서 발단이 된 것으로 보이는 점에서 일부 중복되는 면이 있으나, 범죄사실의 내용이나 행위의 수단 및 태양, 각 행위에 따른 피해법익이 다르고, 죄질에도 현저한 차이가 있으며, 범칙행위의 내용이나 수단 및 태양 등에 비추어 그 행위과정에서나 이로 인한 결과에 통상적으로 흉기휴대협박행위까지 포함된다거나 이를 예상할 수 있다고 볼 수 없으므로 기본적 사실관계가 동일한 것으로 평가할 수 없다. 따라서 범칙행위에 대한 범칙금 납부의 효력이 공소사실에 미치지 않는다.

## V. 결 론

범칙행위인 '음주소란' 과 공소사실인 '흉기휴대협박행위' 라는 기본적 사실관계가 동일하다고 볼 수 없어 범칙금 납부의 효력이 공소사실에 미치지 않는다.

## VI. 유사판례

### 1. 경범죄처벌법의 범칙금 납부행위의 효력

경범죄처벌법 제7조 제2항에 범칙자가 통고처분을 받고 범칙금을 납부한 경우에는 그 범칙행위에 대하여 다시 벌받지 아니한다고 규정하고 있음은 위 범칙금의 납부에 확정재판의 효력에 준하는 효력을 인정하는 취지로 해석할 것이므로 이에 위반하여 공소가 제기된 경우에는 면소의 판결을 하여야 한다.(대법원 1986. 2. 25. 선고 85도2664 판결)

# 제4절 상습범의 일부 확정판결의 기판력

## I. 사례요지

상습범으로서 포괄적 일죄의 관계에 있는 여러 개의 범죄사실 중 일부에 대하여 유죄판결이 확정된 경우, 그 확정판결의 사실심판결 선고 전에 저질러진 나머지 범죄에 대하여 면소판결을 선고하기 위한 요건

## II. 논 점

1. 상습범으로서 포괄적 일죄의 관계에 있는 여러 개의 범죄사실 중 일부에 대하여 유죄판결이 확정된 경우

2. 그 확정판결의 사실심판결 선고 전에 저질러진 나머지 범죄에 대하여 면소판결을 선고하기 위한 요건

## III. 법규연구 (형사소송법)

제248조(공소의 효력 범위) ① 공소의 효력은 검사가 피고인으로 지정한 자에게만 미친다.
② 범죄사실의 일부에 대한 공소의 효력은 범죄사실 전부에 미친다.
제326조(면소의 판결) 다음 경우에는 판결로써 면소의 선고를 하여야 한다.
  1. 확정판결이 있은 때

## IV. 관련 판례

### 1. 원심 (서울지법 2001. 5. 25. 선고 2000노10709, 2001노1003 판결)

이 사건 공소사실 중, 전에 사기죄로 유죄판결(인천지방법원 부천지원 1998. 3. 6. 선고 97고단1587 판결)이 확정된 사건의 사실심 선고 전에 저질러진 부분, 즉 피고인이 1996. 12. 30.부터 1998. 1. 17.까지 사이에 피해자 공소외 1, 공소외 2, 공소외 3, 공소외 4, 공소외 5, 공소외 6 등으로부터 그 판시와 같이 신공항구조물공사 동업자금, 공사현장 식당경비와 운영권 명목, 또는 토지분양대금 명목 등으로 합계 1억 원 남짓의 금원을 편취하였다는 각 사기범행 부분에 대하여, 판결이 확정된 범죄사실과 위 공소사실 부분은 그 범행의 동기, 수단 및 방법이 유사하고 2년여 기간 동안에 반복하여 행하여진 점 등에 비추어 각 사기 범행은 모두 피고인의 사기 습벽의 발현에 의하여 저질러진 범행이라고 할 것이어서 다 같이 포괄일죄인 상습사기죄에 해당하므

로 위 확정판결의 기판력이 그와 포괄일죄의 관계에 있는 위 공소사실 부분에 대하여
도 미친다고 판단하여 위 공소사실 부분에 대한 제1심의 면소판결을 유지하고 검사의
항소를 기각하였다.

## 2. 대법원 (대법원 2004. 9. 16., 선고, 2001도3206, <u>전원합의체 판결</u>)

상습범으로서 포괄적 일죄의 관계에 있는 여러 개의 범죄사실 중 일부에 대하여 유
죄판결이 확정된 경우에, 그 확정판결의 사실심판결 선고 전에 저질러진 나머지 범죄
에 대하여 새로이 공소가 제기되었다면 그 새로운 공소는 확정판결이 있었던 사건과
동일한 사건에 대하여 다시 제기된 데 해당하므로 이에 대하여는 판결로써 면소의 선
고를 하여야 하는바(형사소송법 제326조 제1호), 다만 이러한 법리가 적용되기 위해서
는 전의 확정판결에서 당해 피고인이 상습범으로 기소되어 처단되었을 것을 필요로 하
는 것이고, 상습범 아닌 기본 구성요건의 범죄로 처단되는 데 그친 경우에는, 가사 뒤
에 기소된 사건에서 비로소 드러났거나 새로 저질러진 범죄사실과 전의 판결에서 이미
유죄로 확정된 범죄사실 등을 종합하여 비로소 그 모두가 상습범으로서의 포괄적 일죄
에 해당하는 것으로 판단된다 하더라도 뒤늦게 앞서의 확정판결을 상습범의 일부에 대
한 확정판결이라고 보아 그 기판력이 그 사실심판결 선고 전의 나머지 범죄에 미친다
고 보아서는 아니된다.

<u>확정판결의 기판력이 미치는 범위를 정함에서는 그 확정된 사건 자체의 범죄사실과
죄명을 기준으로 하는 것이 원칙이고 비상습범으로 기소되어 판결이 확정된 이상, 그
사건의 범죄사실이 상습범 아닌 기본 구성요건의 범죄라는 점에 관하여 이미 기판력이
발생하였다고 보아야 할 것이며, 뒤에 드러난 다른 범죄사실이나 그 밖의 사정을 부가
하여 전의 확정판결의 효력을 검사의 기소내용보다 무거운 범죄유형인 상습범에 대한
판결로 바꾸어 적용하는 것은 형사소송의 기본원칙에 비추어 적절하지 않기 때문이다.</u>

그러므로 과거에 이와 다르게, 상습범으로서 포괄일죄 관계에 있는 죄 중 일부에 대
하여 유죄의 확정판결이 있고, 그 나머지 부분 즉 확정판결의 사실심 선고 전에 저질
러진 범행이 나중에 기소된 경우에, 그 확정판결의 죄명이 상습범이었는지 여부를 고
려하지 아니하고, 단지 확정판결이 있었던 죄와 새로 기소된 죄 사이에 상습범인 관계
가 인정된다는 이유만으로 확정판결의 기판력이 새로 기소된 죄에 미친다고 판시하였
던 대법원의 판결들(**대법원 1978. 2. 14. 선고 77도3564 전원합의체 판결**, 2002. 10.
25. 선고 2002도1736 판결 등 다수)은 이 판결의 견해와 어긋나는 범위 내에서 이를
모두 변경하기로 한다.

## V. 결 론

상습범의 경우 일사부재리 효력이 발생하기 위해서는 선행사건의 확정판결에서 상습범으로 기소되어 처단되었을 것을 필요로 한다.

## VI 유사판례

### 1. 포괄일죄 관계에 있는 범행 일부에 관하여 약식명령이 확정된 경우 면소판결의 대상

포괄일죄의 관계에 있는 범행일부에 관하여 약식명령이 확정되었다면 그 약식명령의 발령시를 기준으로 하여 그 전의 범행에 대하여는 면소의 판결을 하고, 그 이후의 범행에 대하여서만 일개의 범죄로 처벌하여야 할 것이다(당원 1984.7.24. 선고 84도1129 판결; 1981.6.23. 선고 81도1437 판결 참조). 소론과 같이 이 사건에 있어 확정된 약식명령의 발령일이 1991.11.1.이라면, 그 약식명령의 발령일 다음날인 1991.11.2.부터 1993.6.15. 까지의 범행을 유죄로 처단한 제1심을 유지한 원심은 정당하다고 할 것이고 거기에 확정판결의 기판력에 관한 법리오해의 위법이 있다고 할 수 없다. 논지는 확정된 약식명령의 기판력의 기준시를 약식명령의 확정일로 하여야 한다는 것이나, 이는 독자적인 견해에 불과하여 받아들일 수 없다. (대법원 1994. 8. 9. 선고 94도1318 판결)

### 2. 포괄일죄의 중간에 별종의 죄의 확정판결이 끼어 있는 경우

포괄일죄로 되는 개개의 범죄행위가 다른 종류의 죄의 확정판결의 전후에 걸쳐서 행하여진 경우에는 그 죄는 2죄로 분리되지 않고 확정판결 후인 최종의 범죄행위시에 완성되는 것이다. (대법원 2003. 8. 22. 선고 2002도5341 판결)

# 제5절 범칙금 납부기간 도과 전 공소제기의 적법성

## Ⅰ. 사례요지

피고인이 대금 지급의사나 능력 없이 음식을 제공받아 이를 편취하였다는 제1심 2017고단387호 사기 사건에 대하여 경찰서장이 위 공소사실과 동일한 범칙행위에 대하여 통고처분을 하였고, 검사는 위 사기 사건에 대하여 범칙금 납부기간이 지나기 전에 공소를 제기하였다.

## Ⅱ. 논 점

1. 범칙행위에 대한 통고처분에서 정한 범칙금 납부기간 이전에 즉결심판을 청구할 수 있는지(소극)

## Ⅲ. 법규연구 (형사소송법)

제327조(공소기각의 판결) 다음 경우에는 판결로써 공소기각의 선고를 하여야 한다.
 2. 공소제기의 절차가 법률의 규정에 위반하여 무효인 때

## Ⅳ. 관련 판례

### 1. 원심 (대전지법 2017. 8. 10. 선고 2017노1462 판결)

검사의 이러한 공소제기는 그 절차가 법률의 규정에 위반되어 무효인 때에 해당하여 공소를 기각하여야 한다.

### 2. 대법원 (대법원 2020. 4. 29., 선고, 2017도13409 판결)

경범죄 처벌법은 제3장에서 '경범죄 처벌의 특례' 로서 범칙행위에 대한 통고처분(제7조), 범칙금의 납부(제8조, 제8조의2)와 통고처분 불이행자 등의 처리(제9조)를 정하고 있다. 경찰서장으로부터 범칙금 통고처분을 받은 사람은 통고처분서를 받은 날부터 10일 이내에 범칙금을 납부하여야 하고, 위 기간에 범칙금을 납부하지 않은 사람은 위 기간의 마지막 날의 다음 날부터 20일 이내에 통고받은 범칙금에 20/100을 더한 금액을 납부하여야 한다(제8조 제1항, 제2항). 경범죄 처벌법 제8조 제2항에 따른 납부기간에 범칙금을 납부하지 않은 사람에 대하여 경찰서장은 지체없이 즉결심판을 청구하여야 하고(제9조 제1항 제2호), 즉결심판이 청구되더라도 그 선고 전까지 피고인이 통고받은 범칙금에 50/100을 더한 금액을 납부하고 그 증명서류를 제출하였을 경

우에는 경찰서장은 즉결심판 청구를 취소하여야 한다(제9조 제2항). 이와 같이 통고받은 범칙금을 납부한 사람은 그 범칙행위에 대하여 다시 처벌받지 않는다(제8조 제3항, 제9조 제3항).

위와 같은 규정 내용과 통고처분의 입법취지를 고려하면, 경범죄 처벌법상 범칙금제도는 범칙행위에 대하여 형사절차에 앞서 경찰서장의 통고처분에 따라 범칙금을 납부할 경우 이를 납부하는 사람에 대하여는 기소를 하지 않는 처벌의 특례를 마련해 둔 것으로 법원의 재판절차와는 제도적 취지와 법적 성질에서 차이가 있다. 또한, 범칙자가 통고처분을 불이행하였더라도 기소독점주의의 예외를 인정하여 경찰서장의 즉결심판 청구를 통하여 공판절차를 거치지 않고 사건을 간이하고 신속·적정하게 처리함으로써 소송경제를 도모하되, 즉결심판 선고 전까지 범칙금을 납부하면 형사처벌을 면할 수 있도록 함으로써 범칙자에 대하여 형사소추와 형사처벌을 면제받을 기회를 부여하고 있다.

## V. 결 론

경찰서장이 범칙행위에 대하여 통고처분을 한 이상, 범칙자의 위와 같은 절차적 지위를 보장하기 위하여 통고처분에서 정한 범칙금 납부기간까지는 원칙적으로 경찰서장은 즉결심판을 청구할 수 없고, 검사도 동일한 범칙행위에 대하여 공소를 제기할 수 없다고 보아야 한다.

# 제6절 정식재판청구서에 피고인 자필 이름이 있고 그 옆에 서명이 있는 경우

## I. 사례요지

피고인이 이 사건 즉결심판에 대하여 이 사건 정식재판청구서를 제출함으로써 정식재판청구를 하였는데, 이 사건 정식재판청구서에는 날인 없이 서명만 되어 있다. 구 형사소송법 제59조를 위반하였으므로 이 사건 정식재판청구가 부적법한 것인지

## II. 논 점

1. 피고인이 즉결심판에 대하여 제출한 정식재판청구서에 피고인의 자필로 보이는 이름이 기재되어 있고 그 옆에 서명이 되어 있는 경우, 정식재판청구가 적법한지 여부(적극)
2. 이때 피고인의 인장이나 지장이 찍혀 있지 않더라도 마찬가지인지 여부(적극)

## III. 법규연구 (형사소송법)

제57조(공무원의 서류) ① 공무원이 작성하는 서류에는 법률에 다른 규정이 없는 때에는 작성 연월일과 소속공무소를 기재하고 기명날인 또는 서명하여야 한다.
② 서류에는 간인하거나 이에 준하는 조치를 하여야 한다.
제59조(비공무원의 서류) 공무원 아닌 자가 작성하는 서류에는 연월일을 기재하고 기명날인 또는 서명하여야 한다. 인장이 없으면 지장으로 한다.

## IV. 관련 판례

### 1. 원심 (전주지방법원 2017. 11. 17.자 2017노1130 결정)

경범죄 처벌법 제9조 제1항 제2호를 위반한 것으로서 공소제기의 절차가 법률의 규정에 위반되어 무효인 때에 해당하므로 형사소송법 제327조 제2호에 따라 공소를 기각하여야 한다.

### 2. 대법원 (대법원 2019. 11. 29.자 2017모3458 결정)

즉결심판에 관한 절차법 제14조 제1항에 따르면, 즉결심판에 대하여 정식재판을 청구하고자 하는 피고인은 정식재판청구서를 경찰서장에게 제출하여야 한다.

즉결심판절차에서 즉결심판법에 특별한 규정이 없는 한 그 성질에 반하지 않는 것은 형사소송법의 규정을 준용한다(즉결심판법 제19조). 구 형사소송법(2017. 12. 12. 법률 제15164호로 개정되기 전의 것, 이하 '구 형사소송법'이라 한다) 제59조는 "공무원 아닌 자가 작성하는 서류에는 연월일을 기재하고 기명날인하여야 한다. 인장이 없으면 지장으로 한다."라고 정하였다. 여기에서 '기명날인'은 공무원 아닌 사람이 작성하는 서류에 관하여 그 서류가 작성자 본인의 진정한 의사에 따라 작성되었다는 것을 확인하는 표식으로서 형사소송절차의 명확성과 안정성을 도모하기 위한 것이다.

형사소송법 제57조는 "공무원이 작성하는 서류에는 법률에 다른 규정이 없는 때에는 작성 연월일과 소속공무소를 기재하고 기명날인 또는 서명하여야 한다."라고 정하여 공무원이 작성하는 서류에 대한 본인확인 방법으로 기명날인 외에 서명을 허용하고 있다. 형사소송 서류에 대한 본인확인 방법과 관련하여 공무원이 아닌 사람이 작성하는 서류를 공무원이 작성하는 서류와 달리 적용할 이유가 없고, 생활 저변에 서명이 보편화되는 추세에 따라 행정기관에 제출되는 서류의 본인확인 표식으로 인장이나 지장뿐만 아니라 서명도 인정될 필요성이 높아지고 있다. 이를 고려하여 2017. 12. 12. 법률 제15164호로 형사소송법을 개정할 당시 제59조에서도 본인확인 방법으로 기명날인 외에 서명을 허용하였다.

## V. 결 론

구 형사소송법 제59조에서 정한 기명날인의 의미, 이 규정이 개정되어 기명날인 외에 서명도 허용한 경위와 취지 등을 종합하면, 피고인이 즉결심판에 대하여 제출한 정식재판청구서에 피고인의 자필로 보이는 이름이 기재되어 있고 그 옆에 서명이 되어 있어 위 서류가 작성자 본인인 피고인의 진정한 의사에 따라 작성되었다는 것을 명백하게 확인할 수 있으며 형사소송절차의 명확성과 안정성을 저해할 우려가 없으므로, 정식재판청구는 적법하다고 보아야 한다. 피고인의 인장이나 지장이 찍혀 있지 않다고 해서 이와 달리 볼 것이 아니다.

# 형사특별법

**3편**

# 제1장

# 건축/건설/교통/환경 등

## 제1절 건축법령이 건축물을 수선 · 변경하는 행위 중 일정한 행위를 '대수선' 으로 정의하고 규율대상으로 삼는 취지

### Ⅰ. 사례요지

건축법 시행령에서 말하는 내력벽의 '해체'에 내력벽을 완전히 없애는 경우에 이르지 않더라도 위험 상황이 변동될 가능성이 있는 정도로 내력벽 일부만을 제거하는 경우가 포함되는지

### Ⅱ. 논 점

건축법령이 건축물을 수선 · 변경하는 행위 중 일정한 행위를 '대수선' 으로 정의하고 규율대상으로 삼는 취지

### Ⅲ. 법규연구 (건축법)

제14조(건축신고) ① 제11조에 해당하는 허가 대상 건축물이라 하더라도 다음 각 호의 어느 하나에 해당하는 경우에는 미리 특별자치시장 · 특별자치도지사 또는 시장 · 군수 · 구청장에게 국토교통부령으로 정하는 바에 따라 신고를 하면 건축허가를 받은 것으로 본다.

1. 바닥면적의 합계가 85제곱미터 이내의 증축 · 개축 또는 재축. 다만, 3층 이상 건축물인 경우에는 증축 · 개축 또는 재축하려는 부분의 바닥면적의 합계가 건축물 연면적의 10분의 1 이내인 경우로 한정한다.

2. 「국토의 계획 및 이용에 관한 법률」에 따른 관리지역, 농림지역 또는 자연환경보전지역에서 연면적이 200제곱미터 미만이고 3층 미만인 건축물의 건축. 다만, 다음 각 목의 어느 하나에 해당하는 구역에서의 건축은 제외한다.

   가. 지구단위계획구역

   나. 방재지구 등 재해취약지역으로서 대통령령으로 정하는 구역

3. 연면적이 200제곱미터 미만이고 3층 미만인 건축물의 대수선

4. 주요구조부의 해체가 없는 등 대통령령으로 정하는 대수선

5. 그 밖에 소규모 건축물로서 대통령령으로 정하는 건축물의 건축

제11조(건축허가) ① 건축물을 건축하거나 대수선하려는 자는 특별자치시장·특별자치도지사 또는 시장·군수·구청장의 허가를 받아야 한다. 다만, 21층 이상의 건축물 등 대통령령으로 정하는 용도 및 규모의 건축물을 특별시나 광역시에 건축하려면 특별시장이나 광역시장의 허가를 받아야 한다.

제108조(벌칙) ① 다음 각 호의 어느 하나에 해당하는 자는 3년 이하의 징역이나 5억원 이하의 벌금에 처한다.

1. 도시지역에서 제11조제1항, 제19조제1항 및 제2항, 제47조, 제55조, 제56조, 제58조, 제60조, 제61조 또는 제77조의10을 위반하여 건축물을 건축하거나 대수선 또는 용도변경을 한 건축주 및 공사시공자

## IV. 관련 판례

### 1. 원심 (서울중앙지법 2015. 6. 18. 선고 2015노528 판결)

이 사건 공동구의 우측 벽체가 건물 구조상 유효한 벽으로서 건축법상 대수선의 대상이 되는 '내력벽'에 해당한다고 인정하였다. 나아가 피고인들이 벽체의 일부(넓이 2m, 높이 1.8m, 두께 60cm)를 완전히 관통한 다음 출입문을 설치한 것이 내력벽의 '해체'에 해당한다고 판단하여 이 사건 공소사실을 유죄로 인정하였다.

### 2. 대법원 (대법원 2016. 12. 15., 선고, 2015도10671, 판결)

건축법상 허가 또는 신고 대상행위인 '대수선'이란 건축물의 기둥, 보, 내력벽, 주계단 등의 구조나 외부 형태를 수선·변경하거나 증설하는 것으로서 대통령령으로 정하는 것을 말한다(건축법 제2조 제1항 제9호). 내력벽을 증설 또는 해체하거나 그 벽면적을 30㎡ 이상 수선 또는 변경하는 것으로서 증축·개축 또는 재축에 해당하지 않는 것은 대수선에 포함된다(건축법 시행령 제3조의2 제1호). 여기에서 '내력벽'이란 일반적으로 건축물의 하중을 견디거나 전달하기 위한 벽체를 의미한다.

한편 구 건축법 시행령(2006. 5. 8. 대통령령 제19466호로 개정되기 전의 것) 제3조의2 제1호는 '내력벽의 벽면적을 30㎡ 이상 해체하여 수선 또는 변경하는 것'을 대수선으로 규정하고 있었다. 2006. 5. 8. 대통령령 제19466호로 개정된 건축법 시행령에서 대수선의 정의를 '내력벽을 증설·해체하거나 내력벽의 벽면적을 30㎡ 이상 수선 또는 변경하는 것'으로 개정하여, '내력벽의 증설'을 추가하고 '내력벽의 해체'에 벽면적을 30㎡ 이상으로 제한한 내용을 삭제하였다. 그 후 2008. 10. 29. 대통령령 제21098호로 개정된 건축법 시행령에서 증설·해체하거나'가 '증설 또는 해체하거나'로 표현만 수정되어 현재에 이르고 있다.

해체(解體)란 사전적 의미에서 여러 가지 부속으로 맞추어진 기계 따위를 뜯어서 헤치거나 구조물 따위를 헐어 무너뜨리는 것을 뜻하는데, 해체 대상물의 일부만을 제거하는 것도 포함될 수 있다. 건축법령이 건축물을 수선·변경하는 행위 중 일정한 행위를 대수선으로 정의하고 규율대상으로 삼는 취지는 건축물의 위험상황이 변동될 수 있는 행위의 범주를 설정하고 구조안전 등을 해치지 않는 경우에 제한적으로 대수선을 허용함으로써 건축물로부터 발생하는 위험을 방지하고자 하는 데 있다. 건축법 시행령은 대수선의 범위를 확대하여 내력벽의 해체에 관해서는 벽면적의 제한을 삭제하고, 내력벽의 해체를 수반하지 않는 수선·변경행위도 대수선에 포함시키는 내용으로 개정되었다.

위와 같은 법령의 문언과 목적, 개정의 연혁과 취지 등을 고려하면, 건축법 시행령에서 말하는 내력벽의 '해체'에는 내력벽을 완전히 없애는 경우는 물론이고 그에 이르지 않더라도 위험상황이 변동될 가능성이 있는 정도로 내력벽 일부만을 제거하는 경우도 포함된다.

## V. 결 론

건물 전체의 구조와 외부 형태, 벽체의 구조와 설계·시공상의 취급, 벽체에 미치는 하중의 방향과 크기 등을 종합하면, 피고인들이 철거한 벽체가 건물의 구조상 유효한 벽으로서 건축법 제2조 제1항 제9호에서 말하는 내력벽에 해당한다고 본 원심의 판단은 정당하다. 나아가 원심판결 이유를 앞에서 본 법리에 비추어 보면, 피고인들이 출입문을 설치하기 위하여 위와 같이 내력벽인 공동구의 벽면 일부를 철거한 행위가 건축법 시행령 제3조의2 제1호에서 말하는 내력벽의 해체에 해당한다고 본 원심의 판단 또한 정당하다.

# 제2절 대문을 새로이 축조하는 것이 건축물의 증축에 해당하는지

## I. 논 점

1. 종전에 없던 대문을 새로이 축조하는 것이 건축물의 증축에 해당하는지 여부(적극)
2. 대문이 건축선의 제한을 받는지 여부(적극)
3. 건축선의 결정 기준 및 건축선을 위반하여 대문을 축조한 이후에 그 부지 부분을 매수하였다면, 위 건축행위가 사후적으로 적법하게 되는지 여부(소극)

## II. 법규연구 (건축법)

> 제2조(정의) ① 이 법에서 사용하는 용어의 뜻은 다음과 같다.
> 2. "건축물"이란 토지에 정착(定着)하는 공작물 중 지붕과 기둥 또는 벽이 있는 것과 이에 딸린 시설물, 지하나 고가(高架)의 공작물에 설치하는 사무소·공연장·점포·차고·창고, 그 밖에 대통령령으로 정하는 것을 말한다.
>
> 제46조(건축선의 지정) ① 도로와 접한 부분에 건축물을 건축할 수 있는 선[이하 "건축선(建築線)"이라 한다]은 대지와 도로의 경계선으로 한다. 다만, 제2조제1항제11호에 따른 소요 너비에 못 미치는 너비의 도로인 경우에는 그 중심선으로부터 그 소요 너비의 2분의 1의 수평거리만큼 물러난 선을 건축선으로 하되, 그 도로의 반대쪽에 경사지, 하천, 철도, 선로부지, 그 밖에 이와 유사한 것이 있는 경우에는 그 경사지 등이 있는 쪽의 도로경계선에서 소요 너비에 해당하는 수평거리의 선을 건축선으로 하며, 도로의 모퉁이에서는 대통령령으로 정하는 선을 건축선으로 한다.
>
> 제47조(건축선에 따른 건축제한) ① 건축물과 담장은 건축선의 수직면(垂直面)을 넘어서는 아니 된다. 다만, 지표(地表) 아래 부분은 그러하지 아니하다.
> ② 도로면으로부터 높이 4.5미터 이하에 있는 출입구, 창문, 그 밖에 이와 유사한 구조물은 열고 닫을 때 건축선의 수직면을 넘지 아니하는 구조로 하여야 한다.

## III. 관련 판례

### 1. 원심 (부산지법 2006. 11. 28. 선고 2006노1971 판결)

증축에 해당하고 건축선의 제한을 받는다.

### 2. 대법원 (대법원 2007. 3. 16., 선고, 2006도8935, 판결)

대문은 건물에 부수되는 시설물로서 구 건축법(2005. 11. 8. 법률 제7696호로 개정되기 전의 것, 이하 '법'이라고만 한다) 제2조 제1항 제2호가 규정하는 건축물에 해당한다고 할 것이므로 종전에 없던 대문을 새로이 축조하는 것은 건축물의 증축에 해당하고, 그 증축면적이 85㎡ 이내인 경우에는 법 제9조 제1항 제1호의 규정에 따라 관할관청에 신고하여야 한다고 할 것이다.

한편, 법 제37조 제1항 본문은 "건축물 및 담장은 건축선을 넘어서는 아니된다."고 규정하고 있는데, 대문은 건축물이므로 건축선의 제한을 받는다고 할 것이다.

법 제36조 제1항은 건축선은 도로와 접한 부분에 있어서 대지와 도로의 경계선으로 하되, 너비가 4m에 미달하는 도로인 경우에는 그 중심으로부터 4m의 2분의 1에 상당하는 수평거리를 후퇴한 선을 건축선으로 한다고 규정하고 있으므로 건축선은 대지와 도로와의 관계에 따라 정해지는 것일 뿐 그 대지나 도로의 소유권의 귀속과는 아무런 관계가 없다고 할 것이므로 피고인이 이 사건 대문을 축조한 이후에 그 부지 부분을 매수하였다고 하더라도 그러한 사정만으로는 건축선을 위반한 건축행위가 사후적으로 적법하게 되는 것이라고는 할 수 없다.

# 제3절 건축물의 용도변경행위의 범위 및 공소시효 진행 여부

## I. 사례요지

피고인은 면적 2,856.41㎡, 연면적 27,029.34㎡, 지하 4층, 지상 18층 오피스텔의 사실상 관리자인 관리소장으로서, 관할관청에 신고하지 아니하고, 1995년 8월경 위 건물 지상 4층 근린생활시설(의원) 1,125.2㎡ 중의 일부인 1,014.52㎡를 관리사무실로 용도를 변경하여 사용하였다.

## II. 논 점

1. 건축법상 처벌의 대상이 되는 건축물의 용도변경행위의 범위 및 무단으로 건축물을 다른 용도로 계속 사용하는 경우

2. 그 용도변경의 건축법위반죄의 공소시효 진행 여부(소극)

## III. 법규연구 (건축법)

제11조(건축허가) ① 건축물을 건축하거나 대수선하려는 자는 특별자치시장·특별자치도지사 또는 시장·군수·구청장의 허가를 받아야 한다. 다만, 21층 이상의 건축물 등 대통령령으로 정하는 용도 및 규모의 건축물을 특별시나 광역시에 건축하려면 특별시장이나 광역시장의 허가를 받아야 한다.

제19조(용도변경) ① 건축물의 용도변경은 변경하려는 용도의 건축기준에 맞게 하여야 한다.

② 제22조에 따라 사용승인을 받은 건축물의 용도를 변경하려는 자는 다음 각 호의 구분에 따라 국토교통부령으로 정하는 바에 따라 특별자치시장·특별자치도지사 또는 시장·군수·구청장의 허가를 받거나 신고를 하여야 한다.

1. 허가 대상: 제4항 각 호의 어느 하나에 해당하는 시설군(施設群)에 속하는 건축물의 용도를 상위군(제4항 각 호의 번호가 용도변경하려는 건축물이 속하는 시설군보다 작은 시설군을 말한다)에 해당하는 용도로 변경하는 경우

제108조(벌칙) ① 다음 각 호의 어느 하나에 해당하는 자는 3년 이하의 징역이나 5억원 이하의 벌금에 처한다.

1. 도시지역에서 제11조제1항, 제19조제1항 및 제2항, … 을 위반하여 건축물을 건축하거나 대수선 또는 용도변경을 한 건축주 및 공사시공자

## IV. 관련 판례

### 1. 원심 (대전지법 200 1. 7. 5. 선고 2000노2360 판결)

위 죄는 구 건축법(1997. 12. 13. 법률 제5450호로 개정되기 전의 것) 제78조 제1항, 제8조 제1항, 제14조에 의하면 법정형이 3년 이하의 징역 또는 5천만 원 이하의

벌금으로 되어 있어 형사소송법 제250조, 형법 제50조, 형사소송법 제249조 제1항 제5호에 의하여 공소시효가 3년임을 알 수 있고, 건축법상의 허가 없이 용도변경하는 죄는 용도를 변경하는 행위를 하는 시점에서 범죄가 성립되고 완성되는 즉시범으로서 공소시효도 용도변경행위를 한 그 시점부터 바로 진행된다고 보아야 할 것이므로, 위 공소가 범죄행위가 종료한 때로부터 3년이 이미 경과한 2000. 5. 31. 제기되었음이 기록상 명백하여 공소시효가 완성된 때에 해당한다.

## 2. 대법원 (대법원 2001. 9. 25., 선고, 2001도3990, 판결)

건축법상 허가를 받지 아니하거나 신고를 하지 아니한 경우 처벌의 대상이 되는 건축물의 용도변경행위(1999. 2. 8. 법률 제5895호로 건축법이 개정되면서 건축물의 용도변경에 관하여 허가제에서 신고제로 전환되었다)는 유형적으로 용도를 변경하는 행위뿐만 아니라 다른 용도로 사용하는 것까지를 포함하며(대법원 1990. 4. 13. 선고 89도2525 판결, 1991. 3. 27. 선고 90도2860 판결 등 참조), 이처럼 허가를 받지 아니하거나 신고를 하지 아니한 채 건축물을 다른 용도로 사용하는 행위는 계속범의 성질을 가지는 것이어서 허가 또는 신고 없이 다른 용도로 계속 사용하는 한 가벌적 위법상태는 계속 존재하고 있다고 할 것이므로, 그러한 용도변경행위에 대하여는 공소시효가 진행하지 아니하는 것으로 보아야 할 것이다(대법원 1996. 3. 22. 선고 95도3044 판결 참조).

## V. 결 론

따라서 허가를 받지 아니하거나 신고를 하지 아니하고 건축물의 용도를 변경한 행위를 즉시범으로 보아, 위 용도변경행위를 개시한 시점부터 공소시효가 진행된다고 본 원심은 이 점에서 위법을 면치 못한다.

## VI 유사판례

### 1. 건축법상 건축물의 건축으로 보는 용도변경 행위의 범위

건축법상 건축물의 건축으로 보는 용도변경 행위에는 건축법시행령 [별표 1]의 각 항 각 호에 정하여진 용도에서 타용도로 변경하는 행위 자체뿐만 아니라 타용도로 사용하는 행위까지도 포함되는 것이고 그 변경에 반드시 유형적인 변경이 수반되어야 하는 것은 아니다. (대법원 1995. 12. 22. 선고 94도2148 판결)

# 제4절 국토계획법에 따른 개발행위허가를 받은 자가 사망한 경우

## Ⅰ. 사례요지

피고인은 부친인 공소외 1(2010. 2.경 사망) 명의로 공소외 1 소유에 관해 개발행위허가를 득하였으나, 준공검사를 받지 않아 개발행위허가가 취소되었다. 피고인은 시로부터 위 토지를 원상복구하라는 내용의 통지문을 받았음에도 정당한 사유 없이 이를 이행하지 않았다.

## Ⅱ. 논 점

1. 국토계획법에 의한 개발행위허가를 받은 자가 사망한 경우, 상속인이 그 지위를 승계하는지 여부(원칙적 적극)

2. 이러한 지위를 승계한 상속인이 같은 법 제133조 제1항 제5의2호에서 정한 개발행위허가기간 만료에 따른 원상회복명령의 수범자가 되는지 여부(적극)

## Ⅲ. 법규연구 (국토의 계획 및 이용에 관한 법률)

제56조(개발행위의 허가) ① 다음 각 호의 어느 하나에 해당하는 행위로서 대통령령으로 정하는 행위(이하 "개발행위"라 한다)를 하려는 자는 특별시장·광역시장·특별자치시장·특별자치도지사·시장 또는 군수의 허가(이하 "개발행위허가"라 한다)를 받아야 한다. 다만, 도시·군계획사업(다른 법률에 따라 도시·군계획사업을 의제한 사업을 포함한다)에 의한 행위는 그러하지 아니하다.

1. 건축물의 건축 또는 공작물의 설치

2. 토지의 형질 변경(경작을 위한 경우로서 대통령령으로 정하는 토지의 형질 변경은 제외한다)

3. 토석의 채취

4. 토지 분할(건축물이 있는 대지의 분할은 제외한다)

5. 녹지지역·관리지역 또는 자연환경보전지역에 물건을 1개월 이상 쌓아놓는 행위

제133조(법률 등의 위반자에 대한 처분) ① 국토교통부장관, 시·도지사, 시장·군수 또는 구청장은 다음 각 호의 어느 하나에 해당하는 자에게 이 법에 따른 허가·인가 등의 취소, 공사의 중지, 공작물 등의 개축 또는 이전, 그 밖에 필요한 처분을 하거나 조치를 명할 수 있다.

5. 제56조에 따른 개발행위허가 또는 변경허가를 받지 아니하고 개발행위를 한 자

5의2. 제56조에 따라 개발행위허가 또는 변경허가를 받고 그 허가받은 사업기간 동안 개발행위를 완료하지 아니한 자

제135조(권리·의무의 승계 등) ② 이 법 또는 이 법에 따른 명령에 의한 처분, 그 절차 및 그 밖의 행위는 그 행위와 관련된 토지 또는 건축물에 대하여 소유권이나 그 밖의 권리를 가진 자의 승계인에 대하여 효력을 가진다.

제142조(벌칙) 제133조제1항에 따른 허가 · 인가 등의 취소, 공사의 중지, 공작물 등의 개축 또는 이전 등의 처분 또는 조치명령을 위반한 자는 1년 이하의 징역 또는 1천만원 이하의 벌금에 처한다.

## IV. 관련 판례

### 1. 원심 (수원지법 2013. 8. 21. 선고 2013노471 판결)

피고인이 아버지인 망 공소외 1 명의로 개발행위허가를 받았다고 인정할 만한 증거가 부족하고 피고인을 개발행위허가를 받은 자로 볼 수 없다는 점을 들어, 이 부분 국토계획법 위반의 점에 대하여 범죄사실의 증명이 없다고 보아 이를 유죄로 인정한 제1심판결을 파기하고 무죄로 판단하였다.

### 2. 대법원 (대법원 2014. 7. 24., 선고, 2013도10605, 판결)

국토계획법 제135조 제2항이 국토계획법에 의한 처분, 그 절차 및 그 밖의 행위에 대하여 그 행위와 관련된 토지 또는 건축물의 소유권이나 그 밖의 권리를 가진 자의 승계인에게 그 효력을 미치도록 규정하고 있는 점, 국토계획법에 의한 개발행위허가는 대물적 허가의 성질을 가지고 있는 점 등을 종합하여 볼 때, 개발행위허가를 받은 자가 사망한 경우 특별한 사정이 없는 한 상속인이 개발행위허가를 받은 자의 지위를 승계하고, 이러한 지위를 승계한 상속인은 국토계획법 제133조 제1항 제5의2호에서 정한 개발행위허가기간의 만료에 따른 원상회복명령의 수범자가 된다.

## V. 결 론

그러나 한편 피고인에 대한 처벌조항의 전제인 국토계획법 제133조 제1항 제5의2호는 2011. 4. 14. 법률 제10599호로 개정된 국토계획법에서 신설되어 2012. 4. 15.부터 시행된 조항으로서, 이는 앞서 본 바와 같이 이 사건 원상회복명령이 내려진 2012. 2.경에는 아직 시행되지 아니하였으므로, 이 사건 원상회복명령은 국토계획법 제133조 제1항 제5의2호에 따른 처분 또는 조치에 해당한다고 볼 수 없다. 따라서 피고인이 국토계획법 제133조 제1항 제5의2호에 따른 처분 또는 조치명령을 받았음을 전제로 공소제기된 이 사건에서, 피고인을 위 조항에 따른 처분 또는 조치명령을 위반한 자라고 보아 국토계획법 제142조에 의하여 처벌할 수는 없다고 할 것이다.

# 제5절 골재채취법상 '채취'의 의미 및 그 판단기준

## I. 사례요지

판시와 같은 사정에 비추어 늦어도 1997. 7월까지는 전남 무안군 (상세 지번 생략) 토지를 포함한 모래 야적 장소의 평탄화 작업이 이루어진 뒤 약 6년이 경과하는 동안 특별한 관리가 하여지지 아니한 가운데, 계속적인 바람과 해수의 영향으로 바다 쪽 모래는 유실되었지만 육지 쪽은 쌓은 모래로 돋우어진 채로 점차로 다져지고, 그 다져진 지면이 인접한 농경지 제방과 함께 통행로로 이용되면서 위 (상세 지번 생략) 토지 중 모래가 돋우어진 부분은 그와 같이 돋우어진 형상의 새로운 자연상태로 변경되었다.

## II. 논점

1. 골재채취법상 채취'의 의미 및 그 판단기준
2. 채취되어 보관된 골재가 하부의 토지 등과 일체가 되어 새로운 자연상태에 이르게 된 경우 그 골재를 긁어내어 다른 곳으로 운반하는 것이 골재채취법상의 '채취'에 해당하는지 여부(적극)
3. 일단 채취되었던 골재가 다시 자연상태의 골재로 되었는지 아닌지의 판단 방법

## III. 법규연구 (골재채취법)

제2조(정의) ① 이 법에서 사용하는 용어의 뜻은 다음과 같다.
  1. "골재"란 하천, 산림, 공유수면이나 그 밖의 지상·지하 등 자연상태에 부존(賦存)하는 암석[쇄석용(碎石用)에 한정한다], 모래 또는 자갈로서 콘크리트 및 아스팔트콘크리트의 재료 또는 그 밖에 건설공사의 기초재료로 쓰이는 것을 말한다.
  2. "채취"란 골재를 캐거나 들어내는 등 자연상태로부터 분리하여 내는 것을 말한다.
제22조(골재채취의 허가) ① 골재를 채취하려는 자는 대통령령으로 정하는 바에 따라 관할 시장·군수 또는 구청장{「배타적 경제수역 및 대륙붕에 관한 법률」 제2조에 따른 배타적 경제수역(이하 "배타적 경제수역"이라 한다)에서의 골재채취의 경우에는 국토교통부장관을 말하며, 제34조에 따른 골재채취단지(배타적 경제수역에서 지정된 골재채취단지는 제외한다)에서의 골재채취의 경우에는 시·도지사를 말한다. 이하 이 조, 제23조부터 제25조까지, 제29조부터 제31조까지, 제33조 및 제47조의2에서 같다}의 허가를 받아야 한다.
제49조(벌칙) 다음 각 호의 어느 하나에 해당하는 자는 5년 이하의 징역 또는 5천만원 이하의 벌금에 처한다.
  3. 제22조제1항 본문을 위반하여 허가를 받지 아니하고 골재를 채취한 자
  4. 거짓이나 그 밖의 부정한 방법으로 제22조제1항 본문에 따른 골재채취 허가를 받은 자

## Ⅳ. 관련 판례

### 1. 원심 (광주지법 2005. 7. 22. 선고 2004노2714 판결)

피고인이 이미 새로운 형상과 상태의 토지로 변경된 위 (상세 지번 생략) 토지에서 모래를 분리, 반출한 이 사건 행위는 과거에 채취하여 야적하여 두었던 모래의 단순한 운반행위라고 할 수 없고 관할관청의 허가를 요하는 골재채취행위라고 판단하였다.

### 2. 대법원 (대법원 2006. 3. 24., 선고, 2005도5935, 판결)

골재채취법 제2조 제1호는 '골재'라 함은 하천, 산림, 공유수면 기타 지상·지하 등에 부존된 암석(쇄석용에 한한다)·모래 또는 자갈로서 건설공사의 기초재료로 쓰이는 것을 말한다고 규정하고, 같은 조 제1의2호는 '채취'라 함은 골재를 캐거나 들어내는 등 자연상태로부터 분리하여 내는 것을 말한다고 규정하고 있으므로, 이미 자연상태에서 분리되어 '채취'된 후 다른 곳에 보관된 골재는 특별한 사정이 없는 한 이를 긁어내어 또 다른 곳으로 운반하더라도 골재채취법상의 '채취'에 해당한다고 할 수는 없을 것이다 (대법원 1996. 12. 20. 선고 95도1497 판결 참조).

그러나 자연상태에서 분리되어 채취된 후 다른 곳에 보관된 골재라 하더라도 오랫동안 방치되면 골재가 적치된 하부의 토지 등과 일체가 되어 그 상태가 그 토지의 형상으로 되면서 새로운 자연상태를 형성할 수도 있을 것이고, 그와 같이 채취되어 보관된 골재가 하부의 토지 등과 일체가 되어 새로운 자연상태에 이르게 되었다면 그 골재를 긁어내어 또 다른 곳으로 운반하는 것은 골재채취법상의 '채취'에 해당한다고 할 수 있을 것인바, 일단 채취되었던 골재가 다시 자연상태의 골재로 되었는지의 여부는 골재채취법의 입법 취지인 골재채취에 따른 재해예방의 필요성을 비롯하여 당해 토지의 이용현황 및 전망, 주변환경, 관리상태, 생태구성, 환경영향 등 제반 사정을 참작하여 종합적으로 판단하여야 할 것이다.

## Ⅴ. 결 론

피고인이 2003. 7. 7.자로 접수한 건설교통부에 대한 반출관련 질의에 대하여 이미 허가받아 채취된 것을 반출하는 것에 대하여는 규제하지 않는다는 건설교통부의 회신이 있었음은 인정되지만, 건설교통부의 위 회신내용은 이미 채취된 골재는 반출이 가능하다는 원론적인 답변을 해준 것에 불과하다고 보이고, 오히려 피고인이 무안군수로부터 받은 2003. 5. 21.자 민원회신서에는 허가기간이 만료되고 원상복구 후 복구비까지 지급되었으므로 반출이 불가하다는 내용의 구체적인 답변이 있었던 사실이 인정되어, 피고인의 골재반출 행위 당시 위법성의 인식 내지는 범의가 없었다고 볼 수 없다.

# 제6절 해수욕장에서 스쿠터 대여영업행위와 공유수면 점용 여부

## I. 사례요지

> 피고인이 ○○이라는 상호로 4륜 스쿠터 임대업을 하면서 관할관청의 허가를 받지 아니하고 4륜 스쿠터 10대를 그곳을 찾아온 불특정 관광객들에게 임대하여 공유수면인 △△해수욕장 백사장에서 운행하도록 하는 방법으로 공유수면을 점용하였다.

## II. 논 점

공유수면 점용의 의미 및 공유수면 점용에 해당하는지를 판단하는 기준

## III. 법규연구 (공유수면 관리 및 매립에 관한 법률)

> 제8조(공유수면의 점용·사용허가) ① 다음 각 호의 어느 하나에 해당하는 행위를 하려는 자는 대통령령으로 정하는 바에 따라 공유수면관리청으로부터 공유수면의 점용 또는 사용(이하 "점용·사용"이라 한다)의 허가(이하 "점용·사용허가"라 한다)를 받아야 한다. 다만, 「수상에서의 수색·구조 등에 관한 법률」 제19조에 따른 조난된 선박등의 구난작업, 「재난 및 안전관리 기본법」 제37조에 따른 응급조치를 위하여 공유수면을 점용·사용하려는 경우 또는 제28조에 따라 매립면허를 받은 자가 매립면허를 받은 목적의 범위에서 해당 공유수면을 점용·사용하려는 경우에는 그러하지 아니하다.
>
> 제62조(벌칙) 다음 각 호의 어느 하나에 해당하는 자는 3년 이하의 징역 또는 3천만원 이하의 벌금에 처한다.
>
> 2. 제8조제1항에 따른 점용·사용허가를 받지 아니하고 공유수면을 점용·사용한 자

## IV. 관련 판례

### 1. 원심 (창원지법 2010. 9. 9. 선고 2010노793 판결)

피고인이 이 사건 백사장을 점용하는 것으로 보아 위 공소사실을 유죄로 판단한 제1심판결을 그대로 유지하였다.

### 2. 대법원 (대법원 2010. 11. 25. 선고 2010도12529 판결)

구 공유수면관리법(2010. 4. 15. 법률 제10272호로 폐지되기 전의 것)에 규정된 공유수면의 점용이란 공유수면에 대하여 일반사용과는 별도로 공유수면의 특정 부분을 유형적·고정적으로 특정한 목적을 위하여 사용하는 이른바 특별사용을 의미하는 것이고(대법원 2004. 10. 15. 선고 2002다68485 판결 등 참조), 그와 같은 공유수면의 특

별사용은 반드시 독점적·배타적인 것이 아니라 그 사용목적에 따라서는 공유수면의 일반사용과 병존이 가능한 경우도 있으므로 공유수면 점용 부분이 동시에 일반공중에 공용되고 있다고 하여 공유수면 점용이 아니라고 말할 수 없는 것이며, 당해 공유수면의 점용을 위와 같은 특별사용으로 볼 것인지 아니면 일반사용으로 볼 것인지는 그 공유수면 점용의 주된 용도와 기능이 무엇인지에 따라 가려야 한다. 피고인은 관광객들에게 4륜스쿠터를 임대하여 인근에 있는 이 사건 백사장 내에서 운행하라고 말하였고, 그 관광객들은 4륜스쿠터를 이 사건 백사장에서 운행하였다는 것에 불과하다.

## V. 결 론

피고인이 위와 같이 관광객들에게 4륜 스쿠터를 임대하면서 이 사건 백사장에서 운행하라고 말한 것만으로 피고인이 공유수면의 특정 부분인 이 사건 백사장을 일반사용과는 별도로 특정한 목적을 위하여 유형적·고정적으로 사용함으로써 이를 점용하고 있다고 볼 수는 없다.

# 제7절 농지법에서 정한 '농지'에 해당하는지 판단하는 기준

## I. 사례요지

피고인은 일시사용허가 기간이 종료하였음에도 기간을 연장하는 내용의 허가를 받지 아니한 채 답 6,104㎡ 중 213㎡를 비롯하여 총 8필지 중 7,766㎡에 돌파쇄기 및 석산을 관리하기 위하여 기존에 설치하여 사용해 오던 시설물을 철거하지 아니하고 계속하여 사용함으로써, 농지의 타용도 일시사용허가를 받지 아니하고 농지를 다른 용도로 사용하였다.

## II. 논 점

1. 농지법 제2조 제1호에서 정한 '농지'에 해당하는지 판단하는 기준 및 공부상 지목이 전(田)인 토지가 농지의 현상을 상실하였으나 상실 상태가 일시적인 것에 불과하여 농지로서의 원상회복이 용이한 경우, 농지에 해당하는지 여부(적극)

2. 농지가 형질변경이나 전용으로 현실적으로 다른 용도로 사용되고 있으나, 일정 기간 사용 후 농지로 복구한다는 조건으로 일시사용허가를 받아 이루어진 것으로서 허가기간 만료 후 농지로 복구하여야 하고 농지로 회복하는 것이 가능한 경우, 변경상태가 일시적인지 여부(적극)

## III. 법규연구 (농지법)

제36조(농지의 타용도 일시사용허가 등) ① 농지를 다음 각 호의 어느 하나에 해당하는 용도로 일시사용하려는 자는 대통령령으로 정하는 바에 따라 일정 기간 사용한 후 농지로 복구한다는 조건으로 시장·군수 또는 자치구구청장의 허가를 받아야 한다. 허가받은 사항을 변경하려는 경우에도 또한 같다. 다만, 국가나 지방자치단체의 경우에는 시장·군수 또는 자치구구청장과 협의하여야 한다.

제59조(벌칙) 다음 각 호의 어느 하나에 해당하는 자는 5년 이하의 징역 또는 5천만원 이하의 벌금에 처한다.

  2. 제36조 제1항에 따른 농지의 타용도 일시사용허가를 받지 아니하고 농지를 다른 용도로 사용한 자

## IV. 관련 판례

### 1. 원심 (전주지법 2013. 8. 16. 선고 2013노469 판결)

어떠한 토지가 농지법상 농지에 해당하는지는 공부상의 지목 여하에 불구하고 해당 토지의 사실상 현상에 따라 가려야 한다고 전제한 다음, 피고인 1이 피고인 회사

명의로 일시사용허가를 받아 이 사건 토지들을 진입로와 돌파쇄기 및 관리사무실 등의 부지로 전용하였으므로, 이 사건 토지는 사실상의 현상에 비추어 볼 때 농지법상의 농지에 해당하지 않고, 따라서 피고인 1이 일시사용허가 기간이 지난 후에 위 토지를 계속하여 위 시설물의 부지로 점유, 사용하고 있더라도 농지법상 무허가 농지전용에 해당하지 않는다는 이유로, 피고인들의 위 행위에 대하여 <u>무죄를 선고한 제1심판결을 그대로 유지하였다.</u>

## 2. 대법원 (대법원 2015. 3. 12., 선고, 2013도10544, 판결)

가. 어떠한 토지가 농지법 제2조 제1호에서 정한 <u>농지에 해당하는지는 공부상의 지목 여하에 불구하고 해당 토지의 사실상 현상에 따라 가려야 하고, 따라서 그 토지가 공부상 지목이 전으로 되어 있다고 하더라도 농지로서의 현상을 상실하고 그 상실 상태가 일시적인 것이 아니라면 그 토지는 더 이상 농지법에서 말하는 '농지'에 해당하지 않는다고 할 것이나</u>(대법원 2009. 4. 16. 선고 2007도6703 전원합의체 판결 등 참조), <u>농지의 현상을 상실한 상태가 일시적인 것에 불과하여 농지로서의 원상회복이 용이하게 이루어질 수 있다면 그 토지는 여전히 농지법에서 말하는 농지에 해당한다.</u> 한편 농지가 형질변경이나 전용으로 현실적으로 다른 용도로 사용되고 있다고 하더라도, 그와 같이 형질변경되거나 전용된 것이 <u>일정 기간 사용 후 농지로 복구한다는 조건으로 일시사용허가를 받아 이루어진 것으로서 그 허가기간 만료 후에는 농지로 복구하여야 하고, 그 현상변경의 정도와 주변토지의 이용상황 등에 비추어 농지로 회복하는 것이 불가능하지 않다면 그 변경 상태는 일시적인 것에 불과하다고 보아야 한다.</u>

나. 피고인 회사는 일정 기간 사용 후 다시 농지로 복구한다는 조건으로 일시사용허가를 받아 이 사건 토지를 진입로와 이 사건 시설물의 부지로 사용해 온 것으로, 위 토지는 허가기간 만료 후 농지로 복구하여야 할 상태이고, 위 진입로는 정지작업 등을 통해 평탄하게 되어 있기는 하나 콘크리트 등으로 포장되어 있지는 않으며, 이 사건 시설물도 견고한 건축물이 아니라 컨테이너 가건물 등에 불과하여 그 철거가 어렵다고 보이지 않는 등의 사정을 알 수 있는바, 이러한 사정을 앞서 든 법리에 비추어 보면, 비록 허가기간 만료 당시에 이 사건 토지가 농지로서의 현상이 변경되어 있었으나 그 변경상태가 일시적인 것에 불과하고 농지로서의 원상회복이 용이하게 이루어질 수 있다고 보이므로, 위 토지는 여전히 농지법상 농지에 해당한다고 볼 여지가 충분하다.

## V. 결 론

원심은 단지 이 사건 토지가 농지로서의 현상을 상실하였다는 이유만으로 농지법상 농지에 해당하지 않는다고 보고 이 사건 공소사실에 대하여 무죄를 선고한 제1심판결을 유지하였는바, 이는 농지법상 농지에 관한 법리를 오해하고 필요한 심리를 다하지 아니하여 판단을 그르친 것이다.

# 제8절 운송료 지급을 약속하고 여객을 운송한 경우 운송사업에 해당하는지

## I. 사례요지

피고인은 카니발 화물자동차(일명 콜밴)에 화물을 소지하지 않은 승객 1명을 태우는 방법으로 여객자동차운송사업 형태의 행위를 하였다.

## II. 논 점

1. 여객자동차 운수사업법 제90조 제1호의 처벌대상에 '운송료가 실제로 지급되지 않았으나 운송료 지급을 약속하고 여객을 운송한 경우'가 포함되는지 여부(적극)
2. 이때 '여객을 운송'한다는 것에 객관적으로 보아 승객과의 운송에 관한 합의에 따라 운송을 시작하였다고 볼 수 있는 단계에 이른 경우가 포함되는지 여부(적극)

## III. 법규연구 (여객자동차 운수사업법)

제4조(면허 등) ① 여객자동차운송사업을 경영하려는 자는 사업계획을 작성하여 국토교통부령으로 정하는 바에 따라 국토교통부장관의 면허를 받아야 한다. 다만, 대통령령으로 정하는 여객자동차운송사업을 경영하려는 자는 사업계획을 작성하여 국토교통부령으로 정하는 바에 따라 특별시장·광역시장·특별자치시장·도지사·특별자치도지사(이하 "시·도지사"라 한다)의 면허를 받거나 시·도지사에게 등록하여야 한다.

제90조(벌칙) 다음 각 호의 어느 하나에 해당하는 자는 2년 이하의 징역 또는 2천만원 이하의 벌금에 처한다.

1. 제4조제1항에 따른 면허를 받지 아니하거나 등록을 하지 아니하고 여객자동차운송사업을 경영한 자 또는 제2조에서 정한 자동차 이외의 자동차(「자동차관리법」 제3조에 따른 화물자동차·특수자동차·이륜자동차를 말한다)를 사용하여 여객자동차운송사업 형태의 행위를 한 자

## IV. 관련 판례

### 1. 원심 (대전지법 2014. 4. 23. 선고 2013노2399 판결)

이 사건 적용법률인 여객자동차 운수사업법에 규정된 '여객자동차운송사업'이란 다른 사람의 수요에 응하여 자동차를 사용하여 '유상'으로 여객을 운송하는 사업을 말하고, 위 법률에서는 미수범 처벌 규정을 두지 않고 있으므로, 그 규정 형식과 내용에

미루어 볼 때 이 사건 공소사실이 <u>유죄로 인정되기 위해서는 실제로 운송료를 지급받은 사실이 인정되어야 하고,</u> 비록 피고인이 운송료를 받을 목적에서 손님들을 승합차에 태운 것이라 하더라도 운송료를 받지 못한 이상 피고인이 운송료를 지급받을 목적이 있었다거나, 가능성이 있었다는 것만으로는 피고인을 위 법률위반죄로 처벌할 수는 없다는 이유로, 피고인에 대해 벌금 30만 원을 선고한 제1심판결을 파기하고 무죄를 선고하였다.

## 2. 대법원 (대법원 2014. 11. 27., 선고, 2014도5827, 판결)

가. 여객자동차 운수사업법 제90조 제1호는 같은 법 제4조 제1항에 따른 면허를 받지 아니하고 제2조에서 정한 자동차 이외의 자동차를 사용하여 여객자동차운송사업 형태의 행위를 한 사람을 처벌하고 있고, 여기서 '여객자동차운송사업'은 다른 사람의 수요에 응하여 자동차를 사용하여 유상(有償)으로 여객을 운송하는 사업(같은 법 제2조 제3호)을 말하는바, 위 조항의 입법취지와 내용 등에 비추어 보면, <u>운송료가 실제로 지급되지 않았다고 하더라도 운송료 지급을 약속하고 여객을 운송한 경우에는 처벌대상이 되고, 나아가 '여객을 운송'한다는 것에는 여객 운송을 완료한 경우만이 아니라 객관적으로 보아 승객과의 운송에 관한 합의에 따라 운송을 시작하였다고 볼 수 있는 단계에 이른 경우까지도 포함된다고 할 것이다.</u>

나. 원심판결 이유 및 원심이 유지한 제1심이 적법하게 채택한 증거에 의하면, ① 피고인이 'ㅇㅇㅇ콜밴'으로부터 '성환역에 손님이 있다'라는 무전을 받고 성환역 앞길에서 공소외 1과 그의 부인을 자신의 콜밴에 태우기 위하여 정차할 무렵 택시기사 공소외 2가 이를 발견하고 자신의 택시로 피고인의 콜밴을 막아선 후 손님을 태우지 말라고 피고인과 승강이를 벌인 사실, ② 그 와중에 피고인이 승객들을 태운 상태에서 콜밴을 2m가량을 움직였으나 택시가 막아서고 있어 더는 진행하지 못한 사실, ③ 공소외 2의 신고로 경찰이 도착하자 승객들이 콜밴에서 내렸고, 피고인은 승객들로부터 운송료를 받지 못했던 사실을 알 수 있는바, 이러한 사실관계를 위 법리에 비추어 볼 때, 비록 피고인이 운송료를 받지 못하였고 승객들이 탑승한 후 이동한 거리도 2m가량에 불과하였다고 하더라도, <u>피고인이 호출 승객과 운송에 관한 합의를 하고 그에 따라 승객을 태우고 콜밴을 출발시킨 것이라고 볼 수 있다면 이 사건 적용법조에서 처벌대상으로 삼고 있는 '유상으로 여객을 운송'한 경우에 해당한다</u>고 보아야 한다.

## V. 결 론

따라서 원심으로서는 위와 같은 운송에 관한 합의가 있었는지, 피고인이 콜밴을 이동시킨 것이 그 합의에 따른 운송행위의 개시라고 볼 수 있는지(피고인은 주차를 위해 차량을 이동시켰을 뿐이라고 주장하고 있다) 등에 관하여 심리한 다음 유·무죄 여부를 판단하였어야 함에도 만연히 운송료의 현실적 지급이 없었다는 이유만으로 이 사건 공소사실을 무죄라고 판단하였는바, 이러한 원심의 판단은 여객자동차 운수사업법 제90조 제1호, 제2조 제3호에 관한 법리를 오해하여 필요한 심리를 다하지 아니함으로써 판단을 그르친 것이다.

# 제9절 여객자동차법에서 유상운송 제공행위를 처벌하는 '자가용 자동차' 의 의미

## I. 사례요지

> 자가용 자동차는 유상으로 운송용에 제공하거나 임대하여서는 아니 됨에도 피고인이 공소외인과 공모하여 피고인 소유의 승용차량을 이용하여 서울에서 손님을 승차시킨 후 연수원까지 운송해 주고 그 대가로 8만 원을 받아 자가용 자동차를 유상으로 운송용에 제공한 것을 비롯하여 총 7회에 걸쳐 자가용 자동차를 유상으로 운송용에 제공하였다.

## II. 논 점

여객자동차법 제81조 제7호에서 유상운송 제공행위를 처벌하는 '자가용 자동차' 의 의미

## III. 법규연구 (여객자동차 운수사업법)

> 제81조(자가용 자동차의 유상운송 금지) ① 사업용 자동차가 아닌 자동차(이하 "자가용자동차"라 한다)를 유상(자동차 운행에 필요한 경비를 포함한다. 이하 이 조에서 같다)으로 운송용으로 제공하거나 임대하여서는 아니 되며, 누구든지 이를 알선하여서는 아니 된다. 다만, 다음 각 호의 어느 하나에 해당하는 경우에는 유상으로 운송용으로 제공 또는 임대하거나 이를 알선할 수 있다.
>   1. 출·퇴근시간대(오전 7시부터 오전 9시까지 및 오후 6시부터 오후 8시까지를 말하며, 토요일, 일요일 및 공휴일인 경우는 제외한다) 승용자동차를 함께 타는 경우
>   2. 천재지변, 긴급 수송, 교육 목적을 위한 운행, 그 밖에 국토교통부령으로 정하는 사유에 해당되는 경우로서 시장·군수·구청장의 허가를 받은 경우
> 제90조(벌칙) 다음 각 호의 어느 하나에 해당하는 자는 2년 이하의 징역 또는 2천만원 이하의 벌금에 처한다.
>   8. 제81조를 위반하여 자가용자동차를 유상으로 운송용으로 제공 또는 임대하거나 이를 알선한 자

## IV. 관련 판례

### 1. 원심 (수원지법 2005. 9. 27. 선고 2005노2178 판결)

위 승용차가 자가용 자동차에 해당함을 전제로 여객자동차법 제81조 제7호, 제73조 제1항에 의하여 처벌할 수 있다고 판단하여, 위 공소사실을 유죄로 인정하였다.

## 2. 대법원 (대법원 2006. 6. 29., 선고, 2005도7612, 판결)

여객자동차법 제81조 제7호는 " 제73조의 규정에 위반하여 자가용 자동차를 유상으로 운송용에 제공하거나 임대한 자는 2년 이하의 징역 또는 2천만 원 이하의 벌금에 처한다."고 규정하고 있고, 한편 같은 법 제73조 제1항은 "사업용자동차 외의 자동차(이하 '자가용 자동차' 라 한다)는 유상(자동차운행에 필요한 경비를 포함한다)으로 운송용에 제공하거나 임대하여서는 아니 된다."고 규정하고 있는바, 위 규정들의 문언에 비추어 볼 때 여객자동차 운수사업법 제81조 제7호에서 유상으로 운송용에 제공하였을 때 처벌하는 '자가용 자동차' 라 함은 여객자동차 운수사업법의 각 규정에 의한 사업용 자동차 이외의 자동차를 말한다고 할 것이다.

그런데 기록에 의하면, 피고인이 유상으로 운송용에 제공한 이 사건 승용차는 피고인이 구입한 후 주식회사 (회사명 생략) 렌터카의 소유 명의로 등록하여 지입한 차량으로서 여객자동차 운수사업법에 의한 자동차대여사업용 자동차인 사실을 알 수 있으므로, 이 사건 승용차가 여객자동차법 제81조 제7호에서 처벌하는 '자가용 자동차' 에 해당한다고 볼 수는 없다.

그렇다면 피고인이 공소외인과 공모하여 이 사건 승용차를 유상으로 운송용에 제공하였다고 하더라도, 그와 같은 행위를 여객자동차법 제81조 제7호에 의하여 처벌할 수는 없다고 할 것이다.

## V. 결 론

원심은 이 사건 승용차가 사업용 자동차가 아닌 자가용 자동차에 해당한다고 전제하여 위 공소사실을 유죄로 인정하였으니, 이러한 원심판결에는 채증법칙을 위반하여 사실을 잘못 인정하였거나 여객자동차법 위반죄에 관한 법리를 오해한 위법이 있고, 이는 판결에 영향을 미쳤음이 분명하다.

# 제10절 노선여객자동차운송사업과 전세버스운송사업의 구별 기준

## I. 사례요지

피고인 1, 같은 2가 면허를 받지 아니하고, 이 사건대학교에서 총학생회 학원자주화추진위원 회회장과 피고인 3 소유의 전세버스를 이용하여 마산과 창원에 거주하는 위 학교 학생들을 위 학교까지 운송하여 주기로 계약을 체결하고, 그때부터 차량 4, 5대를 매일 투입하여 매일 1대당 20만 원씩의 운송료를 받음으로써 노선여객자동차운송사업을 영위하였다.

## II. 논 점

1. 여객자동차운수사업법상 노선여객자동차운송사업과 전세버스운송사업의 구별 기준
2. 대학교 총학생회와 운송계약을 체결하고 그 총학생회의 운행코스 지정에 따라 전세버 스를 이용하여 같은 구간을 반복적으로 운행하면서 그 대학교 학생들을 운송한 경우

## III. 법규연구 (여객자동차 운수사업법)

제3조(여객자동차운송사업의 종류) ① 여객자동차운송사업의 종류는 다음 각 호와 같다.
1. 노선(路線) 여객자동차운송사업: 자동차를 정기적으로 운행하려는 구간(이하 "노선"이라 한다)을 정하여 여객을 운송하는 사업
2. 구역(區域) 여객자동차운송사업: 사업구역을 정하여 그 사업 구역 안에서 여객을 운송하 는 사업

## IV. 관련 판례

### 1. 원심 (창원지법 2000. 10. 17. 선고 2000노174 판결)

피고인 3회사가 위 대학교 총학생회와 1개의 운송계약을 체결하였을 뿐 통학생들과 개별적으로 운송계약을 체결한 것으로 보기 어렵고, 피고인 3 회사는 이용자들의 대표 인 총학생회의 운행코스 지정에 따라 같은 구간을 반복적으로 운행한 것이지 피고인 3 회사가 '노선'과 '운행계통'을 정하였다고 보기도 어려우므로, 피고인 1, 2가 <u>노선여객자 동차운송사업을 하였다고 할 수 없다는 이유로 무죄를 선고한 제1심판결을 유지하였다.</u>

### 2. 대법원 (대법원 2001. 1. 5., 선고, 2000도5104, 판결)

여객자동차운수사업법 제3조 제1항 제1호, 구 여객자동차운수사업법시행령(2000. 8. 2. 대통령령 제16934호로 개정되기 전의 것) 제2조 제1항 제1호, 제2호, 제2항, 제3조

제1호 (가)목, (다)목, 제2호 (가)목의 각 규정을 종합하여 보면, 여객자동차운송사업자의 일방적인 의사에 의하여 운행계통, 즉 운행구간의 기점·경로 및 종점, 기점으로부터 종점까지의 거리·운행횟수 및 운행대수를 결정하여 불특정 다수의 공중을 대상으로 여객자동차운송사업을 하는 경우에는 노선여객자동차운송사업에 해당하지만, 외형상으로 일정한 운행구간을 계속 반복하여 운행하더라도 그것이 특정 단체와의 1개의 운송계약에 의하여 그 단체에 소속된 사람들만을 운송하는 형태로 여객자동차운송사업이 이루어지는 경우에는 이용자들이 이용료를 부담하는지와 관계없이 전세버스운송사업으로 보아야 할 것이다.

## V. 결 론

원심의 이러한 판단은 정당하고, 거기에 상고이유로 주장하는 바와 같은 채증법칙 위배, 노선여객자동차운송사업에 관한 법리오해의 위법이 없다.

# 제11절 자가용화물자동차를 유상으로 화물운송용에 제공 또는 임대행위

## I. 사례요지

피고인 2 주식회사는 자동차 대여사업 및 시설대여업 등을 목적으로 하는 법인이고, 피고인1은 피고인 회사의 지점장인바, 피고인들이 공소외 주식회사에게 피고인 회사 소유의 자가용화물자동차인 '포터II' 중형 화물차량을 유상으로 임대한 것을 비롯하여 3차례에 걸쳐 피고인 회사 소유의 자가용 화물자동차를 타인에게 유상으로 임대하였다.

## II. 논 점

구 화물자동차 운수사업법 제48조 제4호, 제39조의 처벌대상인 '자가용화물자동차를 유상으로 화물운송용에 제공하거나 임대하는 행위'의 의미

## III. 법규연구 (화물자동차 운수사업법)

제56조(유상운송의 금지) 자가용 화물자동차의 소유자 또는 사용자는 자가용 화물자동차를 유상(그 자동차의 운행에 필요한 경비를 포함한다)으로 화물운송용으로 제공하거나 임대하여서는 아니 된다. 다만, 국토교통부령으로 정하는 사유에 해당되는 경우로서 시·도지사의 허가를 받으면 화물운송용으로 제공하거나 임대할 수 있다.

제67조(벌칙) 다음 각 호의 어느 하나에 해당하는 자는 2년 이하의 징역 또는 2천만원 이하의 벌금에 처한다.

　7. 제56조를 위반하여 자가용 화물자동차를 유상으로 화물운송용으로 제공하거나 임대한 자

## IV. 관련 판례

### 1. 원심 (청주지법 2008. 7. 3. 선고 2008노221 판결)

법 제39조와 제48조 제4호의 규정이 실질적인 유상 화물운송행위의 금지를 그 주된 목적으로 하는 것일 뿐 자가용화물자동차의 유상 임대행위 자체를 금지하고자 하는 취지는 아니고, 자가용화물자동차의 대여행위는 재산권 보장에 관한 헌법 제23조, 직업선택의 자유에 관한 헌법 제15조 등에 의하여 보장되는 것이므로 이를 제한하는 법률은 엄격하게 해석되어야 하는 점 등에 비추어, 위 규정들은 자가용화물자동차의 소유자 등이 그 자동차를 이용하여 불법적으로 운수사업을 경영하는 등의 방법으로 각종 규제를 잠탈하는 것을 방지하기 위하여, 자가용화물자동차를 유상으로 화물운송용에

제공'함으로써 실질적으로 화물자동차 운수사업을 영위하거나 '유상으로 화물운송용에 임대' 함으로써 간접적으로 화물자동차 운수사업에 관여하는 행위를 금지하는 규정이라고 봄이 상당하다고 전제한 다음, 법 제39조 위반을 이유로 자가용화물자동차의 소유자 등을 처벌하려면 자가용화물자동차를 유상으로 타인의 사용에 제공하거나 임대한 것만으로는 안 되고 그에 더하여 그 자동차에 의한 화물운송행위 역시 유상으로 이루어진 사실, 즉 임대인이 화물운송의 대가를 수수하기로 하였거나 유상 화물운송을 위하여 임대한 사실까지 인정되어야 하는데, 피고인들이 공소사실 기재와 같이 자가용화물자동차를 임대한 사실은 인정되나 '유상으로 화물운송용에' 제공하거나 임대하였다고 볼 증거가 없어 결국 피고인들은 유상 화물운송과는 무관하게 자가용화물자동차를 임대한 것이라고 보아, <u>피고인들에게 무죄를 선고하였다</u>.

## 2. 대법원 (대법원 2011. 4. 14., 선고, 2008도6693, 판결)

구 화물자동차 운수사업법(2008. 2. 29. 법률 제8852호로 개정되기 전의 것. 이하 '법' 이라 한다) 제39조는 "자가용화물자동차의 소유자 또는 사용자는 자가용화물자동차를 유상(당해 자동차의 운행에 필요한 경비를 포함한다)으로 화물운송용에 제공하거나 임대하여서는 아니된다. 다만, 건설교통부령이 정하는 사유에 해당되는 경우로서 시·도지사의 허가를 받은 경우에는 그러하지 아니하다." 고 규정하고 있고, 그 제48조 제4호는 ' 제39조의 규정에 위반하여 자가용화물자동차를 유상으로 화물운송용에 제공하거나 임대한 자' 를 처벌하도록 하고 있다. 한편 법 시행규칙 제49조는 '천재·지변 또는 이에 준하는 비상사태로 인하여 수송력공급을 긴급히 증가시킬 필요가 있는 경우(제1호)', '사업용화물자동차·철도등 화물운송수단의 운행이 불가능하여 이를 일시적으로 대체하기 위한 수송력공급이 긴급히 필요한 경우(제2호)', '영농조합법인이 그 사업을 위하여 화물자동차를 직접 소유·운영하는 경우(제3호)'를 유상운송이 허가되는 사유로 규정하고 있다.

화물자동차 운수사업법은 화물의 원활한 운송을 도모함으로써 공공복리의 증진에 기여함을 목적으로 하고 있고(법 제1조), '화물자동차 운수사업' 이란 화물자동차 운송사업, 화물자동차 운송주선사업 및 화물자동차 운송가맹사업만을 의미하는 것이어서(법 제2조 제2항) 화물자동차 대여사업은 이에 포함되지 않을 뿐 아니라, 여객자동차 운수사업법 제30조와 그 시행규칙 제67조에서도 화물자동차는 자동차대여사업에 사용할 수 있는 자동차의 범위에 포함되어 있지 않은 점, 화물의 원활한 운송 및 공공복리의 증진이라는 화물자동차 운수사업법의 목적 및 이를 달성하기 위해 국내 물류운송

시장의 건전한 발전과 그 과정에서의 왜곡을 방지하고자 하는 위 규정들의 취지, 그 밖에 관련 법률의 체계와 상호관계 및 화물자동차 운수사업과 관련된 입법정책 등을 종합해 보면, 이 사건 처벌의 대상이 되는 '자가용화물자동차를 유상으로 화물운송용에 제공하거나 임대하는 행위' 라 함은 자가용화물자동차를 '유상으로 화물운송용에 제공하는 행위' 와 '임대하는 행위' 를 의미한다고 보아야 할 것이다.

또한, 어떤 법률의 개념이 다의적이고 그 어의(語意)의 테두리 안에서 여러 가지 해석이 가능할 때, 헌법을 최고법규로 하는 통일적인 법질서의 형성을 위하여 헌법에 합치되는 해석을 택하여야 하며, 이에 의하여 위헌적인 결과가 될 해석은 배제하면서 합헌적이고 긍정적인 면은 살려야 한다는 것이 헌법의 일반법리이기는 하나, 이 사건 처벌규정인 법 제48조 제4호, 제39조는 그 법률조항의 개념이 다의적이지 아니할 뿐 아니라 그 어의의 테두리 안에서 헌법합치적 법률해석 방법을 적용하더라도 피고인들의 행위를 이 사건 처벌규정에 해당하지 아니하는 것으로 해석할 여지는 없다고 할 것이다(대법원 2004. 11. 25. 선고 2004도4045 판결, 대법원 2005. 1. 27. 선고 2004도7488 판결 등 참조).

## V. 결 론

원심이 인정한 바와 같은 피고인들의 자가용화물자동차 임대행위는 법 제39조의 위반행위에 해당한다고 보아야 할 것임에도, 이와 달리한 원심의 판단에는 법 제48조 제4호, 제39조의 해석·적용을 그르쳐 판결에 영향을 미친 위법이 있다.

# 제12절 자동차관리법상 승인이 필요한 자동차 튜닝의 의미

## Ⅰ. 사례요지

피고인이 시장·군수·구청장의 승인을 받지 않고 피고인 소유의 화물자동차 적재함에 야영 캠핑용 주거공간(이하 '이 사건 캠퍼'라 한다)을 부착하여 자동차를 튜닝하였다.

## Ⅱ. 논 점

1. 자동차관리법상 승인이 필요한 '자동차의 튜닝'의 의미
2. '분리형 캠퍼'를 화물자동차 적재함에 설치한 것이 자동차관리법상 승인이 필요한 '자동차의 튜닝'에 해당하는지 여부(소극)

## Ⅲ. 법규연구 (자동차관리법)

제2조(정의) 이 법에서 사용하는 용어의 뜻은 다음과 같다.
  11. "자동차의 튜닝"이란 자동차의 구조·장치의 일부를 변경하거나 자동차에 부착물을 추가하는 것을 말한다.
제34조(자동차의 튜닝) ① 자동차소유자가 국토교통부령으로 정하는 항목에 대하여 튜닝을 하려는 경우에는 시장·군수·구청장의 승인을 받아야 한다
제81조(벌칙) 다음 각 호의 어느 하나에 해당하는 자는 1년 이하의 징역 또는 1천만원 이하의 벌금에 처한다.
  19. 제34조(제52조에서 준용하는 경우를 포함한다)를 위반하여 시장·군수·구청장의 승인을 받지 아니하고 자동차에 튜닝을 한 자

## Ⅳ. 관련 판례

### 1. 원심 (광주지방법원 2018. 12. 19. 선고 2018노2532 판결)

이 사건 캠퍼를 설치한 것이 자동차에 부착물을 추가함으로써 자동차의 구조·장치를 변경한 것과 동일한 결과를 가져오는 행위로서 '자동차의 튜닝'에 해당한다고 보아 이 사건 공소사실을 유죄로 판단하였다.

### 2. 대법원 (대법원 2021. 6. 24. 선고 2019도110 판결)

가. 자동차관리법 제2조 제11호는 "자동차의 튜닝"을 "자동차의 구조·장치의 일부를 변경하거나 자동차에 부착물을 추가하는 것"으로 정의하고 있고, 제34조 제1항

은 자동차소유자가 국토교통부령으로 정하는 항목에 대하여 튜닝을 하려는 경우에는 시장·군수·구청장의 승인을 받도록 규정하고 있다. 자동차관리법 시행령 제8조 및 같은 법 시행규칙 제55조는 '길이, 높이, 총중량 등 시장·군수·구청장의 승인이 필요한 구조·장치의 변경사항'을 상세하게 규정하고 있다. 자동차관리법 제81조 제19호는 시장·군수·구청장의 승인을 받지 않고 자동차에 튜닝을 한 자에 대하여 1년 이하의 징역 또는 1,000만 원 이하의 벌금에 처하도록 규정하고 있다.

위와 같은 관련 규정과 그 입법취지 및 형벌법규의 명확성이나 그 엄격해석을 요구하는 죄형법정주의 원칙에 비추어, 자동차관리법상 승인이 필요한 **자동차의 튜닝**은 '자동차의 안전운행에 필요한 성능과 기준이 설정되어 있는 자동차의 구조·장치가 일부 변경되거나 자동차에 부착물을 추가함으로써 그러한 자동차 구조·장치의 일부 변경에 이르게 된 경우'를 의미한다고 해석함이 타당하다(대법원 2018. 7. 12. 선고 2017도1589 판결, 헌법재판소 2019. 11. 28. 선고 2017헌가23 결정 등 참조).

나. ① 피고인은 이 사건 캠퍼를 화물자동차의 적재함에 실으면서 턴버클(turn buckle)로 화물자동차와 연결하여 고정하였을 뿐이고 화물자동차의 적재함 등에 어떠한 변경을 가한 사실이 없다.

② 이 사건 캠퍼는 '분리형 캠퍼'로, 별도의 장비가 없이도 캠퍼 자체에 내장되어 있는 전동식 지지대를 이용하여 캠퍼를 위, 아래로 움직이는 방법으로 화물자동차의 적재함에 싣거나 내리는 것이 가능하다.

③ 비록 이 사건 캠퍼의 화물자동차와의 분리·합체가 사람의 힘으로는 불가능하나, 그것은 이 사건 캠퍼의 무게가 사람이 들 수 있는 정도가 아니기 때문이지 이 사건 캠퍼가 화물자동차와 분리가 어려울 정도로 '결합'되어 있기 때문은 아니다.

④ 이 사건 캠퍼는, 화물자동차의 적재함에 실은 상태에서도 이를 사용할 수 있지만 화물자동차에서 분리한 후에도 독자적으로 사용이 가능하다.

다. 위와 같은 사실을 앞서 본 법리에 비추어 살펴보면, 이 사건 캠퍼를 화물자동차에 설치하는 것이 자동차의 구조·장치를 일부 변경하거나 그와 동일한 결과를 가져오는 부착물 추가에 해당한다고 볼 수 없으므로, '자동차의 튜닝'에 해당하지 않는다고 봄이 타당하다. 그 이유는 다음과 같다.

① 이 사건 캠퍼의 제작·설치와 관련하여 이 사건 화물자동차의 구조·장치에는 아무런 변경이 없다. 이 사건 캠퍼는 화물자동차에 적재되어 운반된 후 화물자동차에 적

재 또는 분리된 상태에서 캠핑 장비로 사용되었을 뿐이다. 이 사건 캠퍼가 화물자동차에서 분리·이탈되는 것을 막기 위해 턴버클을 이용하여 적재함에 고정한 후 화물자동차가 운행되었는데, 위 턴버클을 이용하는 고정방식은 화물자동차의 구조·장치의 변경을 필요로 하지 않는다.

② 이 사건 캠퍼는 캠퍼 자체에 부착된 전동식 지지대를 이용하여 짧은 시간 안에 용이하게 화물자동차에 적재할 수 있고, 적재된 뒤에는 턴버클을 이용하여 적재함에 고정된 후 운행되었다. 이와 같이 화물자동차의 적재함에 고정된 이 사건 캠퍼가 자동차 구조·장치의 일부 변경을 초래하는 부착물 추가에 해당된다고 볼 수도 없다.

## V. 결 론

자동차관리법상 승인이 필요한 '자동차의 튜닝'의 의미를 보다 분명히 하고, 해당 '분리형 캠퍼'를 화물자동차의 적재함에 설치한 것은 '분리가 용이한 캠퍼'를 화물자동차에 '적재'한 것일 뿐 '자동차의 안전운행에 필요한 성능과 기준이 설정된 자동차의 구조·장치를 일부 변경하거나 그와 동일한 결과를 가져오는 부착물 추가'에 이르지 않아 자동차관리법상 '자동차의 튜닝'에 해당하지 않는다고 판단하여, 해당 공소사실에 대하여 유죄로 판단한 원심판결을 무죄취지로 파기환송한 사례

# 제13절 호텔 주차장에 주차된 자동차 등록번호판을 간판으로 가린 경우

## Ⅰ. 사례요지

> 피고인은 ○○호텔 주차장에서 호텔에 출입하는 손님들의 차량 2대의 번호판을 사용하는 간판으로 가리는 등의 방법으로 번호판을 식별하지 못하게 하였다.

## Ⅱ. 논 점

1. 자동차관리법 제10조 제5항, 제82조 위반 여부 판단기준
2. 호텔 종업원인 피고인이 호텔 주차장에 주차된 자동차의 번호판을 간판 등으로 가려 번호판을 식별하지 못하게 하였다는 내용으로 기소된 사안

## Ⅲ. 법규연구 (자동차관리법)

> **제10조(자동차등록번호판)** ⑤ 누구든지 등록번호판을 가리거나 알아보기 곤란하게 하여서는 아니 되며, 그러한 자동차를 운행하여서도 아니 된다.
>
> ⑥ 누구든지 등록번호판을 가리거나 알아보기 곤란하게 하기 위한 장치를 제조·수입하거나 판매·공여하여서는 아니 된다.
>
> **제81조(벌칙)** 다음 각 호의 어느 하나에 해당하는 자는 1년 이하의 징역 또는 1천만원 이하의 벌금에 처한다.
>
> 1의2. 제10조제5항(제10조제7항 및 제52조에서 준용하는 경우를 포함한다)을 위반하여 고의로 등록번호판을 가리거나 알아보기 곤란하게 한 자

## Ⅳ. 관련 판례

### 1. 원심 (서울중앙지법 2009. 3. 26. 선고 2008노4393 판결)

구 자동차관리법 제10조 제5항을 함부로 제한해석해서는 아니 된다는 이유를 들어 이 사건 <u>공소사실을 유죄로 인정하였다.</u>

### 2. 대법원 (대법원 2011. 8. 25. 선고 2009도2800 판결)

구 자동차관리법 제10조 제5항은 "누구든지 자동차 등록번호판을 가리거나 알아보기 곤란하게 하여서는 아니 되며, 그러한 자동차를 운행하여서도 아니 된다."고 규정하고 있고, 같은 법 제82조는 고의로 위 제10조 제5항을 위반한 경우에는 100만 원

이하의 벌금에 처하도록 규정하고 있는바, 위 각 규정은 자동차 등록번호판을 가리거나 알아보기 곤란하게 하는 모든 행위에 대하여 무차별적으로 적용된다고 할 수는 없고, 구 자동차관리법이 자동차를 효율적으로 관리하고 자동차의 성능 및 안전을 확보함으로써 공공의 복리를 증진함을 목적으로 하고 있는 점 등에 비추어 그 행위가 이루어진 의도, 목적, 내용 및 장소 등을 종합적으로 고려하여 구 자동차관리법 위반 여부를 판단해야 할 것이다. 특히 자동차 등록번호판을 가리는 등의 행위가 자동차의 효율적 관리나 자동차의 성능 및 안전 확보, 교통·범죄의 단속과는 무관하게 사적인 장소에서 이를 저해하거나 회피할 의도 없이 행해진 경우에는 위 각 규정에 따른 처벌 대상이라고 할 수 없다.

## V. 결 론

피고인이 호텔의 종업원으로서 호텔 주차장에 주차된 자동차의 번호판을 호텔 간판 등으로 가리는 행위를 하였다고 하여도 이는 호텔을 이용하는 사람들의 요청에 따라 그들의 사생활 노출 방지 등을 목적으로 한 행위이고, 자동차의 효율적 관리나 자동차의 성능 및 안전, 교통·범죄의 단속과는 별다른 관련이 없으므로 구 자동차관리법 제10조 제5항 및 제82조를 적용하여 처벌할 수는 없다고 할 것이다.

## VI 유사판례

### 1. 자동차관리법에 정한 '알아보기 곤란하게 한다'는 것의 의미

'알아보기 곤란하게 한다'는 의미는 사람이 육안으로 보아 알아보기 곤란하게 하는 경우뿐만 아니라 무인교통단속카메라와 같은 기계장치에 의한 인식 또는 판독을 곤란하게 하는 경우도 포함된다고 해석함이 상당하다. (대법원 2008. 3. 27., 선고, 2008도563, 판결)

# 제14절 자동차관리법의 '자동차를 도로에 계속하여 방치하는 행위' 의 의미

## I. 사례요지

> 피고인은 (차량번호 생략) 차량의 소유자인바 자동차를 정당한 사유 없이 타인의 토지에 방치하여서는 아니 됨에도 불구하고, 도로에 정당한 사유 없이 위 차량을 무단 방치하였다.

## II. 논 점

1. 자동차관리법 제26조 제1항 제2호에 규정한 '자동차를 도로에 계속하여 방치하는 행위' 의 의미

2. 자동차를 수리업체에 맡긴 후 수리비를 마련하지 못하여 자동차를 찾아오지 못하던 중, '자동차를 1년 이상 도로에 무단방치하였다' 는 내용으로 기소된 사안

## III. 법규연구 (자동차관리법)

> 제26조(자동차의 강제 처리) ① 자동차(자동차와 유사한 외관 형태를 갖춘 것을 포함한다. 이하 이 조에서 같다)의 소유자 또는 점유자는 다음 각 호의 어느 하나에 해당하는 행위를 하여서는 아니 된다.
>
>   2. 자동차를 도로에 계속하여 방치하는 행위
>
> 제81조(벌칙) 다음 각 호의 어느 하나에 해당하는 자는 1년 이하의 징역 또는 1천만원 이하의 벌금에 처한다.
>
>   8. 제26조제1항(제52조에서 준용하는 경우를 포함한다)을 위반하여 같은 항 각 호의 어느 하나에 해당하는 금지행위를 한 자

## IV. 관련 판례

### 1. 원심 (제주지법 2010. 1. 14. 선고 2009노273 판결)

피고인의 지인이 2005. 11.경 피고인 소유의 이 사건 자동차를 수리업체에 맡긴 사실, 피고인은 2006. 6.경 위 수리업체 직원과 통화하여 이 사건 자동차의 수리가 완료되었고 그 수리비가 약 200만 원에 달하는 것을 전해 들었으나, 위 수리비를 마련하지 못하여 수리업체로부터 이 사건 자동차를 찾아오지 못한 사실, 2008. 4. 7. 이 사건 자동차가 이 사건 도로에 1년 이상 무단방치되어 있다는 주민신고가 접수되었고, 2008. 4. 30. 관할구청장의 자진처리명령서가 피고인에게 송달되었으나 피고인은 그

이후에도 아무런 조치를 취하지 않은 사실을 알 수 있는바, 원심은 위와 같은 사정에 비추어 보면 피고인이 이 사건 자동차에 대한 관리를 사실상 포기한 것으로 볼 수 있다는 이유로 피고인이 2007. 4.경부터 2008. 4. 8.까지 이 사건 자동차를 이 사건 도로에 방치하였다는 공소사실을 유죄로 인정하였다.

## 2. 대법원 (대법원 2010. 3. 25. 선고 2010도1656 판결)

자동차관리법 제26조 제1항 제2호 소정의 '자동차를 도로에 계속하여 방치하는 행위' 란 특별한 관리행위 없이 자동차를 도로에 계속 주차하여 둠으로써 해당 자동차에 대한 관리를 사실상 포기한 것으로 인정되는 경우를 가리킨다고 할 것이다.

피고인은 수리비 문제로 수리업체로부터 이 사건 자동차를 찾아오지 못한 것일 뿐 이 사건 자동차가 공소사실 기재 기간 이 사건 도로에 주차되어 있었는지는 몰랐다고 주장하고 있는데, 원심이 들고 있는 사정만에 기하여 피고인이 공소사실 기재 기간 특별한 관리행위 없이 이 사건 자동차를 이 사건 도로에 주차하여 둠으로써 이 사건 자동차에 대한 관리를 사실상 포기한 것이라고 볼 수는 없다.

## V. 결 론

이 사건 공소사실에 대하여 유죄를 인정한 원심판결에는 자동차관리법 제26조 제1항 제2호 소정의 방치행위에 관한 법리를 오해한 위법이 있고 이는 판결 결과에 영향을 미쳤음이 분명하다.

## VI 유사판례

### 1. 정비공장에 차량의수리를 의뢰한 사람이 수리가 완료 후에도 계속 정비공장에 방치한 경우

피고인이 이 사건 화물차를 정비공장에 수리의뢰한 것을 두고 피고인이 위 화물차를 방치한 것으로는 볼 수 없다고 하더라도, 그 후 피고인이 위 화물차의 수리가 완료된 사실을 알았고 정비공장 및 자동차 방치신고를 받은 시장으로부터 수차례에 걸쳐 위 화물차를 회수해 갈 것을 통고받았음에도 불구하고, 위 화물차가 폐차될 때까지 무려 1년 11개월이 경과하도록 이를 찾아가지 아니하고 계속 정비공장에 내버려 둔 것은 위 화물차에 대한 관리를 사실상 포기한 것으로 볼 만한 객관적인 사정이 있는 경우로서 자동차관리법 소정의 '방치행위'에 해당한다. (대법원 2008. 5. 29., 선고, 2008도2501, 판결)

# 제15절 이동식 화장실 트레일러가 피견인자동차로서 자동차에 해당하는지

## I. 사례요지

> 피고인은 차량에 등록하지 않은 이동식 화장실 트레일러를 견인한 채 군민회관 앞 노상에서 출발하여 약 200㎞ 거리를 운행함으로써 등록하지 아니한 자동차를 운행하였다.

## II. 논 점

1. 이동식 화장실 트레일러가 피견인자동차로서 자동차관리법에서 정한 '자동차'에 해당하는지 여부(적극)
2. 자동차등록원부에 등록하지 않은 이동식 화장실 트레일러를 운행한 것이 같은 법 제5조를 위반하여 등록하지 않고 자동차를 운행한 경우에 해당하는지 여부(적극)

## III. 법규연구 (자동차관리법)

> 제5조(등록) 자동차(이륜자동차는 제외한다. 이하 이 조부터 제47조까지의 규정에서 같다)는 자동차등록원부(이하 "등록원부"라 한다)에 등록한 후가 아니면 이를 운행할 수 없다. 다만, 제27조제1항에 따른 임시운행허가를 받아 허가 기간 내에 운행하는 경우에는 그러하지 아니하다.
>
> 제29조(자동차의 구조 및 장치 등) ① 자동차는 대통령령으로 정하는 구조 및 장치가 안전 운행에 필요한 성능과 기준(이하 "자동차안전기준"이라 한다)에 적합하지 아니하면 운행하지 못한다.
>
> ② 자동차에 장착되거나 사용되는 부품·장치 또는 보호장구(保護裝具)로서 대통령령으로 정하는 부품·장치 또는 보호장구(이하 "자동차부품"이라 한다)는 안전운행에 필요한 성능과 기준(이하 "부품안전기준"이라 한다)에 적합하여야 한다.
>
> 제80조(벌칙) 다음 각 호의 어느 하나에 해당하는 자는 2년 이하의 징역 또는 2천만원 이하의 벌금에 처한다.
>
> 1. 제5조를 위반하여 등록하지 아니하고 자동차를 운행한 자

## IV. 관련 판례

### 1. 원심 (수원지법 2014. 10. 24. 선고 2014노1174 판결)

이동식 화장실 트레일러가 자동차관리법상 자동차에 해당하므로 등록을 해야만 운행할 수 있다고 판단하여 이 사건 공소사실을 모두 <u>유죄로 인정하였다</u>.

## 2. 대법원 (대법원 2017. 3. 15., 선고, 2014도15490, 판결)

가. 자동차관리법 제2조 제1호는 "자동차란 원동기에 의하여 육상에서 이동할 목적으로 제작한 용구 또는 이에 견인되어 육상을 이동할 목적으로 제작한 용구(이하 '피견인자동차'라 한다)를 말한다. 다만, 대통령령으로 정하는 것은 제외한다."라고 정하고 있다. 자동차관리법 시행령 제2조는 자동차관리법 제2조 제1호 단서의 '대통령령으로 정하는 것'으로 건설기계관리법에 따른 건설기계(제1호), 농업기계화 촉진법에 따른 농업기계(제2호), 군수품관리법에 따른 차량(제3호), 궤도 또는 공중선에 의하여 운행되는 차량(제4호), 의료기기법에 따른 의료기기(제5호)를 정하고 있을 뿐이고, 이동식 화장실 트레일러에 관해서는 규정하고 있지 않다.

나아가 자동차관리법 제3조 제1항은 자동차의 종류를 구분하면서 특수자동차에 관하여 "다른 자동차를 견인하거나 구난작업 또는 특수한 작업을 수행하기에 적합하게 제작된 자동차로서 승용자동차·승합자동차 또는 화물자동차가 아닌 자동차"(제4호)라고 정하고 있고, 같은 조 제3항은 제1항에 따른 자동차의 종류는 국토교통부령으로 정하는 바에 따라 세분할 수 있도록 정하고 있다. 이에 따라 구 자동차관리법 시행규칙(2014. 8. 18. 국토교통부령 제121호로 개정되기 전의 것) 제2조 관련 [별표 1] '2. 유형별 세부기준'에서는 특수자동차를 '견인형: 피견인차의 견인을 전용으로 하는 구조인 것', '구난형: 고장·사고 등으로 운행이 곤란한 자동차를 구난·견인할 수 있는 구조인 것'과 '특수작업형: 위 어느 형에도 속하지 아니하는 특수작업용인 것'으로 분류하고 있다.

자동차관리법령의 위 규정들의 문언, 체계와 취지 등을 종합하면, <u>이동식 화장실 트레일러는 이동식 화장실을 탑재하여 육상을 이동할 목적으로 제작된 것으로서, 특별한 사정이 없는 한 원동기에 의하여 육상에서 이동할 목적으로 제작한 용구에 견인되어 육상을 이동할 목적으로 제작한 용구, 즉 피견인자동차로서 자동차관리법에서 정한 자동차에 해당한다</u>고 보아야 한다.

나. 이러한 법리는 이동식 화장실 트레일러에 대하여 자동차관리법에 따른 성능과 안전을 확보할 필요가 있다는 점에 비추어 보아도 타당하다. 즉, 자동차관리법은 제1조에서 "이 법은 자동차의 등록, 안전기준, 자기인증, 제작결함 시정, 점검, 정비, 검사 및 자동차관리사업 등에 관한 사항을 정하여 자동차를 효율적으로 관리하고 자동차의 성능 및 안전을 확보함으로써 공공의 복리를 증진함을 목적으로 한다."라고 정하고, 제29조 제1항, 제2항에서 "자동차는 대통령령으로 정하는 구조 및 장치가 안전운

행에 필요한 성능과 기준에 적합하지 아니하면 운행하지 못한다. 자동차에 장착되거나 사용되는 부품·장치 또는 보호장구로서 대통령령으로 정하는 부품·장치 또는 보호장구는 안전운행에 필요한 성능과 기준에 적합하여야 한다."라고 정하고 있다. 이에 따라 자동차의 구조와 장치 등의 안전기준을 정하고 있는 자동차안전기준에 관한 규칙은 제3조에서 "자동차의 구조 및 장치는 안전운행을 확보할 수 있도록 제작되거나 정비되어야 한다."라고 정하면서 제4조부터 제58조까지 구체적이고 상세한 자동차안전기준을 정하고 있는데, 그 대부분은 자동차관리법에서 정한 피견인자동차에도 적용된다. 그러므로 자동차에 견인되어 육상에서 이동할 것이 예정된 이동식 화장실 트레일러 역시 그 구조와 장치, 부품 등이 자동차관리법과 자동차안전기준에 관한 규칙에서 정한 자동차 안전운행에 필요한 성능과 기준에 적합하여야 할 필요성은 다른 피견인자동차와 다를 바 없다.

## V. 결 론

따라서 자동차등록원부에 등록하지 않은 이동식 화장실 트레일러를 운행한 것은 자동차관리법 제5조를 위반하여 등록하지 않고 자동차를 운행한 경우에 해당한다.

원심의 판단에 상고이유 주장과 같이 논리와 경험의 법칙에 반하여 자유심증주의의 한계를 벗어나거나 자동차관리법 제2조 제1호, 제3조 제1항 제4호, 구 자동차관리법 시행규칙 제2조, 고의나 위법성의 인식 등에 관한 법리를 오해한 잘못이 없다.

# 제16절 자동차등록번호판의 부정사용

## I. 사례요지

> 피고인은 세금미납으로 자동차번호판이 영치되자 폐차예정인 다른 차량에 부착된 자동차번호판을 떼어내 차량에 부착하여 운행하였다.

## II. 논 점

1. 어떤 자동차의 등록번호판을 다른 자동차에 부착하는 행위 자체만으로 자동차등록번호판의 부정사용에 해당하는지 여부(적극)
2. 자동차등록번호판을 다른 자동차에 부착하였을 뿐 차량을 운행한 바가 없더라도 자동차관리법 제71조에 정한 부정사용에 해당하는지(적극)

## III. 법규연구 (자동차관리법)

> 제71조(부정사용 금지 등) ① 누구든지 이 법에 따른 자동차등록증, 폐차사실 증명서류, 등록번호판, 임시운행허가증, 임시운행허가번호판, 자동차자기인증표시, 부품자기인증표시, 내압용기검사 각인 또는 표시, 내압용기재검사 각인 또는 표시, 신규검사증명서, 이륜자동차번호판, 차대표기 및 원동기형식 표기를 위조·변조 또는 부정사용하거나 위조 또는 변조한 것을 매매, 매매 알선, 수수(收受) 또는 사용하여서는 아니 된다.
>
> 제78조(벌칙) 다음 각 호의 어느 하나에 해당하는 자는 10년 이하의 징역 또는 1억원 이하의 벌금에 처한다.
>
>   2. 제71조제1항을 위반하여 자동차등록증 등을 위조·변조한 자 또는 부정사용한 자와 위조·변조 된 것을 매매, 매매 알선, 수수(收受) 또는 사용한 자

## IV. 관련 판례

### 1. 원심 (대전지법 2006. 7. 14. 선고 2006노844 판결)

<u>자동차관리법 제71조에 정한 부정사용에 해당한다.</u>

### 2. 대법원 (대법원 2006. 9. 28., 선고, 2006도5233, 판결)

자동차관리법 제71조에 규정하고 있는 <u>**자동차등록번호판의 부정사용**이란 진정하게 만들어진 자동차등록번호판을 권한 없는 자가 사용하든가, 권한 있는 자라도 권한을 남용하여 부당하게 사용하는 행위를 말하는 것으로서</u> (대법원 1997. 7. 8. 선고 96도

3319 판결 참조), 어떤 자동차의 등록번호판을 다른 자동차에 부착하는 것은 그로 말미암아 일반인으로 하여금 자동차의 동일성에 관한 오인을 불러일으키는 행위이므로 그 자체만으로 자동차등록번호판의 부정사용에 해당한다 할 것이다.

## V. 결 론

자동차등록번호판을 부착하였을 뿐이고 운행을 한 바 없으므로 자동차관리법 제71조에 정한 부정사용에 해당하지 않는다는 것이나, 자동차등록번호판을 다른 자동차에 부착하고 운행까지 하였다면 오히려 따로 형법 제238조 제2항 에 정한 부정사용공기호행사죄가 성립할 수 있고(위 대법원 판결 참조), 상고이유의 주장과 같이 부착과는 별도로 부착된 자동차를 운행하여야만 자동차관리법 제71조에 정한 부정사용행위에 해당하는 것은 아니므로, 이와 다른 전제에 선 상고이유 주장은 받아들일 수 없다.

## VI 유사판례

### 1. 절취한 자동차번호판을 다른 차량에 부착하고 운행한 것이 부정사용공기호행사죄에 여부

부정사용한 공기호인 자동차등록번호판의 용법에 따른 사용행위인 행사란 이를 자동차에 부착하여 운행함으로써 일반인으로 하여금 자동차의 동일성에 관한 오인을 불러일으킬 수 있는 상태 즉 그것이 부착된 자동차를 운행함을 의미한다고 할 것이고, 그 운행과는 별도로 부정사용한 자동차등록번호판을 타인에게 제시하는 등 행위가 있어야 그 행사죄가 성립한다고 볼 수 없다. (대법원 1997. 7. 8. 선고 96도3319 판결)

# 제17절 농업기계가 무면허운전 처벌규정의 자동차에 해당하는지

## I. 사례요지

> 피고인은 앞 도로에서 자동차운전면허 없이 1,007cc 무등록 이륜자동차를 운전하였다.

## II. 논 점

1. 무면허운전 처벌규정의 적용대상인 구 도로교통법 제2조 제18호에서 정한 '자동차'가 구 자동차관리법 제2조 제1호에서 정한 자동차로서 같은 법 제3조에서 정한 각종 자동차에 해당하는 것에 한정되는지 여부(적극)
2. 농업기계화 촉진법 제2조 제1호에서 정한 농업기계인 '농업용 동력운반차'가 이에 해당하는지 여부(소극)

## III. 법규연구

### 1. 도로교통법

> 제43조(무면허운전 등의 금지) 누구든지 제80조에 따라 시·도경찰청장으로부터 운전면허를 받지 아니하거나 운전면허의 효력이 정지된 경우에는 자동차등을 운전하여서는 아니 된다.
>
> 제152조(벌칙) 다음 각 호의 어느 하나에 해당하는 사람은 1년 이하의 징역이나 300만원 이하의 벌금에 처한다.
>
> 　1. 제43조를 위반하여 제80조에 따른 운전면허(원동기장치자전거면허는 제외한다. 이하 이 조에서 같다)를 받지 아니하거나(운전면허의 효력이 정지된 경우를 포함한다) 또는 제96조에 따른 국제운전면허증 또는 상호인정외국면허증을 받지 아니하고(운전이 금지된 경우와 유효기간이 지난 경우를 포함한다) 자동차를 운전한 사람

### 2. 자동차관리법

> 제2조(정의) 이 법에서 사용하는 용어의 뜻은 다음과 같다.
>
> 　1. "자동차"란 원동기에 의하여 육상에서 이동할 목적으로 제작한 용구 또는 이에 견인되어 육상을 이동할 목적으로 제작한 용구(이하 "피견인자동차"라 한다)를 말한다. 다만, 대통령령으로 정하는 것은 제외한다.
>
> 제3조(자동차의 종류) ① 자동차는 다음 각 호와 같이 구분한다.
>
> 　1. 승용자동차: 10인 이하를 운송하기에 적합하게 제작된 자동차
>
> 　2. 승합자동차: 11인 이상을 운송하기에 적합하게 제작된 자동차. 다만, 다음 각 목의 어느 하나에 해당하는 자동차는 승차인원과 관계없이 이를 승합자동차로 본다.
>
> 　가. 내부의 특수한 설비로 인하여 승차인원이 10인 이하로 된 자동차

나. 국토교통부령으로 정하는 경형자동차로서 승차인원이 10인 이하인 전방조종자동차

3. 화물자동차: 화물을 운송하기에 적합한 화물적재공간을 갖추고, 화물적재공간의 총적재 화물의 무게가 운전자를 제외한 승객이 승차공간에 모두 탑승했을 때의 승객의 무게보다 많은 자동차

4. 특수자동차: 다른 자동차를 견인하거나 구난작업 또는 특수한 용도로 사용하기에 적합하게 제작된 자동차로서 승용자동차·승합자동차 또는 화물자동차가 아닌 자동차

5. 이륜자동차: 총배기량 또는 정격출력의 크기와 관계없이 1인 또는 2인의 사람을 운송하기에 적합하게 제작된 이륜의 자동차 및 그와 유사한 구조로 되어 있는 자동차

③ 제1항에 따른 자동차의 종류는 국토교통부령으로 정하는 바에 따라 세분할 수 있다.

## 3. 농업기계화 촉진법

제2조(정의) 이 법에서 사용하는 용어의 뜻은 다음과 같다.

1. "농업기계"란 다음 각 목에 해당하는 것으로서 농림축산식품부령으로 정하는 것을 말한다.

가. 농림축산물의 생산에 사용되는 기계·설비 및 그 부속 기자재

나. 농림축산물과 그 부산물의 생산 후 처리작업에 사용되는 기계·설비 및 그 부속 기자재

다. 농림축산물 생산시설의 환경 제어와 자동화에 사용되는 기계·설비 및 그 부속 기자재

라. 그 밖에 「농업·농촌 및 식품산업 기본법」 제3조제1호에 따른 농업과 같은 조 제8호에 따른 식품산업(농림축산물을 보관, 수송 및 판매하는 산업은 제외한다)에 사용되는 기계·설비 및 그 부속 기자재

## IV. 관련 판례

### 1. 원심 (창원지법 2017. 8. 10. 선고 2017노593 판결)

다음과 같은 이유로 이 사건 부분 공소사실에 대해서 무죄로 판단한 제1심판결을 파기하고 유죄로 판단하였다. 이 사건 차량은 「농업기계화 촉진법」(이하 '농업기계화법') 제2조 제1호에서 정한 농업기계로서 '농업용 동력운반차'에 해당한다. 그러나 이 사건 차량이 구 자동차관리법(2019. 8. 27. 법률 제16564호로 개정되기 전의 것, 이하 '구 자동차관리법'이라 한다) 제3조, 구 자동차관리법 시행규칙(2018. 6. 12. 국토교통부령 제522호로 개정되기 전의 것, 이하 '구 자동차관리법 시행규칙'이라 한다) [별표 1]에서 정한 '중소형·다목적형 승용자동차'로 볼 수 있는 이상, 구 도로교통법(2020. 6. 9. 법률 제17371호로 개정되기 전의 것, 이하 '구 도로교통법'이라 한다) 제152조 제1호, 제43조의 무면허운전 처벌규정의 적용대상인 구 도로교통법 제2조 제18호에서 정한 자동차에 해당한다.

## 2. 대법원 (대법원 2021. 9. 30., 선고, 2017도13182, 판결)

구 도로교통법 제152조 제1호, 제43조는 운전면허를 받지 않고 자동차 등을 운전한 사람을 처벌하고 있고, 구 도로교통법 제2조 제18호는 '자동차'에 대해 '철길이나 가설된 선을 이용하지 아니하고 원동기를 사용하여 운전되는 차로서, 자동차관리법 제3조에 따른 자동차(원동기장치자전거를 제외한다)인 승용자동차·승합자동차·화물자동차·특수자동차·이륜자동차와 건설기계관리법 제26조 제1항 단서에 따른 건설기계'로 정의하고 있다.

구 자동차관리법 제3조 제1항은 '자동차는 다음 각호와 같이 구분한다.'고 하면서 제1호부터 제5호까지 승용자동차, 승합자동차, 화물자동차, 특수자동차, 이륜자동차로 구분하고 있고, 같은 조 제3항은 국토교통부령으로 자동차의 종류를 세분할 수 있다고 정하고 있다. 한편 구 자동차관리법 제2조 제1호는 '자동차란 원동기에 의하여 육상에서 이동할 목적으로 제작한 용구 또는 이에 견인되어 육상을 이동할 목적으로 제작한 용구를 말한다. 다만 대통령령으로 정하는 것은 제외한다.'고 정하고 있고, 자동차관리법 시행령 제2조 제2호는 구 자동차관리법 제2조 제1호 단서의 위임에 따라 자동차에서 제외되는 것 중 하나로 '농업기계화법에 따른 농업기계'를 정하고 있다.

## V. 결 론

구 도로교통법 제152조 제1호, 제43조의 무면허운전 처벌규정의 적용대상인 구 도로교통법 제2조 제18호에서 정한 자동차는 구 자동차관리법 제2조 제1호에서 정한 자동차로서 같은 법 제3조에서 정한 각종 자동차에 해당하는 것에 한정된다고 보아야 한다(대법원 1993. 2. 23. 선고 92도3126 판결 참조). 농업용 동력운반차인 이 사건 차량은 농업기계화법 제2조 제1호에서 정한 농업기계로서 구 자동차관리법 제2조 제1호에서 정한 자동차나 이를 전제로 하는 구 자동차관리법 제3조에서 정한 각종 자동차에 해당하지 않으므로 무면허운전 처벌규정의 적용대상인 구 도로교통법 제2조 제18호에 정한 자동차에도 해당하지 않는다.

# 제18절 강제보험 미가입 자동차를 운행하는 경우 자동차 등록명의자에 국한되는지

## I. 사례요지

배우자의 명의로 등록된 자동차가 강제보험에 가입되어 있지 아니한 상태라는 점을 인식하고서도 자동차를 운행하였다.

## II. 논 점

강제보험 미가입 자동차를 운행하는 경우에 성립하는 자동차손해배상보장법 위반죄의 주체가 자동차의 등록명의자에 국한되는지 여부

## III. 법규연구 (자동차손해배상 보장법)

제8조(운행의 금지) 의무보험에 가입되어 있지 아니한 자동차는 도로에서 운행하여서는 아니 된다. 다만, 제5조제4항에 따라 대통령령으로 정하는 자동차는 운행할 수 있다.

제46조(벌칙) ③ 다음 각 호의 어느 하나에 해당하는 자는 1년 이하의 징역 또는 1천만원 이하의 벌금에 처한다.

2. 제8조 본문을 위반하여 의무보험에 가입되어 있지 아니한 자동차를 운행한 자동차보유자

## IV. 관련 판례

### 1. 원심 (서울지법 2004. 1. 29. 선고 2003노10648 판결)

피고인에게 유죄를 인정하였다.

### 2. 대법원 (대법원 2004. 4. 23., 선고, 2004도1018, 판결)

자동차손해배상보장법(2001. 1. 29. 법률 제6405호로 개정되어 2003. 8. 21. 법률 제6969호로 개정된 법률이 시행되기 전의 것, 이하 '법'이라고만 한다) 제38조 제2항(현 제46조 제3항)에 의하면, "법 제7조(현 8조) 본문의 규정에 위반하여 강제보험 등에 가입되어 있지 아니한 자동차를 운행한 **자동차 보유자**에 대하여는 1년 이하의 징역 또는 500만 원 이하의 벌금에 처한다."고 규정하고 있으므로 법 제38조 제2항 위반죄의 주체는 '자동차 보유자'이고, 한편 법 제2조 제3호에서 '**자동차 보유자**'라 함은 "자동차의 소유자 또는 자동차를 사용할 권리가 있는 자로서 자기를 위하여 자동차를 운

행하는 자를 말한다."고 규정하고 있고, 여기서 '자동차를 사용할 권리가 있는 자'는 임대차나 사용대차 기타 자기를 위하여 자동차를 사용할 권원이 있는 자를 모두 포함하는 것으로 해석되므로, 법 제38조 제2항 위반죄의 주체를 자동차의 등록명의자로 국한해 해석할 수는 없다.

이 사건 자동차는 피고인의 배우자가 혼인 전에 구입하여 자신의 명의로 등록한 것이나 혼인 후로는 피고인도 가끔 필요할 때마다 가사에 사용하여 왔으며 이 사건 사고 당일에는 시어머니를 병원에 모셔다드리기 위하여 운행하던 중이었다는 것인바, 사정이 이러하다면 피고인은 사건 당시 배우자의 승낙 내지 묵인 아래 이 사건 자동차를 운행하였다 할 것이므로 피고인도 위 법조 소정의 '자동차를 사용할 권리가 있는 자'에 해당한다고 봄이 상당하다.

## V. 결 론

피고인이 이 사건 자동차에 관하여 강제보험에 가입되어 있지 아니한 상태라는 점을 인식하고서도 운행에 나아간 이상, 자동차 등록명의자가 아니라고 하여 법 제38조 제2항 소정의 죄책을 면할 수는 없다고 할 것이다.

## 제2장 국가기관/공직/교육/자격/선거

# 제1절 개인정보 보호법에서 부정한 목적의 의미 및 판단 방법

## Ⅰ. 사례요지

주택재개발정비사업 조합의 조합원인 피고인이 조합 임원 9명에 대한 해임안건이 담긴 해임 총회 개최 사실을 알릴 목적으로 공소외 1이 이전에 개최된 주민총회의 적정성을 검토하기 위해 제공받은 토지 등 소유자 명부 등을 바탕으로 작성하여 보관 중이던 조합원 명단을 제공받음으로써 부정한 목적으로 개인정보를 제공받았다.

## Ⅱ. 논 점

1. 개인정보를 제공받은 자의 개인정보 보호법 제71조 제2호 위반죄는 정보제공자가 법령위반으로 개인정보를 제공한다는 사정에 대한 인식 외에 '영리 또는 부정한 목적'을 범죄성립요건으로 하는 목적범인지 여부(적극)

2. 개인정보 보호법 제71조 제2호에서 '부정한 목적'의 의미 및 이에 해당하는지 판단하는 방법

## Ⅲ. 법규연구 (개인정보 보호법)

제71조(벌칙) 다음 각 호의 어느 하나에 해당하는 자는 5년 이하의 징역 또는 5천만원 이하의 벌금에 처한다.

  2. 제18조제1항·제2항(제39조의14에 따라 준용되는 경우를 포함한다), 제19조, 제26조제5항, 제27조제3항 또는 제28조의2를 위반하여 개인정보를 이용하거나 제3자에게 제공한 자 및 그 사정을 알면서도 영리 또는 부정한 목적으로 개인정보를 제공받은 자

## Ⅳ. 관련 판례

### 1. 원심 (서울북부지법 2022. 1. 14. 선고 2021노884 판결)

해임 총회 개최사실을 알릴 목적이 부정한 목적에 해당함을 전제로 이 사건 공소사실을 <u>유죄로 인정한 제1심판결을 그대로 유지하였다.</u>

## 2. 대법원 (대법원 2022. 6. 16., 선고, 2022도1676, 판결)

개인정보 보호법 제71조 제2호는 '제18조 제1항·제2항(제39조의14에 따라 준용되는 경우를 포함한다), 제19조, 제26조 제5항 또는 제27조 제3항을 위반하여 개인정보를 이용하거나 제3자에게 제공한 자' 뿐만 아니라 '그러한 사정을 알면서 영리 또는 부정한 목적으로 개인정보를 제공받은 자'도 처벌하도록 규정하고 있다. 개인정보를 제공받은 자의 개인정보 보호법 제71조 제2호 위반죄는 정보제공자가 법령위반으로 개인정보를 제공한다는 사정에 대한 인식 외에 '영리 또는 부정한 목적'을 범죄성립요건으로 하는 목적범이다. 여기서 <u>**부정한 목적**이란 개인정보를 제공받아 실현하려는 의도가 사회통념상 부정한 것으로서, 이에 해당하는지는 개인정보를 제공받아 실현하려는 목적의 구체적인 내용을 확정하고 당해 개인정보의 내용과 성격, 개인정보가 수집된 원래의 목적과 취지, 개인정보를 제공받게 된 경위와 방법 등 여러 사정을 종합하여 사회통념에 따라 판단하여야 한다.</u>

도시정비법은 정비사업의 투명성·공공성을 확보하고 조합원의 알 권리를 충족시키기 위하여 정비사업의 시행과 관련된 서류와 자료를 공개하도록 하고 있다(대법원 2021. 2. 10. 선고 2019도18700 판결 참조). 이에 조합원, 토지 등 소유자가 토지 등 소유자 명부, 조합원 명부에 대하여 열람·복사 요청을 한 경우 추진위원장이나 사업시행자는 15일 이내에 그 요청에 따라야 하고(제124조 제4항), 열람·복사를 요청한 사람은 제공받은 서류와 자료를 사용목적 외의 용도로 이용·활용하여서는 아니 된다(제124조 제6항).

한편 총회는 조합장이 직권으로 소집하거나 조합원 5분의 1 이상 또는 대의원 3분의 2 이상의 요구로 조합장이 소집하는 것이 원칙이고(제44조 제2항), 조합임원 해임을 목적으로 조합원 10분의 1 이상의 요구에 따라 총회를 소집할 경우 요구자 대표로 선출된 자가 조합장 권한을 대행하여 해임 총회를 소집할 수 있다(제43조 제4항). 총회를 소집하려는 자는 총회가 개최되기 7일 전까지 회의 목적·안건·일시 및 장소를 정하여 조합원에게 통지하여야 하므로(제44조 제4항), 해임 총회의 요구자 대표로 선출된 자는 조합장 권한 대행으로서 해임 총회가 개최되기 7일 전까지 회의 목적·안건·일시 및 장소를 정하여 조합원에게 통지하여야 한다.

나. 기록에 의하면 다음과 같은 사실을 알 수 있다.
① 피고인과 공소외 2는 ○○○○구역 주택재개발정비사업조합(이하 '이 사건 조합'이라 한다)의 조합원이다. 피고인과 공소외 2는 2019. 8. 19.부터 8. 27.까지 이

사건 조합의 조합원 82명으로부터 임원해임을 위한 임시총회 소집요구서를 받았다. 위 소집요구서에는 피고인과 공소외 2를 요구자 대표로 선출하는 내용이 포함되어 있다.

② 공소외 2는 2019. 8. 16. 이 사건 조합에 임시총회 개최에 사용할 목적으로 조합원 명부의 공개를 요청하였고, 이 사건 조합은 2019. 8. 27. 목적을 상세하게 기술하여 다시 청구해달라고 답하였다. 이에 공소외 2는 2019. 8. 30. 이 사건 조합에 도시정비법 제124조에 따라 조합원의 주소, 전화번호가 수록된 조합원 명부의 복사를 요청하면서, 목적을 '이 사건 조합의 임원에 대한 해임 총회 개최사실을 각 조합원에게 등기로 발송하기 위함'이라고 명시하였다. 이 사건 조합은 2019. 9. 9. 공소외 2가 소집자 대표임을 확인할 수 없다는 이유로 조합원 명단의 복사요청을 거절하였다.

③ 조합원인 공소외 1은 2018. 5. 24. 이 사건 조합으로부터 '2018. 2. 1. 개최된 주민총회의 적정성 검토'를 목적으로 토지 등 소유자 명부 등을 제공받아 그 자료를 바탕으로 조합원의 이름, 주소가 포함된 718명의 조합원 명단을 작성하여 보관하고 있었다. 공소외 2가 이 사건 조합에 조합원 명단 공개 요청을 하였으나 거절당하자, 피고인은 조합원들에게 해임 총회 개최사실을 통지하기 위하여 2019. 8. 말경부터 2019. 9. 초순경 사이에 공소외 1로부터 조합원 명단을 제공받았다.

피고인은 그 조합원 명단을 이용하여 2019. 9. 4. 조합원들에게 조합장 권한 대행으로서 '조합장의 제1심 형사재판 결과'와 '임원해임 관련 임시총회를 2019. 10. 4. 개최하고 그 소집을 통지한다.'는 내용이 담긴 우편물을 보냈고, 2019. 9. 6. 같은 내용의 문자메시지를 보냈다.

④ 피고인은 2019. 10. 4. 임원해임을 위한 임시총회를 진행하려 하였으나 임원들과 임원들을 지지하는 조합원들의 반대로 진행하지 못하였다.

## V. 결 론

피고인은 도시정비법에 따라 해임 총회의 요구자 대표로서 조합장 권한을 대행하여 해임 총회를 소집하기 위하여 개인정보인 조합원 명단을 제공받았다고 볼 여지가 있고, 이러한 사정 아래에서 개인정보인 조합원 명단의 내용과 성격, 조합원들이 이 사건 조합에 개인정보를 제공한 원래의 목적, 피고인이 공소외 1로부터 조합원 명단을 제공받게 된 경위와 방법 등 제반 사정을 종합하면, 검사가 제출한 증거만으로는 '해임 총회 개최사실을 알릴 목적'이 사회통념상 부정하다고 단정하기 어렵다.

# 제2절 개인정보보호법상 법인격 없는 공공기관을 양벌규정으로 처벌할 수 있는지

## I. 사례요지

피고인은 ○○경찰서 형사과 강력팀에서 근무하였다. 개인정보처리자는 법령 등에서 정하는 소관 업무의 수행을 위하여 불가피한 경우 등의 이용 범위를 초과하여 개인정보를 이용하여서는 아니 된다. 피고인은 2017. 1. 13. 09:26경 위 ○○○○경찰서 형사과 사무실에서, 피고인으로부터 돈을 차용한 후 2016. 12. 말까지 변제할 것을 약속했던 공소외 1이 돈을 갚지 않자, 공소외 1이 실제 거주하고 있는 주소지 외의 다른 거주지에 전입신고 되어 있는지 등을 확인하기 위하여, 피고인의 컴퓨터를 이용하여 형사사법정보시스템(KICS) 온라인망에 접속해 '공소외 1, (주민등록번호 1 생략)'을 조회하여 공소외 1의 전입신고 된 주소지 및 수배 여부 등을 확인하였다. 이로써 피고인은 소관 업무의 수행을 위하여 불가피한 경우 등의 이용 범위를 초과하여 개인정보를 각 이용하였다.

## II. 논 점

1. 구 개인정보 보호법 제74조 제2항 양벌규정의 취지 및 위 양벌규정에 의하여 개인정보처리자 아닌 행위자도 같은 법 제71조 제2호, 제18조 제1항 벌칙규정의 적용대상이 되는지 여부(적극)

2. '법인격 없는 공공기관'을 위 양벌규정에 의하여 처벌할 수 있는지(소극) 및 이 경우 행위자를 위 양벌규정으로 처벌할 수 있는지(소극)

## III. 법규연구 (개인정보 보호법)

제2조(정의) 이 법에서 사용하는 용어의 뜻은 다음과 같다.

  5. "개인정보처리자"란 업무를 목적으로 개인정보파일을 운용하기 위하여 스스로 또는 다른 사람을 통하여 개인정보를 처리하는 공공기관, 법인, 단체 및 개인 등을 말한다.

  6. "공공기관"이란 다음 각 목의 기관을 말한다.

   가. 국회, 법원, 헌법재판소, 중앙선거관리위원회의 행정사무를 처리하는 기관, 중앙행정기관(대통령 소속 기관과 국무총리 소속 기관을 포함한다) 및 그 소속 기관, 지방자치단체

   나. 그 밖의 국가기관 및 공공단체 중 대통령령으로 정하는 기관

제18조(개인정보의 목적 외 이용·제공 제한) ① 개인정보처리자는 개인정보를 제15조제1항에 따른 범위를 초과하여 이용하거나 제17조제1항 및 제3항에 따른 범위를 초과하여 제3자에게 제공하여서는 아니 된다.

제71조(벌칙) 다음 각 호의 어느 하나에 해당하는 자는 5년 이하의 징역 또는 5천만원 이하의 벌금에 처한다.

2. 제18조제1항·제2항, 제19조, 제26조제5항 또는 제27조제3항을 위반하여 개인정보를
   이용하거나 제3자에게 제공한 자 및 그 사정을 알면서도 영리 또는 부정한 목적으로 개
   인정보를 제공받은 자

제74조(양벌규정) ② 법인의 대표자나 법인 또는 개인의 대리인, 사용인, 그 밖의 종업원이 그
   법인 또는 개인의 업무에 관하여 제71조부터 제73조까지의 어느 하나에 해당하는 위반행위
   를 하면 그 행위자를 벌하는 외에 그 법인 또는 개인에게도 해당 조문의 벌금형을 과(科)한
   다. 다만, 법인 또는 개인이 그 위반행위를 방지하기 위하여 해당 업무에 관하여 상당한 주
   의와 감독을 게을리하지 아니한 경우에는 그러하지 아니하다.

## IV. 관련 판례

### 1. 원심 (대전고법 2020. 1. 17. 선고 2019노189, 274 판결)

공소사실에 대하여 구「개인정보 보호법」(2020. 2. 4. 법률 제16930호로 개정되기
전의 것, 이하 구「개인정보 보호법」이라고 한다) 제74조 제2항, 제71조 제2호, 제18
조 제1항을 적용하여 유죄로 인정하면서, 피고인이 비록 개인정보처리자는 아니나 위
법 제74조 제2항에 따른 양벌규정에 의하여 처벌 범위가 확장되어 같은 법 제71조 제
2호의 적용대상자가 된다고 판단하였다.

### 2. 대법원 (대법원 2021. 10. 28., 선고, 2020도1942, 판결)

구「개인정보 보호법」제71조 제2호는 같은 법 제18조 제1항을 위반하여 이용 범위
를 초과하여 개인정보를 이용한 개인정보처리자를 처벌하도록 규정하고 있고, 같은 법
제74조 제2항에서는 법인의 대표자나 법인 또는 개인의 대리인, 사용인, 그 밖의 종업
원이 그 법인 또는 개인의 업무에 관하여 같은 법 제71조에 해당하는 위반행위를 하면
그 행위자를 벌하는 외에 그 법인 또는 개인에게도 해당 조문의 벌금형을 과하도록 하
는 양벌규정을 두고 있다.

위 법 제71조 제2호, 제18조 제1항에서 벌칙규정의 적용대상자를 개인정보처리자로
한정하고 있기는 하나, 위 양벌규정은 벌칙규정의 적용대상인 개인정보처리자가 아니
면서 그러한 업무를 실제로 처리하는 자가 있을 때 벌칙규정의 실효성을 확보하기 위
하여 적용대상자를 해당 업무를 실제로 처리하는 행위자까지 확장하여 그 행위자나 개
인정보처리자인 법인 또는 개인을 모두 처벌하려는 데 그 취지가 있으므로, 위 양벌규
정에 의하여 개인정보처리자 아닌 행위자도 위 벌칙규정의 적용대상이 된다(대법원
1999. 7. 15. 선고 95도2870 전원합의체 판결, 대법원 2017. 12. 5. 선고 2017도
11564 판결 등 참조).

그러나 구 「개인정보 보호법」 은 제2조 제5호, 제6호에서 공공기관 중 법인격이 없는 '중앙행정기관 및 그 소속 기관' 등을 개인정보처리자 중 하나로 규정하고 있으면서도, 양벌규정에 의하여 처벌되는 개인정보처리자로는 같은 법 제74조 제2항에서 '법인 또는 개인' 만을 규정하고 있을 뿐이고, 법인격 없는 공공기관에 대하여도 위 양벌규정을 적용할 것인지 아닌지에 대하여는 명문의 규정을 두고 있지 않으므로, 죄형법정주의 원칙상 '법인격 없는 공공기관' 을 위 양벌규정에 의하여 처벌할 수 없고, 그 경우 행위자 역시 위 양벌규정으로 처벌할 수 없다고 봄이 타당하다.

## V. 결 론

이 사건 당시 피고인은 경찰청 소속기관인 ○○경찰서 소속 경찰공무원이었고, 피고인이 이용한 개인정보의 개인정보처리자는 경찰청으로서 법인격 없는 '중앙행정기관 또는 그 소속기관' 에 해당한다고 할 것인바, 그와 같은 사정을 앞서 본 법리에 비추어 살펴보면, 피고인이 소속된 위 공공기관은 양벌규정에 의하여 처벌되는 개인정보처리자에 포함된다고 볼 수 없고, 따라서 피고인 역시 위 양벌규정에 의하여 처벌할 수 있는 행위자에 해당하지 않는다.

# 제3절 위탁선거법에서 말하는 선거운동의 의미 및 판단기준

## I. 사례요지

피고인들은 전 △△신문 논설실장인 공소외 1과 순차 공모하여 (선거명 생략)에 영향을 미치게 하기 위하여 공소외 1이 대신 작성한 '(기고문 제목 1 생략)'이라는 제목의 기고문을 ○○신문에 피고인 1의 이름으로 게재되게 하고, 피고인 7은 같은 날 위 기고문이 게재된 신문 300부를 구입하여 피고인 1의 기고문이 맨 앞면에 보이도록 접은 다음 전국 대의원 조합장들에게 우편으로 발송함으로써 후보자가 아닌 자가 선거운동을 하고, 법률 규정에 따른 선거운동방법 외의 방법으로 선거운동을 함과 동시에 선거운동기간이 아닌 때 선거운동을 하였다.

## II. 논 점

1. 구 공공단체등 위탁선거에 관한 법률 제23조에서 말하는 '선거운동'의 의미 및 판단기준

2. 구 공공단체등 위탁선거에 관한 법률 제24조 제1항, 제2항에서 선거운동을 제한적으로만 허용하고 그 외의 선거운동을 일체 금지하는 취지

3. 구 공공단체등 위탁선거에 관한 법률 제24조 제1항, 제66조 제1호에서 후보자 아닌 자의 선거운동을 전면 금지하고 이를 위반하는 행위를 처벌하는 취지

4. 후보자가 제3자로 하여금 자신을 보조하여 선거운동을 하게 한 경우, 제3자의 행위가 같은 법 제24조 제1항에서 금지하는 '후보자 아닌 자의 선거운동'에 해당하는지 판단하는 기준

## III. 법규연구 (공공단체등 위탁선거에 관한 법률)

제23조(선거운동의 정의) 이 법에서 "선거운동"이란 당선되거나 되게 하거나 되지 못하게 하기 위한 행위를 말한다. 다만, 다음 각 호의 어느 하나에 해당하는 행위는 선거운동으로 보지 아니한다.

　1. 선거에 관한 단순한 의견개진 및 의사표시

　2. 입후보와 선거운동을 위한 준비행위

제24조(선거운동의 주체·기간·방법) ① 후보자가 제25조부터 제30조의2까지의 규정에 따라 선거운동을 하는 경우를 제외하고는 누구든지 어떠한 방법으로도 선거운동을 할 수 없다.

② 선거운동은 후보자등록마감일의 다음 날부터 선거일 전일까지에 한정하여 할 수 있다. 다만, 다음 각 호의 어느 하나에 해당하는 경우에는 그러하지 아니하다.

　1. 제24조제3항제3호에 따른 중앙회장선거의 후보자가 선거일 또는 결선투표일에 제28조제2호에 따른 문자메시지를 전송하는 방법으로 선거운동을 하는 경우

2. 제30조의2에 따라 후보자가 선거일 또는 결선투표일에 자신의 소견을 발표하는 경우

**제66조(각종 제한규정 위반죄)** 다음 각 호의 어느 하나에 해당하는 자는 2년 이하의 징역 또는 2천만원 이하의 벌금에 처한다.

1. 제24조를 위반하여 후보자가 아닌 자가 선거운동을 하거나 제25조부터 제30조의2까지의 규정에 따른 선거운동방법 외의 방법으로 선거운동을 하거나 선거운동기간이 아닌 때에 선거운동을 한 자. 다만, 제24조의2제7항에 따라 선거운동을 한 예비후보자는 제외한다.

## IV. 관련 판례

### 1. 원심 (서울고법 2019. 9. 24. 선고 2018노193 판결)

피고인들이 이 사건 선거에서 피고인 1을 당선되게 할 목적으로 공소사실 기재 각 행위를 하였다고 볼 수 있으나, 선거인인 대의원 조합장들의 관점에서 피고인들의 위와 같은 행위가 이 사건 선거에서 피고인 1의 당선을 도모하는 목적의사를 가지고 한 선거운동이라는 점을 명백히 인식할 수 있었다고 인정하기 어렵다고 보아, <u>피고인들에게 법률 규정에 따른 선거운동방법 외의 선거운동(위 각 신문 관련)을 함과 동시에 선거운동기간이 아닌 때에 선거운동(□□일보 관련)을 하였다는 부분에 대하여 유죄를 인정한 제1심판결을 파기하고 무죄를 선고하였다.</u>

### 2. 대법원 (대법원 2021. 4. 29., 선고, 2019도14338, 판결)

'구 위탁선거법'이라고 한다) 제23조는 "이 법에서 '선거운동'이란 당선되거나 되게 하거나 되지 못하게 하기 위한 행위를 말한다."라고 규정하고 있다.

여기서 <u>'선거운동'이란 위탁선거법 제3조에서 규정한 위탁선거에서의 당선 또는 낙선을 위하여 필요하고도 유리한 모든 행위로서 당선 또는 낙선을 도모한다는 목적의사가 객관적으로 인정될 수 있는 능동적·계획적인 행위를 말하는데, 구체적으로 어떠한 행위가 선거운동에 해당하는지를 판단할 때에는 단순히 행위의 명목뿐만 아니라 행위의 태양, 즉 행위가 행하여지는 시기·장소·방법 등을 종합적으로 관찰하여 그것이 특정 후보자의 당선 또는 낙선을 도모하는 목적의지를 수반하는 행위인지를 선거인의 관점에서 객관적으로 판단하여야 한다</u>(대법원 2016. 8. 26. 선고 2015도11812 전원합의체 판결, 대법원 2017. 3. 22. 선고 2016도16314 판결 등 참조).

한편 공직선거법 제58조 제1항은 '선거운동'의 의미에 관하여 구 위탁선거법 제23조와 동일하게 규정하면서도 제2항에서 '누구든지 자유롭게 선거운동을 할 수 있다. 그러나 이 법 또는 다른 법률의 규정에 의하여 금지 또는 제한되는 경우에는 그러

하지 아니하다.'라고 규정하여 대의민주주의의 실현을 위해 선거운동의 자유를 원칙으로 하면서 선거의 공정을 확보하기 위해 법률에 따라 선거운동이 금지 또는 제한될 수 있음을 선언한 뒤, 공직선거법 제58조의2 이하에서 허용되는 선거운동의 시기·장소·방법과 금지되는 행위에 대해 자세히 규정하고 있다. 이와 달리 구 위탁선거법 제24조 제1항은 '후보자가 제25조부터 제30조의2까지의 규정에 따라 선거운동을 하는 경우를 제외하고는 누구든지 어떠한 방법으로도 선거운동을 할 수 없다.', 제2항은 '선거운동은 후보자등록마감일의 다음 날부터 선거일 전일까지에 한정하여 할 수 있다.'라고 규정하여 선거운동의 주체·방법·시기를 제한된 범위에서 허용하면서 그 외의 선거운동을 일체 금지하고 있는데, 이는 공공단체 등의 임원 등의 선출을 위한 위탁선거가 가지는 고유한 특성을 고려하여 위탁선거의 과열과 혼탁을 방지함으로써 선거의 공정성을 담보하기 위한 것이다.

위탁선거 중 (선거명 생략)는 회원조합의 조합장 중에서 선출된 300명 이내의 대의원으로 구성된 대의원회에서 간선제 방식으로 이루어지므로 선거인들이 300명 이내로 소수이고, 적은 표 차이로 당락이 결정되며, 그 선거운동방법은 전화를 통하든 대면방식이든 후보자와 선거인의 직접적인 접촉이 주를 이루게 되고, 이에 따라 후보자의 행위가 선거의 당락에 직접적으로 영향을 미친다는 특징이 있다. 뿐만 아니라 회원조합에 대한 지도·감사 권한 등 (선거명 생략)의 당선인은 선거인인 대의원 조합장들에게 직접 영향력을 행사할 수 있기 때문에 선거인의 입장에서 누가 회장으로 당선되는지가 몹시 중요하고, (선거명 생략)에 대한 관심이 높을 수밖에 없다. 위와 같은 특성으로 인하여 (선거명 생략)는 자칫 과열·혼탁으로 빠질 위험이 높아 선거의 공정성 담보가 보다 높게 요구된다고 할 것이다(헌법재판소 2019. 7. 25. 선고 2018헌바85 전원재판부 결정 참조).

## V. 결 론

따라서 이 사건 각 신문기고 및 발송 행위가 '선거운동'에 해당하는지 여부를 판단함에 있어 구 위탁선거법이 선거운동을 제한적으로만 허용하고 그 외의 선거운동을 일체 금지하고 있는 취지, (선거명 생략)가 갖는 고유한 특성을 함께 고려할 필요가 있다.

# 제4절 공무원인 교원의 집단적 의사표현행위가 집단행위에 해당한 경우와 그 판단기준

## Ⅰ. 사례요지

교사인 피고인들이 전국교직원노동조합 간부들과 공모하여 2009년 1, 2차 시국선언과 '교사·공무원 시국선언 탄압 규탄대회'를 추진하고 적극적으로 관여하여 '공무 외의 일을 위한 집단행위'를 하였다.

## Ⅱ. 논 점

공무원인 교원이 집단적으로 행한 의사표현행위가 국가공무원법 제66조 제1항에서 금지하는 '공무 외의 일을 위한 집단행위'에 해당하는 경우 및 그 판단기준

## Ⅲ. 법규연구

### 1. 국가공무원법

제57조 (복종의 의무) 공무원은 직무를 수행할 때 소속 상관의 직무상 명령에 복종하여야 한다.

제65조 (정치 운동의 금지) ① 공무원은 정당이나 그 밖의 정치단체의 결성에 관여하거나 이에 가입할 수 없다.

제66조 (집단 행위의 금지) ① 공무원은 노동운동이나 그 밖에 공무 외의 일을 위한 집단 행위를 하여서는 아니 된다. 다만, 사실상 노무에 종사하는 공무원은 예외로 한다.

제84조의2(벌칙) 제44조·제45조 또는 제66조를 위반한 자는 다른 법률에 특별히 규정된 경우 외에는 1년 이하의 징역 또는 1천만원 이하의 벌금에 처한다.

### 2. 교육기본법

제6조 (교육의 중립성) ① 교육은 교육 본래의 목적에 따라 그 기능을 다하도록 운영되어야 하며, 정치적·파당적 또는 개인적 편견을 전파하기 위한 방편으로 이용되어서는 아니 된다.

② 국가와 지방자치단체가 설립한 학교에서는 특정한 종교를 위한 종교교육을 하여서는 아니 된다.

제14조 (교원) ④ 교원은 특정한 정당이나 정파를 지지하거나 반대하기 위하여 학생을 지도하거나 선동하여서는 아니 된다.

## IV. 관련 판례

### 1. 원심 (대전지법 2010. 5. 14. 선고 2010노618 판결)

원심이 1차 시국선언과 2차 시국선언 및 규탄대회와 관련하여 <u>피고인들의 집단행위에 의한 국가공무원법 위반의 공소사실을 모두 유죄로 인정하였다.</u>

### 2. 대법원 (대법원 2012. 4. 19. 선고 2010도6388 전원합의체 판결)

가. 공무원인 교원도 정치적 표현의 자유가 보장되어야 하지만, 공무원의 정치적 중립성 및 교육의 정치적 중립성을 선언한 헌법정신과 관련 법령의 취지에 비추어 정치적 표현의 자유는 일정한 범위에서 제한될 수밖에 없고, 이는 헌법에 따라 신분이 보장되는 공무원인 교원이 감수하여야 하는 한계이다. 더구나 공무원인 교원의 정치적 표현행위가 교원의 지위를 전면에 드러낸 채 대규모로 집단적으로 이루어지는 경우에는 그것이 교육현장 및 사회에 미치는 파급력을 고려한 평가가 요구된다. 따라서 <u>공무원인 교원이 집단적으로 행한 의사표현행위가 국가공무원법이나 공직선거법 등 개별 법률에서 공무원에 대하여 금지하는 특정의 정치적 활동에 해당하는 경우나, 특정 정당이나 정치세력에 대한 지지 또는 반대의사를 직접적으로 표현하는 등 정치적 편향성 또는 당파성을 명백히 드러내는 행위 등과 같이 공무원인 교원의 정치적 중립성을 침해할 만한 직접적인 위험을 초래할 정도에 이르렀다고 볼 수 있는 경우에, 그 행위는 공무원인 교원의 본분을 벗어나 공익에 반하는 행위로서 공무원의 직무에 관한 기강을 저해하거나 공무의 본질을 해치는 것이어서 직무전념의무를 해태한 것이라 할 것이므로, 국가공무원법 제66조 제1항에서 금지하는 '공무 외의 일을 위한 집단행위'에 해당한다고 보아야 한다.</u> 여기서 어떠한 행위가 정치적 중립성을 침해할 만한 직접적인 위험을 초래할 정도에 이르렀다고 볼 것인지는 일률적으로 정할 수 없고, 헌법에 의하여 정치적 중립성이 요구되는 공무원 및 교원 지위의 특수성과 아울러, 구체적인 사안에서 당해 행위의 동기 또는 목적, 시기와 경위, 당시의 정치적·사회적 배경, 행위 내용과 방식, 특정 정치세력과의 연계 여부 등 당해 행위와 관련된 여러 사정을 종합적으로 고려하여 판단하여야 한다.

나. 교사인 피고인들이 전국교직원노동조합(이하 '전교조'라고 한다) 본부 및 지부 간부들과 공모하여, 2009년 정부의 정책과 국정운영을 비판하고 국정쇄신을 촉구하는 내용의 제1차 시국선언(이하 '1차 시국선언'이라고 한다) 및 그에 뒤이어 표현

의 자유 보장과 시국선언 탄압 중지 등을 요구하는 내용의 제2차 시국선언(이하 '2차 시국선언'이라고 한다)과 '교사·공무원 시국선언 탄압 규탄대회'(이하 '규탄대회'라고 한다)를 추진하고 적극적으로 관여하여 '공무 외의 일을 위한 집단행위'를 하였다고 하여 구 국가공무원법(2010. 3. 22. 법률 제10148호로 개정되기 전의 것, 이하 '국가공무원법'이라고 한다) 위반으로 기소된 사안에서, 1, 2차 시국선언의 목적, 시기와 경위, 내용, 추진 방식과 그 영향 및 초·중등학교 교원 지위의 특수성 등 여러 사정을 종합하면, <u>위 행위는 공무원인 교원의 정치적 중립성을 침해할 만한 직접적인 위험을 초래할 정도의 정치적 편향성 또는 당파성을 명확히 드러낸 행위이고, 이는 공무원인 교원의 본분을 벗어나 공익에 반하는 행위로서 공무원의 직무에 관한 기강을 저해하거나 공무의 본질을 해치는 것이어서 직무전념의무를 해태한 것이므로 국가공무원법 제66조 제1항에서 금지하는 '공무 외의 일을 위한 집단행위'에 해당한다</u>는 이유로, 피고인들에게 유죄를 인정한 원심판단을 정당하다고 한 사례.

## V. 결 론

원심이 1차 시국선언과 2차 시국선언 및 규탄대회와 관련하여 피고인들의 집단행위에 의한 국가공무원법 위반의 공소사실을 모두 유죄로 인정한 것은 정당하고, 거기에 상고이유의 주장과 같이 국가공무원법에서 정한 집단행위 금지에 관한 법리를 오해한 위법이 없다.

# 제5절 기부금품법상 미등록자는 1년 이내에 1천만 원을 초과하여 모집한 경우 처벌대상이 되는지

## I. 사례요지

1,000만 원 이상의 기부금품을 모집하려는 자는 행정안전부장관 또는 시·도지사에게 등록을 하여야 한다. 피고인은 자신이 대표로 있는 환경보전시민연대 사무실에서 등록청에 등록하지 아니하고, 남부환경개발 관계자로부터 후원금 명목으로 100만 원을 받은 것을 비롯하여 원심 별지1 일람표 기재와 같이 공사업체들로부터 2006년도에 5,692만 원, 2007년도에 1,310만 원, 2008년도에 2,477만 원의 기부금품을 모집하였다.

## II. 논 점

'기부금품의 모집 및 사용에 관한 법률' 상 관할관청에 등록을 하지 아니하고 기부금품을 모집한 자는 모집기간인 '1년 이내'에 1천만 원을 초과하여 모집한 경우에만 처벌 대상이 되는지 여부(적극)

## III. 법규연구 (기부금품의 모집 및 사용에 관한 법률)

제2조(정의) 이 법에서 사용하는 용어의 뜻은 다음과 같다.
1. "기부금품"이란 환영금품, 축하금품, 찬조금품(贊助金品) 등 명칭이 어떠하든 반대급부 없이 취득하는 금전이나 물품을 말한다. 다만, 다음 각 목의 어느 하나에 해당하는 것은 제외한다.
   가. 법인, 정당, 사회단체, 종친회(宗親會), 친목단체 등이 정관, 규약 또는 회칙 등에 따라 소속원으로부터 가입금, 일시금, 회비 또는 그 구성원의 공동이익을 위하여 모은 금품

제4조(기부금품의 모집등록) ① 1천만원 이상의 금액으로서 대통령령으로 정하는 금액 이상의 기부금품을 모집하려는 자는 다음의 사항을 적은 모집·사용계획서를 작성하여 대통령령으로 정하는 바에 따라 행정안전부장관 또는 특별시장·광역시장·도지사·특별자치도지사(이하 "등록청"이라 한다)에게 등록하여야 한다. 모집·사용계획서의 내용을 변경하려는 경우에도 또한 같다.

제16조(벌칙) ① 다음 각 호의 어느 하나에 해당하는 자는 3년 이하의 징역이나 3천만원 이하의 벌금에 처한다.
1. 제4조제1항에 따른 등록을 하지 아니하였거나, 속임수나 그 밖의 부정한 방법으로 등록을 하고 기부금품을 모집한 자

## IV. 관련 판례

### 1. 원심 (광주지법 2010. 4. 27. 선고 2009노2861 판결)

피고인이 환경보전시민연대의 대표자로서 그 회원들로부터 모은 금원은 회원들이 자발적으로 납부한 회비 또는 후원금에 해당하므로 법의 적용 대상인 '기부금품'에서 제외되는 것으로 보아야 한다는 취지로 판단한 다음, 피고인이 환경보전시민연대의 회원들로부터 모은 금원을 제외한 나머지 모집 금원만을 기부금품으로 보고 그 총액을 계산할 경우, 피고인이 모집한 기부금품은 2006년도에는 900만 원, 2007년도에는 320만 원, 2008년도에는 417만 원에 불과하여 모두 1천만 원에 이르지 않아 <u>법의 처벌대상이 되지 않는다고 판단하였다.</u>

### 2. 대법원 (대법원 2010. 9. 30. 선고, 2010도5954, 판결)

가. 기부금품법 제16조 제1항 제1호, 제4조 제1항은, 1천만 원 이상의 기부금품을 모집하려는 자는 모집·사용계획서를 작성하여 행정안전부장관 또는 등록청(특별시장·광역시장·도지사·특별자치도지사)에게 등록하여야 하고, 이를 위반할 경우 처벌하는 것으로 규정하고 있으나, 한편 법 제2조 제1항 (가)목은 '법인, 정당, 사회단체, 종친회, 친목단체 등이 정관, 규약 또는 회칙 등에 따라 소속원으로부터 가입금, 일시금, 회비 또는 그 구성원의 공동이익을 위하여 모은 금품'의 경우 법의 적용대상인 '기부금품'에서 제외한다고 규정하고 있다. 법 제4조 제1항 제2호는, 1천만 원 이상의 기부금품을 모집하려는 자가 관할관청에 등록할 때 작성하여야 하는 모집·사용계획서에 기재할 모집계획의 내용에 관하여, 같은 항 제2호에서 "모집목적, 모집금품의 종류 및 모집목표액, 모집지역, 모집방법, 모집기간, 모집금품의 보관방법 등을 구체적으로 밝힌 모집계획. 이 경우 모집기간은 1년 이내로 하여야 한다"고 규정하고 있는바, 위 규정 및 앞서 본 규정들의 취지를 종합하여 보면, 관할관청에 등록을 하지 아니하고 기부금품을 모집한 자는 모집기간인 1년 이내에 1천만 원을 초과하여 기부금품을 모집한 경우에만 처벌의 대상이 되는 것으로 봄이 상당하다.

## V. 결 론

원심이 같은 취지에서, 피고인이 2006년부터 2008년까지 매년 환경보전시민연대의 회원이 아닌 사람들로부터 1년에 1천만 원을 초과하여 기부금품을 모집하였다고 인정할 증거가 없다는 이유로 이 부분 공소사실을 무죄로 판단한 조치는 정당하다.

# 제6절 양심에 따른 병역거부가 병역법에서 정한 정당한 사유에 해당하는지

## Ⅰ. 사례요지

피고인은 ☆☆동대 예비군 ○○소대 △분대에 소속되어 있는 예비군 대원으로서, 자신의 주거지에서, 예비군 훈련장에서 '이월보충훈련 6시간(전반기작계훈련 7차 보충훈련)'을 받으라는 육군 제□□□□부대 ◇대대장 명의의 예비군 훈련소집 통지서를 직접 전달받았음에도 불구하고 정당한 사유 없이 위 훈련을 받지 아니하였다.

## Ⅱ. 논 점

1. 진정한 양심에 따른 병역거부가 병역법 제88조 제1항에서 정한 '정당한 사유'에 해당하는지 여부(적극) 및 이때 '진정한 양심'의 의미와 증명 방법

2. 진정한 양심에 따른 예비군훈련 거부의 경우에도 예비군법 제15조 제9항 제1호에서 정한 '정당한 사유'에 해당하는지 여부(적극)

## Ⅲ. 법규연구

### 1. 병역법

제88조(입영의 기피 등) ① 현역입영 또는 소집 통지서(모집에 의한 입영 통지서를 포함한다)를 받은 사람이 정당한 사유 없이 입영일이나 소집일부터 다음 각 호의 기간이 지나도 입영하지 아니하거나 소집에 응하지 아니한 경우에는 3년 이하의 징역에 처한다. 다만, 제53조제2항에 따라 전시근로소집에 대비한 점검통지서를 받은 사람이 정당한 사유 없이 지정된 일시의 점검에 참석하지 아니한 경우에는 6개월 이하의 징역이나 500만원 이하의 벌금 또는 구류에 처한다.

   1. 현역입영은 3일

   2. 사회복무요원·대체복무요원 소집은 3일

   3. 군사교육소집은 3일

   4. 병력동원소집 및 전시근로소집은 2일

### 2. 예비군법

제6조(훈련) ① 국방부장관은 대통령령으로 정하는 바에 따라 연간 20일의 한도에서 예비군대원을 훈련할 수 있다. 이 경우 국회의원과 대통령령으로 정하는 사람은 훈련하여야 한다. 다만, 법률에 따라 국민이 직접 선거하는 공직 선거기간 중에는 훈련을 하지 아니한다.

제15조(벌칙) ⑨ 다음 각 호의 어느 하나에 해당하는 사람은 1년 이하의 징역, 1천만원 이하의 벌금, 구류 또는 과료에 처한다.

1. 제6조제1항에 따른 훈련을 정당한 사유 없이 받지 아니한 사람이나 훈련받을 사람을 대신하여 훈련받은 사람

## IV. 관련 판례

### 1. 원심 (울산지법 2018. 2. 21. 선고 2017노1415, 1641 판결)

피고인이 여호와의 증인 신도로서 그 종교의 교리를 이유로 예비군훈련을 거부하는 것이 예비군법 제15조 제9항 제1호에서 정한 '정당한 사유'에 해당하지 않는다고 판단하여, 이 사건 공소사실을 유죄로 인정한 제1심판결을 그대로 유지하였다.

### 2. 대법원 (대법원 2021. 1. 28., 선고, 2018도4708, 판결)

가. 병역법 제88조 제1항에서 정한 '정당한 사유'가 있는지를 판단할 때에는 병역법의 목적과 기능, 병역의무의 이행이 헌법을 비롯한 전체 법질서에서 가지는 위치, 사회적 현실과 시대적 상황의 변화 등은 물론 피고인이 처한 구체적이고 개별적인 사정도 고려해야 한다.

양심에 따른 병역거부, 이른바 양심적 병역거부는 종교적·윤리적·도덕적·철학적 또는 이와 유사한 동기에서 형성된 양심상 결정을 이유로 집총이나 군사훈련을 수반하는 병역의무의 이행을 거부하는 행위를 말한다. 양심적 병역거부자에게 병역의무의 이행을 일률적으로 강제하고 그 불이행에 대하여 형사처벌 등 제재를 하는 것은 양심의 자유를 비롯한 헌법상 기본권 보장체계와 전체 법질서에 비추어 타당하지 않을 뿐만 아니라 소수자에 대한 관용과 포용이라는 자유민주주의 정신에도 위배된다. 따라서 진정한 양심에 따른 병역거부라면, 이는 병역법 제88조 제1항의 '정당한 사유'에 해당한다고 보아야 한다. 이때 진정한 양심이란 그 신념이 깊고, 확고하며, 진실한 것을 말한다. 인간의 내면에 있는 양심을 직접 객관적으로 증명할 수는 없으므로 사물의 성질상 양심과 관련성이 있는 간접사실 또는 정황사실을 증명하는 방법으로 진정한 양심에 따른 병역거부인지 여부를 판단할 수 있다(대법원 2018. 11. 1. 선고 2016도10912 전원합의체 판결 참조).

나. 한편 예비군법 제15조 제9항 제1호는 병역법 제88조 제1항과 마찬가지로 국민의 국방의 의무를 구체화하기 위하여 마련된 것이고, 예비군훈련도 집총이나 군사훈련을

수반하는 병역의무의 이행이라는 점에서 병역법 제88조 제1항에서 정한 '정당한 사유' 에 관한 위 전원합의체 판결의 법리에 따라 예비군법 제15조 제9항 제1호에서 정한 '정당한 사유' 를 해석함이 타당하다. 따라서 진정한 양심에 따른 예비군훈련 거부의 경우에도 예비군법 제15조 제9항 제1호에서 정한 '정당한 사유' 에 해당한다고 보아야 한다.

## V. 결 론

위 전원합의체 판결 법리의 취지에 비추어 살펴보면, 원심판결은 예비군법에서 정한 '정당한 사유' 에 관한 법리를 오해하여 필요한 심리를 다하지 않음으로써 판결에 영향을 미친 위법이 있다.

## VI 유사판례

1. 병역법에서 정한 '소집기일부터 3일'이라는 기간을 계산할 때에 민법 규정이 적용되는지

민법 제155조는 "기간의 계산은 법령, 재판상의 처분 또는 법률행위에 다른 정한 바가 없으면 본장의 규정에 의한다."고 규정하고 있으므로, 기간의 계산에 있어서는 당해 법령 등에 특별한 정함이 없는 한 민법의 규정에 따라야 한다. 한편 병역법 제88조 제1항 제2호는 '공익근무요원 소집통지서를 받은 사람이 정당한 사유 없이 소집기일부터 3일이 지나도 소집에 응하지 아니한 경우에는 3년 이하의 징역에 처한다'고 규정하고 있으나, 병역법은 기간의 계산에 관하여 특별한 규정을 두고 있지 아니하다. 따라서 병역법 제88조 제1항 제2호에 정한 '소집기일부터 3일'이라는 기간을 계산할 때에도 기간 계산에 관한 민법의 규정이 적용된다고 할 것이므로, 민법 제157조에 따라 기간의 초일은 산입하지 아니하고, 민법 제161조에 따라 기간의 말일이 토요일 또는 공휴일에 해당하는 때에는 기간은 그 익일로 만료한다고 보아야 한다. (대법원 2012. 12. 26., 선고, 2012도13215, 판결)

# 제7절 국외여행 허가의무 위반으로 인한 병역법 위반죄의 법적 성격 및 공소시효 기산점

## I. 사례요지

구 병역법에 따라 국외여행의 허가를 받은 사람은 허가기간에 귀국하기 어려운 경우에는 기간만료 15일 전까지 기간연장허가를 받아야 한다. 피고인은 2002. 12. 31.까지 국외여행 기간연장허가를 받아 미국에 거주하던 중 기간만료 15일 전까지 기간연장허가를 받지 않고 정당한 사유 없이 허가된 기간에 귀국하지 아니하였다.

## II. 논 점

1. 병역법 제70조 제3항, 제94조에서 규정하는 국외여행 허가의무 위반으로 인한 병역법 위반죄의 법적 성격(=즉시범)
2. 공소시효 기산점(=국외여행 허가기간 만료일)

## III. 법규연구 (병역법)

제70조(국외여행의 허가 및 취소) ① 병역의무자로서 다음 각 호의 어느 하나에 해당하는 사람이 국외여행을 하려면 병무청장의 허가를 받아야 한다.
  1. 25세 이상인 병역준비역, 보충역 또는 대체역으로서 소집되지 아니한 사람
  2. 승선근무예비역, 보충역 또는 대체복무요원으로 복무 중인 사람
③ 국외여행의 허가를 받은 사람이 허가기간에 귀국하기 어려운 경우에는 기간만료 15일 전까지, 25세가 되기 전에 출국한 사람은 25세가 되는 해의 1월 15일까지 병무청장의 기간연장허가 또는 국외여행허가를 받아야 한다.
제94조(국외여행허가 의무 위반) ② 제70조제1항 또는 제3항에 따른 허가를 받지 아니하고 출국한 사람, 국외에 체류하고 있는 사람 또는 정당한 사유 없이 허가된 기간에 귀국하지 아니한 사람(제83조제2항제10호에 따른 귀국명령을 위반하여 귀국하지 아니한 사람을 포함한다)은 3년 이하의 징역에 처한다.

## IV. 관련 판례

### 1. 원심 (대전지법 2019. 4. 18. 선고 2018노2365 판결)

이 사건 범행은 최종 국외여행허가기간 만료일인 2002. 12. 31.경 종료하여 공소시효가 그때부터 진행하며 3년이 경과함에 따라 공소시효가 완성되었다고 보아 이 사건 공소사실을 유죄로 인정한 제1심판결을 파기하고 피고인에 대하여 면소판결을 선고하였다.

## 2. 대법원 (대법원 2022. 12. 1., 선고, 2019도5925, 판결)

구 병역법은 제70조 제3항에서 국외여행의 허가를 받은 병역의무자가 허가기간 내에 귀국하기 어려운 때에는 기간만료 15일 전까지 병무청장의 기간연장허가를 받아야 한다고 정하고, 제94조에서 위 허가를 받지 않고 정당한 사유 없이 허가된 기간 내에 귀국하지 않은 사람은 3년 이하의 징역에 처한다고 정하였다.

이 사건 처벌조항의 내용과 구 병역법 제94조의 입법목적, 규정 체계 등에 비추어 볼 때, 이 사건 처벌조항에서 규정하고 있는 <u>국외여행허가의무 위반으로 인한 병역법 위반죄는 국외여행의 허가를 받은 병역의무자가 기간만료 15일 전까지 기간연장허가를 받지 않고 정당한 사유 없이 허가된 기간 내에 귀국하지 않은 때에 성립함과 동시에 완성되는 이른바 즉시범으로서, 그 이후에 귀국하지 않은 상태가 계속되고 있더라도 위 규정이 정한 범행을 계속하고 있다고 볼 수 없다. 따라서 이 사건 범죄의 공소시효는 범행종료일인 국외여행허가기간 만료일부터 진행한다.</u>

나. 피고인의 국외 체류 목적 중에 이 사건 범행으로 인한 형사처분을 면할 목적을 인정할 여지가 있고, 달리 이와 양립할 수 없는 사정은 보이지 않는다.

① 피고인은 14세에 미국으로 출국하여 체류하던 중 18세가 되어 제1국민역에 편입됨에 따라 당시 시행 중이던 병역법에 의하여 병무청장으로부터 국외여행허가를 받은 다음 4차례에 걸쳐 기간연장허가를 받아왔다. 이러한 사정에 비추어 피고인은 국외에 계속 체류하기 위해서는 병무청장으로부터 기간연장허가를 받아야 한다는 사정을 알았을 것으로 보이는데도 최종 국외여행허가기간 만료일인 2002. 12. 31. 이후 기간연장허가를 받지 않고 미국에 계속 체류하였다.

② 광주·전남지방병무청장은 피고인에 대한 국외여행허가기간 만료 후인 2003. 1. 10.과 같은 해 2. 10.에 피고인에 대한 귀국보증인들(피고인의 외조부와 외조부의 지인)에게 각 국외여행 미귀국통지서를 송부하였다.

③ 피고인은 2005년경 비자기간이 만료된 후 학업을 중단하여 비자기간연장을 받지 못하게 되자 불법체류 상태로 입영의무 등이 면제되는 연령인 36세에 이르는 날(2012. 11. 15.)을 넘어 2017. 4. 18. 귀국할 때까지 장기간 미국에서 체류하였다.

## V. 결 론

원심은 피고인이 형사처분을 면할 목적으로 국외에 있었다는 점에 관한 아무런 증명이 없다고 보아 이 사건 범행의 공소시효가 정지되지 않았다고 판단하였다. 이러한 원심판단에는 공소시효 정지에 관한 법리를 오해하여 필요한 심리를 다하지 않은 잘못이 있다.

따라서 피고인이 해외여행을 마치고 귀국할 때부터 진행하기 때문에 입국할 경우 처벌이 가능하다.

# 제8절 병역의무자의 도망 등에 관한 병역법의 처벌대상이 되는 행위

## I. 사례요지

피고인은 자신의 집에서 논산육군훈련소에 입소하라는 지방병무청장 명의의 공익근무 요원소집통지서를 전달받자, 1996년 2월경부터 2006년 5월경까지 순차로 대학진학, 공군장교선발시험 응시, 대학원진학, 사법시험 2차 시험 응시, 동생의 현역병 입영, 징역형 집행, 자격시험 응시 등의 사유로 7회에 걸쳐 입영기일을 연기하여 왔고 병역법에 의하여 31세가 되는 해 제2국민역에 편입되어 공익근무요원소집의무가 면제됨을 기화로, 소집기일인 2006. 8. 24. 12:00경 대전지방검찰청에 스스로 찾아가 위 벌금 700만 원의 미납사실 및 벌금납부능력이 없음을 밝히며 노역장유치처분을 받겠다는 의사를 표시하고, 그 무렵 피고인의 동생인 공소외 1로부터 위와 같이 피고인이 소집에 응하지 아니하고 대전지방검찰청에 찾아갔다는 사실을 연락받은 부산지방병무청 대체복무팀 소속 직원 공소외 2와 위 검찰청 집행과 소속 직원 공소외 3이 협의하여 피고인에게 소집에 응할 것을 권유하면서 노역장유치처분을 집행하지 아니하고 13:46경 돌려보내자 같은 날 19:30경 부산지방검찰청에 찾아가 다시 벌금 미납사실과 벌금납부능력이 없음을 밝히며 노역장유치처분을 받겠다는 의사를 표시하여 같은 날 22:50경 부산 사상구 주례3동 666 부산구치소에 노역장유치 수용되었다.

## II. 논 점

병역의무자의 도망 등에 관한 병역법 제86조의 처벌대상이 되는 행위

## III. 법규연구 (병역법)

제86조(도망·신체손상 등) 병역의무를 기피하거나 감면받을 목적으로 도망가거나 행방을 감춘 경우 또는 신체를 손상하거나 속임수를 쓴 사람은 1년 이상 5년 이하의 징역에 처한다.

## IV. 관련 판례

### 1. 원심 (부산지법 2007. 11. 2. 선고 2007노1116 판결)

피고인은 병역의무를 기피할 목적으로 자신의 확정된 벌금형 전과를 이용하기로 마음먹고 피고인에게 병역의무가 있다는 사정을 알지 못하는 부산지방검찰청을 찾아가 스스로 노역장유치처분을 받겠다는 의사를 표시하여 노역장유치처분을 받게 됨으로써 결국, 입영기관의 행정력이 미치지 못하는 곳으로 피고인의 신변이 위탁되어 피고인이 병역의무를 이행하지 않게 된 이상 이는 병역의무의 이행을 면탈하거나 감면받을 상태를 야기한 것으로서, 병역법 제86조에 정한 도망에 해당한다고 판단하였다.

## 2. 대법원 (대법원 2009. 2. 26., 선고, 2007도9952, 판결)

병역법 제86조는 "병역의무를 기피하거나 감면받을 목적으로 도망하거나 행방을 감춘 때 또는 신체손상이나 사위행위를 한 사람은 1년 이상 5년 이하의 징역에 처한다."고 규정하고 있는바, 단순히 병역의무를 소극적으로 이행하지 않는 행위는 병역법 제88조 소정의 입영기피죄로 따로 처벌하고 있는 것을 고려할 때, 병역법 제86조의 처벌대상이 되는 행위는 위와 같은 입영기피행위 정도를 넘어서 병역의무를 기피할 목적이나 그 의무를 감경 또는 면제받을 목적 달성을 위하여 병역의무의 이행을 면탈하고 병무행정의 적정성을 침해할 직접적인 위험이 있는 적극적인 행위만을 의미한다고 해석하여야 한다(대법원 2004. 3. 25. 선고 2003도8247 판결, 대법원 2005. 11. 10. 선고 2005도1995 판결 등 참조).

따라서 벌금형의 확정판결을 받고도 그 벌금을 납입하지 못한 자가 비록 병역을 기피할 목적이 있었다고 하더라도 형집행기관에 자진출두하여 노역장유치를 받게 된 것에 불과하다면, 비록 이로 인하여 결과적으로 병역의무를 이행하지 않게 되는 결과가 발생하였다고 하더라도 이를 위 조항 처벌대상이 되는 행위라고 볼 수는 없다.

## V. 결 론

국방부의 징집 또는 소집업무 및 법무부의 형집행업무 모두 대한민국 정부의 행정력이 미치는 영역 내에 있는 업무로서 그 상호간 집행의 우선순위에 불구하고 협의와 조정에 의하여 병무행정을 실현시킬 수 있는 상태에 남아 있으므로 피고인이 노역장유치를 받게 된 것을 가리켜 입영기관의 행정력이 미치지 못하는 곳으로 피고인의 신변이 위탁된 것이라고도 할 수 없다.

# 제9절 저작자 아닌 자를 저작자로 표시하여 저작물 공표행위

## Ⅰ. 사례요지

A는 AM으로부터 자신의 저작물로서 AP에서 곧 발행할 'AY' 서적에 저작자가 아닌 교수들을 공저자로 추가하자는 요청을 받고 이를 승낙하고, AM으로부터 위 'AY' 서적에 저작자가 아닌 교수들을 공저자로 추가하자는 요청을 다시 받아 이를 재승낙하였다. 피고인은 AM으로부터 위 서적에 저작자가 아닌 피고인을 공저자로 추가하자는 요청을 받고 이를 승낙하였다. AM, AV은 AO 및 AP 사무실에서 사실은 피고인 및 K, O, AC이 'AY'의 저작자가 아님에도 서적 표지에 실제 저작자인 A 외 피고인 및 K, O, AC을 공저자로 추가한 'AY' 서적을 AP 명의로 3판 1쇄 발행하였다. 이로써, 피고인, A는 AM 등과 순차 공모하여 저작자 아닌 자를 저작자로 하여 실명을 표시하여 저작물을 공표하였다.

## Ⅱ. 논 점

1. 저작자 아닌 자를 저작자로 표시하여 저작물을 공표한 이상 저작권법 제137조 제1항 제1호에 따른 범죄가 성립하는지 여부(적극) 및 그러한 공표에 저작자 아닌 자와 실제 저작자의 동의가 있었더라도 마찬가지인지 여부(원칙적 적극)

2. 실제 저작자가 저작자 아닌 자를 저작자로 표시하여 저작물을 공표하는 범행에 가담한 경우, 위 규정 위반죄의 공범으로 처벌할 수 있는지(적극)

3. 저작자를 허위로 표시하는 대상이 되는 저작물이 이전에 공표된 적이 있더라도 저작권법 제137조 제1항 제1호에 따른 범죄가 성립하는지 여부(적극)

## Ⅲ. 법규연구 (저작권법)

제2조(정의) 이 법에서 사용하는 용어의 뜻은 다음과 같다.
  25. "공표"는 저작물을 공연, 공중송신 또는 전시 그 밖의 방법으로 공중에게 공개하는 경우와 저작물을 발행하는 경우를 말한다.
제137조(벌칙) ① 다음 각 호의 어느 하나에 해당하는 자는 1년 이하의 징역 또는 1천만원 이하의 벌금에 처한다.
  1. 저작자 아닌 자를 저작자로 하여 실명·이명을 표시하여 저작물을 공표한 자

## Ⅳ. 관련 판례

### 1. 원심 (의정부지방법원 2017. 12. 11. 선고 2017노567 판결)

피고인 1, 피고인 2, 피고인 3에 대한 공소사실을 유죄로 판단하였다.

## 2. 대법원 (대법원 2021. 7. 15. 선고 2018도144 판결)

가. 저작권법 제137조 제1항 제1호는 저작자 아닌 자를 저작자로 하여 실명·이명을 표시하여 저작물을 공표한 자를 형사처벌한다고 정하고 있다. 이 규정은 자신의 의사에 반하여 타인의 저작물에 저작자로 표시된 저작자 아닌 자의 인격적 권리나 자신의 의사에 반하여 자신의 저작물에 저작자 아닌 자가 저작자로 표시된 데 따른 실제 저작자의 인격적 권리뿐만 아니라 저작자 명의에 관한 사회 일반의 신뢰도 보호하려는 데 그 목적이 있다. 이러한 입법취지 등을 고려하면, 저작자 아닌 자를 저작자로 표시하여 저작물을 공표한 이상 위 규정에 따른 범죄는 성립하고, 사회통념에 비추어 사회 일반의 신뢰가 손상되지 않는다고 인정되는 특별한 사정이 있는 경우가 아닌 한 그러한 공표에 저작자 아닌 자와 실제 저작자의 동의가 있었다고 하더라도 달리 볼 것은 아니다(대법원 2017. 10. 26. 선고 2016도16031 판결 참조). 또한, 실제 저작자가 저작자 아닌 자를 저작자로 표시하여 저작물을 공표하는 범행에 가담하였다면 저작권법 제137조 제1항 제1호 위반죄의 공범으로 처벌할 수 있다.

나. 저작권법상 공표는 저작물을 공연, 공중송신 또는 전시 그 밖의 방법으로 공중에게 공개하는 것과 저작물을 발행하는 것을 말한다(저작권법 제2조 제25호). 이러한 공표의 문언적 의미와 위에서 본 저작권법 제137조 제1항 제1호의 입법취지에 비추어 보면, 저작자를 허위로 표시하는 대상이 되는 저작물이 이전에 공표된 적이 있다고 하더라도 위 규정에 따른 범죄의 성립에는 영향이 없다(대법원 2020. 4. 9. 선고 2017도9459 판결 등 참조)

## V. 결 론

실제 저작자가 저작권법 제137조 제1항 제1호 위반죄의 주체가 될 수 있는지가 문제된 사안에서, 대법원이 실제 저작권자가 자신이 집필한 교재의 개정판에 저작자 아닌 자를 저작자로 표시하는 것을 허락하여 저작자 아닌 자를 저작자로 표시하여 저작물을 공표하는 범행에 가담하였다면 저작권법 제137조 제1항 제1호 위반죄의 공범으로 처벌할 수 있다고 판단한 사례이다.

## VI 유사판례

1. 2인 이상이 저작물 작성에 관여한 경우, 저작자가 누구인지 판단기준

저작권법 제2조 제1호는 저작물을 '인간의 사상 또는 감정을 표현한 창작물'로, 제2호는 저작자를 '저작물을 창작한 자'로, 제21호는 공동저작물을 '2명 이상이 공동으로 창작한 저작물로서 각자의 이바지한 부분을 분리하여 이용할 수 없는 것'으로 각 규정하고 있다. 저작권은 구체적으로 외부에 표현한 창작적인 표현형식만을 보호대상으로 하므로, 2인 이상이 저작물의 작성에 관여한 경우 그중에서 창작적인 표현형식 자체에 기여한 자만이 그 저작물의 저작자가 되고, 창작적인 표현형식에 기여하지 아니한 자는 비록 저작물의 작성 과정에서 아이디어나 소재 또는 필요한 자료를 제공하는 등의 관여를 하였다고 하더라도 그 저작물의 저작자가 되는 것은 아니다. 이는 저작자로 인정되는 자와 공동저작자로 표시할 것을 합의하였다고 하더라도 달리 볼 것이 아니다(대법원 1993. 6. 8. 선고 93다 3073, 3080 판결, 대법원 2009. 12. 10. 선고 2007도7181 판결 등 참조).

원심은 판시와 같은 이유로 피고인 2는 이 사건 개정판 교재의 저작자라고 볼 수 없고, 이 사건 교재의 원저작자인 피고인 1은 그 사실을 알면서도 이 사건 개정판 교재에 피고인 2를 공동저작자로 표시하는 것을 승낙하였다고 보아 피고인들에 대한 공소사실을 유죄로 판단하였다. 원심판결 이유를 위 법리와 적법하게 채택된 증거에 비추어 살펴보면, 원심의 판단에 논리와 경험의 법칙을 위반하여 자유심증주의의 한계를 벗어나거나 저작물의 창작성 및 공동저작자에 관한 법리를 오해한 잘못이 없다. (대법원 2021. 7. 8., 선고, 2018도525, 판결)

# 제10절 카페 건물이 저작권법으로 보호되는 건축저작물인지

## I. 사례요지

피고인 A는 'C'의 건축사이고, 피고인 B는 D에 있는 'E' 건축물(이하 '피고인 건축물'이라 한다)의 설계 및 시공을 맡긴 실제 건축주이다. 피고인 A는 F에 있는 피해자 G가 설계 및 시공한 카페 'H'의 건축물(이하 '피해자 건축물'이라 한다)을 건축서적 등에서 알게 된 것을 기화로 위 건축물의 디자인을 모방하여 건물을 설계 및 시공하기로 마음먹고, 피고인 A가 운영하는 C에서 피고인 B로부터 건축을 의뢰받고, 그때부터 설계하여 D에 카페 'E'를 완공 후 사용승인을 받아 피해자의 창작물인 건축디자인을 모방한 건축물을 복제하여 건축함으로써 저작권을 침해하였다.

## II. 논 점

1. 피해자가 설계, 건축한 카페 건물에 건축저작물로서 창작성이 인정되는지 여부(적극)
2. 피해자가 설계, 건축한 카페 건물과 피고인이 설계, 건축한 카페 건물 사이에 실질적 유사성이 인정되는지 여부(적극)

## III. 법규연구 (저작권법)

제2조(정의) 이 법에서 사용하는 용어의 뜻은 다음과 같다.
  1. "저작물"은 인간의 사상 또는 감정을 표현한 창작물을 말한다.
제4조 (저작물의 예시 등) ① 이 법에서 말하는 저작물을 예시하면 다음과 같다.
  5. 건축물·건축을 위한 모형 및 설계도서 그 밖의 건축저작물
제136조(벌칙) ① 다음 각 호의 어느 하나에 해당하는 자는 5년 이하의 징역 또는 5천만원 이하의 벌금에 처하거나 이를 병과할 수 있다.
  1. 저작재산권, 그 밖에 이 법에 따라 보호되는 재산적 권리(제93조에 따른 권리는 제외한다)를 복제, 공연, 공중송신, 전시, 배포, 대여, 2차적저작물 작성의 방법으로 침해한 자

## IV. 관련 판례

### 1. 원심 (창원지방법원 2019. 6. 19. 선고 2018노2564 판결)

피고인이 시공한 카페 '△△△'의 건축물과 피해자 건축물 사이에 실질적 유사성이 인정된다고 본 제1심의 판단을 그대로 유지하였다.

## 2. 대법원 (대법원 2020. 4. 29. 선고 2019도9601 판결)

가. 저작권법 제2조 제1호는 저작물을 '인간의 사상 또는 감정을 표현한 창작물'로 규정하여 창작성을 요구하고 있다. 여기서 창작성은 완전한 의미의 독창성을 요구하는 것은 아니라고 하더라도 창작성이 인정되려면 적어도 어떠한 작품이 단순히 남의 것을 모방한 것이어서는 안 되고 사상이나 감정에 대한 창작자 자신의 독자적인 표현을 담고 있어야 한다(대법원 2011. 2. 10. 선고 2009도291 판결, 대법원 2018. 5. 15. 선고 2016다227625 판결 등 참조).

저작권법은 제4조 제1항 제5호에서 '건축물·건축을 위한 모형 및 설계도서 그 밖의 건축저작물'을 저작물로 예시하고 있다. 그런데 건축물과 같은 건축저작물은 이른바 기능적 저작물로서, 건축분야의 일반적인 표현방법, 그 용도나 기능 자체, 저작물이용자의 편의성 등에 따라 그 표현이 제한되는 경우가 많다. 따라서 건축물이 그와 같은 일반적인 표현방법 등에 따라 기능 또는 실용적인 사상을 나타내고 있을 뿐이라면 창작성을 인정하기 어렵지만, 사상이나 감정에 대한 창작자 자신의 독자적인 표현을 담고 있어 창작자의 창조적 개성이 나타나 있는 경우라면 창작성을 인정할 수 있으므로 저작물로서 보호를 받을 수 있다.

나. 피해자 공소외인이 설계하여 시공한 카페 '○○'의 건축물(이하 '피해자 건축물'이라 한다)은, 외벽과 지붕슬래브가 이어져 1층, 2층 사이의 슬래브에 이르기까지 하나의 선으로 연결된 형상, 슬래브의 돌출 정도와 마감 각도, 양쪽 외벽의 기울어진 형태와 정도 등 여러 특징이 함께 어우러져 창작자 자신의 독자적인 표현을 담고 있다. 이처럼 피해자 건축물은 일반적인 표현방법에 따른 기능 또는 실용적인 사상만이 아니라 창작자의 창조적 개성을 나타내고 있으므로, 저작권법으로 보호되는 저작물에 해당한다고 보아야 한다.

저작권 침해가 인정되기 위해서는 침해자의 저작물이 저작권자의 저작물에 의거(依據)하여 그것을 이용하였어야 하고, 침해자의 저작물과 저작권자의 저작물 사이에 실질적 유사성이 인정되어야 한다(대법원 2007. 12. 13. 선고 2005다35707 판결, 대법원 2018. 5. 15. 선고 2016다227625 판결 등 참조). 저작권의 보호 대상은 인간의 사상 또는 감정을 말, 문자, 음, 색 등으로 구체적으로 외부에 표현한 창작적인 표현형식이므로, 저작권 침해 여부를 가리기 위하여 두 저작물 사이에 실질적인 유사성이 있는지를 판단할 때에는 창작적인 표현형식에 해당하는 것만을 가지고 대비해 보아야 한다(대법원 2013. 8. 22. 선고 2011도3599 판결 등 참조).

# V. 결 론

피해자 건축물은, 외벽과 지붕슬래브가 이어져 1층, 2층 사이의 슬래브에 이르기까지 하나의 선으로 연결된 형상, 슬래브의 돌출 정도와 마감 각도, 양쪽 외벽의 기울어진 형태와 정도 등 여러 특징이 함께 어우러져 창작자 자신의 독자적인 표현을 담고 있어, 일반적인 표현방법에 따른 기능 또는 실용적인 사상만이 아니라 창작자의 창조적 개성을 나타내고 있으므로, 저작권법으로 보호되는 저작물에 해당하고, 나아가 피해자 건축물과 피고인 건축물 사이에 실질적 유사성도 인정된다는 이유로, 저작권법위반의 공소사실을 유죄로 판단한 원심을 수긍한 사례이다.

건축물이 건축저작물로서 보호받기 위한 요건을 처음으로 제시하면서, 피해자 건축물에 건축저작물로서의 창작성이 인정된다고 판단하였다.

# 제11절 저작권법상 공표의 유형인 발행의 의미

## I. 사례요지

공소외 4는 도서출판 △△△△의 영업직원인 공소외 3으로부터 공소외 4의 저작물인 '○○○' 서적에 저작자가 아닌 교수들을 공저자로 추가하자는 요청을 받고 이를 승낙하였다. 피고인 1, 피고인 2, 피고인 3, 피고인 4, 피고인 5, 피고인 6, 피고인 7은 그 무렵 △△△△의 영업직원 공소외 5, 공소외 6, 공소외 3으로부터 위 서적에 저작자가 아닌 피고인들을 공저자로 추가하자는 요청을 받고 이를 승낙하였다. 위 공소외 3, 공소외 5, 공소외 6, 공소외 7은 △△△△ 사무실에서, 사실은 피고인들이 '○○○'의 공저자가 아님에도 서적 표지에 피고인들을 공저자로 추가한 서적을 △△△△ 명의로 초판 발행하고, 2판 추가 발행하고, 사실은 피고인들 및 공동피고인 5가 '○○○'의 공저자가 아님에도 서적 표지에 피고인들 및 공동피고인 5를 공저자로 추가하여 소위 '표지갈이'한 서적을 △△△△ 명의로 3판 발행하였다.

## II. 논 점

1. 저작권법상 '공표'의 한 유형인 '발행'에 관한 정의규정인 저작권법 제2조 제24호에서 말하는 '복제·배포'의 의미
2. 저작물을 '복제하여 배포하는 행위'가 있어야 저작물의 발행에 해당하는지(적극)
3. 저작물을 복제한 것만으로 저작물의 발행에 해당하는지 여부(소극)

## III. 법규연구 (저작권법)

제2조(정의) 이 법에서 사용하는 용어의 뜻은 다음과 같다.

22. "복제"는 인쇄·사진촬영·복사·녹음·녹화 그 밖의 방법으로 일시적 또는 영구적으로 유형물에 고정하거나 다시 제작하는 것을 말하며, 건축물의 경우에는 그 건축을 위한 모형 또는 설계도서에 따라 이를 시공하는 것을 포함한다.
23. "배포"는 저작물등의 원본 또는 그 복제물을 공중에게 대가를 받거나 받지 아니하고 양도 또는 대여하는 것을 말한다.
24. "발행"은 저작물 또는 음반을 공중의 수요를 충족시키기 위하여 복제·배포하는 것을 말한다.
25. "공표"는 저작물을 공연, 공중송신 또는 전시 그 밖의 방법으로 공중에게 공개하는 경우와 저작물을 발행하는 경우를 말한다.

제137조(벌칙) ① 다음 각 호의 어느 하나에 해당하는 자는 1년 이하의 징역 또는 1천만원 이하의 벌금에 처한다.

1. 저작자 아닌 자를 저작자로 하여 실명·이명을 표시하여 저작물을 공표한 자

## IV. 관련 판례

### 1. 원심 (의정부지방법원 2017. 9. 14. 선고 2017노1269(분리) 판결)

처벌조항의 구성요건인 '공표' 행위가 있었다고 보기 어렵다고 보아 무죄로 판단한 제1심판결을 그대로 유지하였다. 그 이유는 이 사건 서적의 3차 개정판은 인쇄되어 도서출판 △△△△의 창고에 입고된 직후 검찰로부터 압수당하여 시중에 출고되기 전 상태였고, 이 사건 서적의 3차 개정판이 배포되는 등의 방법으로 일반 대중에 공개 가능한 상태였다고 볼 수 없다는 것이다.

### 2. 대법원 (대법원 2018. 1. 24. 선고 2017도18230 판결)

가. 저작권법 제137조 제1항 제1호는 '저작자 아닌 자를 저작자로 하여 실명·이명을 표시하여 저작물을 공표한 자를 형사처벌한다.'고 정하고 있고, 저작권법 제2조 제25호는 '공표'의 의미에 관해 "저작물을 공연, 공중송신 또는 전시 그 밖의 방법으로 공중에게 공개하는 것과 저작물을 발행하는 것을 말한다."라고 정하고 있다.

공표의 한 유형인 저작물의 '발행'에 관하여 저작권법 규정이 다음과 같이 개정되었다. 구 저작권법(1986. 12. 31. 법률 제3916호로 전부 개정되기 전의 것, 이하 '구 저작권법'이라 한다) 제8조 제1항에서 "발행이라 함은 저작물을 복제하여 발매 또는 배포하는 행위를 말한다."라고 정하고 있었다. 그 후 1986. 12. 31. 법률 제3916호로 전부개정된 저작권법은 "발행: 저작물을 일반공중의 수요를 위하여 복제·배포하는 것을 말한다."(제2조 제16호)라고 정하였고, 2006. 12. 28. 법률 제8101호로 전부개정된 저작권법은 "발행은 저작물 또는 음반을 공중의 수요를 충족시키기 위하여 복제·배포하는 것을 말한다."(제2조 제24호)라고 정하였으며, 현행 저작권법도 이와 같다.

여기에서 '복제·배포'의 의미가 '복제하여 배포하는 행위'를 뜻하는지 아니면 '복제하거나 배포하는 행위'를 뜻하는지 문제된다.

공표는 사전(辭典)적으로 '여러 사람에게 널리 드러내어 알리는 것'을 의미하고, 저작물의 '발행'은 저작권법상 '공표'의 한 유형에 해당한다. 단순히 저작물을 복제하였다고 해서 공표라고 볼 수 없다. 그리고 가운뎃점(·)은 단어 사이에 사용할 때 일반적으로 '와/과'의 의미를 가지는 문장부호이다. 따라서 위 조항에서 말하는 '복제·배포'는 그 문언상 '복제하여 배포하는 행위'라고 해석할 수 있다. 또한, 구 저작권법상 '발행'은 저작물을 복제하여 발매 또는 배포하는 행위라고 정의하고 있었다. 현행 저작권법상 '발행' 의 정의규정은 구 저작권법 제8조의 '발행' 에 관한 정의 규정의 문구나 표현을 간결한 표현으로 정비한 것으로 보일 뿐 이와 다른 의미를 규정하기 위해 개정된 것으로 볼 만한 사정이 없다. 한편 죄형법정주의의 원칙상 형벌법규는 문언에 따라 해석 · 적용하여야 하고 피고인에게 불리한 방향으로 지나치게 확장해석하거나 유추해석해서는 안 된다. 이러한 견지에서 '복제 · 배포' 의 의미를 엄격하게 해석하여야 한다. 결국, 저작물을 '복제하여 배포하는 행위' 가 있어야 저작물의 발행이라고 볼 수 있고, 저작물을 복제한 것만으로는 저작물의 발행이라고 볼 수 없다.

## V. 결 론

문제된 서적이 인쇄되어 출판사의 창고에 입고된 직후 검찰로부터 압수당하여 시중에 출고되기 전 상태에 있었던 경우 배포행위가 있었다고 보기 어려우므로 저작물이 발행된 것으로 보기 어렵고, 이에 따라 저작권법 제137조 제1항 제1호에서 정한 저작물의 '공표' 행위가 있었다고 보기 어렵다는 이유로 저작권법위반죄의 공소사실을 무죄로 판단한 원심에 잘못이 없다고 보아 검사의 상고를 기각한 사례이다.

# 제12절 모바일 애플리케이션에 관한 저작권법위반 사건

## I. 사례요지

피고인의 주거지에서 피해자 공소외 주식회사에서 제작한 '○○○맛집' 모바일 서비스에 대하여 복제, 전시 및 2차적 저작물을 작성할 정당한 권원이 없음에도 영리를 위하여 위 '○○○맛집' 모바일 서비스를 복제한 후 사이트(android.com)에 접속하여 개발자 등록 후 2차적 저작물인 '○○○맛집'이라는 어플을 등록하는 방법으로 피해자의 저작재산권을 침해하였다.

## II. 논 점

1. 인터넷 링크를 하는 행위가 저작권법상 복제, 전시 또는 2차적저작물 작성에 해당하는지 여부(소극)
2. 위 법리는 모바일 애플리케이션(Mobile application)에서 인터넷 링크와 유사하게 제3자가 관리·운영하는 모바일 웹페이지로 이동하도록 연결하는 경우에도 마찬가지인지 여부(적극)

## III. 법규연구 (저작권법)

제2조(정의) 이 법에서 사용하는 용어의 뜻은 다음과 같다.
  22. "복제"는 인쇄·사진촬영·복사·녹음·녹화 그 밖의 방법으로 일시적 또는 영구적으로 유형물에 고정하거나 다시 제작하는 것을 말하며, 건축물의 경우에는 그 건축을 위한 모형 또는 설계도서에 따라 이를 시공하는 것을 포함한다.
제5조 (2차적저작물) ① 원저작물을 번역·편곡·변형·각색·영상제작 그 밖의 방법으로 작성한 창작물(이하 "2차적저작물"이라 한다)은 독자적인 저작물로서 보호된다.
제19조 (전시권) 저작자는 미술저작물등의 원본이나 그 복제물을 전시할 권리를 가진다.
제136조(벌칙) ① 다음 각 호의 어느 하나에 해당하는 자는 5년 이하의 징역 또는 5천만원 이하의 벌금에 처하거나 이를 병과할 수 있다.
  1. 저작재산권, 그 밖에 이 법에 따라 보호되는 재산적 권리(제93조에 따른 권리는 제외한다)를 복제, 공연, 공중송신, 전시, 배포, 대여, 2차적저작물 작성의 방법으로 침해한 자

## IV. 관련 판례

### 1. 원심 (서울중앙지방법원 2015. 10. 16. 선고 2014노416 판결)

피고인이 등록한 모바일 애플리케이션은 스마트폰에서 활성화한 후 식당의 사진 등으로 표시된 아이콘을 클릭하면 인터넷 링크와 유사하게 원심 판시 피해자가 제작한

모바일 웹페이지로 연결되는 방식으로 구동되는 사실을 인정한 다음, 피고인이 등록한 모바일 애플리케이션이 피해자의 모바일 웹페이지를 복제, 전시한 것이라거나, 피해자의 저작물에 대한 2차적저작물에 해당한다고 볼 수 없다고 판단하여 무죄를 선고한 제1심판결을 그대로 유지하였다.

## 2. 대법원 (대법원 2016. 5. 26. 선고 2015도16701 판결)

이른바 인터넷 링크(Internet link)는 인터넷에서 링크하고자 하는 웹페이지나, 웹사이트 등의 서버에 저장된 개개의 저작물 등의 웹 위치 정보 내지 경로를 나타낸 것에 불과하여, 비록 인터넷 이용자가 링크 부분을 클릭함으로써 링크된 웹페이지나 개개의 저작물에 직접 연결한다 하더라도, 이는 저작권법 제2조 제22호에 규정된 '유형물에 고정하거나 유형물로 다시 제작하는 것'에 해당하지 아니하고, 같은 법 제19조에서 말하는 '유형물을 진열하거나 게시하는 것'에도 해당하지 아니한다(대법원 2010. 3. 11. 선고 2009다4343 판결 등 참조). 또한, 위와 같은 인터넷 링크의 성질에 비추어 보면 인터넷 링크는 링크된 웹페이지나 개개의 저작물에 새로운 창작성을 인정할 수 있을 정도로 수정·증감을 가하는 것에 해당하지 아니하므로 2차적저작물작성에도 해당하지 아니한다. 이러한 법리는 이른바 모바일 애플리케이션(Mobile application)에서 인터넷 링크(Internet link)와 유사하게 제3자가 관리·운영하는 모바일 웹페이지로 이동하도록 연결하는 경우에도 마찬가지이다.

## V. 결 론

피고인이 등록한 모바일 애플리케이션은 스마트폰에서 활성화된 후 식당의 사진 등으로 표시된 아이콘을 클릭하면 인터넷 링크와 유사하게 원심 판시 피해자가 제작한 모바일 웹페이지로 연결되는 방식으로 구동되는데, 이 경우 피고인이 등록한 모바일 애플리케이션이 피해자의 모바일 웹페이지를 복제, 전시한 것이라거나, 피해자의 저작물에 대한 2차적저작물에 해당한다고 볼 수 없으므로 저작권법위반에 해당하지 않는다.

# 제13절 타인의 어문저작물에 대한 요약물이 2차적저작물에 해당하는지

## I. 사례요지

피고인 2 주식회사는 국내 및 해외 도서 요약본 유통판매업을 하는 회사이고, 피고인 1은 위 회사의 대표이사였다.

미합중국에 소재한 공소외 1 외국회사는 미합중국 내에서 원저자의 허락 없이, 원저자가 저작권을 가지는 도서를 요약한 다음 인터넷사이트를 통하여 그 요약본을 제공·판매하는 회사인데, 피고인은 위 회사와 해외요약물의 제공계약을 체결하고 그에 따른 비용을 지불한 후 위 회사가 제공하는 해외요약물을 번역하여 자신이 운영하는 피고인 2 주식회사의 인터넷사이트를 통하여 유료로 제공하기로 마음먹었다. 피고인은 저작권자인 마이크닐슨의 저서 'Clutter-Proof Your Business(국내출간 번역도서명 : 다이어트 비즈니스, 국내 번역출판사 : 큰나무)'를 공소외 1 외국회사가 무단으로 요약한 요약물을 제공받은 후 이를 한글로 번역하여 위 피고인 2 주식회사의 인터넷사이트를 통하여 건당 2,000원가량을 받고 제공하였는데, 위 번역요약물은 'Clutter-Proof Your Business' 및 '다이어트 비즈니스'와 목차 및 주요내용 등에 있어 상당부분 유사성을 지니고 있었던바, 결국 피고인은 위와 같이 원저작물 및 번역저작물에 대한 2차적 저작물인 번역요약물을 작성하는 방법으로 원저작자와 번역저작자의 저작권을 침해하는 외에 2001. 12.경부터 현재까지 총 15종의 도서의 요약본을 건당 2,000원 내지 3,000원을 받고 제공하는 방법으로 영리를 위하여 상습적으로 저작권을 침해하였다.

## II. 논 점

1. 저작권법상 '2차적저작물'이 되기 위해서는 원저작물과 실질적 유사성을 유지하여야 하는지 여부(적극)
2. 어문저작물인 원저작물을 요약한 요약물이 원저작물과 실질적인 유사성이 있는지 판단하는 기준

## III. 법규연구 (저작권법)

제5조 (2차적저작물) ① 원저작물을 번역·편곡·변형·각색·영상제작 그 밖의 방법으로 작성한 창작물(이하 "2차적저작물"이라 한다)은 독자적인 저작물로서 보호된다.

제136조(벌칙) ① 다음 각 호의 어느 하나에 해당하는 자는 5년 이하의 징역 또는 5천만원 이하의 벌금에 처하거나 이를 병과할 수 있다.

　1. 저작재산권, 그 밖에 이 법에 따라 보호되는 재산적 권리(제93조에 따른 권리는 제외한다)를 복제, 공연, 공중송신, 전시, 배포, 대여, 2차적저작물 작성의 방법으로 침해한 자

## IV. 관련 판례

### 1. 원심 (서울중앙지법 2011. 2. 23. 선고 2010노3247 판결)

피고인 1이 작성한 <u>번역요약물이 그 원저작물과 실질적으로 유사하여 2차적저작물에 해당한다는 취지로 판단하였다.</u>

### 2. 대법원 (대법원 2013. 8. 22. 선고 2011도3599 판결)

저작권법 제5조 제1항은 '원저작물을 번역·편곡·변형·각색·영상제작 그 밖의 방법으로 작성한 창작물'을 '2차적저작물'이라고 규정하고 있는바, 2차적저작물이 되기 위해서는 원저작물을 기초로 수정·증감이 가해지되 원저작물과 실질적 유사성을 유지하여야 한다. 따라서 <u>어문저작물인 원저작물을 기초로 하여 이를 요약한 요약물이 원저작물과 실질적인 유사성이 없는 별개의 독립적인 새로운 저작물이 된 경우에는 원저작물 저작권자의 2차적저작물작성권을 침해한 것으로 되지는 아니하는데</u>(대법원 2010. 2. 11. 선고 2007다63409 판결 등 참조), 여기서 요약물이 그 원저작물과 사이에 실질적인 유사성이 있는지 여부는, 요약물이 원저작물의 기본으로 되는 개요, 구조, 주된 구성 등을 그대로 유지하고 있는지 여부, 요약물이 원저작물을 이루는 문장들 중 일부만을 선택하여 발췌한 것이거나 발췌한 문장들의 표현을 단순히 단축한 정도에 불과한지 여부, 원저작물과 비교한 요약물의 상대적인 분량, 요약물의 원저작물에 대한 대체가능성 여부 등을 종합적으로 고려하여 판단해야 한다. 한편 저작권의 보호 대상은 인간의 사상 또는 감정을 말, 문자, 음, 색 등에 의하여 구체적으로 외부에 표현한 창작적인 표현형식이고, 거기에 표현되어 있는 내용 즉 아이디어나 이론 등의 사상 또는 감정 그 자체는 원칙적으로 저작권의 보호 대상이 아니므로, 저작권의 침해 여부를 가리기 위하여 두 저작물 사이에 실질적인 유사성이 있는지 여부를 판단함에 있어서도 창작적인 표현형식에 해당하는 것만을 가지고 대비해 보아야 하고, 표현형식이 아닌 사상 또는 감정 그 자체에 독창성·신규성이 있는지를 고려하여서는 안 된다(대법원 2011. 2. 10. 선고 2009도291 판결 등 참조).

## V. 결 론

피고인들이 2008. 4.경 영문 저작물인 이 사건 원저작물의 내용을 영문으로 요약한 이 사건 외국회사에 문의하여 이 사건 영문요약물이 그 원저작물의 저작권과는 무관한 별개의 독립된 저작물이라는 취지의 의견을 받았고, 2009. 2.경 법무법인에 저작권 침해 관련 질의를 하여 번역요약물이 원저작물의 저작권을 침해하지 아니하는 것으로 사료된다는 취지의 의견을 받은 바 있다는 사유만으로는 피고인들에게 저작권 침해에 대한 고의가 없었다거나 이 사건 공소사실 기재 행위가 저작권 침해가 되지 아니한다고 믿은 데에 정당한 이유가 있다고 볼 수 없다.

따라서 피고인이, 영문(英文) 저작물인 원저작물의 내용을 요약한 영문요약물을 외국법인에게서 제공받아 한글로 번역한 요약물을 인터넷을 통해 유료로 제공하는 방법으로 원저작물 저작권자의 2차적 저작물작성권을 침해하였다고 하여 구 저작권법 위반으로 기소된 사안에서, 피고인들에게 유죄를 선고한 원심판단을 정당하다.

## VI 유사판례

### 1. 어떤 저작물이 기존 저작물의 복제권 또는 2차적 저작물작성권을 침해하였는지의 판단기준

다른 사람의 저작물을 무단히 복제하게 되면 복제권의 침해가 되고 이 경우 저작물을 원형 그대로 복제하지 아니하고 다소의 수정·증감이나 변경이 가하여진 것이라고 하더라도 새로운 창작성을 더하지 아니한 정도이면 복제로 보아야 한다. 한편, 저작권법 제5조 제1항 소정의 2차적저작물로 보호받기 위하여는 원저작물을 기초로 하되 원저작물과 실질적 유사성을 유지하고 이것에 사회통념상 새로운 저작물이 될 수 있을 정도의 수정·증감을 가하여 새로운 창작성을 부가하여야 하는 것이므로, 어떤 저작물이 기존의 저작물을 다소 이용하였더라도 기존의 저작물과 실질적인 유사성이 없는 별개의 독립적인 신 저작물이 되었다면, 이는 창작으로서 기존의 저작물의 저작권을 침해한 것이 되지 아니한다. 그리고 저작권법이 보호하는 것은 인간의 사상 또는 감정을 말·문자·음·색 등에 의하여 구체적으로 외부에 표현하는 창작적인 표현형식이므로, 복제권 또는 2차적 저작물작성권의 침해 여부를 가리기 위하여 두 저작물 사이에 실질적 유사성이 있는가의 여부를 판단함에 있어서는 창작적인 표현형식에 해당하는 것만을 가지고 대비하여야 한다. (대법원 2010. 2. 11. 선고 2007다63409 판결)

# 제14절 저작물의 공동저작자가 되기 위한 요건 및 공동창작의 의사 의미

## Ⅰ. 사례요지

피고인 1은 ○○○의 직원으로서 ○○○ 사극 "△△△" 드라마의 총괄·기획자이고, 피고인 2는 이 사건 드라마의 제작을 위해 설립된 공소외 1 유한회사(이후 '공소외 1 유한회사'로 상호가 변경되었다. 이하 '이 사건 회사'라고 한다)의 대표자로서, 피고인들은 위 드라마의 제작 및 홍보를 위한 중요사항들을 함께 협의하여 처리하여 왔다.

피고인들은 작가인 피해자 공소외 2와 32회분으로 예정된 이 사건 드라마의 극본집필계약을 체결하였는데 위 계약은 피해자가 드라마 제작 및 방송 일정을 지키지 못하는 경우와 같은 일부 예외적인 상황이 아닌 이상 피해자가 드라마 극본을 완성하는 것을 전제로 하고 있다. 피고인들은 또한 위 계약에서 드라마 극본을 소설화하여 출판하는 경우 출판에 앞서 사업내용, 수익분배조건에 대해 피해자와 사전 협의하기로 약정하였고, 위 드라마의 홍보를 위해 공소외 3 주식회사와 위 드라마의 극본을 각색한 소설을 출판하기로 하는 계약을 체결하였다. 한편 이 사건 집필계약에는 피해자가 작성한 드라마 극본의 저작재산권을 위 집필계약의 당사자인 이 사건 회사 등에 양도하는 내용은 없다. 피해자가 이 사건 집필계약에서 예정된 32회분의 드라마 극본 중 일부(이하 그중 이 사건 범죄사실에서 2차적 저작물 작성권 침해의 대상으로 특정된 제1회분부터 제6회분까지의 드라마 극본을 '이 사건 피해자 극본'이라고 한다)를 작성한 상태에서 피고인들이 이 사건 집필계약의 해지를 통지하자, 피해자는 이에 대응하여 자신의 기존 작업성과를 이용하지 말 것 등을 통보하고 이 사건 회사를 상대로 집필계약의 부당 해지통보에 의한 계약위반에 따른 위약금 청구의 소를 제기하였다.

## Ⅱ. 논 점

1. 저작물의 공동저작자가 되기 위한 요건 및 여기서 '공동창작의 의사' 의 의미

2. 2인 이상이 시기를 달리하여 순차적으로 창작에 기여함으로써 단일한 저작물이 만들어지는 경우, 공동창작의 의사가 있는지 판단하는 기준 및 선행 저작자에게 자신의 창작으로 하나의 완결된 저작물을 만들려는 의사가 있는 경우, 후행 저작자에 의하여 완성된 저작물을 공동저작물로 볼 수 있는지(소극)

## Ⅲ. 법규연구 (저작권법)

제2조(정의) 이 법에서 사용하는 용어의 뜻은 다음과 같다.
  21. "공동저작물"은 2명 이상이 공동으로 창작한 저작물로서 각자의 이바지한 부분을 분리하여 이용할 수 없는 것을 말한다. 제5조 (2차적저작물) ①원저작물을 번역·편곡·변형·각색·영상제작 그 밖의 방법으로 작성한 창작물(이하 "2차적저작물"이라 한다)은 독자적인 저작물로서 보호된다.

제5조(2차적저작물) ① 원저작물을 번역·편곡·변형·각색·영상제작 그 밖의 방법으로 작성한 창작물(이하 "2차적저작물"이라 한다)은 독자적인 저작물로서 보호된다.

② 2차적저작물의 보호는 그 원저작물의 저작자의 권리에 영향을 미치지 아니한다.

제136조(벌칙) ① 다음 각 호의 어느 하나에 해당하는 자는 5년 이하의 징역 또는 5천만원 이하의 벌금에 처하거나 이를 병과할 수 있다.

1. 저작재산권, 그 밖에 이 법에 따라 보호되는 재산적 권리(제93조에 따른 권리는 제외한다)를 복제, 공연, 공중송신, 전시, 배포, 대여, 2차적저작물 작성의 방법으로 침해한 자

## IV. 관련 판례

### 1. 원심 (서울남부지방법원 2014. 11. 14. 선고 2014노378 판결)

피고인들에게 저작권 침해에 관한 고의가 있음을 인정할 수 있다.

### 2. 대법원 (대법원 2016. 7. 29., 선고, 2014도16517, 판결)

가. 2인 이상이 공동창작의 의사를 가지고 창작적인 표현형식 자체에 공동의 기여를 함으로써 각자의 이바지한 부분을 분리하여 이용할 수 없는 단일한 저작물을 창작한 경우 이들은 그 저작물의 공동저작자가 된다고 할 것이다. 여기서 공동창작의 의사는 법적으로 공동저작자가 되려는 의사를 뜻하는 것이 아니라, 공동의 창작행위에 의하여 각자의 이바지한 부분을 분리하여 이용할 수 없는 단일한 저작물을 만들어 내려는 의사를 뜻하는 것이라고 보아야 한다(대법원 2014. 12. 11. 선고 2012도16066 판결 참조).

그리고 2인 이상이 시기를 달리하여 순차적으로 창작에 기여함으로써 단일한 저작물이 만들어지는 경우에, 선행 저작자에게 자신의 창작 부분이 하나의 저작물로 완성되지는 아니한 상태로서 후행 저작자의 수정·증감 등을 통하여 분리이용이 불가능한 하나의 완결된 저작물을 완성한다는 의사가 있고, 후행 저작자에게도 선행 저작자의 창작 부분을 기초로 하여 이에 대한 수정·증감 등을 통하여 분리이용이 불가능한 하나의 완결된 저작물을 완성한다는 의사가 있다면, 이들에게는 각 창작 부분의 상호 보완에 의하여 단일한 저작물을 완성하려는 공동창작의 의사가 있는 것으로 인정할 수 있다. 반면에 선행 저작자에게 위와 같은 의사가 있는 것이 아니라 자신의 창작으로 하나의 완결된 저작물을 만들려는 의사가 있을 뿐이라면 설령 선행 저작자의 창작 부분이 하나의 저작물로 완성되지 아니한 상태에서 후행 저작자의 수정·증감 등에 의하여 분리이용이 불가능한 하나의 저작물이 완성되었다고 하더라도 선행 저작자와 후행 저작자 사이에 공동창작의 의사가 있다고 인정할 수 없다. 따라서 이때 후행 저작자에

의하여 완성된 저작물은 선행 저작자의 창작 부분을 원저작물로 하는 2차적 저작물로 볼 수 있을지언정 선행 저작자와 후행 저작자의 공동저작물로 볼 수 없다.

나. 애초에 이 사건 집필계약에서 특별한 사정이 없는 한 피해자가 이 사건 드라마의 극본을 완성하기로 약정되어 있을 뿐만 아니라 피해자가 별다른 귀책사유 없이 피고인들로부터 이 사건 집필계약의 해지를 통지받은 후 이에 대응하여 피해자가 작성한 드라마 극본의 이용금지 등의 통보까지 하였다. 그렇다면 설령 이 사건 피해자 극본을 포함하여 피해자가 창작한 부분이 이 사건 전체 극본의 일부 구성 부분으로서 피해자가 창작한 부분과 나머지 부분이 분리하여 이용할 수 없는 단일한 저작물이 되었다고 하더라도, 피해자에게는 자신의 창작 부분이 하나의 저작물로 완성되지 아니한 상태로서 후행 저작자의 수정·증감 등을 통하여 분리이용이 불가능한 하나의 완결된 저작물을 완성한다는 의사가 있는 것이 아니라, 자신의 창작으로 하나의 완결된 저작물을 만들려는 의사가 있을 뿐이어서 피해자와 이 사건 전체 극본을 최종적으로 완성한 작가들 사이에 공동창작의 의사가 있다고 인정할 수 없다. 따라서 이 사건 전체 극본은 피해자의 창작 부분을 원저작물로 하는 2차적 저작물로 볼 수 있을지언정 피해자와 위 작가들의 공동저작물로 볼 수 없다.

## V. 결 론

이 사건 집필계약의 내용, 피고인들의 지위와 피해자와의 관계, 이 사건 소설이 출판된 경위 및 이 사건 소설의 출판과 관련하여 피고인들이 저작권 침해 성립 여부에 대하여 기울인 주의의 정도 등의 제반 사정에 비추어 보면 피고인들에게 저작권 침해에 관한 고의가 있음을 인정할 수 있고, 피고인들이 자신들의 행위가 저작권을 침해하는 것이 아니라고 믿은 데에 정당한 이유가 있다고 할 수는 없다.

# 제15절 사진촬영이나 녹화 등의 과정에서 원저작물이 그대로 복제된 경우 유사성 판단기준

## Ⅰ. 사례요지

> 피고인은 E에 있는 B 사무실에서, 피해자 F의 동의를 받지 않고 임의로 피해자의 미술저작물인 "G"가 새겨진 티셔츠, 두건 등을 입은 모델들을 촬영한 사진을 H, I, J, K에 판매하여 배포의 방법으로 피해자의 저작권을 침해하였다.

## Ⅱ. 논 점

1. 사진촬영이나 녹화 등의 과정에서 원저작물이 그대로 복제된 경우, 원저작물과 새로운 저작물 사이에 실질적 유사성이 있는지 판단하는 기준
2. 저작권법상 공표된 저작물을 정당한 범위 안에서 공정한 관행에 합치되게 인용한 것인지 판단하는 기준 및 영리적인 목적을 위한 이용의 경우, 자유이용이 허용되는 범위

## Ⅲ. 법규연구 (저작권법)

> 제28조(공표된 저작물의 인용) 공표된 저작물은 보도·비평·교육·연구 등을 위하여는 정당한 범위 안에서 공정한 관행에 합치되게 이를 인용할 수 있다.
>
> 제136조(벌칙) ① 다음 각 호의 어느 하나에 해당하는 자는 5년 이하의 징역 또는 5천만원 이하의 벌금에 처하거나 이를 병과할 수 있다.
>
>   1. 저작재산권, 그 밖에 이 법에 따라 보호되는 재산적 권리(제93조에 따른 권리는 제외한다)를 복제, 공연, 공중송신, 전시, 배포, 대여, 2차적저작물 작성의 방법으로 침해한 자

## Ⅳ. 관련 판례

### 1. 원심 (서울서부지방법원 2012. 8. 23. 선고 2012노485 판결)

피고인들이 2002년 한·일월드컵 당시 널리 사용된 "Be The Reds!"라는 응원문구를 도안화한 원심 판시 저작물 (이하 '이 사건 저작물'이라 한다)이 그려진 티셔츠 등을 착용한 모델을 촬영한 원심 판시 사진들(이하 '이 사건 사진들'이라 한다)을 인터넷상에서 양도·이용허락을 중개하는 이른바 포토라이브러리(photo library) 업체에 위탁하면서 배포한 것이 <u>저작권침해에 해당하지 아니한다고 판단하였다.</u>

## 2. 대법원 (대법원 2014. 8. 26., 선고, 2012도10777, 판결)

가. 사진촬영이나 녹화 등의 과정에서 원저작물이 그대로 복제된 경우, 새로운 저작물의 성질, 내용, 전체적인 구도 등에 비추어 볼 때, 원저작물이 새로운 저작물 속에서 주된 표현력을 발휘하는 대상물의 사진촬영이나 녹화 등에 종속적으로 수반되거나 우연히 배경으로 포함되는 경우 등과 같이 부수적으로 이용되어 그 양적·질적 비중이나 중요성이 경미한 정도에 그치는 것이 아니라 새로운 저작물에서 원저작물의 창작적인 표현형식이 그대로 느껴진다면 이들 사이에 실질적 유사성이 있다고 보아야 한다.

이 사건 저작물은 "Be The Reds!"라는 2002년 한·일월드컵 당시 널리 알려진 응원문구를 소재로 한 것으로서, 그 창조적 개성은 전통적인 붓글씨체를 사용하여 역동적이고 생동감 있는 응원의 느낌을 표현하고 있는 도안 자체에 있다. 그런데 이 사건 사진 중 일부 사진들(이하 '이 사건 침해사진들'이라 한다)에는 이 사건 저작물의 원래 모습이 온전히 또는 대부분 인식이 가능한 크기와 형태로 사진의 중심부에 위치하여 그 창조적 개성이 그대로 옮겨져 있다. 또한, 이 사건 저작물의 위와 같은 창작적 요소에 담겨 있는 월드컵 응원문화에 대한 상징성과 이 사건 침해사진들의 성질, 내용, 전체적인 구도 등에 비추어 볼 때, 이 사건 저작물은 월드컵 분위기를 형상화하고자 하는 위 사진들 속에서 주된 표현력을 발휘하는 중심적인 촬영의 대상 중 하나로 보인다. 즉, 이 사건 저작물에 표현된 역동적이고 생동감 있는 응원의 느낌이 이 사건 침해사진들 속에서도 그대로 재현되어 전체적으로 느껴지는 사진의 개성과 창조성에 상당한 영향을 주고 있다. 이와 같이 이 사건 침해사진들에서 이 사건 저작물의 창작적인 표현형식이 그대로 느껴지는 이상 위 사진들과 이 사건 저작물 사이에 실질적 유사성이 있다고 보아야 한다.

나. 구 저작권법 제25조는 공표된 저작물은 보도·비평·교육·연구 등을 위하여는 정당한 범위 안에서 공정한 관행에 합치되게 이를 인용할 수 있다고 규정하고 있는바, 정당한 범위 안에서 공정한 관행에 합치되게 인용한 것인가의 여부는 인용의 목적, 저작물의 성질, 인용된 내용과 분량, 피인용저작물을 수록한 방법과 형태, 독자의 일반적 관념, 원저작물에 대한 수요를 대체하는지 여부 등을 종합적으로 고려하여 판단하여야 하고, 이 경우 반드시 비영리적인 이용이어야만 하는 것은 아니지만 영리적인 목적을 위한 이용은 비영리적인 목적을 위한 이용의 경우에 비하여 자유이용이 허용되는 범위가 상당히 좁아진다(대법원 1997. 11. 25. 선고 97도2227 판결, 대법원 2013. 2. 15. 선고 2011도5835 판결 등 참조).

## V. 결 론

원심은 이 사건 사진들과 이 사건 저작물의 창작적인 표현형식의 실질적 유사성에 관하여 개별적으로 대조·비교하지 아니한 채, 이 사건 사진들 모두가 이 사건 저작물과 실질적 유사성이 인정되지 아니하거나 이 사건 저작물이 정당한 범위 안에서 공정한 관행에 합치되게 인용되었다는 취지로 판단하였는바, 이는 저작권침해에 관한 법리를 오해함으로써 판단을 그르친 것이다.

# 제16절 타인 주민등록번호를 소지자 허락 없이 신분확인 외의 용도로 사용한 경우

## I. 사례요지

피고인은 보험상품을 판매하는 법인 보험대리점 업체인 (명칭 생략)의 총무과장으로서, (명칭 생략)가 생명보험 주식회사와 보험모집 법인대리점 계약을 체결하는 과정에서 생명보험 주식회사로부터 법인대리점의 임원 및 보험모집 유자격자의 명단 제출을 요구받자 공소외인의 동의를 받지 않은 채 공소외인이 이미 (명칭 생략)에서 퇴사하였음에도 마치 공소외인이 (명칭 생략)에서 근무하고 있는 것처럼 공소외인의 주민등록번호를 기재한 (명칭 생략) 법인대리점 임원 및 유자격자 명부를 작성하여 생명보험 주식회사에 제출하였다.

## II. 논 점

타인의 주민등록번호를 그 소지자의 허락 없이 신분확인 외의 용도로 사용한 경우, 주민등록번호 부정사용죄의 성립 여부(소극)

## III. 법규연구 (주민등록법)

제37조(벌칙) ① 다음 각 호의 어느 하나에 해당하는 자는 3년 이하의 징역 또는 3천만원 이하의 벌금에 처한다.

10. 다른 사람의 주민등록번호를 부정하게 사용한 자. 다만, 직계혈족·배우자·동거친족 또는 그 배우자 간에는 피해자가 명시한 의사에 반하여 공소를 제기할 수 없다.

## IV. 관련 판례

### 1. 원심 (서울남부지법 2009. 5. 15. 선고 2008노2235 판결)

이 사건 공소사실을 <u>유죄로 인정하였다.</u>

### 2. 대법원 (대법원 2009. 9. 10., 선고, 2009도4574, 판결)

가. 구 주민등록법(2007. 5. 11. 법률 제8422호로 전부 개정되기 전의 것, 이하 같다)이 제21조 제2항 제8호에서 "다른 사람의 주민등록증을 부정사용한 자"를 처벌하는 것과 별도로 같은 항 제9호에서 "다른 사람의 주민등록번호를 부정사용한 자"를 처벌하는 규정을 마련한 취지, 위 제9호 규정내용의 문언상의 의미 및 개정연혁, 형벌법규의 확장해석을 금지하는 죄형법정주의의 일반원칙 등에 비추어 보면, 구 주민등록

법 제21조 제2항 제9호는 공적·사적인 각종 생활분야에서 주민등록증이나 운전면허증과 같이 명의인의 주민등록번호가 기재된 유형적인 신분증명문서를 제시하지 않고 성명과 주민등록번호 등만으로 본인 여부의 확인 또는 개인식별 내지 특정이 가능한 절차에 있어서 주민등록번호 소지자의 허락 없이 마치 그 소지자의 허락을 얻은 것처럼 행세하거나 자신이 그 소지자인 것처럼 행세하면서 그 주민등록번호를 사용하는 행위를 처벌하기 위하여 규정된 것으로 보아야 하므로, 다른 사람의 주민등록번호를 그 소지자의 허락 없이 함부로 이용하였다 하더라도 그 주민등록번호를 본인 여부의 확인 또는 개인식별 내지 특정의 용도로 사용한 경우에 이른 경우가 아닌 한 위 조항 소정의 주민등록번호 부정사용죄는 성립하지 아니한다 (대법원 2007. 10. 11. 선고 2006도7821 판결 참조).

나. 피고인이 위와 같은 경위로 공소외인의 주민등록번호가 기재된 법인대리점 보험모집 유자격자 명단을 제출한 행위만으로는 타인의 주민등록번호를 신분확인과 관련하여 사용한 것으로 볼 수 없어 주민등록번호 부정사용행위에 해당한다고 볼 수 없다.

## V. 결 론

원심이 판시와 같은 이유로 이 사건 공소사실을 유죄로 인정한 것은 주민등록번호 부정사용에 관한 법리를 오해하여 판결에 영향을 미친 위법이 있다고 할 것이다.

# 제17절 사립학교 교원이 타인의 페이스북 게시물 공유하기 한 경우 선거법위반여부

## I. 사례요지

피고인은 사립학교인 △△학교의 교원이다. 고등교육법 제14조 제1항, 제2항에 따른 교원을 제외한 사립학교의 교원은 선거운동을 할 수 없다. 피고인은 자신의 주거지에서 국회의원선거에 ○○당 후보자로 출마한 공소외 4가 당선되지 못하게 하려고 피고인의 페이스북에 "총선결과 책임질 것, 나도 정면돌파"..연대불가 배수진이라는 제목의 신문 기사를 링크하고 "만약 ○○○가 개헌선을 확보하는 최악의 결과가 나온다면 당신은 목을 매도 그 결과를 책임질 수 없다. 바야흐로 파시즘의 악령이 그늘을 드리우는 작금의 상황에서 당신은 도대체 무엇을 책임지겠다는 것인가? 무엇을 책임질 수 있는가?"라고 글을 직접 작성하여 게시하였다.

## II. 논 점

1. 공직선거법상 '선거운동' 의 의미와 판단기준

2. 공직선거법상 선거운동을 할 수 없는 사립학교 교원이 '페이스북' 과 같은 누리소통망을 통해 자신의 정치적인 견해나 신념을 외부에 표출한 경우, 그 내용이 선거와 관련성이 인정된다는 이유만으로 선거운동에 해당하는지 여부(소극)

3. 타인의 페이스북 게시물에 대하여 아무런 글을 부기하지 않고 언론의 인터넷 기사를 단순히 1회 '공유하기' 한 행위만으로 공직선거법상 선거운동에 해당하는지 여부(원칙적 소극)

## III. 법규연구 (공직선거법)

제58조(정의 등) ① 이 법에서 "선거운동"이라 함은 당선되거나 되게 하거나 되지 못하게 하기 위한 행위를 말한다. 다만, 다음 각 호의 어느 하나에 해당하는 행위는 선거운동으로 보지 아니한다.

1. 선거에 관한 단순한 의견개진 및 의사표시

2. 입후보와 선거운동을 위한 준비행위

3. 정당의 후보자 추천에 관한 단순한 지지·반대의 의견개진 및 의사표시

4. 통상적인 정당활동

6. 설날·추석 등 명절 및 석가탄신일·기독탄신일 등에 하는 의례적인 인사말을 문자메시지로 전송하는 행위

제60조(선거운동을 할 수 없는 자) ① 다음 각 호의 어느 하나에 해당하는 사람은 선거운동을 할 수 없다. 다만, 제1호에 해당하는 사람이 예비후보자·후보자의 배우자인 경우와 제4호부터 제8호까지의 규정에 해당하는 사람이 예비후보자·후보자의 배우자이거나 후보자의 직계존비속인 경우에는 그러하지 아니하다.

4. 「국가공무원법」 제2조(공무원의 구분)에 규정된 국가공무원과 「지방공무원법」 제2조(공무원의 구분)에 규정된 지방공무원. 다만, 「정당법」 제22조(발기인 및 당원의 자격) 제1항제1호 단서의 규정에 의하여 정당의 당원이 될 수 있는 공무원(국회의원과 지방의회의원외의 정무직공무원을 제외한다)은 그러하지 아니하다.

5. 제53조(공무원 등의 입후보)제1항제2호 내지 제8호에 해당하는 자(제4호 내지 제6호의 경우에는 그 상근직원을 포함한다)

제255조(부정선거운동죄) ① 다음 각 호의 어느 하나에 해당하는 자는 3년 이하의 징역 또는 600만원 이하의 벌금에 처한다.

2. 제60조(선거운동을 할 수 없는 자)제1항의 규정에 위반하여 선거운동을 하거나 하게 한 자 또는 같은조제2항이나 제205조(선거운동기구의 설치 및 선거사무관계자의 선임에 관한 특례)제4항의 규정에 위반하여 선거사무장 등으로 되거나 되게 한 자

## IV. 관련 판례

### 1. 원심 (서울고법 2017. 2. 9. 선고 2016노3915 판결)

위 공소사실을 <u>유죄</u>로 판단하였다.

### 2. 대법원 (대법원 2018. 11. 29. 선고, 2017도2972, 판결)

가. 공직선거법 제58조 제1항에 정한 '선거운동'은 특정 선거에서 특정 후보자의 당선 또는 낙선을 도모한다는 목적의사가 객관적으로 인정될 수 있는 능동적이고 계획적인 행위를 말한다. 이에 해당하는지는 행위를 하는 주체의 의사가 아니라 외부에 표시된 행위를 대상으로 객관적으로 판단하여야 한다. 또한, 위와 같은 목적의사가 있었다고 추단하려면, 단순히 선거와의 관련성을 추측할 수 있다거나 선거에 관한 사항을 동기로 하였다는 사정만으로는 부족하고 특정 선거에서의 특정 후보자의 당락을 도모하는 행위임을 선거인이 명백히 인식할 만한 객관적인 사정에 근거하여야 하고, 단순히 행위의 명목뿐만 아니라 행위를 한 시기·장소·방법 등을 종합적으로 관찰하여 판단하여야 한다. 이는 공직선거법 제60조 제1항에 따라 선거운동을 할 수 없는 사립학교 교원의 경우에도 마찬가지이다.

나. 따라서 공직선거법상 선거운동을 할 수 없는 사립학교 교원이 '페이스북'과 같

은 누리소통망(이른바 '소셜 네트워크 서비스')을 통해 자신의 정치적인 견해나 신념을 외부에 표출하였고, 그 내용이 선거와 관련성이 인정된다고 하더라도, 그 이유만으로 섣불리 선거운동에 해당한다고 속단해서는 아니 된다.

한편 타인의 페이스북 게시물에 대하여 자신의 의견을 표현하는 수단으로는 ① '좋아요' 버튼 누르기, ② 댓글 달기, ③ 공유하기의 세 가지가 있는데, 이용자가 다른 이용자의 페이스북 게시물을 보다가 자신의 감정을 표현하고 싶을 때는 '좋아요' 버튼을 누르고, 의견을 제시하고 싶을 때는 '댓글 달기' 기능을 이용하며, 게시물을 저장하고 싶을 때는 '공유하기' 기능을 이용하는 경향성을 갖게 된다. 그런데 타인의 게시물을 공유하는 목적은 게시물에 나타난 의견에 찬성하기 때문일 수도 있지만 반대하기 때문일 수도 있고, 내용이 재미있거나 흥미롭기 때문일 수도 있으며, 자료수집이 필요하기 때문일 수도 있고, 내용을 당장 읽지 않고 나중에 읽어 볼 목적으로 일단 저장해 두기 위한 것일 수도 있는 등 상당히 다양하고, '공유하기' 기능에는 정보확산의 측면과 단순 정보저장의 측면이 동시에 존재한다. 따라서 아무런 글을 부기하지 않고 언론의 인터넷 기사를 단순히 1회 '공유하기' 한 행위만으로는 특정 선거에서 특정 후보자의 당선 또는 낙선을 도모하려는 목적의사가 명백히 드러났다고 보기 어려운 경우가 일반적일 것이다.

## V. 결 론

공소외인을 인터뷰한 기사를 링크하며 소개하는 내용의 원글을 공유한 행위만으로는 특정 선거에서 특정 후보자의 낙선을 도모하기 위한 목적의사가 객관적으로 명백히 인식될 수 있는 행위라고 볼 수 없으므로 공직선거법상 사립학교 교원에게 금지된 '선거운동'에 해당한다고 볼 수 없다.

# 제18절 공직선거법에서 금지하는 호별방문의 대상인 '호'의 의미

## Ⅰ. 사례요지

피고인은 선거운동을 하기 위하여 ○○주민센터 회의장에 있는 주민들을 찾아가 인사를 하고 이어서 시청 민원실을 방문하였다.

## Ⅱ. 논 점

1. 공직선거법 제106조 제1항에서 금지하는 호별방문의 대상인 '호'의 의미
2. '호'에 해당하나 일반인의 자유로운 출입이 가능하여 다수인이 왕래하는 공개된 장소는 같은 조 제2항에 따라 선거운동 등을 위하여 방문할 수 있는지(적극)
3. 일반인의 자유로운 출입이 가능하도록 공개된 장소인지 판단하는 기준
4. 선거운동기간 전에 선거운동을 위하여 호별방문을 하고 선거운동을 한 경우, 선거운동기간 위반으로 인한 공직선거법 위반죄와 호별방문으로 인한 공직선거법 위반죄가 모두 성립하는지 여부(적극)

## Ⅲ. 법규연구 (공직선거법)

제106조(호별방문의 제한) ① 누구든지 선거운동을 위하여 또는 선거기간중 입당의 권유를 위하여 호별로 방문할 수 없다.

② 선거운동을 할 수 있는 자는 제1항의 규정에 불구하고 관혼상제의 의식이 거행되는 장소와 도로·시장·점포·다방·대합실 기타 다수인이 왕래하는 공개된 장소에서 정당 또는 후보자에 대한 지지를 호소할 수 있다.

제255조(부정선거운동죄) ① 다음 각 호의 어느 하나에 해당하는 자는 3년 이하의 징역 또는 600만원 이하의 벌금에 처한다.

　17. 제106조(호별방문의 제한)제1항 또는 제3항의 규정에 위반하여 호별로 방문하거나 하게 한 자

## Ⅳ. 관련 판례

### 1. 원심 (서울고법 2019. 7. 3. 선고 (춘천)2019노75 판결)

가. 다음과 같은 이유로 장소가 그 용도와 구조 및 접근성 등에 비추어 일반적·통상적으로 주민이나 민원인을 위하여 개방된 장소나 공간에 해당한다고 판단하였다.

① 주민센터 회의장은 처음부터 일반 주민들을 위하여 설치된 장소이다.

② 주민센터 또는 시청의 업무공간은 민원대 내부 공간에 민원업무를 위한 직원용 공간이 일부 있다고 하더라도 사무실 전체의 주된 용도는 민원인 응대를 위한 것이고, 구조상 민원인들이 쉽게 접근할 수 있었던 것으로 보인다.

나. 선거운동기간 전에 호별방문을 하여 선거운동을 한 경우와 선거운동을 하지 않으면 사이에 처벌의 불균형이 발생하지 않는다고 판단하여, 후보자가 선거운동기간 중에 호별방문한 경우에만 호별방문 제한 위반으로 인한 공직선거법 위반죄가 성립한다는 피고인의 주장을 받아들이지 않았다.

## 2. 대법원 (대법원 2020. 1. 9., 선고, 2019도10140, 판결)

가. 누구든지 선거운동을 위하여 또는 선거기간에 입당의 권유를 위하여 호별로 방문할 수 없다(공직선거법 제106조 제1항). 선거운동을 할 수 있는 자는 제1항의 규정에 불구하고 관혼상제의 의식이 거행되는 장소와 도로·시장·점포·다방·대합실 기타 다수인이 왕래하는 공개된 장소에서 정당 또는 후보자에 대한 지지를 호소할 수 있다(공직선거법 제106조 제2항).

위와 같은 공직선거법 제106조의 규정 형식 및 선거운동을 위하여 공개되지 않은 장소에서 선거권자를 만날 경우 생길 수 있는 투표매수 등 불법·부정선거 조장 위험 등을 방지하고자 하는 호별방문죄의 입법취지와 보호법익에 비추어 보면, 일상생활을 영위하는 거택은 물론이고 널리 주거나 업무 등을 위한 장소 혹은 그에 부속하는 장소라면 공직선거법 제106조 제1항의 '호'에 해당하나, 다만 '호'에 해당하더라도 일반인의 자유로운 출입이 가능하여 다수인이 왕래하는 공개된 장소라면 같은 조 제2항에 따라 선거운동 등을 위하여 방문할 수 있다고 해석된다. 그리고 일반인의 자유로운 출입이 가능하도록 공개된 장소인지 여부는 그 장소의 구조, 사용관계와 공개성 및 접근성 여부, 그에 대한 선거권자의 구체적인 지배·관리형태 등 여러 사정을 종합적으로 고려하여 판단하여야 한다(대법원 2010. 7. 8. 선고 2009도14558 판결, 대법원 2015. 9. 10. 선고 2014도17290 판결 참조).

나. 공직선거법 제106조 제1항은 누구든지 선거운동을 위하여 호별로 방문할 수 없다고 규정하고 있을 뿐, 그 주체를 '후보자'로 제한하고 있지 않다. 그리고 공직선거법 제254조 제2항은 공직선거법에 규정된 방법을 제외하고 선거운동기간 전에 선거운

동을 한 자를 2년 이하의 징역 또는 400만 원 이하의 벌금에 처한다고 규정하고 있다. 이는 구 공직선거법(2010. 1. 25. 법률 제9974호로 개정되기 전의 것) 제254조 제2항에서 정한 '이 법에 다른 규정이 있는 경우를 제외하고는'과 달리 공직선거법의 다른 규정에 의하여 허용되는 경우를 제외한다는 의미로 해석될 뿐, 공직선거법의 다른 처벌규정이 있는 경우 그 처벌규정이 우선 적용된다는 의미로 해석할 수 없다.

## V. 결 론

가. 호별방문과 관련 원심의 판단에 논리와 경험의 법칙을 위반하여 자유심증주의의 한계를 벗어나거나, 공직선거법 제106조 제1항에서 정한 '호'의 개념에 관한 법리를 오해한 잘못이 없다.

나. 선거운동기간 전에 선거운동을 위하여 호별방문을 하고 선거운동을 한 경우 공직선거법 제254조 제2항에서 정한 선거운동기간 위반으로 인한 공직선거법 위반죄의 적용이 배제된다고 볼 수 없고, 선거운동기간 위반죄와 호별방문으로 인한 공직선거법 위반죄가 모두 성립한다.

# 제19절 장래에 있을 선거에서의 선거운동과 관련 이익제공 의사표시 및 약속을 한 경우

## I. 사례요지

피고인은 지방선거까지 인터넷 네이버 카페를 이용하여 지속적으로 댓글 순위 조작 작업을 하도록 함으로써 이 사건 지방선거에서 (정당명 생략)을 위한 선거운동에 계속 활용할 생각으로, 공소외 2 보좌관을 통하여, 2018. 1. 2.경에는 직접 공소외 1에게 연락하여, '공소외 3 변호사를 일본 오사카 총영사로 추천하는 것은 어렵고, 대신 일본 센다이 총영사로 추천하여 임명될 수 있게 해 주겠다.'고 제안함으로써 이 사건 지방선거에서 (정당명 생략)의 선거운동과 관련하여 공소외 1에게 이익 제공의 의사를 표시하였다.

## II. 논 점

장래에 있을 선거에서의 선거운동과 관련하여 금품 기타 이익의 제공, 그 제공의 의사표시 및 약속을 한 경우, 공직선거법 제230조 제1항 제4호, 제135조 제3항 위반죄가 성립하기 위하여 그 당시 반드시 선거운동의 대상인 특정 후보자가 존재하고 있어야 하는지 여부(소극)

## III. 법규연구 (공직선거법)

제135조(선거사무관계자에 대한 수당과 실비보상) ③ 이 법의 규정에 의하여 수당·실비 기타 이익을 제공하는 경우를 제외하고는 수당·실비 기타 자원봉사에 대한 보상 등 명목여하를 불문하고 누구든지 선거운동과 관련하여 금품 기타 이익의 제공 또는 그 제공의 의사를 표시하거나 그 제공의 약속·지시·권유·알선·요구 또는 수령할 수 없다.

제230조(매수 및 이해유도죄) ① 다음 각 호의 어느 하나에 해당하는 자는 5년 이하의 징역 또는 3천만원 이하의 벌금에 처한다.

　4. 제135조(선거사무관계자에 대한 수당과 실비보상)제3항의 규정에 위반하여 수당·실비 기타 자원봉사에 대한 보상 등 명목여하를 불문하고 선거운동과 관련하여 금품 기타 이익의 제공 또는 그 제공의 의사를 표시하거나 그 제공을 약속한 자

## IV. 관련 판례

### 1. 원심 (서울고법 2020. 11. 6. 선고 2019노461 판결)

　1) 공직선거법 제230조 제1항 제4호, 제135조 제3항 위반죄가 성립하기 위해서는 '선거운동과 관련하여' 금품 기타 이익의 제공 또는 그 제공의 의사를 표시하거나 약

속하는 등의 행위를 하여야 한다. '선거운동과 관련하여' 라는 요건을 구비하기 위해서는 특정 선거 및 특정 후보자의 존재가 인정되어야 하고 아울러 그와의 관련성이 인정되어야 하므로, 특정 후보자의 존재를 상정할 수 없는 상태에서 특정 선거를 염두에 두고 특정 정당을 광고·지지하는 등의 행위만으로 '선거운동과 관련하여' 라는 요건을 구비하였다고 볼 수 없다.

피고인이 공소외 1에게 이 사건 이익 제공의 의사를 표시할 당시 이 사건 지방선거에 출마를 선언하거나 그 선거에 입후보할 의사를 가졌다고 객관적으로 인정할 수 있는 특정 후보자가 존재한다는 점을 인정할 증거가 없으므로 피고인의 이 사건 이익 제공의 의사표시가 '선거운동과 관련하여' 이루어진 것이라고 볼 수 없다.

따라서 피고인이 공소외 1에게 이 사건 이익 제공의 의사를 표시한 것은 이 사건 지방선거의 선거운동과 관련하여 이루어진 것이라고 볼 수 없으므로, 이 사건 공소사실 중 공직선거법 위반의 점은 범죄의 증명이 없는 경우에 해당한다.

## 2. 대법원 (대법원 2021. 7. 21., 선고, 2020도16062, 판결)

공직선거법 제135조 제3항에서 정한 <u>선거운동과 관련하여</u> 는 '선거운동에 즈음하여, 선거운동에 관한 사항을 동기로 하여' 라는 의미로서 '선거운동을 위하여' 보다 광범위하며, 선거운동의 목적 또는 선거에 영향을 미치게 할 목적이 없었다 하더라도 그 행위 자체가 선거의 자유·공정을 침해할 우려가 높은 행위를 규제할 필요성에서 설정된 것이고, 공직선거법 제230조 제1항 제4호, 제135조 제3항 위반죄는 선거운동과 관련하여 금품 기타 이익의 제공 또는 그 제공의 의사를 표시하거나 그 제공을 약속하는 행위를 처벌대상으로 하는 것으로서, 그 처벌대상은 위 법이 정한 선거운동기간 중의 금품제공 등에 한정되지 않는다. 한편 공직선거법 제135조 제3항은 '누구든지' 선거운동과 관련하여 금품 기타 이익의 제공 또는 그 제공의 의사를 표시하거나 그 제공을 약속하는 것을 금지하고 있을 뿐, 그 주체를 후보자, 후보자가 되고자 하는 자, 후보자를 위하여 선거운동을 하는 자 등으로 제한하고 있지 않다.

위와 같은 공직선거법 관련 법리 및 규정에 비추어 보면, 공직선거법 제230조 제1항 제4호, 제135조 제3항 위반죄는 금품 기타 이익의 제공, 그 제공의 의사표시 및 약속이 특정 선거에서의 선거운동과 관련되어 있음이 인정되면 충분하다고 할 것이므로, 장래에 있을 선거에서의 선거운동과 관련하여 이익의 제공 등을 할 당시 선거운동의 대상인 후보자가 특정되어 있지 않더라도 장차 특정될 후보자를 위한 선거운동과 관련하여 이익의 제공 등을 한 경우에는 위 공직선거법 제230조 제1항 제4호, 제135조 제

3항 위반죄가 성립한다고 보아야 하고, <u>이익의 제공 등을 할 당시 반드시 특정 후보자가 존재하고 있어야 한다고 볼 수 없다.</u>

## V. 결 론

따라서 원심의 이 부분 판단에는 상고이유 주장과 같이 '선거운동과 관련하여'의 해석에 관한 법리를 오해한 잘못이 있다.

# 제20절 공직선거법에서 정한 후보자가 되고자 하는 자, 사실의 적시 의미와 판단기준

## Ⅰ. 사례요지

공소외인은 ○○당 지역위원회의 위원장으로 활동하면서 20○○년경부터 주위에 비례대표 시의원으로 입후보할 뜻이 있음을 알렸고 20○○. 1.경부터는 피고인을 비롯한 지역위원회 당원들 또는 비례대표후보 추천권한을 가진 ○○당 시당 상무위원들에게 입후보의사를 적극적으로 밝혔다.

특정 정당 구의원 예비후보로 등록한 피고인이 같은 당 비례대표 시의원 후보자가 되고자 하는 甲의 활동, 태도 및 학력 등에 관한 사실을 부정적으로 적시한 게시물을 수회에 걸쳐 같은 당 홈페이지 자유게시판에 게재하였다.

## Ⅱ. 논 점

1. 공직선거법 제251조 본문에서 정한 '후보자가 되고자 하는 자'의 의미

2. 공직선거법 제251조 본문에서 정한 '당선되거나 되게 하거나 되지 못하게 할 목적'이 있는지의 판단기준

3. 공직선거법 제251조 본문에서 정한 '사실의 적시'의 의미와 판단기준 및 '사실의 적시'가 공직선거법 제251조 단서에 따라 위법성이 조각되기 위한 요건

## Ⅲ. 법규연구 (공직선거법)

제251조(후보자비방죄) 당선되거나 되게 하거나 되지 못하게 할 목적으로 연설·방송·신문·통신·잡지·벽보·선전문서 기타의 방법으로 공연히 사실을 적시하여 후보자(候補者가 되고자 하는 者를 포함한다), 그의 배우자 또는 직계존·비속이나 형제자매를 비방한 자는 3년 이하의 징역 또는 500만원 이하의 벌금에 처한다. 다만, 진실한 사실로서 공공의 이익에 관한 때에는 처벌하지 아니한다.

## Ⅳ. 관련 판례

### 1. 원심 (서울고법 2010. 12. 24. 선고 2010노3082 판결)

가. 공소외인은 공직선거법 제251조의 '후보자가 되고자 하는 자'에 해당한다고 할 것이다.

나. 피고인은 단순히 공천과정의 공정성을 촉구하거나 정당의 후보자 추천에 관한 의견을 개진하기 위한 것이 아니라, ○○당 비례대표 시의원 후보자가 되고자 하는 공

소외인으로 하여금 선거에서 당선되지 못하게 할 목적으로 이 사건 각 게시물을 게재하였다고 봄이 상당하다고 판단하였다.

다. 이 사건 각 게시물의 게재 동기, 게시물의 내용과 취지, 사용된 표현의 내용, 게시 횟수와 시기 및 방법 등에 관한 제반 사정을 종합하면, 피고인이 공소외인에 대한 불만으로 인하여 그를 비례대표 시의원으로 당선되지 못하게 하겠다는 것이 중요한 동기가 되어 이 사건 각 게시물을 게재하였다고 보이므로, 피고인에게 공적 이익을 위한다는 뜻이 일부 있었다고 하더라도 위법성이 조각되지 아니한다고 판단하였다.

## 2. 대법원 (대법원 2011. 3. 10. 선고, 2011도168, 판결)

가. 공직선거법 제251조 본문의 '후보자가 되고자 하는 자'에는 선거에 출마할 예정인 사람으로서 정당에 공천신청을 하거나 일반 선거권자로부터 후보자추천을 받기 위한 활동을 벌이는 등 입후보의사가 확정적으로 외부에 표출된 사람뿐만 아니라 그 신분·접촉대상·언행 등에 비추어 선거에 입후보할 의사를 가진 것을 객관적으로 인식할 수 있을 정도에 이른 사람도 포함된다(대법원 2004. 4. 28. 선고 2003도4363 판결, 대법원 2009. 1. 15. 선고 2008도10365 판결 등 참조). 따라서 앞서 본 법리에 비추어 보면 공소외인은 공직선거법 제251조의 '후보자가 되고자 하는 자'에 해당한다고 할 것이다.

나. 공직선거법 제251조 본문의 후보자비방죄에서 말하는 '당선되거나 되게 하거나 되지 못하게 할 목적'은 적극적 의욕이나 확정적 인식임을 요하지 아니하고 미필적 인식이 있으면 충분하다 할 것이고, 그 목적이 있었는지 아닌지는 피고인의 사회적 지위, 피고인과 후보자 또는 경쟁 후보자와의 인적 관계, 행위의 동기 및 경위와 수단·방법, 행위의 내용과 태양, 상대방의 성격과 범위, 행위 당시의 사회상황 등 여러 사정을 종합하여 사회통념에 비추어 합리적으로 판단하여야 한다(대법원 2004. 4. 28. 선고 2003도4363 판결, 대법원 2008. 9. 11. 선고 2008도5917 판결 등 참조). ① 피고인은 시 ○○선거구의 ○○당 구의원 예비후보로 등록하고 정당공천을 받기를 기대하였으나, 공소외인이 경쟁 예비후보를 편파적으로 옹호한다고 생각하여 그에 대한 불만을 가지고 이 사건 각 게시물을 게재한 점, ② 피고인은 이 사건 각 게시물에서 지역위원장인 공소외인의 활동, 태도 및 학력 등에 관한 사실을 부정적으로 적시하며 공소외인이 ○○당 비례대표 시의원이 되어서는 안 된다는 입장을 분명히 밝힌 점, ③ 이 사건 각 게시물은 자극적인 문구를 사용하여 공소외인을 비난하는 한편, 강

한 어조로 공소외인의 ○○당 비례대표 시의원 입후보를 반대하는 것이 주된 내용인 점, ④ 피고인이 3일간 11회에 걸쳐 게시물을 게재한 ○○당 시당 홈페이지 자유게시판은, 당시 ○○당원 뿐만 아니라 일반인에게도 자유롭게 공개되어 있었으며, 지방선거를 약 2개월 앞두고 정치적 관심이 고조된 탓에 위 자유게시판 접속량 또한 평소보다 훨씬 증가하였던 점, ⑤ 공직선거법이 비례대표 지방의원 선거에 있어 정당명부식 비례대표제를 채택함에 따라 위 선거는 정당에 대한 선거로서의 성격을 지니는바, 피고인의 공소외인에 대한 비방행위는 그 소속 정당인 ○○당에 대한 선거인들의 투표에 부정적 영향을 미쳐 결국 ○○당 시의원 비례대표 후보자가 되려는 공소외인의 당선에 불리한 결과를 초래하게 되는 점 등을 인정한 다음, 공소외인의 정치적 신분과 이에 대한 피고인의 인식, 피고인의 이 사건 행위 동기, 각 게시물의 내용과 취지, 게재 시기와 횟수, 위 자유게시판의 성격과 당시 상황, 비례대표 선거의 특성 등에 관한 제반 사정들을 종합하면, 피고인은 단순히 공천과정의 공정성을 촉구하거나 정당의 후보자 추천에 관한 의견을 개진하기 위한 것이 아니라, ○○당 비례대표 의원 후보자가 되고자 하는 공소외인으로 하여금 선거에서 당선되지 못하게 할 목적으로 이 사건 각 게시물을 게재하였다고 봄이 상당하다고 판단하였다.

다.  공직선거법 제251조 본문의 '사실의 적시'란 가치판단이나 평가를 내용으로 하는 의견표현에 대치되는 개념으로서 시간과 공간적으로 구체적인 과거 또는 현재의 사실관계에 관한 보고 내지 진술을 의미하고, 그 표현내용이 증거에 의한 입증이 가능한 것을 말하는바, 어느 진술이 사실인가 또는 의견인가를 구별함에 있어서는 언어의 통상적 의미와 용법, 입증가능성, 문제된 말이 사용된 문맥, 그 표현이 행하여진 사회적 정황 등 전체적 정황을 고려하여 판단하여야 하며, 의견표현과 사실의 적시가 혼재되어 있는 때에는 이를 전체적으로 보아 사실을 적시하여 비방한 것인지 여부를 판단하여야 한다(대법원 2004. 6. 25. 선고 2004도2062 판결 등 참조).

그리고 '사실의 적시'가 공직선거법 제251조 단서의 규정에 의하여 위법성이 조각되기 위하여는, ① 적시된 사실이 전체적으로 보아 진실에 부합할 것, ② 그 내용이 객관적으로 공공의 이익에 관한 것일 것, ③ 행위자도 공공의 이익을 위하여 그 사실을 적시한다는 동기를 가지고 있을 것이 요구되며, 다만 반드시 공공의 이익이 사적 이익보다 우월한 동기가 되어야 하는 것은 아니나 사적 이익과 비교하여 공공의 이익이 명목상 동기에 불과하여 부수적인 데 지나지 아니하는 경우에는 공공의 이익에 관한 것으로 볼 수 없다. 피고인에게 공적 이익을 위한다는 뜻이 일부 있었다고 하더라도 위법성이 조각되지 아니한다는 원심의 판단은 정당하다.

## V. 결 론

공소외인은 공직선거법 제251조의 '후보자가 되고자 하는 자'에 해당하며, 피고인은 단순히 공천과정의 공정성을 촉구하거나 정당의 후보자 추천에 관한 의견을 개진하기 위한 것이 아니라, ○○당 비례대표 시의원 후보자가 되고자 하는 공소외인으로 하여금 선거에서 당선되지 못하게 할 목적으로 이 사건 각 게시물을 게재하였다고 봄이 상당하고, 피고인에게 공적 이익을 위한다는 뜻이 일부 있었다고 하더라도 위법성이 조각되지 아니한다.

# 제21절 허위여론조사에 대한 발언이 왜곡된 여론조사결과의 공표에 해당하는지

## I. 사례요지

피고인은 지방선거에서 ○○선거구에 (정당명 생략) 소속 후보자로 출마하여 도의회 도의원으로 당선된 사람이다. 피고인은 선거구민인 공소외 1에게 전화를 걸어 "우리 자체 여론조사 했는데 28포인트 앞서고 있다. 거의 30%, 28.5% 이긴 거로 나왔다. 이제는 이미 기울어진 운동장이야. 성당은 몰표야. 거기는 거의 80% 이상 먹어."라고 말하였다. 그러나 피고인이 후보로 등록한 이래 위 선거구 후보자들에 대한 여론조사가 실시된 사실이 없다. 이로써 피고인은 여론조사결과를 왜곡하여 공표하였다.

## II. 논 점

1. 선거에 관한 여론조사결과를 왜곡하여 공표하는 행위 등을 금지·처벌하는 공직선거법 제96조 제1항, 제252조 제2항의 취지

2. 공직선거법 제96조 제1항의 행위태양인 '공표'의 의미 및 공표의 요건인 전파가능성에 관한 증명책임 소재(=검사)와 증명 정도

3. 공직선거법 제96조 제1항에 따라 공표 등이 금지되는 '왜곡된 여론조사결과'의 내용 및 전파가능성을 이유로 개별적으로 한 사람에게 알리는 행위가 '왜곡된 여론조사결과의 공표' 행위에 해당하기 위한 요건

## III. 법규연구 (공직선거법)

제96조(허위논평·보도 등 금지) ① 누구든지 선거에 관한 여론조사결과를 왜곡하여 공표 또는 보도할 수 없다.

제252조(방송·신문 등 부정이용죄) ② 제96조제1항을 위반한 자는 5년 이하의 징역 또는 300만원 이상 2천만원 이하의 벌금에 처한다.

## IV. 관련 판례

### 1. 원심 (광주고등법원 2019. 9. 11. 선고 (제주)2019노57 판결)

피고인의 발언이 여론조사결과에 해당하고, 이를 공표한 경우에도 해당한다고 인정하여 무죄를 선고한 제1심을 파기하고 유죄를 선고하였다.

## 2. 대법원 (대법원 2021. 6. 24. 선고 2019도13687 판결)

공직선거법 제96조 제1항은 "누구든지 선거에 관한 여론조사결과를 왜곡하여 공표 또는 보도할 수 없다."라고 규정하고, 제252조 제2항은 "제96조 제1항을 위반한 자는 5년 이하의 징역 또는 300만 원 이상 2천만 원 이하의 벌금에 처한다."라고 규정하고 있다. 이는 여론조사의 객관성·공정성에 대한 신뢰를 이용하여 선거인의 판단에 잘못된 영향을 미치는 행위를 처벌함으로써 선거의 공정성을 보장하려는 규정이다(대법원 2018. 11. 29. 선고 2017도8822 판결 참조).

공직선거법 제96조 제1항의 행위태양인 **'공표'**는 불특정 또는 다수인에게 왜곡된 여론조사결과를 널리 드러내어 알리는 것을 말한다. 비록 개별적으로 한 사람에게만 왜곡된 여론조사결과를 알리더라도 그를 통하여 불특정 또는 다수인에게 전파될 가능성이 있다면 이 요건을 충족하나, 전파될 가능성에 관하여서는 검사의 엄격한 증명이 필요하다(대법원 2011. 12. 22. 선고 2008도11847 판결, 대법원 2020. 11. 19. 선고 2020도5813 전원합의체 판결 참조).

한편 공직선거법 제96조 제1항의 입법취지에 비추어 공직선거법 제96조 제1항에 따라 공표 또는 보도가 금지되는 '왜곡된 여론조사결과'는 선거인으로 하여금 객관성·공정성을 신뢰할 만한 수준의 여론조사가 실제 이루어진 결과에 해당한다고 믿게 할 정도의 구체성을 가지는 정보로서 그것이 공표 또는 보도될 경우 선거인의 판단에 잘못된 영향을 미치고 선거의 공정성을 저해할 개연성이 있는 내용일 것을 요한다. 따라서 전파가능성을 이유로 개별적으로 한 사람에게 알리는 행위가 '왜곡된 여론조사결과의 공표' 행위에 해당한다고 하기 위해서는 그 한 사람을 통하여 '왜곡된 여론조사결과'로 인정될 수 있을 정도의 구체성이 있는 정보가 불특정 또는 다수인에게 전파될 가능성이 있다는 점이 인정되어야 한다.

## V. 결 론

개별적으로 한 사람에게 알리는 행위라도 전파가능성이 있다면 '공표'로 인정될 수 있지만, 이를 '왜곡된 여론조사결과가 공표'된 것과 같이 보기 위해서는 그 한 사람을 통하여 '왜곡된 여론조사결과'로 인정될 수 있을 정도의 구체성 있는 정보 자체가 전파될 가능성이 인정되어야 하는데, 이 사건의 경우 이에 해당하지 않는다고 보아 원심을 파기하였다.

# 제22절 공직선거법 위반죄에 있어서 당내경선의 의미

## I. 사례요지

정당의 당내경선에서는 선거사무소(당해 선거구 안에 선거사무소 1개소)를 설치하거나 그 선거사무소에 간판·현판 또는 현수막을 설치·게시하는 행위, 자신의 명함을 직접 주거나 지지를 호소하는 방법, 정당이 경선후보자가 작성한 홍보물을 1회 발송하는 방법, 옥내 합동연설회를 개최하는 방법 외의 방법으로 경선운동을 할 수 없다. 피고인은 ▽▽ 커피숍에서, 공소외 1, 공소외 2에게 '○○○당 책임당원들에게 전화를 걸어서 나에 대한 지지도를 확인하고, 지지해 달라고 홍보해 달라'고 말하였다. 이에 공소외 1과 공소외 2는 같은 달 27.부터 28.까지 207명의 ○○당 책임당원에게 전화를 걸어 "안녕하세요. 앞으로 있을 △△시장 선거에서 공소외 10(추천인 이름) 선생님과 저는 피고인 전 최고위원을 신뢰하고 있습니다. 혹시 선생님께서도 같은 마음으로 피고인 전 최고위원을 지지해 주신다면 큰 힘이 될 것 같습니다. 감사합니다" 라며 피고인에 대한 지지를 호소하였다.

## II. 논 점

1. 공직선거법 제57조의3 제1항에서 규정하는 '정당이 당원과 당원이 아닌 자에게 투표권을 부여하여 실시하는 당내경선'에 여론조사의 방식으로 실시하는 당내경선도 포함되는지 여부(적극)
2. 선거범죄가 당내경선운동에 관한 공직선거법 위반죄인 경우 그 선거범죄에 대한 공소시효의 기산일(=그 선거범죄와 직접 관련된 공직선거의 투표일)
3. 공직선거법 제108조 제5항, 제11항의 '선거에 관한 여론조사'에 '당내경선과 관련된 여론조사'도 포함되는지 여부(적극)

## III. 법규연구 (공직선거법)

제57조의2(당내경선의 실시) ① 정당은 공직선거후보자를 추천하기 위하여 경선(이하 "당내경선"이라 한다)을 실시할 수 있다.

② 정당이 당내경선[당내경선(여성이나 장애인 등에 대하여 당헌·당규에 따라 가산점 등을 부여하여 실시하는 경우를 포함한다)의 후보자로 등재된 자(이하 "경선후보자"라 한다)를 대상으로 정당의 당헌·당규 또는 경선후보자간의 서면합의에 따라 실시한 당내경선을 대체하는 여론조사를 포함한다]을 실시하는 경우 경선후보자로서 당해 정당의 후보자로 선출되지 아니한 자는 당해 선거의 같은 선거구에서는 후보자로 등록될 수 없다. 다만, 후보자로 선출된 자가 사퇴·사망·피선거권 상실 또는 당적의 이탈·변경 등으로 그 자격을 상실한 때에는 그러하지 아니하다.

제57조의3(당내경선운동) ① 정당이 당원과 당원이 아닌 자에게 투표권을 부여하여 실시하는 당내경선에서는 다음 각 호의 어느 하나에 해당하는 방법 외의 방법으로 경선운동을 할 수 없다.

1. 제60조의3제1항제1호·제2호에 따른 방법

2. 정당이 경선후보자가 작성한 1종의 홍보물(이하 이 조에서 "경선홍보물"이라 한다)을 1회에 한하여 발송하는 방법

3. 정당이 합동연설회 또는 합동토론회를 옥내에서 개최하는 방법(경선후보자가 중앙선거관리위원회규칙으로 정하는 바에 따라 그 개최장소에 경선후보자의 홍보에 필요한 현수막 등 시설물을 설치·게시하는 방법을 포함한다)

제108조(여론조사의 결과공표금지 등) ① 누구든지 선거일 전 6일부터 선거일의 투표마감시각까지 선거에 관하여 정당에 대한 지지도나 당선인을 예상하게 하는 여론조사(모의투표나 인기투표에 의한 경우를 포함한다. 이하 이 조에서 같다)의 경위와 그 결과를 공표하거나 인용하여 보도할 수 없다.

② 누구든지 선거일전 60일(선거일전 60일 후에 실시사유가 확정된 보궐선거등에서는 그 선거의 실시사유가 확정된 때)부터 선거일까지 선거에 관한 여론조사를 투표용지와 유사한 모형에 의한 방법을 사용하거나 후보자(후보자가 되고자 하는 者를 포함한다. 이하 이 條에서 같다) 또는 정당(창당준비위원회를 포함한다. 이하 이 條에서 같다)의 명의로 선거에 관한 여론조사를 할 수 없다. 다만, 제57조의2제2항에 따른 여론조사는 그러하지 아니하다.

⑤ 누구든지 선거에 관한 여론조사를 하는 경우에는 피조사자에게 질문을 하기 전에 여론조사기관·단체의 명칭과 전화번호를 밝혀야 하고, 해당 조사대상의 전계층을 대표할 수 있도록 피조사자를 선정하여야 하며, 다음 각 호의 어느 하나에 해당하는 행위를 하여서는 아니된다.

1. 특정 정당 또는 후보자에게 편향되도록 하는 어휘나 문장을 사용하여 질문하는 행위

2. 피조사자에게 응답을 강요하거나 조사자의 의도에 따라 응답을 유도하는 방법으로 질문하거나, 피조사자의 의사를 왜곡하는 행위

3. 오락 기타 사행성을 조장할 수 있는 방법으로 조사하거나 제13항에 따라 제공할 수 있는 전화요금 할인 혜택을 초과하여 제공하는 행위

4. 피조사자의 성명이나 성명을 유추할 수 있는 내용을 공개하는 행위

제268조(공소시효) ①이 법에 규정한 죄의 공소시효는 당해 선거일후 6개월(선거일후에 행하여진 범죄는 그 행위가 있는 날부터 6개월)을 경과함으로써 완성한다. 다만, 범인이 도피한 때나 범인이 공범 또는 범죄의 증명에 필요한 참고인을 도피시킨 때에는 그 기간은 3년으로 한다.

## IV. 관련 판례

### 1. 원심 (대구고등법원 2019. 6. 13. 선고 2019노119 판결)

가. 공직선거법 제57조의3에서 경선운동방법을 제한하는 당내경선은 '당원과 당원이 아닌 자에게 투표권을 부여하여 실시하는 당내경선' 만 해당하고, '당원이 아닌 자에 대하여 투표권을 부여하지 않고 여론조사를 포함하여 실시하는 당내경선' 은 해당하지 않는다.

당내경선은 책임당원 투표 50%와 일반 시민 여론조사 50%를 합하여 실시한 것일 뿐 당원이 아닌 사람에게 투표권을 부여하여 경선을 실시하지 않았으므로 공직선거법 제57조의3에서 경선운동방법을 제한하는 당내경선에 해당하지 않는다. 따라서 이 사건 공소사실 중 당내경선운동방법 위반에 의한 공직선거법위반 부분은 범죄로 되지 아니하는 때에 해당한다.

나. 이 사건의 공소시효 만료일은 공직선거일인 후 6개월이 경과된 때라고 판단하였다.

다. 당내경선에 관하여 착신전환 등의 조치를 하여 중복응답을 지시하고, 여론조사 기관, 단체의 명칭과 전화번호를 밝히지 않은 채 지지하는 후보가 누구인지 질문하여 공직선거법 제108조 제5항, 제11항을 위반하였다고 판단하였다.

## 2. 대법원 (대법원 2019. 10. 31. 선고 2019도8815 판결)

가. 공직선거법은 투표나 여론조사에 관한 정의규정을 두고 있지 않다. 투표의 사전적 정의는 어떤 사항에 대한 구성원의 찬성이나 반대의 의사표시 또는 투표용지에 의사를 표시하여 일정한 곳에 내는 일 등이다. 공직선거법이 공직선거에 관하여는 투표의 방법을 투표용지에 기표하는 방법으로 하고 투표소를 설치하여야 하며 투표용지와 투표함에 관한 규정을 두고 제한하고 있으나(제146조 제1항, 제147조, 제150조, 제151조, 제159조), 당내경선에 관하여는 투표 방법을 제한하고 있지 않다. 따라서 당내경선의 투표 방식이 반드시 투표용지에 기표를 하는 방법이어야 할 필요는 없고, 경선후보자 중 특정인이 후보자가 되어야 한다는 의사를 표시하는 방법으로 충분하다.

공직선거법은 여론조사에 관하여도 별도의 정의규정 등을 두지 않고, 일정한 제한 아래 모의투표나 인기투표에 의한 여론조사, 투표용지와 유사한 모형에 의한 방법을 사용한 여론조사도 허용함으로써 투표를 여론조사와 대립하는 개념으로 상정하고 있지 않다(제108조 제1항, 제2항). 또한, 여론조사로 당내경선을 대체하는 것이 가능하고 일정한 경우 그러한 것도 당내경선에 포함된다고 규정하고 있다(제57조의2 제2항).

위와 같은 규정들의 내용과 당내경선운동방법을 제한하는 입법취지 등을 종합하여 보면, 정당이 당원과 당원이 아닌 자에게 경선후보자 중 누가 선거의 후보자가 되어야 하는지에 관한 선택의 의사를 표시하게 하는 <u>당내경선은 공직선거법 제57조의3 제1항에서 정한 "당원과 당원이 아닌 자에게 투표권을 부여하여 실시하는 당내경선"에 해당하고, 그 투표권을 행사하는 방식은 반드시 투표용지에 기표하는 방법으로 제한되지</u>

않으며, 특별한 사정이 없는 한 여론조사 방식을 통하여 위와 같은 선택의 의사표시를 하도록 하는 방법도 포함한다고 보아야 한다.

나. 공직선거법 제268조 제1항 본문은 "이 법에 규정한 죄의 공소시효는 당해 선거일 후 6개월(선거일후에 행하여진 범죄는 그 행위가 있는 날부터 6개월)을 경과함으로써 완성한다."라고 규정하고 있다. 여기서 말하는 "당해 선거일"이란 그 선거범죄와 직접 관련된 공직선거의 투표일을 의미한다(대법원 2006. 8. 25. 선고 2006도3026 판결 등 참조). 이는 선거범죄가 당내경선운동에 관한 공직선거법 위반죄인 경우에도 마찬가지이므로, 그 선거범죄에 대한 공소시효의 기산일은 당내경선의 투표일이 아니라 그 선거범죄와 직접 관련된 공직선거의 투표일이다.

다. 공직선거법 제8조의8 제8항에서는 "다음 각 호의 어느 하나에 해당하는 여론조사는 이 법에 따른 선거에 관한 여론조사로 보지 아니한다."라고 규정하면서 '당내경선을 위한 여론조사'는 공직선거법에 따른 선거에 관한 여론조사에서 제외하고 있지 않다. 이러한 공직선거법의 규정 내용과 선거에 관한 여론조사와 관련된 공직선거법의 관련 규정의 개정 경위와 내용, 여론조사가 특정 후보자의 선거운동 수단으로 악용되는 것을 방지하고 여론조사의 공정성, 정확성 및 신뢰성을 확보한다는 공직선거법의 여론조사 관련 규제 조항의 입법취지 등을 고려하면, 공직선거법 제108조 제5항, 제11항의 '선거에 관한 여론조사'에는 '당내경선과 관련된 여론조사'도 포함된다고 보아야 한다.

## V. 결 론

여론조사의 방식을 통하여 선택의 의사표시를 하는 방법으로 실시하는 당내경선은 공직선거법 제57조의3 제1항에서 규정하는 '정당이 당원과 당원이 아닌 자에게 투표권을 부여하여 실시하는 당내경선'에 해당하지 않는다는 이유로 위 규정에서 허용하지 않는 당내경선운동을 한 피고인을 처벌할 수 없다고 판단한 원심을 파기하였다.

당내경선운동에 관한 공직선거법 위반죄인 경우에도 공소시효의 기산일은 당내경선의 투표일이 아니라 그 선거범죄와 직접 관련된 공직선거의 투표일이라고 보아 공소제기 당시 이미 공소시효가 완성되었다는 피고인의 주장을 배척한 원심을 수긍하였다.

공직선거법 제108조 제5항, 제11항의 '선거에 관한 여론조사'에는 '당내경선과 관련된 여론조사'도 포함된다고 보아 이를 전제로 유죄를 인정한 원심을 수긍하였다.

# 제23절 공직선거법상 기부행위의 상대방과 공소시효의 기산일에 관한 사건

## I. 사례요지

국회의원 · 지방의회의원 · 지방자치단체의 장 · 정당의 대표자· 후보자(후보자가 되려는 자를 포함한다)와 그 배우자는 당해 선거구 안에 있는 자나 기관 · 단체 · 시설 또는 당해 선거구 밖에 있더라도 그 선거구민과 연고가 있는 자나 기관 · 단체 · 시설에 기부행위(결혼식 주례행위 포함)를 할 수 없다. 피고인 A는 2014. 6. 4. 실시된 제6회 전국동시 지방선거에서 C 군의회 의원으로 당선된 사람이다. 피고인 A는 2015. 11. 25.경 전남 D에 있는 'E' 식당에서, 동행한 지인 F와 함께 피고인 B과 G를 만나 지역 신문사 창간을 논의하던 중, 피고인 B과 G로부터 "신문사를 창간하기 위해서는 창간 전에 3,000만 원, 창간 후에 2,000만 원, 1년간 매월 200만 원이 필요하다"는 말을 듣게 되자, 피고인 B에게 "힘이 닿는 데까지 도와주겠다"고 말하여 창간자금 지원을 약속하였다. 그리하여 피고인 A은 2015. 11. 30.경 3,000만 원, 2015. 12. 31.경 2,000만 원 합계 5,000만 원을 피고인 A의 친구인 H의 처 I 명의의 J은행 계좌(계좌번호 : K)를 경유하여 피고인 B의 아들 L 명의의 M은행 계좌(계좌번호 : N)로 각각 송금하였다. 피고인 B는 위와 같이 피고인 A로부터 자금을 지원받아 2015. 12. 2.경 피고인 A의 선거구인 전남 O에 있는 사무실에서 P 주식회사를 설립하였다. 이로써 피고인 A는 지방의회의원으로서 당해 선거구 안에 있는 자 또는 그 선거구민과 연고가 있는 자인 피고인 B에게 금품을 제공하여 기부행위를 하였고, 피고인 B는 지방의회의원인 피고인 A로부터 기부를 받았다.

## II. 논 점

1. 공직선거법 제113조 제1항의 '선거구민과 연고가 있는 자' 의 의미
2. 공직선거법 제268조 제1항 본문의 공소시효의 기준이 되는 '당해 선거일' 의 의미

## III. 법규연구 (공직선거법)

제113조 (후보자 등의 기부행위제한) ① 국회의원·지방의회의원·지방자치단체의 장·정당의 대표자·후보자(후보자가 되고자 하는 자를 포함한다)와 그 배우자는 당해 선거구안에 있는 자나 기관·단체·시설 또는 당해 선거구의 밖에 있더라도 그 선거구민과 연고가 있는 자나 기관·단체·시설에 기부행위(결혼식에서의 주례행위를 포함한다)를 할 수 없다.

제257조(기부행위의 금지제한 등 위반죄) ① 다음 각호의 1에 해당하는 자는 5년 이하의 징역 또는 1천만원 이하의 벌금에 처한다.

1. 제113조(후보자 등의 기부행위제한)·제114조(정당 및 후보자의 가족 등의 기부행위제한)제1항 또는 제115조(제삼자의 기부행위제한)의 규정에 위반한 자

## IV. 관련 판례

### 1. 원심 (광주고등법원 2019. 1. 31. 선고 2018노411 판결)

가. 피고인 1이 피고인 2에게 합계 5,000만 원을 제공한 행위는 공직선거법 제112조 제1항에서 정한 '당해 선거구 안에 있는 자나 당해 선거구의 밖에 있더라도 그 선거구민과 연고가 있는 자에 대하여 금전을 제공한 행위'로서 기부행위에 해당하고, 공소외 주식회사를 공동으로 설립하기 위한 출연행위에 불과하다고 볼 수 없다. 따라서 피고인 1이 피고인 2에게 합계 5,000만 원을 제공한 것이 공직선거법 제113조 제1항에서 제한하고 있는 '기부행위'라고 인정한 제1심의 판단은 정당하다.

나. 피고인 1이 지방의회의원으로서 공직선거법 제113조에서 금지하는 기부행위를 한 것에 대하여 2018. 6. 13. 제7회 전국동시지방선거 투표일을 기준으로 공소시효 완성 여부를 판단하여야 한다. 따라서 제1심이 2018. 6. 13. 제7회 전국동시지방선거 투표일을 기준으로 공소시효를 판단한 것은 정당하다.

### 2. 대법원 (대법원 2019. 5. 30. 선고 2019도2767 판결)

가. 공직선거법 제113조 제1항은 '당해 선거구 안에 있는 자'와 '당해 선거구의 밖에 있더라도 그 선거구민과 연고가 있는 자'에 대한 기부행위를 금지하고 있다. 여기서 '선거구민과 연고가 있는 자'란 당해 선거구민의 가족·친지·친구·직장동료·상하급자나 향우회·동창회·친목회 등 일정한 혈연적·인간적 관계를 가지고 있어 그 선거구민의 의사결정에 직접적 또는 간접적으로 어떠한 영향을 미칠 수 있는 가능성이 있는 사람을 말하며 그 연고를 맺게 된 사유는 불문한다(대법원 2006. 12. 21. 선고 2006도7087 판결 등 참조).

나. 그리고 공직선거법 제268조 제1항 본문은 "이 법에 규정한 죄의 공소시효는 당해 선거일 후 6개월(선거일 후에 행하여진 범죄는 그 행위가 있는 날부터 6개월)을 경과함으로써 완성한다."라고 규정하고 있다. 여기서 말하는 "당해 선거일"이란 그 선거범죄와 직접 관련된 선거의 투표일을 의미하는 것이므로, 그 선거범죄를 당해 선거일 전에 행하여진 것으로 보고 그에 대한 단기 공소시효의 기산일을 당해 선거일로 할 것인지 아니면 그 선거범죄를 당해 선거일 후에 행하여진 것으로 보고 그에 대한 단기 공소시효의 기산일을 행위가 있는 날로 할 것인지 여부는 그 선거범죄가 범행 전후의

어느 선거와 관련하여 행하여진 것인지에 따라 좌우된다(대법원 2006. 8. 25. 선고 2006도 3026 판결 등 참조).

## V. 결 론

2014. 6. 4. 실시된 제6회 전국동시지방선거에서 선출된 지방의회 의원인 피고인 A가 2015. 11. 30. 피고인 B에게 3,000만 원, 2015. 12. 31. 2,000만 원 합계 5,000만 원을 제공한 행위가 공직선거법 제113조 제1항에서 금지하는 기부행위에 해당하고, 그 공소시효 완성 여부는 그 이후인 2018. 6. 13. 실시된 제7회 전국동시지방선거를 기준으로 판단해야 한다고 본 원심판결을 수긍한 사안임

# 제3장

# 농림/축산/수산 등

## 제1절 도매시장법인의 '도매시장 외의 장소에서의 농수산물 판매업무'의 의미

### I. 사례요지

피고인 4 주식회사는 수산물의 도매 및 위탁 판매업 등을 목적으로 설립된 도매시장법인이고, 같은 3은 위 회사의 대표이사이고, 같은 1은 위 회사의 이사 겸 수산부류경매사인바, 1. 피고인 3, 같은 1은, 도매시장법인은 도매시장 외의 장소에서 농수산물의 판매업무를 하여서는 아니 됨에도, 공소외 1로부터 정부비축 수산물을 공급해 달라는 부탁을 받고 위 시장 소속 중도매인들의 명의를 빌어 마치 위 중도매인들이 정부비축 수산물을 낙찰받은 것처럼 가장한 후, 이를 위 공소외 1에게 직접 판매하는 방법으로 도매시장 외의 장소에서 수산물을 판매하기로 마음먹고 공모하여, (이름 생략)빌딩 3층 304의 4호에 있는 위 공소외 1 운영의 상사에서, (지명 생략)수산시장 중도매인인 피고인 10의 명의로 가장 낙찰받은 동태 1,600짝 낙찰가 ○○원 상당을 위 공소외 1에게 판매함으로써 도매시장법인의 영업제한을 위반하였다.

### II. 논 점

농수산물유통 및 가격안정에 관한 법률상 처벌대상 행위인 도매시장법인의 '도매시장 외의 장소에서의 농수산물 판매업무'의 의미

### III. 법규연구 (농수산물 유통 및 가격안정에 관한 법률)

제32조(매매방법) 도매시장법인은 도매시장에서 농수산물을 경매·입찰·정가매매 또는 수의매매(隨意賣買)의 방법으로 매매하여야 한다. 다만, 출하자가 매매방법을 지정하여 요청하는 경우 등 농림축산식품부령 또는 해양수산부령으로 매매방법을 정한 경우에는 그에 따라 매매할 수 있다.

제35조(도매시장법인의 영업제한) ① 도매시장법인은 도매시장 외의 장소에서 농수산물의 판매업무를 하지 못한다.

제86조(벌칙) 다음 각 호의 어느 하나에 해당하는 자는 2년 이하의 징역 또는 2천만원 이하의 벌금에 처한다.

5. 제35조제1항을 위반하여 도매시장 외의 장소에서 농수산물의 판매업무를 하거나 같은 조 제4항을 위반하여 농수산물 판매업무 외의 사업을 경영한 자

## IV. 관련 판례

### 1. 원심 (청주지법 2007. 3. 21. 선고 2006노353, 785 판결)

이 사건 수산물인 동태가 도매시장에 반입되었다가 그 판시와 같이 도매시장 내 중도매인들 명의의 매매 및 입금 등 절차를 거친 다음 실질적 매수자이자 매수대금 출연자인 공소외 1 운영의 ○○상사로 운반이 이루어진 사실이 인정될 뿐, 공소사실 기재와 같이 위 동태의 판매행위가 이 사건 도매시장 외의 장소인 위 ○○상사에서 이루어졌다고 인정할 증거가 부족하므로 이 사건 처벌규정을 위반한 것으로 볼 수 없다는 이유를 들어, 그와 달리 이 사건 공소사실에 관하여 유죄를 인정한 <u>제1심판결을 파기하고 무죄를 선고하였다.</u>

### 2. 대법원 (대법원 2010. 5. 13., 선고, 2007도2666, 판결)

구 농수산물유통 및 가격안정에 관한 법률(2004. 12. 31. 법률 제7275호로 개정되기 전의 것, 이하 '농안법' 이라고 한다) 제35조 제1항은 '도매시장법인은 도매시장 외의 장소에서 농수산물의 판매업무를 하지 못한다' 고 규정하고 있고 그 제86조 제5호는 그 위반행위를 처벌하고 있는바(이하, 농안법 제35조 제1항과 제86조 제5호를 합쳐 '이 사건 처벌규정' 이라 한다), 위 처벌의 대상이 되는 <u>도매시장 외의 장소에서의 농수산물 판매업무</u>'라 함은, '농수산물의 원활한 유통과 적정한 가격을 유지함으로써 생산자와 소비자의 이익을 보호하고 국민생활의 안정에 이바지' 한다고 하는 농안법의 목적(제1조)과 이를 달성하기 위해 그 유통과 가격형성 과정에서의 왜곡을 방지하고자 하는 이 사건 처벌규정의 취지 및 그 영업제한의 기준이 '장소' 임을 특별히 명시하고 있는 위 문언의 표시 등에 비추어 '도매시장에 반입·상장하지 않고 행해지는 농수산물 판매행위'</u> 를 의미한다고 보아야 할 것이다.

## V. 결 론

이와 달리 도매시장에 반입·상장되어 행해지는 판매행위 중 '경매 또는 입찰' 등 농안법 제32조 소정의 방법에 의하지 아니한 판매행위까지 명문의 근거도 없이 위 규정에 의한 처벌의 대상이 된다고 확장해석할 수는 없다. 따라서 원심의 이러한 판단은 그 이유 설시에 다소 미흡한 점은 있으나 그 결론에 있어서는 정당하다.

# 제2절 농산물 가공품의 경우 원재료의 원산지가 모두 국내산이면 원산지를 국산으로 표시할 수 있는지

## Ⅰ. 사례요지

피고인들이 ○○산 수삼과 국내 기타 지역산 수삼으로 만든 홍삼을 주원료로 '봉밀○○홍삼절편' 제품을 제조하고 포장박스 앞면에 제품명은 '봉밀○○홍삼절편', 판매자는 '○○인삼농협', 박스 오른쪽 상단에는 '대한민국 특산품'이라고 기재하고, 인터넷 광고 등을 통하여 '○○는 사면이 바다로 둘러싸여 있어 해양성 기후로 ~중략~ 홍삼제조 시 최상급인 천지상 비율이 높게 나타나므로 홍삼원료를 생산하는 6년근 인삼의 본고장으로 명성이 나게 된 것임' 등으로 광고를 하여 위 제품이 마치 △△○○군에서 수확한 ○○ 인삼을 사용하여 만든 지역 특산품인 것처럼 표시, 광고하면서 이를 인터넷 등을 통하여 판매함으로써 원산지를 혼동하게 할 우려가 있는 표시를 하는 행위를 하였다.

## Ⅱ. 논 점

1. 홍삼과 같은 농산물 가공품의 경우, 원재료인 수삼의 원산지가 모두 국내산이면 원산지를 '국산'으로 표시할 수 있는지(적극) 및 그러한 홍삼을 원재료로 하는 홍삼절편의 경우도 마찬가지인지 여부(적극)

2. 국내 특정 지역의 수삼과 다른 지역의 수삼으로 만든 홍삼을 주원료로 하여 특정 지역에서 제조한 홍삼절편의 제품명이나 제조ㆍ판매자명에 특정 지역의 명칭을 사용한 경우, 이를 곧바로 '원산지를 혼동하게 할 우려가 있는 표시를 하는 행위'로 볼 수 있는지(소극)

## Ⅲ. 법규연구 (농수산물의 원산지 표시 등에 관한 법률)

제6조(거짓 표시 등의 금지) ① 누구든지 다음 각 호의 행위를 하여서는 아니 된다.
　1. 원산지 표시를 거짓으로 하거나 이를 혼동하게 할 우려가 있는 표시를 하는 행위
③ 제1항이나 제2항을 위반하여 원산지를 혼동하게 할 우려가 있는 표시 및 위장판매의 범위 등 필요한 사항은 농림축산식품부와 해양수산부의 공동 부령으로 정한다.
제14조(벌칙) ① 제6조제1항 또는 제2항을 위반한 자는 7년 이하의 징역이나 1억원 이하의 벌금에 처하거나 이를 병과(倂科)할 수 있다.

## IV. 관련 판례

### 1. 원심 (서울북부지법 2014. 10. 8. 선고 2014노763 판결)

판시와 같은 이유만을 들어 이 사건 공소사실이 유죄로 인정된다고 판단하였다.

### 2. 대법원 (대법원 2015. 4. 9., 선고, 2014도14191, 판결)

가. 농수산물의 원산지 표시에 관한 법률(이하 '원산지표시법'이라 한다) 제14조, 제6조 제1항 제1호는 원산지 표시를 거짓으로 하거나 이를 혼동하게 할 우려가 있는 표시를 하는 행위를 처벌하도록 하고 있다. 그리고 원산지표시법 제6조 제3항에 의하면, 제1항을 위반하여 원산지를 혼동하게 할 우려가 있는 표시 등에 필요한 사항은 농림축산식품부와 해양수산부 공동 부령으로 정하도록 규정하고 있다. 이에 따라 농수산물의 원산지 표시에 관한 법률 시행규칙 제4조 [별표 5]에서는 원산지를 혼동하게 할 우려가 있는 표시를 '원산지 표시란에는 원산지를 바르게 표시하였으나 포장재·푯말·홍보물 등 다른 곳에 이와 유사한 표시를 하여 원산지를 오인하게 하는 표시 등을 말한다'고 규정하면서 원산지 표시란에는 '국내산'으로 표시하고 포장재 앞면 등 소비자가 잘 보이는 위치에는 큰 글씨로 '경기특미' 등과 같이 국내 유명 특산물 생산지역명을 표시한 경우를 그 예의 하나로 규정하고 있다.

다만 위 시행규칙에서 농산물 가공품의 경우 어느 범위에서 지역 명칭을 사용할 수 있는지에 대하여는 명확히 정하고 있지 않고, 이와 관련하여 국립농산물품질관리원에서 발간한 '원산지 표시제 주요 문답 자료'에서는 "국내가공품에 지역명칭을 제품명으로 사용할 경우에는 그 지역에서 생산되는 농산물을 사용하여야 합니다. 예를 들어, 이천 쌀과 같이 지역명과 농산물명을 함께 사용하는 경우에는 이천 지역에서 생산된 쌀을 사용하여야 합니다. 다만 강릉한과처럼 농산물 가공품을 그 지역에서 제조·가공하였다면 지역명을 사용하는 것은 가능합니다."라고 설명하고 있다.

한편 인삼산업법 제15조 제1항 및 같은 법 시행령 제3조의2는 홍삼 등 인삼류를 제조하는 자로 하여금 해당 연근 및 원산지를 표시하도록 하고 있고 그 표시방법 등에 관하여는 농수산물의 원산지 표시에 관한 법률 시행령(이하 '원산지표시법 시행령'이라 한다) 제5조를 준용하도록 하고 있다. 그런데 원산지표시법 시행령 제5조 제1항 [별표 1]에서는 농수산물 가공품의 경우에는 "사용된 원료(물, 식품첨가물 및 당류는 제외한다)의 원산지가 모두 국산일 경우에는 원산지를 일괄하여 '국산'이나 '국내산' 또는 '연근해산'으로 표시할 수 있다"고 규정하고 있다.

또한, 농수산물 품질관리법 제2조 제1항 제8호는 " '<u>지리적표시</u>' 란 농수산물 또는 <u>농수산가공품의 명성·품질, 그 밖의 특징이 본질적으로 특정 지역의 지리적 특성에 기인하는 경우 해당 농수산물 또는 농수산가공품이 그 특정 지역에서 생산·제조 및 가공되었음을 나타내는 표시를 말한다</u>" 라고 규정하고, 같은 법 제32조 제1항은 "농림축산식품부장관 또는 해양수산부장관은 지리적 특성을 가진 농수산물 또는 농수산가공품의 품질 향상과 지역특화산업 육성 및 소비자 보호를 위하여 지리적 표시의 등록 제도를 실시한다" 고 규정하고 있다. 그런데 같은 법 시행령 제12조는 그 본문에서 "법 제32조 제1항에 따른 지리적 표시의 등록을 위한 지리적 표시 대상지역은 자연환경적 및 인적 요인을 고려하여 다음 각 호의 어느 하나에 따라 구획하여야 한다" 고 규정한 다음, 그 단서에서 "<u>인삼산업법에 따른 인삼류의 경우에는 전국을 단위로 하나의 대상지역으로 한다</u>" 라고 규정함으로써 인삼류의 경우에는 국내 특정 지역에 대하여 지리적 표시의 등록을 아예 못하도록 하고 있다.

나. 위와 같은 관계 법령의 내용을 종합하여 보면, 우선 <u>홍삼과 같은 농산물 가공품의 경우 그 원재료인 수삼의 원산지가 모두 국내산이라면 그 원산지를 '국산' 이라고 표시할 수 있고, 그러한 홍삼을 원재료로 하는 홍삼절편의 경우도 마찬가지라고 할 것이다.</u> 또한, 홍삼절편과 같은 농산물 가공품의 경우에는 특별한 사정이 없는 한 그 제조·가공한 지역의 명칭을 제품명에 사용하는 것도 법령상 허용되고 있다고 보인다. 여기에다 위와 같이 인삼류는 농산물 품질관리법에서 그 명성·품질 등이 본질적으로 국내 특정 지역의 지리적 특성에 기인하는 농산물로는 취급되지 않고 있다는 점과 형벌법규는 그 문언에 따라 엄격하게 해석·적용하여야 하고 피고인에게 불리한 방향으로 확장해석하거나 유추해석하여서는 아니 된다는 점까지 더하여 본다면, 국내 특정 지역의 수삼과 다른 지역의 수삼으로 만든 홍삼을 주원료로 하여 그 특정 지역에서 제조한 홍삼절편의 제품명이나 제조·판매자명에 그 특정 지역의 명칭을 사용하였다고 하더라도 이를 곧바로 '원산지를 혼동하게 할 우려가 있는 표시를 하는 행위' 라고 보기는 어렵다고 할 것이다.

## V. 결 론

우선 피고인들이 이 사건 제품의 주원료인 홍삼의 원산지를 '국산' 이라고 적법하게 표시한 이상, 제품명과 판매자명에 'ㅇㅇ' 라는 명칭을 사용하였다고 하여 이를 '원산지를 혼동하게 할 우려가 있는 표시를 하는 행위' 라고 하기는 어렵다고 할 것이다. 또한, 피고인들이 인터넷 쇼핑몰에서 이 사건 제품을 판매하면서 ○○지역 홍삼의 우수성을 알리는 광고를 하였다고 하더라도, <u>이 사건 제품의 원재료에 실제로 ○○지역 수삼이 포함되어 있을 뿐만 아니라 위 광고 문구는 위 홍삼을 가공·판매하는 피고인 ○○인삼협동조합이 자신의 지역 기반인 ○○지역 홍삼의 일반적인 특징을 홍보하는 내용으로도 볼 수 있으므로 그러한 사정이 더해진다고 하여 달리 볼 것도 아니라고 할 것이다.</u>

# 제3절 국내에서 출생한 소가 출생지 외의 지역에서 사육되다 도축된 경우 원산지 표시방법

## I. 사례요지

피고인들이 강원도 횡성군 지역이 아닌 다른 지역에서 생산된 소를 구매하여 도축한 후 '횡성한우'로 표시하여 판매함으로써 원산지 표시 규정을 위반하였다.

## II. 논 점

1. 국내에서 출생한 소가 출생지 외의 지역에서 사육되다가 도축된 경우, 해당 쇠고기에 사육지 또는 도축지를 원산지로 표시하여 판매하는 행위가 원산지 표시 규정에 위배되는지 판단하는 방법

2. 출생지 등에서 이동된 농산물의 원산지 판정기준에 관한 별도 규정이 없는 상황에서 국내산 소 도축을 위하여 출생지나 사육지로부터 특정 지역으로 이동시켰으나 이동 당일 도축하지 않고 일정 기간 특정 지역에서 사료 등을 먹이다가 도축한 경우, 이를 단순한 도축 준비행위로 볼 것인지 또는 사육으로 볼 것인지 판단하는 기준

## III. 법규연구 (농수산물의 원산지 표시 등에 관한 법률)

제5조(원산지 표시) ① 대통령령으로 정하는 농수산물 또는 그 가공품을 수입하는 자, 생산·가공하여 출하하거나 판매(통신판매를 포함한다. 이하 같다)하는 자 또는 판매할 목적으로 보관·진열하는 자는 다음 각 호에 대하여 원산지를 표시하여야 한다.
  1. 농수산물
  2. 농수산물 가공품(국내에서 가공한 가공품은 제외한다)
  3. 농수산물 가공품(국내에서 가공한 가공품에 한정한다)의 원료
제6조(거짓 표시 등의 금지) ① 누구든지 다음 각 호의 행위를 하여서는 아니 된다.
  1. 원산지 표시를 거짓으로 하거나 이를 혼동하게 할 우려가 있는 표시를 하는 행위
  3. 원산지를 위장하여 판매하거나, 원산지 표시를 한 농수산물이나 그 가공품에 다른 농수산물이나 가공품을 혼합하여 판매하거나 판매할 목적으로 보관이나 진열하는 행위
제14조(벌칙) ① 제6조제1항 또는 제2항을 위반한 자는 7년 이하의 징역이나 1억원 이하의 벌금에 처하거나 이를 병과(倂科)할 수 있다.

## IV. 관련 판례

### 1. 원심 (춘천지법 2012. 2. 22. 선고 2011노227 판결)

국내산 소의 유통과정과 법의 취지와 조리 등에 비추어 특정 지역에서 최소한 2개월 이상 머문 경우에 한하여 당해 지역을 소의 사육지로 보아 원산지로 표시할 수 있다는 기준을 설정하여 피고인 11 농업협동조합의 임직원인 피고인 1, 2, 9가 강원도 횡성군 지역이 아닌 다른 지역에서 출생·사육·출하된 소를 한우중개상을 통하여 구입하여 횡성군 지역으로 이동시킨 뒤 그때부터 당해 소를 도축할 때까지의 기간이 2개월 미만인 경우에는 단순한 보관행위를 한 것으로 보고 그러한 소를 도축한 쇠고기에 대해서는 강원도 횡성군을 원산지로 표시해서는 안 된다고 전제한 다음, 위 피고인들이 횡성군 지역으로 이동 후 도축 시까지의 기간이 2개월 미만의 소를 도축한 쇠고기를 '횡성한우'로 표시하여 판매한 행위는 법이 정한 원산지 표시 규정에 위배된다고 판단하였다.

### 2. 대법원 (대법원 2012. 10. 25., 선고, 2012도3575, 판결)

가. 구 농산물품질관리법(2009. 5. 8. 법률 제9667호로 개정되기 전의 것, 이하 '법'이라 한다) 제2조 제1호, 제6호, 제15조 제1항, 제3항, 제17조 제1항 제1호, 제3호, 제34조의2, 제37조, 구 농산물품질관리법 시행령(2009. 11. 2. 대통령령 제21805호로 개정되기 전의 것, 이하 '시행령'이라 한다) 제24조 제1항 제1호, 제25조 제1항 제1호의 내용과 체제에다가 농산물의 적정한 품질관리를 통하여 농산물의 상품성을 높이고 공정한 거래를 유도함으로써 농업인의 소득증대와 소비자보호에 이바지한다는 법의 입법 목적을 종합적으로 고려하면, 국내산 쇠고기에 특정 시·도명이나 시·군·구명을 원산지로 표시하여 판매할 때 해당 소가 출생·사육·도축된 지역과 전혀 무관한 지역을 원산지로 표시하거나 출생·사육은 타 지역에서 이루어진 후 오로지 도축만을 위하여 도축지로 이동된 후 곧바로 도축되었을 뿐인데도 도축지를 원산지로 표시하였다면, 이는 법 제34조의2, 제17조 제1항 제1호 및 제3호에 규정된 '원산지 표시를 허위로 하거나 이를 혼동하게 할 우려가 있는 표시를 하는 행위 및 원산지를 위장하여 판매하는 행위'에 해당된다고 해석하여야 한다. 한편 형벌법규는 문언에 따라 엄격하게 해석·적용하여야 하고 피고인에게 불리한 방향으로 지나치게 확장해석하거나 유추해석하여서는 안 되는 것이 원칙이므로, 국내에서 출생한 소가 출생지 외의 지역에서 사육되다가 도축된 경우 해당 소가 어느 정도의 기간 동안 사육되면 비로소 사육지 등

을 원산지로 표시할 수 있는지에 관하여 관계 법령에 아무런 규정이 없다면 특정 지역에서 단기간이라도 일정 기간 사육된 소의 경우 쇠고기에 해당 시·도명이나 시·군·구명을 원산지로 표시하여 판매하였다고 하더라도 이를 곧바로 위와 같은 원산지 표시 규정 위반행위에 해당한다고 단정할 수는 없다.

나. 범행 당시 원산지 표시 관계 법령에서 별도의 규정을 두고 있지 않았던 이상 국내산 소 도축을 위하여 출생지나 사육지로부터 특정 지역으로 이동시켰으나 이동과정에서 감소된 체중 회복이나 도축시기 조정 등의 이유로 이동 당일 도축하지 않고 일정 기간 동안 그 특정 지역에서 사료 등을 먹이다가 도축한 경우, 이를 단순한 도축의 준비행위에 불과하다고 볼 것인지 아니면 사육으로 볼 것인지에 관하여는 해당 소의 종류와 연령, 건강상태, 이동 후 도축 시까지 기간, 이동 후 해당 소에게 사료를 먹이며 머물게 한 장소의 형태와 제공된 사료의 종류와 제공방법, 체중의 변동 여부 등을 종합적으로 고려하여 개별 사안에 따라 합리적으로 판단할 수밖에 없고, 이와 달리 이동후 도축 시까지의 기간을 임의로 설정하여 일률적으로 원산지 표시 규정 위반 여부를 판단할 수는 없다.

다. 피고인들이 강원도 횡성군 지역이 아닌 다른 지역에서 생산된 소를 구매하여 도축한 후 '횡성한우'로 표시하여 판매함으로써 구 농산물품질관리법(2009. 5. 8. 법률 제9667호로 개정되기 전의 것, 이하 '법'이라 한다)상 원산지 표시 규정을 위반하였다는 내용으로 기소된 사안에서, 횡성군 아닌 다른 지역에서 출생·사육된 소를 횡성군 인근의 도축업체로 이동시켜 이동 당일 그곳에서 도축하였을 뿐인데도 '횡성한우'로 표시하여 판매한 행위는 명백히 원산지 표시 규정 위반행위에 해당하나, 이와 달리 일단 도축을 위해 횡성군 지역으로 이동시켰으나 이동 당일 도축하지 않은 채 횡성군 지역 내 축산농가에서 1, 2개월 이상 사료를 먹이며 머물게 하다가 도축한 경우에는 이동 후 도축 시까지의 기간, 이동 후 해당 소에게 사료를 먹이며 머물게 한 장소의 형태와 제공된 사료의 종류와 제공방법, 체중의 변동 여부 등 구체적 사정에 대한 충분한 심리를 거쳐 그것이 단순히 도축을 위한 준비행위에 불과한지 아니면 특정 지역 사육에 해당하는지를 판단하여야 하는데도, 이에 이르지 아니한 채 횡성군 지역에서 출생·사육되지 아니한 소를 횡성군 지역으로 이동시킨 후 도축 시까지의 기간이 2개월 미만인 경우는 모두 일률적으로 도축의 준비행위 또는 단순한 보관행위에 불과하다고 보아 유죄를 인정한 원심판결에 법 제34조의2, 제17조 제1항, 제15조 제1항 및

제3항, 제2조 제6호에 대한 해석과 법률적용을 그르쳐 필요한 심리를 다하지 아니한 잘못이 있다.

## V. 결 론

원심이 유죄로 인정한 범죄사실 중에는 이와 같이 횡성군 지역에서 출생 또는 사육된 바 없는 소를 '횡성한우'로 표시하여 판매한 부분 이외에도, 일단 도축을 위해 횡성군 지역으로 이동시켰으나 그 이동 당일 도축하지 않은 채 횡성군 지역 내 축산농가에서 1, 2개월 이상 사료를 먹으며 머물다가 도축된 경우도 상당수 포함되어 있음이 분명하다. 이러한 경우 원심으로서는 앞서 본 법리에 따라 이동 후 도축 시까지의 기간, 이동 후 해당 소에게 사료를 먹으며 머물게 한 장소의 형태와 제공된 사료의 종류와 제공방법, 체중의 변동 여부 등 구체적 사정에 대한 충분한 심리를 거쳐 그것이 단순히 도축을 위한 준비행위에 불과한지 아니면 그 특정 지역에서의 사육에 해당하는지를 판단하였어야 함에도 불구하고, 이에 이르지 아니한 채 횡성군 지역에서 출생·사육되지 아니한 소를 횡성군 지역으로 이동시킨 후 도축 시까지의 기간이 2개월 미만인 경우는 모두 일률적으로 도축의 준비행위 또는 단순한 보관행위에 불과하다고 판단하여 이 부분 범죄사실까지도 유죄로 판단하고 말았으니, 이러한 원심의 판단에는 법 제34조의2, 제17조 제1항, 제15조 제1항 및 제3항, 제2조 제6호에 대한 해석과 법률적용을 그르쳐 필요한 심리를 다하지 아니한 잘못이 있다고 할 것이다(원심은 또한, 당해 소의 사육지로 볼 수 있는 최소한의 체류기간이 2개월이라는 기준을 설정한 다음, 다른 지역에서 횡성군 지역으로 이동된 후 2개월 이내에 도축된 소의 수를 산정하면서, 예컨대 횡성군 지역으로 소를 이동시킨 후 3개월 내지 4개월 내에 도축한 소의 수량이 430마리 정도 된다는 한우중개업자의 진술이 있는 경우 그 체류기간에 따라 도축 수량을 비례적으로 안분하는 방법을 적용함으로써 위 430마리 중 절반인 215마리가량이 2개월 내에 도축되었다고 인정하였으나, 이러한 사실인정 방식은 당해 소를 전 기간에 걸쳐 균등하게 도축하였다는 사실을 전제로 한 경우에만 타당한 것이어서 피고인들의 실제 도축 수량에 비해 현저한 오차나 괴리가 발생할 가능성이 매우 크다고 할 것이므로, 비록 원심이 그 오차를 고려하고 10마리 미만을 버리는 방식으로 2개월 내 도축 수량을 산정하였다고 하더라도, 이러한 원심의 조치는 논리와 경험칙에 위배되고 자유심증주의의 한계를 벗어난 것이어서 허용될 수 없다는 점을 덧붙여 지적하여 둔다).

# 제4절 전기 쇠꼬챙이로 개를 감전시켜 도살한 경우

## Ⅰ. 사례요지

개 농장을 운영하는 피고인이 농장 도축시설에서 개를 묶은 상태에서 전기가 흐르는 쇠꼬챙이를 개의 주둥이에 대어 감전시키는 방법으로 잔인하게 도살하였다.

## Ⅱ. 논 점

동물에 대한 도살방법이 구 동물보호법 제8조 제1항 제1호에서 금지하는 '잔인한 방법'인지 판단하는 기준 및 이때 고려하여야 할 사항

## Ⅲ. 법규연구 (동물보호법)

제10조(동물학대 등의 금지) ① 누구든지 동물을 죽이거나 죽음에 이르게 하는 다음 각 호의 행위를 하여서는 아니 된다.
  1. 목을 매다는 등의 잔인한 방법으로 죽음에 이르게 하는 행위
  2. 노상 등 공개된 장소에서 죽이거나 같은 종류의 다른 동물이 보는 앞에서 죽음에 이르게 하는 행위
  3. 동물의 습성 및 생태환경 등 부득이한 사유가 없음에도 불구하고 해당 동물을 다른 동물의 먹이로 사용하는 행위
  4. 그 밖에 사람의 생명·신체에 대한 직접적인 위협이나 재산상의 피해 방지 등 농림축산식품부령으로 정하는 정당한 사유 없이 동물을 죽음에 이르게 하는 행위
② 누구든지 동물에 대하여 다음 각 호의 행위를 하여서는 아니 된다.
  1. 도구·약물 등 물리적·화학적 방법을 사용하여 상해를 입히는 행위. 다만, 해당 동물의 질병 예방이나 치료 등 농림축산식품부령으로 정하는 경우는 제외한다.
  2. 살아있는 상태에서 동물의 몸을 손상하거나 체액을 채취하거나 체액을 채취하기 위한 장치를 설치하는 행위. 다만, 해당 동물의 질병 예방 및 동물실험 등 농림축산식품부령으로 정하는 경우는 제외한다.
  3. 도박·광고·오락·유흥 등의 목적으로 동물에게 상해를 입히는 행위. 다만, 민속경기 등 농림축산식품부령으로 정하는 경우는 제외한다.
  4. 동물의 몸에 고통을 주거나 상해를 입히는 다음 각 목에 해당하는 행위
    가. 사람의 생명·신체에 대한 직접적 위협이나 재산상의 피해를 방지하기 위하여 다른 방법이 있음에도 불구하고 동물에게 고통을 주거나 상해를 입히는 행위
    나. 동물의 습성 또는 사육환경 등의 부득이한 사유가 없음에도 불구하고 동물을 혹서·혹한 등의 환경에 방치하여 고통을 주거나 상해를 입히는 행위

다. 갈증이나 굶주림의 해소 또는 질병의 예방이나 치료 등의 목적 없이 동물에게 물이나 음식을 강제로 먹여 고통을 주거나 상해를 입히는 행위

라. 동물의 사육·훈련 등을 위하여 필요한 방식이 아님에도 불구하고 다른 동물과 싸우게 하거나 도구를 사용하는 등 잔인한 방식으로 고통을 주거나 상해를 입히는 행위

제97조(벌칙) ① 다음 각 호의 어느 하나에 해당하는 자는 3년 이하의 징역 또는 3천만원 이하의 벌금에 처한다.

1. 제10조제1항 각 호의 어느 하나를 위반한 자

② 다음 각 호의 어느 하나에 해당하는 자는 2년 이하의 징역 또는 2천만원 이하의 벌금에 처한다.

1. 제10조제2항 또는 같은 조 제3항제1호·제3호·제4호의 어느 하나를 위반한 자

## IV. 관련 판례

### 1. 원심 (서울고법 2017. 9. 28. 선고 2017노2030 판결)

이 사건 조항에서 금지하는 잔인한 방법이란 적어도 목을 매달아 동물을 죽일 경우 그 과정에서 동물이 겪게 되는 고통이나 공포, 스트레스와 유사하거나 더 많은 고통 등을 느낄 것이 분명하다고 인정되는 방법으로 엄격히 한정하여 해석해야 한다고 판단 하였다. 나아가 관련 업계에서 일반적으로 받아들이거나 그 업계 종사자가 쉽게 알 수 있는 잔인하지 않은 도축방법이 없다면, 관련 법령에서 정한 동물의 도살방법이나 그 와 유사한 방법을 사용한 경우, 그 동물이 관련 법령에서 정한 방법과 절차에 의한 것 보다 훨씬 더 큰 고통 등을 느낄 것이 명백하여 목을 매달아 죽일 때 겪는 고통 등의 정도에 이른다는 특별한 사정이 없는 한, 이를 잔인한 방법에 해당한다고 단정할 수 없다고 보았다. 그에 따라 원심은 검사가 제출한 증거만으로는 피고인이 개를 묶은 상 태에서 전기가 흐르는 쇠꼬챙이를 개의 주둥이에 대어 감전시키는 방법으로 죽인 것이 이 사건 조항의 잔인한 방법으로 죽였다고 단정하기 어렵고, 달리 이를 인정할 증거도 없다고 판단하여 이 사건 공소사실에 대하여 무죄를 선고한 제1심판결을 그대로 유지 하였다.

### 2. 대법원 (대법원 2018. 9. 13., 선고, 2017도16732, 판결)

가. 구 동물보호법(2017. 3. 21. 법률 제14651호로 개정되기 전의 것, 이하 '구 동 물보호법'이라고 한다) 제8조 제1항은 "누구든지 동물에 대하여 다음 각호의 행위를 하여서는 아니 된다."라고 규정하면서 그 제1호에서 "목을 매다는 등의 잔인한 방법 으로 죽이는 행위"를 들고 있고, 구 동물보호법 제46조 제1항은 같은 법 제8조 제1항

제1호를 위반한 사람을 처벌하도록 규정하고 있다. '잔인'은 사전적 의미로 '인정이 없고 아주 모짊'을 뜻하는데, 잔인성에 관한 논의는 시대와 사회에 따라 변동하는 상대적, 유동적인 것이고, 사상, 종교, 풍속과도 깊이 연관된다. 따라서 형사처벌의 구성요건인 구 동물보호법 제8조 제1항 제1호에서 금지하는 잔인한 방법인지 여부는 특정인이나 집단의 주관적 입장에서가 아니라 사회 평균인의 입장에서 그 시대의 사회통념에 따라 객관적이고 규범적으로 판단하여야 한다.

나. 그리고 아래에서 살필, 구 동물보호법의 입법목적, 같은 법 제8조 제1항 제1호의 문언 의미와 입법취지, 동물의 도살방법에 관한 여러 관련 규정들의 내용 등에 비추어 보면, 이러한 잔인한 방법인지 여부를 판단할 때에는 해당 도살방법의 허용이 동물의 생명존중 등 국민 정서에 미치는 영향, 동물별 특성 및 그에 따라 해당 도살방법으로 인해 겪을 수 있는 고통의 정도와 지속시간, 대상 동물에 대한 그 시대, 사회의 인식 등을 종합적으로 고려하여야 한다.

① 구 동물보호법은 동물의 생명보호, 안전보장 및 복지증진을 꾀함과 아울러 동물의 생명존중 등 국민의 정서를 함양하는 데에 이바지함을 목적으로 하고(제1조), 그 적용 대상인 동물의 개념을 고통을 느낄 수 있는 신경체계가 발달한 척추동물로서 포유류 등으로 한정하며(제2조 제1호), 동물을 죽이거나 죽음에 이르게 하는 일정한 행위만을 금지하고 있다(제8조 제1항 각호).

위와 같은 구 동물보호법의 입법목적, 적용 대상인 동물, 구 동물보호법 제8조 제1항 각호의 문언 체계 등에 비추어 보면, 같은 항 제1호는 동물을 죽이는 방법이 잔인함으로 인해 도살과정에서 대상 동물에게 고통을 주고, 그 방법이 허용될 경우 동물의 생명존중 등 국민 정서 함양에도 악영향을 미칠 수 있다는 고려에서 이를 금지행위로 규정하였다고 봄이 타당하다. 따라서 <u>특정 도살방법이 동물에게 가하는 고통의 정도를 객관적으로 측정할 수 없다고 하더라도, 그 사용되는 도구, 행위 형태 및 그로 인한 사체의 외관 등을 전체적으로 볼 때 그 도살방법 자체가 사회통념상 객관적, 규범적으로 잔인하다고 평가될 수 있는 경우에는 같은 항 제1호에서 금지하는 잔인한 방법에 해당한다고 볼 수 있다.</u>

② 구 동물보호법 제10조는 동물의 도살방법이라는 제목 아래, 모든 동물은 잔인한 방법으로 도살되어서도, 도살과정에서 불필요한 고통이나 공포, 스트레스를 주어서도 안 되고(제1항), 축산물 위생관리법 또는 가축전염병 예방법에 따라 동물을 죽이는 경우 농림축산식품부령이 정하는 방법을 이용하여 고통을 최소화하여야 하며(제2항), 그

외에도 동물을 불가피하게 죽여야 하는 경우에는 고통을 최소화할 수 있는 방법에 따라야 한다(제3항)고 규정하고 있다. 그리고 축산물 위생관리법에 따른 도축에 대하여는 같은 법 시행규칙에서 가축별 도살방법을 규정하고 있고(제2조, [별표 제1호]), 위 가축 중 소, 돼지, 닭과 오리에 대하여는 구 동물보호법 제10조 제2항 및 같은 법 시행규칙 제6조 제2항에 따라 제정된 고시인 동물도축세부규정에서 가축별 특성에 맞추어 고통을 최소화하는 도축방법을 상세히 규정하고 있다.

위와 같은 동물의 도살방법에 관한 관련 규정들의 내용 등에 비추어 보면, 특정 도살방법이 구 동물보호법 제8조 제1항 제1호에서 금지하는 잔인한 방법인지 여부는 동물별 특성에 따라 해당 동물에게 주는 고통의 정도와 지속시간을 고려하여 판단되어야 한다. 동일한 도살방법이라도 도살과정에서 겪을 수 있는 고통의 정도 등은 동물별 특성에 따라 다를 수 있고, 동일한 물질, 도구 등을 이용하더라도 그 구체적인 이용방법, 행위 태양을 달리한다면 이와 마찬가지이다. 따라서 위와 같은 사정에 대한 고려 없이, 특정 도살방법이 관련 법령에서 일반적인 동물의 도살방법으로 규정되어 있다거나 도살에 이용한 물질, 도구 등이 관련 법령에서 정한 것과 동일 또는 유사하다는 것만으로는 이를 다른 동물에게도 그 특성에 적합한 도살방법이라고 볼 수 없다.

③ 특정 동물에 대한 그 시대, 사회의 인식은 해당 동물을 죽이거나 죽음에 이르게 하는 행위 자체 및 그 방법에 대한 평가에 영향을 주므로 구 동물보호법 제8조 제1항 제1호에서 금지되는 잔인한 방법인지 여부를 판단할 때에는 이를 고려하여야 한다. 위와 같은 인식은 사회 평균인의 입장에서 사회통념에 따라 객관적으로 평가되어야 한다.

## V. 결 론

원심판결에는 이 사건 조항의 잔인한 방법의 판단기준, 구 동물보호법 제46조 제1항의 구성요건 해당성에 관한 법리를 오해하여 필요한 심리를 다하지 아니함으로써 판결에 영향을 미친 잘못이 있다.

# 제5절 나무 주변의 흙을 파낸 후 이른바 분뜨기의 수목굴취 해당여부

## I. 사례요지

피고인 3은 피고인 1에게 관할관청의 굴취허가가 없는 임야에 있는 소나무를 매도하고, 피고인 1은 피고인 2에게 이를 다시 매도하여 이를 굴취해 가도록 공모하였다. 피고인 2는 관할관청의 허가를 받지 아니하고 위 임야에서 피고인 3, 1이 지켜보는 가운데 그곳에 있는 소나무 9그루를 굴취하였다.

## II. 논 점

임산물인 수목의 굴취에 의한 구 '산림자원의 조성 및 관리에 관한 법률' 제74조 제1항 제3호, 제36조 제1항 위반죄가 성립하기 위해서는 당해 수목이 사회통념상 토지로부터 분리된 상태에 이르러야 하는지 여부(적극)

## III. 법규연구 (산림자원의 조성 및 관리에 관한 법률)

제36조(입목별채등의 허가 및 신고 등) ① 산림(제19조에 따른 채종림등과 「산림보호법」 제7조에 따른 산림보호구역은 제외한다. 이하 이 조에서 같다) 안에서 입목의 벌채, 임산물(「산지관리법」 제2조제4호·제5호에 따른 석재 및 토사는 제외한다. 이하 이 조에서 같다)의 굴취·채취(이하 "입목벌채등"이라 한다. 이하 같다)를 하려는 자는 농림축산식품부령으로 정하는 바에 따라 특별자치시장·특별자치도지사·시장·군수·구청장이나 지방산림청장의 허가를 받아야 한다. 허가받은 사항 중 대통령령으로 정하는 중요 사항을 변경하려는 경우에도 또한 같다.

제74조(벌칙) ② 다음 각 호의 어느 하나에 해당하는 자는 3년 이하의 징역 또는 3천만원 이하의 벌금에 처한다.
  2. 제36조제1항을 위반하여 특별자치시장·특별자치도지사·시장·군수·구청장이나 지방산림청장의 허가 없이 또는 거짓이나 그 밖의 부정한 방법으로 허가를 받아 입목벌채 등을 한 자

## IV. 관련 판례

### 1. 원심 (창원지법 2010. 12. 23. 선고 2010노2532 판결)

피고인이 소나무 9그루 주변의 흙을 파낸 후 이른바 '분뜨기' 작업에 이른 행위가 수목의 굴취에 해당한다고 보아 관할관청의 허가 없이 수목을 굴취한 행위로 인한 「산

림자원의 조성 및 관리에 관한 법률」위반의 점을 <u>유죄로 인정하였다.</u>

## 2. 대법원 (대법원 2012. 5. 10., 선고, 2011도113, 판결)

구 「산림자원의 조성 및 관리에 관한 법률」(2009. 6. 9. 법률 제9763호로 개정되기 전의 것. 이하 '산림자원법'이라 한다) 제36조는 제1항에서 '산림 안에서 입목의 벌채, 임산물의 굴취·채취(이하 "입목벌채등"이라 한다)를 하려는 자는 농림수산식품부령으로 정하는 바에 따라 시장·군수·구청장이나 지방산림청장의 허가를 받아야 한다'고 규정하고 있고, 제6항에서 '제1항에 따라 입목벌채등의 허가를 받은 경우에는 입목벌채등에 필요한 운재로 및 작업로 설치에 관하여 산지관리법 제15조에 따른 산지전용신고를 한 것으로 본다'고 규정하고 있으며, 구 산지관리법(2010. 5. 31. 법률 제10331호로 개정되기 전의 것) 제15조는 제1항 제1호에서 '임도의 용도로 산지전용을 하고자 하는 자는 대통령령이 정하는 바에 따라 산림청장에게 신고하여야 한다'고 규정하고 있다.

산림자원법 제36조 제1항은 앞서 본 바와 같이 산림 안에서 입목의 벌채, 임산물의 굴취·채취(이하 '입목벌채등'이라 한다)를 하려는 자는 관할관청의 허가를 받아야 한다고 규정하고 있고, 제74조 제1항 제3호는 제36조 제1항을 위반하여 관할관청의 허가 없이 '입목벌채등'을 한 자를 형사처벌하도록 규정하고 있다. 그런데 <u>여기서 임산물인 수목의 굴취에 의한 산림자원법 제74조 제1항 제3호 위반죄가 성립하기 위해서는 당해 수목이 사회통념상 토지로부터 분리된 상태에 이르러야 한다.</u>

기록에 의하면 피고인이 '분뜨기' 작업을 한 소나무 9그루는 <u>그 뿌리 부분 중 약 3/4 부분만이 토지와 분리되었을 뿐 나머지 1/4 부분은 여전히 토지와 분리되지 아니한 상태로 남아있음을 알 수 있으므로, 이를 앞서 본 법리에 비추어 살펴보면 피고인이 위 소나무들을 굴취하였다고 볼 수 없다.</u>

## V. 결 론

원심은 그 판시와 같은 사정만을 들어 위 소나무들이 굴취되었다고 보아 「산림자원의 조성 및 관리에 관한 법률」위반의 점을 유죄로 인정하였으니, 이러한 원심판결에는 수목의 굴취에 관한 법리를 오해하는 등으로 판결에 영향을 미친 위법이 있다.

# 제6절 불법으로 개간된 후 농지로 이용되고 있는 산지가 산지복구 명령 대상이 되는지

## I. 사례요지

산지 전용허가·신고 등의 절차를 거치지 아니한 채 불법으로 개간된 후 농지로 이용되고 있는 산지가 산지관리법에 따른 산지복구 명령의 대상이 되는 '산지'에 해당하는지

## II. 논 점

1. 산지전용허가 · 신고 등의 절차를 거치지 아니한 채 불법으로 개간된 후 농지로 이용되고 있는 산지가 산지관리법 제44조 제1항에 따른 산지복구명령의 대상이 되는 '산지'에 해당하는지 여부(원칙적 적극)

2. 지목이 '임야'인 토지를 농지법상 '농지'에 해당한다고 판단하기 위한 요건

## III. 법규연구

### 1. 산지관리법

제44조(불법산지전용지의 복구 등) ① 산림청장등은 다음 각 호의 어느 하나에 해당하는 경우에는 그 행위를 한 자에게 시설물을 철거하거나 형질변경한 산지를 복구하도록 명령할 수 있다.

1. 제21조제1항에 따른 용도변경승인을 받지 아니하고 용도변경한 경우

2. 제37조제1항 각 호의 어느 하나에 해당하는 허가 등의 처분을 받지 아니하거나 신고 등을 하지 아니하고 산지전용 또는 산지일시사용을 하거나 토석을 채취한 경우

3. 제37조제1항 각 호의 어느 하나에 해당하는 허가나 매각계약 등이 제20조·제31조 또는 제36조제1항에 따라 취소되거나 해제된 경우

4. 제37조제1항 각 호의 어느 하나에 해당하는 신고를 한 자가 제20조·제31조 또는 제36조제1항에 따른 조치명령을 위반한 경우

5. 제37조제1항제8호에 따른 행정처분이 취소된 경우

제53조(벌칙) 보전산지에 대하여 다음 각 호의 어느 하나에 해당하는 자는 5년 이하의 징역 또는 5천만원 이하의 벌금에 처하고, 보전산지 외의 산지에 대하여 다음 각 호의 어느 하나에 해당하는 자는 3년 이하의 징역 또는 3천만원 이하의 벌금에 처한다. 이 경우 징역형과 벌금형을 병과(倂科)할 수 있다.

1. 제14조제1항 본문을 위반하여 산지전용허가를 받지 아니하고 산지전용을 하거나 거짓이나 그 밖의 부정한 방법으로 산지전용허가를 받아 산지전용을 한 자

제55조(벌칙) 보전산지에 대하여 다음 각 호의 어느 하나에 해당하는 자는 2년 이하의 징역 또는 2천만원 이하의 벌금에 처하고, 보전산지 외의 산지에 대하여 다음 각 호의 어느 하나에 해당하는 자는 1년 이하의 징역 또는 1천만원 이하의 벌금에 처한다.

1. 제15조제1항 전단에 따라 산지전용신고를 하지 아니하고 산지전용을 하거나 거짓이나 그 밖의 부정한 방법으로 산지전용신고를 하고 산지전용한 자

## 2. 농지법

제2조(정의) 이 법에서 사용하는 용어의 뜻은 다음과 같다.

1. "농지"란 다음 각 목의 어느 하나에 해당하는 토지를 말한다.

가. 전·답, 과수원, 그 밖에 법적 지목(地目)을 불문하고 실제로 농작물 경작지 또는 다년생 식물 재배지로 이용되는 토지. 다만, 「초지법」에 따라 조성된 초지 등 대통령령으로 정하는 토지는 제외한다.

## IV. 관련 판례

### 1. 원심 (대구지법 2020. 12. 8. 선고 2019노4582 판결)

산지에 해당한다.

### 2. 대법원 (대법원 2022. 4. 14. 선고 2021도84 판결)

가. 구 산지관리법(2016. 12. 2. 법률 제14361호로 개정되기 전의 것)은 '산지'를 기본적으로 "입목·죽이 집단적으로 생육하고 있는 토지"로 정의하면서도, "집단적으로 생육한 입목·죽이 일시 상실된 토지"도 여전히 산지에 해당한다고 규정하고 있었다(제2조 제1호). 2016. 12. 2. 법률 제14361호로 개정된 산지관리법은 '산지'의 정의 규정(제2조 제1호)에서 (가)목으로 '지목이 임야인 토지'를 신설하였고, 제2조 제1호 단서의 위임에 따라 '산지'에서 제외되는 토지를 정한 산지관리법 시행령은 2017. 6. 2. 대통령령 제28088호로 개정되면서 '지목이 임야인 토지 중 법에 따른 산지 전용허가를 받거나 산지 전용신고를 한 후 법에 따라 복구의무를 면제받거나 복구준공검사를 받아 산지 외의 용지로 사용되고 있는 토지'(제2조 제6호)를 '산지'에서 제외되는 토지에 추가하였다. 위와 같은 산지관리법과 산지관리법 시행령의 개정은 지목이 임야인 '산지'의 범위를 명확히 하려는 데 그 취지가 있다.

반면에 구 농지법(2018. 12. 24. 법률 제16073호로 개정되기 전의 것, 이하 '구 농지법'이라 한다)은 '지목을 불문하고 실제로 농작물 경작지 또는 다년생식물 재배지로 이용되고 있는 토지'를 원칙적으로 '농지'로 정의하고 있다[제2조 제1호 (가)목

본문].

구 농지법 제2조 제1호 (가)목 단서의 위임에 따른 구 농지법 시행령(2016. 1. 19. 대통령령 제26903호로 개정되기 전의 것) 제2조 제2항은 '지목이 임야인 토지로서 그 형질을 변경하지 아니하고 과수 등 다년생식물의 재배에 이용되는 토지'(제2호)를 농지로서 현황에도 불구하고 농지에서 제외되는 토지로 규정하고 있었다. 2016. 1. 19. 대통령령 제26903호로 개정된 위 구 농지법 시행령 제2조 제2항 제2호는 '지목이 임야인 토지로서 산지관리법에 따른 산지 전용허가를 거치지 아니하고 농작물의 경작 또는 다년생식물의 재배에 이용되는 토지'로 변경되었고, '위 개정 시행령 시행 당시 지목이 임야인 토지로서 종전 규정에 따라 농지에서 제외되는 토지에 대하여는 종전 규정에 따른다.'고 규정하고 있다(부칙 제2조 제2호).

한편 산지관리법은 '산지전용이란, 산지를 조림, 숲 가꾸기, 입목의 벌채·굴취, 토석 등 임산물의 채취, 대통령령으로 정하는 임산물의 재배, 산지 일시사용의 용도 외로 사용하거나 이를 위하여 산지의 형질을 변경하는 것을 말한다.'고 규정하고(제2조 제2호), 산지 전용허가·신고 등의 절차를 거치지 아니하고 산지전용을 한 경우 산림청장 등이 그 행위를 한 자에게 형질변경한 산지를 복구하도록 명령할 수 있고(제44조 제1항 제2호), 산지 전용허가·신고 등의 절차를 거치지 아니하고 산지전용을 한 자에 대하여 이를 처벌하는 규정(제53조 제1호, 제55조 제1호)을 두고 있다.

나. 따라서 산지 전용허가·신고 등의 절차를 거치지 아니한 채 불법으로 개간된 산지는, 비록 그것이 개간 후 농지로 이용되고 있다고 하더라도, 특별한 사정이 없는 한 산지관리법 제44조 제1항에 따른 산지복구 명령의 대상이 되는 '산지'에 해당할 뿐, 농지법상 '농지'에는 해당하지 않는다고 봄이 원칙이다(대법원 2002. 7. 26. 선고 2001두7985 판결, 대법원 2018. 6. 28. 선고 2015두55769 판결 등 참조). 한편 구 임산물단속에관한법률이 제정·시행된 1961. 6. 27. 이후부터는 산지를 개간 또는 형질 변경하려면 원칙적으로 관할 행정청 등의 허가 등이 필요하게 되었다(대법원 2021. 8. 26. 선고 2020두50584 판결 등 참조). 따라서 지목이 '임야'인 토지를 농지법상 '농지'에 해당한다고 판단하려면 그 토지가 '1961. 6. 27. 전에 관련 법령에 저촉됨이 없이 농지로 개간된 토지'라거나 '1961. 6. 27. 이후에 산지 전용허가·신고 등의 절차를 거쳐 적법하게 개간된 농지'라는 점을 인정할 수 있어야 한다(대법원 2020. 2. 6. 선고 2019두43474 판결 등 참조).

## V. 결 론

이 사건 토지 등은 그 지목이 임야로서 산지관리법 제4조 제1항 제2호에 정한 '준보전산지'에 해당하고, 피고인이 2018. 5.경 농사용 창고로 사용할 컨테이너 설치를 위해 이 사건 토지 등에서 굴착기를 이용하여 절토 및 성토작업을 하였지만, 작업 전 산지 전용허가나 신고절차를 거치지 않은 사실을 알 수 있다.

이러한 사실관계를 앞서 본 관련 규정들과 법리에 비추어 살펴보면, 이 사건 토지 등은 산지관리법상 '산지'로서 피고인의 위 절토 및 성토작업은 산지의 형질을 변경하는 행위로써 적어도 신고를 해야 하는 '산지일시사용'에 해당한다.

# 제7절 어업권자가 양식 어장에서 면허받지 않은 자연산 수산동식물을 포획 · 채취하는 행위가 허용되는지

## Ⅰ. 사례요지

> 피고인 1은 피고인 3이 임차하여 사용하는 여수시 선적 잠수기 어선 ○○호(4.93톤)의 선장이고, 피고인 2는 여수시 선적 잠수기 어선 △△호(4.69톤)의 선장이다. 전라남도의 경우 잠수기 어업에 대하여 수산업법의 어업조정 등에 관한 명령에 따라 조업구역인 전라남도 연해로 제한하고 있다. 피고인 1은 군산 어업면허지(제□□호)에서 잠수장비를 사용하여 관리선으로 승인받은 대상물이 아닌 키조개 6,200미를 포획하여 조업구역을 위반하였다. 피고인 2는 위 일시, 장소에서 같은 방법으로 키조개 6,930미를 포획하여 조업구역을 위반하였다.

## Ⅱ. 논 점

1. 수산업법상 어업권자가 양식어장에서 면허를 받아 양식한 것이 아닌 자연산 수산동식물을 포획 · 채취하는 행위가 허용되는지 여부(원칙적 소극)

2. 수산업법이 양식어장에 관리선 등을 둘 수 있도록 규정한 취지 및 관리선 등을 이용하는 경우 양식어장에서 면허를 받아 양식한 수산동식물 이외의 수산동식물을 포획 · 채취하는 것이 허용되는지 여부(원칙적 소극)

## Ⅲ. 법규연구 (수산업법)

> 제55조(어업조정 등에 관한 명령) ① 행정관청은 어업단속, 위생관리, 유통질서의 유지나 어업조정을 위하여 필요하면 다음 각 호의 사항을 명할 수 있다.
>
>  2. 근해어업에 대한 조업구역의 제한이나 금지
>
> 제107조(벌칙) 다음 각 호의 어느 하나에 해당하는 자는 2년 이하의 징역 또는 2천만원 이하의 벌금에 처한다.
>
>  9. 제55조의 어업조정 등에 관한 명령을 위반한 자
>
> 제27조(관리선의 사용과 그 제한 · 금지) ① 어업권자는 그 어업의 어장관리에 필요한 어선(이하 "관리선"이라 한다)을 사용하려면 시장 · 군수 · 구청장의 지정을 받아야 한다. 이 경우 관리선은 어업권자(제36조에 따른 어업권의 행사자를 포함한다)가 소유한 어선이나 임차한 어선으로 한정한다.
>
> ③ 면허받은 어업의 어장에 관리선을 갖추지 못한 어업권자는 제1항에 따라 지정을 받은 어선이나 제40조제1항부터 제3항까지에 따라 허가를 받은 어업의 어선을 시장 · 군수 · 구청장의 승인을 받아 사용할 수 있다.

④ 제1항에 따라 관리선의 사용을 지정받은 어업권자는 그 지정받은 어장구역 또는 제3항에 따라 승인을 받은 구역 외의 수면에서 수산동식물을 포획 또는 채취하기 위하여 그 관리선을 사용하여서는 아니 된다. 다만, 관리선에 대하여 제40조에 따른 어업허가를 받은 경우에는 그러하지 아니하다.

⑤ 제1항 및 제3항에 따른 관리선의 규모와 수, 기관의 마력(馬力) 및 그 사용의 지정 또는 승인, 그 밖에 관리선의 사용에 필요한 사항은 해양수산부령으로 정한다. 다만, 수산자원의 증식·보호와 어업조정을 위하여 필요한 때에는 해양수산부령으로 정하는 범위에서 관리선의 정수(定數) 및 사용기준 등에 관한 사항은 해당 시·군·구의 조례로 정할 수 있다.

## IV. 관련 판례

### 1. 원심 (광주지법 2013. 2. 15. 선고 2012노2299 판결)

피고인들이 키조개를 포획한 것은 피조개양식장을 관리하기 위한 것이 아니라 키조개를 포획하여 판매하기 위함이었음을 충분히 인정할 수 있다. 즉, 피고인들이 이 사건 각 선박을 피조개양식장의 관리선으로 승인받았다고 하더라도, 이 사건 피고인들의 행위는 양식장 관리의 범위를 넘어서는 것이다(관리선으로 승인받은 것 자체가 적법행위로 가장하기 위한 술책이었다고 볼 여지마저 없지 않아 보인다).

따라서 피고인들의 행위가 이 사건 피조개 양식어장을 관리하기 위한 것이 아니라 키조개를 포획하여 판매하기 위한 것으로 양식어장 관리의 범위를 넘어선 행위라고 판단하여 이 사건 공소사실을 유죄로 인정한 제1심판결을 그대로 유지하였다.

### 2. 대법원 (대법원 2014. 2. 13., 선고, 2013도3243, 판결)

수산업법상의 양식어업권은 행정관청의 면허를 받아 일정한 수면에서 일정한 종류의 수산동식물을 양식하여 배타적으로 포획·채취할 수 있는 권리이므로, 어업권자가 면허를 받은 양식어장에서 포획·채취하는 경우라고 하더라도 면허를 받아 양식한 것이 아닌 자연산 수산동식물을 포획·채취하는 행위는 그에 대한 별도의 허가 등이 없는 이상 원칙적으로 허용되지 않는다고 보아야 한다(대법원 1986. 10. 14. 선고 86도1002 판결, 대법원 2010. 4. 8. 선고 2009도11827 판결 등 참조).

한편 수산업법 제27조 제1, 3, 4항은, 어업권자는 시장·군수·구청장의 지정을 받아 그 어업의 어장관리에 필요한 어선(이하 '관리선'이라 한다)을 사용할 수 있고, 면허받은 어업의 어장에 관리선을 갖추지 못한 어업권자는 시장·군수·구청장의 승인을 받아 다른 어장에서 지정받은 관리선 또는 같은 법에 따라 허가를 받았거나 신고한 어업의 어선을 사용할 수 있으며, 어업권자는 원칙적으로 그 지정 또는 승인을 받은 어장구역 외의 수면에서 수산동식물을 포획·채취 또는 양식하기 위하여 그 관리선 등을 사용할 수 없도록 규정하고 있고, 수산업법 제27조 제5항의 위임에 따라 어업면허의 관리 등에 관한 규칙 제28조 제8항은, 위와 같이 지정받은 관리선 또는 사용승인을 받은 어선은 어장에서 조업하는 어업자 등의 운송 또는 포획·채취한 수산동식물의 운반, 어장에서 양식하거나 서식하는 수산동식물의 포획·채취, 어장의 오물청소·해적생물 제거, 어장의 경비 또는 불법어업의 감시, 어장의 수산자원조성, 그 밖에 어장의 보호·관리에 관한 용도에 사용할 수 있다고 규정하고 있다. 위와 같이 수산업법이 양식어장에 관리선 등을 둘 수 있도록 규정한 취지는 양식어장의 보호·관리, 즉 양식어업 면허를 받은 수산동식물을 양식하여 거두어들이는 데에 사용하기 위하여 그 양식어장 구역에 한하여 수산업법 제41조에서 정한 어업허가를 받지 않고도 그 수산동식물을 포획·채취할 수 있도록 허용한 것에 불과하다고 볼 것이므로, <u>관리선 등을 이용한다고 하더라도 그 양식어장에서 면허를 받아 양식한 수산동식물 이외의 수산동식물을 포획·채취하는 것은 원칙적으로 허용되지 않는다</u>고 할 것이고, 다만 양식어장의 보호·관리에 필요한 범위에 한하여 예외적으로 허용될 수 있을 뿐이라고 보아야 한다.

## V. 결 론

원심의 조치는 위 법리에 따른 것으로서 정당하다고 수긍할 수 있고, 거기에 상고이유 주장과 같이 논리와 경험의 법칙을 위반하여 자유심증주의의 한계를 벗어나거나 조업구역 또는 수산업법에 관한 법리를 오해한 위법이 없다.

# 제8절 야생생물법에 규정되어 있는 '그 밖에 야생동물을 포획할 수 있는 도구'의 의미

## I. 사례요지

누구든지 덫, 창애, 올무 또는 그 밖에 야생동물을 포획할 수 있는 도구를 제작·판매·소지 또는 보관하여서는 아니 되는데도, 피고인이 야산 부근에서 야생동물을 포획할 목적으로 전파발신기 6개를 부착한 사냥개 8마리와 전파수신기 1개, 수렵용 칼 2자루를 피고인의 코란도 화물차에 싣고 다님으로써 야생동물을 포획할 수 있는 도구를 소지하였다.

## II. 논 점

야생생물 보호 및 관리에 관한 법률 제70조 제3호 및 제10조에 규정되어 있는 '그 밖에 야생동물을 포획할 수 있는 도구'의 의미

## III. 법규연구 (야생생물 보호 및 관리에 관한 법률)

제10조(덫, 창애, 올무 등의 제작금지 등) 누구든지 덫, 창애, 올무 또는 그 밖에 야생동물을 포획할 수 있는 도구를 제작·판매·소지 또는 보관하여서는 아니 된다. 다만, 학술 연구, 관람·전시, 유해야생동물의 포획 등 환경부령으로 정하는 경우에는 그러하지 아니하다.

제19조(야생생물의 포획·채취 금지 등) ③ 누구든지 제1항 본문에 따른 야생생물을 포획·채취하거나 죽이기 위하여 다음 각 호의 어느 하나에 해당하는 행위를 하여서는 아니 된다. 다만, 제1항 각 호에 해당하는 경우로서 포획·채취 또는 죽이는 방법을 정하여 허가를 받은 경우 등 환경부령으로 정하는 경우에는 그러하지 아니하다.

1. 폭발물, 덫, 창애, 올무, 함정, 전류 및 그물의 설치 또는 사용

제69조(벌칙) ① 다음 각 호의 어느 하나에 해당하는 자는 2년 이하의 징역 또는 2천만원 이하의 벌금에 처한다.

7. 제19조제3항을 위반하여 야생생물을 포획·채취하거나 죽이기 위하여 폭발물, 덫, 창애, 올무, 함정, 전류 및 그물을 설치 또는 사용하거나 유독물, 농약 및 이와 유사한 물질을 살포하거나 주입한 자

제70조(벌칙) 다음 각 호의 어느 하나에 해당하는 자는 1년 이하의 징역 또는 1천만원 이하의 벌금에 처한다.

3. 제10조를 위반하여 덫, 창애, 올무 또는 그 밖에 야생동물을 포획하는 도구를 제작·판매·소지 또는 보관한 자

## IV. 관련 판례

### 1. 원심 (의정부지법 2016. 3. 29. 선고 2015노2867 판결)

피고인이 소지하였던 '전파발신기를 부착한 사냥개와 전파수신기, 수렵용 칼'이 야생생물 보호 및 관리에 관한 법률(이하 '야생생물법'이라 한다) 제10조가 정한 '그 밖에 야생동물을 포획할 수 있는 도구'에 해당한다고 보아, 위 공소사실을 유죄로 인정한 제1심판결을 그대로 유지하였다.

### 2. 대법원 (대법원 2016. 10. 27., 선고, 2016도5083, 판결)

야생생물법 제10조는 "누구든지 덫, 창애, 올무 또는 그 밖에 야생동물을 포획할 수 있는 도구를 제작·판매·소지 또는 보관하여서는 아니 된다. 다만, 학술 연구, 관람·전시, 유해야생동물의 포획 등 환경부령으로 정하는 경우에는 그러하지 아니하다."라고 규정하고 있고, 야생생물법 제70조 제3호는 "제10조를 위반하여 덫, 창애, 올무 또는 그 밖에 야생동물을 포획하는 도구를 제작·판매·소지 또는 보관한 자는 1년 이하의 징역 또는 1천만 원 이하의 벌금에 처한다."라고 규정하고 있다.

야생생물법 제70조 제3호 및 제10조는 야생생물을 포획할 목적이 있었는지를 불문하고 야생동물을 포획할 수 있는 도구의 제작·판매·소지 또는 보관행위 자체를 일체 금지하고 있고, 그 도구를 사용하여 야생동물을 포획할 수 있기만 하면 그 도구의 본래 용법이 어떠하든지 간에 위 규정에 의하여 처벌될 위험이 있으므로 '그 밖에 야생동물을 포획할 수 있는 도구'의 의미를 엄격하게 해석하여야 할 필요가 있는 점, 야생생물법 제69조 제1항 제7호 및 제19조 제3항은 야생생물을 포획하기 위하여 폭발물, 덫, 창애, 올무, 함정, 전류 및 그물을 설치 또는 사용한 행위를 처벌하고 있는데, 덫, 창애, 올무는 야생생물법 제70조 제3호 및 제10조에서 별도로 그 제작·판매·소지 또는 보관행위까지 금지·처벌하고 있는 반면, 야생생물법 제69조 제1항 제7호 및 제19조 제3항에 함께 규정된 '폭발물, 함정, 전류 및 그물' 등도 야생동물을 포획할 수 있는 도구에 해당할 수 있으나 이에 대하여는 야생생물법 제70조 제3호 및 제10조에서 특별히 언급하고 있지 않은 점, 야생생물법 제70조 제3호 및 제10조의 문언상 '그 밖에 야생동물을 포획할 수 있는 도구'는 '덫, 창애, 올무'와 병렬적으로 규정되어 있으므로 '그 밖에 야생동물을 포획할 수 있는 도구' 사용의 위험성이 덫, 창애, 올무 사용의 위험성에 비견될 만한 것이어야 할 것인 점 등을 종합하여 보면, 야생생물법 제70조 제3호 및 제10조에 규정되어 있는 '그 밖에 야생동물을 포획할 수 있는 도구'란 그 도구의 형상, 재질, 구조와 기능 등을 종합하여 볼 때 덫, 창애, 올무와 유사한 방법으로 야생동물을 포획할 용도로 만들어진 도구를 의미한다고 할 것이다.

## V. 결 론

피고인이 소지하였던 '전파발신기를 부착한 사냥개와 전파수신기, 수렵용 칼'은 야생동물을 포획하는 데 사용된 도구일 뿐이지, 덫, 창애, 올무와 유사한 방법으로 야생동물을 포획할 용도로 만들어진 도구라고 보기 어렵다.

# 의료/보건/건강/식품 등

제4장

## 제1절 의사 부재중 입원환자 사망한 경우 간호사에게 환자 사망 여부 확인 후 사망진단서 작성행위

### I. 사례요지

호스피스 의료기관에서 근무하는 의사인 피고인이 부재중에 입원환자가 사망하자 간호사인 피고인들에게 환자의 사망 여부를 확인한 다음 사망진단서를 작성하여 유족들에게 발급하도록 하여 무면허 의료행위로 인한 의료법위반 및 이에 대한 교사로 기소된 사안

### II. 논 점

1. 사망징후관찰이 간호사의 업무에 해당하는지 여부
2. 간호사가 사망의 진단을 한 경우 무면허 의료행위에 해당하는지 여부(적극)

### III. 법규연구 (의료법)

제27조(무면허 의료행위 등 금지) ① 의료인이 아니면 누구든지 의료행위를 할 수 없으며 의료인도 면허된 것 이외의 의료행위를 할 수 없다. 다만, 다음 각 호의 어느 하나에 해당하는 자는 보건복지부령으로 정하는 범위에서 의료행위를 할 수 있다.

1. 외국의 의료인 면허를 가진 자로서 일정 기간 국내에 체류하는 자
2. 의과대학, 치과대학, 한의과대학, 의학전문대학원, 치의학전문대학원, 한의학전문대학원, 종합병원 또는 외국 의료원조기관의 의료봉사 또는 연구 및 시범사업을 위하여 의료행위를 하는 자
3. 의학·치과의학·한방의학 또는 간호학을 전공하는 학교의 학생

제87조의2(벌칙) ② 다음 각 호의 어느 하나에 해당하는 자는 5년 이하의 징역이나 5천만원 이하의 벌금에 처한다.

2. …제27조제1항…을 위반한 자.

## IV. 관련 판례

### 1. 원심 (의정부지방법원 2017. 6. 13. 선고 2016노3436 판결)

간호사인 피고인들이 환자에 대한 사망징후관찰을 할 수 있더라도 이는 사체검안의 보조행위로서 의사가 사망 당시 또는 사후에라도 현장에 입회하여 환자의 사망징후를 직접 확인하는 것을 전제로 하므로 간호사인 피고인들이 환자의 사망징후를 확인하고 이를 바탕으로 유족들에게 사망진단서 등을 작성·발급한 행위는 전체적으로 사망의 진단으로서 무면허 의료행위에 해당하고, 사회상규에 위배되지 않는 정당행위에 해당 한다고 할 수 없다는 이유로 제1심판결을 파기하고 피고인들에 대하여 유죄를 선고하 였다.

### 2. 대법원 (대법원 2022. 12. 29. 선고 2017도10007 판결)

구 의료법(2015. 12. 29. 법률 제13685호로 개정되기 전의 것, 이하 '구 의료법' 이라 한다) 제27조 제1항은 의료인에게만 의료행위를 허용하고, 의료인이라고 하더라 도 면허된 의료행위만 할 수 있도록 하여, 무면허 의료행위를 엄격히 금지하고 있다. 여기서 '의료행위' 라 함은 의학적 전문지식을 기초로 하는 경험과 기능으로 진찰, 검 안, 처방, 투약 또는 외과적 시술을 시행하여 하는 질병의 예방 또는 치료행위 및 그 밖에 의료인이 행하지 아니하면 보건위생상 위해가 생길 우려가 있는 행위를 말한다 (대법원 2018. 6. 19. 선고 2017도19422 판결, 대법원 2020. 1. 9. 선고 2019두50014 판결 등 참조).

의사·치과의사 또는 한의사가 간호사로 하여금 의료행위에 관여하게 하는 경우에도 그 의료행위는 의사 등의 책임 아래 이루어지는 것이고 간호사는 그 보조자이다. 간호 사가 의사 등의 진료를 보조하는 경우 모든 행위 하나하나마다 항상 의사 등이 현장에 입회하여 일일이 지도·감독하여야 한다고 할 수는 없고, 경우에 따라서는 의사 등이 진료의 보조행위 현장에 입회할 필요 없이 일반적인 지도·감독을 하는 것으로 충분한 경우도 있을 수 있으나, 이는 어디까지나 의사 등이 그의 주도로 의료행위를 실시하면 서 그 의료행위의 성질과 위험성 등을 고려하여 그중 일부를 간호사로 하여금 보조하 도록 지시 내지 위임할 수 있다는 것을 의미하는 것에 그친다. 이와 달리 의사 등이 간호사에게 의료행위의 실시를 개별적으로 지시하거나 위임한 적이 없음에도 간호사가 그의 주도 아래 전반적인 의료행위의 실시 여부를 결정하고 간호사에 의한 의료행위의 실시과정에도 의사 등이 지시·관여하지 아니한 경우라면, 이는 구 의료법 제27조 제1

항이 금지하는 무면허 의료행위에 해당한다(대법원 2012. 5. 10. 선고 2010도5964 판결 등 참조).

환자가 사망한 경우 사망 진단 전에 이루어지는 사망징후관찰은 구 의료법 제2조 제2항 제5호에서 간호사의 임무로 정한 '상병자 등의 요양을 위한 간호 또는 진료 보조'에 해당한다고 할 수 있다. 그러나 사망의 진단은 의사 등이 환자의 사망 당시 또는 사후에라도 현장에 입회해서 직접 환자를 대면하여 수행하여야 하는 의료행위이고, 간호사는 의사 등의 개별적 지도·감독이 있더라도 사망의 진단을 할 수 없다. 사망의 진단은 사망 사실과 그 원인 등을 의학적·법률적으로 판정하는 의료행위로서 구 의료법 제17조 제1항이 사망의 진단 결과에 관한 판단을 표시하는 사망진단서의 작성·교부 주체를 의사 등으로 한정하고 있고, 사망 여부와 사망 원인 등을 확인·판정하는 사망의 진단은 사람의 생명 자체와 연결된 중요한 의학적 행위이며, 그 수행에 의학적 전문지식이 필요하기 때문이다.

## V. 결 론

대법원은 위와 같은 법리를 판시하고, 간호사인 피고인들의 행위가 전체적으로 의사 등이 하여야 하는 사망의 진단에 해당한다고 보아 피고인들을 유죄로 인정한 조치는 정당하다고 판단하여 피고인들의 상고를 기각하였다.

# 제2절 한의사가 초음파 진단기기 사용하여 진단행위 할 수 있는지

## I. 사례요지

한의사인 피고인은 환자 공소외인을 진료하면서 초음파 진단기기를 사용하여 공소외인의 신체 내부를 촬영한 것을 비롯하여 수회 초음파 촬영을 함으로써 초음파 화면에 나타난 모습을 보고 진단하는 방법으로 진료행위를 하여 면허된 것 이외의 의료행위를 하였다.

## II. 논 점

1. 한의사가 진단용 의료기기를 사용하는 것이 한의사의 '면허된 것 이외의 의료행위'에 해당하는지 판단하는 기준
2. 한의사가 초음파 진단기기를 한의학적 진단의 보조수단으로 사용하는 것이 한의사의 '면허된 것 이외의 의료행위'에 해당하는지 여부(소극)

## III. 법규연구 (의료법)

제27조(무면허 의료행위 등 금지) ① 의료인이 아니면 누구든지 의료행위를 할 수 없으며 의료인도 면허된 것 이외의 의료행위를 할 수 없다. 다만, 다음 각 호의 어느 하나에 해당하는 자는 보건복지부령으로 정하는 범위에서 의료행위를 할 수 있다.

1. 외국의 의료인 면허를 가진 자로서 일정 기간 국내에 체류하는 자
2. 의과대학, 치과대학, 한의과대학, 의학전문대학원, 치의학전문대학원, 한의학전문대학원, 종합병원 또는 외국 의료원조기관의 의료봉사 또는 연구 및 시범사업을 위하여 의료행위를 하는 자
3. 의학·치과의학·한방의학 또는 간호학을 전공하는 학교의 학생

제87조의2(벌칙) ② 다음 각 호의 어느 하나에 해당하는 자는 5년 이하의 징역이나 5천만원 이하의 벌금에 처한다.

2. …제27조제1항…을 위반한 자.

## IV. 관련 판례

### 1. 원심 (서울중앙지방법원 2016. 12. 6. 선고 2016노817 판결)

한의사가 현대적 의료기기를 사용하는 것이 면허된 것 이외의 의료행위에 해당하는지에 관한 대법원 2014. 2. 13. 선고 2010도10352 판결 법리에 따라 다음과 같은 이유로 이 사건 공소사실을 <u>유죄로 판단한 제1심판결을 그대로 유지하였다.</u>

① 초음파 검사는 영상을 판독하는 과정이 필수적인데 이를 위해서는 서양의학적인 전문지식이 필요하므로, 초음파 진단기기는 판독에 관해서 서양의학의 학문적 원리에 기초하여 개발·제작된 것이지 단순히 물리학적 원리에 기초하여서만 개발·제작된 것은 아니다.

② 의료행위에서 진단의 중요성에 비추어 볼 때, 피고인이 진단에 관해 서양의학의 전형적인 방법인 초음파 검사를 시행한 이상 치료방법으로 침이나 한약 등을 사용하였다는 사정만으로 초음파 진단기기를 사용하는 의료행위가 한의학의 이론이나 원리의 응용 또는 적용을 위한 것이라 보기 어렵다.

③ 초음파 진단기기 사용 자체로 인한 위험성은 크지 않으나, 진단은 중요한 의료행위여서 검사 내지 진단을 하는 과정에서 환자의 상태를 정확히 판독하지 못하면 사람의 생명이나 신체상의 위험을 발생시킬 우려가 있고, 이는 초음파 진단기기를 사용하는 경우에도 마찬가지이다.

## 2. 대법원 (대법원 2022. 12. 22. 선고 2016도21314 전원합의체 판결)

가. 한의사가 의료공학 및 그 근간이 되는 과학기술의 발전에 따라 개발·제작된 진단용 의료기기를 사용하는 것이 한의사의 '면허된 것 이외의 의료행위'에 해당하는지는 관련 법령에 한의사의 해당 의료기기 사용을 금지하는 규정이 있는지, 해당 진단용 의료기기의 특성과 그 사용에 필요한 기본적·전문적 지식과 기술 수준에 비추어 한의사가 진단의 보조수단으로 사용하게 되면 의료행위에 통상적으로 수반되는 수준을 넘어서는 보건위생상 위해가 생길 우려가 있는지, 전체 의료행위의 경위·목적·태양에 비추어 한의사가 그 진단용 의료기기를 사용하는 것이 한의학적 의료행위의 원리에 입각하여 이를 적용 내지 응용하는 행위와 무관한 것임이 명백한지 등을 종합적으로 고려하여 사회통념에 따라 합리적으로 판단하여야 한다. 이는 대법원 2014. 2. 13. 선고 2010도10352 판결의 '종전 판단기준'과 달리, 한방의료행위의 의미가 수범자인 한의사의 입장에서 명확하고 엄격하게 해석되어야 한다는 죄형법정주의 관점에서, 진단용 의료기기가 한의학적 의료행위 원리와 관련 없음이 명백한 경우가 아닌 한 형사처벌 대상에서 제외됨을 의미한다.

나. 한의사가 진단용 의료기기를 사용하는 것이 한의사의 '면허된 것 이외의 의료행위'에 해당하는지에 관한 새로운 판단기준에 따르면, 한의사가 초음파 진단기기를 사용하여 환자의 신체 내부를 촬영하여 화면에 나타난 모습을 보고 이를 한의학적 진단

의 보조수단으로 사용하는 것은 한의사의 '면허된 것 이외의 의료행위'에 해당하지 않는다고 보는 것이 타당하다. 이유는 다음과 같다.

① 한의사의 초음파 진단기기 사용을 금지하는 취지의 규정은 존재하지 않는다.

② 초음파 진단기기가 발전해온 과학기술문화의 역사적 맥락과 특성 및 그 사용에 필요한 기본적·전문적 지식과 기술 수준을 감안하면, 한의사가 한방의료행위를 하면서 진단의 보조수단으로 이를 사용하는 것이 의료행위에 통상적으로 수반되는 수준을 넘어서는 보건위생상 위해가 생길 우려가 있는 경우에 해당한다고 단정하기 어렵다.

③ 전체 의료행위의 경위·목적·태양에 비추어 한의사가 초음파 진단기기를 사용하는 것이 한의학적 의료행위의 원리에 입각하여 이를 적용 또는 응용하는 행위와 무관한 것임이 명백히 증명되었다고 보기도 어렵다.


다. 판례 변경

이처럼 한의사가 의료공학 및 그 근간이 되는 과학기술의 발전에 따라 개발·제작된 진단용 의료기기를 사용하는 것이 한의사의 '면허된 것 이외의 의료행위'에 해당하는지는 앞서 본 '새로운 판단기준'에 따라 판단하여야 한다. 이와 달리 진단용 의료기기의 사용에 해당하는지 여부 등을 따지지 않고 '종전 판단기준'이 적용된다는 취지로 판단한 **대법원 2014. 2. 13. 선고 2010도10352 판결을 비롯하여 같은 취지의 대법원 판결은 모두 이 판결의 견해에 배치되는 범위 내에서 변경하기로 한다.**

## V. 결 론

대법원은 본 전합판결을 통하여, 의사와 한의사를 구별하는 이원적 의료체계를 유지하면서도 의료행위의 가변성, 과학기술의 발전, 교육과정의 변화, 의료소비자의 합리적 선택가능성 및 형사법의 대원칙인 죄형법정주의 관점 등을 고려하여, 한의사의 진단용 의료기기 사용의 허용 여부에 관하여 위와 같은 새로운 판단기준을 제시하였다.

# 제3절 의료인이 다른 의료인 명의로 개설한 의료기관의 요양급여 청구

## Ⅰ. 사례요지

甲은 의료인으로서 자격과 면허를 보유하고 있다. 그러나 개인사정으로 자신 명의로 의료기관을 개설할 수 없자 乙 명의를 빌려 의료기관을 개설하여 건강보험의 가입자 또는 피부양자에게 국민건강보험법에서 정한 요양급여를 실시하고 국민건강보험공단으로부터 요양급여비용을 지급받았다.

## Ⅱ. 논 점

1. 의료인이 다른 의료인의 명의로 개설·운영되어 의료법 제4조 제2항을 위반한 경우
2. 국민건강보험공단을 피해자로 하는 사기죄를 구성하는지 여부(원칙적 소극)

## Ⅲ. 법규연구

### 1. 의료법

제4조(의료인과 의료기관의 장의 의무) ② 의료인은 다른 의료인 또는 의료법인 등의 명의로 의료기관을 개설하거나 운영할 수 없다.

제33조(개설 등) ② 다음 각 호의 어느 하나에 해당하는 자가 아니면 의료기관을 개설할 수 없다. 이 경우 의사는 종합병원·병원·요양병원·정신병원 또는 의원을, 치과의사는 치과병원 또는 치과의원을, 한의사는 한방병원·요양병원 또는 한의원을, 조산사는 조산원만을 개설할 수 있다.

1. 의사, 치과의사, 한의사 또는 조산사
2. 국가나 지방자치단체
3. 의료업을 목적으로 설립된 법인(이하 "의료법인"이라 한다)
4. 「민법」이나 특별법에 따라 설립된 비영리법인
5. 「공공기관의 운영에 관한 법률」에 따른 준정부기관, 「지방의료원의 설립 및 운영에 관한 법률」에 따른 지방의료원, 「한국보훈복지의료공단법」에 따른 한국보훈복지의료공단

### 2. 형 법

제347조(사기) ① 사람을 기망하여 재물의 교부를 받거나 재산상의 이익을 취득한 자는 10년 이하의 징역 또는 2천만원 이하의 벌금에 처한다.
② 전항의 방법으로 제삼자로 하여금 재물의 교부를 받게 하거나 재산상의 이익을 취득하게 한 때에도 전항의 형과 같다.

## 3. 국민건강보험법

제41조(요양급여) ① 가입자와 피부양자의 질병, 부상, 출산 등에 대하여 다음 각 호의 요양급여
를 실시한다.

  1. 진찰·검사    2. 약제(藥劑)·치료재료의 지급   3. 처치·수술 및 그 밖의 치료

  4. 예방·재활   5. 입원      6. 간호       7. 이송(移送)

제42조(요양기관) ① 요양급여(간호와 이송은 제외한다)는 다음 각 호의 요양기관에서 실시한다.
이 경우 보건복지부장관은 공익이나 국가정책에 비추어 요양기관으로 적합하지 아니한 대
통령령으로 정하는 의료기관 등은 요양기관에서 제외할 수 있다.

  1.「의료법」에 따라 개설된 의료기관

  2.「약사법」에 따라 등록된 약국

  3.「약사법」 제91조에 따라 설립된 한국희귀·필수의약품센터

  4.「지역보건법」에 따른 보건소·보건의료원 및 보건지소

  5.「농어촌 등 보건의료를 위한 특별조치법」에 따라 설치된 보건진료소

제44조(비용의 일부부담) ① 요양급여를 받는 자는 대통령령으로 정하는 바에 따라 비용의 일부
(이하 "본인일부부담금"이라 한다)를 본인이 부담한다. 이 경우 선별급여에 대해서는 다른
요양급여에 비하여 본인일부부담금을 상향 조정할 수 있다.

제47조(요양급여비용의 청구와 지급 등) ① 요양기관은 공단에 요양급여비용의 지급을 청구할 수
있다. 이 경우 제2항에 따른 요양급여비용에 대한 심사청구는 공단에 대한 요양급여비용의
청구로 본다.

## IV. 관련 판례

### 1. 원심 (서울북부지법 2019. 1. 18. 선고 2018노1636 판결)

공소사실 중 사기의 점에 대하여는 범죄의 증명이 없다고 보아, <u>무죄를 선고한 제1
심판결을 그대로 유지하였다.</u>

### 2. 대법원 (대법원 2019. 5. 30. 선고, 2019도1839, 판결)

가. 국민건강보험법은 국민의 질병·부상에 대한 예방·진단·치료·재활과 출산·
사망 및 건강증진에 대하여 보험급여를 실시함으로써 국민보건 향상과 사회보장 증진
에 이바지함을 목적으로 제정된 법률로서(제1조), 의료법에 따라 개설된 의료기관만을
요양기관으로 건강보험제도 내에 편입시켜 이들로 하여금 국민건강보험공단을 대신하
여 가입자와 피부양자의 질병 등에 대하여 '진찰·검사, 약제(藥劑)·치료재료의 지
급, 처치·수술 및 그 밖의 치료 등'의 요양급여를 실시하게 하고(제41조 제1항, 제
42조 제1항), 요양급여 실시에 따른 비용 중 공단부담금에 해당하는 부분에 대해서는

요양기관이 직접 국민건강보험공단을 상대로 '요양급여비용'을 청구하도록 규정하고 있다(제44조 제1항, 제47조 제1항).

그리고 의료법은 모든 국민이 수준 높은 의료 혜택을 받을 수 있도록 국민의료에 필요한 사항을 규정함으로써 국민의 건강을 보호하고 증진함을 목적으로 제정된 법률로서(제1조), '의사, 치과의사, 한의사 또는 조산사'(이하 의료인) 등에 한정하여 의료기관을 개설할 수 있도록 정하는 한편(제33조 제2항 제1호), 의료인은 다른 의료인의 명의로 의료기관을 개설하거나 운영할 수 없도록 제한하고 있으나(제4조 제2항) 제33조 제2항 위반의 경우와 달리 제4조 제2항 위반의 경우에는 별도의 처벌규정을 두고 있지 않다.

나. 비록 의료법 제4조 제2항은 의료인이 다른 의료인의 명의로 의료기관을 개설하거나 운영하는 행위를 제한하고 있으나, 이를 위반하여 개설·운영되는 의료기관도 의료기관 개설이 허용되는 의료인에 의하여 개설되었다는 점에서 제4조 제2항이 준수된 경우와 본질적 차이가 있다고 볼 수 없다. 또한, 의료인이 다른 의료인의 명의로 의료기관을 개설·운영하면서 실시한 요양급여도 국민건강보험법에서 정한 요양급여의 기준에 부합하지 않는 등의 다른 사정이 없는 한 정상적인 의료기관이 실시한 요양급여와 본질적인 차이가 있다고 단정하기 어렵다. 의료법이 의료인의 자격이 없는 일반인이 제33조 제2항을 위반하여 의료기관을 개설한 경우와 달리, 제4조 제2항을 위반하여 의료기관을 개설·운영하는 의료인에게 고용되어 의료행위를 한 자에 대하여 별도의 처벌규정을 두지 아니한 것도 이를 고려한 것으로 보인다.

## V. 결 론

따라서 <u>의료인으로서 자격과 면허를 보유한 사람</u>이 의료법에 따라 의료기관을 개설하여 건강보험의 가입자 또는 피부양자에게 국민건강보험법에서 정한 요양급여를 실시하여 국민건강보험공단으로부터 요양급여비용을 지급받았다면, 설령 그 의료기관이 다른 의료인의 명의로 개설·운영되어 의료법 제4조 제2항을 위반하였다 하더라도 그 자체만으로는 국민건강보험법상 요양급여비용을 청구할 수 있는 요양기관에서 제외되지 아니하므로, 달리 요양급여비용을 적법하게 지급받을 수 있는 자격 내지 요건이 흠결되지 않는 한 <u>국민건강보험공단을 피해자로 하는 사기죄를 구성한다고 할 수 없다.</u>

# VI 유사판례

## 1. 비의료인이 국민건강보험공단에 요양급여비용의 지급을 청구한 경우

의료법 제33조 제2항을 위반하여 적법하게 개설되지 아니한 의료기관에서 환자를 진료하는 등의 요양급여를 실시하였다면 해당 의료기관은 국민건강보험법상 요양급여비용을 청구할 수 있는 요양기관에 해당되지 아니하므로 요양급여비용을 적법하게 지급받을 자격이 없다고 보아야 한다. 결국, 의료인의 자격이 없는 일반인(비의료인)이 개설한 의료기관이 마치 의료법에 의하여 적법하게 개설된 요양기관인 것처럼 국민건강보험공단에 요양급여비용의 지급을 청구하는 것은 국민건강보험공단으로 하여금 요양급여비용 지급에 관한 의사결정에 착오를 일으키게 하는 것이 되어 사기죄의 기망행위에 해당하고, 이러한 기망행위에 의하여 국민건강보험공단으로부터 요양급여비용을 지급받을 경우에는 사기죄가 성립한다. (대법원 2018. 4. 10. 선고, 2017도17699, 판결)

# 제4절 수인이 공동으로 불법 리베이트 수수 경우 추징방법

## I. 사례요지

> 피고인이 원심 공동피고인과 공모하여 제약회사 영업사원 공소외 1로부터 의약품의 판매촉진을 목적으로 제공되는 원심 판시 별지 범죄일람표 순번 2, 4, 5번 기재 병원 홍보물품 구입비용 합계○○원 상당의 부당한 경제적 이익을 수수하였다.

## II. 논 점

1. 구 의료법 제88조 제2호에 의한 추징의 취지
2. 수인이 공동으로 불법 리베이트를 수수하여 이익을 얻은 경우, 그 범죄로 얻은 금품 그 밖의 경제적 이익의 가액을 추징하는 방법

## III. 법규연구 (의료법)

> 제23조의5(부당한 경제적 이익등의 취득 금지) ① 의료인, 의료기관 개설자(법인의 대표자, 이사, 그 밖에 이에 종사하는 자를 포함한다. 이하 이 조에서 같다) 및 의료기관 종사자는 「약사법」 제47조제2항에 따른 의약품공급자로부터 의약품 채택·처방유도·거래유지 등 판매촉진을 목적으로 제공되는 금전, 물품, 편익, 노무, 향응, 그 밖의 경제적 이익(이하 "경제적 이익등"이라 한다)을 받거나 의료기관으로 하여금 받게 하여서는 아니 된다. 다만, 견본품 제공, 학술대회 지원, 임상시험 지원, 제품설명회, 대금결제조건에 따른 비용할인, 시판 후 조사 등의 행위(이하 "견본품 제공등의 행위"라 한다)로서 보건복지부령으로 정하는 범위 안의 경제적 이익등인 경우에는 그러하지 아니하다. <개정 2015. 12. 29.>
>
> ② 의료인, 의료기관 개설자 및 의료기관 종사자는 「의료기기법」 제6조에 따른 제조업자, 같은 법 제15조에 따른 의료기기 수입업자, 같은 법 제17조에 따른 의료기기 판매업자 또는 임대업자로부터 의료기기 채택·사용유도·거래유지 등 판매촉진을 목적으로 제공되는 경제적 이익등을 받거나 의료기관으로 하여금 받게 하여서는 아니 된다. 다만, 견본품 제공등의 행위로서 보건복지부령으로 정하는 범위 안의 경제적 이익등인 경우에는 그러하지 아니하다.
>
> 제88조(벌칙) 다음 각 호의 어느 하나에 해당하는 자는 3년 이하의 징역이나 3천만원 이하의 벌금에 처한다.
>
>   2. 제23조의5를 위반한 자. 이 경우 취득한 경제적 이익등은 몰수하고, 몰수할 수 없을 때에는 그 가액을 추징한다.

## IV. 관련 판례

### 1. 원심 (대전지방법원 2022. 6. 9. 선고 2021노114 판결)

피고인이 원심 공동피고인과 공모하여 제약회사 영업사원 공소외 1로부터 의약품의 판매촉진을 목적으로 제공되는 원심 판시 별지 범죄일람표 순번 2, 4, 5번 기재 병원 홍보물품 구입비용 합계 2,511,097원 상당의 부당한 경제적 이익(이하 '이 사건 이익'이라 한다)을 수수하였다고 보면서, 피고인에게만 위 금원 전액인 2,511,097원의 추징을 선고하였고, 원심 공동피고인에 대하여는 이 사건 이익의 수수와 관련하여 별도로 추징을 선고하지 않았다.

### 2. 대법원 (대법원 2022. 9. 7. 선고 2022도7911 판결)

가. 구 의료법(2019. 8. 27. 법률 제16555호로 개정되기 전의 것, 이하 같다) 제88조 제2호의 규정에 의한 추징은 구 의료법 제23조의3에서 금지한 불법 리베이트 수수행위의 근절을 위하여 그 범죄행위로 인한 부정한 이익을 필요적으로 박탈하여 이를 보유하지 못하게 하는 데 목적이 있는 것이므로, 수인이 공동으로 불법 리베이트를 수수하여 이익을 얻은 경우 그 범죄로 얻은 금품 그 밖의 경제적 이익을 몰수할 수 없을 때에는 공범자 각자가 실제로 얻은 이익의 가액, 즉 실질적으로 귀속된 이익만을 개별적으로 추징하여야 한다. 만일 <u>개별적 이득액을 확정할 수 없다면 전체 이득액을 평등하게 분할하여 추징하여야 한다</u>(대법원 2001. 3. 9. 선고 2000도794 판결, 대법원 2018. 7. 26. 선고 2018도8657 판결 등 참조).

나. 원심의 판단은 그대로 받아들이기 어렵다.

① 이 사건 공소사실에 의하더라도, 피고인이 원심 공동피고인과 이 사건 병원을 함께 운영하는 과정에서 공모하여 의료법 위반 범행을 저지르고 공동으로 불법 리베이트를 수수하였다는 취지임이 명백하다. 검사도 약식명령을 청구하면서 피고인과 원심 공동피고인에 대한 추징금을 균분하여 산정하였다.

② 공소외 1은 수사기관에서 '피고인과 원심 공동피고인 등 2명의 원장에게 이 사건 이익을 리베이트로 제공하였다'는 취지로 진술하면서 금융기관 입출금내역을 증빙자료로 제출하였다.

③ 원심 공동피고인은 원심에서 벌금 300만 원을 선고받고 상고기간 도과로 분리·확정되었는데, 확정된 범죄사실에는 '원심 공동피고인이 피고인과 공모하여 이 사건

이익을 수수하였다'는 부분이 포함되어 있다.

④ 2016. 3. 31.부터 이 사건 병원에 근무한 공소외 2 원장이 이 사건 이익의 수수에 관여하거나 이를 분배받았다고 볼 증거는 없다.

⑤ 결국 피고인과 원심 공동피고인이 이 사건 이익을 공동으로 수수한 것이 명백하나, 기록을 살펴보아도 각자에게 실제로 분배된 이익을 확정할 만한 객관적인 자료가 부족하다.

## V. 결 론

이 사건 이익 2,511,097원 중 피고인이 실제로 취득하거나 분배받은 금액을 증거에 의하여 확정할 수 없는 경우에 해당하므로, 이 사건 이익을 피고인과 원심 공동피고인 사이에 평등하게 분할한 1,255,548원(= 2,511,097원 × 1/2, 원 미만 버림)만을 피고인으로부터 추징하여야 한다.

대법원은 피고인과 원심 공동피고인이 이 사건 이익을 공동으로 수수한 것이 명백하나, 피고인이 실제로 취득하거나 분배받은 금액을 증거에 의하여 확정할 수 없는 경우에 해당한다고 보고, 이 사건 이익을 평등하게 분할한 금액만을 피고인으로부터 추징하여야 한다는 이유로 원심판결 중 피고인에 대한 추징 부분만을 파기하고 자판하였다.

# 제5절 한의사 아닌 일반의사가 한방의료행위인 침술행위

## I. 사례요지

피고인은 ○○의원에서 한의사가 아님에도 디스크, 어깨 저림 등으로 통증을 호소하며 치료를 요구하는 내원 환자인 공소외 1, 공소외 2에게 각각 허리 부위 근육과 신경 쪽에 30mm부터 60mm 길이의 침을 꽂는 방법으로 시술하여 한방의료행위를 하였다.

## II. 논점

IMS 시술행위가 시술 부위 및 시술 방법, 시술 도구 등에 있어서 침술행위와는 차이가 있어 한방의료행위에 해당하는지 여부

## III. 법규연구 (의료법)

제27조(무면허 의료행위 등 금지) ① 의료인이 아니면 누구든지 의료행위를 할 수 없으며 의료인도 면허된 것 이외의 의료행위를 할 수 없다. 다만, 다음 각 호의 어느 하나에 해당하는 자는 보건복지부령으로 정하는 범위에서 의료행위를 할 수 있다.

1. 외국의 의료인 면허를 가진 자로서 일정 기간 국내에 체류하는 자
2. 의과대학, 치과대학, 한의과대학, 의학전문대학원, 치의학전문대학원, 한의학전문대학원, 종합병원 또는 외국 의료원조기관의 의료봉사 또는 연구 및 시범사업을 위하여 의료행위를 하는 자
3. 의학·치과의학·한방의학 또는 간호학을 전공하는 학교의 학생

제87조의2(벌칙) ② 다음 각 호의 어느 하나에 해당하는 자는 5년 이하의 징역이나 5천만원 이하의 벌금에 처한다.

2. …제27조제1항…을 위반한 자.

## IV. 관련 판례

### 1. 원심 (부산지방법원 2015. 12. 24. 선고 2014노3865 판결)

이 사건 시술행위가 시술 부위 및 시술 방법, 시술 도구 등에 있어서 침술행위와는 차이가 있어 한방의료행위로 단정할 수 없다는 등의 이유로 범죄의 증명이 없다고 보아 무죄를 선고하였다.

### 2. 대법원 (대법원 2021. 12. 30. 선고 2016도928 판결)

가. 구 의료법(2012. 2. 1. 법률 제11252호로 개정되기 전의 것, 이하 같다)에 따르

면, 의료인이란 보건복지부장관의 면허를 받은 의사, 한의사 등을 말하고(제2조 제1항), 의사는 의료와 보건지도를 임무로 하고, 한의사는 한방 의료와 한방 보건지도를 임무로 하며(제2조 제2항 제1호, 제3호), 의사 또는 한의사가 되려는 사람은 의학 또는 한의학을 전공하는 대학 또는 전문대학원을 졸업하는 등의 자격을 갖추고 의사 또는 한의사 국가시험에 합격한 후 보건복지부장관의 면허를 받아야 한다(제5조). 그리고 의료인이 아니면 누구든지 의료행위를 할 수 없고 의료인도 면허를 받은 것 이외의 의료행위를 할 수 없으며(제27조 제1항 본문), 이를 위반한 사람은 형사처벌을 받는다(제87조 제1항).

이처럼 구 의료법에서 의사와 한의사가 동등한 수준의 자격을 갖추고 면허를 받아 각자 면허를 받은 것 외의 의료행위를 할 수 없도록 하는 이원적 의료체계를 규정한 것은 한의학이 서양의학과 나란히 독자적으로 발전할 수 있도록 함으로써 국민으로 하여금 서양의학뿐만 아니라 한의학으로부터도 그 발전에 따른 의료혜택을 누릴 수 있도록 하는 한편, 의사와 한의사가 각자의 영역에서 체계적인 교육을 받고 국가로부터 관련 의료에 관한 전문지식과 기술을 검증받은 범위를 벗어난 의료행위를 할 경우 사람의 생명, 신체나 일반 공중위생에 발생할 수 있는 위험을 방지하기 위한 것이다.

그런데 의료법령에는 의사, 한의사 등이 면허를 받은 의료행위의 내용을 정의하거나 그 구분 기준을 제시한 규정이 없으므로, 의사나 한의사의 구체적인 의료행위가 '면허받은 것 외의 의료행위'에 해당하는지는 구체적 사안에 따라 이원적 의료체계의 입법목적, 관련 법령의 규정 및 취지, 기초가 되는 학문적 원리, 당해 의료행위의 경위·목적·태양, 의과대학 및 한의과대학의 교육과정이나 국가시험 등을 통한 전문성 확보 여부 등을 종합적으로 고려하여 사회통념에 비추어 합리적으로 판단하여야 한다(대법원 2014. 2. 13. 선고 2010도10352 판결, 대법원 2014. 10. 30. 선고 2014도3285 판결 등 참조).

한편, 한방의료행위는 '우리 선조들로부터 전통적으로 내려오는 한의학을 기초로 한 질병의 예방이나 치료행위'로서 앞서 본 의료법의 관련 규정에 따라 한의사만이 할 수 있고, 이에 속하는 **침술행위는** '침을 이용하여 질병을 예방, 완화, 치료하는 한방 **의료행위'**로서, 의사가 위와 같은 침술행위를 하는 것은 면허된 것 외의 의료행위를 **한 경우에 해당한다**(대법원 2011. 5. 13. 선고 2007두18710 판결, 대법원 2014. 10. 30. 선고 2014도3285 판결 등 참조).

나. 근육 자극에 의한 신경 근성 통증 치료법(Intramuscular Stimulation, 이하 'IMS'라 한다) 시술이 침술행위인 한방의료행위에 해당하는지 아니면 침술행위와 구별되는 별개의 시술에 해당하는지 여부를 가리기 위해서는 해당 시술행위의 구체적인 시술 방법, 시술 도구, 시술 부위 등을 면밀히 검토하여 개별 사안에 따라 이원적 의료체계의 입법목적 등에 부합하게끔 사회통념에 비추어 합리적으로 판단하여야 한다 (대법원 2014. 10. 30. 선고 2014도3285 판결 참조).

## V. 결 론

이 사건 IMS 시술행위는 IMS 시술의 특성을 고려하더라도 한방의료행위인 침술행위와 본질적으로 다르다고 볼 만한 사정을 찾기 어렵고 오히려 그 유사성을 찾을 수 있을 뿐임에도, 피고인의 이 사건 시술행위가 시술 부위 및 시술 방법, 시술 도구 등에 있어서 침술행위와는 차이가 있어 한방의료행위로 단정할 수 없다는 이유로 의료법 위반에 대하여 무죄를 선고한 원심을 파기환송한 사례

# 제6절 허무인에 대한 처방전 작성이 의료법위반에 해당하는지

## Ⅰ. 사례요지

의료업에 종사하는 사람으로 환자를 직접 진찰하거나 검안한 의사가 아니면 처방전을 작성하여 교부하지 못한다. 피고인은 허무인인 'G' 명의의 F 200정에 관한 처방전을 발급하여 A에게 교부하였다.

## Ⅱ. 논 점

1. 구 의료법 제17조 제1항, 제89조의 취지
2. 의사 등이 구 의료법 제17조 제1항에 따라 직접 진찰하여야 할 환자를 진찰하지 않은 채 그 환자를 대상자로 표시하여 진단서·증명서 또는 처방전을 작성·교부한 경우, 같은 조항을 위반한 것인지 여부(적극)
3. 이는 환자가 실제 존재하지 않는 허무인(虛無人)인 경우에도 마찬가지인지 여부(적극)

## Ⅲ. 법규연구 (의료법)

제17조(진단서 등) ① 의료업에 종사하고 직접 진찰하거나 검안(檢案)한 의사[이하 이 항에서는 검안서에 한하여 검시(檢屍)업무를 담당하는 국가기관에 종사하는 의사를 포함한다], 치과의사, 한의사가 아니면 진단서·검안서·증명서를 작성하여 환자(환자가 사망하거나 의식이 없는 경우에는 직계존속·비속, 배우자 또는 배우자의 직계존속을 말하며, 환자가 사망하거나 의식이 없는 경우로서 환자의 직계존속·비속, 배우자 및 배우자의 직계존속이 모두 없는 경우에는 형제자매를 말한다) 또는 「형사소송법」 제222조제1항에 따라 검시(檢屍)를 하는 지방검찰청검사(검안서에 한한다)에게 교부하지 못한다. 다만, 진료 중이던 환자가 최종 진료 시부터 48시간 이내에 사망한 경우에는 다시 진료하지 아니하더라도 진단서나 증명서를 내줄 수 있으며, 환자 또는 사망자를 직접 진찰하거나 검안한 의사·치과의사 또는 한의사가 부득이한 사유로 진단서·검안서 또는 증명서를 내줄 수 없으면 같은 의료기관에 종사하는 다른 의사·치과의사 또는 한의사가 환자의 진료기록부 등에 따라 내줄 수 있다.

제89조(벌칙) 다음 각 호의 어느 하나에 해당하는 자는 1년 이하의 징역이나 1천만원 이하의 벌금에 처한다.

  1. …제17조제1항·제2항(제1항 단서 후단과 제2항 단서는 제외한다), …을 위반한 자

## IV. 관련 판례

### 1. 원심 (의정부지방법원 2020. 9. 24. 선고 2019노3357 판결)

피고인이 허무인 공소외 1 등의 명의로 처방전을 작성하여 공소외 2에게 교부한 행위'가 구 <u>의료법 제17조 제1항에 위반된다.</u>

### 2. 대법원 (대법원 2021. 2. 4. 선고 2020도13899 판결)

구 의료법(2016. 12. 20. 법률 제14438호로 개정되기 전의 것, 이하 같다) 제17조 제1항은 '의료업에 종사하고 직접 진찰하거나 검안한 의사, 치과의사, 한의사가 아니면 진단서·검안서·증명서 또는 처방전(전자처방전을 포함한다)을 작성하여 환자(환자가 사망한 경우에는 배우자, 직계존비속 또는 배우자의 직계존속을 말한다) 또는 형사소송법 제222조 제1항에 따라 검시를 하는 지방검찰청 검사(검안서에 한한다)에게 교부하거나 발송(전자처방전에 한한다)하지 못한다.'고 규정하고, 같은 법 제89조는 제17조 제1항을 위반한 자를 처벌하고 있다. 이는 진단서·검안서·증명서 또는 처방전이 의사 등이 환자를 직접 진찰하거나 검안한 결과를 바탕으로 의료인으로서의 판단을 표시하는 것으로서 사람의 건강상태 등을 증명하고 민형사책임을 판단하는 증거가 되는 등 중요한 사회적 기능을 담당하고 있어 그 정확성과 신뢰성을 담보하기 위하여 직접 진찰·검안한 의사 등만이 이를 작성·교부할 수 있도록 하는 데 그 취지가 있다. 따라서 <u>의사 등이 구 의료법 제17조 제1항에 따라 직접 진찰하여야 할 환자를 진찰하지 않은 채 그 환자를 대상자로 표시하여 진단서·증명서 또는 처방전을 작성·교부하였다면 구 의료법 제17조 제1항을 위반한 것으로 보아야 하고, 이는 환자가 실제 존재하지 않는 허무인인 경우에도 마찬가지이다.</u>

## V. 결 론

피고인이 허무인 이○○ 등의 명의로 처방전을 작성하여 정○○에게 교부한 행위가 구 의료법 제17조 제1항에 위반된다고 판단한 <u>원심판결을 수긍하였다.</u>

# 제7절 의료광고행위가 의료법에서 금지하는 환자 유인에 해당하는지

## I. 사례요지

○○안과의원 원장인 피고인 2와 피고인 3 주식회사의 대표이사인 피고인 1이 공모하여 피고인 3 주식회사가 운영하는 인터넷사이트인의 30만 명의 회원들에게 '(인터넷사이트 이름 생략)과 함께하는 라식/라섹 90만 원 체험단 모집'이라는 제목으로 "응모만 해도 강남 유명 안과에서 라식/라섹 수술이 양안 90만 원 OK, 응모하신 분 중 단 1명에게는 무조건 라식/라섹 체험의 기회를 드립니다"라는 내용의 이벤트광고를 이메일로 2회 발송하여 그 응모신청자 중 공소외인 등 20명이 위 이벤트 광고내용대로 90만 원에 라식·라섹수술 등을 받도록 하였다.

## II. 논 점

1. 의료광고행위가 의료법상 금지되는 환자유인행위가 되는지(=원칙적 소극)
2. 이 사건 홈페이지 게재행위, 이메일 발송행위가 의료법상 금지되는 유인행위에 해당하는지 여부(=소극)

## III. 법규연구 (의료법)

제56조(의료광고의 금지 등) ① 의료기관 개설자, 의료기관의 장 또는 의료인(이하 "의료인등"이라 한다)이 아닌 자는 의료에 관한 광고(의료인등이 신문·잡지·음성·음향·영상·인터넷·인쇄물·간판, 그 밖의 방법에 의하여 의료행위, 의료기관 및 의료인등에 대한 정보를 소비자에게 나타내거나 알리는 행위를 말한다. 이하 "의료광고"라 한다)를 하지 못한다.

제89조(벌칙) 다음 각 호의 어느 하나에 해당하는 자는 1년 이하의 징역이나 1천만원 이하의 벌금에 처한다.
  1. … 제56조제1항부터 제3항까지 또는 제58조의6제2항을 위반한 자

## IV. 관련 판례

### 1. 원심 (서울중앙지법 2010. 1. 20. 선고 2009노2495 판결)

피고인 2가 이메일을 발송하여 광고한 행위는 구 의료법 제27조 제3항이 정하는 환자유인행위에 해당하고, 피고인 1, 피고인 3 주식회사는 환자들에게 병원을 소개·알선해 주었다고 단정하고 피고인들에게 유죄를 인정하였다.

## 2. 대법원 (대법원 2012. 9. 13. 선고 2010도1763 판결)

환자유인행위를 금지하는 구 의료법(2009. 1. 30. 법률 제9386호로 개정되기 전의 것. 이하 같다) 제27조 제3항의 입법취지와 관련 법익, 의료광고 조항의 내용 및 연혁·취지 등을 고려하면, <u>의료광고행위는 그것이 구 의료법 제27조 제3항 본문에서 명문으로 금지하는 개별적 행위유형에 준하는 것으로 평가될 수 있거나 또는 의료시장의 질서를 현저하게 해치는 것인 등의 특별한 사정이 없는 한 구 의료법 제27조 제3항에서 정하는 환자의 '유인'에 해당하지 아니하고, 그러한 광고행위가 의료인의 직원 또는 의료인의 부탁을 받은 제3자를 통하여 행하여졌다고 하더라도 이를 환자의 '소개·알선' 또는 그 '사주'에 해당하지 아니한다고 봄이 상당하다.</u>

## V. 결 론

피고인 2가 피고인 3 주식회사를 통하여 이메일을 발송한 행위는 불특정 다수인을 상대로 한 의료광고에 해당하므로 특별한 사정이 없는 한 구 의료법 제27조 제3항의 환자의 '유인'이라고 볼 수 없고, 위와 같은 광고 등 행위가 피고인 2의 부탁을 받은 피고인 3 주식회사 등을 통하여 이루어졌더라도 환자의 '소개·알선' 또는 그 '사주'에 해당하지 아니한다고 보아야 한다.

# 제8절 원격진료행위의 의료법위반 여부

## Ⅰ. 사례요지

의료인이 의료인 대 의료인의 행위를 벗어나 정보통신기술을 활용하여 원격지에 있는 환자에게 행하는 의료행위가 의료법 제33조 제1항에 위반되는지 여부

## Ⅱ. 논 점

의료인이 의료인 대 의료인의 행위를 벗어나 정보통신기술을 활용하여 원격지에 있는 환자에게 행하는 의료행위가 의료법 제33조 제1항에 위반되는지 여부(원칙적 적극)

## Ⅲ. 법규연구 (의료법)

제33조(개설 등) ① 의료인은 이 법에 따른 의료기관을 개설하지 아니하고는 의료업을 할 수 없으며, 다음 각 호의 어느 하나에 해당하는 경우 외에는 그 의료기관 내에서 의료업을 하여야 한다.
  1. 「응급의료에 관한 법률」 제2조제1호에 따른 응급환자를 진료하는 경우
  2. 환자나 환자 보호자의 요청에 따라 진료하는 경우
  3. 국가나 지방자치단체의 장이 공익상 필요하다고 인정하여 요청하는 경우
  4. 보건복지부령으로 정하는 바에 따라 가정간호를 하는 경우
  5. 그 밖에 이 법 또는 다른 법령으로 특별히 정한 경우나 환자가 있는 현장에서 진료를 하여야 하는 부득이한 사유가 있는 경우
제34조(원격의료) ① 의료인(의료업에 종사하는 의사·치과의사·한의사만 해당한다)은 제33조 제1항에도 불구하고 컴퓨터·화상통신 등 정보통신기술을 활용하여 먼 곳에 있는 의료인에게 의료지식이나 기술을 지원하는 원격의료(이하 "원격의료"라 한다)를 할 수 있다.
제90조(벌칙) …제33조제1항·제3항(제82조제3항에서 준용하는 경우를 포함한다)·제5항(허가의 경우만을 말한다), … 500만원 이하의 벌금에 처한다.

## Ⅳ. 관련 판례

### 1. 원심 (서울중앙지법 2015. 12. 17. 선고 2015노3758 판결)

피고인이 전화상으로 문진만을 실시하고 한약을 처방하여 배송하는 등 의료행위를 하였다는 이 사건 공소사실을 <u>유죄로 판단하였다.</u>

## 2. 대법원 (대법원 2020. 11. 12. 선고, 2016도309, 판결)

의료법 제33조 제1항은 "의료인은 이 법에 따른 의료기관을 개설하지 아니하고는 의료업을 할 수 없으며, 다음 각호의 어느 하나에 해당하는 경우 외에는 그 의료기관 내에서 의료업을 하여야 한다."라고 규정하고 있다. 의료법이 위와 같이 의료인에 대하여 의료기관 내에서 의료업을 영위하도록 정한 것은, 그렇지 아니할 경우 의료의 질 저하와 적정 진료를 받을 환자의 권리 침해 등으로 인하여 의료질서가 문란하게 되고 국민의 보건위생에 심각한 위험이 초래되므로 이를 사전에 방지하고자 하는 보건의료 정책상의 필요에 따른 것이다(대법원 2011. 4. 14. 선고 2010두26315 판결 참조).

아울러 의료법 제34조 제1항은 "의료인은 제33조 제1항에도 불구하고 컴퓨터·화상 통신 등 정보통신기술을 활용하여 먼 곳에 있는 의료인에게 의료지식이나 기술을 지원 하는 원격의료를 할 수 있다."라고 규정함으로써 의료법 제33조 제1항의 예외를 인정 하면서도 이때 허용되는 의료인의 원격의료행위를 의료인 대 의료인의 행위로 한정하고 있다.

또한, 현재의 의료기술 수준 등을 고려할 때 의료인이 전화 등을 통해 원격지에 있는 환자에게 의료행위를 행할 경우, 환자에 근접하여 환자의 상태를 관찰해 가며 행하는 일반적인 의료행위와 반드시 동일한 수준의 의료서비스를 기대하기 어려울 뿐 아니라 환자에 대한 정보 부족 및 의료기관에 설치된 시설 내지 장비의 활용 제약 등으로 말미암아 적정하지 아니한 의료행위가 이루어질 수 있고, 그 결과 국민의 보건위생에 심각한 위험을 초래할 가능성을 배제할 수 없다. 이는 앞서 본 의료법 제33조 제1항의 목적에 반하는 결과로서 원격진료의 전면적인 허용을 뒷받침할 정도로 제반 사회경제 적 여건 및 제도가 완비되지 않은 상태라는 점과 더불어 현행 의료법이 원격의료를 제 한적으로만 허용하고 있는 주요한 이유이기도 하다.

## V. 결 론

이와 같은 사정 등을 종합하면, 의료인이 의료인 대 의료인의 행위를 벗어나 정보통 신기술을 활용하여 원격지에 있는 환자에게 행하는 의료행위는 특별한 사정이 없는 한 의료법 제33조 제1항에 위반된다고 봄이 타당하다.

# 제9절 전화통화 내용을 기초로 처방전을 작성·교부한 사건

## Ⅰ. 사례요지

피고인은 전화통화만으로 공소외인에게 플루틴캡슐 등 전문의약품을 처방한 처방전을 작성하여 교부하였다. 피고인은 위 전화통화 이전에 공소외인을 대면하여 진찰한 적이 단 한 번도 없고, 전화통화 당시 공소외인의 특성 등에 대해 알고 있지도 않았다.

## Ⅱ. 논 점

1. '의료업에 종사하고 직접 진찰한 의사가 아니면 처방전 등을 작성하여 환자에게 교부하지 못한다'고 규정한 구 의료법 제17조 제1항에서 '직접' 및 '진찰'의 의미

2. 현대 의학 측면에서 보아 신뢰할 만한 환자의 상태를 토대로 특정 진단이나 처방 등을 내릴 수 있을 정도의 행위가 있어야 '진찰'이 이루어졌다고 볼 수 있고, 그러한 행위가 전화통화만으로 이루어지는 경우에는 최소한 그 이전에 의사가 환자를 대면하고 진찰하여 환자의 특성이나 상태 등에 대해 이미 알고 있다는 사정 등이 전제되어야 하는지 여부(적극)

## Ⅲ. 법규연구 (의료법)

제17조(진단서 등) ① 의료업에 종사하고 직접 진찰하거나 검안(檢案)한 의사[이하 이 항에서는 검안서에 한하여 검시(檢屍)업무를 담당하는 국가기관에 종사하는 의사를 포함한다], 치과의사, 한의사가 아니면 진단서·검안서·증명서 또는 처방전[의사나 치과의사가 「전자서명법」에 따른 전자서명이 기재된 전자문서 형태로 작성한 처방전(이하 "전자처방전"이라 한다)을 포함한다. 이하 같다]을 작성하여 환자(환자가 사망하거나 의식이 없는 경우에는 직계존속·비속, 배우자 또는 배우자의 직계존속을 말하며, 환자가 사망하거나 의식이 없는 경우로서 환자의 직계존속·비속, 배우자 및 배우자의 직계존속이 모두 없는 경우에는 형제자매를 말한다) 또는 「형사소송법」 제222조제1항에 따라 검시(檢屍)를 하는 지방검찰청검사(검안서에 한한다)에게 교부하거나 발송(전자처방전에 한한다)하지 못한다. 다만, 진료 중이던 환자가 최종 진료 시부터 48시간 이내에 사망한 경우에는 다시 진료하지 아니하더라도 진단서나 증명서를 내줄 수 있으며, 환자 또는 사망자를 직접 진찰하거나 검안한 의사·치과의사 또는 한의사가 부득이한 사유로 진단서·검안서 또는 증명서를 내줄 수 없으면 같은 의료기관에 종사하는 다른 의사·치과의사 또는 한의사가 환자의 진료기록부 등에 따라 내줄 수 있다.

제89조(벌칙) 다음 각 호의 어느 하나에 해당하는 자는 1년 이하의 징역이나 1천만원 이하의 벌금에 처한다.

1. … 제17조제1항·제2항(제1항 단서 후단과 제2항 단서는 제외한다), … 을 위반한 자

## IV. 관련 판례

### 1. 원심 (서울서부지법 2014. 7. 11. 선고 2013노1180 판결)

피고인이 공소외인을 직접 진찰하였다고 보아 이 사건 공소사실을 <u>유죄로 판단한 제1심판결을 파기하고 무죄를 선고하였다.</u>

### 2. 대법원 (대법원 2020. 5. 14. 선고, 2014도9607, 판결)

구 의료법(2016. 5. 29. 법률 제14220호로 개정되기 전의 것) 제17조 제1항(이하 '이 사건 조항'이라 한다)은 의료업에 종사하고 직접 진찰한 의사가 아니면 처방전 등을 작성하여 환자에게 교부하지 못한다고 규정하고 있다. 여기서 '<u>직접</u>'이란 '<u>스스로</u>'를 의미하므로 전화통화 등을 이용하여 비대면으로 이루어진 경우에도 의사가 <u>스스로 진찰을 하였다면 직접 진찰을 한 것으로 볼 수는 있다</u>(대법원 2013. 4. 11. 선고 2010도1388 판결 참조).

한편 '진찰'이란 환자의 용태를 듣고 관찰하여 병상 및 병명을 규명하고 판단하는 것으로서, 진단방법으로는 문진, 시진, 청진, 타진, 촉진 기타 각종의 과학적 방법을 써서 검사하는 등 여러 가지가 있다(대법원 1993. 8. 27. 선고 93도153 판결 등).

이러한 진찰의 개념 및 진찰이 치료에 선행하는 행위인 점, 진단서와 처방전 등의 객관성과 정확성을 담보하고자 하는 이 사건 조항의 목적 등을 고려하면, 현대 의학 측면에서 보아 신뢰할 만한 환자의 상태를 토대로 특정 진단이나 처방 등을 내릴 수 있을 정도의 행위가 있어야 '진찰'이 이루어졌다고 볼 수 있고, 그러한 행위가 전화 통화만으로 이루어지는 경우에는 최소한 그 이전에 의사가 환자를 대면하고 진찰하여 환자의 특성이나 상태 등에 대해 이미 알고 있다는 사정 등이 전제되어야 한다.

## V. 결 론

<u>피고인의 행위는 신뢰할 만한 공소외인의 상태를 토대로 한 것이라고 볼 수 없어 결과적으로 피고인이 공소외인에 대하여 진찰을 하였다고 할 수 없다.</u>

# 제10절 의료법상 사망한 자의 비밀도 보호되는지

## I. 사례요지

의사는 그 직무처리 중 지득한 타인의 비밀을 누설하여서는 안 될 뿐 아니라, 의료인으로서 의료법이나 다른 법령에 특별히 규정된 경우 외에는 의료를 하면서 알게 된 다른 사람의 비밀을 누설하거나 발표하지 못한다. 피고인은 2014. 12. 초순경 □□□병원에 있는 자신의 진료실에서, 의사들의 커뮤니티 사이트인 △△(인터넷 주소 생략) 게시판에 '의료계 해명자료'란 제목으로 피고인이 수술한 피해자의 유족과 사이에 발생한 분쟁에 대한 피고인의 입장을 설명한 글을 올리면서 위장관유착박리 수술 사실, 피해자의 수술 마취 동의서, 피해자의 수술 부위 장기 사진 및 간호일지를 비롯하여 2012.경 위밴드 제거 수술 사실, 피해자의 수술 동의서, 피해자의 수술 부위 장기 사진 및 간호일지, 2009.경 내장비만으로 지방흡입 수술을 한 사실 및 당시 체중, BMI 등 개인 정보를 임의로 게시하였다. 이로써 피고인은 의사로서 그 직무처리 중 지득한 타인의 비밀을 누설함과 동시에 의료인으로서 의료를 하면서 알게 된 다른 사람의 비밀을 누설·발표하였다.

## II. 논 점

의료인의 비밀누설 금지의무를 규정한 구 의료법 제19조에서 정한 '다른 사람'에 생존하는 개인 이외에 이미 사망한 사람도 포함되는지 여부(적극)

## III. 법규연구 (의료법)

제19조(정보 누설 금지) ① 의료인이나 의료기관 종사자는 이 법이나 다른 법령에 특별히 규정된 경우 외에는 의료·조산 또는 간호업무나 제17조에 따른 진단서·검안서·증명서 작성·교부 업무, 제18조에 따른 처방전 작성·교부 업무, 제21조에 따른 진료기록 열람·사본 교부 업무, 제22조제2항에 따른 진료기록부등 보존 업무 및 제23조에 따른 전자의무기록 작성·보관·관리 업무를 하면서 알게 된 다른 사람의 정보를 누설하거나 발표하지 못한다.

제21조(기록 열람 등) ② 의료인, 의료기관의 장 및 의료기관 종사자는 환자가 아닌 다른 사람에게 환자에 관한 기록을 열람하게 하거나 그 사본을 내주는 등 내용을 확인할 수 있게 하여서는 아니 된다.

제88조(벌칙) 다음 각 호의 어느 하나에 해당하는 자는 3년 이하의 징역이나 3천만원 이하의 벌금에 처한다.

1. 제19조, 제21조제2항, …위반한 자. 다만, 제19조, 제21조제2항 또는 제69조제3항을 위반한 자에 대한 공소는 고소가 있어야 한다.

## IV. 관련 판례

### 1. 원심 (서울고법 2018. 1. 30. 선고 2016노3983 판결)

이 부분 공소사실이 <u>유죄로 인정된다</u>.

### 2. 대법원 (대법원 2018. 5. 11. 선고, 2018도2844, 판결)

의료법은 '모든 국민이 수준 높은 의료 혜택을 받을 수 있도록 국민의료에 필요한 사항을 규정함으로써 국민의 건강을 보호하고 증진'(제1조)하는 것을 목적으로 한다. 이 법은 의료인(제2장)의 자격과 면허(제1절)에 관하여 정하면서 의료인의 의무 중 하나로 비밀누설 금지의무를 정하고 있다. 이는 의학적 전문지식을 기초로 사람의 생명, 신체나 공중위생에 위해를 발생시킬 우려가 있는 의료행위를 하는 의료인에 대하여 법이 정한 엄격한 자격요건과 함께 의료과정에서 알게 된 다른 사람의 비밀을 누설하거나 발표하지 못한다는 법적 의무를 부과한 것이다. 그 취지는 의료인과 환자 사이의 신뢰관계 형성과 함께 이에 대한 국민의 의료인에 대한 신뢰를 높임으로써 수준 높은 의료행위를 통하여 국민의 건강을 보호하고 증진하는 데 있다. 따라서 의료인의 비밀누설 금지의무는 개인의 비밀을 보호하는 것뿐만 아니라 비밀유지에 관한 공중의 신뢰라는 공공의 이익도 보호하고 있다고 보아야 한다. 이러한 관점에서 보면, 의료인과 환자 사이에 형성된 신뢰관계와 이에 기초한 의료인의 비밀누설 금지의무는 환자가 사망한 후에도 그 본질적인 내용이 변한다고 볼 수 없다.

구 <u>의료법 제19조에서 누설을 금지하고 있는 '다른 사람의 비밀'은 당사자의 동의 없이는 원칙적으로 공개되어서는 안 되는 비밀영역으로 보호되어야 한다. 이러한 보호의 필요성은 환자가 나중에 사망하더라도 소멸하지 않는다.</u> 구 의료법 제21조 제1항은 환자가 사망하였는지를 묻지 않고 환자가 아닌 다른 사람에게 환자에 관한 기록을 열람하게 하거나 사본을 내주는 등 내용을 확인할 수 있게 해서는 안 된다고 정하고 있는데, 이 점을 보더라도 환자가 사망했다고 해서 보호 범위에서 제외된다고 볼 수 없다.

## V. 결 론

형벌법규 해석에 관한 일반적인 법리, 의료법의 입법취지, 구 의료법 제19조의 문언·내용·체계·목적 등에 비추어 보면, 구 의료법 제19조에서 정한 '다른 사람'에는 생존하는 개인 이외에 이미 사망한 사람도 포함된다고 보아야 한다.

# 제11절 대체의학의 처벌 필요성

## I. 사례요지

> 피고인은 의사가 아님에도 불구하고 신기기공원이라는 간판 아래 척추교정원을 운영하면서 로링베드, 드롭테이블, 엑스레이 판독기 등의 시설과 기구를 갖춘 뒤 주로 척추질환 등의 질병을 호소하며 찾아오는 사람들을 상대로 하여 먼저 아픈 부위와 증세를 물어보거나 환자들의 엑스레이 필름을 판독하여 척추뼈 등의 불균형상태를 가늠하는 방법으로 진찰을 한 다음, 척추 등에 나타난 불균형상태를 교정한다는 명목으로 로링베드 기계를 이용하여 근육을 풀어준 후 직접 손으로 만지면서 교정대의 높낮이를 이용하여 뼈가 제자리에 들어가도록 압박을 가하여 교정하거나, 구슬로 뼈가 잘못된 부분을 톡톡 쳐서 교정하거나, 양손으로 환부를 눌러주거나 비틀거나 흔들어 주어 잘못된 뼈가 제자리로 찾아가도록 하는 등의 시술을 하고 그 대가를 받았다.

## II. 논 점

1. 기공원으로 찾아오는 환자들에게 척추불균형상태를 교정한다는 명목으로 압박 등의 시술을 반복 계속한 것은 의료행위에 해당한다고 한 사례
2. 이른바 '대체의학'의 처벌 필요성

## III. 법규연구

### 1. 의료법

> 제25조 (무면허의료행위등 금지) ① 의료인이 아니면 누구든지 의료행위를 할 수 없으며 의료인도 면허된 이외의 의료행위를 할 수 없다. 다만, 다음 각호의 1에 해당하는 자는 보건복지부령이 정하는 범위안에서 의료행위를 할 수 있다.
> 1. 외국의 의료인의 면허를 소지한 자로서 일정한 기간 국내에 체류하는 자
> 2. 의과대학, 치과대학, 한의과대학, 종합병원 또는 외국의료원조기관의 의료봉사 또는 연구 및 시범사업을 위한 의료행위를 하는 자
> 3. 의학·치과의학·한방의학 또는 간호학을 전공하는 학교의 학생

### 2. 보건범죄단속에 관한 특별조치법

> 제5조 (부정의료업자의 처벌) 의료법 제25조의 규정을 위반하여 영리를 목적으로 의사가 아닌 자가 의료행위를, 치과의사가 아닌 자가 치과의료행위를, 한의사가 아닌 자가 한방의료행위를 업으로 한 자는 무기 또는 2년이상의 징역에 처한다. 이 경우에는 100만원이상 1천만원이하의 벌금을 병과한다.

# IV. 관련 판례

## 1. 원심 (서울지법 2000. 6. 8. 선고 99노8956 판결)

<u>피고인의 행위가 의료행위에 해당한다.</u>

## 2. 대법원 (대법원 2002. 5. 10. 선고, 2000도2807, 판결)

기공원이라는 간판 아래 척추교정원을 운영하면서 찾아오는 환자들에게 그 용태를 묻거나 엑스레이 필름을 판독하여 그 증세를 판단한 것은 진찰 행위에 해당한다 할 것이고, 이에 따라 척추 등에 나타나는 불균형상태를 교정한다 하여 손이나 기타 방법으로 압박하는 등의 시술을 반복 계속한 것은 결국 사람의 생명이나 신체 또는 공중위생에 위해를 발생케 할 우려가 있는 의료행위에 해당한다.

사람의 정신적, 육체적 고통을 해소하여 주는 모든 행위를 의료행위의 범주에 포함시켜 이를 규제하는 것은 불필요한 과잉규제로서 오히려 환자의 생명권 및 건강권 등을 침해하는 결과를 초래할 경우도 전혀 없다고 볼 수는 없다 할 것이나, 의료행위는 전문지식을 기초로 하는 경험과 기능으로 시행하지 아니하면 사람의 생명이나 신체 또는 공중위생에 위해를 발생시킬 우려가 있는 것이기 때문에, 의료법 제25조 제1항에서 이러한 위해를 방지하기 위하여 의사가 아닌 자의 의료행위를 규제하고 있는 것이므로, 이른바 <u>'대체의학'이 사람의 정신적, 육체적 고통을 해소하여 주는 기능이 전혀 없지 아니하다 하여도, 그것은 단순히 통증을 완화시켜 주는 정도의 수준을 넘어서서, 그 행위로 인하여 사람의 생명이나 신체 또는 공중위생의 위해라는 중대한 부작용을 발생시킬 소지가 크다 할 것이어서, 이는 쉽게 허용될 수 없다 할 것인바, 이른바 '활법'이라는 이름하에 행하여지나 사실은 사람의 생명이나 신체 또는 공중위생에 위해를 발생시킬 우려가 있는 의료행위는 지금도 여전히 이를 처벌하여야 할 필요가 있다.</u>

# V. 결 론

기공원을 운영하면서 환자들을 대상으로 척추교정시술행위를 한 자가 정부 공인의 체육종목인 '활법'의 사회체육지도자 자격증을 취득한 자라 하여도 자신의 행위가 무면허 의료행위에 해당되지 아니하여 죄가 되지 않는다고 믿은 데에 정당한 사유가 있었다고 할 수 없다.

# 제12절 의료행위의 의미 및 안마나 지압이 이에 해당하는지

## I. 사례요지

피고인이 의사나 기타 의료인이 아니면서 영리 목적으로, 다친 허리에 대한 통증 치료를 의뢰하는 공소외 1을 상대로 통증의 부위와 정도, 증상 등을 묻고 눕게 한 다음, 양 엄지손가락을 이용하여 전신에 대하여 약 1시간 동안 지압을 하고 그 치료비로 금 1만 원을 받은 것을 비롯하여 매일 평균 5-6명의 환자를 상대로 같은 방법으로 치료행위를 하여 의료행위를 하였다.

## II. 논 점

1. 의료행위의 의미
2. 안마나 지압이 이에 해당하는지 여부(한정 적극)

## III. 법규연구

제25조 (무면허의료행위등 금지) ① 의료인이 아니면 누구든지 의료행위를 할 수 없으며 의료인도 면허된 이외의 의료행위를 할 수 없다. 다만, 다음 각호의 1에 해당하는 자는 보건복지부령이 정하는 범위안에서 의료행위를 할 수 있다.
  1. 외국의 의료인의 면허를 소지한 자로서 일정한 기간 국내에 체류하는 자
  2. 의과대학, 치과대학, 한의과대학, 종합병원 또는 외국의료원조기관의 의료봉사 또는 연구 및 시범사업을 위한 의료행위를 하는 자
  3. 의학·치과의학·한방의학 또는 간호학을 전공하는 학교의 학생

## 2. 보건범죄단속에 관한 특별조치법

제5조 (부정의료업자의 처벌) 의료법 제25조의 규정을 위반하여 영리를 목적으로 의사가 아닌 자가 의료행위를, 치과의사가 아닌 자가 치과의료행위를, 한의사가 아닌 자가 한방의료행위를 업으로 한 자는 무기 또는 2년이상의 징역에 처한다. 이 경우에는 100만원이상 1천만원이하의 벌금을 병과한다.

## IV. 관련 판례

### 1. 원심 (제주지법 1999. 9. 15. 선고 99노229 판결)

피고인의 위 지압행위는 의료행위에 해당한다고 볼 수 없거나 피고인이 의료행위에 해당하는 지압행위를 하였다고 단정할 증거가 없다 하여 위 공소사실에 대하여 <u>유죄를 선고한 제1심판결을 파기하고 무죄를 선고하였다.</u>

## 2. 대법원 (대법원 2000. 2. 25. 선고, 99도4542, 판결)

가. 의료행위란 의학적 전문지식을 기초로 하는 경험과 기능으로 진찰, 검안, 처방, 투약 또는 외과적 시술을 시행하여 하는 질병의 예방 또는 치료행위 및 그 밖에 의료인이 행하지 아니하면 보건위생상 위해가 생길 우려가 있는 행위를 의미한다 할 것이고(대법원 1974. 11. 26. 선고 74도1114 전원합의체 판결, 1999. 3. 26. 선고 98도2481 판결 등 참조), 안마나 지압이 의료행위에 해당하는지에 대해서는 그것이 단순한 피로회복을 위하여 시술하는데 그치는 것이 아니라 신체에 대하여 상당한 물리적인 충격을 가하는 방법으로 어떤 질병의 치료행위에까지 이른다면 이는 보건위생상 위해가 생길 우려가 있는 행위, 즉 의료행위에 해당한다고 보아야 할 것이다(대법원 1978. 5. 9. 선고 77도2191 판결 참조).

나. 피고인은 피고인을 찾아오는 사람들에게 아픈 부위와 증상을 물어본 다음 손을 이용하여 전신을 누르거나 문지르고, 또는 주무르거나 두드리는 등의 방법으로 기미, 여드름 등의 피부관리는 물론 만성두통, 불면증, 변비 등 각종 질병을 호소하는 사람들에게 마사지를 행하였다는 것이고, 또 원심은 안짱다리를 가진 사람, 좌반신 마비증세가 있는 사람 등에 대하여 치료목적의 지압행위를 하였다는 피고인의 진술에 대하여는, 그 진술이 단순히 자신의 치료효과를 과장하는 주장에 불과하여 사실이 아닌 것으로 보고, 가사 사실이라 하더라도 그 지압행위의 내용과 수준이 의료행위에 이를 정도로는 되지 않는다고 판단하였으나, 어떻든 피고인은 그 효과를 과장하였을지언정 스스로 치료목적의 지압행위를 한 사실을 시인하고 있다.

제1심이 적법하게 증거조사를 마친 검사 작성의 김율희에 대한 진술조서의 기재에 의하면 피고인이 경영하던 업소의 직원으로 있던 김율희는 피고인이 당뇨병이 있는 공소외 2, 기미가 심한 공소외 3, 다리가 심한 오형으로 휘어진 공소외 4, 온몸이 차갑고 허벅지 통증이 심한공 소외 1, 임신이 되지 않는 공소외 5, 어깨 결림증상과 여드름이 심한 공소외 6, 좌반신 마비증세가 있는 공소외 7, 얼굴에 기미가 많은 공소외 8 등에게 그 치료목적으로 지압행위를 하였다고 진술하고 있는 점(수사기록 48, 49, 50면)에 비추어 피고인의 위 진술을 단순히 자신의 치료효과를 과장하는 주장에 불과한 것으로 보아 이를 섣불리 배척하기는 어렵다고 보이고, 또한 피고인으로부터 지압을 받은 바 있는 공소외 8은 피고인으로부터 받은 지압은 통증을 느낄 정도로 힘껏 누르는 방법이었다고 진술하고 있다.

## V. 결 론

피고인이 행한 위와 같은 지압행위는 특정 질병의 치료목적으로 행하여진 것이고, 그 지압행위의 내용과 정도의 점에 비추어 볼 때, 그 지압행위의 대상이 뼈, 골격이나 신경계통이 아닌 피부나 근육 부위에 국한된다 하더라도 그로 인한 부작용 등을 우려하지 않을 수 없으므로, 의료인이 행하지 아니하면 보건위생상 위해가 생길 우려가 있는 행위, 즉 의료행위에 해당할 가능성이 많아 보인다.

## VI 유사판례

### 1. 침술행위가 의료행위에 해당하는지

의료행위란 의학적 전문지식을 기초로 하는 경험과 기능으로 진찰, 검안, 처방, 투약 또는 외과적 시술을 시행하여 하는 질병의 예방 또는 치료행위 및 그 밖에 의료인이 행하지 아니하면 보건위생상 위해가 생길 우려가 있는 행위를 의미하는 것인데, 침술행위는 경우에 따라서 생리상 또는 보건위생상 위험이 있을 수 있는 행위임이 분명하므로 현행 의료법상 한의사의 의료행위(한방의료행위)에 포함된다. (대법원 1999. 3. 26. 선고 98도2481 판결)

### 2. 주사기에 의한 약물투여 등의 주사가 의료행위에 해당하는지

의료법 제25조 제1항 소정의 의료행위란 의학적 전문지식을 기초로 하는 경험과 기능으로 진찰, 검안, 처방, 투약 또는 외과적 시술을 시행하여 하는 질병의 예방 또는 치료행위 이외에도 의료인이 행하지 아니하면 보건위생상 위해가 생길 우려가 있는 행위를 의미하는바, 주사기에 의한 약물투여 등의 주사는 그 약물의 성분, 그 주사기의 소독상태, 주사방법 및 주사량 등에 따라 인체에 위해를 발생시킬 우려가 높고 따라서 이는 의학상의 전문지식이 있는 의료인이 행하지 아니하면 보건위생상 위해가 생길 우려가 있는 행위임이 명백하므로 의료행위에 포함된다고 보아야 할 것이다. (대법원 1999. 6. 25. 선고 98도4716 판결)

# 제13절 약사가 환자를 자신 약국으로 안내하고 차량 제공

## I. 사례요지

피고인들은 약국 개설자들로서, 공모하여 용역업체를 통해 고용한 도우미들이 서울○○병원 동관 후문에서 약국을 정하지 않은 환자들에게 접근하여 자신들이 속한 ○○반 약사회의 회원 약국 중 미리 정해진 순번 약국으로 안내하는 등 소비자·환자를 유치하기 위한 호객행위를 하였다.

## II. 논 점

약사법 제47조 제1항 제4호 (나)목, 약사법 시행규칙 제44조 제1항 제2호의 입법취지 및 호객행위 등으로 인한 약사법 위반죄의 '고의'의 의미

## III. 법규연구

### 1. 약사법

제47조(의약품등의 판매 질서) ① 다음 각 호의 어느 하나에 해당하는 자는 의약품등의 유통 체계 확립과 판매 질서 유지를 위하여 다음 사항을 지켜야 한다.

4. 의약품공급자, 약국등의 개설자 및 그 밖에 이 법에 따라 의약품을 판매할 수 있는 자는 다음 각 목의 사항을 준수하여야 한다.

 가. 불량·위해 의약품 유통 금지, 의약품 도매상의 의약품 유통품질관리기준 준수 등 의약품등의 안전 및 품질 관련 유통관리에 관한 사항으로서 총리령으로 정하는 사항

 나. 매점매석(買占賣惜) 등 시장 질서를 어지럽히는 행위, 약국의 명칭 등으로 소비자를 유인하는 행위나 의약품의 조제·판매 제한을 넘어서는 행위를 금지하는 등 의약품 유통 관리 및 판매질서 유지와 관련한 사항으로서 보건복지부령으로 정하는 사항

제95조(벌칙) ① 다음 각 호의 어느 하나에 해당하는 자는 1년 이하의 징역 또는 1천만원 이하의 벌금에 처한다.

8. 제47조제1항(제47조제1항제3호나목은 제외하며, 제44조의6제1항에서 준용하는 경우를 포함한다)·제4항 또는 제85조제9항을 위반한 자

### 2. 약사법 시행규칙

제44조(의약품 유통관리 및 판매질서 유지를 위한 준수사항) ① 법 제47조제1항제4호나목에 따라 의약품의 품목허가를 받은 자, 수입자, 의약품 도매상(이하 "의약품공급자"라 한다), 약국등의 개설자, 그 밖에 법의 규정에 따라 의약품을 판매할 수 있는 자는 매점매석 등 시장질서를 어지럽히는 행위를 방지하기 위하여 다음 각 호의 사항을 준수하여야 한다.

2. 의약품 도매상 또는 약국등의 개설자는 현상품(懸賞品)·사은품 등 경품류를 제공하거나 소비자·환자 등을 유치하기 위하여 호객행위를 하는 등의 부당한 방법이나 실제로 구입한 가격(사후 할인이나 의약품의 일부를 무상으로 제공받는 등의 방법을 통하여 구입한 경우에는 이를 반영하여 환산한 가격을 말한다) 미만으로 의약품을 판매하여 의약품 시장질서를 어지럽히거나 소비자를 유인하지 아니할 것

## IV. 관련 판례

### 1. 원심 (서울동부지법 2020. 11. 27. 선고 2020노37 판결)

피고인들이 서울○○병원 환자들에 대한 이 사건 안내행위가 약사법이 금지한 호객행위 내지 소비자를 유인하는 행위임을 인식하였다고 인정하기 부족하다는 이유로, 이를 유죄로 판단한 제1심판결을 파기하고 무죄를 선고하였다.

### 2. 대법원 (대법원 2022. 5. 12., 선고, 2020도18062, 판결)

약사법 제47조 제1항 제4호 (나)목은 '약국 개설자 등 의약품을 판매할 수 있는 자는 의약품 등의 유통체계 확립과 판매질서 유지를 위하여 매점매석 등 시장질서를 어지럽히는 행위, 약국의 명칭 등으로 소비자를 유인하는 행위나 의약품의 조제·판매 제한을 넘어서는 행위를 금지하는 등 의약품 유통관리 및 판매질서 유지와 관련한 사항으로서 보건복지부령으로 정하는 사항을 준수하여야 한다.'고 규정하고, 약사법 제95조 제1항 제8호는 약국 개설자 등이 이를 위반한 경우 1년 이하의 징역 또는 1천만원 이하의 벌금에 처하도록 규정하고 있다. 이에 따라 보건복지부령인 약사법 시행규칙 제44조 제1항 제2호는 '의약품 유통관리 및 판매질서를 위한 준수사항'으로 '의약품 도매상 또는 약국 등의 개설자는 현상품·사은품 등 경품류를 제공하거나 소비자·환자 등을 유치하기 위하여 호객행위를 하는 등의 부당한 방법이나 실제로 구입한 가격 미만으로 의약품을 판매하여 의약품 시장질서를 어지럽히거나 소비자를 유인하지 아니할 것'을 규정하고 있다. 이는 의약품 판매질서의 적정을 기하여 국민보건 향상에 기여함을 목적으로 하는 약사법의 입법취지나 그 목적을 달성하기 위해 약국 개설자 등 의약품 판매자의 불건전한 영업행위 등을 제한하고자 함에 있다.

이와 같은 호객행위 등으로 인한 약사법 위반죄의 '고의'란 약국 개설자 등이 자신의 행위가 의약품 시장질서를 어지럽히는 호객행위나 소비자를 유인하는 행위 등이라는 객관적 구성요건을 충족하였음을 인식하는 것을 의미한다.

## V. 결 론

약국들의 호객행위 등이 지속되면서 약국들 상호 간 분쟁이나 갈등이 심화되자, 피고인들이 속한 회원 약국들은 약국 간 분쟁이나 갈등을 낮추려는 의도로 위 안내행위를 한 점, 위 안내행위는 불특정 다수인 비지정환자의 자유로운 의사와 무관하게 특정 약국으로 안내하므로 비지정환자의 약국 선택권이 침해될 가능성이 상당히 높은 점, 일부 지역의 약국들이 영리 목적으로 담합하여 비지정환자에게 자신들의 약국들로만 안내한 것으로, 실질적으로는 '공동 호객행위'의 한 형태로 보이는 점 등을 종합하면, 피고인들은 위 안내행위가 약사법이 금지한 호객행위 등에 해당함을 인식하였다고 볼 여지가 많다.

# 제14절 포장을 제거하고 재포장한 경우가 의약외품의 제조행위에 해당하는지

## Ⅰ. 사례요지

피고인 甲 주식회사의 실질적인 대표자이자 사용인인 피고인 乙이 제조업신고를 하지 아니하고 다른 제조업자로부터 공급받은 멸균장갑 등 의약외품의 포장을 개봉하여 새로 포장한 후 피고인 甲 회사에서 새로 제작한 것처럼 명칭, 유효기한 등을 임의로 기재하여 제조·판매하였다.

## Ⅱ. 논 점

1. 약사법상 의약외품의 제조를 신고사항으로 하고, 품목별로 허가를 받게 하는 등 제조·판매에 관한 엄격한 법적 규제를 하는 취지
2. 약사법 제31조 제4항에서 정한 '의약외품의 제조'의 의미 및 의약외품의 포장을 제거하고 재포장한 경우가 의약외품의 제조행위에 해당하는지 판단하는 방법

## Ⅲ. 법규연구 (약사법)

제31조(제조업 허가 등) ④ 의약외품의 제조를 업으로 하려는 자는 대통령령으로 정하는 시설기준에 따라 필요한 시설을 갖추고 식품의약품안전처장에게 제조업신고를 하여야 하며, 품목별로 품목허가를 받거나 품목신고를 하여야 한다.

## Ⅳ. 관련 판례

### 1. 원심 (수원지법 2016. 11. 18. 선고 2015노7192 판결)

제조업신고를 하지 아니하고 다른 제조업자로부터 공급받은 멸균장갑 등 의약외품의 포장을 개봉하여 새로 포장한 후 피고인 회사에서 새로 제작한 것처럼 명칭, 유효기한 등을 임의로 기재하여 제조·판매한 약사법위반의 점에 대하여, <u>장갑 등의 개봉과 포장 과정에서 화학적 변화를 일으킬 수 있는 의약품 등이 첨가되지 않았고 그 제품의 성상이나 용법 등이 변경되지 않아 의약외품의 제조행위로 볼 수 없다는 이유로 이 부분 공소사실에 대하여 무죄를 선고하였다.</u>

### 2. 대법원 (대법원 2018. 6. 15., 선고, 2016도20406, 판결)

약사법상 의약외품의 제조를 신고사항으로 하고, 품목별로 허가를 받게 하는 등 제조·판매에 관한 엄격한 법적 규제를 하는 이유는 의약외품의 직·간접적인 약리작용

으로 사람 또는 동물 등의 건강에 대한 적극적인 위험을 발생시킬 우려가 있다는 점과 의약외품의 명칭, 제조업자, 제조연월일, 성분 등을 의약외품의 포장 등에 표시하도록 하여 의약외품의 품질, 유효성 및 안전성을 확보함으로써 국민의 보건위생상의 위해를 미연에 방지하기 위함이다. 약사법 제31조 제4항의 <u>'의약외품의 제조'</u> 란 의약품 이외 <u>의 물품으로서 일반의 수요에 응하기 위하여 일정한 작업에 따라 식품의약품안전처장 이 지정한 물품을 산출하는 행위라 할 것이다.</u>

의약외품의 포장을 제거하고 재포장한 경우가 의약외품의 제조행위에 해당하는지 여부는 제품의 성분과 외관, 제조시설 및 제조방법, 제품 포장의 표시 내용, 판매할 때의 설명 및 선전내용, 사회 일반인의 인식가능성 등을 고려하되, 재포장 과정에서 원래 제품의 변질가능성이나 제품명, 제조연월일 등 재포장 표시에 의하여 원래 제품과의 동일성이 상실되어 별개의 제품으로 오인할 가능성 등도 함께 참작하여 제조행위에 해당하는지를 판단하여야 한다.

## V. 결 론

피고인들은 다수의 의약외품 제조업체로부터 포장이 봉함된 의약외품 뿐만 아니라 반제품 또는 포장되지 않은 상태의 제품을 공급받아 피고인 甲 회사 작업장에서 포장 기계 등을 이용하여 완제품 형태로 포장하였는데, 그 과정에서 봉함된 포장을 개봉하거나 개별 포장 후 피고인 甲 회사에서 별도로 제작한 상자에 필요한 개수만큼 넣고 포장하여 대량으로 제작·판매한 점, 그 제품 포장에는 피고인 甲 회사가 제조한 것처럼 겉면에 피고인 甲 회사 상호를 표시하고, 제품의 용도, 용법, 용량, 유효기간 등을 기재하였으며, 일부 제품에는 그 자체 소포장에도 피고인 甲 회사의 상호를 표시한 점, 피고인 甲 회사의 인터넷 홈페이지에는 피고인 甲 회사가 의약품도 제조하는 것처럼 표시하고 개별 의약외품에 대한 제조업체를 '주문자 상표 부착 생산'으로 표시하여 피고인 甲 회사를 제조업체인 것처럼 선전·판매한 점 등 제반 사정을 종합하면, <u>일반인의 입장에서 피고인 甲 회사를 제조업체로 오인하거나 원래 제품과의 동일성을 상실하여 별개의 제품으로 여길 가능성이 커 피고인들의 재포장행위는 의약외품 제조 행위로 볼 여지가 있다.</u>

# 제15절 공중위생 관리법상 네일미용업 신고의 주체가 문제된 사건

## I. 사례요지

사건 각 점포는 피고인이 대표이사인 이 사건 회사의 명의로 임차한 것이고, 그 내부 설비 역시 이 사건 회사의 소유이다. 이 사건 점포에서 근무한 공소외인은 수사기관에서 '이 사건 회사는 점주라는 개념이 없고 모두 본사에서 채용된 직원이다. 본사에서 미용업 신고를 하라고 하여 이 사건 적발 이후 자신이 근무한 점포에서 미용업 신고를 한 사실이 있다. 본사에서는 평소 아무런 공지가 없다가 경찰에 적발되면 이 사건 회사 매출명세시스템에 미용업 신고를 하라는 공지를 올렸다.'는 취지로 진술하였다.

## II. 논 점

영업신고를 하지 않고 네일미용업을 한 위반행위의 주체가 누구인지 여부

## III. 법규연구 (공중위생관리법)

제2조(정의) ① 이 법에서 사용하는 용어의 정의는 다음과 같다.

5. "미용업"이라 함은 손님의 얼굴, 머리, 피부 및 손톱·발톱 등을 손질하여 손님의 외모를 아름답게 꾸미는 다음 각 목의 영업을 말한다.

　다. 네일미용업: 손톱과 발톱을 손질·화장(化粧)하는 영업

제3조(공중위생영업의 신고 및 폐업신고) ① 공중위생영업을 하고자 하는 자는 공중위생영업의 종류별로 보건복지부령이 정하는 시설 및 설비를 갖추고 시장·군수·구청장(자치구의 구청장에 한한다. 이하 같다)에게 신고하여야 한다. 보건복지부령이 정하는 중요사항을 변경하고자 하는 때에도 또한 같다.

제20조(벌칙) ② 다음 각호의 1에 해당하는 자는 1년 이하의 징역 또는 1천만원 이하의 벌금에 처한다.

1. 제3조제1항 전단에 따른 신고를 하지 아니하고 공중위생영업(숙박업은 제외한다)을 한 자

## IV. 관련 판례

### 1. 원심 (인천지방법원 2021. 6. 25. 선고 2020노1982 판결)

이 사건 위반행위의 주체를 이 사건 각 점포에서 직접 네일미용시술을 한 사람들이 아닌, 이 사건 회사의 대표이사인 피고인으로 보아 영업신고를 하지 않고 공중위생영업을 하였다고 기소된 이 사건 공소사실을 <u>유죄로 판단한 제1심판결을 그대로 유지하였다.</u>

## 2. 대법원 (대법원 2021. 12. 10. 선고 2021도8993 판결)

공중위생관리법 제3조 제1항 전단에 의하면 공중위생영업의 신고의무는 '공중위생영업을 하고자 하는 자'에게 부여되어 있고, 여기서 '영업을 하는 자'라 함은 영업으로 인한 권리의무의 귀속주체가 되는 자를 의미하는 점(대법원 2008. 3. 27. 선고 2008도89 판결 참조), 설령 직접 네일미용시술을 한 개별 행위자들이 근로기준법상 근로자 지위가 인정되지 않는다고 할지라도 행정적으로 관할 관청에 대하여 영업신고의무를 부담할 '영업자'로 취급되어야 하는 것은 아닌 점 등을 더하여 보면, <u>피고인을 이 사건 미신고 공중위생영업으로 인한 위반행위의 주체로 인정한 원심의 판단이 타당하다.</u>

## V. 결 론

대법원은, 공중위생관리법상 영업 신고의무는 '공중위생영업을 하고자 하는 자'에게 부여되어 있고, '영업을 하는 자'라 함은 영업으로 인한 권리의무의 귀속주체가 되는 자를 의미하는 점, 설령 직접 네일미용시술을 한 개별 행위자들이 근로기준법상 근로자 지위가 인정되지 않는다고 할지라도 행정적으로 관할관청에 대하여 영업신고의무를 부담할 '영업자'로 취급되어야 하는 것은 아닌 점 등을 추가로 고려하여, 원심을 수긍하였다.

# 제16절 체육시설업소에 목욕·발한 서비스시설 제공 가능여부

## Ⅰ. 사례요지

피고인은 지하 2층에서 '○○'라는 상호로 체력단련장업(면적: 351㎡)을 운영하고 있다. 피고인이 체력단련장 내에 설치한 이 사건 목욕 관련 시설은 전체 면적이 220㎡로서 ① 남성용의 경우, 150㎡의 면적에 욕탕 3개, 발한실 2개를 갖추고 있고, ② 여성용의 경우, 70㎡의 면적에 욕탕 2개, 발한실 2개를 갖추고 있다. 피고인은 '호텔식 사우나', '냉·온탕, 습·건식 사우나'와 같은 문구를 내세워 옥외 광고를 하면서 체력단련장을 이용하는 유료 회원들에게 이 사건 목욕 관련 시설을 이용하도록 하였다.

## Ⅱ. 논 점

1. 체육시설업자가 체육시설에 딸린 장소에서 체육시설을 이용하는 사람에게 목욕·발한 서비스를 제공하는 것이 공중위생관리법 제3조에서 정한 신고의무를 지는 '목욕장업'에 해당하는지 판단하는 기준
2. 체육시설을 운영하는 사람이 설치한 목욕시설이 공중위생관리법 제2조 제1항 제3호 단서, 공중위생관리법 시행령 제2조 제2항 각호에서 정한 '목욕장업에서 제외되는 시설'에 해당하는지 여부(소극)

## Ⅲ. 법규연구 (공중위생관리법)

제2조(정의) ① 이 법에서 사용하는 용어의 정의는 다음과 같다.
　3. "목욕장업"이라 함은 다음 각목의 어느 하나에 해당하는 서비스를 손님에게 제공하는 영업을 말한다. 다만, 숙박업 영업소에 부설된 욕실 등 대통령령이 정하는 경우를 제외한다.
　가. 물로 목욕을 할 수 있는 시설 및 설비 등의 서비스
　나. 맥반석·황토·옥 등을 직접 또는 간접 가열하여 발생되는 열기 또는 원적외선 등을 이용하여 땀을 낼 수 있는 시설 및 설비 등의 서비스
제3조(공중위생영업의 신고 및 폐업신고) ① 공중위생영업을 하고자 하는 자는 공중위생영업의 종류별로 보건복지부령이 정하는 시설 및 설비를 갖추고 시장·군수·구청장(자치구의 구청장에 한한다. 이하 같다)에게 신고하여야 한다. 보건복지부령이 정하는 중요사항을 변경하고자 하는 때에도 또한 같다.
제20조(벌칙) ② 다음 각호의 1에 해당하는 자는 1년 이하의 징역 또는 1천만원 이하의 벌금에 처한다.
　1. 제3조제1항 전단에 따른 신고를 하지 아니하고 공중위생영업(숙박업은 제외한다)을 한 자

## Ⅳ. 관련 판례

### 1. 원심 (서울중앙지방법원 2017. 1. 26. 선고 2016노4294 판결)

피고인은 공중위생관리법 제2조 제1항 제3호에서 정한 '목욕장업'을 영위하였음이 충분히 인정된다.

### 2. 대법원 (대법원 2017. 7. 11. 선고 2017도2793 판결)

가. 공중위생관리법규의 문언, 체계와 목적 등에 비추어, 체육시설업자가 체육시설에 딸린 장소에서 체육시설을 이용하는 사람에게 목욕·발한 서비스를 제공하는 것이 공중위생관리법 제3조에서 정한 신고의무를 지는 '목욕장업'에 해당하는지는, 목욕·발한 시설의 내용과 규모, 전체 체육시설에서 목욕·발한 시설이 차지하는 비중, 영업자의 광고·홍보 내역, 해당 서비스를 계속·반복적으로 제공하고 있는지 등을 고려하여 '공중이 이용하는 영업의 위생관리 등에 관한 사항을 규정함으로써 위생수준을 향상시켜 국민의 건강증진에 기여'하고자 하는 공중위생관리법의 입법목적과 이를 달성하기 위한 시설기준, 위생관리기준 등에 비추어 종합적으로 판단하여야 한다.

공중위생관리법 제2조 제1항 제3호 단서는 숙박업 영업소에 부설된 욕실 등 대통령령이 정하는 경우를 '목욕장업'에서 제외하고 있고, 그 위임에 따라 공중위생관리법 시행령 제2조 제2항은 목욕장업에서 제외되는 시설로 숙박업 영업소에 부설된 욕실(제1호), 「체육시설의 설치·이용에 관한 법률(이하 '체육시설법'이라 한다)」에 의한 종합체육시설업의 체온 관리실(제2호), 「농어촌정비법」에 따른 농어촌민박사업용 시설에 부속된 욕실, 「산림문화·휴양에 관한 법률」에 따라 자연휴양림 안에 설치된 시설에 부속된 욕실, 「청소년활동진흥법」 제10조 제1호에 의한 청소년 수련시설에 부속된 욕실, 「관광진흥법」 제4조에 따라 등록한 외국인관광 도시민박업용 시설에 부설된 욕실(제3호)을 규정하고 있다.

그러나 위 규정에서 말하는 '종합체육시설업의 체온 관리실'이 아니라 체육시설을 운영하는 사람이 목욕시설을 설치한 경우에는 법 제2조 제1항 제3호 단서, 공중위생관리법 시행령 제2조 제2항 각호의 시설에 해당한다고 볼 수 없다. 목욕장업에서 제외되는 시설을 정한 공중위생관리법 시행령 제2조 제2항은 단순히 주된 시설의 이용에 당연히 목욕시설의 이용이 수반된다는 이유만으로 목욕장업에서 제외한 것이 아니라, 이미 다른 관계 법령에 의해서 규율이 이루어지고 있음을 고려한 것이다.

반면, 체육시설법 제11조 제1항, 체육시설법 시행규칙 제8조 [별표 4] 제1호 나목

(1)에서는 체육시설법상의 종합체육시설업이 아닌 신고 체육시설업에 대해서는 임의로 설치할 수 있는 편의시설의 하나로 '목욕시설' 을 규정하면서도 '관계 법령에 따라' 설치할 수 있다고 정하고 있을 뿐 구체적인 설치기준이나 위생관리기준을 규정하고 있지 않다. 이는 국민 건강위생상 위해의 발생 가능성을 고려해서 공중위생관리법 등에 의한 위생관리기준에 따른 규율을 예정하고 있는 것이라고 볼 수 있다.

## V. 결 론

이 사건 목욕 관련 시설의 내용과 규모, 전체 체육시설에서 목욕·발한 시설이 차지하는 비중, 피고인이 고객유치를 위해서 이 사건 목욕 관련 시설을 적극 광고·홍보한 점 등에 비추어 공중위생관리법에서 정한 신고의무를 지는 '목욕장업' 에 해당하고, 공중위생관리법령에서 정한 목욕장업 제외 시설에 해당하지 않는다.

# 제17절 의료기기 사용하는 피부미용업이 공중위생 관리법상 금지되는지

## I. 사례요지

피고인은 의료기기 판매(임대)업 신고를 하고 이 사건 사업장에 의료기기인 '□□ v3', '◇◇', '☆☆' 등을 구비하여 놓고 손님들에게 회원권을 판매하여 위 의료기기를 사용할 수 있도록 하였다. 개인용 광선조사기 '☆☆'는 피부관리 기능이 있는 의료기기에 해당하는데, '☆☆'를 사용하는 손님들은 스스로 초음파 젤 등을 얼굴에 바른 뒤 '☆☆' 본체에 연결된 초음파 자극기 등으로 직접 얼굴을 마사지하였다. 피고인 및 피고인의 직원은 손님들에게 의료기기의 사용법을 알려주고, 의료기기, 초음파 젤, 앰플, 물티슈 등의 설비 및 물품을 제공할 뿐 손님들의 피부를 직접 손질하여 주지는 아니하였다.

## II. 논 점

1. 의료기기를 사용하는 피부미용업이 공중위생관리법상 금지되는지 여부(적극)
2. 같은 법 시행령 제4조 제2호 (나)목이 같은 법상 허용되는 적법한 피부미용업의 범위를 규정한 것인지 여부(적극)
3. 적법한 피부미용업 신고의 요건을 갖추지 못하여 신고라는 규제 절차를 회피하고자 신고를 하지 아니한 경우, 같은 법 제20조 제1항 제1호 위반죄가 성립하는지 여부 (원칙적 적극)
4. 공중위생관리법 제2조 제1항 제5호에서 규정한 '미용업'의 정의 중 '손질'의 의미 및 미용업에 해당하기 위하여 손님의 외모를 아름답게 꾸미기 위한 직·간접적인 신체접촉이 필요한지 여부(적극)

## III. 법규연구 (공중위생관리법)

제3조(공중위생영업의 신고 및 폐업신고) ① 공중위생영업을 하고자 하는 자는 공중위생영업의 종류별로 보건복지부령이 정하는 시설 및 설비를 갖추고 시장·군수·구청장(자치구의 구청장에 한한다. 이하 같다)에게 신고하여야 한다. 보건복지부령이 정하는 중요사항을 변경하고자 하는 때에도 또한 같다.

제4조(공중위생영업자의 위생관리의무등) ⑦ 제1항 내지 제6항의 규정에 의하여 공중위생영업자가 준수하여야 할 위생관리기준 기타 위생관리서비스의 제공에 관하여 필요한 사항으로서 그 각항에 규정된 사항외의 사항 및 감염병환자 기타 함께 출입시켜서는 아니되는 자의 범위와 목욕장내에 둘 수 있는 종사자의 범위등 건전한 영업질서유지를 위하여 영업자가 준수하여야 할 사항은 보건복지부령으로 정한다.

제20조(벌칙) ② 다음 각호의 1에 해당하는 자는 1년 이하의 징역 또는 1천만원 이하의 벌금에 처한다.

1. 제3조제1항 전단에 따른 신고를 하지 아니하고 공중위생영업(숙박업은 제외한다)을 한 자

## IV. 관련 판례

### 1. 원심 (대전지방법원 2015. 8. 19. 선고 2015노1216 판결)

의료기기를 사용하지 않는 피부관리 영업만이 공중위생관리법상의 미용업에 해당하고 그러한 미용업을 하는 경우에 한하여 공중위생영업으로서 신고의무가 발생한다고 보아, 신고하지 아니하고 의료기기를 사용하는 피부관리 영업의 경우 공중위생관리법 제20조 제1항 제1호의 벌칙 적용에서 제외된다.

손님의 얼굴·머리·피부 등을 손질하는 경우에 해당한다고 인정하기 어려우므로 공중위생관리법상 '미용업'으로 볼 수 없다.

### 2. 대법원 (대법원 2016. 5. 12., 선고, 2015도13698, 판결)

가. 공중위생관리법 제3조 제1항은 "공중위생영업을 하고자 하는 자는 공중위생영업의 종류별로 보건복지부령이 정하는 시설 및 설비를 갖추고 시장·군수·구청장에게 신고하여야 한다."라고 규정하고, 제20조 제1항 제1호는 "제3조 제1항 전단의 규정에 의한 신고를 하지 아니한 자는 1년 이하의 징역 또는 1천만 원 이하의 벌금에 처한다."라고 규정한다.

그리고 공중위생관리법 시행령 제4조 제2호 (나)목은 "미용업(피부): 의료기기나 의약품을 사용하지 아니하는 피부상태분석·피부관리·제모·눈썹손질을 하는 영업"이라고 규정하고, 공중위생관리법 제4조 제7항, 공중위생관리법 시행규칙 제7조 및 [별표 4] '공중위생영업자가 준수하여야 하는 위생관리기준 등' 제4호 (나)목은 "피부미용을 위하여 약사법에 따른 의약품 또는 의료기기법에 따른 의료기기를 사용하여서는 아니된다."라고 규정하며, 공중위생관리법 제20조 제2항 제3호는 "제4조 제7항의 규정에 위반하여 건전한 영업질서를 위하여 공중위생영업자가 준수하여야 할 사항을 준수하지 아니한 자는 6월 이하의 징역 또는 500만 원 이하의 벌금에 처한다."라고 규정한다. 위와 같은 법령의 규정과 취지를 종합하면, 의료기기를 사용하는 피부미용업은 공중위생관리법상 금지되어 있고, 공중위생관리법 시행령 제4조 제2호 (나)목은 공중위생관리법상 허용되는 적법한 피부미용업의 범위를 규정하는 것으로 볼 수 있다.

그리고 공중위생관리법 제20조 제1항 제1호 위반죄는 적법한 피부미용업 신고를 할 수 있는데도 스스로 이를 하지 아니한 경우뿐만 아니라, 적법한 피부미용업 신고의 요건을 갖추지 못한 탓에 피부미용업 신고라는 규제 절차를 회피하고자 피부미용업 신고를 하지 아니한 경우에도 특별한 사정이 없는 한 성립할 수 있다(대법원 2013. 10. 24. 선고 2011도12708 판결 참조).

나. 그런데 공중위생관리법 제2조 제1항 제1호는 " '공중위생영업' 이라 함은 다수인을 대상으로 위생관리서비스를 제공하는 영업으로서 숙박업·목욕장업·이용업·미용업·세탁업·위생관리용역업을 말한다."라고 규정하고, 제2조 제1항 제5호는 " '미용업' 이라 함은 손님의 얼굴·머리·피부 등을 손질하여 손님의 외모를 아름답게 꾸미는 영업을 말한다."라고 규정한다. 여기서 '손질' 이란 손을 대어 잘 매만지는 일을 의미한다. 따라서 피고인의 이 사건 영업이 공중위생관리법상 <u>'미용업'에 해당하기 위하여는</u> <u>손님의 얼굴, 머리, 피부 등에 손을 대어 매만지는 행위, 즉 손님의 외모를 아름답게 꾸미기 위한 직·간접적인 신체접촉이 필요한 것으로 볼 수 있다.</u>

## V. 결 론

원심이 그 판시와 같은 이유로 의료기기를 사용하지 않는 피부관리 영업만이 공중위생관리법상의 미용업에 해당하고 그러한 미용업을 하는 경우에 한하여 공중위생영업으로서 신고의무가 발생한다고 보아, <u>신고하지 아니하고 의료기기를 사용하는 피부관리 영업의 경우 공중위생관리법 제20조 제1항 제1호의 벌칙 적용에서 제외된다는 취지의 법리를 전제로 판단한 것은 잘못이다.</u>

피고인의 영업형태는 손님의 얼굴·머리·피부 등을 손질하는 경우에 해당한다고 인정하기 어려우므로 <u>공중위생관리법상 미용업' 으로 볼 수 없다.</u>

# 제18절 청소년을 동행하여 심야시간대 찜질방에 출입할 수 있는 보호자 의미와 판단기준

## Ⅰ. 사례요지

피고인은 찜질방을 운영하는 사람인바, 피고인의 종업원인 공소외 3이 2007. 10. 27. 00:00경 위 찜질방에 보호자의 동행 없는 청소년인 공소외 1(여, 14세), 공소외 2(여, 12세)를 출입시켜 피고인의 업무에 관하여 위반행위를 하였다.

## Ⅱ. 논 점

공중위생관리법 시행규칙 제7조 [별표 4] 제2호 (라)목 (10)에서 말하는 '청소년이 동행하여 심야시간대의 찜질방에 출입할 수 있는 보호자'의 의미 및 그 판단기준

## Ⅲ. 법규연구

### 1. 공중위생관리법

제2조(정의) ① 이 법에서 사용하는 용어의 정의는 다음과 같다.
  3. "목욕장업"이라 함은 다음 각목의 어느 하나에 해당하는 서비스를 손님에게 제공하는 영업을 말한다. 다만, 숙박업 영업소에 부설된 욕실 등 대통령령이 정하는 경우를 제외한다.
  가. 물로 목욕을 할 수 있는 시설 및 설비 등의 서비스
  나. 맥반석·황토·옥 등을 직접 또는 간접 가열하여 발생되는 열기 또는 원적외선 등을 이용하여 땀을 낼 수 있는 시설 및 설비 등의 서비스

### 2. 공중위생관리법 시행규칙

제7조(공중위생영업자가 준수하여야 하는 위생관리기준 등) 법 제4조제7항의 규정에 의하여 공중위생영업자가 건전한 영업질서유지를 위하여 준수하여야 하는 위생관리기준 등은 별표 4와 같다.
[별표 4] 공중위생영업자가 준수하여야 하는 위생관리기준 등(제7조관련)
  2. 목욕장업자
  라. 그 밖의 준수사항
(10) 법 제2조제1항제3호나목에 따른 서비스를 제공하는 목욕장업으로서 24시간 영업을 하는 영업소의 경우에는 오후 10시부터 오전 5시까지의 범위에서 시·도지사가 법 제9조의2에 따라 정하는 시간에는 청소년(「청소년보호법」에서 정한 청소년을 말한다. 이하 같다)의 출입을 제한하여야 한다. 다만, 친권자 또는 후견인이 동행하거나 친권자 또는 후견인의 출입동의서를 받은 경우, 그 밖에 친권자를 대신하여 청소년을 보호하는 자, 「초·중등교육법」에 따른 소속 학교의 교원 또는 이에 준하여 청소년을 지도·감독할 수 있는 지위에 있는 자를 동반하는 경우에는 그러하지 아니하다.

## IV. 관련 판례

### 1. 원심 (창원지법 2008. 12. 4. 선고 2008노1875 판결 )

공중위생관리법, 동법 시행규칙 등은 이 사건 찜질방과 같이 24시간 영업을 하는 영업소에는 보호자의 동행이 없는 경우 22:00부터 05:00까지 청소년의 출입을 제한하도록 하고 있는바, 위 법의 입법취지 및 찜질방의 영업 형태, 찜질방이 청소년에게 미칠 수 있는 유해성의 정도 등을 고려하여 본다면, 위 법령에서 말하는 보호자란 반드시 청소년의 부모나 친족관계에 있는 사람으로 제한되는 것은 아니고, 외관상으로 보기에 청소년을 건전하게 보호할 의사나 능력이 없는 것으로 의심할 만한 특별한 사정이 없는 한, 청소년을 심야의 찜질방의 유해한 환경으로부터 보호·계도할 수 있는 정도의 의사나 능력을 갖춘 사람 정도면 족하다고 할 것이다.

이 사건 찜질방의 종업원인 공소외 3은 원심 판시 일시경 성명불상남과 청소년들이 찜질방으로 와서 성명불상남이 자신을 청소년들의 오빠라고 이야기하자 더 이상의 특별한 조치 없이 그들을 위 찜질방에 입장시킨 사실을 인정할 수 있으나, 기록상 위 성명불상남이 청소년들을 보호할 의사나 능력이 없는 것으로 의심할 만한 특별한 사정을 찾아볼 수 없어, 결국 위 성명불상남이 위 법령상 보호자가 아니라고 볼 만한 자료는 없으므로 위 성명불상남이 법령상의 보호자가 아니라는 검사의 주장은 이유 없다.

### 2. 대법원 (대법원 2009. 3. 26. 선고 2008도12065 판결 )

가. 공중위생관리법 시행규칙과 청소년보호법의 청소년유해업소출입규제에 관한 규정의 내용 및 그 입법 취지, 심야시간대의 찜질방이 청소년에 미치는 유해성의 정도에 비추어 볼 때, 공중위생관리법 시행규칙 제7조 [별표 4] 제2호 (라)목 (10)에서 말하는 청소년이 동행하여 심야시간대의 찜질방에 출입할 수 있는 보호자란 심야시간대의 찜질방이라는 공간적·시간적 범위 내에서 친권자 또는 친권자를 대신하여 동행한 청소년을 유해한 환경으로부터 보호·계도할 수 있는 정도의 의사와 능력을 갖춘 자를 뜻하며, 이러한 자격을 갖추었는지 여부는 찜질방에 동행하여 출입하는 청소년과 보호자의 의사뿐만 아니라, 청소년과 그를 동행한 보호자의 각 연령 및 그들 사이의 관계, 동행하여 찜질방에 출입하게 된 경위 등을 종합하여 객관적으로 판단하여야 한다.

나. 심야시간에 20대 후반의 남자가 인터넷 채팅을 통하여 만난 가출 청소년들과 함께 찜질방에 입장하면서 위 청소년들의 오빠로 행세하자 그를 위 청소년들의 보호자로

오인하여 위 청소년들을 입장시킨 사안에서, 위 남자가 공중위생관리법 시행규칙 제7조 [별표 4] 제2호 (라)목 (10)에서 말하는 청소년이 동행하여 심야시간대의 찜질방에 출입할 수 있는 보호자에 해당하지 않으나, 종업원에게 그에 관한 미필적 인식이 없다.

## V. 결 론

위 찜질방의 종업원 공소외 3은 위 청소년들의 오빠로 행세하는 성명불상남을 위 청소년들의 보호자로 오인하여 그와 동행한 위 청소년들을 입장시켰던 것으로 보이고, 당시 성명불상남과 위 청소년들의 외관이나 태도 등에 비추어 객관적으로 성명불상남이 위 청소년들에 대하여 이 사건 규정에서 말하는 보호자에 해당하지 않는다고 의심할 만한 사정을 찾아보기 어려운 이상 공소외 3에게 이들의 관계를 확인할 의무가 있었다고 보기도 어려우며, 달리 공소외 3에게 성명불상남이 위 청소년들의 보호자가 아니라는 점에 대한 미필적 인식이 있었음을 인정할 만한 자료도 없다.

# 제19절 별도 장소에서 만든 음식을 자신 운영 직영점에 공급 행위

## I. 사례요지

> 피고인 2회사의 대표자인 피고인 1은 서울 은평구에 있는 상가를 피고인 2 회사 명의로 임차하여 피고인 2회사의 사무실로 사용하다가 그곳에 냉장고, 싱크대, 회전식국솥, 가스레인지, 작업용선반 등을 설치하고 시래기, 콩나물, 취나물, 무생채 등 나물류 4종을 만든 다음 피고인 2회사가 직영하는 음식점인 은평점, 평촌점, 잠실점, 김포공항점, 인천공항점에 공급하여 손님에게 주문한 음식의 반찬으로 제공하였다.

## II. 논 점

1. 식품위생법상 식품제조·가공업과 식품접객업 중 일반음식점영업의 의미 및 위 각 영업을 구별하는 요소
2. 특정 영업소에 관하여 식품접객업 중 일반음식점영업 신고를 마친 사람이 별개의 장소에서 식품제조·가공업을 하려면 해당 장소를 영업소로 하여 식품제조·가공업 등록의무를 이행해야 하는지 여부(적극)
3. 동일인이 별개의 장소에서 식품제조·가공업과 일반음식점영업을 각각 영위하고 있더라도 자신이 제조·가공한 식품을 보관·운반시설을 이용하여 그 음식점에 제공하는 행위는 별개 사업자 간의 거래로서 유통과정을 거치는 행위인지 여부(적극)
4. 피고인들이 별도의 장소에서 나물반찬을 만들어 자신들이 운영하는 여러 직영점에 공급한 행위가 식품위생법 시행령 제21조 제1호에서 정한 '식품제조·가공업'을 한 것에 해당하는지 여부

## III. 법규연구

### 1. 식품위생법

> 제36조(시설기준) ① 다음의 영업을 하려는 자는 총리령으로 정하는 시설기준에 맞는 시설을 갖추어야 한다.
>   1. 식품 또는 식품첨가물의 제조업, 가공업, 운반업, 판매업 및 보존업
>   2. 기구 또는 용기·포장의 제조업
>   3. 식품접객업

제37조(영업허가 등) ④ 제36조제1항 각 호에 따른 영업 중 대통령령으로 정하는 영업을 하려는 자는 대통령령으로 정하는 바에 따라 영업 종류별 또는 영업소별로 식품의약품안전처장 또는 특별자치시장·특별자치도지사·시장·군수·구청장에게 신고하여야 한다. 신고한 사항 중 대통령령으로 정하는 중요한 사항을 변경하거나 폐업할 때에도 또한 같다.

⑤ 제36조제1항 각 호에 따른 영업 중 대통령령으로 정하는 영업을 하려는 자는 대통령령으로 정하는 바에 따라 영업 종류별 또는 영업소별로 식품의약품안전처장 또는 특별자치시장·특별자치도지사·시장·군수·구청장에게 등록하여야 하며, 등록한 사항 중 대통령령으로 정하는 중요한 사항을 변경할 때에도 또한 같다. 다만, 폐업하거나 대통령령으로 정하는 중요한 사항을 제외한 경미한 사항을 변경할 때에는 식품의약품안전처장 또는 특별자치시장·특별자치도지사·시장·군수·구청장에게 신고하여야 한다.

## 2. 식품위생법 시행령

제21조(영업의 종류) 법 제36조제2항에 따른 영업의 세부 종류와 그 범위는 다음 각 호와 같다.
  1. 식품제조·가공업: 식품을 제조·가공하는 영업
제26조의2(등록하여야 하는 영업) ① 법 제37조제5항 본문에 따라 특별자치시장·특별자치도지사 또는 시장·군수·구청장에게 등록하여야 하는 영업은 다음 각 호와 같다. 다만, 제1호에 따른 식품제조·가공업 중 「주세법」 제2조제1호의 주류를 제조하는 경우에는 식품의약품안전처장에게 등록하여야 한다.
  1. 제21조제1호의 식품제조·가공업

## IV. 관련 판례

### 1. 원심 (의정부지방법원 2020. 9. 25. 선고 2019노1693 판결)

피고인 1이 피고인 2회사가 운영하는 식당과 별도의 장소에 일정한 시설을 갖추어 식품을 만든 다음 피고인 2회사가 각지에서 직영하는 음식점들에 배송하는 방법으로 일괄 공급함으로써 그 음식점들을 거쳐서 최종소비자가 취식할 수 있게 한 행위는 무등록 식품제조·가공업을 한 것에 해당한다.

### 2. 대법원 (대법원 2021. 7. 15. 선고 2020도13815 판결)

식품제조·가공업은 식품을 '제조·가공' 하는 영업이고, 식품접객업 중 일반음식점영업은 음식류를 '조리·판매' 하는 영업으로서 식사와 함께 부수적으로 음주행위가 허용되는 영업이다(식품위생법 시행령 제21조 제1호, 제8호 나목). 식품위생법 제7조제1항의 위임에 따른 식품의약품안전처 고시인 '식품의 기준 및 규격'은 '제6. 식품접객업소(집단급식소 포함)의 조리식품 등에 대한 기준 및 규격' 중 '1. 정의' 부분에서 "식품접객업소(집단급식소 포함)의 조리식품이란 유통판매를 목적으로 하지 아니하고 조리 등의 방법으로 손님에게 직접 제공하는 모든 음식물(음료수, 생맥주 등 포함)을 말한다." 라고 정하고 있다. 식품 관련 영업을 하려는 자는 식품위생법 시행규칙에서 정하는 시설기준에 맞는 시설을 갖추어야 한다(식품위생법 제36조 제1항). 식품위생법 시행규칙 별표 14에 따르면, 식품제조·가공업의 경우 작업장, 창고 등의 시설, 검사실, 운반시설 등을, 식품접객업의 경우 영업장 및 조리장 등의 시설을 갖추도록 정하고 있다.

이러한 식품위생법, 같은 법 시행령과 시행규칙을 종합하면, 식품제조·가공업은 최종소비자의 개별 주문과 상관없이 소비자에게 식품이 제공되는 장소와 구별되는 장소에서 일정한 시설을 갖추어 식품을 만들고, 만들어진 식품을 주로 유통과정을 거쳐 소비자에게 제공하는 형태의 영업을 가리키고, 식품접객업 중 일반음식점영업은 식품을 조리한 그 영업소에서 최종소비자에게 식품을 직접 제공하여 취식할 수 있게 하는 형태의 영업을 가리킨다고 볼 수 있다. 식품을 만드는 장소와 식품이 소비자에게 제공되는 장소가 동일한지 여부와 식품을 만든 다음 이를 소비자에게 제공하기까지 별도의 유통과정을 거치는지 여부는 위 각 영업을 구별하는 주요한 요소이다.

또한, 식품위생법은 식품 관련 영업을 하려는 사람은 영업종류별 또는 영업소별로 신고의무 또는 등록의무를 이행하도록 정하고 있다(식품위생법 제37조 제4항, 제5항). 따라서 특정 영업소에 관하여 식품접객업 중 일반음식점영업 신고를 마친 사람이 별개의 장소에서 식품제조·가공업을 하려면 해당 장소를 영업소로 하여 식품제조·가공업 등록의무를 이행해야 한다. 동일인이 별개의 장소에서 식품제조·가공업과 일반음식점 영업을 각각 영위하고 있더라도, 그가 자신이 제조·가공한 식품을 보관·운반시설을 이용하여 그 음식점에 제공하는 행위는 별개의 사업자 간의 거래로서 유통과정을 거치는 행위라고 보아야 한다.

## V. 결 론

피고인 을이 피고인 갑 회사가 운영하는 식당과 별도의 장소에 일정한 시설을 갖추어 식품을 만든 다음 피고인 갑 회사가 각지에서 직영하는 음식점들에 배송하는 방법으로 일괄 공급함으로써 그 음식점들을 거쳐서 최종 소비자가 취식할 수 있게 한 행위는 무등록 식품제조·가공업을 한 것에 해당한다.

# 제20절 바다나 강 등에서 채취한 수산물이 가공·조리 전에도 식품에 해당하는지

## Ⅰ. 사례요지

수산물 유통업을 하는 피고인이 활어 운반차량 3대를 이용하여 광어, 우럭, 농어, 돔 등의 어류를 횟집 등 음식점으로 운반하여 도매로 유통하는 등 시설기준을 제대로 갖추지 아니하고 평균 매월 500만 원 상당의 수익을 올리는 식품운반업을 영위하면서 식품운반업 신고를 하지 아니하였다.

## Ⅱ. 논 점

1. 식품위생법 제2조 제1호에서 정한 '식품'에 자연식품이 포함되는지 여부(적극)
2. 자연으로부터 생산되거나 채취·포획하는 산물이 어느 단계부터 자연식품으로서 식품위생법상 '식품'에 해당하는지 판단하는 방법
3. 바다나 강 등에서 채취·포획한 어류나 조개류로서 식용으로 사용할 수 있는 수산물이 가공·조리되기 전에도 식품위생법상 '식품'에 해당하는지 여부(원칙적 적극)
4. 식품운반업 신고의 예외사유를 정한 식품위생법 시행령 제21조 제4호 단서 규정 중 '해당 영업자의 영업소에서 판매할 목적으로 식품을 운반하는 경우'의 의미
5. 영업자가 부패·변질되기 쉬운 식품을 판매하는 과정에서 '매수인에게 운반해 주는 경우'가 이에 포함되는지 여부(소극)

## Ⅲ. 법규연구
## 1. 식품위생법

제2조(정의) 이 법에서 사용하는 용어의 뜻은 다음과 같다.
1. "식품"이란 모든 음식물(의약으로 섭취하는 것은 제외한다)을 말한다.
제7조(식품 또는 식품첨가물에 관한 기준 및 규격) ① 식품의약품안전처장은 국민 건강을 보호·증진하기 위하여 필요하면 판매를 목적으로 하는 식품 또는 식품첨가물에 관한 다음 각 호의 사항을 정하여 고시한다.
　1. 제조·가공·사용·조리·보존 방법에 관한 기준
　2. 성분에 관한 규격
제37조(영업허가 등) ④ 제36조제1항 각 호에 따른 영업 중 대통령령으로 정하는 영업을 하려는 자는 대통령령으로 정하는 바에 따라 영업 종류별 또는 영업소별로 식품의약품안전처장 또는 특별자치시장·특별자치도지사·시장·군수·구청장에게 신고하여야 한다. 신고한 사항 중 대통령령으로 정하는 중요한 사항을 변경하거나 폐업할 때에도 또한 같다.

## 2. 식품위생법 시행령

제21조(영업의 종류) 법 제36조제2항에 따른 영업의 세부 종류와 그 범위는 다음 각 호와 같다.

　4. 식품운반업: 직접 마실 수 있는 유산균음료(살균유산균음료를 포함한다)나 어류·조개류 및 그 가공품 등 부패·변질되기 쉬운 식품을 전문적으로 운반하는 영업. 다만, 해당 영업자의 영업소에서 판매할 목적으로 식품을 운반하는 경우와 해당 영업자가 제조·가공한 식품을 운반하는 경우는 제외한다.

제25조(영업신고를 하여야 하는 업종) ① 법 제37조제4항 전단에 따라 특별자치시장·특별자치도지사 또는 시장·군수·구청장에게 신고를 하여야 하는 영업은 다음 각 호와 같다.

　4. 제21조제4호의 식품운반업

## 3. 식품위생법 시행규칙

제5조(식품등의 한시적 기준 및 규격의 인정 등) ① 법 제7조제2항 또는 법 제9조제2항에 따라 한시적으로 제조·가공 등에 관한 기준과 성분에 관한 규격을 인정받을 수 있는 식품등은 다음 각 호와 같다.

　1. 식품(원료로 사용되는 경우만 해당한다)

　가. 국내에서 새로 원료로 사용하려는 농산물·축산물·수산물 등

　나. 농산물·축산물·수산물 등으로부터 추출·농축·분리 등의 방법으로 얻은 것으로서 식품으로 사용하려는 원료

　2. 식품첨가물: 법 제7조제1항에 따라 개별 기준 및 규격이 정하여지지 아니한 식품첨가물

　3. 기구 또는 용기·포장: 법 제9조제1항에 따라 개별 기준 및 규격이 고시되지 아니한 식품 및 식품첨가물에 사용되는 기구 또는 용기·포장

## IV. 관련 판례

### 1. 원심 (울산지법 2015. 1. 23. 선고 2014노1060 판결)

　피고인이 활어를 판매하면서 매수인의 요청에 따라 활어를 운반하여 준 것은 식품위생법 시행령 제21조 제4호 단서 중 '해당 영업자의 영업소에서 판매할 목적으로 식품을 운반하는 경우'에 해당하여 식품운반업 신고대상에 해당하지 아니한다고 보아 피고인에게 무죄를 선고한 제1심판결을 그대로 유지하였다.

### 2. 대법원 (대법원 2017. 3. 22., 선고, 2015도2479, 판결)

　가. 식품위생법 제2조 제1호는 식품을 모든 음식물(의약으로 섭취하는 것은 제외한다)이라고 규정하고 있는데, 가공·조리된 식품뿐만 아니라 '자연식품'도 식품에 포

합된다(대법원 1989. 7. 11. 선고 88도2312 판결 등 참조). 그런데 자연으로부터 생산되거나 채취·포획하는 산물이 어느 단계부터 자연식품으로서 식품위생법상 '식품'에 해당하는 것인지는, 식품으로 인한 위생상의 위해를 방지하고 국민보건의 증진에 이바지하고자 하는 식품위생법을 비롯한 식품 관련 법령의 문언, 내용과 규정 체계, 식품의 생산·판매·운반 등에 대한 위생 감시 등 식품으로 규율할 필요성과 아울러 우리 사회의 식습관이나 보편적인 음식물 관념 등을 종합적으로 고려하여 판단해야 한다(대법원 2017. 1. 12. 선고 2016도237 판결 참조).

식품위생법에서 활어 등 수산물이 어느 단계부터 식품인지에 관하여 명확하게 규정하고 있지는 않지만, 식품위생 관련 법령의 규정내용, 문언과 체계, 우리 사회의 식습관이나 보편적인 음식물 관념 등을 종합해 보면, 바다나 강 등에서 채취·포획한 어류나 조개류로서 식용으로 사용할 수 있는 수산물은 가공하거나 조리하기 전에도 원칙적으로 식품으로 보아야 한다(대법원 2017. 3. 15. 선고 2015도2477 판결 참조).

이 사건에서 피고인이 운반한 광어, 우럭, 농어, 돔 등 수산물은 양식하거나 중국, 일본에서 수입하여 식용으로 판매한 것으로 식품위생법상 식품에 해당한다.

나. 다음으로 피고인의 활어 등 수산물 운반행위가 식품위생법상 신고대상인지에 관하여 살펴본다.

① 식품위생법 제37조 제4항 전단은 대통령령으로 정하는 영업을 하려는 자는 대통령령으로 정하는 바에 따라 영업 종류별 또는 영업소별로 관할관청에 신고하도록 정하고 있다. 그 위임에 따라 식품위생법 시행령 제25조 제1항 제4호는 영업신고를 하여야 하는 업종 중 하나로 제21조 제4호의 '식품운반업'을 들고 있다. 식품운반업에 관해서는 식품위생법 시행령 제21조 제4호에서 '직접 마실 수 있는 유산균음료(살균유산균음료를 포함한다)나 어류·조개류 및 그 가공품 등 부패·변질되기 쉬운 식품을 위생적으로 운반하는 영업'이라고 규정하면서, 그 단서는 '해당 영업자의 영업소에서 판매할 목적으로 식품을 운반하는 경우'와 '해당 영업자가 제조·가공한 식품을 운반하는 경우'를 제외하고 있다. 위 규정들은 식품운반업을 식품위생법상 영업신고의 대상으로 정하되, 식품위생법 시행령 제21조 제4호 단서에서 영업신고의 대상에서 제외되는 두 가지 예외를 명시한 것이다.

식품위생법 시행령 제21조 제4호 단서의 문언, 내용과 규정 체계에 따르면, 위 단서 규정 중 '해당 영업자의 영업소에서 판매할 목적으로 식품을 운반하는 경우'는 영업자가 자신의 영업소에서 판매할 목적으로 식품을 운반하여 가져오는 경우를 의미한다고 보아야 하고, 여기에서 나아가 영업자가 부패·변질되기 쉬운 식품을 판매하는 과정에서 '매수인에게 운반해 주는 경우'까지 포함한다고 볼 수는 없다. 식품판매업과 식품운반업의 시설기준이 달라서 식품판매업자로서 필요한 시설을 갖추었다고 하더라도 식품운반업자로서 필요한 시설을 갖추는 것은 아닌 점, 식품판매업자가 영업소에서 판매하기 위하여 부패·변질되기 쉬운 식품을 운반해 오는 경우와 그러한 식품을 판매하면서 매수인에게 운반해 주는 경우에 발생할 수 있는 위생상 위해의 정도가 다른 점에 비추어 보아도 위와 같이 해석하는 것이 타당하다(대법원 2017. 3. 15. 선고 2015도2477 판결 참조).

② 피고인은 식품운반업 신고를 하지 않고 광어, 우럭 등 수산물을 피고인의 영업소가 아닌 울산시에 있는 횟집 등 음식점에 판매하면서 운반하는 행위를 하였다. 이는 식품위생법 시행령 제21조 제4호 본문에서 정한 부패·변질되기 쉬운 식품을 운반하는 영업을 한 것으로, 식품운반업 신고의 예외사유를 정한 식품위생법 시행령 제21조 제4호 단서 중 '해당 영업자의 영업소에서 판매할 목적으로 식품을 운반하는 경우'에 해당하지 않는다. 또한, 피고인이 수산물의 판매를 영업으로 하면서 활어 운반차량을 이용하여 계속적·반복적으로 수산물을 운반하였다면 영리의 목적으로 수산물의 판매와 운반을 한 것으로 보아야 한다. 따라서 피고인이 식품위생법 제37조 제4항에 따라 식품운반업 신고를 하지 않고 위와 같은 행위를 한 것은 위법하다.

## V. 결 론

원심은 피고인의 행위가 식품운반업의 신고대상에 해당하지 않는다고 보아 이 사건 공소사실을 무죄라고 판단하였다. 이러한 원심판결에는 식품위생법과 식품위생법 시행령의 해석에 관한 법리를 오해하여 판결에 영향을 미친 잘못이 있다.

## VI 유사판례

### 1. 양파와 마른고추가 그 자체로 '식품'에 해당하는지

양파와 마른고추가 식품위생법상 식품에 해당하지 않는다고 해석하는 것은 사회통념상 국민들의 식습관에 부합하지 않을 뿐만 아니라 기존의 식품안전관리체계에도 혼란을 초래할 수 있는 점 등에 비추어 보면, 양파와 마른고추는 그 자체로 현행 식품위생법 제2조 제1호에서 정한 식품에 해당한다. (대법원 2017. 1. 12. 선고 2016도237 판결 )

## 2. 콩나물이 식품위생법상의 '식품'인지

식품위생법 제2조 제1호 소정의 식품에는 자연식품이나 가공 및 조리된 식품이 모두 포함되므로 콩나물은 위 식품에 해당한다. (대법원 1989. 7. 11. 선고 88도2312 판결)

## 3. 24시간 편의방에서 술과 안주류를 조리행위 없이 판매한 경우, 일반음식점영업에 해당하는지

식품위생법 제21조 제2항에 터잡은 구 식품위생법시행령(1996. 10. 14. 대통령령 제15157호로 개정되기 전의 것) 제7조 제8호 (나)목에 의하면 일반음식점영업이라 함은 "음식류를 조리·판매하는 영업으로서 식사와 함께 부수적으로 음주행위가 허용되는 영업"이라고 규정하고 있는바, 구 식품위생법시행규칙(1996. 12. 20. 보건복지부령 제41호로 개정되기 전의 것) 제20조의 [별표 9] 업종별시설기준에서 식품접객업의 공통시설기준으로 "영업장, 급수시설, 조명시설, 화장실"과 함께 "조리장"을 규정하고 있는 점에 비추어 볼 때 위 시행령에서 말하는 "음식류를 조리·판매하는 영업"은 "음식류를 조리하여 판매하는 영업"을 의미하는 것으로 해석함이 상당하므로, 편의방에서 탁자 7개와 의자 22개 및 컵라면을 조리할 수 있는 온수통 등을 갖추고 손님들에게 술과 안주류를 판매하였다 하더라도 음식류를 조리하여 판매한바 없는 이상 위 편의방 영업을 식품위생법 소정의 일반음식점영업에 해당한다고 볼 수 없다. (대법원 1998. 2. 24., 선고, 97도2912, 판결)

## 4. 편의점 매장에 아이스크림제조기를 설치하여 즉석 아이스크림 판매행위

식품, 음료수, 라면 및 과자류 등을 판매하는 소매업인 편의점 영업을 함에 있어서 부수적으로 매장 한구석에 아이스크림제조기 1대 및 탄산음료기 1대를 설치하여 즉석 아이스크림 등을 판매하는 행위는 식품위생법 소정의 허가를 받게 되어 있는 휴게음식점 영업에 해당한다고 볼 수 없다. (대법원 1995. 5. 12., 선고, 94도3031, 판결)

## 5. 벌꿀을 신고 없이 소분하여 판매한 행위가 신고대상영업에 해당하는지

식품위생법시행규칙 제21조 제1항은 같은법시행령 제7조 제4호 가목에 의한 식품소분업의 신고대상을 규정함에 있어 그 식품의 종류를 같은법시행령 제7조 제1호 및 제2호의 규정에 의한 영업의 대상이 되는 식품 또는 첨가물 중 일정한 종류의 것을 규정한 것이지, 같은 법 소정의 식품의 제조, 가공업에 의하여 생산된 제품을 소분, 판매하는 경우에 한정하는 취지라고 해석할 수 없으므로 벌꿀은 당류로서 같은법시행령 제7조 제1호 나목의 규정에 의한 영업의 대상이 되는 식품에 해당한다고 볼 것이고, 당류인 벌꿀을 신고 없이 소분하여 판매한 행위는 같은 법 제77조 제1항 제1호, 제22조 제5항에 해당한다. (대법원 1992. 4. 28., 선고, 92도420, 판결)

# 제21절 유흥주점의 의미 및 유흥시설이 실외에 설치된 것도 유흥주점에 포함되는지

## I. 사례요지

피고인은 이 사건 펜션에서 관할관청의 허가를 받지 않고 수영장 1개, 테이블 약 30개, 무대공간, 조명시설, 음향기기 등을 설치한 다음, 전문 디제이(DJ)를 고용하여 음악을 틀게 하고 2만 원에서 5만 원의 입장료를 내고 방문한 손님들에게 주류 등을 판매하면서 춤을 추게 하는 등 유흥주점영업을 하였다.

## II. 논 점

1. 식품위생법령상 유흥시설을 설치한 유흥주점의 의미
2. 유흥시설이 실외에 설치된 것도 유흥주점에 포함되는지 여부(적극)

## III. 법규연구

### 1. 식품위생법

제36조(시설기준) ① 다음의 영업을 하려는 자는 총리령으로 정하는 시설기준에 맞는 시설을 갖추어야 한다.

  3. 식품접객업

제37조(영업허가 등) ① 제36조제1항 각 호에 따른 영업 중 대통령령으로 정하는 영업을 하려는 자는 대통령령으로 정하는 바에 따라 영업 종류별 또는 영업소별로 식품의약품안전처장 또는 특별자치시장·특별자치도지사·시장·군수·구청장의 허가를 받아야 한다. 허가받은 사항 중 대통령령으로 정하는 중요한 사항을 변경할 때에도 또한 같다.

제94조(벌칙) ① 다음 각 호의 어느 하나에 해당하는 자는 10년 이하의 징역 또는 1억원 이하의 벌금에 처하거나 이를 병과할 수 있다.

  3. 제37조제1항을 위반한 자

### 2. 식품위생법 시행령

제21조(영업의 종류) 법 제36조제2항에 따른 영업의 세부 종류와 그 범위는 다음 각 호와 같다.

  8. 식품접객업

    라. 유흥주점영업: 주로 주류를 조리·판매하는 영업으로서 유흥종사자를 두거나 유흥시설을 설치할 수 있고 손님이 노래를 부르거나 춤을 추는 행위가 허용되는 영업

제22조(유흥종사자의 범위) ① 제21조제8호라목에서 "유흥종사자"란 손님과 함께 술을 마시거나 노래 또는 춤으로 손님의 유흥을 돋우는 부녀자인 유흥접객원을 말한다.

② 제21조제8호라목에서 "유흥시설"이란 유흥종사자 또는 손님이 춤을 출 수 있도록 설치한 무도장을 말한다.

## 3. 식품위생법 시행규칙

제36조(업종별 시설기준) 법 제36조에 따른 업종별 시설기준은 별표 14과 같다.

## IV. 관련 판례

### 1. 원심 (의정부지법 2016. 5. 17. 선고 2016노206 판결)

피고인이 이 사건 펜션에서 주류를 판매하고 무도장을 설치하여 유흥주점영업을 한 사실을 인정할 수 있다는 이유로 이 사건 공소사실이 유죄로 인정된다고 판단하였다.

### 2. 대법원 (대법원 2016. 12. 15., 선고, 2016도8070, 판결)

식품위생법은 제36조 제1항 제3호에서 식품접객업을 하려는 자는 총리령으로 정하는 시설기준에 맞는 시설을 갖추어야 한다고 정하고, 제2항에서 제1항 제3호에 따른 식품접객업의 세부 종류와 그 범위를 대통령령에서 정하도록 위임하고 있다. 그 위임에 따라 식품위생법 시행령 제21조 제8호 (라)목에서는 식품접객업 중 유흥주점영업이란 주로 주류를 조리·판매하는 영업으로서 유흥종사자를 두거나 유흥시설을 설치할 수 있고 손님이 노래를 부르거나 춤을 추는 행위가 허용되는 영업이라고 규정하고 있고, 제22조 제2항에서는 위 '유흥시설'이란 유흥종사자 또는 손님이 춤을 출 수 있도록 설치한 무도장을 말한다고 규정하고 있다. 한편 식품위생법 시행규칙 제36조, 별표 제14호는 식품위생법 제36조에 따른 식품접객업의 시설기준을 정하고 있는데, 이에 따르면 식품접객업의 영업장은 독립된 건물이거나 식품접객업의 영업허가를 받거나 영업신고를 한 업종 외의 용도로 사용되는 시설과 분리, 구획 또는 구분되어야 한다고 정하고 있을 뿐이다. 따라서 식품위생법령상 유흥시설을 설치한 유흥주점은 주로 주류를 조리·판매하는 곳으로 춤을 출 수 있도록 무도장을 설치한 장소를 가리킨다. 그 설치장소가 실내로 제한되는 것은 아니고 실외에 설치된 것도 유흥주점에 포함된다.

## V. 결론

원심의 판단에 상고이유 주장과 같이 논리와 경험의 법칙에 반하여 자유심증주의의 한계를 벗어나거나 식품위생법의 유흥주점영업, 교사범 등에 관한 법리를 오해하여 판결에 영향을 미친 잘못이 없다.

# 제22절 주로 주류의 조리·판매를 목적으로 하는 소주방·호프 등의 형태로 운영되는 영업이 일반음식점 영업에 해당하는지

## I. 사례요지

피고인은 식품접객업(영업의 형태 : 일반음식점)'으로 하여 영업신고를 하였다. 피고인은 그 무렵부터 'ㄷ'자 형태의 바(Bar) 8개를 설치하고 바마다 9~10개의 의자를 설치하였으며, 메뉴로는 위스키 등의 주류와 안주류를 기재하고, 바마다 여종업원 1명이 서서 맞은편에 앉은 손님에게 술과 안주를 서빙하고, 손님에게 술을 따라주거나 손님이 따라준 술을 마시기도 하면서 대화를 하는 형태의 영업을 하였다.

## II. 논 점

1. 음식류의 조리·판매보다는 주로 주류의 조리·판매를 목적으로 하는 소주방·호프·카페 등의 형태로 운영되는 영업'이 구 식품위생법상 일반음식점 영업자가 적법하게 할 수 있는 행위에 속하는지 여부(적극)

2. 일반음식점 영업자가 위와 같은 형태로 영업한 행위를 '주류만을 판매하는 행위'를 금지한 구 식품위생법상 준수사항을 위반한 것으로 볼 수 있는지(소극)

## III. 법규연구

### 1. 식품위생법

제36조(시설기준) ① 다음의 영업을 하려는 자는 총리령으로 정하는 시설기준에 맞는 시설을 갖추어야 한다.
 1. 식품 또는 식품첨가물의 제조업, 가공업, 운반업, 판매업 및 보존업
 2. 기구 또는 용기·포장의 제조업
 3. 식품접객업
 4. 공유주방 운영업(제2조제5호의2에 따라 여러 영업자가 함께 사용하는 공유주방을 운영하는 경우로 한정한다. 이하 같다)
② 제1항에 따른 시설은 영업을 하려는 자별로 구분되어야 한다. 다만, 공유주방을 운영하는 경우에는 그러하지 아니하다.
제44조(영업자 등의 준수사항) ① 제36조제1항 각 호의 영업을 하는 자 중 대통령령으로 정하는 영업자와 그 종업원은 영업의 위생관리와 질서유지, 국민의 보건위생 증진을 위하여 영업의 종류에 따라 다음 각 호에 해당하는 사항을 지켜야 한다.
제97조(벌칙) 다음 각 호의 어느 하나에 해당하는 자는 3년 이하의 징역 또는 3천만원 이하의 벌금에 처한다.

> 6. 제44조제1항에 따라 영업자가 지켜야 할 사항을 지키지 아니한 자. 다만, 총리령으로 정하는 경미한 사항을 위반한 자는 제외한다.

## 2. 식품위생법 시행령

> 제21조(영업의 종류) 법 제36조제2항에 따른 영업의 세부 종류와 그 범위는 다음 각 호와 같다.
>
> 8. 식품접객업
>
>   가. 휴게음식점영업: 주로 다류(茶類), 아이스크림류 등을 조리·판매하거나 패스트푸드점, 분식점 형태의 영업 등 음식류를 조리·판매하는 영업으로서 음주행위가 허용되지 아니하는 영업. 다만, 편의점, 슈퍼마켓, 휴게소, 그 밖에 음식류를 판매하는 장소(만화가게 및 「게임산업진흥에 관한 법률」 제2조제7호에 따른 인터넷컴퓨터게임시설제공업을 하는 영업소 등 음식류를 부수적으로 판매하는 장소를 포함한다)에서 컵라면, 일회용 다류 또는 그 밖의 음식류에 물을 부어 주는 경우는 제외한다.
>
>   나. 일반음식점영업: 음식류를 조리·판매하는 영업으로서 식사와 함께 부수적으로 음주행위가 허용되는 영업
>
>   라. 유흥주점영업: 주로 주류를 조리·판매하는 영업으로서 유흥종사자를 두거나 유흥시설을 설치할 수 있고 손님이 노래를 부르거나 춤을 추는 행위가 허용되는 영업

## IV. 관련 판례

### 1. 원심 (서울중앙지법 2011. 10. 19. 선고 2011노2255 판결)

준수사항 중 "주류만을 판매하는 행위"에는 이 사건 영업장과 같이 일반음식점영업 허가를 받고 안주류와 함께 주로 주류를 판매하는 행위도 포함된다고 해석하면서, 그 전제에서 일반음식점 영업자인 피고인이 바텐더 형태의 이 사건 영업장에서 술과 안주를 판매함으로써 위 준수사항을 위반하였다는 이 사건 공소사실을 <u>유죄로 인정한 제1심판결을 그대로 유지하였다.</u>

### 2. 대법원 (대법원 2012. 6. 28., 선고, 2011도15097, 판결)

식품위생법 및 그 시행령은 식품접객업의 종류를 휴게음식점영업, 일반음식점영업, 단란주점영업, 유흥주점영업 등으로 나누고, 그 중 일반음식점영업은 "음식류를 조리·판매하는 영업으로서 식사와 함께 부수적으로 음주행위가 허용되는 영업"이라고 규정하고, 단란주점영업과 유흥주점영업은 "주로 주류를 조리·판매하는 영업으로서" 손님이 노래를 부르는 행위가 허용되는 영업 및 유흥종사자를 두거나 유흥시설을 설치하는 것 등이 허용되는 영업을 뜻하는 것으로 규정하고 있다( 법 제36조 제2항, 시행령 제21조 제8호).

또한, 위 법과 시행령 및 그 시행규칙은 위 각 영업허가의 종류에 따른 준수사항을 규정하고 있는데(법 제44조 제1항, 시행규칙 제57조 및 [별표 17]), 일반음식점 영업자에게만 적용되는 고유한 준수사항으로는 "주류만을 판매하거나 주로 다류(茶類)를 조리·판매하는 다방 형태의 영업을 하는 행위"를 하여서는 아니 된다는 규정이 있고 [시행규칙 [별표 17]의 6의 (타)의 3)항], 그와 별도로 일반음식점 영업자나 단란주점 영업자가 유흥접객원을 고용하여 유흥접객행위를 하게 하거나, 휴게음식점 영업자나 일반음식점 영업자가 음향 및 반주시설을 갖추고 손님이 노래를 부르도록 허용하는 등 허가받은 영업 외의 영업행위를 하여서는 아니 된다는 규정이 있으며, 각 위반행위에 대하여 형사처벌 규정을 두고 있다(법 제97조 제6호). 다른 한편 청소년보호법 제2조 제5호 (나)목의 (1)항은 청소년유해업소의 하나로 "「식품위생법」에 의한 식품접객업 중 대통령령으로 정하는 것"이 규정되어 있고, 이를 받아 그 시행령 제3조 제4항 제2호는 "일반음식점영업 중 음식류의 조리·판매보다는 주로 주류의 조리·판매를 목적으로 하는 소주방·호프·카페 등의 영업형태로 운영되는 영업"을 들고 있다.

위와 같은 각 법령의 규정 체계와 내용 등을 종합해 보면, 식품위생법 관련 법령에서 상정하고 있는 일반음식점영업의 가장 전형적인 형태는 음식류를 조리·판매하는 것을 위주로 하면서 부수적으로 주류를 판매하는 영업이라고 할 수 있다. 그러나 주로 주류를 판매하면서 음식류는 오히려 부수적으로 조리·판매하지만, 손님이 노래를 부르게 하거나 유흥종사자를 두는 등 단란주점영업이나 유흥주점영업에서만 허용되는 행위는 하지 아니하는 형태의 영업에 대해서는 법과 시행령에서 별도의 영업허가 종류로 구분하여 분류하고 있지 아니하고, 더구나 청소년보호법과 그 시행령에서는 이를 명시적으로 일반음식점영업의 한 형태로 규정하고 있다. 이에 비추어 위 청소년보호법 시행령에서 규정한 것 같은 형태의 영업, 즉 "음식류의 조리·판매보다는 주로 주류의 조리·판매를 목적으로 하는 소주방·호프·카페 등의 영업형태로 운영되는 영업"은 식품위생법상 식품접객업의 종류 중에서는 일반음식점영업의 허가를 받은 영업자가 적법하게 할 수 있는 행위의 범주에 속한다고 봄이 상당하다.

## V. 결 론

일반음식점 영업자가 위와 같은 형태로 영업하였다고 하여 이를 "주류만을 판매하는 행위"를 하여서는 아니 된다고 규정한 일반음식점 영업자의 준수사항을 위반한 것이라고 보는 것은 앞서 본 죄형법정주의의 정신과 위 법령 규정의 체계에 어긋나는 것이다.

# 제23절 일반음식점을 양수한 자가 그전 주인 영업장 면적 변경행위에 대한 책임 여부

## I. 사례요지

> 피고인이 "○○식당"이라는 상호로 일반음식점 영업하면서, 당초 신고되었던 영업장 면적 37.29㎡가 약 132㎡로 변경되었음에도 이를 신고하지 아니한 채 계속 영업을 하였다.

## II. 논 점

영업장 면적 변경에 관한 신고의무가 이행되지 않은 일반음식점의 영업을 양수한 자가, 그 신고의무를 이행하지 않은 채 영업을 계속하는 행위가 구 식품위생법상 신고의무 불이행으로 인한 처벌대상이 되는지 여부(적극)

## III. 법규연구

### 1. 식품위생법

> 제37조(영업허가 등) ④ 제36조제1항 각 호에 따른 영업 중 대통령령으로 정하는 영업을 하려는 자는 대통령령으로 정하는 바에 따라 영업 종류별 또는 영업소별로 식품의약품안전처장 또는 특별자치시장·특별자치도지사·시장·군수·구청장에게 신고하여야 한다. 신고한 사항 중 대통령령으로 정하는 중요한 사항을 변경하거나 폐업할 때에도 또한 같다.
>
> 제39조(영업 승계) ① 영업자가 영업을 양도하거나 사망한 경우 또는 법인이 합병한 경우에는 그 양수인·상속인 또는 합병 후 존속하는 법인이나 합병에 따라 설립되는 법인은 그 영업자의 지위를 승계한다.
>
> 제97조(벌칙) 다음 각 호의 어느 하나에 해당하는 자는 3년 이하의 징역 또는 3천만원 이하의 벌금에 처한다.
>
> 1. …제37조제3항·제4항, 제39조제3항, … 위반한 자

### 2. 식품위생법 시행령

> 제25조(영업신고를 하여야 하는 업종) ① 법 제37조제4항 전단에 따라 특별자치도지사 또는 시장·군수·구청장에게 신고를 하여야 하는 영업은 다음 각 호와 같다.
>
> 8. 제21조제8호가목의 휴게음식점영업, 같은 호 나목의 일반음식점영업, 같은 호 마목의 위탁급식영업 및 같은 호 바목의 제과점영업
>
> 제26조(신고를 하여야 하는 변경사항) 법 제37조제4항 후단에 따라 변경할 때 신고를 하여야 하는 사항은 다음 각 호와 같다.
>
> 4. 영업장의 면적

## IV. 관련 판례

### 1. 원심 (부산지법 2010. 4. 8. 선고 2009노3850 판결)

피고인의 행위를 <u>미신고 영업으로 인한 식품위생법 위반죄</u>로 의율하였다.

### 2. 대법원 (대법원 2010. 7. 15., 선고, 2010도4869, 판결)

구 식품위생법(2009. 2. 6. 법률 제9432호로 전부 개정되기 전의 것, 이하 같다) 제22조 제5항, 구 식품위생법 시행령(2008. 12. 31. 대통령령 제21214호로 개정되기 전의 것) 제13조 제1항 제7호, 제13조의2 제3의2호에 의하면, 신고대상인 일반음식점 영업을 하고자 하는 때와 해당 영업의 영업장 면적 등 중요한 사항을 변경하고자 하는 때에는 이를 구청장 등에게 신고하도록 규정하고, 구 식품위생법 제77조 제1호에서는 위와 같은 신고의무를 위반한 자를 3년 이하의 징역 또는 3천만 원 이하의 벌금에 처하도록 규정하며, 구 식품위생법 제25조 제1항은 <u>영업의 신고를 한 자가 그 영업을 양도한 때에는 양수인이 영업자의 지위를 승계하도록 규정하는바, 위 신고의무 조항 및 처벌조항의 취지는 신고대상인 영업을 신고 없이 하거나 해당 영업의 영업장 면적 등 중요한 사항을 변경하였음에도 그에 관한 신고 없이 영업을 계속하는 경우 이를 처벌함으로써 그 신고를 강제하고 궁극적으로는 미신고 영업을 금지하려는 데 있는 것으로 보이는 점도 고려하면, 영업장 면적이 변경되었음에도 그에 관한 신고의무가 이행되지 않은 영업을 양수한 자도 역시 그와 같은 신고의무를 이행하지 않은 채 영업을 계속한다면 처벌대상이 된다고 보아야 한다.</u>

## V. 결 론

영업장 면적이 변경되었음에도 그에 관한 신고의무가 이행되지 않은 이 사건 음식점을 양수한 피고인이 역시 그와 같은 신고의무를 이행하지 않은 채 위 영업기간 동안 영업을 계속한 이상 미신고 영업으로 인한 구 식품위생법 위반죄가 성립한다.

# 제24절 서빙을 위해 고용된 종업원이 손님 요구로 합석하여 술을 마신 경우

## Ⅰ. 사례요지

피고인이 유흥주점 영업허가 없이 피고인 경영의 '○○'라는 상호의 식당에서 공소외 1을 종업원으로 고용하여 공소외 1로 하여금 손님인 공소외 2,3이 있는 테이블에 합석하여 술을 함께 마시는 등 흥을 돋우는 방법으로 양주 2병과 안주 등 12만 원 상당을 판매하여 유흥주점 영업을 하였다.

## Ⅱ. 논 점

1. 식품위생법 등에서 규정하고 있는 '유흥접객원'의 의미
2. 음식을 나르기 위하여 고용된 종업원이 손님의 요구로 어쩔 수 없이 합석하여 술을 마시게 된 경우에 유흥접객원에 해당되는지 여부(소극)

## Ⅲ. 법규연구

### 1. 식품위생법

제37조(영업허가 등) ① 제36조제1항 각 호에 따른 영업 중 대통령령으로 정하는 영업을 하려는 자는 대통령령으로 정하는 바에 따라 영업 종류별 또는 영업소별로 식품의약품안전처장 또는 특별자치시장·특별자치도지사·시장·군수·구청장의 허가를 받아야 한다. 허가받은 사항 중 대통령령으로 정하는 중요한 사항을 변경할 때에도 또한 같다.

### 2. 식품위생법 시행령

제21조(영업의 종류) 법 제36조제2항에 따른 영업의 세부 종류와 그 범위는 다음 각 호와 같다.
  8. 식품접객업
    가. 휴게음식점영업: 주로 다류(茶類), 아이스크림류 등을 조리·판매하거나 패스트푸드점, 분식점 형태의 영업 등 음식류를 조리·판매하는 영업으로서 음주행위가 허용되지 아니하는 영업. 다만, 편의점, 슈퍼마켓, 휴게소, 그 밖에 음식류를 판매하는 장소(만화가게 및 「게임산업진흥에 관한 법률」 제2조제7호에 따른 인터넷컴퓨터게임시설제공업을 하는 영업소 등 음식류를 부수적으로 판매하는 장소를 포함한다)에서 컵라면, 일회용 다류 또는 그 밖의 음식류에 물을 부어 주는 경우는 제외한다.
    나. 일반음식점영업: 음식류를 조리·판매하는 영업으로서 식사와 함께 부수적으로 음주행위가 허용되는 영업

다. 단란주점영업: 주로 주류를 조리·판매하는 영업으로서 손님이 노래를 부르는 행위가 허용되는 영업

라. 유흥주점영업: 주로 주류를 조리·판매하는 영업으로서 유흥종사자를 두거나 유흥시설을 설치할 수 있고 손님이 노래를 부르거나 춤을 추는 행위가 허용되는 영업

## IV. 관련 판례

### 1. 원심 (서울중앙지법 2008. 10. 22. 선고 2008노1761 판결)

<u>공소사실을 유죄로 인정하였다.</u>

### 2. 대법원 (대법원 2009. 5. 28., 선고, 2008도10118, 판결)

가. 식품위생법 제22조 제1항, 동법 시행령 제7조 제8호 (라)목, 제8조 제1항, 제2항, 동법 시행규칙 제42조 별표 13[식품접객영업자 등의 준수사항] 5. 타. (1) 등에서 규정하고 있는 <u>'유흥접객원'</u> 이란 <u>반드시 고용기간과 임금, 근로시간 등을 명시한 고용계약에 의하여 취업한 여자종업원에 한정된다고는 할 수 없지만, 적어도 하나의 직업으로 특정업소에서 손님과 함께 술을 마시거나 노래 또는 춤으로 손님의 유흥을 돋우어 주고 주인으로부터 보수를 받거나 손님으로부터 팁을 받는 부녀자를 가리킨다고 할 것이고</u> (대법원 2001. 12. 24. 선고 2001도5837 판결, 대법원 2008. 11. 13. 선고 2008도7878 판결 등 참조),

나. 단속경찰관인 공소외 4는 피고인의 식당에 1차 출동하였을 당시 공소외 1이 공소외 2 등과 함께 테이블에 앉아 있었고 테이블에 술잔 3개가 놓여 있었지만 공소외 2 등이 공소외 1은 술을 마시지 않았다고 말하여 범죄 혐의점을 찾지 못하고 그대로 나왔다고 진술하고 있는데, 신고를 받고 출동한 경찰관이 위와 같은 현장 상황에서 유흥주점영업을 적발하지 아니하고 그대로 돌아갔다면 그때까지는 공소외 1이 공소외 2 등과 함께 술을 마시는 등으로 유흥을 돋우는 행위를 하였다고 보기 어려운 점, 공소외 2 등은 같은 날 23:17경 위 식당에서 나왔는데, 단속경찰관이 다녀간 직후에 공소외 1이 공소외 2 등과 함께 술을 마시는 등으로 유흥을 돋우는 행위를 하였다고는 쉽게 생각할 수 없는 점, 더욱이 신고자 주우선은 공소외 2,3과 평소부터 알고 지내는 사이이고 사건 당일 전후로 몇 차례 공소외 2 등과 전화통화를 하였던 사실에 비추어 보면, 공소외 2,3이 사건 당일 우연히 위 식당을 찾은 손님인지 의문이 생기는 점 등 여러 사정을 종합하면, 공소외 1이공소외 2,3의 술자리에 합석하여 공소외 2 등에게

술을 따라주고 술을 받기도 하는 등 유흥을 돋우는 행위를 하였다는 취지의 공소외 2,3의 제1심 및 원심에서의 진술은 그대로 믿기 어렵다. 한편 공소외 1이 공소외 2의 테이블에 7, 8번 가서 적게는 1, 2분 많게는 10분 정도 앉아 공소외 2의 이야기를 들어주었고, 이 사건 당일 공소외 1이 공소외 2로부터 피고인을 통하여 택시비 명목으로 10,000원을 받았다는 공소외 1의 진술만으로는 공소사실을 인정하기에 부족하고, 달리 공소사실을 합리적 의심이 배제될 정도로 증명할 증거를 찾아 볼 수 없다.

## V. 결 론

공소사실을 유죄로 인정한 원심판결에는 유흥접객원에 관한 법리를 오해하거나 자유심증주의와 증거재판주의를 위반한 위법이 있다.

따라서 음식을 나르기 위하여 고용된 종업원이 손님의 거듭되는 요구에 못 이겨서 할 수 없이 손님과 합석하여 술을 마시게 된 경우 그 종업원은 유흥접객원에 포함되지 아니한다 할 것이다(대법원 2005. 3. 24. 선고 2005도86 판결 참조).

## VI 유사판례

### 1. 바텐더가 일하면서 일시적으로 손님들이 권하는 술을 받아 마신 경우

사건 당시 바 시중원으로 일하면서 일시적으로 손님들이 권하는 술을 받아 마셨다는 사정만으로는 공소외인을 식품위생 관계 법령에서 정한 유흥접객원으로 볼 수는 없다. (대법원 2009. 3. 12., 선고, 2008도9647, 판결)

### 2. 식품위생법상 유흥종사자의 의미

여기의 유흥종사자란 반드시 고용기간과 임금, 근로시간 등을 명시한 고용계약에 의하여 취업한 여자종업원에 한정된다고는 할 수 없지만, 적어도 하나의 직업으로 특정업소에서 손님과 함께 술을 마시거나 노래 또는 춤으로 손님의 유흥을 돋구어 주고 주인으로부터 보수를 받거나 손님으로부터 팁을 받는 부녀자를 가리키는 것으로 해석되고, 따라서 단순히 놀러 오거나 손님으로 왔다가 다른 남자 손님과 합석하여 술을 마신 부녀자는 이에 포함되지 아니한다. (대법원 2001. 12. 24., 선고, 2001도5837, 판결)

# 제1절 응급조치인 가정폭력행위자와 피해자 분리조치의 적법 여부

## Ⅰ. 사례요지

딸(공소외인)로부터 '동거 중인 남자친구가 자신을 죽이려 한다'는 연락을 받았다는 어머니의 112신고가 접수되어 경찰관들이 피고인과 공소외인의 주거지에 출동하였고, 그곳에서 피고인이 공소외인을 "내 마누라"라고 지칭하기도 한 점 등에 비추어 보면, 경찰관이 피고인과 공소외인을 사실상 혼인관계에 있는 가정구성원으로 본 것은 상당하다. 경찰관이 위 주거지에 출동하여 피고인과 공소외인을 대면한 시점에는 폭력행위가 진행 중이 아니었더라도 당시 공소외인의 얼굴에 폭행을 당한 흔적이 있었고 피고인이 큰 소리를 내는 등 과격한 언행을 보인 점에다가 위 112신고 내용 등을 종합하여, 출동 경찰관이 피고인과 공소외인의 분리조치를 하였다.

## Ⅱ. 논 점

경찰관이 가정폭력처벌법에 규정된 응급조치인 가정폭력행위자와 피해자의 분리조치를 함에 있어 피해자의 동의를 필요로 하는지 여부(소극)

## Ⅲ. 법규연구 (가정폭력범죄의 처벌 등에 관한 특례법 /약칭: 가정폭력처벌법)

제5조(가정폭력범죄에 대한 응급조치) 진행 중인 가정폭력범죄에 대하여 신고를 받은 사법경찰관리는 즉시 현장에 나가서 다음 각 호의 조치를 하여야 한다. <개정 2020. 10. 20.>
　1. 폭력행위의 제지, 가정폭력행위자·피해자의 분리
　1의2.「형사소송법」제212조에 따른 현행범인의 체포 등 범죄수사
　2. 피해자를 가정폭력 관련 상담소 또는 보호시설로 인도(피해자가 동의한 경우만 해당한다)
　3. 긴급치료가 필요한 피해자를 의료기관으로 인도
　4. 폭력행위 재발 시 제8조에 따라 임시조치를 신청할 수 있음을 통보
　5. 제55조의2에 따른 피해자보호명령 또는 신변안전조치를 청구할 수 있음을 고지

## IV. 관련 판례

### 1. 원심 (서울중앙지방법원 2022. 1. 19. 선고 2021노1141 판결)

경찰관의 위 분리조치가 적법하다고 보아 이 사건 공소사실 중 공무집행방해 부분을 유죄로 인정하였다.

### 2. 대법원 (대법원 2022. 8. 11. 선고 2022도2076 판결)

가구 가정폭력처벌법상 가정폭력이란 '가정구성원 사이의 신체적, 정신적 또는 재산상 피해를 수반하는 행위'를 말하는데(제2조 제1호), 가정구성원에는 배우자뿐만 아니라 사실상 혼인관계에 있는 사람도 포함된다(제2조 제2호 가.목). 그리고 '가정폭력으로서 형법 제257조 제1항(상해), 제260조 제1항(폭행)에 해당하는 죄'는 가정폭력범죄에 포함된다(제2조 제3호 가.목). 구 가정폭력처벌법 제5조는 가정폭력범죄에 대한 응급조치로서, "진행 중인 가정폭력범죄에 대하여 신고를 받은 사법경찰관리는 즉시 현장에 나가서 다음 각 호의 조치를 하여야 한다."고 규정하면서, 같은 항 제1호는 "폭력행위의 제지, 가정폭력행위자·피해자의 분리 및 범죄수사"를, 같은 항 제2호는 "피해자를 가정폭력 관련 상담소 또는 보호시설로 인도(피해자가 동의한 경우만 해당한다)"를, 같은 항 제3호는 "긴급치료가 필요한 피해자를 의료기관으로 인도"를, 같은 항 제4호는 "폭력행위 재발 시 제8조에 따라 임시조치를 신청할 수 있음을 통보"를 규정하고 있다. 위와 같은 규정의 내용에다가 구 가정폭력처벌법의 입법목적과 위와 같은 응급조치를 둔 취지, 가정폭력범죄의 특수성 등을 고려하면, 구 가정폭력처벌법 제5조 제1호에 규정된 가정폭력행위자와 피해자의 분리조치에 피해자의 동의를 필요로 하지 않는다. 따라서 설령 피해자가 분리조치를 희망하지 않거나 동의하지 않는다는 의사를 표명하였다고 하더라도 경찰관이 현장의 상황에 따라 분리조치를 함에 있어 장애가 되지 않는다.

## V. 결 론

112신고를 받고 출동한 경찰관이 피고인과 피해자의 분리조치를 취한 것은 구 가정폭력처벌법 제5조 제1호에 따른 응급조치로서 적법하고 설령 이에 대해 피해자가 희망하지 않거나 동의하지 않는다는 의사를 표명하였더라도 달리 볼 수 없다는 이유로 경찰관의 공무집행이 적법하다고 보아, 위 경찰관을 폭행한 피고인에 대해 공무집행방해죄를 유죄로 인정한 원심을 수긍한 사례

# 제2절 임시보호명령을 위반한 주거지 접근 등을 피해자가 승낙한 경우

## Ⅰ. 사례요지

> 피고인이 접근금지, 문언송신금지 등을 명한 임시보호명령을 위반하여 피해자의 주거지에 접근하고 문자메시지를 보내 임시보호명령을 위반하였다. 그러나 피해자가 주거지 접근이나 문자메시지 송신을 피해자가 양해 내지 승낙하였다.

## Ⅱ. 논 점

임시보호명령을 위반한 주거지 접근 등을 피해자가 양해·승낙한 경우라도 「가정폭력범죄의 처벌 등에 관한 특례법」 위반죄가 성립하는지 여부

## Ⅲ. 법규연구 (가정폭력범죄의 처벌 등에 관한 특례법)

> 제55조의4(임시보호명령) ① 판사는 제55조의2제1항에 따른 피해자보호명령의 청구가 있는 경우에 피해자의 보호를 위하여 필요하다고 인정하는 경우에는 결정으로 제55조의2제1항 각 호의 어느 하나에 해당하는 임시보호명령을 할 수 있다.
> ② 임시보호명령의 기간은 피해자보호명령의 결정 시까지로 한다. 다만, 판사는 필요하다고 인정하는 경우에 그 기간을 제한할 수 있다.
> ③ 임시보호명령의 취소 또는 그 종류의 변경에 대하여는 제55조의2제3항 및 제4항을 준용한다. 이 경우 "피해자보호명령"은 "임시보호명령"으로 본다.

## Ⅳ. 관련 판례

### 1. 원심 (인천지방법원 2021. 10. 1. 선고 2020노1642 판결)

가정폭력처벌법 제55조의4에 따른 임시보호명령은 피해자의 양해 여부와 관계없이 행위자에게 접근금지, 문언송신금지 등을 명하는 점, 피해자의 양해만으로 임시보호명령 위반으로 인한 가정폭력처벌법 위반죄의 구성요건해당성이 조각된다면 개인의 의사로써 법원의 임시보호명령을 사실상 무효화하는 결과가 되어 법적 안정성을 훼손할 우려도 있는 점 등의 사정을 들어, 설령 피고인의 주장과 같이 이 사건 임시보호명령을 위반한 주거지 접근이나 문자메시지 송신을 피해자가 양해 내지 승낙했다고 할지라도 가정폭력처벌법 위반죄의 구성요건에 해당할뿐더러, 피고인이 이 사건 임시보호명령의 발령 사실을 알면서도 피해자에게 먼저 연락하였고 이에 피해자가 대응한 것으로 보이

는 점, 피해자가 피고인과 문자메시지를 주고받던 중 수회에 걸쳐 '더 이상 연락하지 말라' 는 문자메시지를 보내기도 한 점 등에 비추어 보면, 피고인이 이 사건 임시보호 명령을 위반하여 피해자의 주거지에 접근하거나 문자메시지를 보낸 것을 형법 제20조의 정당행위로 볼 수도 없다는 이유로 <u>이 사건 공소사실(무죄 부분 제외)을 유죄로 판단하였다.</u>

## 2. 대법원 (대법원 2022. 1. 4. 선고 2021도14015 판결)

피고인이 '접근금지, 문언송신금지' 등을 명한 임시보호명령을 위반하여 피해자의 주거지에 접근하고 문자메시지를 보낸 사안에서, 설령 이에 관한 <u>피해자의 양해나 승낙이 있었다고 하더라도 가정폭력처벌법 위반죄의 구성요건에 해당하고,</u> 피고인이 이 사건 임시보호명령의 발령 사실을 알면서도 피해자에게 먼저 연락하였고 이에 피해자가 대응한 것으로 보이는 점, 피해자가 피고인과 문자메시지를 주고받던 중 수회에 걸쳐 '더 이상 연락하지 말라' 는 문자메시지를 보내기도 한 점 등에 비추어 정당행위로 볼 수도 없다는 이유로 <u>가정폭력처벌법 위반죄를</u> 인정하였다.

## V. 결 론

원심의 판단에 논리와 경험의 법칙을 위반하여 자유심증주의의 한계를 벗어나거나 피해자의 양해 내지 승낙, 정당행위에 관한 법리를 오해한 잘못이 없다.

# 제3절 청소년유해업소인 유흥주점의 업주가 종업원 고용 시 대상자 연령 확인의무

## Ⅰ. 사례요지

피고인은 ○○주점'을 운영하는 사람으로, 위 유흥주점에서 청소년인 공소외 1(여, 16세), 공소외 2(여, 16세), 공소외 3(여, 17세)을 고용하여 이들로 하여금 남자 손님 3명이 술을 마시고 있는 객실에 들어가도록 한 다음 손님들에게 술을 따라주고 노래를 부르게 하는 등 접객행위를 하게 하였다. 이로써 피고인은 영리를 목적으로 청소년으로 하여금 위와 같이 손님과 함께 술을 마시거나 노래 또는 춤 등으로 손님의 유흥을 돋우는 접객행위를 하게 하였다.

## Ⅱ. 논 점

청소년유해업소인 유흥주점의 업주가 종업원을 고용할 때 대상자의 연령을 확인하여야 하는 의무의 내용

## Ⅲ. 법규연구 (청소년보호법)

제29조(청소년 고용 금지 및 출입 제한 등) ① 청소년유해업소의 업주는 청소년을 고용하여서는 아니 된다. 청소년유해업소의 업주가 종업원을 고용하려면 미리 나이를 확인하여야 한다.
② 청소년 출입·고용금지업소의 업주와 종사자는 출입자의 나이를 확인하여 청소년이 그 업소에 출입하지 못하게 하여야 한다.
③ 제2조제5호나목2)의 숙박업을 운영하는 업주는 종사자를 배치하거나 대통령령으로 정하는 설비 등을 갖추어 출입자의 나이를 확인하고 제30조제8호의 우려가 있는 경우에는 청소년의 출입을 제한하여야 한다.
제58조(벌칙) 다음 각 호의 어느 하나에 해당하는 자는 3년 이하의 징역 또는 3천만원 이하의 벌금에 처한다.
 4. 제29조제1항을 위반하여 청소년을 청소년유해업소에 고용한 자

## Ⅳ. 관련 판례

### 1. 원심 (전주지법 2013. 6. 28. 선고 2013노374 판결)

실물과 주민등록증상의 사진이 다소 달라 보인다고 여겼다는 사정만으로는 피고인이 공소외 1 등이 청소년임을 알았거나 청소년이라도 무방하다는 미필적 고의로 이들을 고용하였다고 단정할 수 없다고 판단하였다.

## 2. 대법원 (대법원 2013. 9. 27., 선고, 2013도8385, 판결)

가. 청소년 보호법의 입법목적 등에 비추어 볼 때, 유흥주점과 같은 청소년유해업소의 업주에게는 청소년 보호를 위하여 청소년을 당해 업소에 고용하여서는 아니 될 매우 엄중한 책임이 부여되어 있다 할 것이므로, <u>유흥주점의 업주가 당해 유흥업소에 종업원을 고용함에서는 주민등록증이나 이에 유사한 정도로 연령에 관한 공적 증명력이 있는 증거에 의하여 대상자의 연령을 확인하여야 하고, 만일 대상자가 제시한 주민등록증상의 사진과 실물이 다르다는 의심이 들면 청소년이 자신의 신분과 연령을 감추고 유흥업소 취업을 감행하는 사례가 적지 않은 유흥업계의 취약한 고용실태 등에 비추어 볼 때, 업주로서는 주민등록증상의 사진과 실물을 자세히 대조하거나 주민등록증상의 주소 또는 주민등록번호를 외워보도록 하는 등 추가적인 연령확인조치를 취하여야 할 의무가 있다고 할 것이다.</u>

나. 청소년유해업소인 유흥주점을 운영하는 피고인으로서는 공소외 1 등이 제시한 주민등록증상의 사진과 실물이 다르다는 의심이 들었다면 청소년의 보호를 위하여 사진과 실물을 자세히 대조해 보는 등 좀 더 <u>적극적인 방법으로 연령확인조치를 취하여야 할 의무가 있었다</u>고 할 것이고, 그럼에도 불구하고 공소외 1 등이 제시한 제3자의 주민등록증만을 확인한 채 그녀들을 고용하여 유흥주점에서 접객행위를 하도록 한 것은 청소년유해업소 업주의 청소년연령확인에 관한 필요한 조치를 다하지 아니한 것이라 할 것이다.

그렇다면 피고인에게는 청소년인 공소외 1 등을 고용하여 유흥주점에서 접객행위를 하게 한다는 점에 관하여 적어도 <u>미필적 고의가 있다고 볼 여지가 있다.</u>

## V. 결론

원심이, 실물과 주민등록증상의 사진이 다소 달라 보인다고 여겼다는 사정만으로는 피고인이 공소외 1 등이 청소년임을 알았거나 청소년이라도 무방하다는 미필적 고의로 이들을 고용하였다고 단정할 수 없다고 본 것은 청소년 보호법상 연령확인의무에 관한 법리를 오해하여 판단을 그르친 것이다.

# Ⅵ 유사판례

## 1. 건강진단수첩(속칭 보건증) 또는 건강진단결과서가 연령에 관한 공적 증명력이 있는지

건강진단수첩(속칭 보건증) 제도가 폐지된 후 건강진단결과서 제도가 마련된 취지와 경위, 건강진단결과서의 발급목적, 건강진단결과서가 발급되는 과정에서 피검자에 대한 신분을 확인하는 검증절차 및 피검자의 동일성에 관한 건강진단결과서의 증명도 등을 두루 감안해 볼 때 비록 그 결과서에 피검자의 주민등록번호 등 인적 사항이 기재되어 있다고 하더라도 이는 주민등록증에 유사한 정도로 연령에 관한 공적 증명력이 있는 증거라고 볼 수는 없다. (대법원 2002. 6. 28., 선고, 2002도2425, 판결)

# 제4절 성년자들만이 자리에 앉아 술을 마시다 나중에 청소년이 합석 술을 마신 경우

## I. 사례요지

일반음식점을 운영하는 피고인이 위 음식점에서 손님으로 온 청소년인 공소외 1(17세, 여) 외 3명의 신분증을 확인하지 않고 참이슬소주 2병, 2,000cc 생맥주 2개, 안주 1개 합계 26,400원 상당을 판매하였다.

## II. 논점

1. 청소년보호법에 정한 '청소년에게 술을 판매하는 행위'에 해당하기 위한 요건
2. 술을 내어놓을 당시에는 성년자들만이 자리에 앉아 술을 마시다가 나중에 청소년이 합석하여 술을 마신 경우 '청소년에게 술을 판매하는 행위'에 해당하는지 여부(한정 소극)

## III. 법규연구 (청소년보호법)

제28조(청소년유해약물등의 판매·대여 등의 금지) ① 누구든지 청소년을 대상으로 청소년유해약물 등을 판매·대여·배포(자동기계장치·무인판매장치·통신장치를 통하여 판매·대여·배포하는 경우를 포함한다)하거나 무상으로 제공하여서는 아니 된다. 다만, 교육·실험 또는 치료를 위한 경우로서 대통령령으로 정하는 경우는 예외로 한다.

제59조(벌칙) 다음 각 호의 어느 하나에 해당하는 자는 2년 이하의 징역 또는 2천만원 이하의 벌금에 처한다.

6. 제28조제1항을 위반하여 청소년에게 제2조제4호가목1)·2)의 청소년유해약물 또는 같은 호 나목3)의 청소년유해물건을 판매·대여·배포(자동기계장치·무인판매장치·통신장치를 통하여 판매·대여·배포한 경우를 포함한다)하거나 영리를 목적으로 무상 제공한 자

## IV. 관련 판례

### 1. 원심 (수원지법 2008. 11. 5. 선고 2008노3595 판결)

이 사건 청소년보호법 위반의 공소사실을 유죄로 인정한 제1심판결을 그대로 유지하였다.

## 2. 대법원 (대법원 2009. 4. 9., 선고, 2008도11282, 판결)

가. 음식점을 운영하는 사람이 그 음식점에 들어온 여러 사람의 일행에게 술 등의 주류를 판매한 행위가 청소년보호법 제51조 제8호에 규정된 '청소년에게 주류를 판매하는 행위'에 해당하기 위해서는, 그 일행에게 술을 내어놓을 당시 그 일행 중에 청소년이 포함되어 있었고 이를 음식점 운영자가 인식하고 있었어야 할 것이므로, 술을 내어놓을 당시에는 성년자들만이 자리에 앉아서 그들끼리만 술을 마시다가 나중에 청소년이 들어와서 합석하게 된 경우에는 처음부터 음식점 운영자가 나중에 그렇게 청소년이 합석하리라는 것을 예견할 만한 사정이 있었거나, 청소년이 합석한 후에 이를 인식하면서 추가로 술을 내어 준 경우가 아닌 이상, 합석한 청소년이 상 위에 남아 있던 소주를 일부 마셨다고 하더라도 음식점 운영자가 청소년에게 술을 판매하는 행위를 하였다고는 할 수 없다(대법원 2001. 10. 9. 선고 2001도4069 판결 등 참조).

나. 위 공소외 1과 함께 아르바이트하여 서로 아는 사이인 공소외 2,3,4,5 등이 먼저 위 음식점에 들어와 위와 같이 참이슬소주 2병, 2,000cc 생맥주 2개 등을 주문하여 놓고 마시다가, 문자메시지를 보내 위 공소외 1을 부른 사실, 이에 위 공소외 1이 위 음식점으로 와서 합석한 다음, 종업원에게 술잔을 더 달라고 하여 위 공소외 2 등과 함께 술을 마신 사실 등을 알 수 있으나, 거기에서 나아가 위 공소외 1이 합석한 이후에 술을 더 주문하였다거나 피고인 또는 그 종업원이 처음에 술을 주문받을 당시에 나중에 위 공소외 1이 합석하리라는 것을 예견하였다는 등의 사정을 인정할 만한 자료는 찾아볼 수 없고, 한편 위 공소외 2는 청소년이 아니며 공소외 3,4,5 등이 청소년이라고 단정할 만한 자료 또한 찾아 볼 수 없다.

## V. 결 론

이러한 사실관계를 앞서 본 법리에 비추어 볼 때, 피고인이 위 공소외 1에게 술 등의 주류를 판매하였다고는 할 수 없고, 달리 이를 인정할 증거가 없으며, 위 공소외 2 등이 청소년이라고 단정할 증거가 없는 이상 피고인이 그들에게 주류를 판매한 것을 가리켜 청소년에게 주류를 판매한 것이라고도 할 수 없다고 할 것이다.

# 제5절 청소년에게 주류를 판매하는 행위의 의미 및 그 기수시기

## I. 사례요지

유흥주점 운영자가 업소에 들어온 미성년자의 신분을 의심하여 주문받은 술을 들고 룸에 들어가 신분증의 제시를 요구하고 밖으로 데리고 나온 경우

## II. 논 점

청소년에게 주류를 판매하는 행위의 의미 및 그 기수시기

## III. 법규연구 (청소년보호법)

제28조(청소년유해약물등의 판매·대여 등의 금지) ① 누구든지 청소년을 대상으로 청소년유해약물등을 판매·대여·배포(자동기계장치·무인판매장치·통신장치를 통하여 판매·대여·배포하는 경우를 포함한다)하거나 무상으로 제공하여서는 아니 된다. 다만, 교육·실험 또는 치료를 위한 경우로서 대통령령으로 정하는 경우는 예외로 한다.

제59조(벌칙) 다음 각 호의 어느 하나에 해당하는 자는 2년 이하의 징역 또는 2천만원 이하의 벌금에 처한다.

6. 제28조제1항을 위반하여 청소년에게 제2조제4호가목1)·2)의 청소년유해약물 또는 같은 호 나목3)의 청소년유해물건을 판매·대여·배포(자동기계장치·무인판매장치·통신장치를 통하여 판매·대여·배포한 경우를 포함한다)하거나 영리를 목적으로 무상 제공한 자

## IV. 관련 판례

### 1. 원심 (수원지법 2008. 3. 25. 선고 2007노4849 판결)

청소년보호법 제2조 제4호 및 제26조 제1항에 의하면 누구든지 청소년을 대상으로 하여 청소년유해약물인 주류를 판매·대여·배포하여서는 아니된다고 규정하고 있고, 위 법 제51조 제8호에서는 위 규정에 위반하여 청소년에게 주세법의 규정에 의한 주류를 '판매'한 자를 처벌한다고 규정하고 있는 점, 위 규정의 취지는 청소년에게 유해한 약물이 청소년에게 유통되는 것을 규제함으로써 청소년을 유해한 각종 사회환경으로부터 보호·구제하고 나아가 이들을 건전한 인격체로 성장할 수 있도록 함을 그 목적으로 하고 있는데, 위 법 제51조 제7호에서는 청소년을 유해업소에 출입시킨 자를 별도로 처벌하고 있는 점 등을 종합하면, 주류 판매로 인한 청소년보호법위반죄는 청소년에게 단순히 술을 마실 수 있는 위험이 있는 상태를 조성한 것으로는 부족하고,

실제로 청소년에게 술을 제공하여 청소년이 주류를 마시거나 마실 수 있는 상태에 이르러야 성립한다고 해석함이 상당하다.

## 2. 대법원 (대법원 2008. 7. 24., 선고, 2008도3211, 판결)

청소년보호법 제51조 제8호 소정의 '청소년에게 주류를 판매하는 행위' 란 청소년에게 주류를 유상으로 제공하는 행위를 말하고, 청소년에게 주류를 제공하였다고 하기 위하여는 청소년이 실제 주류를 마시거나 마실 수 있는 상태에 이르러야 한다.

피고인은 나이트클럽" 이라는 상호로 유흥주점을 운영하고 있었던 사실, 공소외 1은 1988년생으로서 미성년자인데도, 2006. 2. 17. 00:30경 위 나이트클럽에 혼자 들어가 그곳의 룸 안에서 종업원인 공소외 2에게 술과 안주를 주문한 사실, 위 공소외 2는 공소외 1에게 술값을 선불로 결제해 줄 것을 요구하고, 이에 따라 공소외 1로부터 신용카드를 건네받았으나 위 카드는 결제승인이 나지 않은 사실, 그 후 공소외 1은 공소외 2에게 다른 신용카드를 건네주어 술값을 결제하고는 위 나이트클럽에 있는 모든 러시아 아가씨들을 불러달라고 요구한 사실, 공소외 2는 이러한 공소외 1의 행동 등을 수상하게 여기고 피고인에게 이 같은 사정을 말한 사실, 이에 피고인은 공소외 2와 함께 술과 안주를 가지고 가 공소외 1이 있는 룸 안으로 들어가 위 공소외 1에게 신분증을 보여달라고 요구하고, 공소외 1이 신분증을 제시하지 않자 그를 밖으로 데리고 나갔는데, 마침 도착한 경찰관들이 위 공소외 1을 절도 혐의로 체포한 사실 등을 알 수 있고, 이와 같이 피고인이 공소외 1이 있는 룸 안으로 술을 가지고 들어갔다 하더라도, 이와 동시에 피고인이 공소외 1에게 신분증 제시를 요구하고 공소외 1이 신분증을 제시하지 않자 공소외 1로 하여금 술을 마시지 못하게 한 채 밖으로 데리고 나왔다면, 공소외 1이 실제 주류를 마시거나 마실 수 있는 상태에 이르지 않았다고 봄이 상당하고, 피고인이 공소외 1로부터 그 술값을 선불로 받았다거나 공소외 1의 신분을 확인하려고 한 이유가 청소년 여부를 확인하기 위한 것이 아니었다고 하여 이와 달리 볼 수는 없으므로, 결국 피고인이 청소년인 공소외 1에게 주류를 제공하였다고 볼 수 없다.

## V. 결 론

미성년자가 실제 주류를 마시거나 마실 수 있는 상태에 이르지 않았으므로 술값의 선불지급 여부 등과 무관하게 주류판매에 관한 청소년보호법 위반죄가 성립하지 않는다.

## VI 유사판례

### 1. 청소년을 동반한 성년자에게 술을 판매한 경우

청소년을 포함한 일행이 함께 음식점에 들어와 술을 주문하였고, 청소년도 일행과 함께 술을 마실 것이 예상되는 상황에서 그 일행에게 술을 판매하였으며, 실제로 청소년이 일행과 함께 그 술을 마셨다면, 이는 청소년보호법 제51조 제8호 소정의 '청소년에게 주류를 판매하는 행위'에 해당되며, 이 경우 성년자인 일행이 술을 주문하거나 술값을 계산하였다 하여 달리 볼 것은 아니다. (대법원 2004. 9. 24., 선고, 2004도3999, 판결)

### 2. 법정대리인의 동의를 받은 미성년자에 대한 술 판매행위가 허용되는지

구 청소년보호법(1998. 2. 28. 법률 제5529호로 개정되기 전의 것)은 일반 사법인 민법과는 다른 차원에서 청소년에게 유해한 매체물과 약물 등이 청소년에게 유통되는 것과 청소년이 유해한 업소에 출입하는 것 등을 규제함으로써 청소년을 유해한 각종 사회환경으로부터 보호·구제하고 나아가 이들을 건전한 인격체로 성장할 수 있도록 함을 그 목적으로 하여 제정된 법으로서, 그 제2조에서 18세 미만의 자를 청소년으로 정의하고 술을 청소년유해약물의 하나로 규정하면서, 제26조 제1항에서는 누구든지 청소년을 대상으로 하여 청소년유해약물 등을 판매·대여·배포하여서는 아니된다고 규정하고, 제51조 제8호에서 위 규정에 위반하여 청소년에게 술이나 담배를 판매한 자를 처벌하도록 규정하고 있는바, 위와 같은 위 법의 입법 취지와 목적 및 규정 내용 등에 비추어 볼 때, 18세 미만의 청소년에게 술을 판매함에 있어서 가사 그의 민법상 법정대리인의 동의를 받았다고 하더라도 그러한 사정만으로 위 행위가 정당화될 수는 없다. (대법원 1999. 7. 13., 선고, 99도2151, 판결)

# 제6절 이성혼숙 하려는 자가 청소년이라고 의심할 만한 사정이 있는 경우 여관업주가 취하여야 할 조치

## Ⅰ. 사례요지

피고인 경영의 여관 208호실에 공소외 1(남, 당시 17세)과 공소외 2(여, 당시 17세)가 함께 들어가 머물도록 함으로써 청소년에 대하여 이성혼숙을 하게 하였다.

## Ⅱ. 논 점

이성혼숙을 하려는 자가 청소년이라고 의심할 만한 사정이 있는 경우 여관업주가 취하여야 할 조치

## Ⅲ. 법규연구 (청소년보호법)

제30조(청소년유해행위의 금지) 누구든지 청소년에게 다음 각 호의 어느 하나에 해당하는 행위를 하여서는 아니 된다.
  8. 청소년을 남녀 혼숙하게 하는 등 풍기를 문란하게 하는 영업행위를 하거나 이를 목적으로 장소를 제공하는 행위
제58조(벌칙) 다음 각 호의 어느 하나에 해당하는 자는 3년 이하의 징역 또는 3천만원 이하의 벌금에 처한다.
  5. 제30조제7호부터 제9호까지의 위반행위를 한 자

## Ⅳ. 관련 판례

### 1. 원심 (대구지법 2002. 7. 23. 선고 2002노243 판결)

피고인과 공소외 1, 공소외 2의 경찰에서의 진술이 있다. 그러나 이 사건 당시 여관에서 일하던 사람은 피고인이 아니라 그의 남편 공소외 3이어서 피고인은 경찰에서 당시 상황을 제대로 알지 못한 채 진술한 것으로 보여 피고인이 경찰에서 한 진술은 믿기 어렵다. 또 투숙 당시 겉모습만 보아도 미성년자임을 알 수 있는 공소외 2는 숨어 있다가 공소외 1 혼자 숙박료를 내고 여관방을 배정받는 틈을 이용하여 여관방으로 들어가 공소외 3이 공소외 2를 보지 못하였다고 하는 공소외 1과 공소외 2의 제1심 법정에서의 진술에 따르면, 그들이 경찰에서 한 진술도 믿기 어렵다. 한편 공소외 1과 공소외 2가 피고인 경영의 여관에 들어갈 당시 그 겉모습이나 차림새 등에 의하여 청소년이라고 의심할 만한 사정이 있었다고 인정하기도 어렵다. 따라서 이 사건 공소사

실은 범죄사실의 증명이 없는 경우에 해당한다.

## 2. 대법원 (대법원 2002. 10. 8., 선고, 2002도4282, 판결)

피고인과 공소외 3 부부는 피고인 경영의 여관에 거주하면서 교대로 일을 하고 있고, 이 사건 당시에는 공소외 3이 여관 1층 입구 안내실에서 일을 하고 있었으며, 공소외 1과 공소외 2가 여관에 들어간 뒤 지명수배자 검거를 위한 경찰의 검문과정에서 그들의 혼숙사실이 발각되었다. 공소외 1와 공소외 2은 경찰에서, 여관에 들어갈 때 공소외 3이 두 사람이 함께 있는 것을 보고도 나이를 묻거나 신분증을 확인하지 아니하고 방을 내 주었다고 진술하였고, 피고인은 공소외 1와 공소외 2의 체격이 커서 공소외 3으로서는 두 사람 모두 성인으로 알았다는 취지로 진술하였다. 그런데 피고인은, 벌금 200만 원의 약식명령이 고지되자 정식재판을 청구한 뒤, 공소외 1가 여관에 들어올 때 공소외 2가 함께 있는 것은 알지 못하였고 공소외 1은 겉모습이 청소년으로 보이지 아니하여 방을 내주었을 뿐이라고 범행을 부인하였고, 공소외 1과 공소외 2도 공소외 3을 만나 그들이 경찰에서 진술한 내용은 사실과 다르고 나이가 어려 보이는 공소외 2는 숨어 있다가 몰래 여관 안으로 들어가 공소외 3이 보지 못하였다는 취지의 진술서를 작성하여 준 뒤 제1심 법정에서도 같은 취지로 증언하였다.

그러나 공소외 1과 공소외 2가 여관 안에 함께 있었던 경위를 알지 못한 채 경찰에서 사실과 다른 진술을 하였다는 피고인의 변명은 피고인과 공소외 3이 부부로서 그 여관에서 함께 생활하고 있는 점 등에 비추어 볼 때 납득하기 어렵다. 또 공소외 2가 나이가 어려 보이므로 공소외 3이 볼 수 없게 몰래 여관 안으로 들어갔다는 공소외 1과 공소외 2의 제1심 법정에서 한 진술이 사실이라면, 그들이 경찰에서 진술할 때 사실과 달리 진술할 이유가 없었을 뿐만 아니라, 이 사건이 있은 뒤 3개월 이상 지나 공소외 3을 만난 뒤에야 비로소 그 진술을 번복하게 된 경위도 납득하기 어렵다.

한편, 여관업을 하는 사람으로서는 이성혼숙을 하려는 사람들의 겉모습이나 차림새 등에서 청소년이라고 의심할 만한 사정이 있는 때에는 신분증이나 다른 확실한 방법으로 청소년인지 여부를 확인하고 청소년이 아닌 것으로 확인된 경우에만 이성혼숙을 허용하여야 한다(대법원 2001. 8. 21. 선고 2001도3295 판결 참조). 그런데 공소외 1과 공소외 2는 이 사건 당시 고등학교 3학년 학생들이었고, 공소외 2는 특히 나이가 어려 보였다는 것이므로, 공소외 3으로서는 공소외 1과 공소외 2가 함께 여관에 들어가려고 하는 경우 신분증이나 다른 확실한 방법으로 청소년인지 여부를 확인하였어야 하였다.

## V. 결 론

따라서 공소외 3이 이러한 확인을 전혀 하지 아니하고 공소외 1과 공소외 2의 혼숙을 허용하였다면, 적어도 청소년 이성혼숙에 대한 미필적 고의가 있다고 보아야 한다.

## VI 유사판례

### 1. 청소년 이성혼숙의 의미

청소년보호법 제26조의2 제8호는 누구든지 "청소년에 대하여 이성혼숙을 하게 하는 등 풍기를 문란하게 하는 영업행위를 하거나 그를 목적으로 장소를 제공하는 행위"를 하여서는 아니된다고 규정하고 있는바, 위 법률의 입법취지가 청소년을 각종 유해행위로부터 보호함으로써 청소년이 건전한 인격체로 성장할 수 있도록 하기 위한 것인 점 등을 감안하면, 위 법문이 규정하는 '이성혼숙'은 남녀 중 일방이 청소년이면 족하고, 반드시 남녀 쌍방이 청소년임을 요하는 것은 아니다. (대법원 2001. 8. 21., 선고, 2001도3295, 판결)

# 제7절 지배인이 청소년을 고용한 경우 업주책임

## Ⅰ. 사례요지

청소년유해업소의 업주는 청소년을 고용하여서는 아니 됨에도 불구하고 피고인은 자신이 운영하는 청소년유해업소인 ○○ 유흥주점에 청소년인 공소외 1(17세)을 종업원으로 고용하였다.

## Ⅱ. 논 점

1. 청소년보호법에서 '고용' 의 의미
2. 청소년고용금지 위반죄의 성립 여부와 범의의 판단기준

## Ⅲ. 법규연구 (청소년보호법)

제29조(청소년 고용 금지 및 출입 제한 등) ① 청소년유해업소의 업주는 청소년을 고용하여서는 아니 된다. 청소년유해업소의 업주가 종업원을 고용하려면 미리 나이를 확인하여야 한다.

제58조(벌칙) 다음 각 호의 어느 하나에 해당하는 자는 3년 이하의 징역 또는 3천만원 이하의 벌금에 처한다.

  4. 제29조제1항을 위반하여 청소년을 청소년유해업소에 고용한 자

## Ⅳ. 관련 판례

### 1. 원심 (의정부지법 2010. 7. 8. 선고 2010노361 판결)

위 유흥주점의 지배인 공소외 2가 2007. 6. 1. 급여로 매월 50만 원을 주기로 하고 공소외 1을 위 유흥주점의 종업원으로 채용한 사실, 공소외 1이 그 무렵부터 종업원으로 일하면서 청소 등의 업무를 하였고, 피고인은 위 유흥주점에서 일하는 공소외 1과 마주치기도 하였으며 공소외 1에게 저녁을 사주기도 한 사실을 인정할 수 있으나, 위 인정 사실만으로는 <u>피고인이 직접 공소외 1을 고용하였다고 인정하기에 부족하고, 오히려 위 유흥주점의 지배인 공소외 2가 공소외 1을 고용한 것으로 보일 뿐이라는 이유로 피고인에게 무죄를 선고하였다.</u>

### 2. 대법원 (대법원 2011. 1. 13. 선고 2010도10029 판결)

가. 청소년보호법 제24조 제1항은 '청소년유해업소의 업주는 청소년을 고용하여서는 아니된다' 고 규정하고, 같은 법 제50조 제2호는 ' 제24조 제1항의 규정에 위반하여 청소년을 유해업소에 고용한 자를 3년 이하의 징역 또는 2,000만 원 이하의 벌금에

처한다'고 규정하고 있다. 이때 '고용'이란 당사자 일방이 상대방에 대하여 노무를 제공할 것을 약정하고 상대방은 이에 대하여 보수를 지급할 것을 약정하는 계약으로서 (민법 제655조), 민법상의 다른 전형계약과 마찬가지로 당사자의 합의만으로 성립하고 특별한 방식을 요하지 아니하며 묵시적인 의사의 합치에 의하여도 성립할 수 있다. 한편 청소년고용 금지의무 위반행위는 일반적으로 고용이 노무의 제공이라는 계속적 상태를 요구한다는 점에서 계속범의 실질을 가지는 것으로서 청소년에 대한 고용을 중단하지 않는 한 가벌적 위법상태가 지속되므로, 그 위반죄의 성립 여부 및 범의는 청소년 고용이 지속된 기간을 전체적으로 고려하여 판단하여야 한다.

나. 공소외 1은 2007. 6. 1.부터 같은 달 14일까지 2주 동안 위 유흥주점에서 손님 접대, 청소 등의 일을 하였고, 근무를 시작한 다음날부터 피고인을 내내 보았으며, 피고인이 공소외 1에게 저녁을 사주기도 한 사실을 알 수 있는데, 이처럼 청소년고용이 일시적으로 그친 것이 아니라 상당 기간 지속되었고, 피고인도 그 기간 줄곧 공소외 1의 근무 사실을 알고 있었으며, 공소외 1에게 저녁을 사주는 등 그 업무 수행을 독려하기까지 한 점 등에 비추어 보면, 이 사건의 경우 피고인과 공소외 1 사이에 묵시적인 의사의 합치에 의하여 고용계약이 성립하였고, 이로써 피고인이 청소년인 공소외 1을 직접 고용하였다고 봄이 상당하다.

또한, 공소외 1이 면접 당시 지배인 공소외 2로부터 주민등록증을 보여달라는 요구를 받고도 이를 제시하지 않고 자신의 나이를 속였음에도 피고인이 채용을 보류하거나 거부하지 아니하였고, 그 후 공소외 1이 2주 동안 위 유흥주점에서 일하였는데도 그의 신분과 연령을 확인하지 아니한 이상 피고인에게는 청소년임에도 불구하고 공소외 1을 고용한다는 점에 관하여 미필적 고의가 있었다고 봄이 상당하다.

## V. 결 론

청소년유해업소의 업주는 청소년을 고용하여서는 아니 됨에도 피고인이 자신이 운영하는 유흥주점에 청소년인 甲(17세)을 종업원으로 고용하였다는 청소년보호법 위반의 공소사실에 대하여, 업주인 피고인이 甲을 직접 고용하였다고 볼 수 없고 위 주점의 지배인이 甲을 고용한 것으로 보일 뿐이라는 이유로 피고인에게 무죄를 선고한 원심판결에 같은 법 제24조의 '고용'의 해석 및 그 적용에 관한 법리오해의 위법이 있다.

## VI 유사판례

### 1. 청소년고용금지업소의 업주가 유흥종사자를 고용하면서 연령 확인에 필요한 의무의 내용

청소년보호법의 입법목적 등에 비추어 볼 때, 유흥주점과 같은 청소년유해업소의 업주에게는 청소년의 보호를 위하여 청소년을 당해 업소에 고용하여서는 아니 될 매우 엄중한 책임이 부여되어 있다 할 것이므로, 유흥주점영업의 업주가 당해 유흥업소에 종업원을 고용함에서는 주민등록증이나 이에 유사한 정도로 연령에 관한 공적 증명력이 있는 증거에 의하여 대상자의 연령을 확인하여야 하고, 만일 대상자가 신분증을 분실하였다는 사유로 그 연령 확인에 응하지 아니하는 등 고용대상자의 연령 확인이 당장 용이하지 아니한 경우라면 청소년유해업소의 업주로서는 청소년이 자신의 신분과 연령을 감추고 유흥업소 취업을 감행하는 사례가 적지 않은 유흥업계의 취약한 고용실태 등에 비추어 대상자의 연령을 공적 증명에 의하여 확실히 확인할 수 있는 때까지 그 채용을 보류하거나 거부하여야 할 것이다. (대법원 2004. 4. 28. 선고 2004도255 판결 )

### 2. 청소년보호법상 '고용'의 의미

청소년보호법 제24조 제1항의 규정에 의하면, 청소년유해업소인 노래연습장 또는 유흥주점의 각 업주는 청소년을 접대부로 고용할 수 없는바, 여기의 고용에는 시간제로 보수를 받고 근무하는 경우도 포함된다. (대법원 2005. 7. 29. 선고 2005도3801 판결)

# 제8절 영유아보육법의 영상정보를 훼손당한 자 의미

## I. 사례요지

어린이집을 설치·운영하는 자는 아동학대 방지 등 영유아의 안전과 어린이집의 보안을 위하여 폐쇄회로 텔레비전을 설치·관리해야 하고, 폐쇄회로 텔레비전의 영상정보가 분실·도난·유출·변조 또는 훼손되지 않도록 내부 관리계획의 수립, 접속기록 보관 등 안전성 확보에 필요한 기술적·관리적·물리적 조치를 해야 한다. 피고인은 어린이집을 운영하면서 어린이집 사무실에 설치된 폐쇄회로 화면 저장장치에 저장된 영상정보가 훼손되지 않도록 안전성을 확보하기 위한 아무런 조치를 하지 않고 영상정보가 기록되어 있는 저장장치를 은닉하여 녹화영상정보가 전부 삭제되도록 하였다.

## II. 논 점

1. 영유아보육법의 처벌대상자 중 '영상정보를 훼손당한 자' 의 의미
2. 영상정보를 삭제·은닉 등의 방법으로 직접 훼손하는 행위를 한 자가 위 규정의 처벌대상에 포함되는지 여부(소극) 및 이때 행위자가 어린이집을 설치·운영하는 자라도 마찬가지인지 여부(적극)

## III. 법규연구 (영유아보육법)

제15조의4(폐쇄회로 텔레비전의 설치 등) ① 어린이집을 설치·운영하는 자는 아동학대 방지 등 영유아의 안전과 어린이집의 보안을 위하여 「개인정보 보호법」 및 관련 법령에 따른 폐쇄회로 텔레비전(이하 "폐쇄회로 텔레비전"이라 한다)을 설치·관리하여야 한다. 다만, 다음 각 호의 어느 하나에 해당하는 경우에는 그러하지 아니하다.
   1. 어린이집을 설치·운영하는 자가 보호자 전원의 동의를 받아 특별자치시장·특별자치도지사·시장·군수·구청장에게 신고한 경우
   2. 어린이집을 설치·운영하는 자가 보호자 및 보육교직원 전원의 동의를 받아 「개인정보 보호법」 및 관련 법령에 따른 네트워크 카메라를 설치한 경우
제15조의5(영상정보의 열람금지 등) ③ 어린이집을 설치·운영하는 자는 제15조의4제1항의 영상정보가 분실·도난·유출·변조 또는 훼손되지 아니하도록 내부 관리계획의 수립, 접속기록 보관 등 대통령령으로 정하는 바에 따라 안전성 확보에 필요한 기술적·관리적 및 물리적 조치를 하여야 한다.
제54조(벌칙) ③ 제15조의5제3항에 따른 안전성 확보에 필요한 조치를 하지 아니하여 영상정보를 분실·도난·유출·변조 또는 훼손당한 자는 2년 이하의 징역 또는 2천만원 이하의 벌금에 처한다.

## IV. 관련 판례

### 1. 원심 (울산지법 2019. 6. 13. 선고 2018노1287 판결)

다음과 같은 이유로 위 공소사실을 유죄로 판단하였다.

① 구 영유아보육법 제15조의5 제3항은 "영상정보가 분실·도난·유출·변조 또는 훼손되지 아니하도록" 하기 위해 안전성 확보에 필요한 조치를 취할 의무를 정하고 구 영유아보육법 제54조 제3항은 그러한 의무를 위반한 경우에 대한 처벌조항이다. 따라서 구 영유아보육법 제54조 제3항에서 정한 "영상정보를 분실·도난·유출·변조 또는 훼손당한 자"란 "영상정보가 분실·도난·유출·변조 또는 훼손되지 아니하도록 하지 못하거나 하지 아니한 자"를 뜻한다.

② 피고인이 자신이 운영하는 어린이집에 설치된 CCTV의 영상이 녹화·저장된 컴퓨터 하드디스크를 버려 은닉하였고 그로 인해서 피고인이 운영하는 어린이집의 CCTV 영상정보가 훼손당하였다. 따라서 피고인은 구 영유아보육법 제15조의5 제3항에 따른 안전성 확보에 필요한 조치를 하지 않았고 이로 인해 영상정보를 훼손당하였다.

### 2. 대법원 (대법원 2022. 3. 17., 선고, 2019도9044, 판결)

구 영유아보육법(2020. 12. 29. 법률 제17785호로 개정되기 전의 것, 이하 같다) 제15조의4 제1항은 "어린이집을 설치·운영하는 자는 아동학대 방지 등 영유아의 안전과 어린이집의 보안을 위하여 개인정보 보호법 및 관련 법령에 따른 폐쇄회로 텔레비전을 설치·관리하여야 한다."라고 정하고, 구 영유아보육법 제15조의5 제3항은 "어린이집을 설치·운영하는 자는 제15조의4 제1항의 영상정보가 분실·도난·유출·변조 또는 훼손되지 아니하도록 내부 관리계획의 수립, 접속기록 보관 등 대통령령으로 정하는 바에 따라 안전성 확보에 필요한 기술적·관리적 및 물리적 조치를 하여야 한다."라고 정한다. 그리고 구 영유아보육법 제54조 제3항은 "제15조의5 제3항에 따른 안전성 확보에 필요한 조치를 하지 아니하여 영상정보를 분실·도난·유출·변조 또는 훼손당한 자는 2년 이하의 징역 또는 2천만 원 이하의 벌금에 처한다."라고 정한다.

여기서 처벌의 대상이 되는 자 중 '영상정보를 훼손당한 자'란 어린이집을 설치·운영하는 자로서 구 영유아보육법 제15조의5 제3항에서 정한 폐쇄회로 영상정보에 대한 안전성 확보에 필요한 조치를 하지 않았고 그로 인해 영상정보를 훼손당한 자를 뜻한다. 영상정보를 삭제·은닉 등의 방법으로 직접 훼손하는 행위를 한 자는 위 규정의 처벌대상이 아니고 행위자가 어린이집을 설치·운영하는 자라고 해도 마찬가지이다.

## V. 결 론

어린이집을 운영하는 피고인이 폐쇄회로 영상정보가 저장된 저장장치를 '은닉' 하는 방법으로 '영상정보를 훼손하였다.' 는 것이다. 위에서 본 법리에 비추어 보면 이러한 사실만으로는 구 영유아보육법 제54조 제3항, 제15조의5 제3항에서 정한 '영상정보를 훼손당한 자' 에 해당한다고 할 수 없다.

# 제9절 영유아보육법에 정한 '거짓이나 그 밖의 부정한 방법' 의 의미

## I. 사례요지

피고인이 이 사건 어린이집을 운영하면서 2012년 4월경 보육통합정보시스템에 접속하여 기본보육료 지급 신청을 위한 회계보고를 하면서 2012년 3월분의 식자재대금을 실제보다 2배로 부풀린 금액으로 입력하여 전송한 후 2012년 4월분 기본보육료를 지급받는 등 그때부터 2012년 7월경까지 같은 방법으로 총 4회에 걸쳐 기본보육료 합계 18,709,250원을 받음으로써 부정한 방법으로 기본보육료를 받음과 동시에 이를 편취하였다.

## II. 논 점

1. 영유아보육법에 정한 '거짓이나 그 밖의 부정한 방법' 의 의미
2. 어린이집 운영자가 어린이집의 운영과 관련하여 허위로 지출을 증액한 내용으로 '재무회계규칙에 의한 회계' 를 하고 그 결과를 보고하여 기본보육료를 지급받은 경우
3. 영유아보육법의 '거짓이나 그 밖의 부정한 방법으로 보조금을 교부받은 경우' 에 해당하는지 여부(소극)
4. 형법 제347조 제1항에 정한 사기죄에 해당하는지 여부(소극)

## III. 법규연구 (영유아보육법)

제36조(비용의 보조 등) 국가나 지방자치단체는 대통령령으로 정하는 바에 따라 제10조에 따른 어린이집의 설치, 보육교사(대체교사를 포함한다)의 인건비, 초과보육(超過保育)에 드는 비용 등 운영 경비 또는 지방육아종합지원센터의 설치·운영, 보육교직원의 복지 증진, 취약보육의 실시 등 보육사업에 드는 비용, 제15조의4에 따른 폐쇄회로 텔레비전 설치비의 전부 또는 일부를 보조한다.

제54조(벌칙) ② 다음 각 호의 어느 하나에 해당하는 자는 3년 이하의 징역 또는 3천만원 이하의 벌금에 처한다.

1. 거짓이나 그 밖의 부정한 방법으로 보조금을 교부받거나 보조금을 유용한 자

## IV. 관련 판례

### 1. 원심 (인천지방법원 2015. 2. 6. 선고 2014노2154 판결)

피고인이 이 사건 어린이집을 운영하면서 2012년 4월경 보육통합정보시스템에 접속

하여 기본보육료 지급 신청을 위한 회계보고를 함에 있어서 2012년 3월분의 식자재대금을 실제보다 2배로 부풀린 금액으로 입력하여 전송한 후 2012년 4월분 기본보육료를 지급받는 등 그때부터 2012년 7월경까지 같은 방법으로 총 4회에 걸쳐 기본보육료 합계 18,709,250원을 받음으로써 부정한 방법으로 기본보육료를 받음과 동시에 이를 편취하였다'는 내용의 이 사건 공소사실에 대하여, '2012년도 보육사업 안내'에 정한 '재무회계규칙에 의한 회계보고 이행'에는 회계보고 내용의 진실성까지 요구된다는 등 그 판시와 같은 이유를 들어 사기 및 영유아보육법위반의 유죄로 인정하였다.

## 2. 대법원 (대법원 2016. 12. 29. 선고 2015도3394 판결)

거짓이나 그 밖의 부정한 방법이란 정상적인 절차에 의하여는 보조금을 지급받을 수 없음에도 위계 기타 사회통념상 부정이라고 인정되는 행위로서 보조금 교부에 관한 의사결정에 영향을 미칠 수 있는 적극적 및 소극적 행위를 하는 것을 뜻한다.

구 영유아보육법(2013. 1. 23. 법률 제11627호로 개정되기 전의 것, 이하 같다) 제36조, 구 영유아보육법 시행령(2013. 12. 4. 대통령령 제24904호로 개정되기 전의 것, 이하 같다) 제24조 제1항 제2호, 제6호, 제7호, 제2항 및 보건복지부장관이 발행한 '2012년도 보육사업 안내'의 문언·취지 등에 비추어 알 수 있는 다음과 같은 사정, 즉 '2012년도 보육사업 안내'에서 기본보육료의 지원요건으로 정한 '재무회계규칙에 의한 회계보고 이행'에서 재무회계규칙은 '2012년도 보육사업 안내'에 첨부된 '어린이집 재무회계규칙'을 의미하는데, 이는 어린이집의 재무와 회계에 필요한 사항을 정한 것으로서 구 영유아보육법 시행령 제24조가 위임한 범위에 당연히 포함된다고 보기 어렵고, 규정 내용도 어린이집 재무회계에 관한 일반적인 기준에 불과할 뿐 보육서비스의 내용이나 품질과는 직접적인 관련이 없는 점, 구 영유아보육법령 및 '2012년도 보육사업 안내'에는 '재무회계규칙에 의한 회계보고 이행'과 관련하여 회계보고 내용의 진실성을 검증하기 위한 절차 등에 관하여 아무런 규정을 두고 있지 아니하고, 실제로 기본보육료 지급 과정에서 회계보고 내용에 대한 심사를 하지 아니하고 있는 점, '2012년도 보육사업 안내'는 기본보육료 지원요건 중 '재무회계규칙에 의한 회계보고 이행'을 제외한 나머지 요건에 대하여는 위반 시 기본보육료를 환수하도록 정하고 있음에도 '재무회계규칙에 의한 회계보고 이행'의 위반에 대하여는 환수에 관한 사항을 정하고 있지 아니한 점 등을 종합하면, 기본보육료 신청과정에서 일단 회계보고를 한 이상 '2012년도 보육사업 안내'에 정한 기본보육료 지원요건으로서의 '재무회계규칙에 의한 회계보고 이행'이 있었다고 보아야 한다.

## V. 결 론

따라서 어린이집 운영자가 어린이집의 운영과 관련하여 허위로 지출을 증액한 내용으로 '재무회계규칙에 의한 회계'를 하고 그 결과를 보고하여 기본보육료를 지급받았더라도 그와 같이 회계보고에 허위가 개입되어 있다는 사정은 기본보육료의 지급에 관한 의사결정에 영향을 미쳤다고 볼 수 없으므로, 이를 들어 구 영유아보육법 제54조 제2항의 '거짓이나 그 밖의 부정한 방법으로 보조금을 교부받은 경우'에 해당한다고 볼 수 없고, 이와 같은 행위가 형법 제347조 제1항에 정한 사기죄에 해당한다고 볼 수도 없다.

# 제6장

# 금융/정보/통신/경제 등

## 제1절 기망으로 취득한 신용카드를 사용한 의미

### I. 사례요지

> 피고인은 사실 피해자의 신용카드로 성공사례비를 지급하더라도 그 대금을 변제할 의사나 능력이 없었고, 피해자의 신용카드를 생활비 등 개인적인 용도로 사용할 생각이었다. 피고인은 피해자를 기망하여 피해자로부터 신용카드 1장을 교부받은 뒤 총 ○○회에 걸쳐 합계 ○○원 상당을 결제하였다. 이로써 피고인은 피해자를 기망하여 취득한 신용카드를 사용하였다.

### II. 논 점

1. 여신전문금융업법 제70조 제1항 제4호에서 말하는 '기망하거나 공갈하여 취득한 신용카드나 직불카드'의 의미
2. '사용'의 의미

### III. 법규연구 (여신전문금융업법)

> 제2조 (정의) 이 법에서 사용하는 용어의 정의는 다음과 같다.
>   6. "직불카드"라 함은 직불카드회원과 신용카드가맹점간에 전자 또는 자기적 방법에 의하여 금융거래계좌에 이체하는 등의 방법으로 물품 또는 용역의 제공과 그 대가의 지급을 동시에 이행할 수 있도록 신용카드업자가 발행한 증표를 말한다.
> 제70조(벌칙) ① 다음 각 호의 어느 하나에 해당하는 자는 7년 이하의 징역 또는 5천만원 이하의 벌금에 처한다.
>   3. 분실 또는 도난된 신용카드 또는 직불카드를 판매하거나 사용한 자
>   4. 강취(强取)·횡령하거나, 사람을 기망(欺罔)하거나 공갈(恐喝)하여 취득한 신용카드나 직불카드를 판매하거나 사용한 자

### IV. 관련 판례

### 가. 원심의 판단 (서울중앙지방법원 2022. 8. 17. 선고 2022노842 판결)

기망하여 취득한 신용카드 사용으로 인한 여신전문금융업법 위반죄는 신용카드 자체

를 기망하여 취득한 후 소유자 또는 점유자의 의사에 의하지 않고 신용카드를 사용한 경우에 인정된다고 전제한 뒤, 판시와 같은 사정에 의하여 인정되는 <u>피고인의 신용카드 사용 동기 및 경위에 비추어 보면 피해자가 피고인에게 신용카드 사용권한을 준 것으로 보이므로 비록 신용카드 사용대금에 대한 피고인의 편취행위가 인정된다고 하더라도 신용카드 부정사용이라고 할 수 없다고 보아, 공소사실을 무죄로 판단하였다.</u>

## 나. 대법원 (대법원 2022. 12. 16. 선고 2022도10629 판결)

여신전문금융업법 제70조 제1항 제4호에서는 '강취·횡령하거나, 사람을 기망하거나 공갈하여 취득한 신용카드나 직불카드를 판매하거나 사용한 자'를 처벌하도록 규정하고 있는데, 여기에서 '<u>사용</u>'은 강취·횡령, 기망 또는 공갈로 취득한 신용카드나 직불카드를 진정한 카드로서 본래의 용법에 따라 사용하는 경우를 말한다(대법원 2003. 11. 14. 선고 2003도3977 판결, 대법원 2005. 7. 29. 선고 2005도4233 판결 등 참조). 그리고 '<u>기망하거나 공갈하여 취득한 신용카드나 직불카드</u>'는 문언상 '기망이나 공갈을 수단으로 하여 다른 사람으로부터 취득한 신용카드나 직불카드'라는 의미이므로, '<u>신용카드나 직불카드의 소유자 또는 점유자를 기망하거나 공갈하여 그들의 자유로운 의사에 의하지 않고 점유가 배제되어 그들로부터 사실상 처분권을 취득한 신용카드나 직불카드</u>'라고 해석되어야 한다.

원심판결 이유와 적법하게 채택된 증거에 의하면, 피고인은 교도소에 수용 중인 피해자를 기망하여 2019. 2. 22. 이 사건 신용카드를 교부받은 뒤, 2019. 2. 26.부터 같은 해 3. 25.까지 약 1개월간 총 23회에 걸쳐 피고인의 의사에 따라 이 사건 신용카드를 사용하였으므로, 피해자는 피고인으로부터 기망당함으로써 피해자의 자유로운 의사에 의하지 않고 이 사건 신용카드에 대한 점유를 상실하였고, 피고인은 이 사건 신용카드에 대한 사실상 처분권을 취득하였다고 보아야 한다. 따라서 이 사건 신용카드는 피고인이 이 사건 신용카드의 소유자인 피해자를 기망하여 취득한 신용카드에 해당하고, 이를 사용한 피고인의 행위는 기망하여 취득한 신용카드 사용으로 인한 여신전문금융업법 위반죄에 해당한다.

## V. 결 론

이 사건에서 피고인은 피해자를 기망하여 이 사건 신용카드를 교부받은 뒤 이를 총 23회에 걸쳐 피고인의 의사에 따라 사용하였으므로, 피해자는 피고인으로부터 기망당함으로써 피해자의 자유로운 의사에 의하지 않고 이 사건 신용카드에 대한 점유를 상실하였고 피고인은 이에 대한 사실상 처분권을 취득하였다고 보아야 하기에, 이 사건 신용카드는 피고인이 그 소유자인 피해자를 기망하여 취득한 신용카드에 해당하고 이를 사용한 피고인의 행위는 기망하여 취득한 신용카드 사용으로 인한 여신전문금융업법 위반죄에 해당한다고 판단하였다.

## VI 유사판례

### 1. 절취한 직불카드 이용하여 현금자동지급기로부터 예금 인출행위가 직불카드부정사용죄 해당 여부

여신전문금융업법 제70조 제1항 소정의 부정사용이란 위조·변조 또는 도난·분실된 신용카드나 직불카드를 진정한 카드로서 신용카드나 직불카드의 본래의 용법에 따라 사용하는 경우를 말하는 것이므로, 절취한 직불카드를 온라인 현금자동지급기에 넣고 비밀번호 등을 입력하여 피해자의 예금을 인출한 행위는 여신전문금융업법 제70조 제1항 소정의 부정사용의 개념에 포함될 수 없다. (대법원 2003. 11. 14. 선고 2003도3977 판결 )

# 제2절 여신전문금융업법에서 '강취, 횡령, 기망, 공갈로 취득한 신용카드' 의 의미

## I. 사례요지

피고인 1은 유흥주점에서 피해자 공소외인 몰래 빈 양주병 5개를 올려놓은 다음 술값으로 135만 원을 요구하고, 이에 항의하는 위 공소외인을 협박하여 위 공소외인으로부터 엘지카드와 국민카드를 교부받은 후 같은 동 소재 '씨티25' 편의점에서 위 엘지카드로 60만 원, 위 국민카드로 60만 원을 결제하고, 위 공소외인으로 하여금 매출전표에 서명하게 하여 위 공소외인으로부터 갈취한 신용카드를 사용하고,

피고인 2는 피고인 1로부터 유흥주점 손님들의 신용카드로 피고인 2가 운영하는 '씨티25' 편의점에서 물건을 구입한 것처럼 결제하고 자금을 융통하여 달라는 부탁을 받고, 위와 같이 위 공소외인이 그의 엘지카드를 이용하여 60만 원 상당의 물건을 구입한 것처럼 허위의 매출전표를 작성하고 2~3일 후 카드결제액 상당의 담배와 술을 교부하여 자금을 융통하여 주었다.

## II. 논 점

1. 여신전문금융업법에서 말하는 '강취, 횡령, 기망, 공갈로 취득한 신용카드' 의 의미
2. 실제로 신용카드에 의한 물품거래가 있고 그 매출금액대로 매출전표가 작성된 경우 여신전문금융업법 제70조 제2항 제3호 (가)목의 처벌대상에 포함되는지 여부(소극)

## III. 법규연구 (여신전문금융업법)

제70조(벌칙) ① 다음 각 호의 어느 하나에 해당하는 자는 7년 이하의 징역 또는 5천만원 이하의 벌금에 처한다.

  3. 분실하거나 도난당한 신용카드나 직불카드를 판매하거나 사용한 자
  4. 강취(强取)·횡령하거나, 사람을 기망(欺罔)하거나 공갈(恐喝)하여 취득한 신용카드나 직불카드를 판매하거나 사용한 자
③ 다음 각 호의 어느 하나에 해당하는 자는 3년 이하의 징역 또는 2천만원 이하의 벌금에 처한다.
  2. 다음 각 목의 어느 하나에 해당하는 행위를 통하여 자금을 융통하여 준 자 또는 이를 중개·알선한 자
    가. 물품의 판매 또는 용역의 제공 등을 가장하거나 실제 매출금액을 넘겨 신용카드로 거래하거나 이를 대행하게 하는 행위

## IV. 관련 판례

### 1. 원심 (서울중앙지법 2005. 12. 29. 선고 2005노3502 판결)

피고인들에 대한 위 공소사실에 관하여 무죄를 선고하였다.

### 2. 대법원 (대법원 2006. 7. 6. 선고 2006도654 판결)

여신전문금융업법 제70조 제1항 제4호에 의하면, "강취·횡령하거나 사람을 기망·공갈하여 취득한 신용카드 또는 직불카드를 판매하거나 사용한 자"에 대하여 "7년 이하의 징역 또는 5천만 원 이하의 벌금에 처한다."고 규정하고 있는바, 여기서 부정사용이라 함은 강취, 횡령, 기망 또는 공갈로 취득한 신용카드나 직불카드를 진정한 카드로서 본래의 용법에 따라 사용하는 경우를 말하는 것이고 (대법원 2005. 7. 29. 선고 2005도4233 판결 참조), 강취, 횡령, 기망 또는 공갈로 취득한 신용카드라 함은 소유자 또는 점유자의 의사에 기하지 않고, 그의 점유를 이탈하거나 그의 의사에 반하여 점유가 배제된 신용카드를 가리킨다고 보아야 할 것이다(대법원 1999. 7. 9. 선고 99도857 판결 참조).

피고인 1은 과다한 술값 청구에 항의하는 피해자들을 폭행 또는 협박하여 피해자들로부터 일정 금액을 지급받기로 합의한 다음 피해자들이 결제하라고 건네준 신용카드로, 합의한 대로 현금서비스를 받거나, 편의점에서 술과 담배를 구입하는 것으로 매출전표를 작성하고 피해자들의 서명을 거쳐 매출전표의 작성을 완료한 후 2~3일 지나 편의점에서 신용카드 결제금액 상당의 술과 담배를 인도받아 술값에 충당한 사실을 알수 있는바, 이처럼 합의에 따라 피해자들이 건네준 신용카드로 현금서비스를 받거나 물품을 구입하고 매출전표를 작성하였고, 매출전표에 피해자들 본인이 서명까지 한 경우에는 비록 피고인 1이 피해자들을 폭행 또는 협박하여 피해자들로 하여금 술값을 결제하도록 하기에 이르렀다고 하더라도 신용카드에 대한 피해자들의 점유가 피해자들의 의사에 기하지 않고 이탈하였다거나 배제되었다고 보기 어렵다.

구 여신전문금융업법(2005. 5. 31. 법률 제7531호로 개정되기 전의 것) 제70조 제2항 제3호와 현행 여신전문금융업법 제70조 제2항 제3호 (가)목에 의하면, '물품의 판매 또는 용역의 제공 등을 가장하거나 실제 매출금액을 초과하여 신용카드에 의한 거래를 하거나 신용카드에 의한 거래를 대행시키고 자금을 융통하여 준 자 또는 이를 중개·알선한 자'에 대하여 '3년 이하의 징역 또는 2천만 원 이하의 벌금에 처한다.'고 규정하고 있는바, 위 법조에서 규정하는 요건을 충족하기 위하여는 실제로 신용카드거래가 없었음에도 불구하고, 신용매출이 있었던 것으로 가장하거나 실제의 매출금액을 초과하여 신용카드에 의한 거래를 할 것을 요하고, 실제로 신용카드에 의한 물품거래가 있었을 뿐만 아니라 그 매출금액 그대로 매출전표를 작성한 경우는 위 법조에서 규정하는 처벌대상에 포함되지 아니한다 (대법원 2004. 3. 11. 선고 2003도6606 판결 참조).

## V. 결 론

피고인 1이 합의에 따라 피해자들이 건네준 신용카드로 현금서비스를 받거나 물품을 구입하고 매출전표를 작성하였고, 매출전표에 피해자들 본인이 서명까지 한 사실은 앞서 본 바와 같고, 한편 기록에 의하면, 피고인 2가 피고인 1이 피해자들의 신용카드로 결제하고 피고인 2의 편의점으로부터 인도받은 술과 담배를 다른 사람들에게 정상가격 또는 할인가격으로 처분한다는 것을 알면서도 자신의 편의점에서 피고인 1로 하여금 계속 피해자들의 신용카드로 술값을 결제하도록 하고 2~3일 후에 결제대금 상당의 술과 담배를 제공하여 준 사실을 알 수 있는바, 이처럼 피해자들에게는 신용카드대금에 대한 결제의사는 있었으나 자금융통에 대한 의사는 없었고, 실제로 신용카드에 의한 물품거래가 있었으며, 그 매출금액대로 매출전표가 작성된 경우에는 비록 피고인 1이 제공받은 물품을 정상가격 또는 할인가격으로 처분한다는 것을 피고인 2가 알았다고 하더라도 이를 물품의 판매 또는 용역의 제공 등을 가장한 행위라고 보기 어렵다.

## VI 유사판례

1. 여신전문금융업법 제70조 제1항 제3호 위반죄가 성립하기 위하여는 소유자 또는 점유자의 점유를 이탈한 신용카드를 취득하거나 그 점유를 배제하는 행위를 한 자가 반드시 유죄의 처벌을 받아야 하는지

여신전문금융업법 제70조 제1항 제3호는 분실 또는 도난된 신용카드를 사용한 자를 처벌하도록 규정하고 있는데, 여기서 분실 또는 도난된 신용카드란 소유자 또는 점유자의 의사에 기하지 않고 그의 점유를 이탈하거나 그의 의사에 반하여 점유가 배제된 신용카드를 가리키는 것으로서, 소유자 또는 점유자의 점유를 이탈한 신용카드를 취득하거나 그 점유를 배제하는 행위를 한 자가 반드시 유죄의 처벌을 받을 것을 요하지 아니한다. (대법원 1999. 7. 9. 선고 99도857 판결)

# 제3절 신용카드부정사용죄의 기수시기

## I. 사례요지

신용카드를 절취한 사람이 대금을 결제하기 위하여 신용카드를 제시하고 카드회사의 승인까지 받았다고 하더라도 매출전표에 서명한 사실이 없고 도난카드임이 밝혀져 최종적으로 매출취소로 거래가 종결되었다.

## II. 논 점

신용카드부정사용죄의 기수시기

## III. 법규연구 (여신전문금융업법)

제70조(벌칙) ① 다음 각 호의 어느 하나에 해당하는 자는 7년 이하의 징역 또는 5천만원 이하의 벌금에 처한다.

1. 신용카드등을 위조하거나 변조한 자
2. 위조되거나 변조된 신용카드등을 판매하거나 사용한 자
3. 분실하거나 도난당한 신용카드나 직불카드를 판매하거나 사용한 자
4. 강취(强取)·횡령하거나, 사람을 기망(欺罔)하거나 공갈(恐喝)하여 취득한 신용카드나 직불카드를 판매하거나 사용한 자

## IV. 관련 판례

### 1. 원심 (인천지법 2007. 9. 28. 선고 2007노1835 판결)

피고인이 절취한 신용카드로 대금을 결제하기 위하여 신용카드를 제시하고 카드회사의 승인까지 받았으나 나아가 매출전표에 서명을 한 사실을 인정할 증거는 없고, 카드가 없어진 사실을 알게 된 피해자에 의해 거래가 취소되어 최종적으로 매출취소로 거래가 종결된 사실이 인정된다고 한 다음, <u>피고인의 행위는 신용카드 부정사용의 미수행위에 불과하다 할 것인데 여신전문금융업법에서 위와 같은 미수행위를 처벌하는 규정을 두고 있지 아니한 이상 피고인을 위 법률위반죄로 처벌할 수 없다는 이유로 무죄를 선고한 1심판결을 유지하였다.</u>

## 2. 대법원 (대법원 2008. 2. 14. 선고 2007도8767 판결 )

여신전문금융업법 제70조 제1항은 분실 또는 도난된 신용카드 또는 직불카드를 판매하거나 사용한 자는 7년 이하의 징역 또는 5천만 원 이하의 벌금에 처한다고 규정하고 있는바, 위 부정사용죄의 구성요건적 행위인 신용카드의 사용이란 신용카드의 소지인이 신용카드의 본래 용도인 대금결제를 위하여 가맹점에 신용카드를 제시하고 매출전표에 서명하여 이를 교부하는 일련의 행위를 가리키므로 (대법원 1992. 6. 9. 선고 92도77 판결, 1993. 11. 23. 선고 93도604 판결 등 참조), 단순히 신용카드를 제시하는 행위만으로는 신용카드부정사용죄의 실행에 착수한 것이라고 할 수는 있을지언정 그 사용행위를 완성한 것으로 볼 수 없고, 신용카드를 제시한 거래에 대하여 카드회사의 승인을 받았다고 하더라도 마찬가지라 할 것이다.

## V. 결 론

원심의 이러한 법리 및 사실 판단은 정당하고 거기에 상고이유에서 주장하는 것과 같은 여신전문금융업법위반죄의 법리를 오해하거나 채증법칙을 위반한 위법이 없다.

따라서 카드에 대한 절도죄는 성립하지만 여신전문금융업법위반으로는 처벌할 수 없다.

# 제4절 절취한 신용카드 매출전표에 서명날인행위의 문서위조죄 여부

## I. 사례요지

피고인이 공소외 정운영 경영의 주점 '세종회관'에서 주류와 안주 등 188,000원 상당을 취식한 다음 행사할 목적으로 절취한 공소외 김미숙 명의의 은행신용카드 1매를 이용하여 그 카드번호 등을 현출시키고 위 술값 등을 기재하여 건네준 매출전표의 서명란에 피고인의 이름을 기재하는 등으로 권리의무에 관한 사문서인 위 김미숙 명의의 매출전표 1매를 위조하고, 그 자리에서 위 정운영에게 위와 같이 위조한 매출전표 1매를 교부하여 이를 행사하였다.

## II. 논 점

신용카드부정사용죄에 있어 '신용카드의 사용'의 의미와 매출표에 서명하여 이를 교부하는 행위가 별도로 사문서위조 및 동행사죄를 구성하는지 여부(소극)

## III. 법규연구

### 1. 여신전문금융업법

제70조(벌칙) ① 다음 각 호의 어느 하나에 해당하는 자는 7년 이하의 징역 또는 5천만원 이하의 벌금에 처한다.

1. 신용카드등을 위조하거나 변조한 자
2. 위조되거나 변조된 신용카드등을 판매하거나 사용한 자
3. 분실하거나 도난당한 신용카드나 직불카드를 판매하거나 사용한 자
4. 강취(强取)·횡령하거나, 사람을 기망(欺罔)하거나 공갈(恐喝)하여 취득한 신용카드나 직불카드를 판매하거나 사용한 자

### 2. 형법

제231조 (사문서의 위조, 변조) 행사할 목적으로 권리의무 또는 사실증명에 관한 타인의 문서 또는 도화를 위조 또는 변조한 자는 5년 이하의 징역에 처한다.

제234조 (위조등의 사문서의 행사) 위조, 변조 또는 작성한 전3조 기재의 문서 또는 도화를 행사한 자는 위조, 변조 또는 작성의 각죄에 정한 형에 처한다.

## IV. 관련 판례

### 1. 원심 (서울형사지방법원 1991.11.27. 선고 91노4563 판결)

사문서위조 및 동행사의 죄는 무죄라고 판단하고 신용카드부정행사죄만을 유죄로 판단하였으며, 원심도 이러한 제1심판결을 정당하다 하여 유지하고 있다.

### 2. 대법원 (대법원 1992. 6. 9. 선고 92도77 판결)

구 신용카드업법 제25조 제1항은 신용카드를 위조·변조하거나 도난·분실 또는 위조·변조된 신용카드를 사용한 자는 7년 이하의 징역 또는 5천만원 이하의 벌금에 처한다고 규정하고 있는바, 위 부정사용죄의 구성요건적 행위인 신용카드의 사용이라 함은 신용카드의 소지인이 신용카드의 본래 용도인 대금결제를 위하여 가맹점에 신용카드를 제시하고 매출표에 서명하여 이를 교부하는 일련의 행위를 가리키고 단순히 신용카드를 제시하는 행위만을 가리키는 것은 아니라고 할 것이다.

## V. 결 론

위 매출표의 서명 및 교부가 별도로 사문서위조 및 동행사의 죄의 구성요건을 충족한다고 하여도 이 사문서위조 및 동행사의죄는 위 신용카드부정사용죄에 흡수되어 신용카드부정사용죄의 1죄만이 성립하고 별도로 사문서위조 및 동행사의 죄는 성립하지 않는다고 보는 것이 타당하다.

# 제5절 강취(갈취)한 현금카드로 현금자동지급기에서 예금 인출행위

## I. 사례요지

피고인들은 합동하여 ○○우체국에서, 피고인 1은 위 우체국 밖에서 망을 보고, 피고인 2는 그곳에 설치된 피해자 ○○우체국이 관리하는 현금자동지급기에 같은 날 공소외 1로부터 강취한 국민은행 현금카드를 집어넣고, 공소외 1을 협박하여 알아낸 비밀번호를 입력하여 6회에 걸쳐 현금 420만 원을 인출하여 절취하고, 피고인들은 공모하여 △△새마을금고에서, 피고인 2가 그곳에 설치된 피해자 △△새마을금고가 관리하는 현금자동지급기에 같은 날 공소외 2로부터 강취한 농협 현금카드를 집어넣고, 공소외 2를 협박하여 알아낸 비밀번호를 입력하여 3회에 걸쳐 현금 163만 원을 인출하여 절취하였다.

## II. 논 점

1. 갈취한 현금카드를 사용하여 현금자동지급기에서 예금을 인출한 행위가 공갈죄와 별도로 절도죄를 구성하는지 여부(소극)
2. 강취한 현금카드를 사용하여 현금자동지급기에서 예금을 인출한 행위가 강도죄와 별도로 절도죄를 구성하는지 여부(적극)

## III. 법규연구

### 1. 여신전문금융업법

제70조(벌칙) ① 다음 각 호의 어느 하나에 해당하는 자는 7년 이하의 징역 또는 5천만원 이하의 벌금에 처한다.
　4. 강취(強取)·횡령하거나, 사람을 기망(欺罔)하거나 공갈(恐喝)하여 취득한 신용카드나 직불카드를 판매하거나 사용한 자

### 2. 형 법

제329조(절도) 타인의 재물을 절취한 자는 6년이하의 징역 또는 1천만원이하의 벌금에 처한다.
제333조(강도) 폭행 또는 협박으로 타인의 재물을 강취하거나 기타 재산상의 이익을 취득하거나 제3자로 하여금 이를 취득하게 한 자는 3년 이상의 유기징역에 처한다.
제350조(공갈) ① 사람을 공갈하여 재물의 교부를 받거나 재산상의 이익을 취득한 자는 10년이하의 징역 또는 2천만원이하의 벌금에 처한다.

## IV. 관련 판례

### 1. 원심 (부산고법 2007. 1. 25. 선고 2006노736 판결)

피고인들이 피해자들로부터 현금카드를 강취한 이상 피고인들이 현금카드를 이용하여 현금자동지급기에서 예금을 인출한 행위는 현금카드 강취행위와 분리하여 따로 절도죄가 되는 것이 아니라고 하여 위 부분 공소사실에 대하여 무죄로 판단하였다.

### 2. 대법원 (대법원 2007. 5. 10., 선고, 2007도1375, 판결)

가. <u>예금주인 현금카드 소유자를 협박하여 그 카드를 갈취한 다음</u> 피해자의 승낙에 의하여 현금카드를 사용할 권한을 부여받아 이를 이용하여 현금자동지급기에서 현금을 인출한 행위는 모두 피해자의 예금을 갈취하고자 하는 피고인의 단일하고 계속된 범의 아래에서 이루어진 일련의 행위로서 포괄하여 하나의 공갈죄를 구성하므로, 현금자동지급기에서 피해자의 예금을 인출한 행위를 현금카드 갈취행위와 분리하여 따로 절도죄로 처단할 수는 없다. 왜냐하면, 위 예금 인출 행위는 하자 있는 의사표시이기는 하지만 피해자의 승낙에 기한 것이고, 피해자가 그 승낙의 의사표시를 취소하기까지는 현금카드를 적법, 유효하게 사용할 수 있으므로, 은행으로서도 피해자의 지급정지 신청이 없는 한 그의 의사에 따라 그의 계산으로 적법하게 예금을 지급할 수밖에 없기 때문이다.

나. 강도죄는 공갈죄와는 달리 피해자의 반항을 억압할 정도로 강력한 정도의 폭행·협박을 수단으로 재물을 탈취하여야 성립하므로, <u>피해자로부터 현금카드를 강취하였다고 인정되는 경우에는 피해자로부터 현금카드의 사용에 관한 승낙의 의사표시가 있었다고 볼 여지가 없다.</u> 따라서 강취한 현금카드를 사용하여 현금자동지급기에서 예금을 인출한 행위는 피해자의 승낙에 기한 것이라고 할 수 없으므로, 현금자동지급기 관리자의 의사에 반하여 그의 지배를 배제하고 그 현금을 자기의 지배하에 옮겨 놓는 것이 되어서 <u>강도죄와는 별도로 절도죄를 구성한다.</u>

## V. 결 론

갈취(공갈)한 카드를 사용하여 현금자동지급기에서 돈 인출행위는 공갈죄 이외 별도의 현금에 대한 절도죄가 성립하지 않으나, 강취(강도)한 카드를 사용한 경우에는 강도죄이외 현금에 대한 별도의 절도죄가 성립한다.

# VI 유사판례

## 1. 절취한 직불카드를 이용하여 현금자동지급기로부터 예금을 인출하는 행위

여신전문금융업법 제70조 제1항 소정의 부정사용이란 위조·변조 또는 도난·분실된 신용카드나 직불카드를 진정한 카드로써 신용카드나 직불카드의 본래의 용법에 따라 사용하는 경우를 말하는 것이므로, 절취한 직불카드를 온라인 현금자동지급기에 넣고 비밀번호 등을 입력하여 피해자의 예금을 인출한 행위는 여신전문금융업법 제70조 제1항 소정의 부정사용의 개념에 포함될 수 없다. (대법원 2003. 11. 14., 선고, 2003도3977, 판결)

# 제6절 타인 명의를 모용하여 발급받은 신용카드로 현금자동지급기에서 현금 인출행위

## I. 사례요지

> 피고인이 타인의 명의를 모용하여 신용카드를 발급신청 후 카드회사로부터 타인 명의 신용카드를 교부받았다. 피고인은 교부받은 신용카드를 이용하여 피고인이 지정한 비밀번호를 입력하여 현금자동지급기에 의한 현금대출(현금서비스)을 받았다.

## II. 논 점

1. 타인의 명의를 모용하여 발급받은 신용카드로 현금자동지급기에서 현금을 인출한 경우의 죄책(=절도죄)
2. 타인의 명의를 모용하여 발급받은 신용카드로 현금자동지급기에서 현금을 인출하는 행위를 형법의 컴퓨터등사용사기죄로 처벌할 수 있는지(소극)

## III. 법규연구 (형법)

> 제329조(절도) 타인의 재물을 절취한 자는 6년이하의 징역 또는 1천만원이하의 벌금에 처한다.
>
> 제347조의2(컴퓨터등 사용사기) 컴퓨터등 정보처리장치에 허위의 정보 또는 부정한 명령을 입력하거나 권한 없이 정보를 입력·변경하여 정보처리를 하게 함으로써 재산상의 이익을 취득하거나 제3자로 하여금 취득하게 한 자는 10년 이하의 징역 또는 2천만원 이하의 벌금에 처한다.

## IV. 관련 판례

### 1. 원심 (서울지법 2002. 4. 19. 선고 2002노972 판결)

절도죄를 인정하였다.

### 2. 대법원 (대법원 2002. 7. 12., 선고, 2002도2134, 판)

피고인이 타인의 명의를 모용하여 신용카드를 발급받은 경우, 비록 카드회사가 피고인으로부터 기망을 당한 나머지 피고인에게 피모용자 명의로 발급된 신용카드를 교부하고, 사실상 피고인이 지정한 비밀번호를 입력하여 현금자동지급기에 의한 현금대출(현금서비스)을 받을 수 있도록 하였다 할지라도, 카드회사의 내심의 의사는 물론 표시된 의사도 어디까지나 카드명의인인 피모용자에게 이를 허용하는 데 있을 뿐, 피고인에게 이를 허용한 것은 아니라는 점에서 피고인이 타인의 명의를 모용하여 발급받은 신용카드를 사용하여 현금자동지급기에서 현금대출을 받는 행위는 카드회사에 의하여 미리 포괄적으로 허용된 행위가 아니라, 현금자동지급기의 관리자의 의사에 반하여 그의 지배를 배제한 채 그 현금을 자기의 지배하에 옮겨 놓는 행위로서 절도죄에 해당한다고 봄이 상당하다(대법원 1996. 4. 9. 선고 95도2466 판결 등 참조).

한편, 형법 제347조의2에서 규정하는 컴퓨터등사용사기죄의 객체는 재물이 아닌 재산상의 이익에 한정되어 있으므로, 타인의 명의를 모용하여 발급받은 신용카드로 현금자동지급기에서 현금을 인출하는 행위를 이 법조항을 적용하여 처벌할 수는 없다.

## V. 결 론

피고인에 대해 절도죄로 처벌함은 당연하고 신용카드 신청과정에서 신청서에 타인명의의 인적 사항을 기재하였다면 타인에 대한 사문서위조와 위조사문서행사죄가 별도로 성립할 수 있다.

# 제7절 전자금융거래법에서 정한 접근매체의 전달 의미

## Ⅰ. 사례요지

> 피고인은 은행에서 공소외 1 주식회사 명의로 계좌를 개설한 후 담당 직원으로부터 통장, 체크카드, OTP를 교부받고, 그다음 날 지하철 7호선 가산디지털역 인근에서 40대 성명불상 남자를 만나 통장 1개당 30만 원을 받고 그에게 공소외 1 주식회사 명의의 은행 통장, 체크카드, OTP 및 비밀번호를 적은 쪽지를 건네준 것을 비롯하여 그때부터 같은 방법으로 공소외 1 주식회사 및 공소외 2 주식회사 각 명의로 개설한 총 4개의 은행계좌 통장 및 관련 체크카드, OTP, 비밀번호를 각 전달하였다.

## Ⅱ. 논 점

1. 구 전자금융거래법 제6조 제3항 제2호에서 정한 접근매체의 '전달'의 의미
2. 전자금융거래의 이용자가 법인인 경우, 접근매체의 점유를 이전한 행위가 전자금융거래법에서 말하는 접근매체의 '전달'에 해당하는지 판단하는 기준

## Ⅲ. 법규연구 (전자금융거래법)

> 제6조(접근매체의 선정과 사용 및 관리) ③ 누구든지 접근매체를 사용 및 관리함에 있어서 다른 법률에 특별한 규정이 없는 한 다음 각 호의 행위를 하여서는 아니 된다. 다만, 제18조에 따른 선불전자지급수단이나 전자화폐의 양도 또는 담보제공을 위하여 필요한 경우(제3호의 행위 및 이를 알선·중개하는 행위는 제외한다)에는 그러하지 아니하다.
>
> 1. 접근매체를 양도하거나 양수하는 행위
> 2. 대가를 수수(授受)·요구 또는 약속하면서 접근매체를 대여받거나 대여하는 행위 또는 보관·전달·유통하는 행위
> 3. 범죄에 이용할 목적으로 또는 범죄에 이용될 것을 알면서 접근매체를 대여받거나 대여하는 행위 또는 보관·전달·유통하는 행위
> 4. 접근매체를 질권의 목적으로 하는 행위
> 5. 제1호부터 제4호까지의 행위를 알선·중개·광고하거나 대가를 수수(授受)·요구 또는 약속하면서 권유하는 행위
>
> 제49조(벌칙) ④ 다음 각 호의 어느 하나에 해당하는 자는 5년 이하의 징역 또는 3천만원 이하의 벌금에 처한다.
>
> 1. 제6조제3항제1호를 위반하여 접근매체를 양도하거나 양수한 자
> 2. 제6조제3항제2호 또는 제3호를 위반하여 접근매체를 대여받거나 대여한 자 또는 보관·전달·유통한 자
> 3. 제6조제3항제4호를 위반한 질권설정자 또는 질권자

4. 제6조제3항제5호를 위반하여 알선·중개·광고하거나 대가를 수수(授受)·요구 또는 약속하면서 권유하는 행위를 한 자

## IV. 관련 판례

### 1. 원심 (서울남부지법 2020. 5. 26. 선고 2020노407 판결)

공소사실을 <u>무죄</u>로 판단한 제1심판결을 그대로 유지하였다.

### 2. 대법원 (대법원 2021. 12. 30., 선고, 2020도7840, 판결)

가. 구 전자금융거래법은 전자금융거래의 법률관계를 명확히 하여 전자금융거래의 안전성과 신뢰성을 확보하는 것을 입법목적의 하나로 하고 있고(제1조), 금융회사 또는 전자금융업자가 접근매체를 발급할 때에는 이용자의 신청이 있는 경우에 한하여 본인임을 확인한 후에 발급하도록 규정하며(제6조 제2항), 접근매체의 양도 등 행위를 금지하고 이를 위반하는 경우 처벌하는 규정을 두고 있다(제6조 제3항, 제49조 제4항). 이는 전자금융거래에서 거래지시를 하거나 이용자 및 거래내용의 진실성과 정확성을 확보하기 위하여 사용되는 접근매체를 이용자 본인의 의사에 따라 사용 및 관리되도록 함으로써 전자금융거래의 법률관계를 명확히 하고자 하는 것이다.

2015. 1. 20. 법률 제13069호로 개정되기 전의 전자금융거래법 제6조 제3항은 접근매체를 양도하거나 양수하는 행위(제1호), 대가를 주고 접근매체를 대여받거나 대가를 받고 접근매체를 대여하는 행위(제2호), 접근매체를 질권의 목적으로 하는 행위(제3호), 위 각 행위를 알선하는 행위(제4호)를 금지하고 이를 위반하는 경우 처벌하도록 규정하고 있었는데, 2015. 1. 20. 개정으로 '대가를 수수·요구 또는 약속하면서 보관·전달·유통하는 행위'도 추가로 금지하고 이를 위반하는 경우 처벌하도록 규정하였다. 이러한 개정의 취지는 타인 명의 금융계좌가 전기통신금융사기 등 각종 범죄에 이용되는 것을 근절하기 위함이었다.

이러한 구 전자금융거래법의 입법목적과 접근매체의 '전달' 행위를 금지하는 취지 등을 종합하여 보면, 구 전자금융거래법 제6조 제3항 제2호에서 정한 접근매체의 <u>'전달'은 타인 명의 금융계좌를 불법적으로 거래하거나 이용할 수 있도록 접근매체의 점유 또는 소지를 타인에게 이전하는 행위를 말한다고 봄이 타당하다.</u>

전자금융거래의 이용자가 법인인 경우 그 접근매체는 법인의 의사에 따라 사용·관리되어야 하는바, 접근매체의 점유를 이전한 이후에도 여전히 법인의 실질적인 의사에

따라 접근매체가 사용·관리되는 경우라면 이는 구 전자금융거래법 제6조 제3항 제2호에서 말하는 접근매체의 '전달'에 해당한다고 할 것은 아니다. 그러나 법인의 설립 경위, 전자금융거래계약의 체결 경위, 접근매체의 점유를 이전하게 된 동기 및 경위, 접근매체의 점유를 이전한 이후의 정황 등 관련 사정을 객관적으로 판단해 볼 때, 피고인이 가지고 있던 접근매체의 점유를 타인에게 이전함으로써 접근매체가 법인의 실질적인 의사에 따라 사용·관리될 수 없게 되어 타인 명의 금융계좌의 불법적인 거래 및 이용에 기여하게 되는 경우라면 이는 위 규정에서 말하는 접근매체의 '전달'에 해당하고, 피고인이 이러한 사정을 알고 미필적으로라도 이를 용인하였다면 그에 관한 고의도 있다고 보아야 한다.

나. 원심판결 이유와 적법하게 채택된 증거에 따르면, 다음과 같은 사실을 알 수 있다.

① 피고인은 불법 도박사이트에서 통장을 산다는 글을 보고 전화를 하였고, 40대 성명불상자로부터 피고인을 대표이사로 하는 법인을 설립하여 그 법인 명의의 금융계좌를 개설하여 접근매체를 건네주면 통장 1개당 매월 30만 원씩을 주겠다는 제안을 받았다.

② 피고인은 이에 응하여 40대 성명불상자와 함께 실질적으로 회사를 운영할 의사 없이 금융계좌 개설만을 목적으로 공소외 1 주식회사, 공소외 2 주식회사를 설립하였다.

③ 피고인은 공소사실 기재와 같이 이 사건 각 법인 명의의 금융계좌를 각 2개씩 개설하여 총 4개의 계좌에 대한 통장 등 접근매체를 계좌 1개당 30만 원씩을 받고 40대 성명불상자에게 교부하였다.

④ 피고인이 40대 성명불상자에게 교부한 접근매체에 연결된 4개의 계좌 중 일부는 보이스피싱 사기, 불법 도박사이트 운영 등 범죄에 이용되었다.

## V. 결 론

피고인은 이른바 '대포통장' 매수 광고를 낸 성명불상자의 지시에 따라 이 사건 각 법인을 설립한 후 법인 명의로 발급받은 계좌의 접근매체를 대가를 받고 위 성명불상자에게 전달하였고 결국 이 사건 각 법인의 금융계좌 중 일부는 범죄에 이용되었는바, 위와 같은 피고인의 행위는 이 사건 각 법인 명의의 금융계좌가 이용자인 각 법인이 아닌 자에 의하여 불법적으로 거래되거나 이용될 수 있도록 접근매체의 점유를 타인에게 이전한 것으로, 구 전자금융거래법 제6조 제3항 제2호에서 말하는 접근매체의 '전달'에 해당한다고 봄이 타당하다.

# Ⅵ 유사판례

## 1. 접근매체의 '보관'의 의미

접근매체의 '보관'은 타인 명의 금융계좌를 불법적으로 거래하거나 이용할 수 있도록 <u>타인 명의 접근매체를 점유 또는 소지하는 행위를 말한다</u>고 봄이 타당하다. (대법원 2021. 12. 30., 선고, 2020도9972, 판결)

## 2. '범죄에 이용할 목적으로 또는 범죄에 이용될 것을 알면서'에서 말하는 '범죄에 이용'의 의미

전자금융거래법 제6조 제3항 제3호의 입법취지와 문언적 의미 등을 종합해 보면, 위 조항에서 정한 '범죄에 이용할 목적으로 또는 범죄에 이용될 것을 알면서'에서 말하는 '범죄에 이용'이란 접근매체가 <u>범죄의 실행에 직접 사용되는 경우는 물론, 그 범죄에 통상 수반되거나 밀접한 관련이 있는 행위에 사용되는 등 범죄의 수행에 실질적으로 기여하는 경우도 포함된다.</u> (대법원 2020. 9. 24. 선고 2020도8594 판결)

# 제8절 전자금융거래법에서 정한 접근매체의 대여 및 대가의 의미

## I. 사례요지

피고인은 성명불상자로부터 '불법대출이기 때문에 경찰서나 금융감독원에 신고하는 것을 방지하고 원리금 인출에 사용하기 위하여 본인 명의 계좌에 연결된 체크카드가 필요하였다. 체크카드를 빌려주면 대출을 해주겠다.'는 제안을 받고, 같은 날 피고인 명의로 개설된 은행 계좌의 접근매체인 체크카드를 택배를 통해 성명불상자에게 교부하고, 위 체크카드의 비밀번호를 알려줌으로써 접근매체를 대여하였다.

## II. 논 점

1. 전자금융거래법에서 정한 '접근매체의 대여' 및 '대가' 의 의미
2. 위 조항 위반죄가 성립하기 위하여 접근매체를 대여하는 자는 대가를 수수·요구 또는 약속하면서 접근매체를 대여한다는 인식해야 하는지 여부(적극)

## III. 법규연구 (전자금융거래법)

제6조(접근매체의 선정과 사용 및 관리) ③ 누구든지 접근매체를 사용 및 관리함에 있어서 다른 법률에 특별한 규정이 없는 한 다음 각 호의 행위를 하여서는 아니 된다. 다만, 제18조에 따른 선불전자지급수단이나 전자화폐의 양도 또는 담보제공을 위하여 필요한 경우(제3호의 행위 및 이를 알선·중개하는 행위는 제외한다)에는 그러하지 아니하다.

  2. 대가를 수수(授受)·요구 또는 약속하면서 접근매체를 대여받거나 대여하는 행위 또는 보관·전달·유통하는 행위

제49조(벌칙) ④ 다음 각 호의 어느 하나에 해당하는 자는 5년 이하의 징역 또는 3천만원 이하의 벌금에 처한다.

  2. 제6조제3항제2호 또는 제3호를 위반하여 접근매체를 대여받거나 대여한 자 또는 보관·전달·유통한 자

## IV. 관련 판례

### 1. 원심 (창원지법 2021. 1. 8. 선고 2020노1190 판결)

피고인이 성명불상자로부터 향후 대출을 받을 수 있는 무형의 기대이익을 대가로 약속하고 성명불상자에게 접근매체를 대여한 것으로 보아 이 사건 공소사실을 유죄로 판단하였다.

## 2. 대법원 (대법원 2021. 5. 7., 선고, 2021도1116, 판결)

가. 전자금융거래법 제6조 제3항 제2호에서 정한 '접근매체의 대여'란 대가를 수수·요구 또는 약속하면서 일시적으로 다른 사람으로 하여금 접근매체 이용자의 관리·감독 없이 접근매체를 사용해서 전자금융거래를 할 수 있도록 접근매체를 빌려주는 행위를 말하고(대법원 2017. 8. 18. 선고 2016도8957 판결 참조), 여기에서 '대가'란 접근매체의 대여에 대응하는 관계에 있는 경제적 이익을 말한다(대법원 2019. 6. 27. 선고 2017도16946 판결 참조). 이때 접근매체를 대여하는 자는 접근매체 대여에 대응하는 경제적 이익을 수수·요구 또는 약속하면서 접근매체를 대여한다는 인식을 가져야 한다(대법원 2021. 4. 15. 선고 2020도16468 판결 참조).

나. 원심판결 이유와 적법하게 채택된 증거에 따르면 다음 사실을 알 수 있다.

① 피고인은 2019. 7. 23. 성명불상자가 보낸 월변대출 관련 광고성 문자를 보고 카카오톡 문자로 월변대출 문의를 하였다.

② 성명불상자는 카카오톡 문자로 피고인에게 대출에 따른 월 이자, 원금 상환방식과 필요한 대출서류 등을 알려주면서, 원금과 이자의 상환은 피고인의 계좌와 체크카드를 이용하여 이루어지므로, 원금과 이자를 상환할 체크카드를 자신에게 맡겨야 한다고 안내하였다. 그 후 피고인이 성명불상자에게 대출에 필요한 서류를 전송하자 성명불상자는 "카드를 오늘 발송하면 대출금을 내일 받을 수 있다."라고 안내하였다.

③ 피고인은 성명불상자의 요구에 따라 성명불상자에게 대출금을 지급받을 계좌번호, 카드에 대한 은행명과 비밀번호 등을 알려준 다음, 2019. 7. 23. 택배를 이용하여 체크카드를 건네주었다.

④ 성명불상자는 2019. 7. 24. 피고인에게 카드 인출 한도를 확인한다고 하면서 이 사건 카드와 연결된 계좌에 입금된 돈을 인출하였다. 피고인은 이 사건 이전에 보이스피싱 범행에 연루된 적이 없다.

## V. 결 론

피고인은 대출금과 이자를 지급하기 위해 필요하다는 성명불상자의 기망으로 이 사건 카드를 교부한 사람으로서, 피고인이 대출의 대가로 접근매체를 대여했다거나 이 사건 카드를 교부할 당시 그러한 인식을 하였다고 단정하기 어렵다.

# 제9절 대출금과 이자를 상환하는 데 필요하다는 기망에 속아 접근매체를 교부행위

## Ⅰ. 사례요지

피고인이 성명불상자로부터 "2,000만 원 이상의 대출이 가능하다. 이자 상환은 본인 계좌에 대출 이자를 입금해 놓으면 내가 체크카드를 이용하여 출금할 것이니, 이자 상환에 필요한 체크카드를 보내 달라."라는 연락을 받고, 성명불상자에게 피고인 명의의 ○○은행 계좌의 접근매체인 체크카드를 택배를 통해 교부하고, 그 카드의 비밀번호를 알려줌으로써 접근매체를 대여하였다.

## Ⅱ. 논 점

대출금 및 이자를 상환하기 위해 필요하다는 성명불상자의 기망에 속아 접근매체를 교부한 경우 전자금융거래법 위반죄가 성립하는지 여부(소극)

## Ⅲ. 법규연구 (전자금융거래법)

제6조(접근매체의 선정과 사용 및 관리) ③ 누구든지 접근매체를 사용 및 관리함에 있어서 다른 법률에 특별한 규정이 없는 한 다음 각 호의 행위를 하여서는 아니 된다. 다만, 제18조에 따른 선불전자지급수단이나 전자화폐의 양도 또는 담보제공을 위하여 필요한 경우(제3호의 행위 및 이를 알선·중개하는 행위는 제외한다)에는 그러하지 아니하다.
  2. 대가를 수수(授受)·요구 또는 약속하면서 접근매체를 대여받거나 대여하는 행위 또는 보관·전달·유통하는 행위
제49조(벌칙) ④ 다음 각 호의 어느 하나에 해당하는 자는 5년 이하의 징역 또는 3천만원 이하의 벌금에 처한다.
  2. 제6조제3항제2호 또는 제3호를 위반하여 접근매체를 대여받거나 대여한 자 또는 보관·전달·유통한 자

## Ⅳ. 관련 판례

### 1. 원심 (제주지법 2020. 10. 22. 선고 2019노786, 1080 판결)

피고인이 성명불상자로부터 향후 대출을 받을 수 있는 무형의 기대이익을 대가로 약속하고 성명불상자에게 접근매체를 대여한 것으로 보아 이 부분 공소사실을 유죄로 판단하였다.

## 2. 대법원 (대법원 2021. 4. 15., 선고, 2020도16468, 판결)

가. 전자금융거래법 제6조 제3항 제2호에서 정한 '접근매체의 대여'란 대가를 수수·요구 또는 약속하면서 일시적으로 다른 사람으로 하여금 접근매체 이용자의 관리·감독 없이 접근매체를 사용해서 전자금융거래를 할 수 있도록 접근매체를 빌려주는 행위를 말하고(대법원 2017. 8. 18. 선고 2016도8957 판결 참조), 여기에서 '대가'란 접근매체의 대여에 대응하는 관계에 있는 경제적 이익을 말한다(대법원 2019. 6. 27. 선고 2017도16946 판결 참조). 이때 접근매체를 대여하는 자는 접근매체 대여에 대응하는 경제적 이익을 수수요구 또는 약속하면서 접근매체를 대여한다는 인식을 가져야 한다.

나. 원심판결 이유와 기록에 의하면 다음과 같은 사실 및 사정을 알 수 있다.

① 피고인은 2019. 6. 14. 성명불상자가 보낸 월변대출 관련 광고성 문자를 보고, 성명불상자에게 카카오톡 문자로 월변대출을 문의하였다.

② 성명불상자는 카카오톡 문자로 피고인에게 대출에 따른 월 이자, 원금 상환방식 및 필요한 대출서류 등을 알려주면서, 원금 또는 이자의 상환은 피고인의 계좌와 체크카드를 이용하여 이루어지므로, 원금 및 이자를 상환할 체크카드를 자신에게 맡겨야 한다고 안내하였다.

③ 피고인은 성명불상자에게 대출에 필요한 서류를 전송한 후 성명불상자로부터 2,500만 원까지 승인이 났다고 안내받았다.

④ 피고인은 성명불상자의 요구에 따라 성명불상자에게 대출금을 지급받을 계좌번호, 카드에 대한 은행명 및 비밀번호, 계약서 및 차용증을 받을 주소 등을 알려준 후, 2019. 6. 17. 제주 화물청사에서 성명불상자에게 이 사건 카드를 건네주었다.

⑤ 성명불상자는 2019. 6. 18. 피고인에게 연체 없는 정상 카드인지를 확인한다고 하면서 이 사건 카드와 연결된 계좌에 입금된 돈을 인출하였고, 피고인은 같은 날 저녁에 성명불상자에게 보이스피싱은 아니었는지 되묻기도 하였다.

⑥ 피고인은 이 사건 이전에 형사처벌을 받은 전력이 없고, 보이스피싱 범행에 연루된 적도 없다.

## V. 결 론

피고인은 대출금 및 이자를 지급하기 위해 필요하다는 성명불상자의 기망으로 이 사건 카드를 교부한 사람으로서, 피고인이 대출의 대가로 접근매체를 대여했다거나 이 사건 카드를 교부할 당시 그러한 인식을 하였다고 단정하기도 어렵다.

보이스피싱 조직원으로부터 '대출원리금을 회수할 수 있는 체크카드를 보내주면 대출을 해 주겠다'는 말을 듣고 위 조직원에게 체크카드를 교부한 것은 전자금융거래법 제6조 제3항 제2호의 '대가를 약속한 경우'에 해당하거나 접근매체 대여에 대한 인식이 있었다고 볼 수 없다는 이유로, 이와 다른 취지로 판단한 원심판결을 파기한 사례

# 제10절 대부업법에서 말하는 '대부중개' 의 의미

## I. 사례요지

피고인 1, 피고인 2는 공모하여 대부중개업 등록을 하지 않고 8회에 걸쳐 재단법인 연금재단과 차주 사이의 대출 거래(대출금액 합계 1,182억 원)를 중개하여 대부중개업을 영위하였다.

피고인 1, 피고인 2는 공모하여 범죄일람표 기재와 같이 5회에 걸쳐 대부를 받는 거래 상대방으로부터 중개수수료 명목으로 합계 20억 2,900만 원을 수수하였다.

## II. 논 점

1. 대부업법 제2조 제2호에서 말하는 '대부중개' 의 의미
2. 주선의 대상이 된 거래가 금전의 대부에 해당하면, 그 대부행위가 같은 법 제2조 제1호 단서, 같은 법 시행령 제2조 각호에 따라 '대부업' 의 범위에서 제외되는 경우라도 주선행위 자체는 '대부중개' 에 해당하는지 여부(적극)
3. 구 대부업법에서 정한 '대부중개' 에 해당하는지 판단하는 기준
4. 대부중개업 등록을 하지 않은 자가 대부의 거래당사자에게 어떠한 용역을 제공한 경우, 그 용역이 대부중개에 해당하는지에 따라 해당 용역의 제공 및 그 용역에 대한 대가 수수가 처벌대상이 되는지가 결정되는지 여부(적극) 및 이때 특정 용역의 제공행위가 대부중개에 해당하는지 판단하는 방법

## III. 법규연구 (대부업 등의 등록 및 금융이용자 보호에 관한 법률)

제2조(정의) 이 법에서 사용하는 용어의 뜻은 다음과 같다.
　2. "대부중개업"이란 대부중개를 업으로 하는 것을 말한다.
제3조(등록 등) ① 대부업 또는 대부중개업(이하 "대부업등" 이라 한다)을 하려는 자(여신금융기관은 제외한다)는 영업소별로 해당 영업소를 관할하는 특별시장·광역시장·특별자치시장·도지사 또는 특별자치도지사(이하 "시·도지사"라 한다)에게 등록하여야 한다. 다만, 여신금융기관과 위탁계약 등을 맺고 대부중개업을 하는 자(그 대부중개업을 하는 자가 법인인 경우 그 법인과 직접 위탁계약 등을 맺고 대부를 받으려는 자를 모집하는 개인을 포함하며, 이하 "대출모집인"이라 한다)는 해당 위탁계약 범위에서는 그러하지 아니하다
제11조의2(중개의 제한 등) ① 대부중개업자는 미등록대부업자에게 대부중개를 하여서는 아니 된다.
② 대부중개업자 및 대출모집인(이하 "대부중개업자등"이라 한다)과 미등록대부중개업자는 수수료, 사례금, 착수금 등 그 명칭이 무엇이든 대부중개와 관련하여 받는 대가(이하 "중개수수료"라 한다)를 대부를 받는 거래상대방으로부터 받아서는 아니 된다.

제19조(벌칙) ① 다음 각 호의 어느 하나에 해당하는 자는 5년 이하의 징역 또는 5천만원 이하의 벌금에 처한다.

  1. 제3조 또는 제3조의2를 위반하여 등록 또는 등록갱신을 하지 아니하고 대부업등을 한 자
  ② 다음 각 호의 어느 하나에 해당하는 자는 3년 이하의 징역 또는 3천만원 이하의 벌금에 처한다.

  6. 제11조의2제1항 또는 제2항을 위반하여 대부중개를 하거나 중개수수료를 받은 자

## IV. 관련 판례

### 1. 원심 (대구지법 2017. 10. 12. 선고 2017노2060 판결)

다음과 같은 이유로 이 부분 공소사실을 <u>유죄로 판단한 제1심판결을 파기하고 무죄로 판단하였다.</u>

대부업법의 입법목적과 연혁, 대부중개업의 운용실태에 비추어 보면, 대부업법상 '대부중개'는 대부업자가 대부업법상 '대부업자'에 해당함을 전제로 그 대부업자와 사금융이용자를 중개하는 행위를 말한다. 그런데 공소사실 기재 연금재단의 각 대출행위는 민법에 따라 설립된 비영리법인이 정관에서 정한 목적의 범위에서 대부하는 경우이어서 대부업법 제2조 제1호 단서, 같은 법 시행령 제2조 제4호에 따라 대부업법상 '대부업'의 범위에서 제외된다. 따라서 피고인 1, 피고인 2의 공소사실 기재 행위도 대부업법상 '대부중개'에 해당한다고 볼 수 없다.

### 2. 대법원 (대법원 2021. 12. 16., 선고, 2017도18591, 판결)

구 대부업법은 대부업에 관하여 '금전의 대부(어음할인·양도담보, 그 밖에 이와 비슷한 방법을 통한 금전의 교부를 포함한다)를 업으로 하거나, 등록한 대부업자 또는 여신금융기관으로부터 대부계약에 따른 채권을 양도받아 이를 추심하는 것을 업으로 하는 것을 말한다. 다만 대부의 성격 등을 고려하여 대통령령으로 정하는 경우는 제외한다.'라고 하고(제2조 제1호), 대부중개업에 관하여 '대부중개를 업으로 하는 것을 말한다.'라고 정의하고 있으나(제2조 제2호), 대부중개 자체에 대해서는 그 의미를 정의하거나 범위를 제한하는 규정을 두고 있지 않다. 위와 같은 구 대부업법의 규정과 '제3자로서 두 당사자 사이에 서서 일을 주선하는 것'이라는 중개의 사전적 의미(국립국어원 발간 표준국어대사전) 등을 고려하면, 구 대부업법 제2조 제2호에서 말하는 <u>'대부중개'는 거래당사자 사이에서 금전의 대부를 주선 또는 알선하는 행위</u>를 뜻하고, 주선의 대상이 된 거래가 금전의 대부에 해당하는 이상, 설령 그 대부행위가 구

대부업법 제2조 제1호 단서, 같은 법 시행령(2016. 7. 6. 대통령령 제27322호로 개정되기 전의 것, 이하 '구 대부업법 시행령'이라 한다) 제2조 각호에 따라 '대부업'의 범위에서 제외되는 경우라고 하더라도 그 주선행위 자체는 구 대부업법 제2조 제2호에서 정한 '대부중개'에 해당한다고 봄이 타당하다.

그리고 어떠한 행위가 '대부중개'에 해당하는지는 행위자의 주관적 의사에 따라 결정할 것이 아니라 객관적으로 보아 그 행위가 사회통념에 비추어 금전의 대부를 주선하는 행위라고 인정되는지에 따라 결정하여야 한다. 한편 구 대부업법은 대부중개업을 하려는 자에게 영업소별로 해당 영업소를 관할하는 시·도지사에게 등록할 의무를 부과하고 이를 위반한 자를 처벌하도록 규정하며(제3조 제1항, 제19조 제1항 제1호), 미등록대부중개업자 등으로 하여금 대부중개와 관련한 대가, 즉 중개수수료를 대부를 받는 거래상대방으로부터 받지 못하게 하고 이러한 제한을 위반한 자를 처벌하도록 규정하고 있다(제11조의2 제2항, 제19조 제2항 제6호). 따라서 대부중개업의 등록을 하지 않은 자가 대부의 거래당사자에게 어떠한 용역을 제공한 경우, 그 용역이 구 대부업법에서 정한 대부중개에 해당하는지에 따라 해당 용역의 제공 및 그 용역에 대한 대가 수수가 처벌대상이 되는지 여부가 결정되며, 개별 사안에서 특정 용역의 제공행위가 대부중개에 해당하는지는 용역제공의 원인이 된 계약의 체결 경위와 그 내용, 용역 제공자가 실제로 수행한 업무의 성격 등을 종합적으로 고려하여 신중하게 판단하여야 한다.

## V. 결 론

공소사실 기재 연금재단의 각 대출행위는 이자 있는 금전소비대차의 일종으로서 구 대부업법 제2조 제1호에서 말하는 '금전의 대부'에 해당한다. 따라서 피고인 1, 피고인 2가 연금재단과 차주 사이에서 대부 거래를 주선하는 행위를 하였다는 점이 인정된다면, 연금재단의 대부가 구 대부업법 제2조 제1호에서 정한 '대부업' 영위에 해당하는지 여부와는 관계없이 위 피고인들의 행위는 구 대부업법 제2조 제2호에서 정한 '대부중개'에 해당한다.

# 제11절 대부업법에서 금전의 대부 등을 '업으로' 한다는 것의 의미

## I. 사례요지

피고인이 공소외 1, 2 등을 통하여 최고 월 5%의 이자에 돈을 빌려주면서 선이자를 공제하는 등 일반적인 대부업자들이 취하는 방식으로 돈을 빌려준 사실을 인정한 다음, 공소외 2와 공소외 1은 수사기관에서부터 제1심 법정에 이르기까지 일관하여 피고인이 다수의 사람에게 금전을 빌려주고 이자를 수령하는 등의 행위를 반복적으로 하였다.

## II. 논 점

대부업법에서 금전의 대부 등을 '업으로' 한다는 것의 의미 및 이에 해당하는지 판단하는 기준

## III. 법규연구 (대부업 등의 등록 및 금융이용자 보호에 관한 법률)

제2조(정의) 이 법에서 사용하는 용어의 뜻은 다음과 같다.

1. "대부업"이란 금전의 대부(어음할인·양도담보, 그 밖에 이와 비슷한 방법을 통한 금전의 교부를 포함한다. 이하 "대부"라 한다)를 업(業)으로 하거나 다음 각 목의 어느 하나에 해당하는 자로부터 대부계약에 따른 채권을 양도받아 이를 추심(이하 "대부채권매입추심"이라 한다)하는 것을 업으로 하는 것을 말한다. 다만, 대부의 성격 등을 고려하여 대통령령으로 정하는 경우는 제외한다.

   가. 제3조에 따라 대부업의 등록을 한 자(이하 "대부업자"라 한다)

   나. 여신금융기관

2. "대부중개업"이란 대부중개를 업으로 하는 것을 말한다.

제3조(등록 등) ① 대부업 또는 대부중개업(이하 "대부업등"이라 한다)을 하려는 자(여신금융기관은 제외한다)는 영업소별로 해당 영업소를 관할하는 특별시장·광역시장·특별자치시장·도지사 또는 특별자치도지사(이하 "시·도지사"라 한다)에게 등록하여야 한다. 다만, 여신금융기관과 위탁계약 등을 맺고 대부중개업을 하는 자(그 대부중개업을 하는 자가 법인인 경우 그 법인과 직접 위탁계약 등을 맺고 대부를 받으려는 자를 모집하는 개인을 포함하며, 이하 "대출모집인"이라 한다)는 해당 위탁계약 범위에서는 그러하지 아니하다

제19조(벌칙) ① 다음 각 호의 어느 하나에 해당하는 자는 5년 이하의 징역 또는 5천만원 이하의 벌금에 처한다.

1. 제3조 또는 제3조의2를 위반하여 등록 또는 등록갱신을 하지 아니하고 대부업등을 한 자

## IV. 관련 판례

### 1. 원심 (서울남부지법 2013. 6. 21. 선고 2013노726 판결)

피고인이 장기간에 걸쳐 자신이 잘 알지 못하는 사람들에게도 여러 차례 금전을 빌려준 점, 피고인이 고율의 이자를 지급받기로 하고 고액의 금전을 반복적으로 빌려준 점, 피고인은 주로 자신의 명의가 아닌 제3자의 명의로 빌려주고, 변제를 받을 때도 제3자의 계좌를 이용한 점 등을 종합하여 피고인이 금전의 대부를 업으로 영위하였다고 판단하였다.

### 2. 대법원 (대법원 2013. 9. 27. 선고 2013도8449 판결 )

대부업법 제2조 제1호 본문은 "대부업이란 금전의 대부(어음할인·양도담보, 그 밖에 이와 비슷한 방법을 통한 금전의 교부를 포함한다)를 업으로 하거나 제3조에 따라 대부업의 등록을 한 자 또는 여신금융기관으로부터 대부계약에 따른 채권을 양도받아 이를 추심하는 것을 업으로 하는 것을 말한다"라고 정하고 있다. 여기서 '업으로' 한다는 것은 같은 행위를 계속하여 반복하는 것을 의미하고, 여기에 해당하는지는 단순히 그에 필요한 인적 또는 물적 시설을 구비하였는지 여부와는 관계없이 금전의 대부 또는 중개의 반복·계속성 여부, 영업성의 유무, 그 행위의 목적이나 규모·횟수·기간·태양 등의 여러 사정을 종합적으로 고려하여 사회통념에 따라 판단하여야 한다(대법원 2012. 3. 29. 선고 2011도1985 판결 등 참조).

## V. 결 론

이 사건 대부업법 위반은 피고인이 대부업의 등록을 하지 아니한 채 수회에 걸쳐 반복적으로 금전을 대부한 행위를 포괄일죄로 하여 공소제기된 것임이 명백하고, 포괄일죄에서는 그 일죄를 구성하는 개개의 행위에 대하여 구체적으로 특정하지 아니하더라도 그 전체 범행의 시기와 종기, 범행방법과 장소, 상대방, 범행횟수나 피해액의 합계 등을 명시하면 이로써 그 범죄사실은 특정되었다고 할 것이다(대법원 2012. 9. 13. 선고 2010도16001 판결 등 참조).

# 제12절 대부업자와 채무자 사이의 금전대차 모두 이자로 간주하는지

## I. 사례요지

피고인은 ◇◇리서치플랜이라는 상호로 대부업을 영위하면서 ◎◎산업공소외 4에게 1,200만 원을 대출해 주면서 30일 동안의 204만 원을 공제하여 이자를 받는 등 그때부터 별지 범죄일람표 3 기재와 같이 7명의 채무자들로부터 법정이자율을 초과한 연 249.2% 내지 623% 이자를 받아 법정이자율 초과 제한규정을 위반하였다.

## II. 논 점

1. 대부업 등의 등록 및 금융이용자 보호에 관한 법률 제8조 제2항의 취지 및 명목여하를 불문하고 대부업자와 채무자 사이의 금전대차와 관련된 것으로서 금전대차의 대가로 볼 수 있는 것은 모두 이자로 간주하는지 여부(적극)
2. 대부업자가 채무자에게서 징수한 돈을 나중에 반환하기로 약정하였으나 실질적으로 대부업자에게 귀속된 이자로 보아야 하는 경우

## III. 법규연구 (대부업 등의 등록 및 금융이용자 보호에 관한 법률 )

제8조(대부업자의 이자율 제한) ① 대부업자가 개인이나 「중소기업기본법」 제2조제2항에 따른 소기업(小企業)에 해당하는 법인에 대부를 하는 경우 그 이자율은 연 100분의 27.9 이하의 범위에서 대통령령으로 정하는 율을 초과할 수 없다.

② 제1항에 따른 이자율을 산정할 때 사례금, 할인금, 수수료, 공제금, 연체이자, 체당금(替當金) 등 그 명칭이 무엇이든 대부와 관련하여 대부업자가 받는 것은 모두 이자로 본다. 다만, 해당 거래의 체결과 변제에 관한 부대비용으로서 대통령령으로 정한 사항은 그러하지 아니하다.

제19조(벌칙) ② 다음 각 호의 어느 하나에 해당하는 자는 3년 이하의 징역 또는 3천만원 이하의 벌금에 처한다.

3. 제8조 또는 제11조제1항에 따른 이자율을 초과하여 이자를 받은 자

## IV. 관련 판례

### 1. 원심 (부산지법 2014. 7. 17. 선고 2013노3423-2 판결)

대부업법 제8조 제2항의 취지는 대부업자가 받아 그 소유로 하는 돈, 즉 돌려주지

않는 돈을 그 명칭이 무엇이든 이자로 본다는 취지이지, 돌려주기로 한 돈까지 이자로 본다는 취지는 아니라고 전제한 다음, 이 사건 보증금 내지 투자금은 채무자들이 원금 내지 원리금을 상환하는 경우 이를 반환하기로 약정하였던 점, 일부 채무자들에 대하여는 위 약정에 따라 17% 상당의 돈이 반환된 것으로 보이는 점 등에 더하여, 채무자들로서는 원금 내지 원리금 반환 시 위 약정을 근거로 보증금 내지 투자금 상당액을 공제한 잔액을 반환할 수 있는 점 등을 종합하면, <u>피고인이 공제한 17% 상당의 보증금 내지 투자금 형식의 돈은 대부업자가 받은 이자로 볼 수 없다는 이유로 피고인에게 무죄를 선고하였다.</u>

## 2. 대법원 (대법원 2015. 7. 23., 선고, 2014도9746, 판결)

대부업법 제8조 제2항의 취지는 대부업자가 사례금·할인금·수수료·공제금·연체이자·체당금 등의 명목으로 채무자로부터 돈을 징수하여 위 법을 잠탈하기 위한 수단으로 사용되는 탈법행위를 방지하는 데 있으므로, <u>명목 여하를 불문하고 대부업자와 채무자 사이의 금전대차와 관련된 것으로서 금전대차의 대가로 볼 수 있는 것은 모두 이자로 간주된다</u>(대법원 2014. 11. 13. 선고 2014다24785 판결 참조). 나아가 대부업자가 채무자로부터 징수한 돈을 나중에 채무자에게 반환하기로 약정하였다 하더라도, 그 반환 조건이나 시기, 대부업자의 의사나 행태 등 제반사정에 비추어 볼 때 그 <u>약정이 대부업법의 제한 이자율을 회피하기 위한 형식적인 것에 불과하고 실제로는 반환의 사가 없거나 반환이 사실상 불가능 또는 현저히 곤란한 것으로 인정될 경우에는 그 징수한 돈은 실질적으로 대부업자에게 귀속된 이자로 보아야 한다.</u>

피고인과 채무자들이 이 사건 투자금을 반환하기로 약정하였으나, 채무자들은 위 약정에 따라 거래의 최종 종료일로부터 100일이 경과하여야만 투자금을 돌려받을 수 있으므로 연장 또는 추가대출로 거래가 지속되는 경우에는 이를 반환받을 수 없었고, 연장 또는 추가대출마다 투자금을 별도로 공제함으로써 투자금이 지속적으로 증가하여 대출원금보다 투자금이 많은 경우도 생겼으며, 일부 채무자들은 투자금 반환일에 이르러 대부업자들이 상호나 전화번호를 변경하여 연락조차 취할 수 없었다고 진술하고 있는 사실을 알 수 있는바, 이에 의하면 <u>이 사건 투자금은 실질적으로 대부업자인 피고인에게 이자로 귀속되었을 여지가 많다.</u>

## V. 결 론

따라서 원심으로서는 이 사건 투자금의 반환 조건이나 시기, 대부업자의 의사나 행태 등 이 사건 투자금에 관한 제반사정을 살펴 이 사건 투자금이 피고인에게 실질적으로 귀속되었는지를 심리함으로서 피고인에게 이자율 제한 위반으로 인한 대부업법위반죄가 성립하는지 판단하였어야 한다.

그럼에도 원심이 이 사건 투자금의 피고인에 대한 실질적 귀속 여부에 관하여 심리하지 아니한 채 단지 이 사건 투자금의 반환약정과 투자금의 일부 반환, 원리금 반환 시 투자금의 공제 가능성 등을 이유로 이 사건 투자금이 이자에 해당하지 않는다고 보아 피고인에게 곧바로 무죄를 선고한 것은 대부업법 제8조 제2항의 간주이자에 관한 법리를 오해하고 필요한 심리를 다하지 아니하여 판단을 그르친 것이다.

# 제13절 상품 거래가 매개된 자금을 받는 행위를 유사수신행위로 볼 수 있는지

## I. 사례요지

피고인이 투자자들에게 성명불상의 운영자들이 개설하여 유사수신영업을 하는 해외법인 공소외 회사의 인터넷 홈페이지에 게재된 광고팩 구입에 따른 수익 배당과 원금 보장 등을 설명하고 투자를 권유하여 위 회사의 회원으로 가입하게 하고, 투자자들로부터 광고팩 구입비를 송금받아 환전한 후 위 회사의 회원별 계정으로 송금해 줌으로써, 공소외 회사 회사의 운영자들이 장래에 출자금을 초과하는 금액을 지급하는 것을 약정하고 출자금을 받는 유사수신행위를 하는 것을 용이하게 하여 방조하였다.

## II. 논 점

1. 유사수신행위를 금지하는 유사수신행위의 규제에 관한 법률의 입법취지
2. 상품 거래가 매개된 자금을 받는 행위를 같은 법 제3조, 제2조 제1호에서 금지하는 유사수신행위로 볼 수 있는 경우

## III. 법규연구 (유사수신행위의 규제에 관한 법률)

제2조(정의) 이 법에서 "유사수신행위"란 다른 법령에 따른 인가·허가를 받지 아니하거나 등록·신고 등을 하지 아니하고 불특정 다수인으로부터 자금을 조달하는 것을 업(業)으로 하는 행위로서 다음 각 호의 어느 하나에 해당하는 행위를 말한다.
  1. 장래에 출자금의 전액 또는 이를 초과하는 금액을 지급할 것을 약정하고 출자금을 받는 행위
제3조(유사수신행위의 금지) 누구든지 유사수신행위를 하여서는 아니 된다.
제6조(벌칙) ① 제3조를 위반하여 유사수신행위를 한 자는 5년 이하의 징역 또는 5천만원 이하의 벌금에 처한다.

## IV. 관련 판례

### 1. 원심 (서울중앙지법 2018. 3. 29. 선고 2017노4331 판결)

다음과 같은 이유로 위 공소사실에 대하여 정범의 범죄행위에 대한 증명이 부족하다고 보아, 이를 유죄로 판단한 제1심판결을 파기하고 무죄를 선고하였다.

  ① 정범에 해당하는 공소외 회사의 불상 운영자들의 국적을 알 수 없어 대한민국 법

률이 적용되는지 여부, 대한민국 법률이 아니라면 어떤 법률이 적용되는지 여부 등이 분명하지 않다.

② 공소외 회사의 인터넷 홈페이지에 게시된 이 사건 사업설명에 의하면 정범인 불상의 운영자들이 유사수신행위법 제2조 제1호에서 정한 원금보장약정을 하였다거나 법령에 의한 인허가를 득하거나 등록·신고 등을 하였는지 여부에 대한 증명이 있다고 보기 어렵다.

## 2. 대법원 (대법원 2020. 7. 9., 선고, 2018도5519, 판결)

가. 유사수신행위법 제3조는 '누구든지 유사수신행위를 하여서는 아니 된다.' 고 규정하고 있고, 제2조 제1호는 다른 법령에 따른 인허가 등을 받지 않고 불특정 다수인으로부터 자금을 조달하는 것을 업으로 하는 행위로서 '장래에 출자금의 전액 또는 이를 초과하는 금액을 지급할 것을 약정하고 출자금을 받는 행위' 를 유사수신행위의 하나로 규정하고 있다. 이와 같이 유사수신행위를 금지하는 입법취지는 관계 법령에 의한 인허가 등을 받지 않고 불특정 다수인으로부터 출자금, 예금 등의 명목으로 자금을 조달하는 행위를 규제하여 선량한 거래자를 보호하고 건전한 금융질서를 확립하려는 데에 있다. 이러한 유사수신행위법의 입법취지나 법 규정상 '출자금' 이라는 용어의 의미에 비추어 보면, 실질적으로 상품의 거래가 매개된 자금을 받는 행위는 출자금을 받는 행위라고 보기 어렵고 그것이 상품의 거래를 가장하거나 빙자한 것일 뿐 사실상 금전의 거래라고 볼 수 있는 경우에 한하여 유사수신행위법이 금지하는 유사수신행위로 볼 수 있다(대법원 2007. 10. 25. 선고 2007도6241 판결, 대법원 2016. 9. 8. 선고 2015도14373 판결 등 참조).

나. 공소외 회사의 운영자들은 국내 관계 법령에 따른 인허가 등을 받지 않고 투자자들로부터 광고팩 구입비 명목의 출자금을 지급받으면서 이를 초과하는 수익금 지급약정을 하였고, 투자자들이 하는 광고보기 등의 행위는 용역제공을 가장하거나 빙자하기 위한 것일 뿐 사실상 금전의 거래라고 볼 수 있으므로, 이는 유사수신행위법 제2조 제1호에서 정한 유사수신행위에 해당한다. 나아가 출자금을 초과하는 금액을 지급하기로 약정한 이상 지급을 일시 유예할 수 있는 조건을 부가하였다는 이유만으로 이와 달리 판단할 것은 아니다.

## V. 결 론

유사수신행위의 일부인 유사수신약정 체결 및 위 약정에 따른 출자금을 수수하는 행위가 대한민국 영역 내에서 이루어진 이상, 비록 인터넷 홈페이지를 개설한 장소나 출자금을 최종적으로 수령한 장소가 대한민국 영역 외라 하더라도 대한민국 영역 내에서 죄를 범한 것이므로(대법원 2000. 4. 21. 선고 99도3403 판결, 대법원 2012. 4. 26. 선고 2012도2626 판결 등 참조), 공소외 회사의 불상의 운영자들에 대하여도 형법 제2조, 제8조에 따라 대한민국의 형벌법규인 유사수신행위법 제3조, 제2조 제1호가 적용된다.

# 제14절 스캘핑(scalping) 행위가 자본시장법위반죄로 기소된 사건

## I. 사례요지

> 피고인은 공소외 회사에서 증권방송전문가로 활동하다가 방송의 영향력과 파급력을 이용하여 주가에 영향을 미쳐 개인적인 이익을 취득하기로 마음먹고, 방송에서 추천할 종목을 미리 매수한 다음 공소외 회사 방송프로그램에 출연하여 미리 주식을 매수해 둔 사실을 숨긴 채 그 종목을 추천하는 방송을 하고 주가가 오르면 곧바로 되파는 수법으로 거래 차익을 얻기로 계획하였다. 피고인은 ○○주식 76,074주를 3,094,989,579원에 매수한 다음, 같은 날 22:00경 공소외 회사 방송프로그램인 '(프로그램명 1 생략)'에 출연하여 주식을 미리 매수한 사실을 숨긴 채 일반 투자자에게 위 종목을 추천하고, 2011. 10. 5. 공소외 회사 방송프로그램인 '(프로그램명 2 생략)'의 '(코너명 생략)' 코너에 위 종목을 추천 종목으로 편입시켰다. 매수 추종자의 유입에 따라 주가가 단기간에 상승하자 피고인은 미리 매수해 둔 주식을 매도하였다. 이로써 피고인은 금융투자상품의 매매, 그 밖의 거래와 관련하여 부정한 계획 또는 기교를 사용하고, 금융투자상품의 매매, 그 밖의 거래를 할 목적이나 그 시세의 변동을 도모할 목적으로 위계를 사용하여 불상의 부당이득을 취득하였다.

## II. 논 점

1. 자본시장법 제178조 제1항 제1호에서 정한 '부정한 수단, 계획 또는 기교'의 의미
2. 자본시장법 제178조 제2항에서 말하는 '위계'의 의미
3. 투자자문업자 등이, 추천하는 증권을 자신이 선행매수하여 보유하고 있고 추천 후에 이를 매도할 수도 있다는 그 증권에 관한 자신의 이해관계를 표시하지 않은 채 그 증권의 매수를 추천하는 행위가 자본시장법 제178조 제1항 제1호에서 말하는 '부정한 수단, 계획, 기교를 사용하는 행위' 및 같은 조 제2항에서 정한 '위계의 사용'에 해당하는지 여부(적극) 여기서 말하는 '증권의 매수 추천'의 의미
4. 어떠한 행위가 '증권의 매수 추천'에 해당하여 부정한 수단, 계획이나 기교를 사용하는 행위인지 또는 위계의 사용인지를 판단하는 기준

## III. 법규연구 (자본시장과 금융투자업에 관한 법률 )

> 제178조(부정거래행위 등의 금지) ① 누구든지 금융투자상품의 매매(증권의 경우 모집·사모·매출을 포함한다. 이하 이 조 및 제179조에서 같다), 그 밖의 거래와 관련하여 다음 각 호의 어느 하나에 해당하는 행위를 하여서는 아니 된다.

1. 부정한 수단, 계획 또는 기교를 사용하는 행위

제443조(벌칙) ① 다음 각 호의 어느 하나에 해당하는 자는 1년 이상의 유기징역 또는 그 위반행위로 얻은 이익 또는 회피한 손실액의 3배 이상 5배 이하에 상당하는 벌금에 처한다. 다만, 그 위반행위로 얻은 이익 또는 회피한 손실액이 없거나 산정하기 곤란한 경우 또는 그 위반행위로 얻은 이익 또는 회피한 손실액의 5배에 해당하는 금액이 5억원 이하인 경우에는 벌금의 상한액을 5억원으로 한다.

8. 금융투자상품의 매매(증권의 경우 모집·사모·매출을 포함한다), 그 밖의 거래와 관련하여 제178조제1항 각 호의 어느 하나에 해당하는 행위를 한 자

9. 제178조제2항을 위반하여 금융투자상품의 매매(증권의 경우 모집·사모·매출을 포함한다), 그 밖의 거래를 할 목적이나 그 시세의 변동을 도모할 목적으로 풍문의 유포, 위계의 사용, 폭행 또는 협박을 한 자

## IV. 관련 판례

### 1. 원심/환송판결 (대법원 2017. 4. 7. 선고 2015도760 판결)

증권의 매수를 추천하였다고 하려면 투자자에게 특정 증권을 매수하라는 의사표시를 한 경우에 해당해야 한다. 검사가 제출한 증거만으로는 피고인이 '(프로그램명 1 생략)', '(코너명 생략)' 등 공소외 회사 방송을 통해서 시청자인 일반 투자자에게 (주식명 1 생략) 등 3개 종목의 주식을 매수하라는 의사를 표시하였다거나 투자자에게 주식 매수를 부추길 의사가 있었다고 단정하기 어렵다. 결국, 피고인이 공소외 회사 방송 시청자에게 (주식명 1 생략) 등 3개 종목의 매수를 추천하였다고 볼 수 없으므로, <u>이 부분 공소사실은 범죄의 증명이 없는 경우에 해당한다.</u>

### 2. 대법원 (대법원 2022. 5. 26., 선고, 2018도13864, 판결)

자본시장법 제178조 제1항 제1호는 금융투자상품의 매매, 그 밖의 거래와 관련하여 '부정한 수단, 계획 또는 기교를 사용하는 행위'를 금지하고 있다. 여기서 '부정한 수단, 계획 또는 기교'란 사회통념상 부정하다고 인정되는 일체의 수단, 계획 또는 기교를 말한다. 어떠한 행위를 부정하다고 할지는 그 행위가 법령 등에서 금지된 것인지, 다른 투자자로 하여금 잘못된 판단을 하게 함으로써 공정한 경쟁을 해치고 선의의 투자자에게 손해를 전가하여 자본시장의 공정성, 신뢰성과 효율성을 해칠 위험이 있는지를 고려하여 판단해야 한다.

자본시장법 제178조 제2항은 금융투자상품의 매매, 그 밖의 거래를 할 목적이나 시세의 변동을 도모할 목적으로 '풍문의 유포, 위계의 사용, 폭행 또는 협박'을 하는

것을 금지하고 있다. 여기서 '위계' 란 거래 상대방이나 불특정 투자자를 기망하여 일정한 행위를 하도록 유인할 목적의 수단, 계획, 기교 등을 뜻하고, '기망' 이란 객관적 사실과 다른 내용의 허위사실을 내세우는 등의 방법으로 타인을 속이는 것을 뜻한다.

투자자문업자, 증권분석가, 언론매체 종사자, 투자 관련 웹사이트 운영자 등이 추천하는 증권을 자신이 선행매수하여 보유하고 있고 추천 후에 이를 매도할 수도 있다는 증권에 관한 자신의 이해관계를 표시하지 않은 채 증권의 매수를 추천하는 행위는 자본시장법 제178조 제1항 제1호에서 정한 '부정한 수단, 계획, 기교를 사용하는 행위' 에 해당한다. 또한, 위와 같은 행위는 투자자의 오해를 초래하지 않기 위하여 필요한 중요사항인 개인적인 이해관계의 표시를 누락함으로써 투자자에게 객관적인 동기에서 증권을 추천한다는 인상을 주어 거래를 유인하려는 행위로서 자본시장법 제178조 제2항에서 정한 '위계의 사용' 에도 해당한다. 여기서 '증권의 매수를 추천' 한다고 함은 투자자에게 특정 증권이 매수하기에 적합하다는 사실을 소개하여 그 증권에 대한 매수 의사를 불러일으키는 것을 가리킨다.

어떠한 행위가 '증권의 매수 추천' 에 해당하여 부정한 수단, 계획이나 기교를 사용하는 행위인지 또는 위계의 사용인지 등은 행위자의 지위, 행위자가 특정 진술이나 표시를 하게 된 동기와 경위, 진술 등이 미래의 재무상태나 영업실적 등에 대한 예측이나 전망에 관한 사항일 때에는 합리적인 근거에 기초하여 성실하게 한 것인지, 진술 등의 내용이 거래 상대방이나 불특정 투자자에게 오인·착각을 유발할 위험이 있는지, 행위자가 진술 등을 한 후 취한 행동과 주가의 동향, 행위 전후의 여러 사정 등을 종합하여 객관적인 기준에 따라 판단해야 한다.

## V. 결 론

대법원은, 원심판결 이유를 위 법리에 비추어 살펴보면 피고인이 ○○경제TV 방송에 출연하여 특정 종목과 관련하여 소개한 내용이나 밝힌 의견은 투자자에게 위 종목의 매수 의사를 불러일으킬 만하다고 평가할 수 있으므로, 피고인은 투자자에게 그 종목이 매수하기에 적합하다는 점을 소개하여 매수 의사를 불러일으키는 행위, 즉 증권의 매수 추천을 하였다고 볼 수 있고, 피고인의 행위는 자본시장법 제178조 제1항 제1호에서 정한 '부정한 수단, 계획 또는 기교를 사용하는 행위' 와 자본시장법 제178조 제2항에서 정한 '위계의 사용' 에 해당한다고 보았다.

# 제15절 정보통신망법의 '비방할 목적'의 판단기준과 '공공의 이익'을 위한 것과 관계

## I. 사례요지

피고인은 고등학교 동창 10여 명이 참여하는 단체 카카오톡 채팅방에서 피해자를 비방할 목적으로 '피해자가 내 돈을 갚지 못해 사기죄로 감방에서 몇 개월 살다가 나왔다. 집에서도 포기한 애다. 너희들도 조심해라.'라는 내용의 사실을 적시하여 피해자의 명예를 훼손하였다.

## II. 논점

1. 정보통신망법 제70조 제1항 명예훼손죄의 구성요건 중 비방할 목적이 있는지와 피고인이 드러낸 사실이 사회적 평가를 떨어트릴 만한 것인지가 별개의 구성요건인지 여부(적극) 및 드러낸 사실이 사회적 평가를 떨어트리는 것이면 비방할 목적이 당연히 인정되는지 여부(소극)
2. '비방할 목적'의 판단기준 및 '공공의 이익'을 위한 것과의 관계
3. 드러낸 사실이 '공공의 이익'에 관한 것인지 판단하는 기준
4. 행위자의 주요한 동기와 목적인 공공의 이익에 부수적으로 다른 사익적 목적이나 동기가 포함된 경우, 비방할 목적의 유무(소극)

## III. 법규연구 (정보통신망 이용촉진 및 정보보호 등에 관한 법률)

제70조(벌칙) ① 사람을 비방할 목적으로 정보통신망을 통하여 공공연하게 사실을 드러내어 다른 사람의 명예를 훼손한 자는 3년 이하의 징역 또는 3천만원 이하의 벌금에 처한다.

## IV. 관련 판례

### 1. 원심 (대구지법 2022. 3. 25. 선고 2021노3171 판결)

피고인에게 피해자를 비방할 목적이 있었다고 보아 이 사건 <u>공소사실을 유죄로 인정한 제1심판결을 그대로 유지하였다.</u>

### 2. 대법원 (대법원 2022. 7. 28., 선고, 2022도4171, 판결)

가. 정보통신망법 제70조 제1항은 "사람을 비방할 목적으로 정보통신망을 통하여 공공연하게 사실을 드러내어 다른 사람의 명예를 훼손한 자는 3년 이하의 징역 또는 3

천만 원 이하의 벌금에 처한다." 라고 정한다. 이 규정에 따른 범죄가 성립하려면 피고인이 공공연하게 드러낸 사실이 다른 사람의 사회적 평가를 떨어트릴 만한 것임을 인식해야 할 뿐만 아니라 사람을 비방할 목적이 있어야 한다. 비방할 목적이 있는지는 피고인이 드러낸 사실이 사회적 평가를 떨어트릴 만한 것인지와 별개의 구성요건으로서, 드러낸 사실이 사회적 평가를 떨어트리는 것이라고 해서 비방할 목적이 당연히 인정되는 것은 아니다.

나. <u>비방할 목적</u>은 드러낸 사실의 내용과 성질, 사실의 공표가 이루어진 상대방의 범위, 표현의 방법 등 표현 자체에 관한 여러 사정을 감안함과 동시에 그 표현으로 훼손되는 명예의 침해 정도 등을 비교·형량하여 판단해야 한다. 이것은 공공의 이익을 위한 것과는 행위자의 주관적 의도라는 방향에서 상반되므로, <u>드러낸 사실이 공공의 이익에 관한 것인 경우에는 특별한 사정이 없는 한 비방할 목적은 부정된다</u>. 여기에서 <u>'드러낸 사실이 공공의 이익에 관한 것인 경우'</u> 란 드러낸 사실이 객관적으로 볼 때 <u>공공의 이익에 관한 것으로서 행위자도 주관적으로 공공의 이익을 위하여 그 사실을 드러낸 것이어야 한다</u>. 공공의 이익에 관한 것에는 널리 국가·사회 그 밖에 일반 다수인의 이익에 관한 것뿐만 아니라 특정한 사회집단이나 그 구성원 전체의 관심과 이익에 관한 것도 포함한다. 그 사실이 공공의 이익에 관한 것인지는 명예훼손의 피해자가 공무원 등 공인(公人)인지 아니면 사인(私人)에 불과한지, 그 표현이 객관적으로 공공성·사회성을 갖춘 공적 관심 사안에 관한 것으로 사회의 여론형성이나 공개토론에 기여하는 것인지 아니면 순수한 사적인 영역에 속하는 것인지, 피해자가 명예훼손적 표현의 위험을 자초한 것인지 여부, 그리고 표현으로 훼손되는 명예의 성격과 침해의 정도, 표현의 방법과 동기 등 여러 사정을 고려하여 판단해야 한다. <u>행위자의 주요한 동기와 목적이 공공의 이익을 위한 것이라면 부수적으로 다른 사익적 목적이나 동기가 포함되어 있더라도 비방할 목적이 있다고 보기는 어렵다.</u>

## V. 결 론

이 사건 게시 글은 채팅방에 참여한 고등학교 동창들로 구성된 사회집단의 이익에 관한 사항으로 볼 수 있다. 피고인이 이 사건 게시 글을 채팅방에 올린 동기나 목적에는 자신에게 재산적 피해를 입힌 피해자를 비난하려는 목적도 포함되어 있다고 볼 수 있지만, <u>피해자로 인하여 고등학교 동창 2명이 재산적 피해를 입은 사실에 기초하여 피해자와 교류 중인 다른 동창생들에게 주의를 당부하려는 목적이 포함되어 있고, 실</u>

제로 피고인이 이 사건 게시 글의 말미에 그러한 목적을 표시하였다. 따라서 피고인의 주요한 동기와 목적이 공공의 이익을 위한 것으로 볼 여지가 있고 피고인에게 피해자를 비방할 목적이 있다는 사실이 합리적 의심의 여지가 없을 정도로 충분히 증명되었다고 볼 수 없다.

# 제16절 서비스제공자로부터 권한을 부여받은 이용자가 아닌 제3자가 정보통신망에 접속한 경우

## I. 사례요지

피고인 1, 피고인 2, 피고인 3, 피고인 4, 피고인 5(이하 '피고인 1 등'이라고 한다)는 피해자 주식회사의 '바로예약 어플리케이션'과 통신하는 API(Application Programming Interface) 서버의 URL과 API 서버로 정보를 호출하는 명령구문들을 알아내어, 자체 개발한 원심판시 '야놀자 크롤링 프로그램'을 사용하여 API 서버에 명령구문을 입력하는 방식으로 피해자 회사의 숙박업소 정보를 수집하였다.

## II. 논 점

1. 구 정보통신망법 제48조 제1항의 입법취지 및 서비스제공자로부터 권한을 부여받은 이용자가 아닌 제3자가 정보통신망에 접속한 경우, 그에게 접근권한이 있는지 판단하는 기준

2. 정보통신망에 대하여 서비스제공자가 접근권한을 제한하고 있는지 판단하는 방법

## III. 법규연구 (정보통신망 이용촉진 및 정보보호 등에 관한 법률 )

제48조(정보통신망 침해행위 등의 금지) ① 누구든지 정당한 접근권한 없이 또는 허용된 접근권한을 넘어 정보통신망에 침입하여서는 아니 된다.

제71조(벌칙) ① 다음 각 호의 어느 하나에 해당하는 자는 5년 이하의 징역 또는 5천만원 이하의 벌금에 처한다.

9. 제48조제1항을 위반하여 정보통신망에 침입한 자

## IV. 관련 판례

### 1. 원심 (서울중앙지법 2021. 1. 13. 선고 2020노611 판결)

피고인 1등이 접근권한 없이 또는 접근권한을 넘어 피해자의 정보통신망에 침입하였다고 보기 어렵다는 이유로 이 사건 공소사실 중 구 정보통신망법 위반의 점을 <u>무죄로 판단하였다.</u>

## 2. 대법원 (대법원 2022. 5. 12., 선고, 2021도1533, 판결)

가. 구 정보통신망법 제48조 제1항은 누구든지 정당한 접근권한 없이 또는 허용된 접근권한을 넘어 정보통신망에 침입하는 것을 금지하고 있고, 이를 위반하여 정보통신망에 침입한 자에 대하여는 5년 이하의 징역 또는 5천만 원 이하의 벌금에 처한다(위 법 제71조 제1항 제9호). 위 규정은 이용자의 신뢰 내지 그의 이익을 보호하기 위한 규정이 아니라 정보통신망 자체의 안정성과 그 정보의 신뢰성을 보호하기 위한 것이므로, 위 규정에서 접근권한을 부여하거나 허용되는 범위를 설정하는 주체는 서비스제공자이다. 따라서 서비스제공자로부터 권한을 부여받은 이용자가 아닌 제3자가 정보통신망에 접속한 경우 그에게 접근권한이 있는지 여부는 서비스제공자가 부여한 접근권한을 기준으로 판단하여야 한다. 그리고 정보통신망에 대하여 서비스제공자가 접근권한을 제한하고 있는지 여부는 보호조치나 이용약관 등 객관적으로 드러난 여러 사정을 종합적으로 고려하여 신중하게 판단하여야 한다.

나. 위 API 서버의 URL이나 명령구문은 피해자 회사가 적극적으로 공개하지는 않았지만 누구라도 간단한 기술조작이나 통상 사용되는 소위 '패킷캡쳐 프로그램' 등을 통해 쉽게 알아낼 수 있는 정보이다. 일반 이용자들은 이 사건 앱을 통해 API 서버에 회원 가입 후 또는 회원 가입 없이 자유롭게 접근할 수 있었고, 이 사건 앱이나 API 서버로의 접근을 막는 별도의 보호조치는 없었다.

피해자 회사의 이 사건 앱 서비스 이용약관에서 '이용자는 회사를 이용함으로써 얻은 정보를 회사의 사전 승낙 없이 복제, 송신, 출판, 배포, 방송 등 기타 방법에 의하여 영리 목적으로 이용하거나 제3자에게 이용하게 하여서는 안 된다'고 정하고 있으나, 이는 이 사건 앱 또는 API 서버로부터 취득한 정보의 이용을 제한하는 내용일 뿐, 이에 대한 접근을 제한하는 내용으로 볼 수 없다.

또한, 위 이용약관에서 회원에 대하여 '자동접속프로그램 등을 사용하여 회사의 서버에 부하를 일으켜 회사의 정상적인 서비스를 방해하는 행위'를 금지하고 있기는 하지만, 위 약관 규정을 회원가입을 하지 않은 이용자들에게 적용할 수 있는 근거를 찾기 어렵고, 규정의 내용 또한 접근권한 자체를 제한하는 것으로 볼 수 없어 위와 같은 약관상의 규정만으로 API 서버에 대한 접근권한이 객관적으로 제한되었다고 보기 어렵다.

## V. 결 론

피고인들이 이 사건 크롤링 프로그램을 사용하여 경쟁회사의 모바일 어플리케이션용 API 서버에 접근하여 정보를 수집하여 구 정보통신망법위반(정보통신망침해등)죄, 저작권법위반죄, 컴퓨터등장애업무방해죄로 기소된 사안에서, 대법원은 특히 정보통신망 침해와 관련하여 서비스제공자의 접근권한 제한 여부, 데이터베이스 제작자의 권리 침해 여부 판단기준을 위와 같이 제시하고, 공소사실을 모두 무죄로 판단한 원심을 수긍하였다.

# 제17절 정보통신망법상 악성프로그램을 전달 또는 유포 행위만으로 범죄 성립하는지

## I. 사례요지

피고인들이 자동 회원가입, 자동 방문 및 이웃신청 등의 기능을 이용하여 네이버 카페나 블로그 등에 자동으로 게시글과 댓글을 등록하고 쪽지와 초대장을 발송하는 등의 작업을 반복 수행하도록 설계된 다수의 프로그램들을 판매함으로써 정당한 사유 없이 정보통신시스템 등의 운용을 방해할 수 있는 악성프로그램을 유포하였다.

## II. 논 점

1. 구 정보통신망법 제71조 제9호 및 제48조 제2항 위반죄는 악성프로그램을 전달 또는 유포하는 행위만으로 범죄가 성립하는지 여부(적극) 및 그로 인하여 정보통신시스템 등의 훼손·멸실·변경·위조 또는 그 운용을 방해하는 결과가 발생할 것을 요하는지 여부(소극)
2. 이러한 '악성프로그램'에 해당하는지 판단하는 기준

## III. 법규연구 (정보통신망 이용촉진 및 정보보호 등에 관한 법률 )

제48조(정보통신망 침해행위 등의 금지) ② 누구든지 정당한 사유 없이 정보통신시스템, 데이터 또는 프로그램 등을 훼손·멸실·변경·위조하거나 그 운용을 방해할 수 있는 프로그램(이하 "악성프로그램"이라 한다)을 전달 또는 유포하여서는 아니 된다.

제70조의2(벌칙) 제48조제2항을 위반하여 악성프로그램을 전달 또는 유포하는 자는 7년 이하의 징역 또는 7천만원 이하의 벌금에 처한다.

## IV. 관련 판례

### 1. 원심 (의정부지방법원 2017. 9. 11. 선고 2017노309 판결)

이 사건 프로그램이 구 정보통신망법 제48조 제2항의 정보통신시스템 등의 운용을 방해할 수 있는 '악성프로그램'에 해당한다고 인정하기에 부족하다는 이유로 피고인들에 대한 이 사건 공소사실에 대하여 <u>유죄를 선고한 제1심판결을 파기하고 무죄판결을 선고하였다.</u>

## 2. 대법원 (대법원 2019. 12. 12. 선고 2017도16520 판결)

구 정보통신망법(2016. 3. 22. 법률 제14080호로 개정되기 전의 것) 제71조 제9호 및 제48조 제2항 위반죄는 정보통신시스템, 데이터 또는 프로그램 등(이하 '정보통신시스템 등'이라 한다)을 훼손·멸실·변경·위조하거나 그 운용을 방해할 수 있는 프로그램(이하 '악성프로그램'이라 한다)이 정보통신시스템 등에 미치는 영향을 고려하여 악성프로그램을 전달 또는 유포하는 행위만으로 범죄 성립을 인정하고, 그로 인하여 정보통신시스템 등의 훼손·멸실·변경·위조 또는 그 운용을 방해하는 결과가 발생할 것을 요하지 않는다. 이러한 '악성프로그램'에 해당하는지 여부는 프로그램 자체를 기준으로 하되, 그 사용용도 및 기술적 구성, 작동 방식, 정보통신시스템 등에 미치는 영향, 프로그램 설치에 대한 운용자의 동의 여부 등을 종합적으로 고려하여 판단하여야 한다.

## V. 결 론

악성프로그램에 해당하는지 여부는 구체적인 사안별로 프로그램 자체를 기준으로 하되, 그 사용용도 및 기술적 구성, 작동 방식, 정보통신시스템 등에 미치는 영향, 프로그램 설치에 대한 운용자의 동의 여부 등을 종합적으로 고려하여 판단하여야 한다는 새로운 판단기준을 제시하였다.

이 사건 프로그램은 상품 등을 광고하는 데 사용하기 위한 것이고, 기본적으로 일반 사용자가 직접 작업하는 것과 동일한 경로와 방법으로 작업을 수행하며, 이 사건 프로그램 사용으로 정보통신시스템 등의 기능 수행이 방해된다거나 네이버 등의 서버가 다운되는 등의 장애가 발생한다고 볼만한 증거가 없다는 등의 사정을 살펴보면, 검사가 제출한 증거만으로는 구 정보통신망법 제48조 제2항의 정보통신시스템 등의 운용을 방해할 수 있는 '악성프로그램'에 해당한다고 인정하기에 부족하다는 이유로 무죄판결을 선고한 원심판결을 확정하였다.

# 제18절 컴퓨터에 저장된 직장동료의 사내 메신저 대화내용을 몰래 열람·복사한 행위

## Ⅰ. 사례요지

피고인과 피해자들은 같은 부서에 근무하던 직장동료로서 종교(선교) 문제 등으로 직장 내 갈등을 겪던 중이었는데, 피해자 갑이 업무용도로 지급받은 개인용 컴퓨터(PC) 및 사내 메신저에 사용자 로그인을 해 둔 상태에서 잠시 자리를 비우자, 피고인이 피해자 갑의 위 메신저 보관함 기능을 조작하여 위 컴퓨터 하드디스크에 메신저 프로그램을 통해 암호화되어 보관 중이던 피해자들의 과거 메신저 대화내용을 열람·복사한 다음, 그 전자파일을 부서 상급자에게 전송하였다.

## Ⅱ. 논 점

1. 업무용인 사내 메신저 프로그램 때문에 처리되어 개인용 컴퓨터에 전자파일 형태로 보관 중인 과거의 대화내용이 정보통신망법 제49조의 '타인의 비밀'에 해당하는지 여부(적극)

2. 업무 용도의 컴퓨터 및 메신저 프로그램 계정 사용권자인 피해자가 로그인해 둔 상태에서 자리를 비우자 피고인이 피해자 몰래 그 메신저 프로그램을 조작하여 컴퓨터에 저장되어 있던 전자파일을 열람·복사·전송한 행위가 정보통신망법 제49조의 정보통신망에 의하여 처리·보관 또는 전송되는 타인의 비밀에 대한 '침해·누설'하는 행위에 해당하는지 여부(적극)

## Ⅲ. 법규연구 (정보통신망 이용촉진 및 정보보호 등에 관한 법률 )

제48조(정보통신망 침해행위 등의 금지) ① 누구든지 정당한 접근권한 없이 또는 허용된 접근권한을 넘어 정보통신망에 침입하여서는 아니 된다.

제49조(비밀 등의 보호) 누구든지 정보통신망에 의하여 처리·보관 또는 전송되는 타인의 정보를 훼손하거나 타인의 비밀을 침해·도용 또는 누설하여서는 아니 된다.

제71조(벌칙) ① 다음 각 호의 어느 하나에 해당하는 자는 5년 이하의 징역 또는 5천만원 이하의 벌금에 처한다.

　11. 제49조를 위반하여 타인의 정보를 훼손하거나 타인의 비밀을 침해·도용 또는 누설한 자

## IV. 관련 판례

### 1. 원심 (의정부지방법원 2017. 8. 30. 선고 2017노262 판결)

피고인이 열람·복사한 피해자들 사이의 메신저 대화내용이 정보통신망에 의해 처리·보관 또는 전송되는 타인의 비밀에 해당하고, 피고인이 피해자 공소외 1이 잠시 자리를 비운 틈을 타 위 피해자의 컴퓨터에서 이 사건 대화내용을 열람·복사한 다음 복사된 전자파일을 공소외 2에게 전송한 행위는 <u>타인의 비밀을 침해·누설한 행위에 해당한다고 한</u> 제1심 판단이 정당하다.

### 2. 대법원 (대법원 2018. 12. 27. 선고 2017도15226 판결)

가. 이 사건에서 피고인의 행위가 정보통신망법 제49조에서 정한 '정보통신망에 의해 처리·보관 또는 전송되는 타인의 비밀'을 침해·누설한 것인지 문제되고 있다.

정보통신망법 제49조는 "누구든지 정보통신망에 의하여 처리·보관 또는 전송되는 타인의 정보를 훼손하거나 타인의 비밀을 침해·도용 또는 누설하여서는 아니 된다."라고 정하고, 제71조 제1항 제11호는 '제49조를 위반하여 타인의 정보를 훼손하거나 타인의 비밀을 침해·도용 또는 누설한 자는 5년 이하의 징역 또는 5천만 원 이하의 벌금에 처한다.'고 정하고 있다.

정보통신망법은 정보통신망의 이용을 촉진하고 정보통신서비스를 이용하는 자의 개인정보를 보호함과 아울러 정보통신망을 건전하고 안전하게 이용할 수 있는 환경을 조성하여 국민생활의 향상과 공공복리의 증진에 이바지하기 위한 목적으로 제정되었다(제1조). 정보통신망은 전기통신사업법 제2조 제2호에 따른 전기통신설비를 이용하거나 전기통신설비와 컴퓨터 및 컴퓨터의 이용기술을 활용하여 정보를 수집·가공·저장·검색·송신 또는 수신하는 정보통신체제를 말한다(제2조 제1항 제1호). 전기통신설비는 전기통신을 하기 위한 기계·기구·선로 또는 그 밖에 전기통신에 필요한 설비를 말한다(전기통신사업법 제2조 제2호). 정보통신망법 제49조의 규율 내용이 포괄적이기 때문에, 위와 같은 정보통신망법의 입법목적이나 정보통신망의 개념 등을 고려하여 그 조항을 해석해야 한다.

정보통신망법 제49조 위반행위의 객체인 '정보통신망에 의해 처리·보관 또는 전송되는 타인의 비밀'에는 정보통신망으로 실시간 처리·전송 중인 비밀, 나아가 정보통신망으로 처리·전송이 완료되어 원격지 서버에 저장·보관된 것으로 통신기능을 이용한 처리·전송을 거쳐야만 열람·검색이 가능한 비밀이 포함됨은 당연하다. 그러나 이에 한정되는 것은 아니다. 정보통신망으로 처리·전송이 완료된 다음 사용자의 개인용 컴퓨터(PC)에 저장·보관되어 있더라도, 그 처리·전송과 저장·보관이 서로 밀접하게 연계됨으로써 정보통신망과 관련된 컴퓨터 프로그램을 활용해서만 열람·검색이 가능한 경우 등 정보통신체제 내에서 저장·보관 중인 것으로 볼 수 있는 비밀도 여기서 말하는 '타인의 비밀'에 포함된다고 보아야 한다. 이러한 결론은 정보통신망법 제49조의 문언, 정보통신망법상 정보통신망의 개념, 구성요소와 기능, 정보통신망법의 입법목적 등에 비추어 도출할 수 있다.

또한, 정보통신망법 제49조에서 말하는 '타인의 비밀'이란 일반적으로 알려지지 않은 사실로서 이를 다른 사람에게 알리지 않는 것이 본인에게 이익이 되는 것을 뜻한다(대법원 2006. 3. 24. 선고 2005도7309 판결 등 참조).

나. 정보통신망법 제49조에서 말하는 **타인의 비밀 '침해'**란 정보통신망에 의하여 처리·보관 또는 전송되는 타인의 비밀을 정보통신망에 침입하는 등 부정한 수단 또는 방법으로 취득하는 행위를 말한다(대법원 2015. 1. 15. 선고 2013도15457 판결 참조). **타인의 비밀 '누설'**이란 타인의 비밀에 관한 일체의 누설행위를 의미하는 것이 아니라, 정보통신망에 의하여 처리·보관 또는 전송되는 타인의 비밀을 정보통신망에 침입하는 등의 부정한 수단 또는 방법으로 취득한 사람이나 그 비밀이 위와 같은 방법으로 취득된 것임을 알고 있는 사람이 그 비밀을 아직 알지 못하는 타인에게 이를 알려주는 행위만을 의미한다(대법원 2012. 12. 13. 선고 2010도10576 판결 등 참조).

정보통신망법 제48조 제1항은 정보통신망에 대한 보호조치를 침해하거나 훼손할 것을 구성요건으로 하지 않고 '정당한 접근권한 없이 또는 허용된 접근권한을 넘어' 정보통신망에 침입하는 행위를 금지하고 있다. 정보통신망법 제49조는 제48조와 달리 정보통신망 자체를 보호하는 것이 아니라 정보통신망에 의하여 처리·보관 또는 전송되는 타인의 정보나 비밀을 보호대상으로 한다. 따라서 정보통신망법 제49조의 '타인의 비밀 침해 또는 누설'에서 요구되는 '정보통신망에 침입하는 등 부정한 수단 또는 방법'에는 부정하게 취득한 타인의 식별부호(아이디와 비밀번호)를 직접 입력하거나 보호조치에 따른 제한을 면할 수 있게 하는 부정한 명령을 입력하는 등의 행위에 한정되지 않는다. 이러한 행위가 없더라도 사용자가 식별부호를 입력하여 정보통신망에 접속된 상태에 있는 것을 기화로 정당한 접근권한 없는 사람이 사용자 몰래 정보통신망의 장치나 기능을 이용하는 등의 방법으로 타인의 비밀을 취득·누설하는 행위도 포함된다. 그와 같은 해석이 죄형법정주의에 위배된다고 볼 수는 없다.

## V. 결 론

피고인은 과거의 메신저 대화내용은 정보통신망에 의해 처리 · 전송 · 보관되는 타인의 비밀이 아니라거나 아이디 등 식별부호를 도용하거나 부당 입력하는 등 정보통신망에의 접속을 위한 행위나 적극적인 침입 행위가 없었다는 점 등을 이유로 범행을 부인하면서 상고하였으나 대법원은 정보통신망법 제49조의 범행객체의 요건, 침해 · 누설의 의미 등에 관한 판시와 같은 이유를 들어 피고인에 대해 유죄를 인정한 원심을 수긍하였다.

# 제19절 문자메시지 수신차단으로 확인하지 않았을 때 도달에 해당하는지

## Ⅰ. 사례요지

피고인은 피해자에게 수회에 걸쳐 문자메시지를 발송하였으나 피해자의 수신차단으로 위 문자메시지들이 피해자 휴대전화의 스팸 보관함에 저장되어 있었다.

## Ⅱ. 논 점

1. 정보통신망법 제74조 제1항 제3호, 제44조의7 제1항 제3호에서 처벌하는 '공포심이나 불안감을 유발하는 문언을 반복적으로 상대방에게 도달하게 하는 행위'에 해당하는지 판단하는 기준 및 '도달하게 한다'는 것의 의미
2. 상대방의 휴대전화로 공포심이나 불안감을 유발하는 문자메시지를 전송함으로써 상대방이 별다른 제한 없이 문자메시지를 바로 접할 수 있는 상태에 이른 경우, 상대방이 실제로 문자메시지를 확인하였는지와 상관없이 '공포심이나 불안감을 유발하는 문언을 상대방에게 도달하게 한다'는 구성요건을 충족하는지 여부(적극)

## Ⅲ. 법규연구 (정보통신망 이용촉진 및 정보보호 등에 관한 법률 )

제44조의7(불법정보의 유통금지 등) ① 누구든지 정보통신망을 통하여 다음 각 호의 어느 하나에 해당하는 정보를 유통하여서는 아니 된다.
  3. 공포심이나 불안감을 유발하는 부호·문언·음향·화상 또는 영상을 반복적으로 상대방에게 도달하도록 하는 내용의 정보
제74조(벌칙) ① 다음 각 호의 어느 하나에 해당하는 자는 1년 이하의 징역 또는 1천만원 이하의 벌금에 처한다.
  3. 제44조의7제1항제3호를 위반하여 공포심이나 불안감을 유발하는 부호·문언·음향·화상 또는 영상을 반복적으로 상대방에게 도달하게 한 자

## Ⅳ. 관련 판례

### 1. 원심 (서울북부지방법원 2018. 8. 30. 선고 2018노664 판결)

다음과 같은 이유로 이 부분 공소사실이 유죄로 인정된다고 판단하였다. 즉, 피고인이 피해자의 휴대전화로 전송한 문자메시지들은 그 내용, 경위, 기간과 횟수 등을 고려할 때 공포심이나 불안감을 유발하게 하는 문언에 해당하고 반복성도 인정된다. 비

록 피해자의 수신차단으로 위 문자메시지들이 피해자 휴대전화의 스팸 보관함에 저장되어 있었다고 하더라도, 피해자가 위 문자메시지들을 바로 확인하여 인식할 수 있는 상태에 있었으므로, <u>피해자에게 '도달' 하게 한 경우에 해당한다.</u>

## 2. 대법원 (대법원 2018. 11. 15. 선고 2018도14610 판결)

가. 정보통신망법 제74조 제1항 제3호, 제44조의7 제1항 제3호는 정보통신망을 통하여 공포심이나 불안감을 유발하는 부호 · 문언 · 음향 · 화상 또는 영상을 반복적으로 상대방에게 도달하게 하는 행위를 처벌하고 있다.

<u>공포심이나 불안감을 유발하는 문언을 반복적으로 상대방에게 도달하게 하는 행위에 해당하는지는 피고인이 상대방에게 보낸 문언의 내용, 표현방법과 그 의미, 피고인과 상대방의 관계, 문언을 보낸 경위와 횟수, 그 전후의 사정, 상대방이 처한 상황 등을 종합적으로 고려해서 판단하여야 한다</u>(대법원 2013. 12. 12. 선고 2013도7761 판결 참조). <u>'도달하게 한다'는 것은 '상대방이 공포심이나 불안감을 유발하는 문언 등을 직접 접하는 경우뿐만 아니라 상대방이 객관적으로 이를 인식할 수 있는 상태에 두는 것'을 의미한다.</u> 따라서 피고인이 상대방의 휴대전화로 공포심이나 불안감을 유발하는 문자메시지를 전송함으로써 상대방이 별다른 제한 없이 문자메시지를 바로 접할 수 있는 상태에 이르렀다면, 그러한 행위는 공포심이나 불안감을 유발하는 문언을 상대방에게 도달하게 한다는 구성요건을 충족한다고 보아야 하고, <u>상대방이 실제로 문자메시지를 확인하였는지와는 상관없다.</u>

## V. 결 론

피고인이 피해자의 휴대전화로 공포심이나 불안감을 유발하는 문자메시지를 반복적으로 전송한 경우, 비록 피해자의 수신차단으로 위 문자메시지들이 피해자 휴대전화의 스팸 보관함에 저장되어 있었다고 하더라도, 피해자가 위 문자메시지들을 바로 확인하여 인식할 수 있는 상태에 있었으므로, 정보통신망법 제74조 제1항 제3호, 제44조의7 제1항 제3호에 규정된 '도달'에 해당한다.

# 제20절 정보통신망법에서 정한 '음란'의 의미 및 표현물의 음란 여부 판단기준

## I. 사례요지

피고인은 자신의 집에서 임대받은 서버를 이용하여 'D', 'E', 'F' 등 3개의 인터넷 성인동영상물 제공 사이트를 개설하여 운영하였다. 피고인은 위 인터넷 성인동영상물 제공 사이트를 운영하면서 사이트 초기화면에 "일본 AV 포르노 딸딸 전용", "[일본AV] 3:1 그룹섹스", "시동생과 몰래 섹스", "[변태강간]보지에 털도 나지 않은 어린 일본여자 따먹기", "후장할 땐 진짜 죽음", "[몰카]화장실에서 오르가즘 느끼는 년", "일본AV-여고생 따먹기", "여자 자위", "최신 대딸방 무 삭제 몰카", "[리얼야동]박고 싶어 안달났군" 등의 음란한 글을 게재하고, 여자 항문에 성기구 3개를 문지르는 장면, "자세 굿! 엉덩이"라는 문구에 여자음부가 보이는 엉덩이 화면 등의 사진들과 옆으로 누운 여자를 애무하는 남자가 여자 음부에 손을 삽입하는 영상 등의 동영상들을 게재하는 등 정보통신망을 통해 음란한 문언, 화상, 영상을 공연히 전시·배포하였다.

## II. 논 점

1. 정보통신망법 제44조의7 제1항 제1호에서 정한 '음란'의 의미
2. 표현물의 음란 여부를 판단하는 기준

## III. 법규연구 (정보통신망 이용촉진 및 정보보호 등에 관한 법률)

제44조의7(불법정보의 유통금지 등) ① 누구든지 정보통신망을 통하여 다음 각 호의 어느 하나에 해당하는 정보를 유통하여서는 아니 된다.
  1. 음란한 부호·문언·음향·화상 또는 영상을 배포·판매·임대하거나 공공연하게 전시하는 내용의 정보
제74조(벌칙) ① 다음 각 호의 어느 하나에 해당하는 자는 1년 이하의 징역 또는 1천만원 이하의 벌금에 처한다.
  2. 제44조의7제1항제1호를 위반하여 음란한 부호·문언·음향·화상 또는 영상을 배포·판매·임대하거나 공공연하게 전시한 자

## IV. 관련 판례

### 1. 원심 (서울중앙지법 2011. 11. 18. 선고 2011노3367 판결)

이 부분 공소사실 기재의 각 문언, 화상 또는 영상은 대부분 이 사건 사이트에서 유료회원에게 실제 제공되고 있는 영상물등급위원회의 등급분류 심의를 거친 영상물에서

발췌된 것인 점, 위 각 화상 또는 영상에는 남녀의 성기가 직접적, 노골적으로 드러나지 아니한 점 등에 비추어 보면, 위 각 문언 등이 상당히 저속하고 문란한 느낌을 주는 것은 사실이나 이를 넘어서 형사법상 규제의 대상으로 삼을 만큼 사람의 존엄성과 가치를 심각하게 훼손·왜곡하고 사회적으로 유해한 것으로까지 평가할 수 있을 정도로 성적 부위나 행위를 노골적으로 적나라하게 표현 또는 묘사한 것이라고 단정하기 어렵다는 이유로, 이 부분 공소사실을 <u>무죄로 판단하였다.</u>

## 2. 대법원 (대법원 2012. 10. 25., 선고, 2011도16580, 판결)

가. 정보통신망법 제44조의7 제1항 제1호에서 규정하고 있는 '음란' 이라 함은 사회통념상 일반 보통인의 성욕을 자극하여 성적 흥분을 유발하고 정상적인 성적 수치심을 해하여 성적 도의관념에 반하는 것으로서, 표현물을 전체적으로 관찰·평가해 볼 때 단순히 저속하다거나 문란한 느낌을 준다는 정도를 넘어서 존중·보호되어야 할 인격을 갖춘 존재인 사람의 존엄성과 가치를 심각하게 훼손·왜곡하였다고 평가할 수 있을 정도로 노골적인 방법에 의하여 성적 부위나 행위를 적나라하게 표현 또는 묘사한 것으로서, 사회통념에 비추어 전적으로 또는 지배적으로 성적 흥미에만 호소하고 하등의 문학적·예술적·사상적·과학적·의학적·교육적 가치를 지니지 아니하는 것을 뜻하며, <u>표현물의 음란 여부를 판단함에 있어서는 표현물 제작자의 주관적 의도가 아니라 그 사회의 평균인의 입장에서 그 시대의 건전한 사회통념에 따라 객관적이고 규범적으로 평가하여야 한다</u> (대법원 2008. 3. 13. 선고 2006도3558 판결 등 참조).

나. 이 부분 공소사실 기재 화상 또는 영상은 영상물등급위원회의 등급분류 심의를 거친 것으로서 남녀 간의 애정행위, 정사 장면 등을 중심으로 하고, 남녀 성기의 직접적이고 노골적인 노출 없이 남녀 간의 성관계를 보여주고 있는 사실을 알 수 있는바, 앞서 본 법리에 비추어 이러한 화상 또는 영상은 전체적으로 관찰·평가해 볼 때 그 내용이 상당히 저속하고 문란한 느낌을 주는 정도를 넘어서 형사법상 규제의 대상으로 삼을 만큼 사람의 존엄성과 가치를 심각하게 훼손·왜곡하였다고 평가할 수 있을 정도로 노골적인 방법에 의하여 성적 부위나 행위를 적나라하게 표현 또는 묘사한 것이라고 단정할 수는 없다.

같은 취지에서 이 부분 공소사실 중 정보통신망을 통한 음란한 화상 또는 영상 전시·배포에 관한 부분을 무죄로 판단한 원심의 조치는 정당하고, 거기에 상고이유로 주장하는 바와 같은 법리오해 등의 잘못이 없다.

그러나 이 부분 공소사실 기재 문언은 강간, 미성년자와의 성행위, 인척간의 성행위 등을 저속하고 노골적인 표현으로 묘사하고 있는바, 이는 불법적, 반사회적 성행위 등을 저속하고 노골적인 표현으로 묘사한 것으로서 앞서 본 법리에 비추어 보면 단순히 저속하다거나 문란한 느낌을 준다는 정도를 넘어서 사람의 존엄성과 가치를 심각하게 훼손·왜곡하였다고 평가할 수 있을 정도에 이르렀고, 하등의 문학적·예술적·사상적·과학적·의학적·교육적 가치도 발견할 수 없으므로, 이는 정보통신망 이용촉진 및 정보보호 등에 관한 법률 제44조의7 제1항 제1호에서 규정하는 '음란한 문언'에 해당한다고 봄이 상당하다.

## V. 결 론

원심판결이 이 부분 공소사실 중 정보통신망을 통한 음란한 문언 전시·배포에 관한 부분까지 무죄로 판단한 것은 표현물의 음란성에 관한 법리를 오해한 것이다.

# 제21절 정보통신망을 이용한 불안감 조성행위의 요건

## I. 사례요지

생명보험회사 보험설계사로 근무하면서 피해자로부터 투자금 명목으로 받은 금원을 변제하지 못해 피해자로부터 지속적으로 변제독촉을 받아 오던 피고인이 피해자의 핸드폰으로 "너 어디야 기다리고 있다. 칼로 쑤셔줄 테니까 빨리 와. 내 자식들한테 뭐라구? 내 목숨 같은 딸들이다."라는 내용으로 문자메시지를 발송하였다.

## II. 논 점

정보통신망을 이용한 불안감 조성행위가 정보통신망법 제74조 제1항 제3호 위반죄에 해당하기 위한 요건

## III. 법규연구 (정보통신망 이용촉진 및 정보보호 등에 관한 법률)

제44조의7(불법정보의 유통금지 등) ① 누구든지 정보통신망을 통하여 다음 각 호의 어느 하나에 해당하는 정보를 유통하여서는 아니 된다.
  3. 공포심이나 불안감을 유발하는 부호·문언·음향·화상 또는 영상을 반복적으로 상대방에게 도달하도록 하는 내용의 정보
제74조(벌칙) ① 다음 각 호의 어느 하나에 해당하는 자는 1년 이하의 징역 또는 1천만원 이하의 벌금에 처한다.
  3. 제44조의7제1항제3호를 위반하여 공포심이나 불안감을 유발하는 부호·문언·음향·화상 또는 영상을 반복적으로 상대방에게 도달하게 한 자

## IV. 관련 판례

### 1. 원심 (서울중앙지법 2008. 11. 27. 선고 2008노2959 판결)

각 발송한 문자메시지가 그 내용에 있어 위 법에서 정한 공포심이나 불안감을 조성하는 글에 해당한다는 이유를 들어, 위 범죄의 성립을 다투는 피고인의 주장을 배척하고 제1심의 유죄판단을 그대로 유지하였다.

### 2. 대법원 (대법원 2009. 4. 23., 선고, 2008도11595, 판결)

가. 정보통신망법 제74조 제1항 제3호, 제44조의7 제1항 제3호는 '정보통신망을 통하여 공포심이나 불안감을 유발하는 문언을 반복적으로 상대방에게 도달하게 한 자'

를 처벌하고 있다. 이 범죄는 구성요건상 위 조항에서 정한 정보통신망을 이용하여 상대방의 불안감 등을 조성하는 일정 행위의 반복을 필수적인 요건으로 삼고 있을 뿐만 아니라, 그 입법취지에 비추어 보더라도 위 정보통신망을 이용한 일련의 불안감 조성 행위가 이에 해당한다고 하기 위해서는 각 행위 상호간에 일시·장소의 근접, 방법의 유사성, 기회의 동일, 범의의 계속 등 밀접한 관계가 있어 그 전체를 일련의 반복적인 행위로 평가할 수 있는 경우라야 한다. 따라서 그와 같이 평가될 수 없는 일회성 내지 비연속적인 단발성 행위가 수차 이루어진 것에 불과한 경우에는 그 문언의 구체적 내용 및 정도에 따라 협박죄나 경범죄처벌법상 불안감 조성행위 등 별개의 범죄로 처벌함은 별론으로 하더라도 위 법 위반죄로 처벌할 수는 없다.

나. 그러나 공소사실에 기재된 바와 같이 하루 간격으로 피해자에게 단 두 번 문자메시지를 보낸 것만으로는 일련의 반복적인 행위라고 단정하기 쉽지 아니할 뿐만 아니라(위 대법원 2008도10506 판결 참조), 위 각 문자메시지의 발송 경위와 관련하여 원심의 채택 증거에서 알 수 있는 다음과 같은 사정들, 즉, 위 문자메시지 발송 이전에 피해자가 피고인에게 보낸 문자메시지 중 보관된 자료를 보면, "너는 사기꾼, 마누라는 너랑 짜고 노는 몽골도둑년, 그럼 니 딸들이 커서 이 다음에 뭐가 되겠냐?"라는 내용으로 몽고 출신인 피고인의 처 등 피고인의 가족에 대한 인신모독적·인종차별적인 험구로 일관된 점, 피고인의 진술로는 위 남아 있는 문자메시지보다 훨씬 심한 내용의 문자메시지를 피해자가 계속해서 피고인에게 보내기에 화가 나서 이 사건 각 문자메시지를 발송한 것이라고 하는바, 피해자도 경찰 진술에서 피고인의 이 사건 문자 발송 직전에 피고인에게 전화하여 '감정적인 몇 마디를 한 사실'을 시인한 바 있고, 피고인으로부터 위 투자금을 돌려받기 위해 수시로 피고인 근무 회사에 찾아가 고성으로 거칠게 항의하는 과정에서 근거도 없이 피고인 사무실의 비서에게 피고인과 불륜관계가 아니냐고 말하기도 하였다는 것이어서, 이 사건 각 문자메시지의 발송 경위에 관한 피고인의 위 진술은 대체로 신빙성이 있어 보이는 점, 그와 같은 경위에 비추어 2회에 걸쳐 발송한 이 사건 각 문자메시지의 전체적인 의미는, '내 가족에게 참을 수 없는 모욕행위를 그만두지 않으면 그에 대한 보복으로 나도 위해를 가하겠다'라는 취지로 해석될 수 있다는 점 등의 사정들을 종합하여 보면, 이 사건 각 문자메시지는 그에 앞서 있은 피해자의 피고인 가족에 대한 불법적인 모욕행위에 격분한 피고인이 피해자에게 그러한 행위의 중단을 촉구하는 차원에서 일시적·충동적으로 다소 과격한 표현의 경고성 문구를 발송한 것으로 볼 여지가 많고, 피해자 또한 전후 사정상 이를

알았다고 보아야 할 것이니, 이러한 피고인의 행위는 정보통신망을 이용하여 상대방의 불안감 등을 조성하기 위한 일련의 반복적인 행위에 해당한다고 인정하기에 충분하지 않다고 할 것이다.

## V. 결 론

원심이 이 사건 각 문자메시지의 내용에만 치중한 나머지 그 발송행위의 반복성과 관련하여 위 법에서 정한 구성요건을 충족하는지를 제대로 살피지 아니한 채 만연히 제1심의 유죄판단을 그대로 유지한 것은, 정보통신망법 위반죄의 법리를 오해하여 판결 결과에 영향을 미친 위법이 있다.

# 제22절 통신비밀보호법이 공개되지 않은 타인 간 대화를 녹음·청취하지 못하도록 한 취지

## I. 사례요지

피고인은 ○○교회 사무실에서 공소외 1, 공소외 2, 공소외 3이 게임을 진행하면서 한 대화 내용을 휴대전화로 녹음하여 교회 장로 공소외 4에게 카카오톡으로 전송하였다. 이로써 공개되지 않은 타인 간의 대화를 녹음하고, 위와 같은 방법으로 알게 된 대화의 내용을 누설하였다.

## II. 논 점

1. 통신비밀보호법 제14조 제1항의 금지를 위반하는 행위는 같은 법 제3조 제1항 위반행위에 해당하여 같은 법 제16조 제1항 제1호의 처벌대상이 되는지 여부(원칙적 적극)

2. 통신비밀보호법 제3조 제1항이 공개되지 않은 타인 간의 대화를 녹음 또는 청취하지 못하도록 한 취지

3. 대화에 원래부터 참여하지 않는 제3자가 일반 공중이 알 수 있도록 공개되지 않은 타인 간의 발언을 녹음하거나 전자장치 또는 기계적 수단을 이용하여 청취하는 것이 통신비밀보호법 제3조 제1항에 위반되는지 여부(원칙적 적극)

4. 통신비밀보호법상 '공개되지 않았다.'는 것을 판단하는 방법

## III. 법규연구 (통신비밀보호법)

제3조(통신 및 대화비밀의 보호) ① 누구든지 이 법과 형사소송법 또는 군사법원법의 규정에 의하지 아니하고는 우편물의 검열·전기통신의 감청 또는 통신사실확인자료의 제공을 하거나 공개되지 아니한 타인간의 대화를 녹음 또는 청취하지 못한다.

제14조(타인의 대화비밀 침해금지) ① 누구든지 공개되지 아니한 타인간의 대화를 녹음하거나 전자장치 또는 기계적 수단을 이용하여 청취할 수 없다.

제16조(벌칙) ① 다음 각 호의 어느 하나에 해당하는 자는 1년 이상 10년 이하의 징역과 5년 이하의 자격정지에 처한다.

1. 제3조의 규정에 위반하여 우편물의 검열 또는 전기통신의 감청을 하거나 공개되지 아니한 타인간의 대화를 녹음 또는 청취한 자

## IV. 관련 판례

### 1. 원심 (부산고법 2020. 1. 9. 선고 2019노472 판결)

위 대화가 통신비밀보호법상 공개되지 않은 타인 간의 대화에 해당한다는 이유로 이 사건 공소사실을 유죄로 판단하였다.

### 2. 대법원 (대법원 2022. 8. 31., 선고, 2020도1007, 판결)

가. 통신비밀보호법은 공개되지 않은 타인 간의 대화에 관하여 다음과 같이 정하고 있다. 누구든지 이 법과 형사소송법 또는 군사법원법의 규정에 의하지 않고는 공개되지 않은 타인 간의 대화를 녹음하거나 청취하지 못하고(제3조 제1항), 위와 같이 금지하는 청취행위는 전자장치 또는 기계적 수단을 이용한 경우로 제한된다(제14조 제1항). 그리고 제3조의 규정을 위반하여 공개되지 않은 타인 간의 대화를 녹음 또는 청취한 자(제1호)와 제1호에 의하여 지득한 대화의 내용을 공개하거나 누설한 자(제2호)는 제16조 제1항에 따라 처벌받는다.

위와 같은 통신비밀보호법의 내용과 형식, 통신비밀보호법이 공개되지 않은 타인 간의 대화에 관한 녹음 또는 청취에 대하여 제3조 제1항에서 일반적으로 이를 금지하고 있는데도 제14조 제1항에서 구체화하여 금지되는 행위를 제한하고 있는 입법취지와 체계 등에 비추어 보면, 통신비밀보호법 제14조 제1항의 금지를 위반하는 행위는 통신비밀보호법과 형사소송법 또는 군사법원법의 규정에 따른 것이라는 등의 특별한 사정이 없는 한, 제3조 제1항 위반행위에 해당하여 제16조 제1항 제1호의 처벌대상이 된다고 해석해야 한다.

나. 통신비밀보호법 제3조 제1항이 공개되지 않은 타인 간의 대화를 녹음 또는 청취하지 못하도록 한 것은, 대화에 원래부터 참여하지 않는 제3자가 대화를 하는 타인 간의 발언을 녹음하거나 청취해서는 안 된다는 취지이다. 따라서 대화에 원래부터 참여하지 않는 제3자가 일반 공중이 알 수 있도록 공개되지 않은 타인 간의 발언을 녹음하거나 전자장치 또는 기계적 수단을 이용하여 청취하는 것은 특별한 사정이 없는 한 제3조 제1항에 위반된다.

'공개되지 않았다.'는 것은 반드시 비밀과 동일한 의미는 아니고, 구체적으로 공개된 것인지는 발언자의 의사와 기대, 대화의 내용과 목적, 상대방의 수, 장소의 성격과 규모, 출입의 통제 정도, 청중의 자격 제한 등 객관적인 상황을 종합적으로 고려하여 판단해야 한다.

## V. 결 론

이 사건 공소사실을 유죄로 인정한 원심판결에 논리와 경험의 법칙에 반하여 자유심증주의의 한계를 벗어나거나 통신비밀보호법에서 말하는 '공개되지 않은 타인 간의 대화' 와 형법 제20조 정당행위에 관한 법리를 오해한 잘못이 없다.

## VI 유사판례

### 1. 통신비밀보호법상 '감청'의 의미 및 이미 수신이 완료된 전기통신 내용을 지득하는 등의 행위도 이에 포함되는지

통신비밀보호법 제2조 제3호 및 제7호에 의하면 같은 법상 '감청'은 전자적 방식에 의하여 모든 종류의 음향·문언·부호 또는 영상을 송신하거나 수신하는 전기통신에 대하여 당사자의 동의 없이 전자장치·기계장치 등을 사용하여 통신의 음향·문언·부호·영상을 청취·공독하여 그 내용을 지득 또는 채록하거나 전기통신의 송·수신을 방해하는 것을 말한다. 그런데 해당 규정의 문언이 송신하거나 수신하는 전기통신 행위를 감청의 대상으로 규정하고 있을 뿐 송·수신이 완료되어 보관 중인 전기통신 내용은 대상으로 규정하지 않은 점, 일반적으로 감청은 다른 사람의 대화나 통신 내용을 몰래 엿듣는 행위를 의미하는 점 등을 고려하여 보면, 통신비밀보호법상 '감청'이란 대상이 되는 전기통신의 송·수신과 동시에 이루어지는 경우만을 의미하고, 이미 수신이 완료된 전기통신의 내용을 지득하는 등의 행위는 포함되지 않는다. (대법원 2012. 10. 25., 선고, 2012도4644, 판결)

### 2. 대화에 원래부터 참여하지 않는 제3자가 공개되지 아니한 타인간의 발언을 녹음하거나 전자장치 또는 기계적 수단을 이용하여 청취한 경우

공개되지 아니한 타인간의 대화를 녹음 또는 청취하지 못하도록 한 것은, 대화에 원래부터 참여하지 않는 제3자가 그 대화를 하는 타인간의 발언을 녹음 또는 청취해서는 아니 된다는 취지이다. 따라서 대화에 원래부터 참여하지 않는 제3자가 일반 공중이 알 수 있도록 공개되지 아니한 타인간의 발언을 녹음하거나 전자장치 또는 기계적 수단을 이용하여 청취하는 것은 특별한 사정이 없는 한 같은 법 제3조 제1항에 위반된다. (대법원 2016. 5. 12., 선고, 2013도15616, 판결)

# 제23절 3인 간 대화에서 그중 한 사람이 대화를 녹음행위

## I. 사례요지

피고인은 개인택시 기사이자 인터넷 개인방송 A의 운영자로서 위 택시에 설치한 캠 카메라와 무선통신 에그를 이용하여 승객 甲, 乙 동의 없이 이들의 대화내용을 자신이 운영하는 위 A 방송에 실시간으로 전송하여 불특정 다수의 시청자에게 공개하였다.

## II. 논 점

1. 3인 간의 대화에서 그중 한 사람이 그 대화를 녹음 또는 청취하는 행위
2. 그 내용을 공개하거나 누설하는 행위가 통신비밀보호법 제16조 제1항에 해당하는지

## III. 법규연구 (통신비밀보호법)

제3조(통신 및 대화비밀의 보호) ① 누구든지 이 법과 형사소송법 또는 군사법원법의 규정에 의하지 아니하고는 우편물의 검열·전기통신의 감청 또는 통신사실확인자료의 제공을 하거나 공개되지 아니한 타인간의 대화를 녹음 또는 청취하지 못한다.

제16조(벌칙) ① 다음 각 호의 어느 하나에 해당하는 자는 1년 이상 10년 이하의 징역과 5년 이하의 자격정지에 처한다.

　　1. 제3조의 규정에 위반하여 우편물의 검열 또는 전기통신의 감청을 하거나 공개되지 아니한 타인간의 대화를 녹음 또는 청취한 자
　　2. 제1호에 따라 알게 된 통신 또는 대화의 내용을 공개하거나 누설한 자

## IV. 관련 판례

### 1. 원심 (서울북부지법 2013. 12. 13. 선고 2013노1111 판결)

　① 피고인이 이 사건 당시 대화의 주체로서 피해자들과 대화를 나누었다기보다는 인터넷 방송을 위한 목적으로 피해자들에게 질문을 하는 등 피해자들의 대화를 유도하였고, ② 방송시간 대부분을 차지한 것은 피해자들의 이야기이고, 피고인의 말이 방송된 분량은 극히 적었으며, ③ 대화의 주제가 피해자들의 결혼 문제이고, 피고인에 관한 이야기나 피고인과 공통된 주제에 관한 이야기는 전혀 없었던 사실 등을 인정한 다음, <u>피고인이 방송한 것은 통신비밀보호법상 '타인 간의 대화'에 해당한다고 보아 공소사실을 유죄로 인정한 제1심판결을 유지하였다.</u>

## 2. 대법원 (대법원 2014. 5. 16., 선고, 2013도16404, 판결)

가. 통신비밀보호법 제3조 제1항은 법률이 정하는 경우를 제외하고는 공개되지 아니한 타인 간의 대화를 녹음 또는 청취하지 못하도록 정하고 있고, 제16조 제1항은 제3조의 규정에 위반하여 공개되지 아니한 타인 간의 대화를 녹음 또는 청취한 자(제1호)와 제1호에 의하여 지득한 대화의 내용을 공개하거나 누설한 자(제2호)를 처벌하고 있다. 이와 같이 공개되지 아니한 타인 간의 대화를 녹음 또는 청취하지 못하도록 한 것은, 대화에 원래부터 참여하지 않는 제3자가 그 대화를 하는 타인들 간의 발언을 녹음 또는 청취해서는 아니 된다는 취지이다. 따라서 3인 간의 대화에서 그중 한 사람이 그 대화를 녹음 또는 청취하는 경우에 다른 두 사람의 발언은 그 녹음자 또는 청취자에 대한 관계에서 통신비밀보호법 제3조 제1항에서 정한 '타인 간의 대화'라고 할 수 없으므로, 이러한 녹음 또는 청취하는 행위 및 그 내용을 공개하거나 누설하는 행위가 통신비밀보호법 제16조 제1항에 해당한다고 볼 수 없다(대법원 2006. 10. 12. 선고 2006도4981 판결 등 참조).

나. 택시 운전기사인 피고인이 자신의 택시에 승차한 피해자들에게 질문하여 피해자들의 지속적인 답변을 유도하는 등의 방법으로 피해자들과의 대화를 이어나가면서 그 대화 내용을 공개하였다는 것인데, 피고인이 피해자들 사이의 대화에서 완전히 벗어나 있었다는 사정을 찾아볼 수 없고, 기록에 의하면 피해자들이 피고인의 질문에 응하여 답변하면서 자신들의 신상에 관련된 내용을 적극적으로 이야기한 사실을 알 수 있다.

위 사실관계를 앞서 본 법리에 비추어 살펴보면, 피고인 역시 피해자들과 함께 3인 사이에 이루어진 대화의 한 당사자로 보일 뿐 그 대화에 참여하지 않은 제3자라고 하기는 어려울 것이고, 피고인이 주로 질문을 하면서 듣는 등으로 그 발언 분량이 적었다거나 대화의 주제가 피해자들과 관련된 내용이고 피고인이 대화 내용을 공개할 의도가 있었다고 하여 달리 볼 것은 아니다.

## V. 결 론

따라서 피해자들의 발언은 피고인에 대한 관계에서 통신비밀보호법 제3조 제1항에서 정한 '타인 간의 대화'에 해당한다고 할 수 없으므로, 피고인이 피해자들 몰래 피해자들의 대화를 소형 촬영기와 무선통신장치를 이용하여 실시간으로 중계하는 방식으로 인터넷을 통하여 불특정 다수의 시청자에게 공개하였다고 하더라도, 피해자들에 대하여 초상권 등의 부당한 침해로 인한 민사상의 손해배상책임을 질 수는 있을지언정, 이를 두고 <u>피고인이 통신비밀보호법 제3조 제1항에 위반하여 지득한 타인 간의 대화 내용을 공개한 것으로서 통신비밀보호법 16조 제1항 제2호에 해당한다고 볼 수는 없다.</u>

## VI. 유사판례

### 1. 제3자가 전화통화자 중 일방만의 동의를 얻어 통화내용을 녹음한 경우 전기통신 감청에 해당하는지

구 통신비밀보호법(2001. 12. 29. 법률 제6546호로 개정되기 전의 것)에서는 그 규율의 대상을 통신과 대화로 분류하고 그 중 통신을 다시 우편물과 전기통신으로 나눈 다음, 동법 제2조 제3호로 '전기통신'이라 함은 유선·무선·광선 및 기타의 전자적 방식에 의하여 모든 종류의 음향·문언·부호 또는 영상을 송신하거나 수신하는 것을 말한다고 규정하고 있는바, 전화통화가 위 법에서 규정하고 있는 전기통신에 해당함은 전화통화의 성질 및 위 규정 내용에 비추어 명백하므로 이를 동법 제3조 제1항 소정의 '타인간의 대화'에 포함시킬 수는 없고, 나아가, 동법 제2조 제7호가 규정한 '전기통신의 감청'은 그 전호의 '우편물의 검열' 규정과 아울러 고찰할 때 제3자가 전기통신의 당사자인 송신인과 수신인의 동의를 받지 아니하고 같은 호 소정의 각 행위를 하는 것만을 말한다고 풀이함이 상당하다고 할 것이므로, 전기통신에 해당하는 전화통화 당사자의 일방이 상대방 모르게 통화내용을 녹음(위 법에는 '채록'이라고 규정한다)하는 것은 여기의 감청에 해당하지 아니하지만(따라서 전화통화 당사자의 일방이 상대방 몰래 통화내용을 녹음하더라도, 대화 당사자 일방이 상대방 모르게 그 대화내용을 녹음한 경우와 마찬가지로 동법 제3조 제1항 위반이 되지 아니한다), 제3자의 경우는 설령 전화통화 당사자 일방의 동의를 받고 그 통화내용을 녹음하였다 하더라도 그 상대방의 동의가 없었던 이상, 사생활 및 통신의 불가침을 국민의 기본권의 하나로 선언하고 있는 헌법규정과 통신비밀의 보호와 통신의 자유신장을 목적으로 제정된 통신비밀보호법의 취지에 비추어 이는 <u>동법 제3조 제1항 위반이 된다고 해석하여야 할 것이다</u>(이 점은 제3자가 공개되지 아니한 타인간의 대화를 녹음한 경우에도 마찬가지이다). (대법원 2002. 10. 8. 선고 2002도123 판결)

# 제24절 보조금법에서 허위의 신청 기타 부정한 방법 및 부정한 방법으로 보조금의 교부를 받은 경우의 의미

## Ⅰ. 사례요지

피고인은 경영컨설팅업을 주된 목적으로 하는 ○○산업을 운영하는 사람인바, 제조업 등을 영위하는 우선지원 대상기업의 사업주가 고용환경을 개선하여 근로자 수가 증가하는 경우 고용노동부가 사업주에게 시설투자비의 50% 및 신규 고용된 근로자 1명 당 120만 원씩을 지원하는 이른바 '고용환경개선지원사업'이 있음을 알고, 대상기업의 사업주와 서로 짜고 고용환경개선 공사에 소요된 공사비를 부풀려 위 지원금을 신청함으로써 사업주로 하여금 더 많은 지원금을 받게 하고 피의자는 이를 이용하여 더 많은 공사를 수주하기로 마음먹었다. 피고인은 □□산업을 운영하는 피고인 2와 공모하여, 노동청 고용센터에 근로자 샤워실, 기숙사공사를 하겠다는 사업계획서를 제출하여 승인을 받아 위 공사를 완료한 후, 사실은 24,700,000원의 공사비로 위 공사를 마쳤음에도 불구하고 마치 53,591,000원의 공사비가 투입된 것처럼 허위로 작성된 건축공사도급계약서를 첨부하여 고용환경개선완료신고를 하고, 위 고용센터 성명불상의 담당직원에게 고용환경개선지원금을 신청하였다. 피고인들은 이에 속은 고용노동청으로부터 고용환경개선사업지원금 명목으로 29,863,500원을 □□산업 명의의 은행 계좌로 송금받았다.

## Ⅱ. 논 점

구 보조금법 제40조에서 정한 '허위의 신청 기타 부정한 방법' 및 '부정한 방법으로 보조금의 교부를 받은' 경우의 의미

## Ⅲ. 법규연구 (보조금 관리에 관한 법률)

제40조(벌칙) 다음 각 호의 어느 하나에 해당하는 자는 10년 이하의 징역 또는 1억원 이하의 벌금에 처한다.
　1. 거짓 신청이나 그 밖의 부정한 방법으로 보조금이나 간접보조금을 교부받거나 지급받은 자 또는 그 사실을 알면서 보조금이나 간접보조금을 교부하거나 지급한 자

## Ⅳ. 관련 판례

### 1. 원심 (부산지방법원 2016. 5. 26. 선고 2015노4075 판결)

　피고인들의 행위가 '허위의 신청이나 기타 부정한 방법으로 보조금의 교부를 받은 경우'에 해당하지 않는다고 보고, 이 부분 <u>공소사실에 대하여 무죄라고 판단하였다.</u>

## 2. 대법원 (대법원 2016. 11. 24. 선고 2016도8419 판결)

구 보조금법(2011. 7. 25. 법률 제10898호 보조금법으로 개정되기 전의 것) 제40조는 "허위의 신청이나 기타 부정한 방법으로 보조금의 교부를 받은 자와 간접보조금의 교부를 받은 자 또는 그 사실을 알면서 보조금이나 간접보조금을 교부한 자는 5년 이하의 징역 또는 500만 원 이하의 벌금에 처한다."라고 규정하고 있다. 여기서 '허위의 신청 기타 부정한 방법'이란 정상적인 절차에 의해서는 보조금을 지급받을 수 없음에도 위계 기타 사회통념상 부정이라고 인정되는 행위로서 보조금 교부에 관한 의사결정에 영향을 미칠 수 있는 적극적 및 소극적 행위를 의미하고, '부정한 방법으로 보조금의 교부를 받은' 경우란 보조금의 교부대상이 되지 아니하는 사무 또는 사업에 대하여 보조금을 받거나 사업 등에 교부되어야 할 금액을 초과하여 보조금을 교부받는 것을 의미한다.

따라서 위와 같은 부정한 방법으로 사업 등에 교부되어야 할 금액을 초과하여 교부받은 보조금의 금액이, 신청내용 중 진실한 보조사업에 대응하는 액수와 비록 보조금 교부신청을 하지 아니하였으나 이를 신청하였더라면 보조사업으로 인정받아 지급받았을 것으로 보이는 사업에 대한 보조금을 합한 금액 이내이더라도, 신청하지 않은 사업부분은 보조사업자의 보조금교부신청 및 행정청의 보조금교부결정 대상에 포함되지 않은 것이어서 문제 된 보조금의 신청 및 교부와는 관련이 없으므로, 위와 같은 사정은 본죄의 성립에 영향을 미치지 못한다.

## V. 결 론

피고인들의 위와 같은 행위는, 사전 계획하에 공사금액을 부풀린 허위의 공사계약서를 작성·제출하고 그에 따른 공사대금이 실제로 지급된 것과 같은 외관까지 만들어낸 것으로서, 사회통념상 부정한 행위라고 보이고, 보조금 교부에 관한 위 지청의 의사결정에도 영향을 미칠 수 있었다고 보인다. 또한, 설령 피고인들이 당시 방수공사까지 포함시켜 고용환경개선지원금을 신청하였더라도 동일한 금액의 보조금을 수령할 가능성이 있었고 실제로 위 지청에서 사후에 위 5,600만 원을 정당한 지급으로 처리하여 지원금 환수조치를 취하지 않기로 하였다고 하더라도, 위 방수공사는 애초에 피고인들의 고용환경개선지원금 교부신청 및 행정청의 교부결정 대상에 포함되지 않았던 것이므로, 피고인들의 위와 같은 행위는 보조금법 제40조에서 정한 '허위의 신청이나 기타 부정한 방법으로 보조금의 교부를 받은 경우'에 해당한다고 보아야 한다.

# 제7장

# 성폭력/성매매

## 제1절 정신적 장애로 항거불능 또는 항거곤란 판단 방법

### Ⅰ. 사례요지

피고인은 피해자를 피고인의 주거지로 데려온 다음 청소를 하러 온 피해자로 하여금 옷을 벗게 하고 그곳 거실 전기장판에 눕게 한 후 피해자의 가슴을 만지고 입으로 빨고 피고인의 성기를 피해자의 음부에 삽입하여 간음하고 피해자로 하여금 피고인의 성기를 빨게 하였다. 이로써 피고인은 정신적인 장애로 항거불능 또는 항거곤란 상태에 있음을 이용하여 피해자를 간음하였다.

### Ⅱ. 논 점

1. 성폭력처벌법 제6조 제4항의 '정신적인 장애' 및 '정신적인 장애로 항거불능 또는 항거곤란 상태에 있음'의 의미

2. '정신적인 장애로 항거불능 또는 항거곤란 상태에 있는지를 판단하는 방법

### Ⅲ. 법규연구 (성폭력범죄의 처벌 등에 관한 특례법)

제6조(장애인에 대한 강간·강제추행 등) ① 신체적인 또는 정신적인 장애가 있는 사람에 대하여 「형법」 제297조(강간)의 죄를 범한 사람은 무기징역 또는 7년 이상의 징역에 처한다.

② 신체적인 또는 정신적인 장애가 있는 사람에 대하여 폭행이나 협박으로 다음 각 호의 어느 하나에 해당하는 행위를 한 사람은 5년 이상의 유기징역에 처한다.

　1. 구강·항문 등 신체(성기는 제외한다)의 내부에 성기를 넣는 행위

　2. 성기·항문에 손가락 등 신체(성기는 제외한다)의 일부나 도구를 넣는 행위

③ 신체적인 또는 정신적인 장애가 있는 사람에 대하여 「형법」 제298조(강제추행)의 죄를 범한 사람은 3년 이상의 유기징역 또는 3천만원 이상 5천만원 이하의 벌금에 처한다.

④ 신체적인 또는 정신적인 장애로 항거불능 또는 항거곤란 상태에 있음을 이용하여 사람을 간음하거나 추행한 사람은 제1항부터 제3항까지의 예에 따라 처벌한다.

## IV. 관련 판례

### 1. 원심 (부산고등법원 2020. 9. 23. 선고 (창원)2020노78 판결)

피고인이 지적장애 3급인 피해자의 정신적인 장애로 인한 항거불능 또는 항거곤란 상태를 이용하여 5차례 간음하였다는 이 부분 공소사실에 대하여, 성폭력처벌법 제6조 제4항의 규율대상인 '정신적인 장애'는 '오랫동안 일상생활이나 사회생활에서 상당한 제약을 받을 뿐만 아니라 성적 자기결정권을 행사하지 못할 정도의 정신장애'를 의미한다고 전제한 후, 그 판시와 같은 사유로 검사가 제출한 증거만으로는 피해자가 성적 자기결정권을 행사하지 못할 정도의 지적장애로 인하여 항거불능 또는 항거곤란 상태에 있었다는 점과 피고인이 이를 인식하고 있었다는 점이 합리적 의심의 여지없이 증명되었다고 볼 수 없다는 이유로, 각 성폭력처벌법위반(장애인준강간) 공소사실을 무죄로 판단하였다.

### 2. 대법원 (대법원 2022. 11. 10. 선고 2020도13672 판결)

현행 성폭력처벌법 제6조 제4항에서의 '신체적인 또는 정신적인 장애'란 같은 조 제1, 2, 3, 5, 6항의 '신체적인 또는 정신적인 장애'와 같은 의미로서 '신체적인 기능이나 구조 등 또는 정신적인 기능이나 손상 등의 문제로 일상생활이나 사회생활에서 상당한 제약을 받는 상태'를 의미하고(대법원 2021. 2. 25. 선고 2016도4404, 2016전도49 판결, 대법원 2021. 10. 28. 선고 2021도9051 판결 참조), '신체적인 또는 정신적인 장애로 항거불능 또는 항거곤란 상태에 있음'이라 함은 신체적인 또는 정신적인 장애 그 자체로 항거불능 또는 항거곤란의 상태에 있는 경우뿐 아니라 신체적인 또는 정신적인 장애가 주된 원인이 되어 심리적 또는 물리적으로 반항이 불가능하거나 곤란한 상태에 이른 경우를 포함하는 것으로 보아야 하며, 이를 판단함에 있어서는 피해자의 신체적 또는 정신적 장애의 정도뿐 아니라 피해자와 가해자의 신분을 비롯한 관계, 주변의 상황 내지 환경, 가해자의 행위 내용과 방법, 피해자의 인식과 반응의 내용 등을 종합적으로 검토해야 한다.

특히 '정신적인 장애로 항거불능 또는 항거곤란 상태'에 있었는지 여부를 판단할 때에는 피해자가 정신적 장애인이라는 사정이 충분히 고려되어야 하므로, 외부적으로 드러나는 피해자의 지적 능력 이외에 정신적 장애로 인한 사회적 지능·성숙의 정도, 으로 인한 대인관계에서 특성이나 의사소통능력 등을 전체적으로 살펴 피해자가 범행 당시에 성적 자기결정권을 실질적으로 표현·행사할 수 있었는지를 신중히 판단하여야 한다(대법원 2014. 2. 13. 선고 2011도6907 판결 참조).

이와 같이 피해자가 피고인을 상대로 성적 자기결정권을 행사할 수 없거나 행사하기 곤란한 항거불능 또는 항거곤란 상태에 있었는지 아닌지는 피해자의 장애 정도와 함께 다른 여러 사정을 종합하여 범행 당시를 기준으로 판단해야 하는 것이고, 피해자의 장애가 성적 자기결정권을 행사하지 못할 정도인지 여부가 절대적인 기준이 되는 것은 아니다. 그리고 이를 판단함에 있어서는 <u>장애와 관련된 피해자의 상태는 개인별로 그 모습과 정도에 차이가 있다는 점에 대한 이해를 바탕으로 해당 피해자의 상태를 충분히 고려하여야 하고 비장애인의 시각과 기준에서 피해자의 상태를 판단하여 '장애로 인한 항거불능 또는 항거곤란 상태'에 해당하지 않는다고 쉽게 단정해서는 안 된다</u> (대법원 2021. 2. 25. 선고 2016도4404, 2016전도49 판결 참조).

## V. 결 론

위 법리에 비추어 보면 이 사건 당시 피해자는 피고인과의 관계에서 정신적인 장애로 항거불능 또는 항거곤란 상태에 있었다고 인정할 수 있음에도, 성폭력처벌법 제6조 제4항의 '정신적인 장애'가 '성적 자기결정권을 행사하지 못할 정도의 정신장애'만을 의미한다는 전제하에 피해자가 여기에 해당하지 않는다고 판단한 원심판결에는 법리오해의 위법이 있으나, 피고인의 고의에 대한 검사의 증명이 부족하다고 볼 수 있어 공소사실을 무죄로 판단한 원심판결은 결과적으로 수긍할 수 있다는 이유로 검사의 상고를 기각한 사례

# 제2절 성폭력처벌법위반(카메라등이용촬영)죄의 실행 착수 시기

## I. 사례요지

피고인은 공사현장 간이화장실 남성용 3번째 칸에서 소지하던 휴대전화의 동영상 기능을 작동시킨 채 옆 칸 너머로 향하게 하여 용변을 보고 있던 피해자 C(여, 24세)의 모습을 촬영하려 하였으나 제대로 촬영되지 아니하여 미수에 그쳤다.

## II. 논 점

1. 성폭력처벌법 위반(카메라등이용촬영)죄에서 규정한 '촬영'의 의미
2. 성폭력처벌법 위반(카메라등이용촬영)죄에서 실행의 착수 시기

## III. 법규연구 (성폭력범죄의 처벌 등에 관한 특례법)

제14조(카메라 등을 이용한 촬영) ① 카메라나 그 밖에 이와 유사한 기능을 갖춘 기계장치를 이용하여 성적 욕망 또는 수치심을 유발할 수 있는 사람의 신체를 촬영대상자의 의사에 반하여 촬영한 자는 7년 이하의 징역 또는 5천만원 이하의 벌금에 처한다.

## IV. 관련 판례

### 1. 원심 (부산지방법원 2020. 12. 23. 선고 2019노3990 판결)

휴대전화를 든 피고인의 손이 피해자가 용변을 보고 있던 화장실 칸 너머로 넘어온 점, 카메라 기능이 켜진 위 휴대전화의 화면에 피해자의 모습이 보인 점 등에 비추어 보면, 피고인은 촬영대상을 피해자로 특정하고 휴대전화의 카메라 렌즈를 통하여 피해자에게 초점을 맞추는 등 휴대전화에 영상정보를 입력하기 위한 구체적이고 직접적인 행위를 개시함으로써 성폭력처벌법위반(카메라등이용촬영)죄의 실행에 착수하였음이 인정된다는 이유로 위 죄의 미수로 기소된 이 사건 공소사실을 유죄로 판단한 제1심판결을 그대로 유지하였다.

### 2. 대법원 (대법원 2021. 3. 25. 선고 2021도749 판결)

성폭력처벌법위반(카메라등이용촬영)죄는 카메라 등을 이용하여 성적 욕망 또는 수치심을 유발할 수 있는 타인의 신체를 그 의사에 반하여 촬영함으로써 성립하는 범죄이고, 여기서 '촬영'이란 카메라나 그 밖에 이와 유사한 기능을 갖춘 기계장치 속에

들어 있는 필름이나 저장장치에 피사체에 대한 영상정보를 입력하는 행위를 의미한다 (대법원 2011. 6. 9. 선고 2010도10677 판결 참조). 따라서 범인이 피해자를 촬영하기 위하여 육안 또는 캠코더의 줌 기능을 이용하여 피해자가 있는지를 탐색하다가 피해자를 발견하지 못하고 촬영을 포기한 경우에는 촬영을 위한 준비행위에 불과하여 성폭력처벌법위반(카메라등이용촬영)죄의 실행에 착수한 것으로 볼 수 없다(대법원 2011. 11. 10. 선고 2011도12415 판결 참조). 이에 반하여 범인이 카메라 기능이 설치된 휴대전화를 피해자의 치마 밑으로 들이밀거나, 피해자가 용변을 보고 있는 화장실 칸 밑 공간 사이로 집어넣는 등 카메라 등 이용 촬영 범행에 밀접한 행위를 개시한 경우에는 성폭력처벌법위반(카메라등이용촬영)죄의 실행에 착수하였다고 볼 수 있다(대법원 2012. 6. 14. 선고 2012도4449 판결, 대법원 2014. 11. 13. 선고 2014도8385 판결 등 참조).

## V. 결 론

피고인이 성폭력처벌법위반(카메라등이용촬영)죄의 미수로 기소된 사안에서, 원심은 휴대전화를 든 피고인의 손이 피해자가 용변을 보고 있던 화장실 칸 너머로 넘어온 점, 카메라 기능이 켜진 위 휴대전화의 화면에 피해자의 모습이 보인 점 등에 비추어 그 실행의 착수가 인정된다고 보아 유죄로 판단하였고, 대법원은 원심의 판단을 수긍하였다.

# 제3절 성폭력처벌법에서 신체적 장애가 있는 사람의 의미와 판단기준

## Ⅰ. 사례요지

> 피고인은 피해자 D(여, 58세)가 피고인의 주거지 바로 옆에 있는 건물에 이사 온 후부터 피해자가 혼자 살고 있음을 알고 피해자의 주거지에 찾아가 피해자를 강간하거나 강제추행할 것을 마음먹었다. 피고인은 위 피해자의 주거지에 찾아가 "갑장, 커피 한 잔 주라"라고 말하여 커피를 마신 후, 피고인에게 "나가라"라고 말하며 일어서 돌아서는 피해자의 뒤로 다가가 피해자를 양팔로 껴안아 반항하지 못하게 한 뒤, 양손으로 피해자의 양쪽 가슴을 움켜쥐고, 계속하여 피해자가 입고 있던 조끼 안으로 손을 집어넣어 양쪽 가슴을 만지는 등으로 만져 피해자를 추행하였다.

## Ⅱ. 논 점

1. 성폭력처벌법 제6조에서 규정하는 '신체적인 장애가 있는 사람'의 의미 및 신체적인 장애를 판단하는 기준
2. 위 규정에서 처벌하는 '신체적인 장애가 있는 사람에 대한 강간·강제추행 등의 죄'가 성립하려면 행위자가 범행 당시 피해자에게 이러한 신체적인 장애가 있음을 인식하여야 하는지 여부(적극)

## Ⅲ. 법규연구

### 1. 성폭력범죄의 처벌 등에 관한 특례법

> 제6조(장애인에 대한 강간·강제추행 등) ① 신체적인 또는 정신적인 장애가 있는 사람에 대하여 「형법」 제297조(강간)의 죄를 범한 사람은 무기징역 또는 7년 이상의 징역에 처한다.
> ② 신체적인 또는 정신적인 장애가 있는 사람에 대하여 폭행이나 협박으로 다음 각 호의 어느 하나에 해당하는 행위를 한 사람은 5년 이상의 유기징역에 처한다.
> 　1. 구강·항문 등 신체(성기는 제외한다)의 내부에 성기를 넣는 행위
> 　2. 성기·항문에 손가락 등 신체(성기는 제외한다)의 일부나 도구를 넣는 행위
> ③ 신체적인 또는 정신적인 장애가 있는 사람에 대하여 「형법」 제298조(강제추행)의 죄를 범한 사람은 3년 이상의 유기징역 또는 3천만원 이상 5천만원 이하의 벌금에 처한다.
> ④ 신체적인 또는 정신적인 장애로 항거불능 또는 항거곤란 상태에 있음을 이용하여 사람을 간음하거나 추행한 사람은 제1항부터 제3항까지의 예에 따라 처벌한다.

## 2. 장애인복지법

제2조(장애인의 정의 등) ① "장애인"이란 신체적·정신적 장애로 오랫동안 일상생활이나 사회생활에서 상당한 제약을 받는 자를 말한다.

② 이 법을 적용받는 장애인은 제1항에 따른 장애인 중 다음 각 호의 어느 하나에 해당하는 장애가 있는 자로서 대통령령으로 정하는 장애의 종류 및 기준에 해당하는 자를 말한다.

1. "신체적 장애"란 주요 외부 신체 기능의 장애, 내부기관의 장애 등을 말한다.

2. "정신적 장애"란 발달장애 또는 정신 질환으로 발생하는 장애를 말한다.

## Ⅳ. 관련 판례

### 1. 원심 (광주고등법원 2016. 3. 16. 선고 (제주)2015노106, 판결)

성폭력처벌법 제6조에서 규정하는 신체적 또는 정신적인 장애에 해당하려면 피해자의 성적 자기결정권 행사를 특별히 보호해야 할 필요가 있을 정도의 신체적 또는 정신적인 장애가 있어야 한다는 전제하에 피해자에게 그러한 장애가 있다거나 피고인이 범행 당시 피해자가 그와 같은 장애상태에 있었음을 인식하였다고 보기 어렵다고 보아, 각 성폭력처벌법 위반(장애인위계등간음)의 점에 대해서는 무죄를 선고하고 주위적 공소사실인 성폭력처벌법 위반(장애인강제추행) 및 각 성폭력처벌법 위반(장애인강간)의 점에 대해서는 이유에서 무죄로 판단하면서 그 예비적 공소사실인 강제추행, 강간, 강간미수 부분을 유죄로 인정한 제1심판결을 그대로 유지하였다.

### 2. 대법원 (대법원 2021. 2. 25. 선고 2016도4404, 2016전도49(병합) 판결)

가. 성폭력처벌법 제6조는 신체적인 장애가 있는 사람에 대하여 강간의 죄 또는 강제추행의 죄를 범하거나 위계 또는 위력으로써 그러한 사람을 간음한 사람을 처벌하고 있다. 2010. 4. 15. 제정된 당초의 성폭력처벌법 제6조는 '신체적인 장애 등으로 항거불능인 상태에 있는 여자 내지 사람'을 객체로 하는 간음, 추행만을 처벌하였으나, 2011. 11. 17.자 개정 이후 '신체적인 장애가 있는 여자 내지 사람'을 객체로 하는 강간, 강제추행 등도 처벌대상으로 삼고 있다. 이러한 개정 취지는 성폭력에 대한 인지능력, 항거능력, 대처능력 등이 비장애인보다 낮은 장애인을 보호하기 위하여 장애인에 대한 성폭력범죄를 가중처벌하는 데 있다.

나. 장애인복지법 제2조는 장애인을 '신체적·정신적 장애로 오랫동안 일상생활이나 사회생활에서 상당한 제약을 받는 자'라고 규정하고 있고 성폭력처벌법과 유사하

게 장애인에 대한 성폭력범행의 특칙을 두고 있는 「아동·청소년의 성보호에 관한 법률」 제8조는 장애인복지법상 장애인 개념을 그대로 가져와 장애 아동·청소년의 의미를 밝히고 있다. 「장애인차별금지 및 권리구제 등에 관한 법률」 제2조는 장애를 '신체적·정신적 손상 또는 기능상실이 장기간에 걸쳐 개인의 일상 또는 사회생활에 상당한 제약을 초래하는 상태'라고 규정하면서, 그러한 장애가 있는 사람을 장애인이라고 규정하고 있다. 이와 같은 관련 규정의 내용을 종합하면 성폭력처벌법 제6조에서 규정하는 '신체적인 장애가 있는 사람'이란 '신체적 기능이나 구조 등의 문제로 일상생활이나 사회생활에서 상당한 제약을 받는 사람'을 의미한다고 해석할 수 있다.

다. 한편 장애와 관련된 피해자의 상태는 개인별로 그 모습과 정도에 차이가 있는데 그러한 모습과 정도가 성폭력처벌법 제6조에서 정한 신체적인 장애를 판단하는 본질적인 요소가 되므로 <u>신체적인 장애를 판단함에 있어서는 해당 피해자의 상태가 충분히 고려되어야 하고 비장애인의 시각과 기준에서 피해자의 상태를 판단하여 장애가 없다고 쉽게 단정해서는 안 된다. 아울러 본 죄가 성립하려면 행위자도 범행 당시 피해자에게 이러한 신체적인 장애가 있음을 인식하여야 한다.</u>

## V. 결 론

장애인인 피해여성(다리를 절고 오른쪽 눈이 사실상 보이지 않으며 지체장애 3급으로 등록되어 있음)을 강간, 강제추행 등의 범행을 저지른 것으로 기소한 사안에서, 원심은 성폭력처벌법 제6조에서 규정하는 신체적 또는 정신적인 장애에 해당하려면 피해자의 성적 자기결정권 행사를 특별히 보호해야 할 필요가 있을 정도의 신체적 또는 정신적인 장애가 있어야 한다는 전제하에 피해자에게 그러한 장애가 있다거나 피고인이 범행 당시 피해자가 그와 같은 장애상태에 있었음을 인식하였다고 보기 어렵다고 판단하여 이 부분에 대해 무죄를 선고하고, 일반 강간, 강제추행 등만 유죄로 판단하였다.

대법원은 성폭력처벌법 제6조의 '신체적 장애가 있는 사람'이란 '신체적 기능이나 구조 등의 문제로 일상생활이나 사회생활에서 상당한 제약을 받는 사람'을 의미하는 것으로 보아야 한다고 판단하면서 그러한 <u>장애 여부를 판단함에서는 해당 피해자의 상태가 충분히 고려되어야 하고 비장애인의 시각과 기준에서 피해자의 상태를 판단하여 장애가 없다고 쉽게 단정해서는 안 된다고 보아 원심을 파기하였다.</u>

# 제4절 통신매체이용음란죄의 판단 방법과 성적 수치심이나 혐오감을 일으키는 그림 등을 상대방에게 도달하게 한다의 의미

## I. 사례요지

피고인은 피해자와 식당을 동업하면서 알게 되었는데, 피해자와 성관계를 하면서 찍은 피해자의 나체 사진 2장을 다른 사람과 함께 있는 피해자에게 휴대전화 카카오톡 메신저를 이용하여 전송하였다. 이로써 피고인은 자기의 성적 욕망을 유발하거나 만족시킬 목적으로 통신 매체를 통하여 성적 수치심이나 혐오감을 일으키는 그림을 상대방에게 도달하게 하였다.

## II. 논 점

1. 성폭력처벌법 제13조에서 정한 '통신매체이용음란죄'의 보호법익 / 위 죄의 구성요건 중 '자기 또는 다른 사람의 성적 욕망을 유발하거나 만족시킬 목적' 유무의 판단기준 및 '성적 수치심이나 혐오감을 일으키는 것'의 의미와 판단기준
2. 성폭력처벌법 제13조의 구성요건 중 '성적 수치심이나 혐오감을 일으키는 말, 음향, 글, 그림, 영상 또는 물건을 상대방에게 도달하게 한다'는 것의 의미
3. 상대방에게 성적 수치심이나 혐오감을 일으키는 말, 음향, 글, 그림, 영상 또는 물건이 담겨 있는 웹페이지 등에 대한 인터넷 링크(internet link)를 보내는 행위가 위 구성요건을 충족하는지 여부(한정 적극)

## III. 법규연구 (성폭력범죄의 처벌 등에 관한 특례법)

제13조(통신매체를 이용한 음란행위) 자기 또는 다른 사람의 성적 욕망을 유발하거나 만족시킬 목적으로 전화, 우편, 컴퓨터, 그 밖의 통신매체를 통하여 성적 수치심이나 혐오감을 일으키는 말, 음향, 글, 그림, 영상 또는 물건을 상대방에게 도달하게 한 사람은 2년 이하의 징역 또는 2천만원 이하의 벌금에 처한다.

## IV. 관련 판례

### 1. 원심 (서울동부지방법원 2016. 12. 1. 선고 2016노147 판결)

피고인이 전송한 이 사건 사진이 성적 수치심이나 혐오감을 일으키거나 피고인에게 자신 또는 피해자의 성적 욕망을 유발하거나 만족시킬 목적이 있었다고 인정하기 부족하고, 달리 인정할 증거가 없다는 이유로 이 사건 공소사실을 <u>유죄로 판단한 제1심판결을 파기하고 무죄로 판단하였다.</u>

## 2. 대법원 (대법원 2017. 6. 8. 선고 2016도21389 판결 )

성폭력처벌법 제13조는 "자기 또는 다른 사람의 성적 욕망을 유발하거나 만족시킬 목적으로 전화, 우편, 컴퓨터, 그 밖의 통신매체를 통하여 '성적 수치심이나 혐오감을 일으키는 말, 음향, 글, 그림, 영상 또는 물건'(이하 '성적 수치심을 일으키는 그림 등'이라 한다)을 상대방에게 도달하게 한 사람"을 처벌하고 있다. 성폭력처벌법 제13조에서 정한 '통신매체이용음란죄'는 '성적 자기결정권에 반하여 성적 수치심을 일으키는 그림 등을 개인의 의사에 반하여 접하지 않을 권리'를 보장하기 위한 것으로 성적 자기결정권과 일반적 인격권의 보호, 사회의 건전한 성풍속 확립을 보호법익으로 한다.

'자기 또는 다른 사람의 성적 욕망을 유발하거나 만족시킬 목적'이 있는지는 피고인과 피해자의 관계, 행위의 동기와 경위, 행위의 수단과 방법, 행위의 내용과 태양, 상대방의 성격과 범위 등 여러 사정을 종합하여 사회통념에 비추어 합리적으로 판단하여야 한다. 또한 '성적 수치심이나 혐오감을 일으키는 것'은 피해자에게 단순한 부끄러움이나 불쾌감을 넘어 인격적 존재로서의 수치심이나 모욕감을 느끼게 하거나 싫어하고 미워하는 감정을 느끼게 하는 것으로서 사회 평균인의 성적 도의관념에 반하는 것을 의미한다. 이와 같은 성적 수치심 또는 혐오감의 유발 여부는 일반적이고 평균적인 사람들을 기준으로 하여 판단함이 타당하고, 특히 성적 수치심의 경우 피해자와 같은 성별과 연령대의 일반적이고 평균적인 사람들을 기준으로 하여 그 유발 여부를 판단하여야 한다.

성폭력처벌례법 제13조에서 '성적 수치심이나 혐오감을 일으키는 말, 음향, 글, 그림, 영상 또는 물건(이하 '성적 수치심을 일으키는 그림 등'이라 한다)을 상대방에게 도달하게 한다'는 것은 '상대방이 성적 수치심을 일으키는 그림 등을 직접 접하는 경우뿐만 아니라 상대방이 실제로 이를 인식할 수 있는 상태에 두는 것'을 의미한다. 따라서 행위자의 의사와 그 내용, 웹페이지의 성격과 사용된 링크기술의 구체적인 방식 등 모든 사정을 종합하여 볼 때 상대방에게 성적 수치심을 일으키는 그림 등이 담겨 있는 웹페이지 등에 대한 인터넷 링크(internet link)를 보내는 행위를 통해 그와 같은 그림 등이 상대방에 의하여 인식될 수 있는 상태에 놓이고 실질에 있어서 이를 직접 전달하는 것과 다를 바 없다고 평가되고, 이에 따라 상대방이 이러한 링크를 이용하여 별다른 제한 없이 성적 수치심을 일으키는 그림 등에 바로 접할 수 있는 상태가 실제로 조성되었다면, 그러한 행위는 전체로 보아 성적 수치심을 일으키는 그림 등을 상대방에게 도달하게 한다는 구성요건을 충족한다.

## V. 결 론

피고인에게 자기의 성적 욕망을 유발하거나 만족시킬 목적이 인정되고 위 사진들은 피해자뿐 아니라 피해자와 같은 성별과 연령대의 일반적이고 평균적인 사람들의 성적 도의관념에 비추어 성적 수치심이나 혐오감을 일으키는 그림에 해당하며, 위 사진들이 저장된 인터넷 링크를 피해자에게 보낸 행위는 실질적으로 이 사건 사진을 직접 전달하는 것과 다르지 않으므로 통신매체이용음란죄가 성립할 수 있다고 보아 위 공소사실을 무죄로 판단한 원심을 파기한 사례이다.

# 제5절 의붓아버지와 의붓딸의 관계가 4촌 이내 친족관계에 해당하는지

## I. 사례요지

피고인은 2014년경 B와 혼인하고 2017년경부터 B와 그녀의 딸인 피해자 C(가명, 여, 22세)와 동거하여 왔다. 피고인은 침대에서 잠을 자는 피해자에게 다가가 티셔츠를 걷어 올린 다음 "C아 이러면 안 되는데"라고 말하면서 양손으로 피해자의 가슴을 만지고 양쪽 유두를 번갈아 빨았으며, 피해자의 바지와 팬티를 벗긴 후 피해자의 음부를 입으로 빨고, 손가락을 집어넣고, 다시 음부를 빨고 나서 피고인의 성기를 피해자의 음부에 삽입하였다.

## II. 논 점

의붓아버지와 의붓딸의 관계가 성폭력처벌법 제5조 제4항에서 규정한 '4촌 이내의 인척'으로서 친족관계에 해당하는지 여부(적극)

## III. 법규연구

### 1. 성폭력범죄의 처벌 등에 관한 특례법

제5조(친족관계에 의한 강간 등) ① 친족관계인 사람이 폭행 또는 협박으로 사람을 강간한 경우에는 7년 이상의 유기징역에 처한다.

② 친족관계인 사람이 폭행 또는 협박으로 사람을 강제추행한 경우에는 5년 이상의 유기징역에 처한다.

③ 친족관계인 사람이 사람에 대하여 「형법」 제299조(준강간, 준강제추행)의 죄를 범한 경우에는 제1항 또는 제2항의 예에 따라 처벌한다.

④ 제1항부터 제3항까지의 친족의 범위는 4촌 이내의 혈족·인척과 동거하는 친족으로 한다.

⑤ 제1항부터 제3항까지의 친족은 사실상의 관계에 의한 친족을 포함한다.

### 2. 민 법

제767조(친족의 정의) 배우자, 혈족 및 인척을 친족으로 한다.

제769조(인척의 계원) 혈족의 배우자, 배우자의 혈족, 배우자의 혈족의 배우자를 인척으로 한다.

제771조(인척의 촌수의 계산) 인척은 배우자의 혈족에 대하여는 배우자의 그 혈족에 대한 촌수에 따르고, 혈족의 배우자에 대하여는 그 혈족에 대한 촌수에 따른다.

## IV. 관련 판례

### 1. 원심 (수원고법 2020. 7. 16. 선고 2020노166 판결)

이 사건 공소사실을 <u>유죄로 판단한 제1심판결을 그대로 유지하였다.</u>

### 2. 대법원 (대법원 2020. 11. 5., 선고, 2020도10806, 판결)

성폭력처벌법 제5조 제3항은 "친족관계인 사람이 사람에 대하여 형법 제299조(준강간, 준강제추행)의 죄를 범한 경우에는 제1항 또는 제2항의 예에 따라 처벌한다."라고 규정하고 있고, 같은 조 제1항은 "친족관계인 사람이 폭행 또는 협박으로 사람을 강간한 경우에는 7년 이상의 유기징역에 처한다."라고 규정하고 있으며, 같은 조 제4항은 "제1항부터 제3항까지의 <u>친족의 범위는 4촌 이내의 혈족 · 인척과 동거하는 친족으로 한다.</u>"라고 규정하고 있다. 한편 민법 제767조는 "배우자, 혈족 및 인척을 친족으로 한다."라고 규정하고 있고, 같은 법 제769조는 "혈족의 배우자, 배우자의 혈족, 배우자의 혈족의 배우자를 인척으로 한다."라고 규정하고 있으며, 같은 법 제771조는 "인척은 배우자의 혈족에 대하여는 배우자의 그 혈족에 대한 촌수에 따르고, 혈족의 배우자에 대하여는 그 혈족에 대한 촌수에 따른다."라고 규정하고 있다. 따라서 <u>의붓아버지와 의붓딸의 관계는 성폭력처벌법 제5조 제4항이 규정한 4촌 이내의 인척으로서 친족관계에 해당한다.</u>

## V. 결 론

피고인과 공소외인(피해자의 모친)은 혼인신고를 마친 부부이고, 피해자는 공소외인이 전 남편과의 사이에서 낳은 딸인 사실이 인정되므로, 피고인은 피해자에 대하여 성폭력처벌법 제5조 제4항이 규정한 친족(4촌 이내의 인척)에 해당한다. 따라서 피고인이 피해자를 준강간한 행위에 대하여는 성폭력처벌법 제5조 제3항이 적용된다.

# 제6절 업무상위력의 업무에 채용 절차에서 영향력의 범위 안에 있는 사람도 포함되는지

## I. 사례요지

C 편의점의 업주인 피고인은 편의점 아르바이트생 구인 광고를 보고 연락한 피해자 D(남, 18세)에게 같은 구 E, 2층에 있는 F로 오게 한 후 다시 G, 1층에 있는 H 호프집으로 이동하여 술을 마시다가 같은 날 23:50경 위 호프집을 나와 피해자가 집에 가야 한다고 하자 피해자가 집에 가면 마치 아르바이트 채용을 하지 않을 것처럼 행세하여 피해자로 하여금 피고인의 집으로 오게 한 뒤, 피고인의 집에서 피해자에게 자신의 침대에 누우라고 한 후 침대에 누운 피해자의 성기를 손으로 만지고, 피해자에게 피고인의 성기를 만지게 하여 피해자를 추행하였다.

## II. 논 점

1. 업무상 위력 등에 의한 추행에 관한 처벌규정인 성폭력처벌법 제10조 제1항에서 정한 '업무, 고용이나 그 밖의 관계로 인하여 자기의 보호, 감독을 받는 사람'에 직장 안에서 보호 또는 감독을 받거나 사실상 보호 또는 감독을 받는 상황에 있는 사람뿐만 아니라 채용 절차에서 영향력의 범위 안에 있는 사람도 포함되는지 여부(적극)

2. 위 죄에서 말하는 '위력'의 의미 및 위력으로써 추행하였는지 판단하는 기준

## III. 법규연구 (성폭력범죄의 처벌 등에 관한 특례법)

제10조(업무상 위력 등에 의한 추행) ① 업무, 고용이나 그 밖의 관계로 인하여 자기의 보호, 감독을 받는 사람에 대하여 위계 또는 위력으로 추행한 사람은 3년 이하의 징역 또는 1천500만원 이하의 벌금에 처한다.

## IV. 관련 판례

### 1. 원심 (창원지법 2020. 4. 21. 선고 2019노2562 판결)

편의점 업주인 피고인이 아르바이트 구인 광고를 보고 연락한 피해자를 채용을 빌미로 주점으로 불러내 의사를 확인하는 등 면접을 하고, 이어서 피해자를 피고인의 집으로 유인하여 피해자의 성기를 만지고 피해자에게 피고인의 성기를 만지게 한 행위를 한 사실을 인정한 다음, <u>피고인은 채용 권한을 가지고 있는 지위를 이용하여 피해자의 자유의사를 제압하여 피해자를 추행하였다고 판단하였다.</u>

## 2. 대법원 (대법원 2020. 7. 9., 선고, 2020도5646, 판결)

성폭력처벌법 제10조는 '업무상 위력 등에 의한 추행'에 관한 처벌 규정인데, 제1항에서 "업무, 고용이나 그 밖의 관계로 인하여 자기의 보호, 감독을 받는 사람에 대하여 위계 또는 위력으로 추행한 사람은 3년 이하의 징역 또는 1천 500만 원 이하의 벌금에 처한다."라고 정하고 있다. <u>업무, 고용이나 그 밖의 관계로 인하여 자기의 보호, 감독을 받는 사람</u>에는 직장 안에서 보호 또는 감독을 받거나 사실상 보호 또는 감독을 받는 상황에 있는 사람(형법 제303조의 '업무상 위력 등에 의한 간음'에 관한 대법원 1976. 2. 10. 선고 74도1519 판결, 대법원 2001. 10. 30. 선고 2001도4085 판결 참조)뿐만 아니라 채용 절차에서 영향력의 범위 안에 있는 사람도 포함된다.

그리고 '위력'이란 피해자의 자유의사를 제압하기에 충분한 힘을 말하고, 유형적이든 무형적이든 묻지 않고 폭행·협박뿐만 아니라 사회적·경제적·정치적인 지위나 권세를 이용하는 것도 가능하며, 현실적으로 피해자의 자유의사가 제압될 필요는 없다. 위력으로써 추행하였는지는 행사한 유형력의 내용과 정도, 행위자의 지위나 권세의 종류, 피해자의 연령, 행위자와 피해자의 관계, 그 행위에 이르게 된 경위, 구체적인 행위 모습, 범행 당시의 정황 등 여러 사정을 종합적으로 고려하여 판단하여야 한다(대법원 1998. 1. 23. 선고 97도2506 판결, 대법원 2019. 9. 9. 선고 2019도2562 판결 등 참조).

## V. 결론

원심판단은 위에서 본 법리에 기초한 것으로 정당하다. 원심판단에 상고이유 주장과 같이 '업무, 고용이나 그 밖의 관계로 인하여 자기의 보호, 감독을 받는 사람'과 '위력'에 관한 법리를 오해한 잘못이 없다.

# 제7절 청소년 스스로 자신을 대상으로 하는 음란물을 촬영하게 한 경우

## Ⅰ. 사례요지

피고인은 자신의 주거지에서, 스마트폰 애플리케이션인 '○○'을 통하여 알게 된 청소년인 피해자 공소외 1(여, 18세)에게 카카오톡 메신저를 이용하여 접근한 뒤 피해자가 동아리 회비 68만 원을 분실한 사실을 알고 피해자에게 '68만 원을 지급할 테니 시키는 대로 교복을 입은 사진과 나체 동영상 등을 찍어서 보내라, 나중에 스폰서도 해주겠다'라는 취지로 말하면서 피해자로 하여금 교복을 벗거나 자위를 하는 동영상 등 나체 동영상 6개를 촬영하게 한 후 이를 카카오톡 메신저로 순차 전송받고, 자신이 음란물을 공유하면서 성명불상자들과 대화하던 카카오톡 단체대화방을 통해 전송받아 소지하고 있던 성명 불상의 남자가 성명 불상의 여자의 음부에 주먹을 넣는 동영상, 남성과 여성이 침대에서 성관계를 하는 동영상 및 성명 불상의 여성이 교복을 입고 항문 및 음부 등을 보이고 있는 사진 3장을 피해자에게 전송하였다.

## Ⅱ. 논 점

1. 아동·청소년을 이용한 음란물 제작을 처벌하는 이유 및 아동·청소년의 동의가 있다거나 개인적인 소지·보관을 1차적 목적으로 제작하더라도 청소년성보호법 제11조 제1항의 '아동·청소년이용음란물의 제작'에 해당하는지 여부(적극)

2. 직접 아동·청소년의 면전에서 촬영행위를 하지 않았더라도 아동·청소년이용음란물을 만드는 것을 기획하고 타인으로 하여금 촬영행위를 하게 하거나 만드는 과정에서 구체적인 지시를 한 경우, 아동·청소년이용음란물 '제작'에 해당하는지 여부(원칙적 적극)와 그 기수 시기(=촬영을 마쳐 재생이 가능한 형태로 저장된 때) 및 이러한 법리는 아동·청소년으로 하여금 스스로 자신을 대상으로 하는 음란물을 촬영하게 한 경우에도 마찬가지인지 여부(적극)

## Ⅲ. 법규연구 (아동·청소년의 성보호에 관한 법률)

제11조(아동·청소년성착취물의 제작·배포 등) ① 아동·청소년성착취물을 제작·수입 또는 수출한 자는 무기징역 또는 5년 이상의 유기징역에 처한다.

② 영리를 목적으로 아동·청소년성착취물을 판매·대여·배포·제공하거나 이를 목적으로 소지·운반·광고·소개하거나 공연히 전시 또는 상영한 자는 5년 이상의 징역에 처한다.

## IV. 관련 판례

### 1. 원심 (부산고법 2018. 5. 24. 선고 2017노756 판결)

피고인이 카카오톡 메신저를 이용하여 피해자에게 돈을 주겠다고 말한 다음 피해자로 하여금 피해자의 스마트폰에 부착된 카메라로 피해자를 대상으로 한 자위행위 등 음란행위 장면을 촬영하도록 지시하였고, 그에 따라 피해자가 자신의 스마트폰에 부착된 카메라로 음란행위 장면을 촬영한 사실을 알 수 있다. 원심은, 그와 같이 촬영된 <u>영상정보가 피해자의 스마트폰 주기억장치에 입력되는 순간 아동·청소년이용음란물의 제작을 마쳤다고 판단하였다.</u>

### 2. 대법원 (대법원 2018. 9. 13., 선고, 2018도9340, 판결)

청소년성보호법은 다음과 같이 아동·청소년이용음란물의 제작 등을 처벌하는 규정을 두고 있다. 즉, 아동·청소년이용음란물을 제작·수입 또는 수출한 자는 무기징역 또는 5년 이상의 유기징역에 처한다(제11조 제1항).

아동·청소년이용음란물은 아동·청소년 또는 아동·청소년으로 명백하게 인식될 수 있는 사람이나 표현물이 등장하여 제4호의 어느 하나에 해당하는 행위를 하거나 그 밖의 성적 행위를 하는 내용을 표현하는 것으로서 필름·비디오물·게임물 또는 컴퓨터나 그 밖의 통신매체를 통한 화상·영상 등의 형태로 된 것을 말하는데(청소년성보호법 제2조 제5호), 그 제4호는 '가. 성교행위, 나. 구강·항문 등 신체의 일부나 도구를 이용한 유사 성교행위, 다. 신체의 전부 또는 일부를 접촉·노출하는 행위로서 일반인의 성적 수치심이나 혐오감을 일으키는 행위, 라. 자위행위'를 정하고 있다. 청소년성보호법은 '아동·청소년이용음란물'의 의미에 관하여 위와 같은 규정을 두고 있을 뿐이고 아동·청소년이용음란물의 제작 등 범죄성립의 요건으로 그 행위의 의도나 음란물이 아동·청소년의 의사에 반하여 촬영되었는지 여부를 묻지 않고 있다.

청소년성보호법의 입법목적은 아동·청소년을 대상으로 성적 행위를 한 자를 엄중하게 처벌함으로써 성적 학대나 착취로부터 아동·청소년을 보호하고 아동·청소년이 책임 있고 건강한 사회구성원으로 성장할 수 있도록 하려는 데 있다. 아동·청소년이용음란물은 그 직접 피해자인 아동·청소년에게는 치유하기 어려운 정신적 상처를 안겨 줄 뿐만 아니라, 이를 시청하는 사람들에게까지 성에 대한 왜곡된 인식과 비정상적 가치관을 조장한다. 따라서 아동·청소년을 이용한 음란물 '제작'을 원천적으로 봉쇄하여 아동·청소년을 성적 대상으로 보는 데서 비롯되는 잠재적 성범죄로부터 아동·

청소년을 보호할 필요가 있다. 특히 인터넷 등 정보통신매체의 발달로 음란물이 일단 제작되면 제작 후 제작자의 의도와 관계없이 언제라도 무분별하고 무차별적으로 유통에 제공될 가능성이 있다. 이러한 점에 아동·청소년을 이용한 음란물 제작을 처벌하는 이유가 있다. 그러므로 아동·청소년의 동의가 있다거나 개인적인 소지·보관을 1차적 목적으로 제작하더라도 청소년성보호법 제11조 제1항의 '아동·청소년이용음란물의 제작'에 해당한다고 보아야 한다(대법원 2015. 2. 12. 선고 2014도11501, 2014전도197 판결 등 참조).

## V. 결 론

피고인이 직접 아동·청소년의 면전에서 촬영행위를 하지 않았더라도 아동·청소년 이용음란물을 만드는 것을 기획하고 타인으로 하여금 촬영행위를 하게 하거나 만드는 과정에서 구체적인 지시를 하였다면, 특별한 사정이 없는 한 아동·청소년이용음란물 '제작'에 해당한다. 이러한 촬영을 마쳐 재생이 가능한 형태로 저장이 된 때에 제작은 기수에 이르고 반드시 피고인이 그와 같이 제작된 아동·청소년이용음란물을 재생하거나 피고인의 기기로 재생할 수 있는 상태에 이르러야만 하는 것은 아니다. 이러한 법리는 피고인이 아동·청소년으로 하여금 스스로 자신을 대상으로 하는 음란물을 촬영하게 한 경우에도 마찬가지이다.

# 제8절 청소년의 성을 사는 행위를 한 사람이 청소년임을 인식해야 하는지

## Ⅰ. 사례요지

아동·청소년의 성을 사는 행위를 알선하는 행위를 업으로 하여 청소년성보호법 위반죄가 성립하기 위하여, 알선행위로 아동·청소년의 성을 사는 행위를 한 사람이 행위의 상대방이 아동·청소년임을 인식하여야 하는지

## Ⅱ. 논 점

아동·청소년의 성을 사는 행위를 알선하는 행위를 업으로 하여 청소년성보호법 제15조 제1항 제2호의 위반죄가 성립하기 위하여, 알선행위로 아동·청소년의 성을 사는 행위를 한 사람이 행위의 상대방이 아동·청소년임을 인식하여야 하는지 여부(소극)

## Ⅲ. 법규연구 (아동·청소년의 성보호에 관한 법률)

제13조(아동·청소년의 성을 사는 행위 등) ① 아동·청소년의 성을 사는 행위를 한 자는 1년 이상 10년 이하의 징역 또는 2천만원 이상 5천만원 이하의 벌금에 처한다.

제15조(알선영업행위 등) ① 다음 각 호의 어느 하나에 해당하는 자는 7년 이상의 유기징역에 처한다.

2. 아동·청소년의 성을 사는 행위를 알선하거나 정보통신망(「정보통신망 이용촉진 및 정보보호 등에 관한 법률」 제2조제1항제1호의 정보통신망을 말한다. 이하 같다)에서 알선정보를 제공하는 행위를 업으로 하는 자

## Ⅳ. 관련 판례

### 1. 원심 (부산고법 2015. 9. 23. 선고 (창원)2015노163, 180 판결)

피고인들이 공동으로 아동·청소년의 성을 사는 행위를 알선하는 행위를 업으로 하였다고 판단하고 청소년성보호법 제15조 제1항 제2호, 형법 제30조를 적용하여 이 부분 공소사실을 유죄로 인정하였다.

### 2. 대법원 (대법원 2016. 2. 18., 선고, 2015도15664, 판결)

청소년성보호법 제2조 제4호는 '아동·청소년의 성을 사는 행위'란 아동·청소년, 아동·청소년의 성을 사는 행위를 알선한 자 또는 아동·청소년을 실질적으로 보호·

감독하는 자 등에게 금품이나 그 밖의 재산상 이익, 직무·편의제공 등 대가를 제공하거나 약속하고 성교행위 등 그 각 목의 어느 하나에 해당하는 행위를 아동·청소년을 대상으로 하거나 아동·청소년으로 하여금 하게 하는 것을 말한다고 규정하고 있다. 이어 청소년성보호법은 제13조 제1항에서 '아동·청소년의 성을 사는 행위를 한 자'는 1년 이상 10년 이하의 징역 또는 2천만 원 이상 5천만 원 이하의 벌금에 처한다고 규정하고 있고, 이와 별도로 제15조 제1항 제2호에서 '아동·청소년의 성을 사는 행위를 알선하는 행위를 업으로 하는 자'는 7년 이상의 유기징역에 처한다고 규정하고 있다.

청소년성보호법은 성매매의 대상이 된 아동·청소년을 보호·구제하려는 데 입법취지가 있고, 청소년성보호법에서 '아동·청소년의 성매매 행위'가 아닌 '아동·청소년의 성을 사는 행위'라는 용어를 사용한 것은 아동·청소년은 보호대상에 해당하고 성매매의 주체가 될 수 없어 아동·청소년의 성을 사는 사람을 주체로 표현한 것이다. 그리고 아동·청소년의 성을 사는 행위를 알선하는 행위를 업으로 하는 사람이 그 알선의 대상이 아동·청소년임을 인식하면서 위와 같은 알선행위를 하였다면, 그 알선행위로 아동·청소년의 성을 사는 행위를 한 사람이 그 행위의 상대방이 아동·청소년임을 인식하고 있었는지 아닌지는 위와 같은 알선행위를 한 사람의 책임에 영향을 미칠 이유가 없다.

따라서 <u>아동·청소년의 성을 사는 행위를 알선하는 행위를 업으로 하여 청소년성보호법 제15조 제1항 제2호의 위반죄가 성립하기 위해서는 그러한 알선행위를 업으로 하는 사람이 아동·청소년을 알선의 대상으로 삼아 그 성을 사는 행위를 알선한다는 것을 인식하여야 하지만, 이에 더하여 위와 같은 알선행위로 아동·청소년의 성을 사는 행위를 한 사람이 그 행위의 상대방이 아동·청소년임을 인식하여야 한다고 볼 수는 없다.</u>

## V. 결 론

원심이 피고인들에 대한 이 부분 공소사실에 대하여 청소년성보호법 제15조 제1항 제2호, 형법 제30조를 적용하여 유죄로 인정한 것은 정당하고, 거기에 상고이유에서 주장하는 바와 같이 청소년성보호법 제15조 제1항 제2호에 관한 법리를 오해하여 필요한 심리를 다하지 아니하거나 논리와 경험의 법칙을 위반하여 자유심증주의의 한계를 벗어나 판결에 영향을 미친 위법이 없다.

# 제9절 성매매 제공되는 사실을 알면서 자금, 토지 또는 건물 제공행위

## I. 사례요지

피고인 A는 성매매알선 영업을 총괄하는 역할을, 피고인 B, 피고인 C(개명 전 H, 2019. 3.경부터), 피고인 D(2019. 3.경부터)은 휴대전화 메신져 등을 통해 시간별로 성매매 여성 배정 등 실무적인 역할을 각 담당하는 방법으로 성매매알선 영업을 하고 전체 업소 수익금을 나누어 가지기로 모의하였다. 피고인들은 위와 같이 공모하여 오피스텔 J호, K호, L호, M호(N)를 임차한 후 태국 국적의 여성 종업원을 고용하고 인터넷사이트 광고 등을 보고 그곳을 찾아온 손님들로부터 55,000원 내지 110,000원 상당을 받고 여성종업원들로 하여금 신체 마사지를 해주고 손으로 손님의 성기를 애무하여 사정하게 하는 유사성교행위를 하게 하는 방법으로 영업으로 성매매를 알선하였다.

## II. 논 점

1. 성매매처벌법 제2조 제1항 제2호 (다)목에서 정한 '성매매에 제공되는 사실을 알면서 자금, 토지 또는 건물을 제공하는 행위'에 행위자가 스스로 '성매매를 알선, 권유, 유인 또는 강요하는 행위'나 '성매매의 장소를 제공하는 행위'를 하는 경우가 포함되는지 여부(적극)
2. 성매매알선 행위자가 자신의 성매매알선 영업에 필요한 장소인 오피스텔 각 호실을 임차하기 위해 임대인에게 보증금을 지급한 행위가 성매매처벌법 제2조 제1항 제2호 (다)목의 '성매매에 제공되는 사실을 알면서 자금을 제공하는 행위'에 해당하는지 여부(적극)

## III. 법규연구

### 1. 성매매알선 등 행위의 처벌에 관한 법률

제2조(정의) ① 이 법에서 사용하는 용어의 뜻은 다음과 같다.
  2. "성매매알선 등 행위"란 다음 각 목의 어느 하나에 해당하는 행위를 하는 것을 말한다.
    가. 성매매를 알선, 권유, 유인 또는 강요하는 행위
    나. 성매매의 장소를 제공하는 행위
    다. 성매매에 제공되는 사실을 알면서 자금, 토지 또는 건물을 제공하는 행위

## 2. 범죄수익은닉의 규제 및 처벌 등에 관한 법률

> 제2조(정의) 이 법에서 사용하는 용어의 뜻은 다음과 같다.
>
> 　2. "범죄수익"이란 다음 각 목의 어느 하나에 해당하는 것을 말한다.
>
> 　　나. 다음의 어느 하나의 죄에 관계된 자금 또는 재산
>
> 　　　1)「성매매알선 등 행위의 처벌에 관한 법률」제19조제2항제1호(성매매알선등행위 중 성매매에 제공되는 사실을 알면서 자금·토지 또는 건물을 제공하는 행위만 해당한다)의 죄
>
> 제8조(범죄수익등의 몰수) ① 다음 각 호의 재산은 몰수할 수 있다.
>
> 　1. 범죄수익

## IV. 관련 판례

### 1. 원심 (울산지법 2019. 12. 20. 선고 2019노1053 판결)

피고인들의 행위가 '성매매에 제공되는 사실을 알면서 자금을 제공하는 행위'에 해당하지 않고 이 부분 공소사실이 '성매매에 제공되는 사실을 알면서 자금을 제공하는 행위'와 관련성도 인정되지 않는다는 이유로 이 사건 <u>임대차보증금반환채권이 범죄수익은닉규제법에서 정한 몰수의 대상이 되지 않는다고 판단하였다.</u>

### 2. 대법원 (대법원 2020. 10. 15., 선고, 2020도960, 판결)

범죄수익은닉규제법 제8조 제1항은 '범죄수익'을 몰수할 수 있다고 하면서, 범죄수익은닉규제법 제2조 제2호 (나)목 1)은 "성매매알선 등 행위의 처벌에 관한 법률(이하 '성매매처벌법'이라고 한다) 제19조 제2항 제1호(성매매알선 등 행위 중 성매매에 제공되는 사실을 알면서 자금·토지 또는 건물을 제공하는 행위만 해당한다)의 죄에 관계된 자금 또는 재산"을 위 법에서 규정하는 '범죄수익'의 하나로 규정하고 있다. 성매매알선 등 행위를 규정한 성매매처벌법 제2조 제1항 제2호 중 (다)목의 "성매매에 제공되는 사실을 알면서 자금, 토지 또는 건물을 제공하는 행위"에는 그 행위자가 "성매매를 알선, 권유, 유인 또는 강요하는 행위"[성매매처벌법 제2조 제1항 제2호 (가)목] 또는 "성매매의 장소를 제공하는 행위"[성매매처벌법 제2조 제1항 제2호 (나)목]를 하는 타인에게 자금, 토지 또는 건물을 제공하는 행위뿐만 아니라 스스로 (가)목이나 (나)목의 행위를 하는 경우도 포함된다(대법원 2013. 5. 23. 선고 2012도11586 판결 참조).

성매매처벌법 제2조 제1항 제2호 (다)목의 행위태양인 '성매매에 제공되는 사실을

알면서 자금, 토지 또는 건물을 제공하는 행위'에는 스스로 성매매처벌법 제2조 제1 항 제2호 (가)목이나 (나)목의 행위를 하는 경우도 포함된다. 그리고 위 조항에서는 성 매매알선 행위자가 자신의 '토지 또는 건물'을 제공하는 행위뿐 아니라 '자금'을 제공하는 행위도 함께 규정하고 있다. 따라서 성매매알선 행위자인 피고인들이 자신의 성매매알선 영업에 필요한 장소인 오피스텔 각 호실을 임차하기 위해 보증금을 임대인 에게 지급한 행위는 성매매처벌법 제2조 제1항 제2호 (다)목의 '성매매에 제공되는 사실을 알면서 자금을 제공하는 행위'에 해당한다.

## V. 결 론

검사는 피고인들의 행위를 성매매처벌법 제2조 제1항 제2호 (가)목에 해당하는 행위 로 기소하였지만, 피고인들의 행위가 성매매처벌법 제2조 제1항 제2호 (다)목의 행위 로도 인정되는 이상 이 부분 공소사실은 범죄수익은닉규제법에 따른 몰수의 대상이 되 는 성매매처벌법 제2조 제1항 제2호 (다)목의 행위와 관련성이 인정되므로, 이 사건 임대차보증금반환채권을 몰수하더라도 불고불리의 원칙에 위반되지 않는다.

따라서 이 사건 임대차보증금반환채권은 범죄수익은닉규제법 제2조 제2호 (나)목 1) 에서 범죄수익으로 정한 '성매매에 제공되는 사실을 알면서 자금을 제공하는 행위에 관계된 자금 또는 재산'으로 범죄수익은닉규제법 제8조 제1항 제1호에 따라 범죄수익 으로 몰수될 수 있다.

# 제10절 성매매처벌법의 성매매에서 불특정인을 상대로의 의미

## Ⅰ. 사례요지

> 피고인은 공소외 1로부터 돈 많은 사람을 소개해 주겠다는 제안을 받고 공소외 2를 소개받아 성교 등의 대가로 금품을 받기로 약정한 다음, 여러 차례 합계 5,000만 원을 교부받고 공소외 2와 3회 성교하여 성매매를 하였다.

## Ⅱ. 논 점

성매매처벌법 제2조 제1항 제1호에서 규정한 '성매매'에서 '불특정인을 상대로'의 의미

## Ⅲ. 법규연구 (성매매알선 등 행위의 처벌에 관한 법률)

> 제2조(정의) ① 이 법에서 사용하는 용어의 뜻은 다음과 같다.
>   1. "성매매"란 불특정인을 상대로 금품이나 그 밖의 재산상의 이익을 수수(收受)하거나 수수하기로 약속하고 다음 각 목의 어느 하나에 해당하는 행위를 하거나 그 상대방이 되는 것을 말한다.
>   가. 성교행위
>   나. 구강, 항문 등 신체의 일부 또는 도구를 이용한 유사 성교행위
> 제21조(벌칙) ① 성매매를 한 사람은 1년 이하의 징역이나 300만원 이하의 벌금·구류 또는 과료(科料)에 처한다.

## Ⅳ. 관련 판례

### 1. 원심 (수원지방법원 2014. 12. 30. 선고 2014노4647 판결)

피고인이 공소외 1의 알선으로 자신을 경제적으로 도와줄 수 있는 재력을 가진 사람이면 그가 누구든지 성교행위를 주목적으로 하는 만남을 가질 의사로 공소외 2를 소개받아 성교행위를 하고 그 대가로 금품을 수수하였다고 보아 이 사건 공소사실을 유죄로 판단하였다.

### 2. 대법원 (대법원 2016. 2. 18., 선고, 2015도1185, 판결)

성매매처벌법 제2조 제1항 제1호는 '성매매'를 불특정인을 상대로 금품이나 그 밖의 재산상의 이익을 수수하거나 수수하기로 약속하고 성교행위나 유사 성교행위를 하

거나 그 상대방이 되는 것을 말한다고 규정하고 있는데, 여기서 '<u>불특정인을 상대</u><u>로</u>' 라는 것은 행위 당시에 상대방이 특정되지 않았다는 의미가 아니라, <u>그 행위의 대</u><u>가인 금품 기타 재산상의 이익에 주목적을 두고 상대방의 특정성을 중시하지 않는다는</u><u>의미라고 보아야 한다</u>(대법원 2008. 5. 29. 선고 2007도2839 판결 참조).

## V. 결 론

공소외 2에게는 피고인과 결혼이나 이를 전제로 한 교제를 할 의사가 없었다고 하더라도, 피고인으로서는 진지한 교제를 염두에 두고 공소외 2를 만났을 가능성이 충분히 있어, 피고인이 자신을 경제적으로 도와줄 수 있는 재력을 가진 사람이면 그가 누구든지 개의치 않고 성행위를 하고 금품을 받을 의사로 공소외 2를 만났다고 단정하기는 어려우므로, <u>피고인이 불특정인을 상대로 성매매를 하였다고 볼 수 없다.</u>

수사실무총서 등대지기 Ⅵ  (2023년판)

# 형사판례 실무사례집　　저자 / 박태곤

*profile*

### 주요약력

- 1980. 4. 경찰공무원 임용
- 전남청 수사직무학교 교관(2000년~2007년)
- 前 순천서 형사과장, 수사과장(경정)
- 前 여수서 수사과장, 형사과장
- 前 목포서 형사과장, 수사과장
- 前 전남경찰청 지능범죄수사대장
- 前 광양서 수사과장
- 前 청암대학교 외래교수
- 現 전남경찰청 경찰수사심의위원
- 現 뉴에덴행정사사무소 대표

### 주요저서

- 수사서류작성과 요령(등대지기 Ⅰ)
- 형법(등대지기 Ⅱ)
- 형사특별법(등대지기 Ⅲ)
- 여성·청소년범죄(등대지기 Ⅳ)
- 형법판례집(등대지기 Ⅴ)
- 요양보호사국가시험 요약집 및 문제집

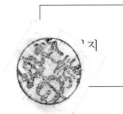

지

초판 발행 2023년 6월 10일

저자 : 박태곤  /  발행인 : 김현호  /  발행처 : 법문북스

주소 : 서울 구로구 경인로 54길 4

전화 : (02) 2636-2911~2  /  FAX (02) 2636-3012

homepage : www.lawb.co.kr

ISBN : 979-11-92369-79-2

가격 : **180,000원**